Politische Vierteljahresschrift Sonderheft 6/1975

Deutsche Vereinigung für Politische Wissenschaft

Politik und Ökonomie – autonome Handlungsmöglichkeiten des politischen Systems

Herausgegeben von Wolf-Dieter Narr

Tagung der Deutschen Vereinigung für politische Wissenschaft in Hamburg, Herbst 1973

Westdeutscher Verlag

Druck: Lengericher Handelsdruckerei, Lengerich

Printed in Germany

ISBN 3-531-11295-3

Inhalt

Vorwort

Politik und Ökonomie: autonome Handlungsmöglichkeiten des politischen Systems

Das Kongreßthema „Politik und Ökonomie-autonome Handlungsmöglichkeiten des politischen Systems", das selbstverständlich mit einem Fragezeichen zu versehen ist, hatte eine dreifache Aufgabe:

– es sollte – erstens – dem Kongreß eine möglichst systematische Struktur geben, ihn davon abhalten, in vielerlei Referate zu allerlei Themen zu zerfallen;
– es sollte – zweitens – die Konzentration und Strukturierung mit Hilfe eines, wenn nicht des Zentralthemas von Wissenschaft und Politik leisten (und besteht dieses Zentralthema etwa nicht in der Frage nach der aktiven Steuerungsfähigkeit und der Funktion der tatsächlichen Steuerung des Staates; und läßt sich diese Frage anders behandeln als durch die historisch-systematische Analyse der Art des Zusammenhangs und der Form der Wechselwirkung von Ökonomie und Politik, um einmal die konventionellen Bereichseinteilungen zu übernehmen?);
– es sollte – drittens – der Öffentlichkeit die Politikwissenschaftler präsentieren nicht als quicke Problemlöser, wohl aber als eine Gruppe, die in all ihrer Heterogenität und unterschiedlichen Qualität doch erhebliche, auch vermittelt praktisch relevante Beiträge zur Analyse brennender Probleme zu bieten vermag.

Bei solch ehrgeizigem Vorhaben ist es kaum verwunderlich, daß die Ziele nicht (ganz) erreicht wurden. Inwieweit diese Ziele erreicht bzw. verfehlt wurden, dokumentieren zu einem Teil die nachfolgend abgedruckten Beiträge einer Reihe von Kongreßteilnehmern. Diese Beiträge umfassen allerdings nur einen Teil der Arbeitsgruppen des Kongresses und nur einen Teil der Referate, die in den thematisch einschlägigen Arbeitsgruppen eingebracht und diskutiert wurden. Es mußten etliche vorgesehene Beiträge aus dieser Publikation ausgeschieden werden, da sonst der Umfang des Bandes unhandlich geworden wäre. Die Herauswahl einiger Beiträge, die notwendig geworden war, geschah nach dem Hauptkriterium, auf keinen Fall eine sonst nicht vertretende, thematisch zentrale Argumentation auszusondern.

Das 1 1/2 Jahre nach dem Kongreß und über ein Jahr nach Abschluß fast aller Beiträge verfaßte Vorwort will nicht versuchen, durch eine nachträgliche systematische Entfaltung des Kongreßthemas und seiner Ansprüche diesen alles in allem doch recht heterogenen und vor allem bruchstückhaften Band mit einem einheitlichen Zuckerguß zu versehen. Es sollen an dieser Stelle nur einige Überlegungen zur Repräsentativität dieses Bandes angestellt werden, wobei es – sit venia verbot – in vereinigungspädagogischer Absicht zugleich um einige Differenzierungen im Repräsentationsbegriff, wie er einer wissenschaftlichen Tagung und Vereinigung ansteht, geht.

Im nicht sonderlich breiten und umfangreichen Presseecho-hier kommen die Politikwissenschaftler als Sozialwissenschaftler allemal an letzter Stelle und auch schlechter weg als die reputierlich besser etablierten und in der Zwischenzeit (seit 1968) wieder „brav" gewordenen Soziologenwürde die Repräsentativität des Kongresses vor allem insoweit in Frage gestellt, als man zu viele „Marxisten" vertreten und zu wenig bekannte Fachvertreter anwesend sah. Abgesehen davon, daß sich das Erscheinungsbild insofern ‚verzerrt' darstellte, als erstmals auf einer Politikwissenschaftler-Tagung politökonomische Ansätze in größerer Zahl präsentiert wurden, ohne den Kongreß freilich zu bestimmen, bringt der vordergründig politisch und positionsbestimmte Repräsentationsbegriff (nach der Leitfrage: wie viel ganz ordentliche Ordinarien waren vertreten?) wenig ein. Gewiß: er prägt die z.T. in der Öffentlichkeit vertretene und z.T. mit Absicht verstärkte Meinung, als handele es sich bei den Politikwissenschaftlern in der Mehrheit doch um recht zweifelhafte Zeitgenossen, unseriöse Radikalinskis, um solche, die auf diese oder jene Art „das" System in Frage stellen. Hier wird dann nicht nur wissenschaftlichem Fragen ein Halteverbot entgegengesetzt, es wird auch unter dem Vorzeichen von Anti-Politisierung die Wissenschaft in einer unterschwelligen Weise einseitig politisiert, daß der Vorwurf mangelnden Pluralismus (d.h. in diesem Fall mangelnder Repräsentativität) nur dann erhoben wird, wenn kritischere Positionen einmal ausnahmsweise nicht von vornherein in der hoffnungslosen Minderheit präsent sind. Diese von einem Teil der Presse fast permanent beschickte „Schule des Verdachts" (Nietzsche) wird allerdings durch die Politikwissenschaftler selber z.T. mitbeschickt, weil sie sich, statt sich wissenschaftlich und politisch fair und gleichrangig auseinanderzusetzen, politisch in einer Weise befehden, daß entweder eine Virginia Wolfe-Szenerie (ein kommunikatives „Schnapp-zu") oder die wechselseitige Isolation folgt. Nur: selbst diese sich wechselseitig Isolierenden sind ungleich isoliert! Kurzum: der Kongreß – und dies beweist auch dieser Band-wurde weder von „Marxisten" manipuliert noch fehlten genügend andere Beiträge, die weder von selbst noch von fremdernannten „Marxisten" vertreten wurden. Daß sich einige hohe Positionsinhaber der Politikwissenschaft in den Schmoll- und/oder Herrschafts-‚Winkel' zurückgezogen haben (vielmehr seinerzeit zurückgezogen hatten – was den Kongreß angeht!), kann wohl kaum zu Lasten derjenigen zahlreich und bunt Versammelten gehen, die den wissenschaftlichen und politischen Wettstreit bevorzugen.

Gravierender fällt ins Gewicht, daß der Kongreß – und dieser Band – den Ansprüchen, die das selbst gestellte Thema mit sich brachte, kaum zureichend nachkamen. Mit der problembezogenen, wissenschaftlichen Repräsentativität ist es also nicht zum besten bestellt. Dieser Mangel erklärt sich nur daher, daß eben nicht alle Themen auf einem zeitlich begrenzten Kongreß behandelbar sind. Vielmehr klaffen in der sozialwissenschaftlichen (und damit auch politikwissenschaftlichen) Behandlung auch nur der zentralen Fragen, die das System der Bundesrepublik Deutschland betreffen, beträchtliche, kaum entschuldbare Lücken. Diese Lücken resultieren nicht primär daher, daß beim Mangel an übereinstimmend gebrauchten Grundbegriffen und Theorien im Rahmen der Sozialwissenschaft (die als Begriff schon gegen die schlechte Vielfalt der Sozialwissenschaften formuliert wurde, freilich als kaum empirisch begründetes Postulat) jeder seiner Meinung in eigens definierten Kategorien Ausdruck verleihen kann, ein Unding zwar, aber ein Faktum. Diese Lücken sind auch nicht primär darin begründet, daß das Ausweichen in schmissige Terminologien, schöne Modelle, problemabstrakte, aber griffige Theoreme und breite Literaturdiskussion allemal ein Versäumen systematischer, empirisch bezogener Analyse erlaubt. Diese Lücken gründen vielmehr vor allem darin, daß es keinerlei sozialwissenschaftliche Forschungsorganisation gibt, daß der Individualismus der Einzelforscher durch Prüfungsordnungen, Karrieremuster und Finanzgebaren bis zum Exzeß gefördert wird, daß deshalb der „große Bluff" (Wolf Wagner) auch und gerade in arrivierten Wissenschaftskreisen zum Gewerbe gehört. „Klappern" gehört bestimmt zu jedem Beruf, und gegen schöne Stiefel ist allemal nichts einzuwenden. Doch der gemäß der Reputationslogik geforderte, für erforderlich gehaltene Bluff geht weit darüber hinaus. Da werden dann fortlaufend – und das in 30ig Seiten-Aufsätzen! – gesamtgesellschaftliche Krisen- und Konflikttheorien präsentiert, werden Bürgerinitiativen zu Systemüberwindern stilisiert, werden empirische Staubkörner (ohne zureichenden Verläßlichkeits-, gar Aussagetext) in den analytischen Adelsstand erhoben . . . kein Wunder, daß aus solchem reputierlich kreißenden, in sich selbst am feindlich verliebten Berg Raum analytisch begründete, empirisch fundierte, gar systematisch zureichende Analysen zu Tage treten. Politikwissenschaft ist – wie die Sozialwissenschaften insgesamt – in Gefahr sich zu einem guten Teil literarisch selbst zu ernähren.

Die mangelnde sachliche Repräsentativität hat aber nicht nur ihren Grund in der fehlenden Forschungsorganisation, die mit Forschungskontrolle i.S. einer Kontrolle der Themata nicht zu verwechseln ist (letztere ist im Ansatz durchaus vorhanden; vgl. die Bemerkungen zum ersten Repräsentativitätsbegriff). Sie rührt auch daher, daß der Traditionsbruch im Rahmen der Politikwissenschaft nicht aufgehoben (Hegel) worden ist. Ein übriges tut die hochschulpolitische Situation, die an vielen Universitäten Politikwissenschaftler zu Paukern macht. Unter nicht bewältigtem Traditionsbruch ist die Beobachtung zu verstehen (vgl. hierzu auch Hans Kastendiek), daß die Politikwissenschaft ihre notwendige Ablösung von der politischen Bildung, einer oberflächlichen Institutionen- und normativen Demokratielehre (besser fast „kunde") noch nicht verkraftet hat. Abgesehen vom Fortleben dieser „Kunden" ist an deren Stelle oft eine unhistorische, taxonomienversessene „Systemtheorie" (mehr oft ein undurchschautes Sprachspiel) und eine fundamentalistisch-unvermittelte Politikökonomie getreten, die es erst in einigen Ansätzen geschafft hat, systematisch-theoretischen Bezug und empirische Analyse ohne reduktionistisches Gebaren zu verbinden. Der Traditionsbruch kann selbstverständlich zureichend nicht dadurch überwunden werden, daß man entweder restaurativ die alte und bewährte" Tradition wiederaufleben läßt (bzw. hochschulpolitisch durchsetzt); er kann auch nicht so bewältigt werden, daß man einen modischen Elektizismus und Synkretismus betreibt: von jedem ein bißchen – je nach Opportunität. Er kann vielmehr nur dadurch überwunden werden, daß man an empirischen Problemen orientiert systematische Analyse entfaltet, die in jedem Fall – und insofern ist das Kongreßthema jederzeit zu rechtfertigen – den Kontext „Ökonomie und Politik" vorrangig zu beachten hat. Einen Königsweg gibt es nicht, Holzwege, auch vorweg erkennbare, aber viele. Wenn ein solcher, an dieser Stelle nur allgemein zu charakterisierender, nicht auf Orginalität wohl aber auf forschende Nachfolge erpichter Ansatz tatsächlich gepflogen würde (einschließlich von einer Brise Forschungsstrategie und ein bißchen Forschungsorganisation jenseits des individuellen Horizonts), dann könnte es wohl kaum geschehen, daß man zu Steuerungsmedien, zu Parteien und Parlament (aber bitte nicht im Stil herkömmlicher Phänomenologien) usw. usf. sowenig und so wenig materialreiches erfährt. Dann müßten die gebrauchten Methoden ebenso durchsichtig nachvollziehbar sein, wie man über die Lücken erführe wie über die systematisch notwendigen Anschlußstücke. Eine Politikwissenschaft, die in solche Richtung marschierte, würde weder in sich konfliktlos ausfallen noch würde sie gar Lieb-Kind von allen werden. Jedoch würden sich dann die Konflikte sachlich lohnen und eine mittel- und langfristige Relevanz über die Funktion des Terminologie- und Legitimationslieferanten hinaus könnte gewährleistet werden.

Kehren wir zurück von der – so nahe liegenden, so erforderlichen – Utopie zur Realität dieses Bandes und der Politikwissenschaft zumal: Mögen die einzelnen Beiträge zu Analysen des obigen Musters anregen, ja erste Schritte zeigen. Mag auch die nicht ausredenerische, nicht schlecht rationalisierende Reflexion über die Art und die Begründung der Lücken durch diesen Band stimuliert werden. Man würde der Politikwissenschaft und auch diesem Band einen Bärendienst tun, würde man sich mit ihrem jetzigen Stand zufrieden geben. Freilich – und durchaus nicht nur als Politikwissenschaft der gesprochen – mit den anderen Sozialwissenschaften kann sie schon mithalten. Nur . . .

Zürich, im März 1975

Im Auftrag des seinerzeitigen Vorstands
Wolf-Dieter Narr

I. Globalsteuerung

Vorbemerkung

Um über Begriff und Wirklichkeit der Globalsteuerung theoretische und empirisch gehaltvolle Aussagen machen zu können, ist das „Globalsteuerung" betreibende Subjekt in seiner Verschränktheit mit dem gesellschaftlichen System zu untersuchen. Mehr noch: der Begriff der „Globalsteuerung", der ja etwas anderes als „Planung" oder „marktwirtschaftliche Regelung" bedeutet, indiziert eine besondere historische Situation mit einem besonderen Verhältnis von steuerndem und gesteuertem System. Die Klärung des Problems „Globalsteuerung" im Rahmen des vorgezeichneten Kongreßthemas erfordert daher die Beantwortung mehrerer Fragen:

1. Welcher Art ist das Verhältnis von Staat und bürgerlicher Gesellschaft, hier insbesondere von Ökonomie und Politik und wie ist aus diesem Verhältnis Möglichkeit und historische Wirklichkeit der Globalsteuerung abzuleiten bzw. nachzuzeichnen?
2. Wie ist das Verhältnis von ökonomischen Gesetzen der kapitalistischen Industriegesellschaft und politischen Interventionen in die Wirtschaft beschaffen; welche Möglichkeiten der Globalsteuerung ergeben sich daraus; welchen Spielraum für gesellschaftliche Reformen gibt es, wie kann er ausgenutzt oder gar erweitert werden?
3. Welches sind die Funktionen des „Globalsteuerung" treibenden Subjekts, wo liegen die Ansatzpunkte für Interventionen, welches sind die Politiken, die das „System" der Globalsteuerung ausmachen?
4. Wo ergeben sich aus den Zielen und/oder den zur Verfügung stehenden Mitteln Restriktionen aus dem spezifischen Charakter des gesellschaftlichen Systems und der spezifischen Struktur des Steuernden Subjekts, – also des Staats?
5. Welche Rückwirkungen hat die Herausbildung eines Systems der Globalsteuerung auf das politische System im engeren Sinne, also auf die föderalistische Struktur, das Verhältnis von Legislative und Exekutive, auf die in den Parteien und Verbänden sich manifestierenden gesellschaftlichen Kräfte usw.?

Gewiß ließe sich dieser Fragenkatalog noch erweitern, jedenfalls aber auffächern und präzisieren. So einfach die Fragen als Problemstellungen auch klingen, so schwierig ist deren stringente Beantwortung. Nicht nur daß die Materie als solche ausgesprochen komplex ist – im traditionellen System fachwissenschaftlicher Arbeitsteilung ist sie nur unter Herbeiziehung verschiedener Wissenschaftsdisziplinen behandelbar –, nicht nur daß eine Reihe von methodischen und materialtheoretischen Problemen noch nicht oder erst unzureichend gelöst sind; – es kommt noch hinzu, daß gerade an dieser Problematik mehrere wissenschaftstheoretische und wissenschaftspolitische Ansätze arbeiten und sich an diesem Gegenstand auch miteinander auseinanderzusetzen haben.

Im Rahmen der Arbeitsgruppe „Globalsteuerung" wurde versucht, diese Auseinandersetzung zu organisieren, indem mehrere wissenschaftstheoretische Richtungen zu Worte gekommen sind. Es ist immer schwierig, einzelne oder Gruppen von Autoren in bestimmte Kategorien zu zwängen, denen sie sich selbst eventuell gar nicht gern zuordnen mögen, aber ganz grob lassen sich zwei verschiedene Ansätze auch in den vorliegenden Diskussionspapieren vorfinden: den politökonomischen Ansatz, wie er sich an der Marxschen Theorie und ihren Weiterentwicklungen orientiert, und den auf politisch-ökonomische Probleme bezogenen systemwissenschaftlichen Ansatz. Eine Bewertung der beiden Ansätze anhand der nachfolgend abgedruckten Papiere wäre fehl am Platze, zumal die Auseinandersetzung sich streng am Gegenstand „Globalsteuerung" orientierte und keineswegs ein Schlagabtausch zweier Parteien stattfand, nach dessen Ende man „Punkte" zählen könnte. Es ist darüber hinaus hervorzuheben, daß zum ersten Mal in der Geschichte der Deutschen Vereinigung für politische Wissenschaft eine relevante Anzahl marxistischer Wissenschaftler zu Wort gekommen ist. Unter diesen Gesichtspunkten betrachtet glauben wir, daß die Ergebnisse der Arbeitsgruppe Globalsteuerung im ganzen positiv sind und zu ähnlichen Veranstaltungen ermutigen sollten.

Die Arbeitsgruppe war in Untergruppen untergliedert worden. Dies war bei der Fülle von Problemen, die oben im Fragenkatalog nur angerissen worden sind, gar nicht anders möglich. Auch die Vielzahl der eingereichten Papiere machte parallele Diskussionen in Untergruppen notwendig. Um unter diesen durch Zeitbegrenzung vorgegebenen Bedingungen dennoch ein Auseinanderfallen der ursprünglich integrativ geplanten Arbeit zu verhindern, mußte versucht werden, zunächst in einer Plenarsitzung die gemeinsamen Fragestellungen herauszuarbeiten. Dies geschah denn auch anhand der auf der „allgemeinsten" Ebene angesiedelten Diskussionsvorlagen von Gerhard Himmelmann* sowie von Bernhard Blanke, Ulrich Jürgens und Hans Kastendiek. An diesen Arbeiten zeigte sich sehr deutlich zweierlei: nämlich einmal die gemeinsame Fragestellung nach den Grenzen staatlicher Interventionsmöglichkeiten (Blanke u.a.) oder nach der Reformfähigkeit des Systems (Himmelmann) und zum anderen die sehr verschiedenen Problemlösungsstrategien der beiden grob benannten wissenschaftstheoretischen Ansätze. Blanke, Jürgens, Kastendiek fragen zunächst einmal nach dem Verhältnis von Politik und Ökonomie in der kapitalistischen Gesellschaft und versuchen, diese Kategorie nicht als selbstverständlich vorgegebene einfach zu verwenden, sondern als theoretisch noch zu konstruierende systematisch abzuleiten, um nach der Entwicklung der „Medien" staatlicher Interventionen dessen allgemeine „Systemgrenze" und historisch und politisch sich wandelnde „Tätigkeitsgrenze" zu bezeichnen. Demgegenüber geht Himmelmann von einer grundsätzlichen Reformfähigkeit des Systems aus, um vermittelt über die Systematisierung von bestimmten Konfliktfeldern die Ansatzpunkte staatlicher Interventionen aufzuzeigen. Diese (so arg verkürzt bezeichneten) Unterschiede in der Problemlösung beruhen nun nicht auf Unterschieden des Allgemeinheitsgrades oder der Ebene der Theorienentfaltung, sondern letztlich auf einem unterschiedlichen Verständnis von der Begriffsbildung in spezifischen Theoriekomplexen. Insofern dürfte eine Vereinheitlichung der unterschiedlichen theoretischen Ansätze nur in Grenzen möglich sein. Aber die wissenschaftliche Auseinandersetzung kann, dies hat die Diskussion in der Arbeitsgruppe deutlich gemacht, dennoch oder gerade deshalb für beide Ansätze fruchtbar sein, sofern – und dies sei insbesondere auch wegen der unverständigen Presseberichterstat-

* Anmerk. des Herausgebers: Neben anderen Beiträgen konnte der Aufsatz von G. Himmelmann in diesem Band nicht aufgenommen werden, da eine erhebliche Umfangskürzung notwendig war.

tung über den Kongreß betont – der Wille und das Bemühen zum Verständnis der wissenschaftstheoretischen Implikate in den verschiedenen Ansätzen vorhanden ist.

In den nach der Plenardiskussion gebildeten Untergruppen wurden die Problemkomplexe erstens der theoretischen und methodischen Grundlagen der Analyse der Globalsteuerung, zweitens der einzelnen „Politiken", die umfassend das ausmachen, was mit „Globalsteuerung" umschrieben wird, und drittens des Staates als Nationalstaat im internationalen System behandelt. Ob und inwiefern hier Fortschritte in der Analyse der Globalsteuerung erreicht und genauere Bestimmungen des Autonomiegrades des politischen Systems bezeichnet worden sind, möge der Leser anhand der hier abgedruckten Diskussionsvorlagen entscheiden. Die politische Wissenschaft hat sich jedenfalls Fragestellungen und wissenschaftlichen Ansätzen geöffnet, die für die weitere Diskussion und wissenschaftliche Arbeit über die Probleme staatlicher Interventionen konsequenzenreich sein werden.

Altvater/Böhret/Naschold

Zur neueren marxistischen Diskussion über die Analyse von Form und Funktion des bürgerlichen Staates

Von Bernhard Blanke, Ulrich Jürgens und Hans Kastendiek

*I. Einleitung**

1. Zur Staatsanalyse der westdeutschen Politikwissenschaft

Der gegenwärtige „Staatsboom" in der sozialwissenschaftlichen Diskussion hat zwar mittlerweile die „etablierten" Disziplinen erreicht, aber offensichtlich tun sie sich schwer, das Verhältnis von Staat und Ökonomie im entwickelten Kapitalismus zu klären. So verwundert es nicht, daß zumindest das theoretische Interesse an der marxistischen Theorie allgemein zunimmt, zumal der Begriff Politische Ökonomie das Vorurteil nahelegt, es handele sich hier um eine Theorie speziell über das Verhältnis von Staat und Wirtschaft. Außerdem kann offensichtlich die Erklärungskraft historisch-materialistischer Gesellschaftstheorie nicht länger „übersehen" oder gar geleugnet werden.

Dagegen wird z.B. die westdeutsche Politikwissenschaft kaum beanspruchen können, einen wesentlichen Beitrag zur Analyse des Verhältnisses von Staat und Gesellschaft geliefert zu haben. Nicht nur, weil sie – von ihren frühen Anfängen nach 1949 und von den letzten wenigen Jahren abgesehen – die westdeutsche Gesellschaft nicht als kapitalistische begreifen konnte, sondern auch und damit zusammenhängend, weil sie unter Politik- bzw. Staatsanalyse vor allem die mehr oder weniger empirisch gehaltsvolle Untersuchung des Regierungssystems, des politischen Systems bzw. der „freiheitlich-demokratischen Grundordnung" verstand. Die deskriptiv-normative Lehre von den politischen Institutionen und Entscheidungsprozessen ging an der Staatsproblematik im hier diskutierten Sinne fast völlig vorbei. Das Verhältnis von Staat und Gesellschaft reduzierte sich auf die Frage nach der wechselseitigen Beeinflussung von organisierten Gruppen, und diesem Wechselverhältnis wurde vor allem an den „Nahtstellen von Staat und Gesellschaft"[1] nachgespürt, das heißt besonders auf dem Feld der Verbandsforschung. Zwar hat die Politologie über die Darstellung der politischen Entscheidungs*prozesse* den Staatsmythos, wie er von einer konservativen juristischen Tradition gepflegt wurde, mit einem Stück gesellschaftlicher Realität konfrontieren können, die Entscheidungs*inhalte* und *-bedingungen* jedoch blieben außerhalb der Analysen[2]. Die Frage, was das politische System/der Staat bewirken könne, hätte die Kernfrage zumindest derjenigen sozialdemokratischen Politologen sein müssen, die das Fach mit dem Vorsatz aufbauten, der reformistischen Arbeiterbewegung die fehlende politische Theorie zu liefern[3]. Dazu hätte es allerdings einer Analyse der Grundstrukturen der „westlichen" und konkret der westdeutschen Gesellschaft bedurft.

Mit der „Munterkeit politologischer Analysen von Wahlen, Parteien und Parlamenten" (Narr) mußte es vorbei sein, als das westdeutsche politische System sowohl an Grenzen seiner ideologischen als auch seiner organisatorischen Leistungsfähigkeit stieß. Die westdeutsche Politikwissenschaft, die bis dahin vor allem demokratische

Grundwerte und Spielregeln propagiert hatte, politische Pädagogik sein wollte, besann sich auf ihren zweiten Anspruch, mit dem sie ursprünglich angetreten war, auf die Anleitung staatlichen Handelns. Neue Konzeptionen von Politik- und Staatsanalysen inflationierten: die „Regierungslehre" von *Hennis* blieb nicht zufällig Programm; die *Ellwein*-Reihe „Politik-Regierung-Verwaltung" kam insgesamt über eine neuerliche Deskription von Verfahren und Problemen staatlichen Handelns nicht hinaus; der praktischen und theoretischen Planungseuphorie ist eine große Ernüchterung bei Planern und ihren akademischen Beratern gefolgt[4]; die policy science wird als Teil einer fundamentalen Umwandlung politikwissenschaftlichen Denkens („post-behavioral revolution") gefeiert, erweist sich aber – wenn sie einen *theoretischen Bezugsrahmen* für die zahlreichen schon vorliegenden und noch anvisierten policy-Analysen konzipieren will – nur als Programmhülse[5].

Die heutige Politologie weiß zwar, *daß* sich staatlicher Politik Grenzen stellen[6], sie kann jedoch nicht sagen, *warum* das so ist, und sie ist hilflos, wenn sie angeben soll, *wo* diese Grenzen sind. Auch die Versuche, im Rahmen einer umfassenden systemtheoretischen Politik- bzw. Gesellschaftsanalyse das Verhältnis von Staat und Gesellschaft bzw. entsprechender (Sub-)Systeme zu bestimmen, sind bisher gescheitert, müssen scheitern, solange es sich dabei nicht um eine *inhaltliche* Theorie von Gesellschaft handelt[7]. In allen politologischen Erörterungen über „Autonomie", „Handlungsspielraum" etc. des Staates werden dann auch nur –einige– Probleme bezeichnet; bei den Versuchen zur Problemlösung fällt auf, daß sie oft Fragestellungen und Ergebnisse marxistisch orientierter Staatsanalysen übernehmen.

Mit der meist nur formelhaften Rezeption marxistischer „Staatsaussagen" werden jedoch einzelne Theoreme nur zu leicht aus ihrer gesellschaftstheoretischen Begründung gerissen und müssen so auch untauglich zur Politikanalyse werden – was dann oft genug als „Beweis" der *generellen* Untauglichkeit dieser Aussagen oder gar der marxistischen Staatstheorie insgesamt herhalten muß. Daraus ergibt sich eine *erste* Begründung für unseren Versuch, eine *systematische* Konzeption marxistischer Staats*analyse* zu entwickeln. Die *zweite* Begründung besteht darin, daß sich nach unserer Meinung eine Reihe von theoretisch-methodischen Fehlern in die bisherigen marxistischen Arbeiten eingeschlichen hat, die analytische Möglichkeiten verstellen oder bereits zu theoretischen Fehleinschätzungen des Staates geführt haben. Damit sollen die Leistungen der vorliegenden Studien nicht abgestritten werden. Vielmehr möchten wir ausdrücklich betonen, daß dieser Aufsatz ein Beitrag zu den laufenden Diskussionen sein soll[8]. Es versteht sich von selbst, daß wir die u.E. richtigen Zwischenergebnisse aufnehmen[9].

2. Probleme der neueren marxistischen Staatsdiskussion

(a) Die auch in der Formulierung des Kongreßthemas enthaltene *Trennung von Politik und Ökonomie* (Staat und Gesellschaft) im Kapitalismus scheint so unmittelbar einsichtig und selbstverständlich zu sein, daß es sich fragt, was mühsame und „sophistische" begriffliche Anstrengungen leisten sollen, welche versuchen, die *Genese* dieser verschiedenen „Sphären" bzw. „Systeme" abzuleiten, anstatt sich gleich um die spezifischen Vermittlungen oder „Interdependenzen" zu kümmern und an die empirische Forschung zu gehen.

Wir meinen jedoch – und das ist Konsens unter den Marxisten, daß es sehr wohl notwendig ist, die Genese dieser „Trennung" nachzuvollziehen, weil nur in einer solchen Erklärung *zugleich* der Ansatz für eine nicht nur äußerliche Analyse der Beziehungen, sondern für eine Analyse der spezifischen inneren Vermittlungen zwischen diesen „Sphären" bzw. „Systemen" gefunden werden kann.

Wie kann oder muß eine solche Erklärung verlaufen? In bürgerlichen Staatstheorien (juristischer oder soziologischer Herkunft) findet man im wesentlichen zwei Erklärungsschemata („normative" wollen wir vernachlässigen):

1. ein *historisch-typologisierendes* (etwa bei Weber, Heller u.a.): Die selbstverständlich gewordene Trennung von „Staat" und „Gesellschaft" (oder anderen gesellschaftlichen „Bereichen") wird zunächst historisch nachgezeichnet. Der Staat ist dann als „moderner" Ergebnis eines historischen Prozesses, und als solches Entwicklungs-*resultat* kann er typologisch verallgemeinert werden.
2. ein *funktionales* (wie schon implizit bei den oben erwähnten Autoren, vor allem aber im soziologischen Funktionalismus[10]: Eine oder mehrere *Funktionen* werden rekonstruiert, die der Staat (oder das politische System, oder „Politik" als solche) *für* andere Bereiche von sozialen Systemen oder *im* Kontext sozialer Systeme erfüllt. Mit dieser Funktion wird seine Existenz erklärt. Man kann wohl, ohne zu simplifizieren, die *„Fällung verbindlicher Entscheidung"* als solchen Ansätzen durchgängig gemeinsame Funktionsbestimmung identifizieren. Diese Funktion wird für *alle* Arten menschlicher Vergesellschaftung angenommen, von den Primitiven bis zur industriellen Gesellschaft. Inhaltlich deckt sich diese Funktion mit dem in historisch-typologisierenden Erklärungen zentralen *Souveränitäts*begriff[11].

Will die marxistische Staatstheorie nicht den Fehler wiederholen, „sich auf den Standpunkt der fertigen Phänomene" zu stellen[12] und abstrakte, ahistorische Definitionen zum Ausgangspunkt ihrer Erklärung zu nehmen, so kann sie sich nicht damit begnügen, die Existenz einer Institution bzw. Sphäre „Staat" zu konstatieren, sondern muß deren Notwendigkeit aus *bestimmten* Erfordernissen der kapitalistischen Gesellschaft begründen. Diese Erfordernisse sind *allgemein* von Marx im „Kapital" entwickelt worden, und eine „Ableitung" des Staates muß hier ansetzen. Bei aller Arbeit am allgemeinen Kapitalbegriff[13] ist es jedoch wichtig, das theoretische Ziel im Auge zu behalten, nämlich die begriffliche Rekonstruktion des *empirischen, historisch-konkret vorfindlichen Staates* jeweils spezifischer bürgerlicher Gesellschaften.

Die Ableitung des Staates aus den Marxschen allgemeinen Kategorien des Kapitals stößt jedoch auf erhebliche methodische Schwierigkeiten. Es ist in der marxistischen Diskussion bisher weder eindeutig geklärt, in welcher Weise die von Marx theoretisch rekonstruierte „Logik" der kapitalistischen Gesellschaft zur Analyse historischer und konkreter Erscheinungsformen „anwendbar" ist, wie überhaupt das Verhältnis zwischen logischer und historischer Analyse genau zu bestimmen ist[14], noch ist klar, von welchem Punkt bzw. von welchen Punkten des „Kapital im allgemeinen" aus die Ableitung des bürgerlichen Staates auszugehen hat.

(b) Wir haben gesagt, daß es um die *theoretische* Rekonstruktion des *empirisch* vorfindlichen bürgerlichen Staates geht. Um zu vermeiden, daß unsere folgenden Ausführungen als reine Begriffsscholastik verstanden werden, wollen wir kurz diejenigen Fragen skizzieren, die sich der neueren marxistischen Staatsdiskussion *zunächst* gestellt haben, und zwar *bevor* versucht wurde, zur Beantwortung dieser Fragen *direkt* auf das Marxsche „Kapital" zurückzugreifen.

,Es waren vor allem Auseinandersetzungen mit bestimmten *historischen Phasen* der kapitalistischen Gesellschaft, insbesondere mit dem *Faschismus*, sowie mit verschiedenen offensichtlichen *Problemen der Arbeiterbewegung* in der Einschätzung von Maßnahmen des bürgerlichen Staates (wie der Sozialpolitik, allgemeiner: des „Sozialstaates"), welche das „Staatsproblem" wieder aktuell werden ließen[15]. Aus diesen Auseinandersetzungen ergaben sich im wesentlichen *zwei Fragekomplexe*, die sich auf den behaupteten instrumentellen Charakter des Staates beziehen:

1. Wenn man den Staat unmittelbar als *Ausschuß zur Wahrung von Kapitalinteressen* begreift, wie sind dann Phasen in der Geschichte der bürgerlichen Gesellschaft zu erklären, in denen „der Staat" (scheinbar) unabhängig von oder gegen Interessen des Kapitals agierte? Diese um das Schlagwort von der „Verselbständigung des Staates" sich entwickelnde Debatte[16] ist noch keineswegs beendet. Aus ihr ergibt sich die zentrale Frage: *Wie vermittelt sich die Herrschaft des Kapitals über den und im Produktionsprozeß in die „Sphäre der Politik" und in die Institution Staat, wie vor allem ist das Verhältnis der Bourgeoisie als Klasse zu „ihrem" Staat?*
2. Wenn der Staat als *Instrument der Klassenherrschaft* begriffen wird, wie sind dann Maßnahmen zu interpretieren, die durch den oder mittels des Staates *zugunsten* der Arbeiterklasse durchgeführt werden? Auch diese unter dem Schlagwort des „Sozialstaats" geführte Debatte[17] ist keineswegs abgeschlossen. Sie kann es um so weniger sein, als hierin nahezu alle strategischen Probleme der Arbeiterbewegung (Reformismus, Revisionismus) eingeschlossen sind.

   Aus dieser Diskussion ergibt sich die zentrale Frage: *Wie vermitteln sich Aktionen der Arbeiter (worunter hier noch nicht einmal die „Klasse für sich" zu verstehen ist) in die „Sphäre der Politik"; verändern politische Siege der Arbeiterklasse (z.B. in Wahlen) eine wie immer zu begreifende Qualität des Staates als Klassenstaat, so daß sich ein Funktionswandel des bürgerlichen Staates zum Instrument gesellschaftlicher Veränderung zugunsten der beherrschten Klasse herausbilden kann?*

   Negativ könnte die Frage so formuliert werden: Ist die Tätigkeit des bürgerlichen Staates in Bezug auf die Arbeiterklasse Betrug, Manipulation, bloße Verschleierung seiner „eigentlichen" Klassenfunktion; und beruht die Affinität der Arbeiterbewegung zum Staat auf einer schlichten Illusion über dessen Charakter?

(c) Wir wollen diese Fragen hier *nicht* beantworten, halten es aber für sehr wichtig, daß nicht in Vergessenheit gerät, was bei einigen neueren Theorieversuchen manchmal unter den Tisch zu fallen scheint: daß nämlich solche *empirischen Probleme und politischen Fragen* die marxistische Staatsdiskussion bestimmen (müssen). Wir wollen auch keine neue Variante marxistischer Staatstheorie entwerfen – oder die verschiedenen früheren Antworten auf die erwähnten Fragen zusammenfassen, um ihnen ihren jeweiligen Ort innerhalb einer solchen Theorie zu geben. Unsere Intention ist vielmehr, einen *Rahmen* abzustecken für eine *systematische Analyse* des bürgerlichen Staates.

Diese Analyse muß zweierlei vermeiden:

1. mit der Ausgangskategorie implizit schon alle Fragen zu beantworten, also einen Staatsbegriff an den Anfang zu stellen, der nur noch auf seine Bestimmungen hin „entfaltet" zu werden braucht;
2. sich bei der Ableitung des Staates auf den allgemeinen Begriff des Kapitals zu beschränken, wie er von Marx dargestellt wurde, und Geschichte und Empirie als

außerhalb des Begriffs zu betrachten und nurmehr als Modifikationen in die Analyse hineinzunehmen.

II. „Allgemeiner Begriff des Staates" und allgemeiner Begriff des Kapitals

1. Der „allgemeine Begriff" des bürgerlichen Staates

In der neueren marxistischen Staatsdiskussion ist es üblich geworden, von einem „allgemeinen Begriff" des bürgerlichen Staates auszugehen, selbst dort, wo aus methodischen Gründen eine solche „Setzung" gerade abgelehnt wird[18]. Dieser allgemeine Begriff scheint mit den Bestimmungen gegeben zu sein, die Marx und Engels in der „Judenfrage", der „Kritik des Hegelschen Staatsrechts" und der „Deutschen Ideologie" im *Prozeß der Hegelkritik* verwenden. Solche Bestimmungen sind: Staat als „neben und außer" der bürgerlichen Gesellschaft stehende Einrichtung; „Verdoppelung der Gesellschaft in Gesellschaft und Staat"; „das illusorische ‚Allgemein'-Interesse als Staat". Sie lassen sich zusammenziehen zu der Vorstellung von der „Zusammenfassung der bürgerlichen Gesellschaft in der Form des Staates", wobei als Ursache dieser notwendigen Zusammenfassung der der bürgerlichen Gesellschaft eigene Widerspruch zwischen den „allgemeinen bzw. gemeinschaftlichen und den besonderen Interessen" gesehen wird. Der Staat wird begriffen als eine von der Gesellschaft *abgesonderte Form,* in der das allgemeine Interesse gewahrt oder verwaltet wird[19].

(a) Wir kritisieren zunächst, daß die Bestimmung „abgesonderte Form" trotz ihrer häufigen Verwendung nicht mehr reflektiert wird und zur Floskel verkommt. Mehr noch: Der Nachweis der „Besonderung" wird weitgehend mit einer *Ableitung* des Staates verwechselt. Als ein Beispiel für viele:

„In der mit der historischen Entwicklung einer Gesellschaft arbeitsteilig produzierender Warenproduzenten sich herstellenden *Besonderung des Staates* als illusorischer und widersprüchlicher Verkörperung des gesellschaftlichen Allgemeinen, beruhend auf einem System formeller persönlicher Unabhängigkeit bei gleichzeitiger sachlicher Abhängigkeit, finden wir die *allgemeinste* Formbestimmung des bürgerlichen Staates."[20]

Selbst wenn gesagt wird, es handele sich hier nur um die „allgemeinste Formbestimmung" des bürgerlichen Staates, die gewissermaßen noch ganz „leer" ist und erst stufenweise „konkretisiert"[21] werden muß, so ist doch kritisch aufzuzeigen, daß es sich bei den aus den „Frühschriften" aufgegriffenen Staatsbestimmungen um einen *bestimmten*, inhaltlich bereits gefüllten Staatsbegriff handelt.

Marx und Engels entwickeln dort den Staat im wesentlichen in der Hegelschen Begrifflichkeit – wenn auch in anderer Konsequenz als Hegel – aus der durch das Privateigentum gesetzten Selbstzerrissenheit der bürgerlichen Gesellschaft[22]. Der Staatsbegriff, mit dem wir es hier noch zu tun haben, ist aber weiterhin ein spezifisch „juristisch ", wesentlich moral- und rechtsphilosophisch gefaßter Begriff. Die Gegenüberstellung von Allgemeinem und Besonderem, Öffentlichem und Privatem, ist der Grundbestand klassischer bürgerlicher, naturrechtlich durchtränkter Staatstheorie seit Hobbes und Locke. In dieser Theorie wird das bürgerliche Subjekt zwar als „Privateigentümer" begriffen (besonders bei Locke), aber keineswegs in seiner *ökonomi-*

schen Bestimmtheit auf der Basis der kapitalistischen Produktion, sondern als *Rechtssubjekt.* Dieser Inhalt des Privateigentum-Begriffs steht im Gesamtzusammenhang der bürgerlichen Klassik und kennzeichnet ihren Versuch, eine *legitime Herrschaftsordnung* zu begründen[23]. Die erwähnten Formulierungen wie „allgemeiner Wille" oder „allgemeines Interesse" setzen diesen Begriff des Rechtssubjektes voraus, und sie beinhalten bereits eine bestimmte Aufhebung der Widersprüche von besonderen und allgemeinen Interessen durch den und im (legitimen) Staat.

Wenn also die „Besonderung" des Staates zunächst „juristisch"[24] begründet wurde, so zeigt sich, daß heutige Versuche fehlgehen müssen, die an die Stelle des *Rechtssubjekts* (der vereinzelten, abstrakten und gleichen Rechtsperson[25]) neue, *ökonomisch* bestimmte Kategorien[26] setzen und die früheren Staatsbestimmungen im übrigen beibehalten wollen. Sie unterschlagen gerade den *Gang* der Marx'schen Kritik, der von der noch allgemeinen Fassung des Privateigentums in den „Frühschriften"' zur Analyse der „Anatomie der bürgerlichen Gesellschaft" und damit zur *Analyse des Kapitals* fortgeschritten ist. Die logische Basiskategorie des frühen Staatsbegriffs, das „Privateigentum", wurde dadurch (ebenso wie die Problematik der „Entfremdung" und „Verdoppelung") in der Analyse der kapitalistischen Produktionsweise aufgehoben[27].

Wir müssen festhalten, daß es in der Tat wichtig ist, diesen juristischen Staatsbegriff nicht nur als solchen zu dechiffrieren, sondern umgekehrt – in einem „zweiten Gang"[28] – seine Notwendigkeit zu entwickeln. Das kann jedoch *erst* auf der Basis der allgemeinen Bestimmungen der kapitalistischen Produktionsweise geschehen.

(b) Bei den bisherigen Versuchen, ausgehend von dem oben kritisierten „allgemeinen Staatsbegriff" den „Staat" auf der Basis der Marxschen Analyse der Anatomie der bürgerlichen Gesellschaft zu entwickeln, wird der spezifische Inhalt dieses vorgefaßten Begriffs schnell zu einer methodischen Falle: wir haben gesagt, daß in ihm bereits eine *bestimmte* Gestalt der *Aufhebung* von aus dem „Privateigentum" resultierenden Widersprüchen angelegt ist. Besonders bei Hegel scheint die Darlegung der aufzuhebenden Widersprüche von vornherein dazu angelegt zu sein, eine *vorgängige Einheit* „im Geist" sich herausarbeiten zu lassen.[29]. Eine solche „Wesensbestimmung" schleicht sich auch in die marxistische Staatsdiskussion ein: indem der Staat vorgängig als das „Allgemeine" bestimmt wird, wird eine *Generalkompetenz* „des Staates" festgestellt, „allgemeine Interessen" zu „verwalten"[30], die Widersprüche zu „regulieren". Sind somit *alle Funktionen* „des Staates" im Keime schon in seinem Wesen enthalten, so können Fragen nach den *Gründen* von Staatsfunktionen, vor allem aber nach den *Grenzen* des Staates in der kapitalistischen Gesellschaft nicht mehr zureichend beantwortet werden. Es bleiben dann im wesentlichen nur noch zwei Ausweichstrategien: *erstens* die Hinzufügung einer anderen „Wesensbestimmung", nämlich die des *Klassenstaates* als „letztlicher" Funktion; oder *zweitens* der Verweis auf historische Modifikationen, empirische Besonderheiten und politisch-taktische Variationen.

2. Der allgemeine Begriff des Kapitals und die Staatsanalyse

Die Mängel der bisherigen Staatsbestimmungen bzw. des „allgemeinen Staatsbegriffs" sind wesentlich auch Ausdruck der methodisch-theoretischen Unsicherheit über das

Verhältnis von allgemeiner Kapitalanalyse und Staatsableitung. Die folgenden Aussagen sind *Überlegungen* zu diesem Problem, das nach unserer Wahrnehmung insgesamt noch offen ist.

(a) Wir haben oben gesagt, daß in der neueren marxistischen Staatsdiskussion versucht wird, die Kategorie der *Form* für die Staatsanalyse fruchtbar zu machen. Auch wir sehen in dieser Kategorie den methodischen Ansatzpunkt für eine marxistische Staatsanalyse, unabhängig von der Kritik, die wir gegen Inhalt und Verwendung der „Formbesonderungs"-Aussage vorgebracht haben.[31]

Wir meinen, daß das Ziel: „den Staat" in systematischer Analyse zu erklären, nur erreicht werden kann, wenn jeder vorgängige Staatsbegriff aufgegeben wird, wenn Assoziationen und unmittelbar gegebene, aus der Empirie entstandenen Vorstellungen vom „Staat"(sei es als autoritärem, sei es als parlamentarisch-demokratischem) nicht bereits als Prämissen in die Ausgangsfragen einfließen. Der „Staat" muß gewissermaßen erst einmal für eine *theoretische* Rekonstruktion freigegeben werden. Das, was theoretisch rekonstruiert werden soll, der heutige Staat, kann also u.E. nicht im „direkten Zugriff" analysiert werden, jedenfalls nicht, wenn man ihn als eine *zusammengesetzte Institution begreift, die verschiedenste Funktionen für den und im Bezug auf den kapitalistischen Reproduktionsprozeß formell verbindet,* jedenfalls nicht, wenn der heutige Staat auch in seiner Widersprüchlichkeit und in seiner offensichtlich begrenzten Handlungskapazität begriffen werden soll.

Unsere Untersuchung richtet sich nicht sofort auf die konkret-historische Struktur „Staat", sondern wir versuchen, zunächst die Bestimmungen des Staates anzugeben, die systematisch aus dem allgemeinen Begriff des Kapitals abgeleitet werden können. Dieser Begriff erfaßt bei Marx die allgemeinen Bewegungsgesetze und Zusammenhänge einer Gesellschaftsformation, die sowohl einen historisch-vergänglichen Charakter besitzt als auch durch ganz bestimmte, notwendige Verhältnisse charakterisiert ist, welche sie erst zu einer kapitalistischen machten. Diese Verhältnisse, als Verhältnisse von Menschen, erhalten bestimmte *Formen.* So sind Ware, Geld, Kapital, Lohnarbeit, aber auch Warenkapital, Geldkapital, Profit, Zins, Lohn als „Preis der Arbeit" wesentliche Formen, deren Herausbildung eine Gesellschaft zur kapitalistischen macht. Im Begriff der „Form" ist sowohl das Grundproblem als auch das wesentliche Charakteristikum historisch-materialistischer Methode ausgedrückt: die Untersuchung des Verhältnisses zwischen dem materiellen Prozeß der Produktion und Reproduktion des Lebens und den Beziehungen zwischen den vergesellschafteten Menschen, die sich in diesem Prozeß der materiellen Reproduktion konstituieren.

Die materialistische Methode besteht nun darin, die „Formen" zu untersuchen, in denen sich die bestimmten Beziehungen zwischen den Menschen ausdrücken und

1. sie in ihrem fixen, den Menschen entfremdeten, scheinbar sachlich bedingten und ahistorischen Charakter „aufzulösen" und sie als historisch gewordene, menschlicher Tätigkeit entwachsene und durch sie reproduzierte, d.h. als gesellschaftlich-historisch bestimmte Formen darzustellen;
2. ihren inneren Zusammenhang aufzudecken und damit das Ganze der historisch-gesellschaftlichen Formation theoretisch zu rekonstruieren. Bezugspunkt dieser Rekonstruktion müssen immer die *gegenwärtigen* Verhältnisse sein, in denen sich die Formen historisch ja am weitesten herausgebildet haben. Die Analyse hat jedoch nicht den „Gang der Geschichte" nachzuvollziehen, sondern hat die Formen in dem Zusammenhang darzustellen, in dem sie „logisch" stehen, d.h. in dem sie

sich unter den Bedingungen einer bestimmten historisch-konkreten Gesellschaftsformation jeweils reproduzieren.

(b) Zu bestimmen ist nun, *ob* der Staat zu den wesentlichen Formen der kapitalistischen Gesellschaft gehört und *wie* er als solche zu entwickeln ist. Für die Beantwortung des ersten Teils der Frage müssen wir diejenigen Bedingungen aus den Bestimmungen des Kapital im allgemeinen herausarbeiten, welche die *Genese* einer bestimmten Form notwendig machen, die als „Staat" *neben* den anderen Formen der kapitalistischen Reproduktion existiert; mit dem zweiten Teil der Frage sind die Beziehungen angesprochen, die *zwischen* den verschiedenen Formen einschließlich derjenigen des Staates bestehen. Dies bedeutet, daß der Staat eben nicht allein als „neben und außerhalb der Gesellschaft", sondern daß er als notwendige Form in der Reproduktion dieser Gesellschaft selbst entwickelt werden muß.

Wir nennen dies Vorgehen im folgenden abgekürzt *Formanalyse*. Unser Versuch, ein Konzept einer marxistischen Staatsanalyse zu entwerfen, folgt der Marx'schen Darstellung der Formen, in welchen sich die kapitalistische Produktionsweise allgemein reproduziert. Wir können auf dieser Abstraktionsebene jedoch nur die *allgemeinen Ausgangspunkte* für die Herausbildung von „Funktionen" des Reproduktionsprozesses, welche sich in der spezifischen Weise *formieren* müssen, daß sie außerhalb des Systems der privat organisierten gesellschaftlichen Arbeiten stehen, angeben. Die Frage, wie diese Formierung im einzelnen erfolgt, wie sie in Struktur, Institution und Prozeß des Staates umgesetzt wird, ist durch die Formanalyse nicht mehr zu beantworten. Sie müßte zum Gegenstand historischer Analysen gemacht werden. Die genaue Abgrenzung und Vermittlung von Form- und historischer Analyse wirft allerdings schwierige Probleme auf. Sie hängt ab, wie man die historische Bedingtheit des Marx'schen Begriffs des Kapitals im allgemeinen selbst bestimmt.[32] Wir haben weiter unten versucht, durch die begriffliche Differenzierung von Systemgrenze und Tätigkeitsgrenze im Hinblick auf das Verhältnis von staatlicher Tätigkeit und kapitalistischer Ökonomie diese Abgrenzung näher zu fassen und damit Vermittlungsschritte anzudeuten von der Analyse der allgemeinen Bestimmungen zu derjenigen der spezifischen Erscheinungsformen innerhalb einer historisch-konkreten Totalität.[33]

3. Zur Frage des Ausgangspunktes einer Staatsableitung auf der Basis des allgemeinen Begriffs des Kapitals

An der Hypostasierung eines „allgemeinen Begriffs des bürgerlichen Staates" haben wir kritisiert, daß in ihm die *ökonomischen* Bestimmungen des Privateigentums als Kapital noch nicht entwickelt waren. Nun könnte umgekehrt unser Insistieren auf die Formanalyse so interpretiert werden, daß es die Forderung danach enthält, der Begriff des Staates habe *alle* Bestimmungen des *entwickelten* Kapitals aufzunehmen. Wenn wir jedoch im folgenden von der *Ware* als „Zellenform" der bürgerlichen Produktionsweise ausgehen, so geht es uns *nicht* darum, die Bestimmungen des Kapitals einfach zu wiederholen, um dann als „Krönung" den Staat aufzusetzen. (Dies scheint uns das Vorgehen zahlreicher Versuche zur Staatsableitung zu sein.) Vielmehr versuchen wir in diesen Bestimmungen des Kapitals als *Form gesellschaftlicher Verhältnisse* all jene Momente aufzuzeigen, an denen die Analyse (der Herausbildung) des Staates ansetzen muß.

Warum wir mit der Ware beginnen, und welche *Probleme* hierbei zu lösen sind, läßt sich am besten durch eine Kritik bisheriger „Ansatzpunkte" zeigen.

(1) Von einigen marxistischen Autoren wird behauptet, die Möglichkeit des Staates als „Verwalter allgemeiner Interessen", ließe sich erst von der *Oberfläche* des Kapitals her entwickeln. Auf der Ebene der „einfachen Warenzirkulation" sei noch kein Widerspruch zwischen „besonderen und allgemeinen Interessen" möglich. Hier herrsche *reelle* Gleichheit (und somit gleichgerichtete Intention aller Tauschsubjekte. Der Ausgangspunkt von einem spezifischen Interessenbegriff verstellt diesem Vorgehen jedoch den Blick für zwei Probleme:

a) die „einfache Warenzirkulation" ist keine historische Phase vor oder zu Beginn der kapitalistischen Produktionsweise, sie ist vielmehr die allgemeinste Oberfläche dieser Produktionsweise und ist die *allgemeinste Form des Verhältnisses der in ihr vergesellschafteten Menschen.* Sie ist erst voll herausgebildet, wenn auch die Arbeitskraft als Ware „zirkuliert";
b) deshalb gehören jene Kategorien von „Freiheit und Gleichheit", die der einfachen Warenzirkulation geschuldet sind, konstitutiv zum Begriff des *Kapitals,* sie beinhalten bereits den Widerspruch zwischen *formeller* Gleichheit der Warenbesitzer und ihrer *inhaltlichen* Ungleichheit im Kontext der Produktion[34].

(2) Ein zweiter Ansatzpunkt ist die Kategorie der *Krise* – anders gefaßt: der Widerspruch zwischen Bedürfnissen und Wertproduktion, aus dessen konfligierender Bewegung die Notwendigkeit einer *anderen* Form von Gesellschaftlichkeit resultierte als die über das *Wertgesetz* vermittelte, strukturell-unbewußte Form. Dieser Zugang zum Staatsproblem *scheint* den großen Vorzug zu haben, den Staat als Herrschaftsorganisation ebenso zu begründen wie als potentiellen Verwalter von durch die wertgesetzliche Vermittlung der gesellschaftlichen Produktion nicht befriedigten Bedürfnissen. Zwei Fragen werden jedoch hierdurch nicht beantwortet:

a) Mit den beiden Handlungsmöglichkeiten: der gewaltsamen Unterdrückung unbefriedigter Bedürfnisse (Klassencharakter) bzw. Organisierung der Befriedigung bisher unerfüllter Bedürfnisse (Sozialstaatscharakter), wird noch nicht die Existenz des „Handlungsträgers" Staat begründet. Abgesehen hiervon kommt man durch diese Ableitung zu der Konzeption eines Staates, die nur noch auf Kategorien von Machtverhältnissen aufgebaut wird, wodurch der Staat den Charakter eines – letztlich neutralen – Instruments erhält.
b) Neben dem allgemeinen methodischen Einwand, daß die Krise keine Gesetzmäßigkeiten oder Formen konstituieren kann, muß von dem Krisen-Ansatz gefordert werden, erst einmal zu erklären, warum die normale Art der Lösung jenes Widerspruches, nämlich die *Konkurrenz* und die *Krise selbst*, nicht ausreichen sollte, jenen Widerspruch zu „bereinigen". An dieser Stelle muß dann auf die Kategorie des Klassenkampfs zurückgegriffen werden.[35]

(3) Andere Autoren halten ohne Umschweife über die Krise die Kategorie des *Klassenkampfs* für die Ausgangskategorie jeder Analyse des bürgerlichen Staates, und zwar (in der Nachfolge von Engels) als „Klassenstaat überhaupt", wovon der bürgerliche Staat nur eine besondere Gestalt sei. Hierauf hat Paschukanis die ‚klassische' Frage gestellt:

„Warum bleibt die Klassenherrschaft nicht das, was sie ist, d.h. die faktische Unterwerfung eines Teiles der Bevölkerung unter die andere? Warum nimmt sie die Form einer offiziellen staatlichen Herrschaft an, oder – was dasselbe ist – warum wird der Apparat des staatlichen Zwanges nicht als privater Apparat der herrschenden Klasse geschaffen, warum spaltet er sich von der letzteren ab und nimmt die Form eines unpersönlichen, von der Gesellschaft losgelösten Apparates der öffentlichen Macht an? "[36]

Die Kritik aller drei Ansatzpunkte verweist uns auf *gesellschaftliche Beziehungen der Warenproduktion,* welche zum Ausgangspunkt der Staatsanalyse gemacht werden müssen: Freiheit und Gleichheit der Tauschsubjekte können keine ausschließlich auf die sachlichen Beziehungen des Wertgesetzes bezogene Kategorien bleiben, sondern müssen auf der Seite der *handelnden Subjekte* bestimmte Merkmale konstituieren (Ansatzpunkt 1). Die Wert*form* muß somit auf der „subjektiven Seite" eine adäquate Form finden, die es erlaubt, die isolierten Privateigentümer als Subjekte zu verbinden, und zwar ohne, daß sie durch eine Krise ihrer Beziehungen zu einer exzeptionellen Lösung von Konflikten gezwungen werden (Ansatzpunkt 2). Die „separate Organisation" eines *öffentlichen Zwangsapparates* muß ihren Grund *auch* in dem Verhältnis der Privateigentümer (in der entwickelten Form: der Kapitalbesitzer) untereinander haben; die „Herrschaftsfunktion" des Staates muß also einen doppelten Charakter besitzen (Ansatzpunkt 3).

Diese Argumente führen zu der Kategorie der *Rechtsform* und zur Notwendigkeit einer rechtsgarantierenden Gewalt, die wir im folgenden *außerökonomische (Zwangs-)Gewalt*[37] nennen. Wir verstehen hierunter noch nicht den organisierten Apparat (oder ein Instrument), sondern gewissermaßen erst eine *Grundfunktion*[38], die auf der begrifflichen Ebene der Formanalyse zunächst ableitbar ist. Wir sind damit noch keineswegs beim „Staat", sondern bei verschiedenen *Formen gesellschaftlicher Beziehungen*, nämlich ökonomischen und politischen Beziehungen[39], die der bürgerlichen Produktionsweise zueigen sind.

Das – wie wir eingangs sagten: scheinbar so unmittelbar einsichtige und selbstverständliche – Auseinandertreten, die „Trennung", von Politik und Ökonomie, ist *kein* einmaliger historischer Akt, sondern wird ständig reproduziert. Die Frage ist, weshalb die bürgerliche Gesellschaft, deren Reproduktionsprozeß in der scheinbar sachlichen (ökonomischen) Vermittlung des Wertgesetzes reguliert wird, eines *äußerlichen* Verhältnisses von Politik und Ökonomie bedarf. Da die (wissenschaftliche) Alltagsvorstellung vom Verhältnis von Politik und Ökonomie die Annahme enthält, allein Politik habe es mit Herrschaft, Ökonomie dagegen mit „Sachgesetzlichkeiten" zu tun, ist weiter nach der *systemspezifischen Verbindung* von Herrschaft und Produktion zu fragen.

III. Äußeres Verhältnis und innere Vermittlung von Politik und Ökonomie

1. Wertbewegung und Rechtssubjekt

Daß sich die Grundfunktion der „konkreten Struktur" Staat in der Warenform verbirgt, ist bislang nur marxistischen *Rechts*theoretikern aufgefallen. Aber offenbar hat sie ein vorgefaßter Staatsbegriff daran gehindert, diesen Faden weiterzuverfolgen.[40] Wir wollen dies versuchen.

Die *Wertbewegung* als sachlich-ökonomischer Vermittlungszusammenhang stellt als Form der *ökonomischen* Vergesellschaftung der Produzenten eine Art der von persönlicher, physischer *Gewalt* freien Vergesellschaftung dar. Die Vergesellschaftungsform des *Tausches,* der ,Gesellschaftlichkeitsindikator' *Preis* und die Sanktionsinstanz *Geld* etablieren allerdings die Herrschaft des rein sachlichen Zusammenhanges.

Historisch ist der bürgerlichen Gesellschaft zwar ein Prozeß vorausgesetzt, der erst zur „Entpolitisierung" der Ökonomie führt: die Aufgabe des Faustrechts, der Räuberei, die Subsumtion der Besitzlosen (d.h. der besitzlos gewordenen) unter das Lohnarbeitsverhältnis. Es läßt sich zeigen, daß sich mit der Herausbildung von Warenproduktion und Geldverhältnissen die „Entpolitisierung" der Ökonomie durchsetzt und *zugleich* eine Instanz notwendig wird, die diesen Prozeß garantiert. Der Absolutismus als historische Phase, die den Übergang zur bürgerlichen Produktionsweise bezeichnet, muß so begriffen werden. Gerade die Parallelität der Herausbildung des Geldverhältnisses *und* einer separaten außerökonomischen Zwangsgewalt (vom Bürgertum her gesehen)[41] rechtfertigt unser analytisches Vorgehen, nämlich unabhängig von der konkreten historischen Struktur (hier der fürstlichen Souveränität), die auf der Ebene der Ware notwendig werdende Funktion abzuleiten[42].

Der sachliche Zusammenhang der Wertbewegung ist aber ein *gesellschaftliches Verhältnis* der Menschen. Charakteristisch ist gerade für die kapitalistische Produktionsweise, daß sie dieses Verhältnis in zwei verschiedenen *Formen* gegeneinander verselbständigt: in Beziehungen der Dinge und in Beziehungen der Personen.

Die Wertrelation als Beziehung der Waren (Sachen/Dinge) aufeinander besteht unabhängig vom Willen der produzierenden und „kommunizierenden" Menschen. Der *Wert* ist die verdinglichte Form der Gesellschaftlichkeit ihrer Arbeit[43], in ihm existiert der arbeitende Mensch nur noch als „Resultat", als abstraktes Quantum vergegenständlichter Arbeit. Die *Realisierung* des Wertes, d.h. der wirkliche Tauschakt, setzt nun andererseits einen bewußten Willensakt des Warenbesitzers voraus. Die Waren können nicht selbst zum Markt gehen, wie Marx es formuliert, der Tauschakt setzt handelnde Menschen *voraus* und *konstituiert* eine Beziehung handelnder Menschen, allerdings nur noch als Zirkulationsagenten. Entsprechend der Struktur des Tauschaktes: Vergleich ungleicher Arbeitsprodukte (Gebrauchswerte) im Bezug auf ein abstraktes Maß (Goldquantum, das Arbeitszeit repräsentiert) beziehen sich die Tauschenden als unterschiedliche Menschen mit unterschiedlichen Bedürfnissen aufeinander, wodurch sich ein abstrakter Bezugspunkt bilden muß, von dem her der Vergleich möglich wird: dieser Bezugspunkt ist der Mensch als *Tauschsubjekt.* Entscheidend für die Form der Beziehung der Tauschenden ist nicht die Verschiedenheit der Bedürfnisse (wenngleich diese Verschiedenheit erst die *Notwendigkeit* des Tausches konstituiert), entscheidend wird, daß die Tauschenden eine gleiche gesellschaftliche und formelle Qualität annehmen. Die *gesellschaftliche* Qualität ist die, einen Willen zu haben, der sich auf den Tauschakt und damit auf alle anderen Tauschsubjekte bezieht. Diese Beziehung findet in der Form der gegenseitigen Anerkennung als *Privateigentümer,* damit des Privateigentums als *Grundrecht,* und der Vertragsfreiheit ihren Ausdruck. Aus den Willensverhältnissen wird ein System von Rechtsbeziehungen in dem Moment, wo sie vereinbart und geregelt sind.[44] Die Person erhält die *Form des Rechtssubjektes,* die Beziehungen zwischen den Personen werden „willensmäßige Beziehungen voneinander unabhängiger, einander gleicher Einheiten, juristischer Subjekte"[45]. Erscheint die Kategorie des Vertrages, ein auf gegenseitiger Anerkennung beruhender, gemeinsamer Willensakt, als die ursprüngliche Rechtsfigur, so offenbart schon diese Form, daß sie ohne *Zwang* nicht existieren kann. Der Vertrag konstituiert den Vertragszwang: pacta sunt servanda. Allerdings entsteht noch keine einseitige Verfügung über fremden Willen, sondern die gegenseitige, auf Übereinstimmung beruhende Verpflichtung. Mit der Ausweitung der Tauschbeziehungen, dem dichter werdenden Netz der Rechtsverhältnisse, müssen die Regeln des Tauschverkehrs verallgemeinert werden, damit die im Äquivalenztausch gesetzte Notwendigkeit der *Gleichheit* der Tausch*bedingungen* hergestellt wird. *Die Durchsetzung des Wertgesetzes konstituiert die Durchsetzung des Rechtsgesetzes*[46].

2. Rechtsform, außerökonomischer Zwang und Politik

Aus dem Warenverhältnis als spezifischer, *verdinglichter* Form des Zusammenhanges der gesellschaftlichen Arbeit ergibt sich somit die Form des Rechts und des Rechtsverhältnisses als spezifische, scheinbar abgehobene Form der Beziehung zwischen isolierten „Individuen". Für die begriffliche Ableitung der außerökonomischen Gewalt ergibt sich hiermit ein erster Ansatzpunkt: die „legislative Funktion", d.h. die Funktion der Rechtssetzung (was nicht gleichbedeutend ist mit Rechtserzeugung). Recht muß aber vollstreckt werden. Seine „gebührende Vollstreckung"[47] ist zu sichern: „exekutive Funktion"; Sicherheit des Rechts als Grunderfordernis erzeugt den außerökonomischen Zwang.[48]

Aus der Warenform läßt sich somit zwar die *Funktion* Zwangsgewalt ableiten (Sanktion = Rechtssetzung und Exekution), aber noch keine konkrete Struktur Staat. Der nächste Schritt der Ableitung kann nur sein, *daß bestimmte Formprinzipien entwickelt werden, die diese Zwangsgewalt einhalten muß, um der Form der Ware adäquat zu sein.* Diese finden sich im Begriff des allgemeinen Gesetzes, der *generellen Norm:* der unpersönlichen, allgemeinen, öffentlichen Qualität des Rechtsgesetzes.[49] Indem die spezifische Form der Warenproduktion die menschlichen, gesellschaftlichen Beziehungen in sachliche und rechtspersönliche zerlegt, konstituiert sich der Zusammenhang in einer doppelten Weise als ein überpersönlich abstrakter. Die sachlichen Beziehungen finden nur statt, wenn sich die Rechtssubjekte der Wertbewegung adäquat verhalten. Der in der Äquivalenzbeziehung der Zirkulation und in der Form des Geldes verdinglichte Verkehr verlangt, daß die Subjekte sich gegenüber diesem Zusammenhang

1. verhalten wie einer Sache gegenüber,
2. sich die Imperative dieser Sache zueigen machen.

Im Recht bildet sich auf der Seite der Subjekte die adäquate Form eines versachlichten Zusammenhanges, die gesetzten, „positiven" Normen finden eine der Funktion des Geldes in bezug auf die Preise analoge sachliche Sanktionsinstanz: die außerökonomische Zwangsgewalt[50].

Diese genetische Beziehung und strukturelle Identität zwischen Wert und Recht offenbart sich auch in der Parallelität der ursprünglichen *historischen* Tätigkeiten des „Staates". Die Festsetzung von Maßen und Gewichten zusammen mit der Herstellung des „Marktfriedens" zeigt die Identität der Formprinzipien von Recht(-sgesetz) und Geld. Maße und Gewichte, sowie später der *Geldmaßstab* sind die *formellen* Voraussetzungen des Tauschverkehrs. Gerade weil die Durchsetzung des Wertgesetzes (Äquivalenzprinzips) die Vergleichsmöglichkeit *unterschiedlicher Wertgrößen* bedingt, muß der Maßstab des *äußeren* Wertmaßes Geld fixiert, kodifiziert und gesichert werden.

Als erste Charakterisierung von *Politik* können wir jetzt Willensverhältnisse zwischen unabhängigen, gleichen Rechtssubjekten identifizieren, die der *Form* nach Kämpfe um die Festlegung von Rechten, Streitigkeiten um Rechtsauslegung sind (die ja erst spät von der „politischen" Sphäre in den separaten Apparat der Justiz verlegt wurden), deren *Inhalt* jedoch „ökonomischer Art" ist, d.h. durch die Bewegungen der Produktion und der Wertrealisierung gegeben sind.

Wir müssen festhalten, daß die abstrakten Kategorien der Warenproduktion und -zirkulation mit der Herausbildung des Kapitals als wesentliches Grundverhältnis nicht verschwinden, sondern die allgemeinen Kategorien der Oberfläche[51] bilden. Die inneren Funktionsänderungen, die mit der Herausbildung des Kapitals entstehen, ändern an dieser äußeren Form nichts. Das ist deswegen wichtig, weil nur so begriffen werden kann, daß die Förmlichkeit des Rechtes und des Rechtsstaates ein funktionales Erfordernis des Kapitalismus ist, das nicht einfach verschwindet, wenn die Klassenstrukturen sich entwickeln. Auch die Grundform von Politik: Kampf um Recht und um die Instanz, welche das Recht garantiert, die außerökonomische Zwangsgewalt, ist auf der Basis der Klassenbeziehungen nicht eine bloße „Illusion", sondern die Form, in der sich der *im Rahmen* des bürgerlichen Staates bleibende Klassenkampf politisch ausdrücken kann.[52]

3. Privateigentum und Kapitalherrschaft

Der entscheidende Funktionswandel der außerökonomischen Zwangsgewalt, der mit der Wendung zur Funktion Klassenstaat bezeichnet ist, tritt mit der (hier immer: begrifflichen) Entwicklung des Geldes zum Kapital, der Arbeit zur Lohnarbeit – beides auf der Voraussetzung der Trennung der Produzenten von den Bedingungen der Produktion – ein. Aber auch hier müssen wir an den oben schon entwickelten Formen ansetzen, um die Klassenstaatsfunktion nicht roh empirisch als reine Gewaltanwendung zu begreifen.

Das Prinzip des Äquivalententausches und der Aneignung der Produkte nach Maßgabe der eigenen, vergegenständlichten Arbeit wird mit der Entwicklung des *Kapitals* durchbrochen. Die Tauschbeziehungen bleiben der *Form* nach zwar Äquivalenzbeziehungen, ihrem *Inhalt* nach sind sie ungleiche Beziehungen[53]. Die Ware Arbeitskraft *tauscht* sich zu ihrem Wert, sie *produziert* aber – kraft ihres Gebrauchswertes – einen höheren Wert, der vom Kapitalisten in der Produktion angeeignet wird. Dieser Wert realisiert sich für den Kapitalisten in der Zirkulation.

Nach beiden Seiten der Zirkulation erscheint dieser Mehrwert als rechtens. In der Tauschbeziehung zwischen Kapital und Lohnarbeit erscheint alle „Arbeit" als bezahlt (weil in der Form des „*Preises* der Arbeit" der Doppelcharakter der Arbeit verschwindet); in der Tauschbeziehung zwischen Kapitalist und „Käufer" erscheint der Mehrwert als Profit, der als bloßer Aufschlag auf die Kosten gesehen wird (und völlig verschieden interpretiert wird: als Verzichtsprämie, als „Leistung des Produktionsfaktors Kapital", als Situations- und Geschicklichkeitsgewinn, oder einfach rechnerisch als Residualkategorie).[54]

Da die außerökonomische Gewalt das *Basisrecht* der Warenproduktion, das *Privateigentum,* schützt, schützt sie

1. das Recht von Kapital und Lohnarbeit gleichzeitig, nämlich auch das Eigentum an der Arbeitskraft (als Ware);
2. das Recht des Kapitals auf das im *Produktionsprozeß* produzierte Produkt.

Eigentumsgarantie, die sich auf das *Eigentum an der Ware* bezieht, bedeutet demnach primär Garantie der bestimmten Form des Produktionsprozesses, des *Kapitalverhältnisses*. Von der Form des Rechtes her ist dem ganzen keinerlei Funktionswandel anzusehen. Formal ist Eigentum = Eigentum (und auch das ist keine „Illusion"! Die außerökonomische Zwangsgewalt schützt auch das Eigentumsrecht an der Arbeitskraft.) Inhaltlich bedeutet jedoch der Schutz des *Kapitaleigentums* zugleich Schutz der *Herrschaft* des Kapitals über die Lohnarbeit *im* Produktionsprozeß von Wert. *Herrschaft hat sich jedoch jetzt selbst verdoppelt: in eine rein sachliche Form, nämlich der Produktionsbedingungen (als Kapital) über die Produzenten einerseits (eine vorpolitische Herrschaft) und abstrakt, allgemeine, öffentliche Herrschaft (politische Herrschaft) andererseits.* Der Privateigentumsschutz scheint – gerade durch die spezifischen Formen der Zirkulation – einen derart ‚sachlichen' Charakter zu haben, daß es notwendig ist, die Konfliktpunkte aufzuzeigen, von denen her die Tätigkeit der außerökonomischen Zwangsgewalt als funktional im Sinne des Kapitals und damit die politische Herrschaft funktional im Sinne der Kapital- als Klassenherrschaft interpretiert werden kann. Die Entwicklung dieser Konfliktpunkte ist deswegen wichtig, weil in den saloppen Formulierungen mancher marxistischer Staatstheoretiker die „Kapitalfunktionalität des Staates" kraft „Wesenbestimmung" so selbstverständlich ist, daß die genaue Analyse von Kämpfen, Konflikten und Krisen der bürgerlichen Gesellschaft in bezug auf den Wechsel der Staatsformen (im engeren Sinne von Regierungssystemen) nicht mehr gelingt.

Wir werden zunächst die Konfliktmomente entwickeln und dann in einem zweiten Gang die Wirkungsweise der außerökonomischen Zwangsgewalt auf die unterschiedlichen Kategorien von „Privateigentümern" analysieren.

4. Rechtsverhältnisse und Klassenkonflikt

(a) Aus dem Charakter der Arbeitskraft als *Ware* resultiert eine grundlegende (und für alle systemtheoretischen Abgrenzungsversuche zerstörerische) Durchbrechung der Grenzen zwischen rein sachlichen und rechtspersönlichen (damit auch in einem langen Vermittlungsprozeß politischen) Beziehungen. Die Eigentümer der Ware Arbeitskraft tragen mit der Ware sich selbst als *konkrete Menschen* auf den Markt: bildlich gesprochen bleibt das *Rechtssubjekt* Arbeiter ewig in der Zirkulation, betritt nie die Fabrik, wird nie von einem Meister angeschnauzt, bleibt im Anzug und im Auto vor den Toren; der konkrete Mensch Arbeiter zieht den blauen Anton an und wird zum *„Produktionsfaktor"*, zu einer sachlichen Funktion im System der Kapitalproduktion, erhält die Form des variablen Kapitals.[55] Als solcher Faktor ist er der Herrschaft des Kapitals unterworfen: aus dem freiwilligen Tauschakt ist eine einseitige Unterwerfung unter fremden Willen geworden. Die „Freiwilligkeit" des Rechtssubjektes Arbeiter basiert auf dem Verkaufszwang des konkreten Menschen, damit er sein Leben reproduzieren kann.

(b) Die Rechtsgarantie des *Kapitaleigentums* garantiert nicht nur die Herrschaft jedes

Einzelkapitalisten über seine Arbeiter, sondern die Reproduktion des Kapitalverhältnisses, indem sie die Akkumulation des Kapitals (rechtlich gesichert in der freien Verfügung über bestehendes und neu realisiertes Eigentum an Wert) schützt.

(c) Der *Wert* der Ware Arbeitskraft ist nicht in der gleichen Weise bedingt wie der Wert der übrigen Waren. Alle anderen Waren stellen nur ein *bestimmtes Quantum vergegenständlichter Arbeit* dar. Die Reproduktion der Ware Arbeitskraft ist aber der Lebensprozeß des konkreten Menschen mit seinen konkreten Bedürfnissen. Um den Wert der Ware Arbeitskraft, d.h. um das „notwendige Quantum an Lebensmitteln" kann es immer nur den Kampf geben.[56]

(d) Die *Verkäuflichkeit* der Ware Arbeitskraft ist von Marktbedingungen (als Reflex des Akkumulationsprozesses) abhängig. Diese Abhängigkeit scheint die gleiche sachlich-„natürliche" Form zu haben wie die aller anderen Waren. Wenn jedoch andere Waren verderben, war die inkorporierte Arbeit umsonst, wenn die Ware Arbeitskraft verdirbt, „verdirbt" der Mensch.

Alle diese Momente erzeugen Konflikte, die Resultat nicht der *sachlichen* Bewegung des Kapitals, wenngleich durch sie bedingt, sondern der Lebensansprüche der Arbeiterklasse sind. Diese Konflikte, d.h. die Klassenkonflikte, äußern sich in historisch unterschiedlicher Weise, sie sind jedoch die wesentlichen Konflikte, von denen her sich das Verhältnis von „Politik" und „Ökonomie" bestimmt.[57]

Dieses Verhältnis von „Politik" und „Ökonomie" ist jetzt ein äußeres geworden. Wir müssen also die *Wirkungsweise* der Formen aufeinander als äußere und von daher die Wirkung auf das Klassenverhältnis in der Produktion in allgemeinen Zügen analysieren, sowie die *Formen der Vermittlung* zeigen, in denen die außerökonomische Zwangsgewalt auf die sachliche Beziehung der Kapitalreproduktion einwirken kann.

5. Zur doppelten Wirkung des Rechts in der bürgerlichen Gesellschaft

Der abstrakte und scheinbar neutrale Charakter der außerökonomischen Zwangsgewalt, wie er sich auf der Basis der Formen der Zirkulation ergibt, erweist sich bei der Analyse ihrer *Wirkungsweise* auf die (Rechts-)Personen je nach ihrer Klassensituation als nicht mehr neutral, sondern auf das Kapitalverhältnis bezogen.

(a) Soweit das Recht nur die *Verfahren* festlegt, die notwendig sind, damit das Wertgesetz sich durchsetzt, regelt es die *Zirkulations*prozesse, indem ein den Erfordernissen des sachlichen Prozesses entsprechendes Verhalten der Subjekte garantiert wird. In der Zirkulation sollen sich die Subjekte nur als „Charaktermasken" der sachlich-ökonomischen Beziehungen verhalten. Die Rechts*förmlichkeit* zielt nicht eigentlich auf die Subjekte, sondern auf die Sachen.[58] Im *Privateigentum* wird demnach nicht der Eigentümer als Person geschützt, sondern als „Besitzer" von Waren etc. Der Schutz *zielt* auf

1. die freie Beweglichkeit der Sache (vor allem des Kapitals). *Freiheit* im Sinne der „Unabhängigkeit vom Willen eines anderen" hat hier (ökonomisch!) die Funktion, daß der *Besitz* frei ist, sich dem Wirken des Wertgesetzes anzupassen (verkauft zu werden, so oder so „angelegt" zu werden etc.).[59]

2. Die Gleichheit, die hier als Rechtsprinzip hervorgeht, zielt auf die dem Äquivalenzprinzip entsprechende Gleichbehandlung (*abstrakte* Gleich*geltung*) jeder Ware. Auch hier zielt das Prinzip nicht auf die konkrete Person, sondern auf das Rechtssubjekt als notwendige Kategorie der Warenproduktion, und durch dieses hindurch auf die in der Ware materialisierte Arbeit, auf das je bestimmte Quantum an Arbeit, welches in dem Vergleichsprozeß auf dem Markt der Ware ihren Wert und damit ihre Tauschbarkeit gibt. Dies ist das *Zirkulationsrecht.*

Freiheit und Gleichheit in diesem Sinne auf die Arbeitskraft angewandt führten notwendig zur Ablehnung der Arbeiterkoalition, wie das im 19. Jahrhundert und in den USA noch bis ins 20. Jahrhundert der Fall war. Oder auf die politökonomische „Anerkennung" der Koalition bei gleichzeitiger Hoffnung auf ihre Wirkungslosigkeit kraft Marktgesetz, wie bei J.St. Mill. z.B.[60]

(b) Nach der Seite der *Produktion* zielt das Recht des Privateigentums auf das Recht, sich im privaten Produktionsprozeß (durch Umstellung, technische Veränderung, Steigerung der Produktivkraft) der sachlichen Bewegung des Wertgesetzes anzupassen, und zwar nicht durch *förmliches,* sondern durch *veränderndes,* freies Verhalten. Hier gilt die Arbeitskraft nicht mehr als schönes, freies Rechtssubjekt, sondern eben als Produktionsfaktor, mit dem der Eigentümer machen kann, was „er will", wenngleich sein „Wille" durch die sachliche Bewegung der Ökonomie bedingt ist. Dem Arbeiter gegenüber entsachlicht sich diese Bewegung wieder und tritt ihm als die unmittelbare Herrschaft des Kapitals gegenüber. Hier zeigt sich, daß im Produktionsprozeß Freiheit und Gleichheit sich für den Arbeiter wieder aufheben.[61]

(c) Insofern die Rechte „Freiheit" und „Gleichheit" immer schon nicht nur ökonomisch-funktional waren, sondern als Staatsbürgerrechte die Rechtssubjekte mit der außerökonomischen Zwangsgewalt verbanden (sei es zunächst nur in der Form der Unterwerfung, dann in der Form der politischen Teilnahmerechte und Teilhabe an „staatlichen Leistungen" – Jellinek) bergen sie eine Gefahr für das bürgerliche System in sich. Verstanden als Ansprüche konkreter Menschen (Menschenrechte) sind sie die gewissermaßen legitimatorische Einbruchsstelle des Klassenkampfes in die „Politik": indem die Menschen aus dem Recht der Freiheit und Gleichheit sowohl das Recht ableiten, für ihre *Interessen*[62] zu kämpfen, als auch über das System der bürgerlichen Produktionsweise hinauszielen. *Dieser* Inhalt des Rechtsstaates ist *außerordentlich wichtig.* Seine Hervorhebung darf jedoch nicht dazu führen, die funktionalen Grundbedingungen des Rechtsstaates, sofern sie aus der kapitalistischen Warenproduktion resultieren, zu übersehen. Zu leicht wird sonst ein materiell begriffener „Rechtsstaat" dem „Klassenstaat" naiv gegenübergehalten.[63] Es muß vielmehr erst die *doppelte Wirkung* des bürgerlichen Rechtsstaates analysiert werden, die sowohl die „Privateigentümer" allgemein als auch das Kapitaleigentum schützt.

6. *Außerökonomische Zwangsgewalt als Klassengewalt*

Nun können wir versuchen, den Charakter der außerökonomischen Zwangsgewalt als *Klassengewalt allgemein* zu bestimmen.

(a) In Bezug auf den Warenverkehr und die Warenbesitzer als Rechtssubjekte ist die außerökonomische Zwangsgewalt nichts als eine neutrale, „dritte" Kraft (wie das Geld), die über den Parteien des Tauschverkehrs steht. Ihre Voraussetzung ist die abstrakte Gleichheit, deshalb kann ihre Wirkung auch keine andere sein als eine für alle gleiche. Dies kommt im Begriff des allgemeinen Gesetzes zum Ausdruck: generelle Norm als Formprinzip.[64]

(b) In Bezug auf die Kapitalproduktion garantiert die außerökonomische Zwangsgewalt nicht nur die Möglichkeit des Kaufes und Verkaufes, sondern auch den in der Trennung der Produzenten von den Produktionsbedingungen gesetzten *Zwang* zum Verkauf. Sie garantiert das freie Schalten und Walten im privaten Produktionsprozeß, d.h. den beliebigen Einsatz der Arbeitskraft zum Zwecke der Mehrwertproduktion.

Die erste Garantie schützt das Kapitalverhältnis im allgemeinen, die zweite den besonderen Verfügungsbereich des einzelnen Kapitals.[65]

(c) In dieser Auseinanderlegung der Wirkungsweise des Rechts und der außerökonomischen Zwangsgewalt ist die „Besonderung des Staates" im Kern entwickelt. Es ist dargelegt, *warum* der „Staat" (als konkrete Struktur) im Kern eine allgemeine Zwangsgewalt darstellt, die auch dem einzelnen Bourgeois (dem einzelnen, konkurrierenden Kapital) gegenüber getrennte und neutrale Instanz ist, *zugleich* aber, und *nur durch* diese Trennung, als rechtsgarantierende Zentralgewalt Klassengewalt ist. Gerade um Klassengewalt zu sein, muß der Staat sich von der herrschenden Klasse ‚besondern'.

7. *Die Grundformen gesellschaftlicher Beziehungen als Vermittlungsformen und Beschränkungen außerökonomischer Einwirkungen auf den Reproduktionsprozeß*

Bevor wir dazu übergehen, die *Ansatzpunkte* für die konkrete Entwicklung der Struktur Staat zu untersuchen, wollen wir noch kurz die *Formen der Vermittlung* außerökonomischer Einwirkungen (und deren Beschränkungen) präzisieren.

Wir haben herausgearbeitet, daß sich in der warenproduzierenden Gesellschaft bestimmte *Grundformen* gesellschaftlicher Beziehungen herausbilden:

- die sachlich-ökonomischen Beziehungen stellen sich als *Geldverhältnisse* zwischen den Menschen dar;
- die Beziehungen zwischen den *Tauschsubjekten* nehmen die Form von *Rechtsverhältnissen* an[66].

Die außerökonomische Zwangsgewalt setzt nun in ihren Aktionen jeweils an der spezifischen Geld- und/oder Rechtsform der gesellschaftlichen Beziehungen an oder schafft zum Zwecke des Eingriffes solche Geld- und/oder Rechtsbeziehungen. D.h. aber, daß diese Einwirkungsversuche nicht direkt und unmittelbar die Beziehungen zwischen den gesellschaftlichen Klassen und besonders im Bereich der privat betriebenen Produktion gestalten, sondern über die Grundformen *vermittelt* sind.

Die Formanalyse von Recht und außerökonomischer Zwangsgewalt zeigte, daß über das Recht vermittelte Aktionen dieser Gewalt

1. unterschiedliche Wirkungen auf die Rechtssubjekte haben, je nach ihrer Stellung im Reproduktionsprozeß;
2. nur von *außen* auf den Reproduktionsprozeß, vermittelt über die Rechtssubjekte, einwirken können.

Außerökonomische Gewalt ‚reguliert' so äußerlich, über die Durchsetzung normadäquaten Verhaltens die sachlichen Beziehungen der Reproduktion. Nur dort, wo die Privateigentümer als Rechtssubjekte greifbar sind (in ihren Zirkulationsbeziehungen) sind sie der staatlichen Gewalt unterworfen. In ihrem „privaten Bereich", wo sie über ihr Eigentum verfügen, sind sie „staatlichen" Zugriffen entzogen.

Ebenso wie beim Recht zeigt sich beim *Geld*, daß das, was an ihm als „Beschränkung" äußerlich erscheint, nichts anderes ist als die aus den Gesetzmäßigkeiten der kapitalistischen Warenproduktion resultierende *Verselbständigung der Formen.*

Geld als die veräußerlichte Form des Reproduktionsprozesses zeigt die Beschränkungen des „Staates" in zweierlei Hinsicht:

1. „Staatliche Geldpolitik" (in ihren verschiedensten Bereichen) trifft die Subjekte als *Geldbesitzer*, nicht in ihrer Funktion im Reproduktionsprozeß. Auch von hierher ergibt sich eine unterschiedliche Wirkung auf die Klassen (bei der gleichen *Form* der „staatlichen" Tätigkeit).
2. Einwirkungen auf die Geldbesitzer über das Geld wirken nur von außen auf den Reproduktionsprozeß ein. Beschränkungen oder Forderungen mittels „Geldpolitik" haben zwar Rückwirkungen auf das Verhalten der Betroffenen im Reproduktionsprozeß,

> „aber der qualitative *Inhalt* dieser Rückwirkung ist etwas, was sich dem Willensakt des Staates entzieht, was in die Entscheidungsfreiheit des bürgerlichen Subjektes gegeben ist und damit der Konkurrenz unterworfen ist."[67]

Nun könnten jedoch zwei Einwände gegen diese These von der Vermitteltheit außerökonomischer Einwirkungen eingebracht werden:

1. Der bürgerliche Staat konstituiere sich vor allem als *direkt* eingreifende, die Klassenverhältnisse ‚regelnde' Zwangsgewalt. Wir wollen keineswegs leugnen, daß die offene, ja unter Umständen terroristische staatliche Gewaltanwendung eine historische wie aktuelle Tatsache und Möglichkeit ist. Sie ist aber (von unserer allgemeinen Analyse her gesehen) „nur" die aus der Bindung durch Rechtsverhältnisse hervorgetretene Gewalt, die wir bereits entwickelt haben. Sie liegt *auch* den Rechtsverhältnissen als *Garantie*gewalt zugrunde (es ist die gleiche Justiz und die gleiche Polizei – wenn auch andere *Zweige*, die sowohl den Verkehrssünder als auch einen „Radikalen" dingfest machen und verurteilen.) Dem widerspricht nicht, vielmehr bestätigt dies nur, daß mit der Zunahme der „Verrechtlichung" (Kirchheimer) der Klassenkonflikte auch die unmittelbare Gewaltanwendung durch den Staat immer mehr auf die Rechts*förmlichkeit* ihrer Aktionen achtet und achten muß.
2. Der Staat entwickele sich auch oder vorrangig aus der Notwendigkeit, „allgemeine materielle Bedingungen der Reproduktion" zu erstellen, und *hierbei* sei er in eigener Verantwortlichkeit und Organisationskompetenz, d.h. unvermittelt tätig.

Wir sehen in diesem Einwand kein Argument gegen die prinzipielle Vermitteltheit und Beschränkung von außerökonomischen Eingriffen in bezug auf den *Reproduktionsprozeß*. Denn

(a) fungiert „der Staat", wenn er solche Aufgaben wahrnimmt, oft nicht *als* Staat, sondern als *Einzelkapital* (staatliche Unternehmen, wobei die *unterschiedlichsten* Varianten zu berücksichtigen sind);

(b) ist gerade die „Veranstaltung" bestimmter Aufgaben, wie etwa das *Ausbildungswesen*, durch ihren *vermittelten* Bezug zum Reproduktionsprozeß gekennzeichnet (deshalb auch die Schwierigkeiten bei ihrer Funktionsbestimmung für das Kapital, wie die ganze Debatte um die Hochschulpolitik auf marxistischer Seite gezeigt hat).

Die Beschränkungen der außerökonomischen Zwangsgewalt in bezug auf den Reproduktionsprozeß des *Kapitals* können hiermit jedoch keineswegs allgemein und endgültig bestimmt werden. Wir müssen von zwei Seiten: der des ökonomischen Prozesses als sachlichem Prozeß der Wertbewegung (in der Form des Kapitals) und der Klassenbeziehungen, *soweit* sie sich als Beziehungen von „Rechtssubjekten" darstellen, versuchen, die „Grenzen des Staates im Kapitalismus" aufzuzeigen.

IV. Staat und Kapitalbewegung

Vergegenwärtigen wir uns noch einmal die analytischen Schranken, die uns auf der Ebene der Formanalyse gesetzt sind: die Frage nach der Allgemeinheit und Gemeinsamkeit, welche die Warenzirkulation als spezifische Vergesellschaftungsform und allgemeine Oberfläche, die auch das Kapitalverhältnis überdeckt, erzeugt, führt zur Begründung einer gesellschaftlichen Funktion, die „neben und außer" den im Tauschverhältnis gegebenen Sonderinteressen formiert werden muß. Die Frage, wie diese Funktion institutionalisiert wird, bleibt auf dieser begrifflichen Ebene außer Betracht und ist, wie oben gesagt, Gegenstand historischer Analyse zur Genesis des bürgerlichen Staates. Wichtig ist, *daß* die Funktion organisiert wird, eine entsprechende Struktur und damit einen gesellschaftlichen Handlungsträger findet. Die Schranke der Formanalyse besteht darin, daß nunmehr zwar die Möglichkeit für die Aktualisierung dieser „Staatsfunktion" begründet ist, nicht aber die Notwendigkeit. Wir kennen diese analytische Schranke aus der „Ableitung" der Krise, deren allgemeine Möglichkeit ebenfalls bereits auf der Ebene des Warentausches darstellbar ist, deren Notwendigkeit aber auch mit dem weiteren Fortgang der Darstellung des Kapitalbegriffs, und obgleich die Bedingungen der Möglichkeit immer näher spezifiziert werden, auf der begrifflichen Ebene nicht bestimmt werden kann.[68]

Hier ergibt sich eine für die Staatsdiskussion u.E. wesentliche Schwierigkeit: zwar haben wir bisher das innere Verhältnis zwischen Produktionsweise und *einer* ihrer Funktionen, die eine Organisation „neben und außer" den Parteien der Käufer und Verkäufer bedingt, angegeben. Wir haben damit aber nicht *den* Staat, der nach unserem Verständnis eine *Vielzahl von Verbindungen mit und Funktionen für den Reproduktionsprozeß besitzt.*

Dies wird allerdings übersehen, wenn man von einem allgemeinen Begriff des Staates ausgeht. Mit diesem Begriff ist die Zuständigkeit für *bestimmte* Funktionen gewissermaßen a priori geregelt. Zu welchen Konsequenzen ein solcher Begriff führt, wollen wir an einigen Ansätzen marxistischer Staatsanalyse aufzeigen, die wir im Zusammenhang mit der Staat-Gesellschaft-Dialektik z.T. schon erwähnt haben. Die Intention dieser Ansätze ist es, in systematischer Weise das Verhältnis von Staat und ökonomischem Reproduktionsprozeß „abzuleiten" und damit zu begründen, weshalb „der Staat" überhaupt als besondere soziale Form existieren *kann* und existieren *muß*.

1. Drei Versuche zur Ableitung des Staates und die jeweilige Bestimmung von Staatsfunktionen

(a) Flatow/Huisken[69] bestehen zu Recht darauf, daß beide Fragen beantwortet werden müssen. Sie selbst begründen die *Möglichkeit* der formellen Besonderung des Staates aus der Existenz einer besonderen „Sphäre der Staatlichkeit" (S. 118), die sich an den Problem- und Bewußtseinsstrukturen der „Oberfläche der bürgerlichen Gesellschaft" herausbildet. Die Substanz dieser Sphäre sind die „allgemeinen Interessen" der Einkommensbezieher, die, ungeachtet der unterschiedlichen „Quellen" dieser Einkommen, im Hinblick auf die *Erhaltung von deren Voraussetzungen* allgemein und gleich sind. Als den Inhalt des Begriffs der „allgemeinen Interessen" bestimmen F/H alle Gemeinsamkeiten, welche die Individuen, als Eigentümer einer bestimmten Einkommensquelle untereinander, aber auch die Besitzer verschiedener Einkommensquellen aufgrund anderer als durch den stofflichen Charakter der Einkommensquelle bedingten Interessenparallelität haben: *Sicherheit* der Einkommensquelle gegen Diebstahl, Raubbau etc.; Garantie eines Wirtschaftswachstums als gemeinsame Voraussetzung für möglichst *hohes* Einkommen; reibungsloses, krisenfreies Funktionieren der Reproduktion zwecks *kontinuierlichen* Einkommensflusses (S. 108 ff.).

In der Kategorie des „allgemeinen Interesses" ist begrifflich bereits die *gesamte Empirie der Staatsfunktionen* abgedeckt. So reicht bei F/H das Attribut „allgemein" auch von einem Charakteristikum der Form des Rechts (bei F/H wird diese ohnehin auf der Ebene der Handlungsträger gefaßt, der Privateigentümer) zu einer Bezeichnung für gemeinsame Interessen irgendeiner, fast kontingent zusammengesetzten Gruppe.

Dennoch glauben sie, die *Notwendigkeit* der Form des Staates unabhängig von dem Inhalt bestimmter Staatsfunktionen abzuleiten, wenn sie ihn nun aus der Dialektik von allgemeinen und besonderen Interessen erklären: weil die einzelnen Privateigentümer per definitionem auf ihre besonderen Interessen fixiert sind, weil aber andererseits die Verfolgung dieser Sonderinteressen die Realisierung von allgemeinen Interessen voraussetzt, muß eine Instanz auftreten, welche für das letztere zuständig ist.[70] Daß die Verfolgung besonderer Interessen die Realisierung allgemeiner Interessen ausschließt, ist aber nur eine Definitionsfrage. Die Darstellung der Konkurrenz bei Marx geht gerade dahin, daß die Realisierung der allgemeinen Interessen das unbewußte und ungewollte Resultat der einzelnen Privateigentümer-Handlungen sei.[71]

Als das wesentliche dieser Ableitung scheint uns aber, daß mit dem Widerspruch zwischen allgemeinen und besonderen Interessen „die Verdoppelung der Gesellschaft in Gesellschaft und Staat" (S. 119) begründet wird und daß dieser Staat eine bereits funktionell vollkommen bestimmte Form ist; der Staat ist gewissermaßen nur noch auf der Suche nach den allgemeinen Interessen, die er zu realisieren hat. Flatow/Huisken bemerken zu ihrer Ableitung der Staatsform, „daß ein methodischer Zwang zu einer allgemeinen Ableitung spezifischer Staatstätigkeiten in unserem Kontext nicht mehr besteht" (S. 136). Die u.E. richtige Ansicht, daß spezifische Staatsfunktionen nicht aus dem allgemeinen Kapitalbegriff abgeleitet werden können, ist bei F/H jedoch durch reine Begriffsdialektik begründet. Denn alle diese Tätigkeiten gehen nurmehr aus dem *Begriff* des allgemeinen Interesses hervor, sie sind gewissermaßen – und in unserer Formulierung – nur noch die erscheinenden, historisch-realen Manifestationen des „Wesens" des bürgerlichen Staates.

„Die Staatsfunktionen, d.h. die Bereiche, auf die sich staatliche Politik bezieht, und die in der Gliederung in Ressorts und Ministerien aufscheinen (eine nicht näher begründete These bei F/H – d. Verf.) sind nicht konstitutiv für das Wesen des bürgerlichen Staates, sondern umgekehrt wird erst das Spektrum der Bereiche, auf die sich staatliche Politik bezieht, analytisch zugänglich, wenn von dem Begriff des bürgerlichen Staates ausgegangen wird, der als Kennzeichnung der *Form* des bürgerlichen Staates zugleich jedoch die Angabe der *allgemeinen Bedingungen* der Genese von Staatsfunktionen (Verwaltung allgemeiner Interessen) enthält" (S. 137).

Ein fatales Ergebnis dieser Wesenbestimmung des Staates ist es, daß *Widersprüche* der Staatstätigkeit in der Erfüllung seiner möglichen Funktionen nicht mehr aus den *allgemeinen* Bestimmungen des Staates erklärt werden können. Solche Widersprüche werden von Flatow/Huisken dann auch auf der *empirischen* Ebene angesiedelt (sie sprechen von der „Heterogenität der empirischen Aktionen des bürgerlichen Staates" (S. 124)), während die „Allgemeinheit" der Staatstätigkeit sich nur durch diese empirischen Heterogenitäten hindurch durchsetzt (in bloßer sprachlicher Analogie zur Oszillation der Preise um den Wert).[72]

(b) Im Gegensatz zu dem Versuch, das Wesen des bürgerlichen Staates aus der Struktur der *Oberfläche* der bürgerlichen Gesellschaft zu erklären, leitet das Projekt Klassenanalyse[73] (PK) „den Staat" unmittelbar aus dem System der gesellschaftlichen Arbeitsteilung und dem Widerspruch zwischen materiellen Erfordernissen gesellschaftlicher Produktion und ihrer bürgerlichen Form als Privatarbeiten ab. Die Notwendigkeit des Staates ergibt sich für das PK aus der, wie es scheint, naturgegebenen Tatsache, daß Arbeitsfunktionen existieren, „die a priori gemeinschaftliche sind". (S. 130)[74] und die daher per definitionem nicht durch die unbewußte, vermittelte Form der Gesellschaftlichkeit erfüllt werden können. Der Staat wird also als sozialer Funktionsträger für die Produktion und Sicherung der „allgemeinen Produktionsbedingungen" eingesetzt. Der Widerspruch zwischen gemeinschaftlichen und vermittelt gesellschaftlichen Funktionen wird *damit*, durch die Herausbildung des Staates, wie es von den Autoren des Projekts Klassenanalyse auch richtig ausgedrückt wird, „gelöst".

Der Fehler der Konstruktion einer „a priori-Gemeinschaftlichkeit" bestimmter Arbeitsfunktionen zeigt sich, sobald versucht wird, sie als Unterscheidungskriterium im System der Arbeitsteilung zu verwenden. Das Kriterium, das von den Autoren gegeben wird, nämlich alle Arbeiten, die „direkt zur Erfüllung gemeinschaftlicher Aufgaben dienen . . . (und) daher nicht unter der Form der bloß vermittelt gesellschaftlichen Arbeit geleistet werden (können)" (S. 130) ist tautologisch. Wir können auch in der folgenden (von den Autoren des PK angeführten) „Ableitung" des Staates durch Engels nur das Problem und nicht seine Lösung finden:

„Die Sache faßt sich am leichtesten vom Standpunkt der Teilung der Arbeit. Die Gesellschaft erzeugt gewisse gemeinsame Funktionen, deren sie nicht entraten kann. Die hierzu ernannten Leute bilden einen neuen Zweig der Teilung der Arbeit innerhalb der Gesellschaft. Sie erhalten damit besondere Interessen auch gegenüber ihren *Mandataren*, sie verselbständigen sich ihnen gegenüber, und – der Staat ist da. Und nun geht es ähnlich wie beim Warenhandel und später beim Geldhandel . . ."[75]

Aber weshalb ist nun der *Staat* da und nicht ein neuer Zweig gesellschaftlicher Produktion im Kapitalverhältnis? Die Frage, weshalb der Staat sich (a priori) bestimmter Arbeiten annimmt und weshalb das Kapital nicht in der Lage sein soll,

Formen herauszubilden (natürlich auf seine Weise, d.h. in ungeplanter und unbewußter Anpassung an Systemnotwendigkeiten, die ihm in der Form von „Engpässen" und „Schranken" des Produktions- und Zirkulationsprozesses gegenübertreten), die dem spezifischen Charakter der Arbeit gerecht werden, ist damit nicht beantwortet. Ohne es als Beweismittel strapazieren zu wollen[76], muß doch auf das sogenannte Wegebau-Beispiel[77] hingewiesen werden, demzufolge jedenfalls Marx einen Rückgang der staatlichen Produktionsfunktionen auf Gebieten, die gemeinhin zu den „allgemeinen Produktionsbedingungen" gerechnet werden, in dem Maße annahm, wie das Kapital sich gesellschaftlich entwickeln würde; und daß Marx die Bildung von Aktiengesellschaften z.B. als eine Form der Anpassung der kapitalistischen Vergesellschaftungsformen an Aufgaben, die mit den alten Organisationsformen nicht mehr zu lösen waren, betrachtete.

Für unsere Argumentation wesentlich ist aber, daß auch bei dem PK die Verdoppelung der Gesellschaft in Gesellschaft und Staat unvermittelt die kapitalfunktionell bereits ganz bestimmte Form des Staates heraussetzt. Bei den Autoren des PK ergibt sich so eine ganz einfache Beweiskette: wenn das kapitalistische Produktionsverhältnis seinem Wesen nach gesellschaftliche Herrschaft impliziert und wenn der Staat die „allgemeinen Rahmenbedingungen" sichert, dann ist auch der Unterdrückungscharakter des Staates seinem Wesen nach bewiesen; die herrschende Klasse kann sich seiner als *Instrument* bedienen.

(c) Eine dritte Möglichkeit der Ableitung des Staates ist von Elmar Altvater herausgearbeitet worden.[78] Auch er erklärt die Notwendigkeit der Staatsform aus dem Verhältnis zwischen der bürgerlichen Form der Vergesellschaftung der Produktion und objektiven Erfordernissen der Gesellschaftlichkeit, die in der bürgerlichen Form nicht erfüllt werden können. *Neben die Konkurrenz* tritt als funktionsnotwendig für die Gesamtreproduktion der Staat. Das Kapital, so Altvater,

> „. . . bedarf auf seiner Grundlage einer besonderen Einrichtung, die seinen Grenzen als Kapital nicht unterworfen ist, deren Handeln also nicht von der Notwendigkeit der Mehrwertproduktion bestimmt ist, die *in diesem Sinne* eine besondere Einrichtung ‚neben und außer der bürgerlichen Gesellschaft' ist, und die gleichzeitig auf der unangetasteten Grundlage des Kapitals den immanenten Notwendigkeiten nachkommt, die das Kapital vernachlässigt. Im Staat entwickelt demzufolge die bürgerliche Gesellschaft eine spezifische, das Durchschnittsinteresse des Kapitals ausdrückende Form" (S. 7).

So wie bei der Ableitung des Projekts Klassenanalyse tritt der Staat gewissermaßen *neben* die (bei Altvater näher als kapitalistisch bestimmte) Konkurrenz, um die notwendigen Arbeiten zu leisten, welche die andere Vergesellschaftungsform nicht erledigen kann. Insofern aber, als diese Arbeiten nun aufgrund der Grenzen des *Kapitals* vom Staate übernommen werden müssen und nicht aus einer vorgängigen Bestimmtheit, die aus dem stofflichen Charakter dieser Arbeit folgt, ergibt sich nicht nur ein Dualismus des *Nebeneinanderstehens*, aus dem für die wechselseitigen Aufgaben keine Einschränkungen folgen, sondern ein *Widerspruch*. Zwar ist der Staat den Grenzen des Kapitals nicht als Kapital unterworfen, zugleich erwachsen ihm aber aus seinem spezifischen Verhältnis zum Kapital seine Grenzen. Die Notwendigkeit zur Übernahme bestimmter Arbeiten ergibt sich hier aus den „Möglichkeiten und Grenzen" des Kapitals: „Was allgemeine Produktionsbedingungen sind, richtet sich gerade danach, was vom Kapital in einer historischen Situation nicht von ihm selbst übernommen werden kann."[79] Die „Definition" der allgemeinen Produktionsbedingungen relativ zum Stand der Akkumulation und der Verwertungsbedingungen läßt übrigens den Unterschied zu solchen gesellschaftlichen Arbeitsfunktionen verschwinden, die aufgrund der Bewegung der gesellschaftlichen Profitrate nicht *mehr* als Kapitalanlagesphäre dienen können, – also den Unterschied zwischen staatlichen Funktionen bei Kapitalmangel und bei Kapitalüberschuß. Die historische Relativierung bedeutet nicht, daß der Staat bei Altvater als historisch-kontingenter Faktor eingeführt wird. Wenn auch im System der gesellschaftlichen Arbeit nicht angegeben werden kann, welche Arbeiten wesensmäßig „neben und außer" dem System der Sonderinteressen betrieben werden müssen, so folgt aus Altvaters Darstellung doch umgekehrt, daß es allgemeine Funktion des Staates ist, falls sich die Notwendigkeit ergibt, die jeweiligen Arbeiten zu „unternehmen".[80]

In gewissem Sinne stellen die Ableitungen von Flatow/Huisken, dem Projekt Klassenanalyse und die von Altvater die drei logischen Möglichkeiten der Ableitung des Staates aus einem *immanenten Widerspruch der Vergesellschaftung im Kapitalismus* dar. Benennen die ersten den Widerspruch zwischen dem Privateigentum und seinen allgemeinen Bestandsbedingungen (auf Interessenebene formuliert), die zweiten den Widerspruch zwischen unbewußt gesellschaftlicher und gemeinschaftlicher Produktion – und gehen damit beide von der Ebene der Warenproduktion aus – so benennt Altvater den Widerspruch zwischen *kapitalistischer* Vergesellschaftung und stofflichen Produktionserfordernissen – und geht damit vom Kapital aus.

In der Bestimmung der Grenzen staatlicher Eingriffe (äußerlicher Bezug auf die Kapitalbewegung, Formfixiertheit, Bewegung der Profitrate etc.) und den Erscheinungsformen dieser Grenzen (Stagflation, Rüstungshaushalte etc.) stimmen wir weitgehend mit Altvater überein, obgleich wir unten noch versuchen, diese Grenzbestimmung als *methodisches* Problem genauer und systematischer zu fassen. Uns kommt es hier zunächst darauf an, als Charakteristikum aller drei Varianten der Staatsableitung festzustellen, daß – aus welchem Widerspruch auch immer – das Ableitungs*resultat* immer „der Staat" als vollkommen bestimmte Form ist; als Form, die nun ihrerseits mit einem Begriff vom *Wesen* des Staates gefaßt wird, der im Kern alle Funktionen, Zuständigkeiten und Handlungsmöglichkeiten des Staates bereits enthält.

2. Die Ansatzpunkte von Staatsfunktionen

Wir halten es demgegenüber für entscheidend wichtig, das Problem der einzelnen Staatsfunktionen nicht auf der Basis eines wie auch immer bestimmten allgemeinen Begriffs des bürgerlichen Staates anzugehen, sondern sie jeweils im Hinblick auf den Prozeß der Kapitalreproduktion zu analysieren.

Wichtig daran ist vor allem die Konsequenz, daß man bei der Bestimmung der vielbeschworenen „Möglichkeiten und Grenzen" des Staates im Hinblick auf seine Gestaltungsfreiheit der sozialen Systemstrukturen nicht in den Zirkel gerät, demzufolge jede Tätigkeit des Staates eben nur Manifestation einer im „Wesen" bereits enthaltenen Bestimmung sei, die daher auch nur in den wesensmäßig festgelegten Schranken tätig werden könne. Wir haben als Resultat der „Trennung" von Politik und Ökonomie die Existenz*bedingung* für eine „außerökonomische Instanz" aufgedeckt; mit ihr existiert die abstrakte *Möglichkeit* eines „äußeren" Zugriffs auf den naturwüchsig vergesellschafteten Prozeß der materiellen Reproduktion der Gesellschaft. Die *Reali-*

sierung dieser Möglichkeit bedarf der sorgfältigen historisch-empirischen Analyse, welche die Genese jeder ihrer Funktionen begrifflich nachvollzieht: den Prozeß ihrer Ablösung von bestimmten Stadien der Kapitalreproduktion, die Bedingungen, die ihre Besorgung als spezifische Privatgeschäfte ausschließen, ihre Zentralisierung und institutionelle Zusammenfassung als Struktur, die zu einem Moment des historisch-spezifischen Staates wird. Ist dieser Prozeß auch nicht auf der Ebene der Formanalyse zu präjudizieren, so lassen sich doch auf ihr die *Ansatzpunkte*, die dem Staate vorgegeben sind, wenn er sich als äußerliche Instanz auf den Kapitalreproduktionsprozeß bezieht, systematisieren, und von hier aus lassen sich auch einige grundsätzliche Charakteristika dieses äußeren Bezuges angeben.

Der Reproduktionsprozeß muß sich der außerökonomischen Instanz doppelt darstellen: a) als scheinbar sachlich vermittelter ökonomischer Prozeß; b) als System der sozialen Beziehungen. In dieser doppelten Erscheinung drückt sich für sie nur die Bedingung ihrer eigenen Existenz aus (die wir oben als „Trennung" von Politik und Ökonomie dargestellt haben).

(a) Bei der Darstellung des Kapitals, wie es sich in der *Bewegung* erhält und vermehrt; in den Metamorphosen des Kapitalkreislaufes eines einzelnen Kapitals und in der Verschlingung der Kreisläufe und Kreislaufformen der vielen Kapitale, verwendet Marx die Kategorie der „funktionellen Formen", um auf ein bestimmtes Problem aufmerksam zu machen: die Reproduktion erfolgt über Formen, welche das Kapital in seinen verschiedenen Stadien der Produktion und Zirkulation annehmen *muß* und die zwar als *Kapital*formen *funktionell auf den Gesamtprozeß bezogen sind, aber als Formen eigenen Bedingungen unterworfen sind.*[81]

In dem Begriff der „funktionellen Form" ist also sowohl der innere Zusammenhang als auch die äußere Zusammenhangslosigkeit des Reproduktionsprozesses angesprochen, – und damit die „relative Autonomie" der einzelnen (Kapital-)Formen, die Möglichkeit ihrer Verselbständigung. Als funktionelle Formen des „industriellen Kapitals" entwickelt Marx entsprechend den Zirkulationsstadien das Geld, die Ware und Produktionsmittel/Arbeit (als Faktoren der Produktion); daß diese Formen bei näherer Betrachtung und bei Hineinnahme von Kapitalfunktionen, die sich von denen des industriellen Kapitals unterscheiden (KII, S. 89), noch bedeutend vermehrt würden, wollen wir hier nur erwähnen. Wichtig ist, daß der Staat sich über diese Formen auf die Reproduktion bezieht, wobei diejenigen des Produktionsstadiums durch das Privateigentum (siehe oben III. 5.) einen besonderen „staatsfreien" Status besitzen. Das Geld von uns als *Form der Vermittlung* von Staatseingriffen charakterisiert worden, *gegenüber* dem Kapital ist es ein *Ansatzpunkt*, aber nur *von Seiten* des Kapitals ist es funktionelle Form, die also nur aus ihrem *Zusammenhang* begriffen werden kann.

Die formspezifischen Funktionen (beim Geld: Zirkulations-, Zahlungsmittel-, Reservefondsfunktion; bei der Ware: Realisierungsfunktion) sind in ihrem Ablauf nicht im Hinblick auf ihre Kapitalfunktionen durchsichtig. So kann Geldknappheit (mit den entsprechenden Erscheinungen an der Geldform) völlig unterschiedliche, ja entgegengesetzte Bewegungen in der Kapitalreproduktion „indizieren". Von Marx ist die Konfusion, welche dieser Umstand in der Bankgesetzgebung und der Geldpolitik Englands in der 1. Hälfte des 19. jahrhunderts ausgelöst haben, im einzelnen dargestellt worden;[82] ähnlich lassen sich auch die Ergebnisse von G. Lindners Analyse der Bundesbankpolitik verstehen.[83]

Bezüglich der historischen Herausbildung von staatlichen Regelungsversuchen läßt sich an dieser Stelle die Vermutung anstellen, *daß diese an einzelne Formen fixiert* sind (aufgrund von historisch erfahrenen Verselbständigungstendenzen eben dieser Formen, die damit auch als mögliche Krisenursache bzw. Steuerungsgrößen betrachtet werden), und daß auch den formspezifischen Funktionen entsprechende Instrumentarien, Eingriffskriterien, Krisentheorien entwickelt wurden. Diese *formfixierte Politik muß notwendig dem Schein aufsitzen,* d.h. etwa ihre Verselbständigungstendenzen gar noch verstärken oder politisch „festschreiben".

,Eine weitere These wäre aus der Art der *Institutionalisierung* solcher formfixierter Staatsfunktionen abzuleiten: Die Staatsstruktur müßte als komplexes, nur äußerlich vereinheitlichtes System von „Politiken" begriffen werden, die gewissermaßen erst unabhängig voneinander an die Kapitalbewegung geknüpft sind und erst dann mehr oder minder (zu „minder" vgl. den Status der Bundesbank und die verschiedenen Organisationsformen staatlicher Betriebe) zusammengefaßt werden. Diese Politiken, die sich – wie dargestellt – an den Formen orientieren, worin sich die Reproduktion ausdrückt, können sich konterkarieren, in unbeabsichtigter Weise kumulieren; sie führen letztlich doch zu naturwüchsig regulierten Resultaten. Denn *die innere Verbindung dieser Politiken,* ihre Logik, liegt außerhalb ihrer formellen Einheit – des Staates; *sie liegt in der Bewegung des Kapitals.*

Noch einen Hinweis zur Qualität dieser Aussagen: wir haben sie als Vermutung gekennzeichnet, die anhand von Analysen der Genesis von bestimmten Funktionen und ihres Zusammenhanges überprüft werden mußte. Allerdings scheinen uns gerade einige der dem Kongreß vorliegenden empirischen Untersuchungen für unsere Überlegungen zu sprechen.

(b) Ebenso wie der Staat sich bei den sachlichen Formen auf die der Zirkulationssphäre bezieht, so auch bei den sozialen Beziehungen. Die Art und Weise, wie der Staat sich ins Verhältnis zu den Individuen setzt: sie als Rechtssubjekte und formell freie und gleiche Marktsubjekte fassend und ihnen gegenüber nur ihren eigenen abstrakten Willen durchsetzend, ist oben schon dargestellt worden. Nun können wir den „sachlichen" und den „sozialen" Bezug des Staates auf die Reproduktion aber nicht so trennen, daß der Staat über den ersteren eingreift, bei dem letzteren nur die Aneignungsgesetze des Privateigentums garantiert. Sofern er sich nicht der sachlichen Form des Geldes bedient, greift der Staat über die Reglementierung von Rechtssubjekten ein, auch wenn er auf sachliche Zusammenhänge zielt. An dieser Stelle läßt sich nun die *Systemgrenze* staatlicher Regelungen (Eingriffe, Funktionen) aufzeigen, die, wie wir zeigen wollen, *letztlich von jenem sozialen Verhältnis, das zugleich funktionelle Form des Kapitals ist, gebildet wird: dem sozialen Verhältnis zwischen Arbeitskraft und Produktionsmittel, ziwschen lebendiger und vergegenständlichter, toter Arbeit in der Produktion.*

Das Privateigentum (und somit die sozialen Beziehungen der Zirkulationssphäre) bildet eine Systemgrenze nur im weiteren Sinne. Zwar charakterisiert *diese* die formelle Eigenständigkeit des Reproduktionsbereichs, aber auch *nur* die formelle. Denn der Staat greift durchaus in den Bereich des Privateigentums ein, – zumal in Krisenzeiten, wenn er die Arbeiterklasse zwingt, ihre Arbeitskraft zu einem bestimmten Preis zu verkaufen und damit ihr Recht aufhebt, welches aus dem Eigentum an ihrer Arbeitskraft resultiert, nämlich sie nach ihren Preisvorstellungen zu verkaufen. Auch durch Steuererhebung erfolgt im Grunde ein Eingriff in das Privateigentum; der Staat „enteignet" einen Teil des privat angeeigneten Wertprodukts.

Die Systemgrenze im engeren Sinne ist die funktionelle Kapitalform der Produktion und die „materielle Metamorphose"[84] *des Kapitals im Unterschied zu den bloß formellen der Zirkulation.* Wenn der Staat in die Quelle von Mehrprodukt eingreift, dann verletzt er die bestandskritische Grenze des Systems. Investitionsstreiks, Außenver lagerung der Produktion, Kapitalflucht sind spektakuläre Formen der Reaktion. Es wird schon kritisch, wenn z.B. analog zu Lohnregulierungen mehr als symbolische Preisregulierungen versucht werden. Im Gegensatz zur Lohnarbeit ist das Kapital durchaus in der Lage, solchen Eingriffen gegenzusteuern: Produktionseinschränkungen, Kompensationsforderungen, Druck auf die Arbeiterklasse und einiges mehr. Die Gleichheit des Staatseingriffs gegenüber Kapital und Arbeit ist bei solchen Preiskontrollen auf Eigentum nur formell.

Die Systemgrenze ist gesetzt durch die Formbestimmungen, wie sie sich aus dem kapitalistischen Produktionsverhältnis heraus entwickeln. Sie kann daher noch auf der Ebene der Formanalyse angegeben werden.

Die Diskussion um die Grenzen staatlicher Handlungsautonomie muß aber auf der im folgenden erreichten analytischen Ebene der historischen Bewegung konkretisiert werden.

V. Staat und Klassenbewegung

1. Systemgrenze und Tätigkeitsgrenze[85]

Von der äußerlichen Beziehung des „Staates" auf den ökonomischen Prozeß haben wir oben zwei Merkmale hypothetisch bestimmt, welche die funktionelle Tätigkeit kennzeichnen:

1. den notwendigen Bezug auf Formen, deren funktioneller Zusammenhang in der Kapitalreproduktion nicht durchsichtig ist, die im Gegenteil selbst verselbständigt sind und die Bedingungen und Erfordernisse staatlicher Tätigkeit falsch anzeigen (wie ein hoher Zinssatz gute Verwertungsbedingungen oder nur Bedarf an Zahlungsmitteln, wie ein kontinuierlicher Warenfluß gute Realisierungsmöglichkeiten oder bloß Lagerauffüllung durch das Kaufmannskapital anzeigen können).
2. Die Fixierung in Theorie (Problemperzeption)[86] und Beobachtung auf bestimmte Formen führt zu gegensätzlichen „Politikern" (policies), weil sie innerhalb der Staatsstruktur verarbeitet werden, die selbst eine Zusammensetzung von mehreren institutionalisierten Funktionen darstellt.

Diese beiden Merkmale setzen dem staatlichen Handeln *Tätigkeitsgrenzen* oberhalb der eigentlichen Systemgrenze. Die *Systemgrenze* ist auf der Ebene der Formbestimmungen angebbar, *Tätigkeitsgrenzen* nur auf der Ebene der historischen Bewegung.

Wir können hier nicht den Versuch der Bestimmung einer Tätigkeitsgrenze für einen bestimmten Staat im Hinblick auf bestimmte Funktionen unternehmen. Vielmehr wollen wir hier die in unseren Augen entscheidende und letzte Tätigkeitsgrenze näher analysieren.

Der Kern- und daher staatsfreie Prozeß der kapitalistischen Produktionsweise ist die „materielle Metamorphose" des Kapitals im Produktionsprozeß, also der Prozeß, in dem die Substanz des Distributionsprozesses nicht nur erzeugt, sondern in dem auch schon über seine primäre Distribution entschieden wird. Die Maßnahmen, die der Staat als „Rahmenbedingungen" der Reproduktion auf den Gebieten der geld-, handels-, außenhandels-, wirtschaftsrechtlichen etc. Ebene trifft, hängen zwar mit diesem Kernprozeß (für die Einzelkapitale: mehr oder minder) zusammen, sind aber im Grunde nur Regelungsversuche dessen, was der Kapitalprozeß „steuert"[87]. Die Frage nach den Tätigkeitsgrenzen des Staates – sei es in dem Versuch, der Kapitalreproduktion gegenüber deren eignen Schranken wieder zum Fluß zu verhelfen, sei es in dem Versuch, die Steuerungsfreiheit des Kapitals „systemüberwindend" zu beschränken – muß im Hinblick auf die Produktionsbedingungen von Mehrwert beantwortet werden. Sobald jedoch Konstellationen eintreten oder Maßnahmen des Staates getroffen werden, die jenen Kernprozeß des Kapitals antasten, zeigt sich dessen Relevanz: das Kapital steuert in spektakulärer Form gegen: durch Investitionsstreiks, Inflation, etc.

Oder aber: in dem Falle, daß der betriebliche/überbetriebliche (Klassen-)Kampf der Arbeiter die Steuerungsfreiheit des Kapitals einschränkt, setzt der Staat das Kapital – wenn es sein muß, ebenfalls in spektakulärer Weise – in sein Recht. Wenn wir hier den *Produktions*prozeß von Mehrwert als entscheidendes Moment für die Bestimmung der Tätigkeitsgrenze hervorheben und nicht die Profitrate, die Akkumulationsbedingungen etc., die von den meisten marxistischen Autoren genannt werden dann deshalb, weil ein funktionierender Ausbeutungsprozeß in der Produktion und die Möglichkeit zu seiner Ex- und Intensivierung (d.h. hohe Profitraten, hohes Mehrprodukt auch zur politischen Disposition) alle Regulierungsprobleme des Staates erleichtert; genau umgekehrt, wenn sich der Ex- und Intensivierung Widerstände entgegensetzen.

Die entscheidende und letzte Grenze der Staatstätigkeit wird daher von der Arbeiterklasse gesetzt, allerdings z.T. vom Kapital aufgrund sinkender Profitraten und sich verschlechternder Akkumulationsbedingungen erst verspürt und politisch weitergegeben.

Wir behaupten in diesem Zusammenhang, daß je nach Richtung der Staatstätigkeit – Lohnarbeit oder Kapital als Eingriffsobjekte – die Tätigkeitsgrenze jeweils anders gesteckt ist. In die Rechte der Arbeiterklasse kann der Staat wesentlich stärker eingreifen (von der *Form* her), weil diese Rechte „nur" vom Privateigentum ganz allgemein abgedeckt sind. Solche Eingriffe haben aber in den Funktionen des Reproduktionsprozesses des Kapitals selbst wiederum Grenzen, wo ein vermittelt über die Regulierung der Rechte der Arbeiterklasse wirkender Eingriff auch das System der Kapitalreproduktion trifft. Da die *Arbeitskraft* (AK) im Reproduktionsprozeß des Kapitals als *Kapitalform* (v) fungiert, wirken sich – eben weil bei der AK Person und Sache nicht zu trennen sind – alle Eingriffe in die *Rechte der Person* aus auf die *Bewegung der Sache.* So kann die Einschränkung der Mobilität der Arbeiterklasse (wie z.B. im Faschismus) dazu führen, daß die Kapitalgröße v dysfunktional zum Reproduktionsprozeß des Kapitals reguliert wird: Probleme können entstehen, wenn die Ausschaltung des ‚Arbeitsmarktes' dazu führt, daß die Zusammensetzung der Kapitalgröße v nach Quantität und Qualität (Qualifikation) nicht mehr gemäß den Anforderungen des Verwertungsprozesses geregelt wird.

Die Asymetrie der Tätigkeitsgrenze im Hinblick auf Kapital und Arbeit ist ein Muttermal des bürgerlichen Staates: „negativ", also gegen das Kapital gerichtet, ist die Systemgrenze rasch erreicht; „positiv", gegen die Lohnarbeit, sind Eingriffe nur durch die Grenze bestimmt, welche die Arbeiterklasse entsprechend dem historischen

Stand der Klassenkonstellationen errichten kann. Dies ist nun allerdings das *entscheidende historische* Moment in der Untersuchung der Tätigkeitsgrenzen des Staates. Natürlich ist dieser Stand nicht zu trennen von den Bedingungen der Akkumulation und dem Grad der Vergesellschaftung der Arbeit.[88] Phasen diktatorischer Herrschaft durch den bürgerlichen Staat können hier jedoch durchaus, wie das deutsche Beispiel zeigt, „Ungleichmäßigkeiten" schaffen, so daß die letzteren, auf dem Stand der Produktivkräfte und der historischen Verwertungsbedingungen beruhenden Umstände schlechte Indikatoren für die Klassenkonstellation sind. *Wir meinen, daß eine epochenmäßige Charakterisierung des Kapitalismus, gerade wenn es um Probleme wie das der relativen Autonomie des Staates geht, eher auf die Merkmale der jeweils längerfristig in Grenzen „festgeschriebenen" Klassenkonstellation als auf Merkmale, die letztlich doch auf Marktstrukturen (Konkurrenz-, Monopolkapitalismus etc.) abstellen muß.*[89]

2. Die Klassenkonstellation als Tätigkeitsgrenze

(a) An dieser Stelle wird der Begriff der *Oberfläche des kapitalistischen Reproduktionsprozesses* relevant, den besonders Flatow/Huisken für ihre Ableitung des bürgerlichen Staates heranziehen. Wir glauben gezeigt zu haben, daß die *begriffliche* Ableitung „des Staates" nicht an diesem Punkt ansetzen kann. Dennoch wird diese Oberfläche für uns jetzt relevant, da es um die *historische* Konstitution von Staatsfunktionen geht.

Das Klassenverhältnis wird in der kapitalistischen Gesellschaft nicht nur durch die eingangs erörterte, aus den Formen der einfachen Warenzirkulation erwachsende Gleichheit und Freiheit der „Privateigentümer" als Warenbesitzer überdeckt, vielmehr *erscheint* es an der Oberfläche der entwickelten Konkurrenz als Verhältnis von Produktionsfaktoren und von Revenuequellenbesitzern, d.h. Einkommensbeziehern.[90]. Diese Gestaltungen an der Oberfläche müssen entwickelt sein, *bevor* versucht wird, die Konstitution von Staatsfunktionen und damit des *realen* Staates aus der Konstellation der Klassen nachzuvollziehen. F/H übersehen jedoch, aufgrund ihrer Vernachlässigung der *Form* des Rechts, daß diese Konstitution eben Resultat eines *historischen* Prozesses ist. Der Besitzer der Arbeitskraft als vollberechtigter freier Lohnarbeiter und gleicher Staatsbürger hat sich erst in langen Klassen*kämpfen* entwickeln können; er entspringt keineswegs den Formen der Oberfläche der Konkurrenz, denn in diesen Formen ist der Privateigentümer immer noch eine *ökonomische Kategorie.* Die Herausbildung eines dieser ökonomischen Kategorie entsprechenden *politischen Rechtssubjektes* „Staatsbürger Arbeiter" vollzieht sich deswegen in Gestalt von Klassenkämpfen, weil Kategorien der Oberfläche eben immer nur die *formelle* Gleichheit konstituieren, während die mit der Produktion von Mehrwert gesetzte *materielle Ungleichheit* ununterbrochen das scheinbare Gleichheitsverhältnis in Frage stellt. Aus dem Herrschaftsverhältnis in der Produktion muß sich der Widerstand der Arbeiterklasse entfalten und in Bezug auf den Staat bestimmte Strukturen annehmen, die den Rahmen staatlicher Tätigkeit abstecken.

(b) Wir wollen auf der Basis der deutschen Geschichte verschiedene Phasen skizzieren, die der staatlichen Tätigkeit spezifische „Möglichkeiten und Grenzen" setzen.

Erste Phase: Hier erscheint das Verhältnis Kapital-Arbeit dem allgemeinen Begriff des Kapitals entsprechend. Die volle Souveränität des Arbeiters über seine Ware AK im Tauschprozeß schlägt um in die völlige Souveränität des Kapitals im Produktionsprozeß. Das Kapital verhält sich in der Organisation dieses Prozesses derart grenzenlos, daß es *selbst* die eigene Reproduktionsquelle gefährdet. Die Grenzen, die dem Kapital nach dem Kampf um den 8-Stundentag u.a. gesetzt werden, sind nichts anderes als die Sicherung einer seiner funtionellen Formen gegen die Logik des Kapitals selbst. *Insofern* als der Staat diese Sicherung durchsetzt, ist er objektiv „ideeller Gesamtkapitalist" (eine Formel, die – wenn überhaupt – immer nur so angeführt werden sollte, daß aus dem *Resultat* der Staatsaktion deren Inhalt abgeleitet werden sollte; die aber nicht als „Wesens"-begriff verwandt werden sollte, in dem Sinne, daß der Staat insofern tätig wird, als er ideeler Gesamtkapitalist ist). Die Arbeiterklasse hat sich mit dieser Sicherung *das Recht auf Leben* als einzelne *Individuen* auf der Grundlage des Verkaufs ihrer Ware AK erkämpft. Der Staat manifestiert sich als Klassenstaat, wenn die Arbeitskraft gegen ihren funktionellen Kapitalcharakter – als Produktionsfaktor – revoltiert und damit zugleich das Recht verletzt.[91]

Zweite Phase: Die Arbeiterkoalitionen (Gewerkschaften u.ä.) sind von Kapital und Staat anerkannt; die Arbeiterklasse hat das *Recht auf Organisation* erkämpft. Die Legalisierung der Gewerkschaften initiiert eine zunehmende Tendenz zur *Verrechtlichung* der Beziehungen zwischen Kapital und Lohnarbeit, zur Institutionalisierung des Klassenkampfes. Obgleich wir hier den Prozeß der Legalisierung von Organisationsformen der Arbeiterklasse nicht entwickeln können, wollen wir doch einige Bemerkungen zur *Notwendigkeit* dieser Entwicklung im Hinblick auf die *Kapitalreproduktion* machen, um den Eindruck einer Bewegung aufgrund bloßer *politischer* Kräftekonstellationen zu vermeiden. Die Legalisierung der Gewerkschaften und die Verrechtlichung des sozialen Konfliktes Kapital-Arbeit waren die Voraussetzungen für einen sozialen Frieden, der für die Reproduktion und Entfaltung des Kapitals unentbehrlich geworden war. Der Grund liegt nicht allein darin, daß die Arbeiterklasse durch Institutionalisierung des Klassenkonflikts die „Systemgrenze" anerkennt und ihre Kämpfe den Charakter der Negation der kapitalistischen Produktionsweise verlieren. Als Alternative zu einer *politischen Integration* der Arbeiterklasse hat ja schon in der ersten Phase die offene *Repression* gedient. Wesentlich ist, daß mit der Entwicklung der kapitalistischen Produktionsweise, und dies heißt mit der Erhöhung der organischen Zusammensetzung des Kapitals – als Ausdruck für die Verhältnisse zwischen lebendiger und vergegenständlichter Arbeit in der Produktion und damit für die Bedingungen ihrer kapitalistischen Verwertung – die Notwendigkeit zur umfassenden Planung der stofflichen und wertmäßigen Entwicklungen, zum kontinuierlichen Fluß der Kapitalformen, zur Kalkulierbarkeit der Mehrwertrate immer unausweichlicher werden.[92] Die *Integrationskosten* wiegen angesichts dieser Bedingungen geringer, die *Repressionskosten* mehr als in der Phase der kleineren Kapitaleinheiten.

Die Institutionalisierung des Klassenkonflikts bedeutet ökonomisch also eine (gewisse) Kalkulierbarkeit der Mehrwertrate und die Planbarkeit der Produktion gegenüber den Aktionen der Lohnarbeiter: vorgeplante, angekündigte, frist- und termingerechte Ausführungen der Lohnkämpfe, Friedenspflicht etc.; politisch bedeuten sie eine (gewisse) Planbarkeit und Voraussehbarkeit der Massenartikulation selbst. *Hier* kommt das Problem der *Massenloyalität* hinein. Es versteht sich, daß Massenartikulation, also politische Massenbewegung, nur in dem Maße plan- und voraussehbar sind, in dem sie nicht autonom erfolgen. Daher die Notwendigkeit der Integration nicht so sehr der Arbeiterklasse als solcher, sondern der Integration ihres organisierten Ausdrucks, also der Arbeiterparteien und der Gewerkschaften.

Die Begriffe der „Institutionalisierung", „Verrechtlichung" etc. weisen auf eine Veränderung des Verhältnisses von Staat und sozialen Beziehungen hin. *Die naturwüchsige Regelung der Klassenbeziehungen* durch den ökonomischen Prozeß wird zum Teil abgelöst *durch Regelungen,* welche der *Staat garantiert.* Gegenüber der oben entwickelten Qualität als *Vermittlungsform,* in der sich der Staat auf die „Privateigentümer" bezieht, handelt es sich um Recht, das den Staat in die sozialen Verhältnisse der Produktion involviert – allerdings innerhalb der Schranken, die dem Recht eigentümlich sind.[93]

Für unsere Untersuchung des Verhältnisses zwischen System- und Tätigkeitsgrenze des bürgerlichen Staates bedeutet *diese Art* der „Einbeziehung des Staates in den Reproduktionsprozeß" (bekanntlich eine StaMoKap-Formulierung mit anderer theoretischer Zielrichtung), daß seine Tätigkeitsgrenze gegenüber der Arbeiterklasse enger gezogen ist: die von der Arbeiterklasse erworbenen Rechte, Institutionen und Organisationen behindern z.B. den Druck auf die Lohnrate. Ja mehr noch: die Eingriffe in die Rechte der Arbeiterklasse, etwa in die Regelungen verschiedener Fonds, welche die Reproduktion der Ware AK sichern, werden einfach deshalb erheblich stärkere Widerstände antreffen, weil die organisierte Arbeiterklasse im Bereich des „Staates" präsent ist. Diese Präsenz gilt sowohl für die Existenz von Arbeiterparteien im politischen System als auch für die Existenz spezifischer Funktionen im Staatsapparat, die diesen selbst im Hinblick auf den Eingriff gespalten sein läßt (Sozialbürokratie etc.).

Dritte Phase: Der Staat proklamiert ein „Quasi-Recht" auf Beschäftigung. Wir wollen hierzu nur noch kurze Bemerkungen machen, obwohl die außerordentlichen Bedingungen der BRD-Nachkriegsentwicklung eine Art Gewohnheitsrecht in dieser Beziehung geschaffen haben, die es zumindest politisch riskant erscheinen lassen, „Reinigungskrisen" als Pressionsmittel für eine angestrebte Mehrwertrate „zuzulassen".[94] Daß ein derartiges Recht der Arbeiter einen Funktionswechsel der Gewerkschaften bedingt, die nunmehr selbst zum Pressionsmittel gegen autonome Forderungen der Lohnarbeiter werden, daß sie institutionell und bewußtseinsmäßig enger an die Staatsstruktur rücken, ist seit der Konzertierten Aktion ein hinreichend diskutiertes Thema. Ungeklärt ist aber, inwieweit aus dieser Verschiebung der Strukturen zwischen den politischen Klassen- und ökonomischen Beziehungen neue Tätigkeitsgrenzen des Staates entstanden sind. (In dieser Richtung müßte u.E. die kapitalismus- und staats*theoretische* Auswertung und Diskussion der dem Hamburger Kongreß vorliegenden empirischen Analysen zu einzelnen Staatsfunktionen verlaufen).

Zusammenfassend zu dem Phasen- und Integrationsmodell läßt sich folgendes feststellen: sucht man den Prozeß der Verrechtlichung des sozialen Grundkonflikts der Entstehung einer „Funktion" des Staates zuzuordnen, so könnte man sie mit der Herstellung des sozialen Friedens zwecks eines stetigeren und planbaren Reproduktionsprozesses umschreiben (die Bedingungen der Möglichkeit hierzu liegen ohnehin außerhalb seiner „Macht", aber dies ist von dem Versuch und dem ihn tragenden theoretischen Bewußtsein streng zu trennen). Sucht man nach einer Bezeichnung für das Grundproblem oder den „Grundwiderspruch" dieser Staatsfunktion, so besteht dieser darin, daß der Staat mit dem sozialen Frieden eben die Widersprüche zwischen Kapital und Arbeit zu erhalten hat, die diesen gefährden; und nicht sie abzuschaffen.

Es wäre nun ein (theoretisch und praktisch) verhängnisvoller Irrtum, den Integrationsbestand für ein Entwicklungsgesetz des Verhältnisses von Politik und Ökonomie zu halten. „Dem mit der deutschen Geschichte vertrauten Leser" wird auffallen, daß wir eine Phase ausgelassen haben: den Gesichtswechsel des bürgerlichen Staats im

Faschismus. Die in dieser Phase aufgewandte Repression zeigt, daß ein einmal erreichtes Niveau des Rechtsbestandes nur schwer rückgängig zu machen ist, und in der Tat wurden die Beziehungen Kapital-Arbeit auch nicht wieder (begrifflich) rein hergestellt, vielmehr griff der Faschismus in der Konzeption des korporativen Staates *formell* auf den einmal erreichten Integrationsbestand zurück.[95/96]

VI. Schlußbemerkung

Zum Abschluß unserer Überlegungen zur historischen Konstitution von Funktionen des bürgerlichen Staates wollen wir noch einmal auf die methodische Frage nach dem Verhältnis der Ebenen: historische Entwicklung – allgemeine begriffliche Bestimmung des Staates eingehen. In fast allen Analysen zur „Rolle des Staates" gibt es zwei obligate Hinweise: *erstens*, man müsse *nach* den allgemeinen begrifflichen Bestimmungen (im Hinblick auf Funktion xy) die spezifischen historischen, nationalen etc. Besonderheiten (oder gar Modifikationen) untersuchen, um die realen historischen Erscheinungsformen zu erklären; und *zweitens*, müsse man natürlich immer *neben* den ökonomischen die Klassenkampffunktionen des Staates beachten. Auch wo auf den *inneren* Zusammenhang hingewiesen wird, wie bei Altvater („Der Charakter des Staates als bürgerlicher Klassenstaat [durchdringt] alle seine Funktionen; sie dienen letztlich alle dazu, das Kapitalverhältnis als Herrschafts- und Ausbeutungsverhältnis gegenüber der Arbeiterklasse zu erhalten und zu festigen."[97]) Wird die Bedeutung dieses Zusammenhanges nicht herausgearbeitet. Wir haben demgegenüber versucht, diese Bedeutung und die Auswirkungen der jeweiligen historischen Konstellation des Klassenverhältnisses für die Fragestellung: Rolle des Staates, also seine „relative Autonomie", „Möglichkeiten und Grenzen" etc. herauszustellen. Diese Fragestellung hat nur exemplarischen Charakter; auch im Hinblick auf andere Probleme und Entwicklungen historisch-konkreter kapitalistischer Gesellschaften ist die Bestimmung der spezifischen Klassenkonstellation ein wesentlicher analytischer Schritt; um die Ebene der historischen Konkretionen zu erreichen, reicht er jedoch nicht hin. So liegt der Begriff der „Tätigkeitsgrenze" des Staates, den wir aus der jeweils besonderen Klassenkonstellation ableiten, auf der historisch-konkreten Ebene; diese Tätigkeitsgrenze ist aber nicht schon die im Einzelfall empirisch *erscheinende*. Für diese sind Probleme wie die interne Entscheidungsorganisation des Staates, die wissenschaftlichen und informationellen Grundlagen politischer Entscheidungen, gesetzliches Instrumentarium, die spezifischen Partei- und Verbandsinteressen etc. möglicherweise „ausschlaggebend". Wenn wir diese Ebene traditionell politologischer Fragestellungen nicht mehr näher untersuchen, dann nicht, weil wir sie für irrelevant im Hinblick auf die „Rolle des Staates im Kapitalismus" halten würden. Uns kam es hier besonders darauf an, die Trennung von Politik und Ökonomie und damit die Grenzen einer auf die interne Organisations- und Konfliktstruktur des Staates ausgerichteten Untersuchung systematisch zu entwickeln.

Denn ebensowenig wie sich die Erscheinungsformen des politischen Prozesses als „bloße Überbauformen" in den Bereich der historischen Besonderheiten (in dem Sinne politisch-ökonomisch nicht mehr erklärbarer Gegebenheiten) verweisen und als irrelevant für die allgemeinen Bewegungsgesetze der kapitalistischen Gesellschaftsformation darstellen lassen[98], ebensowenig lassen sich jene Erscheinungsformen ohne Analyse der historisch-materiellen Substanz des politischen Prozesses und ohne die spezifischen Formbestimmtheiten der gesellschaftlichen Reproduktion begreifen.

Anmerkungen

* Dieser Beitrag wurde im wesentlichen Mitte September 1973 abgeschlossen. Als wir ihn im Oktober für diese Veröffentlichung überarbeiteten, haben wir weitgehend nur Korrekturen vorgenommen, die der Ausräumung von möglichen schwerwiegenden Mißverständnissen dienen sollten. Da wir auf die ursprüngliche Seitenzahl verpflichtet worden waren, konnten wir insbesondere neuere Arbeiten nicht in dem Maße berücksichtigen, wie wir es gewünscht hätten.

1 E. Fraenkel und K. D. Bracher, Hg., Staat und Politik, Fischer-Lexikon Bd. 2, Ffm 1957, S. 11, in der Neuausgabe von 1964, S. 13. Wir zitieren aus der jeweiligen Einleitung dieses Standardwerkes, in der die Programmatik der bezeichneten Konzeption von Politikwissenschaft repräsentativ zusammengefaßt wird.

2 Das gilt auch für die Diskussion über den Sozialstaat, und zwar nicht nur dort, wo er von Juristen in seinem „Gegensatz" zum Rechtsstaat abgehandelt wird.

3 Gemeint ist der Berliner Kreis um Otto Suhr; vgl. dazu die kurzlebige Zeitschrift „Das Sozialistische Jahrhundert" (1947–1950), die von diesem Kreis getragen wurde, sowie Fraenkels Geleitwort zu: Otto Suhr, Eine Auswahl aus Reden und Schriften, Berlin 1967.

4 Vgl. z.B. Frieder Naschold, Zur Politik und Ökonomie von Planungssystemen, PVS, Sonderheft 4, 1972, S. 13–53.

5 Vgl. G. Schaefer, Policy Science und Politologie, in: Sozialwissenschaftliches Jahrbuch für Politik, Bd. 3, 1972, S. 261–280, z.B. S. 267 und 274 ff.

6 Wohl am weitesten kommt dabei Hartwich bei seinem Nachweis, daß der gesellschaftliche status quo das Sozialstaatspostulat insgesamt zur Farce werden ließ. Aber auch H. kann die Frage nach dem „Warum" nur über den Einfluß herrschender Gruppen und die verfehlte Politik staatlicher Instanzen beantworten.

7 Vgl. Naschold, S. 31, der seine „ursprünglich irrtümlich vertretene Auffassung" zurückzieht, „daß Systemtheorie materiale Theorie ist".

8 Dieser Diskussionszusammenhang besteht in unserem Fall vor allem in Westberlin. Neben unserem Papier, das an einige methodisch-theoretische Probleme anknüpft, lagen dem Hamburger Kongreß weitere Beiträge aus diesem Kreis vor, die sowohl theoretische als auch empirische Problemkomplexe behandeln. Wir verweisen zudem darauf, daß uns Johannes Agnoli einige noch nicht publizierte Papiere zur Verfügung gestellt hat, die wir teilweise in unseren Beitrag eingearbeitet haben, insbesondere in den Teil V (Abschnitt: „Die Klassenkonstellation als Tätigkeitsgrenze").

9 Dies gilt auch für die folgenden Arbeiten, auf die unser Beitrag jedoch nicht näher eingeht:
- Claus Offe, Strukturprobleme des kapitalistischen Staates, Frankfurt/M. 1972;
- ders., Krisen des Krisenmanagements, in: Martin Jaenicke, Hg., Herrschaft und Krise, Opladen 1973, S. 197 ff.;
- Funke/Glagow/Offe/Ronge/Schmieg, Erzeugung und Verarbeitung von Krisen durch politisch-administrative Handlungssysteme, Manuskript, Starnberg 1972 (Kurzfassung bei Offe 1973);
- Funke/Offe/Ronge, Formwandel der Politikformulierung und delegitimatorische Prozesse, Manuskript Starnberg 1973.

Eine detaillierte Auseinandersetzung vor allem mit Offe muß einer separaten Untersuchung vorbehalten bleiben, weil Offe *nicht*, wie die in unserem Beitrag behandelten Arbeiten, unmittelbar von der Marx'schen Theorie ausgeht, sondern sein spezifisches analytisches Vorgehen mit Mängeln der „Formkategorien Marx'scher Politischer Ökonomie" begründet, welche eine Verbindung von systemtheoretischer und politisch-ökonomischer Analyse notwendig machten. Eine Kritik dieses Versuches würde voraussetzen, weniger zu prüfen, „ob und wie weit systemtheoretische Konzepte dem Bezugsrahmen der Marx'schen politischen Ökonomie legitimerweise integriert werden können" (Offe 1972, S. 12), als vielmehr herauszufinden, welche scheinbar nur systemtheoretisch begründbaren analytischen Schritte sich von der Marxschen Kritik der politischen Ökonomie her erst adäquat entwickeln lassen. Vgl. Bernhard Blanke, Ulrich Jürgens, Hans Kastendiek, Kritik der Politischen Wissenschaft. Analysen von Politik und Ökonomie in der bürgerlichen Gesellschaft, Frankfurt/M. 1975.

10 Zu den verschiedenen Strömungen, Funktionsbegriffen und Rekonstruktionslogiken des Funktionalismus vgl. neuerdings Günther Schmid, Funktionsanalyse und politische Theorie.

Funktionalismustheorie, politisch-ökonomische Faktorenanalyse und Elemente einer genetisch-funktionalen Systemtheorie, Düsseldorf 1973.

11 Als Beispiel mag die Analyse der „gesellschaftlichen Funktion des Staates" in der durch ihre Verbindung von historischer, soziologischer und staatsrechtlicher Forschung beeindruckenden Staatslehre von Hermann Heller dienen; in: ders., Staatslehre, Leiden (1934) 1963[3]; S. 199 ff.

12 K. Marx, Das Kapital, Bd. II, Marx-Engels-Werke (MEW) 24, S. 218.

13 Zum Begriff des „Kapital im allgemeinen" vgl. R. Rosdolsky, Zur Entstehungsgeschichte des Marx'schen ‚Kapital', 2 Bde., Frankfurt/M. 1968, insbes. Bd. I, S. 61 ff.; sowie H. Reichelt, Zur logischen Struktur des Kapitalbegriffs bei Marx, Frankfurt/M. 1970.

14 Zum Verhältnis logischer und historischer Analyse vgl. insbesondere J. Zeleny, Die Wissenschaftslogik bei Marx und ‚Das Kapital', Berlin-DDR 1968, insbes. S. 103 ff.

15 Das „Staatsproblem" ist – grob gesprochen – in drei Phasen aktuell *gewesen*: bei der Diskussion um das Programm der deutschen Sozialdemokratie im 19. Jahrhundert; in der russischen Revolution (Lenin: „Staat und Revolution"); in der deutschen Sozialdemokratie der 20er Jahre und angesichts des Faschismus. Dies sind Phasen, aus denen auch ‚Fundstellen' von Staatsdiskussionen (die in Deutschland im wesentlichen relevant geworden sind) vorliegen. Die Aktualität der neueren Staatsdiskussion resultierte hauptsächlich aus Erfahrungen, welche die außerparlamentarische Protestbewegung vor allem mit dem Repressionscharakter des bürgerlichen Staates gemacht hatte und die sie nach den verschiedensten Seiten hin theoretisch zu verarbeiten suchte.

16 Neu aufgekommen ist diese Debatte Mitte der 60er Jahre. Vgl. die Kontroverse in der Zeitschrift Das Argument (Nr. 41, 47) und neuerdings: Niels Kadritzke, Faschismus als historische Realität und als unrealistischer Kampfbegriff, in: Probleme des Klassenkampfs, Nr. 8/9, 1973, S. 103 ff; Alfred Sohn-Rethel, Ökonomie und Klassenstruktur des deutschen Faschismus, Frankfurt/M. 1973. – Die Diskussion um die „Verselbständigung des Staates" knüpfte an die Marx'schen Schriften über die Entwicklung im bonapartistischen Frankreich an. Vgl. auch: Projekt Klassenanalyse, Zur Taktik der proletarischen Partei, Berlin 1972. Die dort entwickelten allgemeinen Staatsbestimmungen stammen jedoch *nicht* aus den ‚Frankreich-Schriften'. Hierzu siehe weiter unten in diesem Beitrag.

17 Vor allem Christel Neusüß/Wolfgang Müller, Die Sozialstaatsillusion und der Widerspruch von Lohnarbeit und Kapital, in: Sozialistische Politik, 2. Jg. 1970 (neu aufgelegt in: Probleme des Klassenkampfs, Sonderheft 1, 1971). Dieses Problem scheint auch der eigentliche Ausgangspunkt der Analyse von Flatow/Huisken zu sein, was allerdings so sehr in einer „Staatsableitung" versteckt ist, daß man Mühe hat, diesen roten Faden zu entdecken. Vgl. vor allem S. 126/127 des Aufsatzes: Zum Problem der Ableitung des bürgerlichen Staates, in: Probleme des Klassenkampfs, Nr. 7, 1973, S. 83 ff. – Natürlich hat es die Diskussion um den Sozialstaat schon früher gegeben. Wir meinen hier die *marxistische* Diskussion.

18 Direkt von einem solchen allgemeinen Begriff des Staates gehen unter anderen Joachim Hirsch, Elemente einer materialistischen Staatstheorie, in: Braunmühl u.a., Probleme einer materialistischen Staatstheorie, Frankfurt/M. 1973, S. 199 ff. und Klaus Funken, Überlegungen zu einer marxistischen Staatstheorie, a.a.O., S. 92 ff. aus; indirekt, jedoch entgegen ihren eigenen methodischen Prämissen, Flatow/Huisken, a.a.O., S. 95.

19 Flatow/Huisken, a.a.O., S. 121.
Neben den Frühschriften werden in der marxistischen Staatsdiskussion häufig zitiert:
(1) Engels Schriften „Die Entwicklung des Sozialismus von der Utopie zur Wissenschaft" (MEW, 19); „Anti-Dühring" (MEW, 20); „Der Ursprung der Familie, des Privateigentums und des Staates" (MEW, 21). Bei der Engelsrezeption muß beachtet werden, daß Engels in seinen Schriften den Staat als *Klassenstaat* faßt und gerade diese *unmittelbare* Bestimmung in der neueren Diskussion vermieden wird, weil sie auf die in der Einleitung zu unserem Beitrag skizzierten Fragen führt. Andererseits enthalten die Engels'schen Schriften auch eine Bestimmung des Staates als Ordnungsgewalt („Ursprung . . ."), die auf die Frage nach dem „Allgemeinen" des Staates hinführt, welche in der neueren Diskussion eher mit den Formulierungen aus den Frühschriften angegangen wird.
(2) Das „Kommunistische Manifest" (MEW, 4) und die „Kritik des Gothaer Programms" (MEW, 19). Hier wird der Staat als *„politischer"* Staat zwar auch als Klassen-, jedoch als *öffentliche Gewalt* bezeichnet. In der „Kritik des Gothaer Programms" gibt Marx nur noch an, daß die verschiedenen Staaten in den existierenden kapitalistischen Gesellschaften „gewisse *wesentliche Charaktere"* gemein haben. Dieter Läpple, Staat und allgemeine Produktionsbedingungen, Berlin 1973, knüpft an diesen Bestimmungen an und kommt zu einer ähn-

lichen Ableitung wie wir. Er verbindet allerdings diese Bestimmung der „öffentlichen Gewalt" sogleich mit jenem „allgemeinen Begriff", den wir hier kritisiert haben (Verdoppelung etc.).

20 Hirsch, a.a.O., S. 203.

21 Dieser Begriff spukt durch den Aufsatz von Funken, der den Marx'schen Aufbauplan in dieser Richtung interpretiert.

22 Vgl. hierzu Reichelt, a.a.O.; neuerdings Joachim Bischoff, Gesellschaftliche Arbeit als Systembegriff, Berlin 1973, S. 114 ff.

23 C. B. Macpherson, Die politische Theorie des Besitzindividualismus, Frankfurt/M. 1967. Macpherson überinterpretiert u.E. Hobbes, Locke u.a., insofern er nicht klar genug die politischen Bestimmungen des Privateigentums von den ökonomischen unterscheidet.

24 „Jede juristische Staatstheorie (muß) notwendig den Staat als eine von der Gesellschaft getrennte selbständige Gewalt setzen . . . Darin besteht gerade das *Juristische* dieser Lehre". E. Paschukanis, Allgemeine Rechtslehre und Marxismus, Frankfurt/M. 1966 (1929), S. 125, 126/8.

25 A.a.O., S. 123.

26 Solche neuen Kategorien sind: Die Revenuebesitzer (Flatow/Huisken), die konkurrierenden Einzelkapitale (Elmar Altvater, Zu einigen Problemen des Staatsinterventionismus in: Probleme des Klassenkampfs, Nr. 3, 1972, S. 1 ff.), die arbeitsteilig produzierenden Privatproduzenten (Projekt Klassenanalyse, Zur Kritik der „Sozialstaatsillusion", in: Sozialistische Politik, 3. Jg., H. 14/15, Dez. 1971, S. 193 ff.).

27 Hierzu Reichelt, a.a.O.; Bischoff, a.a.O.

28 Vgl. Hans-Georg Backhaus, Zur Dialektik der Wertform, in: Beiträge zur marxistischen Erkenntnistheorie, hrsg. von Alfred Schmidt, Frankfurt/M. 1969, S. 128 ff.

29 So schon die Marx'sche Kritik an Hegel. Vgl. auch Maurice Godelier, System, Struktur und Widerspruch im „Kapital", Berlin 1970, S. 27 ff. *Rechtsgleichheit* als Basis für die Theorie vom Staat als dem „allgemeinen Interesse" ist besonders von Lorenz von Stein zum Ausgangspunkt der ‚positiven' Aufhebung der gesellschaftlichen Ungleichheit und der Klassengliederung im Staat genommen worden. Lorenz von Stein, Gesellschaft – Staat – Recht, hrsg. und eingel. von Ernst Forsthoff, Frankfurt/M. usw. 1972, bes. S. 268 ff.

30 Flatow/Huisken, a.a.O.; Funken (a.a.O., S. 110) gibt dem Staat die Generalkompetenz, „die Störungen im Funktionsmechanismus des jeweils besonderen Reproduktionssystems im Interesse der Ausbeuter insgesamt" zu regulieren. Wozu dann noch Überlegungen zu den Möglichkeiten und Grenzen des „Staatsinterventionismus"? Zum Problem der Staatsfunktionen vgl. unseren Beitrag, Teil IV.

31 Da unser Rückgriff auf die Kategorie *Form* gerade bei Marxisten Verwirrung geschaffen hat – offensichtlich, weil wir nicht mit dem Begriff des „Kapital im allgemeinen" operiert haben –, haben wir diesen Teil des Beitrages stark überarbeitet. Wir wollen aber festhalten, daß sich für uns die ganze Debatte um diesen „allgemeinen Begriff des Kapital" konzentriert in der Diskussion um den spezifischen Marx'schen Formbegriff (z.B. Wert*form*, Kapital*form* etc.). Wir meinen insofern, an die Arbeiten von Reichelt, Rosdolsky, Backhaus, Wolfgang Müller, Bischoff u.a. anknüpfen zu müssen, um sie in Richtung Staatsanalyse weiterzuführen. – Ein Problem besteht noch in der oft vorkommenden Äquivokation von Form und *Erscheinungsform*. Die Unterscheidung von „Wesen" und „Erscheinungsform" bezeichnet ein *Verhältnis* von Stufen *innerhalb* des allgemeinen Kapitalbegriffs: die Stufenleiter der Mystifizierung der gesellschaftlichen Zusammenhänge in der kapitalistischen Reproduktion. So ist etwa der Profit die Form der Erscheinung des Mehrwerts, in ihm drückt sich die *Verdinglichung* der *gesellschaftlichen Arbeit* ebenso aus wie in den Bestimmungen der Einkommen, deren Entstehung aus Arbeit nicht mehr durchsichtig ist. Die Unterscheidung von „Wesen" und „Erscheinungsform" taugt deshalb auch nicht für die Differenz und das Verhältnis von „Theorie" und „Geschichte" (so, als wäre die *Empirie* nur die jeweilige Erscheinung eines in der Geschichte untergründig wirkenden Wesens).

32 Der als Theorie von Marx vorliegende allgemeine Kapitalbegriff ist insofern noch „abstrakt-allgemein", als er noch unvermittelt zur jeweils historisch-konkreten Totalität kapitalistischer Gesellschaften und zu den Erscheinungsformen an deren Oberfläche steht. Die Vermittlung von „Einzelnem" und „Allgemeinem" bedingt eine Analyse der konkreten historischen Konstellation und eine entsprechende Konkretisierung des allgemeinen Begriffs. *Beispielsweise* kann man den Verlauf des Akkumulationsprozesses in Westdeutschland nach 1945 nicht zureichend analysieren, wenn man statistische Trends unmittelbar mit allgemeinen Kategorien wie relativer Mehrwert oder Profit konfrontiert. Aber über das „Übersetzungsproblem" hin-

aus, das ja allgemein gegeben ist, ist die spezifische Konstellation zu rekonstruieren, die der Kapitalismus in Westdeutschland erreicht hatte: der Weltmarktzusammenhang, der Stand der Klassenkämpfe, technologischer Entwicklungsstand etc. etc.
Für die Realanalyse ausgehend von Marx'schen Begriffen sind dann zwei Fragen relevant, die wir nur formulieren, nicht aber beantworten können:
(1) Ist der „allgemeine Kapitalbegriff" ein für alle Mal „fertig"; oder ließe sich – in Analogie etwa zur Analyse des absoluten und des relativen Mehrwerts durch Marx – eine „Weiterentwicklung" dieses allgemeinen Begriffs denken, allerdings in logischer Anknüpfung an die schon entwickelten Bestimmungen?
(2) *Welche* Momente einer historisch-konkreten Totalität müssen theoretisch entwickelt sein, damit empirische Verläufe methodisch einigermaßen exakt analysiert werden können? (Wir führen weiter unten als wesentliches Moment den Stand der Klassenbeziehungen auf der Grundlage eines bestimmten Standes der Akkumulation an; welche anderen müssen hinzukommen?). Daß die Totalität jemals theoretisch soweit entfaltet werden kann, daß alle Erscheinungsformen als Erscheinungen dieser konkreten Totalität „abgeleitet" werden können, ist ein frommer Wunsch, dessen Verwirklichung man sich in der marxistischen Diskussion oft dadurch erschleichen möchte, daß man die Marx'sche Theorie selbst schon für diese Totalität ausgibt.

33 Die Unterscheidung zwischen „Systemgrenze" und „Tätigkeitsgrenze" hat für uns – das soll hier ausdrücklich betont werden – ebenso wie die Aussagen zum Verhältnis von Form- und historischer Analyse noch vorläufigen Charakter und sie bedürfen im besonderen Maße der kritischen Diskussion.

34 Zum Beginn bei der „Oberfläche" vgl. Flatow/Husiken, a.a.O., bes. S. 93 ff. Ebenso: Marxistische Gruppe Erlangen/Theoriefraktion, Cirkular 3, Dezember 1972, Zur Oberfläche des Kapitals. Zu „Freiheit und Gleichheit" auf der Ebene der einfachen Warenzirkulation vgl. K. Marx, Das Kapital, Bd. I, MEW 23, S. 189 f.

35 Besonders deutlich werden die Konsequenzen einer solchen Ableitung in den Theorien über den Staatsmonopolistischen Kapitalismus, die implizit und explizit davon ausgehen, daß die zunehmenden „Staatsinterventionen" im heutigen Kapitalismus ein Resultat steigender Krisenanfälligkeit des Kapitalismus sind. Dies legt im Umkehrschluß nahe, der Kapitalismus in seiner „Normalform" (Konkurrenzkapitalismus) bedürfe eigentlich nicht des Staates. Vgl. hierzu Margaret Wirth: Zur Kritik der Theorie des staatsmonopolistischen Kapitalismus, in: Probleme des Klassenkampfs, Nr. 8/9, 1973, S. 17 ff.

36 Paschukanis, a.a.O., S. 119/120.

37 Die Kategorie „außerökonomische Zwangsgewalt" scheint ein Pleonasmus zu sein (Zwang, Gewalt), enthält in der Tat aber eine *zweifache* Bedeutung: es geht um den „Zwang als . . . auf Gewalt gestützte(n) Befehl eines Menschen über einen anderen" (Paschukanis, S. 123). Der Zwang auf die Rechts*subjekte,* der *außerhalb* der „Zwänge" der Zirkulation von ihrer *sachlichen* Seite her organisiert sein muß („außerökonomisch"), macht eine Gewalt (hier noch als Funktion), nötig, die ihn ausübt. Das ist die von Marx und Engels so genannte „öffentliche Gewalt". Diesen Begriff haben wir noch nicht verwendet, weil in ihm bereits ein bestimmtes Formprinzip („öffentlich") verwendet wird, welches selbst abzuleiten war (siehe auch Paschukanis, S. 115 ff.). Wir gebrauchen im folgenden auch *abgekürzt* „außerökonomische Gewalt".

38 Im Unterschied zu einer „funktionalistischen" Herleitung (vgl. Teil I. 2.) meinen wir, diese Funktion weder nur aus *empirischen* Befunden, noch *formal* rekonstruiert zu haben, sondern aus bestimmten Formen einer historisch-spezifischen Gesellschaftsformation. „Außerökonomische Zwangsgewalt" beinhaltet somit auch *keine* Generalkompetenz etwa im Sinne landläufiger Souveränitätsdefinitionen, in denen selbst schon ein „Primat der Politik" beinhaltet ist. Es geht um eine Funktion *des* materiellen Reproduktionsprozesses, mittels derer die materielle Bewegung in ‚verbindliche Entscheidungen' transformiert werden *kann*, die aber deswegen weder „autonom" noch „souverän" ist in dem Sinne, das sie „alles machen kann". – Eine Anmerkung zum „juristischen Staatsbegriff" ist hier noch zu machen: Wenn das Recht als Form und die „außerökonomische Gewalt" als Funktion abgeleitet sind, wird der Weg erst frei für eine weitere Entwicklung der in diesem Staatsbegriff ja auch enthaltenen Formprinzipien des *bürgerlichen Verfassungsstaates.* In der Dialektik von „allgemeinen" und „besonderen" Interessen war ja ursprünglich beides enthalten, die allgemeine, zentrale Gewalt *und* die institutionell-verfassungsmäßige Organisation ihrer Beeinflussung und Handhabung.

39 Die Unterscheidung von „ökonomischen" und „politischen" Beziehungen mag ‚unmarxistisch' klingen. Abgesehen davon, daß Marx in den „Grundrissen" bei der Analyse der Vorstellungen von Freiheit und Gleichheit, wie sie aus der „einfachen Warenzirkulation" resultieren, von „juristischen, politischen und sozialen Beziehungen" spricht, in welchen jene Vorstellungen „nur diese (ökonomische)Basis in einer anderen Potenz" sind (Karl Marx, Grundrisse der Kritik der Politischen Ökonomie, Berlin-DDR 1953, S. 156), wollen wir zwei Momente hervorheben: (1) Diese „Trennung von Politik und Okonomie" ist sowohl Folge wie Voraussetzung für das System der bürgerlichen Gesellschaft. Sie ist an Bedingungen geknüpft, die wesentlich in der *Bewußtseinsstruktur* der Produzenten liegen. Solange die Lohnarbeiter ihre „ökonomische" Existenz als naturgegeben begrefen, als sachliche Notwendigkeit, und nicht auf ihre politische Existenz beziehen, bleibt diese Trennlinie stabil. Vgl. zur Reproduktion dieser Trennung in verschiedenen Öffentlichkeitsstrukturen: Oskar Negt/Alexander Kluge, Öffentlichkeit und Erfahrung. Zur Organisationsanalyse von bürgerlicher und proletarischer Öffentlichkeit, Frankfurt/M. 1972, bes. Kapitel 2.
(2) Auch in systemtheoretischen Entwürfen ist diese Trennung von politischem und ökonomischem System üblich. Sie sind jedoch unfähig, die spezifischen Vermittlungen aufzuzeigen, weil sie stets nur versuchen, exakte Grenzziehungen vorzunehmen. Vgl. Wolf-Dieter Narr, Theoriebegriffe und Systemtheorie, Stuttgart usw. 1969, S. 170 ff; auch Schmid, a.a.O.

40 Als Beispiel wurde schon Paschukanis zitiert. Ähnliches gilt aber auch für Stučka (Die revolutionäre Rolle von Recht und Staat, Frankfurt/M. 1969 (1921), bes. S. 85–101) und, wie uns scheint, für viele Beiträge der neuerdings wieder beginnenden marxistischen Rechtsdiskussion. Der vorgefaßte Staatsbegriff beinhaltet zwei Momente: das der Klassenherrschaft und das Problem des Staates im Übergang zum Sozialismus.

41 Diese Parallelität läßt sich auch an der Übernahme des römischen Rechts und der Scheidung von „öffentlicher" und „privater" Sphäre im Übergang zur ‚Neuzeit' belegen. Vgl. G. Radbruch, Einführung in die Rechtswissenschaft, Stuttgart 1969[12], Kapitel über das Privatrecht, S. 88 ff.; Paschukanis, a.a.O., S. 117.

42 Dies ist u.E. von Heide Gerstenberger (Zur Theorie der historischen Konstitution des bürgerlichen Staates, in: Probleme des Klassenkampfs, Nr. 8/9, 1973, S. 207 ff.) nicht deutlich genug herausgearbeitet worden. Dort erscheint die, vom „Bürgertum" zu funktionalisierende fürstliche Souveränität als *empirische* Größe, die dem „Bürgertum" vorausgesetzt ist. Man müßte umgekehrt die Entwicklung einer solchen Souveränität (Absolutismus) selbst aus dem Übergang zu Waren- und Geldverhältnissen entwickeln.

43 Wir müssen hier die Kenntnis der Marx'schen Theorie weitgehend voraussetzen.

44 MEW 23, S. 99/100; Paschukanis, S. 90 ff.

45 Paschukanis, S. 96 – Diese und die folgenden Ausführungen beanspruchen nicht, eine „Grundlegung" marxistischer Rechtstheorie zu sein. Wir entwickeln das Recht nur in Bezug auf unser Problem der *Staatsfunktionen;* wir beziehen uns hier außerdem implizit auf die Arbeiten von Max Weber, Hermann Heller und auf die deutsche juristische Tradition.

46 Diese Parallelität wäre unbedingt weiter zu verfolgen, besonders deshalb, weil in der Nachfolge der Diskussion deutscher Staatsrechtslehrer in den 20er Jahren um den Begriff des „Gesetzes", vor allem in Anschluß an Franz Neumann (Der Funktionswandel des Gesetzes im Recht der bürgerlichen Gesellschaft, in: drs., Demokratischer und autoritärer Staat, Frankfurt/M. 1967 (1937)) der Begriff des Gesetzes unscharf mit dem der „Konkurrenz" verknüpft wurde (so etwa bei Habermas), wodurch die innere Verbindung von Waren*form* und Rechts*form* verloren ging.

47 John Locke: Zweite Abhandlung über die Regierung, § 126.

48 Zu den beiden Momenten der Rechtssicherheit: inhaltliche Rechtsgewißheit und Vollstreckungsgewißheit vgl. Hermann Heller, Staatslehre. Leiden 1963[3], S. 222. Wenn wir hier von „legislativer und exekutiver Funktion" sprechen, so argumentieren wir *nicht* auf der Ebene der bestimmten historischen Strukturen, d.h. der Gewaltenteilung. In der bürgerlichen Klassik wurden diese Funktionen ja zunächst auch als *Funktionen* begriffen (vor allem bei John Locke), während im Zuge der Verfassungskämpfe des Bürgertums sich aus dem Kampf um die adäquaten Funktionen und der Notwendigkeit des Arrangements der existierenden gesellschaftlichen Klassen erst als Kompromiß die konkrete Struktur Gewaltenteilung ergab. Die heute so gepriesene funktionalistische Entdeckung der „Trennung von Funktion und Struktur" (siehe G. Almond, Political Theory and Political Science, in: APSR LX, 1966, S. 876) ist also eine alte Errungenschaft bürgerlicher Klassik. Inwieweit speziell die „Ausdifferenzierung" der judikativen von der exekutiven Funktion selbst Produkt dieser Klassen-

und Verfassungskämpfe ist, müßte nachgeprüft werden. Für die *historische* (siehe den zitierten Aufsatz von H. Gerstenberger) Analyse ist wichtig, daß sich bestimmte *Funktionen* an die feudalen Machthaber ansiedeln konnten, die damit a) der Durchsetzung der Warenproduktion ,dienstbar' gemacht wurden, b) zugleich aber einen Funktionswechsel vollzogen. Aus dem Feudalherren wurde der Territorialfürst etc.

49 Zum „Funktionswandel des Rechtsgesetzes" (F. Neumann) vgl. Fußnote 64, 93.

50 Die Analogie von Geld und Macht, von Preisen und Normen ist in der funktionalistischen Literatur heute weitverbreitet. Es handelt sich dabei immer um eine bloße Analogie, der genetische Zusammenhang, wie er hier zu begründen versucht wurde, verschwindet ganz. Es ist – jetzt in bezug auf die marxistische Diskussion – ein Fehler, aus der Sicherung des Geld*maßstabes* die Sicherung des Geld*wertes* zu schließen (vgl. Margaret Wirth, a.a.O., S. 37), selbst wenn sich in der aktuellen Politik auf der Grundlage der Zuständigkeit des Staates für den Geldmaßstab die Illusion der Zuständigkeit für den Geldwert herausgebildet hat.

51 Oberfläche im Sinne der notwendigen Form der Erscheinung, vgl. unsere Bemerkungen hierzu in der Fußnote 31.

52 Es ist prototypisch, wie Paschukanis gerade durch die *Unterschätzung* der Rolle der außerökonomischen Gewalt auf der Ebene der durch die Ware gesetzten Beziehungen den „Staat" sogleich nur noch als „Klassenstaat" fassen kann, d.h. als konkrete Organisation und Instrument, a.a.O., S. 103.

53 Zum Auseinanderfallen von Eigentumsverhältnissen und Tauschverhältnissen und damit von formeller und inhaltlicher Gleichheit vgl. Flatow/Huisken, a.a.O., S. 98f.

54 Auch bei dieser äußerst kurzen Explikation der Mehrwerttheorie muß der Leser auf Marx verwiesen werden.

55 Diesen Stellenwechsel („modern": Rollenwechsel) der Arbeitskraft analysiert Marx besonders klar in Kapital II, Kapitel 20, Punkt 10 „Kapital und Revenue". Gegen Systemtheoretiker und Komplexitätsphilosophen muß hier gesagt werden: daß die spezifischen Formen der kapitalistischen Gesellschaft sich gegeneinander verselbständigen, bedeutet nicht, daß sie nicht Lebens- und Handlungsweisen identischer Individuen sind, die nicht einfach nach einem den „Subsystemen" analogen Rollenschema auseinandergehalten werden können, wo dann ein abstraktes Individuum jenseits aller Rollen sich kontemplativ zu sich selbst verhält. Dies ist eine zutiefst (im Wortsinne) bürgerliche Vorstellung, die „rein" ohnehin nur der *Rentier* darstellen und der Wissenschaftler sich vorstellen kann. Nur von einem solchen Standpunkt aus kann der Produktionsprozeß als etwas rein sachliches betrachtet werden, als „unpolitische Ökonomie", und gezetert werden, wenn die Ökonomie von Arbeitern oder Wissenschaftlern „politisiert" wird. Die Klasse der Lohnarbeiter muß dagegen geradezu die Aufhebung der *bestimmten Form* der Komplexität im Kapitalismus fordern, um sich als Menschen verwirklichen zu können. Hierzu sollte man nur die bekannte Tatsache reflektieren, daß die Anzahl der Erkrankungen an Schizophrenie in der Unterschicht besonders hoch ist. Zu einer ähnlichen Kritik vgl. Volker Ronge: Politisches System oder Staat, Ms. April 1973.

56 Siehe hierzu exemplarisch: MEW 23, 8. Kap. „Der Arbeitstag".

57 Diese noch auf der allgemeinsten Ebene abgehandelten Verhältnisse sind in Zusammenhang zu sehen mit dem Teil V unseres Beitrages („Staat und Klassenbewegung").

58 Das kommt in der Tatsache zu Tage, daß eben jedes Kapital eine „juristische Person" ist.

59 Dies kommt sehr schön in der neoliberalen Apologie von Preismechanismus *und* Privateigentum zum Ausdruck.

60 J. St. Mill, Principles of Political Economy, Book V, Chapter X: Of Interference of Government grounded on Erroneous Theories, 5. Laws against Combination of Workmen, zitiert nach der 5. Auflage, London 1862.

61 Die doppelte Verkehrung des gesellschaftlichen Zusammenhanges zunächst in einen rein sachlichen und dann – im Produktionsprozeß – wieder in einen durch Herrschaft vermittelten führt nicht etwa zur „Aufhebung" der Verkehrung, sondern zu ihrer Verstärkung.

62 Da Flatow/Huisken ihre ganze Untersuchung von jener, in der kritisierten juristischen Terminologie formulierten Frage nach dem Ursprung des Staates aus dem Widerspruch zwischen allgemeinen und besonderen *Interessen* (vgl. a.a.O., S. 95) her entwickeln, müssen sie *sofort* mit den Begriffen Freiheit und Gleichheit ihre *emphatische* Bedeutung assoziieren (S. 99 f.) und damit die erst einmal auf die Rechtsverhältnisse hinzielende Bedeutung als logischen Ansatzpunkt für die Staatsableitung verfehlen. Die Bedeutung des Interessenbegriffs, der bei F/H die wesentliche Rolle spielt, wollen wir gar nicht schmälern, wir glauben aber nachgewiesen zu

haben, daß in bezug auf den „Staat" zuvor eine andere Ableitung notwendig ist.

63 Für diese Haltung prototypisch ist eine bestimmte Tradition des *„sozialen Rechtsstaates"*.

64 Generelle Norm ist hier so verstanden wie es Peter Römer (Klassenkampf, Staat und allgemeines Gesetz, in: Sozialistische Politik, 4. Jg., Nr. 19, S. 87) in seiner Kritik an Müller/Neusüß formuliert hat: „Die Allgemeinheit und Abstraktheit des Gesetzes beruht indes stets auf dem bewußten Nichtberücksichtigen ... der Besonderheit des Einzelfalls. Seit Max Weber wird die formale Rationalität, die Rechtssicherheits- und Kalkulierbarkeitsfunktion der allgemeinen Gesetze herausgestellt; diese Berechenbarkeit galt indes in erster Linie gegenüber der staatlichen Gewalt". Unter der Herrschaft des allgemeinen Gesetzes habe sich eine Vielfalt von staatlichen und privaten Rechtssetzungen herausgebildet. Wenn wir vorn formuliert haben: das Wertgesetz konstituiert das Rechtsgesetz, so können wir hier in Analogie zum *Geld* als der äußerlichen Form des Wertes, mittels derer sich gerade die *Schwankungen* der Wertproduktion und damit die Vermittlung der verschiedenen gesellschaftlichen Arbeiten im *Wert*gesetz durchsetzt, formulieren, daß es gerade das *allgemeine* Gesetz ist, in dessen *Rahmen* sich die unterschiedlichsten Beziehungen zwischen den Rechtssubjekten vermitteln und im Einzelfall normieren lassen.

65 In anderen Begriffen (vgl. B. Blanke, Staat, in: Wörterbuch zur Politischen Ökonomie, hrsg. von Gert von Eynern, Opladen 1973): staatliche „Souveränität" und Kapitalsouveränität werden identisch.

66 Auf *nicht* durch den *Tausch* (oder Rechtsverhältnisse) vermittelte gesellschaftliche Beziehungen gehen wir hier nicht ein. Es soll aber das Mißverständnis vermieden werden, als würden wir *alle* gesellschaftlichen Beziehungen unter Geld- oder Rechtsverhältnisse subsumieren. Nicht durch diese Formen vermittelt (wenn auch in einem jeweils zu analysierenden Verhältnis zu ihnen stehend) sind: (1) der Produktionsprozeß als betrieblicher *Arbeitsprozeß*, der uns in bezug auf den *Staat* hier jedoch in der Tat nur von seiner *äußeren Form* her interessieren kann; (2) der *Sozialisationsprozeß* im engeren wie weiteren Sinne. Hier ist die Durchdringung durch Geld- und Rechtsverhältnisse besonders kompliziert (Familienrecht etc., Schulrecht etc.). Ursprünglich hatten wir in diesem Abschnitt Geld und Recht als *Medien* bezeichnet (wie Margaret Wirth, a.a.O., S. 32 ff.) Dieser Begriff, der die Vermitteltheit staatlicher Aktionen bezeichnen sollte, weckt jedoch Assoziationen zu anderen „Medien" (Sprache, Ideologie, Öffentlichkeit). Daß auch sie (speziell Öffentlichkeit) Vermittlungsformen zwischen Ökonomie und Politik sind, soll hier wenigsten erwähnt werden.

67 Margaret Wirth, a.a.O., S. 35 f.

68 Vgl. K. Marx, Theorien über den Mehrwert II, MEW 26.2, Berlin 1967, S. 471, insbes. 513.

69 S. v. Flatow/F. Huisken, Zum Problem der Ableitung des bürgerlichen Staates, a.a.O.

70 Wörtlich heißt es bei F/H S. 119 (gesperrt): „. . .in der Form der Verfolgung seiner besonderen Bestimmtheit läßt sich ein allgemeines Interesse nicht realisieren; die Besonderungen (wessen Besonderungen? die des allgemeinen Interesses? – das wäre reiner Hegelianismus! – d. Verf.) addieren sich nicht auf, sondern schließen einander in der Bewegung der Konkurrenz aus."

71 „Jeder verfolgt sein Privatinteresse und nur sein Privatinteresse; und dient dadurch, ohne es zu wollen und zu wissen, den Privatinteressen aller, den allgemeinen Interessen. Der Witz besteht nicht darin, daß, indem jeder sein Privatinteresse verfolgt, die Gesamtheit der Privatinteressen, also das allgemeine Interesse erreicht wird. . . .Die Pointe liegt vielmehr darin, daß das Privatinteresse selbst schon ein gesellschaftlich bestimmtes Interesse ist ... Es ist das Interesse der Privaten; aber dessen Inhalt, wie Form und Mittel der Verwirklichung, durch von allen unabhängige gesellschaftliche Bedingungen gegeben." K. Marx, Grundrisse, a.a.O., S. 74. Diese, von allen unabhängige gesellschaftliche Bedingung ist nun keineswegs „der Staat", sondern sind *unbewußte Vergesellschaftungsformen wie das Wertgesetz* etc. Bei F/H wird dagegen an diese Stelle der Staat gesetzt: „Sofern . . . die allgemeinen Interessen inhaltlich Mittel bzw. Voraussetzung der Verfolgung der jeweils besonderen sind, besteht die Notwendigkeit, die Inhalte jener allgemeinen Interessen in einer anderen als in der durch die Handlungsmöglichkeiten der Privaten gegebenen Weise zu realisieren." (a.a.O., S. 119)

72 Der Versuch, den F/H unternehmen, um der Tautologie zu entgehen, daß „allgemeine Interessen" eben die sind, die der Staat durch seine faktische Tätigkeit „aufgenommen, verwaltet und erfüllt"(!) (a.a.O. S. 129) hat, nämlich sie aus der „Tiefe" (im Gegensatz zur „Oberfläche)" der kapitalistischen Gesetzmäßigkeiten zu begründen, ist wenig überzeugend. Als Kriterium für ein *allgemeines* Interesse geben sie an, daß es sich auf die Entwicklung von Vor-

aussetzungen der Produktion und Zirkulation richten muß, die sich als *Schranke* der Entwicklung des *Gesamtkapitals* geltend machen. Das *Rezeptionsproblem* bleibt ganz ungelöst, denn das in diesem Sinne allgemeine Interesse kann F/H zufolge zuweilen auch von einer kleinen Minderheit von Privateigentümern artikuliert werden, denen die allgemeine Entwicklungsschranke spürbar wird. Aber wie kann „der Staat" dann zwischen wirklichen und falschen allgemeinen Interessen in den verschiedenen Gruppenartikulationen unterscheiden? An diesem Punkt wird auch deutlich, daß der Ausgangspunkt für die Ableitung des Staates *nicht* die Oberfläche sein kann (wie wichtig die Formen der Oberfläche auch für die Gestaltungen von Interessenpolitik, Parteienbildungen etc. sind). Denn nach Flatow/Huisken's richtiger Darstellung sind die Differenzen zwischen den Revenuebesitzern auf der Oberfläche rein *quantitativer* (in der Geldform ausgedrückt) oder *stofflicher* (bezogen auf den Arbeitsprozeß) Natur, sodaß es gar keine andere als bloß eine rein quantitative Entscheidung darüber geben kann, ob ein Interesse allgemein ist oder nicht. Das *Maß* dieser Quantität ist dann letztlich die *Macht*, eine (bürgerliche) Konsequenz, die Flatow/Huisken gerade vermeiden wollen.

73 Projekt Klassenanalyse, Zur Taktik der proletarischen Partei, Marx'sche Klassenanalyse Frankreichs von 1848–71, Berlin 1972, insbes. 125 ff; die allgemeinen Aussagen zum Staat und zum Verhältnis Politik-Ökonomie sind nahezu identisch mit den Aufsatz des PK in der SoPo, 14/15, Zur Kritik . . ., a.a.O.

74 Projekt Klassenanalyse, Zur Taktik . . . a.a.O., S. 130; ausführlich heißt es dort: „Alle Arbeiten, die a priori gemeinschaftliche sind in der Weise, daß sie direkt zur Erfüllung gemeinschaftlicher Aufgaben dienen, können daher nicht unter der Form der bloß vermittelten gesellschaftlichen Arbeit geleistet werden. Die gemeinschaftlichen Arbeiten werden also bedingt durch die Gesellschaftlichkeit der Produktion überhaupt, aber zugleich wird ihre Verrichtung durch die spezifische Art der Gesellschaftlichkeit behindert." Gegenüber der SoPo 14/15 bedeutet diese Formulierung eine erhebliche Verwässerung. Dort heißt es in dem ansonsten identischen Satz: „. . . und werden zugleich durch die spezifische Art der Gesellschaftlichkeit an der Ausführung *verhindert*." (S. 198, Unterstr. v. uns). Weiter geht es dann: „Dieser Widerspruch kann sich nur lösen(!), indem diese gemeinschaftlichen Aufgaben von den besonderen Individuen abgehoben und von diesen losgelöst erfüllt werden, derart, daß sich der Gesellschaft von Privaten die *Gesellschaft als solche gegenüberstellt*, indem also die Gesellschaft, das Allgemeine, worunter die besonderen Individuen subsumiert sind, eine selbständige Existenz neben und außer der Gesamtheit der die Gesellschaft konstituierenden Privaten gewinnt. *Dies ist die Verdoppelung der Gesellschaft in Gesellschaft und Staat.*" (Alle Hervorhebungen v. uns)

75 Brief von Engels an Conrad Schmidt vom 27.10.1890, MEW 37, S. 490.

76 Wir schließen uns hier der Einschätzung von Flatow/Huisken, a.a.O., S. 141–145 an.

77 Das Wegebau-Beispiel bringt Marx in den Grundrissen, a.a.O., S. 422–433.

78 E. Altvater, Zu einigen Problemen des Staatsinterventionismus, in: Probleme des Klassenkampfs Nr. 3, 1972, S. 1 ff.

79 A.a.O., S. 34. Altvater verwendet den Begriff der APB allerdings nicht konsequent in diesem Sinne; vgl. D. Läpple, Staat und allgemeine Produktionsbedingungen. Grundlagen zur Kritik der Infrastrukturtheorien, Berlin 1973, S. 97.

80 Der vor allem auch an einer Kritik Altvaters ansetzende sorgfältige Versuch von Läpple, a.a.O., das „Allgemeine" an den allgemeinen Produktionsbedingungen zu bestimmen, kommt zu dem Resultat, daß diese Produktionsbedingungen mit der zunehmenden Vergesellschaftung des Produktionsprozesses an Bedeutung gewinnen, daß *ihre Sicherstellung* keineswegs eine allgemeine Funktion des Staates ist, insofern also nicht die Form Staat konstituieren. Mit dem Problem Kapitalüberfluß/Kapitalmangel beschäftigt sich W. Semmler in seiner Dissertation.

81 Vgl. zum Begriff der „funktionellen Form" K. Marx, Das Kapital, Bd. II, MEW 24, insbes. den 1. Abschnitt: Die Metamorphosen des Kapitals und ihr Kreislauf, S. 31 ff. Am Beispiel des Geldkapitals stellt Marx die Irrtümer dar, welche durch diese Form erzeugt werden: „Erstens: Die Funktionen, die der Kapitalwert als Geldkapital verrichtet, und die er eben verrichten kann, weil er sich in *Geldform* befindet, werden irrtümlich aus seinem Kapitalcharakter abgeleitet, während sie nur dem Geldzustand des Kapitalwerts geschuldet sind, seiner *Erscheinungsform als Geld.* Und zweitens umgekehrt: Der spezifische Gehalt der Geldfunktionen, der sie zugleich zu einer *Kapitalfunktion* macht, wird aus der Natur des Geldes hergeleitet (Geld daher mit Kapital verwechselt), während sie gesellschaftliche Bedingungen voraussetzt, . . . die in bloßer Waren- und entsprechender Geldzirkulation keineswegs gegeben sind." (S. 38, Unterstr. v. uns).

82 Vgl. K. Marx, Das Kapital, Bd. III, MEW 25, V. Abschnitt; Marx zeigt hier, wie

ein spezifischer Kapitalkreislauf, derjenige des Leihkapitals, auch zu spezifischen Vorstellungen über den Gesamtprozeß führt (z.B. die Bankierslogik, die Nachfrage nach *Geld* mit der Nachfrage nach Geldkapital zu verwechseln. Diese Logik führt dazu, den Anstieg der Geldnachfrage in Zeiten der Überproduktion und des stockenden Warenverkaufs, durch den der Rückfluß des Kapitals in Geldform antizipiert werden soll, mit der Nachfrage nach Kapital zu verwechseln und damit als Zeichen guter Verwertungsbedingungen zu interpretieren. Vgl. die Antworten des Bankiers Overstone im Hearing des britischen Oberhausausschusses 1848, der die Ursachen der Krise von 1847 ermitteln sollte, KIII, 429 ff.).

83 Gudrun Lindner, Die Krise als Steuerungsmittel, in: Leviathan, 1. Jg. H. 3, Aug. 1973, S. 342–382.

84 Vgl. K. Marx, Das Kapital, Bd. II, a.a.O., S. 56. Diese Systemgrenze für staatliche Eingriffe in den Akkumulationsprozeß des Kapitals haben in früheren Arbeiten Müller/Neusüß am Zusammenhang von *Einkommensverteilung und Kapitalkreislauf* (a.a.O., S. 29 ff.), und Semmler/Hoffmann am Zusammenhang von Kapitalakkumulation, Staatseingriffen und Lohnbewegung (vgl. den gleichnamigen Artikel in: Probleme des Klassenkampfs, Nr. 2, 1972, S. 1 ff.) demonstriert.

85 Die Unterscheidung zwischen System- und Tätigkeitsgrenze scheint uns ein wichtiger Schritt in der sog. *Restriktionsanalyse* zu sein, ein Terminus O. Kirchheimers, der in der neueren Staatsdiskussion häufig gebraucht wird und auf die Fragestellung nach den „Möglichkeiten und Grenzen des Staates" hinzielt. Unsere Grenzüberlegungen lassen sich auch im Bereich des Rechts durchführen. Das Problem der zweistufigen Legitimität (vgl. neuerdings auch U. K. Preuß, Legalität und Pluralismus. Beiträge zum Verfassungsrecht der Bundesrepublik Deutschland, Ffm 1973) läßt sich auf diesem Hintergrund recht gut ‚ableiten': Parlamentssouveränität, sprich Legitimität basierend auf Volkssouveränität, wird begrenzt durch die „höhere" Legimität der fdGO (im Kern das Privatinteresse, vgl. Preuß, a.a.O. S. 84 ff.). Die Systemgrenze Kapitaleigentum wird abgeschottet durch das Privatrechtssystem, d.h. das Privateigentum und seine Konnexinstitute, im „Notfall" durch die Notstandsgesetze, wo „der Staat" als Garant des Gesamtsystems ohne Parlament handelt. In den Notstandsgesetzen ist der organisatorische Teil der fdGO aufgehoben (also die politischen Prinzipien) nicht aber der Kernbereich des Privatrechtssystems, die Kapitalsouveränität. Ob der Schutz der Menschenwürde (ebenfalls nach dem Faschismus zum Bereich höherer Legitimität gehörend) garantiert bleibt, hängt sozusagen von den Lehren des Faschismus und der Klassenkonstellation ab. Da die Arbeiterklasse, um die strukturelle Ungleichheit einer Krisensituation aufzuheben, die Grenzen der Legalität überschreiten müßte (tendenziell wird ja schon bei spontanen Streiks davon gesprochen), setzt sie sich ja schon außerhalb des Rechts und wird Objekt staatlicher Gewaltausübung (Polizei versus Streikende!).

86 Zur Frage der Problemperzeption vgl. V. Ronge/G.Schmieg, Restriktionen politischer Planung, Frankfurt 1973; sowie M. Wirth, Zur Kritik . . ., a.a.O., S. 37 ff.

87 Unter steuern verstehen wir hier die *bestimmende* Einflußnahme eines „Systems" auf ein anderes, unter regeln den *Versuch*, Einflüssen zu begegnen, sie abzuschwächen oder zu verstärken. (Vgl. zu einer ähnlichen Definition Günther Schmid, a.a.O., S. 224.)

88 James O'Connor macht in seinem Buch: The Fiscal Crisis of the State, St. Martin's Press 1972, den Versuch einer Verbindung zwischen der Klassenkonstellation, den Strukturen der Kapitalreproduktion (Monopole etc.) und den Tätigkeitsgrenzen des Staates, die er im Begriff der Finanzkrise zusammenfaßt. Er arbeitet allerdings mit recht groben Aggregaten: Monopolisierte vs. nichtmonopolisierte Industrie etc.

89 Die Relevanz der Monopol- und Profitratendiskussion für unsere Fragestellung ist ganz unbestritten. Die Spätkapitalismusproblematik veränderter Markt- und Machtstrukturen und „neuer" Erscheinungsformen der Kapitalreproduktion wird von uns gar nicht geleugnet. Die Frage nach dem *veränderten Charakter* des heutigen Kapitalismus und nach den wesentlichen Charakteren, die eine solche Veränderung ausmachen, läuft in der gegenwärtigen marxistischen Diskussion jedoch auf die Frage hinaus, welchen „Grundwiderspruch" die Autoren jeweils für die entscheidende Triebkraft der kapitalistischen Entwicklung deklarieren: (1) den Widerspruch von Lohnarbeit und Kapital, resultierend aus der Mehrwertproduktion, d.h. der *Form* der Produktion, die die vorherrschende Produktionsweise zur *kapitalistischen* macht; oder (2) den Widerspruch zwischen „Produktivkräften und Produktionsverhältnissen", zwischen der „Vergesellschaftung der Produktion und der privaten Form der Aneignung". Unseres Erachtens

kann bei der Erörterung der *Staatsproblematik* nur vom Kapitalverhältnis ausgegangen werden, wobei natürlich die entscheidende Frage die nach der Vermittlung beider Momente der kapitalistischen Entwicklung ist. Zu diesem Problem vgl. Margaret Wirth, Kapitalismustheorie in der DDR, Frankfurt/M. 1972, bes. S. 162 ff. Zu den beiden „Grundwidersprüchen" vgl. Maurice Godelier, System, Struktur und Widerspruch im „Kapital", Berlin 1970.

90 Vgl. Karl Marx, Das Kapital, Bd. III, MEW 25, VII. Abschnitt: Die Revenuen und ihre Quellen, S. 822 ff. In der Entwicklung dieser Oberfläche stimmen wir weitgehend mit Flatow/Huisken überein. Unser Phasenmodell entspricht in etwa ihrer Charakterisierung der drei allgemeinen Interessen der Revenuequellenbesitzer: Erhaltung der Quelle, hohe Revenue, kontinuierlicher Fluß. Wichtig ist nur noch einmal zu betonen, daß *diese Interessen* Rechtsform annehmen *müssen*, um für staatliche Funktion und Intervention relevant zu werden. F/H erwähnen das zwar (S. 123/4), müssen nun aber „das Gesetz" einführen, ohne es zuvor abgeleitet zu haben.

91 Vgl. Müller/Neusüß, a.a.O., bes. 43 ff.

92 Dieses Moment fällt bei Flatow/Huisken völlig aus dem Blickfeld, wenn sie das Interesse der „Revenuebesitzer" an der Sicherung des kontinuierlichen Flusses der Revenue (a.a.O., S. 115) eben nur auf der Ebene der Einkommensbewegung abhandeln. Die Sicherung des kontinuierlichen Flusses des Mehrwerts kann gerade verlangen, daß für viele Besitzer der Ware Arbeitskraft (als Revenuequelle) entweder in Gestalt der Arbeitslosigkeit eine Phase der Nichtrealisierung der Revenuequelle eintritt oder insgesamt das ebenso „allgemeine" Interesse an *hoher* Revenue in Gestalt von Reallohnsenkungen verletzt wird. Der *Staat* ist in einer solchen Situation an die Bedingungen der Mehrwertproduktion gebunden, womit das von ihm verwaltete Interesse im *Gegensatz* zur Lohnarbeit steht.

93 Auf den Funktionswandel des Gesetzes macht in diesem Zusammenhang Peter Römer (a.a.O., S. 88) aufmerksam: „Die Allgemeinheit des Gesetzes konnte also nur durchgeführt werden, indem die inhaltliche Ausdifferenzierung und Ausgestaltung durch staatliche Quasidelegation der Normsetzungsbefugnis an die privaten Rechtssubjekte vollzogen wurde". Dies gilt sowohl für das klassische, „bürgerliche" Gesetz, als auch für das neue, auf die Arbeiterklasse bezogene Recht (z.B. Verknüpfung von Tarifgesetz und „autonomen" Tarifvereinbarungen). Römer sieht nur die Schutzfunktion solcher Regelungen für die Arbeiterklasse, nicht die integrativ-repressive Seite, wie sie in dem „klassischen" Spruch des Bundesarbeitsgerichts vom 28.1.1955 zum Ausdruck kommt: „Arbeitskämpfe sind im allgemeinen unerwünscht, da sie volkswirtschaftliche Schäden mit sich bringen und den im Interesse der Gesamtheit liegenden sozialen Frieden beeinträchtigen; aber sie sind in bestimmten Grenzen erlaubt." Wichtig in diesem Zusammenhang ist auch die Diskussion in der Weimarer Republik, die aus der Entwicklung des *Arbeitsrechts* auf einen *Wandel der bürgerlichen Qualität des Staates* schloß (vgl. die neu aufgelegten Aufsätze in: Thilo Ramm, Hg., Arbeitsrecht und Politik, Quellentexte 1918–1933, Neuwied und Berlin 1966). Ausgehend von der *Parität* zwischen Kapital und Arbeit, wie sie sich in den Tarifvereinbarungen darstellt, wurde die Vorstellung von einem Wandel der wirklichen Verfassung des bürgerlichen Staates entwickelt. Daß diese Vorstellung die Basis für eine spezifische Variante der Pluralismustheorie ist, zeigt Wolfgang Müller, Der Pluralismus – die Staatstheorie des Reformismus, in: Klassenjustiz und Pluralismus, Festschrift für Ernst Fraenkel, hrsg. von G. Doeker und W. Steffani, Hamburg 1973, S. 395–424.

94 Dies ist auch die Wurzel des Problems der „Massenloyalität", auf das vor allem C. Offe im Hinblick auf die Funktionsbedingungen des politischen Systems hinweist.

95 Darauf haben schon klar hingewiesen: Ernst Fraenkel, Kollektive Demokratie, in: Ramm, a.a.O., S. 79 ff.; Otto Kahn-Freund, Das soziale Ideal des Reichsarbeitsgerichts, in: Ramm, a.a.O., S. 149 ff.; Hermann Heller, Europa und der Faschismus, in: Gesammelte Schriften, Bd. 2, bes. 482 ff.

96 Wir haben vorn dargestellt, daß die Verrechtlichung des sozialen Konflikts zwischen Lohnarbeit und Kapital unseres Erachtens ein notwendiger Prozeß ist, daß die Entwicklung der Produktion als Arbeits- und Verwertungsprozeß autonome, unplanbare Bewegungen der Lohnarbeiter immer störender werden läßt, so daß die Integrationskosten schließlich zu notwendigen gesellschaftlichen Kosten für das Kapital werden. Diese Erkenntnis setzt sich natürlich nur durch vermittels der Kämpfe der Arbeiterklasse, die ja gerade beschränkt und kalkulierbar gemacht werden sollen. Die Frage wäre nun näher zu untersuchen, ob durch die Institutionalisierung der Klassenkonflikte innerhalb des bürgerlichen Systems im Laufe der Zeit ein Bestand

an organisierter Politik entsteht, der die Kosten einer offenen Repression der Arbeiterklasse und ein Zurückschrauben dieses Bestandes zu hohe Kosten entstehen ließe; daß als Folge der Faschismus in bestimmten Ländern historisch immer unwahrscheinlicher wird.
Wir haben hier nur einige Argumente zusammengestellt, die *gegen* diese Folgerung sprechen würden, und die zugleich – der Erfahrung mit dem realen Faschismus entsprechend – gegen Vorstellungen sprechen, als sei dieser eine Veranstaltung des bürgerlichen Staates in seiner Funktion als „ideeller Gesamtkapitalist" (im Sinne der Wesensbestimmung: Staat als Wahrer der konkurrenz-übergreifenden und langfristigen Interessen der bürgerlichen Klasse).
Es hat sich nämlich gezeigt, daß wenn es in der Krise darum geht, kurzfristig das System der Kapitalreproduktion aufrechtzuerhalten, staatliche Eingriffe in die Rechte der AK erfolgen können, die ‚an sich', d.h. ex post als „irrational" im Sinne des Gesamtsystems erscheinen mögen. D.h. der Kapitalismus kann im Interesse seiner Selbsterhaltung auch die Maßnahmen ergreifen, die die Revolution hervorrufen! Oder die Menschheit in die Steinzeit zurückbomben (Sozialismus oder Barbarei ist immer noch ein aktueller Schlachtruf!). Die Kalkulierbarkeit solcher Risiken mag größer geworden sein – parallel zur Integration der Arbeiterklasse (Gewerkschaften als ‚Frühwarnsystem'). Im Grenzfall, wenn es an die Mehrwertrate geht, wird wohl das Kapital heute noch jede Rücksichtnahme auf die AK über Bord werfen müssen. Gründe für diese „Kurzsichtigkeit" mögen darin liegen, daß im Interesse der Reproduktion der Einzelkapitale und des gesamten Kapitalsystems, Eingriffe in die Rechte der Arbeiterklasse möglich sind, die *erst später*, im Verlaufe des Akkumulationsprozesses, sich als dysfunktional für das Kapital in dem oben angesprochenen Sinne erweisen. Denn (1) können sich funktionale Äquivalente für einen freien Arbeitsmarkt bilden (im Faschismus z.B. ‚Schwarzhandel', Abwerbung etc. sowie die partielle Reaktivierung der DAF als „Interessenvertretung" der Arbeiter); vgl. hierzu die Bemerkungen bei Tim Mason, Der Primat der Politik, in: Das Argument, 8. Jg. 1966, Heft 6, Nr. 41; (2) können die Kosten solcher Eingriffe verlagert werden (z.B. durch Eroberungspolitik); vgl. Alfred Sohn-Rethel, Ökonomie und Klassenstruktur des deutschen Faschismus, Frankfurt/M. 1973; (3) fallen Eingriff und dysfunktionale Folge weit auseinander: Beim Kampf um den Normalarbeitstag etwa läßt sich zeigen, daß die Einzelkapitale sich sehr schön reproduzieren und akkumulieren können (die „Kontrolle" erfolgt hier in einem viel kürzeren Zeitraum), während langfristig gesehen die Arbeiterklasse zugrunde geht. Die funktionskritische Grenze wird erst später sichtbar (vom Ganzen her gesehen); (4) hängen die Grenzen solcher Eingriffe vom Zustand der AK auch in quantitativer Hinsicht ab: solange große Reservearmee und wachsende Bevölkerung (auf niedrigem Qualifikationsstand) existieren, ergibt sich kaum eine Notwendigkeit der ‚Grenze', dann können die Arbeiter auch verhungern (Dritte Welt).

97 E. Altvater, Zu einigen Problemen . . ., a.a.O., S. 52.

98 Die historische Bewegung der kapitalistischen Produktionsweise setzt nicht nur besondere Momente als Resultat und Ausdruck ihrer wesentlichen Gesetze. Sobald sich im Verlauf der historischen Entwicklung Formen besondert haben, Strukturen herausgebildet sind, Institutionen, soziale Handlungsträger entstanden sind, sind auch neue Bedingungen für die Durchsetzung der allgemeinen Gesetzmäßigkeiten gegeben. Sicherlich: die neuen Momente können aus den alten „abgeleitet" werden, was ja nichts anderes heißt, als daß ihre Herausbildung im Gedanken nachvollzogen wird. Das kann aber nicht bedeuten, daß sie in der Analyse historisch-konkreter Phänomene in ihrer Auswirkung unreflektiert bleiben. Wir halten ein analytisches Vorgehen nicht für legitim, daß ein reales Problem zunächst „im Lichte" des allgemeinen Begriffs abhandelt, um hernach nur noch einige salvatorische Klauseln und Ausführungen zu den historischen Besonderheiten (den sog. Modifikationen, deren Aufführung häufig genug anzeigt, daß faktisch mit einer ceteris paribus Klausel gearbeitet wurde) zu machen und es diesen zuzusprechen, wenn das Problem sich nicht so darstellt, wie es seinem Begriffe nach müßte. Als Beispiel für die Marginalisierung der historischen Bewegung als „nurmehr Modifikationen" einbringend zitieren wir das Projekt Klassenanalyse (Zur Taktik . . ., a.a.O., S. 25): „Die Darstellung der inneren Organisation der kapitalistischen Produktionsweise ist . . . dort zu Ende, wo nurmehr Modifikationen, die sich aus einer je besonderen *an sich beliebigen* Konjunktur der bürgerlichen Produktionsverhältnisse ergeben, wo also die Verhältnisse nurmehr im einzelnen zu betrachten sind als Verhältnisse, deren Besonderheit allein als *Abweichung* von den allgemeinen der bürgerlichen Produktionsform aufgrund der *Einwirkung von an sich für die Konstruktion der bürgerlichen Produktionsverhältnisse zufälligen Umständen zu fassen sind.*" (Hervorhebung von uns.)

Kapitalreproduktion, Staatseinflüsse auf den Arbeitslohn und Gewerkschaften –

*Zu einigen theoretischen und politischen Problemen der Einkommenspolitik in Westeuropa**

Von Jürgen Hoffmann und Willi Semmler

Vorbemerkung

In den folgenden thesenhaften Ausführungen soll das Verhältnis von Politik und Ökonomie im entwickelten Kapitalismus am Beispiel der Einkommenspolitik entwickelt werden. Damit wird der u.E. zentrale Konflikt in kapitalistischen Gesellschaften, der von Lohnarbeit und Kapital, angesprochen. Die konkreten Ausformungen dieses Konfliktes und die Möglichkeiten und Grenzen des politischen Systems, in diesen einzugreifen, ihn zu „regulieren", können allerdings nicht analysiert werden, ohne sich zuvor des historischen Zusammenhangs zu vergewissern. Aus diesem Grunde haben wir versucht, die Staatseingriffe, die Einkommenspolitik (als Teil dieser Staatseingriffe) und die Stellung der Organisationen der Lohnarbeiter aus dem historisch entwickelten Akkumulationsprozeß des westeuropäischen Kapitals und der darin gesetzten Konflikte heraus zu begreifen. Wir fassen dabei diese Arbeit als Vorarbeit zu weiteren Untersuchungen zur Rolle des Staates im Akkumulationsprozeß des Kapitals und zum Verhältnis von Staat und Gewerkschaften im entwickelten Kapitalismus auf. Die Arbeit steht im engen Zusammenhang mit den Referaten von G. Narr, V. Ronge/G. Schmieg, B. Blanke/U. Jürgens/H. Kastendiek und W. Schöller; aus diesem Grunde werden die in diesen Referaten behandelten Probleme hier nur soweit entwickelt, als dies zum Verständnis der Argumentation notwendig erschien.

Die Loslösung solcher Untersuchungen zum Verhältnis von Politik und Ökonomie aus dem historischen Zusammenhang hat zur Folge, daß historisch zufällige Phänomene unzulässigerweise verallgemeinert werden oder gar die Ergebnisse solcher Untersuchungen – zum Ausgangspunkt politischen Handelns genommen – fatale praktische Relevanz gewinnen können. Dagegen ist es Aufgabe der kritischen Wissenschaft, über die Dechiffrierung der empirischen Verhältnisse das innere Band der historischen Entwicklung aufzuzeigen.

Dies kann im folgenden nur ausschnitthaft und – aufgrund des gebotenen Umfangs – auch nur verkürzt geschehen. Wir gehen dabei wie folgt vor: In einem *ersten* Teil werden zwei Phasen der Akkumulation des Kapitals in Westeuropa unterschieden und allgemein die zunehmende Relevanz von Staatseingriffen für den Reproduktionsprozeß des Kapitals von einem bestimmten Zeitpunkt an angedeutet, deren Möglichkeiten und Grenzen dann im *zweiten* Teil umrissen werden. Im *dritten* Teil wird ein Ausschnitt dieser Staatstätigkeit – die Einkommenspolitik – auf deren ökonomischen und politischen Begründungszusammenhang und im *vierten* Teil werden ihre Auswirkungen auf den Akkumulationsprozeß zunächst theoretisch und sodann die historischen Durchsetzungsformen in den Ländern Westeuropas untersucht. In einem *fünften* Abschnitt wird der so entwickelte theoretische und historische Zusammenhang anschließend auf das Verhältnis von Kapital, Staat und Gewerkschaften bezogen.

* Überarbeitete Fassung, abgeschlossen Dezember 1973

1. Zum historisch entwickelten Begründungszusammenhang der Staatseingriffe in Westeuropa

Eine grobe Analyse der Entwicklung der westeuropäischen Länder seit dem zweiten Weltkrieg läßt zwei Phasen in der Akkumulationsbewegung des westeuropäischen Kapitals erkennen:

Die *erste Phase* einer beschleunigten Kapitalbildung und Kapitalakkumulation reicht etwa bis Anfang oder Mitte der 60er Jahre und schließt in mehreren Ländern mit den ersten stärker werdenden zyklischen Krisen ab (Frankreich 1964; Italien 1964; Westdeutschland, Belgien und die Niederlande 1966/67). Wir wollen uns zunächst dieser Phase zuwenden und sie kurz charakterisieren.

Der zweite Weltkrig hatte zwar ebenso wie der erste eine enorme Vernichtung, Entwertung und Zerstörung von Kapital in stofflicher und wertmäßiger Form zur Folge; andererseits blieben aber heftige Klassenkämpfe, wie sie sich etwa nach dem ersten Weltkrieg entwickelten, und weltweite Stagnationsphasen aus. Wichtig für die beschleunigte Akkumulation in den westeuropäischen Ländern – auch im Vergleich zu den USA – waren neben dieser Kapitalvernichtung und der Ausweitung des äußeren Absatzfeldes, also der Wiederherstellung und Ausweitung des Weltmarkts, und der vorhandenen Qualifikationen der Gesamtarbeitskraft (vgl. dazu Janossy 1966):

a) eine – vergleichsweise zu den USA – enorme Ausweitung der Produktionspotenzen und
b) eine sehr viel größere Exploitationsrate der angewandten Arbeit, die den akkumulationsfähigen Mehrwert und die Akkumulationsrate bedeutend ansteigen ließ.

Überdies spielte, verglichen mit der Zeit nach dem ersten Weltkrieg, der Staatsapparat schon von Beginn der erneuten Akkumulationsbewegung des Kapitals an eine viel wichtigere Rolle bei der Entfaltung der Produktionspotenzen, der Kapitalakkumulation und der Festsetzung des Arbeitslohns (vgl. etwa Hansen 1947 und 1957; Shonfield 1968; für Westdeutschland besonders Wallich 1955; Altvater et al. 1973).

Zu (a): Die durchschnittlichen Wachstumsraten von 1950 bis 1962 waren für die nordwesteuroäischen Länder 4,8 % und für Italien 6 %, für die USA dagegen nur 3,3 %. Diese Differenz ist nach einigen jüngeren Untersuchungen (insbesonders Denison 1967) weniger auf die rapide Entwicklung der Technologie, der Bildungsausgaben und auf die vorhandene Qualifikation der Gesamtarbeitskraft (so die Annahme Janossys) und auch nicht so sehr auf die Ausdehnung des Weltmarkts zurückzuführen, sondern vielmehr auf die kapitalistische Organisierung der Produktionspotenzen als Großproduktion, als Entkapitalisierung der Kleinkapitalisten, die Absorption unbeschäftigter oder unproduktiv beschäftigter Lohnarbeiter aus Produktionszweigen mit Kleinunternehmen und aus der Landwirtschaft durch jene Produktionszweige, die – angereizt durch die neu entstehenden Nachfrageverhältnisse – massenhaft und auf großer Stufenleiter produzierten (vgl. Denison 1967, 4 f). Diese Phänomene gelten insbesondere für Frankreich, Westdeutschland und Italien, während für den britischen Kapitalismus infolge seiner frühzeitigen Prosperität (Industriealisierung und Kapitalisierung der Produktionsbedingungen – auch in der Landwirtschaft – schon im letzten Jahrhundert) und seiner nunmehr geschwächten Stellung auf dem Weltmarkt eine solche Entfaltung der Produktionspotenzen nur im stark eingeschränkten Maße möglich war. Die Wachstumsraten betrugen für Großbritannien für den Zeitraum von 1950 bis 1962 daher auch nur durchschnittlich 2,3 % (Denison 1967, 6).

Die Konzentration und schwerpunktmäßige Akkumulation in bestimmten Produktionszweigen mit massenhafter Produktion, die Zentralisation von Kapitalen in den Ländern Westeuropas ist Folge des hier beschriebenen Prozesses. Dies gilt für Frankreich und Westdeutschland, ebenso aber auch für Italien, dessen ungleichmäßige Entwicklung (regional) und Akkumulation von Kapital und Arbeit im Norden des Landes. Ebenso sind die scheinbaren Erfolge der Staatseingriffe in Frankreich und Italien (und auch in Westdeutschland in den ersten Jahren nach der Währungsreform) auch nur Folge der aufgezeigten Zusammenhänge.

Zu (b): Die kapitalistische Organisierung der Produktionspotenzen auf gesellschaftlicher Stufenleiter, die Ausweitung dieser Produktionspotenzen und die Massenproduktion genügten aber noch nicht, die rapide Kapitalakkumulation zu begründen. Vielmehr ist darüberhinaus nach dem Ausbeutungsgrad der Arbeit (oder – verfälscht ausgedrückt – der Lohnquote, vgl. dazu Punkt 4.1 und Anhang II) und damit nach der jeweiligen Größe des akkumulierbaren Mehrwerts zu fragen und dieses ist in seiner Veränderung zu untersuchen. Da nun die Größe des Mehrwerts wesentlich aber von dem Anteil, den sich die Lohnarbeiter selbst aneignen können, abhängt, ist das akkumulationsfähige Mehrprodukt wesentlich von der Bewegung des Reallohns und der Lohnquote bestimmt. (Die Lohnquote könnte nur dann mit der Mehrwertrate gleichgesetzt werden, wenn der Anteil der unproduktiven, nicht mehrwertsetzenden Arbeiter aus der Berechnung ausgeschlossen würde!) Die niedrige Lohnquote resp. die hohe Mehrwertrate der gesellschaftlichen Gesamtarbeitskraft bedeutet zunächst, wenn der relative, in Arbeitskraft umgesetzte Bestandteil des Kapitals und ebenso die Produktivkraft der Arbeit unverändert bleiben, zugleich eine hohe Durchschnittsprofitrate des gesellschaftlichen Gesamtkapitals. Gerade aber für einige Länder Westeuropas gilt nach dem zweiten Weltkrieg (hier sind besonders Italien und Westdeutschland, mit Einschränkungen auch Frankreich zu nennen), daß infolge einer großen Überflußarbeitsbevölkerung, einer industriellen Reservearmee, der Reallohn und die Lohnquote bis Anfang der 60er Jahre ständig niedrig gehalten werden konnte, was durch den Verzicht der Gewerkschaften auf Lohnkämpfe in einigen dieser Länder noch gefördert wurde. So stellt Kindleberger (1967, 8) fest: „Solange wie überschüssige Arbeitskräfte vorhanden sind, geht der Wachstumsprozeß weiter infolge hoher Profite, Reinvestitionen und steigender Arbeitsproduktivität und konstanter Löhne . . . Wenn aber das Angebot an Arbeitskräften abnimmt, hat die steigende Kapitalbildung in der Industrie steigende Löhne und möglicherweise geringere Profite zur Folge. Der Lohnanteil am Einkommen steigt. Der Anstieg der Profite und der Investitionen kommt zum Stillstand. Und dies beendet die Aufwärtsbewegung in der Nachfrage nach Arbeit, wodurch sich der Charakter des Wachstumsprozesses ändert." (Übers. von uns).

Der Anstieg des Reallohns und der Lohnquote in den 60er Jahren findet fast gleichzeitig in Frankreich, Westdeutschland, und Italien (s. Anhang I) statt (für Großbritannien gilt dies nur in begrenztem Maße), und zwar infolge einer auf Basis prosperierender Kapitalakkumulation sich vollziehenden verstärkten Verminderung der zusätzlichen Arbeitsbevölkerung und der industriellen Reservearmee.

Für alle angeführten Länder ist aber auch bis Anfang der 60er Jahre ein stärkerer Anstieg der Arbeitsproduktivität gegenüber einem nur geringen Anstieg der Reallöhne zu verzeichnen. Dies bedeutet zugleich eine verstärkte Ausbeutung und eine Erhöhung des akkumulierbaren Mehrprodukts resp. Profits (vgl. auch Kindleberger 1967, 25). Die hier beschriebene enorme Exploitation der Lohnarbeiter in dieser ersten Phase ist (nach Kindleberger) durchaus mit der industriellen Revolution in England in der ersten Hälfte des 19. Jahrhunderts und mit der amerikanischen Entwicklung in der zweiten Hälfte des 19. Jahrhunderts vergleichbar: „Was in Wirklichkeit sich in Europa nach dem zweiten Weltkrieg abspielte, war derselbe Prozeß" (Kindleberger 1967, 25).

Bei der Bestimmung der Größe des akkumulierbaren Mehrprodukts hat der Staatsapparat bereits in der Frühphase der erneuten prosperierenden Kapitalakkumulation eine wichtige Rolle gespielt: Etwa durch die Beschränkung des Arbeitslohns und den politischen Druck auf die Gewerkschaften (dies gilt insbesondere für Italien und Westdeutschland; vgl. dazu für Italien Salvati 1972 und CGIL/CISL 1973; für Westdeutschland können die Auseinandersetzungen um die Mitbestimmung Anfang der 50er Jahre exemplarisch benannt werden). Darüberhinaus durch die staatliche Forcierung der Kapitalakkumulation über das Haushalts- und Steuersystem, über besonders günstige Abschreibungssätze, zinsgünstige Wiederaufbaukredite, Investitionsfinanzierungen und -programme (für Westdeutschland vgl. dazu Wallich 1955, Reuss 1963, Roskamp 1965). Infolge der frühzeitigen Kapitalisierung der britischen Landwirtschaft war die Entstehung einer industriellen Reservearmee durch Freisetzung aus nicht-kapitalisierten Bereichen in Großbritannien gehemmt und andere Quellen zusätzlicher Arbeitskraft existierten nicht in dem Ausmaß wie in Frankreich (Rückwanderung aus den Kolonien) und in Westdeutschland (Flüchtlingsstrom). Daher weichen auch in diesem zweiten hauptsächlichen Moment der Kapitalakkumulation in Westeuropa die britischen Verhältnisse von denen in Frankreich, Italien und Westdeutschland ab. Ein derartiger Druck auf den Arbeitslohn, wie wir ihn für die anderen Länder feststellen konnten, existierte daher nicht für den britischen Kapitalismus. (Aus diesem Grunde setzten in Großbritannien auch Versuche, den Lohn durch den Staat in Form der „incomes policy" zu begrenzen, schon viel früher ein als in den anderen hier angeführten Ländern; vgl. dazu United Nations 1967, Ch. IV.) Gleichzeitig mußten aber die infolge der verminderten Entfaltung und Erweiterung der Produktionspotenzen steigenden Weltmarktpreise der britischen Waren die Stellung Großbritanniens auf dem Weltmarkt immer schlechter werden lassen (die Arbeitsproduktivität nahm in Großbritannien in viel geringerem Maße zu als in den anderen Ländern), damit wurde die Kapitalakkumulation aber auch von der Realisierungsmöglichkeit her eingegrenzt.

Die *zweite Phase* der Kapitalakkumulation in den westeuropäischen Ländern beginnt Anfang bzw. Mitte der 60er Jahre – dies jedoch unterschiedlich in den einzelnen Ländern. Zunächst kann für alle westeuropäischen Länder festgestellt werden, daß die Reallöhne wie auch die Lohnquoten steigen (vgl. Dall'Asta 1971, 20 ff.; Kindleberger 1967; Anhang I). Dies war eine Folge der vorangegangenen prosperierenden Kapitalakkumulation, der damit ausgeweiteten Nachfrage nach Arbeitskräften, der Absorption der Überfluß-Arbeitsbevölkerung und der (damit) wachsenden gewerkschaftlichen Verhandlungsstärke Ende der 50er Jahre. Schon aufgrund des mit der steigenden Lohnquote einhergehenden verringerten akkumulationsfähigen Mehrwerts (bzw. der damit sinkenden Profitmasse und Profitrate) mußte sich die Akkumulation verringern (vgl. auch Mandel 1972, 5. Kapitel).

Verringerte zwar so die steigende Lohnquote (bzw. der steigende Anteil der Lohnarbeiter an der Entwicklung der Produktivkraft der Arbeit) die Kapitalbildung, so war sie doch nicht die Ursache der sich jetzt andeutenden kapitalistischen Krise.[1] Vielmehr ist dagegen festzuhalten, daß als Folge des zuvor geschilderten Prozesses, der beschleunigten Kapitalakkumulation und der Steigerung der Produktivkraft der Arbeit, die organische Zusammensetzung des Kapitals insgesamt gestiegen und dadurch der Verwertungsgrad gefallen war (was sich unschwer an den vorhandenen Indikatoren für die einzelnen Länder nachweisen ließe[2]). Aus dieser Tendenz kann allerdings keineswegs gradlinig „die" Krise abgeleitet werden; es sollen hier nur die Konflikte im Reproduktionsprozeß der nationalen Kapitale umrissen werden, die ihrerseits Ausgangspunkt von Staatseinflüssen auf die Reproduktionsbedingungen von Kapital und Arbeit bildeten. Der Kern der sich am Ende der ersten Phase der Kapitalakkumulation in Westeuropa anbahnenden Konflikte scheint darin zu bestehen, daß einerseits infolge der gestiegenen organischen Zusammensetzung ein wachsender Kapitalaufwand nötig ist, um einen angemessenen Profit zu produzieren, was darin sich (neoklassisch ausdrückt), daß „der Faktor Kapital gegenüber dem Faktor Arbeit reichlicher geworden ist" (Sachverständigenrat 1973, 57), mit dem Ergebnis, daß der Verwertungsgrad des vorgeschossenen Kapitals – ceteris paribus – sinkt! (Vgl. dazu Sachverständigenrat 1973, 57 bzw. Schaubild 23. Das dort konstatierte Sinken der „Realrendite in der gewerblichen Wirtschaft" – die nur als Indikator für die Bewegung der Profitrate gefaßt werden kann, insofern sie z.B. das vorgeschossene variable Kapital nicht umfaßt, kann auch für die westeuropäischen Länder insgesamt – wenn auch mit Modifikationen – angenommen werden.) Andererseits werden diese Tendenzen in dem Maße gefördert, als derselbe Prozeß – wie oben angedeutet – die Reallöhne ansteigen läßt und damit die Profitproduktion zusätzlich eingeengt wird.

Diese hier nur angedeuteten widersprüchlichen Tendenzen insgesamt waren es auch, die in den verschiedenen Ländern zunächst zyklische Kontraktionsprozesse und Krisen in diesem Zeitraum stärker hervortreten ließen, die über die Brachlegung und durch das erneute Hervortreten einer industriellen Reservearmee – wenn auch nur in geringem Ausmaß sichtbar – die Möglichkeit der Neuanlage von verbesserter Maschinerie, der Anwendung verbesserter Arbeitsmethoden (und damit der Intensifikation der Arbeit) und der Neuanlage von fixem Kapital in neuer technologischer Form schufen.[3]

Im Verlauf der weiteren Akkumulation zeichnete sich aber in den 60er Jahren immer deutlicher ab, daß die Krisen zwar die Widersprüchlichkeit der angedeuteten Tendenzen vorübergehend vermitteln konnten, diese aber auf erweiterter Stufenleiter in der Form sich andeutender Stagnationsphasen (als Folge allgemeiner Überproduktion und Überakkumulation) nur reproduzierten. Diese Phasen der Stagnation in der Akkumulation des Kapitals (wie sie z.B. deutlich in Großbritannien hervortraten) waren von Unterbeschäftigung, Arbeitslosigkeit bei gleichzeitig anhaltenden Preissteigerungen (und entwickelten freien Kapitalmassen, die die Währungsverhältnisse durcheinander brachten) begleitet.

Es ist dieser entwickelte Prozeß (d.h. das Hervortreten oder die Latenz stagflativer Tendenzen), der in dieser Phase auf verstärkte Staatseinflüsse auf die Kapitalreproduktion hinwirkte. Denn war die erste Phase der westeuropäischen ökonomischen Entwicklung weitgehend durch die Entfaltung der Produktionspotenzen und der Kapitalakkumulation bestimmt und im geringerem Maße durch die Aufhebung ihrer immanenten Grenzen (etwa durch eine zusätzliche Staatsnachfrage – vgl. dazu Hansen 1947 und 1957), so scheint in der zweiten Phase mehr und mehr die kapitalistische Organisierung der so entwickelten Produktionspotenzen und damit die kapitalistische Beschränkung der weiteren Entwicklung der Produktion (als Beschränkung der Produktion von Mehrwert – Profit – in seinem Verhältnis zum vorgeschossenen Kapital und als Beschränkung der Realisierung des produzierten Mehrwerts) zum wichtigsten Problem zu werden. (Vgl. OECD 1970 a, 8; OECD 1970 b, Ziff. 6–12.)[4]

2. Zur allgemeinen Form der Staatseingriffe im entwickelten Kapitalismus und deren Grenzen

Eine Folge der sich andeutenden stockenden Kapitalakkumulation waren verstärkte Staatseingriffe, deren Ansatzpunkte hier aus dem bisher entwickelten abgeleitet werden sollen. Diese historisch stattgefundenen, in der Regel an der keynesianischen resp. post-keynesianischen Theorie orientierten Staatseinflüsse auf den Reproduktionsprozeß lassen sich letztlich auflösen in ihre allgemeine Funktion, die Produktion und Realisierung von Mehrwert zu erleichtern, um eine neue Kapitalanlage und Kapitalakkumulation zu erreichen. Wir können die angewandten Mittel der Staatseingriffe – aus der Sicht der marxistischen Kritik der politischen Ökonomie – unter drei zentralen Gesichtspunkten zusammenfassen (vgl. dazu genauer Semmler/Hoffmann 1972): Sie zielen darauf,

a) über die Vergrößerung der effektiven Nachfrage die Einzelkapitale in den Stand zu setzen, einen Teil des vergegenständlichten Werts und Mehrwerts zu realisieren, sei es über öffentliche Investitionen, Vergabe staatlicher Aufträge öffentlicher Arbeiten, Arbeitsbeschaffungsprogramme, sei es durch die Erhöhung der Konsumnachfrage über Verbrauchersubventionen (allerdings historisch kaum angewandt) oder durch die Umverteilung von Einkommen durch das Steuersystem.

b) den Verwertungsgrad (die Profitrate) überhaupt zu erhöhen, sei es durch Verbilligung des vorzuschiessenden konstanten Kapitalteils (Hilfe bei der Beschaffung billiger Rohstoffe, Abschreibungserleichterungen, verordnete Preisstopps), sei es durch die Vermehrung der allgemeinen Profitmasse der fungierenden Kapitale durch allgemeine Lohnsenkungen (wie später noch dargestellt wird, erfüllt auch eine durch die Ausweitung der Staatsschuld mitbewirkte Inflation diese Funktion der Reallohnsenkung), sei es durch die Vergrößerung der vergegenständlichten Arbeitszeit (derselben oder einer zusätzlichen Anzahl produktiver Lohnarbeiter), sei es durch die Herabsetzung der steuerlichen Belastung der Profitmasse überhaupt.

c) in Krisen und Stagnationsphasen über die geförderte oder erzwungene Entwertung von Kapital das gesellschaftliche Gesamtkapital (als Bezugsgröße für die gesellschaftlich verfügbare Profitmasse) zu verringern und damit die erneute Akkumulation zu ermöglichen.

Sind die Staatseingriffe Resultat sich zuspitzender Schwierigkeiten und Konflikte im gesellschaftlichen Reproduktionsprozeß des Kapitals, die im Brachliegen von Kapital und Arbeitskraft aufgrund einer mangelnden Profitabilität des Kapitals ihren Ausdruck finden, so sind sie doch nicht unmittelbare Antwort auf diese Probleme, sondern werden über politische Bewegungen vermittelt bewirkt, die ihre Inhalte aus den materiellen Interessen ihrer Träger erhalten. Andererseits sind sie durch die Gesetze der Kapitalreproduktion selbst begrenzt. Diese Grenzen, die sich äußerlich heute etwa in dem Dilemma der staatlichen Wirtschaftspolitik zeigen ließen, prosperierende Kapitalakkumulation, Vollbeschäftigung und Preisstabilität zugleich herstellen zu müssen, sollen im folgenden angedeutet werden (vgl. zum folgenden auch Mattick 1971; Altvater 1972, 30–41 und Semmler/Hoffmann 1972, 60–69):

1. Die Mittel der Staatseingriffe, die eine beständige Akkumulation des Kapitals bewirken sollen, müssen langfristig wieder in eine Beschränkung der Akkumulation umschlagen. Die monetären Mittel, mit denen die effektive Gesamtnachfrage mittels Staatseingriffe überhaupt gesteigert werden kann, werden entweder durch Steuergelder oder durch Anleihen auf dem Kapitalmarkt oder durch „Geldschöpfung" beschafft. Eine Vermehrung der effektiven Gesamtnachfrage durch Staatseingriffe wird nur dann wirksam werden, d.h. zu einer neuen Kapitalakkumulation führen, wenn die „Einkommen der Unternehmer", also die von ihnen realisierten Profite, wieder steigen (vgl. Keynes 1936, insbesondere die von ihm im 11. Kapitel entwickelte Theorie der Grenzleistungsfähigkeit des Kapitals, und Keynes 1940). Dies ist aber offensichtlich nur dadurch möglich, daß die Ausgaben insgesamt – bes. die öffentlichen Ausgaben – steigen. Diese Methode der Steigerung der öffentlichen Ausgaben (z.B. über „deficit spending") hat aber eben eine Kehrseite: Die Defizit-Finanzierung muß über staatliche Anleihen erfolgen; dem steigenden Profit, der z.T. fiktiv, steht eine Akkumulation von Staatsschuld gegenüber mit einer entsprechenden Zinsbelastung der öffentlichen Haushalte (zu den „monetären Restriktionen" staatlicher Planung vgl. Ronge/Schmieg 1973). Bei den Besitzern der Staatsschuldtitel müßte sich so ein immer größerer Anteil am Nationalprodukt konzentrieren; andererseits muß der Staat die steigende Zinslast durch erneute Anleihen oder durch Steuererhöhungen bewältigen. Steuererhöhungen bedeuten aber wiederum – wenn sie nicht ausschließlich auf den Arbeitslohn bezogen werden sollen – eine Beschränkung des akkumulierbaren Mehrwerts und damit zugleich eine Beschränkung der Akkumulation des Kapitals. Zugleich impliziert dieser Prozeß der wachsenden Staatsverschuldung die Herausbildung fiktiven Kapitals; die Staatsschuldtitel zirkulieren ohne realen Gegenwert und bilden eine Quelle der permanenten Inflation.[5]
2. Wie so die Ausweitung der effektiven Nachfrage durch Staatseingriffe langfristig die Akkumulation wieder beschränkt, ist dies auch der Fall, wenn der öffentliche Sektor überhaupt (etwa durch die Ausweitung der öffentlichen Investitionen komplementär zur privaten Kapitalbildung) ausgeweitet wird. Im öffentlichen Sektor findet – es sei denn, der Staat fungiert als reeller Kapitalist – keine Kapitalverwertung statt. Es verwertet sich kein Wert vermittels produktiver Lohnarbeit; vielmehr bildet der öffentliche Sektor selbst nur einen Abzug aus dem Akkumulations- und Konsumtionsfond der Gesellschaft. Dieser Abzug erfolgt über das Steuersystem oder durch die Kreditaufnahme der öffentlichen Institutionen. Aus der Sicht des gesamtgesellschaftlichen Reproduktionsprozesses bildet der öffentliche Sektor bloße Konsumtion, keine Vermehrung des Kapitals in stofflicher oder wertmäßiger Form (was nicht heißt, daß über die Lieferung z.B. materieller Produktionsvoraussetzungen die Reproduktion des Kapitals nicht gefördert würde; vgl. dazu genauer Läpple 1973).[6] Die unproduktive Absorption von Arbeitskraft und Produktionsmittel im öffentlichen Sektor kann daher nicht unbeschränkt fortschreiten, oder, anders ausgedrückt, die private Kapitalbildung kann nicht unbeschränkt eingeengt werden. Die Ausweitung des öffentlichen Sektors bedeutet eben die Beschränkung des akkumulierbaren Mehrwerts in seiner stofflichen Form, d.h. die Beschränkung der Akkumulation von Produktionsmitteln und von Arbeits-

kraft als Kapital. Diese Ausweitung muß daher auch die Reaktion des Kapitals hervorrufen und Konflikte um die Rolle des Staates produzieren.[7]

3. Mit dem Fortgang der durch die Staatseingriffe stimulierten Kapitalakkumulation müssen sich aber auch die immanenten Widersprüche der Kapitalreproduktion weiter entwickeln und die Grenze des Kapitals muß wieder hervortreten als sinkender Verwertungsgrad, Überakkumulation von Kapital bei gleichzeitiger Unterbeschäftigung, was – bezogen auf den Staat – wiederum nur um den Preis progressiver Staatseingriffe erneut vermittelt werden kann. Diese (immanenten) Grenzen der Staatseingriffe, wie sie von den Gesetzen der Kapitalreproduktion her gesetzt sind, können nun allerdings zeitweilig durch die jeweiligen nationalen Kapitale hinausgeschoben werden, solange eine äußere Expansion (auf dem Weltmarkt) die Realisierung überschüssigen Kapitalwerts (Warenkapital) und damit des darin enthaltenen Mehrwerts gewährleistet. Treten aber Überakkumulationstendenzen allgemein auf dem Weltmarkt auf, können die Widersprüche im nationalen Kapital nicht mehr externalisiert werden; die Grenzen der Staatseingriffe bzw. generell der Akkumulationsbewegung des Kapitals müssen dann stärker hervortreten. (Da wir uns hier nicht auf ein einzelnes nationales Kapital, sondern auf einen übernationalen Wirtschaftsraum – Westeuropa – beziehen, werden wir im folgenden die modifizierenden Einflüsse des Weltmarkts nicht mehr berücksichtigen; insofern innerhalb dieses Raums sich die gegenseitige Bevor- und Benachteiligung aufhebt – sieht man von den USA und Japan einmal ab – erscheint uns dieses Vorgehen methodisch gerechtfertigt zu sein.)[8]

Sind derart die Möglichkeiten des Staates, über die Mittel staatlicher (Wirtschafts-)Politik Einfluß auf die Verwertungsbedingungen des Kapitals zu nehmen, begrenzt, so ist er andererseits – unter der Drohung schwerwiegender politischer Konflikte – gezwungen, angesichts möglicher stagnativer Tendenzen, wie sie in der Weltwirtschaftskrise Anfang der 30er Jahre als struktureller Konflikt des hochentwickelten Kapitalismus offenbar wuden, über die Staatsnachfrage und die Manipulierung der Geldmenge permanent ein hohes Niveau der Akkumulation und damit der Beschäftigung zu gewährleisten. Die Staatseingriffe in ihren spezifischen Inhalten, wie sie sich seit der Weltwirtschaftskrise als Antwort auf das entwickelte Dilemma der Überakkumulation herausgebildet haben, sind so Resultat der Kapitalentwicklung in dem Sinn, daß das Kapital schon an seine eigenen Schranken gestoßen ist, die nur mit Hilfe im äußerlicher Momente hinausgeschoben werden können. Andererseits wird in der Stagnation bei Brachliegen von Kapital und Arbeitskraft deutlich, daß das kapitalistische System in bestimmten Phasen nicht fähig ist, die Beschäftigung und damit die Reproduktion der vorhandenen Arbeitskraft zu gewährleisten. Mit der mangelnden Profitabilität und der angewachsenen industriellen Reservearmee sind daher politische Konflikte gesetzt, die den Staat zwingen, in den Reproduktionsprozeß des Kapitals „einzugreifen".[9]

Die Möglichkeiten der Staatseinflüsse sind immanent begrenzt (wie wir oben angedeutet haben); solche immanenten Grenzen sind aber offensichtlich nicht dem unmittelbaren Druck auf den Arbeitslohn gesetzt. Es ist daher konsequent, wenn unter den o.a. ökonomischen und politischen Bedingungen der Staat über den Druck auf den Reallohn versucht, den Verwertungsgrad des Kapitals zu erhalten (vgl. zu dieser Überlegung auch Krelle 1972 und Haberler 1972). Der Hebel zur Lösung des Konflikts wird also wieder – wie in der klassischen (vorkeynes'schen) Theorie – die äußerliche Begrenzung des Arbeitslohns![10]

3. Ökonomische und politische Ursachen der Einkommenspolitik[11]

Es war schon (im historischen Abriß) angedeutet worden, daß der Grad des Lohnanstiegs in ganz bestimmten Phasen des Zyklus' für das weitere Flüssighalten des Verwertungsprozesses von besonderer Relevanz ist (wenngleich die Einzelkapitalisten natürlich immer versuchen müssen, den Lohn – als Kostenfaktor – möglichst niedrig zu halten). Wir wollen hier diesen Zusammenhang anhand einiger theoretischer Überlegungen nochmals verdeutlichen.

Im Zyklus vermindern mit dem Fortgang des Akkumulationsprozesses (in der Phase prosperierender Kapitalakkumulation im Zyklus!) die Vermehrung des vorgeschossenen Kapitalwerts und die Steigerung der Produktivkraft der Arbeit relativ den in Arbeitskraft umgesetzten Kapitalteil. Dieser Zusammenhang führt also zum zyklischen Fall der Profitrate, wenngleich über die Absorption zusätzlicher Arbeitskraft und die Steigerung der Mehrwertrate (durch Intensifikation und Steigerung der Produktivkraft der Arbeit) die Mehrwertmasse und damit die Profitmasse noch steigen mag. Ist dagegen die verfügbare Arbeitsmasse ausgeschöpft und kann zudem auch die Mehrwertrate nicht mehr gesteigert werden, sind dagegen die Arbeiter sogar in der Lage, aufgrund der gestiegenen Nachfrage nach Arbeitskraft höhere Arbeitslöhne durchzusetzen, so ist auch die Steigerung der Mehrwertmasse insgesamt begrenzt, die Akkumulation müßte erschlaffen. Dabei kann also ein mehr oder minder starkes Ansteigen der Löhne die Länge der Prosperitätsperiode und die Heftigkeit des Kontraktionsprozesses mitbestimmen. Die einsetzende Krise bereitete dann selbst wieder den Aufschwung vor, indem Teile des gesellschaftlichen Gesamtkapitals entweder brachgelegt und/oder entwertet würden und die Ausdehnung der industriellen Reservearmee den Arbeitslohn erneut senkte und die Mehrwertrate erhöhte. Auch hier wäre eine Senkung des Arbeitslohns nur *eine* Voraussetzung des erneuten Aufschwungs; der Zyklus als krisenhafter insgesamt wird nicht bestimmt von der Bewegung des Arbeitslohns, sondern von der des Kapitals; der Arbeitslohn ist vielmehr abhängige Variable der Kapitalakkumulation!

Die hier nur grob umrissene Bedeutung des Arbeitslohns für den („klassischen") industriellen Zyklus und insbes. für die Heftigkeit des Kontraktionsprozesses wird aber in den historischen Phasen, in denen die zyklischen Krisen nicht mehr ihre „Funktion" der Vorbereitung eines neuen Aufschwungs vollziehen können aufgrund allgemeiner Überakkumulation und in denen daher die staatliche „Vollbeschäftigungspolitik" die Prosperität der Akkumulation zunächst gewährleistet, sozusagen über den (nunmehr modifizierten) Zyklus hinweg permanent! Denn ein solcher Kontraktionsprozeß soll ja gerade verhindert werden; über die forcierte Anwendung der Geld- und Fiskalpolitik soll nunmehr die Akkumulation in einem „Quasi-Boom" (Keynes) gehalten werden. Bei Anwendung dieser Mittel, deren allgemeine Grenzen bereits entwickelt worden, ist eine permanente äußerliche Beschränkung des Lohns offensichtlich notwendig. Denn im Gegensatz zum klassischen Krisenzyklus, der über die Latenz der industriellen Reservearmee den Preis der Arbeitskraft stets den Bedürfnissen der Akkumulation anpaßte, ist unter Bedingungen staatlicher Vollbeschäftigungspolitik dieser Automatismus zunächst nicht gegeben! Denn die Aufrechterhaltung der Vollbeschäftigung stärkt zugleich die Verhandlungsmacht der Organisationen der Lohnarbeiter, der Gewerkschaften, die nunmehr scheinbar autonom die Lohnhöhe nach oben (und damit, können die höheren Löhne nicht durch höhere Preise kompensiert werden, die Mehrwertrate nach unten) drücken können. (Eine behauptete „Monopolstellung" der Gewerkschaften muß daher auch am häufigsten in der populär-wissenschaftlichen Literatur für die Erklärung der Inflation mithilfe der cost-push-Theorie herhalten; vgl. Haberler 1972 und Machlup 1971.) Bestimmten die staatliche Wirtschaftspolitik und die Macht der Gewerkschaften bzw. der Verbände der Kapitalisten in der hier angedeuteten Weise den Akkumulationsprozeß, so könnte man in der Tat mit Kalecki von der Ablösung des „business-cycle" durch den „political-business-cycle" sprechen, insofern zur scheinbar bestimmenden Ebene für die gesellschaftliche Entwicklung die politische (hier im engeren Sinne als die Auseinandersetzung zwischen Staatsapparat und Verbänden verstanden) geworden wäre.

Ein solcher Schein findet seine materielle Begründung darin, daß in bestimmten Phasen der Akkumulation die Widersprüche sich noch nicht zugespitzt haben (wir haben dies im ersten Teil aufgezeigt) und daher die Staatseingriffe scheinbar äußerst effektiv auf die Akkumulationsbewegung wirken. Diese Staatseinflüsse können aber eben den Akkumulationsprozeß nicht bestimmen, sondern nur modifizierend auf ihn einwirken. Die immanenten (Überakkumulations-)Tendenzen werden nicht aufgehoben, sondern aufgeschoben. Das erneute Hervortreten stagnativer Tendenzen Ende der 60er/Anfang der 70er Jahre in Form der „Stagflation" zeigt die historische Begrenztheit der Staatseinflüsse auf.

Die Überwindung solcher stagnativer Tendenzen hat – neben der Verringerung des vorzuschiessenden Kapitals – ein entsprechend höherer Mehrwert und damit auch entsprechend niedrigere (Relativ-)Löhne zur Voraussetzung.[12] Der Arbeitslohn wird so in stagnativen Phasen wieder zum Angelpunkt der Auseinandersetzung, da ja gleichzeitig die anderen staatlichen Mittel (Staatsnachfrage, Kreditexpansion etc.) zur Förderung der Akkumulation und zur Aufhebung von Unterbeschäftigung – erschöpft sind! Denn diese Art der Staatseinflüsse ist es ja gewesen, die die Quellen der Inflation freisetzten; die Stagflation deckt so äußerlich die immanenten Grenzen des Staates gegenüber dem Akkumulationsprozeß auf.

Zwar hat die Inflation zunächst objektiv die Wirkung, den Reallohn zu senken und damit – gesamtgesellschaftlich – die Mehrwertrate zu erhöhen (vgl. auch Keynes 1936, 6 ff.). Insofern ist es in der Tat berechtigt, von der Inflation als „Substitut der industriellen Reservearmee" zu sprechen (vgl. Müller-Jentsch 1973, 230). Andererseits entwickeln die Lohnarbeiter mit der progressiven Geldentwertung ein Reallohnbewußtsein und beginnen in den Lohnkämpfen den Geldwertschwund einzufordern. Auch setzt sich der Staat bei Tolerierung oder Förderung inflationärer Prozesse[13] nicht nur in Gegensatz zu den Lohnarbeitern, die nur bedingt über den Lohnkampf den Lohnverlust kompensieren können; eine solche Politik gerät auch und gerade in Konflikt mit den Interessen der (Groß-)Sparer und der Rentiersklasse, denen eine solche Kompensationsmöglichkeit nicht offen steht, und stört auch – ab einer gewissen Rate der Geldentwertung – den Gang der Kapitalakkumulation selbst. (Schließlich wird der vorzuschießende Kapitalteil gleichermaßen von der Inflation getroffen; insbesondere die weniger „kapitalkräftigen" Kapitale und jene mit langen Umschlagszeiten werden benachteiligt bzw. drohen im Konkurrenzkampf unterzugehen!)

Ist daher die Reallohnsenkung über die permanente Inflation (wie sie Keynes noch favorisierte) ökonomisch wie politisch ein prekäres Mittel (das zudem auch gar nicht vom Staat bewußt zu „handhaben" ist – vgl. FN 5!), so drängen die immanenten Konflikte im Akkumulationsprozeß unter den Bedingungen der versuchten Vollbeschäftigungspolitik immer stärker im Fortgang des Akkumulationsprozesses zu einer äußerlichen Form des Drucks auf den Arbeitslohn. Die (versuchte) Lohnbegrenzung über den Staat ist so ein vermeintlicher Ausweg aus dem Dilemma hochentwickelter kapitalistischer Staaten: „Die Stabilisierung, die die moderne Wirtschaftspolitik erreicht, muß man als Versuch deuten, mit einer Manipulation der Investitionsquote durch staatliche Investition einen Zustand der Vollbeschäftigung bei befriedigender Profitrate zu verewigen. Dabei hilft eine flexible monetäre Politik, die einerseits zuläßt, daß bei steigenden Geldlöhnen die Reallöhne zurückbleiben, die andererseits bei drohendem Überhandnehmen der Inflation eine restriktive Kreditpolitik betreibt, ohne die Vollbeschäftigung wesentlich zu gefährden. Da hier ein Widerspruch zwischen dem Bedürfnis, die Inflation in Schranken zu halten, und dem Zwang, den Investitionsprozeß nicht zu stoppen, aufbricht, hat der Staat in jüngster Zeit vermehrt zu lohnpolitischen Maßnahmen gegriffen." (Schefold 1973, 166).[14]

Wir können daher als Ergebnis unserer Überlegung festhalten, daß die permanente Anwendung eines keynesianisch orientierten Instrumentariums durch die staatliche Wirtschaftspolitik unter den aufgezeigten historischen Bedingungen der Kapitalakkumulation der 60er und beginnenden 70er Jahre die sukzessive Anwendung des klassischen (vorkeynesianischen) Mittels der äußerlichen Lohnbegrenzung erzwingt![15]

4. Kapitalakkumulation und Formen der Einkommenspolitik

Eine solche äußerliche Begrenzung des Arbeitslohns, der ja Reproduktionsbasis der Arbeitskraft ist, bedarf allerdings der Legitimation gegenüber den Betroffenen. Die propagandistische Begründung der Lohnbegrenzung macht sich daher in der Regel an den behaupteten „übermäßigen" Ansprüchen der Einkommensbezieher am Sozialprodukt fest, das nicht überfordert werden dürfe. Der „gerechte" Anteil am Nettosozialprodukt hat sich daher gemäß dieser Argumentation vielmehr an der Steigerung der (Arbeits-)Produktivität zu orientieren, sollen nicht die Unternehmen in ihrer Leistungskraft überbeansprucht und damit auch die Arbeitsplätze gefährdet werden. Die Arbeitsproduktivität wird hier also als Indikator für den Zuwachs des verteilbaren Nettoprodukts genommen; eine Orientierung der Lohnpolitik an der Produktivitätsentwicklung (unter den Bedingungen permanenter schleichender Inflation wird in der Regel auch die Rate der Geldentwertung mit in die Berechnung des zulässigen Lohnanstiegs einbezogen) scheint die Konstanz der Verteilung des wachsenden Sozialprodukts zu gewährleisten, ohne daß das Wachstum selbst gefährdet würde. Andererseits wird aber auch aus der Sicht (linkskeynesianisch orientierter) Gewerkschaftler die Entwicklung der Arbeitsproduktivität als Orientierungsgröße für die Lohnzunahme benutzt mit der Begründung, daß dann die Zunahme der effektiven Nachfrage die Wirtschaft in einem dynamischen Gleichgewicht hielte. Wir werden im folgenden versuchen, den Zusammenhang von Lohn und Wachstum des Kapitals zu entwickeln, um dann die gängigen Versionen der Einkommens- resp. Lohnpolitik auf dieser Basis auf ihre Funktionen hin untersuchen zu können. Anschließend sollen die historischen Durchsetzungsformen der Einkommenspolitik in den verschiedenen Ländern Westeuropas dargestellt werden, um dann im abschließenden Abschnitt den historisch entwickelten Zusammenhang von Kapitalakkumulation, Einkommenspolitik und Gewerkschaften entfalten zu können.

4.1 Auswirkungen der Lohnbegrenzung auf Mehrwertrate und Akkumulation – theoretische Zusammenhänge

Um die Zusammenhänge zwischen den verschiedenen Versionen der Einkommenspolitik und der Kapitalakkumulation zu verdeutlichen, sind die folgenden Überlegungen – obwohl auf Basis der Marxschen Werttheorie – auf empirisch erscheinende Preisgrößen bezogen, um die Stellung des Lohns im Verhältnis zum Profit und die Wirkung von Arbeitsproduktivität und Inflation auf die Profitrate, Profitmasse und Akkumulation klären zu können. Soweit sich Abweichungen (aufgrund der Preisform) von der Werttheorie ergeben, wird dies einschränkend vermerkt. Ein eventueller Einwand, der sich auf die Problematik der sogenannten Wert-Preis-Transformation bezieht, trifft also auf die folgende Darstellung nicht zu.

Bei der Entwicklung der folgenden quantitativen Zusammenhänge ist Ausgangspunkt die Überlegung, daß der Motor der gesellschaftlichen Entwicklung das Kapital ist. Daher muß bei der Untersuchung der staatlichen Lohnbegrenzung die kapitalistische Produktion auch als das aufgefaßt werden, was sie ist: Produktion und Kapitalisierung von Profit und nicht als Herstellung eines konsumierbaren Produkts, das im nachhinein auf die verschiedenen Klassen verteilbar erscheint. Die Produktion und Kapitalisierung von Profit ist es auch, die primär die Lage der Lohnarbeiter und ihren Beschäftigungsstand bestimmt. Die folgenden Formalisierungen versuchen daher, den eigentlichen Zweck der kapitalistischen Produktion im Zusammenhang mit der Lohnbegrenzung herauszuarbeiten.

(a) Produktion von Profit

In der Marxschen (und in der klassischen) Theorie stellt sich der Profit als Überschuß (bzw. Surplusprodukt) des Bruttoproduktionswertes über den Wert der Produktionselemente dar: Profit = Gesamter Produktenwert – (Kapitalersatz + Lohnsumme). Auf die Wertbestimmung durch die Arbeitskraft braucht für unsere Zwecke nicht weiter eingegangen zu werden. Da der Kapitalersatz (c) unberücksichtigt bleiben kann für den Anteil des Profits und des Lohns am Neuwert (= V + P), d.h. für die Bestimmung des Exploitationsgrades der Lohnarbeit durch das Kapital

$$\frac{P}{V} = \frac{Y}{V} - 1$$

läßt sich der vom Kapital angeeignete Surpluswert zum Zeitpunkt (t) in folgender Formel darstellen:

(1) $P(t) = Y(t) - W(t)\,L(t).$

Wobei $W(t)\,L(t) = V$ ist, der Neuwert $(= V + P) = Y(t)$.
In dieser Formel wird ausgedrückt, daß der vom Kapital angeeignete Wertüberschuß (Mehrwert) des (von den produktiven Lohnarbeitern geschaffenen) Neuwerts über den Lohn (dem bezahlten Teil des Neuwerts resp. dem Teil, den sich die unmittelbaren Produzenten aneignen können) die Quelle des Profits darstellt. Damit ist auch angedeutet, daß der Profit aus der Produktion von Waren entspringt, nicht aber aus deren Veräußerung. Werden weiterhin Produktivität der gesellschaftlichen Arbeit (die

vom Standpunkt des Kapitals der Steigerung des Profits dient) und darüberhinaus noch Preisveränderungen mit in diese Gleichung einbezogen, so läßt sich der Profit zum Zeitpunkt (t) (wobei $t > t_o$) in folgender Form schreiben:

$$(2) \qquad P(t) = Y(t_o)(1+q)^{t-t_o} + Y(t_o)(1+q)^{t-t_o}\,p - W(t)\,L(t).$$

Durch Ausklammern kann diese Formel auch so geschrieben werden:

$$(3) \qquad P(t) = Y(t_o)(1+q)^{t-t_o}(1+p) - W(t)\,L(t)$$

(im folgenden werden wir aus Gründen der Übersichtlichkeit $Y(t_o)(1+q)^{t-t_o}$ als $Y(t)$ und $Y(t_o)(1+q)^{t-t_o}(1+p)$ als $Y^+(t)$ bezeichnen).

In (2) und (3) bedeuten:

Y der Neuwert (= V + P) zu laufenden Preisen,

q die Rate des Wachstums des Nettoprodukts, soweit bewirkt durch Intensifikation der Arbeit, Steigerung der Produktivkraft etc. (= „Arbeitsproduktivitätsentwicklung"[16]),

p der Koeffizient, der die Preisveränderungsrate nach t Perioden ausdrückt,

W der Geldlohn pro Arbeitseinheit und

L die Anzahl der Arbeitseinheiten.

In $(Y(t_o)(1+q)^{t-t_o})$ ist also die „relative Inflation" (vgl. dazu Hofmann 1962, 10) ausgedrückt, insofern (nach Marxscher Auffassung) eigentlich bei einer Steigerung der Produktivkraft der Arbeit Y (also der Neuwert) nicht wächst (wohl aber die Mehrwertrate!), sondern – alle anderen Umstände als gleichbleibend angenommen – gleichbleibt. Steigerungen der Arbeitsproduktivität und Preissteigerungen, die größer als die Geldlohnsteigerungen sind, schlagen sich hier – da diese vom Kapital realisiert werden – als Profitsteigerungen nieder! Da für die kapitalistische Produktion durchaus nicht angenommen werden kann, daß sich Lohnveränderungen quasi „automatisch" aus Veränderungen der Produktivität ergeben[17] (da das Kapital resp. die Eigentümer der Produktionsmittel sich zunächst den Neuwert und den Wertüberschuß über den Lohn in erster Hand aneignen), wird der Geldlohn in der gegebenen Situation autonom durch die entwickelte gewerkschaftliche Macht und die betrieblichen und zentralen Klassenkämpfe mitbestimmt. Erst diese können bewirken, daß sich die Arbeiter einen Anteil an der Steigerung der Produktivkraft ihrer Arbeit verschaffen. Deswegen ist auch in (2) W (t) L (t) nicht – wie dies häufig geschieht – an die Produktivitätszunahme gekoppelt. (Warum dadurch die sogenannten Verteilungsquoten

$$\frac{P}{V} \text{ (= Profitquote)} \qquad \text{und } \frac{W \cdot L}{Y} \text{ (= Lohnquote)}$$

nicht gleichbleiben müssen, wenn sie an die Produktivität gekoppelt werden, soll weiter unten entwickelt werden.)

Aus der Formel (3) läßt sich wiederum die Mehrwertrate ableiten, wenn beide Seiten durch W (t) L (t) dividiert werden:

$$(4) \qquad \frac{P(t)}{W(t)\,L(t)} = \frac{Y(t_o)(1+q)^{t-t_o}(1+p)}{W(t)\,L(t)} - 1 = \frac{Y^+(t)}{W(t)\,L(t)} - 1.$$

Dabei ist allerdings zu berücksichtigen, daß $Y^+(t)$ ja auch von den Kapitalisten als Konsumenten und vom Kapital – nämlich in der Form von Produktionsmitteln – konsumiert wird; die Preissteigerungen können sich also nur dann als zusätzlicher Profit beim gesellschaftlichen Gesamtkapital niederschlagen, wenn sie eine reale Umverteilung zwischen den Klassen bewirken!

Insgesamt zeigt also die oben entwickelte Formel (2), daß die vom Kapital angeeignete Profitmasse – ohne deren weitere Aufteilung schon berücksichtigt zu haben – sich zusammensetzt aus den Wirkungen

1. der Entwicklung der Produktivkraft der Arbeit (q) – die Intensität eingeschlossen –,
2. der Entwicklung des Preisniveaus (p) und
3. der Entwicklung des Geldlohns.

Festzuhalten ist hier zunächst noch, daß zwar die Lohn- und Klassenkämpfe den Geldlohn bestimmen, jedoch nicht den Reallohn und auch nicht die Mehrwertrate (vgl. Gleichung (4)) bzw. die Verteilungsquoten. Diese Überlegungen sind schon deshalb leicht einsehbar, als sich ja die Verteilungsquoten aufgrund der kapitalistischen Produktion ständig durch die Steigerung der Produktivkraft der Arbeit und deren Intensifikation zugunsten der Profitquote ändern, insofern sich diese Veränderungen zunächst nur beim Profiteinkommen niederschlagen. Deswegen können durch die Klassenkämpfe auch die Verteilungsquoten nicht bestimmt werden, allenfalls im nachhinein verändert werden (vgl. Kalecki 1971).

(b) Kapitalisierung des Profits

Da die oben entwickelte Profitmasse P (t) nicht als ganze akkumuliert (d.h. kapitalisiert) werden kann, muß noch gezeigt werden, wodurch der akkumulierbare Profit begrenzt wird. Begrenzend wirken insbesondere:

– der Konsum der Kapitalisten und der unproduktiven Zwischenklasse, die zumeist aus Geld- und Sachvermögen ein Rentierseinkommen auf Kosten des akkumulierbaren Profits beziehen (= cP (t)),
– die Steuerlast auf den Profit (= St_p (t)), so daß sich der akkumulierbare Profit folgendermaßen schreiben läßt:

$$(5)\quad a(t)\,P(t) = P(t) - (cP(t) + St_p(t)).$$

Dieser akkumulierbare Teil des Profits teilt sich bei der Anlage als Zusatzkapital auf in zusätzliche Lohnarbeiter und in zusätzliches konstantes Kapital: $\Delta v + \Delta c = a(t)\,P(t)$. Damit wird angedeutet, daß die Beschäftigung der Lohnarbeiter von der Reproduktion des Kapitals abhängig ist. Die Wachstumsraten des gesellschaftlichen Gesamtkapitals (C = c + v) wird daher bestimmt durch (a) die Faktoren, die das Wachstum der Profitmasse bestimmen und (b) die Akkumulationsrate. Wenn daher die Profitrate des produktiven Kapitals

$$\pi = \frac{a(t)\,P(t)}{C(t)}$$

ist, wächst das produktive Kapital der Gesellschaft (die Änderung der organischen Zusammensetzung und damit die Änderung der Profitrate hier ausgeschlossen) mit der Rate π:

(6) $C(t) = C(t_o)(1 + \pi)^{t - t_o}$.

Aus (1), (5) und (6) ergibt sich die Profitrate des gesellschaftlichen Gesamtkapitals:

(7) $$\frac{P(t)}{C(t)} = \frac{a(t)\,P(t) + cP(t) + St_p(t)}{C(t)}.$$

Daraus folgt, daß $\frac{P(t)}{C(t)} > \frac{a(t)\,P(t)}{C(t)}$ ist.

(c) Auswirkungen der Einkommenspolitik auf die Produktion und Kapitalisierung des Profits (vgl. zu den möglichen Versionen Adam (1972) und Nuti (1969)).

Wurde die Profitproduktion anfänglich als Zweck der kapitalistischen Produktion dargestellt – worin der Lohn als Geldform des Einkommens der Lohnarbeiter nur ein zu reproduzierender Wert ist und bei gegebenem Neuwert für den Profit die untere Grenze bildet –, so soll jetzt dieser hier entwickelte Zusammenhang auf die verschiedenen Versionen der Lohnbegrenzungen bezogen werden.

Eine *erste Version* ist die des Lohnstopps, des Preisstopps oder des Lohn- und Preisstopps. Wir können hier diesen Zusammenhang schnell anhand der Gleichung (2) klären: Werden nur die Löhne begrenzt ($W(t)\,L(t)$ = konstant), wächst offensichtlich der Profit $P(t)$ mit $Y^+(t)$. Werden sowohl Löhne wie Preise begrenzt, so wächst der Profit $P(t)$ mit dem Nettoprodukt $Y(t)$; werden dagegen nur die Preise begrenzt, so wächst die Profitmasse (vorausgesetzt die Lohnzunahme ist nicht größer als die Steigerung des Nettoprodukts $Y(t)$ – vgl. dazu aber auch unsere Untersuchung der dritten Version) mit dem Nettoprodukt $Y(t)$, also wesentlich mit der Steigerung der Produktivkraft der Arbeit.

Eine *zweite Version* der Lohnbegrenzung zielt darauf ab, den Lohn mit der Geldentwertung wachsen zu lassen bzw. an den Preisindex zu binden. Dies hat zur Folge – wie aus (3) ersichtlich –, daß das Mehrprodukt und damit der Profit direkt mit dem Nettoprodukt wächst, vermindert um die Rate der Geldentwertung. Die Einkommensverteilung verschlechtert sich laufend für die Arbeiter:

$$\frac{W(t)\,L(t)}{Y^+(t)} \text{ sinkt bzw. } \frac{P(t)}{Y^+(t)} \text{ steigt.}$$

Dies hat zur Folge, daß der Exploitationsgrad der Lohnarbeiter mit der Steigerung der Arbeitsproduktivität steigt:

Wenn $\frac{P(t)}{V(t)} = \frac{Y^+(t)}{V(t)} - 1$ und $\frac{dY}{dtY} > \frac{dV}{dtV}$, folgt daraus, daß der Exploitationsgrad des Arbeiters steigt. Damit steigt auch die Profitrate des produktiven Kapitals: $\frac{a(t)\,P(t)}{C(t)}$; die Akkumulation wird beschleunigt!

Werden – so eine *dritte Version* – die Lohnzunahmen auf die Zunahmen der Arbeitsproduktivität begrenzt, wird also die „produktivitätsorientierte Lohnpolitik" propagiert, dann steigt der Geldlohn mit der Rate q und es ist

$$W(t) = W(t_o)(1 + q)^{t - t_o}!$$

Die Profitsteigerung wird aber durch die Raten q und p beeinflußt:

$$P(t) = Y(t_o)(1+q)^{t-t_o}(1+p) - W(t_o)(1+q)^{t-t_o} L(t).$$

Daraus ergibt sich, daß bei dieser einfachen Form der produktivitätsorientierten Lohnpolitik die von den Arbeitern produzierte und vom Kapital angeeignete Profitmasse noch schneller steigt als die Zunahme der Geldlöhne. Der Schein also, die Arbeiter könnten sich bei einer produktivitätsorientierten Lohnpolitik die Produktivitätszunahmen als steigenden Reallohn voll aneignen, erweist sich als falsch. Vielmehr steigen Profit und der kapitalisierte Mehrwert ebenso schnell oder schneller, wenn noch die Preise mit der Rate p steigen. Auf diese Weise verändern sich die Verteilungsquoten des Nettoprodukts zuungunsten der Arbeiter und die Exploitationsrate steigt; ebenso steigt die Profitrate $\pi = \frac{a(t)\,P(t)}{C(t)}$, die Inflationsrate befördert die Akkumulation!

In einer *vierten Version* wird die Lohnzunahme an Preissteigerungen und an Produktivitätszunahmen gebunden. Auf diese Weise können, wie wir zeigen werden, günstigstenfalls die Verteilungsverhältnisse und die Ausbeutungsrate eingefroren werden. Warum dies günstigstenfalls geschehen kann, beruht auf folgenden Zusammenhängen (die übrigens auch für die anderen hier diskutierten Versionen gelten):

Die Messung der gesamtwirtschaftlichen Produktivität (als gewichtete, aggregierte Produktivität der einzelnen Produktionszweige) drückt – abgesehen von den in FN 14 formulierten Einwänden – nicht die Veränderung der Exploitation bzw. des Exploitationsgrades aus, weil die unproduktiven Bereiche wie z.B. Teile des Dienstleistungsbereichs die Rate der Produktivitätsveränderung und damit die Lohnzunahme insgesamt drücken. Darüberhinaus stammt das Einkommen aus unproduktiver Arbeit – die keinen Wert oder Mehrwert produziert – aus einem schon produzierten Neuwert, wenngleich es in der „Gesamtrechnung" als Arbeitseinkommen gilt (Dienstleistungen, Staatsangestellte etc. – vgl. auch Anhang II). Die Expansion des Anteils der unproduktiven Arbeit an der Gesamtarbeitskraft – die eine notwendige Begleiterscheinung der Entwicklung der Produktivkraft der Arbeit und der Steigerung des Mehrprodukts im Kapitalismus ist – bringt auf der einen Seite keinen zusätzlichen Neuwert hervor, läßt aber andererseits die Lohnquote ansteigen. Wenn also $Y^+(t) = Y^+(t+1)$, aber $W(t)\,L(t) < W(t+1)\,L(t+1)$, dann ergibt sich daraus eine steigende Lohnquote:

$$\frac{W(t+1)\,L(t+1)}{Y^+(t+1)} > \frac{W(t)\,L(t)}{Y^+(t)} \quad \text{(da eben } Y^+(t) = Y^+(t+1))$$

und der Exploitationsgrad scheint zu sinken, weil die Lohnsumme angestiegen ist.

Die These, daß der Lohnanteil langfristig konstant bleibt oder gar steigt – wie empirische Untersuchungen beweisen wollen – ist eben wegen der mangelnden Unterscheidung von produktiver und unproduktiver Arbeit, die auch in der wissenschaftlichen bürgerlichen Diskussion seit Ende des letzten Jahrhunderts verschwunden ist, äußerst problematisch.

Da aber die unproduktiven Arbeiter aus dem allgemeinen Profit oder aus Steuern auf diesen Profit (St_p) – wie auf den Lohn – bezahlt werden müssen, hat die Expansion des Anteils der unproduktiven Arbeit an der Gesamtbeschäftigung möglicherweise eine sinkende Akkumulationsrate (a(t) P(t)) zur Folge. (Daß sich deshalb das Kapital wieder bei den Löhnen der produktiven Arbeiter schadlos halten will, versteht sich innerhalb der kapitalistischen Produktionsweise von selbst!)

Daraus ergibt sich, daß die Lohnquote gleichbleiben oder gar steigen kann bei steigendem Exploitationsgrad der produktiven Lohnarbeiter. Daran ändert auch die Version der produktivitätsorientierten Lohnpolitik nichts; wie sollte auch anders der Widerspruch zwischen den „konstanten Verteilungsverhältnissen" und der gleichzeitigen Akkumulation von Reichtum bei der besitzenden Klasse und der bloßen Reproduktion der Lohnarbeiterklasse erklärt werden als durch die steigende Exploitation der produktiven Lohnarbeiter infolge der Entwicklung der Produktivkraft der Arbeit.

Eine *fünfte Version* der Lohnbegrenzung kehrt den bisherigen Zusammenhang um, indem der Profit nicht mehr als zu steigernder Überschuß, sondern der Lohn als Residuum aufgefaßt wird; dies geht einher mit der Forderung an die Lohnarbeiter, über niedrige Löhne und damit niedrigen Konsum die Akkumulation zu befördern. Diese Version geht von einem bestimmten Profit- und Akkumulationsbedarf aus, um gewisse gegebene oder geplante Wachstumsraten aufrechtzuerhalten. (In einer modifizierten Form wird auch der Finanzbedarf des Staates für die erweiterte Produktion materieller Produktionsvoraussetzungen als Folge der entwickelten Akkumulation des Kapitals in eine solche Berechnung des Lohns miteinbezogen (vgl. dazu Gahlen 1973). Der Lohn, das Reproduktionsniveau der unmittelbaren Produzenten, wird dabei zu einer Restgröße, die übrig bleibt, wenn das für die Finanzierung des „Einkommenswachstums" notwendige Niveau der Profitmasse und der Akkumulation von dem Nettoprodukt abgezogen ist. Dementsprechend gilt hier:

$W(t) = Y(t) - P(t)$ (Der Übersicht halber beziehen wir hier keine Preissteigerungen in die Überlegungen mit ein!)

Da die Wachstumsrate des Kapitals (die bestimmt ist durch die Profitrate π des produktiven Kapitals) – hier eine Periode betrachtet – auch (6) $\pi = \frac{C(t)}{C(t_o)} - 1$ ist und diese gleich der Profitrate $\pi = \frac{a(t_o)\,P(t_o)}{C(t_o)}$ sein muß, ergibt sich durch Umformung nach $P(t_o)$ die für das Kapitalwachstum notwendige Profitmasse:

$$(8) \qquad P(t_o) = \frac{C(t) - C(t_o)}{a(t_o)};$$

$(C(t) - C(t_o))$ entspricht etwa der Investition I, enthält aber auch zusätzliche variable Kapital. Wird ein Einkommenswachstum von q

$$\left(q = \frac{Y(t)}{Y(t_o)} - 1\right)$$

zugrundegelegt und ist der notwendige Kapitalstock pro Einheit von Y:

$$v = \frac{C(t_o)}{Y(t_o)} \quad \text{(bei Harrod-Domar: } \frac{K}{Y} = v = \text{Kapitalkoeffizient)},$$

dann ergibt sich:

(9) $q\,Y\,(t_o)\,v = C\,(t) - C\,(t_o)$ = notwendige Akkumulationsmasse.

($q\,Y\,(t_o)\,v$) drückt also das „notwendige Investitionsniveau" aus, um die Wachstumsrate des Einkommens von

$$q = \frac{Y\,(t) - Y\,(t_o)}{Y\,(t_o)}$$

zu erreichen. Aus (8) und (9) ergibt sich der Lohn als Residuum:

(10) $$W(t) = Y\,(t) - \frac{C(t) - C(t_o)}{a} = Y\,(t) - \frac{qY(t_o)\,v}{a}\,.$$

Unterstellt wird hier freilich, was der Kapitalismus seiner Natur nach nicht ist: Produktion zum Verbrauch und Wachstum des Verbrauchs. Vielmehr handelt es sich ja um die Reproduktion und Vergrößerung des Kapitals, wodurch einerseits jede Stockung und jede verminderte Kapitalanlage infolge verminderten Profits Einkommen vermindert und Lohnarbeiter auf die Straße setzt, wie andererseits die Aufrechterhaltung eines notwendigen Profits und der Investitionsquote durch Staatseingriffe wieder die Akkumulation von Reichtum bei den Eigentümern von Produktionsmitteln und die bloße Reproduktion der Lohnarbeiter bewirkt. Gerade diese fünfte Version der Einkommenspolitik ist es dann auch, die in industriellen Aufschwungphasen unter den Kapitalisten und in der staatlichen Wirtschaftspolitik an Popularität gewinnt, wenn ein niedriges Lohnniveau und die „Enthaltung vom Konsum" zum Zwecke des nötigen Profits für die Kapitalakkumulation gefordert wird (wie etwa in der BRD in den 50er Jahren). Die aus dem Kapitalbildungsprozeß erfolgende Anhäufung von Reichtum und gesellschaftlicher Macht auf der Seite der Besitzenden kann auch durch Vermögens- und Umverteilungspläne nicht wieder korrigiert werden, denn die Besitzenden werden nicht die Produktionsverhältnisse anrühren, die die Grundlage ihrer ökonomischen und politischen Herrschaft bilden.

Welche Version der Lohnbegrenzung der Staat auch immer anwendet (und angewandt hat), ihre Auswirkungen auf die Profitproduktion und die Kapitalakkumulation sind:

- steigende Profitmasse, steigender oder bestenfalls gleichbleibender Ausbeutungsgrad und steigende Profitrate (bzw. den Fall der Profitrate kompensierende Wirkung) und erneute Akkumulation,
- sinkender Reallohnanteil am Nettoprodukt und teilweise sinkender Reallohn auf der Seite der Lohnarbeiterklasse und
- insgesamt damit die Stärkung der gesellschaftlichen und politischen Macht der besitzenden Klasse und Schwächung der Lohnarbeiterklasse und ihrer Organisationen.

4.2. Historische Durchsetzungsformen der staatlichen Lohnbegrenzung (vgl. hierzu allgemein: United Nations (1967); IfS-Zwischenbericht (1969); Kidron (1971); Ahnefeld (1972)).

Die hier diskutierten theoretischen Versionen der Einkommenspolitik wurden im unterschiedlichen Maße und zeitlich variierend von den einzelnen Regierungen zur Anwendung gebracht. Dennoch können wir – auch mit Bezug auf unsere historische Skizze – generell vier Phasen der Entwicklung der Einkommenspolitik in Westeuropa festmachen.

Eine *erste Phase* fällt zeitlich zusammen mit der von uns beschriebenen ersten Phase der Kapitalakkumulation in Westeuropa; die Einkommenspolitik war in diesem Zeitraum der Versuch, über eine langfristige indirekte Beeinflussung die Lohnentwicklung an die Bedürfnisse der Kapitalakkumulation zu binden, die dadurch in ihrem Aufschwung gefördert werden sollte (Version V). Wenn eine solche Politik bei der vorherrschenden relativ hohen Unterbeschäftigung in vielen Ländern keiner Zwangsmittel bedurfte, so war doch in einigen Ländern wie z.B. in den Niederlanden eine derart formulierte staatliche Lohnpolitik Bestandteil staatlicher Entwicklungspläne und wurde auch gegenüber den Tarifparteien durchgesetzt (in den Niederlanden mit ausdrücklicher Billigung durch die Gewerkschaften, wie überhaupt in dieser Phase viele nationale Gewerkschaftsorganisationen auf eine aktive Lohnpolitik zugunsten des notwendigen Wiederaufbaus verzichteten!).

Eine *zweite Phase* der Einkommenspolitik ist die Folge des sich abzeichnenden Ansteigens der Lohnquote bei gleichzeitiger Entwicklung von Konflikten im Reproduktions- und Wachstumsprozeß des Kapitals, die zunächst über eine forcierte Geld- und Fiskalpolitik in vielen dieser Länder vermittelt werden konnten (mit der Folge der Herausbildung inflationärer Prozesse). Vorausgegangen war dem ein Anstieg der Lohnquoten, das Auseinanderbrechen arbeitsgemeinschaftlicher Vorstellungen mit der Entwicklung prosperierender Kapitalakkumulation und eine Stärkung der gewerkschaftlichen Verhandlungsmacht. Diese neue Phase fällt zeitlich zusammen mit dem Beginn der zweiten Phase der Kapitalakkumulation (Anfang bzw. Mitte der 60er Jahre): In diesem Zeitraum werden in allen westlichen Ländern die staatlichen Lohnbegrenzungen relevant, sei es, daß solche Konzepte in der theoretischen (ökonomischen) Diskussion auftauchten, sei es, daß sie schon jetzt in die Praxis umgesetzt wurden. Der Beginn und die Schärfe solcher staatlichen Lohnbegrenzungen waren dabei wesentlich davon bestimmt, wieweit es den einzelnen Ländern noch gelang, über eine besondere Stellung auf dem Weltmarkt die immanenten Konflikte im Akkumulationsprozeß der nationalen Kapitale zu „externalisieren", was sich positiv am Beispiel der Bundesrepublik und negativ am Beispiel Großbritannien zeigen läßt. Der Anstoß zu diesen Versuchen der Lohnbegrenzung wird durch eine 1961 erscheinende Studie der OECD gegeben (Fellner et al. 1961), in der die Einkommenspolitik als Mittel gegen inflationäre Prozesse den Mitgliedsländern anempfohlen wird. Die ergriffenen Maßnahmen (sie fallen zeitlich mit verschärften Arbeitskämpfen in Italien, Frankreich und Westdeutschland zusammen) sind im wesentlichen die Einrichtung von Lohn- und Preiskontrollkommissionen (bzw. dort, wo sie schon bestehen, wie in den Niederlanden und in Österreich etwa, die Erweiterung ihrer Befugnisse), die über die Erarbeitung von Lohn- und Preisleitlinien Druck auf die (in einigen Ländern nunmehr staatlicherseits zentralisierten) Lohnverhandlungen ausüben sollen. In Ländern, die noch nicht so weit gehen wollen (bzw. müssen), wie etwa in Westdeutschland, wo Lohnleitlinien 1963 erst „intern" diskutiert werden (vgl. Schlecht 1968, 12), werden zumindest die Voraussetzungen weitergehender Staatseinflüsse auf den Arbeitslohn in Form einer Intensivierung der staatlichen bzw. staatlich geförderten Gutachtertätigkeit und Entwicklung von Planungsansätzen geschaffen (Einrichtung des Sachverständigenrats in Westdeutschland; Planungsdiskussion in Italien, vgl. dazu Momigliano in: CGIL/CISL 1973, 145 ff.). Auch werden Lohnleitlinien in der Weise durchgesetzt, daß über vorgezogene Tarifverhandlungen mit den Arbeitern der Staatsbetriebe bzw. des Öffentlichen Dienstes Daten gesetzt werden, die in den anderen privatwirtschaftlichen Produktionszweigen als Lohnleitlinien dienen sollen. Kennzeichnend für die Lohnleitlinien sind die Bindung der Löhne an die Entwicklung der Produktivität bzw. teilweise auch an den Preisindex (Versionen II–IV); ersteres, weil man meinte, dadurch die inflationären Prozesse bändigen zu können (kostenniveauneutral und nachfragedämmend), letzteres, weil man ansonsten mit dem Widerstand der in dieser Phase erstarkenden Gewerkschaften rechnen mußte.

Eine *dritte Phase* der Einkommenspolitik ist in einigen Ländern (hier ist besonders Großbritannien zu nennen) die Antwort des Staates auf den mangelnden Erfolg der staatlichen Geld- und Fiskalpolitik einerseits und des Scheiterns der staatlichen Versuche einer Lohnpolitik andererseits. Mitte bis Ende der 60er Jahre zeigen nämlich – wie schon dargestellt – stagnative Tendenzen bei gleichzeitigem Preisauftrieb in verschiedenen Ländern die Grenzen der staatlichen Fiskalpolitik an; der Staatsapparat antwortet mit drastischen Mitteln: dem Lohn- und Preisstopp! (Version I). Diese besonders in den USA angewandte Politik wird in Westeuropa in dieser drastischen Form lediglich von Großbritannien praktiziert; in anderen Ländern werden teilweise Preisstopps mit Lohnkontrollen bzw. einer Indexbindung der Löhne an die Produktivitätsentwicklung (Version III) verbunden. In Frankreich werden die Lohn- und Preisleitlinien Bestandteil des Plans 1966–1970; in Westdeutschland wird in Form der „Konzertierten Aktion" eine lockere Lohn- und Preisplanung versucht. Das Scheitern sowohl der verschärften (wie in Großbritannien) als auch der lockeren (wie in Westdeutschland) Versuche der Lohnbegrenzung ist wesentlich auf den Widerstand der Arbeiter und ihrer Organisationen zurückzuführen. Die Maßnahmen sind teils selbst Anlaß zu verschärften Abwehrkämpfen der Arbeiter (auf betrieblicher Ebene) und der Gewerkschaften (auf zentraler Ebene), teils sollen die über die Auseinandersetzungen erreichten Lohnerhöhungen über die staatliche Politik rückgängig gemacht werden. In diesen Kämpfen hat der Druck der Gewerkschaftsbasis, die z.T. über betriebliche Lohnkämpfe hohe Lohnforderungen gegen die Einzelkapitale durchsetzen kann, eine besonders wichtige Funktion: Zunächst „kooperationswillige" Gewerkschaftsführungen sind gezwungen, die staatlichen Lohnbegrenzungen abzulehnen. (Dies gilt besonders für die englischen Gewerkschaften nach dem ersten Lohn- und Preisstopp 1966/67.)

Es sind diese Auseinandersetzungen, die eine *vierte Phase* der Einkommenspolitik (etwa um 1970) einleiten, da daß „für den Einsatz lohnpolitischer Maßnahmen erforderliche Mindestmaß an Kooperationsbereitschaft von seiten der Gewerkschaften oft nicht zu erhalten war, andererseits aber auch wenig Neigung bestand, zu strengen Lohnkontrollen überzugehen" (Ahnefeld 1972, 22). Zwei Ziele werden in dieser Phase angegangen: Einmal soll über die Beeinflussung des Preisniveaus indirekt Druck auf die Lohnverhandlungen ausgeübt werden (partielle Preisstopps für Konsumgüter in Italien und Frankreich); andererseits sollen über die gesetzlichen Einschränkungen der Tarifautonomie Eingriffe in die Arbeitsmarktverfassung und die Zentralisierung der Lohnverhandlungen die Gewerkschaften, insbesondere deren betriebliche Organisationen, in ihrem Spielraum beschränkt oder aber der Druck der Arbeiter auf ihre Organisationen gesetzlicherseits gehemmt werden (vgl. dazu die Maßnahmen in Großbritannien – Industrial Relation Act – oder die in den Niederlanden und in Schweden; auch in Italien ging es in den letzten Jahren wesentlich darum, daß über die

Gesetzgebung versucht wurde, die Rechte der betrieblichen Räte zu beschneiden). Zugleich wird versucht, dezentrale (regionale oder betriebliche) Kontrollinstanzen aufzubauen, die den „Wildwuchs" der betrieblichen Lohnvereinbarungen eindämmen sollen (vgl. für Großbritannien Blackaby 1972, 4).

Dabei werden im Zeichen sich verengender Profitmargen und gestiegener Ansprüche des Staats an den Akkumulationsfonds des Kapitals wieder Lohnleitlinien gefordert, die den Akkumulationsfonds des Kapitals und den Konsumtionsfonds des Staats als unabhängige Variablen voraussetzen, der Lohn wird Residuum (wir haben es hier mit einer um die staatlichen Ansprüche erweiterten Version V zu tun, wie sie z.B. in Westdeutschland angesichts notwendiger Reformen, die finanziert werden müssen, von Gahlen (1973, 524–534) den Gewerkschaften anempfohlen wird). Das Dilemma einer solchen Politik bricht an zwei Stellen auf: Abgesehen von den oben entwickelten Widersprüchen staatlicher Wirtschaftspolitik verschärft der notwendig erhöhte steuerliche Abzug vom Akkumulationsfonds die Verwertungsschwierigkeiten der Kapitale, während langfristig solche staatlichen Investitionen Voraussetzung der weiteren Reproduktion sind. Darüber hinaus erfolgt der Versuch, einen Teil dieser Kosten über den steuerlichen Abzug vom Lohn zu finanzieren, die weiter versuchte Begrenzung des Reallohns und die Beschränkung der gewerkschaftlichen Rechte (die teilweise mit Konzessionen in Fragen der Mitbestimmung und der Vermögensbildung einhergeht) in einer Phase, in der die Gewerkschaftsführungen aufgrund des Drucks ihrer Mitglieder gezwungen sind, die Interessen ihrer Mitglieder gegen den Druck des Kapitals und des Staats entschiedener zu verteidigen. Hatten wir daher oben drei allgemeine Schranken der Staatseinflüsse auf den Reproduktionsprozeß umrissen, so stößt hier die Politik an eine vierte allgemeine Schranke: *den Widerstand der Arbeiterklasse!*

5. Staatliche Lohnbegrenzung, Klassenkämpfe und Gewerkschaften in Westeuropa

Der Widerstand der Arbeiter und ihrer Organisationen, der Gewerkschaften, gegen die staatliche Lohnbegrenzung (und daß damit bewirkte Scheitern dieser Politik zumindest in ihren drastischen Formen) ist in seiner gewachsenen Stärke selbst allgemeines Resultat der Entwicklung des Kapitals in Westeuropa. Wenngleich bestimmte klassenkämpferische Traditionen in ihren verschiedenen nationalen Ausprägungen (z.B. in Italien, Frankreich und Großbritannien; negativ in Westdeutschland) bedeutenden Einfluß auf die Form und die Heftigkeit der Kämpfe hatten und die Existenz kommunistischer Parteien in Italien und Frankreich in diesen Ländern eine wichtige Bedingung der partiellen Erfolge der Arbeiter darstellten, so sind doch das nahezu gleichzeitige Wiederaufleben klassenkämpferischer Bewegungen und die allgemein in diesen Kämpfen formulierten Ziele nicht allein nationalen Besonderheiten zuzuschreiben.

Denn es sind die allgemein benannten Bereiche gewesen, in denen sich der Gegensatz von Lohnarbeit und Kapital wieder hervortat: Beschränkung der Lohnbewegung durch Staatseingriffe, Intensifikation der Arbeit und Überakkumulationstendenzen des Kapitals und dadurch bewirkte Freisetzung von Arbeit und Unterbeschäftigung. Dies sind auch die allgemeinen Ausgangspunkte der Kämpfe gewesen (vgl. Albers et al. 1971):

- als Konflikte um die Reallohnhöhe zwischen Lohnarbeit und Kapital resp. Staat,
- als Abwehrkämpfe gegen die Intensifikation der Arbeit,
- als Kämpfe gegen Stillegungen, Entlassungen und Arbeitslosigkeit.

In diesen Prozeß sind die Gewerkschaften als Organisationen der Lohnarbeiter in doppelter Weise einbezogen: Als Mitgliederorganisationen müssen sie die Interessen dieser Mitglieder gegen Kapital und Staat effektiv verteidigen, stehen somit unter „Legitimationszwang" (vgl. dazu Bergmann 1973). Eine solche Vertretung ist dann umso dringlicher, wenn einerseits in der zweiten Phase der westeuropäischen Akkumulation das Kapital nicht mehr über jene „Konzessionsspielräume" verfügt wie in der Phase prosperierender Kapitalakkumulation. Daher ergeben sich nicht mehr – wie im früheren Ausmaß – Erfolge in der Lohnpolitik quasi naturwüchsig über die Absicherung angestiegener betrieblicher Effektivverdienste, die in solchen Prosperitätsphasen vom Kapital schnell zugestanden wurden. Die Gewerkschaften sind daher als *Organisationen* viel stärker in die Auseinandersetzungen involviert. (Insofern ist auch die in einigen westeuropäischen Ländern erzwungene Zentralisierung der Lohnverhandlungen zum Zwecke der besseren Kontrolle der Lohnentwicklung ein äußerst zweischneidiges Mittel des Staates, da nunmehr auf nationaler Ebene – wie etwa der Dockerstreik in England und die dort freigesetzten politischen Potenzen in der Arbeiterbewegung zeigten – der Gegensatz von Lohnarbeit und Kapital hervortritt.

Eine effektive Vertretung der Interessen der Lohnarbeiter durch die Gewerkschaften wird andererseits deshalb immer zwingender, als das Kapital versucht, das akkumulierbare Mehrprodukt über die Intensifikation der Arbeit und damit den erhöhten Verschleiß der Arbeitskraft zu erhöhen (vgl. für Westdeutschland Redaktionskollektiv Gewerkschaften 1972 b; für Italien gilt, daß die Einführung einer neuen Arbeitsorganisation und auf dieser Grundlage die Intensifikation der Arbeit im Zeitraum von 1964 bis 1970 das wesentliche Mittel der Steigerung der Produktivkraft der Arbeit und damit der Profitproduktion war). Kämpfen die Arbeiter nicht – wie in Italien – gegen die sich verschlechternden Arbeitsbedingungen und den erhöhten Verschleiß der Arbeitskraft, so fordern sie doch die gestiegenen Reproduktionskosten der Arbeitskraft im Verlauf der Lohnauseinandersetzungen ein. Dieses Umsetzen der Erfahrung des erhöhten Verschleißes der Arbeitskraft in höhere (Real-)Lohnforderungen, was selbst noch Ausdruck eines illusionären Bewußtseins einer Lohn-Leistungs-Äquivalenz im Kapitalismus ist, trifft aber in eben dieser Phase auf die Versuche staatlicher Lohnbegrenzung. Die staatliche Lohnpolitik (in der beschriebenen vierten Phase) versucht die gewerkschaftliche Lohnpolitik auf die notwendigen (und in stagnativen Phasen besonders hohen) Akkumulationsbedürfnisse des Kapitals, die Notwendigkeit eines erhöhten Anteils des Staates am Nettoprodukt und die konjunkturellen Preisstabilisierungsmaßnahmen festzulegen (der letzte Punkt wurde von uns nicht behandelt, da sich diese Maßnahmen kurzfristig auf den Zyklus beziehen). Dabei wird seitens des Staates versucht, über eine Disziplinierung der Gewerkschaften (über Eingriffe in die Arbeitsmarktverfassung und die Zentralisierung der gewerkschaftlichen Organisationen und der Lohnverhandlungen) die Macht der Gewerkschaften zu brechen; sofern die Gewerkschaften kooperationswillig sind, sollen sie auf die staatliche Stabilitätspolitik verpflichtet werden (wie dies aktuell in Westdeutschland die sozial-liberale Regierung unter Ausnutzung der gewachsenen Bindungen zwischen SPD und Gewerkschaften versucht). Die Politik der Gewerkschaften steht so zwischen den berechtigten Reproduktionsbedürfnissen der Arbeiter und – teils vermittelt über den Staat – den Akkumulationsbedürfnissen des Kapitals, und diese beiden Pole können nicht mehr in der bequemen Weise miteinander vermittelt werden, wie dies in Phasen prosperierender Kapitalakkumulation der Fall war. Daraus müssen sich letztlich – wie dies in Großbritannien, Frankreich und Italien zu sehen ist, was sich aber auch in Westdeutschland andeutet – auch Veränderungen im Selbstverständnis und in der Politik selbst zunächst kooperationswilliger Gewerkschaften ergeben.

Dabei spricht für eine solche Kooperation mit dem Staat im Rahmen der Einkommenspolitik nicht nur die Erwartung, daß der Staat die Lohnplanung in langfristige Entwicklungspläne zur Erreichung der Vollbeschäftigung, des Wachstums, einer gerechteren Einkommensverteilung und der Hebung des Lebensstandards insbesondere der unteren Schichten einbauen will (dies schien dann auch Aussicht auf Erfolg zu haben, wenn wie in Großbritannien und in den nordischen Ländern sozialdemokratische Parteien an der Macht waren[18]), sondern für eine solche Kooperation spricht zunächst auch die scheinbar sich bietende Möglichkeit, auf die Wirtschaftspolitik Einfluß nehmen zu können und dadurch zu einer besseren Vertretung der Interessen der Lohnarbeiter insgesamt zu kommen. Indes ist der Spielraum dieses Einflusses begrenzt und selbst abhängig von der historischen Entwicklung, von den Akkumulationsbedürfnissen des Kapitals. Geht unter den oben skizzierten Umständen aber die Gewerkschaft auf die Forderungen von Kapital und Staat ein, kann sie die Interessen ihrer Mitglieder nicht mehr effektiv vertreten und muß sich daher notwendigerweise in Gegensatz zu ihren Mitgliedern setzen; aufbrechende innergewerkschaftliche Konflikte sind die Folge, wie wir dies augenblicklich in Westdeutschland verfolgen können. Solche Konflikte werden dann für eine „kooperationswillige" Gewerkschaftsführung bedrohlich, wenn sich die Träger der innergewerkschaftlichen Kritik auf die entwickelten Probleme der Arbeiter beziehen, sich also in ihren Forderungen am notwendigen Reproduktionsniveau der Arbeitskraft orientieren, und damit potentiell eine Basis in der Gewerkschaftsorganisation gewinnen können.

Eine alternative gewerkschaftliche Politik ist die des Widerstands gegen die Staatseingriffe und die Formulierung einer an den Reproduktionsbedürfnissen der Arbeiter orientierten autonomen Klassenpolitik. Eine solche Politik ist allerdings nicht einfach alternativ zu fordern, sondern ist – wie die Beispiele Italien, Frankreich und Großbritannien zeigen (vgl. Albers et al. 1971) – selbst noch Resultat der Lohn- und Klassenkämpfe.[19] Sie gerät zunächst in Gegensatz zum Staat; ihre wahre Schranke ist aber die Kapitalbewegung, wenn sie nicht zugleich Ausgangspunkt einer politischen Massenbewegung zur Überwindung der kapitalistischen Produktionsverhältnisse ist oder doch zumindest von einer solchen bestimmt wird. Unter anderen Umständen kann eine solche Politik nur dann erfolgreich sein, wenn die ökonomische Macht der Arbeiter durch die Kapitalbewegung selbst gesetzt ist (etwa in Aufschwungphasen mit verstärkter Nachfrage nach Arbeitskräften durch das Kapital). Jede krisenhafte Entwicklung aber, die zum Brachliegen von Arbeitskraft, Stillegungen etc. führt und/oder die Konkurrenz innerhalb der Arbeiterklasse befördert, müßte dann eine solche autonome Klassenpolitik illusorisch werden lassen.

Es ist daher auch nicht zufällig, daß in einer Phase, in der gleichermaßen die staatliche Geld- und Fiskalpolitik und die staatlichen Versuche der Lohnbegrenzung an die oben aufgezeigten Schranken stoßen, die nur – soll die Vollbeschäftigung gesichert bleiben – durch einschneidende Maßnahmen (dirigistischer oder aber terrorristischer Art) überwunden werden können, Ökonomen wie Politiker wieder eine „natürliche Rate der Arbeitslosigkeit" („natural rate of unemployment", so Friedmann und Phelps, hier zitiert bei Cassel 1972) als einzigen Ausweg aus diesem Dilemma anempfehlen.

Anmerkungen

1 Wie von Ökonomen und fungierenden Kapitalisten oft behauptet. Ähnlich auch E. Mandel im 5. Kapitel des hier zitierten Buches („Der Spätkapitalismus"), wenngleich an anderer Stelle bei ihm der Zusammenhang durchaus richtig entwickelt wird.

2 Das Steigen der Kapitalintensität und das Fallen der Kapitalproduktivität sind dafür allerdings nur bedingt aussagekräftig. Zur Veranschaulichung aber soll folgende Übersicht über die Entwicklung der Kapitalrendite in der gewerblichen Wirtschaft Westdeutschlands dienen (nach Görzig et al. 1973, 45):

Zeitraum	Kapitalrendite in % des Nettoanlagevermögens und der Abschreibungen	
	in Wiederbeschaffungspreisen	in Anschaffungspreisen
1954–1960	21,5	25
1960–1964	17,0	21
1964–1970	13,5	17

Eine Untersuchung des Hoppenstedt-Verlages (Darmstadt) kommt bei Analyse von Kapitalrentabilität, Umsatzrentabilität und Cash-Flow der 40 größten westdeutschen Aktiengesellschaften zu ähnlichen Ergebnissen (vgl. Handelsblatt vom 27./28.10.1972 und folgende Nummern). Dabei ist ab 1968 die sinkende Rentabilität von einem steigenden Verschuldungsgrad der Einzelkapitale begleitet. (Vgl. zur sinkenden Rentabilität auch das Gutachten des Sachverständigenrats 1973, 57.)

3 Wenn zum Beispiel der Sachverständigenrat bei Begutachtung der Krise und des nachfolgenden Aufschwungs von einem Produktivitätswunder spricht (nach 1967 steigen die Rentabilitäten allgemein bis 1969 kurzfristig an, ohne allerdings die Ausgangsraten zu erreichen), drückt er diesen Sachverhalt aus. Vgl. Sachverständigenrat 1969, Ziff. 52–54.

4 Deutlich wurden diese Tendenzen zunächst in jenen Ländern, deren Stellung auf dem Weltmarkt geschwächt war (wie in Großbritannien, während Westdeutschland diese Konflikte noch weitgehend externalisieren konnte). Es geht uns hier übrigens keinesfalls um Zusammenbruchsprognosen – wie überhaupt die Marxsche Theorie keine mechanistische Zusammenbruchstheorie ist – sondern um die Analyse der entwickelten Konflikte im Reproduktionsprozeß und deren Vermittlungen. Veränderungen der Bedingungen der Profitproduktion sind so Ausgangspunkt modifizierender Staatseingriffe, veränderter Geld- und Kreditpolitik, und können so durchaus diese Bedingungen wiederum beeinflussen; sie bleiben aber eingebannt in die allgemeinen Reproduktionsbedingungen. Vgl. dazu exemplarisch Lindner 1973.

5 Eine einseitige Erklärung der Inflation mit der Ausweitung der Staatstätigkeit (und damit der Staatsschuld) erscheint uns allerdings nicht hinreichend zu sein. Abgesehen davon, daß der allgemeine Zusammenhang theoretisch auf Basis einer Ableitung der Bewegung des zinstragenden (Leih-)Kapitals und historisch als Analyse der veränderten Bedingungen im Reproduktionsprozeß des Kapitals seit den dreißiger Jahren etwa zu rekonstruieren wäre, sollen hier einige Aspekte, die für die weitere Untersuchung relevant wären, benannt werden. Kann man generell (mit Marx) davon ausgehen, daß die Geldmenge sich der Warenzirkulation anpaßt (im Gegensatz zu Quantitätstheorien des Geldes) und stellt sich die Warenzirkulation nur als Oberfläche der Kapitalreproduktion dar, so müssen die Preissteigerungen und die daraus erfolgende Ausweitung der Zirkulationsmittel aus der Kapitalreproduktion erklärt werden. Denn es ist die Kapitalreproduktion, die die Angebots- und Nachfrageverhältnisse schafft und überschüssiges Kapital in Geldform transitorisch oder längerfristig freisetzt. Es ist dieser Zusammenhang der Geldbewegung mit der Kapitalbewegung, aus dem heraus erklärbar ist, daß Produktions- und Zirkulationskredite, Staatsschuldtitel (die z.T. ohne realen Gegenwert zirkulieren) die Ansprüche auf den produzierten Neuwert aufblähen und damit insgesamt Quellen der inflationären Prozesse bilden. Die Lohnzunahmen hingegen als Quelle der Inflation zu bezeichnen verkennt die Natur des kapitalistischen Reproduktionsprozesses, was sich leicht daran zeigen läßt, daß auch ohne Lohnerhöhungen inflationäre Prozesse sich entwickeln. Vgl. dazu auch Semmler/Hoffmann 1972, 69–82.

6 Diesem Zusammenhang liegt die Untersuchung zur langfristigen ökonomischen Entwicklung kapitalistischer Systeme von W. Vogt zugrunde. Nachdem allerdings Vogt den Widerspruch von Kapitalakkumulation und Verwertung mit Hilfe der „neo-klassischen" Wachstumstheorie aus

seinen weiteren Überlegungen ausgeschlossen und damit die immanente Widersprüchlichkeit der kapitalistischen Entwicklung mit Hilfe des „technischen Fortschritts" eskamotiert hat, bleibt ihm als Basis der Konflikte lediglich der Widerspruch zwischen privatem und staatlichem Sektor, darin die Legitimationstheoreme von Habermas u.a. von der ökonomischen Entwicklung her begründend. Vgl. Vogt 1973, 161–188.

7 Die Auseinandersetzungen um die Finanzierung der „Inneren Reformen" illustrieren dies. Überhaupt hat – wie Kalecki (1943) betont – die Kapitalistenklasse ein generelles Mißtrauen gegenüber Staatseingriffen, die die private Kapitalverwertung immer in gewisser Weise tangieren müssen. Dabei spielte anfänglich bei Versuchen einer Vollbeschäftigungspolitik besonders der Einwand eine Rolle, daß die Möglichkeit einer Arbeitslosigkeit ihre disziplinierende Funktion verlieren und das Selbstbewußtsein der Arbeiterklasse gestärkt werden würde. Es ist daher – so Kalecki – gerade die Funktion des Faschismus in Deutschland gewesen, solcherlei Bedenken gegen die staatliche Vollbeschäftigungspolitik durch die Zerschlagung der Organisationen der Arbeiter auszuräumen – eine These, die von den detaillierten Untersuchungen Sohn-Rethels inzwischen voll bestätigt wurde (vgl. Sohn-Rethel 1973 und Kadritzke, 1973, 122 ff.). Wir werden später sehen, daß die Disziplinierung der Arbeiterorganisationen auch die aktuelle Vollbeschäftigungspolitik begleitet.

8 Dies gilt auch für die Diskussion der verschiedenen Versionen der Einkommenspolitik in Teil 4.1. Eine Veränderung der terms of trade wird also weiterhin nicht in die Untersuchungen einbezogen. Zu den möglichen Wirkungen veränderter Austauschverhältnisse vgl. (aus materialistischer Sicht) Schöller 1973!

9 „Eingreifen" soll hier die verstärkten Staatseinflüsse verdeutlichen; natürlich ist der Staat immer in den gesamtgesellschaftlichen Reproduktionsprozeß „einbegriffen", weshalb auch die Konstruktion eines äußerlichen Verhältnisses Staat/bürgerliche Gesellschaft (das dann als Basis von „Agenturtheorien" wie auch von Theorien, die von der Autonomie der staatlichen Sphäre ausgehen, dienen mag) nicht haltbar ist. Vgl. dazu das Referat von Blanke et al. 1973 und die schon zitierten Beiträge Kadritzkes und Sohn-Rethels zur Faschismus-Diskussion!

10 Wir beziehen uns hier auf Marshall, Hicks, Pigou, die – ausgehend von der klassischen „Lohnfondtheorie" und auf Basis der Grenzproduktivitätstheorie – die Sicherung der Vollbeschäftigung von der Höhe des Reallohns abhängig machen. Vgl. Pigou 1933.

11 Wir werden im folgenden unter Einkommenspolitik immer Lohnpolitik bzw. Lohnbegrenzung verstehen. Dies ist insofern berechtigt, als – sieht man von Versuchen der Dividendenkontrollen 1948/49 und 1966/67 ab (vgl. dazu IfS-Zwischenbericht 1969, 28) – die Lohnpolitik in Verbindung mit Preiskontrollen das wesentliche Mittel der Einkommenspolitik war. Warum Preiskontrollen nicht Gewinnkontrollen entsprechen müssen, wird später unter 4.1. erörtert. Andererseits werden wir bei Darstellung der historischen Durchsetzungsformen der Einkommenspolitik gezwungen sein, diesen Begriff in dem Sinne auszuweiten, als Eingriffe in die Arbeitsmarktverfassung mit in die Untersuchung einbezogen werden müssen.

12 Dieser Zusammenhang mag die konstatierten verringerten „Konzessionsspielräume" der Kapitale bei Lohnverhandlungen in den letzten Jahren in Westeuropa erklären. Natürlich bleibt dem Kapital neben dem Druck auf den Arbeitslohn auch noch die Erhöhung der Mehrwertrate und damit des akkumulationsfähigen Mehrwerts über die Intensifikation der Arbeit, die Steigerung der Produktivkraft etc., was aber wiederum die immanenten Konflikte befördern müßte!

13 Von einer „Strategie" der Reallohnsenkung mittels der Inflation zu sprechen, wie es in gewerkschaftstheoretischen Überlegungen gemacht wird, die sich auf Monopolkapitalismus-Theoreme beziehen, ist schon deshalb falsch, weil die Reallohnsenkung nur gesamtgesellschaftlich wirksam ist und die einzelnen Kapitale, je nach Produktionssphäre, durchaus unterschiedlich von ihr betroffen sind (wenngleich die Inflation die Akkumulation der großen Kapitale begünstigt, wie noch dargestellt wird!).

14 Wir meinen allerdings, daß der Staat eine solche Wahlmöglichkeit, wie sie Schefold suggeriert, gar nicht hat und daß darin ja auch das substantielle Problem liegt.

15 Wir haben bisher versucht, die Einkommenspolitik aus den entwickelten Konflikten im Reproduktionsprozeß abzuleiten. Wird demgegenüber der Zwang zur innerbetrieblichen Planung aufgrund des enorm angewachsenen fixen Kapitalanteils als Ursache für die staatlichen Eingriffe in den Konflikt zwischen Lohnarbeit und Kapital geltend gemacht (vgl. Agnoli 1973), so ist hier zwar ein bedeutsamer Zusammenhang angesprochen, der insbesondere die unmittelbaren Interessen der großen Kapitale betrifft; dieser Zusammenhang erklärt aber nicht die Staatseingriffe als allgemeines Phänomen aus dem gesamtgesellschaftlichen Reproduktionsprozeß.

16 Der in der bürgerlichen Theorie verwandte Begriff der „Arbeitsproduktivität" ist allerdings

nicht dem Marxschen Begriff der Produktivkraft der Arbeit gleichzusetzen. Vielmehr fällt unter jenen Begriff die Erhöhung des Einkommens unabhängig vom vorgegebenen Kapital, die Intensifikation der Arbeit, die Steigerung der Kapazitätsauslastung, die Entwicklung der Produktionspotenzen (Massenproduktion) und der „technische Fortschritt" gleichermaßen.

17 Daher ist der Versuch Nutis, die verschiedenen Versionen der Einkommenspolitik („incomes policy") vom Lohn bzw. der möglichen Zuwachsrate des Reallohns her anzugehen –

$\frac{\dot{w}}{w} = \frac{\dot{z}}{z} + \frac{\dot{p}}{p} + \frac{\dot{x}}{x}$ (wobei w=Geldlohn; $\dot{w} = \frac{dw}{dt}$; z = Lohnqoute; p = inneres Preisniveau; x = durchschnittliche Arbeitsproduktivität) verwirrend, insofern er (in dieser Formel) den wirklichen Zusammenhang der kapitalistischen Produktion auf den Kopf stellt, (vgl. Nuti 1969, 434 ff.).

18 Dies wird in einem Protokoll der TUC deutlich (TUC 1967, 8); auch in der Präambel des DGB-Grundsatzprogramms (1963) sind diese Vorstellungen formuliert. Daß eine solche Umkehrung der Intention der staatlichen Planungspolitik in Grenzen möglich ist, wenn der Staat durch Klassenkämpfe dazu gezwungen wird, zeigen die in dieser Hinsicht partiellen Erfolge der italienischen Gewerkschaften.

19 Darin liegt auch der nur begrenzte Aussagewert von Modellen kooperativer bzw. konfliktorischer Gewerkschaftspolitik, wie sie z.B. von Müller-Jentsch (1973) formuliert wurden. Abgesehen davon, daß es u.E. äußerst problematisch ist, eine allgemeine „Theorie" der Gewerkschaften im „Spätkapitalismus" zu formulieren, weil Zustand und Politik der Lohnarbeiterorganisationen nicht von der jeweiligen Entwicklung der Klassenkämpfe zu trennen sind (vgl. dazu genauer Redaktionskolletiv Gewerkschaften 1972 a, 87 f.), verfahren die vorgetragenen Versuche in der Weise, daß verschiedene neue Momente der gesellschaftlichen Entwicklung nebeneinander gestellt werden, ohne daß der Vermittlungszusammenhang von gewerkschaftlicher Politik und Kapitalreproduktion deutlich würde. Da – ausgehend vom Spätkapitalismustheorem – die immanenten Konflikte der Kapitalreproduktion nicht mehr entwickelt werden, reduziert sich in diesen Ansätzen die Problematik auf das Legitimationsproblem (vgl. Bergmann 1973) innerhalb der Gewerkschaftsorganisation.

Literatur

Adam, Hermann, 1972: Die konzertierte Aktion in der Bundesrepublik. Köln.

Agnoli, Johannes, 1973: Zur Faschismus-Diskussion. Hamburg.

Ahnefeld. A., 1972: Neuere Versuche mit der Einkommenspolitik. Die Weltwirtschaft, Heft 1; S. 20–40.

Albers, Detlev; Goldschmidt, Werner; Oehlke, Paul, 1970: Klassenkämpfe in Westeuropa. Reinbek bei Hamburg.

Altvater, Elmar, 1972: Zu einigen Problemen des Staatsinterventionismus. Probleme des Klassenkampfes Nr. 3.

–, Hoffmann, Jürgen; Semmler, Willi; Schöller, Wolfgang, 1973: On the Analysis of Imperialism in the Metropolitan Countries – the West German Example, Referat zur Conference of Socialist Economists (CSE). London (veröffentlicht in BCSE, Spring 1974).

Bergmann, Joachim, 1973: Organisationsinterne Prozesse in kooperativen Gewerkschaften. Leviathan Nr. 2.

Blanke, Bernhard; Kastendiek, Hans; Jürgens, Ulrich, 1973: Zur marxistischen Diskussion über Form und Funktion des Staates. Referat auf dem Kongreß der Deutschen Vereinigung für Politische Wissenschaft vom 1. bis 4. Oktober 1973 in Hamburg.

Blackaby, Frank, 1972: An Incomes Policy for Britain. London.

Cassel, Dieter, 1972: Die Ultima ratio im Kampf gegen die Inflation. Wirtschaftswoche Nr. 44/1972.

CGIL/CISL, 1973: Zur Geschichte und Theorie der italienischen Gewerkschaftsbewegung (2 Bde.). Berlin.

Dall'Asta, E. R., 1971: Theorie der Lohnpolitik. Berlin.
Denison, E. F., 1967: European Economic Growth an the U.S. Postwar Record. Highlights of Why Growth Rates Differ. Washington.
Deutscher Gewerkschaftsbund, o.J.: Protokoll des außerordentlichen Bundeskongresses des DGB 1963. o.O.

Fellner, W., u.a., 1961: The Problem of Rising Prices. Paris.

Gahlen, Bernhard, 1973: Verteilungskampf und Reformpolitik. Gewerkschaftliche Monatshefte Nr. 9.
Görzig, Bernd; Kirner, Wolfgang, 1973: Möglichkeiten und Grenzen einer mittelfristigen Einkommenspolitik im Rahmen einer allgemeinen Wirtschaftspolitik. DIW-Beiträge zurtrukturplanung, Heft 25. Berlin.

Haberler, Gottfried, 1972: Ohne Geldpolitik erfolglos. Wirtschaftswoche Nr. 47/1972.
Hansen, Alvin, 1947: Amerika in der Weltwirtschaft. Wiesbaden.
1957: The American Economy. New York.
Hofmann, Werner, 1962: Die säkulare Inflation. Berlin.

Institut für Sozialforschung, 1969: Zwischenbericht über den Stand der Arbeiten am Forschungsprojekt „Die Funktion der Gewerkschaften im Prozeß der gesellschaftlichen Entwicklung Westdeutschlands". Frankfurt/M.

Janossy, Franz, 1966: Das Ende der Wirtschaftswunder. Frankfurt/M.

Kadritzke, Niels, 1973: Faschismus als gesellschaftliche Realität und als unrealistischer Kampfbegriff. Probleme des Klassenkampfs Nr. 8/9.
Kalecki, Michael, 1943: Political Aspects of Full Employment. Political Quarterly vol. 1943; hier zitiert nach: Hunt, E. K. and Schwartz, Jesse G., 1972: A Critique of Economic Theory. Harmondsworth.
–, 1971: Class Strugle an Distribution of National Income. Kyklos. Vol. XXIV.
Keynes, John M., 1936: Allgemeine Theorie der Beschäftigung, des Zinses und des Geldes. Berlin.
–, 1940: How to Pay for the War. Hier zitiert nach R.J. Ball and Peter Doyle (eds.), 1969: Inflation. Harmondsworth.
Kidron, Michael, 1971: Rüstung und wirtschaftliches Wachstum. Frankfurt/M.
Kindleberger, Charles P., 1967: Europe's Postwar Growth. The Role of Labour Supply. Cambridge.
Krelle, Wilhelm, 1972: Die Opfer für stabilitätskonforme Lohnpolitik. Wirtschaftswoche Nr. 49/1972.

Läpple, Dieter, 1973: Staat und allgemeine Produktionsbedingungen. Westberlin.
Lindner, Gudrun, 1973: Die Krise als Steuerungsmittel. Leviathan Nr. 3.

Machlup, Fritz, 1971: „Rückkehr zur alten Parität hieße für die Bundesrepublik Wiederanschluß an die Weltinflation" (Interview). Wirtschaftswoche Nr. 31/1971.
Mandel, Ernest, 1972: Der Spätkapitalismus. Frankfurt/M.
Mattick, Paul, 1971: Marx und Keynes. Frankfurt/M.
Müller-Jentsch, Walter, 1973: Bedingungen kooperativer und konfliktorischer Gewerkschaftspolitik. Leviathan Nr. 2.

Nuti, D.M., 1969: On Incomes Policy. Science and Society, Vol. 33; hier zitiert nach Hunt, E. K. and Schwartz, Jesse G. (eds.): A Critique of Economic Theory. Harmondsworth.

OECD, 1970 a: The Growth of Output 1960–1980. o.O.
–, 1970 b: Inflation. The Present Problem. o.O.

Pigou, A.C., 1933: The Theory of Unemployment. London.

Redaktionskollektiv Gewerkschaften, 1972 a: Thesen zur Gewerkschaftsanalyse. Probleme des Klassenkampfs Nr. 2.

–, 1972 b: Zum Zusammenhang von Kapitalakkumulation, Veränderungen in den Formen der Profitproduktion und der Rolle neuerer Entlohnungsmethoden in der BRD. Probleme des Klassenkampfs Nr. 4 und Nr. 5.

Reuss, Frederik G., 1963: Fiscal Policy for Growth without Inflation: The German Experience. Baltimore.

Roskamp, Karl W., 1965: Capitalformation in Germany. Detroit.

Sachverständigenrat, 1969: Jahresgutachten 1969 (Bundestagsdrucksache VI/100). Bonn-Bad Godesberg.

–, 1973: Jahresgutachten 1973 (Bundestagsdrucksache 7/1273). Bonn-Bad Godesberg.

Salvati, Michele, 1972: Der Ursprung der gegenwärtigen Krise in Italien. Probleme des Klassenkampfs Nr. 4.

Schefold, Bertram, 1973: Wert und Preis in der Marxschen und in der Neokeynesianischen Akkumulationstheorie. Mehrwert Nr. 2.

Schlecht, Otto, 1968: Konzertierte Aktion als Instrument der Wirtschaftspolitik. Tübingen.

Schöller, Wolfgang, 1973: Werttransfer und Unterentwicklung. Probleme des Klassenkampfs Nr. 6.

Semmler, Willi; Hoffmann, Jürgen, 1972: Kapitalakkumulation, Staatseingriffe und Lohnbewegung. Probleme des Klassenkampfs Nr. 2.

Shonfield, Andrew, 1969: Modern Capitalism. Oxford.

Sohn-Rethel, Alfred, 1973: Ökonomie und Klassenstruktur des Faschismus. (Herausgeg. von J. Agnoli, B. Blanke und Niels Kadritzke). Frankfurt/M.

Trades Union Congreß, 1967: Incomes Policy. Report of the Conference of Executive Committees of Affiliated Organisations held on March 1967. o.O.

United Nations (Secretariat of the Economic Commission for Europe), 1967: Incomes in Postwar Europe: A Study of Policies, Growth and Distribution. Geneva.

Vogt, Winfried, 1973: Zur langfristigen ökonomischen Entwicklung eines kapitalistischen Systems. Leviathan Nr. 2.

Wallich, Henry C., 1955: Triebkräfte des deutschen Wiederaufbaus. Frankfurt/M.

Anhang I

Veränderungen der Lohnquoten in Westdeutschland, Frankreich und Italien (nach Kindleberger 1967, 24 ff.):

Zeit	BRD	Frankreich	Italien
1950	58,6	55,1	50,8
1951	58,7	56,1	50,1
1952	57,4	57,3	52,7
1953	58,7	57,5	52,8
1954	59,4	58,9	54,3
1955	59,5	58,2	54,4
1956	59,5	58,3	55,9
1957	59,7	58,6	55,9
1958	60,5	58,3	56,4
1959	60,2	59,5	54,8
1960	60,6	58,3	55,1
1961	60,8	60,5	55,3
1962	62,5	60,6	57,2
1963	63,9	62,4	$(62{,}5)^{+}$
1964	64,8	.	$(63{,}8)^{+}$

(Anteile der Arbeitseinkommen am Netto-Sozialprodukt; $()^{+}$ = andere Berechnung!)

Anhang II

Erhöhung der Lohnquote durch die unproduktiven Lohnarbeiter

Wir hatten die Entwicklung unproduktiver (also nicht mehrwertsetzender) Bereiche im Text als Resultat der Steigerung der Produktivkraft der Arbeit und damit der Mehrwertrate der produktiven (mehrwertsetzenden) Arbeiter entwickelt. Diesen wirklichen Zusammenhang werden wir im folgenden aus pragmatischen Gründen der Handhabung der verfügbaren Statistik umkehren, indem wir von der Entwicklung der Lohnquote ausgehen und diese mit der Entwicklung der unproduktiven Bereiche vergleichen. Dabei sei allerdings hier einschränkend bemerkt, daß die in der Statistik als unproduktive Bereiche ausgewiesenen Produktionssphären (Handel, Verkehr, Dienstleistungen) nicht unbedingt den unproduktiven Bereichen im Marxschen Sinne entsprechen, insofern in diesen Sphären durchaus auch produktive oder indirekt produktive Lohnarbeiter beschäftigt sind!

Die Lohnquote soll hier – verkürzt – in folgender Weise zusammengesetzt sein

$$\frac{W(t)\,L(t)}{Y(t)} = \frac{(a(t) + b(t) + c(t))\,W(t)L(t)}{Y(t)}$$

Y(t) wird als Funktion der produktiven Lohnarbeiter aufgefaßt, und zwar $L(t)_{pr} \rightarrow Y(t)$;

a(t) ist (*anders als im Text!*) gleich dem Anteil der Lohnsumme der produktiven Lohnarbeiter an der Lohnsumme W(t)L(t);

b(t) ist gleich dem Lohnanteil der unproduktiven Lohnarbeiter im Dienstleistungsbereich an der Lohnsumme;

c(t) ist gleich dem Anteil der Lohnsumme der staatlichen Lohnarbeiter an der Lohnsumme insgesamt.

Wenn b(t), c(t) größer als a(t), dann folgt daraus, daß $\frac{a(t)\,W(t)\,L(t)}{Y(t)}$ sinkt und die Mehrwertrate der produktiven Lohnarbeiter $\frac{P}{W(t)_{pr} L(t)_{pr}} = \frac{Y(t)}{a(t)\,W(t)\,L(t)} - 1$ steigt!

D.h. die Mehrwertrate der produktiven Lohnarbeiter steigt, wenn die Lohnsumme der unproduktiven Lohnarbeiter schneller steigt als der gesamte Neuwert. Dieser Zusammenhang soll anhand der folgenden empirischen Daten verfolgt werden. Als Indikator für die Anteile der einzelnen Lohneinkommen der Lohnarbeitergruppen sollen ihre „Beiträge" zum Bruttosozialprodukt genommen werden, die aus der Statistik direkt entnommen sind. (B = Index für den jeweiligen Beitrag zum BSP)

$$(a_B(t) + b_B(t) + c_B(t))\ Y(t)$$

Expandiert der Anteil b_B, c_B (= Beiträge der unproduktiven Arbeiter) am Neuwert Y(t), bezahlt aus Profit oder (bei den Staatsarbeitern) aus Profit und Lohn, dann kann durchaus daraus geschlossen werden, daß die Mehrwertrate der produktiven Lohnarbeiter nicht mehr in einer steigenden oder gleichbleibenden Lohnquote zum Ausdruck kommt, wenn die Mehrwertrate selbst steigt, weil die unproduktiven Lohnarbeiter überproportional den Neuwert absorbieren.

Beiträge zum Bruttosozialprodukt in MRD DM zu jeweiligen Preisen (nach Görzig et al. 1973, 70 f.):

Bereich	1950	1970	Veränderung in %
Verarbeitendes Gewerbe	42,18	293,05	700
Handel, Verkehr, Dienstleistungen	39,73	281,99	710
nur Dienstleistungen	10,64	96,23	905
Staat, priv. Haushalte, Organisationen o.E.	10,24	73,30	715

Aus der Statistik ergibt sich, daß b_B, c_B größer als a_B! Daraus folgt daß die unproduktiven Lohnarbeiter stärker expandiert sind als die produktiven und überproportional den Neuwert und die Lohnsumme beanspruchen. Entweder drückt also eine gleichbleibende Lohnquote einen steigenden Exploitationsgrad aus oder aber – bei unserem Ergebnis – kann eine steigende Lohnquote eine ebenso stark oder stärker steigende Mehrwertrate ausdrücken. Ein weiteres Resultat unserer Untersuchung ist: Der steigende Anteil der unproduktiven Lohnarbeiter am Nettoprodukt vermindert den akkumulierbaren Profit und schränkt somit ein mögliches Kapitalwachstum ein!

Zu einigen Problemen staatlicher Verwaltung im Bereich von Infrastrukturmaßnahmen

Von Wiking Ehlert

Vorbemerkung

Die Analyse der Funktion des Staates im entwickelten Kapitalismus hat, wie alle Forschung, „den Stoff sich im Detail anzueignen, seine verschiedenen Entwicklungsformen zu analysieren und deren inneres Band aufzuspüren. Erst nachdem diese Arbeit vollbracht, kann die wirkliche Bewegung entsprechend dargestellt werden"[1]. Innerhalb dieses methodischen Rahmens zielt der Beitrag aus Gründen der Arbeitsteilung des Kongresses und dem Stand der eigenen Forschungen auf die Darstellungen ‚empirischer Zustände'. Empirie wird nicht verstanden als die Kennzeichnung von Prozessen, die sich an der Oberfläche[2] der bürgerlichen Gesellschaft manifestieren, sondern es wird auf Zustandsbeschreibungen realer Problemlagen abgestellt, die sich aus der Vielschichtigkeit historischer Erscheinungsformen ergeben: kurzum es soll auf ‚den grauen Alltag' in staatlichen Institutionen eingegangen werden.[3] Dieser Intention ‚hautnaher' Analyse stellen sich wenigstens drei Probleme in den Weg. Erstens unterwirft man sich mit der Forschungsmöglichkeit in einer staatlichen Institution deren Organisationsregeln[4], zweitens ist man bei fallstudienartigen Analysen durch diese Regeln an die Interessenlage des jeweils untersuchten Verwaltungssubsystems gebunden[5] und drittens ist sowohl der Berichterstattung aus dem Untersuchungsfeld, wie auch wissenschaftlicher Zitierweise ein enger, wenn nicht gar entstellender Rahmen auferlegt. Aus diesen Restriktionen ergibt sich, daß die Darstellung von Problemverarbeitungsprozessen nur insoweit möglich ist, als über die Unmöglichkeit der Personifizierung der Handelnden hinaus, auch die Verwischung der Grenzen des Untersuchungsfeldes gewährleistet wird[6]. Zitate und Nachweise aus Aktenunterlagen oder sonstigen empirischen Materialien bleiben ausgeschlossen. Dem Leser dieses Aufsatzes muß aus diesen Gründen besondere Aufmerksamkeit empfohlen werden auch dort Verbindungen und Zusammenhänge zu sehen, wo sie in der Folge der Arbeit nur angedeutet sind.

1. Problemstellung

Ausgehend vom Praxisfeld der öffentlichen Verwaltung sollen Ausführungen zur Struktur und Arbeitsweise von öffentlicher Verwaltung im Bereich von Infrastruturmaßnahmen (Städtebauförderung) gemacht werden. Öffentliche Verwaltung, weil die spezifischen Zusammenhänge und Funktionsweisen der Crisis-Management-Funktion des Staates in der entwickelten kapitalistischen Gesellschaft wenig bekannt und zugleich hier bestehende Umsetzungshemmnisse für gesellschaftsverändernde Praxis zu verorten sind[7]. Infrastruktur, weil damit vom politisch-administrativen System eine neue Krisenlösungsstrategie für ökonomisch bedingte Probleme angegeben wird, eine Strategie, die notwendigerweise eine Anpassung der politisch-administrativen Organisationsformen nach sich ziehen wird.

In seinem ersten Teil thematisiert der Aufsatz das Problem der Verortung der Verwaltung im Gesellschaftssystem; der zweite Teil beschäftigt sich mit der Relevanz bürokratischer Strukturen für die Umsetzung gesellschaftlicher Interessenlagen in staatliches Handeln im Bereich von Infrastrukturmaßnahmen.

2. Staat und Staatsverwaltung

Um den Staat, die Staatsverwaltung, ihre Beziehungen zueinader und zum ökonomischen Bereich charakterisieren zu können, muß die Bestimmung des Staates in der bürgerlichen Gesellschaft als geleistet vorausgesetzt werden. Die absolutistische Definition des Staates durch Ludwig den XIV. von Frankreich, das l'état c'est moi, das bei bürgerlichen Staatstheoretikern wie von Stein und Hegel in modifizierter Form wiederzufinden ist und das seit der 48er Revolution zur Außendarstellung der Verwaltung ebenso dient, wie dem eigentlich ‚politischen' Bereich von Regierung und Parlament, muß auf dessen materielle Basis zurückgeführt werden. Inwieweit dies durch die laufende staatstheoretische Diskussion als eingelöst angesehen werden kann, soll hier nicht geklärt werden. Vielmehr soll kurz zusammengetragen werden, was zum Ausgangspunkt dieses Aufsatzes herangezogen wurde.

2.1. Zur kategorialen Dimension der Staatsbestimmung

1. Die von v. Flatow/Huisken[8] herausgearbeitete Ableitung des Staates aus der Oberfläche der bürgerlichen Gesellschaft als Möglichkeit[9] (strukturelle Komponente des entwickelten kapitalistischen Systems) und Notwendigkeit[10] (prozessuale Komponente des entwickelten kapitalistischen Systems) wird übernommen. Präzisiert auf den hier interessierenden Zusammenhang wird der Staat also als „Sphäre der Verwaltung allgemeiner Interessen" gesehen, wobei „die Verwaltung allgemeiner Interessen von Privateigentümern . . . zunächst nichts anderes als die Konstituierung einer Form, in der man sich mit diesen Interessen beschäftigt"[11] bedeutet.
2. Diese Form ist allerdings nur eine spezifische Erscheinungsweise des entwickelten kapitalistischen Systems. Die Struktur des Systems schafft die Voraussetzungen für diese Form und im Prozessieren zeichnet es für die Ausfüllung der Beziehungen jener Form verantwortlich. Die Möglichkeiten und Schranken des bürgerlichen Staates, seine relative Autonomie, ergeben sich also aus den Implikationen des entwickelten kapitalistischen Systems selbst.
3. Der Staat, d. h. natürlich gerade auch seine Form, stellt sich demnach als adäquate Problemlösungsstrategie des entwickelten kapitalistischen Systems dar. Seine „Besonderung . . . ist damit die Grundlage der Herausbildung des Staates als Apparat, als Summe von Institutionen mit einer eigenen Gruppe ihm unterstellten ‚Dienern', den Staatsdienern".[12]
4. Staatstätigkeit ist die Umsetzung eines besonderen Beziehungsgefüge des ökonomischen Systems[13] und des sozialen Systems in deren ‚Staatsförmigkeit'[14]. D. h. ausgehend vom ökonomischen System, der Voraussetzung allgemeiner Produktions- und Zirkulationsbedingungen, setzt sich die Grundstruktur des entwickelten kapitalistischen Systems im Staat als solche und/oder als Instrument der herrschenden Klasse im sozialen System durch.

Mit dieser Präzisierung von Staat und Staatsverwaltung ist die Aussagekraft vorrangig kategorial gefaßter Ableitungen nahezu erschöpft. Zwar können noch einige Hinweise für den weiteren Gang der Analyse gegeben werden, aber anstatt Ableitung muß jetzt ‚theoretisch' bestimmt und an Stelle von Konkretisierung auf formalisierte Realität zurückgegriffen werden[15]. Kategoriale Ableitung und empirische Zustände stehen unvermittelt nebeneinander.

2.2. Zur empirischen Dimension der Staatsbestimmung

1. „Was den Staat ausmacht, ist eine Reihe besonderer Institutionen, die zusammengenommen seine Realität bilden und dessen Teile zusammenwirken, was man das Staatssystem nennen kann".[16]
2. „Ein Bestandteil des Staatssystems . . . ist die Verwaltung, die sich jetzt weit über die traditionelle Bürokratie des Staates hinaus ausgedehnt hat und eine große Fülle von Gremien einschließt, die bestimmten Ministerien angegliedert sind oder einen höheren oder niederen Grad der Autonomie genießen – öffentliche Körperschaften, staatliche Banken, Regierungskommissionen usw. – und mit dem Management der ökonomischen, sozialen, kulturellen und anderen Aktivitäten zu tun haben, in die der Staat heute direkt oder indirekt eingeschaltet ist."[17]
3. Selbstverständlich ist an dieser Stelle die Möglichkeit zu weiteren internen und externen Ausdifferenzierungen gegeben; für die empirisch festmachbaren Subsysteme können jeweils entsprechende Systemzusammenhänge aufgezeigt werden. Komplexität und Kompliziertheit empirischer Zustände können adäquat abgebildet werden.

Das Problem empirisch ansetzender Arbeiten stellt sich als mangelnde Möglichkeit, ein empirisch feststellbares Phänomen kategorial in den Griff zu bekommen, d. h. als Schwierigkeit, durch die Vielschichtigkeit und Vielzahl historischer Erscheinungsformen zur Struktur des Gesamtsystems vorzudringen.

3. Zur Forschungsmethode

Die Einseitigkeit der beiden oben angedeuteten Ansätze kann nach der hier vertretenen Meinung nur aufgehoben werden, wenn man sich des erkenntnistheoretisch notwendigen Forschungsprozesses erneut versichert.

Der Weg, der es dem Menschen gestattet, ein spezifisches Problem der theoretischen Erkenntnis der ihn umgebenden Welt zu lösen, besteht im Aufsteigen vom Abstrakten (der durch Begriffe nicht gegliederten Realität), zum Konkreten (der durch Begriffe gegliederten und in ihnen wesenhaft aufgehobenen Realität) mittels eines Denkprozesses[18]. Denken ist dabei als ein Prozeß aufzufassen, der dialektisch verläuft und vom Abstrakten zum Konkreten als geistige Reproduktion des Abstrakten fortschreitet[19]. „Im Denken erscheint es (das Konkrete – d. Verf.) daher als Prozeß der Zusammenfassung, als Resultat, nicht als Ausgangspunkt, obgleich es der wirkliche Ausgangspunkt und daher auch der Ausgangspunkt der Anschauung und der Vorstellung ist. (. . .) Das Ganze, wie es im Kopfe als Gedankenganzes erscheint, ist ein Produkt des denkenden Kopfes, der sich die Welt in der ihm einzig möglichen Weise aneignet . . . "[20]. Implizit in dieser Aneignungsmethode mittels eines Denkprozesses ist, daß das Aufsteigen vom Abstrakten zum Konkreten von einem weiteren Prozeß überlagert wird, der sich an die methodischen Voraussetzungen des Aufsteigens hält. Jeder dialektische Schritt muß mit einer Gewichtung der Widersprüche abgeschlossen werden, indem die „herrschende Seite bezeichnet, das Moment der Einheit der Gegensätze, das jeweils entscheidend ist"[21] genannt und im Begriff durchgesetzt wird. Jeder Schritt vom Abstrakten zum Konkreten kann nur an seiner Leistung zur Erfassung der Totalität des Abstrakten gemessen werden, d. h. als Richtpunkt menschlicher Erkenntnis kann in diesem Zusammenhang die Vervollständigung der „geistigen Widerspiegelung der totalen Realität" genannt werden[22].

Menschliche Erkenntnis geht von der menschlichen Praxis aus, die allerdings von der Erscheinungsform auf das Wesen zurückgeführt werden muß.[23] Das Wesen der Realität ist in Begriffen aufzuheben, die sich als geistige Kopien partikulärer Momente der objektiven Wirklichkeit darstellen.[24] Jeder Begriff ist für sich genommen „das Produkt der Verallgemeinerung und Analyse unmittelbarer Gegebenheiten der Anschauung".[25] Es gilt nun, diese Begriffe zu ordnen, weil Erkenntnis nicht partiell, sondern nur total möglich ist.[26] Die Systematisierung bedeutet Verifizierung in dem Sinne, als aus der Gegenüberstellung mit der Wirklichkeit das geistig Konkrete aus dieser Wirklichkeit seine Ordnung erhält.[27] Der Prozeß des Aufsteigens vom Abstrakten zum Konkreten und dessen notwendige Fortsetzung, das Aufsteigen vom Konkreten in die abstrakte Realität, sind zwei Formen eines Aneignungsprozesses der Welt im abstrakten Denken[28], die sich wechselseitig implizieren.

Nimmt man diese erkenntnistheoretischen Forderungen ernst, so stellt sich das Problem kategorialer Ableitung und empirische Zustandsbeschreibung als künstlich geschaffenes dar. Die Lücke zwischen den beiden Ausrichtungen reduziert sich auf mangelnde Konsistenz des jeweiligen Untersuchungsansatzes. Sie kann durch methodische Verfeinerung der Untersuchungen geschlossen werden[29]. Es ist nahezu selbstverständlich, daß im Rahmen dieser Arbeit die erkenntnistheoretisch notwendige Präzisierung der Problemstellung Staat/Verwaltung/Gesellschaft nur in ihrem Gang angedeutet, aber nicht realisiert werden kann.

4. *Zur Relevanz bürokratischer Problemverarbeitungsprozesse für staatliches Handeln*

4.1. Einige organisatorische Rahmenbedingungen

Die Aufgabe des Städtebaus liegt in der Kompetenz der Kommunen. Bund und Land wirken bei städtebaulichen Maßnahmen im Rahmen der gesetzlichen Bestimmungen des Städtebauförderungsgesetzes mit, soweit die Sanierungs- bzw. Entwicklungsmaßnahmen im öffentlichen Interesse liegen[30]. In diesen Fällen, und nur sie sollen hier Berücksichtigung finden, ist die kommunale Aufgabe primär in die Strukturpolitik des Landes, sekundär in die des Bundes eingebettet.[31] Als erste Elemente staatlicher Organisation können Bund, Länder und die Kommunen festgehalten werden. Zusätzlich und in entsprechende Größenklassen strukturieren das föderalistische System der BRD und die Autonomie der Kommunen, als Vorgabe des Grundgesetzes, den Politikbereich Städtebauförderung. Diese Aufgabenteilung wird innerhalb der einzelnen Elemente staatlicher Organisation und zwischen diesen fortgeführt.

Innerhalb präzisieren die gemeinsamen Geschäftsordnungen der Ministerien

Erlasse für die Organisation der Regierungspräsidien, Organisations- und Geschäftsverteilungspläne zunächst einmal die Grundeinheit der Verwaltungsorganisation, das Referat usw.[32], das für die Erfüllung dieser Aufgabe allein zuständig ist, sodann werden durch unterschiedliche Beteiligungsformen all jene Systemteile benannt, die bei der Konkretisierung der Aufgabe auf der jeweiligen Ebene einen Beitrag leisten müssen und/oder können; zuletzt wird durch die Arbeitsteilung innerhalb der einzelnen Grundeinheiten bestimmt, in welches individuelle Arbeitsgebiet die Aufgabe in welcher Form fallen soll. Zwischen den einzelnen Elementen definieren ‚ständige Konferenzen' (z. B. MKRO, Ministerkonferenz für Raumordnung) und Arbeitsgemeinschaften (z. B. ARGEBAU, Arbeitsgemeinschaft der Länderminister und Senatoren für Bauwesen) usw. spezifische Kommunikationsformen, die, nach dem oben geschilderten Prinzip, weiter in Aufgaben- und Arbeitsgebiete aufgespalten und den entsprechenden organisatorischen Ebenen der Elemente staatlicher Organisation zugeordnet sind.

4.2. Einige personelle Rahmenbedingungen

Auf die Probleme des Staatspersonals und dessen rechtlicher Einbindung soll hier nur ganz kurz eingegangen werden. Soweit das Recht des öffentlichen Dienstes angesprochen ist, muß auf die Verankerung des Beamtentums und seiner hergebrachten Grundsätze im Grundgesetz Artikel 33 Abs. 4 und 5 hingewiesen werden. Innerhalb der einzelnen rechtlichen Bestimmungen und deren organisatorischen Ausformulierung hat das Laufbahnprinzip als generelles Strukturmerkmal und die Stellen- und Positionspläne usw. als technische Instrumentarien zusätzliche Ausdifferenzierungsbedeutung.

Die soziale Dimension des Problems, die Frage nach der Klassen- bzw. Schichtzugehörigkeit, dem Staatspersonal schlechthin, kann hier nicht thematisiert werden.[33]

4.3. Zu einigen strukturellen Problemen der Verwaltungsgrundeinheiten

Um die Struktur und Funktionsweise der Grundeinheiten der Verwaltung in den Input-/Konversions-/Outputrelationen adäquat darstellen zu können, soll das Referat usw. als ein Information verarbeitendes System[34] verstanden werden. Dadurch wird erreicht, daß zum einen die Grundeinheit als strukturelle Größe, soll heißen, die durch die Verwaltung vorgegebenen Parameter, in die Analyse mit einbezogen werden kann und zum anderen die prozessuale Größe, die sich aus der realen Problemverarbeitung ergibt. Struktur und Prozeß sind die zwei sich wechselseitig beeinflussenden Seiten ein und desselben Problemfeldes, der Grundeinheit von öffentlicher Verwaltung.

(1) Die Aufstellung des Förderungsprogrammes nach Städtebauförderungsgesetz wird auf den Ebenen Land und Bund in der Regel von zwei Beamten für ein Land, bis zu sechs Beamten beim Bund, wahrgenommen. Während die Qualifikationsstruktur der Referatsleiter usw. bei Bund und Ländern zur einen Hälfte von der Rechtswissenschaft und zur anderen Hälfte von der Architektur oder den Wirtschaftswissenschaften bestimmt wird, besitzen die anderen Mitarbeiter meist nur verwaltungsintern erworbene Kenntnisse als Voraussetzung für ihre Tätigkeit. Innerhalb der Regierungspräsidien ist die Aufgabe meist nur als ein ‚Einmannbetrieb' ausgelegt. Für die Kommunen kann aufgrund der Materiallage noch keine Aussage gemacht werden.

(2) Die Arbeitsorganisation der Grundeinheiten der öffentlichen Verwaltung weist als Folge ihrer bürokratischen Verfaßtheit eine seltsame Ambivalenz unterschiedlicher Realisierungsrichtungen aus, sobald sie auf reale Situationen Anwendung finden. Zwischen Verantwortung als Eigenleistung (i. S. von Karrieremuster) und Verantwortung als Sanktionshintergrund (i. S. hierarchischer Unterstellung) vermag der Beamte nur für den Augenblick und sein Blickfeld zu unterscheiden.

(3) So definiert sich das Umlaufverfahren, das ein mit Unterschrift zu zeichnendes Informierungsinstrument für alle an einem Sachzusammenhang Beteiligte sein soll und kann, in ein Kontrollinstrument um, über dessen Folgen und deren Schärfe dem einzelnen das Kalkül entzogen bleibt. Es handelt sich um die Schwierigkeit, die Interessen der Vorgesetzten innerhalb der Organisation und die von außen herangetragenen Wünsche und Imperative einzuschätzen. Dieses Problem verstärkt sich noch durch die Häufigkeit, mit der mit Umlaufverfahren gearbeitet wird. Alles was irgendwie Informierung verspricht, bekannt sein soll und in das Arbeitsfeld der Verwaltungsgrundeinheit paßt, wird in den Umlauf gegeben. Das gilt für umfangreiche Publikationen verschiedenster Herkunft ebenso, wie für Gesetze, Richtlinien und sonstige Bestimmungen. Dieser Informationsüberlastung entzieht sich der Beamte, indem er nach flüchtiger Prüfung abzeichnet. Seine hierzu verwendeten Aufmerksamkeitskriterien richten sich an der Interessenlage seiner Vorgesetzten und an denen von außen aus. Bürokratische Zuweisung von Information wird ergänzt durch bürokratisch gelenkte Antizipation und Aufmerksamkeit.

(4) Nach einem rigideren Umlaufverfahren wird die Verteilung der vielseitig gewünschten Fachzeitschriften vorgenommen[35].

Das Zeitschriftenwesen ist insoweit ein Problem für die Verwaltung, als das geäußerte Interesse in keinem Verhältnis zu den beschafften Exemplaren steht. Um diesem Problem abzuhelfen, werden Fachzeitschriften über die bürokratischen Strukturmerkmale von Dienststellung und Anmeldungszeit (Derivat des Senioritätsprinzips) verteilt. Fristen für die Weitergabe der Zeitschriften an den Nächsten bestehen nicht. Die Folge dieses Usus ist zumeist, daß die für die Arbeit relevanten oder für relevant gehaltenen Aufsätze bei Vorgesetzten liegenbleiben und sich so die bürokratische Hierarchie zu einer Wissenshierarchie verlängert.

(5) Eine weitere Ambivalenz innerhalb der Arbeitsinstrumentarien von Verwaltung soll anhand des Aktenwesens erläutert werden. Zwar hat jeder Beamte Zugang zu den Akten, aber über die Arbeitsverteilungskompetenz des Vorgesetzten hat dieser die Möglichkeit, Problemzusammenhänge, die bei einem Arbeitsgang zu berücksichtigen sind, anzugeben. Macht er davon nicht Gebrauch, so wird der Untergebene wieder nach dem oben schon kurz geschilderten Aufmerksamkeitsprinzip die Aktenunterlagen zu einem Problem sichten. Zuweisung und Aufmerksamkeit ergänzen und setzen sich innerhalb der bürokratischen Arbeitsweise voraus.

Das Aktenwesen selbst wird durch Registratur und Sachbearbeiter organisiert. Während erstere Schriftstücke ohne Kenntnis des „Sachzusammenhangs" den Akten zuschlagen, ordnen letztere die Akten nach Tagesproblemen. Nachdem die für die Akten vorgeschriebene Systematik nur formaler Natur ist und „neue" Akten erst dann eingerichtet werden, wenn das Problem längst unter Zeitdruck zur Bearbeitung ansteht, d. h. die ganzen Materialien über die verschiedensten „alten" Akten verstreut sind, schlägt die Aktenorganisation in strukturelle Desorganisation um. Dieser Umstand äußert sich meist in einem Zweifachen:

Erst einmal markieren die Beamten die Schwierigkeit, Problemzusammenhänge in den Akten vorzufinden, und zum zweiten hält jeder, je nach seinem Arbeitsgebiet, wichtige Schriftstücke, wenigsten in Fotokopie, in seinem eigenen Bestand. Aus letzterem entwickelt sich mit der Zeit das Kuriosum, daß man besser einen Kollegen und dessen Aktensammlung zu gewissen Problemzusammenhängen aufsucht, als die Registratur. Wissen ist hier insofern Macht, als diese Spezialakten meist bei höheren Vorgesetzten zu finden sind, die in einigen Fällen sogar Personal zu deren Aufrechterhaltung abstellen. Selbstverständlich bleibt dem Besitzer solcher „Privatsammlungen", die natürlich verboten sind, die Möglichkeit, dem Kollegen die gewünschte Information in allen Schattierungen zukommen zu lassen, die er selbst aus irgendeinem Grunde wünscht.

(6) Innerhalb eines Subsystems der Verwaltung besitzt dessen Leiter die Möglichkeit, alle personellen Außenkontakte an sich zu ziehen oder wenigstens zu kontrollieren. Seine Vorrangstellung gegenüber den Sachbearbeitern ist organisatorisch abgesichert und weist unterschiedliche Erscheinungsformen auf. So besitzt der jeweils höchste anwesende Vorgesetzte in Besprechungen das Rederecht. Er ist es also, der die Diskussion strukturiert und nach seinen Interessen führt. Muß innerhalb eines Problemzusammenhangs Kontakt zu anderen Verwaltungssubsystemen aufgenommen werden, so übernimmt der Leiter diese Aufgabe möglichst selbst. Gibt das Verwaltungssubsystem eine Stellungnahme ab, sei sie schriftlich oder mündlich, so zeichnet der Referent mit seinem Namen. Diese Regelung hat zur Folge, daß eine „Atmosphäre der Vertrautheit und Bekanntheit" zwischen denen, die in den jeweiligen Subsystemen die Arbeit machen, nicht hergestellt werden kann.

Bei der täglichen Informationsbeschaffung muß der Sachbearbeiter alle wichtigen (Zuweisung/Antizipierung) Außenkontakte über den Vorgesetzten laufen lassen; seine Anknüpfungsmöglichkeiten sind durch die „sozialen Folgen" formaler Organisation begrenzt. Sachbearbeiter haben deshalb meist nur Bekannte „im Haus" und dort auch nur innerhalb der eigenen Positionsgruppe. Leiter dagegen bauen sich innerhalb ihres Aufmerksamkeitsbereiches ein weitverzweigtes „Personalnetz" auf, das unter dem abzuhandelnden Aspekt zur informellen Informierung gebraucht wird. Wo ihr Bekanntenkreis endet, ist meistens auch ihre Informationsgrenze.

(7) Individuelle Fortbildung trifft zunächst einmal auf die Schranken des „frustrierten Beamten", der am Abend was „anderes um die Ohren haben will", als die Verlängerung des Alltags. So dann ist durch ein ziemlich reichhaltiges Angebot der Verwaltung zur Fortbildung seiner Mitglieder an diese die Frage gestellt, ob sie nicht lieber an einem zwar bürokratisch verfaßten, aber auch bürokratisch honorierten Kurs mitmachen wollen. Zuletzt ist es für das neue Organisationsmitglied gut, die entsprechenden Einführungskurse wahrzunehmen, eine Fortbildung, die im Sinne der Anpassungsmöglichkeit an die Arbeit von den Vorgesetzten meist befürwortet wird. Sobald man aber eine Stufenleiter nach „oben" geklettert ist, stellen sich Organisationsmitglieder meist die Frage, ob es ohne sie noch geht. „In der Zwischenzeit könnte etwas kaputt gehen", oder „wer soll es denn sonst machen". Die Gründe sind vielfältig, das Ergebnis eindeutig: Fortbildung wird praktisch nicht betrieben, die entsprechenden Kurse von den „Machern" nicht besucht.

(8) Die Rigidität der bürokratisch verfaßten Arbeitssituation ist in der Verwaltung für den Informationsaspekt nahezu total. Dem einzelnen Organisationsmitglied bleibt jenseits von Verordnungen und Mechanismen der Ordnung nur noch das „private" Zeitunglesen und ebenso „private" Fortbildung. Diese sind wenigstens insoweit verordnet, als sie für die Tätigkeit im Amt Relevanz zeigen, d. h. in den bürokratischen Prozeß meist in Karrierevorstellungen eingebracht werden.

Für die „Form" der Tätigkeit eines Referates usw. läßt sich als erstes Fazit aus dieser Skizzierung der bürokratischen Arbeitssituation festhalten: 1. Die Organisation der Arbeitsweise ist hochgradig ausdifferenziert, Sachzusammenhänge müssen durch nachträgliche Kooperation der Bearbeiter wiederhergestellt werden. 2. Personelle Kontakte zwischen den Mitgliedern, ob Hierarchie oder Kooperation, sind tendenziell wichtiger als Sachzusammenhänge. 3. Die staatliche Organisation verfügt auf dieser Ebene über keine alternativen Problemlösungspotentialien. 4. Die Arbeitsorganisation ist offen und angewiesen auf den Input sich manifestierender externer Interessen.

4.4. Zur Aufstellung des Städtbauförderungsprogramms[36]

In der Darstellung des Programmaufstellungsprozesses sollen zunächst dessen Organisation, sodann die Informationshaltigkeit der Arbeitsunterlagen und zuletzt die Kriterien gekennzeichnet werden, mittels derer eine Entscheidung über die einzelnen Anträge getroffen werden müssen. In einem zweiten Arbeitsschritt wird die reale Programmaufstellung zu charakterisieren sein.

(1) Entsprechend der Ausführungen zu den organisatorischen Rahmenbedingungen sind hier eine Vielzahl von Ebenen und Sektoren der Verwaltungsorganisation zu berücksichtigen. Auf kommunaler Ebene setzt der Abstimmungsprozeß über die Ausgestaltung der Planung und Durchführung der Sanierungs- bzw. Entwicklungsmaßnahme, je nach Ausdifferenzierung des örtlichen Verwaltungssystems, unterschiedlich ein. Hier findet man den patriarchalisch-selbstherrlichen Bürgermeister oder Baureferenten, die die Integration manifestierter Interessenlagen übernehmen, in kleinen und mittelgroßen Kommunen ebenso, wie vielseitige Koordinationsbemühungen, die von größeren Kommunen und Großstädten unternommen werden. Auf der Ebene der Regierungspräsidien ist, aufgrund des mehr ‚technischen' Aufgabenspektrums (als Ausführungsbehörde der Länder), mit einigen wenigen Ämtern zusammenzuarbeiten, während auf Landes- und Bundesebene die volle Breite verzweigter Verwaltungsorganisation durchschlägt. Die organisatorische Ausformulierung dieser Koordinationsbemühungen, und als solche müssen sie verstanden werden, sind unterschiedlich gefaßt. Jede dieser drei zentralstaatlichen Ebenen hat nun auf eine organisatorische Besonderheit Rücksicht zu nehmen, die die horizontale, wie auch vertikale Zusammenarbeit jeweils zweier benachbarter Ebenen sicher stellen soll. Regierungspräsident und Land sind meist an gemeinsamen regionalen Planungsausschüssen beteiligt, Länder und Bund treffen sich erstens in der Länderreferentenbesprechung beim Bund, zweitens in der Sitzung des Finanzierungsausschusses der ARGEBAU und drittens in der Konferenz des zuständigen Bundes- und der Landesminister und Senatoren. Den Abschluß der Bemühungen um die Städtebauförderung jeder Ebene bildet die Erstellung eines Förderungsprogramms, das sodann der nächsthöheren Verwaltungsebene zur Beratung vorgelegt wird.

(2) Die Anträge der Kommunen um Förderungsmittel setzen sich meist aus dem Antrag selbst und Materialien zusammen. Sie werden auf allen Verwaltungsebenen vorgelegt.

Materialien sind Gutachten, die sich – in einer Häufigkeitsfolge – zu allererst auf den Verkehr beziehen. Gleiche Bedeutung, aber jeweils nur auszufüllender Rahmen, sind die landesplanerisch vorgegebenen Merkmale (Raumordnung u.ä.). Seltener erstellt sind Gutachten über Gewerbe, Handel und Industrie. Dazu kommen noch eine Reihe mehr unstrukturierter, statistischer Angaben zu Bevölkerungsstruktur usw. Allen Gutachten ist gemeinsam, daß sie 1. sich nicht unmittelbar auf Sanierungen bzw. Entwicklungen beziehen und 2. für diese ‚facts' setzen, die nicht hinterfragt, sondern nur im Trend fortgeschrieben werden. Die Gutachten selbst zeigen ähnliche Strukturmerkmale. Verkehrsgutachten integrieren z. B. meist die entsprechenden Generalverkehrspläne, die wiederum auf Datenblöcke und Erwartungen aufbauen, die fünf bis zehn Jahre alt sind und einer Zeit entstammen, in der noch keine „Autounlust" in der offiziellen Meinung auffindbar war. In den Gutachten wird das Verkehrsproblem durch die bestehende Straßenstruktur (Bundes-, Landes-, und sog. innerörtliche Hauptverkehrsstraßen) und die Notwendigkeit von Erschließungsstraßen (für Käufer, Bewohner und Lieferanten) bestimmt. Besonderer Beliebtheit erfreut sich die Kreuzung aller in einer Stadt möglichen Verkehrsarten an wenigstens einem, für den Verkauf von Waren und Dienstleistungen zentralen Punkt und die Einrichtung von Fußgängerzonen, bei denen meist klar wird, daß sie für einen Straßenzug besonders hohe Publikumsdichten ermöglichen sollen. Die negativen Seiten solcher Planungen werden nicht ausreichend reflektiert. Bei Problemen des tertiären Bereichs ist meist betriebswirtschaftlich gefaßte Kalkül Ausgangspunkt der Überlegungen. Vermittelt über die Interessen der Gemeinde am Steueraufkommen der Betriebe, Geschäfte usw. werden in der gutachterlichen Bewertung Schwächen und Stärken des Untersuchungsbereichs herausgearbeitet, die dann zu beheben oder beizubehalten sind. Landesplanerische Gesichtspunkte werden durch Kategorien der Raumplanung abgedeckt. Hinter der Größe, Funktion eines Oberzentrums, z. B. versteckt sich die Zuordnung eines entsprechend ausgelegten volkswirtschaftlichen Mikrokosmos, der durch die dort vernachlässigten Größen der Institutionen des politisch-administrativen Systems, Bildung und Freizeit ergänzt ist. Immanent in diesen Begriffen ist die politische Kompromißstruktur, die einmal die raumordnerische Nomenclatur geographisch festmachbaren Orten beigegeben hat und zum anderen für die Einschätzung des Entwicklungsstandes des Ortes verantwortlich ist. Welches der dominierende unter den immer als relativ verbindungslos nebeneinander stehenden Analyseblöcken ist, ergibt sich aus der Zuordnung von Individualverkehrskonzepten zu Bau- bzw. Nutzungsstrukturen, wo das „Käufer-Verkäuferverhältnis", stets deutlich herausgearbeitet, als vorrangig erscheint. Aus der Sicht der Gutachten ergibt sich demnach ein Strukturbild der Stadt, das dem Zentrum vorrangig Kauf/Verkaufsrelationen beimißt; die Einrichtungen des politisch-administrativen Systems haben mehr ergänzende Funktionen.

Zentraler Bestandteil der Anträge ist der ausgefüllte ‚Kriterienkatalog' der ARGEBAU. Hier werden im Telegrammstil Angaben zu folgenden Problemkreisen gemacht: Gesichtspunkte der Raumordnung, Landes- und Regionalplanung; überwiegende und besondere Probleme der Gemeinde; Gesichtspunkte des Städtebaus (soweit im StBauFG); Gesamtdarstellung, Berechnung der Maßnahme; Verbindung mit anderen vom Bund oder dem Land durchgeführten, geförderten oder vorgesehenen Maßnahmen und Programme; Stand der Maßnahme; Mitwirkungsmöglichkeit der Gemeinde; Mitwirkungsbereitschaft der Bürger; Zukunftsperspektiven; besondere Gesichtspunkte für die Dringlichkeit. Diese Angaben sollen im „Zustand" und in der „Zielsetzung" ausgeführt werden. Die Angaben über Kostenrelationen sollen mittelfristig gehalten sein. Bei der Analyse der Anträge der Gemeinde fällt zunächst einmal auf, daß, soweit Ist-Zustände beschrieben werden, der Verbalisierungsgrad hoch ist, während Soll-Zustände, wenn sie überhaupt ausgewiesen sind, meist nur in Kartenunterlagen eingereicht werden. Ungleichgewichte sind auch festzustellen zwischen solchen Gesichtspunkten, die in der Sprache der Raumordnung zu fassen sind und denen des Städtebaus auf der einen Seite und Gesichtspunkten, die über Stand der Sanierung bzw. Entwicklung und die Mitwirkungsmöglichkeiten der Gemeinde bzw. der Bürger, Auskunft geben. Dort, wo man Vorgefertigtes nur nachvollziehen muß, ist man ausführlich, während Informationen, die nur von der Gemeinde gegeben werden können, in geringerem Maße vorhanden sind.

(3) Als Entscheidungskriterium gilt für die Städtebauförderung der Artikel 104a Abs. 4, Satz 1 des Grundgesetzes. Demnach kann der Bund durch „besonders bedeutsame Investitionen zur Abwehr gesamtgesellschaftlicher Störungen (Konjunkturpolitik) und zum Ausgleich unterschiedlicher Wirtschaftskraft" (Strukturpolitik) beitragen. Seine Finanzhilfen sind nach „sachlichen und räumlichen Schwerpunkten gemäß der Bedeutung der Investitionen für die wirtschaftliche und städtebauliche Entwicklung im Bundesgebiet zu gewähren" (§ 71 Abs. 3 StBauFG). Die Länder haben ihrerseits ein Städtebauförderungsprgramm, „für die Finanzhilfen des Bundes nach § 71 in Betracht kommen", aufzustellen.[37] Das bedeutet für den Bund, daß er nicht materiell die Einhaltung des Städtebauförderungsgesetzes prüfen kann – dies ist Aufgabe der Länder, sondern er hat bei seiner Entscheidung nur Bundesinteressen zu berücksichtigen. Alle gesetzlichen Bestimmungen sind nach Meinung der ARGEBAU in die Struktur des Kriterienkataloges eingegangen. Die vorgeschriebene Sollwertstruktur ist in eine ‚operable' Entscheidungsgrundlage umgesetzt. Letztere wird dann durch generelle verwaltungsinterne Kalküle, wie förderungsspezifische Prinzipien, ausgefüllt. Zu ersterem zählen sachliche Richtigkeit der in den Anträgen gemachten Angaben und Wirtschaftlichkeit der Verwaltung; zum zweiten die Devise, daß der zur Verfügung stehende Mittelrahmen ausgeschöpft werden muß und eine Maßnahme, die einmal in einem Jahresprogramm gefördert wurde, auch weiterhin mit Förderung rechnen kann. Strategische Entscheidungskalküle sind zwischen Bund und Ländern solange entsprechend, als es um die generelle Ausweitung des Mittelrahmens geht, während innerhalb der jährlichen Programmaufstellung disparate Strategien einsetzen. Der Bund versucht, möglichst wenig Maßnahmen mit hohen Kostenbeträgen zu bekommen, um mittelfristig mit einer finanziellen Manövriermasse für Neuanmeldungen arbeiten zu können und die Länder verfolgen die umgekehrte Absicht, um für sich und gegen den Bund und die anderen Länder, viele Maßnahmen im Programm des Bundes zu plazieren. Die zunächst notwendig kleinen Mittelanforderungen können dann im Laufe der Jahre ausgebaut werden.

(4) Das Programmaufstellungsverfahren, also das Zusammenspiel von Organisation, Kriterien und Information der Städtebauförderung, soll nur an zwei Beispielen verdeutlicht werden. Obgleich formaliter auf allen Ebenen der Verwaltung die schriftlich vorliegende Informationslage gleich ist, zeichnet sich in allen Koordinationsgesprächen zwischen den entscheidenden Verwaltungsebenen Bund/Land und Land/

Kommune eine deutliche Informierungsdiskrepanz ab. Erstens liegt das bei den Kommunen daran, daß sie gar nicht wissen, welche Probleme durch eine Sanierung auf sie zukommen, noch welche besonderen Unterlagen ihre Förderungschance heben – dies könnte man noch als eine Anlaufschwierigkeit der Programme interpretieren; zweitens und das sanktioniert das StBauFG, bedienen sich die Kommunen meistens der Sanierungsträger, sprich der großen Planungs- und Baugesellschaften, die zu allererst Finanzierungsinteressen und ökonomische Kalküle vertreten, aber aufgrund organisatorischer Auslage und mehr indirekter als direkter personeller Verflechtung mit den Landesverwaltungen auf ‚gutem Fuß' stehen; drittens ist die Personalkapazität auf allen Verwaltungsebenen so knapp bemessen, daß in Verbindung mit einer besonders gearteten Qualifikationsstruktur der Beamten und bürokratischer Arbeitsweise, die vorliegenden Probleme niemals adäquat bearbeitet werden können; viertens reproduzieren die Länder, zwischen Kommunen und Bundesverwaltung, zunächst einmal die oben geschilderte Situation, sodann sind sie sorgsam bemüht, ihre Entscheidungskompetenz zuungunsten des Bundes auszudehnen; fünftens schließlich ist der Bund, als Folge der geschilderten Mechanismen, nahezu von allen zusätzlichen, also mündlichen Informationen, abgeschnitten.

Der Bund und die Länder haben bei ihrer Programmaufstellung die Vorstellungen anderer Politikbereiche, Verwaltungssubsysteme usw. durch Koordination mit einzubeziehen. Die Maßnahmen sind mit anderen vom Bund oder den Ländern geförderten oder durchgeführten Maßnahmen, insbesondere der Raumordnung, der Wirtschaft, der Landwirtschaft, des Verkehrs oder der Wissenschaft abzustimmen (§ 72, Abs. 2, Satz 2, StBauFG). Das Gesetz bestimmt die Zusammenfassung von Maßnahmen; es handelt sich also um die Koordinierung der durch die Verwaltungsstruktur herausgearbeiteten Bestandteile anderer Förderungssysteme. Was koordiniert werden kann, bestimmt sich durch die Abstraktionsleistung des Förderungssystems auf der entsprechenden Verwaltungsebene und dessen Darstellung durch das verantwortliche Subsystem.

Geht man z.B. von der Antragsinformation, eine auszubauende Bundesstraße führe durch den Ort A, aus, so wird man von den zuständigen Stellen, die organisatorisch in einem anderen Verwaltungssubsystem gefaßt sind, nicht erfahren können, ob diese Bundesstraße das Sanierungsgebiet beeinträchtigt und wann sie gebaut usw. werden soll. Geht man von einem anderen Förderungssystem aus, so stellt sich z.B. im Verkehrsbereich beim Bund das Dilemma, daß Streckenabschnitte in den Förderungsprogrammen nur nach Finanzierungsmitteln aufgeschlüsselt sind. Maßnahmen, die unter 5 Mio. liegen, sind nur kumulativ zusammengestellt und entziehen sich jeglicher Koordinierung. Noch weniger kann auf Bundesebene über Maßnahmen der regionalen Wirtschaftsförderung ausgesagt werden. Es handelte sich nämlich um eine regional ausgelegte Förderungsmöglichkeit, die nur im Nachhinein über den Mittelabfluß bei der zuständigen Bankeinrichtung Aussagen zuläßt, welche Mittel wann wohin geflossen sind. Unterschiedlicher Inhalt und Struktur der Information, die den jeweiligen Förderungssystemen zugrundeliegen, schließen eine Koordination dessen, was die Verwaltung über den gleichen geopraphisch zu bestimmenden Ort weiß, aus. Diese Schwierigkeiten gelten natürlich in erster Linie für den Bund, in geringerem Maße für die Länder. Tatsache ist aber, daß in den letzten drei Programmzyklen zwar recht unterschiedlich, aber doch koordiniert worden ist, Tatsache ist auch, daß Programme auf allen Ebenen der Verwaltung erstellt worden sind. Die letztlich sich manifestierenden Kriterien sind allerdings schnell aufgezählt. Generell wird akzeptiert, daß alle angemeldeten Maßnahmen berechtigt sind[38], im einzelnen ergeben sich für den Bund folgende Prioritätssetzungen: An erster Stelle und aus bekannten Gründen stand das Land Berlin, gefolgt von Schleswig-Holstein, Rheinland-Pfalz und Nordrhein-Westfalen. Die Länder haben vorrangig Strukturpolitik getrieben, eine Politik, die in Bayern natürlich etwas anders aussieht, als in NRW, aber in allen Fällen an die regionale Wirtschaftsförderung, in der Form von Standortprogrammen, angelehnt ist. Die veröffentlichte Form dieser Entscheidungsprogramme ist überall gleich. Es wird ein Förderungsbetrag einem geographischem Ort zugeschlagen.

Ein zweites Fazit zeigt, daß die nur angedeutete, vom Gesellschaftssystem zu verantwortende, strukturelle Unmöglichkeit einer problemadäquaten Abbildung des Problems Sanierung bzw. Entwicklung auf der lokalen Ebene (Gutachten, Sanierungs- und Entwicklungsträger, Kommune), sich innerhalb des Verwaltungsbereichs fortsetzt. Die reale Asymmetrie der Berücksichtigung gesellschaftlicher Beziehungzusammenhänge wird zu Beginn des Förderungsprozesses, in eine allen gleiche Form, die Anträge transformiert. Innerhalb des Verwaltungssystems lebt nicht nur die grundlegende Asymetrie weiter, sondern diese wird mehrfach überlagert. Die verschiedenen Formen unterschiedlicher Informierung sind angeklungen. Erstens ist hier das offensichtliche Informierungsgefälle zugunsten der Länderverwaltungen zu nennen[39], zweitens ist durch die Zusammenschau sektoraler Förderungsprogramme ein Weg angedeutet, auf dem sich besondere Interessen, bereits im Kleid egalisierter Verwaltungsergebnisse, verlängern und verstärken können; zuletzt muß auf eine zunächst merkwürdige Diskrepanz in der Abstraktheit realer Entscheidungsparameter im Gegensatz zum jeweils zu entscheidenden Problem hingewiesen werden. Verwaltung zeigt sich als Form, in der Selbst- und Fremdentscheidung als Möglichkeit aufgehoben ist. Verwaltung trägt unter der Knappheit der vorhandenen Finanzmittel notwendigerweise zur Hierarchisierung von Fremdentscheidungen bei. Verwaltung legitimiert die zu fällenden und gefällten Entscheidungen. Verwaltung reproduziert sich.

5. Zur Relevanz der Beziehungen zwischen ökonomischem und Verwaltungsbereich

Die bisherigen Ausführungen zur Relevanz bürokratischer Problemverarbeitungsprozesse haben die ‚Förmigkeit' von staatlicher Verwaltung im Bereich von Infrastrukturmaßnahmen offenzulegen versucht. Jetzt muß es darauf ankommen, den Inhalt dieser Form zu kennzeichnen. Vom Praxisfeld der öffentlichen Verwaltung im Politikbereich Städtebauförderung aus, ergeben sich dafür folgende unterschiedliche Ansatzmöglichkeiten: im Vorfeld eigentlicher Verwaltungsaktionen kann – als besondere Erscheinungsform – die Sanierung und Entwicklung auf die sie bedingenden Gesellschaftsstrukturen zurückgeführt werden[40]; aus der Analyse der Verwaltungsorganisation und deren Tätigkeitsfeld könnte auf deren Bestandsvoraussetzungen und -bedingungen geschlossen werden; man könnte die besonderen Beziehungen zwischen ökonomischem und Verwaltungsbereich herausarbeiten. Wenn letzteres hier versucht werden soll, so wird auf drei Beispiele abgestellt werden. Erstens auf einige personelle und organisatorische Beziehungen, zweitens auf die Möglichkeit staatlicher Konjunkturpolitik und drittens auf das Verständnis von Infrastruktur, das sich letztendlich durchsetzt.

5.1. Auffällig ist, daß diejenigen, deren Verdienstinteresse man an Sanierungs- bzw.

Entwicklungsgebieten vermutet, also die Bauindustrie, bei der Städtebauförderung nur auf Landesebene ansetzen. Natürlich sind Beamte aller Ebenen der Verwaltung in Aufsichtsräten, Beiräten usw. von gemeinnützigen Wohnungsbaugesellschaften, Landesentwicklungsgesellschaften, Heimstätten und dergleichen vertreten. Über die Personalunion wird auch auf die Programmaufstellung eingewirkt. Ebenso sicher ist, daß Beamte vor diesen Gesellschaften Vorträge halten, die meist die in den Ministerien anliegenden Probleme behandeln. Selbstverständlich wird auch politischer Einfluß sichtbar, wenn es um die Maßnahmen in Wahlkreisen von sogenannten ‚Spitzenpolitikern' geht. Mit dem Deutungsversuch der besonderen kann auch die Tendenz der allgemeinen Beziehungen beleuchtet werden. Sie ist zu sehen in der Rückständigkeit der Organisationsformen der Bauindustrie[41], in den günstigen Verwertungsbedingungen (Baupreise, Absprachekartelle usw.)[42], in der relativ neu einsetzenden Förderungsmöglichkeit des Städtebaus, in der Trägheit der Interessenorganisationen, sich auf neue Organisationsformen umzustellen, oder ganz einfach in der Tatsache, daß der Bund nicht der erfolgversprechendste und „betriebswirtschaftlich" rentabelste Ansatzpunkt für Interessenpolitik ist. Die Bauindustrie hat, vermittelt über rechtlich ‚unabhängige'[43] Gesellschaften und Vereine qua Gesetz[44] Zugang zu den Gemeinden, den Ländern und zwischen beiden in der Form des Sanierungsträgers.

Er führt im Rahmen der Sanierung bzw. Entwicklung die Geschäfte der Gemeinde die, so die Meinung der Verwaltung, meist nicht über genügend „Verwaltungskraft" verfügt, um die gestellten Aufgaben zu bewältigen. Von dort aus ist er auch von Anfang an mit dabei. Die Länder, die immer häufiger für sich nochmals gesonderte Städtebauförderungsmittel in ihren Haushalten ausgewiesen haben, bestreiten mit diesen Mitteln, die schon allein in NRW die Bundesförderungssumme übersteigen[45], weiterhin die besonders im Landesinteresse stehenden Maßnahmen und all jene, die sie beim Bund nicht glauben, gefördert zu bekommen. Zuletzt werden solche Maßnahmen, die unmittelbar und ohne viel Risiko profitabel zu werden eingeschätzt werden, vielleicht nach den Bestimmungen des StBauFG[46], aber niemals in dessen Förderung, durchgeführt. Da nutzt man die Möglichkeiten des Gesetzes, ohne sich aber in den Handlungsmöglichkeiten kontrolliert zu wissen. Staatliches Kontrollinteresse setzt Förderung voraus.

5.2. Das Problem der Konjunktursteuerung durch den Staat wurde erst durch die Krise 1966/67 für die staatlichen Institutionen handlungsakut. In dem Maßnahmepaket, das die Instrumentalien gegen die Krise beinhaltete, fehlte der Städtebau, obgleich es darum gegangen wäre, die konjunkturelle Entwicklung zu beschleunigen. 1968, praktisch im Sog der Krisenbefürchtungen und Abwehrmaßnahmen, wurde das längst vorliegende StBauFG unter konjunkturpolitischen Gesichtspunkten versucht, endlich in ein Gesetz umzumünzen. Der Versuch schlug fehl. Erst als die Bauindustrie ein Abflauen der Wohnbautätigkeit zu prognostizieren begann[47] und deren gemeinnützigen Teile, das durch die Regierungs- und Verwaltungsreform der ersten SPD/FDP-Regierung im Bestand bedrohte Ministerium für den damaligen Minister Lauritzen erhalten hatte, wurde mit dem StBauFG ernst gemacht. Was die konjunkturpolitischen Aspekte dieser Förderungsmöglichkeit anging, sah bereits 1970 der damalige Parlamentarische Staatssekretär im BMSt die Anwendbarkeit eingeschränkt: „Stadtsanierungs- und -entwicklungsmaßnahmen können sicherlich als konjunkturpolitische Instrumente eingesetzt werden, doch noch vor jeder bewußten Variation dieser Aufgaben haben beide als extrem langfristige und langfristig geplante Investitionsvorhaben einen Stabilisierungseffekt"[48]. Der eigentliche „Subventionscharakter" der Förderungsmöglichkeit wurde gleichzeitig in konjunkturpolitische Zusammenhänge verschleiert. „Stadtsanierung und Stadtentwicklung werden also in den jeweiligen Regionen zu einer gleichmäßigen Auslastung der Baukapazität führen. Sie haben damit eine sehr stetigende Wirkung für die Gesamtkonjunktur[49]". Man könnte natürlich darüber hinaus den Beginn solcher Projekte nach konjunkturellen Erfordernissen steuern.[50] Die Durchführung selbst sollte aber von Interventionen frei bleiben, um allein schon die „Belastungen und Belästigungen für die direkten Bewohner, aber auch für die gesamte Stadt . . ., in erträglichem Rahmen zu halten[51]" Fazit dieser Interpretation ist dann: „Das bedeutet doch wohl, daß sich eine Zurückhaltung dieser Investition zur Dämpfung einer Hochkonjunktur in den meisten Fällen aus sachlichen Gründen verbietet. Es wird jedoch möglich sein, in einer Depressionsphase, in der zusätzliche Kapazitäten frei werden, laufende Projekte zu beschleunigen. Also auch für die Stadtsanierung und die Entwicklungsmaßnahme gilt der Erfahrungssatz: Sie sind eher geeignet zur Ankurbelung als zur Dämpfung"[52]. Ravens hat sicherlich recht behalten. Die heute als notwendig erachteten Maßnahmen zur Konjunktur- und Inflationssteuerung haben nicht an der konkreten Einzelmaßnahme Städtebauförderung ansetzen können, sondern es ist versucht worden, wenn überhaupt, über die Begrenzung von Kreditaufnahmemöglichkeiten der Gemeinden Einfluß auf die Entwicklung zu nehmen. Städtebauförderung als Konjunkturpolitik geriert sich im Verständnis der Verwaltung als Möglichkeit, den generell verfügbaren Finanzbetrag für die Städtebauförderung hochzuschaukeln.

5.3. Infrastrukturpolitik wird in der Städtebauförderung als lokales Auseinanderklaffen von notwendiger Funktion und überalteter Nutzungsstruktur von Städten gesehen. Die Städtebauförderung soll diesen Mangel beheben.[53]

In den obigen Ausführungen zum Inhalt von Materialien und Gutachten konnte bereits deren Kopflastigkeit zugunsten von Käufer-Warenbeziehungen und dem Verkehrsaspekt gezeigt werden. Was noch fehlt ist der sicherlich nur tentativ zu führende Nachweis einer Beziehung zwischen Verwaltungsaktionen und den Interessenlagen des ökonomischen Bereichs. In den Anträgen der Kommunen kann über Jahre verfolgt werden, wie sich die Sanierungsgebiete innerhalb der Kommunen geographisch verändert haben. Als man zum ersten Mal von der Möglichkeit hörte, Sanierung gefördert zu bekommen, wurde in den ersten Überlegungen, wo dies am nötigsten sei, schwungvoll stattliche Gebiete bezeichnet, in denen die Wohnverhältnisse, die aufgrund der sozialen Aufgaben der Kommunen diesen besser bekannt sind, als die Zustände in Industriegebieten, nicht als menschenwürdig bezeichnet werden konnten. Die ersten Planungen setzten dann monumentale Baustrukturen, wo einst kleine und winklige Gassen waren. Sobald konkretere Förderungsmöglichkeiten allseitig diskutiert waren, verschoben sich die Sanierungsgebiete oder sie verkleinerten sich auf jene Distrikte, wo auszusiedelnde Betriebe in größerer Zahl und die amtliche Marktfunktion zentral vorhanden waren. Mit den ersten Durchführungsschritten einer Sanierung erkannte man einmal, wie teuer ein solches Projekt kommen wird und welche Interessen durch Kommunalpolitik zu bevorzugen sind. Die Finanzplafonds der Programme, die von der Verwaltung gesetzt und als Rat, die Sanierungsgebiete kleiner zu schneiden oder in Durchführungsabschnitte zu unterteilen, weitergegeben wurden, wirken sich in der Regel zuungunsten von Wohngebieten aus. Durch diese „Gebietsveränderungen" wurden Betriebsverlagerungen als Sanierungsfolge in den

Bereich staatlicher Finanzierung gebracht.[54] Aus dieser Darstellung ist zu schließen, daß die Sanierung dort ansetzt, wo Produktions- und Vermarktungsfrastruktur realisiert werden kann: das fiktierte Allgemeinwohl tritt nur hinzu.

Aus dem dritten Fazit läßt sich erkennen, wie und auf welche Weise die Form der Verwaltung seinen Inhalt aus den Grundstrukturen des Gesellschaftssystems erhält. Die kommunikativen Verbindungen zum spezifischen Produktionsbereich können nicht nur als latent vorhanden bezeichnet werden, sondern sie sind materielles Recht. Von hier aus fällt die Antwort auf die Konjunkturtauglichkeit des Mittels Städtebauförderung erheblich präziser aus. Es ist zu erwaten, daß Konjunkturpolitik nur in konjunkturellen Stützungsphasen akut werden wird. Diese Aufgabe der Städtebauförderung wird sicherlich umso ernster genommen werden, als sich über die Finanzierung von Betriebsverlagerungen, einer aus dem Zuschnitt der Sanierungsgebiete strukturell angelegten Notwendigkeit, unmittelbar und mit erheblichen ‚externen' Effekten auf den Konjunkturzyklus eingewirkt werden kann. Verwaltungsintern wird man die Massierung von Finanzmitteln als spezifisches Interesse dagegen halten können.

6. Zusammenfassung

Der Aufsatz hat zu drei Problemkreisen eine erste Stellungnahme versucht. In der Abfolge waren dies, Sinn und Zweck kategorialer und empirischer Staatsbestimmungen, die Relevanz bürokratischer Problemverarbeitungsprozesse für Staatstätigkeit und das Problem der Beziehungen zwischen ökonomischem und Verwaltungsbereich.

(1) Aus der Darstellung von Organisation und Prozeß eines Politikbereiches konnte skizziert werden, mit welcher Härte bürokratische Strukturen auf Tätigkeitsbereiche einwirken und mit welchen einfachen Mitteln der relativ hohe Anspruch der Programmaufstellung intern eingelöst wird. Ersteres wird deutlich aus der Verzahnung von Hierarchie und Arbeitsweise der Verwaltungsgrundeinheiten; letzteres ergibt sich vor allem aus der Diskrepanz zwischen problemadäquater, tatsächlich vorhandener und entscheidender Information im Prozeß der Programmaufstellungen.

(2) Die exemplarisch aufgezeigten Verknüpfungsmuster zwischen Verwaltung und ökonomischem Bereich belegen tendenziell, daß einmal die zu vermutende „Außensteuerung" der Verwaltung reale Entstehungs- und Arbeitsbedingung der ganzen Förderungsgeschichte ist und, daß weiter die Förderungsinstrumentarien und Ziele selbst schon in die Interessenlagen der asymmetrischen Aufmerksamkeitsregeln des Gesellschaftssystems vereinnahmt sind.

(3) Ausgangspunkt der Darstellungen war das in Organisation und Politikbereich real Vorgefundene. Diese empirischen Zustände haben dann auf dem Hintergrund kategorialer/empirischer Staatsbestimmungen ihre erste analytische Zuordnung erfahren. Daraus wurde einerseits deutlich, daß der Staat als „Form" (von Flatow/Huisken) keinen entsprechenden Inhalt besitzt, um als Klassifikationsraster für die hier gemachten Ausführungen dienlich sein zu können. Andererseits kann festgehalten werden, daß die beschreibende Bestimmung von Staat und Staatsverwaltung (Miliband) allenfalls eine forschungspragmatische Hilfestellung geben kann, um die Komplexität

und Kompliziertheit des Untersuchungsfeldes im Auge zu behalten. Beide Staatsbestimmungsversuche leiden unter dem Manko, von je entgegengesetzten Richtungen, an der Vermittlung empirischer Zustände und deren kategorialer Aufhebung vorbeizulaufen. Dem Beziehungsgefüge zwischen begrifflicher und empirischer Ebene ist eben nur beizukommen, wenn man die jeweilig vorliegenden Abstraktionsergebnisse wechselseitig aufeinander zurückführt, um sie korrigieren oder fortführen zu können. Es muß sich dabei um einen Forschungsprozeß handeln, der sowohl die thematische Enge eines Untersuchungsbereiches überwindet, wie von dessen Erscheinungsformen auf das Wesen des Gesellschaftssystems als Totalität verweist.

Anmerkungen

1 Karl Marx, Nachwort zur 2. Auflage des Kapitals, MEW 23, S. 27.
2 Vgl. S. v. Flatow/F. Huisken, Zum Problem der Ableitung des bürgerlichen Staates, in: Probleme des Klassenkampfes 7/ Mai 73. F./H. thematisieren nach der hier vertretenen Meinung nur die eine Seite eines Oberflächenbegriffs. „Im folgenden dient er (Oberflächenbegriff, d. Verf.) nur noch zur Kennzeichnung der ‚fetischartigsten Form' der Produktion." S. 100, Fußnote 62. „Die sehr harmonischen Beziehungen auf der Oberfläche dürfen noch nicht mit den weniger harmonischen Beziehungen in der empirischen Realität verglichen werden". S. 106, Fußnote 75. Diesem kategorial bestimmten Begriff von Oberfläche kann man wenigsten noch das sich empirisch bestimmende Konkrete als Oberfläche gegenüberstellen.
3 Innerhalb jenes empirisch Konkreten lassen sich nun wiederum verschiedene Abstraktionsstufen (Methode: vom Abstrakten zum Konkreten) festhalten. So interessieren in dem hier zu schildernden Problemzusammenhang zunächst einmal nur jene empirischen Zustände, die sich in einem Politikbereich und dessen Organisiertheit ergeben. Später müssen diese auf ihren (konkreteren) gesamtgesellschaftlichen Rahmen bezogen werden.
4 Z.B. der Gemeinsamen Geschäftsordnung der Bundesministerien
5 Z.B. s. dort § 80, Abs. 1, 2, 3.
6 Wer an diesen Tätigkeitsbereichen staatlichen Handelns interessiert ist und nicht die Einmaligkeit seiner Forschungsmöglichkeiten heraufbeschwören will, kann in Veröffentlichungen tatsächlich nur hochgradig abstrakte Darstellungen ausweisen. Ein Verstoß gegen die ‚Tabus' der Verwaltungsspielregeln träfe aber nicht nur den einzelnen Interessierten, sondern alle die in der Folge versuchen sollten, innerhalb des Kommunikationszusammenhangs des entsprechenden Subsystems empirisch arbeiten zu wollen.
7 An Introduction to Working Papers of the Kapitalistate, in: Kapitalistate 1/73, S. 1.
8 Zum Problem der Ableitung . . . (s. Seite . . .).
9 F/H, S. 116 ff.
10 F/H, S. 118 ff.
11 F/H, S. 122.
12 F/H, S. 123.
13 Zur Definition des ökonomischen Systems s. Maurice Godelier, System, Struktur und Widerspruch im ‚Kapital', Berlin 1970, S. 4.
14 F/H, S. 123.
15 Dies deutet sich schon im Definitionsversuch von Staat und dessen Eingrenzung an; letztere kann nach Meinung von F/H nur formal bestimmt werden. F/H, S. 122/3; desgleichen im Beispiel zum Ausbildungssektor nach Punkt 3, S. 138.
16 Ralph Miliband, Der Staat in der kapitalistischen Gesellschaft, Frankfurt/M. 1972, S. 77.
17 Miliband, S. 72.
18 Iljenkow, E. W., Die Dialektik des Abstrakten und Konkreten in: „Kapital" von Marx, in: Beiträge zur marxistischen Erkenntnistheorie, hrsg. Alfred Schmitt, eSV Nr. 349, Frankfurt 1969, S. 87; Zeleny, Jindrich, Zum Wissenschaftsbegriff des dialektischen Materialismus, in: Beiträge zur marxistischen Erkenntnistheorie, hrsg. Alfred Schmitt, eSV Nr. 349, Frankfurt 1969, S. 76/77.

19 Iljenkow, S. 107.
20 Marx, Zur Kritik der politischen Ökonomie, Berlin 1951, S. 257/258.
21 Iljenkow, S. 90
22 Iljenkow, S. 90.
23 Lefebvre, Henri, Der dialektische Materialismus, eSV Nr. 160, Frankfurt 1969, S. 57/58.
24 Iljenkow, S. 88.
25 Iljenkow, S. 88.
26 Iljenkow, S. 88.
27 Iljenkow, S. 89.
28 Iljenkow, S. 90.
29 Inwieweit F/H 3 Bände Kapital als ‚begrifflich konkretisierte Realität' voraussetzen, kann nicht eingeschätzt werden, F/H, S. 101; für den gleichen Aspekt bei Miliband siehe die Kontroverse Miliband/Poulantzas in: Kritische Justiz 4/71.
30 § 1, Abs. 1 StBauFG (Städtebauförderungsgesetz).
31 Dies ergibt sich deutlich aus den § 53, Abs. 1 u. 54 Abs. 4, sowie aus den §§ 71 und 72 StBauFG.
32 Statt der vielen unterschiedlichen Bezeichnungen für die Grund- oder Basiseinheiten der jeweiligen Verwaltungsebene wird hier nur vom „Referat usw." gesprochen.
33 In letzter Zeit sind eine Reihe von Arbeiten hierzu vorgelegt worden (Ellwein u.a., Kaupen, Lorenz, Luhmann u.a., Moth u.a., Sontheimer u.a., Ronneberger, Rüß usw.).
34 Das Verständnis von Information durch die Verwaltung hat Gerhard Fehl bezeichnet, ders., Information ist alles, in ders. (Hg.), Planung und Information, Gütersloh 1972, S. 264 ff.
35 In den Fachzeitschriften reproduziert sich meist der gemeinsame Problemhorizont manifestierter Interessen und staatlicher Bürokratie. Fachliteratur ist nach Aussagen der jeweiligen Bibliotheksangestellten kaum in Gebrauch.
36 Bisher sind drei Jahresprogramme erstellt worden.
37 Soweit die einzelnen Länder neben der Bundesförderung noch eigene Mittel zur Förderung des Städtebaus zur Verfügung stellen, steht es ihnen natürlich offen, über diese allgemeingültigen Kriterien, soweit das StBauFG es zuläßt, hinauszugehen. So kann NRW etwa die Förderungsbedingungen von Jahr zu Jahr neu festlegen. RdErl. des Innenministers NRW v. 25.4.72 SMBl NW. 2310, in: Küppers, Müller, Städtebauförderung in NRW, Düsseldorf 73, S. 10.
38 Bundesminister für Städtebau- und Wohnungswesen Lauritzen drückt diesen Gedanken so aus: „Es gibt wohl kaum eine Stadt oder eine Gemeinde, in der nicht mehr oder linder große Teile der Bausubstanz hoffnungslos veraltet sind ..." in: Städtebauförderungsgesetz, Hg. und kommentiert von Kurt Warter, Bonn-Bad Godesberg 71, S. 11.
39 S. dazu weiter unten.
40 Hierher gehört die Literatur zum Problem der „Sanierung für wen? " und der Bürgerinitiativen usw.
41 Offe/Ronge, Fiskalische Krise, Bauindustrie und die Grenzen staatlicher Aufgabenrationalisierung, in: Leviathan, H. 2, 1973, S. 189–220; sie belegen, daß die Struktur der Bauindustrie nach wie vor antiquiert ist.
42 Siehe Offe/Ronge.
43 § 34, Abs. 1 Nr. 5 und 33 Abs. 2, StBauFG.
44 § 33 und 55 StBauFG.
45 Siehe Entwurf des Haushaltsplans von Nordrhein-Westfalen, Einzelplan 03.
46 von *Einem*, Eberhard, Zur Entstehung und Funktion des StBauFG, in: Arch + 4, Dezember 1972, H. 16, S. 4.
47 „Damit wird nachdrücklich erhärtet, daß die öffentliche Förderung des Städte- und Wohnungsbaus von der Regierung als eine Daueraufgabe des Sozialstaates angesehen wird". Jahresbericht des Bundesministeriums für Städtebau und Wohnungswesen, 1970 S. 1 „Seit einiger Zeit steht der Wohnungsbau im Zeichen des Wandels". ... „Die längerfristige Sicherung eines bedarfsgerechten öffentlich geförderten Wohnungsbaus als staatliche Daueraufgabe wird akut". So äußert sich Karl-Heinz Walper (stellvertretender Vorsitzender der Landesgruppe Hessen des Deutschen Verbandes für Wohnungswesen, Städtebau und Raumplanung e.V.) Vorwort, in: Wohnungsbau in der Zukunft – Tendenzen und Probleme, (Hg.), Deutscher Verband für Wohnungswesen, Städtebau und Raumplanung e.V., Köln/Mühlheim 1969, S. 5
48 Ravens, Karl, Sanierungs- und Entwicklungsmaßnahmen aus volkswirtschaftlicher Sicht, in: Stadt- und Dorferneuerung – Seminardokumentation (Hg.) Bundesminister für Städtebau, 4 Bände 1970, Bd. 1, S. 58.

49 Ravens, s. S. 59.
50 Ravens, s. S. 59.
51 Ravens, s. S. 59.
52 Ravens, s. S. 59.
53 Bundesminister für Städtebau und Wohnungswesen, Lauritzen, S. 10–11.
54 Bis einschließlich dem Programm 73.

Weltarbeitsteilung, Form des Surplusprodukts und gesamtgesellschaftlicher Reproduktionsprozeß in unterentwickelten Ländern als Rahmenbedingungen der Rolle des Staatsapparats

Von Wolfgang Schöller

Vorbemerkung und Problemstellung

Die nachstehenden Ausführungen stehen in Kontinuität zu vorausgegangenen Arbeiten über ungleichen Tausch/Imperialismus/Unterentwicklung/Weltmarkt.[1]

Bevor wir hier versuchen, in Fortsetzung dieser vorangegangenen Diskussion weitere Präzisierungen der einzelnen Schritte zur Analyse der inneren theoretischen Zusammenhänge der Phänomene der Unterentwicklung und des kapitalistischen Weltmarkts vorzunehmen, sei noch zuvor in aller Kürze skizziert, an welche theoretischen Ergebnisse und Positionen der nachstehende Beitrag anknüpft:

In den neueren marxistischen Diskussionen um die Ursache der Unterentwicklung nimmt der Begriff des „Werttransfers" einen zentralen Stellenwert ein.[2]

Aufgrund des unterschiedlichen Entwicklungsstandes der Produktivkraft der Arbeit in den Industrienationen und den Ländern der Dritten Welt, findet – so behaupten die Teilnehmer an dieser Diskussion – bei allen bestehenden Differenzen im Detail – im Prozeß der internationalen Preisbildung ein beständiger „Werttransfer" zwischen den industrialisierten und den unterentwickelten Ländern statt.

Die Ausbeutung der Dritten Welt seitens der Industrienationen durch diesen angenommenen permanenten „Werttransfer" in der Form eines ungleichen Tausches ist für jene marxistischen Theoretiker die primäre Ursache der blockierten Kapitalakkumulation und Produktivkraftentwicklung in den Ländern der Dritten Welt. Bei allen unterschiedlichen theoretischen Begründungszusammenhängen kommen die Vertreter dieses Ansatzes zu zwei wesentlichen Schlußfolgerungen:

- die Entwicklung der kapitalistischen Industrienationen wurde und wird durch die unterentwickelten Länder (durch den unterstellten „Werttransfer") gleichsam bezahlt bzw. entscheidend mitgetragen;
- die Unterentwicklung in den Ländern der Dritten Welt ist ein bleibendes Strukturmoment des kapitalistischen Weltmarkts und kann innerhalb desselben nicht überwunden werden bzw. die Unterentwicklung wird allenfalls auf neuer technologischer Stufenleiter reproduziert.

In einer bereits vorgelegten Arbeit[3] glauben wir, nachgewiesen zu haben, daß die Überlegungen, auf denen diese Thesen, die weitgehende politische Konsequenzen einschließen, beruhen, in Teilen theoretisch falsch, zumindest jedoch zu undifferenziert und ungenau sind, um jene Aussagen stützen zu können.

Unsere Kritik an jenem Ansatz, die wir hier in ihren einzelnen Argumenten nicht nochmals wiedergeben wollen, konzentriert sich auf die Interpretation der Kategorien des Extramehrwerts und der Wertübertragung, der internationalen und nationalen Wertbildung sowie des ungleichen Tauschs.

Aufgrund der von uns vorgenommenen Interpretation dieser Kategorien sind wir der Ansicht, daß der ungleiche Tausch auf dem Weltmarkt und zwischen den Industrienationen und den Entwicklungsländern in einem ungleichen Tausch nationaler Arbeitsquanta besteht, die in unterschiedlichem Ausmaß wertbildend wirken bzw. in unterschiedlichem Umfange Ansprüche auf internationale Wertzeichen und darüber vermittelt auf produzierte Warenwerte erzielen.

Dieser ungleiche Tausch nationaler Arbeitsquanta kann unseres Erachtens innerhalb der Industrienationen sowie zwischen diesen und den Entwicklungsländern stattfinden; ebenso ist es möglich, daß letztere untereinander einen ungleichen Tausch durchführen.[4]

Dieser ungleiche Tausch nationaler Arbeitsquanta, dessen wesentliche Ursache auf unterschiedliche Entwicklungsgrade der Produktivkraft der Arbeit zurückzuführen ist, und der die einzelnen Länder unterschiedlich in ihrer Kapitalakkumulation betrifft, ist u.E. als Übergangsphase ausnehmend hoher Produktivkraft der Arbeit zu analysieren. Ein ungleicher Tausch nationaler Arbeitsquanta, sofern er auf voneinander abweichenden Produktivkraftentwicklungen beruht, wird durch den Zwang der Konkurrenz abgebaut und ist als dauerhaftes Phänomen unwahrscheinlich.

Eine Monopolisierung von Produktivkraftentwicklung gegenüber der entsprechenden Nachfrage ist unseres Erachtens auf Dauer weder innerhalb der Industrienationen, noch seitens dieser Gruppe gegenüber der Dritten Welt, und ebensowenig seitens der unterentwickelten Länder gegenüber der Gruppe der Industriestaaten möglich.

Die Konkurrenz wird diese Phasen überdurchschnittlich günstiger Reproduktionskosten der Waren zeitlich begrenzen und sie wird dazu führen, daß die Waren zu ihren Reproduktionskosten verkauft werden müssen.

Darüber hinaus sind wir der Auffassung, daß die Kategorien der sog. modifizierten Durchsetzung des Wertgesetzes auf dem Weltmarkt und der Stufenleiter von Produktivität und Intensität der nationalen Arbeiten zunächst nur Gültigkeit für den Bereich der kapitalistischen Industrienationen beanspruchen können und daß es einer gesonderten Analyse der Geschichte und der Bedingungen der gesamtgesellschaftlichen Reproduktionsprozesse der unterentwickelten Länder bedarf, ehe diese Kategorien auch für die Stellung der Länder der Dritten Welt Aussagewert gewinnen können.

Dieser Vorbehalt ist u.E. durch folgende Einschränkungen gerechtfertigt: Die kapitalistische Produktionsweise vollzog sich historisch im nationalstaatlichen Rahmen, innerhalb dessen sie sich schrittweise dem gesamtgesellschaftlichen Reproduktionsprozeß unterwarf und gesellschaftliche Verhältnisse durchsetzte, die in Kategorien wie nationaler Wertbildungsprozeß, Produktionspreis, Mehrwertrate, gesamtgesellschaftliche Arbeit, Mobilität von Kapital und Arbeit etc. analysiert werden können. Diese kapitalistische Produktionsweise entwickelte sich als nationales Kapital, das den übrigen nationalen Kapitalen konkurrierend gegenübertrat.

Demgegenüber hat es in den Ländern der Dritten Welt nie eine derartige kapitalistische Entwicklung gegeben, die dort zu einer verallgemeinerten nationalen Kapitalakkumulation und zu einem durchschnittlichen Prozeß der Wertbildung geführt hätte. Dieser Vorgang ist allenfalls seit einigen Jahrzehnten in den unterentwickelten Ländern im Entstehen begriffen.

Die Warenproduktion wurde zwar in diesen Ländern parallel zum Aufstieg der Großen Industrie und des industriellen Kapitals in Westeuropa und später den USA vom Kapital betrieben oder initiiert, ohne daß es jedoch in diesen Regionen zu einer nationalen und gesamtgesellschaftlichen kapitalistischen Entwicklung gekommen wäre.

Aufgrund dieses angedeuteten historisch bedingten Sachverhalts ist es unzulässig, in den oben angedeuteten Diskussionen über den ungleichen Tausch und den Werttransfer im Prozeß der Preisbildung auf dem Weltmarkt einen derartigen internationalen Zusammenhang anzunehmen, der bereits zur Basis einer internationalen Wertbildung geworden wäre; vielmehr ist u.E. nach wie vor vom nationalen Rahmen als der Grundlage des Wertbildungsprozesses auszugehen, um schrittweise die Momente zu analysieren, die diesen Prozeß beeinträchtigen und modifizieren.

Wie wir weiter unten zeigen werden, sind die Produktionsstruktur und die Produktionsverhältnisse, die stoffliche Form des Surplusprodukts, der Grad der Vergesellschaftung der Produktion und der Arbeit weitgehend über die historische Stellung dieser Länder im kapitalistischen Weltmarkt geprägt worden und sind nach wie vor von entscheidender Bedeutung für den Wertbildungsprozeß und die Bedingungen der Kapitalakkumulation in diesen Ländern.

Durch diese Einschränkungen und Überlegungen ist es u.E. erforderlich und gerechtfertigt, nicht den ungleichen Tausch und Werttransfer zum ausschließlichen Ausgangspunkt der Analyse der Unterentwicklung zu nehmen.

Es ist vielmehr in diesem Beitrag unsere Absicht, u.a. die tieferliegenden Ursachen und Strukturen herauszuarbeiten, die zu Phänomenen, wie beispielsweise auch dem ungleichen Tausch führen.

In diesem Sinne verstehen sich auch die folgenden Überlegungen als Fortführung der Diskussion um die Ursachen der Unterentwicklung und als weitere notwendige Präzisierung der einzelnen Schritte zur Analyse der gesamtgesellschaftlichen Reproduktionsprozesse der Länder der Dritten Welt.

Die Klärung der politisch entscheidenden Frage, ob und gegebenenfalls unter welchen Schwierigkeiten und Widersprüchen sich die kapitalistische Produktionsweise in der Dritten Welt ausbreitet, das Kapital der Industriestaaten gegebenenfalls neue Möglichkeiten der Akkumulation finden kann und welche Funktionen und Aufgabenstellungen die Staatsapparate in diesem Prozeß übernehmen, hat von den entscheidenden historischen und gesellschaftlichen Größen auszugehen, die heute die Entwicklung der Produktivkräfte und der Arbeitsteilung in den unterentwickelten Ländern blockieren oder behindern.

Die nachstehenden Thesen konzentrieren sich deshalb entsprechend den oben skizzierten Zielsetzungen weniger auf die Weltmarktbewegung des Kapitals, wie sie aus der Form der kapitalistischen Produktionsweise hervorgerufen werden, als vielmehr auf die Momente, die den *Umfang und die stoffliche Zusammensetzung der gesellschaftlichen Produktion und des Surplusprodukts sowie deren Verwendung bedingen,* um auf diese Weise den besonderen gesellschaftlichen Reproduktionszusammenhang und ökonomischen Kreislauf jener unterentwickelten Länder zu verdeutlichen. Im zweiten Schritt dieses Beitrags wird dann versucht, zu zeigen, inwiefern die spezifische und historisch bedingte Stellung der Dritten Welt im kapitalistischen Weltmarkt entscheidende Rahmenbedingungen für die Funktionen, Aufgabenstellungen, Möglichkeiten und Grenzen der Staatsapparate darstellen.

In der politischen und bürgerlichen Ökonomie seit Ricardo drücken sich die jeweiligen historischen Entwicklungsphasen und Erfordernisse des gesamten Reproduktionsprozesses des Kapitals aus. Ohne in diesem Zusammenhang im Rahmen unseres Beitrags auf die Geschichte und die Entstehung der Staatsfunktionen einzugehen, was an anderer Stelle geleistet wird[5], so muß hier dennoch darauf hingewiesen werden, daß die *Staatsfunktionen und Tätigkeiten des Staatsapparats in unterent-*

wickelten Ländern ebenfalls aus den jeweils historisch gegebenen gesellschaftlichen Reproduktionszusammenhängen und Erfordernissen der Kapitalreproduktion – in diesem Fall der unterentwickelten Länder – zu analysieren und zu bestimmen sind.

Die Theorie der bürgerlichen Ökonomie kann seit ihrem Beginn auf eine beständige Reflexion über die allgemeinen Bedingungen des ökonomischen Wachstums sowie über die Verwendung und die Realisierung des Surplusprodukts verweisen; demgegenüber besteht keine entsprechende theoretische Tradition bezüglich der Bedingungen der Kapitalakkumulation und der Entfaltung gesellschaftlichen Reichtums in den unterentwickelten Ländern. Sofern solche Versuche von marxistischer und bürgerlicher Seite unternommen wurden, gehen diese in der Regel in historischer Analogie zu den Entwicklungsphasen und von den Erfahrungen der kapitalistischen Nationalstaaten aus, ohne – wie oben schon angedeutet wurde – die historisch unterschiedliche Stellung und Funktion jener ökonomisch rückständigen Länder innerhalb des kapitalistischen Weltmarkts zu begreifen.

Diese Thesen, die im folgenden entwickelt werden, verstehen sich als theoretische Vorüberlegungen zu konkreten Untersuchungen über die Bedingungen der Kapitalakkumulation, weniger in den Industrienationen als vielmehr in den Ländern der Dritten Welt, beanspruchen jedoch durchaus den Weg aufzuzeigen, wie die begriffliche Ebene mit den konkreten Phänomenen zu verbinden ist.

Das gesellschaftliche Surplusprodukt, dessen Wertumfang und dessen stoffliche Zusammensetzung

Der gesamte Produktions- und Reproduktionsprozeß des Kapitals erstreckt sich auf zwei Grundabteilungen: auf die Abteilung I zur Herstellung von Produktionsmitteln und auf die Abteilung II zur Produktion der Güter des individuellen und unproduktiven Konsums.[6]

Der produzierte Mehrwert (m_1 und m_2) beider Abteilungen gliedert sich entsprechend seiner Verwendung in denjenigen Teil des Mehrwerts, der produktiv akkumuliert wird (β) und denjenigen Teil, der unproduktiv konsumiert wird (α).

Die produktiv verauslagte Mehrwertmasse (β) ist erneut zu untergliedern in denjenigen Teil, der zum Ankauf von Produktionsmitteln (c), und denjenigen Teil, der für die Einstellung neuer Arbeitskräfte (v) erforderlich ist. Der gesamte Reproduktionsprozeß des Kapitals läßt sich dann in der Form darstellen:

$$
\begin{array}{lll}
\text{Abteilung I} & c_1 + v_1 + & \boxed{\overbrace{\alpha_1 \mid + \beta_{1c} + \beta_{1v}}^{m_1}} \\
\text{Abteilung II} & c_2 + v_2 + & \boxed{\overbrace{\alpha_2 \mid + \beta_{2c} + \beta_{2v}}^{m_2}}
\end{array}
$$

Die Posten innerhalb des eingerahmten Feldes umfassen den gesamten Mehrwert aus beiden Abteilungen.

Die proportionalen Größenverhältnisse der einzelnen Posten zueinander drücken somit die produktive bzw. unproduktive Verwendung des gesellschaftlich verfügbaren Mehrwerts aus.

Gehen wir die einzelnen Posten der beiden Abteilungen der Reihe nach durch, dann können wir feststellen, daß die stoffliche Naturalform, in denen sich das Gesamtprodukt der beiden Abteilungen darstellt, ganz bestimmte Austauschprozesse zwischen den beiden Abteilungen erfordert, wenn sich dieser gesamte Reproduktionsprozeß des Kapitals unter Gleichgesichtsbedingungen vollziehen bzw. sich die Realisierung der produzierten Werte herstellen soll. c_1 wird beispielsweise in der Abteilung I verbleiben können, da es sich bereits in der Naturalgestalt von Produktionsmitteln befindet, v_1 existiert demgegenüber ebenfalls in der Form von Produktionsmitteln, kann aber gerade deswegen nicht in der Abteilung I verbleiben, da es in dieser Daseinsform seine Funktion als variables Kapital nicht vollziehen kann; v_1 muß folglich die Abteilung I verlassen und sich mit den entsprechenden Größen der Abteilung II austauschen; sofern v_1 in seiner Funktion als Kapital fortfahren soll.

Entsprechend verhält es sich auch mit den einzelnen Posten innerhalb des eingerahmten Feldes, in denen sich das Surplusprodukt darstellt. Die stoffliche Zusammensetzung des Surplusprodukts erzwingt denselben Abteilungswechsel bzw. ermöglicht es den einzelnen Größen, innerhalb der Abteilungen zu verbleiben, wenn der gesamte Mehrwert realisiert und erweiterte Reproduktion stattfinden soll. Die beiden Abteilungen lassen sich beliebig oft nach Funktionen im Reproduktionsprozeß und nach Branchen weiter untergliedern, wie etwa:

Abt. I_a Maschinenbau;

Abt. I_b Rohmaterialien;

Abt. II_a Konsum der Arbeiterklasse;

Abt. II_b Luxusproduktion.

Abt. I_b (Rohstoffe) läßt sich entsprechend ihrer Stellung im Produktionsprozeß in Unterabteilungen aufspalten, in die Produktion von Rohmaterialien für die Abt. I_a (Maschinenbau) und in die Produktion agrarischer Grundstoffe für die Abt. II_a oder $_b$ zur Weiterverarbeitung. Diese Beispiele zeigen bereits, daß sich der gesamte Reproduktionsprozeß des Kapitals auf erweiterter Stufenleiter über zahlreiche stoffliche und damit auch wertmäßige Abhängigkeiten zwischen den unterschiedlichen Branchen und den beiden Grundabteilungen I und II vollzieht. In diesen stofflichen Erfordernissen des Produktionsprozesses und dessen spezifisch kapitalistischer Form spiegeln sich Arbeitsteilung und Entwicklung der Produktivkräfte insgesamt wieder, die aus sich heraus die bestehenden Reproduktionszusammenhänge modifizieren und verlagern. Die Produktivitätsentwicklungen und die damit eingeschlossenen Reproduktionszusammenhänge schlagen sich sowohl in der stofflichen Form des gesamten Surplusprodukts nieder, wie auch im Wertumfang, den die einzelnen Abteilungsbranchen innerhalb des Surplusprodukts repräsentieren. Ebenso wie ganz bestimmte Austauschbeziehungen innerhalb und zwischen den beiden Grundabteilungen bedingt werden durch die notwendigen Formverwandlungen der einzelnen Bestandteile des Gesamtkapitals – vermittelt mit den stofflichen Erfordernissen des Produktionsprozesses – genauso wird dieser wiederum selbst durch die Klassenstruktur und die Kräfteverhältnisse zwischen den Klassen strukturiert, da diese Produktionsverhältnisse die Proportionen der produktiven und unproduktiven Verwendung des Mehrwerts vorgeben, d.h. also ganz bestimmte Austauschbeziehungen zwischen den Klassen nach sich ziehen.

Wesentliche Reproduktionszusammenhänge im entstehenden kapitalistischen Weltmarkt

Für die Problematik der Unterentwicklung, der Weltarbeitsteilung und des Weltmarkts lassen sich aus den oben angeführten Überlegungen folgende weitere Aussagen entwickeln:

Der gesamtgesellschaftliche Reproduktionsprozeß entwickelt aus sich selbst heraus bestimmte Austauschbeziehungen, die, wie gezeigt, über Produktivkraftentwicklungen in verschiedenen Abteilungsbranchen, über zunehmende Arbeitsteilung, über technologische Neuerungen, über Reproduktionsgewohnheiten und -kosten der einzelnen Klassen und Zwischenschichten sowie die spezifische gesellschaftliche Form des kapitalistischen Reproduktionsprozesses selbst bedingt werden. So ist es historisch unschwer nachzuweisen, daß die extreme weltarbeitsteilige Produktionsstruktur, wie sie heute vorherrscht, in ihren großen Zügen seit Mitte des letzten Jahrhunderts mit der vollen Durchsetzung des Industriellen Kapitals in Großbritannien und Westeuropa entsteht. Parallel zum Aufstieg der Großen Industrie vollzieht sich in Übersee eine ungeheure Freisetzung und Mobilisierung von Arbeitskräften, und es entstehen Plantagen und Bergwerksbetriebe nach den jeweiligen Erfordernissen der europäischen nationalen Kapitale.[7] Die Revolutionierung des Verkehrs- und Transportwesens trägt dazu bei, daß lokal konzentrierte Produktionszusammenhänge aufgelöst und räumlich getrennt auf größerer Stufe fortgesetzt werden. Neue Erfindungen und Produktivitätsentwicklungen wälzen alte Austauschbeziehungen zwischen den Abteilungen und Branchen um und schaffen neue Reproduktionszusammenhänge innerhalb der betreffenden nationalen Wirtschaftsräume, zwischen denselben und mit den Gebieten in Übersee. Ganze Branchen überschreiten auf diese Weise den nationalen Rahmen, sei es durch disproportionale Entwicklungen oder durch stoffliche Abhängigkeiten von der Produktion in diesen Ländern.[8] Die Prosperität der industriellen Produktion in den Branchen der beiden Grundabteilungen I und II erfordert die Zulieferung eines entsprechend steigenden Umfanges industrieller Rohmaterialien und wird selbst von der Versorgung durch diese Produktionsmittel abhängig. Der Aufstieg der Großen Industrie regt deshalb die Produktion industrieller Grundstoffe im eigenen nationalen Rahmen oder in den Überseegebieten an, die die materielle Basis für die Entwicklung der Produktivkräfte darstellt. Ebenso stellen sich über die Kosten und die einzelnen Bestandteile der Lebenshaltung der verschiedenen Klassen und Zwischenschichten entsprechende ökonomische Verbindungen her: die Lebensmittel der arbeitenden Klassen können im nationalen Rahmen nicht mehr im erforderlichen Umfang hergestellt werden oder diese sind zu niedrigeren Kosten zu importieren.[9] Die unproduktiven Klassen, die ihr Einkommen in Luxusgüter umsetzen, die im nationalen Rahmen nicht oder zu kostspielig produziert werden können, konstituieren die entsprechende Nachfrage und damit Produktion in Übersee (Kaffee, Tee, Tabak, Zucker usw.). An diesen wenigen Beispielen ist bereits abzulesen, wie die jeweiligen gesamtgesellschaftlichen Reproduktionsbedürfnisse der aufstrebenden Nationalstaaten die Weltarbeitsteilung und die ihr entsprechende Nachfragestruktur vorantreiben.[10]

Über solche wechselseitigen Abhängigkeiten zwischen den Abteilungen und Branchen vollzieht sich unter Krisen, Friktionen und Disproportionalitäten die erweiterte Reproduktion des Kapitals; findet der wertmäßige Ausgleich zwischen den beiden Grundabteilungen, die räumlich den nationalen Rahmen wie Gebiete in Übersee umfassen können, nicht statt, dann tritt der gesamte Reproduktionsprozeß des Kapitals auseinander. Dieser Zustand kann hervorgerufen werden durch Überakkumulation von Kapital in seinen verschiedenen Formen, durch Brachliegen von Leihkapital, durch stockende und ausbleibende Zulieferung notwendiger Rohmaterialien usw.

Für den weiteren Gang der Argumentation können wir hiermit zusammenfassend feststellen:

Die Produktions- und Nachfragestruktur des kapitalistischen Weltmarkts entsteht nicht etwa durch Mechanismen komparativer Kostenvorteile, sondern wird aus der Gesetzmäßigkeit der kapitalistischen Produktionsweise, wie sie sich historisch in Westeuropa entwickelt und ausgebreitet hat, vorangetrieben.

Die Geschichte der Plantagenwirtschaft und des Bergbaus in Lateinamerika ist ein plastisches Beispiel für die oben entwickelten Zusammenhänge. Die europäischen Nationalstaaten und später die USA, die aus ihren jeweiligen Bedürfnissen internationale und Zusammenhänge mit den Überseegebieten herstellen, führen zu kapitalistischer Produktion in Lateinamerika, ohne daß es in deren Verlauf zu einer kapitalistischen Produktionsweise, einem nationalen Kapital und Wirtschaftsraum in diesen Ländern gekommen wäre.[11]

Ohne im Rahmen dieses Beitrages die Geschichte der kapitalistischen Produktion hier nachzeichnen zu können, seien doch einige Beispiele herausgegriffen, die u.E. stellvertretend für die gesamte mineralische und agrarische Grundstoffproduktion innerhalb des Weltmarkts gelten können.

Um die Mitte des letzten Jahrhunderts entdeckte man in Europa, daß der Salpeter hervorragend als Düngemittel geeignet ist, um die landwirtschaftlichen Erträge zu steigern. Der sog. Guanao, vor der peruanischen Küste[12], dessen Abbau wenige Jahre zuvor in größtem Umfang betrieben worden und auf dem Weltmarkt auf kaum zu befriedigende Nachfrage gestoßen war, wurde nun ebenso rasch durch das höherwertige Salpeternitrat verdrängt.[13] Die Salpeterförderung weitet sich rasch aus, so daß die chilenische Wirtschaft bald entscheidend von der Produktion dieses Nitrats abhängt: 1880 stammten 5 % der chilenischen Staatseinnahmen, 1890 bereits die Hälfte aus dem Salpeterbergbau, und vor Ausbruch des Ersten Weltkrieges begründeten sich Dreiviertel des chilenischen Nationaleinkommens auf den Salpeter.

Doch schon wenig später fiel die Nachfrage nach diesem Mineral in sich zusammen, nachdem in Deutschland die chemische Herstellung eines entsprechenden Düngemittels entwickelt worden war. Die Salpeterproduktion, die durch den immensen Düngemittelbedarf der Industriestaaten einen raschen Aufschwung genommen und große Profite und staatliche Einnahmen abgeworfen hatte, war durch diesen Substitutionsvorgang hinfällig geworden. Der Austauschzusammenhang der europäischen Landwirtschaft mit dieser Branche wurde zerstört und mit der chemischen Industrie neu konstituiert.

Einen ähnlichen Konjunkturverlauf nahm die Kautschukproduktion. Gegen Ende des 19. Jahrhunderts steigt die Nachfrage nach Kautschuk durch den Gummibedarf der Automobilindustrie unaufhörlich an. Brasilien verfügt zunächst faktisch über eine Monopolstellung in der Kautschukproduktion, so daß der Kautschuk schließlich mit dem Kaffee in seiner Bedeutung für die brasilianische Wirtschaft gleichzieht. Jedoch wie zuvor im Fall des chilenischen Salpeters – so rasch wie die Preise in die Höhe geklettert waren, fielen sie jetzt in sich zusammen. Um die Jahrhundertwende lag der Preis pro verkaufter Einheit noch bei 12 Shilling, 1913 war er bereits auf 4 Shilling gesunken. Brasilien, das noch ein gutes Jahrzehnt zuvor nahezu den gesamten Weltbedarf nach Kautschuk befriedigt hatte, stellte nach dem 1. Weltkrieg nur noch ein Achtel der Weltproduktion. Brasilien hatte seine Monopolstellung an Ceylon und die malaiischen Inseln verloren, wo die Briten in großem Stil den Ausbau von Kautschukplantagen betrieben hatten. Zwar erlebte die brasilianische Kautschukproduktion im Zusammenhang mit dem Zweiten Weltkrieg und dem Koreakrieg nochmals eine kurze Prosperität, doch seitdem setzt sich der Preisverfall für dieses Produkt unaufhörlich fort.

Der Gummibedarf der Automobilindustrie hatte einst Kapitalmassen in die Kautschukproduktion fließen lassen, da diese Industrie stofflich von der Zulieferung dieses Rohmaterials abhängig war. Die Entwicklung der Produktivkräfte in den Industriestaaten modifizierte durch Substitute diesen Reproduktionszusammenhang und verlagert diesen seitdem zunehmend in den Bereich der Industriestaaten zurück. In Folge dieses Vorgangs verliert der Kautschuk schrittweise an Bedeutung und die Nachfrage nach diesem Grundstoff geht zurück.

Diese Aufstiegs- und Niedergangsperioden in der Geschichte der Rohstoffproduktion entsprechend den jeweiligen Weltmarktkonjunkturen ist typisch für die exportorientierte Produktion der heute unterentwickelten Länder. Die Beispiele hierfür ließen sich beliebig fortsetzen, sei es anhand des Zuckers, der die natürliche Vegetation und die Sozialstruktur des karibischen Raumes veränderte und zerstörte, oder sei es anhand des Kupfers, des Kaffees oder des Erdöls. In all diesen Fällen können wir denselben Verlauf und dieselben Folgen für die Einkünfte der jeweiligen Länder und deren Klassenstruktur beobachten. Stets wird durch die Nachfrage aus den Industriestaaten die Art der Produktion wie auch deren Umfang vorgegeben.

Die Weltarbeitsteilung, die sich über ein halbes Jahrhundert hinweg durch die ökonomischen und gesellschaftlichen Bedürfnisse der Industriestaaten über die Welt hin ausbreitet, wurde ökonomisch aus dem Reproduktionszusammenhang heraus erzwungen und ebenso[17] mit gewaltsamen und politischen Mitteln durchgesetzt.[14]

Nationalstaat und kapitalistische Produktionsweise in Westeuropa – kapitalistisch betriebene Produktion ohne kapitalistische Produktionsweise in der Dritten Welt

Während die kapitalistische Produktionsweise in Westeuropa im 19. Jahrhundert die Produktivkräfte beständig weiterentwickelt, die Arbeitsteilung vorantreibt und sich über zahlreiche Branchen hinweg erstreckt, kommt es demgegenüber in den Ländern der heutigen Dritten Welt keineswegs zum selben Vorgang.

Die Produktion für den kapitalistischen Weltmarkt konzentriert sich dort auf wenige Branchen im Primärgüterbereich – ohne daß darüberhinaus vom Kapital die Arbeitsteilung und die verarbeitende Industrie in Gang gesetzt werden. Im europäischen Nationalstaat setzte sich dagegen innerhalb eines nationalen Wirtschaftsraumes die kapitalistische Produktionsweise als massenhaft betriebene kapitalistische Produktion gegenüber der einfachen Warenproduktion durch, akkumulierte über beständige formelle und reelle Subsumtionsprozesse und steigerte die Produktivkräfte der Arbeit durch die Kapitalisierung der gesamten Produktion. Dieser historische Vorgang, in dem sich die kapitalistische Warenproduktion im letzten Jahrhundert in Westeuropa ausbreitet und in immer größerem Umfang die gesellschaftliche Reproduktion beherrscht, beschreibt die Bildung des *nationalen Kapitals* über dessen Bewegung die gesellschaftliche Arbeit erst real entsteht und über die verschiedenen Branchen hinweg verteilt wird. Ebenso konstituiert dieser Prozeß erst die Grundlagen einer einheitlichen nationalen Wertbildung durch verallgemeinerte Produktionsbedingungen.

Die kapitalistische Produktionsweise schließt ihrem Begriff nach diese gesamte Umwälzung der Produktionsverhältnisse ein, die allein die Voraussetzung für einen Akkumulationsprozeß bildet, der sich in Kategorien wie Produktionspreis, Durchschnittsprofitrate, gesellschaftlicher Wert usw. vollzieht.

Demgegenüber hat es in der Dritten Welt zumindest bis in die letzten Jahrzehnte hinein nie eine kapitalistische Produktionsweise in diesem Sinne gegeben. Die Produktion, selbst wenn sie kapitalistisch betrieben wurde, war dort stets *materielle Basis* und *unmittelbarer Bestandteil der europäischen nationalen Kapitale* in deren *Kreislauf sie integriert waren.*

Aufgrund dieses Sachverhalts wurde die Entwicklung von Produktivkräften in der Dritten Welt blockiert, und es entstand dort auch kein Nationalstaat, der, wie im Falle Westeuropas, als nationales Kapital den übrigen nationalen Kapitalen auf dem Weltmarkt *konkurrierend* gegenübergetreten wäre.

Ehe wir weiter auf die Konsequenzen aus dieser historisch anderen Stellung und Funktion der Dritten Welt im kapitalistischen Weltmarkt eingehen, seien noch einige Daten angeführt, in denen sich die oben getroffenen Aussagen niederschlagen.

Trotz des Ausbreitens der verarbeitenden Industrie seit dem Ersten Weltkrieg und insbesondere seit der Weltwirtschaftskrise über die Dritte Welt hinweg[15], worauf weiter unten noch näher eingegangen wird, besteht bis heute die Weltarbeitsteilung nach wie vor in ihren entscheidenden Größen fort:

1969 bestanden die Exporte der Industrieländer zu drei Viertel aus industriellen Halb- und Fertigwaren, die Entwicklungsländer bestritten ihre Exporte zu vier Fünftel aus Primärgütern.[16] Noch deutlicher wird die extreme Arbeitsteilung zwischen den beiden Ländergruppen, wenn man bedenkt, daß innerhalb des Exportsortiments der Industrieländer 34,2 % aus Erzeugnissen der chemischen Industrie und des Maschinen- und Fahrzeugbaus bestehen, während demgegenüber für dieselbe Warengruppe der Entwicklungsländer die entsprechende Vergleichszahl bei 1,8 %[17] liegt.

Nach Angaben des Pearson-Berichts[18] bestreitet die Hälfte der Entwicklungsländer mehr als 50 % ihrer Exporterlöse aus einem einzigen Rohstoff[19].

Eine Zusammenstellung des Anteils der agrarischen Rohstoffe an den Gesamtexporten der Entwicklungsländer ergibt für 1960 folgendes Bild:

Anteile einiger Agrarrohstoffe am Gesamtexport verschiedener Länder 1960 (in Prozent)

Baumwolle:	Ägypten	70
Jute:	Pakistan	43
Kaffee:	Kolumbien	72
Kakao:	Ghana	63
Kautschuk:	Malaya	58
Kopra:	Philippinen	35
Reis:	Burma	68
Tabak:	Griechenland	36
Tee:	Ceylon	36
Wolle:	Australien	40
Zucker:	Kuba	72

Quellen: entnommen aus: Heinrich Vogelberg, Stabilisierung der Rohstoffpreise, ein Mittel der Entwicklungspolitik, Basel 1962.

Wie aus diesen Angaben hervorgeht, haben die oben schon mehrfach skizzierten Reproduktionszusammenhänge dazu geführt, daß das Surplusprodukt der Länder der Dritten Welt die Form von Primärgütern hat und dieses im Außenhandel realisiert wird.[20] Für Lateinamerika schlägt sich diese Weltarbeitsteilung in folgenden Daten nieder:

Export agrarischer Produkte (Anteile am Gesamtexport)

Jahr	1956	1958	1960	1962
Lateinamerika	53,2	52,6	52,6	51,5
Lateinamerika ohne Bolivien, Chile, Mexico, Peru, Venezuela	89,8	88,9	88,9	89,2

Quelle: Entnommen aus: America Latina, un mundo que ganar, hersg. vom chilenischen Gewerkschaftsverband, CUT, Santiago, 1968, Tabelle 64.

Nach einzelnen Rohstoffen aufgeschlüsselt, erhalten wir für die Anteile der Hauptrohstoffe am Gesamtexport zu Beginn der 60er Jahre folgendes Bild (siehe Seite 119).

In den aufgeführten Angaben drückt sich der wirtschaftliche Kreislauf jener Gesellschaften aus, die lateinamerikanische Sozialwissenschaftler als Gesellschaften bezeichnen, die eine „Entwicklung nach außen" genommen haben.[21] Diese „Entwicklung nach außen" hat dazu geführt, daß die Länder Lateinamerikas den größten Teil ihres Wertprodukts durch die Herstellung und den Export weniger agrarischer und mineralischer Rohstoffe bestreiten. Diese Produktionsstruktur, die *re*produktive Branchen der Abteilung I vermißt, zieht eine entsprechende Importstruktur und Verwendung des realisierten Surplusprodukts nach sich. Der Konsum der herrschenden und Mittelklassen, zu Teilen auch der Arbeiterklasse, sowie die notwendigen Ausrüstungsgüter werden aus dem Ausland eingeführt.

Hauptexportprodukte einiger lateinamerikanischer Länder etwa um das Jahr 1960 (Anteile an den jeweiligen Gesamtexporten in Prozent)

Land	Rohöl	Kupfer und andere Minerale	Fleisch Leder Wolle Weizen Mais	Holz Tanin	Roh-zucker	Baum-wolle	Bananen	Kaffee Kakao	andere Produkte
Argentinien			66,2						33,8
Bolivien		71,8							28,2
Brasilien		6,8		3,5	4,2	2,8		62,0	21,6
Kolumbien	15,8			3,5	4,2	2,8	2,9	71,7	9,6
Ecuador							61,2	26,2	12,6
Paraguay			33,8	25,9		5,7			34,6
Peru	1,8	36,1			11,3	20,4		4,8	37,2
Uruguay			81,1						18,9
Venezuela	91,9	5,2							2,9
Latein-Amerika insgesamt	26,5	10,4	11,0	0,2	3,0	5,1	2,0	16,6	25,2

Quelle: Entnommen aus einer Zusammenstellung in: America Latina, un mundo que ganar, Tabelle 65, hersg, vom chilenischen Gewerkschaftsverband CUT, Santiago 1968.

Dieser gesamtgesellschaftliche Kreislauf der Länder, die eine „Entwicklung nach außen" genommen hatten, mußte entscheidend durch die Weltwirtschaftskrise von 1929 und den Zweiten Weltkrieg getroffen werden, als die gesamte Produktion in den Industriestaaten zurückging, der Welthandel durch Zoll- und Protektionspolitik zusammenbrach und infolgedessen die Nachfrage nach Primärprodukten zurückging.

Der oben skizzierte Kreislauf wurde durch diese Rezession der Industriestaaten in doppelter Weise betroffen: Die gesellschaftliche Produktion, die weitgehend die Form von Primärgütern hatte, konnte nur noch zum Teil realisiert werden, d.h. der Wertumfang der erzielten Erlöse und des Surplus gingen rasch zurück. Die Importfähigkeit jener Länder wurde dadurch drastisch beschränkt. Hinzu kam, daß durch den teilweisen Zusammenbruch der Produktion in den Industrieländern diejenigen Konsumkategorien nicht mehr erhältlich waren, die traditionell gegen den Erlös aus der Rohstoffproduktion importiert worden waren und der die andere Seite des Kreislaufprozesses dargestellt hatte.

Infolge der rückläufigen Rohstoffpreise und der sinkenden Nachfrage nach Exportgütern der lateinamerikanischen Staaten verringerte sich die Importkapazität dieser Länder im Zeitraum von 1930 bis 1950 um etwa 50 %.[22] Um die größten Schäden, die durch die Unterbrechung des gewohnten Reproduktionszusammenhangs mit den Industriestaaten entstehen konnten, abzuschwächen, leiteten die lateinamerikanischen Staatsapparate Abwehrmaßnahmen ein, wie Importbeschränkungen und -kontrollen für bestimmte Warengruppen, Devisenbewirtschaftung, Aufkäufe von Überproduktionen usw. Diese Interventionen wirkten sich stimulierend auf die verarbeitende Industrie dieser Länder aus, in denen zunächst versucht wurde, die Importlücke durch Eigenproduktion zu schließen, für die ja bereits ein erschlossener Absatzmarkt bestand, und der die Einkommensverteilung widerspiegelte.

Der industrielle Aufschwung, der nach dem Zweiten Weltkrieg in Westeuropa und den USA einsetzte, ließ die Exporterlöse aus der Primärgüterproduktion wieder steigen. Dieser wachsende Außenhandelsbeitrag, den die lateinamerikanischen Staaten auf diese Weise erzielten, war die Grundlage für die Importe der Ausrüstungsgüter, die die entstehenden verarbeitenden Industrien benötigten. Mitte der 50er Jahre läuft diese Entwicklungsphase aus und geht in den meisten lateinamerikanischen Ländern in eine Stagnation über, was sich auf zweierlei Gründe zurückführen läßt: Die gewonnenen Erfahrungen aus der Importe substituierenden Entwicklungspolitik zeigen, daß nach einer ersten Phase der Eigenproduktion einfacher Konsumgüter, deren Herstellung eine niedrige Technologie erfordert, in der Folgezeit der Umfang der importierten Ausrüstungsgüter und Zwischenprodukte jedoch ständig zunehmen muß, wenn der Industrialisierungsprozeß anhalten soll. Dieser sich aus dem Eigenmechanismus ergebende Zwang zur Einfuhr findet seine Grenze letztlich im realisierten Produktenwert, über den die betreffende Gesellschaft verfügt.

Die auslaufende Prosperität der Produktion der verarbeitenden Industrien in den meisten lateinamerikanischen Ländern um die Mitte der 50er Jahre läßt sich vor diesem Hintergrund dadurch erklären, daß seit 1954 die Rohstoffpreise fallen und sich deshalb das verfügbare Surplusprodukt entsprechend verringern mußte.

Die schwache Basis, auf der die Importsubstitution in Lateinamerika beruhte, verdeutlichen folgende Angaben: Der so entscheidende Exportsektor Lateinamerikas erreichte selbst in der relativ günstigen Phase der Rohstoffpreise von 1945–1954 weder den Umfang noch die Kaufkraft der Exporte der Vorkriegszeit[23], obwohl in dem betreffenden Zeitraum die Exporterlöse gestiegen waren. Von der Weltwirtschaftskrise bis 1960 wuchs zwar das Prokopfeinkommen der gesamten Region im Durchschnitt um 60 %, der Prokopferlös aus dem Export sank dagegen im gleichen Zeitraum um mehr als 50 %. Infolgedessen sank auch das gesamte Importvolumen Lateinamerikas. Vor 1929 wurden noch 28 % der gesamten Einkommen für Importe ausgegeben, zu Beginn der 60er Jahre lag die entsprechende Zahl bereits bei 12 %.

Nationalstaat und „autonome" Industrialisierung in der Dritten Welt?

Eingangs wurde betont, daß die Funktionen und Interventionen der Staatsapparate unterentwickelter Länder aus deren spezifischen gesellschaftlichen Reproduktionszusammenhängen zu analysieren sind. Aus diesem Grunde sollte hier zunächst versucht werden, diese besonderen Bedingungen der Kapitalakkumulation in diesen Ländern zu benennen, da sie die Rahmenbedingungen, Anforderungen und Entwicklungsstrategien der Staatsapparate darstellen. Ebenfalls wurde oben schon mehrfach betont, daß die Erfordernisse der Kapitalakkumulation der Industriestaaten schrittweise internationale gesellschaftliche und ökonomische Zusammenhänge herstellen. Desweiteren wurde entwickelt, daß die verarbeitende Industrie der Industriestaaten die jeweils komplementäre Produktion in den Kolonien und in Übersee nach sich zog. Aus dem Entwicklungsstand der Produktivkräfte in den Branchen der verarbeitenden Industrie bis zum Ausbruch des Ersten Weltkrieges hatte sich ein ganz bestimmter Reproduktionszusammenhang mit den Ländern der heutigen Dritten Welt ergeben. In jener Phase lag der Schwerpunkt der industriellen Produktion und des Exports der Industrieländer in der Textil-, Kohle- und Stahlproduktion. Vor diesem Hintergrund lassen sich für diese historische Phase der Entwicklung des Kapitals sowohl die wechselseitigen oben erwähnten Austauschbeziehungen als auch die Politik der damaligen Industriestaaten ableiten und erklären, jede Industrialisierung im verarbeitenden Bereich in den Überseegebieten zu verhindern. Eine verarbeitende Industrie hätte in der Tat die zur damaligen Zeit herrschenden Austauschbeziehungen, die wechselseitigen stofflich und wertmäßig bedingten Abhängigkeiten, durchbrochen.

Wenn diese Annahme richtig ist, dann stellt sich für heute folgendes analytisches Problem: Ist die zunehmende Verlagerung der ausländischen Direktinvestitionen in der Dritten Welt seit den 30er Jahren in den Bereich der verarbeitenden Industrie[24] ebenfalls ursächlich aus dem Grad der Entfaltung der Produktivkräfte in den Industriestaaten zu erklären? War, wie erwähnt, bis zum Ersten Weltkrieg die Politik der Industriestaaten darauf ausgerichtet, jede verarbeitende Produktion in der Dritten Welt durch erzwungenen Freihandel oder durch offene Gewalt zu unterbinden, so herrscht heute seitens der Industriestaaten offensichtlich die umgekehrte Tendenz vor, die Industrialisierung in den unterentwickelten Ländern zu fördern und selbst dort in der verarbeitenden Industrie tätig zu werden. Die Beantwortung dieser Frage ist in verschiedener Hinsicht wichtig:

Sind Vorstellungen und Strategien, die auf eine nationale, „autonome" oder „eigenständige" Industrialisierung abzielen, überhaupt realistisch und noch denkbar, oder handelt es sich bei solchen Positionen nicht um unhistorische Analogien zu der Entwicklung der europäischen Nationalstaaten? Zwar bestehen seit den 30er Jahren Staatsapparate, die in der Lage sind, die Industrialisierung zu fördern und zu unterstützen, jedoch entstand deshalb bislang keineswegs in der Dritten Welt ein nationales Kapital entsprechend den historischen Vorbildern. Die Rolle und Funktion, die der

Staatsapparat heute im Prozeß der Industrialisierung einnimmt, ist eher aus dieser Übergangsphase von einem gesellschaftlichen Kreislauf ohne nationalen Staatsapparat, ohne nationalen kapitalistischen Wirtschaftsraum, wie er oben beschrieben wurde, hin zur kapitalistischen Produktionsweise in diesen Ländern zu begreifen, die sich allerdings nicht im Rahmen des historischen Nationalstaats bewegen dürfte. Die Untersuchungen über die Aktivitäten des ausländischen Kapitals in der Dritten Welt zeigen, daß sich offensichtlich jede nationakapitalistische Industrialisierung als Illusion herausstellt und die Forderung nach einer solchen „autonomen" Entwicklung allenfalls ideologischen Charakter hat.

Nach dem Auslaufen der Phase einer nationalen Importsubstitutionspolitik, in der nationale Industrien entstanden waren, wurde der oben erwähnte Devisenengpaß (hervorgerufen durch sinkende Exporterlöse und die Eigenmechanik der Importsubstitution) durch das Auslandskapital geschlossen. Das ausländische Kapital ist nach dieser Entwicklungsphase in der Lage, die vorhandenen Industrien aufzukaufen, so daß der Industrialisierungsprozeß trotz aller nationalen Propaganda faktisch vom ausländischen Kapital getragen wird, was in einschlägigen Studien, beispielsweise zu Brasilien oder Argentinien, eindeutig nachgewiesen wird.[25] Diese Untersuchungen zeigen, daß das ausländische Kapital in zunehmendem Umfang in der verarbeitenden Industrie investiert und daß es diese neuen Industrien unangefochten beherrscht. Von diesem Sachverhalt ausgehend muß erneut die oben aufgeworfene Frage nach dem Reproduktionszusammenhang aufgegriffen werden, der sich aus dem Entwicklungsstand der Produktivkräfte in den Industriestaaten eventuell ergibt.

Seit dem Ersten Weltkrieg hat sich in den Industriestaaten die Branchenstruktur und der Schwerpunkt der industriellen Produktion entscheidend verändert, was sich ebenso in den Handelsbeziehungen niederschlug:

Importe von Hauptwarengruppen nach Industrieländern, halbindustrialisierten Ländern und den restlichen Ländern der Welt (1899–1959)

		Metallwaren	Maschinen- und Fahrzeugbau	Chemie	Textilien und Bekleidung	andere verarbeit. Waren
Industrieländer	1899	16	10	7	38	29
	1929	20	24	7	20	29
	1955	19	33	11	11	26
	1959	16	35	12	11	26
halbindust. Länder	1899	8	11	3	35	23
	1929	12	31	4	30	23
	1955	13	48	11	11	17
	1959	11	50	14	9	16
restliche Länder der Welt	1899	11	17	6	44	22
	1929	12	31	7	26	24
	1955	11	38	12	17	22
	1959	13	39	15	15	18

Quelle: Entnommen aus: Alfred Maizels, Growth and Trade, Cambridge 1970, S. 174.

Die Veränderung der Branchenstruktur gegenüber der Vorkriegszeit besteht im wesentlichen darin, daß die *Chemie* und *Elektroindustrie* sowie der *Fahrzeug-* und *Maschinenbau* enorme Bedeutung in der industriellen Produktion gewonnen haben und daß die einst so überragende Stellung der Textilindustrie zurückgefallen ist.

Angesichts dieser veränderten Produktionsstruktur, die sich auch in einer entsprechenden Veränderung der Importe und Exporte niederschlägt, wird einsichtig, weshalb eine *Industrialisierung in der Dritten Welt keineswegs dem Reproduktionsprozeß des Kapitals der Industriestaaten zuwiderlaufen muß.* Im Gegenteil, die Importstruktur der unterentwickelten Länder beweist, daß die Industrialisierung dieser Länder die Nachfrage nach Waren der für die Industriestaaten heute so bedeutsamen Branchen (Chemie und Elektroindustrie, Fahrzeug- und Maschinenbau) *erhöht,* also die Produktion in diesen Branchen *anregt* und *befördert.*

Dieser neue Reproduktionszusammenhang, der sich hiermit andeutet, wird sich selbstverständlich nicht ohne Interessenkonflikte zwischen den einzelnen Kapitalfraktionen durchsetzen.

So werden verständlicherweise diejenigen Industriestaaten, die aufgrund historischer und kolonialer Beziehungen zu den Ländern der Dritten Welt große Mengen kurzlebiger und dauerhafter Konsumgüter exportierten, durch die Importsubstitutionspolitik negativ in den entsprechenden Branchen betroffen.[26] Die BRD beispielsweise erfährt durch die Industrialisierung in der Dritten Welt relativ geringe negative Rückwirkungen, da aufgrund der historischen besonderen Entwicklung der deutschen Industrie, die sich ohne nennenswerten Kolonialbesitz und traditionelle Handelsbeziehungen mit den Überseegebieten vollzog, die Produktions- und Exportstruktur der BRD äußerst günstig zusammengesetzt ist. Diese Branchen- und Exportstruktur, die sich seit dem Ersten Weltkrieg in den Industriestaaten durchgesetzt hat, dürfte ein wesentlicher Grund dafür sein, daß der *Reproduktionsprozeß des Kapitals der Industrienationen durch verarbeitende Industrien in der Dritten Welt nicht mehr gesprengt wird, wie dies vor dem Ersten Weltkrieg zweifelsohne der Fall gewesen wäre,* als die Entwicklung der Produktivkräfte und damit die Branchenstruktur noch anders gewichtet waren. Selbstverständlich ist der hier angedeutete neue Reproduktionszusammenhang zwischen den Industrieländern und der Dritten Welt nicht der einzige Grund für die nachweisbare Tendenz der ausländischen Direktinvestitionen in den unterentwickelten Ländern, in die verarbeitende Industrie zu fließen. Die Politik der Importsubstitution, die hohen Zölle für bestimmte Produkte usw. zwingen weitgehend die ausländischen Konzerne vom Waren- zum Kapitalexport überzugehen, wenn sie nicht traditionelle oder mögliche neue Märkte verlieren wollen.

Sinkender Exporterlös und komparative Kostentheorie

Dieses Absinken der Exporterlöse der lateinamerikanischen Staaten ist mehr oder minder Ausdruck eines allgemeinen Trends auf den Weltrohstoffmärkten, die nicht nur durch große Preisschwankungen, sondern auch durch Strukturkrisen und latente Überproduktion gekennzeichnet sind.

Dieser Trend auf den Rohstoffmärkten, der nicht für alle mineralischen und landwirtschaftlichen Grundstoffe gleichermaßen zutrifft,[27] hat mehrere Ursachen:

- zahlreiche Rohstoffe, wie beispielsweise der Kautschuk oder die Baumwolle, geraten zunehmend unter den Druck industrieller Subsitute;

- landwirtschaftliche Rohstoffe, wie der Zucker oder der Weizen, stoßen auf eine relativ gesättigte Nachfrage, die selbst bei steigenden Einkommen nur noch gering oder überhaupt nicht zunimmt;
- die Industriestaaten sind dazu übergegangen, zahlreiche landwirtschaftliche Produkte selbst zu erzeugen, so daß hierdurch die entsprechende Produktion in der Dritten Welt zusätzlich unter Druck gerät;
- die Produktivkraftentwicklung der Industriestaaten konzentrierte sich seit dem Ersten Weltkrieg vor allen Dingen auf den Maschinen- und Fahrzeugbau sowie die Elektro- und Chemieindustrie.

Der von diesen Branchen benötigte Rohstoffbedarf sinkt aufgrund der hohen Technologie absolut bzw. weitet sich nur langsam aus. Diese Situation auf den Weltrohstoffmärkten führt dazu, daß die Länder der Dritten Welt in der Preisbewegung ihrer Hauptrohstoffe unterschiedlich in ihren Exporterlösen getroffen werden. Die steigenden Rohstoffpreise in den letzten Monaten sind weitgehend auf die weltweite industrielle Konjunktur zurückzuführen und betreffen zudem durchaus nicht alle Rohstoffe gleichermaßen. Die allgemeinen Schlußfolgerungen, wie wir sie oben bezüglich der Momente, die das Surplusprodukt der Länder der Dritten Welt in seinem Wertumfang betreffen, dargestellt haben, werden durch diese unseres Erachtens vorübergehende Preisentwicklung nicht in Frage gestellt. Bislang wurden Momente benannt, die den Umfang des Wert- und Surplusprodukts unterentwickelter Länder unmittelbar über den Reproduktionszusammenhang mit den Industrieländern begrenzen und reduzieren.

Wie oben darauf hingewiesen wurde, blockierte dieser Reproduktionszusammenhang mit den Industriestaaten die Kapitalakkumulation in der Dritten Welt. Aufgrund dieses Sachverhalts blieben vorkapitalistische Produktionsweisen und Betriebe niedriger Arbeitsproduktivität in großem Umfang erhalten, wodurch das verfügbare Surplusprodukt begrenzt bleibt. Auf diesen Aspekt der Auswirkung vorkapitalistischer Produktion auf die Kapitalakkumulation wird weiter unten noch genauer eingegangen.

Bevor wir auf die Verwendung und Aufteilung des Mehrwerts weiter eingehen, soll hier noch ein Argument aufgegriffen werden, das nahezu durchgängig die Grundlage bürgerlicher Studien zur Unterentwicklung darstellt und hinter dem sich ebenfalls ein reales Problem für die unterentwickelten Länder verbirgt: *die Theorie der komparativen Faktorkosten*. Der Kern dieser Argumentation ist etwa folgender:

- jedes Land exportiert vor allen Dingen diejenigen Waren, bei deren Herstellung es über die entsprechenden Produktionsfaktoren in ausreichendem Umfang und in optimaler Weise verfügt;
- der internationale Handel tendiert dazu, die Preise der jeweiligen Produktionsfaktoren auszugleichen.

Samuelson greift dieses Theorem (von Ohlin-Heckscher) auf und fügt ein technisches Argument hinzu: Samuelson behauptet, daß dieselben Warengruppen zu ihrer Herstellung die gleichen Produktionsfunktionen erfordern. D.h. beispielsweise, daß Textilien in allen Ländern arbeitsintensiv und Automobile oder Maschinen in allen Ländern mit hoher technischer Zusammensetzung produziert werden.

Diese beiden Theoreme, das Theorem des Ausgleichs der Produktionsfaktoren und das Theorem der Faktorintensitäten, führen zu der These und zu der Schlußfolgerung, daß die Entwicklungsländer sich auf die Produktion derjenigen Güter spezialisieren sollen, bei deren Herstellung sie über einen relativen Kostenvorteil der jeweils benötigten Produktionsfaktoren verfügen.

Abgesehen davon, daß diese Theoreme die bestehende Weltarbeitsteilung offensichtlich für die beste und rationalste halten, ist diese theoretische Position empirisch durch Studien von Leontief und der sog. Stanfordgruppe (Minhas, Arrow u.a.) sowie durch die jüngsten Produktivitätsentwicklungen in den Industriestaaten widerlegt worden.

In einer Strukturanalyse des us-amerikanischen Außenhandels falsifiziert Leontief die These, die USA hätten einen komparativen Kostenvorteil in der Herstellung von Waren, deren Produktion große Mengen von Kapital und relativ wenige Arbeitskräfte erfordern, so daß aufgrund dessen der Außenhandel der USA mit dem Rest der Welt sich auf den Export sog. „kapitalintensiver Waren stütze.[28] Leontief kommt in seiner Untersuchung der Struktur des us-amerikanischen Außenhandels zu dem Ergebnis, daß die USA vorwiegend arbeitsintensive Produkte exportieren.

In Studien der erwähnten Stanfordgruppe wird empirisch nachgewiesen, daß auch das Theorem von Ohlin-Heckscher und Samuelson nicht haltbar ist. Diese Untersuchungen zeigen, daß keineswegs dieselben Warengruppen in allen Ländern unter denselben Faktorintensitäten produziert werden. Vielmehr kommt es aufgrund der unterschiedlichen Entwicklungen der Produktivkräfte zu unterschiedlichen Kosten der „Produktionsfaktoren", was dazu führen kann, daß die Faktorintensitäten umschlagen.

Nach einem sog. Umschlag der Faktorintensitäten kann das betreffende Land diejenige Ware nun selbst billiger herstellen als das Land, aus dem diese Ware bislang importiert worden war.

Für die hier interessierende Fragestellung, nach den allgemeinen Rahmenbedingungen der Kapitalakkumulation und Produktivkraftentwicklung in der Dritten Welt, auf denen jede Entwicklungsstrategie von Staatsapparaten beruht, ist die empirische Widerlegung der Theoreme des Ausgleichs der Faktorpreise und der Faktorintensitäten insofern von Bedeutung, als die Entwicklungsländer nicht sicher gehen können, daß die Exportprodukte, auf die sie sich, entsprechend dem komparativen Kostentheorem, spezialisieren, nicht durch den Umschlag der Faktorintensitäten eines Tages in den Industriestaaten hergestellt werden können. Der Rückgang der Dritten Welt am Welthandel ist nicht zuletzt auch auf diesen Vorgang zurückzuführen, daß die Industriestaaten in zunehmendem Maße Nahrungsmittel und agrarische Rohstoffe selbst produzieren.

Verfügbares Surplusprodukt und die Bestandteile der Kapitalakkumulation

Oben wurde diskutiert, welche Konsequenzen die jeweils historischen Erfordernisse des gesamtgesellschaftlichen Reproduktionsprozesses der Industriestaaten auf die Produktionsstruktur und die stoffliche Zusammensetzung, sowie die Klassenstruktur und den gesellschaftlichen wie wirtschaftlichen Kreislaufprozeß der unterentwickelten Länder ausüben. Ebenso wurde oben diskutiert, welche Schwierigkeiten sich aus diesen Gründen im Verlauf der Industrialisierung für die Länder der Dritten Welt ergeben können, sowie welche Tendenzen sich aus der Entwicklung der Produktivkräfte in den Industriestaaten für die Austauschbeziehungen auf dem Weltmarkt andeuten.

Anhand des nachstehenden Schaubildes soll nun diskutiert werden, welche weiteren Schwierigkeiten der Kapitalakkumulation in den Ländern der Dritten Welt bestehen und welche Anforderungen und Aufgabenstellungen daraus für die Staatsapparate erwachsen können.

SCHAUBILD: Schematische Darstellung der Wirkung veränderter Austauschverhältnisse auf den Reproduktions- und Wachstumsprozeß in den Industrienationen und in den Länder der Dritten Welt

Länder der Dritten Welt	Industrienationen (kap.)
I. $c + v + \Delta m_1 + \Delta m_2$	I. $c + v + \Delta m_1 + \Delta m_2$
II. $c + v + \Delta m_1 + \Delta m_2$	II. $c + v + \Delta m_1 + \Delta m_2$

Veränderung der Austauschverhältnisse *zuungunsten* der Länder der Dritten Welt:

Gebrauchswertform des Warenkapitals *in die* Ind. Nation	*Wirkung* des Austauschs auf den Reprod. proz. in der DW	Gebrauchswertform des Warenkapitals *in die* Dritte W.	*Wirkung* des Austauschs auf den Reproduktionsproz. in den Ind. N.
1. c (Produktionsmitt. meist c-zirk. =Rohstoffe)	1. $c + \Delta c$ (Produktionsmittel, meist c-fix; verteuert!)	1. c (Produktionsm., c-fix)	1. $c + \Delta c$ (Produktionsmittel, verbilligt!)
2. v (Konsumtionsm. für die Arbeiterklasse in den Industrienationen)	2. v (Konsumtionsmittel für die Arbeiterklasse in der Dritten Welt; verteuert -Mehrwertrate i.d.DW sinkt!)	2. v Konsumtionsm. für die Arbeiterklasse i.d. DW -meist Fertigwaren)	2. v (Konsumtionsmittel der Arbeiterkl. i.d. Ind.N. verbilligt, Mehrwertrate steigt!)
3. Δm_2 (Konsumtionsm. f. d. Kapitalistenkl. /unprod. Schichten i. d. Ind. Nationen)	3. Δm_2 (Konsumtion f.d. Kapitalisten/unprod.Sch.i.d. DW verteuert, Akkum. oder Kons. beschränkt!)	3. Δm_2 (Konsumtionsg.f.d. Kapitalisten der Dritten Welt -meist Luxuspr.)	3. Δm_2 Konsumtionsg.f.d. Kapitalist./Unprod. Sch. verbilligt, Akk. und/oder Kons. begünstigt
	Profitrate sinkt, Reproduktions- und Wachstumsprozeß des Kapitals beschränkt		Profitrate steigt, Reproduktions- u. Wachstumsproz. d. Kapitals befördert!

Erlärung:
Δm_1 der Teil des Mehrwerts der akkumuliert wird, löst sich auf in ($\Delta c + \Delta v$)
Der Übersichthalber wurde nur ein Fall eingezeichnet

In diesem Schaubild wird versucht, die Bestandteile der Kapitalakkumulation aufzugliedern und zu zeigen, inwiefern sich die verschiedenen Momente und Veränderungen innerhalb des gesamtgesellschaftlichen Reproduktionsprozesses sowohl zwischen Industrie- und Entwicklungsländern wie auch in diesen selbst, auf die Kapitalakkumulation in beiden Ländergruppen auswirken können.

Dieses Vorgehen erlaubt es unseres Erachtens, politische Konstellationen, Klassenkämpfe und Interessenkonflikte innerhalb der herrschenden Klassen usw. auf ihren realen Kern zurückzuführen, was durch einige Beispiele erläutert werden soll:

Die Produktionsstruktur und die Produktionsverhältnisse drücken sich, wie oben entwickelt wurde, in der Zusammensetzung und der Verwendung des Surplusprodukts aus. Dies kann sich beispielsweise darin niederschlagen, daß der größte Teil des Mehrwerts durch relativ hohe Lebenshaltungskosten der Oberklassen und der unproduktiven Mittelklassen verbraucht wird und infolgedessen der investierbare Teil des Surplus gering bleibt.

Die Aufteilung des produzierten Mehrwerts, in der sich die Klassenstruktur und die gesellschaftlichen Kräfteverhältnisse durchsetzen, kann in Frage gestellt werden u.a. durch veränderte terms of trade, durch all die Momente, die, wie oben gezeigt wurde, den Umfang des realisierten Surplusprodukts und des Außenhandelserlöses verringern: die importierten Konsumkategorien können dadurch unterschiedlich betroffen werden, so daß sich entweder die Lebenshaltung der unproduktiven Klassen verschlechtern muß, wenn die gleiche Investitionsrate aufrechterhalten werden soll, oder, daß über die politischen Kräfteverhältnisse vermittelt der unproduktiv verwendete Mehrwert neu zwischen den Klassen verteilt wird. Schon aus diesem Beispiel wird klar, in welchem Rahmen sich jede Interventionstätigkeit und Entwicklungspolitik des Staatsapparates bewegen muß.

Die Staatsapparate, die beispielsweise im Zuge einer Industrialisierungspolitik darauf abzielen, *re*produktive Investitionen über Zölle und Devisenbewirtschaftung zu unterstützen, um insgesamt die produktive Verwendung des Mehrwerts zu erhöhen, provozieren unweigerlich Interessenkonflikte zwischen den Klassen und Zwischenschichten. Ebenso kann mit diesem methodischen Vorgehen diskutiert werden, welche Auswirkungen eine Agrarreform auf die Reproduktionskosten der Arbeiterklasse und damit auf die Mehrwertrate hat, oder inwiefern die Agrarreform ein Akkumulationsfonds für die industrielle Entwicklung sein kann. Bezieht man die Agrarreformen in dieser Weise auf die jeweiligen Bestandteile und die Auswirkungen der Kapitalakkumulation, dann ist es möglich, zu erklären, aufgrund welcher Kräfteverhältnisse die Agrarreform nicht zustande kommen kann, in welcher Form sie durchgeführt wird oder weshalb die Industrialisierung ohne eine Agrarreform möglich ist.

Schlußbemerkung und Zusammenfassung

Die oben getroffenen Aussagen können wie folgt zusammengefaßt werden:

- Die primären Ursachen der blockierten Kapitalakkumulation in den Ländern der Dritten Welt liegen im gesamtgesellschaftlichen Reproduktionszusammenhang, der diese Länder seit der Mitte des 19. Jahrhunderts mit den Industriestaaten verbindet.
- Die historische Stellung und Funktion im Reproduktionsprozeß des Kapitals der Industriestaaten blockierte die Entwicklung der Produktivkräfte, die Durchsetzung

der kapitalistischen Produktionsweise sowie die Herstellung eines Nationalstaats in der Dritten Welt.

- Bis zu Beginn der 30er Jahre gab es in der Dritten Welt keinen nationalen Wirtschaftsraum und kein nationales Kapital, das mit anderen nationalen Kapitalen auf dem Weltmarkt konkurriert hätte. Der Entwicklungsprozeß seit den 30er Jahren und die Rolle, die der Staatsapparat dabei spielt, sind eher als Übergangsphasen hin zu einer kapitalistischen Produktionsweise zu begreifen, die sich in Kategorien wie Produktionspreis, Durchschnittsprofitrate, nationaler Wert, gesellschaftliche Arbeit usw. fassen läßt.
- Die Aufgabenstellungen und Anforderungen sowie Grenzen und Möglichkeiten der jeweiligen Staatsapparate ergeben sich aus der Stellung der betreffenden Länder im Weltmarkt. Dieser Reproduktionszusammenhang drückt sich aus:
- in der Produktionsstruktur;
- in der stofflichen Zusammensetzung und dem Wertumfang des Surplusprodukts;
- im Grad der Arbeitsteilung und Produktivkraftentwicklung;
- in der Verteilung und Verwendung des Mehrwerts;
- in der Form der Industrialisierung, die sich nicht mehr in historischer Analogie durch ein nationales Kapital vollzieht.

Diese einzelnen Momente bilden zusammen entscheidende Rahmenbedingungen für die Interventionen und Tätigkeiten der Staatsapparate in der Dritten Welt. Die verschiedenen politischen Formen der Staatsapparate, die Politik des Staats gegenüber den Gewerkschaften und der Arbeiterklasse, werden sich entsprechend den unterschiedlichen historischen Ausgangsbedingungen gestalten – sie beschreiben aber insgesamt nur die jeweiligen spezifischen Formen, in denen sich die herrschenden Klassen und jeweiligen Produktions- und Kräfteverhältnisse zwischen den Klassen in den heutigen Weltmarkt einfügen.

Die obigen Ausführungen sparten bewußt die besondere Diskussion um die allgemeinen Rahmenbedingungen von Staatsapparaten bzw. staatlichen Sektoren der sozialistischen Übergangsgesellschaften in der Dritten Welt aus. Diese Beschränkung wird, von Platzgründen abgesehen, aus folgender Überlegung vorgenommen:

Die oben benannten Rahmenbedingungen für die kapitalistischen Staatsapparate werden weitgehend auch für die Planung der staatlichen Sektoren der Übergangsgesellschaften zwingend sein und die Bewältigung ähnlicher Aufgabenstellungen erfordern. Die nachzuholende sozialistische Akkumulation wird weitgehend ihre negativen Schranken und Lösungsformen über die oben entwickelten allgemeinen Rahmenbedingungen erhalten. Darüber hinaus erfordert die Diskussion über die Möglichkeiten und Grenzen der Staatsapparate in den sozialistischen Übergangsgesellschaften vor allen Dingen die Analyse und Einschätzung der Wirtschaftsentwicklung und der gesellschaftlichen Tendenzen des sozialistischen Lagers. Die Eigeninteressen des sozialistischen Lagers, aufgrund derer beispielsweise der Handelsverkehr mit den kapitalistischen Industriestaaten angestrebt wird, können durchaus dazu führen, daß das sozialistische Lager nicht bereit ist oder auch aufgrund des eigenen Entwicklungsstandes nicht in der Lage ist, die Produktion aus den eventuell neu entstehenden Übergangsgesellschaften in die eigene Wirtschaftsentwicklung einzuplanen.

Diese Problematik wie auch die weitere Konkretisierung der in diesem Beitrag dargestellten Thesen werden im Laufe der nächsten Zeit vorgelegt.

Anmerkungen

1 Vgl. hierzu die Arbeiten: Altvater, Blanke, Neusüss, Kapitalistischer Weltmarkt und Weltwährungskrise, in: Probleme des Klassenkampfs, Nr. 1, Nov. 71, S. 5–118; Christel Neusüss, Imperialismus und Weltmarktbewegung des Kapitals, Erlangen, 1972; Busch, Schöller, Seelow, Weltmarkt und Weltwährungskrise, Bremen, 1971; Wolfgang Schöller, Werttransfer und Unterentwicklung (zu: E. Mandel: Der Spätkapitalismus), in: Probleme des Klassenkampfs, Nr. 6, März 73, S. 99–120; Klaus Busch, Ungleicher Tausch – zur Diskussion über internationale Durchschnittsprofitrate, ungleichen Tausch, komparative Kostentheorie, anhand der Thesen von Arghiri Emmanuel, in: Probleme des Klassenkampfs, Nr. 8/9, 1973, S. 47–88.

2 Vgl. hierzu: Ernest Mandel, Der Spätkapitalismus, Frankfurt/Main 1972; Samir Amin, L'Accumulation a l'Echelle Mondiale, Paris 1970; A. Emmanuel, L'Echange Inegal, Paris 1969; Ch. Bettelheim, Vorwort und Kommentar, in: A. Emmanuel, a.a.O.; Ch. Palleoix, Problemes de la croissance en economic ouverte, Paris 1969; A. G. Frank, Kapitalismus und Unterentwicklung in Lateinamerika, Frankfurt 1969.

3 Siehe hierzu: Wolfgang Schöller, a.a.O.

4 In einem Beitrag, der voraussichtlich Anfang 1974 in der Zeitschrift Probleme des Klassenkampfs erscheinen wird, werden die unterschiedlichen theoretischen Positionen zum ungleichen Tausch und der Preisbildung auf dem Weltmarkt nochmals aufgegriffen, um zu diskutieren, welcher gesellschaftliche Inhalt mit diesen Kategorien verbunden ist und von welcher analytischen Konsequenz die abweichenden theoretischen Auffassungen sind. – Entfällt.

5 Dieser Ansatz und diese Fragestellung werden von Willi Semmler bearbeitet, der in seiner Dissertation versucht, aus den historischen Phasen und Entwicklungsstufen des gesamtgesellschaftlichen Reproduktionsprozesses des Kapitals die Funktionen und jeweiligen Instrumentarien des Staatsapparats abzuleiten.

6 Vgl. hierzu: N. Bucharin, Der Imperialismus und die Akkumulation des Kapitals, Wien 1926, woraus auch die formalisierte Darstellung der Abteilungen entnommen ist.

7 Siehe hierzu: Eduardo Galeano, Die offenen Adern Lateinamerikas, Die Geschichte eines Kontinents von der Entdeckung bis zur Gegenwart, Wuppertal 1973. In dieser materialreichen, im Stil eines politischen Pamphlets gehaltenen Arbeit, wird anschaulich beschrieben, wie über die Weltmarktbewegungen Hunderttausende in die fraglichen Rohstoffbranchen getrieben werden und ebenso aus diesen vertrieben werden, wenn sich die Nachfrage auf dem Weltmarkt ändert.

8 Vgl. hierzu: Eric J. Hobsbawn, Industrie und Empirie, Britische Wirtschaftsgeschichte, seit 1775, Frankfurt/M. 1970.

9 Vgl. hierzu: Paul Bairoch, Revolucion Industrial y Subdesarrollo, Mexico 1967. In dieser Arbeit belegt Bairoch die stoffliche Abhängigkeit der Industriestaaten, insb. Englands, von den Zulieferungen aus Übersee.

10 Diese Entfaltung der Weltarbeitsteilung aus den jeweiligen historischen Erfordernissen des Kapitals der Industriestaaten unterscheidet sich in dieser historischen Vorgehensweise von dem Ansatz der sog. Theorie der komparativen Kosten. Auf diesen Aspekt wird in einer anderen Arbeit noch speziell eingegangen, siehe Anmerkung 4.

11 In der sozialwissenschaftlichen Diskussion über die Bestimmung der Produktionsverhältnisse, die sich in Lateinamerika in den Weltmarktsbranchen seit der Mitte des 19. Jahrhunderts herausgebildet hatten, wird der Unterschied zwischen kapitalistisch betriebener Produktion und kapitalistischer Produktionsweise nicht gesehen, weshalb es dann zu solcher Begriffsverwirrung kommt wie feudale, halbfeudale, kapitalistisch abhängige Produktion etc.

12 Der Guanaodünger besteht aus den jahrtausendealten Ablagerungen der Exkremente der Vögel vor der peruanischen Küste.

13 Vgl. hierzu besonders die Ausführungen von Eduardo Galeano, a.a.O., dem auch die nachstehenden Daten entnommen sind, S. 162 ff.

14 Vgl. hierzu Eduardo Galeano, a.a.O.; ebenso: Hernan Ramirez Necochea, Englands wirtschaftliche Vorherrschaft in Chile (1810–1914), in: Lateinamerika zwischen Emanzipation und Imperialismus, Berlin 1950, S. 112–166.

15 Vgl. hierzu: Alfred Maizels, Growth and Trade, an abridged version of Industrial Growth and World Trade, Cambridge 1970.

16 Die Angaben sind entnommen aus: Die Weltwirtschaft, 1972, Heft 1, S. 20.

17 Die Weltwirtschaft, a.a.O., S. 21.

18 Der Pearson Bericht. Bestandsaufnahme und Vorschläge zur Entwicklungspolitik, München/Wien/Zürich 1969.

19 Der Pearson Bericht, a.a.O., S. 107.

20 Vgl. hierzu auch eine Äußerung von Marx zur stofflichen Form des Surplusprodukts in rückständigen Ländern, dessen Verwandlung im Außenhandel deshalb notwendig sei, „. . . weil die ganze Gesellschaftsform zurückgebliebener Nationen . . . . dadurch bestimmt wird, die im Zusammenhang mit einem auf der kapitalistischen Produktion beruhenden Weltmarkt stehen. Wie groß immer das Surplusprodukt sei, das sie in einfacher Form als cotton oder corn aus der surplus labour ihrer slaves herausziehn, sie können bei dieser einfachen, unvariated labour stehnbleiben, indem sie durch den auswärtigen Handel befähigt sind, diesem einfachen Produkt jede beliebige Form von Gebrauchswert (zu geben)." Karl Marx, Theorien über den Mehrwert. Vierter Band des „Kapital". Dritter Teil, in: Marx/Engels Werke (MEW), Bd. 26, 3, S. 239.

21 Vgl. hierzu: Tillmann Tönnies Evers/Peter von Wogau, „dependencia", lateinamerikanische Beiträge zur Unterentwicklung, in: Das Argument, Nr. 79, 1973, S. 404–454.

22 Maria Conceicao Tavarez, El proceso de sustitucion de importaciones como modelo de desarrollo reciente en America Latina, in: America Latina, ensayos de interpretacion economica, Santiago de Chile 1969, S. 153. Die nachstehenden Daten sind derselben Studie entnommen, ebenso der Argumentationsgang zu dieser historischen Phase.

23 Maria Coceicao Tavarez, a.a.O., S. 156.

24 Vgl. hierzu zahlreiche Untersuchungen des Instituts für die Entwicklung Lateinamerikas (CEPAL) der Vereinten Nationen.

25 Vgl. hierzu: Octavio Janni, Estado e Planejamento no Brasil (1930–1970), Rio de Janeiro 1971, S. 262 ff.

26 Vgl. hierzu die einschlägigen Kapitel bei Alfred Maizels, a.a.O.

27 Vgl. hierzu: Hans Sieber, Die realen Austauschverhältnisse zwischen Entwicklungsländern und Industriestaaten. Eine Verifizierung der These Prebischs, Tübingen/Zürich 1968.

28 Vgl. hierzu: W. W. Leontief, Economic Production and Foreign Trade. The American capital position re-examined, in: International Trade, hrsg. von Jagdish Bhagwati, Middlesex 1972, S. 13–139; siehe im selben Reader bes. den Beitrag von B.S. Minhas, S. 139–168, zum Ohlin-Heckscher/Samuelson Theorem.

Unterentwickelte Länder und Weltwährungssystem

Von Frank Seelow

Vorbemerkung

In dieser Arbeit wird der Versuch unternommen, aus der Struktur des Weltmarktes das gegenwärtige Weltwährungssystem mit seinen Konsequenzen für die Akkumulationsbedingungen in den unterentwickelten Ländern zu entwickeln. Bei der Analyse der monetären Beziehungen zwischen unterentwickelten und entwickelten kapitalistischen Nationen auf der Grundlage des Wertgesetzes scheinen sich zwei Thesen konträr gegenüber zu stehen:

- Die ökonomischen und damit auch monetären Beziehungen zwischen Industrie- und Entwicklungsländer sind rein den Wertbewegungen unterworfen.
- Das Wertgesetz, ist für die Beziehungen zwischen Industrie- und Entwicklungsländern faktisch außer Kraft gesetzt, da sich die Währungspolitik gegenüber der Warenproduktion und insbes. gegenüber dem Warenaustausch auf dem Weltmarkt verselbständigt hat.[1] Die imperialistischen Mächte sind demnach in der Lage, die Wechselkurse zu den Währungen der Entwicklungsländer politisch festzusetzen. Sie setzen damit für den Warenaustausch zwischen Industrie- und Entwicklungsländern das Wertgesetz mehr oder weniger außer Kraft.[2]

Im Verlauf der Arbeit wird zu zeigen sein, daß das System von Bretton Woods adäquate Bewegungsform der Durchsetzung des Wertgesetzes auf dem Weltmarkt beim gegenwärtigen Entwicklungsstand der Internationalisierung der Produktion und Zirkulation ist.

Einerseits institutionalisiert das System von Bretton Woods den aus der Struktur der Weltarbeitsteilung resultierenden ungleichen Tausch zwischen unterentwickelten Ländern und kapitalistischen Industrieländern auch in den monetären Beziehungen – Produktion und Zirkulation auf dem Weltmarkt unterliegen dem Wertgesetz.

Andererseits schafft gerade die Institutionalisierung der Ungleichheiten die politischen und ökonomischen (ganz abgesehen von den vorhandenen militärischen) Möglichkeiten zur Verletzung des Wertgesetzes und zur Beibehaltung der Vorteile aus dem ungleichen Tausch für die nationalen Kapitale der Metropole.

Bei der Analyse der „monetären Einbettung" der unterentwickelten Länder in den Weltmarkt, werden die folgenden Fragen zu beantworten sein:

1. In welcher Weise setzt sich das Wertgesetz auf dem Weltmarkt zwischen Industrie- und Entwicklungsländern durch?
2. In welcher Weise sind Waren- und Geldzirkulation miteinander verknüpft, wie lassen sich „monetäre" Prozesse auf die Produktion zurückführen?
3. In welcher Beziehung steht die Entwicklung des Weltwährungssystems und insbes. die Stellung der Entwicklungsländer zur veränderten Produktionsstruktur auf dem Weltmarkt, d. h. welche konkrete Bewegungsform findet das Wertgesetz auf dem Weltmarkt?

4. Wie funktioniert das gegenwärtige Weltwährungssystem, welche Sonderstellung nehmen die unterentwickelten Länder in ihm ein?

Nicht untersucht werden an dieser Stelle die Möglichkeiten der nationalen Bourgeoisie, quasi gegen die bestehende Weltmarktstruktur, den nationalen Akkumulationsprozeß über eine „nationale" Währungspolitik zu beschleunigen.

Es sollen daher auch nicht die gegenwärtigen Reformvorschläge zum Weltwährungssystem im Interesse der Entwicklungsländer diskutiert werden. – Die Arbeit erhebt auch nicht den Anspruch, Alternativen für eine Neugestaltung der monetären Beziehungen zu entwickeln.

Sowie Geld notwendig aus der Warenproduktion resultiert, ist das gegenwärtige Weltwährungssystem Ausdruck der Struktur des kapitalistischen Weltmarktes. Ein krisenfreies Weltwährungssystem ist genausowenig möglich wie die Verhinderung von „Geldkrisen" im Kapitalismus, einer „Produktionsweise, worin sich die Regel nur als blindwirkendes Durchschnittsgesetz der Regellosigkeit durchsetzen kann".[3]

1. Weltmarktstruktur und Unterentwicklung[4]

Die Herausbildung und Durchsetzung der kapitalistischen Produktionsweise hat als Voraussetzung und Resultat die Entwicklung des äußeren Marktes, des Weltmarktes[5]. „Die Tendenz, den *Weltmarkt* zu schaffen, ist unmittelbar im Begriff des Kapitals selbst gegeben."[6] Die Gesetze der kapitalistischen Produktionsweise zwingen den Einzelkapitalisten, „sein Kapital fortwährend auszudehnen, um es zu erhalten, und ausdehnen kann er es nur vermittels progressiver Akkumulation".[7] Dieser Zwang zur Verwertung treibt das Kapital über die lokalen und nationalen Grenzen hinaus auf den Weltmarkt.

1.1. Durchsetzung der kapitalistischen Produktionsweise

Obwohl im Begriff des Kapitals die Durchsetzung des Kapitalverhältnisses und damit die Auflösung vorkapitalistischer Produktionsverhältnisse als historische Tendenz gegeben ist, ist die Kapitalakkumulation in den Ländern der Dritten Welt behindert.

Der begrenzte Akkumulationsprozeß in der Dritten Welt ist jedoch nicht als ein sich lediglich ungleich*zeitig* vollziehender Entwicklungsprozeß der nationalen Kapitale auf dem Weltmarkt zu verstehen, sondern als ein ungleich*mäßiger*: Die Unterentwicklung ist nicht zu erklären als ein nur zeitliches Hinterherhinken in der Entwicklung der Produktivkräfte in einigen Gesellschaften, wie Marx es annahm.[8]

Die besonderen historischen Bedingungen, unter denen sich die verschiedenen nationalen europäischen Kapitale die Gesellschaften in der Dritten Welt unterworfen haben, führten zu unterschiedlichen Formen und Stufen der Durchsetzung der kapitalistischen Produktionsweise.[9] Die Unterentwicklung ist daher als ein Strukturmoment in der historischen Durchsetzung der kapitalistischen Produktionsweise im Weltmaßstab zu sehen. Mandel beschreibt die kapitalistische Weltwirtschaft treffend als „ein gegliedertes System kapitalistischer, halbkapitalistischer und vorkapitalistischer Produktionsverhältnisse, durch kapitalistische Austauschverhältnisse miteinander verbunden und durch den kapitalistischen Weltmarkt beherrscht . . .".[10]

In welcher Form, nach welchen Gesetzmäßigkeiten vollziehen sich die Tauschbeziehungen nun in diesem „Mischsystem"? Wie setzt sich das Wertgesetz auf dem Weltmarkt, insbesondere zwischen ungleich entwickelten Nationen durch?

1.2. Wertgesetz im nationalen und internationalen Rahmen

1.2.1. Wertgesetz im nationalen Rahmen[11]

In der *warenproduzierenden Gesellschaft* nimmt die gesellschaftliche Arbeit die Form des Wertes an. Da die Produktion nicht planmäßig organisiert ist, kann sich erst im Nachhinein auf dem Markt zeigen, ob die hergestellten Waren gegen andere Waren oder Geld getauscht werden können. Tausch der Waren zu ihren Werten heißt, daß in ihnen gleiche vergegenständlichte Arbeit enthalten ist. Die zur Herstellung einer Ware vom Produzenten aufgewandte Arbeitszeit muß sich im doppelten Sinne als gesellschaftliche bewähren: Einmal muß die Ware überhaupt einem gesellschaftlichen Bedürfnis entsprechen, d. h. einen Käufer finden und zum anderen muß die Ware „mit den vorhandenen gesellschaftlich-normalen Produktionsbedingungen und dem gesellschaftlichen Durchschnittsgrad von Geschick und Intensität der Arbeit"[12] hergestellt sein.

Die Funktion des Wertgesetzes ist es, vermittelt über die Konkurrenz, hinter dem Rücken der Produzenten durchzusetzen, daß die privat verausgabten Arbeitsquanta dieser doppelten Bestimmung von gesellschaftlich notwendiger Arbeitszeit entsprechen. Sie müssen dem Stand der Entwicklung der Produktivkräfte in der jeweiligen Sphäre entsprechen und die Arbeitsquanta müssen sich als Teil der Gesamtarbeitszeit der Gesellschaft (die proportional dem gesellschaftlichen Bedürfnis über die verschiedenen Produktionssphären verteilt sein muß) bewähren. Die so bestimmte gesellschaftlich notwendige Arbeitszeit ist die Basis für die Bestimmung der Wertgröße im nationalen Rahmen.

In der kapitalistischen Produktionsweise haben sich als Resultat der Wirkungsweise des Wertgesetzes durch die Konkurrenz der Kapitale innerhalb der Nationen durchschnittliche Produktionsbedingungen herausgebildet. Dies führt im Gesamtzyklus der kapitalistischen Produktion (mit Einschluß von zeitlichen und örtlichen Inkongruenzen) zur Ausgleichung der Profitraten der Einzelkapitale, zur allgemeinen Profitrate. Der Prozeß der Herausbildung einer Durchschnittsprofitrate hat zur Voraussetzung den ungehinderten Fluß der Kapitale, die Entwicklung des Kreditwesens und die freie Beweglichkeit der Arbeitskräfte innerhalb der Gesellschaft. Die Waren werden nicht wie in der einfachen Warenproduktion zu ihren Werten, sondern zu ihren Produktionspreisen getauscht, denn jedes Kapital hat entsprechend seiner Größe Anspruch auf einen entsprechenden Teil des Gesamtmehrwertes der Gesellschaft (Durchschnittsprofit). Innerhalb der Sphäre bilden sich zunächst in Ausgleichung der unterschiedlichen „individuellen" Warenwerte gleiche Marktwerte und Marktpreise heraus, die über den krisenhaften Prozeß der Konkurrenz zwischen den Sphären einheitliche Produktionspreise (Kostpreise + Durchschnittsprofit) und damit Angleichung der Profitraten produzieren.

Der bürgerliche Staat ermöglicht und garantiert erst die Herstellung durchschnittlicher Produktionsbedingungen innerhalb der Nation bei freier Konkurrenz der Kapitale und Mobilität der Arbeiter. Er sichert das Privateigentum in allen seinen Formen ab und läßt nur die ökonomische Ausbeutung zu. (Im *entwickelten* Kapitalismus vollzieht sich der Tausch in der Regel als Äquivalententausch, Prellerei und Raub bilden die Ausnahmen.) Die Herausbildung von durchschnittlichen Produktionsbedingungen im nationalen Rahmen als Resultat der Wirkungsweise des Wertgesetzes bedeutet für die zurückgebliebenen Kapitale das Erliegen im Konkurrenzkampf, da sich die neuen Durchschnittsbedingungen i.d.R. jeweils auf dem höheren Entwicklungsstand etablieren.

1.2.2. Das Wertgesetz auf dem Weltmarkt

Wie im folgenden entwickelt werden wird, erfährt das Wertgesetz in seiner Wirkungsweise auf dem Weltmarkt Modifikationen.

Über die nationalen Grenzen ist bisher weder die volle Mobilität des Kapitals noch die der Arbeitskräfte gegeben, so daß sich die Verwertungsbedingungen nur begrenzt angleichen können. Die modifizierte Wirkungsweise des Wertgesetzes auf dem Weltmarkt bewirkt, daß u. U. auch die Kapitale weiter akkumulieren können, die zu schlechteren Bedingungen produzieren, als etwa ausländische Konkurrenten der gleichen Branche. Auf dem Weltmarkt stehen sich die verschiedenen nationalen Kapitale einer Branche nicht in direkter Konkurrenz gegenüber. Die Herausbildung der internationalen Wertgrößen erfolgt nicht in der gleichen Weise wie die Herausbildung von Marktwerten innerhalb einer Branche einer Nation.

Nur so ist es auch zu erklären, daß weniger entwickelte Kapitale sich auf dem Weltmarkt behaupten können.

Die freie Beweglichkeit der Kapitale und Arbeiter innerhalb einer Nation produziert die Tendenz zur Angleichung der Intensität der Arbeit über die verschiedenen Produktionssphären hinweg, so daß die mit mittlerer Intensität der Arbeit gewichtete Arbeitszeit Maßeinheit der Wertgröße wird. Arbeit mit geringerer Intensität verausgabt stellt sich demnach in kleineren, Arbeit mit überdurchschnittlicher Intensität verausgabt, in höheren Werten dar.

Zwischen den Nationen verhindert u. a. die Konstituierung des Nationalstaates den freien Fluß der Kapitale und Arbeiter. Der Angleichungsprozeß der Verwertungsbedingungen zwischen den verschiedenen nationalen Kapitalen kann sich daher nicht analog zu dem der Kapitale innerhalb der Nationalstaaten vollziehen. Die aus dem unterschiedlichen Stand der Produktivkräfte und Ausbeutungsraten resultierende unterschiedliche Intensität der Arbeit gleicht sich zwar innerhalb einer Nation an, bleibt aber zwischen den Nationen erhalten.

Diese nationale mittlere (durchschnittliche) Intensität der Arbeit ist von Land zu Land verschieden. Die unterschiedlichen nationalen (mittleren) Intensitäten, mit denen die Arbeit verausgabt wird, lassen sich als eine Stufenleiter von nationalen Durchschnitten fassen. „Diese Durchschnitte bilden also eine Stufenleiter, deren Maßeinheit die Durchschnittseinheit der universellen Arbeit ist."[13] Aufgrund dieser unterschiedlichen durchschnittlichen Intensität, mit der die Arbeit in verschiedenen Ländern verausgabt wird, gilt nun für den Weltmarkt: „Verglichen mit der weniger intensiven, produziert also die intensivere nationale Arbeit in gleicher Zeit mehr Wert, der sich in mehr Geld ausdrückt".[14] Für die Konkurrenz der Arbeitsprodukte der unterschiedlichen (in Bezug auf die Intensität der Arbeit) Nationalarbeitstage auf dem Weltmarkt bedeutet dies: „Der intensivere Arbeitstag der einen Nation stellt sich in höherem Geldausdruck dar, als der minder intensivere der anderen".[15]

Die *erste Modifikation* des Wertgesetzes auf dem Weltmarkt ist also, daß sich die

Arbeit der Nation, deren durchschnittliche Arbeit von höherer Intensität ist, auf dem Weltmarkt in höheren Werten darstellt.

Die *zweite Modifikation* des Wertgesetzes besteht darin, „daß auf dem Weltmarkt die produktivere nationale Arbeit ebenfalls als intensivere zählt, so oft die produktivere Nation nicht durch die Konkurrenz gezwungen wird, den Verkaufspreis ihrer Ware auf ihren Wert zu senken".[16]

Die Modifikation des Wertgesetzes auf dem Weltmarkt bewirkt: „Die verschiedenen Warenquanta derselben Art, die in verschiedenen Ländern in gleicher Arbeitszeit produziert werden, haben also ungleiche internationale Werte, die sich in verschiedenen Preisen ausdrücken, d. h. in je nach den internationalen Werten verschiedenen Geldsummen. Der relative Wert des Geldes wird also kleiner sein bei der Nation mit entwickelter kapitalistischer Produktionsweise als bei der mit wenig entwickelter".[17]

Die Waren werden folglich nicht zu ihren nationalen Werten – also entsprechend der tatsächlich in ihnen enthaltenen Arbeitszeit – getauscht. Daher kann auch der Fall eintreten, daß Waren, in verschiedenen Nationen in gleichen Zeiten produziert, sich dennoch auf dem Weltmarkt in unterschiedlichen internationalen Werten ausdrücken.

Im nationalen Rahmen ist die mit mittlerer Intensität gewichtete Arbeit Maßeinheit der Wertgröße, der gesellschaftlich notwendigen Arbeitszeit. Auf dem Weltmarkt ist die Maßeinheit der internationalen Wertgröße die universelle Arbeit, also die Durchschnittseinheit der Stufenleiter von nationalen Durchschnitten von Produktivität und Intensität der Arbeit.

1.2.2.1. Wechselkurs und Weltmarktpreise

Den Vermittlungsschritt zwischen der Abstraktion der universellen Arbeit und der branchenspezifischen Konkurrenz der nationalen Kapitale bei der Herausbildung der internationalen Werte bilden im bestehenden Weltwährungssystem Wechselkurse und internationale Geldwertänderungen.

Den Rangpunkt, den eine nationale Arbeit in der Stufenleiter der universellen Arbeit einnimmt, drückt sich demnach im Wechselkurs – Wert des nationalen Geldes im Verhältnis zu den anderen Währungen – aus. Die Arbeit des Landes, die mit höherer Produktivität und Intensität verausgabt wird, drückt sich daher auf dem WM in höheren Werten aus, verwertet sich höher.

Die Modifikation des WGs (Wertgesetz) auf dem WM (Weltmarkt) ist also die durch die Stufenleiter der universellen Arbeit produzierte Abfolge von Wertgrößen nationaler Arbeit, die im gegenwärtigen Weltwährungssystem über die Wechselkurse (und ihre Änderungen) vermittelt ist.

Die internationalen Wertgrößen bilden sich nicht wie die nationalen Produktionspreise über die direkte Konkurrenz der Einzelkapitale, sondern modifiziert heraus. Einerseits bestimmt sich die internationale Wertgröße durch den Rangpunkt, den die nationale Arbeit (als Durchschnitt der gesamten Arbeit, die zur Herstellung von WM-Waren aufgewendet wird) innerhalb der Stufenleiter einnimmt und mit dem gewissermaßen das ganze Wertprodukt, das für den WM hergestellt wird, gewichtet werden muß. Andererseits kann sich die internationale Wertgröße nur über die Konkurrenz der verschiedenen nationalen Kapitale einzelner Branchen herausbilden, analog zur Bildung des Marktwertes und der Marktpreise im nationalen Rahmen.

Da sich auf dem WM wegen des nur stockenden Kapitalflusses und der nur geringen Mobilität der Arbeiter keine allgmeine Profitrate herausbildet, existieren auch keine Weltproduktionspreise, sondern nur Weltmarktpreise. Diese schwanken daher nicht um Weltproduktionspreise, sondern sind das Ergebnis der Konkurrenz nationaler Produktionspreise, die entsprechend dem Rangpunkt der nationalen Arbeit auf der Stufenleiter gewichtet werden.

1.2.2.2. Modifikation des Wertgesetzes und nationaler Akkumulationsprozeß

Die Brechung der freien Konkurrenz auf dem WM an den Schranken der Nationalstaaten hat für den Akkumulationsprozeß der nationalen Kapitale weitreichende Konsequenzen. Im nationalen Rahmen schließt die Herstellung von durchschnittlichen Produktionsbedingungen den Untergang der zurückgebliebenen Kapitale ein. Da sich im Handel zwischen den Nationen das WG modifiziert durchsetzt, können sich auch die Kapitale der Nationen im Konkurrenzkampf behaupten, deren nationale Arbeit am unteren Ende der Stufenleiter liegt. Da jede *branchenspezifische* Arbeit, die für WM-Waren verausgabt wird, entsprechend dem Rangpunkt in der Stufenleiter der universellen Arbeit gewichtet wird, den die *gesamte nationale* Arbeit (für den WM) einnimmt, kann der Fall eintreten, daß die Branche einer Nation – obwohl auf dem WM am produktivsten produzierend – in der Preiskonkurrenz auf dem WM hinter unproduktiver produzierenden Branchen zurückfällt. Dies ist dann möglich, wenn „der relative Produktivitätsvorsprung dieser Branche gegenüber der internationalen Konkurrenz geringer ist als der durchschnittliche Produktivitäts- und Intensitätsvorsprung der betreffenden Nation gegenüber den anderen Nationen" insgesamt.[18]

Obwohl durch die modifizierte Wirkungsweise des WG auf dem WM einerseits sich jede nationale Arbeit, mit überdurchschnittlicher Produktivität und Intensität verausgabt, höher verwertet als andere Arbeit und damit der Akkumulationsprozeß für dieses Land permanent durch den Austausch begünstigt wird, können andererseits auch die Nationen durch den Austausch gewinnen und akkumulieren, deren Arbeit mit unterdurchschnittlicher Produktivität und Intensität verausgabt wird und die sich deshalb geringer auf dem WM verwertet.

Dieser Schutz der weniger entwickelten Kapitale auf dem WM kommt dadurch zustande, daß der internationale Geldwert dieser Länder entsprechend ihrem Rangpunkt in der Stufenleiter niedrig liegt und sie daher über Preisvorsprünge und damit die Ausdehnung von Marktanteilen den Akkumulationsprozeß fortsetzen können.

Die Modifikation des WG auf dem WM verschärft einerseits den ungleichen Entwicklungsstand der Nationen und wirkt ihm andererseits entgegen, indem die weniger entwickelten Nationen über Abwertungen ihrer Währungen ihre Konkurrenzposition verbessern können.

1.3. Herausbildung der Weltarbeitsteilung[19]

Im folgenden soll nur skizzenhaft entwickelt werden, in welchen historischen Abschnitten sich die kapitalistische Produktionsweise auf dem Weltmark durchgesetzt hat und welche Produktionsstruktur auf dem Weltmarkt geschaffen wurde.

Handelskapital und Wucherkapital sind dem industriellen Kapital vorangehende Formen des Kapitals. Sie entstanden in den Gesellschaften, in denen sich die Warenproduktion und das Geld in seinen verschiedenen Funktionen durchgesetzt hatten.

Handels- und Wucherkapital wirken auflösend auf die vorkapitalistischen Produktionsverhältnisse, der Umschlag zur kapitalistischen Produktionsweise ist aber an bestimmte gesellschaftliche Bedingungen gebunden. Das Handelskapital beschleunigt die Durchsetzung der Warenproduktion, denn die Bedingung seiner Akkumulation ist die Ausdehnung der Tauschwertproduktion. Dem Handelskapital wohnt daher die Tendenz inne, seine Sphäre auch über den nationalen Markt hinweg auf den Weltmarkt auszudehnen.

Die erste Phase der Herausbildung der Weltarbeitsteilung etwa vom Ende des 15. bis zum 18. Jahrhundert ist demnach die Herstellung des Weltmarktes durch das Handelskapital, es ist ein Raub- und Plünderungsverhältnis, denn der Profit des Handelskapitals entspringt auf jener Entwicklungsstufe aus dem Nichtäquivalententausch. Soweit überhaupt Handel stattfindet, beschränkt er sich auf den gelegentlichen Austausch von Primärerzeugnissen.

Die Phase des sogenannten *Freihandelskolonialismus* datiert im strengen Sinne nur von 1846 bis 1873[20]. Das englische Kapital hatte sich bereits mit *allen* militärischen, politischen und ökonomischen Mitteln die komplementäre Produktionsstruktur geschaffen („Baumwolle in den Südstaaten der USA, Wolle in Australien, Nitrate und Kupfer in Chile, Guanodünger in Peru, Wein in Portugal usw.").[21] Die überseeischen Regionen dienten sowohl als Nahrungsmittel- und Rohstofflieferanten für das rohstoffarme England als auch in begrenztem Umfang als Abnehmer von englischen Waren. Diese Herausbildung der Weltarbeitsteilung zwischen den unterentwickelten Ländern und insbes. England war alles andere als eine Folge eines partnerschaftlichen Handels oder einer Spezialisierung auf die Herstellung der Waren, die relativ am günstigsten produziert werden können, wie es z.T. die Vertreter der Theorie der komparativen Kosten behaupten.

Wie insbes. beispielhaft an Indien zu zeigen ist, setzten die Engländer alle Mittel ein, um die Kolonien der Herrschaft und den Verwertungsinteressen des englischen Kapitals zu unterwerfen.

Ökonomisch und politisch war das englische Kapital in der Lage, seine ökonomische Vormachtstellung gegenüber den *unterentwickelten* Ländern auszubauen und zu festigen. Die in den unterentwickelten Ländern geschaffene Produktionsstruktur bedingt die ungleichmäßige Entwicklung zwischen den nationalen Kapitalen der Metropolen und der Dritten Welt.

In den Beziehungen zu den *weniger entwickelten* nationalen Kapitalen der Metropolen gelang es dem englischen Kapital trotz seines Vorsprungs in der Entwicklung der Produktivität und Intensität der Arbeit nicht, seine Vormachtstellung auf Dauer aufrechtzuerhalten.

Die Angleichung der Verwertungsbedingungen in den Metropolen wurde nicht zuletzt durch englische Direktinvestitionen herbeigeführt[22]. Durch die modifizierte Wirkungsweise des Wertgesetzes auf dem Weltmarkt wurden auch die Kapitale der weniger entwickelten Nationen in die Lage versetzt, gegenüber dem fortgeschritteneren England konkurrenzfähig zu bleiben. Das direkte Eingreifen des Staates der entwickelten Nationalstaaten in die Akkumulationsbedingungen der nationalen Kapitale sowohl auf dem Weltmarkt als auch innerhalb der Nationen[23] beschleunigten das „Aufholen" dieser Kapitale gegenüber dem englischen.

Obwohl England nach Durchsetzung des Goldstandards zwischen 1863 und 1874[24] noch zum Zentrum des Welthandels wurde, verringerte sich der englische Vorsprung in der Entwicklung der Produktivität der Arbeit zunehmend. Der geringere

Entwicklungsstand der westeuropäischen Kapitale erwies sich als eine ungleich*zeitige* Entwicklung zwischen den verschiedenen nationalen Kapitalen.

Die wachsenden Verwertungsschwierigkeiten der metropolitanen Kapitale führte zu immer schärferer Konkurrenz auf dem Weltmarkt und damit zu immer größeren Beschränkungen des Welthandels.

So charakterisieren die Notwendigkeit der Sicherung von billigen Rohstoffquellen in Übersee sowie der verstärkte Kapitalexport der Metropolen auch in die unterentwickelten Länder die Phase des *klassischen Imperialismus*. Der Anteil der Rohstoffe und Nahrungsmittel am Welthandel sinkt, die Produktion von Fertigwaren differenziert sich weiter.

Zusammenfassung

Die Weltarbeitsteilung zwischen den entwickelten nationalen Kapitalen ist Resultat der modifizierten Wirkungsweise des Wertgesetzes auf dem Weltmarkt, so daß die *weniger entwickelten* Kapitale in ihrem Akkumulationsprozeß zwar behindert werden, aber die Vorherrschaft eines nationalen Kapitals nicht auf die Dauer erhalten bleiben kann. Für diese Beziehungen ist gültig: „Das industriell entwickeltere Land zeigt dem minder entwickelten nur das Bild der eigenen Zukunft".[25]

Die Weltarbeitsteilung zwischen den Kapitalen der Metropolen und den *unterentwickelten* Regionen hat eine mit politischen und ökonomischen Mitteln erzwungene Struktur, die die Entfaltung der Produktivkraft der Arbeit und den Akkumulationsprozeß in der Dritten Welt vom Weltmarkt her begrenzen. Das Wertgesetz (soweit es überhaupt in den ökonomischen Beziehungen eine Rolle spielte, weil die Austauschbeziehungen tatsächlich Handelsbeziehungen waren) hat aufgrund der komplementären Produktionsstruktur zwischen Metropolen und Dritter Welt die ungleiche Entwicklung nicht aufgehoben, sondern verschärft.

1.4. Wirkungsweise des Wertgesetzes zwischen Industrie- und Entwicklungsländern[26]

Die heutige unterschiedliche Produktionsstruktur (als Resultat der Durchsetzung der kapitalistischen Produktionsweise auf dem Weltmarkt) in Entwicklungs- und Industrieländern (vereinfacht: Rohstoff- und Fertigwarenfabrikanten) begrenzt neben den weitgehend durch sie verursachten „internen Faktoren der Unterentwicklung"[27] den Akkumulationsprozeß in den Ländern der Dritten Welt.

Im folgenden sollen kurz die beiden wesentlichen Ansätze zur Analyse der gegenwärtigen Weltarbeitsteilung zwischen Industrie- und Entwicklungsländern dargestellt werden.

1.4.1. Theorie der komparativen Kosten

Entgegen der Annahme der Vertreter der Theorie der komparativen Kosten hat die Spezialisierung der Entwicklungsländer auf die Produktion der Waren, bei der sie komparative Kostenvorteile haben, nicht zur Steigerung des Wohlstandes durch den Außenhandel beigetragen. Die Voraussetzungen für die „reine" Wirkung des Mechanismus der komparativen Vorteile wäre eine diversifizierte Produktionsstruktur der Entwicklungsländer und ein ausreichendes weltgesellschaftliches Bedürfnis nach den von ihnen produzierten Waren. Die gegenwärtige Struktur der Weltarbeitsteilung führt für die im Überfluß Rohstoffe produzierenden Entwicklungsländer zu ständigen Entwertungsprozessen der nationalen Kapitale. Beständig müssen die Waren der Entwicklungsländer auf dem Weltmarkt unte;ihrem nationalen Wert verkauft werden, d.h. ein Teil des produzierten Mehrwerts wird nicht realisiert, kann vom Kapitalisten nicht angeeignet und akkumuliert werden.

1.4.2. Theorie des Ungleichen Tausches[28]

Wir hatten gesehen (in Punkt 1.2.2.2.), daß aufgrund der Wirkungsweise des Wertgesetzes auf dem Weltmarkt der Ungleiche Tausch zwischen ungleich entwickelten Nationen zwar einerseits zugunsten des entwickelten Landes institutionalisiert wird, andererseits aber zugleich die Konkurrenz- und damit Akkumulationsfähigkeit der weniger entwickelten nationalen Kapitale auf dem Weltmarkt durch Geldwertänderungen garantiert wird. Dieser Ausgleichsmechanismus (oder auch „Schutzfunktion") wird aufgrund der Struktur der Weltarbeitsteilung zwischen Industrie- und Entwicklungsländern für die rohstoffproduzierenden unterentwickelten Länder in der Regel nicht wirksam. Die geringe Einkommenselastizität der Nachfrage für Primärgüter aus den Entwicklungsländern (das bedeutet Überproduktion und Preisverfall) und teilweise starre Angebotsstrukturen in den unterentwickelten Ländern bei gleichzeitigem starren Importbedarf für die Waren aus den kapitalistischen Industrieländern bewirken einen permanenten ungleichen Tausch zuungunsten der unterentwickelten Länder. Aufgrund der Überproduktion liegen die Preise der Entwicklungsländer-Waren auf dem Weltmarkt in der Regel unter den internationalen Werten. Die Waren der kapitalistischen Industrieländer hingegen müssen zu internationalen Werten gekauft werden; im Falle der liefergebundenen „Entwicklungshilfe" liegen die Preise meist noch darüber.

Der ungleiche Tausch zuungunsten der Entwicklungsländer ist damit doppelt bedingt:

- Über die Wirkungsweise des Wertgesetzes auf dem Weltmarkt wird der ungleiche Tausch zugunsten des entwickelteren nationalen Kapitals institutionalisiert. Dieser „reinen" Form des ungleichen Tausches unterliegt jedes weniger entwickelte nationale Kapital im Handel mit dem entwickelteren.
- Die Überproduktion der Entwicklungsländer führt zu zusätzlichen Entwertungsprozessen, und sie können auch über Abwertungen ihre Konkurrenzposition auf dem Weltmarkt nicht verbessern und sich gegenüber dem entwickelteren nationalen Kapital behaupten (dies entspräche der „Schutzfunktion").

2. Historische Entwicklung des Weltgeldes und Weltwährungssystems

Im Vorangegangenen ist der Versuch unternommen worden, die Herausbildung des Weltmarktes sowohl kategorial als auch historisch sowie die Wirkungsweise des Wertgesetzes auf dem Weltmarkt, insbes. in seiner „brüchigen" Durchsetzungsform für die Warenkapitalbeziehungen zwischen Industrie- und Entwicklungsländern, zu skizzieren.

Die monetären Bewegungen im Weltwährungssystem basieren letztlich auf den internationalen Warenkapitalbewegungen. Daher kann die Analyse der Auswirkungen der monetären Vorgänge in den unterentwickelten Ländern nicht allein von der institutionellen Verfassung des Systems von Bretton Woods ausgehen. Vielmehr ist dieses System selbst als adäquater Ausdruck der Bewegungsform des Wertgesetzes auf dem Weltmarkt zu fassen.

Es gilt daher zunächst, das Geld als notwendiges Resultat der Warenproduktion herauszuarbeiten, um sodann aus der Schaffung des Weltmarktes, d.h. der Internationalisierung der Produktion und Zirkulation die verschiedenen Formen des Weltgeldes abzuleiten.

2.1. Das Verhältnis von Waren- und Geldzirkulation

Eingangs wurde die These von Kühne wiedergegeben, die Währungen hätten sich gegenüber den materiellen Prozessen relativ weit verselbständigt[29]. Es soll daher kurz auf den grundsätzlichen Zusammenhang von Waren- und Geldzirkulation eingegangen werden, um die allgemeinen Möglichkeiten der Beeinflussung des Produktionsprozesses durch die Zirkulation zu klären.

Marx fragt in den „Grundrissen allgemein: „Können durch Änderung im Zirkulationsinstrument – in der Organisation der Zirkulation – die bestehenden Produktionsverhältnisse und die ihnen entsprechenden Distributionsverhältnisse revolutioniert werden? Fragt sich weiter: Kann eine solche Transformation der Zirkulation vorgenommen werden, ohne die bestehenden Produktionsverhältnisse und die auf ihnen beruhenden gesellschaftlichen Verhältnisse anzutasten? "[30]

„Es wäre ferner zu untersuchen, oder schlüge vielmehr in die allgemeine Frage, ob die verschiedenen zivilisierten Formen des Geldes – Metallgeld, Papiergeld, Kreditgeld, Arbeitsgeld (letzteres als sozialistische Form) – erreichen können, was von ihnen verlangt wird, ohne das in der Kategorie Geld ausgedrückte Produktionsverhältnis selbst aufzuheben . . .? Die verschiedenen Formen des Geldes mögen der gesellschaftlichen Produktion auf verschiedenen Stufen besser entsprechen, die Übelstände beseitigen, denen die andere nicht gewachsen ist; keine aber, solange die Formen des Geldes bleiben und solange das Geld ein wesentliches Produktionsverhältnis bleibt, kann die dem Verhältnis des Geldes inhärenten Widersprüche aufheben, sondern sie nur in einer oder der anderen Form repräsentieren."[30a]

2.1.1. Geld als notwendiges Produkt der Warenproduktion

Bereits in seiner Kritik an den Proudhonisten in den „Grundrissen"[31] weist Marx die Unmöglichkeit nach, das Geld zu beseitigen, aber die Warenproduktion aufrechtzuerhalten. Dabei zeigt er, daß das Geld mit Notwendigkeit aus der Warenproduktion hervorwächst. Er stellt sich die Frage: „Macht das bürgerliche Austauschsystem selbst nicht ein spezifisches Austauschinstrument nötig? Schafft es nicht notwendig ein besonderes Äquivalent für alle Werte? "[32]

In der Entfaltung der Werttheorie zeigt Marx den Doppelcharakter der Ware: sie hat Wert und Gebrauchswert. Die Waren werden im Austausch in bestimmten Proportionen einander gleichgesetzt. Als Werte sind sie einander qualitativ gleich, sind „bloße Gallerten unterschiedsloser menschlicher Arbeit".[33] Als Gebrauchswert sind sie dagegen von unterschiedlicher Beschaffenheit, gerade deswegen werden sie getauscht. Dieser den Waren innewohnende Widerspruch von Wert und Gebrauchswert (die ökonomische Gleichartigkeit im Austausch und ihre natürliche Verschiedenheit) wird veräußerlicht, erscheint im Austausch.

Im Austausch gewinnt die Ware eine doppelte Existenz, „neben ihrer natürlichen eine rein ökonomische, in der sie bloßes Zeichen, ein Buchstabe für ein Produktionsverhältnis ist, ein bloßes Zeichen für ihren eigenen Wert"[34].

„Als Wert ist die Ware Äquivalent; als Äquivalent sind alle ihre natürlichen Eigenschaften in ihr ausgelöscht; steht sie in keinem qualitativen besonderen Verhältnis mehr zu den anderen Waren; sondern ist sie sowohl das allgemeine Maß als der allgemeine Repräsentant, als das allgemeine Austauschmittel aller anderen Waren. Als Wert ist sie *Geld*"[35].

Mit der Entwicklung des Austausches und damit der Überwindung des unmittelbaren Produktentausches (statt W-W jetzt W-G-W) tauschen die Warenbesitzer ihre Waren mit einer dritten Ware, vergleichen sie als Werte. Diese dritte Ware wird allgemeines gesellschaftliches Äquivalent – wird Geld. Alle Waren stellen ihren Wert einheitlich in einer Ware dar, damit wird die Naturalform dieser Ware allgemeines Äquivalent. Diese Ware erhält durch den gesellschaftlichen Prozeß – als Wertspiegel allen anderen Waren zu dienen – ihre besondere gesellschaftliche Funktion als Geld.

„Der Geldkristall ist ein notwendiges Produkt des Austauschprozesses, worin verschiedenartige Arbeitsprodukte einander tatsächlich gleichgesetzt und daher in Waren verwandelt werden. Die historische Ausweitung und Vertiefung des Austausches entwickelt den in der Warenproduktion schlummernden Gegensatz von Gebrauchswert und Wert. Das Bedürfnis, diesen Gegensatz für den Verkehr äußerlich darzustellen, treibt zu einer selbständigen Form des Warenwerts und ruht und rastet nicht, bis sie endgültig erzielt ist durch die Verdoppelung der Ware in Ware und Geld. In demselben Maße daher, worin sich die Verwandlung der Arbeitsprodukte in Waren, vollzieht sich die Verwandlung von Ware in Geld."[36]

2.1.2. Der Geldfetisch

Indem sich nun alle Waren auf eine Ware als Äquivalent beziehen, scheint es, als besäße diese Ware ihre Eigenschaft Geld zu sein von Natur aus. „Eine Ware scheint nicht erst Geld zu werden, weil die anderen Waren allseitig ihre Werte in ihr darstellen, sondern sie scheinen umgekehrt allgemein ihre Werte in ihr darzustellen, weil sie Geld ist . . . Daher die Magie des Geldes. . . . Das Rätsel des Geldfetischs ist daher nur das sichtbar gewordene, die Augen blendende Rätsel des Warenfetischs".[37]

In der warenproduzierenden Gesellschaft sind die Verhältnisse der Produzenten nicht unmittelbar gesellschaftliche, von ihnen kontrollierte, sondern sie sind „sachliche Verhältnisse der Personen und gesellschaftliche Verhältnisse der Sachen".[38] Daher erscheint auch der „*gesellschaftliche* Charakter der Arbeit als das *Gelddasein* der Ware und daher als ein *Ding* außer der wirklichen Produktion . . ."[39]

2.2. Formen und Funktionen des (nationalen) Geldes[40]

2.2.1. Geld als Maß der Werte und Maßstab der Preise

Als allgemeines *Maß der Werte* liefert das Gold den Waren das Material ihres Wertausdrucks, die Werte der Waren werden in Preise verwandelt, d. h. in vorgestellte Geld- bzw. Goldquanta.

Als *Maßstab der Preise* fungiert das Geld als ein festgesetztes Metallgewicht, das die vorgestellten Goldquanta mißt. Daher wird ein bestimmtes Goldgewicht als Maßeinheit fixiert; diese Maßeinheiten sind die Münzen, die ein festgelegtes Metallgewicht haben.

Sowohl in seiner Funktion als Maß der Werte als auch in seiner Funktion als Maßstab der Preise ist Geld nur ideell, vorgestellt, braucht nicht lebhaftig vorhanden zu sein.

2.2.2. Geld als Zirkulationsmittel

Die Ware durchläuft im Austauschprozeß zwei entgegengesetzte und „einander ergänzende Metamorphosen – Verwandlung der Ware in Geld und ihre Rückverwandlung als Geld in Ware".[41] Als Zirkulationsmittel dient das Geld nur der Vermittlung des Warenaustauschs. Es läuft daher beständig aus der Hand des Käufers in die Hände des Verkäufers. Es dient dem Käufer als Kaufmittel. Da die gekaufte Ware in der Regel aus der Zirkulation herausfällt in die Konsumtion und allein das Geld in der Zirkulation verbleibt, scheint es, als sei es allein das Geld in seiner Funktion als Zirkulationsmittel, das die Waren zirkulieren läßt und nicht der notwendige Austausch von unterschiedlichen Gebrauchswerten.

„Obgleich daher die Geldbewegung nur Ausdruck der Warenzirkulation, erscheint umgekehrt die Warenzirkulation nur als Resultat der Geldbewegung".[42]

Die Waren werden von der Produktion in die Zirkulation und aus ihr wieder hinaus in die Konsumtion geworfen. Da das Geld beständig in der Zirkulation bleibt, erhebt sich die Frage, wieviel Geld benötigt wird, um die Warenzirkulation zu vermitteln. Das Gesamtquantum des als Zirkulationsmittel benötigten (Metall-)Geldes ist bestimmt durch Preissumme der Waren und durch die Umlaufgeschwindigkeit der einzelnen Geldstücke. Jedoch werden die Warenpreise nicht durch die Masse der Zirkulationsmittel (d. h. der Menge des Metallgeldes) bestimmt, wie es die Vertreter der Quantitätstheorie behaupten.[43]

In der Zirkulation muß der Ware das im Preis oder Geldnamen vorgestellte Goldquantum als Goldstück oder Münze gegenübertreten. In den Anfängen des Münzwesens bestand Gleichheit von Goldmünze und Barrengold, d.h. von Goldtitel und Goldgehalt, denn das eine war ohne Schwierigkeiten und Wertverlust in das andere zu verwandeln. Natürliche Abnutzung der Goldmünzen sowie Münzverschlechterung durch die Inhaber des Münzrechts beschleunigten den Scheidungsprozeß von Nominal- und Realgehalt. „Das Gold als Zirkulationsmittel weicht ab vom Gold als Maßstab der Preise und hört damit auch auf, wirkliches Äuivalent der Waren zu sein, deren Preis es realisiert".[44]

Die Goldmünzen werden nach und nach durch minderwertige Metallmarken von willkürlich festgelegtem Metallgewicht (Silber- und Kupfermünzen) ersetzt, deren Münzfunktionen unabhängig werden von ihrem tatsächlichen Wert. Im Staatspapiergeld mit Zwangskurs ist das Geld nur noch Geldzeichen, an sich ist es wertlos. *Als Münze oder Zirkulationsmittel ist das Gold durch Papierzettel* ersetzbar, braucht nicht materiell vorhanden zu sein, da es in der Warenmetamorphose nur die entgegengesetzten Phasen vermittelt. „Nur bedarf das Zeichen des Geldes seiner eigenen objektiv gesellschaftlichen Gültigkeit und diese erhält das Papiersymbol durch den Zwangskurs".[45]

Das spezifische Gesetz der Papiergeldzirkulation „ist einfach dies, daß die Ausgabe des Papiergeldes auf die Quantität zu beschränken ist, worin das von ihm symbolisch dargestellte Gold (resp. Silber) wirklich zirkulieren müßte".[46] Wird mehr Papiergeld ausgegeben als eigentlich an Gold zirkulieren müßte, so wird der einzelne Papierzettel entwertet, er repräsentiert ein kleineres Goldquantum als zuvor. In der Wirkung ist dies dasselbe, „als wäre das Gold in seiner Funktion als Maß der Preise verändert worden"[47], d.h. die Warenpreise erhöhen sich in diesem Fall.

2.2.3. Geld als Geld

Geld ist als Wertmaß nur ideell, vorgestellt. Es ist als Zirkulationsmittel symbolisch, durch bloße Zeichen ersetzbar. Aber in seiner dritten Bestimmung (1. Schatz, 2. Zahlungsmittel und 3. Weltgeld) als Inkarnation des Tauschwertes muß das Geld (z.B. Silber oder Gold) leibhaftig vorhanden sein.

2.2.3.1. Geld als Schatz

Die Warenmetamorphose W-G-W schafft die Möglichkeit, das Geld, die verwandelte Gestalt der Ware festzuhalten, das Geld versteinert damit zum Schatz.

Damit ist nicht mehr der Stoffwechsel Zweck des Austausches (Verkauf von Tauschwerten, um Gebrauchswerte kaufen zu können), sondern der Formwechsel der Ware wird zum Selbstzweck. Die dadurch entstehenden Reservefonds dienen der Ab- und Zufuhr von in der Zirkulation benötigtem bzw. überflüssigem Metallgeld.

2.2.3.2. Geld als Zahlungsmittel

Mit Weiterentwicklung der Warenzirkulation können „Veräußerung der Ware von Realisierung ihres Preises zeitlich getrennt"[48] werden. Die Metamorphose der Ware verändert sich, damit erhält auch das Geld eine andere Bestimmung, es wird Zahlungsmittel. Aber erst am Zeitpunkt der Zahlung fungiert das Geld tatsächlich als Zahlungsmittel, vorher war das Geld nur ideelles Kaufmittel (als Geldversprechen des Käufers), konnte aber dennoch den Verkauf der Ware bewirken.

Das Zahlungsmittel tritt erst in die Zirkulation ein, wenn die Ware bereits aus der Zirkulation herausgefallen ist. „Das Geld vermittelt nicht mehr den Prozeß. Es schließt ihn selbständig ab, als absolutes Dasein des Tauschwerts oder allgemeine Ware".[49]

Solange sich die verschiedenen Zahlungen ausgleichen, braucht auch das Geld als Zahlungsmittel nicht tatsächlich vorhanden zu sein, denn es funktioniert nur ideell als Rechengeld oder Maß der Werte. Wenn jedoch die Zahlungen wirklich zu verrichten sind wie insbes. im Moment von Produktions- und Handelskrisen – die auf der Oberfläche als „Geldkrisen" erscheinen – „schlägt das Geld plötzlich und unvermittelt um, aus der nur ideellen Gestalt des Rechengeldes in hartes Geld. Es wird unersetzlich durch profane Waren".[50]

Solange die Produktion ohne Schwierigkeiten läuft, verdrängt der Kredit (er entspringt aus dem Verhältnis von Gläubiger und Schuldner) das Geld aus seiner Funktion als Zahlungsmittel. „Aber sobald der Kredit erschüttert wird – . . . –, soll nun aller reale Reichtum wirklich und plötzlich in Geld verwandelt werden, in Gold und Silber . . ."[51].

2.2.3.3. (Metall-)Weltgeld[52]

„Im Welthandel entfalten die Waren ihren Wert universell. Ihre selbständige Wertgestalt tritt ihnen daher hier auch gegenüber als Weltgeld".[53] Auf dem Weltmarkt streift das Geld seine lokalen Besonderheiten ab, es wird in der Barrenform seinem Begriff adäquat, es wird die „Naturalform zugleich unmittelbar gesellschaftliche Verwirklichungsform der menschlichen Arbeit".[54]

Das (Metall-)Weltgeld[55] funktioniert als
- allgemeines Zahlungsmittel zum Ausgleich der internationalen Bilanzen,
- allgemeines Kaufmittel (Zirkulationsmittel), soweit der Außenhandel nicht im Gleichgewicht ist und Waren zusätzlich erworben werden müssen,
- absolut gesellschaftliche Form des Reichtums zur Übertragung von Reichtum, der nicht in der Form von Waren erfolgen kann.

In all diesen Formen muß das Geld im System des Goldstandards leibhaftig vorhanden sein.

Im System von Bretton Woods dient nationales Geld (der US-Dollar) als Weltgeld. Der periodische Ansturm auf das Gold zeigt deutlich, daß in Krisenzeiten das (Welt-)Geld als Inkarnation des Tauschwertes, also als unmittelbare Materiatur des gesellschaftlichen Reichtums, realen gesellschaftlichen Reichtum verkörpern muß.

2.3. Historische Entwicklung des Weltwährungssystems[56]

Es soll an dieser Stelle nur ein knapper Abriß der Entwicklung des Weltwährungssystems gegeben werden. Insbesondere die Aufarbeitung der realen historischen Entwicklung des Geldwesens in den Entwicklungsländern und der späteren Abhängigkeit von der Geldpolitik der Metropole bleibt einer späteren Arbeit überlassen.

Der Entwicklungsstand des Weltmarktes und damit der Grad der Internationalisierung der Produktion und Zirkulation schafft sich das ihm entsprechende Währungssystem, das Wertgesetz findet so eine adäquate Durchsetzungs- und Bewegungsform. So entsprach der Epoche des „Währungswirrwarrs" bis Mitte/Ende des 19. Jahrhunderts dem unentwickelten Weltmarkt.

2.3.1. Währungswirrwarr

Der nur begrenzt entfalteten Warenproduktion in der Sklavenhaltergesellschaft und im Feudalismus entsprach die primitive Form der Münzgeldwirtschaft als adäquater Form der Durchsetzung des Wertgesetzes. Die Vielzahl von nationalen Münzsystemen unterschied sich durch unterschiedliche Wertverhältnisse zwischen den Edelmetallen. Private und staatliche Münzfälschungen waren die Regel, Umlaufs- und Geltungsbereich der Münzen deckten sich häufig nicht.

In Abhängigkeit von der Menge der geförderten Edelmetalle wurde entweder hauptsächlich Gold oder Silber geprägt. Mitte des 17. Jahrhunderts wurden der französische Louisdor sowie das englische Pfund Sterling die herrschenden Münztypen.

Wie Kaemmel[57] beschreibt, zwang u.a. die Kolonialmacht England den von ihr eroberten Territorien das englische Pfund als Währung auf. Insbesondere durch den Zwang zur Beibehaltung der Silberwährung – bei sinkendem Silberpreis auf dem Weltmarkt – zog England Millionen Beträge aus Indien[58].

2.3.2. Der Goldstandard

Die Umwälzung der Produktionsverhältnisse und die damit einhergehende Ausrichtung des Staates an den Interessen der aufkommenden Bourgeoisie sowie die Entwicklung der Geld- und Kreditbeziehungen wirkten ihrerseits beschleunigend auf die Auflösung der überkommenen Produktionsverhältnisse. Die Ausdehnung der Staatstätigkeit (insbes. Kriegführung) und des auswärtigen Handels drängten auf eine Veränderung der bestehenden Münzsysteme, die dem sich entfaltenden Kapitalismus ein Hemmnis waren, denn das Kapital drängte über den lokalen und nationalen Markt zum Weltmarkt.

So regelten die Staaten des Deutschen Bundes in der deutschen Münzkonvention von 1837 zum erstenmal ihre verschiedenen Währungen. In der lateinischen Münzunion von 1865 wurde das Münzwesen der zusammengeschlossenen Staaten nach dem Vorbild von Frankreich in einer Doppelwährung aus Silber und Gold geregelt. Die skandinavische Münzunion von 1872 basierte bereits auf der Goldwährung.

Das entwickelste Land, England, war bereits gegen Ende des 18. Jhd. zur reinen Goldwährung übergegangen. Die fortgeschrittenen Nationen folgten bis zum Ende des 19. Jhd. Neben Gold und Silber fungierte noch Kupfer als Edelmetall. In einigen Staaten zirkulierten staatliches Papiergeld mit Zwangskurs sowie Banknoten. Die Banknoten wurden durch die Übernahme der Notenausgabe durch die Notenbanken und der damit verbundenen Einlösbarkeit in Gold zu einem Teil der Währungen.

Die absolut freie Beweglichkeit des Goldes (es gab weder Ein- noch Ausfuhrbeschränkungen, noch Zölle oder Steuern) über die Grenzen hinweg bei Verpflichtung der staatlichen Münzstätten, gegen Gebühr Barrengold im festgesetzten Feingehalt ausprägen zu lassen, war die „technische Grundlage" des Goldautomatismus. Auf dem Weltmarkt bildeten sich je nach Wert der Währungen stabile Münzparitäten nach dem Feingehalt der verschiedenen nationalen Hauptmünzen. Wertschwankungen der Währungen wurden durch Goldzu- und -abfluß ausgeglichen.

2.3.2.1. Goldkernwährung

Zur vollen Wirksamkeit gelangte der Goldstandard in der Goldkernwährung, in der in der nationalen Zirkulation nicht mehr Gold zirkuliert, sondern Wertzeichen (Papiergeld und Scheidemünzen). Ein gewisser Teil des Papiergeldes wird durch Gold abgedeckt, es besteht eine gesetzlich festgelegte Mindestdeckung, die von der Zentralnotenbank gewährleistet wird. Das Papiergeld ist in Gold umtauschbar.

Aufgrund der sich in den einzelnen Nationen unterschiedlich entwickelnden Produktivität und Intensität der Arbeit kommen immer wieder Ungleichgewichte im Außenhandel der Nationen zustande. Der Ausgleich der Zahlungsbilanz-Ungleichgewichte erfolgte über den Geld-Mengen-Preismechanismus[59].

Hat eine Nation einen Außenhandels*überschuß*, so wird das einströmende Gold von den Exporteuren in nationales Papiergeld umgetauscht. Da die Deckungsvorschriften nur Mindestdeckungen vorschreiben, braucht die Zentralbank nicht unbedingt die zirkulierende Papiergeldmasse zu vergrößern. In der Regel wird für den Goldzufluß jedoch nationales Papiergeld ausgegeben, so daß sich über diesen inflationären Prozeß der Preisausdruck der Waren erhöht. Bei der Goldkernwährung (in der als nationales Geld nur Papiergeld zirkuliert) ist im Gegensatz zur Goldumlaufwährung die Quantitätstheorie Ricardos zutreffend. Die Erhöhung des Preisausdrucks auch der Weltmarktswaren verschlechtert die Konkurrenzposition und baut so den Exportüberschuß ab und verringert den Goldzufluß.

Das Land mit Außenhandels*defizit* muß Gold zur Bezahlung der gekauften Waren ins Ausland senden. Die Zentralbank *muß* aufgrund der Deckungsvorschriften die Masse der zirkulierenden Wertzeichen verringern. Bei dieser Kontraktion der Geldmenge wird der Preisausdruck der Waren sinken und sich daher die Konkurrenzposition auf dem Weltmarkt wieder verbessern, der Goldabfluß verringert sich aufgrund der wieder ansteigenden Exporte.

„In der Praxis führte dieser „Automatismus" zwar jeweils zu stabilen Wechselkursen, aber wie auch Zottmann bemerkt, konnte „diese Stabilität nur auf Kosten erheblicher Preis- und Einkommensschwankungen in den einzelnen Volkswirtschaften und oftmals sogar nur unter Inkaufnahme einer Massenarbeitslosigkeit erreicht oder bewahrt werden . . ."[60]

Die Durchsetzung des Wertgesetzes auf dem Weltmarkt über den Geldmengen-Preis-Mechanismus war notwendigerweise von ständigen Inflations- und Deflationsprozessen begleitet. Diese nur sehr brüchige Durchsetzungsform des Wertgesetzes auf dem Weltmarkt beruhte auf dem Verzicht jeder wirksamen nationalen Konjunktur- und Wirtschaftspolitik. Mit der Notwendigkeit, den stockenden nationalen Akkumulationsprozeß nach dem 1. Weltkrieg aktiv zu fördern, auch über handelspolitische Maßnahmen, konnte sich das Wertgesetz nicht länger über den Goldmengen-Preis-Mechanismus durchsetzen, das System der Goldwährung mußte zusammenbrechen.

2.3.2.2. Golddevisenwährung

Mit Ausbruch des 1. Weltkriegs hoben die meisten Nationen die Deckungs- und Einlösepflicht auf, erließen Devisenbeschränkungen der verschiedensten Art, um über eine vermehrte Papiergeldausgabe die Kriegskosten zu finanzzieren. Sie beseitigten damit alle Voraussetzungen für das Funktionieren des „Gold-Automatismus".

Auf der Währungskonferenz von Genua 1922 entschlossen sich fast alle Nationen zur Einführung der Golddevisenwährung. Zur Abdeckung des nationalen Papiergeldes diente nicht länger allein das Gold, sondern auch Devisen, d.h. nationales Papiergeld anderer Nationen.

Die Golddevisenwährung (das System von Bretton Woods ist lediglich als Weiterführung zu betrachten) birgt erhebliche Nachteile. Zahlungsbilanz-Ungleichgewichte der Nationen, deren Währungen als Reserve gehalten werden, führen in den übrigen Ländern – bei Einhaltung der Deckungsvorschriften – jeweils zu Deflationen bzw. Inflationen. Der nationale Akkumulationsprozeß wird damit weitgehend vom Akkumulationsprozeß der wichtigsten Welthandelsländer abhängig.

Die bereits während des 1. Weltkrieges stark beeinträchtigte internationale Arbeitsteilung wurde während der Weltwirtschaftskrise fast vollständig aufgehoben. Der stockende nationale Akkumulationsprozeß sollte mit einem breiten Spektrum wirtschaftspolitischer Maßnahmen, darunter auch außenwirtschaftlicher und währungspolitischer Eingriffe wieder in Gang gebracht werden. In der Golddevisenwährung mit den damit verbundenen vielfältigen Maßnahmen der Devisenbewirtschaftung – dies bedeutete die endgültige Aufhebung der ungehinderten Durchsetzung des Gold-Mengen-Preismechanismus- konnte sich das Wertgesetz nicht länger adäquat durchsetzen.

2.3.3. Das System von Bretton Woods

Das US-Kapital war aus dem 2. Weltkrieg als stärkstes nationales Kapital hervorgegangen, es hatte die politische, militärische und ökonomische Macht, eine ihren Verwertungsinteressen entsprechende Organisation des Weltmarktes durchzusetzen.

Ursprünglich war von den USA und Großbritannien in der Atlantik-Charta von 1941 eine umfassende Neugestaltung der internationalen Wirtschaftsordnung, d.h. der Waren- und Geldzirkulation geplant[61].

Die *monetäre Neuordnung* wurde auf der Konferenz von Bretton Woods (USA 1944) beschlossen und führte zur Gründung des Internationalen Währungsfonds (IWF) und der Internationalen Bank für Wiederaufbau und Entwicklung (Weltbank). An der Nicht-Ratifizierung der Havanna-Charta von 1948 durch die USA scheiterte die grundlegende *handelspolitische Neuordnung* der Weltwirtschaft. Statt der geplanten Internationalen Handelsorganisation wurde lediglich das Allgemeine Zoll- und Handelsabkommen (GATT) verwirklicht.

Die unterentwickelten Länder sind im wesentlichen zu Ende des 2. Weltkrieges weder politisch noch ökonomisch als eigenständige nationale Kapitale auf dem Weltmarkt aufgetreten. So wurde die politische und ökonomische Neugestaltung des Weltmarktes unter eindeutiger Vorherrschaft der USA von den kapitalistischen Metropolen vollzogen. Die Bedingungen der Kapitalakkumulation in den unterentwickelten Ländern flossen nur als Reflex der Verwertungsinteressen der metropolitanen Kapitale in die Neuregelungen mit ein.

Das System von Bretton Woods in seiner gegenwärtigen Form war in der Zeit nach Ende des 2. Weltkriges die adäquate Bewegungsform der Durchsetzung des Wertgesetzes auf dem Weltmarkt; war also Ausdruck der bestehenden ökonomischen und politischen Strukturen. So funktionierte das Weltwährungssystem auch solange „zufriedenstellend" und im großen und ganzen krisenfrei[62], solange die Weltarbeitsteilung zwischen Industrie- und Entwicklungsländern einerseits und kapitalistischen Industrieländern untereinander andererseits weitgehend der Situation nach 1945 entsprach.

3. Das System von Bretton Woods in seiner Bedeutung für die Entwicklungsländer

Bevor auf die besondere Stellung der Entwicklungsländer im System von Bretton Woods eingegangen wird, soll zunächst die Funktionsweise des auf der Konferenz von Bretton Woods gegründeten Internationalen Währungsfonds (engl. abgekürzt: IMF) skizziert werden, dem bis auf die Schweiz alle kapitalistischen Nationen beigetreten sind.[63]

3.1. Funktionsweise des IMF

3.1.1. Aufgaben und Ziele des IMF

Neben dem allgemeinen Ziel, das Wachstum des Welthandels zu fördern, hat sich der IMF die folgenden währungspolitischen Ziele gesetzt:[64]

a) Abbau von Zahlungsrestiktionen;

b) Multilateralität in externen währungspolitischen Maßnahmen;
c) relativ feste Wechselkurse;
d) Hilfestellung bei Zahlungsbilanzschwierigkeiten.

Die Rückkehr zum reinen Goldstandard mit seiner ‚automatischen'' Herstellung stabiler Wechselkurse war bei der währungspolitischen Neuordnung nach dem 2. Weltkrieg aus den o.a. Gründen (vgl. Punkt 2.3.2.1.) ausgeschlossen. Die Beseitigung der Devisenbewirtschaftung sowie die Stabilität der Wechselkurse waren die Voraussetzung für die Wiederbelebung des Welthandels. So hatte insbesondere der Abwertungswettlauf in der Weltwirtschaftskrise verhängnisvolle Folgen für den Welthandel gehabt[65]. Für die Mitglieder des IMF wurden daher die Wechselkursänderungen der unmittelbaren nationalen Souveränität entzogen. Paritätsänderungen, die um mehr als 10 % von der Anfangsparität abweichen, bedürfen der Zustimmung des IMF[66]. Obwohl die Beseitigung aller Devisenbeschränkungen in den Statuten des Fonds gefordert wird (Art. VIII), hatten im April 1969 nur 34 Nationen von den 111 Mitgliedsländern die Devisenbewirtschaftung aufgehoben[67]. Nach Art. XIV des Fonds können für eine zeitlich unbegrenzte Übergangszeit von den Mitgliedsstaaten Beschränkungen des Devisenverkehrs bei jährlicher Abstimmung mit dem Fonds beibehalten werden[68]. Insbesondere die Entwicklungsländer machen von dieser Möglichkeit Gebrauch.

Die Hauptaufgabe des Fonds ist die Gewährung von Krediten zum Ausgleich sowohl von kurzfristigen Zahlungsbilanz-Ungleichgewichten als auch bei längerfristigem Liquiditätsmangel der Notenbanken[69]. Die Kreditgewährung an ein Land hängt ab von der Höhe der in dem Fonds eingezahlten Quote. Die Quote besteht zu 25 % in Gold und zu 75 % aus der nationalen Währung. Der Fonds gibt die benötigten Währungen gegen die Währung des kreditnehmenden Landes in der Regel nur bis zur Höhe von 125 % der eingezahlten Quote. Normalerweise kann ein Land innerhalb eines Jahres auch nur bis zu 25 % seiner eigenen Quote „ziehen", d.h. mit eigener Währung beim Fonds fremde Wähungen zum Ausgleich eines Zahlungsbilanzdefizits kaufen[70].

Ist die Zahlungsbilanz eines Landes auf Dauer im Ungleichgewicht, so macht der Fonds zunächst wirtschaftspolitische Vorschläge zur Überwindung der Zahlungsbilanzschwierigkeiten und kann bei Erfolglosigkeit dieser Maßnahmen Auf- bzw. Abwertungen empfehlen.

3.1.2. Allgemeine Kreditvereinbarung und Sonderziehungsrechte

Bis zum Inkrafttreten der *Allgemeinen Kreditvereinbarung*[71] (General Arrangements to Borrow) am 24.10.1962 leisteten sich die Notenbanken ad hoc Hilfe bei Zahlungsbilanzschwierigkeiten. Mit dem Abkommen haben sich zunächst die Mitglieder des sogenannten „Zehner-Klubs"[72] zusätzliche Kredite gewährt. Auf Antrag können auch andere IMF-Mitglieder Teilnehmer werden. Die Kredite, die im Rahmen der Allgemeinen Kreditvereinbarung gegeben werden, sind goldwertgesichert, d.h. die Rückzahlung muß entweder in Gold oder in konvertierbarer Währung erfolgen.

Handelt es sich bei der Allgemeinen Kreditvereinbarung noch um Kreditgeld, das zum Fälligkeitstermin als wirkliches Geld vorhanden sein muß, sind die *Sonderziehungsrechte*[73] Kreditgeld, das rein fiktiv ist. Die Sonderziehungsrechte existieren lediglich als Buchgeld auf den Konten beim IMF. Kein Land braucht für den Erwerb wirkliches Geld oder Gold zu zahlen.

Bereits 1963 wurden Pläne entwickelt, zusätzliche internationale Reserveguthaben zu schaffen. Im Frühjahr 1968 schuf der Zehner-Klub die Sonderziehungsrechte. Das neue Papier-Weltgeld erhöht als zusätzliche Geldmenge die internationale Liquidität. Es besitzt nicht die Nachteile einer nationalen Währung, die als Weltgeld dient. So ist die Verfügbarkeit des neuen Weltgeldes nicht an die Zahlungsbilanzbewegung eines Landes gebunden und statt der auch damals bereits ungesicherten Einlösbarkeit des Dollars in Gold, ist ein festes Wertverhältnis zum Gold vorhanden.

Die Sonderziehungsrechte werden den IMF-Mitgliedern im (jeweils festzusetzenden) Prozentsatz ihrer Quoten zugeteilt. Die Menge der ausgegebenen Sonderziehungsrechte soll sich nach dem Bedarf an internationalen Währungsreserven richten. Da die Zuteilungs- und Einziehungsbeschlüsse vom Gouverneursrat mit 85 % Mehrheit beschlossen werden müssen, haben sowohl die USA (mit einem Stimmenanteil von 22 %) als auch die ursprünglich sechs EWG-Länder (mit 17 % der Stimmen) ein Vetorecht.

Im Gegensatz zu den Ziehungsrechten (für den Fall, daß sie die eingezahlte Goldquote übersteigen) sind die Sonderziehungsrechte nicht an wirtschaftspolitische Auflagen gebunden. Die Sonderziehungsrechte dürfen nur zur Finanzierung von Zahlungsbilanzdefiziten verwandt werden, sie sind teilweise rückzahlbar. Auch die Sonderziehungsrechte sind goldwertversichert, eine Einheit entspricht 0,88671 g Feingold, dem damaligen Wert eines US-Dollars. Im Gegensatz zum Gold sind die Sonderziehungsrechte verzinslich, d.h. jedes Gläubigerland erhält vom Schuldnerland Zinsen. Die Überschußländer müssen sogar ggf. gegen Sonderziehungsrechte Waren an das Ausland abgeben.

Der vom Zehner-Klub beherrschte IMF erfüllt mit der Ausgabe und Verwaltung von Welt-Wertpapierzeichen begrenzt die Funktion einer Weltzentralbank. Die Unmöglichkeit der kapitalistischen Metropolen – als „feindliche Brüder" –, diese Funktionen tatsächlich dauerhaft wahrzunehmen, wird sich spätestens mit der nächsten Handelskrise zeigen, wenn tatsächlich Geld zur Ausgleichung der Bilanzen verlangt wird. Denn:

„Es ist die Grundlage der kapitalitischen Produktion, daß das Geld als selbständige Form des Werts der Ware gegenübertritt oder daß der Tauschwert selbständige Form in Geld erhalten muß . . . Dies muß sich in doppelter Hinsicht zeigen und namentlich bei kapitalistisch entwickelten Nationen, die das Geld in großem Maß ersetzen, einerseits durch Kreditoperationen, andererseits durch Kreditgeld. In Zeiten der Klemme, wo der Kredit einschrumpft oder ganz aufhört, tritt plötzlich das Geld als einziges Zahlungsmittel und wahres Dasein des Werts absolut den Waren gegenüber. Daher die allgemeine Entwertung der Waren, die Schwierigkeit, ja die Unmöglichkeit, sie in Geld zu verwandeln, d.h. in ihre eigene rein phantastische Form. Zweitens aber: das Kreditgeld selbst ist nur Geld, soweit es im Betrage seines Nominalwerts absolut das wirkliche Geld vertritt. Mit dem Goldabfluß wird seine Konvertibilität in Geld problematisch, d.h. seine Identität mit wirklichem Gold. Daher Zwangsmaßregeln, Heraufsetzung des Zinsfußes etc., um die Bedingungen dieser Konvertibilität zu sichern. Dies kann mehr oder weniger auf die Spitze getrieben werden durch falsche Gesetzgebung, . . . Die Grundlage aber ist gegeben mit der Grundlage der Produktionsweise selbst. Eine Entwertung des Kreditgeldes (gar nicht zu sprechen von einer übrigens nur imaginären Entgeldung desselben) würde alle bestehenden Verhältnisse erschüttern. Der Wert der Waren wird daher geopfert, um das phantastische und selbständige Dasein dieses Werts im Geld zu sichern. Als Geldwert ist er überhaupt nur gesichert, solange das Geld gesichert ist. Für ein paar Millionen Geld müssen daher viele Millionen Waren zum Opfer gebracht werden. Dies ist unvermeidlich in der kapitalitischen Produktion und bildet eine ihrer Schönheiten"[74].

3.1.3. Das System der Leitwährung[75]

Im System von Bretton Woods hat neben dem Gold nationales Geld (US-Dollar und begrenzt das britische Pfund Sterling) die Rolle des Weltgeldes übernommen. Die USA waren bis 1968 eines der wenigen Länder, deren Währung an das Gold gebunden waren. Die Währungen der übrigen Nationen waren nur indirekt über ihre Parität zum US-Dollar an das Gold gebunden. Am 15. August 1971 wurde neben anderen einschneidenden Maßnahmen die Goldkonvertibilität des Dollars offiziell von der US-amerikanischen Regierung aufgehoben. Da der US-Dollar zunächst so gut wie Gold war, konnte er die Funktion des Weltgeldes (internationales Maß der Werte, internationaler Maßstab der Preise (Rechengeld), internationales Zirkulationsmittel und Reservewährung) erfüllen.

Voraussetzung für diese Rolle des US-Dollars war ein entsprechend hoher Anteil der USA am Welthandel, damit 1. genügend Dollar für die internationale Zirkulation zur Verfügung standen und 2. ausreichende Goldreserven der USA, um die Eintauschbarkeit von Dollars gegen Gold zu garantieren. Bis zum Ende der 50er Jahre erfüllten die USA die Bedingungen der Stabilität und der Einlösemöglichkeit des Dollars. Aber der Dollar stand nicht in ausreichendem Maße zur Verfügung, da die USA mit ihrer unangefochtenen Vormachtstellung auf dem Weltmarkt einen positiven Saldo der Handelsbilanz hatten und daher über den Ausgleich der Handelsbilanz keine Dollars abflossen. Diese „Dollar-Lücke" verwandelte sich seit Beginn der 60er Jahre in eine „Dollar-Schwemme". Zunehmende Geldkapitalexporte (für Direktinvestitionen) der USA, insbes. nach Westeuropa, sowie eine Verbesserung der Konkurrenzposition der westeuropäischen Länder erhöhten die Dollar-Reserven außerhalb der USA und verminderten die Goldreserven der USA.

Das Dilemma für das Leitwährungsland besteht darin, daß es einerseits genügend Liquidität für den Welthandel zur Verfügung stellen soll, andererseits aber keine vermehrte Papiergeldausgabe betreiben darf, um die Eintauschbarkeit des Dollars gegen Gold weiterhin zu gewährleisten.

Solange die US-Dollars von den übrigen Nationen als so gut wie Gold akzeptiert wurden, konnten die USA ihre Zahlungsbilanzdefizite (infolge ihrer imperialistischen Politik, des vermehrten Kapitalexports sowie der sich im schrumpfenden Handelsbilanzüberschuß ausdrückenden relativ sinkenden Produktivität und Intensität der Arbeit) durch das Neudrucken von Dollar-Noten ausgleichen. Die im Vergleich zu den westeuropäischen Ländern und Japan langsamere Entwicklung von Produktivität und Intensität der Arbeit verschob den Rangpunkt der nationalen Arbeit der USA in der Stufenleiter der universellen Arbeit. Der Wechselkurs des US-Dollars (oder besser der internationale Wert des US-Dollars) entsprach nicht mehr dem Rangpunkt in der Stufenleiter. Diese Entwicklung schlug sich folgerichtig in der erstmals 1971 negativ gewordenen Handelsbilanz nieder. Bisher hatten sich die Zahlungsbilanzungleichgewichte der USA immer über die Tätigkeit der Notenpresse beseitigen lassen. Die negative Handelsbilanz als Ausdruck der sich verschlechternden Wettbewerbsposition des US-Kapitals auf dem Weltmarkt verlangte nach einer Neufestsetzung der Paritäten zwischen US-Dollar und den Währungen der wichtigsten Konkurrenten auf dem Weltmarkt.

3.1.4. Wechselkursmechanismus[76]

Unter Punkt 1.2.2. ist dargestellt worden, wie im System von Bretton Woods die Wechselkurse den Rangpunkt wiedergeben, den die nationale Durchschnittsarbeit der Weltmarktproduzenten in der Stufenleiter der universellen Arbeit einnimmt. Die Bewegungsform der Durchsetzung des Wertgesetzes im Bretton-Woods-System schlägt sich in Wechselkursänderungen nieder.

Sofern die Wechselkurse den Rangpunkt der nationalen Arbeit in der Stufenleiter der universellen Arbeit richtig widergeben, werden Auf- bzw. Abwertungen nur notwendig, wenn sich Produktivität und Intensität der Arbeit unterschiedlich zwischen den Nationen entwickeln bzw. die Inflationsraten ungleich sind.

Der Geldmengen-Preis-Mechanismus wird immer dann im begrenzten Maße wirksam, wenn notwendige Wechselkursanpassungen nicht vollzogen werden. Wertet ein Land mit dauernden Außenhandelsüberschüssen seine Währung nicht auf – die Aufwertung bedeutet eine Erhöhung des Preisausdrucks der Weltmarktwaren und damit eine Verschlechterung der Wettbewerbsposition –, dann vollzieht sich der Anpassungsprozeß über die „importierte Inflation". Immer mehr Waren werden in dem vergleichsweise billig produzierenden Land gekauft. Da die Zentralbank das ausländische Geld gegen nationales umtauschen muß, vergrößert sich die nationale Papiergeldmenge. Der damit einsetzende inflationäre Prozeß erhöht den Preisausdruck der Waren auf dem Weltmarkt und baut damit die Außenhandelsüberschüsse wieder ab.

Insbesondere an den großen Spekulationsbewegungen vor vermuteten Auf- oder Abwertungen entzünden sich immer wieder die Diskussionen über das Für und Wider von starren bzw. flexiblen Wechselkursen. Obwohl gerade im gegenwärtigen Weltwährungssystem die festen Wechselkurse (Schwankungen sind in der Regel nur innerhalb der sogenannten Bandbreite gestattet) als notwendige Basis für einen funktionierenden Welthandel angesehen werden, erheben sich immer wieder Stimmen für die Einführung von flexiblen Wechselkursen. Die Befürworter versprechen sich davon ein Ende der Spekulationsbewegungen und einen Wechselkurs, der die jeweilige Zahlungsbilanzsituation der Nation marktgerecht widerspiegelt.

Die Gegner der flexiblen Wechselkurse heben die Notwendigkeit von festen und damit kalkulierbaren Wechselkursen sowohl für den Außenhandel als auch für den internationalen Kreditverkehr hervor. Im Gegensatz zum flexiblen Wechselkurs als Resultante von Angebot und Nachfrage auf dem Devisenmarkt (er spiegelt die Bewegung aller Teilbilanzen wider), ist das bisher noch gültige System stufenflexibler Wechselkurse die adäquatere Bewegungsform des Wertgesetzes auf dem Weltmarkt. Nicht Angebot und Nachfrage auf dem Devisenmarkt bestimmen den Wechselkurs, sondern der Rangpunkt in der Stufenleiter der universellen Arbeit, wie er in der Handelsbilanz zum Ausdruck kommt.

3.2. Währungszonen

Bisher ist die Funktionsweise der IMF im wesentlichen in seiner Bedeutung für die Konkurrenz zwischen den kapitalistischen Metropolen analysiert worden. Die Struktur des Weltwährungssystems ist – im Gegensatz zur formalen Gleichberechtigung aller Nationen in der UN-Vollversammlung – Ausdruck der ökonomischen und politischen Struktur des Weltmarktes. Die einzelnen IMF-Mitglieder sind daher auch nicht gleichberechtigt, sondern sie üben ihr Stimmrecht in Abhängigkeit von der Höhe ihrer

Kapitaleinlage (Quote) aus.[77] Die Anfangsquoten im IMF waren sowohl absolut (ca. 8,8 Mrd. US-Dollar) als auch relativ bereits durch die USA (34,7 % der Einlage und damit 37,9 % der Stimmen)[78] vorgegeben. Nach den Statuten bedarf wiederum jede Quotenänderung der Zustimmung von 80 % der Mitgliedsstimmen, die USA (seit 1970 23,2 % der Stimmen) haben damit ein nicht aufhebbares Vetorecht.[79] Der Dollar wurde zum Weltgeld, weil das nationale Kapital der USA eine unangefochtene Position auf dem Weltmarkt besaß. Der Dollar als Leitwährung ermöglichte dem US-Kapital über einen langen Zeitraum die Kontrolle des Weltmarktes.[80] Preobrazenskij beschreibt die Dominanz eines nationalen Kapitals auf dem Weltmarkt, die auch in der Weltgeldfunktion der entsprechenden nationalen Währung zum Ausdruck kommt. „Es ist interessant sich zu erinnern, daß im Lauf der Geschichte die Valutadiktatur gewöhnlich immer dem Land gehörte, das in jedem gegebenen Moment die beherrschende Rolle im Welthandel und der Weltwirtschaft spielte. Zur Zeit der Herrschaft griechischer und phönizischer Händler im Mittelmeer spielt das griechische und phönizische Talent eine ungeheure Rolle. Der Florin herrschte in der Herrschaftszeit des italienischen Handelskapitals über das Mittelmeer. Die Handelsrolle Spaniens bringt den Piaster an die Spitze der internationalen Währungsbeziehungen, Holland herrscht nicht nur mit seiner Flotte, seinem Stoff und seinem Handel im allgemeinen, sondern auch mit dem Gulden. Als der Schwerpunkt des Handels und der Weltwirtschaft dem ‚Beherrscher der Meere' zufiel, stieg die Bedeutung des britischen Pfund. Und schließlich hat die Herrschaft Amerikas in der Weltwirtschaft zur Diktatur des Dollars geführt."[81]

Bis zum Ende des 2. Weltkrieges war die Internationalisierung der Produktion und Zirkulation auf die Beziehungen zwischen Metropolen und den von ihr abhängigen Regionen abgesunken. Die Vorherrschaft des britischen und französischen Kapitals in ihren Kolonialblöcken war bedroht. So mußte Großbritannien gemeinsam mit den USA in der Atlantik-Charta von 1941 „allen Staaten, . .„ unter gleichen Bedingungen den Zutritt zum Handel und den Rohstoffen der Welt . . ."[82] gewähren. Die veränderte Weltmarktposition der USA drückte sich im monetären Bereich in den großen Währungsreserven der USA aus, sie besaßen 1945 knapp 2/3 des gesamten Goldbestandes der Welt.[83] Bei der monetären Neuordnung behielten daher das britische Pfund und der französische Franc nur noch begrenzte Leit- und Reservewährungsfunktionen in den von Frankreich und Großbritannien abhängigen Regionen. Allein der US-Dollar war goldkonvertibel und fungierte als Weltgeld.

Soweit die Länder der Dritten Welt zum Zeitpunkt der IMF-Gründung nicht einmal formal politisch unabhängig waren, verstand sich die Eingliederung ihres Geldsystems in das der Kolonialmacht von selbst. Aufgrund des ökonomischen und politischen Abhängigkeitsverhältnisses der Entwicklungsländer von den ehemaligen „Mutterländern", verblieben auch die „unabhängig" gewordenen Nationen in der Regel in ihrer Währungszone.

Geschichte und Struktur der Währungszonen (sie sei hier nur angerissen) können nur aus dem Kontext der Arbeitsteilung und Abhängigkeit sowie der Entwicklung des Weltwährungssystems erklärt werden.

3.2.1. Dollarzone[84]

Der Dollar ist nicht allein Weltgeld im System von Bretton Woods, sondern er beherrscht darüberhinaus einen eigenen Währungsraum. Als der

Dollar 1933 abgewertet wurde, fixierte ein Teil der lateinamerikanischen Staaten seine Währung am US-Dollar. Es bestand und besteht auch heute keine direkte vertragliche Regelung zwischen den USA und den Mitgliedern des „Dollarblocks", wie in der Sterling- und Franczone.

Der Einfluß der USA auch auf die Währungspolitik erfolgt über vielfältige politische, militärische und ökonomische Bindungen dieser Nationen an die USA. Typisch für die Dollarzone ist der gering entwickelte Handel zwischen den Mitgliedsstaaten und das Fehlen von Präferenzsystemen. So schreiben Domdey und Kühne: „Der spezielle Funktionsmechanismus der Zone besteht – neben den für die Stellung des Dollars im Bretton-Woods-System typischen Regelungen (relativ feste Dollarparität, Valutakonvertibilität gegenüber dem Dollar, Deponierung der Masse der Valutareserven in Form von Dollareinlagen in den USA) darin, daß internationale Verrechnungen in Dollar und über Banken in den USA erfolgen und gewisse Stützungen der Währungen der Dollarzone durch die USA bei gleichzeitig dollarkonformer Währungspolitik dieser Länder erfolgt".[85]

Die Mehrzahl der Mitglieder der Dollarzone ist noch nicht zur freien Konvertibilität ihrer Währung übergegangen.

3.2.2. Die Sterlingzone[86]

Das britische Pfund fungierte in den von Großbritannien abhängigen Gebieten sowie bei den wichtigsten Handelspartner nach Aufhebung der Goldeinlösungspflicht als Leit- und Reservewährung. In der Weltwirtschaftskrise festigte sich die Sterling-Area durch die Schaffung eines Präferenzzollsystems zwischen den Commonwealth-Ländern auf der Konferenz von Ottawa 1932.[87] Die Sterlingzone funktionierte ohne direkte vertragliche Regelungen. Die Mitglieder verpflichten sich:[88]

1. Ihre Devisen bei der Bank von England gegen Pfund Sterling einzutauschen.
2. Die Bank von England stellt den Mitgliedern Devisen für den Handel außerhalb des Sterling-Blocks zur Verfügung.
3. Innerhalb des Blocks wird der Handel auf Sterling-Basis abgewickelt, die Währungen sind untereinander konvertibel.

Im 2. Weltkrieg wurden zwischen Großbritannien und den abhängigen Gebieten besondere vertragliche Vereinbarungen getroffen. Die Warenlieferungen an Großbritannien wurden nicht bezahlt, sondern die Liefer-Nationen erhielten Sterling-Guthaben bei der Bank von England, die nur zur Tilgung von Schulden bei anderen Sterling-Ländern verwandt werden durften.[89] Um Kriegsmaterial aus Nichtsterling-Gebieten kaufen zu können, wurden alle Gold- und Devisenvorräte innerhalb des Sterling-Blocks von Großbritannien verwaltet. Dollareinnahmen konnten von den Nationen nur mit Genehmigung der britischen Regierung verwandt werden.

Magdoff zitiert einen Kommentar von Robertson zum Dollar-Pool: „Das hieß, daß jedes Land seine überschüssigen Dollar der Mutter England übergab und dafür Pfund Sterling bekam. Wenn es einige Dollar extra ausgeben wollte, mußte es die Mutter fragen. Natürlich hing die Zuversicht, mit der Wünsche an den Dollar-Pool herangetragen wurden, von dem politischen Status des jeweiligen Landes ab: Die kleinen schwarzen Kinder, die oft die meisten Dollar einnahmen, konnte man aufs Haupt schlagen, wenn sie einen zu großen Hang zum Dollarverbrauch an den Tag legten, während man mit den erwachsenen weißen Töchtern, die oft ganz schön extravagant waren, vernünftig reden mußte."[90]

Neben der handelspolitischen Aufbrechung der vom britischen Kapital durchdrungenen Gebiete, machten die USA die Zusage einer Finanzhilfe an Großbritannien nach dem 2. Weltkrieg von der Beendigung der absoluten Vormachtstellung des britischen Pfundes in der Sterling-Zone abhängig. So heißt es in Artikel 7 des Finanzabkommens zwischen den USA und Großbritannien vom Dezember 1945: „Die Regierung des Vereinigten Königreiches wird baldmöglichst und spätestens bis ein Jahr nach Inkrafttreten dieses Abkommens Regelungen treffen . . . nach denen . .,. Sterlingeinnahmen aus laufenden Transaktionen aller Länder der Sterling-Zone . . . ohne Ausnahmen in andere Währungen umgetauscht werden können. Damit sollen alle aus dem sogenannten Dollar-Pool der Sterling-Zone sich ergebenden Diskriminierungen aufgehoben werden; jedes Mitglied der Sterling-Zone soll über seine laufenden Sterling- und Dollareinnahmen frei verfügen können."[91]

Sowohl die chronische Krise der britischen Zahlungsbilanz und damit der Schwäche des britischen Pfundes (es erfolgten mehrere Abwertungen) als auch die Veränderungen in der Struktur der Warenkapitalbeziehungen veranlaßten immer mehr Nationen, die Sterling-Area zu verlassen. Die ehemaligen Kolonialgebiete errichteten eigene Zentralbanken und wurden selbst Mitglied im IMF, so daß insbes. die Pfund-Abwertung von 1967 nur noch von einem Teil der zum Sterling-Block gehörenden Nationen mit vollzogen wurde. Die Pfund-Abwertung verringerte die Währungsreserven der Sterling-Länder, selbst wenn sie ihre eigene Währung nicht ebenfalls mit dem britischen Pfund abgewertet hatten.

Die Sterling-Zone wird heute durch Empfehlungen der Bank von England sowie Konferenzen der Commonwealth- und Finanzminister gelenkt.[92] Den Mitgliedern dient das britische Pfund als Leit- und Reservewährung, der Handel untereinander wird im wesentlichen auf Pfund-Basis abgewickelt. Gold- und Devisenvorräte werden von der Bank von England in Sterling-Guthaben umgewandelt. Diese Sterling-Guthaben sind nur begrenzt in andere Währungen transferierbar. Die Mitgliedsländer erhalten über das Ottawa-Präferenz-System Konkurrenzvorteile auf dem britischen Markt, zudem können sie Kredite zu günstigen Bedingungen auf dem britischen Kapitalmarkt aufnehmen.

Der Vorteil für das nationale Kapital Großbritanniens besteht u.a. darin, daß bei einem Defizit im Außenhandel mit Commonwealth-Ländern der Ausgleich nicht in Gold oder Devisen erfolgen muß, sondern den Zentralbanken jeweils Pfund-Sterling auf ihrem Konto bei der Bank von England gutgeschrieben werden. Ausgleich von Handelsbilanzdefiziten sowie Kapitalexport können also von seiten Großbritanniens über Schaffung von Papiergeld (oder auch nur Buchgeld) finanziert werden.

Insgesamt nimmt die Rolle des Pfund Sterling sowohl für den Handel innerhalb des Commonwealth als auch auf dem Weltmarkt (mit dem sinkenden Anteil des Commonwealth am Welthandel) ab. Die schwindende Bedeutung des britischen Pfundes ist Ausdruck des Zurückbleibens des nationalen Kapitals Großbritanniens auf dem Weltmarkt.

3.2.3. Die Franc-Zone[93]

Bis zum 2. Weltkrieg war der französische Franc die alleinige Währung (wenn auch teilweise unter anderem Namen) im französischen Kolonialreich. Vollrodt charakterisiert das System: „Das Empire Francais kannte zwar regional unterschiedliche Franc-Noten, besaß aber für alle seine Teilgebiete einheitliches Buchgeld. . . . Die Konvertibilität der regional verschiedenen Francs wurde durch die kolonialen Notenbanken dadurch gewährleistet, daß sie entweder beim französischen Schatzamt ... ein Konto unterhielten oder über Guthaben bei anderen Banken des Mutterlandes verfügten. Das System war denkbar einfach: eine einheitliche Währung, freier Zahlungs- und Überweisungsverkehr und ein ausgeglichenes Preisniveau für alle Teile des Weltreiches."[94]

Die Besetzung Frankreichs im 2. Weltkrieg sowie der daraus sich entwickelnde Gegensatz von Vichy-Regime und freiem Frankreich lockerten die Herrschaft des französischen Kapitals über die Kolonialgebiete. So wurde das französische Empire 1946 zur Union Française umbenannt, Vertreter der Kolonialgebiete erhielten in verschiedenen gemeinsamen Organen Stimm- aber kein Entscheidungsrecht.

Das französische Imperium wurde bereits 1945 währungspolitisch gespalten, indem nur der französische Franc abgewertet wurde. In der neu geschaffenen „Zone Franc" galten feste Wechselkurse zwischen französischem Franc und den Kolonialwährungen sowie unbegrenzte Konvertibilität und freier Kapitalverkehr innerhalb der Zone. Darüberhinaus wurden ein gemeinsamer Devisenpool und gemeinsame Devisenvorschriften vereinbart. Es wurden drei Währungsgebiete außerhalb Frankreichs gebildet, die jeweils eigene Paritäten zum französischen Franc besaßen: 1. Nordafrikanische und westindische Besitzungen, 2. Franc-CFA in den afrikanischen Besitzungen sowie 3. den Franc-CFP in den pazifischen Besitzungen, die praktisch jedoch zur Dollar- bzw. Sterling-Zone gehörten. Die gesamte Geld- und Finanzpolitik für die französische Union wurde vom französischen Kapital zentral gesteuert.

Insbesondere zwischen den afrikanischen Besitzungen und Frankreich entwickelte sich die traditionelle Arbeitsteilung zwischen Peripherie und Zentrum. Aufgrund der seit 1954 praktisch in der Zone herrschenden Zollfreiheit und der Absatzgarantie für Produkte aus den Entwicklungsländern entwickelte sich sowohl in der Rohstoffproduktion in Afrika als auch in der Fertigwarenproduktion in Frankreich die Produktivität und Intensität der Arbeit nur sehr langsam weiter.

Die 1958 gegründete „Communauté" konnte aufgrund der politischen Unabhängigkeit der ehemaligen Kolonialgebiete nicht verwirklicht werden. 1960 versuchte daher das französische Kapital, die ehemaligen Kolonien wenigstens im Rahmen einer „Coopération" weiterhin politisch und ökonomisch an die eigenen Verwertungsinteressen zu binden. Dazu dienen neben der Schaffung von regionalen Organisationen in Afrika eine Vielzahl von politischen, militärischen und ökonomischen bilateralen Verträgen zwischen Frankreich und den ehemaligen Kolonien. Gegenwärtig besteht die Franc-Zone aus Frankreich mit seinen Überseebesitzungen, 14 schwarzafrikanischen Ländern sowie den lose mit der Franc-Zone kooperierenden Staaten Algerien, Tunesien und Marokko.[95] Die gesamte Geld- und Finanzpolitik in den Ländern der Franc-Zone wird in der Praxis von Paris aus gesteuert.

Obwohl Frankreich die Konvertierbarkeit des CFA-Francs (Communauté Financière Africaine), des Madagaskar- und Mali-Francs zum festen Wechselkurs garantiert, hat er dennoch nur Gültigkeit innerhalb der Franc-Zone. Die Gold- und Deviseneinnahmen der Mitgliedsländer müssen beim französischen Schatzamt (trésoir) deponiert werden. Dieses schreibt den Betrag auf dem Operationskonto (compte d'operation) gut und stellt bei Bedarf französische Franc zur Verfügung. Die Vorteile für das französische Kapital gleichen denen des britischen Kapitals in der Sterling-Zone:

- Rohstoffe können gegen nationales Papiergeld (oder auch Buchgeld) aus den Ländern der Franc-Zone erworben werden,

- die französische „Entwicklungshilfe" kann aus den Währungsreserven der Mitgliedsländer oder mit Kreditgeld finanziert werden,
- die positive Zahlungsbilanz einiger Mitgliedsländer verbessert die Zahlungsbilanzsituation Frankreichs,
- bei etwaigen Enteignungen des französischen Kapitals in einem Mitgliedsland liegt die Entschädigung (in Form von Währungsreserven) schon beim französischen Schatzamt.

Den einzigen Vorteil, den das nationale Kapital der Entwicklungsländer aus der Franc-Zone und dem Netz von Abhängigkeiten ziehen kann, ist der Schutz vor sozialen Veränderungen. Aber in dem Maße, in dem die Herrschaft der Bourgeoisie vom französischen Kapital abhängt, ist die Akkumulationsfähigkeit des nationalen Kapitals beeinträchtigt, wird damit der nationalen Bourgeoisie die ökonomische Basis entzogen.

Die Auflösungserscheinungen in der Franc-Zone sind auf die folgenden Momente zurückzuführen:

- Die veränderten Konkurrenzbeziehungen der Metropolen untereinander (das BRD-Kapital z.B. kann über die EG-Assoziierung der afrikanischen Staaten dort leichter Fuß fassen).
- Das nachlassende Interesse des französischen Kapitals an den afrikanischen Märkten sowie die Verlagerung der Handelsbeziehungen in den EG-Raum.
- Auf das Vermögen einiger nationaler Bourgeoisien, begrenzt selbständig fungieren zu können. Z.B. wenn sie wählen können, welchem metropolitanen Kapital sie die Ausbeutung der Bodenschätze des Landes überlassen.
- Produktivität und Intensität der Arbeit in den verschiedenen Exportbranchen der Mitgliedsstaaten haben sich so unterschiedlich entwickelt, daß die Gleichsetzung des Werts der Währungen innerhalb der Franc-Zone nicht dem Rangpunkt in der Stufenleiter der universellen Arbeit adäquat widerspiegelt. Dies muß sich in unterschiedlichen Salden der Außenhandelsbilanz zeigen. Darüberhinaus wirkt das sich wandelnde weltgesellschaftliche Bedürfnis nach Rohstoffen aus den Entwicklungsländern zusätzlich modifizierend auf die Außenhandelsbilanz.

Das ‚politische' Festhalten an Paritäten, die die Durchsetzung des Wertgesetzes nur überaus brüchig zulassen, muß früher oder später zur Sprengung der Franc-Zone führen.

3.3. Zahlungsbilanzsituation und Weltmarktverflechtung der EL

Die Konkurrenz der imperialistischen Mächte untereinander hat zur Auflösung und gegenseitigen Durchdringung der ursprünglich festgefügten US-amerikanischen, britischen und französischen Imperien geführt. Darüberhinaus fördert die relativ sinkende Bedeutung der Entwicklungsländer für die Verwertung der metropolitanen Kapitale (allerdings bei z.T. wachsender Abhängigkeit von den in den Entwicklungsländern produzierten Gebrauchswerten) diese Auflösungstendenzen.

Im monetären Bereich schlägt sich diese „Unabhängigkeit" im Abgehen von den alten, kolonialen Leit- und Reservewährungen nieder. Die Lösung aus der komplementären Arbeitsteilung zwischen Metropole und Entwicklungsland führt jedoch nur zur direkten Eingliederung in die Weltarbeitsteilung, beschleunigt also den strukturell begrenzten Akkumulationsprozeß nicht.

Das Verlassen einer Währungszone beendet für die Entwicklungsländer zwar die Unterordnung (und die damit verbundenen Nachteile) unter eine Blockwährung, dafür unterliegt die nationale Geldzirkulation jedoch den Regelungen des von den Metropolen geführten IMFs.

Wie in den Teilen 1.3., 1.4. sowie 3.2. gezeigt wurde, ist nicht die währungspolitische Diskriminierung Ursache des begrenzten Akkumulationsprozesses und der Zahlungsbilanzmisere der Entwicklungsländer, sondern es ist die Struktur der Weltarbeitsteilung. Das Währungssystem ist nur Ausdruck der Struktur des Weltmarktes, seiner Produktion und Zirkulation, wenngleich das System selbst die Struktur wiederum über einen gewissen Zeitraum festigen und erhalten kann.

Domdey und Kühne führen als spezifische Krisenmerkmale für die Entwicklungsländer im Rahmen des Weltwährungssystems an:[96]

1. Die meist defizitären Budgets der Entwicklungsländer werden durch vermehrte Papiergeldausgabe ausgeglichen, so daß in den Entwicklungsländern in der Regel noch höhere Inflationsraten als in den kapitalistischen Industrieländern zu verzeichnen sind.
2. Die mit negativem Saldo schließenden Handels- und Dienstleistungsbilanzen der Entwicklungsländer führen zu immer größer werdenden Zahlungsbilanzdefiziten.
3. Kreditaufnahmen zum Ausgleich der Zahlungsbilanz und zur Finanzierung von Entwicklungsprojekten lassen die Verschuldung der Entwicklungsländer anwachsen.
4. Die Gold- und Devisenreserven der Entwicklungsländer nehmen aufgrund der negativen Außenhandelsbilanz ständig ab.
5. Die Mehrzahl der Entwicklungsländer hat Devisenbeschränkungen erlassen, insbes. sind die Währungen inkonvertibel, da die willkürlich festgelegten Paritäten nicht dem sich am freien Devisenmarkt bildenden Wechselkurs entsprechen.
6. Die Bindung an Leitwährungen und/oder der sinkende Geldwert führen zu ständigen Abwertungen der Entwicklungsländer-Währungen.

Soweit die Entwicklungsländer Waren produzieren, nach denen ein wachsendes weltgesellschaftliches Bedürfnis besteht (z.B. Erdöl) ist auch die Zahlungsbilanzsituation dieser Staaten eine gänzlich andere. So tätigt das nationale Kapital eines Teils der OPEC-Länder bereits – mangels inländischer ausreichend profitabler Anlagemöglichkeiten – Direktinvestitionen im Ausland.[97]

3.4. Stellung der Entwicklungsländer im IMF

Wie bereits dargelegt ist die Ungleichheit, d.h. die Vorherrschaft des von der USA angeführten Zehner-Klubs in den Statuten festgelegt. Trotz dieser offensichtlichen Dominanz der kapitalistischen Industrieländer ist die Mitgliedschaft im IMF für die Entwicklungsländer unerläßlich, soweit sie sich am kapitalistischen Welthandel beteiligen. Bei einem Verlassen des Fonds wären, neben den ökonomischen und politischen Sanktionen seitens der kapitalitischen Metropolen, im gesamten Außenhandel keine Zahlungsbilanzdefizite mehr möglich, die die eigenen Gold- und Devisenreserven übersteigen.

3.4.1 Quoten- und Stimmverhältnisse

Die Höhe der in den Fonds einzuzahlenden Quote richtet sich nach dem Volkseinkommen, den Währungsreserven, dem Außenhandel und dessen Schwankungen; sie wird mit dem Fonds ausgehandelt. Dabei kann keine Nation gegen das Veto der USA und den neun EG-Ländern seine Quote verändern.[98]

Die Quote entscheidet nicht allein über die Kreditmöglichkeiten, sondern auch über das Stimmrecht. Nach der dritten generellen Quotenerhöhung 1970 verfügen die Entwicklungsländer über 27,4 % der Quote,[99] allein der Anteil der USA dagegen beträgt 23,2 %.[100] Die außereuropäischen Entwicklungsländer verfügen über 33,28 % der Stimmen[101] im Gouverneursrat, dem obersten Organ des IMF; hätten also bei geschlossenem Abstimmen wie die USA das Vetorecht. Die unterschiedlichen Interessen der nationalen Kapitale der Entwicklungsländer lassen allerdings ein gemeinsames Votum unrealistisch erscheinen.

Die laufenden Geschäfte werden von dem 20-köpfigen Exekutivrat[102] geführt. Fünf Direktoren werden von den Nationen mit den höchsten Quoten benannt, die restlichen 15 werden von den Ländergruppen für zwei Jahre gewählt. In der Regel entsenden die Mitglieder mit den höchsten Quoten innerhalb der Ländergruppe den gemeinsamen Exekutivdirektor.

Zur dritten UNCTAD-Konferenz in Santiago de Chile hatte die „Gruppe der 77" ein 13-Punkte-Papier zu den Währungsproblemen aus der Sicht der Entwicklungsländer vorgelegt. Als konkretes Ergebnis der Forderungen der Entwicklungsländer an die kapitalistischen Industrieländer, ist lediglich die Einrichtung des „Zwanziger-Ausschusses" anzusehen. In dem Ausschuß, der Vorschläge zur Reform des Weltwährungssystems ausarbeiten soll, stellen die Entwicklungsländer neun Mitglieder. Damit bleiben die bisherigen Stimmverhältnisse jedoch vollkommen unangetastet. Da für Satzungsänderungen im IMF doppelte Mehrheit notwendig ist (1. 80 % der Stimmen sowie 2. die Zustimmung von 3/5 der Mitglieder)[104], ist die Dominanz der metropolitanen Kapitale kaum zu brechen, wird der Zehner-Klub wie bisher die Politik im Weltwährungssystem bestimmen.

3.4.2. Devisenbedarf und Kreditmöglichkeiten der Entwicklungsländer

Eines der Ziele des IMF ist die Vermeidung von Zahlungsbilanzschwierigkeiten der Mitgliedsländer. Aufgrund ihrer Produktionsstruktur weisen die Entwicklungsländer in der Regel ständig große Schwankungen im Saldo der Außenhandelsbilanz sowie in der Zahlungsbilanz insgesamt auf. Sie sind also im Rahmen des IMF besonders auf Kredite zum Ausgleich von Zahlungsbilanzdefiziten angewiesen. Wegen der niedrigen Quoten der Entwicklungsländer sind dementsprechend auch ihre Kreditmöglichkeiten (Ziehungen, Sonderziehungsrechte usw.) bei Zahlungsbilanzdefiziten gering.

Der IMF stellt allerdings im Rahmen des seit 1963 bestehenden Systems der Ausgleichsfinanzierung („compensatory financing")[105] über die normalen Ziehungsrechte hinaus weitere Kredite zur Verfügung. Gegen Einzahlung von Landeswährung kann ein Fondskredit in Höhe des tatsächlichen Rückgangs der Exporte in Anspruch genommen werden. Der Kredit ist auf 25 % der Ziehungsmöglichkeiten begrenzt, kann aber in Ausnahmefällen auf bis zu 50 % ausgeweitet werden. Die Kredite werden aber nur nach genauer Prüfung durch den Fonds gewährt. Dabei darf der Rückgang der Exporte nicht strukturelle Ursachen haben, sondern muß auf Umstände zurückzuführen sein, die außerhalb der nationalen Einflußmöglichkeiten liegen.

Neben der Ausgleichsfinanzierung existiert eine weitere Kredithilfe für Rohstoffländer. Zur Finanzierung von Stabilisierungsreserven (buffer stocks) können ebenfalls Kredite bis 50 % der Quote in Anspruch genommen werden. Bei gleichzeitiger Ziehung unter beiden Ausnahmeregelungen dürfen jedoch 75 % der Quote nicht überschritten werden.[106]

3.4.3. Währungs- und wirtschaftspolitische Auflagen des IMF

Die Ziehungsrechte können die Mitglieder ohne Auflagen nur in Höhe der Goldtranche (das sind die 25 % der Quote, die in Gold eingezahlt wurden) in Anspruch nehmen. Jede darüberhinausgehende Ziehung bedeutet eine Kreditaufnahme beim IMF und die Gewährung ist an währungs- und wirtschaftspolitische Auflagen des IMF gebunden.

Der Jahresbericht des IMF von 1962 nennt die Grundsätze für die Kreditvergabe[107]:

Bei der Gewährung der ersten Kredittranche (Ziehungen in Höhe von 25–50 % der Quote) übt der IMF eine großzügige „liberale Praxis aus, sofern das betreffende Land angemessene Anstrengungen unternimmt, um sein Problem zu lösen". Für die Gewährung der zweiten (Ziehungen in Höhe von 50–75 % der Quote), der dritten (75–100 %) und der vierten, letzten Kredittranche (100–125 %), ist gegenüber dem Fonds eine „substantielle, stichhaltige Rechtfertigung" notwendig. Die Kreditvergabe hängt davon ab, ob das Land ein „Programm zur Stabilisierung der Währungslage" (in Form detaillierter Sanierungsprogramme) und einen „realistischen Wechselkurs" anstrebt.

Die Statuten des IMF enthalten keine konkreten Bestimmungen über die Anpassungsgrundsätze bei fundamentalen Ungleichgewichten der Zahlungsbilanz.[108] Es gibt lediglich allgemeine Anpassungsregelungen, die auf einem OECD-Bericht von 1963 basieren.[109]

3.5. Wertgesetz und Wechselkurs

In den Punkten 1.2.2. und 3.1.4. ist gezeigt worden, daß sich hinter den Wechselkursen – in ihnen erscheinen die internationalen Geldwerte der verschiedenen Währungen – die Stufenleiter der universellen Arbeit verbirgt.[110]

Ferner ist deutlich geworden, daß das Wertgesetz sich bei „falschen" Paritäten, d.h. bei dauerhaft über- bzw. unterbewerteten Währungen, über den Geldmengen-Preis-Mechanismus durchsetzt. Diese „reine" Durchsetzungsform, die in den Veränderungen des Saldos der Handelsbilanz erscheint, wird neben den tarifären Handelshemmnissen (Zölle) durch eine Fülle weiterer nicht-tarifärer Handelsbarrieren (die Zahl wird auf etwa 800 geschätzt)[111] modifiziert.

Diese Brüchigkeit in der Durchsetzung des Wertgesetzes auf dem Weltmarkt wirkt sich durch die politische und ökonomische Abhängigkeit der unterentwickelten Länder von den kapitalistischen Industrieländern in der vielfältigsten Weise in der Zirkulation aus, so daß Nicht-Äquivalententausch bis hin zu direkten Verletzungen des Wertgesetzes (in Form der Prellerei) möglich ist.

Innerhalb der sich immer mehr auflösenden Franc-Zone setzt das französische Kapital die Paritäten direkt nach den eigenen Verwertungsinteressen fest. Für einige Nationen innerhalb des Währungsblocks wird damit das Wertgesetz direkt verletzt.

Zwischen Nationen mit unterschiedlicher durchschnittlicher Produktivität und Intensität der Arbeit ist immer ein ungleicher Tausch zugunsten der fortgeschritteneren Nation verbunden. Soweit die Entwicklungsländer über das weltgesellschaftliche Bedürfnis hinaus produzieren, ihre Waren also nicht mehr absetzen können, kann es zu Abwertungen kommen. Diese ergeben sich aber nicht infolge einer Veränderung des Rangpunktes in der Stufenleiter, sondern sie sind durch die Exportstruktur des Entwicklungslandes bedingt. Die Abwertung führt daher nicht über einen verringerten Preisausdruck der Waren auf dem Weltmarkt zu Wettbewerbsvorteilen und damit zu verbesserten Akkumulationsmöglichkeiten. Im Gegenteil: Der starre Importbedarf sowie die mit der Abwertung gewachsenen Auslandsschulden vergrößern das Zahlungsbilanzdefizit immer mehr.

Die modifizierte Wirkungsweise des Wertgesetzes auf dem Weltmarkt verschärft somit die ungleichmäßige Entwicklung zwischen den unterschiedlich entwickelten nationalen Kapitalen der Entwicklungsländer und der kapitalistischen Industrieländer.

Anmerkungen

1 Kühne, Harald-Dietrich, Zum Einfluß der Währungspolitik auf die Gestaltung des Welthandels in der Gegenwart. In: Gegenwartsprobleme der internationalen Handelsbeziehungen, Band 6 Probleme der kapitalistischen Weltwirtschaft. Hrsg. J. L. Schmidt, K. H. Domdey, Berlin 1964. Kühne spricht vom hohen „Grad der relativen Verselbständigung der Währung gegenüber den materiellen Prozessen. . .", S. 201.

2 Kohlmey, Gunther, Karl Marx Theorie von den internationalen Werten. In: Probleme der Politischen Ökonomie, Band 5, Berlin 1962, argumentiert in diese Richtung auf S. 75.

3 Marx, Karl, Das Kapital, Marx-Engels-Werke, Band 23, Berlin 1968, S. 117. (Fortan zitiert als MEW 23.)

4 Vgl. dazu insbes. Klaus Busch/Frank Seelow, Weltmarktstruktur und Unterentwicklung, Arbeitshypothesen zum Projekt „Dritte Welt" des geplanten Sonderforschungsbereiches „Außenpolitik" am Fachbereich 15 der Freien Universität Berlin, Berlin, Januar 1973.

5 Vgl. Busch/Schöller/Seelow, Weltmarkt und Weltwährungskrise, Hrsg. Gruppe Arbeiterpolitik, Bremen 1971, S. 9-14.

6 Marx, Karl, Grundrisse der Kritik der Politischen Ökonomie, Europäische Verlagsanstalt Frankfurt, Europa Verlag Wien, o.J., S. 311. (Fortan zitiert als Grundrisse.)

7 MEW 23, S. 618.

8 Marx, Karl, Die künftigen Ergebnisse der britischen Herrschaft in Indien, Marx-Engels-Werke, Band 9, S. 220–226. Vgl. dazu außerdem: Amin, Samir, Der internationale Handel und die internationalen Kapitalbewegungen, S. 30. In: Neuere Beiträge zur Imperialismustheorie, Band 1, Trikont Verlag München 1971, sowie Busch/Schöller/Seelow, Diskussionsbeitrag zur Theorie der ungleichmäßigen Entwicklung. Vervielfältigtes Manuskript, Fachbereich 15 der Freien Universität Berlin, Berlin 1971.

9 Vgl. dazu die Ausführungen bei Marx über formelle und reelle Subsumtion der Arbeit unter das Kapital sowie über die Rolle des Wucher und Kaufmannskapital. Marx, Karl, Resultate des unmittelbaren Produktionsprozesses, Verlag Neue Kritik Frankfurt 1966, sowie Marx, Karl, Das Kapital, Band 3, Marx-Engels-Werke Band 25, Berlin 1968, 20. und 36. Kapitel. (Fortan zitiert als MEW 25.)

10 Mandel, Ernest, Der Spätkapitalismus, Frankfurt 1972, S. 46.

11 Vgl. dazu Altvater/Blanke/Neusüß, Kapitalistischer Weltmarkt und Weltwährungskrise, S. 11–22. In: Probleme des Klassenkampfes, Nr. 1, November 1971, Berlin und Erlangen; Busch/Schöller/Seelow, Weltmarkt und Weltwährungskrise, a.a.O., S. 19–22, sowie Neusüß, Christel, Imperialismus und Weltmarktbewegung des Kapitals, Erlangen 1972, S. 105–124.

12 MEW 23, S. 53.

13 MEW 23, S. 584.
14 Ebenda.
15 MEW 23, S. 548.
16 MEW 23, S. 584.
17 Ebenda.
18 Busch/Schöller/Seelow, Weltmarkt und Weltwährungskrise, a.a.O., S. 30.
19 Vgl. dazu insbes. Mandel, a.a.O., Kapitel 2, sowie Hobsbawm, Eric J., Industrie und Empire, Band I, Frankfurt 1970, Kapitel 7.
20 Vgl. Hobsbawm, a.a.O., S. 140.
21 Hobsbawm, a.a.O., S. 138.
22 Vgl. Hobsbawm, a.a.O., S. 139.
23 Vgl. insbes. Gerstenberger, Heide, Zur Theorie der historischen Konstitution des bürgerlichen Staates, S. 220. In: Probleme des Klassenkampfes, Nr. 8/9.
24 Vgl. Hobsbawm, a.a.O., S. 142.
25 MEW 23, S. 12.
26 Vgl. insbes. Busch/Seelow, Weltmarktstruktur und Unterentwicklung, a.a.O., sowie Busch, Klaus, Ungleicher Tausch – zur Diskussion über internationale Durchschnittsprofitrate, ungleicher Tausch und komparative Kostentheorie anhand der Thesen von Arghiri Emmanuel, S. 68–72. In: Probleme des Klassenkampfes, Nr. 8/9.
27 Vgl. dazu Schweers, Rainer, Interne Faktoren der Unterentwicklung, Arbeitshypothesen zum Projekt „Dritte Welt" des geplanten Sonderforschungsbereiches „Außenpolitik" am Fachbereich 15 der Freien Universität Berlin, Berlin, Januar 1973.
28 Zur Auseinandersetzung mit dem ungleichen Tausch vgl. insbes. Busch, Klaus, a.a.O., sowie Schöller, Wolfgang, Werttransfer und Unterentwicklung – zur neueren Diskussion um Weltmarkt, Unterentwicklung und Akkumulation des Kapitals in unterentwickelten Ländern (anhand von E. Mandel, Der Spätkapitalismus). In: Probleme des Klassenkampfes, Nr. 6, März 1973.
29 Vgl. Kühne, a.a.O., S. 201.
30 Grundrisse, S. 42/43.
30 a) Grundrisse, S. 42
31 Grundrisse, S. 35 ff.
32 Grundrisse, S. 46.
33 MEW 23, S. 81.
34 Grundrisse, S. 60.
35 Ebenda.
36 MEW 23, S. 101/2.
37 MEW 23, S. 107/8.
38 MEW 23, S. 87.
39 MEW 25, S. 533.
40 Vgl. dazu insbes. Busch/Schöller/Seelow, Weltmarkt und Weltwährungskrise, a.a.O., S. 34–39. Geld wird im Folgenden immer gleich Gold gesetzt, da zunächst vom Goldstandard ausgegangen wird.
41 MEW 23, S. 120.
42 MEW 23, S. 130.
43 Vgl. dazu die Kritik von Marx an Ricardo, u.a. in MEW 23, S. 137 ff.
44 MEW 23, S. 139.
45 MEW 23, S. 143.
46 MEW 23, S. 141.
47 MEW 23, S. 142.
48 MEW 23, S. 149.
49 MEW 23, S. 150.
50 MEW 23, S. 152.
51 MEW 25, S. 588/9.
52 Die Rolle des (Metall-) Weltgeldes wird zunächst für den Goldstandard untersucht. Die Problematik die sich daraus ergibt, daß nationales (Papier-) Geld als Weltgeld fungiert, wird unter Punkt 3.1.3. erörtert.
53 MEW 23, S. 156.
54 MEW 23, S. 156.
55 MEW 23, S. 158/9.
56 Vgl. dazu insbes. Busch/Schöller/Seelow, Weltmarkt und Weltwährungskrise, a.a.O., S. 47–54.

57 Kaemmel, Ernst, Finanzgeschichte, Berlin 1966, S. 238.
58 Vgl. Kaemmel, a.a.O., S. 302, sowie auch Launhardt, Wilhelm, Mark, Rubel und Rupie, Berlin 1894, S. 21.
59 Vgl. insbes. Busch/Schöller/Seelow, Weltmarkt . . ., a.a.O., S. 54–57.
60 Zottmann, Anton, Allgemeine Volkswirtschaftslehre IV, Geld und Kredit, Stuttgart 1972, S. 81.
61 Zur Neuordnung des Weltmarktes nach 1945 vgl. u.a. die Ausführungen von Zottmann, Anton, Theorie und Politik der Außenwirtschaft, Stuttgart 1967, S. 151 ff., sowie Veit, Otto, Grundriß der Währungspolitik, Frankfurt 1961, S. 723 f.
62 Dies widerspricht durchaus der gängigen marxistischen These von der Krisenhaftigkeit des bestehenden Weltwährungssystems. Vgl. dazu insbes. Domdey, K.H./Kühne, H.D., Die chronische Krise des kapitalistischen Währungssystem, Band 9, Probleme der kapitalistischen Weltwirtschaft, hrsg. von Schmidt, J. L./Domdey, K. H., Berlin 1972.
63 Vgl. Lipfert, Helmut, Einführung in die Währungspolitik, München 1971, S. 223.
64 Veit, a.a.O., S. 725.
65 Kruse, Alfred, Außenwirtschaft, Berlin 1965, S. 296.
66 Aschinger, Franz, Das Währungssystem, des Westens, Frankfurt 1971, S. 35.
67 Ebenda, S. 79.
68 Lipfert, a.a.O., S. 32.
69 Kruse, a.a.O., S. 298.
70 Aschinger, a.a.O., S. 215.
71 Vgl. dazu die Ausführungen bei Lipfert, a.a.O., S. 235–238.
72 Diese zehn wichtigsten kapitalistischen Nationen sind: die USA, die BRD, Großbritannien, Frankreich, Italien, Japan, Kanada, die Niederlande, Belgien und Schweden. Dazu gerechnet wird die Schweiz, die allerdings kein Vollmitglied im IMF ist.
73 Vgl. dazu Busch/Schöller/Seelow, Weltmarkt . . ., a.a.O., S. 53, sowie Lipfert, a.a.O., S. 238–250.
74 MEW 25, S. 532.
75 Vgl. Busch/Schöller/Seelow, Weltmarkt . . ., a.a.O., S. 50.
76 Ebenda, S. 54–59.
77 Die sozialistischen Staaten lehnten bisher den IMF u.a. wegen der ungleichen Stimmverhältnisse ab. Den Fonds verließen Polen 1950, die CSSR 1954 und Kuba 1964; Jugoslawien ist Mitglied im IMF. Vgl. dazu Domdey/Kühne, a.a.O., S. 37.
78 Vgl. Aschinger, a.a.O., S. 212 sowie S. 224, Tabelle 26.
79 Magdoff, Harry, Das Zeitalter des Imperialismus, Verlag Neue Kritik, Frankfurt 1970, S. 78.
80 Siehe Anmerkung 74.
81 Preobrazenskiy, E., Die neue Ökonomik, Verlag Neuer Kurs, Berlin 1971, S. 199.
82 Punkt 4 der Charta, zitiert bei Zottmann, Außenwirtschaft, a.a.O., S. 151.
83 Nach Tabelle 29/30 bei Veit, a.a.O., S. 418/9.
84 Vgl. dazu insbes. Domdey/Kühne, a.a.O., S. 47 f.
85 Ebenda.
86 Vgl. dazu die ausführliche Darstellung bei Aust/Bongart/Schulz/Wiessner, Währungszonen, Referat am Fachbereich 15 der Freien Universität Berlin Sommersemester 1973, Übung Seelow, S. 8–20.
87 Vgl. Veit, a.a.O., S. 411.
88 Vgl. Domdey/Kühne, S. 52, sowie Magdoff, a.a.O., S. 79.
89 Vgl. Magdoff, a.a.O., S. 79 f.
90 Sir Dennis Robertson, Britain in the World Economy, London 1954, S. 39, zitiert bei Magdoff, a.a.O., S. 80.
91 Zitiert bei Magdoff, a.a.O., S. 80.
92 Vgl. Domdey/Kühne, a.a.O., S. 53.
93 Vgl. dazu Domdey/Kühne, a.a.O., S. 56–63; Kühn, Rainer/Schweers, Rainer, Entwicklungsbedingungen der Elfenbeinküste im Rahmen des kapitalistischen Weltmarktes seit 1960, Diplomarbeit am Fachbereich 15 der Freien Universität Berlin, Sommersemester 1972, insbes. S. 134–153, sowie Aust/Bongart/Schulz/Wiessner, Währungszonen, a.a.O., S. 20–36.
94 Vollrodt, Werner, Die finanzielle Einheit der Französischen Union, Berlin 1956.
95 Domdey/Kühne, a.a.O., S. 81–86.
96 Ebenda.
97 Vgl. Deutsches Institut für Wirtschaftsforschung, Wochenbericht 33/72, Berlin 1972.

98 Aschinger, a.a.O., S. 211.
99 Vgl. Naini, Ahmad/Borrmann, Axel/Dornbusch, Hans-L., Analyse der Themen und Ergebnisse der Dritten Welthandelskonferenz, Verlag Weltarchiv GmbH, Hamburg 1972, S. 123.
100 Aschinger, a.a.O., S. 212.
101 Vgl. Naini/Borrmann/Dornbusch, a.a.O., S. 124.
102 Vgl. Aschinger, a.a.O., S. 210.
103 Vgl. Kebschull, Dietrich, Unctad III – Großer Anlauf in der Währungspolitik. In: Entwicklung und Zusammenarbeit, Heft Nr. 6/7 1972, Herausgegeben von der Deutschen Stiftung für internationale Entwicklung Bonn, S. 12.
104 Vgl. Aschinger, a.a.O., S. 210.
105 Vgl. Naini/Borrmann/Dornbusch, a.a.O., S. 143 ff.
106 Vgl. Aschinger, a.a.O., S. 216.
107 Nach Aschinger, a.a.O., S 217.
108 Vgl. Aschinger, a.a.O., S. 43.
109 Vgl. Aschinger, a.a.O., S. 44.
110 Vgl. Busch/Schöller/Seelow, Weltmarkt . . ., a.a.O., S. 45.
111 Vgl. Domdey/Kühne, a.a.O., S. 41.

Entwurf einer gewerkschaftlichen Strategie gegenüber den Multinationalen Konzernen (MNK)

Von Ernst Piehl

Vorbemerkungen

Der Gewerkschaftsbewegung in der kapitalistischen Welt der fünfziger und sechziger Jahre wird generell der Vorwurf gemacht, daß sie weder eine fundierte Gesellschaftsanalyse noch ein zusammenhängendes Zielsystem erarbeitet hatte. Stattdessen dominierte ein prinzipienarmer Pragmatismus und der Glaube an sog. Sachzwänge. Erst in den letzten Jahren hat ein Neubeginn grundsätzlicher Diskussionen über gesellschaftsverändernde Modelle eingesetzt. Angeregt wurden sie meistens von gegenüber dem Kapitalismus kritischen Gruppen innerhalb und außerhalb der Gewerkschaften, wobei eine deutliche Ungleichzeitigkeit der Entwicklung feststellbar ist. Während z.B. in Italien die Gewerkschaften der gleichen internationalen Richtung weitgehend antikapitalistische Strukturreformen mit breiten Mehrheiten in die Praxis umzusetzen versuchen, wachsen in der BRD die kapitalismuskritischen Minderheiten nur recht langsam.

Dieser Tatbestand gilt um so mehr für die internationale Programmatik, als deren Diskussionen von realen Arbeits- und Klassenkämpfen noch weiter entfernt stattfinden. Neue Ziele werden nicht durch einen Diskussionsprozeß von unten nach oben, sondern bisher überwiegend durch „Mauscheleien" auf den Vorstandsetagen vorprogrammiert. Die wenigen internationalen Experten halten die nötigen Querverbindungen zu ihren Kollegen der ausländischen Gewerkschaften, um Kompromisse zwischen den nationalen Programmen zu finden. Daß dabei keine in die Zukunft weisenden Ideen, sondern „Rückzugsgefechte" oder bestenfalls „Fortschreibungen" herauskommen, liegt auf der Hand. Die meist routinemäßig „durchgezogenen" internationalen Kongresse oder Konferenzen haben u.a. wegen der tagespolitischen Überlastung so gut wie keine Zeit – schon gar nicht Substanz –, um echte Grundsatzdiskussionen zu führen. Ergebnis ist in unserem Fall die Wiederkehr stets nur leicht in der Formulierung abgewandelter Erklärungen zum Internationalismus und neuerdings zur Herausforderung durch die MNK. Erst in jüngster Zeit hat das darüber entstandene Unbehagen immerhin die Einsicht verbreitet, daß die internationale Gewerkschaftsbewegung eine antikapitalistische Gesamtstrategie benötigt. Jedem Entwurf einer gewerkschaftlichen Gegenstrategie zu den MNK hätte sowohl eine gründliche Analyse der MNK als auch eine ausführliche Darstellung der internationalen Gewerkschaftsbewegung voranzugehen; in diesem Aufsatz kann lediglich das Ergebnis breiter Studien des Verfassers[1] zusammenfassend vorangeschickt werden:

- Die zentral geführten MNK können mit ihren Manipulationsmöglichkeiten, vor allem mit dem Mittel, Produktion von einem Land in ein anderes zu verlagern bzw. damit zu drohen, die Arbeiterschaft gegeneinander ausspielen.
- Die internationale Gewerkschaftsbewegung ist national, ideologisch, strategisch und organisatorisch zerplittert.

Bei dem Gegensatz zwischen den Organisationen der beiden Hauptklassen, der den Grundwiderspruch des Kapitalismus von Lohnarbeit und Kapital auf multinationaler Ebene verschärft widerspiegelt, und trotz aller Probleme und Kontroversen innerhalb der Gewerkschaftsbewegung, wächst die Einsicht, eine Gegenstrategie zu entwerfen, die sowohl Klarheit über die antikapitalistische Perspektive verschafft als auch Handlungsfelder konkret formuliert.

1. Ziele

1.1 Langfristige Ziele

1.1.1 Internationale Solidarität und Gegenmacht

Eine gegenüber den MNK offensiv entwickelte Strategie muß längerfristige Ziele als Orientierung haben. Notwendig ist der systematische Aufbau einer internationalen Gegenmacht der Gewerkschaften als Widerpart zu der Kapitalstrategie der MNK. Dazu wird die Aufstockung neuer Etagen in den internationalen Sekretariaten nicht ausreichen, sondern schlagkräftige Gewerkschaften mit einer kampfstarken Solidarität können nur von unten nach oben aufgebaut werden.

Entscheidend ist also, den Aufbau von Gegenmacht auf allen Ebenen voranzutreiben: Vom Arbeitsplatz und der Betriebseinheit über die nationale Unternehmens- und Konzernorganisation bis zur multinationalen Konzernzentrale; parallel dazu in der jeweiligen Branche wiederum auf den verschiedenen Ebenen: lokal, regional, national, übernational und weltweit. Bei der ersten „Stufenleiter" vereinigen etliche bereits bestehende gewerkschaftliche MNK-Komitees viele Ansätze in sich, während die letztere eine umfassende Politik der Gewerkschaften auf die verschiedenen Institutionen gerichtet, notwendig macht. In der ständigen Perspektive zur gewerkschaftlichen Gegenmacht müssen die Interessen der abhängig Beschäftigten auf allen Ebenen vertreten werden, allerdings mit strategischen Unterschieden. Während am Arbeitsplatz vorrangig Bildungsarbeit als Voraussetzung zur Mobilisierung der Arbeitermassen zu leisten ist, hat die Spitzendelegation nach bester fachmännischer Beratung gegenüber dem Konzernvorstand Mindestvereinbarungen auszuhandeln. Wenn von unten kein offensiver Druck kommt, ist in den von den Betrieben weit entfernten Zentralgesprächen wenig bzw. nichts zu gewinnen. Besten Anschauungsunterricht gab dafür der „Fall *Akzo*" – „Fall" im doppelten Sinn des Wortes. Die Mobilisierung an der Basis der Produktion und gleichzeitige multinationale Zentralverhandlungen waren keine Alternativen, sondern die sich gegenseitig ergänzenden Seiten einer notwendigen Gesamtstrategie.

In dieser strategischen Kombination von „Basismobilisierung" und „Zentralismus" liegt m.E. auch die Chance, die vielzitierte Rede von „internationaler Solidarität" in die Praxis umzusetzen. Wenn es gelingt, die Forderungen von Aktionen in den Betrieben verschiedener Nationen durch eine einzige transnationale Gewerkschaftsdelegation auf einen gemeinsamen Nenner zu bringen und mit Hilfe des Basisdrucks gegenüber der MNK-Leitung durchzusetzen, dann wird „internationale Solidarität" erfahrbar. Bisher blieb sie meist Ausdruck abstrakter Formeln in Kongreßreden – es fehlte an praktischer Umsetzung und Erfolgserlebnissen. Möglicherweise schuf erst die Entwicklung zu den MNK die konkreten Voraussetzungen, auf denen eine wirklich gemeinsame, grenzüberschreitende Strategie weltweit aufgebaut werden kann. Das Geschehen in der Filiale von *Philips* in Singapur tangiert z.B. unmittelbar den Zweigbetrieb in Bremen. Sofern das gewerkschaftliche *Philips*-Komitee auch südostasiatische Delegierte aufnehmen würde, könnte dieser Zusammenhang auch organisatorisch sichtbar werden.

1.1.2 Vergesellschaftung

Allein die 40 größten der jüngst auf etwa 4.000 geschätzten MNK produzierten 1971 den gleichen Gegenwert, wie insgesamt Waren- und Dienstleistungen in der BRD als drittgrößtem Industriestaat der Welt im gleichen Jahr erbracht worden sind, nämlich rd. 850 Mrd. DM. Die Macht über diese und über all die weiteren Hunderte an Milliarden DM[2], z.B. über diejenigen, die sie zur Produktion von Währungskrisen – wie Anfang 1973 – binnen Stunden von einem Land in ein anderes transferieren können, liegt in den Händen einiger hundert Top-Manager. Ohne irgendein demokratisches Mandat, allein gestützt von den Hauptkapitalbesitzern – vor allem in Gestalt der Riesen-Weltbanken –, bestimmen sie nahezu omnipotent sowohl über die Fortentwicklung ganzer Volkswirtschaften als auch über die Existenz von Millionen abhängig Beschäftigter. Angesichts dieser Tatsachen darf es niemanden erstaunen, wenn auch für pragmatisch handelnde Gewerkschafter das Ziel der Vergesellschaftung an vorderer Stelle steht[3]. Wenn früher unter den Bedingungen des national organisierten Kapitalismus die Sozialisierung schlechthin als die Möglichkeit angesehen wurde, den Grundwiderspruch zwischen Kapital und Arbeit aufzuheben, so wird sie unter den Bedingungen des international organisierten Kapitalismus zumindest als Teillösung angestrebt werden. Wir können hier weder die vielfältigen Differenzierungen zwischen Vergesellschaftung, Verstaatlichung und Nationalisierung, noch deren gesellschaftspolitischen Aspekte ausleuchten. Vielmehr betrachten wir die Begriffe als synonym und beschränken uns auf den Zusammenhang mit den MNK.

In der kapitalistischen Welt ist das Ziel völliger Sozialisierung ex definitione nicht zu erreichen; denn sobald die gesamte Wirtschaft nationalisiert ist, zählt man dieses Land nicht mehr zur kapitalistischen Welt, z.B. Kuba. Mit dieser und anderen wenigen Ausnahmen hat in den letzten Jahren nirgendwo eine vollständige Sozialisierung stattgefunden. Stattdessen gab und gibt es Länder wie Chile (1970 – 1973) und Peru, wo für die jeweiligen Volkswirtschaften entscheidende Sektoren oder Großkonzerne nationalisiert wurden. In beiden Ländern ist z.B. das Super-Riesen-Konglomerat ITT verstaatlicht worden[4]. Westeuropäische Staaten haben in der unmittelbaren Nachkriegszeit Banken, Versicherungen und einige sog. Schlüsselindustrien (Stahl, Petroleum, Atomenergie u.ä.) in eigene Regie genommen, um so in einer gemischten Wirtschaftsordnung ein wichtiges Steuerinstrument in die Hand zu bekommen. Insbesondere Frankreichs öffentlicher Sektor ist im Vergleich zur BRD weit umfangreicher. Davon ausgehend hat die größte französische Gewerkschaft CGT innerhalb der „Union der Linken" zu den letzten Parlamentswahlen ein Regierungsprogramm mit unterstützt, zu dessen Kernpunkten die „Nationalisierung" einer namentlich gemachten Liste von 13 MNK gehört. Interessanterweise liegt dabei das Schwergewicht eindeutig auf den inländischen MNK – wie Rhône-Poulenc –, während die in Frankreich produzierenden Tochterunternehmen der ausländischen Riesen-Konzerne weniger genannt sind[5]; z.B. erscheint der größte MNK der Welt – *General Motors* – nicht auf der Liste. Diese Unterscheidung ist zum einen darin begründet, daß die „französischen"

MNK in der Regel größere Bedeutung für die meisten Branchen Frankreichs haben, zum anderen in der Einsicht, daß die MNK mit Zentrale beispielsweise in den USA ihre Filialen vor einer etwaigen Nationalisierung verlegen können. Hier deutet sich die Problematik bei der Realisierung des Ziels Sozialisierung an. Das französische Regierungsprogramm der Linken verzichtete deshalb bewußt auf die Angabe konkreter Bedingungen für die zu nationalisierenden MNK. Wegen deren Produktintegration bei gleichzeitigem Ausbau der doppelt installierten Produktionsstätten können die MNK in vielen Branchen kurzfristig aus einem Land „aussteigen" und lassen damit bei einer Nationalisierung buchstäblich leere Fabrikhallen zurück. In den Fällen, in denen eine auf einen Staat beschränkte Nationalisierung tatsächlich nicht unterlaufen wird, kommt es wegen des engen Produktionszusammenhangs der MNK zu nicht unerheblichen Auswirkungen auf andere Staaten mit Unternehmen der gleichen Konzerne. Dazu können auch abrupt erfolgende Arbeitslosigkeit bzw. zumindest Kurzarbeit gehören, die beide sicherlich nicht zur Verbreitung internationaler Solidarität unter der Arbeiterschaft beitragen. Eine Ziel-Kollision kann deswegen nur vermieden werden, wenn die Gewerkschaften auf übernationaler Ebene simultan die Sozialisierung betreiben würden, zumindest in regionaler Abstimmung, z.B. im Raum der „Europäischen Gemeinschaft" (EG).

1.1.3 Demokratisierung

Die auf höchstmögliche Ausbeutung und Fremdbestimmung der Arbeitskraft angelegte Kapitalstrategie ist nicht durch ein Fehlverhalten einzelner Produktionsmittelbesitzer und deren Manager begründet, sondern sie ist notwendige Folge der obersten Ziele der MNK nach den Maxima an Kapitalakkumulation und zumindest langfristig realisiertem Profit. Dieser ausschließlich kapitalorientierten und mit undemokratischen Strukturen durchgesetzten Konzernwirtschaft muß die internationale Gewerkschaftsbewegung zumindest als Fernziel die Selbstbestimmung aller Betroffenen oder die „Selbstbetriebsführung" („autogestion") – wie die französische CFDT fordert – entgegenstellen. Als ein Etappenziel in der Überwindung des vom Kapitalverwertungsinteresse beherrschten und durch hierarchische Leitungsstrukturen geprägten Systems kann die Demokratisierung der MNK gelten.

Da in den MNK die Entscheidungsebene noch weiter als in den „nationalen" Konzernen von der Basis entfernt ist, werden die bisher in verschiedenen Ländern entwickelten und teilweise angewandten Systeme nicht einfach nach oben „verlängert" werden können. In der Interessenvertretung der abhängig Beschäftigten sind mehrere Konzerne durch die nationalstaatlichen Bedingungen verschieden geprägt worden. „Mitbestimmung" aus der Bundesrepublik, „Contrôle ouvrier" à la Belgique oder „Industrial Democracy" made in Britain werden sich nicht einfach exportieren lassen[6]. Den Gewerkschaften ist kein „Handelskrieg" zu wünschen, sondern die ständige und breite Diskussion über ein gemeinsames Minimalprogramm gegenüber den konkreten Bedingungen der Entscheidungsstrukturen im international organisierten Kapitalismus. Dabei lassen sich gewiß konvergierende Elemente in den verschiedenen Konzeptionen ausmachen, deren zusammenfassende Bezeichnung schlicht „betriebliche Demokratisierung" lauten sollte.

In allen Systemen der Interessenvertretung haben zumindest angesichts der jüngsten Entwicklungen die gewerkschaftlichen Vertrauensleute in den Betrieben die Schlüsselstellungen, gerade wenn sie „shop stewards", „rappresentanza sindicale aziendale" oder „délégués syndicaux"[7] heißen. Da diese sowohl Kontroll- und Mitbestimmungsforderungen gegenüber dem Konzern als auch innerhalb der eigenen Gewerkschaftsorganisation aufstellen, stellen sie den notwendigerweise doppelseitigen Demokratieansatz dar. Denn innergewerkschaftliche Demokratie, orientiert an den Prinzipien der Öffentlichkeit, Rechenschaftspflicht und Abwählbarkeit, ist die beste Bedingung, um auch Demokratie nach außen zu fordern; durch den Abbau hierarchischer Strukturen in der eigenen Organisation gäben die Gewerkschaften das überzeugendste Beispiel für den Abbau von Hierarchie in den Konzernen. Gleichzeitig bieten sich die gewerkschaftlichen Vertrauensleute als Basis in den in allen MNK zu schaffenden Welt-Komitees für ein umfassendes System demokratischer Kontrolle der Kapitalstrategie an; sie könnten die Vermittlung zwischen Belegschaft und deren Vertretern in Mitbestimmungs- bzw. Mitentscheidungsgremien der Konzerne gewährleisten. Das Ziel der Demokratisierung[8] scheint immer nur soweit erreichbar zu sein, wie ein ständiger Informationsfluß sowohl von unten nach oben als auch von oben nach unten im MNK durchgesetzt wird. Auch hierzu können die gewerkschaftlichen Vertrauensleute Multiplikatoren sein. Sie würden also einerseits unter den abhängig Beschäftigten Informationen verbreiten, andererseits Informationen aus dem Management herauszuholen versuchen. Zum Beispiel gibt es bei *Ford* Köln bereits heute Vertrauensleute in höheren Positionen der Planungsabteilungen, die über die Konzernstrategie besser informiert sind als die Arbeitnehmervertreter im Aufsichtsrat.

Offen bleibt die Frage, ob der Informationsfluß im besonderen und Demokratisierung im allgemeinen formell abgesichert werden muß oder nicht. Daß eine institutionalisierte Beteiligung von Arbeiter- und Gewerkschaftsvertretern in einzelnen Ländern – wie vor allem in der BRD – besteht, kann für die Demokratisierung im gesamten MNK-Bereich förderlich sein, scheint uns aber für alle Konzernbetriebe nicht unabdingbar gelten zu müssen.

1.2 Kurzfristige Ziele

1.2.1 Immaterielle Forderungen

Die Unterscheidung von langfristigen und kurzfristigen Zielen wird bei den konkreten Forderungen nach Verbesserung der Arbeitsbedingungen schwierig durchzuhalten sein. Denn das Gesetz der ungleichzeitigen Entwicklung kommt hier voll zum Tragen, wenn z.B. die ostafrikanischen Arbeiter des *Dunlop*-Konzerns die 40-Stundenwoche erst als ferne Perspektive fordern, während im Stammland England in dem gleichen MNK bereits die 35-Stundenwoche als Nahziel vor Augen ist. Überall können aber die immateriellen Forderungen rascher aufeinander abgestimmt werden als die materiellen, da letztere ihrerseits ganz abhängig sind von Lebensstandard, Warenkorb, Konsumgewohnheiten usw. Denn beispielsweise der Schutz vor verschärftem Arbeitsrhythmus, steigenden Unfall- und Krankheitsgefahren besitzt überall seine Gültigkeit, da die MNK wiederum eine Angleichung im Negativen für all ihre Produktionsstätten betreiben. Deshalb hat die Automobil-Konferenz des Internationalen Metallgewerkschaftsbundes (IMB) im März 1971 das Hauptgewicht ihrer Forderungen auf die Arbeitsbedingungen gelegt: Sicherheit am Arbeitsplatz, Verlangsamung des Produktionstempos, verlängerte Freizeit und bezahlter Urlaub[9]. Ausdrücklich wurde hinzugefügt, daß diese Ziele leichter durchzusetzen sein werden als Lohnerhöhungen.

Eine andere Konferenz des IMB zur Landmaschinen- und Traktorenindustrie im Mai 1972, fügte einige Ergänzungen an: Verbesserte Sicherung bei Arbeitslosigkeit, Krankheit und Unfällen sowie Verkürzung der Arbeitszeit in Verbindung mit zusätzlichem Bildungsurlaub[10]. Diese Forderungen haben den Vorzug, daß sie auch in den Betrieben, die sich in Ländern mit vergleichsweise hohem Lohnniveau befinden, noch Mobilisierung auslösen können. Damit können gleichzeitig die noch großen Massen der Unorganisierten auch in den Metropolen zur Bereitschaft, sich gewerkschaftlich zu organisieren, herangeführt werden. Weitergehende immaterielle Ziele, wie Verbot der Überstundenarbeit oder Beteiligung der Beschäftigten an der Festlegung der Arbeitsbedingungen, werden sich auf absehbare Zeit wohl nur in relativ homogenen Regionalräumen – wie in der EG – durchsetzen lassen. Auf besonderen Zusammenkünften sollten dafür die präzisen Forderungsprogramme aufgestellt werden, wobei sich die Prioritäten durchaus an weltweiten Leitlinien orientieren sollten. Dies wäre nichts anderes als ein Lernprozeß, den die Kapitalseite seit längerem gemacht hat. Wie diese sollten und könnten auch die Gewerkschaften auf dem Grundsatz der Anwendbarkeit der jeweils günstigsten Arbeitsbedingungen bestehen.

1.2.2 Materielle Forderungen

Die Aufstellung koordinierter, geschweige denn gleicher Lohnzuwachsraten ist für die Arbeiter in demselben MNK, aber verschiedener Lebensstandards, z.Z. noch ausgeschlossen. Aber dennoch sollten zumindest einige Grundsätze für die Koordination auch materieller Forderungen formuliert werden. Ganz allgemein läßt sich wohl behaupten, daß überall in der Welt die Erhöhung des Lebensstandards ein wichtiges strategisches Ziel ist. Damit in Zusammenhang wird in nahezu allen Staaten das Ziel der Vollbeschäftigung – zumindest verbal – hochgehalten. Dazu hat ein Experte der internationalen Gewerkschaften wie *Levinson* nicht „le plein emploi"[11], sondern die Aufrechterhaltung des „plein revenu" gefordert. Alle Arbeiter sollen also nicht stets ihren Arbeitsplatz garantiert bekommen, aber sie müssen immer den Anspruch auf das gleiche Einkommen eingelöst bekommen. Diese Forderung wird wohl nur durch weitgehende Staatsinterventionen erfüllt werden, ebenso wie die nach einem automatischen Ausgleich für die Inflationsverluste bei den Einkommen der Unselbständigen. Ein solches Ziel wird bereits in einigen Ländern – wie in Belgien und in den skandinavischen Ländern – durch die Einführung sogenannter Preis-Lohn-Steigerungsklauseln – zu verwirklichen versucht. Wieweit aber gerade die letztere Form eines Staatsinterventionismus nicht zu Lasten der Mobilisierung bei der Arbeiterschaft geht, ist eine diskussionswürdige Frage. In Belgien ist die Kampfbereitschaft augenscheinlich nicht zurückgegangen; ob dieses auch für die BRD eintreten würde, scheint uns zumindest fraglich zu sein.

2. *Mittel*

2.1 Organisatorische Voraussetzungen

Sowohl die lang- als auch die kurzfristigen Ziele werden gegenüber den MNK nur zu erreichen sein, wenn den MNK entsprechende, organisatorische Bedingungen geschaffen sind. In diesem Zusammenhang liest man oft von dem Aufbau eines „new system of the international union movement"[12]. Dies kann nicht vom Himmel fallen, sondern muß die bestehenden Strukturen beharrlich auf gewerkschaftliche Gegenmacht transformieren. Gemeint ist vor allem die Weiterentwicklung der bereits zitierten Ansätze der gewerkschaftlichen Ausschüsse, in denen sich vor allem die Generalsektretäre von IMB, ICF und der Internationalen Union der Lebensmittelarbeiter-Gewerkschaft (IUL) seit Jahren der organisatorischen Herausforderung durch die MNK stellen. Aber auch die internationalen Konföderationen haben in dieser neuen „Dreier-Struktur" wichtige Aufgaben zu erfüllen. Anstelle von Eigenleben der jeweiligen Strategieträger muß Kommunikation und Kooperation treten.

2.1.1 MNK-Komitees

Generell ist bei ihnen ein funktionierendes Minimum an zentralem Apparat mit einem Maximum von Initiativen auf betrieblicher Ebene zu verbinden. Diese Verbindung soll sich bereits in der Zusammensetzung widerspiegeln, indem etwa je zur Hälfte hauptamtliche Sekretäre – auch von regionaler und lokaler Ebene – und betriebliche Delegierte der Gewerkschaften vertreten sind. Unter den letzteren sollten nicht nur „freigestellte" Betriebsratsmitglieder, sondern auch Vertrauensleute berücksichtigt werden. Gerade in den Ländern, wo diese Gewerkschafter von allen abhängig Beschäftigten gewählt werden, hätten sie den Vorzug, auch die gewerkschaftlich Nichtorganisierten in dem MNK-Komitee zu vertreten. Aus der Mitte der Komiteemitglieder ist eine kleine Exekutive zu wählen, die bei begründetem Versagen jederzeit abberufbar sein muß. Ihm steht ein Präsident – mit Unterstützung eines technischen Sekretärs – vor, der von der Gewerkschaft gestellt wird, in der der betreffende MNK seine Entscheidungszentrale hat. Für die Leitung der Zusammenkünfte ist ein Co-Präsident zu wählen, der möglichst aus einem der Peripherie-Länder mit MNK-Filialen kommt.

Regionale Konferenzen können wichtige Vorarbeiten erbringen, wenn sie einem mehr informellen und einen eindeutig dem Welt-Komitee zuarbeitenden Charakter haben. Vor allem muß vermieden werden, daß sich unfreiwillig ein gewerkschaftsorganisatorischer Reflex der Nord-Süd-Spaltung vollzieht. Gerade die MNK-Komitees enthalten die Chance, die objektiv bestehenden Unterschiede zwischen „reicher" und „armer" Hemisphäre sukzessive gewerkschaftspolitisch zu überwinden. Gleichermaßen kann die Trennung in die verschiedenen Wirtschaftssektoren, einerseits Zukunftsbranchen andererseits retardierte Sektoren, gerade deshalb überwunden werden, weil die MNK-Entwicklung immer mehr auf Konglomerate zusteuert. Die Komitees in diesen Mischkonzernen werden deshalb auch die faktisch erst bescheidene Zusammenarbeit zwischen den Branchenstrukturen auf Dauer organisieren. Dann sitzen in Plenum und Exekutive der MNK-Ausschüsse die Generalsekretäre verschiedener Brancheninternationalen – als die technisch wichtigsten Mitarbeiter – nebeneinander.

Keineswegs soll ein Bild der Harmonie gezeichnet werden. Alle schon bestehenden – vor allem die national und ideologisch motivierten – und neue Konflikte in der internationalen Gewerkschaftsbewegung werden auch hier ihren Niederschlag finden. Aber mir scheint, daß der konkrete Arbeitszusammenhang der MNK-Komitees und die ständig spürbare Herausforderung durch die Kapitalstrategie mehr Chancen zur Einigung bieten als die traditionellen Gewerkschaftsstrukturen. Gerade die ideologisch überhöhte, tatsächlich an der Fixierung weltpolitischer Blöcke verursachte,

Spaltung könnte in der gewerkschaftlichen Bewegung, MNK für MNK, überwunden werden. Dabei kann allerdings ein neuer, bereits potentiell angelegter Konflikt entstehen, nämlich der zwischen den Beschäftigten bei den MNK und allen übrigen[13]. Erstens wird aber diese Gefahr durch die Tendenz zur Konglomerierung abgeschwächt, und zweitens halten alle MNK eine Fülle von Zulieferbetrieben oft in unmittelbarer Abhängigkeit. Davon ausgehend haben die Gewerkschaften die Organisationsarbeit bei diesen meist kleinen Betrieben zu verstärken und deren Organisierte über besondere Delegierte an einen Tisch der MNK-Komitees zu versammeln. Gewiß sind damit keineswegs alle möglichen objektiven Divergenzen aus dem Weg geräumt, jedoch scheint für eine Lösung die organisatorische Voraussetzung geschaffen.

2.1.2 Föderationen

Gerade um eine mögliche neue Spaltung der Arbeiterklasse in MNK-Beschäftigte und in diejenigen, die in der Mittel- und Kleinindustrie arbeiten, zu verhindern, bedarf es weiterhin starker Branchengewerkschaften. Deren Internationalen sind vor allem in der IBFG-Richtung diejenigen Organisationen, die am praktischsten und engagiertesten die Probleme der MNK angegangen sind[14]. Bisher sind auch die MNK-Weltausschüsse keine relativ autonome, dritte Gewerkschaftssäule, sondern von Unterabteilungen der Generalsekretariate betreute Aktivitäten der Internationalen Berufs-Sekretariate. Tatsächlich sollen auch in diesem gesamtstrategischen Entwurf die Branchen- bzw. Berufsinternationalen die organisatorischen Scharniere zwischen den „kapitalnah" agierenden MNK-Komitees und den „staatsnah" zu handelnden Konföderationen bilden. Dazu ist faktisch eine Fülle von Kommunikations- und Koordinationsarbeit in mehrfacher Richtung zu leisten: Zwischen den MNK-Komitees, von Komitee zu Branchenzentrale, von Komitee zu Konföderation usw. Darüber hinaus bleibt den Brancheninternationalen die vielfältige Arbeit, die nicht von den MNK verursacht wurde – wie Informations- und Bildungsarbeit –, die aber zur Schulung auch der MNK-Beschäftigten von höchster Bedeutung sind.

Den Branchen bzw. Berufsinternationalen und deren Mitgliedsorganisationen stellt sich ferne; die immer wichtigere Aufgabe, durch Kooperation untereinander die „Betreuung der Konglomerats-Komitees" strukturgerecht zu gewährleisten. Dies wird nicht durch allgemeine Konferenzen, z.B. aller Berufssekretariate, sondern muß von Mischkonzern zu Mischkonzern geleistet werden. Sollte die Tendenz zur Konglomerierung noch breitere Ausmaße annehmen, als schon bei Konzernen wie ITT geschehen, dann könnte eine lose Koordination durch die Bundes-Internationalen sinnvoll werden; jedenfalls wäre diese Lösung einer Schaffung weiterer Organisationen vorzuziehen, um nicht den „internationalen Gewerkschaftsdschungel" (Otto Brenner) noch undurchschaubarer zu machen.

2.1.3 Konföderationn

In der Vermittlung über die Branchengrenzen hinaus – vor allem zwischen den Wachstums- und den retardierenden Industrien – könnten sich die konföderalen Organe dort verdient machen, wo anstelle breiter Branchen enge Berufsorganisationen bestehen. Aber auch in England geht der Trend in Richtung auf Zusammenlegung von immer mehr Sektoren, so daß die größten Einzelgewerkschaften – wie TGWU – bereits kleine Konföderationen sind. Daher ist die eigentliche Funktion der „echten"

Konföderationen gegenüber den staatlichen Institutionen anzusiedeln. Zu diesen gehören alle staatlichen Funktionsträger auf der nationalen, übernationalen und weltweiten Ebene. Im Rahmen der „freien" Gewerkschaftsrichtung heißt das, daß das IBFG-Generalsekretariat z.B. das Problem der MNK an alle zwischenstaatlichen Organisationen, namentlich an die Genfer Internationale Arbeitsorganisation (IAO) zu tragen hat. Durch seinen Beraterstatus bei den Vereinten Nationen und ihren Sonderorganisationen kann der IBFG im Vorteil gegenüber den Branchensekretariaten alle Fragen unmittelbar zur Behandlung stellen[15].

Den Zugang zu den Nationalstaaten sollten – auch der größeren Schnelligkeit wegen – die nationalen Mitgliedsbünde suchen. Diese müßten in Zusammenarbeit mit den jeweiligen Einzelgewerkschaften an die nationalen Exekutiven und Legislativen herantreten.

Prinzipiell ähnliche Aufgaben, lediglich auf „höherer" Ebene, z.B. gegenüber den EG-Institutionen, haben die Europäischen Organisationen zu leisten. Wenn auch die übernationalen Entscheidungskompetenzen noch nicht weit entwickelt sind, so sind doch die gezielten Aktivitäten auf westeuropäischer Ebene nicht sinnlos; beispielsweise gegenüber einzelnen Institutionen im Rahmen des Status der Europäischen Aktiengesellschaft, wenn diese auch auf absehbare Zeit kaum realisiert werden wird, lohnt sich sicher der Aufwand gut vorbereiteter Interessenvertretung. Dabei wird es nicht nur darauf ankommen, „den neuen wirtschaftlichen Machtstrukturen demokratische Kontrollen"[16], sondern eine politische Gesamtkonzeption demokratischer Strukturen entgegenzustellen.

2.2 Koordinations- und Kooperationsmaßnahmen

2.2.1 Information und Dokumentation

Der Informationsvorsprung des Managements gegenüber den Arbeitnehmern in den MNK ist gewaltig. So legen z.B. die westeuropäischen Tochtergesellschaften des ITT-Konzerns monatlich 28 dicke Berichtsmappen[17] ihrem Weltpräsidenten vor. Auf der Seite der Beschäftigten ist das Bedürfnis nach Information ebenso hoch, aber sie haben bisher kaum Möglichkeiten, es zu realisieren. Zwar gelten mancherorts die mehr oder weniger Information eröffnenden Betriebsverfassungsgesetze, aber diese enden jeweils an den nationalen Grenzen – folglich auch der Radius der Informationen die die Kapitalseite zugestehen will. Bis heute gibt es – mit Ausnahme von *Philips* – keine Konzernleitung, die über eine längere Frist spezifische MNK-Informationen den Gewerkschaftskomitees zu übermitteln zugesagt hat.

Dabei kommt es weniger auf die Quantität an Informationen, als vielmehr auf eine qualitative Auswahl an. Zu den wichtigsten Gegenständen, über die möglichst im Planungsstadium die Arbeitnehmer in den MNK informiert werden sollten, gehören[18]:

– Besitzwechsel, neue Kapital-Beteiligungen und Managementverflechtungen;
– Investitionsentscheidungen, insbesondere Produktionsverlagerungen und -einschränkungen;
– Umschulungen, Versetzungen oder Entlassungen im Zeichen von „Rationalisierung";
– „Harmonisierung" der Arbeitsbedingungen, vor allem bei der Arbeitszeit, Mehrarbeit, Urlaub u.ä.m.

Da das MNK-Management keine der wichtigen Informationen freiwillig bereitstellen wird, stellt sich namentlich für die MNK-Komitees das Problem der Beschaffung: Wo können welche Informationen am zuverlässigsten ermittelt werden? Dazu bieten sich dort, wo betriebliche Beteiligungsrechte institutionalisiert sind, Möglichkeiten an. Daneben könnten auch staatliche Institutionen auf lokaler, regionaler, nationaler und internationaler Ebene vielleicht einige Zugänge eröffnen. Aber ansprechbarer werden wohl die gewerkschaftlichen Kader, namentlich die Vertrauensleute, in der technischen Intelligenz für die Arbeitnehmerseite sein. Darüber hinaus gibt es Möglichkeiten, die teilweise gut informierende Publizistik und eigene Fragebogenaktionen auszuwerten.

Über die Ermittlung und Speicherung hinaus muß für die laufende Verbreitung der Informationen, z.B. mittels Übersichten zu aktuellen Forderungen der Einzelgewerkschaften gesorgt werden. Die bisher gebräuchlichen Methoden der vielfältigen Publikationsorgane – von Tages-Pressediensten bis zu Monatszeitschriften – müssen sicher einbezogen werden, aber unter gezielter Durchforstung des gewerkschaftlichen Blätterwaldes. Unabdingbar wird die Herausgabe eines Informations-Dienstes pro MNK-Komitee sein, deren wichtigste Meldungen in den teilweise schon gut funktionierenden Nachrichten-Bulletins der Bracheninternationalen[19] zusammengefaßt werden könnten. Nahezu jede Resolution einer internationalen Gewerkschaftskonferenz enthält die Forderung nach mehr Austausch von Informationen. Offensichtlich werden diese „Sonntags"-Erklärungen „montags" wieder vergessen bzw. hintenangestellt. Auch bei gutem Willen der gewerkschaftlichen Zentralen, Informationen an die „unteren" Organe bis hin zu den betrieblichen Delegierten weiterzugeben, gibt es immer wieder Blockaden, die zerstört werden müssen. Ob jemals ein reibungsloses Informationsnetz der internationalen Gewerkschaftsbewegung geschaffen werden wird, hängt mehr von dem politischen Willen der Beteiligten als von den technischen Lösungen ab.

2.2.2 Analysen und Forschungen

Der Übergang von systematischer Informations- und Dokumentationsarbeit zu Forschungen ist fließend. Auch hier muß zunächst die Frage nach der Auswahl der Untersuchungsgegenstände beantwortet werden. Dabei werden die gleichen Punkte nach Besitz- und Entscheidungsstruktur auf der Kapitalseite und die der immateriellen Bedingungen für die Gewerkschaftsseite im Vordergrund stehen – allerdings mit der Aufforderung nach Analyse und nicht bloßer Deskription. Spezielle Untersuchungsthemen könnten einerseits die Investitions- und Entwicklungsplanungen der MNK sein, andererseits ist für jede Gegenaktion die detaillierte Klärung der rechtlichen Bedingungen gewerkschaftlicher Solidaritätsmaßnahmen notwendig[20].

Auf die Vielfalt der methodischen Probleme kann in diesem Zusammenhang nicht eingegangen werden; es genügt, daß für die Forschung der Gewerkschaften ein Mindestmaß an formalen Voraussetzungen vorliegt wie die Angabe der herangezogenen Quellen[21] und nachprüfbarer Belege für die eigenen Konklusionen.

Die bisherige Organisation der rudimentären Forschung in der internationalen Gewerkschaftsbewegung ist bisher ebenso zersplittert wie diese. Lediglich einige Versuche, aus der Isolation herauszukommen, sind zu registrieren. Ein informeller Kreis führender Gewerkschafter, u.a. aus den wenigen Forschungsinstituten, trafen sich mehrere Jahre lang bis Oktober 1970. Dieser, nach dem Namen des „geheimen"

Treffpunktes in Brüssel „Perraudin" genannte Kreis gab u.a. den Anstoß zu einem konkreten Projekt, nämlich einer Studie über die Entscheidungsstrukturen ausgewählter MNK. Dieses und ähnliche Projekte haben noch keine weitreichenden Folgen gehabt, denn vor allem die nationale und die ideologische Zerplitterung ließen konkrete Engagements zu mehr Gemeinsamkeit in der internationalen Bewegung abschlaffen. Dennoch sollten stets aufs neue Initiativen z.B. in Richtung auf ein „Internationales Gewerkschaftszentrum für Studien und Forschungen"[22] gezielt unterstützt werden, denn sie können neben der eigentlichen Forschungsarbeit praktisch zum Internationalismus beitragen. Freilich wird es ein einziges internationales Forschungszentrum auf absehbare Zeit wohl kaum geben, aber durch die Koordination von ad hoc-Fallstudien gerade zum Problemkreis der MNK könnte endlich ein Prozeß der Vereinheitlichung in Gang gebracht werden.

2.2.3 Technische und finanzielle Unterstützung

Auf dem Weg zu dauerhafter Kooperation auf internationaler Ebene werden die Gewerkschaften sowohl eines möglichst ständigen Erfahrungsaustausches bedürfen als sich auch gegenseitig Hilfe leisten müssen. Beides kann in bilateraler oder in multilateraler Form geschehen. Arbeitstreffen und Seminare sollten weniger zu allgemeinen Themen mit bunter Teilnehmerstruktur, als vielmehr nach gezielten Einladungen an Gewerkschafter ausgewählter Konzerne tagen. Wenn diese Treffen bei Teilnahme auch betrieblicher Delegierter stattfinden, bekommen sie den nötigen Praxisbezug, ohne allerdings zu einem reinen Delegiertenaustausch zwischen einzelnen Konzernteilen zu werden[23]. Die Anwesenheit gewerkschaftlicher Sekretäre und Wissenschaftler kann nämlich ihrerseits der Gefahr eines „MNK-Syndikalismus" entgegenwirken.

Den Komitees in den MNK stellt sich – in engem Verbund mit den Brancheninternationalen – die große Aufgabe, praktische Unterstützung zu organisieren. Da es hierbei vorwiegend um Geld geht, müssen so bald als möglich zentrale Solidaritäts-Fonds bei den Komitee-Exekutiven eingerichtet werden. Damit könnten sowohl die laufenden Aufgaben bewältigt, als auch fallweise Aktionen finanziert werden. Bisher herrschen bilaterale Hilfeleistungen vor. Das heißt in der Praxis, daß die wenigen finanzstarken an die „armen" Gewerkschaften, die im gleichen MNK vertreten sind, Überweisungen vornehmen. Als Beispiel können die Spenden der amerikanischen UAW an die mexikanischen Automobilarbeiter angeführt werden[24]. Aufgrund der finanziellen Leistungen seitens der Gewerkschaften in den Metropolen, gerade bei Streiks in den Peripherieländern, haben sich Dominanzstrukturen in allen Internationalen faktisch herausgebildet. Dem sollen die Statuten entgegenwirken, in denen oft ein multilateraler „Solidaritätsfonds"[25] verankert ist, aus dem die Zentralen gezielt technische Unterstützungen leisten. Dazu gehört z.B. die Verschickung eines Experten an den Ort eines Konflikts über betriebliche Sozialversicherungen.

Ohne diese bescheidenen Mittel der Hilfsfonds bei den internationalen Föderationen und Bünden zu schmälern, sollten zusätzliche MNK-Fonds als Aktionskassen eingerichtet werden. Aus diesen dürfte nicht die notwendige gewerkschaftliche Breitenarbeit, sondern müßten ausschließlich Kampfmaßnahmen gegenüber ausgewählten Teilen der MNK finanziert werden. Damit würden erstmalig ständige multilaterale „Streikkassen"[26] entstehen, wo bisher meist durch bilaterale Abhängigkeiten geprägte Maßnahmen aushelfen mußten.

3. Nicht-Institutionelle Strategie

3.1 Direkte Aktionen gegenüber den MNK

Für das gesamte Spektrum verschiedener Maßnahmen gilt, daß sie nicht nur reaktiv nach einem schon von der Kapitalseite verursachten Arbeitskampf angewandt werden, sondern daß sie von der Gewerkschaftsseite aktiv auf einen absehbaren Konflikt hin vorbereitet werden müssen. Zum Erfolg von Solidaritätsaktionen mit einem in einem MNK-Teil stattfindenden Arbeitskampf kann bisweilen schon beitragen, daß mit weltweiten Sympathiemaßnahmen gedroht wird. Freilich behält diese „Droh-Strategie" nur dann ihren Wert, wenn die Gewerkschaften auch tatsächlich in der Lage sind, direkte Aktionen gegenüber den MNK zumindest von Zeit zu Zeit zu planen und durchzuhalten.

3.1.1 Protest und Sympathiekundgebungen

Unter den denkbaren Formen heben wir lediglich drei hervor, die auch bereits vereinzelt zur Anwendung gekommen sind. Zunächst Resolutionen verschiedener Art, die kurzfristig von Exekutivgremien gefaßt und in Form von Telegrammen oder Briefen verschickt werden müssen. Als zweite Protestmaßnahme können Versammlungen z.B. der Betriebsräte oder der Vertrauensleute gelten. Bisweilen half der Zufall mit, wenn gerade ganze Belegschaftsversammlungen oder – wie im Fall Akzo im September 1972 – der nationale Gewerkschaftstag der IG Chemie-Papier-Keramik stattfand. Falls solche Protesterklärungen noch keinerlei Wirkungen zeigen, sollten Demonstrationen und Manifestationen in und vor den Betrieben – wie Flugblattverteilen – organisiert werden. Dabei sind der Phantasie und dem Organisationstalent keine Grenzen gesetzt, wobei gerade die MNK-Koordinatoren viele Anregungen von den letztjährigen Klassenkämpfen in Italien, Frankreich und Großbritannien gewinnen können.

All die Möglichkeiten von Straßentheater, Cinema action, Filmreportagen mit Diskussion usw. ließen sich durchaus mit internationaler Besetzung – im Einsatz von einem MNK-Betrieb zum anderen – noch anregender für die Arbeiterschaft gestalten. Bei allen Sympathie- und Protestdemonstrationen ist darauf zu achten, daß sie sich nicht verselbständigen, sondern in jeder Phase stets auf den Urheber des Konflikts zielen, der in der Regel letztlich in der MNK-Zentrale zu finden ist. Kraft dieser Erkenntnis sind in letzter Zeit schon bei relativ geringem Einsatz der Gewerkschaften Erfolge erzielt worden: Nachdem z.B. die vom IMB alarmierte IG Mtall in der Stuttgarter Zentral von *Daimler-Benz* gegen die Kündigungen von Arbeitern in deren marokkanischer Vertriebsgesellschaft protestierte, wurden die bereits Entlassenen wieder eingestellt[27]. Auch weitergehende Pressionen müssen stets auf die Konzernzentrale zielen, denn von dort geht alle Macht in den MNK aus.

3.1.2 Verweigerungen von Mehrheit

Die traditionelle Gewerkschaftspolitik zielt zwar mit gutem Recht auf die Organisation von Streiks als ihr „letztes" Kampfmittel[28]. Aber gerade die Entwicklung des multinational verfaßten Kapitalismus hat neue Formen notwendig und möglich gemacht, nachdem die „alten" gewaltigen Streikformen – wie politischer oder Generalstreik im nationalen Rahmen – heute in den meisten Ländern weder wirkungsvoll noch von den Gewerkschaften erwünscht scheinen. An ihre Stelle treten heute international zu führende Warn- und Teilstreiks sowie die hier zunächst zu behandelnde gezielte Verweigerung von Mehrarbeit in nicht bestreikten Betrieben der MNK.

Dieses Ziel ist auch bereits angewandt worden, z.B. während des neunwöchigen Streiks von 50.000 britischen *Ford*-Arbeitern im Frühjahr 1971. Sofern eine Produktionsverlagerung auf die Zweigbetriebe des gleichen Konzerns, wie bei *Ford*, erfolgt, steht einer Verweigerung der dadurch entstehenden Mehrarbeit auch die herrschende Rechtsauffassung in den meisten Ländern nicht im Wege[29]. Dabei können die Gewerkschaften unterschiedlich vorgehen, wobei gewiß das in mehreren betroffenen Betrieben gemeinsame Ablehnen von freiwilligen Überstunden am wirkungsvollsten ist. Daneben können aber auch vereinzelte Weigerungen, beispielsweise das von streikenden Arbeitern gefertigte Material zusätzlich zu verarbeiten oder hinzugekommene Transporte zu ent- bzw. zu beladen, zulässige Mittel sein. Selbst ein international koordiniertes Verhalten strikt nach Vorschrift, z.B. nach den Arbeitsschutzbestimmungen, kann praktisch eine Lahmlegung des Produktionsablaufs hervorrufen und damit die beabsichtigte Wirkung auf das MNK-Management nicht verfehlen.

3.1.3 Sympathiestreiks bzw. Betriebsbesetzungen

Mit „Sympathiestreiks" sind alle Arbeitsniederlegungen gemeint, die in einem MNK-Teil aus Solidarität oder „Sympathie" zu einem anderen Teil, der sich im Arbeitskampf befindet, unternommen werden. Eine Analyse der rechtlichen Lage deckt sowohl repressive Grenzen als auch weitgehend verkannte Möglichkeiten auf, die in diesem Aufsatz nicht wiedergegeben werden können. Hier kommt es uns lediglich auf den strategischen Hinweis an, daß allen nationalen Gesetzen und Rechtsprechungen, die noch Einschränkungen auferlegen, von den Gewerkschaften entschieden entgegengetreten werden muß. Wenn es für jede MNK-Zentrale legal gestattet ist, Entscheidungen und Kontrolle vom Ausland her direkt über eine Vielzahl von Arbeitern in verschiedenen Ländern auszuüben, dann muß der Gewerkschaftsseite für die Internationalität ihrer Arbeit Entsprechendes erlaubt sein[30].

Auch bei rechtlicher Gleichbehandlung wird die Kapitalseite auf absehbare Zeit ihren Machtvorsprung kraft ihrer ökonomischen Möglichkeiten behalten. Hierzu zählen die doppelten Produktionsstätten, die sog. Kapazitätsreserven in Vorratslagern sowie die hochmodernen Transportsysteme. Angesichts dieser und anderer Bedingungen denkt gegenwärtig kein Gewerkschafter[31] an einen Totalstreik in einem MNK. Da die Kapitalseite daneben über eine lange Resistenz bei Arbeitskämpfen verfügt, kommen für die gewerkschaftlichen Komitees als geeignete Kampfstrategie gegenwärtig nur zeitlich und produktionstechnisch begrenzte Streiks infrage: Erstens befristete Warnstreiks; das sind kurze Arbeitsniederlegungen wie z.B. bei *Nabisco*, die bereits mehrfach Erfolge für die betroffenen Arbeitnehmer in Konfliktfällen erbracht haben[32]. Zweitens die sog. Teilstreiks, die eine präzise Kenntnis der Produktionsstrukturen und -programme voraussetzen. Wenn solche Analysen angestellt sind, dann ergibt sich ein breites Spektrum an differenzierten Arbeitskampfmaßnahmen, die mit einem Minimum an gewerkschaftlichem Aufwand ein Maximum an Wirkung erzielen können:

– Schon außerhalb der eigentlichen MNK-Betriebe kann bei den produktionstechnisch wichtigsten Zulieferbetrieben angesetzt werden. Es kann durchaus möglich sein, daß die Bestreikung einer kleinen, aber hochqualifizierten Produkte liefernden Firma die weitere Produktion eines MNK empfindlich stören kann.

- Eine damit verwandte Differenzierung nach hochqualifizierten Fachkräften kann ergeben, daß eine Arbeitsniederlegung weniger Ingenieure, Konstrukteure oder hochspezialisierter Arbeiter die weitere Fabrikation ins Stocken bringt.
- Gleichermaßen kann es genügen, eine relativ kleine, aber im Produktionsprozeß entscheidende Fertigung einzelner Teile[33] einzustellen, um einen ganzen Konzern vorübergehend lahmzulegen. Nachdem eine kleine, aber geschlossene Abteilung zeitweilig ihre Tätigkeit einstellt, z.B. die 42 Packer in der Exportabteilung des *Ford*-Werkes Dagenham, konnten 1970 25.000 Autos nicht gebaut werden. Wenn verschiedene wichtige Abteilungen nicht gleichzeitig, sondern in einem bestimmten Rhythmus streiken, nennt man diese neue Taktik „sciopero articolato" (gegliederte Streiks)[34] – in Anlehnung an die guten Erfahrungen, die damit in Italien gemacht worden sind.

Sollten all diese, nach der exponierten Stellung im Produktionsprozeß differenzierten Strategien nicht die für die Gewerkschaften und ihre Komitees gewünschten Wirkungen zeitigen, müssen sie daran denken, einen ganzen Betrieb, mehrere Betriebe und schließlich einen gesamten MNK, zumindest in seinem Stammland, zu bestreiken oder zu besetzen, wie dies beispielhaft im Fall *Akzo* 1972 geschehen ist.

3.2 Verhandlungen mit den MNK

3.2.1 Kontaktgespräche mit den MNK

Jedes Aktionsmittel kann geeignet sein, in bestimmten Situationen die MNK-Vertreter zu Verhandlungen mit den Gewerkschaftern zu veranlassen, und das ist auch schon in manchen Fällen gelungen. Auf Kontinuität sind allerdings erst sehr wenige direkte Gespräche angelegt. Nachdem die Spitzentreffen des IMB mit den Zentraldirektoren von *General-Motors, Ford* und *Volkswagen* von 1966 keine Fortsetzung gefunden haben – *Chryssler* und *Fiat-Citroen* hatten von vornherein abgelehnt, finden seitdem im Metallbereich kontinuierlich mit drei Konzernen Gespräche in lockerer Folge statt: *Philips, VEW-Fokker* und BBC, von denen die ersten beiden EMB-Delegationen geführt werden[35]. In anderen Branchen gibt es erst zaghafte Ansätze, wie zwischen der IUL und *Nestle*, die aber von Kapitalseite meist ab- oder unterbrochen wurden. Bei den Kontaktgesprächen geht es sowohl darum, sonst nicht zu erhaltende Informationen abzufragen, als auch die Voraussetzungen und Bedingungen für multinationale Kollektivverhandlungen zu schaffen. Es handelt sich also noch nicht um Verhandlungen, sondern um informelle Besprechungen, auf denen beide Seiten Erkundigungen einziehen und Stellungnahmen abgeben können. Wenn diese Kontaktgespräche durch MNK-Komitees gründlich und umfassend vorbereitet werden, könnte die Solidarität der Beschäftigten aller Betriebe eines MNK gefördert und die gewerkschaftliche Verhandlungsposition gestärkt werden, um schließlich zumindest Teilabsprachen mit den MNK-Zentralen zu erreichen. Zunächst muß geklärt werden, was die Gewerkschaften eigentlich auf die Tagesordnung bringen sollen. In Anlehnung an die *Philips*-Gesprächspunkte[36] müßten folgende Punkte besprochen werden: Investitionsplanungen und Produktionsverlagerungen von einem in ein anderes Land; Stillegungen von Betrieben oder Betriebsteilen; Aufbau neuer Betriebe und Beteiligungen bzw. Fusionen; Reorganisation der Produktionstätten bzw. innerbetriebliche „Rationalisierung". Nach Möglichkeit sollten die Gespräche zwischen dem MNK-Komitee und der MNK-Zentralleitung geführt werden.

Die Kontaktgespräche können als erste Schritte zu Kollektivverhandlungen mit den MNK verstanden werden. Auf diesem langen Weg sind Zwischenschritte in Form von Teilabsprachen nötig. Ein Vorreiter in diese Richtung, der EMB-Sekretär Köpke, ist sehr optimistisch, wenn er erklärt: „In den nächsten Jahren werden wir mit multinationalen Unternehmen Tarifverträge auf europäischer Ebene abschließen . . ."[37]. Allerdings muß man sich auf starke Widerstände von Unternehmerseite einstellen, denn die MNK fürchten offensichtlich verbindliche Absprachen. Stattdessen schätzen sie unverbindliche Symposien. Aber zu formellen MNK-Kollektivverhandlungen ist es bisher kaum gekommen. Die jüngst ins Stocken geratenen Kontaktgespräche bei *Philips* – nach immerhin vier Spitzengesprächen seit 1967 – sind symptomatisch.

3.2.2 Internationale Kollektivverträge mit den MNK

Auf dem Weg zu multinationalen Abschlüssen sind über die Widerstände der Kapitalseite hinaus Schranken der Nationalstaaten zu überwinden. Kurz aneinandergereiht sind es vor allem die folgenden: Unterschiedliches Sozial-, Arbeits-, Arbeitskampf- und Tarifrecht; verschiedene Kollektivverhandlungssysteme, z.B. können in Belgien allein die Gewerkschaften Verhandlungen mit den Konzernen führen, während in der BRD der Betriebsrat zusätzliche Vereinbarungen abschließen kann; die Vertragsreichweite (landes- oder unternehmensweit) und der Erfassungsbereich (materielle und immaterielle Regelungen) unterscheiden sich; nicht zuletzt fallen Dauer und Auslauftermine der Verträge gegenüber demselben MNK auseinander. Trotz dieser starken Differenzen kann und muß es in einer langfristig angelegten, mit kurzfristig einzusetzenden taktischen Mitteln versehenen Strategie möglich werden, mit den MNK Kollektivverträge abzuschließen.

Als erste Schritte zu einer Koordinierung der Kollektivverhandlungen kann man zum einen die Synchronisation der Laufzeiten und zum anderen die Zusammenlegung der Ablauftermine der für die MNK abzuschließenden Verträge ansehen[38]. Schon dies wird bei der Verschiedenheit zwischen den einzelnen Ländern nicht leicht sein. Darüber könnten eines Tages multinationale Streiks in mehreren MNK-Betrieben verschiedener Staaten offensiv für Kollektivforderungen durchgeführt werden. Als zweite Phase, die jedoch gleichzeitig zu der ersten verlaufen kann, ist die sukzessive Vereinheitlichung der Forderungs-Prioritäten anzusehen. Zum Beispiel sollten die Gewerkschaften gegenüber einem MNK das gleiche betriebliche Ausbildungssystem verlangen. Die dritte, mehr taktisch angelegte Strategie sollte sich auf die Durchsetzung von Musterverträgen beziehen. Anzusetzen ist bei dem MNK, in dem die Gewerkschaften relativ am stärksten vertreten sind, um aus der Position der Stärke die Forderungen zu erheben; wenn Kampfmaßnahmen bis zum Streik angedroht, eingeleitet und bei Nichtabschluß durchgeführt werden, kommt der betreffende Konzern unter starken wirtschaftlichen Druck, da die anderen Konzerne der gleichen Branche ihre Produktion fortsetzen. So kann ein Präzedenzfall geschaffen werden, an dessen Arbeits- und Lohnbedingungen die anderen MNK, zumindest des gleichen Sektors, nicht mehr vorbeikommen. Damit hängt viertens die Taktik des sog. Bockspringens zusammen, d.h. es werden jeweils die vergleichsweise besten Regelungen generell gefordert, die in einem Land oder in einem MNK-Teil bereits durchgesetzt sind. Auf diese Weise kann

„die Verschiedenheit als ein Ferment ständiger Agitation"[39] wirken. Diese Taktik des „saute-mouton" kann praktisch durch die MNK-Komitees überall und stets angewandt werden, da die Entwicklung in den verschiedenen Ländern und Regionen ungleichzeitig verläuft.

All die strategischen und taktischen Mittel auf dem Weg zu MNK-Kollektivverträgen werden zu dauerhaften Ergebnissen nur dann führen, wenn in bestimmten Momenten des Kampfes institutionelle Absicherungen erfolgen. Hier zeigt sich der fließende Übergang von nicht institutioneller zu institutioneller Strategie, die wir auch lediglich aus methodischen Gründen nacheinander abhandeln.

4. Instituionelle Strategiefelder

4.1 Nationalstaat

4.1.1 Funktion und Problematik

„Alle Macht geht vom Nationalstaat aus" ist bei einer Analyse staatlicher Institutionen fern der internationalen Dimension festzuhalten. Jede gewerkschaftliche Strategie, auch die, die großes Gewicht auf den Aufbau gewerkschaftlicher Gegenmacht legt, kommt daher nicht an der Institution Nationalstaat vorbei. Solange verbindliche internationale Regeln für die MNK noch nicht in Kraft sind, müssen sie nach den Regeln behandelt werden, die in ihrem jeweiligen Stammland gelten; zusätzlich haben die Tochtergesellschaften die Gesetze und Verordnungen zu befolgen, die in dem jeweiligen Land ihrer Ansiedlung gelten. Es darf kein Ausbrechen der MNK in ein „staatsfreies Niemandsland" geben. Überall kommt es darauf an, öffentliche Beobachtung, Kontrolle und Intervention zu verankern. Da dies auf zwischenstaatlicher Ebene schwieriger und langwieriger ist, muß mit nationalstaatlichen Regelungen begonnen werden.

Es gibt bereits einzelne Beispiele von Verordnungen, Gesetzen bzw. Gesetzesvorschlägen. In Schweden sollten seit 1970 Privatinvestitionen im Ausland nur dann mit staatlichen Garantien zur Deckung etwaiger Verluste versehen werden, wenn die MNK in all ihren Zweigbetrieben einen Mindeststandard sozialer Bedingungen bei den Kollektivvereinbarungen aufrechterhalten[40]. Dieser bezieht sowohl die von Schweden ratifizierten IAO-Normen als auch zusätzliche soziale Schutzbestimmungen ein. So können die MNK mit Sitz in Schweden – wie *Volvo* und SKF – nicht mehr mit staatlicher Risikodeckung in Ländern mit faschistischen oder arbeiterfeindlichen Regimen – wie Spanien oder Südafrika – investieren. So fortschrittlich dieses oft als „Muster" zitierte Gesetz auch ist, in der Praxis wurde es bisher dadurch unterlaufen, daß die schwedischen Konzerne einfach nicht mehr um Regierungsgarantien nachsuchten[41]. Diese Umgehung werden sicher nicht die MNK aller Länder machen können, aber sie verfügen alle grundsätzlich über die außen- und binnenwirtschaftliche Politik der Nationalstaaten. Insbesondere bleibt der Aktionsradius nationalstaatlicher Maßnahmen durch die beiden folgenden Zusammenhänge eng: Einmal kann jede nationale Regelung durch die Möglichkeiten der MNK, Kapital und Produktion auf ein ausländisches Tochterunternehmen zu verlagern, unterlaufen werden. Zum anderen haben sich die nationalen Regierungen oft schon selbst die Hände dadurch gebunden, daß sie den MNK zur Anlockung ihrer Investitionen weitgehende Präferenzen eingeräumt haben, von denen sie auch nach einem Regierungswechsel nicht mehr oder nur sehr schwierig herunter können. Die aktuelle Situation in Belgien gibt eine materialreiche Illustration dazu[42]. Trotz der Vorbehalte ist dennoch die ausgewählte Auflistung einer nationalstaatlichen Strategie gegenüber den MNK sinnvoll. Auf der Grundlage einer solchen Zusammenstellung können die Gewerkschaften – nach Einschätzung der jeweiligen Machtverhältnisse – entscheiden, welche Maßnahmen sie fordern sollen. Dazu können von den Internationalen zwar keine Vorschriften, allerdings koordinierende Ratschläge gemacht werden.

4.1.2 Beobachtung, Kontrolle und Intervention des Nationalstaates

Den Mangel an detaillierten und aussagekräftigen Informationen seitens der MNK spüren nicht nur die Gewerkschaften, sondern auch die Staaten. Nahezu alle Konzerne weigern sich bisher, Daten bekanntzumachen, die nicht schon in ihren international kaum vergleichbaren Jahresberichten enthalten sind. Amtliche Statistiken gibt es so gut wie keine und nationale Regierungen fühlen sich oft an eine Schweigepflicht – als Teil ihrer Zugeständnisse an die MNK – gebunden. Deshalb müssen die gewerkschaftlichen Forderungen hier ansetzen, um umfassende Untersuchungen oder Kommissionsberichte zu verlangen. Diese Enquêtekommissionen, in denen auch die nationalen Gewerkschaftsbünde vertreten sein sollten[43], haben auf dem Zugang auch zu den sog. Geschäftsgeheimnissen zu bestehen, um originäre Untersuchungen zu erstellen. Damit das Problem der Information und Transparenz auf Dauer gelöst wird, bedarf es in nahezu allen Ländern weitergehender Publizitätsvorschriften, nach denen insbesondere die Rechnungslegung erstellt werden muß. In diesem Zusammenhang trat Anfang 1971 ein Gesetz in Neuseeland in Kraft, in dem alle Unternehmen mit mehr als 25 Prozent an ausländischem Beteiligungskapital verpflichtet sind, eine ausführliche Aufstellung ihrer inländischen Geschäfte vorzulegen – zusätzlich zu dem Bericht der neuseeländischen Firmen über alle ausländischen Operationen[44]. Bei aller quantitativen Begrenztheit dieses Beispiels könnte es Gewerkschaften anderer Länder Anregungen geben.

Über die gründliche Beobachtung der MNK hinaus müssen die Nationalstaaten zu allgemeinen und gezielten Kontrollen aufgefordert werden. Aktuelle Anlässe sind durch offizielle Beschwerden über Mißstände zu schaffen. Dort, wo die Regierungen eine ständige Konsultation mit den Sozialkontrahenten über das Problem der MNK wünschen, braucht diese nicht in jedem Fall abgelehnt zu werden. Im Gegenteil, eine gewisse Kontinuität in der Kontaktnahme könnte den zu ergreifenden Maßnahmen mehr Nachdruck verleihen. Aber wichtiger als ständige Gesprächsrunden ist die Verankerung eines Kontrollminimus in einschlägigen Gesetzen oder Verordnungen. Im Kern handelt es sich um staatliche, von demokratischen Regierungen ausgeübte Investitionskontrollen, wobei hier weniger an die inländischen, sondern mehr an die ausländischen Investitionen eines Konzerns gedacht ist. Solange die gesamtgesellschaftlichen Machtverhältnisse in den meisten Ländern direkte Eingriffe über die materielle Aufteilung der Investitionen noch nicht gestatten, sollten zumindest öffentliche – unter gewerkschaftlicher Beteiligung zustandegekommene – Auflagen an die MNK gemacht werden. Darin muß zum Ausdruck kommen, daß die sozialen, rechtspolitischen und kollektivvertraglichen Errungenschaften eines Landes zu respektieren sind. Darüber hinaus haben sich die MNK sowohl an den IAO-Normen als auch an dem Standard ihres Stammlandes auszurichten.

Auflagen bleiben Papier, bestenfalls Gebot, wenn sie nicht im Mißbrauchsfall direkte Interventionen des Staates zur Konsequenz haben. Angesichts der Möglichkeit für die MNK, die Produktion von einem Land in ein anderes zu verlagern, kommt es gerade hierbei auf ein abgestimmtes Vorgehen der Nationalstaaten – zumindest in einem regionalen Rahmen – an. Vorzuschlagen wäre einmal ein System von Lizenzen für private Direktinvesitionen im Ausland. Die Vergabe sollte abhängig gemacht werden von: Erstens wie stark die inländische Beschäftigung durch Importe bzw. durch verringerte Exporte betroffen wird, zweitens wie weit der betreffende MNK bereit ist, seine Arbeitskräfte bei etwaigem Arbeitsplatzverlust finanziell zu unterstützen und drittens welche Normen und Regeln der MNK gegenüber seinen Beschäftigten im Ausland einhält oder nicht[45]. Zum anderen dürfen die Unterschiede im Steuerrecht nicht länger zum Vorteil der MNK gereichen. Als ein Schritt auf dem langen Weg der Angleichung sind die Gewinne der Tochtergesellschaften im Ausland genauso zu besteuern wie diejenigen, die im Inland erwirtschaftet werden; sie sind nicht erst zum Zeitpunkt ihres Rücktransfers mit Steuern zu belegen, sondern bereits bei ihrem Auftreten im Ausland. Darüber hinaus haben alle MNK, die in den Peripherieländern mit deren allgemein niedrigerem Lohnniveau produzieren, einen zusätzlichen „Entwicklungsbeitrag" an die Nationalstaaten zu leisten, der von Regierungen, Gewerkschaften und den Unternehmerorganisation gemeinsam zu verwalten ist. Schließlich sollte von der Intervention strikter Verbote sparsam Gebrauch gemacht werden, jedenfalls solange noch keine internationale Kontrolle funktioniert. Die Nationalstaaten haben über das Mittel der Lizenzvergabe, das als äußerste Maßnahme auch ein Verbot von Lizenzverträgen einschließen kann, ein Instrument über die „inländischen" MNK. Gegenüber den ausländischen Konzernen hat theoretisch jede Regierung die Möglichkeit, Beteiligungen oder Fusionen zu verbieten.

4.2 Institutionen auf der EG-Ebene

4.2.1 Generell

Bis heute besteht keine zwischenstaatliche Institution, die eine Kontrolle der MNK in für die Gewerkschaften angemessener Weise ausüben könnte; dazu müssen neue geschaffen oder die bestehenden weiterentwickelt werden. Unter den bisherigen Ansätzen internationaler Institutionen gibt es indessen qualitative Unterschiede: Einmal die Entscheidungen treffenden supranationalen Institutionen der EG, die in allen Mitgliedsstaaten unmittelbar geltendes Recht schaffen können; zum anderen die internationalen Institutionen, deren Entscheidungen zur Gültigkeit immer erst von den Nationalstaaten ratifiziert werden müssen. Diese Rechtspolitische Differenzierung darf nicht überbewertet werden, denn auch die EG-Organe bleiben faktisch von den Nationalstaaten abhängig. Wenn wiederum diese Diskrepanz zwischen supranationalem Anspruch und nationaler Legitimation ein Fatum ist, so scheint und doch die EG für eine internationale Kontrolle der MNK zumindest Möglichkeiten zu geben.

Dabei kann man unter den EG-Institutionen bisher weder mit dem selbsternannten „Europäischen Parlament" noch mit dem Wirtschafts- und Sozialausschuß rechnen, es sei denn, sie erhalten beide echte Intiativ- und Kontrollrechte. Träger praktischer Politik sind vielmehr der Ministerrat mit seinem unauffällig mächtigen „Rat der Ständigen Vertreter", die Kommission mit ihrem zahlenmäßig starken Beamtenapparat sowie teilweise der Europäische Gerichtshof. Freilich könnte lediglich ein zusätzlich geschaffener Europäischer Währungsfonds mit Zentralbankrat in Brüssel den Euro-Dollar-Markt regulieren; allein über weitgehende Interventionen in die Devisentransaktionen der MNK würde von der EG aus etwas Ernsthaftes gegen die seit Jahren chronisch wiederkehrenden Währungskrisen unternommen werden. Vorerst sind allerdings lediglich kleinere Schritte zu erwarten, z.B.:

- Enquêten über die MNK, die ihre Zentrale in den EG-Mitgliedsländern oder große Produktionsbetriebe im EG-Raum haben;
- Veröffentlichung jährlicher Statistiken über die Konzentrationsentwicklung, aufgeschlüsselt nach Branchen;
- Erarbeitung eines jährlichen Berichts über die Aktivitäten der EG-Organe gegenüber den „Euro-MNK";
- Vorschlag eines Verbots zur „konglomeralen Neugruppierung"[46], indem Grenzen für Fusionen von Unternehmen verschiedener Branchen zu definieren sind.

Daneben müssen die für gegenüber den MNK wichtigen Politikbereiche – wie die europäische Wettbewerbs- und die Unternehmensrechtspolitik – weiter ausgebaut werden.

4.2.2 Einzelne Politiken

Zunächst wurde der Vertrag der Europäischen Gemeinschaft für Kohle und Stahl, in dessen Artikel 66 Sanktionen gegen alle marktbeherrschenden Unternehmen vorgesehen waren, in dem EWG-Vertrag von 1957 abgeschwächt, in dem nur noch Sanktionen gegen solche Konzerne vorgesehen sind, die ihre marktbeherrschende Stellung mißbrauchen (Art. 86). Auf beständigen Druck der Kapitalvertreter wurden weder dieser noch der Art. 85 des EWG-Vertrages, der ein Verbot wettbewerbsbeschränkender Konzentrationen vorsieht, bis Ende der 60er Jahre so gut wie nicht angewandt. Seit Beginn der 70er Jahre werden nun häufiger sowohl Verbote der EG-Kommission – genauer seiner Generaldirektion Wettbewerb – als auch gegenüber einzelnen MNK negative Entscheidungen des Europäischen Gerichtshofes bekannt. Allerdings ist zu fordern, daß die Urteile mit den teilweise ansehnlichen Geldstrafen auch tatsächlich vollstreckt werden; dazu müßten den EG-Institutionen Zwangsmittel an die Hand gegeben werden. Falls hier nicht rigorose Interventionen möglich gemacht werden, bleiben alle „Antitrustgesetze eine Farce"[47], die nur dazu beitragen, eine stattliche Zahl von gut bezahlten Beamten zu beschäftigen und eine Flut von langen Prozessen auszutragen, was alles vom Steuerzahler in der EG finanziert werden muß.

Gegenüber der Finanzmacht der MNK, die auch Geldbußen nicht vor weiteren Konzentrationen strecken werden, scheint eine Unternehmensrechtspolitik mit konsequenten Beteiligungs- und kontrollrechten der Arbeitnehmer wichtiger als die Wettbewerbspolitik zu sein. Dabei ist das Statut der „Europäischen Aktiengesellschaften" (EAG) gegenüber allen anderen Modellen von Unternehmenskooperationen in der EG durchzusetzen. Denn in bezug auf die Beobachtung und Überwachung von MNK enthält es als einziges erwähnenswertes Ansätze zur Publizität, zur Tariffähigkeit sowie zu den Interessenvertretungen der abhängig Beschäftigten auf Betriebs-, Unternehmens- und Konzernebene[48]. Da die Mitbestimmungskonzeption unter den westeuropäischen Gewerkschaften selbst höchst umstritten ist, sollte der Vorrang der Forderungen nach mehr Kontrolle der MNK auf das Betriebsrätesystem zielen. Gerade die demokratisch gewählten Betriebsräte, von der betrieblichen bis zur multinationalen Ebene, können die sozialen Interessen der Belegschaft direkt vertreten. Neben der Interessenvertretung in sozialen und personellen Fragen muß auch unbedingt eine solche in wirtschaftlichen Fragen hinzukommen, z.B. dürfte kein Betrieb ohne Zustimmung des Betriebsrates geschlossen werden. Auf jeden Fall stellt das EAG-Statut ein Novum für die MNK dar, das aber noch stark verbessert werden muß; z.B. sollten alle Mitglieder des Europäischen Betriebsrats zu seinen Sitzungen Sachverständige und Beauftragte aus den Gewerkschaften hinzuziehen können. Um wenigstens dieses Mittel der Kontrolle und Intervention in die Hand zu bekommen, darf nicht auf die möglicherweise nie stattfindende Gesamtverabschiedung des EAG-Statuts gewartet werden. Vielmehr sollten die Gewerkschaften die verbesserten Teile zum „Europäischen Betriebsrat" umgehend über Kollektivverhandlungen direkt mit einem MNK nach dem anderen durchsetzen.

4.3 Institutionen weltwirtschaftlicher Dimension

Zwischen der westeuropäischen und der weltweiten Ebene gibt es zwei Institutionen, die eine kurze Betrachtung über Möglichkeiten zur Beobachtung und Kontrolle der MNK verdienen; die erste gibt es nur in einem Teil der kapitalistischen Welt, die zweite umschließt alle bedeutenden kapitalistischen Industrieländer und einen Teil der sozialistischen Staaten.

4.3.1 OEEC/OECD

1948 wurde die OEEC (Organisation for European Economic Cooperation) als Institution für wirtschaftliche Zusammenarbeit zwischen den USA und Kanada einerseits sowie den westeuropäischen Industriestaaten andererseits gegründet. 1961 verlagerte sie ihr Hauptarbeitsgebiet auf die sog. Entwicklungsländer, was auch in der Änderung des Namens seinen Ausdruck fand: „Organisation for Economic Cooperation and Development" (OECD). An dem Aufbau, der ähnliche Hierarchien wie alle internationale Instituionen aufweist, sind in unserem Zusammenhang die OECD-Industrieausschüsse von Interesse, an denen die gewerkschaftlichen Brancheninternationalen partiell teilnehmen. Allerdings haben sie rein konsultative Funktion. Von Beginn an wurde für die Gewerkschaften ein spezieller Beratungsausschuß eingerichtet, in dem die IBFG- und die WVA-Gewerkschaften der OECD-Mitgliedsländer mit Sitz und Stimme vertreten sind.

Die OECD gab – nach unverbindlich gebliebenen Expertentreffen – bisher lediglich einige Untersuchungen über Standort und Auswirkungen der MNK-Aktivitäten in Auftrag, um so Daten über Größe und Herkunft der Wirtschaftsmacht dieser Konzerne zu erfahren. Der GBA bemüht sich seitdem, die Untersuchungs-Aufträge zu detaillieren, etwa wenn er genaues statistisches Material über Fragen wie Kapitalströme, Anteil an Ex- und Import der einzelnen Länder sowie über die Gewinnverteilung der MNK fordert. Weitergehende Forderungen nach Kontrollen oder gar Interventionen seitens der OECD haben kaum Realisierungschancen. Bei dieser zwischenstaatlichen Organisation, die stark unter Einfluß der Kapitalorganisationen steht, scheint aus gewerkschaftspolitischer Sicht allein die Tätigkeit als „renommierte" Berichtsinstanz in der kapitalistischen Welt zu sein. Dazu müssen die Gewerkschaften präzise Aufträge formulieren, z.B. im Bereich der Devisentransaktionen der MNK während der letzten Währungskrisen oder in den Präferenzpolitiken der Nationalstaaten zugunsten der MNK. Auf diese Weise würde die enge Verbindung der Kapitalverfüger mit staatlichen Institutionen als Chance zu mehr Information genutzt werden

4.3.2 GATT

Viele Untersuchungen der OECD werden im Blick auf die Verhandlungen innerhalb der geographisch breiteren, aber institutionell weit weniger etablierten „General Agreement of Trade and Tariffs" (GATT) durchgeführt. Aufgrund dieser allgemeinen Handelsvertrages im wesentlichen zur wechselseitigen Meistbegünstigung bei Zöllen und Mengenbeschränkungen finden periodische Konferenzen, die sog. „GATT-Runden" statt. Deren Sekretariat in Genf ist bisher kaum imstande, Initiativen in bezug auf die MNK zu entwickeln oder durchzuführen. Deshalb muß entweder diese lockere internationale Institution stark befestigt oder eine neue Parallelinstitution aufgebaut werden, die ihrerseits allein auf das MNK-Problem bezogene Arbeitsverbindungen zur OECD und zur IAO unterhält[49].

Wichtiger als die institutionellen Details sind die Aufgaben, die eine MNK-spezifische Institution zu lösen hätte. Vor allem müßten in einem „neuen GATT" die Nationalstaaten gezwungen werden, für die Einhaltung gerechter Arbeitsnormen zu sorgen. Dazu sollen im allgemeinen die IAO-Normen gehören und folgende Forderungen im besonderen hinzukommen: Voller Ausgleich von Lohn- und Sozialleistungen sowie Umstellungsbeihilfen für Umschulung und Umsiedlung bei Entlassungen durch die MNK.

4.4 Institutionen weltpolitischer Dimension

4.4.1 Unmittelbare Organe der Vereinten Nationen (UN)

Die UN-Organe haben inzwischen wie alle Institutionen ein bestimmtes Eigengewicht entfaltet und auch schon erste Initiativen gegenüber den MNK unternommen. In der Vollversammlung stand dieses Thema zwar noch nicht als besonderer Punkt auf der Tagesordnung, wurde aber bereits des öfteren namentlich durch die vielbeachtete Rede des bald darauf ermordeten Staatspräsidenten Chiles, Allende, angesprochen. Dabei wurde deutlich, daß es unter den Mitgliedsorgnisationen der Vereinten Nationen bereits eine deutliche Mehrheit für eine fundierte Kritik an den MNK gibt, die vor allem an deren Neokolonialismus in der Dritten Welt ansetzt. Auf vielfaches Drängen wurde 1973 eine Studiengruppe aus 20 „unabhängigen" Experten durch den UN-Generalsekretär berufen, die bis Mai 1974 einen „Bericht über die positive und negative Seite der Multinationalen Unternehmen" vorlegen soll.

Als deren Arbeitsunterlage dienen u.a. die Ergebnisse der Welthandels- und Entwicklungskonferenz (UNCTAD), die 1972 in Santiago de Chile stattgefunden hat. Auf ihr waren bereits die handelspolitischen Auswirkungen der von den MNK praktizierten Geschäftsmethoden und die gerade für die Entwicklungsländer restriktiven MNK-Praktiken diskutiert worden; dazu zählen z.B. Absprachen zwischen den MNK über eine Aufteilung der Märkte, Lieferbindungen, hinsichtlich des Transfers von Rohstoffen, Halbfabrikaten und Fertigwaren sowie nicht zuletzt die willkürlichen Preisfestsetzungen („transfer pricing") innerhalb der MNK. Mit all diesen Problemen beschäftigte sich auch der Wirtschafts- und Sozialrat der Vereinten Nationen (ECO-

SOC), der im August 1972 eine für diplomatische Institutionen relativ kritische Resolution verabschiedete, deren Text von dem Vertreter der Regierung Chiles eingebracht wurde. Wahrscheinlich unter dem Eindruck des offenen und vom ITT selbst nicht bestrittenen Interventionismus eines MNK gegenüber einer demokratisch gewählten Regierung wurde u.a. eine „Beschneidung" von Einfluß und Macht der MNK mehrheitlich gefordert. Auch dieser Bericht liegt der Arbeit der UN-Sachverständigengruppe zugrunde, in die allerdings kein Vertreter der internationalen Gewerkschaftsbewegung berufen wurde.

4.4.2 Internationale Arbeits-Organisation

Die IAO ist wegen ihres dreigliedrigen Aufbaus – Regierungen und die beiden Sozialkontrahenten – die einzige Institution der UN-Familie, in der die Gewerkschaften als Vollmitglieder unmittelbar Initiativen einbringen können. Sie ist auch das Organ, das seit der Zeit des Völkerbundes insbesondere sozial- und arbeitsrechtliche Normen aufstellt, die freilich zu ihrer Verbindlichkeit von den einzelnen Staaten ratifiziert werden müssen. Bisher ist noch keine spezielle Richtlinie zum MNK-Problem verabschiedet worden. Die jährliche Arbeitskonferenz von 1968 lehnte eine Entschließung über die durch die MNK aufgeworfenen Sozialprobleme mehrheitlich ab; ein Jahr später wurde allerdings ein Bericht verabschiedet, der zumindest einer weiteren Prüfung zustimmte.

Erfolgversprechender sind von den Gewerkschaften die Industrieausschüsse vorzubereiten. So konnten auf der letzten IAO-Tagung für die metallverarbeitende Industrie die IMB-Delegierten zum ersten Mal eine fundierte Resolution über die MNK durchsetzen, nachdem die Gewerkschafter schon auf der vorangegangenen Tagung vergeblich darauf hingewirkt hatten[50]. Allerdings tagen die laut Satzung vorgesehenen „Industrieausschüsse und verwandten Komitees" – wohl aus finanziellen Schwierigkeiten – so selten, daß eine konstituierliche Arbeit gerade in den letzten Jahren kaum möglich war. Deshalb fordern insbesondere alle gewerkschaftlichen Brancheninternationalen Sitzungen in kürzeren und regelmäßigen Abständen. Etwas häufiger treten Regionalkonferenzen und regionale Beraterkomitees der IAO zusammen. Da aber Quantität noch keine besseren Ergebnisse bringt, wären hier weniger Sitzungen, dafür aber gründlicher vorbereitete Sitzungen ein Mehr an Qualität. Bisher ist noch keine fundierte Entschließung einer IAO-Regionalkonferenz zum Problem der MNK bekannt[51], obgleich namentlich die asiatische Regionalorganisation des IBFG initiativ geworden ist. Von den sektoralen und regionalen Strukturen sollten die jeweils spezifischen Probleme der MNK herausgearbeitet und in die Arbeit der Gesamtorganisation gebracht werden.

Aufgrund des anhaltenden Drucks der Gewerkschaften fand im Herbst 1972 eine dreigliedrige Sachverständigentagung zum Thema „Die Beziehungen zwischen den multinationalen Gesellschaften und der Sozialpolitik"[52] statt, nachdem im Frühjahr 1969 das Internationale Institut für Soziale Studien (IILS) bei der IAO ein Symposium zu einer verwandten Fragestellung veranstaltet hatte. Bei der zu zwei Dritteln von den Sozialkontrahenten beschickten Expertentagung von 1972 wurde viel Zeit auf gegensätzliche Verbandserklärungen verwandt. Viele gewerkschaftliche Vorschläge wurden trotz einiger Befürworter von Regierungen aus der Dritten Welt insbesondere wegen des hinhaltenden Widerstandes der Arbeitgeber und in dem vorgegebenen Wunsch nach Einstimmigkeit nicht beschlossen. Immerhin soll eine lange

Reihe von eingehenden Untersuchungen auf dem Gebiet der MNK unternommen werden.[53] Diese Forschungsarbeit hat das Internationale Arbeitsamt nach erneutem Druck von Gewerkschaftsseite im Herbst 1973 aufgenommen. Im Rahmen eines mehrjährigen Forschungsprogramms werden als erste Etappe mehrere Metallkonzerne mit Zentrale in Westeuropa untersucht. Wenn die von Gewerkschaftsseite vorgeschlagenen Hauptfragen nach den MNK-Auswirkungen auf Beschäftigung, Lebens- und Arbeitsbedingungen sowie auf die Beziehungen zwischen Management und Gewerkschaften tatsächlich gestellt und beantwortet werden, dann könnte diese Studienarbeit umfassendes Datenmaterial liefern. Deshalb ist auf dem Feld der Beobachtung bzw. der Forschungen dieser UN-Organisation eine gewisse Nützlichkeit nicht abzusprechen. Schon vor der MNK-Tagung im Herbst 1972 wurden z.B. umfassende Bibliographien zum Problem der MNK und Gewerkschaften erstellt. Kontrollen und Interventionen kann die internationale Gewerkschaftsbewegung von der IAO erst dann erwarten, wenn das konservativ-kapitalfreundliche Element zurückgedrängt wird. Die Dominanz des Kapitaleinflusses in der IAO könnte gebrochen werden, wenn einerseits die internationale Gewerkschaftsbewegung eine antikapitalistisch orientierte und auf Mobilisierung der abhängig Beschäftigten basierende Strategie einschlägt und wenn andererseits die Zahl der nationalen Regierungen zunimmt, die der Macht der MNK mit Kontrollen und Interventionen im Interesse der Bevölkerungsmehrheit entgegentreten wollen.

5. Schlußfolgerung(en)

Dem gesamten Entwurf einer gewerkschaftlichen Strategie liegt ein doppelter Aspekt zugrunde, indem gleichzeitig zur nicht-institutionellen eine institutionelle Politik der internationalen Gewerkschaftsbewegungen vorgeschlagen wird. Bei der Strategie über Institutionen ist die Weltebene am weitesten vom einzelnen MNK-Beschäftigten entfernt. Aber da sich die MNK-Zentralen auf dieser Ebene organisieren, müssen sich auch die Gewerkschaften die bestehenden Institutionen zunutze machen. Das sind namentlich die Organe und Sonderorganisationen der Vereinten Nationen, ohne damit die EG, die OECD und das GATT für das gewerkschaftliche Interesse außer acht zu lassen. Gerade die weltpolitisch noch schwache UN ist nicht viel mehr als die Addition der nationalen Staaten, von deren Interessen ihre Politik bestimmt wird. Deshalb stellt die institutionelle Strategie der Gewerkschaften in der Praxis eine untrennbare Einheit dar: Jede Forderung an internationale Institutionen wird nur erfüllt werden, wenn die Mehrheit der darin vertretenen nationalen Regierungen gewonnen wird. Da letztere wiederum zumindest in den formal bestehenden parlamentarischen Demokratien der westlichen Industriestaaten aufgrund von Mehrheiten bei Wahlen zustande kommen, sind die politischen Parteien wichtige Adressaten gewerkschaftlicher Forderungen. Nur mit Hilfe geeigneter Verbündeter sowohl in den Parlamenten als auch in der Öffentlichkeit – vor allem in Form der Massenmedien, der Publizistik, Wissenschaft und lokaler Aktionsgruppen – wird die Macht der MNK im organisierten Kapitalismus eine Gegenmacht der internationalen Arbeiterbewegung entgegengestellt werden können.

Die hier entworfene Strategie ist bekanntlich (noch) nicht Tagespolitik der Gewerkschaften; allerdings basieren viele Elemente des Entwurfs auf bereits im praktischen Kampf mit den MNK gewonnenen Erfahrungen der internationalen Gewerkschaftsbewegung. Vor allem durch die praktische Solidarität und durch das Erfolgserlebnis in einzelnen Konzernen, wie namentlich bei *Akzo-Enka-Glanzstoff*, wurde die Einsicht verbreitet, daß die MNK bei aller Problematik eine Chance zur gewerkschaftlichen Internationalisierung unfreiwillig eröffnen. Die Tatsache, daß in wachsender Zahl Zehn- oder Hunderttausende von arbeitenden Menschen letztlich Beschäftigte des gleichen Konzerns sind, läßt zunächst ein Gefühl der Erkenntnis gemeinsamer Abhängigkeit im Konfliktfall zunehmen.

Dies ist der Hintergrund für die gegenwärtig lauter werdende Forderung nach internationaler Gegenmacht der Gewerkschaften und zugleich die Basis für den Ruf nach solidarischer Mobilisierung in den MNK-Betrieben.

Anmerkungen

1 Die vorliegende Abhandlung basiert auf überarbeiteten Teilen meines Buches „Multinationale Konzerne und internationale Gewerkschaftsbewegung. Ein Beitrag zur Analyse und zur Strategie der Arbeiterbewegung des international organisierten Kapitalismus insbesondere in Westeuropa", Frankfurt a.M./Köln 1974.

2 Vgl. den Anfang 1973 von der *US-Tariff-Commission* vorgelegten Bericht, auszugsweise in: *Konkret* 14/1973, S. 19; darin heißt es: „Bewegungen nur eines Teils der 268 Mrd. Dollar können massive Währungskrisen hervorrufen".

3 *Ch. Levinson* drückt es in einem Interview kurz und bündig aus: „L'objectif, c'est de socialiser l'usine. Le reste, c'est du baratin", in: *L'expansion*, Juillet-août 1972.

4 Interessanterweise zuerst in Peru, in: IMB-Nachrichten 36/1969.

5 Vgl. u.a. IMB-Nachrichten, 11.7.1972

6 Gleichwohl gibt es einen uns bekannt gewordenen „Exportartikel": Der österreichische Reifenkonzern *Semperit* hat im September 1972 dem Generalsekretär der Internationalen-Chemie-Föderation (ICF) zugesagt, die in Österreich geltende „Wirtschaftsdemokratie" der Arbeitnehmer auch in seiner irischen Niederlassung einzuführen, so kündigte *Levinson* in einem Gespräch mit dem Verfasser im Juni 1972 in Genf an; später belegt durch die IUL-Nachrichten, 11-12/1972.

7 Vgl. H.O. Vetter: Die Mitbestimmungsvorschläge aus der Sicht der Gewerkschaften. Sonderdruck aus Europäische Schriften, Bd. 31, S. 16 f.

8 *O. Brenner*, Bilanz und Perspektiven der europäischen Integration, in: Für eine bessere Welt, Frankfurt/M. 1970, S. 87.

9 *B. Bendiner*, Bericht in: *Freie Gewerkschaftswelt* 6/1971.

10 Pressedienst der IG Metall, 19.5.1972.

11 *Levinson*, Les Syndicats face au défi multinational, in: *Preuves* 9/1971, S. 108.

12 *D.H. Blake*, Multinational Corporation, International Union and International Collective Bargaining, in: Transnational Industrial Relations, hrsg. von H. Günter, London 1972, S. 172.

13 Vgl. den Diskussionsbeitrag der TUC-Delegierten *Coldrick* auf der Weltwirtschaftskonferenz des Internationalen Bundes Freier Gewerkschaften (IBFG), in: Bericht Nr. 2, Genf/Brüssel 1971, S. 26.

14 So auch das für Internationale Beziehungen verantwortliche Vorstandsmitglied der zum ehemalig christlichen Weltverband der Arbeitnehmer (WVA) zählenden CFDT, *R. Salanne*, in: *Maire*, Pour un socialisme démocratique-contribution de la CFDT, Paris 1971, S. 144.

15 IBFG, Resolutionsentwurf für den 10. Weltkongreß, London 1972, S. 12.

16 Vgl. *W. Braun/G. Köpke*, Die sozialen Auswirkungen der Wirtschaftskonzentration, in: Europäische Gemeinschaft 3/1971, S. 27.

17 *H. Anders*, Multinationale Unternehmen im Röntgenbild (19 Folgen), in: Blick durch die Wirtschaft, Folge V vom 7.8.1972, der weiter berichtet, daß „der ITT-Präsident stets auf seinen Reisen Kisten mitnimmt, die mit Berichten der zahlreichen ITT-Gesellschaften in aller Welt angefüllt sind".

18 Vgl. *O. Brenner*, in: IMB-Nachrichten Nr. 39, S. 13, und Europäischer Bund Freier Gewerkschaften (EBFG), Vorlage zur 1. Jahresversammlung 1970, S. II a. 3.

19 Vgl. die qualitativ bereits beachtlichen IMB- und IUL-Nachrichten und auch das weniger häufig erscheinende ICF-Bulletin.

20 Vgl. die in Teilergebnissen dem Verfasser bekannte, in Arbeit befindliche Dissertation von *Ch. Buchholz* mit dem vorläufigen Titel: „Die rechtlichen Aspekte von Sympathiemaßnahmen der Gewerkschaften in mehr als einem Land", Universität Bremen 1974.

21 Eigene Fragebogenaktionen und/oder Auswertung von Materialien.

22 Vgl. u.a. den Vorschlag der „Fondation André Renard", diskutiert auf deren internationaler Tagung im Mai 1970 in Belgien, an der Gewerkschafter Westeuropas aller drei Richtungen vertreten waren, u.a. ein Kollege von der ÖTV. S. die Diskussionsbeiträge von ihm und dem FGTB-Vertreter Gayetot, Pont-à-Messe 1970.

23 In diesem Sinne äußerte sich auch das IG Metall-Vorstandsmitglied *H. Preiss*, in: IGM-Pressedienst, 6.8.1972.

24 *D.H. Blake*, Corporate Structure and International Unionism, in: Columbia-Journal of World Business, Vol. VII, No. 2, March-April 1972.

25 S. u.a. die Statuten des IMB, Artikel 2.

26 Vgl. die Bilanz des ehemaligen Gewerkschaftssekretärs *M. Lahnstein* auf dem „Europäischen Gespräch" 1971: „Wir haben gewerkschaftliche Arbeit in Europa seit fast 20 Jahren. Mir ist kein einziger Fall einer gemeinsamen Streikkasse bekannt . . .", in: DGB (Hrsg.), Protokoll des 20. Europäischen Gesprächs, Köln o.J., S. 75.

27 Vgl. Bericht in: *Der Spiegel*, 17.7.1972.

28 So waren die ersten Arbeiterassoziationen von 1869 in Deutschland „Zweckverbände zur Organisierung von Streiks". *Dieter Schneider*, Der Streik. Begriff und Geschichte, in: ders. (Hrsg.), Zur Theorie und Praxis des Streiks, Frankfurt 1971, S. 7 ff.

29 Vgl. IMB-Sektionsnachrichten Nr. 3, Februar 1972.

30 So auch *Levinson*, in: ICF-Bulletin, Januar-Februar 1971, S. 22.

31 *Brenner* warnte eindringlich vor der „Illusion, internationale Streikbewegungen, durchgeführt von internationalen Gewerkschaften, seien bereits möglich", in: IBFG (Hrsg.), Bericht Nr. 2 von der Weltwirtschaftskonferenz 1971, S. 21.

32 Vgl. das Interview des IBFG-Generalsekretärs *Kersten* in: *Enterprise*, 25.2.1972, und IMB-Nachrichten Nr. 46/1972.

33 Die sog. „points sensibles" können z.B. in Automobilkonzernen die Produktion von Kurbelwellen sein, vgl. *Levinson*, in: *Preuves*, a.a.O., S. 111.

34 *Der Spiegel* 10/1971.

35 Vgl. die Aussagen des EMB-Sekretärs *G. Köpke* zu diesem „Neuland" gewerkschaftlicher Strategie, in: Gewerkschaftliche Monatshefte 7/1971, S. 398.

36 Europäischer Metall-Ausschuß (EMA-EMB), Ausgangspunkte, 15.7.1970, internes Papier (im Archiv des Verfassers), S. 1.

37 Zit. in: *Frankfurter Rundschau* vom 15.7.1972.

38 Diese Forderungen enthält auch die IMB-Entschließung vom 22. Kongreß, Oktober 1971, S. 4.

39 *A. Gorz*, Zur Strategie der Arbeiterbewegung im Neo-Kapitalismus, Frankfurt 1967, S. 225.

40 Vgl. *N. Weinberg*, U.S. International Policies and Labor Paper for the German-American-Forum, Washington D.C. April-Mai 1972, S. 1.

41 Diese Feststellung traf der ehemalige stellvertretende IBFG-Generalsekretär *Maier* auf dem Kolloquium des Europäischen Bundes Freier Gewerkschaften (EBFG) am 20.10.1972.

42 Vgl. *R. Michel*, Les investissements américains en Belgique, Brüssel 1971.

43 Vgl. den TUC-Vorschlag zur Einsetzung eines „Direktorium, das für die Sammlung von Informationen über Großfirmen zuständig wäre" – so in seinem Wirtschaftsbericht 1972, in: IBFG (Hrsg.), Wirtschaftliche und soziale Übersicht, Januar-März 1972, S. 4.

44 So die IMB-Nachrichten 4/1971.

45 Vgl. die UAW-Vorschläge in: *B. Barnouin*, Die außenhandelspolitische Haltung der US-Gewerkschaften, in: Wirtschaftsdienst 10 1972, S. 533.

46 Europäische Organisation des WVA, Beschluß „Soziales Europa" auf dem II. Kongreß, Luxemburg v. 16. – 19.5.1972, Brüssel o.J., S. 137.

47 Diese Einschätzung stammt von dem liberalen Ökonomen *J.K. Galbraith*, der damit die Situation in den USA kennzeichnete; ohne Übertreibung kann sie auch auf die EG übertragen werden, da hier die 250 Brüsseler Beamten zwar in den letzten Jahren mehr Verbote – etwa 25 – ausgesprochen aber nur ganze fünf davon mit Geldbußen durchgesetzt haben.

48 Vgl. Jung/Koubek/Piehl/Scheibe-Lange, Aspekte der Gewerkschaftspolitik in Westeuropa, in: WWI-Mitteilungen 10/1971, S. 299 und auch die detaillierten Vorschläge des EBFG zur Rechnungslegung und Gewinnermittlung, in: Bericht zur 1. Jahresversammlung 1970, Brüssel o.J., S. I/10.

49 Eine diesbezügliche Initiative unternahm vor Jahren der ehemalige Staatssekretär im amerikanischen Finanzministerium, *R. Roosa,* in: Internationaler Bund der Privatangestellten, Protokoll der MNK-Tagung in Oslo, Genf 1970, S. 12.

50 IMB-Nachrichten, 6/1971.

51 Auch die 2. Europäische Regionalkonferenz im Januar 1974 hat laut mündlicher Berichte an den Verfasser dieses Thema ausgespart.

52 Vgl. die unter diesem Titel in englisch, französisch und spanisch herausgegebene Publikation, Genf 1973.

53 Vgl. IMB-Nachrichten 44/1972.

Multinationale Unternehmen und Gewerkschaften: Beiträge zu einer Theorie der internationalen Arbeitsbeziehungen

Von Leopold Bergmann

A. Vorbemerkungen

Die beschleunigte Internationalisierung der Produktion in der Form der multinationalen Unternehmen (MNU) – obwohl an sich kein neues Phänomen in der Entwicklung des kapitalistischen Weltmarktzusammenhangs – hat vor allem seit dem Zweiten Weltkrieg Veränderungen solchen Ausmaßes bewirkt, daß sich sowohl die traditionellen politischen Einheiten der nationalen Territorialstaaten als auch die nach wie vor wesentlich nationalstaatlich verfaßten Gewerkschaftsbewegungen mit qualitativ neuen Problemen konfrontiert sehen.

Damit hat die Diskussion um das Verhältnis von Staat, Konzern und Gewerkschaften neue Impulse erhalten. Das Spektrum der Positionen reicht dabei von einer Art konservativer „Ultra-Imperialismus" – Theorie[1] bis zur radikalen „zero-sum" Perspektive bei Teilen der Linken.

Sowohl die Tendenz, die MNU als „soulful corporations" (Kayser) zum Movens eines globalen Wohlfahrtsoptimums zu stilisieren[2], als auch die Anhäufung immer neuer Anklagepunkte in einem Sündenkatalog bringt die Diskussion nicht weiter.

Notwendig wäre m.E. zunächst einmal eine systematische Bestandsaufnahme der unmittelbaren und der über die Interventionen des Staates vermittelten Veränderungen der *Rahmenbedingungen* gewerkschaftlichen Handelns im internationalisierten Sektor der Produktion. Dazu ist es notwendig, sich weniger als bisher darauf zu konzentrieren, was MNU und Gewerkschaften zu tun in der Lage sind, als vielmehr darauf, was zu tun sie unter gegebenen Umweltbedingungen gezwungen sind. Mit anderen Worten, einer brauchbaren Einschätzung der gewerkschaftlichen Durchsetzungschancen hätte eine Beschreibung der strukturellen Handlungsbedingungen und der Interaktionsmuster der Akteure (MNU, Gewerkschaften, Staat) in dem begrenzten und analytisch eindeutig abgrenzbaren System internationaler Arbeitsbeziehungen (International Industrial Relations System, IIRS)[3] vorauszugehen.

Wenn es gelingt, die funktionalen Interdependenzbeziehungen[1] im Bereich der IIR zureichend zu beschreiben und aus den exogenen Handlungszwängen der jeweiligen Systemteilnehmer und der Ausnutzung ihrer Handlungsspielräume zu begründen, lassen sich zwei typische Sackgassen der bisherigen Diskussion vermeiden: Zum einen der vorderhand unrealistische Griff nach der umfassenden Theorie und das Werkeln an „kategorialen Ableitungen", zum anderen aber auch die vorschnelle Wendung ins Präskriptive, die vor allem bei gewerkschaftlich engagierten Autoren zu einer Anhäufung oft recht unvermittelter Strategierezepte geführt und die Aufmerksamkeit allzusehr auf die mehr spektakulären Versuche gewerkschaftlicher Gegenmachtbildung (Konzernausschlüsse, internationale Streiks) gelenkt hat.[2]

Dazu soll die folgende Untersuchung einen – wenn auch auf begrenztem Raum thesenhaft verkürzten und auf einen Teilaspekt beschränkten – Beitrag liefern.

B. Zu einigen untersuchungsrelevanten Merkmalen multinationaler Unternehmen

1. Eingrenzung des untersuchten MNU-Bereichs

(a) Die wesentlichste und damit zugleich problematischste Begrenzung des Problembereichs ist die weitgehende Ausklammerung des Staates aus der folgenden Argumentation. Daß der Staat eine entscheidende und noch wachsende Bedeutung für das Industrial Relations System hat, steht außer Frage. Die Beschränkung auf nur zwei „Akteure", MNU und Gewerkschaften, mindert sicher den Aussagewert der folgenden Thesen, läßt sich aber wohl mit dem exemplarischen Ausschnittscharakter der Arbeit rechtfertigen.

(b) Aus dem gleichen Grunde verfährt die Analyse hier, entgegen dem eigentlichen Anspruch (s.o.), eindimensional, ausgehend lediglich von den Handlungsbedingungen der MNU, denen in einem ausgewählten Bereich die Gewerkschaften nur noch funktional zugeordnet werden, ohne daß umgekehrt in gleicher Weise nach den Determinanten und Struktureffekten gewerkschaftlichen Handelns gefragt wird.

(c) Die sehr unterschiedlichen Probleme sowohl in Bezug auf die unmittelbaren Struktureffekte internationaler Direktinvestitionen als auch hinsichtlich der Stellung der Gewerkschaften in den Entwicklungsländern beschränkt den Gültigkeitsbereich der Untersuchung auf die entwickelten *Industrieländer.*

(d) Zudem gehören nicht alle Formen internationaler Direktinvestitionen in den unten skizzierten Erklärungszusammenhang: So stellen z.B. Direktinvestitionen im Dienstleistungssektor und vor allem im internationalen Bank- und Versicherungswesen besondere Probleme, die hier ohne Verlust an Aussagewert übergangen werden können. Das gleiche gilt für vertikale und konglomerate Ausdehnungsformen der MNU[6]. Die Konzentration auf horizontale Direktinvestitionen der verarbeitenden Industrie kapitalistischer Industriestaaten eliminiert eine Reihe von Erscheinungsformen internationaler Kapitalstrategien, deren Folgewirkungen für den IR-Bereich systematisch sehr viel schwerer zu fassen sind.

(e) Schließlich gibt es eine Vielzahl von internationalen Direktinvestitionen auch kleiner Firmen in zurückgebliebenen Branchen[7], auf die die folgenden Aussagen sich – wenn überhaupt – jeweils nur teil- und fallweise beziehen.

(f) Darüber hinaus sind die hier anvisierten Interaktionsmuster in einem internationalen IRS nicht notwendige Folge jeder formal als Direktinvestition bezeichneten Transaktion. Wenngleich internationale Direktinvestition *definiert* ist durch *„Kontrolltransfer"* eher als durch „Kapitaltransfer"[8], ist es von entscheidender Bedeutung für das Zustandekommen eines „Systems" im oben angedeuteten Sinn, ob und wie diese Kontrolle ausgeübt wird. Indikativ dafür ist der augenfällige Unterschied zwischen der relativ „unproblematischen" traditionellen Variante intraeuropäischer Direktinvestitionen, bei denen sich die ausländischen Konzernteile als relativ autonome Einheiten nahtlos in die jeweilige nationale Umwelt einfügten[9], und der frühzeitigen Problematisierung der amerikanischen Direktinvestitionen in Europa, die eben nicht allein dem größeren Umfang, sondern der strafferen Konzernintegration, der strikteren Anwendung zentraler Kontrollen und der rigorosen Ausnutzung der dadurch gewonnenen Dispositionsspielräume zur Sicherung der Monopolrenten zuzuschreiben ist.

Insofern wird im folgenden also mit einem „typischen" MNU operiert. Für die *empirische* Arbeit wäre die Erarbeitung einer differenzierten, problemorientierten Typologie conditio sine qua non[10]. Für unsere Zwecke mag jedoch die hier gegebene Eingrenzung zusammen mit dem unten entwickelten Typenschema internationaler Direktinvestitionen vorläufig ausreichen.

2. Anmerkungen zur Dynamik internationaler Direktinvestitionen

Die Bestimmung der Struktureffekte internationaler Direktinvestitionen als Rahmenbedingungen für die Interaktionsmuster im System der internationalen Arbeitsbeziehungen setzt eine zureichende Erklärung der Ursachen und Bewegungsgesetze der internationalen Kapitalflüsse voraus, die ihrerseits wieder Teil einer umfassenden Theorie der internationalen Arbeitsteilung zu sein hätte.

Die Literatur zu diesem Thema ist vorläufig jedoch, im Gegensatz zur Literatur über *Auswirkungen* internationaler Konzernstrategien, ebenso kontrovers wie dürftig und teilweise als offene Apologetik induskutabel. Vor dem komplexen Phänomen der MNU ist die traditionelle Außenwirtschaftstheorie in die „Ad-Hocerei" (Behrman) ausgewichen. Das heißt, sie hat sich darauf beschränkt, eine Reihe von ad-hoc Hypothesen zur Erklärung diverser Teilaspekte vorzulegen.

Diesem Mangel kann hier natürlich ebensowenig abgeholfen werden. Daher soll als Grundlage für die folgenden Betrachtungen eine phänomenologische Aufreihung einiger, für unseren Zusammenhang zentraler, Aspekte ohne Anspruch auf theoretische Kohärenz genügen.

Bereits die Kritik an den neo-klassischen Versuchen[11] der Erklärung von Richtung und Umfang internationaler *Güter*ströme fördert Ansätze zu Tage, die auch für eine Theorie internationaler Direktinvestitionen fruchtbar gemacht werden könnten.

Leontief hatte als Erklärung für das von ihm entdeckte „Paradox" eine Erweiterung der neo-klassischen Faktor-Proportionen-Theorie vor allem durch die Aufnahme des „human capital" in die Liste der Faktoren vorgeschlagen. Nachfolgende Arbeiten brachten vor allem Versuche empirischer Verifikation, aber auch die Tendenz, den aufgezeigten Ausweg durch immer weitere Multiplikation der Faktoren ad absurdum zu führen.

Festzuhalten bleibt aber die richtig gesehene zentrale Bedeutung eines „Faktors", der zusammenfassend als „Information" bezeichnet werden kann, und der eben nicht, wie es die Neo-Klassik vorschreibt, frei zugänglich noch kostenfrei übertragbar ist.

Mit „Information" ist vor allem technologisches Wissen und Innovationspotential gemeint, sowie Management-, Organisations- und Marketing-know-how, das sich sowohl in den Produktionsmitteln, dem Arbeitsprozeß und der Warenart (Diversifikation und Produktdifferenzierung), als auch in der spezifischen Qualifikation der Beschäftigten (human capital und learning economies) niederschlägt.[12]

Wichtig aber für die MNU-Diskussion ist daran die Tatsache, daß sich diese Faktoren in der monopolistischen Verfügung jeweils einzelner Großunternehmen befinden und daß die Strategien dieser Konzerne sich auf die Beschaffung und Erhaltung solcher „Verfügungsmonopole" richten. Vernons Versuch, diese Beobachtungen in einem Sequenzmodell (Produkt-Lebens-Zyklus) internationaler Direktinvestitionen zusammenzufassen[13], ist zwar ein Schritt in Richtung auf eine dynamische Theorie „mittlerer Reichweite", verfehlt aber in seiner Verengung des Blickfeldes einige der strukturbestimmenden Wesenszüge der Operationen MNU am Weltmarkt und leistet dem apologetischen Argument vom „defensive investment" (Lamfalussy) Vorschub.

Es ist ja gerade charakteristisch für MNU, daß ihre internationalen Strategien darauf abzielen, Extraprofite durch die *Perpetuierung* ihrer Verfügungsmonopole zu sichern, indem sie jeweils zugleich am Beginn *und* am Ende der Produktzyklen fungieren. Dazu dienen sowohl die beschleunigte Diversifikation[14] als auch der Einsatz der überlegenen *Macht*potentiale (am Kapital- wie am Gütermarkt) zur institutionalisierten Kontrolle über Innovationsprozesse.

Einen breiteren Ansatz, der auch diese Aspekte aufzunehmen in der Lage ist, liefern Versuche, die internationale Arbeitsteilung mit Hilfe einer dynamischen Wettbewerbstheorie zu analysieren.[15]

Die Theorie der monopolistischen Konkurrenz wird darin für die Erklärung der Weltmarktstruktur adaptiert. Der Erfolg und die Überlebenschance der Unternehmen am Weltmarkt hängt danach ab von der Monopolisierung spezifischer Entwicklungsvorteile, die ihnen einen Wettbewerbsvorsprung sichern und die Erzielung von Monopolrenten ermöglichen. Diese Vorteile werden aber sukzessive durch Imitationskonkurrenz aufgezehrt, werden also zu „Verfügbarkeiten auf Zeit", die ständig erneuert werden müssen. Damit steht das MNU unter permanentem Innovationsdruck, wobei sich diese Innovation sowohl auf Prozeß- als auch Produktbereiche beziehen kann. Darüber hinaus steht neben dem Zwang zu eigenen Innovationen der Zwang zu raschen Reaktion auf die Innovationen anderer.[16]

Dieser Innovationsdruck erzeugt einen ständig wachsenden Kapitalbedarf, der einerseits wiederum nur durch die Erzielung von Extraprofiten aufgrund von Verfügungsmonopolen gedeckt werden kann, andererseits zu einer Beschleunigung der internationalen Konzentration aufgrund der notwendig werdenden zentralen Verfügung über immer größere Kapitalmassen führt. Durch diesen Prozeß der „innovatorischen Substitutionskonkurrenz" (Alemson) am Weltmarkt werden in den betroffenen Sektoren der nationalen Volkswirtschaften Strukturanpassungsprozesse erzwungen, die für die Lohnabhängigen dieser Länder einschneidende Veränderungen mit sich bringen.

Lorenz[16a] verweist zwar zu recht darauf, daß die internationalen Direktinvestitionen die „Transformationskapazität" der Empfängerländer, d.h. ihre Chance der „optimalen" Anpassung an die Erfordernisse der kapitalistischen internationalen Arbeitsteilung erhöht, verliert aber aufgrund seines einseitigen Erkenntnisinteresses das Problem der Lastenverteilung in diesen Anpassungsprozessen aus dem Auge. Darum aber muß es gerade bei einer arbeitsorientierten Untersuchung gehen. Bevor darauf im nächsten Abschnitt näher eingegangen werden kann, sollen zunächst in einem grobrastrigen Schema verschiedene Typen internationaler Direktinvestitionen unterschieden werden, denen dann unterschiedliche Struktureffekte zuzuordnen sind.

3. Typen internationaler Direktinvestitionen

Da hier nur horizontale Ausdehnungsformen von MNU angesprochen sind, lassen sich zunächst zwei Investitionsformen unterscheiden:

a) *Investitionen 1. Ordnung* sind Investitionen einer Muttergesellschaft in einem anderen Land zur Produktion annähernd identischer[17] Güter für die Belieferung des lokalen oder regionalen Marktes.
b) *Investitionen 2. Ordnung* bedeuten eine Internationalisierung der intra-MNU Arbeitsteilung vor allem zur Ausbeutung internationaler Lohnkostendifferentiale. Die Auslandsproduktion ist nicht für den lokalen Markt, sondern primär zum Reimport in das Mutterland oder den Export in Drittländer bestimmt. Typisch für diese Form der Direktinvestition ist die Verlagerung von Montage-Arbeiten in Entwicklungsländer („run-away-shops"), während die Produktion von Einzelteilen mit hohem Technologiegehalt sowie die Verwaltungs- und Marketingfunktionen im Stammland verbleiben.

In ihren Auswirkungen sind diese Investitionsformen unterschiedlich im *Stamm-* und *Empfängerland* so daß sich vier Investitionstypen ergeben. Die besonderen Eigenschaften von Investitionen 2. Ordnung in entwickelten Industrieländern, die weiter unten noch näher beschrieben werden, lassen die Einführung des Begriffs *Durchgangsland* und damit eines fünften Investitionstyps sinnvoll erscheinen.

Im folgenden sollen nun nach diesem Typenschema einige MNU-induzierte Struktureffekte als Rahmenbedingungen der Interaktionen im internationalen IR-System thesenartig entwickelt werden.

C. Zu einigen Struktureffekten internationaler Direktinvesitionen

Die oben angedeuteten Handlungsbedingungen MNU am Weltmarkt produzieren über die globalen Strategien der Konzerne selbst eine Reihe von Struktureffekten, die auf der Ebene der nationalen Volkswirtschaften, vor allem aber für den Produktionsfaktor Arbeit erhöhte Umstellungs- und Anpassungszwänge erzeugen und daher auf das IIR-System potentiell krisenhaft durchschlagen[18]. Diese destabilisierenden Struktureffekte konfrontieren das MNU Management mit der Notwendigkeit zur Entwicklung alternativer Integrationsstrategien, wie sie hier am Beispiel der Planung aufgezeigt werden sollen. Und zwar stellt sich, wie zu zeigen sein wird, diese Notwendigkeit je dringlicher, je weiter die internationale Arbeitsteilung fortschreitet.[19]

Bereits die Tatsache der durch die Investitionsstrategien der MNU erhöhten Kapitalmobilität mit der daraus folgenden rascheren Umschichtung der Netto-Investitionen aus den traditionellen in die Wachstumsindustrien, bedeutet eine bis dato ungekannte zeitliche Komprimierung von Umstellungen der Produktionsstruktur. In den Stammländern kann es dabei zur Transferierung ganzer Branchen (bei Investitionen 2. Ordnung) ins Ausland kommen. Den Empfängerländern (bei Investitionen 1. Ordnung) werden die Tempi dieser Anpassungsprozesse aufgezwungen, sowohl unmittelbar durch die Penetration des Auslandskapitals und dessen beherrschende Stellung in den Wachstumssektoren als auch durch den Druck auf die heimischen Produzenten im Prozeß der Imitationskonkurrenz oder der (oft staatlich geförderten) Entwicklung eigener „monopolistischer Verfügbarkeiten" zur Erringung komparativer bzw. absoluter Vorteile am Weltmarkt. Wesentlich dabei ist, daß dieser Transformationsdruck auf die Empfängerländer nicht mehr in gleichem Maße wie bei den reinen Außen*handels*beziehungen durch institutionelle Puffer (Schutzzölle, längerfristige Finanzierung von Handelsbilanzdefiziten etc.) aufgefangen werden kann. Internationale Direktinvestitionen sind ja häufig gerade als Antwort auf solche Abschottungsmaßnahmen gedacht, um eben die politisch motivierten Versuche der Nationalstaaten zur Abblockung legitimationsbedrohender Transformationszumutungen zu unterlaufen. Mehr noch, die Wachstumskonkurrenz der Industriestaaten untereinander leistet einer weitgehend unkontrollierten Interpenetration Vorschub und untergräbt damit weiter die Fähigkeit des Staates zum Krisenmanagement im IR-Bereich, auf die im übrigen nun ihrerseits die MNU zur Stabilisierung der Planvariablen im weltweiten Konzernverbund (s.u.) angewiesen sind. Diesem Problem kann hier nicht weiter nachgegangen werden.

Lediglich für zwei in der folgenden Diskussion zentrale Bereiche, den Arbeitsmarkt und die Arbeitsplatzsituation, sollen noch einige allgemeine Struktureffekte aufgelistet werden.

1. Arbeitsmarkt und Beschäftigtenstruktur

Die *Arbeitsmarkteffekte* liegen primär[20] in der Beschleunigung struktureller und technologischer „Freisetzungen" und „Umsetzungen", also erhöhter Arbeitsplatzunsicherheit und gesteigerter Anpassungszumutungen für die Arbeitnehmer. Die Integration international fusionierter Firmen in die regionale oder globale Konzernplanung führt im Zuge internationaler Oligopolstrategien regelmäßig zu „Redundanzen", die durch eine „Straffung" und „Bereinigung" der Konzernstruktur abgebaut werden, was weniger euphemistisch ausgedrückt Massenentlassungen und Betriebsstillegungen bedeutet. Den gleichen Effekt hat die für die monopolistische Konkurrenz typische periodische Zurücknahme künstlich geschaffener Überkapazitäten (Beispiel: Kunstfaser), intensiviert durch die relative Mühelosigkeit, mit der MNU ihre Fehlplanungen aufgrund ihres größeren finanziellen Dispositionsspielraums liquidieren können.[21]

Diese Probleme stellen sich für *Investitionen 1. Ordnung* in Stamm- und Empfängerländern gleichermaßen.

Bei *Investitionen 2. Ordnung* in entwickelten Industriestaaten ergeben sich gleichartige Probleme aus dem „Durchgangscharakter" solcher Investitionen mit negativen Folgen vor allem in den zurückgebliebenen Regionen. Für Direktinvestitionen dieser Art ist eine erhöhte Volatilität charakteristisch, je nach der Durchlaufgeschwindigkeit von Innovationen durch den Produktionszyklus. Das drastischste Beispiel aus jüngster Zeit ist die Halbleiter-Produktion. Franco (1972) beschreibt den Extremfall einer neuen Betriebsanlage in einer Westdeutschen Kleinstadt, die bereits eine Woche nach der Produktionsaufnahme wieder geschlossen und in ein Entwicklungsland transferiert wurde.

Darüber hinaus führen Investitionen (2. Ordnung) von MNU in den Entwicklungsregionen der Industriestaaten zu einer starken Vereinseitigung der Beschäftigtenstruktur, vor allem einem überproportionalen Anteil an angelernten Arbeitern.[22] Die Isolierung dieses Strukturausschnitts beeinträchtigt die Entwicklungsperspektive für die Lohnabhängigen dieser Regionen in diametralem Gegensatz zu den Zielvorstellungen staatlicher Regional- und Strukturplanung.

Allgemein ergeben sich gravierende Konsequenzen für die Beschäftigtenstruktur aus dem erwähnten Innovationszwang und der Trägerfunktion der MNU bei der weltweiten Diffusion neuer Technologien. Die raschere Aufeinanderfolge der Mechanisierungsschübe[23], beschleunigte Diversifikation und Produktdifferenzierung, und die daraus resultierenden Produktionsumstellungen verlangen eine Flexibilität, für die neben dem erhöhten Kapitalbedarf eine äquivalente Verfügung über „human capital" notwendige Voraussetzung ist. (Die Kontrolle über diesen Produktionsfaktor wird damit zum zentralen Problem der Konzernplanung.)

Die Folgen für die „Anbieter" auf den nationalen und regionalen Arbeitsmärkten sind um so drastischer, je größer der Transformationsdruck (s.o.) auf die Gesamtwirtschaft eines Landes oder einer Region ist.

Direktinvestitionen 1. Ordnung bedeuten für die Beschäftigtenstruktur eines *Stamm*landes nur noch eine Vertiefung der bereits abgelaufenen Strukturumstellungen, da ja hier die wesentlichen Veränderungen bereits *vor* dem Schritt ins Ausland ablaufen. Lediglich durch die Zentralisierung von Kontroll-, Service- und R & D-Funktionen entsteht im Stammland eine überproportionale Konzentration dieser Qualifikationen. Dieses Problem wird natürlich erst dann wesentlich, wenn ein Land als Ursprungsland internationaler Direktinvestitionen klar dominiert, wie das bisher für die USA, wenn auch in abnehmendem Maße, zutraf.

Im Empfängerland bedeutet unter den gleichen Voraussetzungen eine Investition 1. Ordnung eine zumindest teilweise Angleichung der Beschäftigtenstruktur an die Verhältnisse der Muttergesellschaft mit allen Auswirkungen eines Innovationsschubs.[24]

Investitionen 2. Ordnung haben tiefergreifende Auswirkungen. Aus der Perspektive des *Stammlandes* hat eine Direktinvestition im Niedriglohnland die gleiche Wirkung auf den Arbeitsmarkt wie die Automation – mit einigen entscheidenden Besonderheiten. Während binnenländische, „reale" Automationsprozesse in der Regel graduell erfolgen und zumindest bei Vollbeschäftigung durch betriebsinterne Anpassungsmaßnahmen oder durch gesetzlich bzw. tarifvertraglich festgelegte Übergangsregelungen aufgefangen werden, hat die „Pseudoautomatisierung" durch „runaway" Industrien abrupte Dislokationen zur Folge, ohne die kompensierenden Vorteile der realen Automation für die Lohnabhängigen. Die Anpassungslasten werden vom Konzern dem externen Arbeitsmarkt aufgebürdet. Die Kosten der globalen Profitplanung tragen damit verstärkt der unmittelbar betroffene Arbeitnehmer und die Gesellschaft.

Wie im Falle realer Automation schrumpft der Anteil der traditionellen Facharbeiter, die in die verbleibenden Teilproduktionen transferiert werden (oft an weit entfernte Arbeitsplätze), sich durch Höherqualifizierung anpassen oder durch die Obsoleszenz ihrer Fähigkeiten eine Dequalifizierung hinnehmen müssen[25]. Das Verhältnis von Arbeitern zu Angestellten verändert sich radikal (service economy).

Während bereits reale Automationsprozesse zu einer stärkeren Differenzierung von Lohnabhängigen führen[26], reißt der Transfer von Montagearbeiten ins Ausland eine Kluft auf zwischen unqualifizierten und hochqualifizierten Arbeitern. „Employment that remains tends to be bimodally distributed between least skilled jobs in maintenance, shipping and handling, and the high skilled jobs in the capital intensive parts of manufacturing."[27]

2. Arbeitssituation

Über die unmittelbaren und mittelbaren Auswirkungen der internationalen Konzernstrategien auf die *Arbeitssituation* der Lohnabhängigen im internationalisierten Bereich der Produktion gibt es systematische Untersuchungen noch immer nicht[28]. Daher sollen die folgenden Bemerkungen lediglich den „systemrelevanten" Umkreis des Problems abstecken.

Die Gefährdung der Stabilität des IR-Systems durch MNU-spezifische[29] Belastungen der Arbeitssituation folgt einmal aus dem Charakter der MNU (im „typischen" Fall) als fortgeschrittenste Kapitale mit relativ höherem technologischem Entwicklungs*stand*, verstärkt durch die erwähnten „Pseudo-Automationseffekte" von Kapitaltransfers in Niedriglohnländer, zum anderen aus der MNU-induzierten Geschwindigkeit und Sprunghaftigkeit der Umstellungs*prozesse*.

Während zum letzten Punkt sich Probleme primär aus dem verstärkten Ausmaß und dem besonderen Charakter der Arbeitsplatzunsicherheit als Folge der Internationalisierung der Produktion und aus dem verschärften Umstellungsdruck gerade auch auf die traditionell am wenigsten mobilen Arbeitnehmergruppen vor allem im Empfänger- und Durchgangsland ergeben, sind für den ersten Punkt in unserem Zusammenhang drei Faktoren von besonderer Bedeutung:

Die Tendenzen der *Re- und Dequalifizierung,* der *Differenzierung* und *Polarisierung* und der Schaffung zusätzlicher *„strategischer Unsicherheitszonen"* (strategic contingencies).

Wenn angenommen wird, daß der technologische Vorsprung der MNU eine Verschiebung der relativen Bedeutung von repetitiver Teilarbeit zu spezialisierter, „verantwortlicher" Arbeit an automatisierten Anlagen und im R & D-Sektor (nach dem 3-Phasen-Schema von Blauner, 1964) begünstigt[30], erfordert im betrieblichen Durchschnitt die Arbeit in der Produktion im modernen MNU eine höhere Qualifikation, vor allem aber eine größere Flexibilität[31] zur Anpassung an rasch wechselnde Qualifikationsanforderungen als im Branchendurchschnitt. Typische Facharbeiterkategorien verschwinden (die qualifizierte Automatenarbeit kann von Angelernten geleistet werden), gleichzeitig nimmt aber die Bedeutung der technischen Angestellten zu.

Auf der anderen Seite weisen Kern/Schumann[32] gegen Blauner auf die Überlappung von Mechanisierungsphasen und neue Formen restriktiver und qualifikationsloser Arbeit hin.

Der progressive Verschleiß erworbener Qualifikationen und die immer neu erzwungenen Lernprozesse, ohne in der Regel eine Kompensation durch erhöhten sozialen und beruflichen Status oder gesteigertes Kompetenzbewußtsein, belastet trotz etlicher entgegenwirkender Faktoren die Integrationsfähigkeit des Systems.

Wesentlicher ist jedoch die Differenzierung und Polarisierung der Belegschaften entland den Qualifikationskontinuum selbst.[33] Neben den allgemeinen Strukturkonsequenzen von Automationsprozessen wird diese Polarisierung im Falle MNU akzentuiert, einmal *in* den Betrieben durch die bereits beschriebenen „Pseudo-Automationseffekte" und zum anderen durch die Differenzierung der Situation der Lohnabhängigen *zwischen* den Betrieben und Branchen im Prozeß der durch die MNU beschleunigten und zementierten ungleichen technologischen Entwicklung.

Diese Heterogenität der Berufs- und Arbeitssituation, die Auflösung der gemeinsamen sozialen Lage der Lohnabhängiger erschwert zwar zunächst[34] die Herausbildung kollektiver Verhaltensweisen[35] als Grundlage solidarischer Gegenmachtbildung durch Gewerkschaften im MNU, produziert aber im übrigen widersprüchliche und in ihren Konsequenzen potentiell destabilisierende Tendenzen für das IR-System.

Für die Aufsteiger im technologischen Entwicklungsprozeß konstatieren Touraine (1965) und Mallet (1963) neue Bewußtseinsformen, die einerseits die Identifikation mit der Arbeit und die Integration in den Betrieb erleichtern, andererseits aber das autonome Kompetenzbewußtsein und damit (Mallet) potentiell den Widerstand gegen die Unterwerfung unter die kapitalistische Verwertungslogik verstärken[36].

Im Gegensatz dazu sprechen Kern/Schumann[37] von einer „konfliktverdünnten" Arbeitssituation.

Nun schließen sich aber die Integrations- und Konflikt-These nicht unbedingt gegenseitig aus. Wohl erfordern die hochqualifizierten und hochspezialisierten Arbeiten eine verstärkte „Absorption"[38] des Arbeitenden und damit tendentiell eine engere Identifikation mit den Unternehmenszielen. Dadurch aber werden Bereiche der Verhaltensautonomie im kapitalistischen Betrieb, die bei traditionellen Produktionsprozessen die Ein- und Unterordnung erst ermöglichten[39], eingeschränkt und Konflikte aus der Umwelt in das System selbst verlagert. Damit wird die Organisation mit Integrationsaufgaben belastet, deren Gelingen trotz der steigenden Konzessionsfähigkeit internationaler Monopole zur Abdeckung materieller und immaterieller Bedürfnisse in zunehmendem Maße von externen „Stabilisierungshilfen" (durch Staat und Gewerkschaften) abhängt.

Umgekehrt erfolgt die Stillegung des Konfliktpotentials, das sich durch neue Unterprivilegierungen in neuen und verbleibenden Formen restriktiver und qualifikationsloser Arbeiten ebenso ansammelt wie durch das Erleiden MNU-spezifischer Anpassungszumutungen, per Auslagerung von Konfliktbereichen in die Privat- und Konsumsphäre. Die „instrumentelle Orientierung" funktioniert jedoch nur solange als Konfliktvermeidungsmechanismus, wie (1) die „Entschädigungsansprüche" im Konsum einigermaßen befriedigt werden, d.h. die wachsenden und künstlich ausgedehnten Konsumansprüche das Befriedigungspotential nicht überholen und solange (2) die Abdeckung materieller Forderungen über die Partizipation privilegierter (MNU-) Lohnabhängiger an den Monopolrenten „ihrer" Konzerne nicht qualitativ neue Bedürfnisse freisetzt, die auch den Schein patriarchalischer Beteiligungsgewährung (Human Relations) und die Privatisierungsstrategien der Job-Enlargement und Job-Enrichment Programme zu durchstoßen drohen.

Schließlich soll hier ein dritter Aspekt kurz angesprochen werden, auf den weiter unten noch näher einzugehen sein wird: Die zunehmende Integration des Produktionsprozesses bei gleichzeitiger Ausweitung der Kontrolle einzelner Spezialisten oder Gruppen, (im internationalen Konzernzusammenhang: einzelner Betriebe) über immer größere Ausschnitte des Produktionsprozesses, d.h. die wachsende „Zentralität" einzelner Subsysteme, schafft „strategic contigencies"[40] (im Folgenden kurz: s.c.), die die betriebliche Herrschaftsstruktur tangieren. Für die Koordination der Produktion im Betrieb und im Konzern und die effiziente Durchsetzung der Unternehmensziele ist die Kontrolle dieser s.c.-Positionen, d.h. die Sicherung der Loyalität von s.c.-Gruppen, für das MNU-Management von zentraler Bedeutung. Für die Gewerkschaften ist der Zugang zu diesen Gruppen und Positionen bestimmend für ihre strategische Ausgangsposition vis-a-vis den MNU. Damit nimmt dieser Aspekt eine zentrale Stellung unter den strukturellen Determinanten der Interaktionsmuster im internationalen IR-System ein.

Zusammenfassend lautet die These hier also, daß die unter den Bedingungen monopolistischer Konkurrenz auf dem Weltmarkt von den MNU selbst produzierten Struktureffekte als Konflikt- und Krisenpotential zwanghaft auf die Manövrierfähigkeit des internationalen Konzerns und damit auf die Wahl zwischen Strategiealternativen in seiner Beziehung zu Gewerkschaften (und Staat) zurückschlagen. Diese These soll im folgenden am Beispiel der Konzernplanung entwickelt und inhaltlich aufgefüllt werden.

D. Gewerkschaften und MNU-Planung

1. Bedeutung und Bedingungen der Planung in MNU

Struktur, Wandel, Planung

Zielgerichtete soziale und sozio-technische Systeme, Systeme also, die in einem bewußten Stoffwechsel mit ihrer Umwelt stehen, bedürfen der Planung, und zwar je mehr, je komplexer die Umwelt und je entschiedener sie sich der Zielrealisierung sträubt. Planung soll das System in die Lage versetzen, Umwelt zu begreifen, zu manipulieren, Widerstände zu antizipieren, zu beseitigen, zu umgehen, oder sich ihnen anzupassen durch „intelligente Kooperation mit dem Unvermeidlichen"[41].

Planung ist ein Mittel der Kommunikation mit der Umwelt zur progressiven Emanzipation von ihren Zufällen und Widrigkeiten. Ihr Ursprung liegt im Mangel an Informationen über die Zukunft, also Ungewißheit, und in der Notwendigkeit der Beseitigung bzw. Reduktion von Ungewißheit. In der Sprache der Betriebswirtschaft: Planung soll „den Betriebs- und Verteilungsprozeß . . . von den Zufälligkeiten freimachen, denen die Entwicklung der wirtschaftlichen und technischen Daten in den innerbetrieblichen und außerbetrieblichen Bereichen ausgesetzt ist"[42].

Das System trifft also auf Unsicherheit sowohl im Input- und Output-Bereich als auch bei den internen Prozessen (throughput). Entscheidend für die Fähigkeit zur Planerstellung und Planimplementierung ist die Effizienz der externen und internen Kommunikation, d.h. die Kommunikation zwischen Planträgern und Umwelt und zwischen Planträgern und Planausführern. Je komplexer die Organisation, je zahlreicher ihre Berührungspunkte mit der Umwelt und je größer die Veränderungsgeschwindigkeit der Umweltvariablen, desto größer die Notwendigkeit der Vorsortierung von Informationen in dezentralen Subsystemen, und desto größer die Rolle dieser Subsysteme bei der hierarchischen Transformation von Zielbefehlen in Handlungsanweisungen (Planträgerfunktion der Planausführer); oder umgekehrt, je hierarchischer ein System strukturiert, je ungebrochener Herrschafts- und Unterordnungsverhältnisse, je niedriger der Autonomiegrad der Subsysteme, desto mehr ist das System in einer komplexen Umwelt auf die Stabilität der Planvariablen angewiesen. Ein „segmentiertes" System erlaubt eine raschere, störungsfreiere Bewältigung von Ungewißheit, verlangt aber eine größere Selbständigkeit der Subsysteme und ist damit auf freiwillige Kooperationsleistung und Spontaneität angewiesen.

Die mit Zentralisation des Kapitals und technologischer Entwicklung wachsende Komplexität der Systeme bezieht immer mehr Umweltvariable in den Planhorizont des Unternehmens ein. Die Bewältigung der Ungewißheit verlangte die Multiplikation der Funktionen und die partielle Autonomie der funktionalen Subsysteme sowohl im Austausch mit der Umwelt als auch in der Koordination der Funktionen.

Der kapitalistische Betrieb im System vollkommener Konkurrenz stand in einer verhältnismäßig einfachen Situation, mit einer einfachen Zielfunktion, einem Maximum an vorgegebenen Parametern und einem Minimum an Umweltkontrolle, der eine klare interne Herrschaftsstruktur entsprach. Das System war „offen" nur an der Spitze der Hierarchie. Planimplementierung erforderte nur ein Minimum an Autonomie der Planausführenden. Ihre Rolle im System erforderte dafür ihrerseits nur ein Minimum an Integration. Jenseits dieses Minimums waren sie dem System „gleichgültig". Damit erweist sich das tradierte Herrschaftssystem des Betriebs als zunehmend dysfunktional im Widerspruch von abgelöster kapitalistischer Zwecksetzung und dem Angewiesensein auf die von der Zwecksetzung ausgeschlossenen aber mit dem Verfügungsmonopol über essentielle technische und kommunikative Fähigkeiten ausgestatteten lohnabhängigen Produzenten.

Besondere Probleme der MNU-Planung

Die Internationalisierung der Produktion setzt dem noch eine weitere Dimension zu. Die Zahl der ins Kalkül einzubeziehenden Variablen vervielfacht sich, die Fähigkeit zu ihrer planvollen Bewältigung bleibt beschränkt. Mit ihrem rapiden Wachstum in Bereiche, für die erprobte Verhaltensweisen nicht vorliegen, leidet das MNU, entgegen der Annahme von Apologeten und radikalen Kritikern, progressiv unter „control loss" (Williamson).

Zwar: Die Anwendung moderner Planungstechniken[43] und Organisationsformen[44] perfektioniert die Resourcen-Allokation im integrierten Markt des internationalen Konzerns (nicht notwendig aber am Weltmarkt).[45] Die „Globalisierung" der Konzernfunktionen[46] beseitigt Quellen der Ungewißheit. Die Oligopolisierung der Märkte, vertikale Kontrolle von Beschaffungs- und Absatzungsmärkten, Marktinformationssysteme und Absatzsicherung durch Manipulationen der Konsumenten reduzieren die Unsicherheitsfaktoren am Markt. Das Gewicht der MNU-Investitionen für die Planung und damit für die wachsenden Legimitationsnöte des keynesianischen Interventionsstaates[47] erhöht dessen Bereitschaft zur Absicherung planrelevanter Variabler.

Aber: 1. Setzen alle diese Sicherungsmaßnahmen ihrerseits Destabilisierungskräfte frei (dem kann hier nicht weiter nachgegangen werden).

2. Verschärft sich der Widerspruch zwischen der Planbarkeit von Sachen und der Schwierigkeit beim Verplanen von Menschen (einschließlich der Planenden selbst). Das Problem der Arbeitsbeziehungen bekommt im internationalen Zusammenhang einen neuen Stellenwert.

Die besondere Verwundbarkeit der MNU liegt, wie bereits angedeutet, in der Multiplikation von s.c.-Positionen und zwar sowohl im vertikalen wie im horizontalen Kommunikations- und Produktionsablauf. Die Notwendigkeit der Planung selbst, d.h. der Versuch einer effizienten funktionalen Integration, macht das System zunehmend störanfällig. Die Verlagerung von Planträgerfunktionen in die Subsysteme, ebenso wie die Anfälligkeit des integrierten Gesamtsystems für Störungen an den Gelenkstellen[48] zwischen den Teilen, macht MNU-Planung umso stärker angewiesen auf die aktive und freiwillige Integration der Planausführenden. Das erfordert die stärkere Vereinnahmung[49] der Planausführenden für die Unternehmensziele einerseits und die erhöhte Anpassungsfähigkeit der kapitalistischen Profitproduktion an die Bedürfnisse der Produzenten andererseits. Gerade aber die im voraufgegangenen Abschnitt (c) aufgezeigten Struktureffekte internationaler Kapitalstrategie stellt die Fähigkeit des MNU in Frage, diesen Integrationsprozeß allein zu bewerkstelligen. Am Problem der Legitimität soll dieser Zusammenhang noch einmal verdeutlicht werden.

Planung und Legitimität

Die besondere Bedeutung des technisch-wissenschaftlichen Personals für MNU in Stammländern und Empfängerländern (bei Investitionen 1. Ordnung) geht unmittelbar aus dem im Abschnitt B Ausgeführten hervor.

Die „Nivellierungstendenzen"[50] in Bezug auf die technischen und wissenschaftlichen Spezialisten ist hinreichend dokumentiert. Ihre Auswirkungen werden aber wohl, da wäre Mandel zuzustimmen, oft überschätzt. Das aufkommende kollektive Bewußtsein der Abhängigkeitslage ist durchaus systemkonform assimilierbar und steht der Identifikation mit den Unternehmenszielen nicht unbedingt entgegen[51]. Die Internationalisierung der Aufstiegs- und Karrierechancen in MNU und das Entstehen einer internationalen Konzern-„Kultur"[52] unterstützen diesen Trend.

Andererseits wird aber im MNU der latente Konflikt zwischen „technischer Rationalität" und „kapitalistischen Herrschaftsfunktionen" um die Dimension der Abhängigkeit von einem „fremden" Management erweitert, das sich bei der Verschiebung von Kapitalmassen im Weltmaßstab keinen Deut um die Rationalitätskriterien der „NAK" kümmert. Gemeinsam stellen daher kollektives Abhängigkeitsbewußtsein dieser Gruppen und MNU-spezifische Herausforderungen des Leitbildes „Sachrationalität" ein Verunsicherungs-*Potential* dar, das sich als „Rauschen" in den Informationskanälen des Plansystems störend bemerkbar machen und im *akuten* Konfliktfall das MNU an seinem zentralen Lebensnerv treffen kann.

Durch die Multiplikation der s.c.-Bereiche im MNU wird die Plankapazität bei progressivem Legitimitätsverlust aber auch an anderen zentralen Punkten im Produktionsablauf bedroht. Die oben behauptete Tendenz spezifischer Arbeitsplatzunsicherheiten dürfte vor allen anderen Struktureffekten legitimationsbedrohende Konsequenzen für das MNU haben. Die Unsicherheit des Arbeitsplatzes nämlich hat sich als stärkstes Motiv in der Situationsdefinition der Arbeitenden durchgehalten und bildet das Zentrum eines rudimentären kollektiven Bewußtseins. Für die Situation im MNU ist entscheidend daran nicht einmal so sehr die Unsicherheit selbst, als ihr Ursprung in den *planmäßigen* Entscheidungen der internationalen Konzernspitze. Damit wird ihr der Schein des Schicksalhaften entzogen: das MNU gerät in Legitimationsverzug. Solidaritätsaktionen der Arbeiter gegen MNU waren daher bisher am überzeugendsten dort, wo es um den massenhaften Verlust von Arbeitsplätzen ging.

In dem Maße also, wie die MNU-typischen Unsicherheiten und Anpassungszumutungen begriffen werden als geplante Eingriffe in die Lebenschancen des Arbeitnehmers, und je weniger darüber hinaus das MNU als „fremdes" Kapital in der Lage ist, ohne weiteres das Kontinuum von Disziplin und Verzicht, nationalen Gesamtinteresse und unmittelbarem Interesse der Lohnabhängigen glaubwürdig zu machen, schlagen die Schwierigkeiten der Legitimationsbeschaffung krisenhaft auf die Konzernplanung durch.

2. Funktionalität und Dysfunktionalität der Gewerkschaften für die MNU-Planung

Wenn Planung auf Reduktion von Ungewißheit zielt und wenn die spezifische Situation der MNU charakterisiert wird durch eine Vergrößerung des Ungewißheitsbereichs sowohl im Bezug auf die Umwelt als auch im Verhältnis zur eigenen Struktur, wenn außerdem die Behauptung richtig ist, daß das MNU sich im besonderen Maße den widersprüchlichen Anforderungen kapitalistischer Planung gegenübersieht, dann kommt den Gewerkschaften eine besondere Bedeutung für die Fähigkeit der MNU zu, Umwelt und System planend auf die vorgegebenen Unternehmensziele auszurichten.

Dieser „Stellenwert" der Gewerkschaften variiert u.a. mit Typ und Rollendefinition (Ordnungsfaktor – Gegenmacht) der Gewerkschaften und den damit korrelierenden Strategiepräferenzen (kooperativ-konfliktorisch), mit der Situationsdefinition des Managements, den erwarteten Umweltlagen (stabil-instabil) und dem Zeitfaktor (Perspektivplanung-Krisenmanagement), mit der Intensität der möglichen bzw. erwarteten Störungen und der „Zentralität" der Störfaktoren im Planablauf, mit dem Ausmaß des geplanten Wandels bzw. der erzwungenen Anpassungsleistung und vor allem mit dem relativen Einfluß der Gewerkschaften auf die zentralen Planvariablen. Eine umfassende Analyse müßte diesen und anderen Faktoren im einzelnen nachgehen. Dagegen soll hier nur ein Überblick über einige wesentliche Aspekte gegeben werden als Grundlage für weiterführende Überlegungen.

Voraussetzungen

Die allgemeinen Funktionsvoraussetzungen für Massengewerkschaften im „Wohlfahrtsstaat"[53] bilden gleichzeitig die Rahmenbedingungen gewerkschaftlicher Funktionalität für die MNU-Planung.

Formal gesehen grenzt bereits die Tatsache der Mediatisierung von Arbeitnehmerinteressen durch die Gewerkschaftsorganisationen den Bereich der planrelevanten Variablen ein. Konkret ist die Funktionalität der gewerkschaftlichen Organisationen für die MNU-Planung gebunden an drei wesentliche Voraussetzungen, nämlich die *Konfliktfähigkeit,* die *Kompromißfähigkeit* und die *Verpflichtungsfähigkeit* der Gewerkschaften.[54]

- Die Konfliktfähigkeit als Verfügung über für den Kontrahenten bedeutsame Resourcen und Leistungen und die Möglichkeit ihrer Verweigerung ist überhaupt erst Voraussetzung für die Relevanz des Problems. Eine nicht konfliktfähige Gewerkschaft ist für das MNU nicht planerheblich.
- Die Kompromißfähigkeit, Funktionserfordernis für kooperative Gewerkschaften im „Wohlfahrtsstaat"[55], bezeichnet die Distanz des Gewerkschaftsapparates von der Basis und ermöglicht erst die für die MNU-Planung wichtige Ökonomie der Kontaktstellen mit den Interessen der Lohnabhängigen sowie die allgemeine Stabilität und Kalkulierbarkeit der „Austauschprozesse". Verlust an Kompromißfähigkeit, d.h. der „Zugriff" der Basis auf die Organisation, bedeutet für das MNU die Gefahr abrupter, nicht integrierbarer Ansprüche bzw. die verstärkte Notwendigkeit, auf kostspielige Vermeidungsstrategien zurückzugreifen.
- Die Verpflichtungsfähigkeit der Gewerkschaften, die Fähigkeit der Legitimierung des Organisationshandelns, macht, wie die Konfliktfähigkeit, die Einbeziehung der Gewerkschaften ins Plankalkül erst sinnvoll. Eine Gewerkschaft, soweit sie auf freiwilliger Mitgliedschaft beruht und also unter Legitimationszwang steht, erfüllt überhaupt nur die Funktion, Ungewißheit zu reduzieren, wenn sie in der Lage ist, generalisierte Konfliktlösungen nach unten durchzusetzen. Andernfalls stellt sie eine Beschränkung der Unternehmerprärogative ohne die Gegenleistung von Konfliktvermeidung dar.

Das legt die nicht offensichtliche These nahe, daß – jedenfalls für den Bereich der MNU-Planung – *starke* Gewerkschaften bzw. Gewerkschaftskoalitionen „funktional" sind.[56] Damit ist bereits ein Problem thematisiert, das unter dem Stichwort Konflikt vs. Kooperation als *Dichotomie* gewerkschaftlicher Verhaltenstypen m.E. falsch gestellt, jedenfalls aber für die Beschreibung der gegenwärtigen Gewerkschaft-MNU-Beziehungen in dieser Form irrelevant ist[57]. Die begrenzte Konfrontation[58], wie etwa vom IBFG auf seiner Weltwirtschaftskonferenz 1971 formuliert, wird auch von „konfliktorischen" Gewerkschaften in der Realität praktiziert.

Zu einigen Aspekten der Planrelevanz von Gewerkschaftsstrategien

Die Reduktion der Anpassungsschwierigkeiten durch gewerkschaftliche Vermittlung und Beteiligung an der Planimplementierung sowohl bei der Einführung neuer technischer Verfahren und bei der Umstellung auf neue Produkte als auch bei Betriebsverlagerungen und Stillegungen ist die wohl wichtigste „Entstörungsfunktion" der gewerkschaftlichen Organisation für MNU.

Der Hinweis auf die Schwierigkeiten und Kosten, Innovationsprozesse – selbst dann, wenn sie keine zusätzlichen Belastungen für die Lohnabhängigen bringen – über den Kopf der Betroffenen und gegen ihren Widerstand durchzusetzen, ist vor allem seit der „Human-Relations"-Bewegung fester Bestandteil jedes Management-Training-Programms.

So gewinnt das formale und informelle Kommunikationsnetz der betriebsinternen Vertretungsorgane der Lohnabhängigen zentrale Bedeutung für die Planung von Innovationen.[59] Damit besteht eine begrenzte Interessenidentität zwischen Management (störungsfreie und kostenarme Implementation) und Gewerkschaften (Legitimitätsbeschaffung durch Aushandeln von Sicherheitsgarantien und Übergangsleistungen) zur kooperativen Bewältigung der Anpassungsprobleme, zumal die Gewerkschaften eben nicht in der Lage sind, „konkrete Alternativen auf allen Ebenen der Produktion des Konsums und der Politik" zu entwickeln.[60]

Zwar zieht das Management dabei natürlich vor, sich „unabhängiger", d.h. von den Gewerkschaften nicht unmittelbar kontrollierbarer Organe zu bedienen, um die Generalisierung von Konflikten und den Verlust von Verfügungsgewalt zu vermeiden. Diese Möglichkeit wird jedoch um so geringer und „kostspieliger", je konfliktträchtiger die geplanten Veränderungen, d.h. je größer das Konfliktpotential aus den Struktureffekten der Konzernstrategien im monopolistischen Wettbewerb am Weltmarkt.[61] Bei weitreichenden Veränderungen und bei dem Versuch, die Anpassungslasten soweit wie möglich auf die Betroffenen selbst abzuwälzen oder ihre „Sozialisierung" über staatliche Interventionen zu erzwingen, ist daher die dysfunktionale Ausweitung des Konflikts in der Regel nur (gegen entsprechende Konzession) durch Vermittlung der Gewerkschaften zu vermeiden.

Zentralisierte Gewerkschaftsorganisationen, zumal wenn sie als Partner der Sozialstaatsbürokratie an Konfliktvermeidung mitarbeiten, werden den Veränderungen weniger Widerstand entgegensetzen als lokal verfaßte Organisationen, die sich in ihrem Bestand durch die Umwälzungen gefährdet sehen. Zentralisierte Gewerkschaften fangen den Druck von der Basis des je betroffenen Betriebs oder Bereichs nicht durch Verallgemeinerung des Konflikts, sondern in der Regel eher durch Verallgemeinerung der Umstellungskosten (z.B. manpower planning) auf.[62]

Voraussetzung ist auch hier wieder die Konflikt- und Kompromißfähigkeit der Gewerkschaften. Eine schwache Gewerkschaft ist zwar „billig" aber nicht funktional für die Konflikteindämmung.[63] [64] Gerät andererseits die Gewerkschaftsorganisation unter die Räder ihrer eigenen Mobilisierungsaktivität, verliert sie natürlich ebenfalls an „Funktionalität" (und ist gleichzeitig in ihrer Existenz als bürokratische Organisation selbst bedroht).

Das Dilemma der Gewerkschaften zwischen der Schutzfunktion für die von ihr vertretenen Lohnabhängigen und dem Kooperationsdruck bei kapitalistischen Strukturdefekten ist durch konfliktorische Kraftakte auf Dauer, d.h. solange das System als Ganzes nicht infrage steht, nicht zu überwinden.

Ein weiterer Aspekt soll hier nur erwähnt werden: Die Einbeziehung der Gewerkschaften in die staatliche Planung und die „korporatistische"[65] Interaktion zentralisierter Organisationen auf nationaler Ebene verlängert deren umweltstabilisierende Wirkung per gewerkschaftlicher Partizipation, d.h. Legitimierung, in die Betriebe. Daß bei einem Versagen dieser Politik allerdings die Verpflichtungsfähigkeit der Gewerkschaften überstrapaziert und womöglich die Funktionalität der Gewerkschaften für die MNU-Planung überhaupt infrage gestellt wird (etwa durch Entstehen alternativer Organisationsformen), zeigen die Entwicklungen in England und Italien ebenso wie die jüngsten „wilden" Streiks in der BRD.[66]

Als international agierendes Kapital kann sich das MNU der staatlichen Datensetzung entziehen, ohne auf diese Stabilitätsvorteile verzichten zu müssen.[67] In Ländern mit nationalen bzw. regionalen Tarifverträgen erhält das MNU darüber hinaus dank seiner in der Regel überdurchschnittlichen Profitabilität zusätzlichen Spielraum zur Finanzierung von „Vermeidungsstrategien".

Betriebsnahe Tarifpolitik der Gewerkschaften in diesen Ländern, die die Kosten gewerkschaftlicher Funktionalität erhöhen und den Dispositionsspielraum der MNU einengen würde, stößt an die Grenzen autonomer Eigeninteressen des Organisationsapparates und der unabhängigen betrieblichen Vertretungsorgane[68]. Der objektive Kern des Widerstandes der zentralen Gewerkschaftsorganisationen gegen die Dezentralisierung liegt in der Gefahr einer Akzentuierung vertikaler Differenzierungs- und Polarisierungstendenzen (s.o.) der Arbeiterklasse. Die rigorose Durchsetzung von Partialinteressen privilegierter Arbeitergruppen schlägt zudem über monopolistische Preisgestaltung der MNU doppelt auf die übrigen Lohnabhängigen durch.

Parallel dazu muß die „Funktionalität" der Gewerkschaften für die MNU-Planung bei der Absicherung der s.c.-Positionen betrachtet werden.

Im Betrieb: Zwar erschweren die „Atomisierung" und Polarisierung der Arbeiterklasse und die Integration der strategisch zentralen Gruppen der Lohnabhängigen in den Betrieben (s.o.) den gewerkschaftlichen Zugriff auf diese Positionen. Die Nivellierung, Verunsicherung und partielle Politisierung dieser Gruppen jedoch haben potentiell einen gegenläufigen Effekt.[69]

In dem Maße, wie sich ein kollektives Abhängigkeitsbewußtsein und damit eine kritische Distanz zu den kapitalistischen Herrschaftspositionen und Zwecksetzungen bei diesen Gruppen durchsetzt, wird ihre gewerkschaftliche Organisierung für die Planbarkeit der Konzernstrategien „funktional". Dieses Argument ist nur *scheinbar* zirkulär, zieht man einerseits das Dilemma, das die Gewerkschaften auf eine Reformstrategie im Kapitalismus festlegt, und andererseits die systemgefährdenden Konsequenzen einer radikalen Entfremdung der technischen Intelligenz von den Herrschaftsmechanismen des Systems in Betracht. Nicht auf die gewerkschaftliche Organisierung dieser Gruppen an sich, sondern auf deren Ursachen zielt deshalb die Vermeidungsstrategie der Konzerne.

Im Konzern: Internationale Konzernplanung muß mit der Verläßlichkeit des „workflow"-Netzes im internationalen Produktionsverbund rechnen können. Je effizienter aber dieses Netz strukturiert ist, desto anfälliger ist es für Störungen. Die außerordentliche Hebelwirkung von Störungen an den Gelenkstellen solcher Verbundsysteme läßt hier die Anhäufung unkontrollierten und nicht kanalisierbaren Konfliktstoffs besonders brisant werden. Zwar kann das MNU diesen Störungen, solange sie vereinzelt auftreten und national begrenzt bleiben, durch gezielte Konzessionen an die Schlüsselgruppen, durch Verlagerung der Produktion und durch die Planung von Parallelproduktionen ausweichen, eine *international* koordinierte, auf diese s.c.-Positionen zielende Gewerkschaftsstrategie würde jedoch die Kosten dafür untragbar erscheinen lassen. Das würde die autonome Plankapazität des MNU-Managements in Frage stellen und ein kooperatives Verhalten im IR-Bereich erzwingen können. Voraussetzung dafür wäre allerdings die Fähigkeit der Gewerkschaften, der immer schon zentralisierten Verfügungsgewalt im MNU eine effektive *internationale* Koalition von Gewerkschaftsorganisationen entgegenzustellen. Derartige Versuche sind aber bisher über allererste Anfänge nicht hinausgekommen.

Exkurs: Schwierigkeiten internationaler Gewerkschaftskoalitionen.[70]

Zu den Schwierigkeiten von Koalitionsbildungen zwischen bürokratischen Organisationen generell kommen im Fall der Gewerkschaften noch etliche spezifische Probleme:

a) Das internationale kollektive Bewußtsein der Lohnabhängigen hat seit den Anfängen der organisierten Arbeiterbewegung, vor allem aber mit der Entwicklung des „Wohlfahrtsstaates" abgenommen.[71]
b) Die ideologische Spaltung der Gewerkschaftsbewegung, die auch immer einen Schuß bürokratischen Selbsterhaltungsinteresses enthält, ist unvermindert.
c) Die Distanz der Organisation von der Basis und das Mißtrauen der Mitglieder gegen oligarchische Kompromißfindungsprozesse akzentuiert sich auf internationaler Ebene.[72]
d) Nationale wirtschaftliche Krisen machen es nationalen Gewerkschaftsorganisationen praktisch unmöglich, internationale Aktionen gegenüber ihren Mitgliedern zu vertreten. Umgekehrt sind nationale Gewerkschaften gezwungen, sich am staatlichen Krisenmanagement auch dann zu beteiligen, wenn dadurch die internationale Solidarität verletzt wird.[73]

Diese Schwierigkeiten lassen bestenfalls labile Koalitionen zu und reduzieren damit die Konflikt- wie die Verpflichtungsfähigkeit und entsprechend die „Funktionalität" internationaler Gewerkschaftsorganisationen.[74]

Daher auch das relative Desinteresse der Konzernzentralen an einer institutionalisierten Entscheidungsbeteiligung internationaler Gewerkschaftsorganisationen in den globalen Planungsprozessen.[75]

Entgegen dem Augenschein jedoch kann, dem hier entwickelten Argumentationszusammenhang folgend, diese Schwäche der internationalen Gewerkschaftsorganisationen nicht im Interesse eines rational planenden und auf Umweltstabilität ausgehenden MNU-Managements liegen.

Zum Stellenwert internationaler Gewerkschaftsorganisationen für die Konzernplanung

Ebenso wie MNU-Planung national an starken Zentralgewerkschaften interessiert sein muß, um die Militanz der Basis kompromißfähig aufzufangen und s.c.-Positionen abzusichern, nimmt die Bedeutung starker internationaler Gewerkschaftsorganisationen mit zunehmender Internationalisierung militanter Vertreterorgane an der Basis und effektiven ad-hoc-Koalitionen über die etablierten Kanäle der internationalen Gewerkschaftsorganisationen hinweg (Shop Steward's International Steering Comittee im Dunlop-Pirelli-Streik) zu.

Der Wert der Kommunikationsstränge vergleichsweise kompromißfähiger internationaler Gewerkschaftsföderationen für die vorbeugende Glättung möglicher Anpassungskrisen bei langfristig geplanten Strukturveränderungen läßt eine fallweise Kooperation zwischen Konzernspitze und internationaler Gewerkschaftszentrale dem MNU sinnvoll erscheinen.[76] Solche Gespräche, die den Gewerkschaften die Erleichterung der Anpassungslasten für die Lohnabhängigen ermöglichen, fungieren gleichzeitig als Vehikel gegenseitiger Legitimitätsbeschaffung.

Die Notwendigkeit breiter Interessenkompromisse in internationalen Gewerkschaftsorganisationen hat bei hinreichender Verpflichtungsfähigkeit eine integrative Wirkung, die verhindern kann, daß lokale Gruppen ihre Schlüsselpositionen gegenüber dem Konzern rigoros, d.h. auch zum Nachteil von Lohnabhängigen in anderen Teilen des funktional integrierten Konzerns, ausnutzen. Der McDonnell-Douglas Fall ist dafür ein – sicher extremes – Beispiel.

Dem Charakter der MNU als *internationaler Organisationen* und ihren Konflikten mit den Erfordernissen nationalstaatlichen Krisenmanagements („territoriale Inkongruenz", Murray) entspricht die national fixierte Interessenlagen transzendierende Internationalität gewerkschaftlicher Föderationen. Damit finden die MNU in den internationalen Gewerkschaftszentralen einen potenziellen Partner gegen die Tendenzen des Nationalstaates, Weltmarktkrisen durch Außen-Abschottung zu begegnen, d.h. gegen politisch-motivierte Eingriffe in die internationale Flexibilität des Kapitals. Der Stellenwert einer solchen Interessenkoalition wird nun allerdings im Krisenfall durch die Legitimationsschwäche internationalistisch orientierter nationaler Gewerkschaftsverbände infrage gestellt.

Diese Legitimationsschwäche und damit das Dilemma aus den widersprüchlichen Erfordernissen von Konflikt-, Kompromiß- und Verpflichtungsfähigkeit reduziert sich für internationale Gewerkschaftsverbände mit zunehmender Verengung der Organisationsbasis. Je mehr sich das Bezugsfeld auf das einzelne MNU eingrenzt, je ungehinderter konzernorientierte internationale Gewerkschaften den Konzessionsspielraum der internationalen Einzelkapitale auszunutzen in der Lage sind[77], desto unmittelbarer und einsichtiger die Kongruenz „instrumenteller" Interessenlagen der Koalitionsteilnehmer, desto größer ihre Mobilisierungsfähigkeit auch auf internationaler Ebene.

Gleichzeitig aber wird die Gewerkschaft damit umso enger an die Effizienz der internationalen MNU-Planung gebunden. Die internationale Gewerkschaftskooperation wird für das MNU „teurer", aber für die integrierte Konzernplanung auch „funktionaler".

Umgekehrt passen breitangelegte internationale Gewerkschaftskoalitionen (IBFG, EGB) ihr Blickfeld von vornherein ihrer beschränkten Konflikt- und Verpflichtungsfähigkeit an durch die Konzentration auf institutionalisierte Beteiligung in internationalen Gremien (EG-Kommission, ILO) zur Vertretung allgemeiner Arbeitnehmerinteressen bei der Formulierung politischer, wirtschaftlicher und sozialer Normen.[78]

3. „Vermeidungsstrategien" der MNU

MNU-„Vermeidungsstrategien" zielen auf die Begrenzung der *Kosten* gewerkschaftlicher „Funktionalität" für MNU-Planung und auf die Bewahrung der Planungsfreiheit als Managementprärogative[79]. Je nach Einschätzung dieser Faktoren wird das internationale Management versuchen, alternative Instrumente zur Reduktion von Ungewißheit zu entwickeln, um sich unabhängig zu machen von externen Integrationsleistungen. Dabei kann das MNU, je nach seiner

Stellung im monopolistischen Wettbewerb, auf „freie" Resourcen zurückgreifen, die nach Bedarf der Akkumulation entzogen werden. Dazu einige Beispiele:

- Die naheliegende Antwort auf Unzulänglichkeiten der Planung ist: mehr Planung. Der „human factor"[80] als wichtigster Störfaktor im Planablauf soll durch die Zentralisation und Professionalisierung der „Industrial Relations" sowie durch internes und (zusammen mit Staat und Gewerkschaften) externes „manpower planning" unter Kontrolle gebracht werden.[81]
- Der Einsatz von Kapital (Routinisierung komplexer Arbeitsprozesse), Differenzierung von Status und materiellen Leistungen und sozialpsychologische Manipulationstechniken (Human Relations, „Konzernkultur") dienen der Ausschaltung bzw. der Bindung zentraler Gruppen.
- Damit verbunden ist die Ausnutzung „instrumenteller" Motivationen zur Vermeidung „betriebsfremder" Loyalitäten der Lohnabhängigen („Auskaufen" der Gewerkschaften) und die Schaffung „privater Infrastrukturen".[82]
- „Job-Enlargement" und „Job-Enrichment"-Techniken verbinden Produktivitätssteigerungen mit der Befriedigung *individueller* Bedürfnisse im Arbeitsprozeß, erleichtern die Integration des Lohnabhängigen in den Betrieb und erschweren die Artikulation kollektiver Bedürfnisse.[83]
- Kapitaltransfer und Investitionsstreik als Druck- und Drohmittel können sowohl gegen die Gewerkschaften als auch gegen den Staat gewendet werden.
- Dem Staat kommt eine zentrale Rolle für die Vermeidungsstrategien der MNU zu. Das Aufsaugen traditioneller Gewerkschaftsfunktionen einerseits, nackte Repression andererseits grenzen das Spektrum staatlicher Funktionalität für MNU-Planung ein.

Trotz der augenscheinlichen Erfolge[84] dieser „Vermeidungsstrategien" in vielen Fällen bleibt die Analyse der gewerkschaftlichen Funktionalität für die MNU-Planung gültig. Der rücksichtslose Einsatz der Macht und Manipulationskapazität gegen nationale und internationale Gewerkschaftsorganisationen erweist sich per Saldo als Hindernis für Planerstellung und Planimplementierung.

Ohne die Kommunikationsstränge kompromißfähiger Gewerkschaften sieht sich das Management vor der Aufgabe, interne Konflikte selbst zu regulieren und institutionell einzugrenzen. Die fortschreitende Zentralisation und Formalisierung auch der Industrial-Relations-Funktionen birgt aber die Gefahr kumalativer Aufschaukelung auch banalster Konflikte.[85]

Das willkürliche Abschneiden wichtiger Inputs und die Ausschaltung korrektiver Konflikte macht die MNU-Planung blind gegen die dysfunktionalen Konsequenzen ihrer bornierten Interessendurchsetzung als Einzelkapitale. Solange daher die Realität der MNU weit entfernt ist von den Visionen ihrer Apologeten und den Alpträumen ihrer Kritiker, solange der internationale Konzern eingespannt ist zwischen Innovationsdruck und Legitimationszwang, zwischen der Multiplikation der Planvariablen und der technokratischen Verkürzung der Planperspektiven, stellt sich als zentrales Problem im IR-Bereich die Frage, wieweit die ökonomischen Imperative der Weltmarktexistenz der internationalen Kapitale es diesen erlauben, von ihren überlegenen Macht *keinen* Gebrauch zu machen.

Anmerkungen

1 S. z.B. Ball (1967).
2 So etwa auch der Tenor der aus der neo-klassischen Außenhandelstheorie adaptierte Faktorpreis-Ausgleichs-These.
3 Zum Begriff des Industrial Relations System, der sich auch in der deutschen Literatur durchgesetzt hat, s. Dunlop (1958), p. 7, Cox (1971), pp. 141 ff.
4 Damit soll selbstverständlich weder eine Symmetrie der Abhängigkeitsverhältnisse suggeriert, noch der Versuch gemacht werden, in neo-klassischer Manier Gleichgewichtsbedingungen zu definieren.
5 Von diesem Mangel sind auch so informative und materialreiche Arbeiten wie Piehl (1974) nicht frei. Die relative Wirkungslosigkeit dieser Instrumente wird dann oft „volutaristischem", organisatorischem oder gar persönlichem Versagen zugeschrieben.
6 Zu den Besonderheiten vertikaler, konglomerater und horizontaler Direktinvestitionen, vgl. Caves (1971).
7 Allerdings fallen diese kaum ins Gewicht, vgl. dazu die Daten in Committee on Finance (1973), pp. 399 ff.
8 Vgl. ibid., p. 420. In der Regel werden Auslandsinvestitionen zu weniger als 20 % durch Kapitalübertragungen aus dem Stammland des Unternehmens finanziert.
9 Vgl. hierzu Franco I (1971).
10 Eine Übersicht über vorhandene Typologien, die allerdings für die hier angeschnittenen Probleme praktisch unbrauchbar sind, gibt Mielke (1974), pp. 11 ff.; vgl. auch Judge (1969).
11 Mit ihrer vollendetsten Ausprägung im sog. Heckscher-Ohlin-Samuelsen-Modell.
12 Die Untersuchungen von Keesing (1967), Hufbauer (1967), Gruber/Metha/Vernon (1967), Dunning (1972) und anderen bestätigten empirisch die ausschlaggebende Bedeutung dieser „Faktoren" für die Außenhandelsstruktur der USA. Horst (1972) zeigte die Relevanz der gleichen Faktoren für die Erklärung der internationalen Direktinvestitionen.
13 S. Vernon (1966) und (1972).
14 Ausführlich dazu: Blattner (1971).
15 S. etwa Lorenz (1967), der allerdings nicht primär auf die internationalen Direktinvestitionen abstellt, und die Dissertation von Hymer (MIT. unveröffentlicht).
16 Für den Halbleiter-Markt siehe die empirische Untersuchung von Tilton (1971), ebenso für verschiedene andere Bereiche, Layton (1973).
16 a) Lorenz (1967), p. 152.
17 Dunning weist allerdings im Zusammenhang mit der Diskussion um den Technologietransfer darauf hin, daß MNU teilweise minderwertige Technologien im Empfängerland verwenden; Dunning (1970), Kap. 8; Jensen, in: Dunning (1969), p. 186.
18 Ob und unter welchen Bedingungen diese Anpassungszumutungen jeweils die Krisenschwelle überschreiten, ist letztlich eine empirische Frage, die hier nicht beantwortet werden kann.
19 Daß diese Struktureffekte ebenso die Handlungsdispositionen der übrigen Akteure im System mit bestimmen, so etwa die Fähigkeit der Gewerkschaften, die Lohnabhängigen (international) für Konfliktstrategien zu mobiliseren, ist selbstverständlich und soll hier aufgrund der erwähnten „Eindimensionalität" der Analyse lediglich genannt werden.
20 Ob und in wieweit *jede* Auslandsinvestition gleichzeitig ein „Export" von Arbeitsplätzen ist, soll hier nicht weiter diskutiert werden. Für eine Zusammenfassung dieser Kontroverse s. u.a. Scharrer (1972), Hawkins (1972).
21 Nur etwa 50 % der internationalen Firmenübernahmen erweisen sich z.B. als erfolgreich, s. Der Spiegel vom 9.7.1973.
22 Vgl. die empirische Studie von Livesay (1970).
23 Zur Definition von technischem Fortschritt, Mechanisierung, Automation, vgl. Friedrichs (1963), pp. 80 f.
24 Andererseits bedeutet die internationale Zentralisation der Kontrolle über Innovationsprozesse einen umgekehrten Transfer von autonomem Innovations*potential* aus dem Empfängerland.
25 Für „reale" Automationsprozesse beschreiben diese Auswirkungen verschiedene Automationsstudien; vgl. etwa IFO (1962), Friedrichs (1965), RKW (1970).
26 Dazu weiter unten im Abschnitt zur Arbeitssituation.
27 S. Heise (1972), p. 19.
28 Entsprechend ist auch noch nirgendwo der Versuch gemacht worden, die veränderte Arbeitssituation und die Veränderungs*prozesse*, soweit sie vermittelt über Veränderungen des Arbei-

terbewußtseins für die Erfolgschancen internationaler Gegenstrategien der Gewerkschaften konstitutiv werden, in die MNU-Gewerkschaft-Diskussion einzubringen.

29 Allerdings ist es auch hier nicht leicht, MNU-spezifische Effekte in jedem Fall von den allgemeinen Konsequenzen des technischen Fortschritts zu trennen wie sie sich auch bei den fortgeschrittensten nationalen Kapitalen zeigen. Die Unterschiede sind teilweise nur graduell.

30 Empirische Belege, allerdings für einen breiteren Gültigkeitsbereich, u.a. in Vernon (1970).

31 Allgemein dazu: RKW (1970), pp. 91, 210 ff.

32 Kern/Schumann (1970), pp. 162 ff.

33 Anschaulich die Darstellung der Fallstudien in RKW (1970), p. 211, s. auch pp. 226 und 376 ff.

34 Daß gerade im internationalen Bereich unter dem Eindruck konkreter Kampferfahrungen im MNU zumindest punktuell gemeinsame Situationsdefinitionen sich herausbilden und gerade die technischen Spezialisten die Schlüsselfunktionen für die Koordination der Aktionen und die Kommunikation über die nationalen Grenzen hinaus einnehmen, hat sich in verschiedenen Fällen internationaler Aktionen in MNU gezeigt. Eine systematische empirische Untersuchung gibt es dazu allerdings noch nicht.

35 S. Bahrdt (1965), p. 295.

36 Vgl. auch Deppe u.a., pp. 22 ff., zum Verhalten der „neuen Arbeiterklasse" während der Maiereignisse in Frankreich 1968.

37 A.a.O., p. 27.

38 Touraine (1965), p. 267.

39 Vgl. Katz (1965/66).

40 Von Crozier (1964) am Beispiel der französischen Tabakmanufaktur beschrieben. Zur Weiterentwicklung des Begriffs s. Woodward (1965), pp. 126 ff., und Hickson, et al. (1971).

41 Johnson et al. (1963), p. 34.

42 Gutenberg (1958), p. 7.

43 Im internationalen Bereich aber gerade mit großen Schwierigkeiten verbunden, vgl. Cain (1970), Pryor (1968). Zudem zeigt die Erfahrung mit MIS die Begrenztheit von integrierten Planungs- und Informationssystemen bei Veränderungen im Planbereich, die durch die Systemalgorithmen nicht erfaßt werden. Das ist aber bei MNU im erhöhten Maße der Fall. Die Plansysteme werden grobrastiger (Kaiser: „flexibles Aktionsmodell"). Gleichzeitig steht aber das MNU unter Zugzwang der Zentralisation von Entscheidung (Brooke/Remmers, (1970), p. 18; Chandler/Redlich, (1969), p. 120), je mehr, je stärker der Erfolg von der Ausnutzung rasch wechselnder monopolistischer Marktlagen im globalen Kontext abhängt. Die von der Kybernetik suggerierte Alternative der Selbststeuerung per „reflexiver Mechanismen" stößt an die Grenzen der Vermittlungsfähigkeit von „selbstbewußter" Rationalität der Subsysteme und kapitalistischer Herrschaftsparameter.

44 Vgl. Chandler (1961), Williamson (1964).

45 Vgl. Hymer (1970), pp. 441, 444 f.

46 Vgl. Bornschier (1973).

47 Vgl. Offe (1973), pp. 107 ff.

48 Beispiele dafür s. Kujawa (1971), pp. 38 ff.

49 Touraine spricht von „Absorption" (1965), p. 267.

50 v. de Vall (1966), pp. 23 f; hier als Versuch der Beschreibung eines „neuen Mittelstandes".

51 Vgl. Hortleder (1970), (1971), Pross/Boettcher (1971); s. auch Kontroverse um die „leitenden Angestellten" in der jüngsten Mitbestimmungsdiskussion, vgl. Der Spiegel, Nr. 19 (1971).

52 Am Beispiel IBM, s. Rogers (1970), pp. 240 f.

53 Eine Darstellung des Funktionswandels der Gewerkschaften in kapitalistischen Industriegesellschaften als Beschreibung eines relevanten Umweltbereichs für das IIRS wäre Voraussetzung für den folgenden Teil. Im Rahmen dieses kurzen Abrisses kann aber nur auf die in letzter Zeit stark angewachsene Literatur zu diesem Problem verwiesen werden. Eine brauchbare Übersicht, s. Mayer (1973).

54 Zur Bedeutung von Kompromiß- und Verpflichtungsfähigkeit, s. Weitbrecht (1969), pp. 42 ff., 89 ff.

55 Vgl. Müller-Jentsch (1973), Bergmann (1973).

56 Ebenso ist vom Standpunkt der Planung *ein* starkes Gegenüber einer Vielzahl von Einzelgewerkschaften vorzuziehen, obwohl das die Möglichkeit begrenzt, verschiedene Gruppen von Lohnabhängigen gegeneinander auszuspielen.

57 Allgemein dazu etwa Grebig (1973).

58 Strategien totaler Konfrontation wären eine radikale Abwehr vom traditionellen Selbstverständnis und den Zielvorstellungen der Gewerkschaften. Sie würden den Untergang der Gewerkschaften in ihrer jetzigen Form und/oder den qualitativen Sprung in eine andere Gesellschaftsordnung bedeuten. Die „Trade-off"-Kurve würde kollabieren.
59 S. Zusammenfassung der OECD-Fallstudien, in: Wedderburn (1968), p. 95.
60 S. Deppe, a.a.O., p. 35; s.u.p.
61 Auf die wichtige Frage nach den Bedingungen der Aktivierung dieses Konfliktpotentials, die ja vorrangig auch eine Frage alternativer Gewerkschaftsstrategien ist, kann hier bei der oben angegebenen Begrenzung des Themenbereichs nicht näher eingegangen werden.
62 So z.B. in Schweden s. OECD (1969).
63 Das gilt vor allem auch bei organisatorisch und ideologisch zersplitterten Gewerkschaftsbewegungen.
64 Einen Ausnahmefall bildet in dieser Hinsicht der von der ICF (relativ geringe Konfliktfähigkeit) abgeblockte Streik bei Dunlop-Pirelli im Juni 1972.
65 S. Shonfield (1965), pp. 231 ff.
66 Vgl. auch v.d., Vall pp. 102 ff.
67 Daß diese Dispositionsfreiheit und ihre rigorose Ausnutzung durch die internationalen Einzelkapitale per „Feedback" zu negativen Konsequenzen für diese selbst führen kann, soll hier nur erwähnt werden.
68 Beispiele in den Aufsätzen von Müller-Jentsch, Jacobi, Teschner, Schmidt in: Jacobi/Müller-Jentsch/Schmidt (1972). Zum Delegiertensystem, wie es sich unter den Krisenbedingungen in Italien herausgebildet hat, s. Schmidt, ibid.
69 Angaben zu Struktur, Ideologie und Organisationsformen der „technischen Intelligenz" in der BRD, s. Deppe, a.a.O., pp. 69 ff., Hortleder, a.a.O., Der Spiegel a.a.O.
70 Zu diesem Thema gibt es eine Fülle von Untersuchungen, vgl. etwa Piehl (1974), Bergmann/Mielke (1974), so daß hier ein kurzer Hinweis genügen mag.
71 Die spektakulären Beispiele internationaler Solidarität sprechen nicht unbedingt gegen diese Feststellung, da es sich dabei meistens um die Solidarität von unmittelbar selbst Betroffenen handelt. So z.B. sowohl im St. Gobain als auch im AKZO-Fall.
72 Zur Krise der US-kanadischen Gewerkschaftsbeziehungen, die für dieses Problem instruktiv ist, vgl. Crispo (1967), Litvak/Maule (1972). Ein Beispiel dafür: der Konflikt zwischen der UAW-Zentrale und der „Canadian Local 1967" beim Abbruch eines Streiks gegen McDonnell-Douglas Ende 1971.
73 Am Beispiel des Burke/Hardtke Bill, s. Guardian, 28. Februar 1973.
74 Dies Argument wurde auch von den MNU-Vertretern bei der ILO-Konferenz über MNU und internationale Arbeitsbeziehungen im Herbst 1972 vorgebracht, s. ILO (1971), mimeo, pp. 18 f.
75 Die Versuche vor allem der Internationalen und Europäischen Berufssekretariate über den Weg regelmäßiger Spitzengespräche an der Konzernplanung mitzuwirken, wird von den Konzernspitzen gewöhnlich schlichtweg ignoriert – bezeichnenderweise, ohne daß bisher die oft lautstark angekündigten Sanktionen von Gewerkschaftsseite realisiert worden wären.
76 Die Brown-Boveri-IMB-Gespräche fanden 1970 zu dem Zeitpunkt statt, als das Management eine umfassende Reorganisation und Zentralisation der Konzernstruktur plante. Ähnlich die Gespräche des EMB mit dem Continental Can Management nach der Gründung der europäischen Holding EPC, die vom Management kurz darauf einseitig abgebrochen wurden.
77 Vgl. Levinson (1972), pp. 58 f.
78 S. z.B. die Rede Vetters auf dem 1. Kongreß des EGB am 9.2.73, in: Gewerkschaftliche Monatshefte, April 1973, pp. 201–206; s. auch in den verschiedenen Stellungnahmen des IBFG die Betonung der Wichtigkeit eines internationalen „code of good conduct" für MNU.
79 Dies allerdings nur soweit gewerkschaftliche Forderungen über Verteilungsfragen hinaus die private Verfügung über die Produktionsmittel generell infrage stellen.
80 S. „The human factor: Key to survival in global business", in: Busines Abroad, Nr. 95, Okt. 1970.
81 Vgl. Wedderburn, a.a.O., Bedford, in: Kamin (1970), pp. 3–12.
82 Vgl. Cox' „Enterprise-corporatist"-Modell industrieller Arbeitsbeziehungen, (1972), p. 37.
83 Zum Volvo-Experiment, s. Mitteilungen der Weltautomobilausschüsse, August 1972.
84 Z.B. eine durchschnittlich niedrigere Streikrate; vgl. Steuer/Gennard (1971), pp. 121, 143. So war etwa IBM eine von zwei Firmen, die im Mai 1968 in Frankreich nicht bestreikt wurden, Financial Times, 24.1.1972.

85 Das beweist auch die von Steuer/Gennard erwähnte größere Härte und Dauer der Arbeitskampfes in MNU.

Literatur

Ball, G.W., Cosmocorp: the Importance of Being Stateless, Columbia Journal of World Business, Nov.-Dec. 1967.

Bergmann, J., Organisationsinterne Prozesse in kooperativen Gewerkschaften, Leviathan, Nr. 2, 1973.

Bergmann, L., Mielke, S., Multinationale Konzerne und Gewerkschaften: Schwierigkeiten internationaler Gegenstrategien, in: K.P. Sauvant, F.G. Lavipour, The Politics of the Multinational Corporations – Dimensions, Consequences, Counterstrategies, Philadelphia 1974.

Blattner, N., Die Rolle des Wettbewerbs im Außenhandel, Zürich 1971.

Blauner, R., Alienation and Freedom, Chicago/London 1964.

Bornschier, V., Multinationale Wirtschaftskorporationen: Eine Form organisationeller Überschichtung im Weltmaßstab, mimeo, 1973.

Brooke, M.Z., Remmers, H.L., The Strategy of Multinational Enterprise, Organisation and Finance, New York 1970.

Burns, T., Stalker, G., The Management of Innovation, London 1961.

Cain, W.W., International Planning: Mission Impossible? , Columbia Journal of World Business, July-August 1970.

Caves, R.E., International Corporations: The Industrial Economics of Foreign Investment, Economica, Feb. 1971.

Chandler, A.D., Strategy and Structure, New York 1961.

–, Redlich, F., Recent Developments in American Business Administration and their Conceptualization, Business History Review, Spring 1961.

Cox, R.W., Approaches to a Futurology of Industrial Relations, IILS-Bulletin, No. 8/1971.

–, Labor and the Transnational Society, International Organization, Summer 1971.

Chrispo, J.H.G., The Role of International Unionismein Canada, Washington/Montreal 1967.

Crozier, M., The Bureaucratic Phenomenon, London 1964.

Deppe, F., et al. (Hg.), Die neue Arbeiterklasse, Frankfurt 1970.

Dunlop, J.T., Industrial Relations Systems, London/Amsterdam 1958.

Dunning, J.H., US Foreign Investment and the Technological Gap, in: Kindleberger/Shonfield (ed.), North American and Western European Economic Policies, London 1971.

Franco, L.G., Strategic Planning for Internationalization: The European Dilemma and some possible Solutions, mimeo, 1972.

–, The Growth, Organizational Structure and Allocative Efficiency of European Multinational Firms: Some Emerging Hypotheses, mimeo, 1972.

Friedrichs, G. (Hg.), Automation: Risiko und Chance, Frankfurt/M. 1965.

Grebig, Helga, Gewerkschaften als Ordnungsfaktor oder Gegenmacht? , Gewerkschaftliche Monatshefte, Juli 1973.

Gruber, W., et al., The Research and Development Factor in International Trade and Investment of U.S. Industries, The Journal of Political Economy, Vol. 75, Feb. 1967.

Gutenberg, E., Grundlagen der Betriebswirtschaftslehre, Berlin/Göttingen 1958.

Hawkins, R.G., Job Displacement and the Multinational Firm: A Methodological Review, Center for Multinational Studies – Occasional Papers, No. 3, Washington, June 1972.

Heise, P., Labour Market Structures and the Multinational Corporation, Harvard University, mimeo, 1972.

Heymann, K., Bürokratisierung der Klassenverhältnisse im Spätkapitalismus, in: Meschkat/Negt., 1973.

Hickson, D. J., et al., A Strategic Contingencies' Theory of Intraorganizational Power, Administrative Science Quaterly, Vol. 16, 1971.
Horst, T., Firm and Industry Determinants of the Decision to Invest Abroad: An Empirical Study, The Review of Economics and Statistics, August 1972.
Hortleder, G., Das Gesellschaftsbild des Ingenieurs, Frankfurt/M. 1970.
–, Ingenieure in der Elektroindustrie, Soziale Welt, Nr. 21/22, 1971.
Hufbauer, G.C., The Impact of National Characteristics and Technology on the Commodity Composition of Trade in Manufactured Goods, in: Vernon, 1970.
Hymer, S., The Efficiency (Contradictions) of MNCs, The American Economic Review, Vol. 6, May 1970.

IBFG, Multinationale Gesellschaften, Resolution und Diskussion, IBFG-Weltwirtschaftskonferenz 1971, mimeo.
IFO-Institut für Wirtschaftsforschung, Soziale Auswirkungen des technischen Fortschritts, Berlin 1962.
ILO, Report of the Meeting on the Relationship between Multinational Corporations and Social Policy, Report to the Governing Body, GB 189/2/2, mimeo, 1973.

Jacobi, O., et al., Gewerkschaften und Klassenkampf, Frankfurt/M. 1972.
Johnson, R.A., et al., The Theory and Management of Systems, New York/San Francisco, Toronto, London 1963.
Judge, A.J.N., Multinational Business Enterprises, Yearbook of International Organizations, 1969.

Kamin, A. (ed), Western European Labour and the American Corporation, Washington, D.C. 1970.
Katz, F.E., Explaining informal Work Groups in Complex Organizations: The Case for Autonomy in Structure, in: ASQ, 10/1965-66.
Keesing, D.B., The Impact of Research and Development on U.S. Trade, The Journal of Political Economy, Vol. 75, Feb. 1967.
Kern H., Schumann, M., Zum politischen Verhaltenspotential der Arbeiterklasse, in: Meschkat/Negt, 1973.
–, Industriearbeit und Arbeiterbewußtsein, Frankfurt/M. 1970.
Kujawa, D., Planning a Global Labor Strategy, in: P & I Planning, March-April 1971.

Layton, C., et al., Ten Innovations, PEP, London 1973.
Levinson, C., Die Gewerkschaften begegnen der Herausforderung der Multinationalen, ICF-Bulletin, Herbst 1972.
Litvak, I.A., Maule, C.J., U.S. Union Domination of Canadian Labor, Columbia Journal of World Business, May-June 1972.
Livesey, F., The Composition of Employment in Branch Factories, Oxford Economic Papers, Vol. 22, Nov. 1970.
Lorenz, D., Dynamische Theorie der internationalen Arbeitsteilung: Ein Beitrag zur Theorie der weltwirtschaftlichen Entwicklung, Wirtschaftswissenschaftliche Abhandlungen, H. 25, Berlin 1967.

Mayer, E., Theorien zum Funktionswandel der Gewerkschaften, Frankfurt/M. 1973.
Mallet, S., La Nouvelle Classe Ouvriere, Paris 1963.
Meschkat, K., Negt, O. (Hg.), Gesellschaftsstrukturen, Frankfurt/M. 1973.
Mielke, S., Multinationale Konzerne – Internationale Kapitalstrategie ohne Grenzen?, in: Aus Politik und Zeitgeschichte, März 1974.
Müller-Jentsch, W., Bedingungen kooperativer und konfliktorischer Gewerkschaftspolitik, Leviathan, Nr. 2, 1973.

OECD, Gaps in Technology – Analytical Report, Paris 1970.
Offe, C., Strukturprobleme des kapitalistischen Staates, Frankfurt/M. 1972.

Piehl, E., Multinationale Konzerne und internationale Gewerkschaftsbewegung, Frankfurt/M. 1974.

Pross, H., Boettcher, K.W., Manager des Kapitalismus, Frankfurt/M. 1971.
Pryor, M.H., Planning in a Worldwide Business, Harvard Business Review, Jan.-Feb. 1965.

RKW, Wirtschaftliche und soziale Aspekte des technischen Wandels in der BRD, Frankfurt/M. 1970.
Rogers, W., Think, A Biography of the Watsons and IBM, New York 1970.

Scharrer, H.E., Direktinvestitionen im Ausland – Probleme der Messung und Förderung, in: Scharrer (Hg.), Förderung Privater Direktinvestitionen, Hamburg 1972.
Shonfield, A., Modern Capitalism, London/Oxford/New York 1965.
Steuer, M.D., Gennard, J., The Industrial Relations of Foreign owned Subsidiaries in the U.K., British Journal of Industrial Relations, Vol. IX, July 1971.

Tilton, J.E., International Diffusion of Technology: The Case of Semiconducters, Washington, D.C. 1971.
Touraine, A., Chancen des technischen Fortschritts, Atomzeitalter, Bd. 10, 1965.
–, La conscience ouvriere, Paris 1966.

U.S. Congress Finance Committee, Implications of Multinational Firms for World Trade and Investment and for U.S. Trade and Labour, Washington 1973.
U.S. Department of Commerce, The Multinational Corporation: Studies on U.S. Foreign Investment, Vol. 1, Washington 1972.

v. de Vall, M., Die Gewerkschaften im Wohlfahrtsstaat, Köln/Opladen 1966.
Vernon, R., International Investment and International Trade in the Product Cycle, Quarterly Journal of Economics, Vol. 80, May 1966.
–, (ed.), The Technology Factor in International Trade, New York 1970.

Wedderburn, D., Enterprise planning for Change, OECD, Paris 1968.
Weitbrecht, H., Effektivität und Legitimität der Tarifautonomie, Berlin 1969.
Williamson, O.E., The Economics of Discretionary Behavior, Englewood Cliffs 1964.
Woodward, J., Industrial Organization: Theory and Practice, London 1965.

Übernationale Zusammenschlüsse als Bedingungen der Globalsteuerung in Europa

Von Gerda Zellentin

Vorbemerkung

Die bürgerliche Regionalismus- und Integrationsforschung hat von den marxistisch-leninistischen Theorien über die Verflechtung von Staaten und Produzenten im Kapitalismus bisher wenig Notiz genommen. Je mehr der europäische Integrationsprozeß indessen fortschreitet und die Interessen verschiedener nationaler und transnationaler Produzentengruppen berührt, desto größer wird das Bedürfnis, die Kriterien und Mechanismen der Steuerung dieses Vorgangs, die dabei auftretenden Veränderungen des Staatsapparats und seiner Funktionen sowie die Beziehungen zwischen den staatlichen und überstaatlichen Bürokratien und den privaten Unternehmen zu erkennen.

In den politökonomischen Schriften der Marxisten-Leninisten gibt es eine Fülle unterschiedlicher und ungeprüfter Hypothesen über die Globalsteuerung in kapitalistischen Systemen unter den Bedingungen der Entflechtung des Staates und der transnationalen ökonomischen Konzentration. Die kritische Rezeption und empirische Analyse dieser Ideen könnte in der Integrationsforschung außerordentlich fruchtbar wirken.

In diesem Beitrag soll die umstrittene Frage behandelt werden, ob die nationale Tätigkeit von Staat und Verbänden zur Krisenvermeidung (Globalsteuerung in konzertierter Aktion) von entsprechenden übernationalen Aktionen abgelöst wird und – vorausgesetzt das ist nachzuweisen – ob eine supranationale Wirtschafts- und Gesellschaftssteuerung zur Aufhebung oder Verschärfung der Widersprüche der Kapitale, zur Bildung eines Überstaates oder zum Zerfall der staatlichen Zusammenschlüsse führt.

Im ersten Abschnitt sollen die kontroversen Integrationsthesen der Marxisten-Leninisten im historischen Ablauf dargestellt werden. Im zweiten Teil werden einige der theoretischen Annahmen mit dem Geschehen in der EG konfrontiert; zuletzt werden die Ansätze zur Krisensteuerung unter den Bedingungen der Denationalisierung staatlicher Macht diskutiert.

I. Marxistisch-leninistische Thesen zur regionalen Integration – Übernationale Zusammenschlüsse: Verfalls- oder Wachstumsformen des Kapitalismus?

Im Marxismus-Leninismus existieren seit der Jahrhundertwende zwei unterschiedliche, teilweise widersprüchliche Erklärungen der internationalen Beziehungen kapitalistischer Systeme: Diejenige, der die Annahme zugrundeliegt, das internationale Kapital sei fähig, sich dauerhafte Formen der überstaatlichen Vereinigung zu schaffen, in denen ihre Konflikte friedlich geregelt werden, und diejenige, die davon ausgeht, daß „die Bourgeoisie . .in jedem Land ihre Spezialinteressen [hat] und . . . . nie über die Nationalität hinauskommen"[1] kann, bzw. daß zeitweilig mögliche regionale Kapital- und Staatenzusammenschlüsse die verbleibenden gewaltsamen Konflikte transnational und in größerem Rahmen reproduzieren. Je nach der ökonomischen und politischen Entwicklung des Kapitalismus und den ideologischen Anforderungen, die sich daraus für die kommunistischen Parteien ergeben, schwankt das Urteil zwischen beiden Erklärungen hin und her. Darin deutet sich eine theoretische Unsicherheit der Kommunisten gegenüber den transnationalen ökonomischen und politischen Formen an, die sich unmittelbar umsetzt in politische Hilflosigkeit bei der Mobilisierung der durch die kapitalistische Integration benachteiligten Gruppen. Die Gegensätze zwischen den genannten Positionen – vertreten von Hilferding, Lenin und Bucharin auf der einen, Kautsky, Bernstein, Trotzki, (Luxemburg) auf der anderen Seite – sind teilweise dadurch entstanden, daß die Protagonisten nicht genügend deutlich unterschieden, auf welcher Ebene sie die internationalen Beziehungen analysierten (auf der globalen oder regionalen), welchen Zeitraum der Entwicklung sie vor Augen hatten und welche Art der auswärtigen Wirtschaftsbeziehungen (z.B. Außenhandel oder internationale Fusionen) sie den Kapitalisten als charakteristisch unterstellten.

Hilferding und Lenin gingen davon aus, daß der *Imperialismus die Verfallsform des Kapitalismus* darstelle und die Konflikte zwischen den Imperialisten sich notwendig laufend verschärften. Als wesentliche Form internationaler Tätigkeit und Expansion des (nationalen) Kapitals betrachteten sie Außenhandel und Kapitalexport, die beide in scharfer Konkurrenz und letzten Endes mit dem auswärtigen Gewaltmonopol der Staaten, d.h. mit der Androhung oder Ausübung von Waffengewalt gegen andere Kapitale und deren Staaten betrieben würden. „Die politische Macht wird somit im ökonomischen Konkurrenzkampf entscheidend und für das Finanzkapital wird die staatliche Machtstellung unmittelbares Profitinteresse."[2]

In dem Maße, wie der Weltmarkt die Gegensätze zwischen den nationalen Kapitaloligarchien verschärft, suchen diese – so Hilferding – den Schutz durch das staatliche Gewaltmonopol; die Rüstungen werden vermehrt. Im Inneren der Staaten schafft die wachsende Konzentration höhere Preise, größeren Steuerdruck und die Solidarisierung der Mittelschichten mit dem Proletariat, die zur Polarisierung der Gesellschaft führt. Die Monopolisierung des Finanzkapitals hat aber gleichzeitig auch eine vergesellschaftende Funktion, die dazu beiträgt, daß sich bei den beschriebenen auswärtigen und inneren Konflikten der Umschlag der „Diktatur der Kapitalmagnaten . . . in die Diktatur des Proletariats"[3] vollziehen kann. In dieser Theorie muß den nationalistisch-aggressiven Imperialisten jegliche „Harmonie der kapitalistischen Interessen" als „Humanitätsduselei"[4] erscheinen.

Hilferdings grundsätzliche Thesen wurden von Lenin übernommen; Lenins Imperialismustheorie wurde indessen durch seine Kritik an den Vertretern des „Ultraimperialismus" erheblich komplexer und vieldeutiger.[5] Diejenigen, die im Gegensatz zu Hilferding und Lenin von einer Stabilisierung des Kapitalismus durch den Imperialismus ausgingen, behaupteten aufgrund der Erfahrungen mit der Kriegsproduktion, daß die Internationalisierung des Kapitals auch andere Aktionsformen annehmen könnte als die des Kapitalexports und der Konkurrenz auf dem Weltmarkt, nämlich die sich durch Konkurrenz und nachfolgende Konzentration einstellende *Kooperation.*

Als eine Begleiterscheinung der „Zentralisation oder Expropriation vieler Kapitalisten durch wenige" (die Konzentration des Eigentums als notwendige Form eines kapitalistischen Enteignungsprozesses) hatte bereits Karl Marx die „kooperative Form des Arbeitsprozesses auf stets wachsender Stufenleiter" gesehen, auf der „die *bewußte* technische Anwendung der Wissenschaft, die *planmäßige* Ausbeutung der Erde" sich entwickeln.[6] Marx postulierte weiterhin einen Zusammenhang zwischen fortschreitender Internationalisierung des Kapitals und der Korrosion des Nationalstaats, die sodann zur Verminderung der internationalen Konflikte führen würde.[7]

K. Kautsky hielt sich mit der Beurteilung seiner empirischen Daten eng an diese Marxschen Thesen. Er wurde u. a. durch die zu beobachtende „zunehmende internationale Verfilzung der verschiedenen Klüngel des Finanzkapitals"[8] veranlaßt

„zu erwägen, ob es nicht möglich sei, daß die jetzige imperialistische Politik durch eine neue, ultra-imperialistische verdrängt werde, die an Stelle des Kampfes der nationalen Finanzkapitale untereinander die gemeinsame Ausbeutung der Welt durch das international verbündete Finanzkapital setzte."[9]

Entscheidend für die Herausbildung entweder des auf Kompromiß der Finanzkapitalisten beruhenden Ultra-Imperialismus oder des antagonistischen Imperialismus war für Kautsky die Einsicht der Finanzkapitalisten in die Geschehnisse des 1. Weltkrieges. Gingen sie mit nationalem Haß daraus hervor, trieben sie weiterhin Wettrüsten, dann sah er einen 2. Weltkrieg als unvermeidlich an. Möglich war für Kautsky aber auch, daß die am Krieg Beteiligten zu einer anderen Einsicht gelangten.

„Je länger der Krieg dauert, je mehr er alle Beteiligten erschöpft und vor einer baldigen Wiederholung des Waffenganges zurückschaudern läßt, desto näher rücken wir der letzteren Lösung [der Ablösung des Imperialismus durch eine ‚Heilige Allianz der Imperialisten'], so unwahrscheinlich sie jetzt noch scheinen mag."[10] „Kommt es zu einer solchen Ära des Ultra-Imperialismus, dann ist es möglich, daß wenigstens die Tendenz der moralischen Abwirtschaftung des Kapitalismus zeitweilig eine Abschwächung erfährt . ., vorübergehend könnte der Ultra-Imperialismus eine Ära neuer Hoffnungen und Erwartungen innerhalb des Kapitalismus bringen".[11]

Die von Kautsky aufgeworfene Frage, ob die Kostenkalkulierung von Kriegen nicht schließlich zur friedlichen Kooperation der Imperialisten führt, ist bisher regional positiv beantwortet worden. Im globalen Rahmen steht die Antwort noch aus. In diesem Zusammenhang ist seine Idee bemerkenswert, daß die international formierten Kapitalisten sich institutionelle Formen schaffen würden, die ihrerseits Einfluß auf die wirtschaftliche Entwicklung nehmen.

Kautsky schrieb den „internationalen Einrichtungen der Kontrolle oder auch der Entscheidung von Streitfragen zwischen Völkern und Staaten" eine dynamische Wirkung auf die ökonomische Basis zu:

„Ist erst einmal durch die wirtschaftliche Notlage dieser Zusammenschluß zu Zwecken allgemeiner Abrüstung und internationaler Schiedsgerichte angebahnt, dann muß er bald, wieder durch ökonomische Bedürfnisse veranlaßt, auf weitere Gebiete des politischen und wirtschaftlichen Lebens übergreifen. Wie in der inneren Politik haben wir es auch hier mit Anfängen zu tun, die immer weiter über sich selbst hinaustreiben."[12]

Die internationalen Einrichtungen gehören nach Kautsky (der sich auf Engels beruft) „zu ‚den Bedingungen des schließlichen Sieges der Arbeiterklasse' " als die politische Form der proletarischen Internationale.[13]

Eben dieser Gedanke wird auch von Trotzki, Luxemburg und Bernstein aufgegriffen: Die Einfüllung des proletarischen Internationalismus als Sprengstoff in die Formen bürgerlicher Überstaatlichkeit.[14]

Eine andere Variante der Erklärung der internationalen Formen des Kapitalismus brachte Rosa Luxemburg 1913 in ihrem Buch „Die Akkumulation des Kapitals". Hier versuchte sie das Ausbleiben des Zusammenbruchs des Kapitalismus zu begründen. Sie argumentierte, daß es bei fortwährender Expansion des kapitalistischen Systems und durch die Einbeziehung ständig neuer Absatzmärkte in den hochindustrialisierten Ländern nicht zur proletarischen Revolution, sondern zur Hebung des Lebensstandards und zu einer evolutionären Entwicklung und Verbürgerlichung des Proletariats käme. Erst die fortlaufende Umwandlung der kolonialen Gebiete in kapitalistische brächte den endgültigen Zusammenbruch der kapitalistischen Welt.[15]

Lenin kritisierte diese Theorien mit der Behauptung, daß der Imperialismus als Verfallsform des Kapitalismus nicht den Sieg der proletarischen Revolution hinausschiebe, sondern ihn unmittelbar vorbereite. „In seinem imperialistischen Stadium führt der Kapitalismus bis dicht an die allseitige Vergesellschaftung der Produktion heran . . ." Er widersprach jenen Prognosen, die von der Fortdauer des Imperialismus eine Stabilisierung des kapitalistischen Systems auf der Grundlage einer Interessenabgrenzung der Finanzkapitale erwarteten. Seiner Meinung nach würden sich die ökonomischen Antagonismen zwischen den Imperialisten vielmehr vertiefen, die wirtschaftlichen und politischen Konzessionen an die arbeitenden Massen (von denen Luxemburg sprach) zurückgenommen und damit eine Zuspitzung des Klassenkampfes unumgänglich werden. Trotz seiner Option für den letztendlichen Zusammenbruch des Kapitalismus im Stadium des Imperialismus, hielt er indessen

„*zeitweilige* Abkommen zwischen den Kapitalisten und zwischen den Mächten (für) möglich. In diesem Sinne sind auch die Vereinigten Staaten von Europa möglich als Abkommen der *europäischen* Kapitalisten . . . worüber? Lediglich darüber, wie man gemeinsam den Sozialismus in Europa unterdrücken, gemeinsam die geraubten Kolonien *gegen* Japan und Amerika verteidigen könnte . . . ."[16]

Der Gegensatz zu Kautsky reduziert sich, nachdem er den zeitweiligen und regionalen Charakter kapitalistischer Zusammenschlüsse bestätigt hat, lediglich auf die Verneinung der Möglichkeit eines globalen Ultra-Imperialismus.

„Es unterliegt keinem Zweifel, daß die Entwicklung in der *Richtung auf einen einzigen, ausnahmslos alle Unternehmungen und alle Staaten verschlingenden Welttrust verläuft.* Doch diese Entwicklung erfolgt unter solchen Umständen, in einem solchen Tempo, unter solchen Widersprüchen, Konflikten und Erschütterungen – keineswegs nur ökonomischen, sondern auch politischen, nationalen usw. usf. – daß notwendigerweise, *bevor* es zu einem einzigen Welttrust, zu einer „ultraimperialistischen" Weltvereinigung der nationalen Finanzkapitale kommt, der Imperialismus unweigerlich bersten muß, daß der Kapitalismus in sein Gegenteil umschlagen wird."[17]

Während Lenin die der (zeitweiligen, regionalen) Koalitionsfähigkeit des Kapitals zugrundeliegende ökonomische Aktivität nicht näher bezeichnet, wird sie von Bucharin eindeutig festgelegt:

„Nur in *einem* Falle können wir mit Bestimmtheit sagen, daß eine Solidarität der Interessen entsteht; und zwar in dem Falle, wenn wir die Zunahme der Beteiligung und der gemeinsamen Finanzierung im Auge haben, d. h. dann, wenn infolge des gemeinschaftlichen Besitzes von Wertpapieren ein kollektives Eigentum von Kapitalisten aus verschiedenen Längern an einem und demselben Objekt entsteht. Hier bildet sich wirklich eine wahre ‚goldene Internationale' heraus. Hier ist nicht nur eine einfache Ähnlichkeit oder wie man jetzt zu sagen pflegt, eine ‚Parallelität' der Interessen vorhanden, hier entsteht eine Einheit der Interessen."[18]

Kautskys vager Vorgriff auf die multinationalen Konzerne wird somit von Bucharin präzisiert, allerdings verbunden mit der Idee, daß eine friedliche Form des Imperialismus deshalb unmöglich sei, weil vergleichbare Positionen auf dem Weltmarkt die Voraussetzungen für einen derartigen Zusammenschluß wären, die tatsächliche ungleiche Entwicklung in der Weltwirtschaft aber zur Verschärfung der kapitalistischen Konflikte führe.[19]

Damit sind die hauptsächlichen Thesen über die Organisationsfähigkeit des Imperialismus vor der Weltwirtschaftskrise dargestellt. Erst mit zunehmendem staatlichem Interventionismus nach dem 2. Weltkrieg wurden auch die transnationalen Bedingungen ökonomischer Steuerung und Planung von Marxisten-Leninisten reflektiert.

Zunächst – bis ca. 1963 – lagen der Analyse der westeuropäischen Einigungsbewegung die Lenin'schen Ideen über die Stagnation des Kapitalismus bzw. seine zunehmenden Widersprüche zugrunde. Das an die EWG gerichtete Beitrittsgesuch der EFTA-Staaten fiel dann zusammen mit der Neueinschätzung des Gemeinsamen Marktes.[20] Trotz seiner angeblichen Zeitweiligkeit und der fortbestehenden Widersprüche zwischen den Klassen, Interessengruppen, Staaten, zwischen EWG und USA, zwischen supranationalen Institutionen und Regierungen wurde dem Gemeinsamen Markt konzidiert, daß in ihm

„eine wirkliche technische und wissenschaftliche Revolution . . ., die eine gewaltige Erneuerung der industriellen Struktur des Kapitalismus mit sich bringt", zu beobachten sei . . . . Die EWG ist von bemerkenswerter Lebensfähigkeit und hat objektive Situationen geschaffen, die nicht ohne schwerwiegende Folgen beseitigt werden können."[21]

Im Zuge dieser Neueinschätzung der kapitalistischen Integration, kam es in dem viel diskutierten DDR-Buch „Imperialismus heute"[22] und in anderen Schriften speziell zur EWG[23] auch zur Diskussion der Steuerungsfähigkeit kapitalistischer Systeme. In „Imperialismus heute" ist die Annahme zu finden, daß die Monopole einen *kollektiven Willen* zur Selbsterhaltung artikulieren und insofern ein Primat der Politik bei der Regulierung der Wirtschaft etablieren können.

Diese These stützt sich u.a. auf eine Einsicht von F. Engels über die Wirkungen kapitalistischer Vergesellschaftung:

„Kapitalistische Produktion durch *Aktiengesellschaften* ist schon keine *Privat*produktion mehr, sondern Produktion für *assoziierte* Rechnung von vielen. Und wenn wir von den Aktiengesellschaften übergehen zu den Trusts, so hört da nicht nur die *Privatproduktion* auf, sondern auch die *Planlosigkeit.*"[24]

Als Grundlage für staatliche Programmierung erscheint die Monopolisierung in der Wirtschaft und die dadurch gewachsene Planmäßigkeit der Produktion. Mit der Konzentration auf wenige Monopole wüchsen Überschaubarkeit und Prognostizierbarkeit, die Voraussetzungen seien für eine „Vorwärtsregulierung" der Produktion und des Bedarfs. Damit ginge einher die relative Selbständigkeit der staatlichen Globalsteuerung, die wiederum zur Aufwertung politischer Gesichtspunkte führe.[25]

In „Imperialismus heute" wird die zunehmende Komplexität der staatlichen und überstaatlichen Apparate als *Einschränkung der Macht der Monopole* beurteilt. Zwar, so wird argumentiert, dehne sich der Machtbereich der Monopolbourgeoisie mit dem Wachstum des staatlichen Apparates aus, würde aber gleichzeitig so kompliziert, daß er nicht mehr „in jedem Detail absolut zu beherrschen" sei. „Mit seinem Anwachsen und der fortschreitenden Verzweigung wird dieser Organismus anfälliger gegenüber den Einflüssen der um die Demokratie kämpfenden gesellschaftlichen Kräfte und gegenüber dem Druck der Öffentlichkeit."[26]

Die Anfälligkeit rühre u. a. daher, daß nationale und übernationale Organe „mit der Regulierung immer neuer Bereiche sich auch in immer neuen Bereichen mit vorhandenem Widerstand auseinandersetzen" müssen; Wirth bemerkt hier zurecht: „dies [sage] noch nichts aus über den Erfolg, den der Widerstand in Teilbereichen haben kann."[27]

Ebenso, wie nach dieser Vorstellung innerhalb der Staaten die Spontaneität des Kapitals durch politische Überlegungen gebändigt wird, kommt es überstaatlich zu

„dem Versuch, eine antinationale Souveränität der führenden Monopole durch die Konstituierung eines Mammutstaates und eines zentralen mit großen Machtbefugnissen ausgestatteten Exekutivorgans des kollektiven Imperialismus zu schaffen."[28]

Diese „ultraimperialistisch" anmutenden Ideen[29] reflektieren die Integrationsfortschritte in der EG, vor allem die versuchten transnationalen Fusionen europäischer Firmen.

„wenn die Verschmelzung der Monopole zu multinationalen Konzernen des Typs Agfa-Gevaert, Fiat-Citroën, Dunlop-Pirelli, fortschreitet, dann werden die Sonderinteressen dieser Monopole . . . nur von einem supranationalen europäischen Bundesstaat wirksam verteidigt werden können."[30]

Seit 1965 sind derartige Vorstellungen in der politökonomischen Literatur der SU, der DDR und in den marxistischen Schriften des Westens angesichts der Krisen der EG und des Weltwährungssystems in einer Reihe von Punkten ergänzt oder widerlegt worden. Die folgenden Thesen beherrschen seither die Diskussion:

(1) *„Im gegenwärtigen Weltwährungssystem werden . . . gerade nationalstaatliche Krisen durch die Regulierungspolitik externalisiert . . .*[31]

Die externalisierte Rezession wirkt als Währungskrise in die nationalen Volkswirtschaften zurück. Durch diese Interdependenz werden die nationalen Systeme in der EG labil und krisenanfällig.

„Die Vermutung liegt nahe, daß die Möglichkeit gleichzeitiger Rezessionserscheinungen in mehreren kapitalistischen Ländern wächst und damit auch die Chance geringer wird, diese Rezession national über den Export aufzufangen, wie es [z.B.] der Bundesrepublik 1966/67 noch gelang. In Zukunft sind daher stärkere nationale Rezessionen zu erwarten."[32]

(2) *Die Integration der Steuerung in einigen wirtschaftlichen Sektoren steigert die Krisenanfälligkeit im Gesamtsystem.*

Der intensive Ausbau der staatsmonopolistischen Regulierung in Teilbereichen führe, so wird argumentiert, zwar zu ihrer wachsenden Verflechtung, die jedoch – wegen der ungleichen Entwicklung in den Sektoren – den gesamten Integrationsprozeß desto häufiger in Krisen stürze. Die Widersprüche würden in die Globalsteuerung selbst hineinverlagert, so daß die Integrationsgebilde „selbst Gegenstand und Austragungsort der

Widersprüche zwischen den mächtigsten Monopolgruppen und den imperialistischen Staaten"[33] würden.

(3) *Das ökonomische Interesse der Unternehmen an der Überstaatlichkeit ist nicht einheitlich.*

Die Ablösung der Nationalstaaten durch supranationale Gebilde findet nach neuerer Ansicht nicht nur das Interesse der Firmen, sondern stößt auch auf ihren Widerstand.

„. . .So, wie die Monopole im nationalen Rahmen einerseits wirtschaftliche Unterstützung beim Staat suchen, andererseits jedoch die Übertragung neuer wirtschaftlicher Hebel an ihn verhindern, ist für die internationalen staatsmonopolitischen Zusammenschlüsse eine solche Tendenz gleichermaßen typisch, nur mit dem Unterschied, daß der besagte Widerspruch hier um vieles schärfer auftritt."[34]

Der Widerstand der Unternehmen rührt u. a. daher, daß es „ohne

entsprechende Sicherungen keinen völligen Abbau der Handelsbeschränkungen geben (kann). Sobald in einzelnen imperialistischen Ländern über verstärkte Exporte anderer Länder die Arbeitslosenzahlen stark anstiegen, würden zweifellos restriktive Maßnahmen ergriffen. In diesem Sinne besteht also weiter ein Vorrang der Binnenwirtschaft."[35]

Solange die nationalen Verbände und Behörden die hauptsächlichen Gegenspieler in den Arbeitskämpfen sind, wird mit der Übertragung staatlicher Machtbefugnisse auf einen supranationalen „Gesamtkapitalisten" hinhaltend verfahren.[36]

(4) Die Frage, ob die übernationale Regulierung wirksam werden kann, wird schließlich anhand des Verhaltens bzw. Handelns der Arbeiter zu beantworten versucht. Nach Ansicht sowjetischer Autoren wird die überstaatliche Regulierung begleitet „von einer zunehmenden internationalen Solidarität der Arbeiterklasse."[37] Angesichts dieser Bewegung seien die herrschenden Kreise bemüht, die soziale Komponente „der Integration anzupacken, um aufbrechende Konflikte und Klassenkämpfe kanalisieren und abfangen zu können."[38]

Ob ihnen das gelingt, hängt ab von ihrem Gebrauch der Steuerungsmechanismen. Es ist jedenfalls mit Wirth in diesem Zusammenhang zu fragen,

„ob die häufig vertretenen Thesen der stetigen Verschärfung der Reaktion als Folge des staatsmonopolistischen Kapitalismus nicht gerade die zunächst größere Flexibilität in der Wahl der Herrschaftsmethoden unterschlägt, die die Übernahme ökonomischer Funktionen durch den Staatsapparat der herrschenden Klasse verleiht."[39]

Tatsächlich wäre denkbar, „daß sich [infolge der größeren Flexibilität] die Reaktion z. B. auf internationaler Ebene verschärfen kann, ohne unmittelbar auch eine verschärfte Reaktion im Innern der kapitalistischen Staaten zur Folge zu haben."[40]

Damit sollten die wichtigsten, kontroversen Thesen der marxistisch-leninistischen Literatur über die transnationalen Bedingungen der ökonomischen Steuerung in Europa aufgeführt sein, die nun anhand empirischer Daten und Beobachtungen zu überprüfen wären.

II. Möglichkeiten und Grenzen der Globalsteuerung in der Europäischen Gemeinschaft

In diesem Abschnitt sollen die „Widersprüche" und Konflikte[41], die in der EG besonders bei der Globalsteuerung entstehen, daraufhin untersucht werden, ob sie – wie in den marxistisch-leninistischen Thesen angenommen – integrationshemmend, ja desintegrierend wirken (müssen) oder ob sie nicht vielmehr einen zwar nicht geradlinigen, aber immerhin doch trotz (oder vielleicht wegen) der Krisensituationen fortschreitenden Verflechtungsprozeß indizieren. Mit anderen Worten: Die ‚objektiven Schranken' der kapitalistischen Integration, die von Marxisten-Leninisten in den genannten Thesen behauptet werden, sind näher zu betrachten.

1. Die Interdependenz der nationalen Konjunkturverläufe und die Ansätze übernationaler Steuerung in der EG

Die „Stunde der Wahrheit" schlägt der europäischen Integration nach Meinung aller ihrer Beobachter in der Depression. Erst dann, so heißt es, zeige sich, ob sie den point of no return[42] bereits erreicht hat, oder ob sie zerbricht. Entsprechende Prognosen sind schwierig anzustellen. Einige Anhaltspunkte ergeben sich aber aus den Verläufen der Konjunkturen der EG-Länder bzw. aus ihrer Steuerung.

Die ökonomische Theorie der Integration (die auch dem EWG-Vertrag zugrundeliegt) geht davon aus, daß binnenmarktähnliche Verhältnisse in Westeuropa erst dann hergestellt werden können, wenn der *konjunkturelle* Verlauf des Wirtschaftsprozesses in den beteiligten Ländern ständig geringer werdende Unterschiede aufweist.

Über die tatsächlichen Konjunkturbewegungen in der EG bestehen wenig unterschiedliche Ansichten. In marxistisch-leninistischen Schriften[43] wird ähnlich wie in bürgerlichen Analysen nachgewiesen, daß die westlichen Industrienationen nach dem 2. Weltkrieg „ähnliche Schwankungen der wirtschaftlichen Aktivität zeigen, wobei selbstverständlich verschiedene Grade der Ähnlichkeit und auch abweichende, andersartige Verläufe festzustellen sind."[44]

Beamte und Experten der EG beurteilen das Ausmaß der noch vorhandenen Disparitäten an den autonomen staatlichen Wechselkursänderungen sowie an der Nicht-Existenz eines europäischen Kapitalmarktes[45] und kommen zu dem Ergebnis, eine konjunkturelle Angleichung habe in der Übergangsperiode der EG nicht stattgefunden. Zwar seien die EWG-Länder stark miteinander im Handel verflochten, und aus der regionalen Außenhandelsstruktur im Gemeinsamen Markt ergäbe sich eine gegenseitige konjunkturelle Beeinflussung; das *Wechselspiel* der Konjunkturen sei aber noch nicht durch einen (überwiegenden) *Gleichlauf* abgelöst worden.

Eine Extrapolation der national gesteuerten Konjunkturverläufe für die 70er Jahre ergibt, daß sich streckenweise und zwischen einzelnen Ländern ein Gleichlauf, streckenweise ein Gegenlauf abgeflachter Zyklen in den Ländern der EG einstellen wird. Dabei kann sich das Wechselspiel der Konjunkturen stabilisierend auswirken.

In der EG besteht mithin ein „funktionaler Konjunkturzusammenklang", der interne Anstöße aus der Außenhandelsverflechtung und Kooperation der Unternehmen in der EG und externe Anstöße aus den USA erhält. Gewichtige Störfaktoren sind u. a. die *nationalen Konjunkturpolitiken,* die *Wechselkurspolitiken der einzelnen Länder und außerökonomische Faktoren,* die sich z. B. in sozialen Konflikten niederschlagen.

Was zunächst die handelsmäßige Verflechtung angeht, so wird sie von der Konjunktur *überproportional* betroffen. In der Rezession nimmt der Binnenaustausch in der

EG stark ab, und im Aufschwung nimmt er stark zu. Daraus läßt sich unschwer ableiten, daß der gemeinsame Aufschwung für die fortschreitende Integration von Nutzen ist.

Wie bereits erwähnt, kann der Gemeinsame Markt nicht dem Vertragstext gemäß selbsttätig das Problem der optimalen Allokation der Produktionsmittel und der Verteilung der hergestellten Güter auf die Konsumenten lösen; er bewirkt vielmehr Verzerrungen und Hemmnisse (durch Monopolbildung u.a.), die nach politischen Entscheidungen verlangen.

Die *vertraglichen Grundlagen* für eine gemeinschaftliche Steuerung sind in den Artikeln 2, 3, 103, 104 (magisches Dreieck) und 105 EWGV niedergelegt. Eine Reihe von Ausschüssen befaßt sich mit Konjunktur-, mittelfristiger Wirtschafts- und Währungspolitik.[46] In diesem Zusammenhang sind auch die Beschlüsse zur Errichtung einer europäischen Wirtschafts- und Währungsunion zu nennen.

Insgesamt gesehen beläßt der Vertrag die Wirtschaftspolitik allerdings in nationaler Kompetenz, er gibt lediglich die Möglichkeit der Koordinierung der Zielsetzungen an.

„Eine gemeinschaftliche Globalsteuerung hat sich trotz der ergänzenden Verpflichtung der Mitgliedstaaten zur Abstimmung und Koordinierung ihrer Wirtschaftspolitik nicht entwickelt, obwohl die Vergemeinschaftung der Märkte und die Tendenzen zur Vergemeinschaftung der Konjunkturen dazu drängten."[47]

In einigen Bereichen ist die staatliche Intervention durch Gemeinschaftsintervention abgelöst worden, und zwar in den Bereichen der Landwirtschaft und in beschränkterem Maße des Verkehrs. Es handelt sich hier um staatliche Interventionsmärkte, die als Unterentwicklungs- oder Notstandsbereiche der überstaatlichen Regulierung eher zugänglich sind als „unvermachtete" Sektoren.[48] Gerade diese Bereiche aber sind es, die eine Tendenz zur „Abkapselung"[49] ihrer übernationalen Form zeigen und daher für einen „spill-over" in benachbarte Wirtschaftssektoren ungeeignet sind; sie erhöhen im Gegenteil die Schwierigkeiten bei der Steuerung sowohl der nationalen Volkswirtschaften als auch des EG-Wirtschaftsraumes insgesamt.

Außer dem Abkapselungseffekt vermachteter und Notstandsbereiche wären als Gründe für das bisherige Versagen einer kohärenten europäischen Globalsteuerung vor allem die Regression zur wohlfahrtstaatlichen Souveränität, insbesondere zur konjunkturpolitischen Autonomie bei fortschreitender Verflechtung und die Interessendivergenzen zu nennen, die angesichts der komplexen Struktur des sich entwickelnden Wirtschafts- und Währungsverbundes aufbrechen.

Der Gemeinsame Markt hat zu wirtschaftlichen Entwicklungen und Ungleichgewichten geführt, die teilweise von den Regierungen *nicht mehr* direkt beeinflußt werden können. Eine verantwortliche, d.h. politisch legitimierte supranationale Instanz besteht *(noch) nicht*. Da die wahlabhängigen Regierungen aber weiterhin für das gesamtwirtschaftliche Gleichgewicht national zur Verantwortung gezogen werden, versuchen sie, ihre konjunkturpolitischen Kompetenzen zu behaupten, dabei die offenen Binnengrenzen aber nicht zu verschließen bzw. die nationalen Märkte nicht erkennbar abzuschirmen. Diese paradoxen Ziele bewirken „die Tendenz zu besonders scharfen Interventionen, die häufig mit entsprechenden Produktivitätsverlusten bezahlt werden müssen."[50]

Von der Groeben und Mestmäcker behaupten, es läge „in der Natur der Sache, daß die Aufzeichnung der Gemeinschaftspolitiken an Gewicht und Umfang hinter den Maßnahmen zur Herstellung eines freien Binnenmarktes zurückstehen."[51] Damit deuten sie die Gegensätze an, die zwischen den Staaten samt ihren Kapitalinteressen an der Integration bestehen. *Als Bremser einer europäischen Konjunkturpolitik wirken besonders die strukturell schwächeren Kapitale, insbesondere die Frankreichs und Italiens.* Die stärkeren Positionen dagegen plädieren für einen supranationalen Steuerungsmechanismus zur Vereinheitlichung der Verwertungsbedingungen. Je stärker die Zahlungsbilanz- und Währungskrisen zusammen mit den Strukturkrisen das EG-System erschüttern, desto größer ist die Regression zum Nationalen bei den schwächeren Ländern.

Als Auffangform für die nationalen Divergenzen wurde die „Wirtschafts- und Währungsunion" geplant; sie erscheint zugleich als
a) Binnenwirtschaftsraum mit freiem Güter- und Faktoraustausch bei einheitlicher Währung,
b) Konjunkturverbund zur gemeinschaftlichen Steuerung der kurz- und langfristigen Wirtschaftspolitik und
c) als eine gesellschaftspolitische Union mit dem Ziel des strukturellen und regionalen Ausgleichs.

Dieser komplexen Struktur liegt die Einsicht zugrunde, daß jede Wirtschaftspolitik unmittelbare wachstums-, verteilungs- und strukturpolitische Konsequenzen hat und die Verwirklichung gesellschaftspolitischer Ziele berührt.[52] Es fragt sich allerdings, ob Regierungen und Firmen bereit und imstande sind, dieser Einsicht entsprechend zu handeln. Zur Beseitigung oder Milderung der Disparitäten in der sozialökonomischen Entwicklung in Europa wären eine Reihe abgestimmter wirtschafts- und währungspolitischer Maßnahmen zu treffen, die für die Mitgliedsländer der EG recht unterschiedliche Vor- und Nachteile mit sich brächten.

Die Erfahrungen mit der Ingangsetzung der Wirtschafts- und Währungsunion seit 1971 haben gezeigt, daß die Regierungen angesichts möglicher Opfer den Weg des geringsten Widerstandes wählen, und zwar auch dann, wenn er langfristig gesehen kostspielig ist. So waren z.B. die mittelfristigen Vorteile der währungspolitischen Teilintegration in der „europäischen Währungsschlange" (Begrenzungen der Kursschwankungen) verbunden mit einem finanziellen Beistand, Devisenausgleichsfonds etc., die dann auslaufen sollten, wenn kein Konsensus über parallele wirtschaftspolitische Schritte in der 2. Stufe der Wirtschafts- und Währungsunion zustande kämen. Diese Rechnung ging nicht auf. Zwar führte die Abmachung dazu, daß die währungs- und kreditpolitischen Organe der Regierungen und der EG intensivere Kontakte pflegten.

> „Aber sie hat keinen hinreichenden Druck ausgeübt, um die großen Trends und die strukturellen Ursachen von Zahlungsbilanzungleichgewichten zwischen den Schlangenländern zu verändern. Ohne Übertragung starker wirtschaftspolitischer Kompetenzen an übernationale Instanzen ist ein reibungsloses Funktionieren eines solchen Systems nur zwischen Wirtschaften mit ähnlichen Produktivitäts- und Stabilitätsmerkmalen möglich."[53]

Um einen derartigen homogenen Wirtschaftsraum handelt es sich indessen bei der EG nicht. Die wirtschafts- und währungspolitischen Instrumentarien sind weder aufeinander abgestimmt, noch übt die vorgepreschte Harmonisierung in einem Bereich notwendig einen spill-over-effect (Haas) auf den anderen aus. Im Gegenteil: der durch die ungleiche Entwicklung der beiden eng verbundenen Bereiche entstehende Druck wirkt sich als spill-back, als Regression in das Nationalstaatliche aus.

„Statt daß parallel zur Währungsintegration eine hinreichende Übertragung von wirtschaftspolitischen Befugnissen auf die europäische Ebene stattfindet, wird ... der währungspolitische Rückwärtsgang eingelegt, der seinerseits wieder andere Bereiche – etwa die Agrarpolitik – mit sich reißt ..."[54]

2. Unternehmen, übernationale Integration und Globalsteuerung

Der EWG-Vertrag ging von der Vorstellung aus, daß eine Verschmelzung der sechs Märkte zu einem einzigen eine bessere Arbeitsteilung und damit automatisch eine rentablere Nutzung der Produktionsfaktoren mit sich brächte, die folglich zu Fortschritten in der Produktivität, zu höherem Lebensstandard und rationellerer Investitionstätigkeit führen würde. Die Monopole, Kartelle oder marktbeherrschenden Unternehmen waren in diesem Konzept zunächst nicht vorhanden. Inzwischen hat sich in der EG gezeigt, wer die „wahren Bosse" sind, nämlich – nach Ansicht des 1972 aus dem Amt scheidenden Sicco Mansholt – nicht die Regierungen, sondern die multinationalen Firmen.[55] Sie sind diejenigen Akteure, die allokative Transaktionen über die nationalen Grenzen hinweg integrieren, durch direkte Investitionen in die entwickelten Länder eindringen und ihre Industrien arbeitsteilig miteinander verbinden. Je größer diese Verflechtung wird, desto stärker wird die Verhandlungsposition der Unternehmen gegenüber den Regierungen, desto mehr konfligieren die Sonderinteressen an Profit, Produktivität und Effizienz mit den kollektiven politischen und sozialen Zielen, die die wahlabhängigen Regierungen setzen. Angesichts dieser Konstellation stellt sich die Frage, in welcher Weise die wirtschaftlichen Unternehmen die regionale Integration in Europa beeinflussen.

Die multinationalen Firmen sind der großräumigen arbeitsteiligen Produktion zweifellos besser angepaßt als die nationalen Unternehmen oder Regierungen. Sie haben potentiell die Fähigkeit, Menschen verschiedener Nation zu organisieren, Ressourcen transnational zu mobilisieren und modernste Produktionstechniken anzuwenden. Innerhalb der Multinationalen wird, mit anderen Worten, das praktiziert, was sich im Gemeinsamen Markt nur mühsam politisch durchsetzen läßt, nämlich die freie Bewegung von Menschen, Gütern und Kapital. Indessen dient die Freizügigkeit der multinationalen Firmen vornehmlich der stets zu verbessernden Ausnutzung von Ressourcen im privaten Interesse; erst davon abgeleitet wird das Interesse der Menschen an einer besseren Güterversorgung. Aus einer Reihe von Gründen, die unmittelbar aus dem privaten Firmeninteresse abzuleiten sind, ist daher die integrative Kraft der Multinationalen infragegestellt.

(1) Sie nehmen den Gastländern zu viel und lassen ihnen zu wenig. Dies betrifft sowohl die Technologie, die Gewinne und die Refinanzierung sowie die Tatsache, daß die Löhne in den Gastländern niedriger sind, als die der Firmen in ihren Ursprungsländern.
(2) Die manageriellen Fähigkeiten sind nicht multinational gestreut, sondern die letzten Entscheidungen verbleiben in der Muttergesellschaft. Darin äußert sich, daß die Multinationalen keine gleichberechtigte Integration sondern Penetration betreiben.
(3) Die Profitmaximierungsstrategien sind international angelegt, sichern aber nicht notwendig Integration der Kollektive. Multinationale Gesellschaften sind nämlich „companies with their administrative centre located in one country, their production located in other countries where labour is cheap and their profits declared in countries where taxes are low."[56]

Die entsprechenden Techniken beruhen auf der Existenz von Nationalstaaten. Ein abgestimmtes Verhalten der nationalen Regierungen würde diese Manipulationen sehr erschweren.

(4) Autonome (auch konzertierte) Aktionen von Regierungen werden dadurch erschwert, daß die multinationalen Firmen versuchen, die Gastländer rohstoff- oder technologieabhängig zu machen. Ist die Abhängigkeit hergestellt, schwinden die Widerstände gegen eine außenpolitische Beeinflussung seitens der Regierung der Muttergesellschaft.
(5) Wie die Einmischung der amerikanischen Regierung und Gewerkschaften in die deutsche Mitbestimmungsdebatte gezeigt hat, werden soziale Reformen, die profitabträglich erscheinen, zu bremsen versucht.
(6) Die monetäre Krise von 1969-73 ist u.a. auf die spekulativen Bewegungen der finanziellen Ressourcen der Multinationalen zurückzuführen, die auf diese Weise eine destabilisierende Wirkung auf das internationale Währungssystem ausüben.

An diesen Kritikpunkten wird bereits das imperiale Integrationskonzept der multinationalen Firmen deutlich: Die Firmen regieren die Produktion der Welt bzw. bestimmter Regionen von wenigen Metropolen der entwickelten Länder aus, während die Weltperipherie auf untergeordnete Tätigkeiten beschränkt ist und zudem mit Löhnen, Verhaltens- und Konsummustern versorgt wird, wobei sie immer mehr an Unabhängigkeit verliert.[57] Die Durchschlagskraft dieses Konzeptes ist damit zu erklären, daß die amerikanischen Produktions- und Konsummodelle in Europa kopiert werden bzw. daraus, daß eine Abkehr vom Amerikanismus wegen des Einflusses der multinationalen Firmen in den europäischen Regierungen nicht leicht sein dürfte. Der geschätzte Anteil, den US-Firmen am gesamten BSP der EG haben, beträgt zwischen 15 % und 20 %.

If GNP growth rates can be used as an indicator of the overall performance of an integrating economy – as they often are – then the Europe-based US corporations comprise the total *relative* growth of Western Europe as compared to the growth of the US economy from 1950 to 1968."[58]

Das Machtpotential der Multinationalen wird außerdem indiziert durch die Tatsache, daß sie größere Teile des BSP kontrollieren als die Regierungen durch öffentliche Ausgaben.[59]

Um sich gegen diese Fremdbestimmung der eigenen kollektiven Interessen durch Penetration zu verwahren, ergreifen die Regierungen in der EG verschiedene Maßnahmen:

(1) Sie bzw. die von ihnen beauftragte Kommission der EG betreiben die Umstrukturierung der europäischen Wirtschaft, indem sie starke, grenzüberschreitende europäische Unternehmen fördern.

„Auch für den Wettbewerb mit der Außenwelt betrachtet [ihr] Memorandum [zur Industriepolitik] Europa als mögliche Konzentrationsbasis, damit die Unternehmen der Gemeinschaft diesen Wettbewerb [mit amerikanischen Firmen] auch mit gleichen Waffen aufnehmen können. Die damit nahegelegten machtpolitischen Aspekte schimmern in dem Protektionismus der empfohlenen Maßnahmen durch: Bevorzugte Vergabe öffentlicher Aufträge an transnationale europäische Unternehmen und eine Überwachung der Drittlandsinvestitionen."[60]

Die aus diesen machtpolitischen Überlegungen abgeleitete Integrationstheorie lautet, daß *transnationale (europäische) Unternehmenszusammenschlüsse zur Wahrung ihrer Wettbewerbsfähigkeit den Schutz und die Förderung durch eine übernationale Konjunkturpolitik bräuchten und daher entsprechende überstaatliche Normen und Instanzen verlangen würden. Europäische Fusionierungen* werden also als Motor der supranationalen Institutionalisierung gesehen, die ihrerseits wiederum die wirtschaftliche Verflechtung vorantreibt. Diese These wird von Marxisten-Leninisten und den Praktikern in der EG gleichermaßen vertreten.

Zweifel besteht lediglich darüber, wann jenes Ausmaß an transnationaler Verflechtung erreicht ist, das die Schaffung des „überstaatlichen Gesamtkapitalisten" notwendig macht bzw. ob ein Überstaat überhaupt möglich und zweckmäßig erscheint. Nach Mandel setzt die Entwicklung zu einem europäischen Bundesstaat ein.

„sobald ... die internationale Kaitalverflechtung innerhalb der EWG so weit fortgeschritten ist, daß wenigsten ein wichtiger Teil der großen Produktions- und Zirkulationsmittel nicht mehr Sondereigentum jedes nationalen Besitzbürgertums, sondern Eigentum von Kapitalisten mehrerer europäischer Nationen geworden ist. Sodann entsteht ein *überwältigender Druck zugunsten eines neuen Staates,* der dieses neue Privateigentum wirksam verteidigen kann ... ‚Europäisches Kapitaleigentum' erfordert einen ‚europäischen' bürgerlichen Staat als adäquates Förderungs-, Garantie- und Verteidigungsinstrument."[61]

Der Zwang zur Überstaatlichkeit ergibt sich nach Mandel daraus, daß „der *Aktionsradius* des bürgerlichen Staates ... mit jenem der Produktivkräfte und der Produktionsverhältnisse *konform* sein [muß]. Solange die wichtigsten Produktionsmittel eines Landes Eigentum des Besitzbürgertums dieses Landes sind, ist der Nationalstaat adäquates Selbstverteidigungsinstrument des Großkapitals. Beginnt sich die Lage jedoch zu *ändern*, setzt eine Tendenz zur internationalen Verflechtung und Verfilzung des Kapitalbesitzes ein, so hört der Nationalstaat auf, ein wirksames Instrument zu Verteidigung der Interessen dieses sich mehr und mehr internationalisierenden Großkapitals zu sein. Eine *neue Staatsform* muß dann der neuen wirtschaftlich-gesellschaftlichen Wirklichkeit entsprechen. Dies ist die historische Chance der supranationalen, europäischen Institutionen."[62]

Die Frage ist, ob sich der neue „Gesamtkapitalist" in eine übernationale Staatsform begeben kann und muß, um sich dem „Aktionsradius" des Kapitals anzupassen. Die Kritiker Mandels behaupten z.B.,

„daß der kapitalistische Nationalstaat die Basis der Kapitalentwicklung ist und bleibt, denn er allein, als ideeler Gesamtkapitalist, ist der politische Garant des Überlebens der kapitalistischen Produktionsweise.

Das internationale Kapital kann unter den Bedingungen antagonistischer Produktionsverhältnisse gar nicht die Souveränität der jeweiligen Nationalstaaten allzu sehr aushöhlen, also zu viele Befugnisse auf internationale Gremien übertragen, ohne sich zusehends der Gefahr auszusetzen, die politische Gewalt, als die Garantie der antagonistischen Produktionsverhältnisse entscheidend zu schwächen."[63]

In beiden Anschauungen wird die Regulierung der Beziehungen zwischen Unternehmen und politischen Instanzen an einen Staat bzw. Überstaat gebunden. Wie in Abschnitt III eingehender darzustellen sein wird, ist eine dem derzeitigen Grad der Kapitalverflechtung angemessene europäische Verfassungsstruktur indessen nicht unbedingt verbunden mit der Dislozierung nationaler Steuerungsmechanismen auf supranationale Organe. Das bedeutet aber auch, daß die Unternehmensfusionierungen nicht notwendig politische Verantwortlichkeiten schaffen.

Die Praktiken der EG-Industriepolitik deuten vielmehr darauf hin, daß die Legitimation der überstaatlichen Regulierung zunehmend von den zuständigen Organen *abgekoppelt* werden könnte.

„Sollte nämlich die geforderte Organisation transnationaler Unternehmen mit europäischen Kontrollzentren die Auswechselung von europäischer Wettbewerbspolitik durch Kooperationspolitik mit sich bringen, so könnten wirtschaftlich mächtige Unternehmen an Stelle demokratisch legitimierter Gemeinschaftsinstitutionen das Bild der Gemeinschaft bestimmen. Die rechtsstaatliche und freiheitliche Ordnung, die durch den EWG-Vertrag gesichert und fortentwickelt werden soll, wäre in hohem Maße gefährdet, wenn eine parlamentarisch nicht kontrollierte Exekutive politischen Rückhalt primär bei den von ihren Entscheidungen betroffenen Wirtschaftsgruppen suchen würde."[64]

Dieser Prozeß aber ist ein Ergebnis der „Ordnungspolitik" der EG, deren Charakteristikum darin besteht, „die Entscheidungen schwergewichtig auf die Marktteilnehmer zu delegieren, nachdem der Rahmen der Liberalisierung durch Aufhebung nationaler Schranken, Rechtsangleichung oder europäisches Recht geschaffen ist."[65]

Da die nationalen Interventionspolitiken nicht pari passu mitkoordiniert werden, erweitern die Unternehmen ihren Spielraum. Beim derzeitigen Stand der Außenhandels- und Kapitalverflechtung in Europa betreiben sie eine Doppelstrategie auf nationaler und übernationaler Ebene, um ihre Interessen durchzusetzen. In den Fällen, wo ihnen vom Nationalstaat stabilitäts- und wohlfahrtsgerechtes Verhalten abverlangt wird, versuchen sie in den politisch unverantworteten übernationalen Bereich zu entkommen; dort aber, wo es um Profitsicherung geht, fallen sie auf ihn bzw. auf transnationale Prozeduren (kommunitäre oder vorzugsweise intergouvernementale) zurück.[66]

Die Schwierigkeiten, die sich aus der „Doppelstrategie" der Unternehmen für eine koordinierte Globalsteuerung in der EG ergeben, sind nicht zu verkennen. Sie wirken sich besonders in der Tatsache aus, daß

„der Konjunkturverbund zwischen den Ländern der Gemeinschaft enger und daher der Integrationsraum insgesamt anfälliger für Konjunkturschwankungen geworden ist, als er es während der ersten beiden Phasen des Integrationsprozesses war."[67]

Die Unternehmen versuchen zunächst einmal, die angesichts dieser Entwicklung besonders fühlbare Lücke zwischen dem Verlust an nationaler Steuerungsfähigkeit und dem ausstehenden gemeinschaftlichen Handeln für sich auszunutzen und in den rechts und staatsfreien Räumen Vorteile einzuheimsen.

Mit anderen Worten: Einerseits sind sie nicht an Gemeinschaftsorganen interessiert, die ihre steuer- und währungsbedingten Transaktionen erschweren. Auch sähen sie ungern die Möglichkeit in einer Wirtschafts- und Währungsunion schwinden, aus der bisherigen, wegen der Marktzersplitterung betriebenen unterschiedlichen Preispolitik weiter Nutzen zu ziehen. Andererseits aber sehen vor allem die multinationalen Firmen in der Wirtschafts- und Währungsunion auch ein Element zur Stabilisierung des Gemeinsamen Marktes und zur weiteren Verbesserung ihrer Rechtssicherheit.

„Der schrittweise Abbau der technischen Handelshemmnisse (Harmonisierung der Sicherheits- und Umweltbestimmungen. Normen und Standards) eröffnet neue Möglichkeiten der Großserienproduktion. Während einerseits der Wettbewerb härter werden könnte, hoffen die Unternehmer andererseits, aus den Regionalförderungsmaßnahmen Vorteile zu ziehen. Die Schaffung eines europäischen Gesellschaftsrechts dürfte grenzüberschreitende Fusionen erleichtern. Angesichts der heutigen Betonung des Umweltschutzes hoffen die Unternehmer, daß einheitliche Normen auf Gemeinschaftsebene geschaffen werden, so daß sie keinen Wettbewerbsnachteil gegenüber ihren europäischen Konkurrenten erleiden."[68]

Die Erwartungen, die Integrationisten und Kommunisten in den 60er Jahren an die Vermehrung der europäischen Fusionen knüpften, sind in der Zwischenzeit enttäuscht worden. Europäische Firmen sind an den zehn Fingern abzuzählen und sie erreichen bei weitem nicht das Vermögen der amerikanisch beherrschten Multinationalen.

Die Gründe für das Scheitern der geplanten oder gegründeten europäischen Gesellschaften [69] zeigen samt und sonders an, daß nationale Loyalitäten und kollektive soziale Aktionen (Streiks, Proteste z.B. gegen Stillegungen) den Drang zur Fusion merklich schwächen. Europäische Unternehmen sind überdies – wegen der politischen Zugehörigkeit zur EG und wegen der, verglichen mit den Amerikanern, viel geringeren Größe – gezwungen, sich hoheitlichen Akten der Behörden in der EG zu beugen. Andererseits könnte ihnen langfristig zugutekommen, „daß sie politische Verwicklungen im Zusammenhang mit ihrer Aktivität weniger [als die Amerikaner] befürchten müssen."[70]

(2) Weitere Maßnahmen der europäischen Regierungen bestehen darin, die amerikanisch dominierten multinationalen Firmen mit nationalen oder internationalen Instrumenten zu kontrollieren.[71] Wegen des bereits erwähnten Machtpotentials, das die US-Firmen innerhalb der EG akkumuliert haben, sind derartige Kontrollen *ohne* Vergeltungsmaßnahmen – Verluste an Produktivität und Arbeitsplätzen – jedoch schwer denkbar. Außerdem ist zu beobachten, daß nationale und internationale Behörden dem Kontrollproblem deshalb ausweichen, weil sie nicht genügende Machtreserven besitzen. „Sie [arrangieren] sich mit der multinationalen Unternehmung oder [überwinden] den Konflikt zwischen den Interessen des Unternehmens und dem durch die Behörde definierten öffentlichen Interesse durch eine entsprechende Anpassung des öffentlichen Interesses."[72] Daraus schließt Biedenkopf, daß nur ein machtvolles, demokratisch legitimiertes Organ diese Kontrolle ausüben könnte. Hier stellt sich die Frage, wie entsprechende Organe entstehen könnten, und ob Kontrolle und demokratische Legitimität einander notwendig bedingen.

Bezüglich der zweiten Frage hat R. Dahrendorf [73] bereits auf die Diskrepanz zwischen Internationalisierung von wirtschaftlicher und politischer Macht auf der einen und Vermittlung von Legitimität auf der anderen Seite hingewiesen. Es besteht kein notwendiger ökonomischer oder politischer Zwang zur internationalen Organisation von Kontrolle in der EG.

Ansätze zur Überstaatlichkeit könnten höchstens dann entstehen, wenn die Profitmaximierung bzw. -sicherung der multinationalen Firmen durch unlösbare soziale Konflikte in allen Ländern der EG infragegestellt würden, oder wenn Krisen nicht mehr vermieden werden könnten.

3. Die „soziale Komponente" der Globalsteuerung in der EG

Angesichts der regionalen und sozialen Disparitäten und der stärker werdenden Ansprüche wirtschaftlich benachteiligter oder geschwächter Gruppen die im Verlaufe der wirtschaftlichen Integration entstanden sind, fällt „einer weitgefaßten sozialen Politik beim Aufbau einer belastungs- und handlungsfähigen Gemeinschaft eine zentrale Rolle zu . . ."[74]

Die Steuerungsfähigkeit der Länder im nationalen und übernationalen Bereich hängt entscheidend davon ab, in welcher Weise die Werktätigen und ihre Organisationen die Integration mitbestimmen. Vor der *Pariser Gipfelkonferenz* im Oktober 1972, auf der gesellschaftspolitische Maßnahmen in das Zielbündel der Wirtschafts- und Währungsunion eingebracht wurden, war die Sozialpolitik der EG – ebenso wie die der Nationalstaaten – vornehmlich an ökonomischen Kategorien wie Vermeidung von Wettbewerbsverzerrungen oder Abbau von Mobilitätshemmnissen orientiert.[75] 1973 wurde eine eigenständige Gesellschaftspolitik (die „nicht bloßes Anhängsel des wirtschaftlichen Wachstums"[76] ist) in einem „Sozialen Aktionsprogramm"[77] der EG niedergelegt. Dieses Programm hat drei Schwerpunkte: Die Sicherung der Beschäftigung, die Verbesserung der Lebens- und Arbeitsbedingungen und die Mitwirkung der Sozialpartner an den wirtschafts- und sozialpolitischen Aufgaben in der EG. Hinter den Intentionen des Pariser Gipfeltreffens bleibt es insofern weit zurück, als dort von der parallel voranzutreibenden Wirtschafts- und Währungsunion und der sozialen Union gesprochen wurde, hier aber nach wie vor die ökonomische Integration dominiert. Das gesellschaftspolitische Defizit der EG wächst dadurch beständig weiter an. Den Regierungen stellt sich die Frage, welches Maß der regionalen oder sozialen Angleichung ausreicht, um Unzufriedenheit abzuwenden. Dieses Maß (ausgedrückt in disponiblen Budgetmitteln) wird auch bestimmt von der Stärke der Solidarität, die die Gewerkschaften mobilisieren und organisieren, um das Sozialgefälle mit Druck zu vermindern.[78]

Das Solidaritätsniveau der abhängig Beschäftigten in der EG ist ausgesprochen niedrig und wird aus verschiedenen Gründen kurz- und mittelfristig wenig anzuheben sein:

(1) Die sozialen und gesellschaftlichen Disparitäten in der EG stärken nicht die Solidarität, sondern vermindern sie eher; jedes Antasten nationaler wohlfahrtsstaatlicher Vorteile zugunsten von Arbeitern anderer Nationalität wird abgewiesen. Die Arbeitnehmer zeigen politische Loyalität dort, wo mit hoheitlichen Mitteln ihre Arbeitsplätze gesichert werden.

(2) Im internationalen Integrationsraum potenzieren sich außerdem die Schwierigkeiten, die die Gewerkschaften ohnehin im staatlichen Bereich haben.

„Nutzen die Gewerkschaften ihre durch die Anspannung des Arbeitsmarktes große Verhandlungsmacht voll aus, und bedrohen sie die letztlich konjunkturbestimmenden Gewinnerwartungen der Unternehmer, so reagieren diese mit zwei Strategien, die beide die Erfolge einer militanten Lohnpolitik zunichte machen könnten:

Läßt es die Situation auf den Exportmärkten zu, erhöhen sie die Preise. Ist eine Überwälzung nicht möglich, treten sie in einen „Investitionsstreik" und gefährden das Wachstum mit negativen Folgen für die Vollbeschäftigung.

So können Preisauftrieb oder steigende Arbeitslosigkeit die Folgen einer auf Verteilung abzielenden (expansiven) Lohnpolitik sein. . . . Nutzen die Gewerkschaften ihre Verhandlungsmacht jedoch nicht aus, so kann das Verhältnis zwischen Organisation und Mitgliedern belastet werden: Verzerrungen in der Verteilungsstruktur zu Gunsten der Kapitalisten können zu spontanen Streiks, Legitimitätskrisen der Gewerkschaftsspitzen oder expandierender Lohndrift führen, die die Gewerkschaften den Betrieben entfremdet. Damit ist das Dilemma des Verteilungskampfes der Gewerkschaften im staatsinterventionistischen Kapitalismus prinzipiell beschrieben."[79]

Lassen sich die Gewerkschaften auf eine „Friedensformel" ein – was in allen westeuropäischen Ländern heute der Fall ist – [80] d.h., richtet sich der Lohnzuwachs nach dem durchschnittlichen gesamtwirtschaftlichen Produktivitätszuwachs, dann betrachten die Gewerkschaften das Ergebnis des Verteilungskampfes (gemessen in absoluten Löhnen, nicht an der Lohnquote) als positiv. Die gesamtwirtschaftliche Stabilität wird dabei allerdings entscheidend von den Gewinnerwartungen der privaten Investoren bestimmt.

Da unter den Zielen der meisten Arbeiterorganisationen in der EG die Erhöhung der Nominallöhne an erster Stelle steht, kann sich – angesichts der unterschiedlichen Wirtschaftsstrukturen und -entwicklungen – übernational nur mühsam eine solidarische Haltung gegenüber solchen Zielen herausbilden, die national wenig Beachtung finden, nämlich: Mitbestimmung, Chancengleichheit, Konzentrationskontrolle u.a. Gerade über diesen ordnungspolitischen Vorstellungen fallen die Interessen der verschiedenen nationalen Gewerkschaften auseinander, wie an dem heillosen Streit über die Mitbestimmung innerhalb der Europäischen Aktiengesellschaft deutlich wurde.[81]

Tudyka[82] hat festgestellt, daß eine Fraktionierung zwischen verschiedenen Gruppen von Arbeitern in der EG entstanden ist, und zwar:

a) solchen in Ländern mit einem hohen Niveau von Arbeits- und Produktionsbedingungen und den sogenannten Niedriglohnländern;
b) national zwischen stark internationalisierten und hochkapitalisierten Branchen einerseits und stagnierenden bzw. rückschreitenden Branchen andererseits;
c) innerhalb verschiedener Branchen zwischen multinational agierenden Konzernen einerseits und nationalen Kapitalen und Zulieferern andererseits;
d) innerhalb der multinationalen Konzerne zwischen dem Leitungs- und Kontrollpersonal und der breiten Masse angelernter und ungelernter Arbeiter.

Ob die Entwicklung zur Verstärkung der Widersprüche oder zum Ausgleich zwischen diesen Gruppen tendieren wird, hängt z.B. davon ab, ob es den Unternehmern gelingt, durch überdurchschnittliche Löhne jene „Arbeiteraristokratie" zu schaffen, durch die die „revolutionäre Energie" in der gesamten Arbeiterschaft der EG „verduftet" – wie Marx [83] es ausdrückte bzw. ob es ihnen gelingt, kompromißbereite Gewerkschaften anzuziehen, die ihnen dazu verhelfen, interne oder transnationale Konflikte einzudämmen.

Entscheidend ist außerdem das Verhalten der Arbeitnehmer in Krisen. Entgegen landläufigen Meinungen hat sich gezeigt, daß eine Verringerung des Lohnniveaus, der betrieblichen Sozialleistungen, des Einflusses der Arbeiter auf die innerbetrieblichen Arbeitsvorgänge und auf die Organisation zur Reproduktion der nationalen Arbeitskraft (z.B. durch Umschulung, Krankenversorgung, Fortbildung etc.)[84] zur Solidarisierung wenig beitragen, denn die Auswirkungen der Verflechtung auf ihre kollektiven Kampfformen drücken sich darin aus, daß die Unternehmer Unruhe in Teilbetrieben mit der Drohung von Kurzarbeit und Investitionsstopp, Produktionsverlagerung usw. beilegen.

Durch ihre unterschiedlichen Standorte haben die *multinationalen Firmen Möglichkeiten, Streikauswirkungen zu kompensieren,* sie können z.B. Fremdarbeiter in bestreikten Konzernteilen als Streikbrecher einsetzen, so daß es den Arbeitern schwerfällt, für den Konzernbereich und seine Gesamtbelegschaft einheitliche Forderungen zu formulieren. Gegenüber dem multinationalen Konzern erscheinen die Arbeiter in nationalen oder übernationalen Einzelgewerkschaften hoffnungslos zersplittert und einer internationalen Organisation wenig zugänglich.

„ Zu beobachten ist also *die Herausbildung eines „europäischen Gesamtarbeiters" (Tudyka),* der ohne ein artikuliertes und organisiertes eigenes Interesse u.a. dazu beiträgt, daß sozialpolitische und arbeitsrechtliche Überlegungen in übernationalen Organisationen nur außerordentlich zögernd angestellt und in Angriff genommen werden. Aber selbst die relativ fortschrittlichen wohlfahrtsstaatlichen Maßnahmen der nationalen Regierungen werden durch ihn gestört, insofern, als wegen der Aktivitäten der multinationalen Unternehmen die Garantie der Gesamtreproduktion der nationalen Arbeiter nicht mehr national gegeben werden kann, übernational aber (noch) keine Handlungsmöglichkeiten geschaffen wurden.

Die konservativen Kritiker der heutigen Entwicklung der EG schreiben die gesellschaftspolitischen Mängel der Struktur der Gemeinschaft zu und sehen die Konfliktfront zwischen Arbeitern, Unternehmern und übernationaler Bürokratie aufgebrochen.

„Alle Forderungen nach mehr unmittelbarer Demokratie und nach der Demokratisierung der Gesellschaft müssen mit der gegenwärtigen Struktur der Gemeinschaft in Konflikt geraten. Die Berücksichtigung gesellschaftlicher Implikationen wirtschaftspolitischer Entscheidungen stößt unmittelbar an die Grenzen der Gemeinschaft. Die Frage, ob und in welcher Weise die wirtschaftliche Mitbestimmung der Arbeitnehmer in den Organen der Kapitalgesellschaft vorgesehen werden sollte, behindert den Vorgang der Rechtsangleichung auf dem Gebiete des Gesellschaftsrechts, weil eine zureichende politische Basis für die Entwicklung eines europäischen Mitbestimmungsmodells fehlt."[85]

Diese politische Basis kann nur von den Interessenten selbst gebildet werden, indem sie die in der EG bestehenden (Leer-) Formen der Partizipation auffüllen und in solidarischer Aktion auf die Institutionalisierung ihrer Rechte und Interessen dringen. Bislang wird der Solidaritätspegel noch von den Regierungen der EG gesteuert.

„Sie bestimmen über das Ausmaß der Beteiligung der Verbände und Parteien am europäischen Entscheidungsprozeß und damit über den Diversifizierungsgrad der Integrationsträgerschaft. In die Kompetenz und den „Willen" der Regierungen fällt auch das Bemühen um solidarische Glättung der interregionalen und zwischenstaatlichen Disparitäten. Gemeinschaftssolidarität ist insofern identisch mit dem Loyalitätsverhältnis der politischen Eliten zur EG und letztlich zum Plan der EU [Europäischen Union]."[86]

Die Untersuchungen über die Globalsteuerung in der EG lassen erkennen, daß sie nicht wie geplant funktioniert. Sie schafft erhebliche Konflikte, die sich allerdings dadurch auszeichnen, daß sie in sich überschneidenden Feldern ausgetragen werden: zwischen Staaten, zwischen diesen und anderen Verbänden, Staaten etc. Je nach der wirtschaftlichen Situation entstehen aber auch Koalitionen, und zwar zwischen Staaten und Unternehmen gegen die Gewerkschaften, zwischen Gewerkschaften und Unternehmen gegen die Staaten etc. Dadurch wird bewirkt, daß die Konflikte kaum zu Polarisierungen, sondern höchstens zu veränderten Interessenkonstellationen führen, die die Stabilität des Gesamtsystems eher erhöhen als vermindern dürften.

III. Denationalisierung staatlicher Macht und Krisenvermeidung

In diesem Abschnitt soll gefragt werden, wohin, d.h. in welche politische Form die zunehmende Ver- bzw. Entflechtung der europäischen Staaten führt und welchen Einfluß sie auf die Steuerung von Krisen hat. Anders formuliert: gelingt die Selbsttransformierung und -erhaltung der kapitalistischen Systeme in Europa und welche Rolle spielen die übernationalen Zusammenschlüsse dabei?

a) Werden ökonomische Krisen durch übernationale Organisationen eher begünstigt oder vermieden?
b) Vorausgesetzt, es kommt zu einer europäischen Depression, wird sie dann abweichendes soziales und politisches Verhalten begünstigen, das in einen revolutionären Klassenkampf führt?
c) Gibt es Anzeichen dafür, daß eine allgemeine Krise ‚verschoben' wird bzw. sich in verschiedenartige Krisentendenzen umwandelt? „Läßt das zu erwartende anome Potential zielgerichtetes politisches Handeln zu oder führt es eher zur ungerichteten Dysfunktionalisierung von Teilsystemen?"[87];

In der marxistisch-leninistischen Literatur werden Depression, Krise, Auseinanderfallen der EG und Zusammenbruch der kapitalistischen Systeme in Europa zueinander in Beziehung gesetzt, wenn nicht gar identifiziert. Als Indikatoren für kapitalistische Krisen dienen die genannten, sich laufend verschärfenden Widersprüche in der EG, die zwar theoretisch durch einen europäischen Bundesstaat geregelt werden könnten, der indessen praktisch wegen des fehlenden politischen Konsenses – zurückzuführen auf die widersprüchlichen ökonomischen Interessen an einem europäischen Überstaat – nicht zu erwarten sei.

Die EG ist demnach solange von Krisen bedroht, wie erstens nicht ein bestimmtes Kapitalvolumen vergemeinschaftet wird (dessen Entflechtung unübersehbare Kosten nach sich zöge) und wie zweitens die übernationalen Unternehmensfusionierungen nicht nach öffentlicher, und zwar überstaatlicher Förderung und Absicherung verlangen und sich daraus auch Ansatzpunkte für eine europäische Globalsteuerung ergeben.

Nach dieser Vorstellung – die übrigens bei den Supranationalisten ebenso zu finden ist wie bei den Marxisten-Leninisten – befindet sich die EG wegen des wachsenden Konjunkturgleichklangs und wegen der Kontrollücke[88] zwischen nicht mehr greifenden nationalen Stabilisierungsinstrumenten und noch nicht eingesetzten übernationalen Steuerungshebeln in einem außerordentlich labilen Zustand. Die diesen Thesen zugrunde liegenden Prämissen sind angreifbar. Es wurde bereits darauf hingewiesen, daß ein zunehmender konjunktureller Gleichklang sich erst langfristig abzeichnen würde. Bis dahin verschaffen die divergierenden nationalen Konjunkturen den Regierungen noch Möglichkeiten zur Kompensation, auf die sie ungern verzichten.

Die bei Supranationalisten und Kommunisten vorherrschende Idee, daß transnationale Wirtschaftstätigkeit „nur [von einem] mit allen Mitteln staatlicher Macht ausgestatteten ideelle[n] Gesamtkapitlist[en] auf EWG-Ebene" zu regulieren sei",[89] entspricht nicht den zu beobachtenden Entwicklungen in der EG. Da beide auf die supranationalen Instanzen und ihre Entwicklung zur Staatlichkeit starren, beurteilen sie die sich in den intergouvernementalen Zwischenbereichen herausbildende ‚Ratsverfassung' als „Fehlentwicklung", nationale Regression und Stagnation der EG, bzw. als Ausdruck kapitalistischer Widersprüche. Sie fragen nicht, ob diese neuartigen Formen und Funktionen hoheitlicher Gewalt den derzeitigen Kapitalinteressen und ihren Verschmelzungen unter Umständen nicht besser entsprechen als die Supranationalität[90]

Eine dem heutigen Kapitalverlechtungsgrad[91] angemessene europäische Verfassungsstruktur ist nicht notwendig verbunden mit der Dislozierung nationaler Steuerungsmechanismen auf supranationale Organe. Es wäre vielmehr zu prüfen, ob die Steuerung der transnationalen Beziehungen nicht effizienter durch eine konkurrierende oder synchrone Bedienung der nationalen und evtl. auch der übernationalen Instrumente möglich wäre. Die Wirtschafts- und Währungs-Union ist zwar auf der Vorstellung gegründet, daß die Übertragung wirtschafts- und währungspolitischer Intrumente auf supranationale Instanzen mit deren allmählicher Einbeziehung in eine verantwortliche „Europäische Regierung" verbunden werden soll. *In diesem Zusammenhang stellt sich aber die Frage, ob die ‚Staatlichkeit' einer Regierung unabdingbare Voraussetzung für ihre Steuerungstätigkeit ist.*

Die rasche transnationale Konzentration, Zentralisierung und Sozialisierung des Kapitals erfordert zweifellos größere hoheitliche Kontroll- und Garantiemöglichkeiten. Ob sie auch eine größere staatliche Einheit[92] verlangen, auf die die nationalen Regierungen nur einen mittelbaren Einfluß hätten, ist die offene Frage. Es wäre denkbar, daß die staatlichen Mechanismen sich intergouvernemental (d.h. den Regierungen verantwortlich, im Unterschied zu supranational, d.h. europäisch-technokratisch) differenzieren und partiell verschmelzen. Hiergegen wäre der folgende Einwand zu berücksichtigen:

„This process, however, is in contradiction with the state's role as a factor of social cohesion, which is increasingly called into question. It would seem that the development of integrated European capital will come into conflict with the need to maintain adequate state institutions at national and social level to fulfill the varied social functions summed up by Murray as „intervention for social consensus". In fact these „economic" and „social" state functions are not separable, and the attempt to carry out state functions through different mechanisms and at different levels of international integration will impose great strains on the state . . ."[93]

Die hierin vertretene These von der Unteilbarkeit staatlicher Funktionen wäre zu diskutieren.

Tatsächlich findet eine *„Denationalisierung staatlicher Macht"*[94] *statt, aber ohne daß ein neues staatliches Supersystem entstünde.* Sie äußert sich vielmehr in der fortschreitenden Verflechtung nationaler und übernationaler Bürokratien, durch die die Rückkoppelungswege sich außerordentlich verringern. Von der Groeben und Mestmäcker lasten diesem System eine sehr geringe Möglichkeit zur Korrektur einmal getroffener Entscheidungen an.

„Im institutionellen System der Gemeinschaft sind die politischen Nötigungen und Möglichkeiten zur Korrektur einmal getroffener Entscheidungen außerordentlich gering, das wichtigste Beispiel hierfür bildet die Landwirtschaftspolitik. Die Verbindung eines sich am Einstimmigkeitsprinzip völkerrechtlicher Organisationen orientierenden höchsten Entscheidungsorganes der Gemeinschaft mit einem hohen Grad gemeinsamer sektoraler Wirtschaftsplanung zur Durchsetzung politischer Ziele müßte die Unzulänglichkeiten der gegenwärtigen Struktur der Gemeinschaft potenzieren. In den Vorschlägen der Kommission zur Industriepolitik der Gemeinschaft deutet sich eine solche Gefahr an."[95]

Der Standpunkt der Kritiker der intergouvernementalen Ratsverfassung ist klar, nämlich bestimmt von der Vorstellung einer mit demokratisch-parlamentarischen Organen versehenen supranationalen Gemeinschaft. Tatsächlich stellt sich die Frage, ob die ökonomische Stabilisierung ohne die formaldemokratischen Einrichtungen und Prozeduren erreicht werden kann, da sie schließlich dafür sorgen, daß

„die Entscheidungen der Administration weitgehend unabhängig von bestimmten Motiven der Staatsbürger gefällt werden können. Dies geschieht durch einen Legitimationsprozeß, der generalisierte Motive, d.h. inhaltliche diffuse Massenloyalität beschafft, aber Partizipation vermeidet.[96]

Je enger die Rückkoppelung des ökonomischen Systems an das politische ist, desto stärker wird der Legitimationsbedarf.[97]

„Alle Klassengesellschaften müssen, weil ihre Reproduktion auf der privilegierten Aneignung des gesellschaftlich produzierten Reichtums beruht, das Problem lösen: das soziale Mehrprodukt ungleich und doch legitim zu verteilen."[98]

Diesem Zwecke dienen die rechtsförmigen Prozeduren in Parlament und Regierung, deren Legalität als Zeichen der Legitimität der Verteilung geltend gemacht wird. Diese Form der Legitimitätsbeschaffung findet in der EG noch nicht statt, obgleich der rechtsstaatliche Überbau als Leerform bereits angelegt ist. Wie aus den Diskussionen über die Europäischen Wahlen hervorgeht[99], stehen die Regierungen vor der im transnationalen Bereich besonders schwer zu lösenden Aufgabe, institutionelle Voraussetzungen für Partizipation zu schaffen bei gleichzeitiger Herabsetzung des Risikos, daß diese Chance auch ergriffen wird. Demtentsprechend propagieren sie demokratische wahlen, versuchen aber ebenso, sie so weit wie möglich hinauszuschieben. Durch die räumliche Distanz zwischen den Staatsbürgern und den internationalen Entscheidungsinstanzen und wegen der Komplexität und Größe des integrierten westeuropäischen Bereiches wird der ‚staatsbürgerliche Privatismus' (Habermas) der Bürger jedoch auch künftig aufrechtzuerhalten sein. In Engpässen der wohlfahrtsstaatlichen Programmierung lassen sich Systemzwänge als Sündenböcke aufstellen wie z.B. die unterschiedlichen Wirtschaftsordnungen in der EG, die Bedrohung aus dem Osten oder der Handelskrieg mit den USA. Dadurch, daß die Instrumente und Kompetenzen der Globalsteuerung nicht mehr eindeutig verortet sind, sondern teilweise im intergouvernementalen Zwischenbereich liegen, lassen sich Legitimationsansprüche bzw. -defizite außerdem dadurch abwenden oder vermeiden, daß auf die verschobenen Grenzen des politischen Systems bzw. seiner Zuständigkeiten hingewiesen wird.

Wenngleich es noch fraglich ist, ob die übernationale Integration dazu dienen kann, „den Konjunkturzyklus zeitlich zu strecken und die periodischen Schübe der Kapitalentwertung in eine inflationäre Dauerkrise mit milderen Konjunkturschwankungen umzuwandeln"[100], so bleibt auf jeden Fall die Möglichkeit, die Folgen der abgefangenen Krisen in der EG breit, nämlich transnational zu streuen. Der geringe Organisationsgrad der betroffenen Gruppen – sofern sie nicht Unternehmer sind – macht das möglich. Es kann gewährleistet werden, daß soziale Proteste sich nicht in die politische Form des Klassenkampfes umsetzen, sondern administrativ-politisch verarbeitet oder geregelt werden.

Diese Regulierung wird durch eine neue Dimension zwischenstaatlicher und -wirtschaftlicher Verflechtung noch erleichtert, nämlich durch die *intersystemare Kooperation zwischen den antagonistischen Systemen in Europa.* Sie eignet sich nicht nur zum Schutz der Produktion und des Absatzes vor den Ausschlägen der kapitalistischen

Konjunkturen; sie eröffnet außerdem Wege zur Zusammenarbeit gegenüber der Dritten Welt, auf denen sich die Verwertungsschwierigkeiten in den kapitalistischen Ländern mildern lassen; nicht zuletzt aber verschafft die intersystemare Kooperation den Staaten und Unternehmen (insbesondere amerikanischen, europäischen und sowjetischen Multinationalen) unkontrollierte Spielräume, in denen sich die herrschaftsgebundenen und emanzipationsfernen Produktionsverhältnisse in Ost und West fortentwickeln können.

Anmerkungen

1 Friedrich Engels, Das Fest der Nationen in London (Zur Feier der Errichtung der Französ. Republik, 22. Sept. 1792), aus: Nachlaß, hrsg. von Mehring, Bd. 28 S. 406.
2 R. Hilferding, Das Finanzkapital, Wien 1910, S. 420.
3 Hilferding, a.a.O., S. 477.
4 Hilferding, a.a.O., S. 428.
5 Vgl. dazu unten, S. 217.
6 K. Marx, Das Kapital, 1. Bd., Berlin 1951, S. 803 (Hervorhebung von mir).
7 K. Marx und F. Engels, Manifest der Kommunistischen Partei, Stuttgart 1953. Vgl. in diesem Zusammenhang die Kontroverse zwischen K. Tudyka und F. v. Krosigk (Marx, Universalism and Contemporary World Business, in: International Studies Qu., Dec. 1972), in: K. Tudyka u.a.: Transnationale Konzerne und Interessenvertretung der Lohnabhängigen. 1. Zwischenbericht für die DGFK, April 1973, Nijmwegen. Hekt. S. 10.
8 K. Kautsky, Zwei Schriften zum Umlernen, in: Die Neue Zeit, 33. Jg., 1915, 2. Bd., S. 144.
9 Kausky, a.a.O., S. 144.
10 K. Kautsky, Der Imperialismus, in: Die Neue Zeit, 32. Jg., 2. Bd., 1914, S. 922.
11 Kautsky, Zwei Schriften . . . a.a.O., S. 145.
12 K. Kautsky, Habsburgs Glück und Ende, 1918, S. 78. Hier finden sich Ansätze einer Theorie des ‚spill-over-effect' regionaler und funktionaler Integration, die nach dem 2. Weltkrieg von der amerikanischen Integrationsforschung fortentwickelt wurden. Vgl. z.B. die Arbeiten von E.B. Haas und A. Etzioni.
13 Kautsky, a.a.O., S. 78.
14 L. Trotzki, Europa und Amerika, Berlin 1926, S. 92 ff.; E. Bernstein: Völkerbund und Staatenbund, Berlin 1918, S. 7; R. Luxemburg: Die Akkumulation des Kapitals, Berlin 1913, sowie zit. von R. Fischer: Stalin and German Communism, Cambridge 1948, S. 24/25.
15 Luxemburg, a.a.O., S. 423 ff.
16 W. I. Lenin, Über die Losung der Vereinigten Staaten von Europa, in: Ausgewählte Werke in 2 Bänden, Bd. 2, Moskau 1946, S. 750-54; ein Hinweis auf kapitalistische Bundesstaaten, die sich nach einer Weile wieder aufgelöst hätten, fehlt in Lenins Argumentation.
17 Lenin, zit. bei E. Mandel, Die Widersprüche des Imperialismus, in: Internationale Marxistische Diskussion 13, Berlin 1971, S. 155.
18 N. Bucharin: Imperialismus und Weltwirtschaft, 1929, zit. bei S. Picciotto und H. Radice: Capital and State in the World Economy, in: Kapitalistate, 1/1973, S. 57/58.
19 A.a.O., S. 60.
20 In den Moskauer Thesen zur EWG vom August 1962.
21 A. Arsumanian in Prawda vom 23.5.62.
22 Imperialismus heute, Berlin 1965.
23 Zit. bei M. Wirth, Kapitalismustheorie in der DDR, Frankfurt 1972.
24 F. Engels, Zur Kritik des sozialdemokratischen Programmentwurfs 1891, zit. in: Imperialismus heute, a.a.O., S. 431.
25 Wirth, a.a.O., S. 96.
26 Imperialismus heute, a.a.O., S. 184
27 Wirth, a.a.O., S. 124/25.
28 K.-H. Domdey, zit. bei Wirth, a.a.O., S. 60.
29 Als Vorwurf gegen Mandel formuliert von Nicolaus, a.a.O., S. 85 ff.
30 Mandel, a.a.O., S. 156.

31 E. Altvater, Die Weltwährungskrise, Frankfurt 1969, S. 75.
32 Wirth, a.a.O., S. 142.
33 Der Imperialismus der BRD, Berlin 1971, S. 426.
34 Politische Ökonomie des heutigen Monopolkapitalismus, Frankfurt 1972, S. 610.
35 Gündel, zit. bei Wirth, a.a.O., S. 60/61.
36 Vgl. unten, Abschnitt III.
37 Pol. Ökonomie . . ., a.a.O., S. 613.
38 Der Imperialismus . . ., a.a.O., S. 411.
39 Wirth, a.a.O., S. 77.
40 Ebd.
41 Voraussetzung einer empirischen Untersuchung der „Widersprüche" des Kapitalismus bzw. der daraus hervorgehenden Konflikte bei der Global-Steuerung wäre ihre Differenzierung nach Verursachung, Verlauf und Wirkung im Integrationsprozeß. Erst dadurch gewänne auch der Begriff Krise an Tiefenschärfe. Ein unreflektierter Gebrauch des Konflikt- und Krisenbegriffs läßt z.B. außer Betracht, daß es systemstabilisierende Konflikte geben bzw. daß die Konfliktaustragung krisenmildernde (oder sogar -vermeidende) Wirkung haben kann.
42 Vgl. unten III.
43 Z.B. Pol. Ökonomie . . ., a.a.O., S. 861, und Der Imperialismus . . ., a.a.O., S. 293 ff.
44 Kolloquium über ausgewählte Probleme der Konjunkturtheorie. Leitung Prof. Dr. A.E. Ott, SS 1971, Univ. Tübingen, S. 394.
45 Vgl. hierzu H. von der Groeben und E.-J. Mestmäcker (Hrsg.), Ziele und Methoden der europäischen Integration, Frankfurt 1972, S. 81, sowie die Kontroverse Mandel-Nicolaus, in: M. Nicolaus: Die Objektivität des Imperialismus. Anti-Mandel: International. Marxist. Diskussion 13, Berlin 1971, S. 38 ff.
46 v.d. Groeben/Mestmäcker, a.a.O., S. 83.
47 Ebd., S. 17.
48 Ebd.
49 E.B. Haas, Zur Theorie der Abkapselung integrativer Formen, in: International Organization, 24, S. 615.
50 Ebd. S. 98.
51 v.d. Groeben/Mestmäcker, a.a.O., S. 98.
52 Bildungswerk Europäische Politik: Bericht der Deutschen Studiengruppe „Übergangsphase zur Wirtschafts- und Währungsunion" (Entwurf) hekt. S. 32.
53 Chr. Lutz: Nachruf auf die europäische Währungsschlange, in EA, 9/1974, S. 290.
54 Lutz, a.a.O., S. 290.
55 H. Hveem: Integration by Whom, for Whom, against Whom? in: Cooperation and Conflict, 4/1974, S. 271.
56 Hawker-Siddley zit. bei Bruno Colle: Private Supranational Power, in: Lo Spettatore Internazionale, 1/74, S. 34.
57 S. Hymer zit. bei Colle, a.a.O., S. 47.
58 Hveem, a.a.O., S. 271.
59 Ebd.
60 v.d. Groeben/Mestmäcker, a.a.O., S. 77.
61 E. Mandel, Die EWG und die Konkurrenz Europas durch Amerika, Frankfurt 1968, S. 46.
62 Ebd. S. 45.
63 D. Goralczyk, Möglichkeiten und Grenzen der ökonomischen Integration kapitalistischer Staaten, in: Blätter für deutsche und internationale Politik, 1972, S. 1287.
64 v.d. Groeben/Mestmäcker, a.a.O., S. 179.
65 A.a.O., S. 144.
66 Vgl. hierzu z.B. die Vorstöße der Industrieverbände bei den Ministerien zur Verhinderung der Novellierung der westdt. Kartellgesetzgebung mit dem Hinweis auf die Ausgestaltung eines (natürlich viel laxer gehandhabten) europäischen Kartellrechts; weiterhin die Lobby der dt. Kosmetikindustrie zur europ. Angleichung der Lebensmittelgesetzgebungen.
67 Ziffer 46 des „Jahresgutachtens 1972/73 des Sachverständigenrats zur Begutachtung der gesamtwirtschaftl. Entwicklung „Gleicher Rang für den Geldwert", Stuttgart 1973.
68 Bericht der deutschen Studiengruppe, a.a.O., S. 92.

69 Genannt werden:
1. das Fehlen eines europäischen Gesellschaftsrechts,
2. eines europäischen Kapitalmarktes,
3. einer einheitlichen Währung,
4. sozialrechtliche Verschiedenheiten,
5. steuerrechtlichen Unterschiede,
6. die nationale Loyalität der Unternehmen,
7. sozialpolitische Unterschiede,
8. Stillegungen nach der Fusion.

70 H. Bößnecker: Europa in der Stunde der Entscheidung, München 1974, S. 60.

71 Zu einzelnen Maßnahmen vgl. G. Langer: Können multinationale Unternehmen international kontrolliert werden? in: D. Kebschull u. O.G. Mayer (Hrsg.): Multinationale Unternehmen, Anfang oder Ende der Weltwirtschaft, Ffm. 1974, S. 219 ff.

72 K.-H. Biedenkopf, zit. bei Langer, a.a.O., S. 243.

73 Plädoyer für die Europäische Union, München 1973.

74 R. Rummel: Die soziale Komponente in der Europäischen Union Stiftung Wissenschaft und Politik, S. 224; Ebenhausen, Juni 1974, S. 35.

75 Von de Groeben/Mestmäcker, a.a.O., S. 117.

76 Ebd., S. 135.

77 Brüssel, Oktober 1973.

78 Vgl. zur Bindung der Sozialausgaben in den europäischen Staaten, Rummel, a.a.O., S. 67 ff.

79 W. Meißner und L. Unterseher (Hrsg.), Verteilungskampf und Stabilitätspolitik, Stuttgart 1972, S. 17.

80 G. Zellentin, Europa 1985, Bonn 1973 (2. Aufl.), S. 65.

81 Dargestellt bei K.O. Hondrich, Mitbestimmung in Europa, Bonn 1971.

82 K. Tudyka, a.a.O., S. 63.

83 K. Marx/F. Engels, Briefwechsel, Bd. III, Berlin 1950, S. 124.

84 Tudyka, a.a.O., S. 65.

85 v.d. Groeben/Mestmäcker, a.a.O., S. 107.

86 Rummel, a.a.O., S. 102.

87 J. Habermas, Legitimationsprobleme im Spätkapitalismus, Frankfurt 1973, S. 59/60.

88 Vgl. oben, S. 228 f.

89 Goralczyk, a.a.O., S. 1287.

90 Die Fixierung auf die Supranationalität bzw. auf die Kommission führt zu Fehlurteilen. So frohlocken die (jungen) Linken z.B., daß die Kommission zusammen mit dem Europäischen Parlament dazu übergegangen sei, eine stärkere Demokratisierung der EG-Institutionen, eine gemeinschaftliche Umweltschutzpolitik, eine Revision der Entwicklungs- und Landwirtschaftspolitik, die Garantie eines Mindesteinkommens in Europa, die Einführung des lokalen Wahlrechts für Gastarbeiter sowie eine Sozial- und Regionalpolitik beim Aufbau der Wirtschafts- u. Währungsunion zu fordern und übersehen dabei, daß diese ‚linken' Forderungen exakt die Distanz der Kommission zu den Zentren der Macht anzeigen. (E. Häckel u. W. Elsner, Kritik der Jungen Linken an Europa, Bonn 1973) Die Kommission kann sich deshalb auf eine Ebene mit der kritischen jungen Linken begeben, weil sie ihr institutionelles Gewicht als supranationales Organ gegenüber den intergouvernementalen Organen weitgehend eingebüßt hat.

91 Es bleibt dahingestellt, ob der von Mandel umschriebene Grad der Kapitalverflechtung nach supranationalen Instanzen verlangt. Vorerst aber werden – vorausgesetzt, es setzt kein Rückgang der US-Investitionen in Europa ein – die Unternehmen aus Amerika volumenmäßig weitaus stärker bleiben als die europäischen. Vgl. hierzu Tabelle und Schaubild in Zellentin, a.a.O., S. 88 und 89.

92 Vgl. Picciotto und Radice, a.a.O., S. 64.

93 Ebd., S. 64.

94 Ebd. S. 65.

95 v.d. Groeben und Mestmäcker, a.a.O., S. 103.

96 Habermas, a.a.O., S. 55.

97 Ebd., S. 54.

98 Lenzki zit. bei Habermas, a.a.O., S. 132.

99 B. Kohler, Integration und Verflechtung durch Europäische Wahlen? in: Regionale Verflechtung der Bundesrepublik Deutschland. München 1973, S. 247 ff.

100 Habermas, a.a.O., S. 58.

Multivariate Verfahren zur Struktur- und Funktionsanalyse des Staates im entwickelten Kapitalismus: Möglichkeiten und Grenzen der Faktorenanalyse

Von Günther Schmid

1. Zielsetzung und Methode

1.1. *Multivariate Verfahren* sind mathematisch-statistische Methoden, die *gleichzeitig* die Zusammenhänge *mehrerer* Variablen analysieren. Man unterscheidet: *„Dependenz-Analysen"* und *„Interdependenz-Analysen"*; während die ersteren kausale Abhängigkeiten testen wollen, geht es bei Interdependenz-Analysen zunächst nur um die formale Feststellung statistischer Zusammenhänge. Zu den Dependenz-Analysen zählt insbesondere die *Regressionsanalyse*, zu den Interdependenz-Analysen vor allem die *Korrelationsanalyse*. Eine spezielle und komplizierte Form der Interdependenzanalyse ist die *Faktorenanalyse*, die ihrem Anspruch nach auch schon in Dimensionen der Abhängigkeitsanalyse hineinreicht.

Das methodische Ziel ist – in einer Art *teilnehmenden methodischen Feldforschung* – die Überprüfung der Analysekapazität der Faktorenanalyse im Hinblick auf eine Theorie des Staates im entwickelten kapitalistischen Gesellschaftssystem. Technik und formale Prämissen der Faktorenanalyse müssen vorausgesetzt werden, um den Rahmen des Referates nicht zu sprengen.[1]

1.2. Diese Untersuchung steht in einem langfristig angelegten interdisziplinären *Projektrahmen*, dessen *Fernziel* die Erarbeitung einer Theorie entwickelter kapitalistischer Gesellschaften ist, vor allem der funktionalen, strukturellen und prozessualen Zusammenhänge zwischen dem System kollektiv verbindlicher Entscheidungen („politisches System") und dem System der materiellen Produktion und Reproduktion („ökonomisches" und „soziologisches" System). *Zielsetzungen im einzelnen* sind:

1. Empirisch-operationale Beschreibung der Kernstruktur des entwickelten Kapitalismus, in dessen Rahmen vor allem die politisch-administrative Tätigkeit (= Staatstätigkeit) zu betrachten ist. Als erster Ausgangspunkt dafür dient der Versuch, vorherrschende Staatstheorien auf ein empirisch-operationables Niveau zu disaggregieren und insb. mit Hilfe mathematisch-statistischer Methoden zu testen.
2. Feststellung der Strukturen bzw. der Strukturveränderungen der Staatsausgaben im entwickelten Kapitalismus.
3. Feststellung der sozio-ökonomischen Determinanten der Staatstätigkeit.
4. Analyse der Auswirkungen staatlicher Budgetpolitik auf die Produktions- und Distributionssphäre.

Durch Parallelschaltung laufender modelltheoretischer Überlegungen und empirischer Untersuchungen bzw. mathematisch-statistischer Analysen sollen der vorherrschende Dualismus zwischen Grundlagen- und Realanalysen sowie partikularistische Ressortegoismen (Finanztheorie, National- bzw. politische Ökonomie, Systemtheorie etc.) überwunden werden. Die methodologische Prämisse ist sowohl gegen empiristische (positivistische) als auch gegen Ansätze der „reinen Theorie" gerichtet: Es wird weder davon ausgegangen, daß die gesellschaftlichen „Bewegungsgesetze" sich unmittelbar aus den Wechselbeziehungen sinnlich wahrnehmbarer Erscheinungen ableiten lassen, noch wird von der Möglichkeit ausgegangen, daß sich allein durch begriffliche Anstrengungen reine Typen der Struktur und Dynamik historischer Prozesse entwickeln lassen. Der Projektverlauf läßt sich in folgende Arbeitsschritte aufteilen, die im iterativen Prozeß zu durchlaufen sind:

1. Aufarbeitung der theoretisch relevanten Literatur zur Soziologie und Ökonomie des politischen Systems entwickelter kapitalistischer Gesellschaften, insbesondere systematische Herausarbeitung der zentralen Hypothesen und ihrer Beziehungen untereinander.
2. Disaggregation der globalen Hypothesen und Subhypothesen und Erarbeitung mehrstufiger und alternativer Hypothesenmodelle.[2]
3. Entwicklung von Indikatoren bzw. Indikatorenbündeln und Deskriptoren auf der Basis der Subhypothesen und Abschätzung ihrer (durch die Hypothesen „vorausgesagten") Beziehungen untereinander.
4. Datensammlung für die entwickelten Indikatoren etc., inklusive einer möglichst vollständigen intra- wie intersystemischen Vergleichbarkeit der Daten und schließlich Abschätzung ihrer Zuverlässigkeit (Reliabilität) und theoretischen Gültigkeit (Validität).
5. Mathematisch-statistische Analysen[3], inklusive Diskussion spezieller methodisch-methodologischer Probleme (wie Probleme der Linearität, Multikollinearität, Autokorrelation u.a.) sowie Rezeption und evtl. Entwicklung neuer methodischer Verfahren.
6. Auswertung der mathematisch-statistischen Analysen; Feststellung, welche Hypothesen bestätigt bzw. widerlegt werden; Verwerfung, Modifizierung, Verfeinerung und evtl. Neuformulierung von Hypothesen auf der Basis der Ergebnisse; Neubeginn mit Phase (1) bzw. Konzeptualisierung eines eigenen synthetischen Ansatzes.

Die Phasen (4) bis (6) sollten mit zwei komplementären Ansätzen durchgespielt werden:

a) Der Ansatz der hintereinandergeschalteten *Querschnittanalyse*: Merkmalsträger sind möglichst sämtliche entwickelten kapitalistischen Gesellschaften, einschließlich halbentwickelter kapitalistischer Gesellschaften als Kontrollgruppe. Merkmalsdimensionen sind die auf der Basis der Phasen (1) bis (3) erarbeiteten Indikatoren. Im Idealfall könnten jährliche Querschnittanalysen der Population (= alle entwickelten kapitalistischen Gesellschaften) den sozioökonomischen und politischen Wandel gleichsam in Form hintereinandergereihter Momentaufnahmen anzeigen. Da mit dem mathematisch-statistischen Instrumentarium das Ausmaß der Veränderungen quantitativ widergespiegelt wird, ließe sich der Struktur- und Funktionswandel prinzipiell in Form von Differentialgleichungen wiedergeben.
b) Der Ansatz der *Längsschnittanalyse*: Hintereinandergeschaltete Querschnittanalysen setzen freilich voraus, daß sich die untersuchten Gesellschaften auf einem eindimensionalen Entwicklungspfad befinden, was vielleicht für die gröbsten Struktur- und Funktionsmerkmale nicht unrealistisch, wohl aber für den Entwicklungsprozeß der einzelnen Gesellschaften zu restriktiv und in Einzelfällen vermutlich sogar falsch ist. Daher sollten parallel zu den Querschnittanalysen Längsschnittanalysen für ausgewählte (typische) Gesellschaften erfolgen, die einerseits das durch Querschnitt-

analysen ermittelte grobe Bild des Strukturwandels verfeinern, andererseits Ursachen und Gründe für wichtige Abweichungen vom „normalen" Entwicklungspfad ermitteln können.

Um den Rahmen dieses Referats nicht zu sprengen, wird nun die erste analytische Bearbeitung der Phasen (1) bis (3) übersprungen[4] und gleich der vorläufige Stand des anvisierten sozietalen Indikatorenmodells wiedergegeben:

2. Indikatorenmodell und Untersuchungsdesign

Formale Grundlage des Modells ist ein Input-Output-Schema, in dem das politische System vorläufig als black box behandelt wird. Die Aufgabe besteht dann darin, aus den Korrelationen zwischen Input- und Outputgrößen Rückschlüsse auf die Funktionsweise des politischen Systems zu ziehen. Die einzelnen Systemparameter werden durch Indikatoren oder Indikatorenbündel beschrieben, die das jeweilige Entwicklungsniveau anzeigen. Ihre simultane Betrachtung soll Aufschlüsse über grundlegende Verhaltensweisen des gesellschaftlichen Gesamtsystems, insbesondere des politischen Systems, vermitteln. Da es sich um ein gesamtgesellschaftliches Modell handelt, das notwendig nur mit hochaggregierten Indikatoren zu beschreiben ist, können analytisch nur generelle Entwicklungstrends erwartet werden. Dies um so mehr, als beim derzeitigen Stand des Modells und insbesondere der Arbeitskapazitäten die Beobachtung des Systemverhaltens im Zeitverlauf nur über internationale Querschnittvergleiche erfolgen konnte und nicht – wie langfristig vorgesehen – auch in Längsschnittanalysen.

Untersuchungsobjekte bzw. Merkmalsträger sind 20 entwickelte und – für Kontrollzwecke – halbentwickelte kapitalistische Gesellschaften.[5] Hauptmerkmale für die Unterscheidung kapitalistischer von anderen Gesellschaften sind (a) die Dominanz des Privatbesitzes an Produktionsmitteln, (b) das Überwiegen der sekundären bzw. tertiären Produktionsweise. *Untersuchungs-* bzw. Merkmals*dimensionen* sind 36 Indikatoren, die das Ergebnis mehrerer vorangegangener Probemodelle darstellen. Dennoch enthalten sie zahlreiche Mängel und Kompromisse, die bei der Auswertung der Ergebnisse zu berücksichtigen sein werden. Darüber hinaus fehlen wichtige Dimensionen ganz, sei es aufgrund prinzipieller Schwierigkeiten der Operationalisierung, sei es aufgrund fehlender Datenerhebungen. Wichtige Mängel werden am anderen Ort angezeigt.[6] Die internationalen Querschnittvergleiche beziehen sich auf die Jahre 1950/ 1955 / 1960 / 1965 / 1968. Für die Indikatoren wurden zum Teil Fünfjahresdurchschnitte gewählt, um konjunkturelle Einflüsse auszuschalten.

Im folgenden wird aus dem Gesamtmodell ein Teilmodell mit 20 Variablen ausgewählt (S 20/20/1968), das speziell auf die Analyse der Staatsfunktionen – soweit jene operationalisierbar *und* international einigermaßen vergleichbar waren – zugeschnitten ist.[7] Dieses Modell enthält folgende Variablen:[8]

1. *Energieverbrauch* pro Kopf in kg/Kohle-Äquivalenten, dividiert durch 100.[9]
2. *Primäre Produktionsquote* = Anteil von Landwirtschaft, Forsten, Jagd und Fischfang in % des Bruttoinlandproduktes (BIP) zu Faktorkosten.
3. *Sekundäre Produktionsquote* = Anteil von verarbeitender Industrie, von Bergbau, Baugewerbe, Elektrizitäts-, Gas- und Wasserwerken in % des BIP zu Faktorkosten.
4. *Investitionsquote* = Bruttoanlageinvestitionen + Lagerbestandsvermehrung in % BSP zu Marktpreisen.

5. *Investitionen DW5* = durchschnittliche Wachstumsrate von Bruttoanlageinvestitionen + Lagerbestandsvermehrung der letzten *fünf* Jahre.
6. *Sekundäre Erwerbsquote* = Erwerbstätige im Sekundärsektor (vgl. Variable 3) in % aller Erwerbstätigen.
7. *Tertiäre Erwerbsquote* = Erwerbstätige im Tertiärsektor in % aller Erwerbstätigen; zum Tertiärsektor zählen hier: Transport, Lagerung und Nachrichtenübermittlung, Groß- und Einzelhandel, Banken, Versicherungen und Immobilien, Wohnungsnutzung, allgemeine öffentliche Verwaltung und Verteidigung sowie „sonstige" Dienstleistungen.
8. *Verstädterung* = prozentualer Anteil der Bevölkerung in Städten über 100 000 Einwohner (als Indikator für den politischen Problemdruck von Ballungsgebieten).
9. *Exportquote* = Export (nur Warenexport !) f. o. b. in % BSP zu Marktpreisen (als Indikator für internationale Abhängigkeit).
10. *Export DW5* = durchschnittliche Wachstumsrate des Warenexports der letzten fünf Jahre.
11. *Abschreibungsquote* = prozentualer Anteil der Abschreibungen für Verzehr von Anlagevermögen an der Finanzierung der Bruttoinlandsinvestitionen (inklusive – soweit erfaßbar – staatliche Abschreibungen, öffentliche Kapitalgesellschaften, staatliche Eigenbetriebe).[10]
12. *Staatl. Bildungsausgaben* = Staatliche Ausgaben für Bildung und Erziehung in % BSP zu Marktpreisen.
13. *Staatl. Militärausgaben* = Staatsausgaben für „Verteidigungszwecke" in % BSP zu Marktpreisen. Ausgeschlossen wiederum Ausgaben für zivile Verteidigungszwecke!
14. *Staatl. Investitionen* = Staatliche Bruttoanlageinvestitionen in % der Bruttoinlandsinvestitionen. So weit es möglich war, sind öffentliche Kapitalgesellschaften und staatliche Eigenbetriebe in den staatlichen Investitionen eingeschlossen.
15. *Staatl. Subventionen* = Staatliche Subventionen in % der Staatsausgaben. Subventionen sind definiert als laufende Zuwendungen, die Produzenten von staatlichen Stellen gewährt werden.[11]
16. *Staatl. Schulden* = Gesamtschulden der Bundes- bzw. Zentralregierung in % BSP zu Marktpreisen.[12]
17. *BSP/Kopf DW5* = durchschnittliche Wachstumsrate des Bruttosozialprodukts pro Kopf zu Marktpreisen in den letzten fünf Jahren.
18. *Arbeitslosenquote D5* = durchschnittliche Zahl der Arbeitslosen in % der Erwerbspersonen (Erwerbstätige + Arbeitslose) in den letzten fünf Jahren.
19. *Außenhandelssaldo D5* = (Warenexport f. o. b. – Import) in % Bruttosozialprodukt zu Marktpreisen; Durchschnitt der letzten fünf Jahre.
20. *Lebenshaltungskosten DW5* = durchschnittliche Wachstumsrate des Preisindex für Lebenshaltung in den letzten fünf Jahren.

3. *Empirisch-analytische Ergebnisse*

3.1. Exemplarische Interpretation der Faktoren

Ausgangspunkt der Interpretation sind die Ergebnisse der Querschnittanalyse auf der Basis der Daten von 1968. Der Übersichtlichkeit halber wurden nur drei Faktoren extrahiert, die sich auch geometrisch noch darstellen lassen. Sie erklären – mathema-

Tabelle 1: Faktorenanalyse S 20/20/1968 ($h^2 = 1$)

Variable	Faktor 1	Faktor 2*	Faktor 3	h^2 %
3 Sek. Prod. quote	0.84	0.04	0.03	71.76
6 Sek. Erw. quote	0.80	−0.05	−0.22	68.49
2 Prim. Prod. quote	−0.74	−0.59	0.01	89.99
19 Außenh. saldo	0.72	0.27	−0.08	59.89
18 Arbeitsl. quote	−0.58	0.55	−0.12	65.86
15 Staatl. Subvent.	−0.56	−0.29	0.07	39.91
8 Verstädterung	0.48	0.35	−0.09	35.93
7 Tert. Erw. quote	0.45	0.72	−0.13	73.85
1 Energieverbrauch	0.22	0.94	−0.13	95.04
11 Abschreib. quote	0.13	0.81	−0.14	68.67
7 Tert. Erw. quote	0.45	0.72	−0.13	73.85
12 Staatl. Bild. ausg.	0.20	0.66	0.01	47.41
2 Prim. Prod. quote	−0.74	−0.59	0.01	89.99
13 Staatl. Mil. ausg.	−0.01	0.59	−0.25	40.80
18 Arbeitsl. quote	−0.58	0.55	−0.12	65.86
4 Investitionsquote	0.23	−0.35	0.70	67.12
17 BSP/Kopf DW5	0.02	0.03	0.93	86.03
5 Investitionen DW5	−0.25	0.07	0.75	63.45
4 Investitionsquote	0.23	−0.35	0.70	67.12
10 Export DW5	−0.22	−0.24	0.65	52.27
16 Staatl. Schulden	−0.15	0.35	−0.60	50.29
9 Exportquote	0.08	0.02	−0.17	3.55
14 Staatl. Invest.	0.28	0.03	−0.06	8.29
20 Lebenshalt. kosten	−0.28	−0.24	0.34	25.54
Erklärte Varianz %	19.81	20.63	15.26	
Erklärte gemeinsame Varianz				55.70

* Vorzeichenumkehrung

tisch-statistisch – 55.70 bzw. 56.13 Prozent der gesamten Varianz. Die Analyse beruht auf dem sog. *Komponentenansatz*, d.h., es wird von der Kommunalität $h^2 = 1$ ausgegangen.[13] Tabelle 1 (oben) zeigt die varimax-rotierten Faktoren für das Modell S 20/20/1968, während in Tabelle 2 (S. 244) die entsprechenden Ergebnisse für das Kontrollmodell S 16/20/1968 gegenübergestellt werden. Im Kontrollmodell sind die vier Länder GRI, IRL, JAP und SPA ausgeschlossen, da sie entweder extreme kapitalistische Sonderfälle darstellen (wie JAP und IRL) oder kapitalistisch nur als halb- oder unterentwickelt zu bezeichnen sind (wie GRI und SPA, in den fünfziger Jahren auch IRL und JAP).

Die Abbildungen 1 und 2 (S. 246 und S. 247) stellen als weitere interpretative Hilfe den Zusammenhang zwischen Faktoren, Faktorladungen und Faktorwerten synchronisiert dar; die Möglichkeit einer solchen Darstellung ist freilich auf den Zwei- bzw.

Tabelle 2: Faktorenanalyse S 16/20/1968 (h^2 = 1) (Kontrollmodell)

Variable	Faktor 1	Faktor 2*	Faktor 3	h^2 %
1 Energieverbrauch	0.95	−0.14	0.07	93.09
13 Staatl. Mil. ausg.	0.82	0.06	−0.11	68.39
7 Tert. Erw. quote	0.78	−0.04	0.05	61.50
11 Abschreib. quote	0.75	−0.04	0.17	59.92
2 Prim. Prod. quote	−0.71	−0.49	−0.36	87.99
18 Arbeitsl. quote	0.58	−0.47	0.11	56.95
8 Verstädterung	0.57	0.53	−0.32	70.70
4 Investitionsquote	−0.53	0.17	0.28	39.36
15 Staatl. Subvent.	−0.51	−0.15	0.26	34.86
16 Staatl. Schulden	0.48	0.15	−0.33	36.97
12 Staatl. Bild. ausg.	0.40	−0.49	0.58	73.05
20 Lebenshaltungsk.	−0.37	−0.57	0.33	56.58
3 Sek. Prod. quote	−0.12	0.82	0.25	75.68
6 Sek. Erw. quote	−0.22	0.75	0.09	62.09
20 Lebenshaltungsk.	−0.37	−0.57	0.33	56.58
8 Verstädterung	0.57	0.53	−0.32	70.70
2 Prim. Prod. quote	−0.71	−0.49	−0.36	87.99
12 Staatl. Bild. ausg.	0.40	−0.49	0.58	73.05
18 Arbeitsl. quote	0.58	−0.47	0.11	56.95
10 Export DW5	−0.21	−0.46	0.23	31.11
17 BSP/Kopf DW5	0.07	−0.00	0.79	62.89
5 Invest. DW 5	0.21	−0.08	0.73	57.63
19 Außenh. saldo	0.33	0.14	−0.60	49.22
12 Staatl. Bild. ausg.	0.40	−0.49	0.58	73.05
9 Exportquote	−0.32	−0.06	0.46	31.57
2 Prim. Prod. quote	−0.71	−0.49	−0.36	87.99
14 Staatl. Invest.	−0.03	0.17	0.32	12.97
Erklärte Varianz %	26.87	14.58	14.67	
Erklärte gemeinsame Varianz				56.13

* Vorzeichenumkehrung

Dreifaktorenfall beschränkt. Die Stellung der Faktoren im „Raum" wurde so gewählt, daß das Modell S 20/20 und das Kontrollmodell S 16/20 topologisch in etwa vergleichbar sind. Tabelle 3 (S. 245) enthält die transformierten Faktorenwerte für die Untersuchungseinheiten.[14]

Bei der Interpretation ist noch zu berücksichtigen, daß die Variablen von den Faktoren mit sehr unterschiedlichen Anteilen erklärt werden. So werden z. B. im Modell S 20/20 die Variablen „Exportquote" (VAR09, h^2 = 3.55) und „Staatliche Investitionen" (VAR14, h^2 = 8.29) von den ersten drei Faktoren kaum nennenswert er-

Tabelle 3: Faktorwerte (T-Werte)[15] *des Modells S 20/20/1968 und des Kontrollmodells S 16/20/1968*

S 20/20	p_1	p_2	p_3	S 16/20	p_1	p_2	p_3
AUS	59	48	45	AUS	50	58	41
BEL	52	54	46	BEL	52	52	55
BRD	66	44	45	BRD	47	69	44
DAN	46	56	55	DAN	50	40	59
FIN	44	44	51	FIN	38	32	49
FRA	58	47	52	FRA	46	59	53
GRI	30	41	53				
HOL	56	51	59	HOL	48	53	68
IRL	24	50	42				
ITA	48	43	45	ITA	41	40	40
JAP	55	47	83				
KAN	49	69	55	KAN	65	39	54
NEU	52	39	31	NEU	43	45	25
NOR	45	52	52	NOR	45	42	60
OST	56	45	50	OST	43	57	55
SCH	58	41	46	SCH	41	55	48
SPA	39	38	57				
SWD	57	56	51	SWD	54	52	59
UNK	58	56	36	UNK	60	64	48
USA	46	80	46	USA	78	44	41

(Zwischen den beiden Modellen sind in etwa vergleichbar die Faktorpaare p_1/p_2, p_2/p_1, p_3/p_3. Die Faktorwerte für p_2 entsprechen jeweils den umgekehrten Ladungsvorzeichen.)

klärt; es wird daher zum Teil auf die Ergebnisse des Gesamtmodells zurückgegriffen werden.

3.1.1. Der *erste Faktor* läßt sich als *Industrie-Landwirtschafts-Kontinuum* oder auch als *traditionell-kapitalistischer Produktionsfaktor* charakterisieren, wenn man die noch relativ stark positive Ladung der Investitionsquote mitberücksichtigt. Der Faktor beschreibt den Wandel von primär landwirtschaftlicher Produktion zu primär industrieller Produktion. Gesellschaften, die sich am Beginn dieses Prozesses (wie SPA, GRI und IRL) oder inmitten dieses Prozesses befinden (wie FIN, ITA, DAN, NOR), sind einerseits strukturell von einer *Unterbeschäftigungs- bzw. Arbeitslosenkrise* bedroht, die aus einem Entwicklungsungleichgewicht zwischen primärem und sekundärem Produktionssektor resultiert (vgl. die relativ stark negative Ladung der Variable „Arbeitslosenquote D5" im ersten Faktor). Schließt man so extreme Fälle wie SPA, GRI und IRL aus, schwächt sich diese Krisentendenz ab, bleibt aber nach wie vor bestehen (vgl. den entspr. Faktor 2 des Kontrollmodells, Tab. 2 und Abbildung 2).

Im Hinblick auf die Ausgangsfrage nach der Funktion des Staates ist nun die Stellung der staatlichen Ausgabenfunktionen zu den einzelnen Faktoren aufschlußreich. Vor allem zwei Ausgabenfunktionen spielen in diesem Faktor eine Rolle: Die „Staatlichen Investitionen" und die „Staatlichen Subventionen". Was sich in dem hier gewählten Teilmodell sowie bei der Extraktion von nur drei Faktoren andeutet, wird

Abbildung 1: Geometrisch-synchronisierte Darstellung von Faktorladungen und Faktorwerten des Modells S 20/20/1968

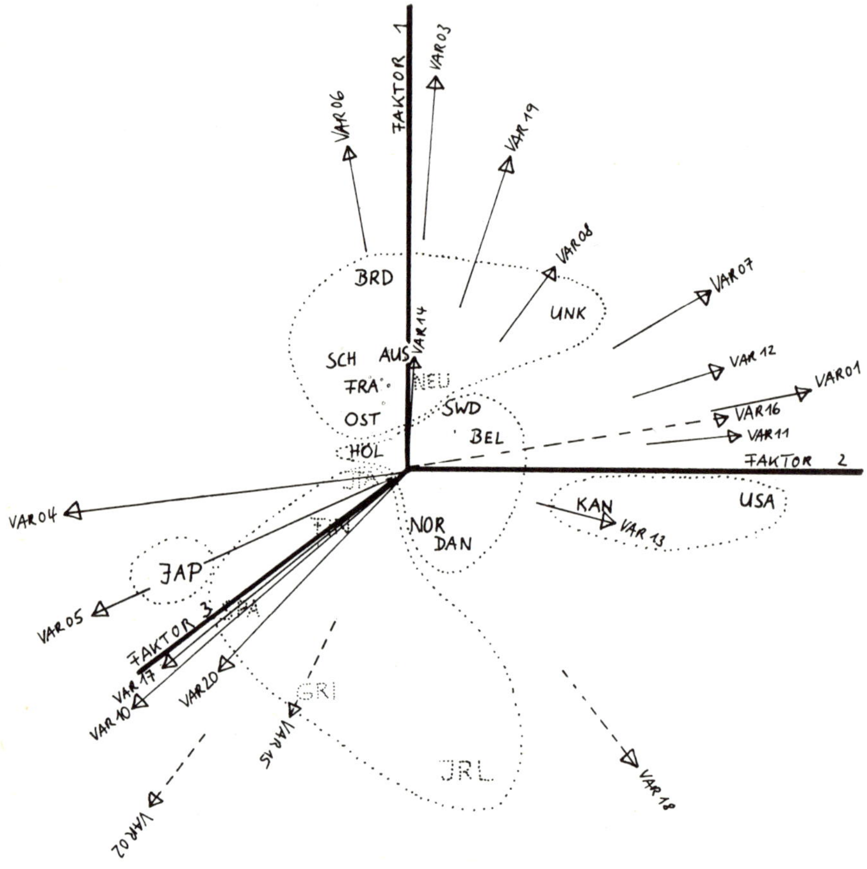

auch durch die Ergebnisse aller Querschnittanalysen bestätigt: Die gegensinnige Ladung der Variable „Staatliche Investitionen" im Verhältnis zur Variable „Arbeitslosenquote D5" weist darauf hin, daß die Unterbeschäftigungskrise dort am ehesten bewältigt wird, wo der Staat mittels eigener Investitionstätigkeit unterstützend in die Wirtschaft eingreift (d. h., je höher der staatliche Investitionsanteil an den gesamten Bruttoinvestitionen, desto niedriger die Arbeitslosigkeit und umgekehrt). Dieser Zusammenhang ist so stark, daß er in der Regel durch einen besonderen Faktor angezeigt wird. Er kann daher als relativ gesichertes Ergebnis betrachtet werden.[16]

Andererseits sind die Gesellschaften, die auf der negativen Seite dieses Faktors angesiedelt sind, strukturell durch eine *ungünstige Außenhandelsbilanz* gekennzeichnet (*expansive Verwertungs-* und *Realisierungskrise*) – eine Tendenz, die sich zwar wiederum im Kontrollmodell abschwächt, aber dort ebenfalls stabil bleibt. Auch hier bestätigt ein Blick auf die Ergebnisse des Gesamtmodells die folgende Beobachtung: In

Abbildung 2: Geometrisch-synchronisierte Darstellung von Faktorladungen und Faktorwerten des Kontrollmodells S 16/20/1968

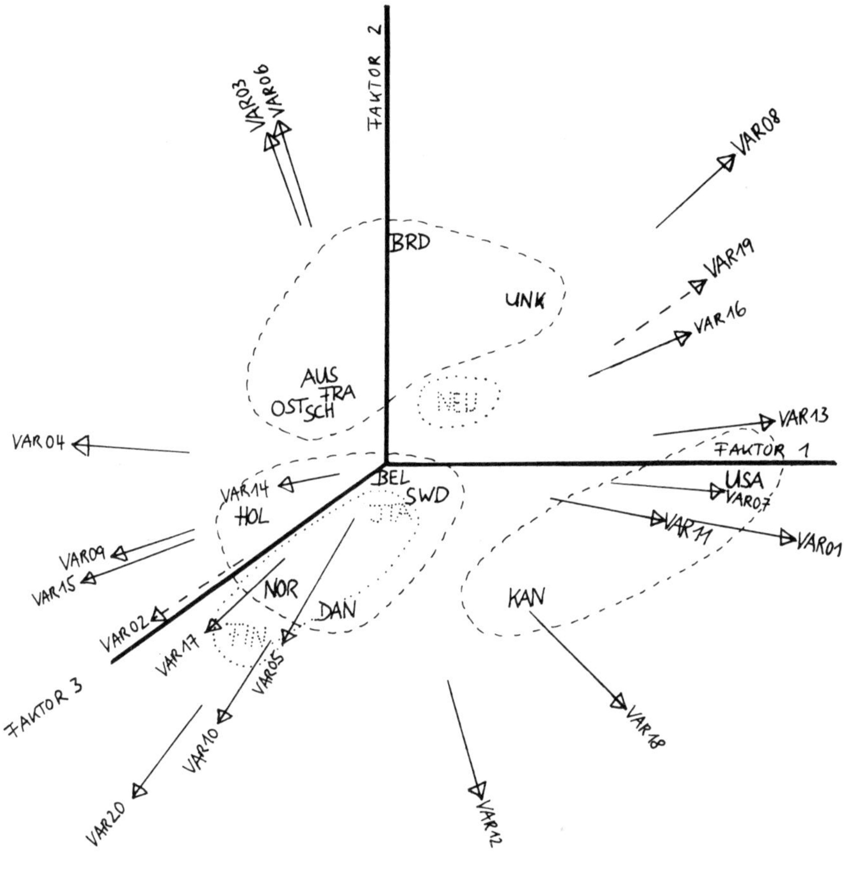

allen Faktorenanalysen ist die Variable „Staatliche Subventionen" im Verhältnis zur Variable „Außenhandelssaldo D5" gegensinnig geladen. Dies weist darauf hin, daß der Staat dort mittels direkter Subventionen unterstützend in die Wirtschaft eingreift, wo die außenwirtschaftlichen Expansionsmöglichkeiten strukturell beschränkt sind. Dieser Zusammenhang ist so stark, daß er in allen Querschnittanalysen (und bezogen auf das Gesamtmodell) durch einen besonderen Faktor angezeigt ist und daher ebenfalls als gesichertes Ergebnis betrachtet werden kann.[17]

Schließlich indiziert die negative Ladung des Inflationsindikators „Lebenshaltungskosten DW5" für die genannten Gesellschaften eine leichte *Inflationskrise*, die sich nun aber im Kontrollmodell verschärft! Ein Rückblick auf die Rohdaten zeigt, daß diese Trendverstärkung allein auf die Ausklammerung von GRI zurückzuführen ist: Im Gegensatz zu den anderen noch relativ stark agrarisierten Ländern ist die durchschnittliche Wachstumsrate der Lebenshaltungskosten in GRI sehr niedrig. Ohne diese

Ausnahme, die einer historisch-kontextuellen Zusatzerklärung bedürfte, würde der Inflationsindikator auch im Modell S 20/20 eine ausgeprägte negative Ladung haben.

Der Faktor 1 und der vergleichbare Faktor 2 des Kontrollmodells besagen also, daß halbentwickelte kapitalistische Gesellschaften mit überdurchschnittlich hohem Anteil der primären Produktion[18] gleichsam kumulativ von drei Strukturkrisen bedroht sind: einer inflationären Krise, einer Realisierungs- und Verwertungskrise und einer Unterbeschäftigungs- bzw. Arbeitslosenkrise. Traditionell hochkapitalistische Gesellschaften mit überdurchschnittlich hohem Anteil an sekundärer Produktion, entsprechender Erwerbstätigkeit und günstiger Außenhandelsbilanz erscheinen dagegen (im Beobachtungszeitraum!) im Hinblick auf diese Strukturkrisen konsolidiert (vgl. die Gesellschaften auf der positiven Seite des 1. Faktors der Tabelle 1, insb. BRD, AUS, SCH, FRA, OST).

3.1.2. Der *zweite Faktor* (vgl. wieder Tabelle 1, S. 243, bzw. den Faktor 1 der Tabelle 2, S. 244) kann als *Dienstleistungs-Landwirtschaftskontinuum* bzw. als „moderner", *spätkapitalistischer Produktionsfaktor* charakterisiert werden. Gesellschaften, die auf diesem Faktor besonders hochladen (KAN, USA, überdurchschnittlich ebenfalls noch BEL, SWD und UNK, bedingt DAN[19]) sind einmal durch den Übergang von der traditionell-kapitalistischen zur wissenschaftlich-technologischen Produktionsweise gekennzeichnet. Diese wird z. B. nach *Richta et al.*[20] angezeigt durch ein Stagnieren oder Fallen des Kapitalkoeffizienten und der Akkumulationsrate (strukturelle Wachstumskrise). Diese Indikatoren konnten hier mangels Daten leider nicht in die Rechnung eingehen. Hinsichtlich der Akkumulationsrate geben aber die Variablen „Investitionsquote" und „Investitionen DW5" schon brauchbare Anhaltspunkte: Während die Investitionsquote diesen Faktor deutlich und stabil negativ lädt, bestätigt die durchschnittliche Wachstumsrate der Bruttoanlageinvestitionen insbesondere im Kontrollmodell den erwarteten Zusammenhang nicht. Dies mag damit zusammenhängen, daß in diesen Faktor noch Elemente traditionell kapitalistischer Produktionsweise eingehen. Kennzeichnender Indikator dieses Faktors ist einerseits der Energieverbrauch[21], andererseits die gegensinnige Ladung des primären und sekundären Produktionssektors.

Weiterhin ist für den Spätkapitalismus charakteristisch, daß die quantitative Produktion des sekundären Sektors stagniert oder zurückgeht, so daß die durch Produktivitätsfortschritte freigesetzten Arbeitskräfte im primären Sektor überwiegend vom tertiären Sektor absorbiert werden (bzw. werden müssen). Dazu kommt, daß die freigesetzten Arbeitskräfte im sekundären Sektor, die in den fünfziger Jahren durch quantitative Produktionsausdehnung im selben Sektor wieder absorbiert werden konnten, nun ebenfalls in zunehmendem Maße vom tertiären Sektor zu absorbieren sind. Diese Prozesse gehen offenbar in denjenigen Gesellschaften, die in diesem Faktor exponiert sind, nicht krisenlos vonstatten, was durch die relativ hohe Ladung der durchschnittlichen Arbeitslosenquote angezeigt wird (*strukturelle Unterbeschäftigungs- bzw. Arbeitslosenkrise,* insbesondere USA, KAN).

Da ohne Vergleichstechniken dieser strukturelle Wandel zwischen den Produktions- und Erwerbssektoren aus dem hier gewählten Teilmodell allein nicht hervorgeht, soll dieser wichtige Aspekt durch die Entwicklung der Korrelationen wiedergegeben werden:

Tabelle 4: Die Entwicklung des statistischen Zusammenhangs zwischen den Produktions- und Erwerbssektoren (in Klammern wieder das Kontrollmodell)

	1950	1955	1960	1965	1968		
$r_{2/3}$	−0.74	−0.77	−0.69	−0.76	−0.70		
	(−0.51	−0.51	−0.42	−0.53	−0.41)	KM:	schwächer
$r_{2/6}$	−0.80	−0.82	−0.77	−0.75	−0.70		
	(−0.66	−0.59	−0.54	−0.45	−0.36)	KM:	schwächer und fallende Tendenz
$r_{2/7}$	−0.57	−0.64	−0.66	−0.71	−0.72		
	(−0.44	−0.51	−0.44	−0.44	−0.48)	KM:	schwächer
$r_{3/6}$	0.73	0.80	0.78	0.79	0.77		
	(0.45	0.55	0.59	0.59	0.63)	KM:	schwächer
$r_{3/7}$	0.13	0.22	0.25	0.31	0.36		
	(−0.35	−0.24	−0.26	−0.25	−0.26	KM:	Trendumkehr!
$r_{x/6}$	0.09	0.08	−0.07	−0.09	−0.08		
	(0.36	0.10	−0.14	−0.21	−0.24)	KM:	Trendumkehr!
$r_{y/6}$	−0.88	−0.90	−0.82	−0.78	−0.70		
	(−0.74	−0.78	−0.58	−0.44	−0.29)	KM:	fallende Tendenz
$r_{y/7}$	−0.84	−0.84	−0.88	−0.86	−0.88		
	(−0.82	−0.80	−0.83	−0.74	−0.77)		
$r_{6/7}$	0.54	0.54	0.47	0.36	0.29	Trend fallend	
	0.30	0.28	0.04	−0.27	−0.38	KM:	Trendumkehr!

x = tertiäre Produktionsquote
y = primäre Erwerbsquote

Die wachsende Aufgabe des tertiären Sektors (und damit direkt oder indirekt auch die des Staates), freigesetzte Arbeitskräfte aus dem primären Sektor zu absorbieren, drückt sich vor allem dadurch aus, daß die negative Korrelation zwischen primärer und sekundärer Erwerbsquote ($r_{y/6}$) insbesondere im Kontrollmodell zunehmend schwächer wird, während die stark negative Korrelation zwischen primärer und tertiärer Erwerbsquote ($r_{y/7}$) ziemlich konstant bleibt. Daß seit den sechziger Jahren in zunehmendem Maße auch freigesetzte Arbeitskräfte aus dem sekundären Sektor zu absorbieren sind, weil das quantitative Wachstum des sekundären Sektors offenbar auf strukturelle Schranken stößt, deutet sich in dem fallenden Trend der positiven Korrelation zwischen sekundärer und tertiärer Erwerbsquote ($r_{6/7}$) an und wird dann in geradezu idealtypischer Weise durch den Trendumschwung des Kontrollmodells bestätigt. Dieser Zusammenhang wird noch durch den komplementären Trendumschwung der Korrelationen zwischen sekundärer Produktionsquote und tertiärer Erwerbsquote ($r_{3/7}$) und zwischen tertiärer Produktionsquote und sekundärer Erwerbsquote ($r_{x/6}$) zusätzlich bestärkt.

Die hohe positive Ladung der „Abschreibungsquote" (hier genauer: Anteil der Abschreibungen an der Finanzierung der Bruttoinlandinvestitionen im Verhältnis zur Finanzierung durch Spartätigkeit) weist darauf hin, daß die Möglichkeit der Selbstfinanzierung der privaten Wirtschaft über Gewinne zunehmend eingeschränkt wird und durch hohe degressive Abschreibungsraten kompensiert werden muß. Da die Abschreibungsrate eine vom politischen System regulierbare Größe ist, bedeutet eine hohe Abschreibungsquote auch wachsende staatliche Interventionsmöglichkeiten. Allerdings scheint der mit hohen Abschreibungsraten oft verbundene Zweck, die privatunternehmerische Investitionsfreudigkeit zu reizen, im global gesamtgesellschaftlichen Rahmen nicht den erwünschten Effekt zu haben. Offenbar gibt es grundlegende strukturelle Gründe, die solchen staatlichen Regulierungsabsichten gegensteuern. Jedenfalls erscheinen in allen entsprechenden Faktoren die Investitionsquote sowie die Investitionen DW5 tendenziell mit gegensinniger Ladung.[22]

Da die Finanzierung der Investitionen über Abschreibungen vor allem bei Großunternehmen effektiv möglich und auch üblich ist, läßt sich die Abschreibungsquote indirekt auch als Indikator für den wirtschaftlichen Konzentrationsgrad benutzen. Das bedeutet, daß spätkapitalistische Gesellschaften auch durch eine starke Konzentration der Produktionsmittel gekennzeichnet sind, was im weiteren Sinne auch als hoher Vergesellschaftungsgrad des Kapitals bezeichnet werden kann.

Schließlich kann die hier verwendete Operationalisierung der Abschreibungsquote auch als Indikator für den tendenziellen Fall der Profitrate betrachtet werden, da hohe Abschreibungsquoten eine relativ geringere Finanzierungskapazität über Gewinne bedeuten, mithin auf das Fallen der gesamtgesellschaftlichen Profitrate hinweisen.[23] Da mittlere und kleine Unternehmen hohe Abschreibungssätze kaum nutzen können, sondern stärker auf Fremdfinanzierung angewiesen sind, ist mit dem wachsenden Einfluß der Großbanken und indirekt des Staates (vor allem über Zinspolitik)[24] zu rechnen.

Alle Aussagen im Zusammenhang mit der Abschreibungsquote gelten jedoch nur unter starken Vorbehalten im Hinblick auf statistische Zuverlässigkeit und theoretische Gültigkeit dieses Indikators, die beim Stand des jetzigen Modells noch nicht ganz geklärt sind. Einmal sind in der Relation Abschreibungen/Sparen im jeweiligen Verhältnis zu den Bruttoanlageinvestitionen auch die Abschreibungen bzw. die Spartätigkeit des Staates, staatlicher Kapitalgesellschaften und staatlicher Eigenbetriebe enthalten, so daß kein direkter Schluß auf das Verhältnis von Staat und privatkapitalistischer Wirtschaft gezogen werden darf. Zum anderen ist in der Größe „Abschreibungsquote" hier nicht berücksichtigt, daß die einzelnen Gesellschaften unterschiedliche Fremdfinanzierungsanteile über Auslandsverschuldung haben, so daß in dieser Hinsicht auch die Vergleichbarkeit der Daten nicht gewährleistet ist. Schließlich hat sich bei genauerer Überprüfung der Ausgangsdaten herausgestellt, daß die Finanzierungsanteile der Investitionen über Abschreibungen bzw. über Spartätigkeit von konjunkturellen Einflüsse abhängig sind, die auszuschalten wären. Die direkte Feststellung der durchschnittlichen Netto-Selbstfinanzierungsquote der Privatwirtschaft im internationalen Vergleich stößt jedoch vorläufig auf kaum überwindbare Schwierigkeiten, so daß der hier gewählte Indikator als vorläufiger Behelf dienen muß.[25]

Bei der Erstellung des Gesamtmodells wurde ein Index der Massenilloyalität mit der Erwartung einbezogen, daß er in signifikanter Ausprägung im Spätkapitalismus-Faktor erscheint. Insbesondere das Kontrollmodell zeigte nun, daß im Verlauf der Querschnittanalysen ein Trendumschwung zu verzeichnen ist: In den fünfziger Jahren scheinen hoch- und spätkapitalistische Gesellschaften das Problem der Massenloyalität gut gelöst zu haben, während in den sechziger Jahren das Umgekehrte der Fall zu sein scheint. Da aber die Qualität der Ausgangsdaten für diesen komplexen

Indikator noch nicht geprüft werden konnte, soll dieser Zusammenhang nur am Rande erwähnt sein.

Wichtig für die Ausgangsfrage ist schließlich die positive Ladung der staatlichen Bildungs- und Militärausgaben im Spätkapitalismus-Faktor. Dies kann so gedeutet werden, daß der Staat im Spätkapitalismus konstitutive Nachfrage- sowie Produktionsfunktionen ausübt. Im Kontrollmodell fällt auf, daß die Ladung der Bildungsausgaben erheblich schwächer wird und signifikant auch in den anderen Faktoren noch erscheint. Vor allem die nun gegensinnige Ladung der staatlichen Bildungsfunktion im Sekundär- und Tertiärfaktor dürfte die Hypothese unterstützen, daß – im großen und ganzen betrachtet – der Dienstleistungssektor besonders qualifikationsintensiv ist und daß in der Phase der Umschichtung der Produktionssektoren dem Staat hier eine besonders große Rolle – im Gegensatz zur hochkapitalistischen Phase – zufällt.

Leider konnten weder die staatlichen Ausgaben für Forschung und Entwicklung, noch die staatlichen Sozialausgaben empirisch-statistisch miteinbezogen werden; beide Größen würden vermutlich in diesem Faktor eine große Rolle spielen.

3.1.3. Der *dritte Faktor* (vgl. wieder die Tabellen bzw. Abbildungen S. 243 ff.) ist ziemlich eindeutig als *traditionell-kapitalistischer Wachstumsfaktor* zu bezeichnen: Traditionell-kapitalistisches Wachstum (Indikator „BSP/Kopf DW5") wird nach diesem Faktor gleichzeitig induziert durch hohe Investitionsquoten und hohe Akkumulationsraten (Indikator „Investitionen DW5"). Bemerkenswert ist, daß dieses Wachstum mitbedingt ist von der Möglichkeit einer Exportoffensive (Indikator „Export DW5"), um offenbar die mangelnden Nachfragekapazitäten des internen Marktes auszugleichen; dieser Zusammenhang wird im Kontrollmodell zwar abgeschwächt, bleibt aber stabil. Tabelle 3 zeigt wieder, welche Gesellschaften diesen traditionell-kapitalistischen Wachstumsfaktor „hochladen" (es sind dies vor allem DAN, HOL, *JAP*, SPA) bzw. welche Gesellschaften sich in dieser Hinsicht in einer Wachstumskrise befinden (vor allem IRL, NEU und UNK).

Im Kontrollmodell ändert sich dieser Faktor allerdings etwas dadurch, daß nun einmal die Gleichzeitigkeit einer hohen Exportquote sowie einer negativen Außenhandelsbilanz, zum anderen hohe staatliche Bildungsausgaben eine Rolle spielen. Auf der positiven Seite sind dadurch vor allem HOL, NOR und DAN charakterisiert, auf der negativen Seite insbesondere NEU und ITA. Man könnte daran die Hypothese knüpfen, daß eine hohe außenwirtschaftliche Abhängigkeit bei gleichzeitig strukturellem Außenhandelsdefizit (etwa in Folge von Monokultur oder ungleichgewichtiger Industriestruktur) dazu zwingt, diesen komparativen Nachteil durch eine relativ hohe Qualifikationsstruktur wettzumachen und zusätzlich insbesondere die Exportwirtschaft durch staatliche Subventionen zu stützen; das letztere wird leicht durch die positive Ladung der staatlichen Subventionen in diesem Faktor (0.28) bestätigt. Ohne Kenntnisse der Außenhandelsstrukturen (mit entsprechender Einbeziehung von Indikatoren) bleiben solche Schlüsse freilich Spekulation.

Für die Ausgangsfrage (Funktionen der Staatstätigkeit) besonders interessant ist schließlich noch die stabile negative Ladung der Variable „Staatliche Schulden" in diesem Faktor. Sie schwächt sich zwar im Kontrollmodell ab, bleibt aber stabil (–0.33). Dies weist darauf hin, daß wachstumskritische Gesellschaften mit staatlicher Defizitfinanzierung reagieren, um den Wachstumsverlust zu kompensieren. Dies gilt, wie das Kontrollmodell zeigt, offenbar auch in zunehmendem Maße für die spätkapitalistische Gesellschaftsformation.

Auf der Grundlage der drei interpretierten Faktoren des Modells S 20/20/1968 ergeben sich mit Hilfe der hierarchischen Gruppierungsmethode nach *Ward*[26] z. B. 10 Ländergruppen bei einer Fehlergröße von 105.50, 5 Ländergruppen bei einer Fehlergröße von 341.25:

1. AUS, BRD, FRA, OST, SCH
2. BEL, HOL, SWD
3. DAN, NOR
4. FIN, ITA
5. GRI, SPA
6. IRL
7. JAP
8. KAN, USA
9. NEU
10. UNK

---

1. AUS, BRD, FRA, *NEU*, OST, SCH, *UNK*
2. BEL, *DAN*, HOL, *NOR*, SWD
3. FIN, *GRI*, *IRL*, ITA, *SPA*
4. JAP
5. KAN, USA

Die in der *1. Gruppe* (der Fünfergruppierung) zusammengefaßten Länder lassen sich als *überwiegend traditionelle, hochkapitalistische Gesellschaften* charakterisieren. Dazu verwandt ist die *2. Gruppe* (BEL, DAN, HOL, NOR, SWD), die sich aber durch zwei Merkmale von der 1. Gruppe unterscheidet: Diese Gruppe ist auch schon relativ stark durch den spätkapitalistischen Faktor gekennzeichnet (in dieser Hinsicht würde allerdings auch UNK dazu zählen), zweitens zeigt diese Gruppe keine wachstumskritische Tendenz, wozu die erste neigt.

Die *3. Gruppe* umfaßt einmal als Untergruppe drei *traditionelle, kapitalistisch unterentwickelte Gesellschaften* (GRI, IRL und SPA) sowie zwei Mischtypen (FIN, ITA), die man als gleichzeitig *traditionell-kapitalistisch nur halbentwickelt* und *spätkapitalistisch als unterentwickelt* bezeichnen kann. Eine Sondergruppe stellt die *4. „Gruppe"*, JAP, dar; sie ist verwandt mit der 1. Gruppe, befindet sich aber noch auf einem *intensiven traditionell-kapitalistischen Wachstumspfad.*

Die *5. Gruppe* (KAN und USA) wird überwiegend durch den *spätkapitalistischen Produktionsfaktor* gekennzeichnet.[27]

3.2. Exemplarische Hypothesentests (Ergebnisse)

Im Hinblick auf die Tests der (exemplarischen) konkurrierenden Hypothesenmodelle[28] sind zunächst folgende Feststellungen zu vermerken: Einige Hypothesen lassen sich beim derzeitigen Stand und empirischen Gehalt des Modells prinzipiell nicht testen, da entsprechende Indikatoren fehlen. Darüber hinaus hat sich die Validität der Indikatoren für die gewählten Zielgrößen „Arbeitslosigkeit" und „Staatliche Schulden" als nur schwach bis mittelmäßig erwiesen. Bei der Disaggregation globaler theoretischer Konstrukte hat sich neben prinzipiellen Ableitungsschwierigkeiten ergeben, daß konkurrierende Hypothesen nicht immer sich gegenseitig ausschließende

Hypothesen bedeuten, sondern in einzelnen Fällen identisch sein können. Schließlich ist der gleichzeitige Test des funktional-genetischen sowie des funktional-teleologischen Aspekts problematisch, worauf im folgenden Kapitelabschnitt noch eingegangen wird.

Zieht man das Fazit aus den einzelnen Hypothesentests und berücksichtigt das bisherige Gesamtbild der einzelnen Faktorenmuster, dann wird eher die „negative" als die „positive" Steuerungstheorie[29] bestätigt; allerdings nur, wenn man die in den Querschnittanalysen implizierte Zeitdimension akzeptiert, nach der sich die zur Zeit (1968) hochkapitalistischen Gesellschaften (AUS, BRD, FRA, OST, SCH) ebenfalls dem „spätkapitalistischen" Problemsyndrom annähern. Gegen die „positive Steuerungstheorie" spricht insbesondere, daß der vorausgesagte Zusammenhang von Arbeitslosigkeit und Preisen tendenziell falsifiziert wird und daß die wachsende staatliche Intervention im entwickelten Kapitalismus nicht in der Lage zu sein scheint, die Strukturkrisen der Unterbeschäftigung bzw. Arbeitslosigkeit, des stagnierenden Wachstums und (evtl.) der Massenloyalität zu bewältigen. Wie der Interdependenz-Zusammenhang des traditionell-kapitalistischen Produktionsfaktors zeigt, scheint die Hauptbedingung zur Lösung dieser Strukturkrisen die außenwirtschaftliche Expansion zu sein, eine Bedingung, die in der „spätkapitalistischen" Phase nicht mehr gegeben ist. Es ist allerdings zu betonen, daß diese Aussagen erst dann ein relatives Maß an Sicherheit erhalten, wenn sie in späteren Querschnittanalysen (etwa 1970, 1973) in stärkerem Maße bestätigt werden. Die einzige der exemplarischen Hypothesen der „negativen Steuerungstheorie", die ziemlich eindeutig falsifiziert wurde, ist der vorausgesagte Zusammenhang von Staatsschulden und Inflation; diese Falsifizierung betrifft freilich auch die „hausväterliche" Schuldentheorie im Rahmen der „positiven" Steuerungstheorie.

3.3. Zusammenfassung der methodisch-theoretischen Ergebnisse und Ausblick

Eysenck hat 1953 in einem bemerkenswerten Aufsatz über die logische Grundlage der Faktorenanalye festgestellt, daß die Faktorenanalyse nichts anderes darstellt als die explizite und rigorose Ausnutzung der Methode, die Naturwissenschaftler, Biologen, Mediziner etc. implizit und meist unbewußt anwenden: Indikatoren (= Symptome, Anzeichen), die in auffälliger Weise zusammentreffen (= stark miteinander korrelieren) werden zu Indikatorenkomplexen (= Syndrome, Faktoren, Komponenten, Dimensionen) zusammengefaßt. Diese dienen dann als Ausgangspunkt zur Suche nach der(n) Ursache(n), die diesem Komplex zugrunde liegt(en). So war z. B. lange bevor *Robert Koch* den Tuberkulosebazillus fand (1882), das Syndrom der Tuberkulosekrankheit bekannt, und es ist unwahrscheinlich, daß der Tuberkulosebazillus ohne genaue Kenntnis dieses Syndroms hätte gefunden werden können. Die Faktorenanalyse ist daher in vielen Fällen ein unentbehrliches Vorstadium wissenschaftlicher Untersuchung, ob sie nun unbewußt und unsystematisch oder bewußt und rigoros angewendet wird. *Sie ist gleichsam die entäußerte und formalisierte Form der gestaltpsychologischen Fähigkeiten der menschlichen Intelligenz.*

Beispiel und Schlußfolgerung weisen aber auch gleichzeitig auf die immanenten Grenzen der Methode hin: Ohne theoretisch-hypothetische Steuerung der Input-Informationen kann die Faktorenanalyse allenfalls zu mittelalterlich-astrologischen Experimenten oder zu zahlenmythologischen Spielen verleiten. Was die Faktorenanalyse zusätzlich zu leisten vermag, ist – wie die Leistung jedes anderen Werkzeuges auch – die Steigerung der analytisch begrenzten Fähigkeiten des Menschen (a) dadurch, daß sie die Interdependenzen einer nicht mehr überschaubaren Informationsfülle strukturieren und zur Hypothesenbildung anregen kann; (b) dadurch, daß sie den interdependenten Strukturzusammenhang in exakten funktionalen Relationen wiedergibt; (c) dadurch, daß sie die Theoriebildung durch Tests kontrollieren kann.

Freilich darf das Verhältnis von Theorie und Instrument nicht mechanisch und einseitig betrachtet werden, so als ob das Instrument der bloße Verstärker intellektuell-theoretischer Vorleistungen sei. Zweifellos besteht auch hier ein Wechselverhältnis in dem Sinne, daß ein gleichsam spielerisches und richtungsloses Hantieren mit dem Werkzeug „Faktorenanalyse" manchmal zu unerwarteten Einsichten führen kann. Diese „Methode" des „gesteuerten Zufalls" ist insbesondere in solchen Situationen angebracht, in denen über den Untersuchungsbereich noch sehr wenig bekannt ist. Allerdings sollte auch bei solchen „Spielereien" die inhärente Logik der Faktorenanalyse nicht vergessen werden: Sie basiert auf der Vermutung linearer und wahrscheinlichkeitstheoretischer Zusammenhänge.

Schließlich ist hervorzuheben, daß die extrahierten Faktoren als formalisierte und „entäußerte Gestalt" keinesfalls zu kausalen Größen verdinglicht werden können, wie in der faktorenanalytischen Literatur manchmal suggeriert wird. Faktoren geben nur die interdependente Konfiguration der Erscheinungen in exakter und überschaubarer Weise wieder, während der funktional-genetische und funktional-teleologische Zusammenhang zusätzlich zu interpretieren ist. Darüber hinaus sind die Faktoren bzw. Syndrome keineswegs eindeutig und stabil. Gerade am oben erwähnten Beispiel des Tuberkulosesyndroms zeigte sich, daß dessen Konfiguration je nach erblicher Veranlagung und „Empfänglichkeitslage" verschieden ausfallen kann. Analoges ist in der politischen und sozio-ökonomischen Wirklichkeit zu erwarten. Daher ist oben die Bedeutung der Faktorwerte und der Kontextmerkmale für die Faktoreninterpretation betont worden.

Der Mediziner z. B. kann sich nun durch kontrollierte Experimente weiterhelfen und feststellen, wie sich das Syndrom durch bestimmte Eingriffe ändert. Solche Möglichkeiten sind in der Makrosoziologie nicht gegeben. Dafür gibt es aber mehrere brauchbare funktionale Äquivalente, die in den Sozialwissenschaften m. E. zu wenig ausgenutzt werden:

1. Eine erste Möglichkeit ist die systematische Beobachtung des ausgewählten Samples oder der Population über einen längeren Zeitraum hinweg, aber unter Beibehaltung der Merkmalsdimensionen (Variablen). Angenommen, es gäbe für die ausgewählte Problemstellung ein brauchbares Variablensample und die entsprechenden Daten wären in zuverlässiger sowie theoretisch valider Form beschaffbar, so könnten jährliche Querschnittanalysen der Population (hier: alle entwickelten kapitalistischen Gesellschaften) den sozio-ökonomischen und politischen Wandel gleichsam in Form hintereinandergereihter Momentaufnahmen anzeigen. Da mit den Faktorladungen und Faktorwerten das Ausmaß der Veränderung quantitativ exakt widergespiegelt wird, ließe sich der Strukturwandel evtl. in Form von Differentialgleichungen wiedergeben. Dieses Vorgehen wurde hier im Ansatz mit fünf Querschnittanalysen erprobt. Das formale Hauptproblem ist allerdings die Herstellung der Vergleichbarkeit der einzelnen Querschnitte. Es muß ja gewährleistet sein, daß nur die systematischen Veränderungen erfaßt und zufällige Einflüsse (etwa durch Meßfehler, durch Rotation hervorgerufene, unterschiedlich erklärte Anteile der Varianz) ausgeschaltet werden. Leider konnten die vorhandenen formalen Ver-

gleichsmethoden hier nicht getestet werden. Bei den empirischen Schwächen des Modells wären solche Tests wohl auch zu verfrüht.

2. Die Methode der Querschnittanalyse läßt sich verbessern, indem die Population (bzw. das Sample) unter bestimmten Gesichtspunkten in Gruppen eingeteilt und dann die unterschiedlichen Faktorenmuster verglichen werden. Das Gruppenkriterium kann dann (im weitesten Sinne) als unabhängige Variable betrachtet werden, die für die Variation der resultierenden Faktorenmuster verantwortlich ist. Dieses Vorgehen wurde hier ebenfalls erprobt, indem eine Kontrollgruppe gebildet wurde, in der unterentwickelte bzw. zwei halbentwickelte kapitalistische Gesellschaften ausgeschlossen wurden. Dieses Verfahren hat sich sehr gut bewährt und wäre in Zukunft extensiver anzuwenden. Es könnte z. B. auch eine externe Kontrollgruppe entwickelter sozialistischer Gesellschaften gewählt werden, sofern das hier entscheidende Vergleichsproblem der Daten zu lösen ist. Darüber hinaus ist auch eine Random-Gruppierung der Population sinnvoll, um zu testen, ob die Faktorenmuster stabil bleiben, was im Falle echter Zufallgruppen zutreffen müßte.
3. Da die Methode der hintereinandergeschalteten Querschnittanalysen von der rigorosen Annahme eines eindimensionalen Entwicklungskontinuums ausgeht, sind die Querschnittanalysen jedenfalls durch Längsschnittanalysen ausgewählter Gesellschaften zu ergänzen, wobei das hierarchische Gruppierungsverfahren wiederum eine sinnvolle Auswahl der Fälle unterstützen kann. Die Faktorenanalyse läßt sich prinzipiell auch für Längsschnittanalysen als Hilfsmittel verwenden, wenn die Zeitreihen einen längeren Zeitabschnitt umfassen.[30] Allerdings treten hier besondere methodologische Schwierigkeiten hinzu, vor allem das Problem der *Autokorrelation*, das m. W. bisher noch nicht befriedigend gelöst ist.[31]

Die Wahl von Kontrollgruppen sowie ausgewählte Längsschnittanalysen gewährleisten auch eine gewisse Kontrolle gegenüber dem sog. *„ökologischen Trugschluß"* (ecological fallacy)[32], der im Zusammenhang mit dem hier hoch aggregierten gesamtgesellschaftlichen Modell wichtig ist. In diesem Modell wird ja angenommen, daß der durch zwischengesellschaftlichen Vergleich festgestellte Zusammenhang (etwa zwischen wirtschaftlichem Wachstum und Staatl. Subventionen) auch innerhalb einer Gesellschaft zutrifft. D. h., man zieht einen direkten Schluß von der Gruppenebene auf die individuelle Ebene. Genau das ist der Inhalt des ökologischen Trugschlusses. Denn es läßt sich manchmal nachweisen, daß zwischengesellschaftlich gewonnene Korrelationen nicht den innergesellschaftlichen Korrelationen entsprechen, wobei sogar die Umkehrung der Vorzeichen möglich ist.

Das Argument des ökologischen Trugschlusses hat insbesondere in Amerika eine große Rolle gespielt, so daß zwischengesellschaftliche Analysen zeitweise völlig vernachlässigt wurden zugunsten von Analysen auf der Individuen-Ebene (vor allem Wahl- und Meinungsforschung). Dabei wurde aber übersehen, daß der ökologische Trugschluß auch in umgekehrter Richtung gilt: Der Schluß von der Individuen-Ebene auf die Gruppen-Ebene ist nicht ohne weiteres zulässig. Überhaupt wird der ökologische Trugschluß überschätzt. Geht man von der Notwendigkeit und Möglichkeit einer allgemeinen Gesellschaftstheorie aus, dann stellt das Phänomen des ökologischen Trugschlusses geradezu einen Ausgangspunkt für die Erzielung einer weitergehenden Erklärungs- und Kontrolltiefe dar: Methodisch stellt sich dann nämlich das Problem, die intervenierenden Störvariablen zu identifizieren, die letztlich für die unterschiedlichen Zusammenhänge zwischen Gruppen- und Individuen-Ebene verantwortlich sind.[33]

Neben den oben angeführten Möglichkeiten (Einführung von Kontrollgruppen, Gegenüberstellung von Längs- und Querschnittanalysen) bieten sich hier als technische Verfahren vor allem multiple Regressions- und Pfadanalysen an. Diese Verfahren eignen sich bedingt[34] auch dazu, in genauerer Weise den Einfluß der Staatstätigkeit auf die Outcome-Variablen zu isolieren, indem die Strukturgrößen (Ökonomie, Soziologie, Internationales System) konstant gehalten werden.

Damit ließe sich auch der funktional-teleologische Aspekt der Fragestellung genauer testen. Denn durch das Interdependenzverfahren der Faktorenanalyse läßt sich nicht sicher sagen, in welchem Ausmaße das politische System die Outcome-Variablen beeinflußt und von welchen einzelnen Strukturgrößen die politischen Regulierungsbemühungen übersteuert werden. So läßt sich z. B. aus dem Faktorenmuster nicht beurteilen, ob nicht etwa die Unterbeschäftigungs- bzw. Arbeitslosenkrise in der „spätkapitalistischen" Phase schlimmer ausfallen würde, wenn der Staat seine Nachfrage- und Produktionsfunktion nicht steigern würde.

Es ist schließlich auch denkbar, Faktoren allein auf der Basis von Strukturgrößen zu extrahieren und sie dann als unabhängige Variable und determinierende Einflußgrößen komplexer Art zu betrachten. Voraussetzung dafür ist freilich, daß sie sich als theoretisch sinnvolle und statistisch stabile Konstrukte erwiesen haben. Man kann dann z. B. Verhaltensvariablen wie Konfliktverhalten, Wahlverhalten, Budgetpolitik etc. eines Landes mit den entsprechenden Faktorwerten dieses Landes korrelieren und über multiple Regressionsrechnung das Einflußmaß der Faktoren auf dieses Verhalten feststellen.

4. Zusammenfassung

Möglichkeiten und Grenzen (= Analysekapazität) des multivariaten Verfahrens „Faktorenanalyse" werden im Zusammenhang mit einer Theorie des politischen Systems und im Rahmen des entwickelten kapitalistischen Gesellschaftssystems diskutiert. Nach der Skizzierung einer – längerfristig angelegten – Projektstrategie wird zunächst ein grob differenziertes gesamtgesellschaftliches („sozietales") Input-Output-Modell mit Steuerungs- und Rückkopplungsschleifen vorgestellt. Für die einzelnen „Blöcke" werden operationable Indikatoren entwickelt, wobei auch das Mißverhältnis zwischen wünschenswerten und vorhandenen Daten benannt wird.

Empirisch konnte das Modell bislang nur für internationale Querschnittanalysen (1950/55/60/65/68) ausgefüllt und erprobt werden; es umfaßt beim jetzigen Stand 20 halb- und entwickelte kapitalistische Länder und 36 Variable. Komplementäre und weiter differenzierende Längsschnittanalysen sind geplant.

Aus dem Gesamtmodell S 20/36 wird ein Teilmodell (S 20/21) gewählt, das überschaubarer ist und die wichtigsten Variablen enthält. Es ergeben sich drei relativ stabile Faktoren:

- traditionell-kapitalistischer Produktionsfaktor,
- traditionell-kapitalistischer Wachstumsfaktor,
- spätkapitalistischer Produktionsfaktor.

Diese Faktoren können dynamisch als Problemsyndrome interpretiert werden, auf die der Staat in charakteristischer Weise reagiert.

Als Ergebnis der methodischen Fragestellung ergibt sich, daß das Instrument der

Faktorenanalyse (a) zur Informationsreduktion, (b) zur Hypothesenbildung und (c) zur Hypothesenüberprüfung brauchbar ist (und als solches nicht voll ausgeschöpft wird), *aber nur*, wenn die Inputs der Modellinformationen auf *validen und zuverlässigen Daten* sowie auf *echten Korrelationen* beruhen. Implizite kausal-theoretische Annahmen der Faktorenanalyse sind zurückzuweisen. Das bedeutet, daß Abhängigkeitsbeziehungen funktional-genetischer wie funktional-teleologischer Art zusätzlich zu interpretieren bzw. durch andere Verfahren (zu prüfen wären vor allem multiple Regressions- und Pfadanalysen) festzustellen sind. In anderen Worten: Das multivariate Verfahren der Faktorenanalyse kann z. B. nicht zeigen, ob eine strukturelle Arbeitslosenkrise auf mangelnde staatliche Steuerungskapazität oder auf kapitalistische Strukturgesetzlichkeiten oder auf beides zurückzuführen ist; stabile Faktorenmuster können aber heuristische Hinweise für solche Fragestellungen liefern und Voraussagen testen.

Anmerkungen

1 Als Standardliteratur vgl. dazu Jahn/Vahle, 1970; Harman, H. H., 1967; Rummel, R.J., 1970; Überla, K., 1968. Als einen Versuch, die Technik der Faktorenanalyse problemorientiert und didaktisch speziell für Sozialwissenschaftler (insb. für Politologen) zu entwickeln, vgl. Schmid, G., 1974, S. 173–207.

2 Vgl. dazu exemplarisch Schmid 1974, S. 155–166.

3 Im ersten analytischen Probedurchlauf sollte insb. die theoretisch-analytische Kapazität der Faktorenanalyse getestet werden.

4 Vgl. Schmid 1974, S. 146–166.

5 Zur Zusammenstellung der Untersuchungsobjekte vgl. Anlage 1.

6 Vgl. Schmid 1974, S. 168 ff. sowie die Anmerkungen 112 ff.

7 Zur Beschreibung des Gesamtmodells und der einzelnen Systemparameter sowie zu den Ergebnissen der fünf Querschnittanalysen vgl. Schmid, a.a.O., S. 168 ff.

8 Zur kurzen, übersichtlichen Zusammenstellung aller 20 Variablen des Teilmodells vgl. Anlage 22.

9 Proberechnungen haben ergeben, daß der Energieverbrauch pro Kopf als Indikator für die sozioökonomische Leistungsfähigkeit, Differenzierung und Interdependenz einer Gesellschaft betrachtet werden kann. In allen Querschnittanalysen korreliert diese Variable sehr stark mit folgenden Variablen:
- Bruttosozialprodukt pro Kopf in Dollar,
- Installierte Computer auf 1 Mill. Einwohner,
- Telefone auf 1.000 Einwohner,
- Studenten auf 100.000 Einwohner.

Dieser positive Zusammenhang wird im Zeitverlauf sogar noch stärker. Dementsprechend erschienen diese Indikatoren in den ersten Versuchen immer gemeinsam in einem Faktor, so daß die Repräsentierung dieses Clusters durch einen Indikator sinnvoll erschien, um das Gesamtergebnis nicht zugunsten dieses Faktors zu verzerren.

10 Die tatsächliche Operationalisierung gibt genau genommen nicht mehr die Abschreibungsquote wieder, sondern das Verhältnis der Abschreibungsquote zur Sparquote im Hinblick auf die Finanzierung der Bruttoinlandsinvestitionen. Zahlen über 1 bedeuten dann, daß der Anteil der Abschreibungen an der Finanzierung der Investitionen größer ist als der Anteil der Ersparnisse. Allerdings sind hier künftig ebenfalls Durchschnittswerte erwünscht, da die Abschreibungen sowie die Ersparnisse konjunkturabhängig sind.

11 Subventionen können entweder in der Form einer direkten einseitigen Übertragung an Produzenten und Verteiler oder aber als Unterschied zwischen dem Ein- und Verkaufspreis einer staatlichen Handelsstelle gewährt werden.

12 Wünschenswert wäre insbesondere eine detailliertere und umfassendere Erfassung staatlicher

Infrastrukturausgaben (u.a. staatlicher Anteil an Forschungs- und Entwicklungsausgaben) sowie staatlicher Sozialausgaben, was im internationalen Vergleich freilich auf erhebliche Schwierigkeiten stößt. Gerade hier wie auch im Hinblick auf die steuerpolitische Analyse können Längsschnittanalysen erheblich genauere Aufschlüsse vermitteln.

13 Die Ergebnisse des *Faktorenansatzes,* der von einer unerklärten Restvarianz bzw. Einzelvarianz ausgeht ($h^2 = 1\text{-}U^2$), unterscheiden sich nicht wesentlich vom Komponentenansatz. Der Komponentenansatz wurde deswegen vorgezogen, weil er im Hinblick auf die Berechnung der Faktorwerte technische Vorteile bietet. Die Rechnungen erfolgten am GRZ (Großrechenzentrum) Berlin, die Programme stellte Dipl.-Psych. Rainer Guski zur Verfügung, dem ich an dieser Stelle herzlich danken möchte.

14 Zur Berechnung und Interpretation von Faktorwerten vgl. Schmid 1974, S. 200 f.; dort auch weiterführende Literatur.

15 $T = 10p_z + 50$ bzw. $p_z + (T-50)/10$. Der reale standardisierte Faktorwert für den ersten Faktor von AUS beträgt also $(59-50)/10 = 0.90$. Das bedeutet, daß AUS zum ersten Faktor einen überdurchschnittlichen „Beitrag" leistet, während z.B. GRI eine extrem unterdurchschnittliche Ladung (–2.00) aufweist.

16 Ein nachträglicher Blick auf die entsprechenden Korrelationen veranschaulicht diesen Zusammenhang zusätzlich:

	1950	1955	1960	1965	1968
$r_{14/18}$	–0.32	–0.33	–0.60	–0.40	–0.32
	(–0.32	–0.35	–0.59	–0.39	–0.30)

(Die Korrelationen in der Klammer beziehen sich auf das Kontrollmodell S 16/20)

17 Vgl. die Entwicklung der entsprechenden Korrelationen:

	1950	1955	1960	1965	1968
$r_{15/19}$	–0.58	–0.53	–0.54	–0.65	–0.64
	(–0.45	–0.52	–0.63	–0.56	–0.58)

18 Das Modell kann infolge des hohen Aggregationsniveaus freilich nicht diskriminieren zwischen Gesellschaften mit intern ungleichzeitigen Produktionsentwicklungen (z.B. ITA: relativ stark industrialisierter Norden, relativ stark traditionell-agrarischer Süden) und Gesellschaften in einer relativ homogenen Übergangsphase von einer Agrar- zur Industriegesellschaft.

19 DAN bildet insofern eine Ausnahme, weil es gleichzeitig noch auf dem traditionell-kapitalistischen Wachstumsfaktor überdurchschnittlich hochlädt; offenbar finden hier ungleichzeitige Entwicklungen statt.

20 Vgl. Richta, R., und Kollektiv (Hrsg.), 1968, S. 43 ff. Die wichtigsten Produktionsphasen werden bei Richta et al. durch folgende Wachstumsparameter beschrieben:

Produktionsweise:	Wachstumsparameter:
a) handwerkliche Kleinproduktion	Zahl und Qualifikation der Arbeitenden
b) industrielle Produktion	Quantum der Arbeitsmittel (Kapital u. der eingesetzten Arbeitskräfte
c) wissenschaftlich-technologische Produktion	Entwicklungsstand der Wissenschaft und ihre umfassende Anwendung

21 Vgl. Schmid 1974, S. 146–166.

22 Zum schnelleren Überblick vgl. wiederum die Entwicklung der entsprechenden Korrelationen:

	1950	1955	1960	1965	1968
$r_{4/11}$	−0.47 (−0.49	−0.47 −0.61	−0.37 −0.48	−0.26 −0.29	−0.47 −0.53)
$r_{5/11}$	0.18 (0.11	−0.25 −0.27	−0.50 −0.53	−0.43 −0.17	−0.23 0.05)

23 Für *Ernest Mandel* z.B. dient die Selbstfinanzierungsquote als Indikator für den tendenziellen Fall der Profitrate. Mandel weist darauf hin, daß z.B. in der BRD die durchschnittliche Selbstfinanzierungsquote der Unternehmen, die in den fünfziger Jahren dauernd über 50 % lag, 1965 auf 20 % gefallen ist (vgl. Mandel, E., 1971, S. 11).

24 So meint z.B. *Carl Föhl*, der Staat solle die Nettoersparnisse der Kapitalgesellschaften steuerlich mehr belasten, so daß jene stärker auf Fremdfinanzierung angewiesen seien, und der Staat dadurch über die Zinspolitik ein stärkeres konjunkturpolitisches Instrument in der Hand habe (vgl. Föhl, C., 1964, S. 33 f2).

25 Vgl. dazu u.a. Franzmeyer, F., „Die Selbstfinanzierung der Unternehmen in der Europäischen Wirtschaftsgemeinschaft", in: DIW-Vierteljahreshefte zur Wirtschaftsforschung, H. 4 (1966), S. 427–437. Franzmeyer stellt durch eine indirekte Methode die Brutto-Selbstfinanzierungsquote fest, in der jedoch der Anteil der Selbstfinanzierung durch Abschreibungen enthalten ist, deren Isolierung für die hier gewählte Ausgangsfrage entscheidend ist.

26 Näheres zur Methode und zum entspr. Computerprogramm vgl. *Donald J. Veldman*, Fortran Programming for the Behavioral Sciences, 1967, S. 308 ff. Eingabedaten sind die Faktorwerte aller drei Faktoren der Tabelle 3, S. 245. Die Methode gruppiert die Länder hierarchisch nach Diskriminanzstufen: Die höchste Diskriminanzstufe ist gleichsam die Stufe mit dem strengsten Unterscheidungskriterium, in der somit alle Fälle als eigene Gruppe auftreten; die niedrigste Stufe kennt gar keine Unterschiede mehr, d.h., alle Untersuchungseinheiten fallen in eine Gruppe. Die Methode geht also im ersten Schritt von allen Fällen aus (hier = 20) und ordnet im nächsten Schritt die beiden Fälle zu einer Gruppe zusammen, die im Hinblick auf die Differenz der entsprechenden Merkmalsausprägungen (hier Faktorwerte) die geringste Varianz aufweisen. Die nächsten Schritte erfolgen ebenfalls nach dem Prinzip, die sukzessive Varianzsteigerung innerhalb der Gruppen zu minimisieren. Bei jeder Stufe werden Fehlergrößen ausgedruckt, die anzeigen, mit wieviel Informationsverlust die Reduktion der Diskriminanzstufen verbunden ist. Die Fehlergröße ist die Summe der quadrierten Differenzen zwischen den entsprechenden Merkmalsausprägungen, dividiert durch die Anzahl der Untersuchungseinheiten in der entsprechenden Gruppe.

27 Die Gruppierungsergebnisse unterscheiden sich leicht, aber unwesentlich von den Ergebnissen eines anderen Teilmodells am anderen Ort: Vgl. Schmid 1974, S. 207 ff.

28 Die Entwicklung dieser Hypothesenmodelle muß im Rahmen dieses Referats ausgespart werden. Die dazu erforderlichen Schritte wurden an den Zielgrößen „Arbeitslosigkeit" und „Staatliche Schulden" exemplifiziert; vgl. Schmid 1974, S. 156 ff.

29 Vgl. zur Definition und Exemplifizierung Schmid, a.a.O., S. 257–268; die Ansätze „negativer" Steuerungstheorie treffen sich in der Einschätzung einer negativen Steuerungs- und Regelungsbilanz des Staates, insb. im Hinblick auf die Distributionssphäre, in der langfristig eine Verschärfung horizontaler und/oder vertikaler Disparitäten prognostiziert wird; die Ansätze einer „positiven" Steuerungstheorie teilen die Auffassung, daß die Regelungs- und Steuerungskapazität des Staates sich den wachsenden Umweltanforderungen gemäß entwickelt (im Hinblick auf die Distributionssphäre wird auch eine tendenzielle Nivellierung horizontaler wie vertikaler Disparitäten angenommen).

30 Bei einer Faktorenanalyse auf der Basis korrelierter Zeitreihen spricht man von *P-Technik* gegenüber der (hier angewandten) sog. *R-Technik,* die auf den Merkmalsausprägungen von Variablen zu einem Zeitpunkt basiert. Darüber hinaus ist auch die sog. *Q-Technik* möglich, d.h., man faktorisiert auf der Basis der Korrelationen zwischen den Untersuchungseinheiten und erhält dann Aussagen über den Zusammenhang der Untersuchungseinheiten. Näheres dazu vgl. Überla, 1968, S. 296, f3.

31 Von Autokorrelation spricht man dann, wenn eine Größe y_t nicht nur von der Veränderung

der unabhängigen Variablen x_t abhängt, sondern auch von der gleichen Größe einer früheren Periode y_{t-1}:
$y_t = f(x_t, y_{t-1})$
Allerdings kann man auch bei Querschnittanalysen von Autokorrelation sprechen, nämlich dann, wenn die gesuchte Größe des Landes y_i sowohl von einer unabhängigen Variable x_i als auch von der Größe eines „vorbildlichen" anderen Landes y_j abhängt:
$y_i = f(x_i, y_j)$

32 Der Begriff bzw. das Problem wurde zuerst formuliert von *W.S. Robinson*, „Ecological Correlations and the Behavior of Individuals", in: American Sociological Review, Vol. 15 (June 1950), S. 351–357. Zur ausführlichen Diskussion dieses Problems vgl. u.a. Alker, H.R., 1969, S. 69–86; sowie Blalock, H.M., 1964 (1961), S. 95–114.

33 In diesem Sinne vgl. auch Blalock, a.a.O., S. 95 ff.

34 Die entscheidende Restriktion bisher gebräuchlicher regressionsanalytischer Verfahren ist die Annahme, daß die verschiedenen Einflußgrößen auf eine Zielvariable selbst voneinander unabhängig sind.

Literatur

Alker, Hayward R., Jr., „A Typology of Ecological Fallacies", in: Dogan/Rokkan (eds.), *1969*, S. 69–86.

Blalock, Hubert M., Jr., Causal Inferences in Nonexperimental Research, Chapel Hill *1964* (1961).

Dogan, Mattei, and Stein Rokkan (eds.), Quantitative Analysis in the Social Sciences, Cambridge, Mass./London *1969*.

Eysenck, H. J., "The Logical Basis of Factor Analysis", in: The American Psychologist, Vol. 8, No. 3 (*1953*), S. 105–114.

Föhl, Karl, Kreislaufanalytische Untersuchung der Vermögensbildung in der Bundesrepublik und der Beeinflußbarkeit ihrer Verteilung, Tübingen *1964*.

Harman, Harry H., Modern Factor Analysis, sec. and rev. ed., Chicago/London *1967*.

Jahn, Walter, und Hans Vahle, Die Faktorenanalyse und ihre Anwendung, Berlin-Ost *1970*.

Mandel, Ernest, Die deutsche Wirtschaftskrise. Lehren der Rezession 1966/67, 7., unveränd. Aufl., Frankfurt a. M. *1971* (1969).

Richta, Radovan, und Kollektiv (Hrsg.), Politische Ökonomie des 20. Jahrhunderts. Die Auswirkungen der technisch-wissenschaftlichen Revolution auf die Produktionsverhältnisse (marxismus bibliothek, text 10), Frankfurt a. M. *1968*.

Rummel, R. J., Applied Factor Analysis, Evanston *1970*.

Schmid, Günther, Funktionsanalyse und politische Theorie: Funktionalismuskritik, politisch-ökonomische Faktorenanalyse und Elemente einer genetisch-funktionalen Systemtheorie, Düsseldorf *1974*.

Überla, Karl, Faktorenanalyse. Eine systematische Einführung für Psychologen, Mediziner, Wirtschafts- und Sozialwissenschaftler, Berlin . . . *1968*.

Anlage 1: Liste der Untersuchungsobjekte bzw. Merkmalsträger

AUS = Australien
BEL = Belgien (in den meisten Fällen inklusive Luxemburg)
BRD = Bundesrepublik Deutschland
DAN = Dänemark
FIN = Finnland
FRA = Frankreich
GRI = Griechenland
HOL = Holland
IRL = Irland
ITA = Italien
JAP = Japan
KAN = Kanada
NEU = Neuseeland
NOR = Norwegen
OST = Österreich
SCH = Schweiz
SPA = Spanien
SWD = Schweden
UNK = Großbritannien (United Kingdom)
USA = Vereinigte Staaten von Amerika

Anlage 2: Variablenlegende

VAR01 = Energieverbrauch pro Kopf
VAR02 = Primäre Produktionsquote
VAR03 = Sekundäre Produktionsquote
VAR04 = Investitionsquote
VAR05 = Investitionen DW5
VAR06 = Sekundäre Erwerbsquote
VAR07 = Tertiäre Erwerbsquote
VAR08 = Verstädterung
VAR09 = Exportquote
VAR10 = Export DW5
VAR11 = Abschreibungsquote
VAR12 = StaatlicheBildungsausgaben
VAR13 = Staatliche Militärausgaben
VAR14 = Staatliche Investitionen
VAR15 = Staatliche Subventionen
VAR16 = Staatliche Schulden
VAR17 = BSP pro Kopf DW5
VAR18 = Arbeitslosenquote D5
VAR19 = Außenhandelssaldo D5
VAR20 = Lebenshaltungskosten DW5

II. Strukturelle Bedingungen für politische Innovation

Eine Strategie zur Erhöhung der „relativen Autonomie" des politischen Systems?

Von Jürgen Reese

Vorbemerkung

Das Bemühen um technischen und ökonomischen Fortschritt stellt sich durchweg besser organisiert dar als das Bemühen um den Ausbau des Sozialstaates. Investitionsbeihilfen, Steuervergünstigungen, direkte Subventionen, Bereitstellung von Infrastruktur – das alles sind staatliche Aktivitäten, in denen es nur selten zu schweren Konflikten und noch seltener zu einer intensiven öffentlichen Auseinandersetzung kommt. Ganz anders erscheint die politische Szene bei Maßnahmen, durch die das System sozialer Für- und Vorsorge weiterentwickelt und die Einkommens-, Vermögens- und Machtverteilung beeinflußt werden sollen. Nicht nur der grundsätzliche Streit um den Ausbau des Sozialstaates entbrennt dabei immer wieder aufs neue, auch die Uneinigkeit in den sozialen Zielen auf der Seite der Befürworter des Sozialstaates kostet in dem Bemühen um vereinheitlichende Zielsetzung Kräfte, die in wirtschaftlichen und technologischen Allokationsbereichen bereits der Zielverwirklichung zugute kommen können. Der hohe Konsensbedarf redistributiver Sozialpolitik stellt offenbar Anforderungen an die Gesellschaft, denen sie nur mühsam und unter großem Druck gerecht wird. So kann es kaum verwundern, daß die soziale Wirklichkeit westlicher Industriegesellschaften bei allen Unterschieden zwischen den einzelnen Ländern sich insgesamt nicht auf dem Niveau befindet, das von ihrer technischen, wissenschaftlichen und ökonomischen Entwicklung erreicht worden ist.

Die skizzierte Spannung bestimmt die Perspektive, in der der „Staat" als ein wichtiger Akteur in der Gesellschaft gesehen wird. Die einen sehen ihn als unerbittlichen Verfechter sozialer Tugenden oder – je nach Wertung – des sozialistischen Untergangs individueller Freiheit, andere sehen ihn als Agenten des Großkapitals, wiederum andere als den Ordnungsfaktor und Beschwichtiger im Widerstreit gesellschaftlicher Teilinteressen. Die Kette der Charakterisierungen ließe sich hier beliebig fortsetzen. Die Neigung, das Steuern fressende Ungetüm zu personifizieren und dadurch außer sich selbst zu stellen, ist begreiflicherweise groß, doch weiterhelfen tut sie nicht. Der Staat ist nicht mehr des Kaisers, er ist vergesellschaftet und hat damit konkurrierende Interessen inkorporiert – seien sie widersprüchlich oder nicht. Die Frage danach, was er will und wem er dient, geht in dieser Form also am Gegenstand vorbei. Sie ließe sich allenfalls dadurch retten, daß man sie komparativisch formuliert: was er am meisten wolle und wem er am meisten diene.

So entsteht die Sorge darum, daß der vergesellschaftete Staat denjenigen am meisten dient, denen am wenigsten fehlt, eben weil sie ihre Interessen am wirkungsvollsten zur Geltung bringen können. Ihr entspricht in der Folge der Gedanke einer gegenläufigen Entwicklung, der „Entgesellschaftung" oder auch derjenigen zur Erhöhung der „relativen Autonomie". Der Staat soll nicht in Abhängigkeit von einer ungerechten Gesellschaft deren Abbild sein, sondern er soll die Möglichkeit zu eigenständigem

Handeln besitzen, um aus dieser Eigenständigkeit heraus den sozialen Wandel vorantreiben zu können. In dieser Philosophie, die man als die der sozial-liberalen Reformpolitik bezeichnen kann, steckt insofern letztlich das Bemühen um eine kalkulierte Reautoritasierung des Staates – kalkuliert und kontrolliert deshalb, weil sie der charismatischen Überwindung des „verwalteten" Staates, wie sie Max Weber für einzig möglich gehalten hatte, durch systemimmanente Maßnahmen zuvorkommen will.

Im folgenden werden die Chancen derartiger Bemühungen anhand eines Beispiels aus dem Bereich sozial-liberaler Reformpolitik erkundet. Der Anspruch einer erschöpfenden Analyse kann dabei schon deshalb nicht erfüllt werden, weil sich die Überlegungen nur auf einen einzigen Fall stützen. Um dennoch zu verallgemeinerungsfähigen Schlußfolgerungen zu gelangen, orientiert sich die Analyse so ausführlich wie möglich an den verhältnismäßig konstanten Interessenprofilen der Akteure und versucht, in ihnen Möglichkeiten und Grenzen von autonomiesteigernden Strategien sichtbar zu machen. Vor Eintritt in die konkrete Fallanalyse wird zum Zweck der Orientierung und begrifflichen Klärung ein kurzer Überblick über die Spannweite des Autonomiebegriffs gegeben.

I.

Kaum ein Konstrukt der jüngeren politikwissenschaftlichen Diskussion ist so schillernd wie das der relativen Autonomie des politischen Systems. Eigentümlich ist die Tatsache, daß kein Theoretiker auf dieses Konstrukt verzichten zu können glaubt, stehe er nun auf der Seite politökonomischer, bürgerlicher oder – was im Effekt auch auf eine bürgerliche Haltung hinausläuft – systemtheoretischen Interpretation des kapitalistischen Staates. Offenbar zeigt sich die staatliche Aufgabendefinition und Aufgabenerledigung gegenüber den legitimatorischen Erfordernissen doch zu sehr „vermittelt", als daß man ihre Autonomie bestreiten, und zu sehr „verknüpft" als daß man sie nicht zugleich relativieren wollte. Die Unterschiede liegen folglich im Konstrukt selbst: in seinen Konstituentien und in seiner funktionalen Bedeutung.

Nicos Poulantzas, für den „der Staat der Agent des Zusammenhalts und der Reproduktion der Produktionsbedingungen" des kapitalistischen Systems ist[1], braucht innerhalb seiner theoretischen Konstruktion die relative Autonomie der sozialen Kategorie „Bürokratie" gegenüber den sie rekrutierenden Klassen und Fraktionen[2], die sich ohne die autonome Funktion des Staates nicht als Ganze organisieren könnten.[3]

Der kapitalistische Staat braucht in der Tat eine relative Autonomie, wenn er das System der privaten Aneignung bei stetiger Vergesellschaftung der Produktivkräfte gegenüber den „Interessen der vereinzelten Kapitalblöcke"[4] absichern will. Die Frage ist nur: Wie kann er diese relative Autonomie erhalten und gleichzeitig darauf festgelegt sein, daß er sie nur zugunsten der „abstrakten Interessen des Gesamtkapitals" (Claus Offe) und nicht (auch) in anderem Sinn nutzt?

Nicos Poulantzas meint, daß „der Staat in einer unterm Zugriff der Monopole organisierten Gesellschaft letztlich nur diesen Interessen dienen kann",[5] und daß „die Abteilung oder der Apparat, der vorherrscht, . . . gemeinhin der (ist), der den Sitz der Macht der hegemonischen Klasse oder Fraktion bildet".[6] Zwei Faktoren sind es demnach, die das *P*olitisch-*A*dministrative *S*ystem (PAS)[7] in seiner relativen Autonomie auf dem „rechten" Pfad halten: die vom ökonomischen System gesetzten Rahmenbedingungen, an denen sich staatliches Handeln orientieren muß, ohne sie verändern zu können, und die indirekte Vermachtung des PAS durch – wie Claus Offe überzeugender als Nicos Poulantzas darlegt – den Bias der durch seine Binnenstruktur programmierten Selektionsleistung.[8] Es scheint mir wenig sinnvoll, zu bestreiten, daß beide Faktoren eine Verengung des politischen Aktionsfeldes bewirken. Nur ist immer noch die Frage offen, wie weit die Wirkung des ersten reicht und wie die spezifisch kapitalistische Wirkung des zweiten zustande kommt.[9] An diesen beiden Fragen setzt denn auch politökonomische Empirie an.[10]

Die Frage der Rahmenbedingungen und der inhaltlichen Ausschöpfung von Autonomiepotentialen stellt sich auch bürgerlicher Wissenschaft, sofern sie Autonomieprobleme zum Gegenstand hat – allerdings nicht mit der sonst notwendigen Unterstellung, daß die Selektionsleistung eine spezifisch kapitalistische sei.[11] Am konsequentesten ergibt sich das aus der Ablehnung eines teleologischen Begriffs des politischen Systems, innerhalb dessen auch Autonomie nur zweckgebunden oder funktional[12] erfaßt werden kann. An seine Stelle tritt ein politisches System, dessen Inhalt und Umfang vom Politikbegriff her bestimmt ist und dessen Funktionen infolgedessen nicht schon theoretisch mit konzeptualisiert sind, sondern ihre Charakteristik der Empirie offerieren. Die Forschung erlaubt dann Schlüsse wie den von Fritz W. Scharpf, daß relative Autonomie den staatlichen Institutionen daraus erwachsen könne, daß *sie selbst* Probleme suchen, analysieren und Programme zu ihrer Lösung entwickeln.[13] Relative Autonomie ist dabei eine gewisse Freiheit *von* dem Druck tagespolitischer Entscheidungen, nicht Freiheit z. B. *zu* der staatlichen Reproduktion der kapitalistischen Produktionsbedingungen.

Das *Phänomen* der relativen Autonomie bedarf nun allerdings auch von dieser Wissenschaftsposition her gesehen einer kontingenten Interpretation. Die Konzeption einer pluralistischen Konkurrenzdemokratie, in der der Externalisierung von Folgekosten dynamischer ökonomischer Entwicklungen ein hoher politischer Immobilismus entgegengesetzt ist, bedarf schon unter dem Gesichtspunkt der Krisenvermeidung des Konstruktes relativer Autonomie.[14] Die Autonomie muß dann genutzt werden, um neben oder über der Ebene tagespolitischer Verteilungskämpfe eine Ebene politischer Analyse und Aktion etablieren zu können, die negative Implikationen der Status-Quo-Politik aufzufangen imstande ist.

Das sozialtechnologische Modell, daß dieser Interpretation zugrunde liegt, soll hier nicht weiter diskutiert werden. Nicht die „Bedeutung" der relativen Autonomie ist in ihrer bürgerlichen Auffassung von hervorragendem empirischen Interesse, sondern die Frage ihrer Konstituentien: Sind tatsächlich jene Bedingungen systemimmanent, die eigene Problemsuche, -analyse und Programmentwicklung des PAS zulassen? Fritz W. Scharpf nimmt eine durchaus skeptische Haltung ein, wenn er zwei abgestufte Restriktionen gegen die relative Autonomie anführt, die Konsensbedürftigkeit der Sache (Rationalisierung von Wachstumsplanung; längerfristige Krisenvermeidungsplanung; Gestaltungsplanung) und die Gunst der Situation (Grad des Krisendrucks).[15] Auf beide Variablen hat das PAS praktisch keinen Einfluß. In der Frage, *wann* das PAS seine relative Autonomie zugunsten längerfristiger Vermeidungsplanungen und Gestaltungsplanungen ausnutzen kann, bleibt es externen Bedingungen ausgesetzt.[16]

In der folgenden Fallstudie gehe ich hinter diesen Standpunkt noch einmal zurück: Es soll an einem Beispiel geprüft werden, ob sich innerhalb des PAS Chancen zu einer erfolgreichen autonomieerhöhenden Strategie dartun, durch die das PAS eine größere Unabhängigkeit von den oben genannten externen Restriktionen erreichen könnte. Die Prüfungskriterien sind demnach folgendermaßen festzulegen:

1. Gelingt es dem PAS, sein eigenes begrenztes Aufmerksamkeitspotential so zu verlagern, daß jener Anteil der Aufmerksamkeit, der für das „intelligenter Machen"

von Wachstumsplanungen, für längerfristige Krisenvermeidungsplanungen und für Gestaltungsplanungen aufgebracht wird, gemessen an dem Anteil steigt, der für kurzfristige Politik zur Verfügung steht?
2. Gelingt es dem PAS, die gemäß Ziff. 1 gestiegene Chance relativer Autonomie durch entsprechende Umsetzung seiner Programme nach außen zu realisieren?
3. Gelingt die Autonomiesteigerung in einer krisenuntypischen Situation?

Das Gelingen kann geprüft werden nur an einem Fall, in dem eine entsprechende autonomiefördernde Strategie innerhalb des PAS auch tatsächlich versucht worden ist. Meines Erachtens liegt dieser Versuch in der sogenannten „Zusammenarbeit des Bundes und der Länder bei der Erstellung einer Gesamtproblemanalyse der längerfristigen öffentlichen Aufgaben für die Jahre 1976 bis 1985“ vor.

II.

1. Das allgemeine Interesse der Regierungskanzleien

Die Verfassungen des Bundes und der Länder sehen im großen und ganzen die gleiche Regierungsstruktur vor. Insofern stellen sich die strukturellen Probleme einer regierungsumgreifenden Planung auf Landesseite ähnlich wie beim Bund. In den Regierungschefs und in den ihnen zuarbeitenden Kanzleien liegt die einzige institutionelle Verfestigung dessen, was man unpräzise, doch für die Zwecke hier ausreichend, Gesamtverantwortung für die Regierungspolitik bzw. für deren Durchführung und Kontrolle nennen kann.[17] Damit zusammenhängende Funktionen sind für die Kanzleien prekär: Weder verfügen sie über ausreichende Informationen, noch über einen zureichend kompetenten Apparat, um rechtzeitig und mit genügender Intensität die Koordination und Integration der Fachprogramme unter längerfristigen gesamtpolitischen Aspekten anstoßen und überwachen zu können. Insofern liegt bei diesen Regierungen die Konstruktion eines Ressortplanungsverbundes nahe. Die Kanzleien müssen an seinem Zustandekommen ein genuines Interesse haben.

Insgesamt gesehen kann man sagen, daß es – mit Ausnahme vielleicht der beiden Stadtstaaten Hamburg und Berlin – weder auf Landes- noch auf Bundesebene bis zum Beginn des Untersuchungszeitraums (Herbst 1969) gelungen war, eine interministerielle Struktur zu schaffen, die den Namen Planungsverbund rechtfertigen würde.[18] Die Staatskanzleien sahen sich also nach wie vor prinzipiell dem Problem konfrontiert, wie dem Ressortpartikularismus eine integrative und vorausschauende Planungsfunktion wirksam entgegengesetzt werden könnte. Die Chancen standen in den Ländern dabei je nach Stellung des Amtschefs und des Regierungschefs unterschiedlich, im Durchschnitt eher noch niedriger als die Chancen des BK (Bundeskanzleramt) beim Bund.

So überrascht es nicht, daß die integrative und vorausschauende Planung einen ersten maßgeblichen Anstoß auf Bundesseite erhielt.[19] Der Anstoß zu dieser Planung kam offenkundig von der SPD, nachdem die sozial-liberale Koalition die Regierung gestellt hatte.[20] Eine externe ökonomische Krise gab es zu der Zeit nicht. So ist eher zu vermuten, daß die Gründe für die Planungsinitiative in der traditionell planungsfreundlichen Staatstheorie der Sozialdemokratie zu suchen sind, die sich jahrzehntelang nicht an der ministeriellen Praxis der Bundesadministration brechen konnte.[21] Insofern ist die Situation historisch einmalig. Immerhin kann nicht ausgeschlossen werden, daß bei späteren Regierungswechseln ähnliche Initiativpotentiale in personell regenerierten Parteien frei werden, wenn der Aktionsstau, der sich in der Opposition bilden kann, ausreichend groß ist. Aber an einen Regierungswechsel scheinen mir derartige Initiativen – außerhalb gesellschaftlicher Krisen – doch gebunden zu sein.

2. Die Initiative zur längerfristigen Aufgabenplanung

Im Herbst 1970, nachdem verschiedene andere planerische Vorhaben angestoßen worden waren, begann die Planungsabteilung des BK mit der Arbeit an der längerfristigen Aufgabenplanung. Zu ihrer Begründung wurde insbesondere auf drei abzuwendende Mißstände hingewiesen:

– Unvergleichbarkeit der Planungen in verschiedenen Bereichen hinsichtlich des zeitlichen Horizontes und der Aussagedichte bzw. Aussagenkonkretheit. Folge: Der fehlende Überblick über den gesamten langfristigen staatlichen Aufgabenrahmen verhindert die ausgabenbezogene (und das heißt: wirksame) Entscheidung über Schwerpunkte und Prioritäten. Stattdessen ergeben sich die Schwerpunkte und Prioritäten nach dem Kriterium der wirksamen Erzeugung von öffentlichen Erwartungen etwa durch „vorpreschende“ Pläne. Beispiele: Bildungsgesamtplan, Verkehrswegeprogramm.
– Mangelnde Übereinstimmung der Planungen in verschiedenen Bereichen hinsichtlich der Ziele, Maßnahmen und Grundannahmen. Folge: Statt positiver Kumulationseffekte bei den Auswirkungen sich sachlich überschneidender Planung und damit einer hohen Effizienz des staatlichen Mitteleinsatzes zwingen unvorhergesehene negative Kumulationseffekte zu immer neuen und kostspieligen „Flankierungen“ oder Revisionen. Beispiele: Zusammenhang zwischen Siedlungs- und Verkehrswegeplanung; getrennte Planung der Entwicklungsachsen verschiedener Bundesländer in den Grenzgebieten.
– Ignoranz der Planungen hinsichtlich wichtiger zukünftiger Probleme, auf die sich das staatliche Handeln frühzeitig einstellen muß. Folge: Zu spät erkannte und/oder nicht in den staatlichen Aufgabenrahmen einbezogene Probleme kumulieren soweit, bis die öffentliche Hand unter dem Druck der Öffentlichkeit oder aus Gründen der Erhaltung des Status-Quo bzw. einer kontinuierlichen Entwicklung unvorbereitet hohe Krisenaktivitäten entfalten muß. Dadurch entstehen Verluste in Hinblick auf die Steuerungsfähigkeit: Aktive, gestaltende Einwirkung rückt gegenüber kurzfristigem Reagieren in den Hintergrund. 1. Variante: Das Problem wird nicht rechtzeitig gesehen, das Handeln kommt (zu) spät. Beispiel: Bildungs„katastrophe“, Umweltschutzproblem. 2. Variante: Das Problem wird zwar gesehen, bestimmte Komponenten von ihm werden aber ignoriert, evtl. um schwierigeren, dafür aber länger wirksamen Konsensbildungsprozessen um kurzfristiger Wahlerfolge willen aus dem Weg zu gehen. Beispiel: Kohlenkrise, Landwirtschaft.

Mit dem ausdrücklichen Hinweis auf diese Planungsmißstände als Ausgangsprobleme der längerfristigen Aufgabenplanung entzündete diese selbst die Erwartung, die Probleme planerisch lösen, zumindest zu ihrer planerischen Bewältigung nennenswert beitragen zu können. Dazu sollten die folgenden Arbeiten im Laufe der längerfristigen Aufgabenplanung verrichtet werden:

– eine Bestandsaufnahme staatlicher Aufgaben und Ressourcen, soweit sie durch Pläne, Gesetze etc. über 1975 hinaus festgelegt sind;

- eine Problemanalyse für die über 1975 hinausgehenden problematischen Entwicklungstrends;
- eine Analyse der Lücken staatlicher Planungen;
- eine Analyse der zukünftigen Ressourcenentwicklung, insbesondere der kritischen Kapazitäten;
- eine Analyse verbleibender künftiger staatlicher Handlungsspielräume;
- eine Prüfung der Konsistenz vorliegender staatlicher Planungen;
- die Entwicklung alternativer Lösungsansätze im Rahmen von Ressourcenbandbreiten und bei einheitlichem Zeithorizont (1976 – 1985); dabei Iteration von Aufgaben und Ressourcen;
- Auswahl von Aufgabenschwerpunkten;
- vorläufige Prioritätensetzung;
- Entwicklung abgestimmter Planungsmethoden.

Die Konzeption enthält eine Reihe von Mängeln, die hier im einzelnen nicht auseinandergelegt werden sollen. Immerhin sah sie die Schaffung besonderer Analysekapazität für zukünftige Probleme (Aufgaben und Ressourcen) vor und sollte mit Konsistenzanalysen die Koordination und Integration staatlicher Aufgabenplanung vorbereiten helfen. Man kann also durchaus davon ausgehen, daß mindestens das „intelligenter Machen“ von Wachstumsplanungen und längerfristige Vermeidungsplanung konzeptionell programmiert waren.

*3. Grenzen regierungs*umgreifender *Strategien der Autonomieförderung*

Das Programm war in seiner Universalität von vornherein auf eine Kooperation mit den Bundesressorts angelegt. Da eine systematische Verbindung von Aufgaben- und Finanzplanung nicht in Sicht war, wurde die längerfristige Aufgabenplanung bewußt auf dispositive Funktionen im längerfristigen Zeitraum, jenseits der Finanzplanung, ausgelegt unter der Annahme, daß ihre Ergebnisse Rückwirkungen auf die mittel- und kurzfristigen Entscheidungen haben könnten („Retropolation“). Diese Unbestimmtheit der gesamten Durchsetzungsfrage wurde auch nicht nennenswert dadurch aufgehoben, daß im Verfahren wechselseitiger Abstimmung aufgabenbezogene Ressourcenplafonds bestimmt werden sollten. Schon in Vorgesprächen zwischen BK, Bundeswirtschafts- und Bundesfinanzministerium hatte geklärt werden können, daß das Aggregationsniveau von Schätzungen des BSP, des sogenannten Staatskorridors und dessen Aufteilung in zehn Staatsfunktionen nicht würde unterschritten werden können. Unter dem Gesichtspunkt ihrer Unabhängigkeit bestand für die Ressorts also keine unmittelbare Gefahr, mit dem Fehlen klar explizierter Verwertungsziele aber auch kein genuines Interesse an der Initiative des BK.

Unter diesen Umständen geriet der sogenannte Ressortplanungsverbund, der zu Beginn der VI. Legislaturperiode neu geschaffen worden war, in einen Härtetest. Was war dieser Verbund? Vierzehntäglich trafen sich für einige Stunden unter Federführung des BK die „Planungsbeauftragten“ – je ein Vertreter jedes Ressorts im Range eines Abteilungsleiters – zu koordinierenden Gesprächen über aktuelle Planungsfragen.

Die Planungsbeauftragten waren aber in ihrer überwiegenden Mehrzahl und folglich auch in ihrer Gesamtheit von ihrer Stellung im Ressort her nicht in der Lage, sich ein geschlossenes Bild von der Arbeit des eigenen Ressorts zu machen, geschweige denn diese Arbeit im Sinne regierungsumgreifender Zielsetzungen zu beeinflussen. Die Initiative regierungsumgreifender Planung lag deshalb nahezu ausschließlich beim BK.

Sie mußte entweder mit desinteressierten Ressortvertretern oder sogar gegen die ausgeprägten Partikularinteressen der Ressorts durchgesetzt werden. Die Identitätslosigkeit dieses Planungsverbundes erzwingt mithin folgende begriffliche Präzisierung: Seine praktische Funktion blieb auf die Umsetzung beschränkt, wobei die Durchsetzungskraft des BK nicht über eine Änderung oder Ergänzung des Rollenselbstverständnisses und des Incentive-Systems der Planungsorganisation institutionell verstärkt und entlastet wurde. Folgerichtig machten die Planungsbeauftragten als Durchsetzungsmotiv gegenüber ihren Ressorts zunehmend die „Wünsche des BK" geltend und forderten im Gremium der Planungsbeauftragten immer unverblümter, daß das BK die „gemeinsamen" Projekte offen als in seinem Interesse stehend deklariere.[22] Damit rückte die regierungsumgreifende Planung im „Planungsverbund" latent immer näher an die Struktur eines zentralen Planungsministeriums. Das BK war der ihm in dieser Struktur zugewiesenen Funktion schon aus Kapazitätsgründen unmöglich gewachsen. Zudem war die latente Struktur nicht gerade geeignet, das Vertrauen der Ressorts in die Bemühungen um regierungsumgreifende Planung zu vertiefen.

Die einzige Funktion, die das Gremium der Planungsbeauftragten relativ stabil erfüllte, war die einer akzellerierenden Kommunikation. Für die Verfolgung gesamtplanerischer Belange waren nunmehr in allen Ressorts in den Planungsbeauftragten spezielle Informationsstellen vorhanden. Durch sie und durch das Gremium konnten Informationen rasch erhalten und ausgetauscht werden, deren Beschaffung sonst zeitaufwendig gewesen und deshalb zumeist unterlassen worden wäre. Vor allen Dingen gab das Gremium der Planungsbeauftragten die Möglichkeit, Reaktionen der Ressorts auf Kanzleramtsprojekte vorsichtig zu testen und den administrativen Bargaining-Prozeß um derartige Projekte im Rahmen des Einflußbereichs des BK optimal zu kanalisieren.

Diese Darlegungen dürften es rechtfertigen, den sogenannten Ressortplanungsverbund der VI. Legislaturperiode als einen Informationsverbund für Belange regierungsumgreifender Planung zu bezeichnen. Er bildete den organisatorischen Hintergrund der gesamtplanerischen Projekte, die von der Planungsabteilung des BK initiiert wurden, so auch für die längerfristige Aufgabenplanung. An seiner Unfähigkeit, sich diese Initiative des BK durch Präzisierung oder durch Modifizierung zu eigen zu machen oder die Initiative entschlossen zu verwerfen, zeigt sich deutlicher denn je seine Schwäche. Vom BK konnte zwar eine „Bewilligung" der vorgeschlagenen Planungsorganisation (sieben Arbeitsgruppen zu je ca. 7 Beamten des Höheren Dienstes, teilzeitlich) formal erreicht werden, der Identitätsmangel des Planungsverbundes aber fiel hinter der Kulisse der Formalorganisation der längerfristigen Aufgabenplanung als Grabenkrieg um unerläßliche Ressortinformationen und Motivation des von den Ressorts freigestellten Personals in den sieben interministeriellen Arbeitsgruppen neu an und verschärfte sich dort angesichts der methodologischen Probleme, die sich üblicherweise in der konkreten Ausführung als wesentlich renitenter erweisen denn zuvor in den konzeptionellen und organisatorischen Überlegungen.

In Geringschätzung der nur aufgeschobenen, nicht aufgehobenen Probleme hatte sich das BK mit der scharf restringierenden Forderung der Ressorts nach Vorlage eines Zwischenberichts nach drei Monaten einverstanden erklärt. Im Rückblick wird klar, daß dieser Zeitraum auf mindestens den dritten Teil zu kurz gewählt war. Die Zwischenergebnisse fielen entsprechend enttäuschend aus. Mit ihnen waren die Planungsbeauftragten vollends überfordert, die sie entsendenden Ressorts um weitere Unterstützung anzugehen, das BK nicht in der Lage, die Konzeption gegenüber den Planungsbeauftragten weiterhin sachlich zu rechtfertigen. Daß das Projekt dennoch weiterverfolgt werden konnte, lag ausschließlich daran, daß das BK inzwischen mit den Ländern eine Einigung über deren Mitarbeit herbeigeführt hatte und daß es sich der Bund nicht leisten konnte, gegenüber den oppositionell geführten Ländern Fehlanzeige zu erstatten.[23] Trotz der parallelen Aufgabe und Organisation der Langzeitkommission der SPD – die auf Informationen der staatlichen Bürokratie angewiesen sein mußte – wäre die ihr hilfreiche längerfristige Aufgabenplanung in einer SPD-geführten Bundesregierung im Ressortegoismus zerrieben worden.

Soweit zeigt der Fall zunächst, daß das BK seine auf Erweiterung der relativen Autonomie (des PAS, nicht des BK!) gerichtete Strategie weder *ohne* die Ressorts, noch *gegen* sie aussichtsreich hätte durchsetzen können. Selbst wenn man hier einmal das Problem der Informationsbeschaffung außer acht läßt, ist immer noch genügend offenkundig, daß die Klientellosigkeit seines auf Autonomie gerichteten Interesses das Handeln des BK zur Wirkungslosigkeit gegenüber einer Ressortstruktur prädestiniert, innerhalb derer den Klientelen die Entscheidungslogik der Suboptimierung verbürgt ist. Angesichts dieser Lage verlangt Autonomie als handlungsleitendes Interesse der Kanzleien grundsätzlich nach mittleren Umsetzungsorganisationen, wie sie sich z.B. im Bund durch die Planungsbeauftragten andeuten. Entscheidend ist dabei, ob es gelingt, in interministeriellen Gremien eine identitätserzeugende Gruppendynamik auszulösen, die stark genug ist, integrative Planung zu erzeugen, und doch nicht so stark ist, daß sie zu einer Abschottung der Ressorts gegenüber diesen Gremien führt. Zwangsläufig werden dabei in den Mitgliedern systematisch Cross-Pressure-Situationen angelegt. Das macht die Mitarbeit in derartigen Gruppen nicht eben beliebt. Bislang ist auch noch nicht erwiesen, daß ein erfolgreiches Austarieren derartiger Konstruktionen überhaupt auf Dauer möglich ist. In unserem Falle jedenfalls scheiterte der Versuch. Hätte man es anders machen können?

Eine Alternative scheint sich in kompetenzmäßigen Regelungen anzudeuten, deren Ergebnis im Zuschlag von Fachkompetenzen für die Kanzleien liegt. Derartige Modelle werden z. B. in Hamburg und Nordrhein-Westfalen praktiziert. Die Theorie geht dabei davon aus, daß mit diesen Zuständigkeiten sowohl der Informationsfluß als auch ein Bargaining-Potential gesichert werde, das zugunsten autonomiefördernder Strategien eingelöst werden kann, Dabei wird allerdings übersehen, daß das Bargaining-Potential klientelbelasteter Aufgabenbereiche zumeist schon in der additiven Koordination verbraucht wird und daß der typische Ressort-/Kanzleienkonflikt in Bezug auf die einverleibte Kompetenz deshalb als kanzleiinterner Konflikt zwischen Abteilungen erneut erscheint. Schließlich bleibt als Strategie die wechselnde Koalitionsbildung mit anderen auf Autonomie verpflichteten Zentren. Hierfür kommen ausgesprochene Querschnittsplanungseinheiten und Grundsatzreferate in den Ressorts, besonders aber das Finanzressort infrage.[24] Die Erfahrung zeigt aber immer wieder, daß derartige Möglichkeiten wegen der Ressortbindung dieser Einheiten respektive wegen der einseitigen und sich mit sich selbst begnügenden Perspektive des Finanzressorts begrenzt sind.[25] Wir müssen also davon ausgehen, daß die auf Erweiterung der relativen Autonomie gerichtete Strategie des BK auch *mit* den Ressorts, also in der Kooperation, keine Aussicht auf Erfolg hatte, wenn nicht andere Bedingungen hinzutraten.

*4. Grenzen regierungs*übergreifender *Strategien der Autonomieförderung*

Wie schon oben angedeutet, hatte das BK während der ersten Phase des Projektes mit den Staats- und Senatskanzleien der Länder erfolgreich über eine aktive Beteiligung verhandelt.[26] Das Projekt wurde damit auf eine politische Ebene gehoben, auf der es in den Sog der Parteikonkurrenz hineingeraten konnte. Dem Bund war es nun nicht mehr möglich, ohne Gesichtsverlust die Initiative zurückzunehmen, und das zwang schließlich auch die Ressorts zumindest äußerlich zur weiteren Mitarbeit. War nun das Bündnis der Kanzleien von Bund und Ländern in irgendeiner Weise krisenbedingt oder läßt es sich auf relativ stabile Strukturen zurückführen? Ferner: Mußte das Bündnis nicht eventuell mit einem zu hohen Preis in der Konzeption erkauft werden, z. B. durch die Reduzierung der Zusammenarbeit auf mittel- bzw. kurzfristige Verteilungsprobleme, die nicht mehr einer autonomiefördernden Strategie entsprechen würden?

Die Interessen der Kanzleien des Bundes und der Länder gehen – soweit sie den hier beschriebenen Fall berühren – auf vier Konflikte zurück:

- Kanzlei-/Ressort-Konflikt, wie bereits dargelegt;
- Bund/Länder-Konflikt, der vornehmlich ein Kompetenzkonflikt ist und dessen Manifestierung im sogenannten Bund-Länder-Planungsverbund (Gemeinschaftsaufgaben nach Art. 91 sowie Aufgaben nach Art. 104 a/4 Grundgesetz) zusammen mit der Umsatzsteuerverteilung hier eine besondere Rolle spielt;[27]
- Parteikonflikt, soweit er sich aus den unterschiedlichen Mehrheitsverhältnissen im Bund und von Land zu Land ergibt;
- Konflikt zwischen Planungstechnokraten und „Pragmatikern", der dadurch zustandekommt, daß die Länder unterschiedliche Planungsvorstellungen haben und zudem in der planerischen Entwicklung bzw. im Ausbau ihrer Infrastruktur verschieden weit fortgeschritten sind.[28]

Bis auf den zuletzt genannten Interessenunterschied sind alle Konflikte strukturell in der Verfassungskonstruktion des Grundgesetzes angelegt. Insofern kann man davon ausgehen, daß sie als Bedingungen für autonomieerhöhende Strategien des PAS längerfristig und relativ stetige Geltung haben. Die Frage ist nur, ob sie das Zustandekommen der Vereinbarung zwischen Bund und Ländern bezüglich der längerfristigen Aufgabenplanung zureichend erklären können.

Zunächst einmal war zu beobachten, daß der sogenannte Arbeitskreis der Staats- und Senatskanzleien und des BK, der sich im Durchschnitt etwa alle sechs Wochen, dann allerdings meistens ganztägig traf, jenem Ziel einer identitätserzeugenden Gruppendynamik sehr viel näher kam als der Kreis der Planungsbeauftragten des Bundes. Mit Ausnahme von Hamburg wurde von allen Kanzleien gleichermaßen unumwunden zugegeben, daß man angesichts der Unvergleichbarkeit der Ressortplanungen kaum zu effektiver Koordinierung in der Lage sei, geschweige denn daß man langfristige Richtungsvorgaben erarbeiten könne. Eine Zusammenarbeit der Kanzleien wurde deshalb als besonders vordringlich angesehen. Auf dieser Konfliktebene konzentrierten sich die Hoffnungen infolge dessen auf die „Entwicklung vergleichbarer Methoden für die Ermittlung von Basisdaten und für eine gemeinsame Datenbasis für die jeweiligen Planungen des Bundes und der Länder"[29].

Die Initiative des BK zur gemeinsamen längerfristigen Aufgabenplanung, im Kreis der Kanzleien formell eine Initiative des Bundes, ging natürlich über die politische Entscheidungsbefugnis dieses Kreises hinaus: Es ging um die Koordination massiver politischer Interessen, zumal die angestrebte Zusammenarbeit für die Länder überwiegend eine Kabinettsangelegenheit werden mußte. Das oben skizzierte allgemeine Interessenprofil konkretisierte sich dabei weiterhin mutmaßlich folgendermaßen:

Die CDU-regierten Länder sahen voller Sorge auf die sich massiv entwicklenden Planungsaktivitäten des Bundes. Sie mußten damit rechnen, daß die SPD-Länder notfalls allein mit dem Bund das Projekt durchführen würden. Für sie galt es deshalb, noch rechtzeitig auf den fahrenden Zug aufzuspringen, von dem niemand wissen konnte, mit welchem Tempo er wohin fahren würde.

Die Grundproblematik des Bund-Länder-Planungsverbundes, in diesem Fall die Verteilung des Steueraufkommens, wirkte sich in der Initiativphase des Projektes ebenfalls eher stimulierend aus: Die Leistunsfähigkeit der neu zu schaffenden Organisation konnte noch nicht abgeschätzt werden. Insofern konnten die Länder hoffen, daß ihnen auf diesem Weg zuwüchse, was ihnen bisher im Bund-Länder-Planungsverbund versagt geblieben war: eine Klärung oder zumindest ein Beitrag zur Klärung der langfristigen Finanzverteilung und verbindlichere Aussagen des Bundes zu den angestrebten planerischen Eckwerten. Gleichzeitig mußte verhindert werden, daß der Bund weiteren Einfluß auf die Planungen der Länder erhielt. Daraus ergaben sich die Konzessionen des Bundes in der Konzeption[30]:

- Insbesondere wurden jene Konzeptionsteile gestrichen, die unmittelbar in den differentiellen Teil der föderalistischen Politik hineinfielen: Die gemeinsame Erarbeitung alternativer Lösungsansätze, die Auswahl von Aufgabenschwerpunkten, die vorläufige Prioritätensetzung.[31]
- Ferner wurde die Hoffnung der Länder auf eine Klärung des langfristigen Finanzrahmens genährt durch das Einschieben der Passage: „Die Gesamtproblemanalyse (. . .) soll sowohl dem Bund wie den Ländern Orientierungshilfen . . . insbesondere für Entscheidungen . . . über aufgabengerechte Finanzverteilungen geben."
- Schließlich wurde der „Gesamtproblemanalyse" – wie das Projekt nun hieß – eine sechsmonatige Erprobungsphase verordnet, die es erlauben sollte, das Ob und das Wie einer Fortsetzung erneut zu entscheiden.

Mögliche Interessenkollisionen zwischen Ländern mit ausgebautem Planungssystem und fortgeschrittenem Infrastrukturausbau und solchen, die noch nicht darüber verfügten, blieben in der ersten Phase der Verhandlungen zwischen Bund und Ländern mehr im Hintergrund.

Offenkundig dominierte innerhalb des Initiativzentrums, des Arbeitskreises der Staats- und Senatskanzleien und des BK, der Kanzlei/Ressort-Konflikt. Dadurch blieb auch das Ziel einer autonomieerhöhenden Strategie, die sich jedenfalls zunächst einmal auf eine Erhöhung der spezifischen heuristischen Kapazitäten richten muß, gewahrt. Abstriche wurden insbesondere am Charakter der angestrebten Ergebnisse gemacht: Die Zusammenarbeit sollte schon in der Analyse enden und nicht zur eigentlichen „Planung" (Problemlösung) vordringen, und das Ergebnis sollte für alle Beteiligten unverbindlich bleiben. Natürlich konnten diese Konzessionen an die aus dem Parteien- und aus dem Bund/Länder-Konflikt resultierenden Interessenlagen nicht ohne Konsequenz für die *Umsetzung* der Ergebnisse bleiben. Der Konsens der Kanzleien, durch den hinterrücks die Machtverhältnisse in Bezug auf die Verteilung der Aufmerksamkeitspotentiale verschoben worden waren, galt nur für die Heuristik, nicht für die Programmentwicklung und -durchsetzung.

Diese Trennung ist nun in der Tat außerordentlich charakteristisch für die weitere Entwicklung des Projektes. Sie ist Ausdruck der Grenze, die einer auf Autonomieerhöhung gerichteten Initiative innerhalb des Systems der Regierungen in der BRD gesteckt ist.[32] M. a. W., die Kanzleien müssen in Hinblick auf die Durchsetzungsfrage vollständig andere Dimensionen politischen Handelns bemühen. Wie ernst dieses Problem in dem beschriebenen Fall zu nehmen war, zeigt der hinhaltende Widerstand der Ressorts über die gesamte Zeit der Erprobungsphase ebenso wie die Ergebnisbeurteilung bzw. deren Steuerung durch die Kanzleien:

Trotz hoher Transparenz, interessenangepaßter Unverbindlichkeit der Konzeption und (hieraus wie aus der mangelnden Leistungsfähigkeit der unterdimensionierten

Verbundorganisation resultierender) Ungefährlichkeit der Ergebnisse lag der Grad der Freistellung der von den Ressorts gestellten Mitglieder in den Planungsgruppen erheblich unter dem formell zugestandenen Maß.

In den Ländern entwickelte sich der Konflikt zwischen Kanzleien und Ressorts insbesondere in der Beurteilung der Analyseergebnisse aus der Erprobungsphase nach drei Lösungsmustern:

– Kanzleien, die auf Grund ihrer starken Stellung entweder auch negative Reaktionen der Ressorts ertragen konnten oder die den Abstimmungsprozeß genügend in der Hand hatten, um ihre eigenen Interessen durchzusetzen;
– Kanzleien, die eine Abstimmung mit den Ressorts in Vorausschätzung interessenbedingter Negativhaltung der Ressorts gar nicht erst einleiteten;
– Kanzleien, die von den Ressorts zu abhängig sind, als daß ihnen einer der beiden ersten Wege offenstände, und die deshalb selbst zu einer Negativhaltung gedrängt wurden. (Das kann mit Sicherheit nur von Bayern gesagt werden.)

Insgesamt konnte sich also das Interesse der Kanzleien an einer Fortsetzung des Projektes durchsetzen, wobei allerdings in Antizipation zukünftiger Umsetzungs- und Rekrutierungsschwierigkeiten für die Planungsgruppen von den Kanzleien für den Fall einer Fortsetzung der Problemanalyse eine Verminderung des personellen Einsatzes und eine stärkere Orientierung der Verwertungsziele an kurz- und mittelfristigen Politiken verlangt wurde.

Indessen brachte die vorgezogene Bundestagswahl einen Wechsel der Führungsmannschaft des BK und daraus resultierend u. a. die Einstellung der BK-Initiative zur längerfristigen Aufgabenplanung mit sich. Das Interesse an einer Art langfristiger Investitionen zur systematischen Entwicklung eines regierungsübergreifenden, dem föderalistischen Staatsprinzip Rechnung tragenden Planungsverbundes war nicht mehr ausreichend vorhanden. Die relativ hohen Kosten eines Ausbaus der planerischen Infrastruktur schienen der neuen BK-Führung an den kurzfristigen politischen Effekten gemessen zu hoch. Wie kam es nun, daß selbst im BK jetzt wieder das langfristige Engagement kurzfristig bilanziert werde? 1969 waren es des Kanzlers Charisma, vielmehr aber noch die Kollegialität der neuen Regierung, die einen Kanzleramtschef möglich machten, durch dessen praktische Politik das eingespielte Ungleichgewicht von Art. 65 des Grundgesetzes (Kanzler-, Kabinett-, Ressortprinzip)[33] gefährdet werden konnte. Ich vermute, daß in einer reetablierten Regierung der inzwischen vollzogenen Ressortassimilation der Koalitionäre die personalpolitische Korrektur im BK folgen mußte.

Das Projektende interessiert hier allenfalls peripher. Es bestätigt die eingangs erwähnte These, daß der Aktionsstau einer neuen Regierung unerläßliche Voraussetzung für autonomiesteigernde Strategien ist, und es zeigt, daß der Anpassungsdruck der Ressortadministration bzw. die „Ministersozialisation“ jedes derartige Bemühen perhorresziert, wenn es nicht gelingt, den vorübergehend erreichten neuen Modus der Aufmerksamkeitsverteilung institutionell ausreichend abzusichern.

Aber selbst wenn alle diese Bedingungen zusammentreffen würden – was bei dem beschriebenen Projekt schon nicht der Fall war – würde das abgeklammerte Problem der Umsetzung von Ergebnissen derartiger Problemanalysen in Programmentwicklung und Programmverwirklichung noch nicht gelöst sein. Dazu liefert der hier beschriebene Fall auch keine Hinweise. Es soll deshalb in der abschließenden Beurteilung versucht werden, hierzu noch einige theoretische Möglichkeiten auf ihre Realisierbarkeit hin abzuschätzen.

III.

Das föderale System impliziert und beabsichtigt neben der gewaltenteilenden Funktion eine Trennung regionaler Interessenprofile, die je nach parteipolitischer Konstellation mehr oder weniger hervortritt. Obgleich die regionalen Politiken jeweils in gleicher Weise dem Ressortdruck ausgesetzt sind, konstituiert die Regionalisierung der Politik damit eine Strukturbedingung, die quer liegt zu der der pluralen Teilinteressen. Sie kann von den Kanzleien der Regierungschefs auch außerhalb ökonomischer Krisen zur Initiierung autonomieerhöhender Strategien genutzt werden, weil

a) das föderale System und die Struktur der Regierungen in der BRD eine hohe Interessenidentität der Kanzleien, über alle Teilpolitiken hinweg, an einer formalen Verschiebung der politischen Aufmerksamkeit zugunsten von langfristiger Problemschau, -analyse und integrierter Programmentwicklung herstellt und weil
b) ein gemeinsames Vorgehen der Kanzleien sowohl durch den Charakter der Außenbeziehungen, in denen die Verbindlichkeiten gegenseitiger Vereinbarungen erhöht werden, als auch durch die zwischenparteiliche Kooperation mit ihrer zwangsläufigen Aufmerksamkeitssteigerung die Wirkungswahrscheinlichkeit der autonomiegerichteten Strategie in ihren heuristischen Bereichen absichert.

Schon die bloße Erarbeitung dieses „systempolitischen“[34] Wissens innerhalb der PAS kann politische Veränderungen latent hervorrufen, etwa dadurch, daß sich die analytischen Raster einander annähern. Gerade in einer weiter vorausschauenden Politikanalyse spielen diese Raster in der Form von Datenkategorien und Prognosemethoden eine maßgebende Rolle für das Ergebnis der Analyse.[35] Die Annäherung bringt also mindestens eine Ausschaltung von Unvergleichbarkeiten und mangelnder Übereinstimmung von Planungen insoweit, wie sie sich aus bloßer Unkenntnis der Programmplaner ergeben.

Natürlich kann der Zusammenhang von Raster und Analyseergebnis auch in eine Art politischen „Methodenstreit“ münden, in dem dann klar würde, daß eine politische Planung, die von Prognosen ausgeht, zwangsläufig zwischen „harten“ und „weichen“ Daten unterscheiden *muß*, obgleich diese Unterscheidung nur über Gesellschaftstheorie, mithin politisch begründet werden kann.[36] Mit diesem Fortschritt des politischen Bewußtseins ist indessen vorerst kaum zu rechnen. Bis auf weiteres werden gesellschaftspolitische Entscheidungen von den Analytikern implizit nach Selektionskriterien mitentschieden, die man wohl in den Gesellschaftsbildern bestimmter Rekrutierungsgruppen des PAS und in ihren professionellen Denkmethoden zu suchen hätte.

Aus den hier dargelegten Gründen würde ich auch die heuristische Leistung der autonomiegerichteten Strategie auf eine mögliche Erhöhung von Vergleichbarkeit und Übereinstimmung von Planungen beschränkt sehen. Das dritte Glied des Ausgangsproblems, der Abbau der Ignoranz, wird in dem Sinn der Kalkulation ganzer gesellschaftspolitischer Variationen nicht erfüllt. Überhaupt kann der Abbau von Ignoranz in der Problemanalyse nicht in den Bereich der latenten Funktionen verwiesen werden. Man wollte ihn ja, wenn auch nur in Bezug auf die Folgen bereits vorhandener Pläne und in der Diskussion befindlicher politischer Alternativen. Jenes Denken, das Fritz W. Scharpfs „Gestaltungsplanung“ voraussetzen würde, hätte den Konsens der Parteien mit Sicherheit überfordert und war deshalb auch konzeptionell dadurch ausgeklammert, daß die Problemanalysen sich an vorhandenen amtlichen Materialien orientieren mußten.

Das ist nun in der Tat ein dürres Ergebnis für die Möglichkeiten einer Autonomiesteigerung des PAS aus eigener Kraft. Aber würde denn wenigstens diese Heuristik eine Chance auf politische Schlußfolgerungen gehabt haben, wenn die „Problemanalyse" noch rechtzeitig den Schritt in die institutionelle Verfestigung geschafft hätte?

Die restriktive Haltung der Ressorts gegenüber der Initiative des BK erlaubt den Schluß, daß die Ergebnisse der Problemanalyse im großen und ganzen nur machtvoll gegen die Ressorts hätten durchgesetzt werden können. Es hätte also von Seiten des BK des Aufbaus einer „Gegenmachtposition"[37] bedurft, wobei die Kanzleien der Länder hierfür nicht mehr infrage kamen. Wie die Machtpositionen der Ressorts nicht nur administrativ erklärt werden können,[38] weil sie einer Entsprechung in der inputstrukturellen Formation des politischen Systems bedürfen, so wird es in der Durchsetzungsfrage auch für die Kanzleien unumgänglich sein, Bündnispartner im Input-Bereich zu finden. Die latente Bündnisbereitschaft dürfte etwa bei Gruppen vorhanden sein, deren autonomiegerichtetes Interesse zwar ebenfalls strukturell angelegt ist, bei denen es aber nicht zu organisierten Aktionen kommt, weil ihr Interesse sanktionsbedroht ist. Das paßt typisch auf einzelne Gruppen in den Regierungsfraktionen, insbesondere unter den unabhängigen Wahlkreisabgeordneten, sowie auf andere Gruppen in den Regierungsparteien. Koalitionen der Kanzleien in dieser Richtung verbürgen eine hohe Identität konkreter Ziele. Auch ihre Wirkungswahrscheinlichkeit dürfte hoch angesetzt werden; doch leiden sie unter mangelnder Stetigkeit, weil der bloß informelle Charakter der Bündnisse ihre Effizienz ausschließlich an die von Fall zu Fall herzustellenden Zielvereinbarungen bindet. Insofern läßt sich auch kein kontinuierlich arbeitender Planungsverbund bei dieser Bündnisstrategie stützen, geschweige denn herstellen.

Es spricht also einiges dafür, daß neben die kontinuierliche Problemanalyse im Bund-Länder-Planungsverbund separate Umsetzungsstrategien treten müßten, die wegen ihres issue-orientierten ad-hoc-Charakters nicht in ihrer Gesamtheit organisiert werden könnten. Und nur in relativ unkontroversen Fällen würden die bezeichneten Partnerschaften schon allein das Problem lösen können. Für die schwierigeren Aufgaben würden sie allenfalls eine politische Artikulationsquelle bieten, die über einen längeren Zeitraum hinweg durch Mobilisierung latenter Bedürfnislagen die Formationsstruktur der politischen Willensbildung verschieben könnte.[39] Das dürfte nicht nur wegen der begrenzten Macht auch der Bündnispartner, sondern schon wegen der Knappheit und Inflexibilität der Aufmerksamkeitspotentiale nur selten gelingen und im übrigen in hohem Maße krisenbedingt sein.

Da fragt es sich schließlich, ob die latente Bündnisbereitschaft verfügbarer Gruppen im Formationsbereich der Bundes- und Landespolitik groß genug ist.[40] Müssen wir nicht vielmehr davon ausgehen, daß das Aktionspotential zwischen den ohnehin Aktiven und jenen Gruppen, die zu den festen Klientelen fraktionierter Ressortpolitik gehören, zu gering ist, um noch nennenswerte Gewichtsverschiebungen in der Machtbalance erreichen zu können?

Angesichts dieses insgesamt doch eher negativen Urteils über die Chancen jener auf Autonomieerhöhung gerichteten Strategien der Kanzleien, die hier analysiert worden ist, stellt sich die Frage nach theoretisch verfügbaren alternativen PAS-internen Strategien. Sicher scheint, daß die dem administrativen Planungs- und Budgetierungsprozeß „aufgesetzte" längerfristige Aufgabenplanung kein Weg ist, weil ihre „retropolative" *Wirkung* ausbleibt.[41] Chancen autonomieerhöhender Strategien liegen regierungsintern dann allenfalls noch in der Umgestaltung der Budgetprozesse selbst,[42] d. h. in jenem Bereich oberhalb konflikthafter gesellschaftlicher Forderungen, in dem der Restkonsens im intra- und interadministrativen Bargaining unter Zeitdruck hergestellt wird. Mehr als ein effektiver Mitteleinsatz durch bessere Programmkoordination (Erweiterung der „formalen Intelligenzfunktion") dürfte dadurch jedoch nicht zustande kommen. Die reale Zielstruktur wird kaum durch derartige Strategien beeinflußt werden können.[43]

Im übrigen kann sich die Forschung noch auf jene Möglichkeiten autonomiesteigernder Strategien des PAS konzentrieren, die sich durch eine direkte oder indirekte Beeinflussung der Willensbildungsprozesse durch das PAS ergeben könnten. Der Spielraum für die Durchsetzung eigenständig formulierter Ziele durch Aktivorganisation im Bereich der Willensbildung (Advocacy Planning, Hearings, Beiräte etc.) dürfte jedoch kaum größer sein als der oben diagnostizierte Spielraum des PAS, der sich durch aktive Bündnispolitik bei der Durchsetzung dieser Ziele eröffnet; jener hängt ganz eindeutig von diesem ab. Damit erweist sich aber die Autonomie des PAS in ihrem bürgerlichen Begriff weitgend als eine Fiktion. Die Freiheit *von* dem Druck interessierter Klientelen scheint vernachlässigbar gering. Ob die Freiheit *zur* Reproduktion der Produktionsbedingungen ausreicht und genutzt wird, ob also der politökonomische Autonomiebegriff beibehalten werden kann, diese Frage muß hier, wie eingangs angekündigt, offen bleiben.

Anmerkungen

1 Nicos *Poulantzas,* Das Problem des kapitalistischen Staates, in: Kritische Justiz 2/1971, S. 201 – 209, Zitat S. 205.
2 Nicos *Poulantzas,* Zum marxistischen Klassenbegriff, Berlin 1973, S. 29.
3 *Poulantzas*, Das Problem des kapitalistischen Staates, a. a. O., S. 206. Die Autonomie wird nach *Poulantzas* durch die innere Hierarchie der Bürokratie, durch den „Status" ihrer Mitglieder und durch die interne Ideologie konstituiert. Vgl. *ders.,* Zum marxistischen Klassenbegriff, S. 29.
4 Claus *Offe,* Strukturprobleme des kapitalistischen Staates, Frankfurt a. M. 1972, S. 34.
5 *Poulantzas,* a. a. O., S. 39.
6 A. a. O., S. 49.
7 Vgl. zur Begriffsbestimmung Rainer *Funke u. a.,* Erzeugung und Verarbeitung von Krisen durch politisch-administrative Handlungssysteme, Starnberg, 30. 6. 1972, MS S. 6 und 14.
8 *Offe,* a. a. O., S. 73 ff.
9 A. a. O., S. 97
10 Hierzu insbesondere: *Funke u. a.,* a. a. O.; Rainer *Funke u. a.,* Formwandel der Politikformulierung und delegitimatorische Prozesse – Zwischenbericht zum Forschungsprojekt „Erzeugung und Verarbeitung von Krisen durch politisch-administrative Handlungssysteme", Starnberg 1. 6. 1973, MS; Claus *Offe* / Volker *Ronge,* Fiskalische Krise, Bauindustrie und die Grenzen staatlicher Aufgabenrationalisierung, in: Leviathan 2/1973, S. 189 – 220; Volker *Ronge* / Günter *Schmieg,* Restriktionsanalyse staatlichen Handelns am Beispiel des Widerspruchs zwischen Konjunkturpolitik und Infrastrukturplanung, Referat für den wissenschaftlichen Kongreß der DVPW in Hamburg, 1. – 4. 10. 1973.
11 Zur Begriffsbestimmung vgl. *Offe,* a. a. O., S. 32 ff.
12 Eine funktionalistische Zweckbestimmung des politischen Systems nimmt vor Niklas *Luhmann,* Soziologie des politischen Systems, in: Kölner Zeitschrift für Soziologie und Sozialpsychologie, 1968, Bd. 20/2, S. 705 – 733.
13 Fritz W. *Scharpf,* Langfristplanung und Reformpolitik, Vortragsmanuskript, Konstanz 6.1.1972, veröffentlicht unter dem Titel Reformpolitik im Spätkapitalismus, in: Die Neue Gesellschaft 6/1972, S. 471 – 477. *Ders.,* Verwaltung als Teil der Politikwissenschaft, in: Schweizerisches Jahrbuch für Politische Wissenschaft, 1971, S. 7 – 23.
14 *Scharpf,* Reformpolitik im Spätkapitalismus, a. a. O.

15 A. a. O.
16 Man kann diese Schlußfolgerung in der letzten Konsequenz sowohl aus den Arbeiten von *Scharpf* als auch aus denen Frieder *Nascholds* ziehen. Unklar bleibt dabei das dialektische Verhältnis von Krisennutzung und Krisenvermeidung. Vgl. dazu Fritz W. *Scharpf,* Planung als politischer Prozeß, in: Die Verwaltung 1/1971, S. 1 – 30, hier insbes. S. 30. *Naschold,* Gesellschaftsreform und politische Planung, in: Politische Planungssysteme, hrsg. v. Frieder *Naschold* und Werner *Väth,* Opladen 1973, S. 59 – 98.
17 Vgl. ausführlich zu diesem Problem Jürgen *Reese,* Autorität und Macht des Bundeskanzlers, in: Neues Hochland 4/1973, S. 329 – 338.
18 Vgl. hierzu die Untersuchung zu Stellung und Führungsinstrumentarium der Regierungschefs in den Bundesländern, zusammengefaßt in: Fritz W. *Scharpf,* Bericht über die deutschen Bundesländer, in: Erster Bericht zur Reform der Struktur von Bundesregierung und Bundesverwaltung, vorgelegt von der Projektgruppe Regierungs- und Verwaltungsreform beim Bundesminister des Innern, August 1969, Anlageband S. 267 – 313.
19 Vgl. Reimut *Jochimsen,* Zum Aufbau und Ausbau eines integrierten Aufgabenplanungssystems und Koordinierungssystems der Bundesregierung, in: Bulletin des Presse- und Informationsamtes der Bundesregierung v. 16. 7. 1970, sowie Volker *Schmidt,* Finanz- und Aufgabenplanung als Instrumente der Regierungsplanung, in: Die Verwaltung 1/1973, S. 1 – 23. Einen ersten ausführlichen historischen Überblick gibt Hartmut *Bebermeyer,* Regieren ohne Management? Planung als Führungsinstrument moderner Regierungsarbeit, Stuttgart 1974.
20 Auch die Einrichtung der Projektgruppe Regierungs- und Verwaltungsreform beim Bundesminister des Innern zu Zeiten der Großen Koalition geht auf das Betreiben des sozialdemokratischen Koalitionspartners zurück.
21 Dieser Faktor scheint mir für die Planungsanstrengungen der Bundesverwaltung in der VI. Legislaturperiode mindestens ebenso relevant wie die für ihre Erklärung von *Schatz* herangezogene These des Disorganisationsstress. Für die Theoriebildung zum Verlauf von intersystemischen Krisen bei hohem Organisationsgrad der Systeme scheint mir die These allerdings sehr aufschlußreich. Heribert *Schatz,* Zum wechselseitigen Verhältnis von Steuerungs- und Lernperformanz des politisch-administrativen Systems, Referat für den wissenschaftlichen Kongreß der DVPM, Hamburg 1. – 4. 10. 1973. In diesem Band S. 299 ff.
22 Darin wird deutlich, daß die administrativen Basisstruktur interministerielle Programmkoordination und -integration nur unter institutionalisierten „Konteninhabern" zuläßt, deren Machtentfaltung im Bargaining-Prozeß gleichermaßen begrenzt wie kalkulierbar ist.
23 Vgl. entsprechend auch Heribert *Schatz,* Auf der Suche nach neuen Problemlösungsstrategien: Die Entwicklung der politischen Planung auf Bundesebene, in: Renate *Mayntz* / Fritz W. *Scharpf,* Planungsorganisation, München 1973, S. 9 – 67, hier S. 40.
24 Zur entsprechenden organisatorischen Verbindung von Aufgaben- und Finanzplanung vgl. Frieder *Naschold u. a.,* Untersuchung zur mehrjährigen Finanzplanung des Bundes, Gutachten für die Projektgruppe Regierungs- und Verwaltungsreform beim Bundesminister des Innern, Dezember 1971.
25 Vgl. hierzu das Material in Fritz W. *Scharpf u. a.,* Untersuchung zu Stellung und Führungsinstrumentatarium der Regierungschefs in den Bundesländern, Gutachten für die Projektgruppe Regierungs- und Verwaltungsreform beim Bundesminister des Innern, Sommer 1969. Zusammenfassung des Projektleiters siehe Anmerkung 18.
26 Vereinbarung der Regierungschefs des Bundes und der Länder betreffend die Zusammenarbeit des Bundes und der Länder bei der Erstellung einer Gesamtproblemanalyse der längerfristigen öffentlichen Aufgaben für die Jahre 1976 – 1985, vom 9. 7. 1971.
27 Vgl. zum Bund-/Länderkonflikt allgemein und zu den Gemeinschaftsaufgaben Prodromos *Dagtoglou,* Streitigkeiten zwischen Bund und Ländern im Bereich der Gesetzgebung, Typologie und Strukturwandel der föderalen Konflikte, in: Die Öffentliche Verwaltung, Januar 1971, S. 35 – 42; Ulrich *Scheuner,* Kooperation und Konflikt, Das Verhältnis von Bund und Ländern im Wandel, in: Die Öffentliche Verwaltung, September 1972, S. 585 – 591; Uwe A. J. *Leonardy,* Praxisorientierte Weiterentwicklung des Bund-Länder-Verhältnisses, in: Die Neue Gesellschaft 6/1973, S. 469 – 473.
28 Hessen und Baden-Württemberg etwa sahen sich bei unterschiedlichen „technokratischen" Entscheidungsstrukturen und Zielen gleichermaßen in einer Art Rolle von Sozialtechnologen, denen bei der optimalen Lösung ihrer Probleme zwei Ungewißheiten im Wege standen: Die des zukünftig verfügbaren Finanzrahmens und die der langfristigen Ziele im Bereich der Bundeskompetenzen, insbesondere bei Infrastruktur, Wirtschaft und Bevölkerung. Folglich waren

diese Länder an einer Kooperation mit dem Bund nur insoweit interessiert, wie sie zu einer Klärung der Entscheidungsparameter auf Bundesseite führen konnte.
Andere, in der Planung weniger weit fortgeschrittene Länder, standen gerade wegen der geringen autonomiebezogenen Verfestigung von Planungsstruktur und -methoden einem Verbundsystem unvoreingenommener gegenüber. Abgesehen von dem Lerneffekt, den sie sich von einer stärkeren Kooperation erhoffen konnten, spielt für die Interessenlage jener Länder eine weit größere Rolle der Tatbestand, daß sie infrastrukturell unterdurchschnittlich entwickelt sind (Niedersachsen, Rheinland-Pfalz). Ein mehr fiskalischer Planungsverbund, wie er etwa mit der Bedarfsschätzung des Finanzplanungsrates angelegt ist, würde ihren Interessen zuwiderlaufen, weil in ihm die hohen Folgelasten infrastrukturell entwickelter Länder in der Tendenz immer schwerer abgewiesen werden könnten als die Neuinvestitionen eines geplanten infrastrukturellen Ausbaus weniger entwickelter Länder. Insofern beeinflußte dieselbe Variable das Interesse der einen Länder zugunsten eines nackten Finanzplanungsverbundes, das der anderen Länder zugunsten eines Aufgabenplanungsverbundes.

29 Vereinbarung der Regierungschefs des Bundes und der Länder, wie Anmerkung 26.

30 A. a. O.

31 Um auch den leisesten Anschein gemeinsamer Planung zu vermeiden, wurde das Projekt umbenannt in „Zusammenarbeit des Bundes und der Länder bei der Erstellung einer Gesamtproblemanalyse der längerfristigen öffentlichen Aufgaben für die Jahre 1976 – 1985". Später wurde auch nur noch von Zusammenarbeit im „Vorfeld von Planung und Koordinierung" gesprochen. Die Planungsgruppen, zunächst „Arbeitsgruppen" genannt, wurden in „Sachverständigengruppen" umgetauft, um dadurch zu unterstreichen, daß die Ergebnisse unverbindlich sein würden.

32 Mit dieser Einengung der Perspektive auf das System der Regierungen soll natürlich nicht unterstellt werden, daß etwa Parteien und Parlament als eigene Zentren autonomiefördernder Strategien des PAS gar nicht erst infrage ständen.

33 Vgl. dazu *Reese,* a. a. O.

34 Zum Terminus „Systempolitik" vgl. *Naschold,* Gesellschaftsreform und politische Planung, a. a. O., S. 92. Eine andere Verwendung desselben Terminus findet sich bei *Funke u. a.,* Erzeugung und Verarbeitung von Krisen . . ., a. a. O., S. 61.

35 Vgl. die methodologischen Ausführungen in: Die längerfristige Entwicklung des öffentlichen Bedarfs, Zwischenbericht der Arbeitsgruppe „Bedarfsermittlung" des Finanzplanungsrates, Mai 1972, sowie die beispielhafte Kritik von Volker *Schmidt,* Zur Bedeutung von Standardkostenmodellen für die Bildungsplanung, in: Recht der Jugend und des Bildungswesens 10/1972, S. 293 – 297.

36 Die in Abschnitt II dargestellte Konzeption der längerfristigen Aufgabenplanung zeigt mit der für sie zentralen Konstruktion des „Handlungsspielraumes", wie sehr sie von einer Unterscheidung harter und weicher Daten abhängig ist.

37 Vgl. *Schatz,* Zum Wechselseitigen Verhältnis von Steuerungs- und Lernperformanz des politisch-administrativen Systems, a. a. O.

38 Nur die Strategien des BMF (Bundesfinanzministerium) dürften überwiegend administrativ erklärt werden können.

39 Vgl. zu entsprechenden Funktionen und Möglichkeiten eines machtvollen politischen Systems E. E. *Schattschneider,* The Semisovereign People, New York 1960, S. 17.

40 Die Möglichkeiten sind in diesem Bereich sicher sehr viel kritischer einzuschätzen als im Bereich der Kommunalpolitik, in dem die Probleme „hautnäher" sind.

41 Zu den Grenzen retrograder Zielsteuerung vgl. die politökonomische Deutung bei *Naschold,* Gesellschaftsreform und politische Planung, a. a. O., S. 92 f. Bernhard *Badura* entlarvt in einer multiparadigmatischen Analyse der amerikanischen Sozialpolitik die Effektlosigkeit einer technokratischen Reformpolitik als Ergebnis sozio-kultureller und polit-ökonomischer Bedingungen. Diese Analyse zeigt sehr eindringlich die grundsätzliche Relevanz der drei Variablenbündel informationelle, sozio-kulturelle und politökonomische Bedingungen für die politikwissenschaftliche Forschung. Bernhard *Badura,* Perspektiven amerikanischer Sozialpolitik: Drei Paradigmen und ihre Anwendung, in: Kölner Zeitschrift für Soziologie und Sozialpsychologie, Heft 4/1973, S. 814 – 840.

42 Darauf läuft dann auch der Dritte Bericht zur Reform der Struktur von Bundesregierung und Bundesverwaltung der Projektgruppe Regierungs- und Verwaltungsreform beim Bundesminister des Innern vom November 1972 hinaus.

43 Vgl. hierzu die kritische Analyse des PPBS von Wolf-Dieter *Narr,* Rationalität und Regierung – Bemerkungen zum Programming, Planning, Budgeting System (PPBS, in: Kritische Justiz 1/1971.

Verlaufsmuster politisch-administrativer Handlungsprozesse

Von Axel Murswieck

I.

Die als Rationalitätskrise titulierte Verunsicherung politisch-administrativer Entscheidungsstrukturen hat entgegen den zahlreichen Tendenzvermutungen nicht zur Destruktion der Handlungsstabilität staatlicher Verwaltungen geführt, obwohl gleichzeitig von einer zunehmenden Irrationalisierung staatlicher Aktivitäten gesprochen werden kann.[1]

Diese Paradoxie als sichtbares Ergebnis einer mehrjährigen Planungspolitik im Regierungsbereich konnte von der politikwissenschaftlichen Verwaltungsforschung nur unzureichend verarbeitet werden.

Auflösbar scheint diese nur, wenn davon ausgegangen wird, daß keine eindeutige Entsprechung zwischen der Politikregulierung des politisch-administrativen Systems (PAS) und seiner Verarbeitungskapazität besteht. Ist dies richtig, dann deutet die teilweise Belanglosigkeit politisch-administrativer Kapazitäten darauf hin, daß die eigentliche Politikregulierung in noch kaum ermittelten Maße von genuinen strukturbildenden Prozessen in den gesellschaftlichen Umweltbereichen abhängig ist.

Die unbeantwortete Frage aller bisherigen empirischen Verwaltungsuntersuchungen liegt in dem Fehlen des Nachweises von empirisch angebbaren Mechanismen der Transformation von gesellschaftlichen Struktureigenschaften in das PAS. Weder für die zentralstaatliche Ebene, noch für die kommunale Politikebene liegen bislang allgemein akzeptierte und übertragbare Ansätze vor,[2] wobei im Rahmen der „Rekonstruktion von Staatstheorien" die Ansatzebene am stärkten herausgearbeitet und als Ableitungsproblem von Staatsfunktionen konzeptualisiert wurde.[3]

Vor allem die historisch-genetischen Analysen neuer und veränderter Staatstätigkeiten[4] und ihre interventionstheoretische Konzipierung als Staats*funktionen* spätkapitalistischer Gesellschaften[5] haben eine verkürzte und isolierte Betrachtung der Staatsverwaltung destruiert.

Hingegen läßt sich feststellen, daß die Auflistung von all dem, was der Staat tut oder nicht tut, ob er komplementär, kompensatorisch oder dysfunktional[6] den jeweiligen Imperativen der gesellschaften Teilsysteme entspricht, zu einer thematischen Überziehung der *Form*veränderungen staatlicher Aktivitäten geführt hat, ohne daß die „Inhalte" von Staatsfunktionen tatsächlich hinreichend analysiert wurden bzw. ihre strukturelle Ableitung aus den ihnen zugeordneten gesellschaftlichen Funktionsbereichen gelungen ist.

Die Hinwendung des Forschungsinteresses zur näheren Bestimmung der „Inhalte" von Staatsfunktionen und damit ihre Ableitung aus gesellschaftsstrukturellen Zusammenhängen ergab sich, nachdem plausibel gemacht werden konnte, daß der Staat nicht die einzige und letzte Lösungsinstanz[7] sei und ferner eine „Kategorie von Funktionsstörungen des PAS *denkbar* ist, die (a) nicht bloße Ausweitung oder Widerspiegelungen ökonomischer Krisentendenzen sind, deren Folgen (b) nicht belanglos für das Gesamtsystem sind oder von diesem durch Einschaltung äquifunktionaler Mechanismen behoben werden können und die (c) nicht durch interne Reorganisation und Rationalisierung des PAS überwunden werden können“[8].

Wir wollen in dieser Arbeit die Beziehungen zwischen politisch-administrativem Handeln und gesellschaftsstrukturellen Formationsprozessen unter dem Gesichtspunkt der Planungsorganisation thematisieren. Anders formuliert: Uns interessiert die Frage nach der strukturellen Korrespondenz gesellschaftlicher Funktionsbereiche bzw. das Wirksamwerden gesellschaftlicher Organisationsprinzipien[9] im Staatsapparat unter dem Aspekt der funktionalen Responsivität politisch-administrativen Handelns. Zwei Arten funktionaler Responsivität sind insgesamt empirisch denkbar: (1) Spontanreaktive Maßnahmen aufgrund einer zunehmenden Konkretion von Politikforderungen und (2) Regulativ-gestaltende Maßnahmen mit dem Ziel der Stabilisierung bzw. Errichtung „Sekundärer Systeme”.

Die Errichtung „Sekundärer Systeme“ durch den Staat (z. B. das Sekundärsystem der „Sozialen Sicherung“) stellt den Versuch dar, über funktionale Leistungen Gesellschaftsbereiche zu steuern. Unter diesem Aspekt konzipieren wir Staatsfunktionen als zielgerichteten Versuch der Institutionalisierung sekundärer Systeme als Garantie von Systemsicherheit, mittels derer konkreten Lebenszusammenhängen funktional über Leistungen entsprochen werden soll.

Sekundäre Systeme bezeichnen jenen Komplex von Normen, Verhaltensregeln, Organisationsprinzipien sowie formal und materiell institutionalisierten Leistungen, welche in gesellschaftlichen Teilbereichen das Maß sozialer Integration bestimmen.

Die Bindung sekundärer Systeme an die Ebene der Sozialintegration macht sie als Kategorie in zweierlei Hinsicht erst brauchbar. Zum einen erfaßt sie die allgemeinste Motivation staatlichen Handelns, nämlich über soziale Integration die Systemintegration zu sichern,[10] und zum anderen gibt sie den empirisch-analytischen Zugang nach der Frage, inwieweit durch sekundäre Systeme gesellschaftliche Teilbereiche stabilisiert werden können, d. h. bis zu welcher Schwelle die den sekundären Systemen zugrunde liegenden Dominanz-Abhängigkeitsstrukturen latent bleiben und nicht jenes Maß an staatlichen Eingriffen erforderlich machen, welches notwendig wird, um die sozialintegrative Funktion dieser Sekundärsysteme sicherzustellen. Der kategoriale Bezug von Sekundärsystemen auf den *sozialen* Aspekt von Vergesellschaftung zielt auf die Krisenhaftigkeit des sozialen Bereichs in kapitalistischen Systemen. Ist zwar die soziale Krisenhaftigkeit auf ökonomische Strukturwidersprüche zurückzuführen bzw. sind sie deren Ursache, so bleibt sie doch empirisch weitgehend nur in Form einer latenten oder offenen Legitimationskrise (Konflikt-/Konsensprozesse) greifbar und läßt sich in diesem Zusammenhang am konkreten Staatshandeln nachweisen.

Die Kategorie der strukturellen Korrespondenz trifft methodisch-analytisch genau jene Ansatzebene, welche die Staatstätigkeit nicht mehr von der bloßen funktionalen Zweckzuweisung bei vorgegebenen Aufgabenbestand her begreift,[11] sondern staatliches Handeln in die Dominanz-Abhängigkeitsstruktur der zu regulierenden Gesellschaftsbereiche stellt.[12]

Die Analyse struktureller Korrespondenzbeziehungen bedeutet dann, die Dominanz-Abhängigkeitsverhältnisse in den Gesellschaftsbereichen selbst zu analysieren, als auch deren Veränderung bzw. Perpetuierung durch politisch-administratives Handeln (so etwa in der punktuellen Sicherstellung von Sekundärsystemen) aufzuzeigen. In Erfahrung zu bringen ist jeweils, wie und aufgrund welcher qualitativen Entscheidungsgrundlagen der Staat Konflikten in realen Problembereichen zu entsprechen versucht, ob er diese tatsächlich „löst“ bzw. verlagert oder ob Problembereiche durch ihre strukturelle Einbindung in gesellschaftliche Teilbereiche aus sich heraus insofern stabilisiert werden, als der Staat den Aufmerksamkeitsbereich der Betroffenen nur auf entlastungsfähige Korrelate umlenkt bzw. diese bereitstellt, ohne grundlegende strukturelle Veränderungen zu bewirken. Die Eigenständigkeit sekundärer Systeme innerhalb gesellschaftlicher Teilbereiche ist damit angesprochen.[13] Ziel des Staates muß es sein, auf diese oder jene Weise, ohne Wissen der Fristigkeit seiner Maßnahmen, den Konflikten in Umweltbereichen in strukturell adäquater Weise zu entsprechen oder auch nicht.

In Bezug auf das PAS benutzen wir die Kategorie der strukturellen Korrespondenz zur Kennzeichnung der noch belegbaren Behauptung, daß Planungsorganisationen nicht nur den ihnen übertragenen Aufgaben entsprechen müssen, d. h. durch diese erst anwendbar werden, sondern darüber hinaus Planungsorganisationen nur durch die explizite Tangierung von Struktureigenschaften der Umweltsektoren die Qualität *politischer* Entscheidungssysteme erhalten.

Daraus ergeben sich folgende Konsequenzen:

1. Planungs*organisationen* als formalisierte Entscheidungssysteme sind für den politischen Outcome des Systems insofern belanglos, als ihre instrumentelle Verfügbarkeit beliebig ist. Ihr Stellenwert verbleibt im Rahmen von Organisations-, Informations- und Entscheidungsrationalisierungen.[14]
2. Planungs*prozesse* bestimmen denjenigen Handlungsraum, der zu materialen Regulierungen von Politikbereichen führt.

Die These ist, daß Planungsprozesse Planungsorganisationen vitalisieren und nicht umgekehrt. Zumindest vermeidet diese Klarstellung den Fehler traditioneller Verwaltungsforschung, über Organisationsanalysen qualitative Politikergebnisse zu prognostizieren.

Im Planungs(Handlungs-)prozeß liegt somit der Ansatzpunkt für die angeschnittene Untersuchungsfrage nach den Korrespondenzmechanismen zwischen PAS und Umwelt. Da wir diese außerhalb von formalisierten Entscheidungssystemen vermuten, bedarf es der näheren Bestimmung vorhandener, aber empirisch nicht generalisierbarer Verarbeitungsmuster im Aufgabenhandeln des PAS. Da dies ohne konkrete Analyse von Politikmaterien nicht durchführbar ist, versteht sich, da wir keine Fallstudie zugrunde legen, unser Vorhaben als Entwurf späterer konkreter Planungsuntersuchungen.

Wir werden in einem ersten Schritt versuchen, die analytische Annäherung an diejenigen Mechanismen zu gewinnen, welche als Regulator der aufgabenspezifischen Verlaufsmuster ausschlaggebend sind, indem die Konstruktion einer administrativen Rationalität hinterfragt wird. (II)

Können wir auf diesem Wege „Strukturgebende Entscheidungsprämissen“ als derartige Mechanismen herausarbeiten, so soll als weiteres deren Ausprägung im politisch-administrativen Handlungsfeld hinsichtlich ihres Wirksamwerdens im Aufgabenprozeß erläutert werden. Die notwendige und durchaus funktionsadäquate Partikularisierung des regierungsinternen Aufgabenprozesses wird wichtigstes Ergebnis sein. (III)

Das schwierigste und an dieser Stelle nur andeutungsweise zu bewältigende Problem ergibt sich dann abschließend in der Frage, in welcher Weise und mit welcher objektiven Reichweite über ein dezentralisiertes und partikularisiertes Regierungsplanungssystem Strukturprozesse in Umweltsektoren gesteuert werden können. Der Politikwandel im sozialpolitischen Bereich bildet den Gegenstand. (IV)

Die analytische Hypothese des Referates besteht darin, daß das PAS in seinem Verhältnis zu den Strukturbereichen gesellschaftlicher Teilsysteme einem prinzipiellen Gebot von struktureller Korrespondenz unterliegt und Handlungsprozesse durch dieses ihre Determinierung und Limitierung erfahren. Der empirische Tatbestand partikularisierter Aufgabenprozesse ist Hinweis auf diese strukturelle Korrespondenz.

Ist die Annahme der prinzipiellen strukturellen Korrespondenz richtig, dann sind empirisch im wesentlichen nur zwei Fälle struktureller Abbildbeziehung möglich.

Einmal orientiert sich das Entscheidungshandeln an routinisierten Regeln vergangener Lösungsstrategien, d. h. eine ehemals harmonisierte Strukturkorrespondenz wird extrapoliert. Das treffende Begriffsbild der „Negativen Koordination" ist formalisierter Ausdruck dieses Verlaufsmusters. Fortschreibungen des ehemaligen Problemlösungsverhaltens stellen lediglich routinierte Anpassungen dar.

Zum anderen können Strukturerosionen in Umweltsektoren die selektierte Starrheit von administrativen Handlungsmustern zerbrechen und das Problemlösungsverhalten gehorcht direkt den neuen strukturellen Systemimperativen. Die Herstellung einer neuen entlastungsfähigen Strukturkorrespondenz wird zur Handlungsmaxime.

Nahezu modellartig ließe sich dieser Ablaufprozeß an einer historischen Fallstudie des Überganges von der wettbewerbspolitischen zur interventionistischen Energiepolitik nachvollziehen, wobei gleichzeitig die Schwierigkeit eines exakten empirischen Nachweises des Bruches der Strukturkorrespondenz hervortritt, andererseits der Versuch struktureller Erklärungsansätze vor funktionalen Analyseversuchen an Evidenz gewinnt.[15] Das empirische und theoretische Problem des von uns skizzierten Zusammenhanges besteht darin, angeben zu können, zu wessen Lasten und mit welchen Kosten Korrespondenzbeziehungen stabilisiert werden; ob der Staat kontradiktorische Steuerungsimperative auf das Plateau „verallgemeinerungsfähiger Interessen" (Habermas) heben und potentielle Strukturaufbrüche gesamtgesellschaftlich integrieren kann.

Eine empirische Antwort scheitert offensichtlich an der fehlenden Eindeutigkeit des Beziehungszusammenhanges. Denn eine schlüssige und empirisch gültige Abbildung von Strukturveränderungen gesellschaftlicher Teilsysteme auf staatliche Steuerungsleistungen ist bislang noch nicht gelungen.

Für die Seite des Staates ist dies überhaupt nur über allgemeine Schlüsselindikatoren des Gesamtsystems möglich, wie „Sozialer Friede" oder „Wirtschaftliche Stabilität", welche gleichsam damit ihre politische Legitimationssymbolik erheischen. Die Raum-Zeit-Dimension struktureller Korrespondenzbeziehungen ist Grund der angedeuteten Lücke des Abbildungsnachweises.

Diese Schwierigkeit kennzeichnet schließlich auch bisherige Untersuchungen von Staatsfunktionen. Entweder wurde eine neue, sich durchgesetzte Staatsfunktion zum Anlaß genommen, nachzuweisen, daß diese einem realen Erfordernis in der Umwelt entspricht, und es wurde in einer quasi Effektivitätsprüfung dann das Mißlingen oder Gelingen staatlicher Maßnahmen zu ermitteln versucht. Hirsch's Analyse der Wissenschaftsadministration ist hierfür beispielhaft. Nicht geklärt werden konnte bei diesem Vorgehen, ob die neue Staatsfunktion tatsächlich eine dauerhafte sei oder nur eine momentane Komplementarität struktureller Veränderungsprozesse im Wissenschafts- und Forschungsbereich widerspiegelt. Gerade für das letztere sprechen neuere Entwicklungen.[16]

Dies verweist auf entgegengesetzte Ansätze von Staatsfunktionsanalysen, in denen die Strukturelemente von Teilsystemen und der sie bestimmenden Gesetzmäßigkeiten selbst Untersuchungsgegenstand bilden. Ergebnis dieser Untersuchungen sind Darstellungen über historisch veränderte Strukturzusammenhänge und Tendenzaussagen über daraus ableitbare Staatsfunktionen. Politökonomische Analysen fallen in diesen Bereich.[17] Sie wiederum unterliegen der empirischen Beweislast, aufgedeckte Gesetzmäßigkeiten auf das gesellschaftliche Phänomen zu übertragen.[18]

In dem Maße, in dem sich die Verwaltungsforschung der Vorstellung eines autonomen Staates entledigt und staatliches Handeln in einen außersystematischen strukturellen Begründungszusammenhang stellt, befreit sie sich nicht nur aus einer orthodoxen politischen Kybernetik, sondern gewinnt die Möglichkeit politisch-administrative Handlungsprozesse als das zu untersuchen, was sie sind: als gesellschaftliche Prozesse auf institutioneller Ebene.

Unsere These ist, daß staatliche Steuerung stets nur sekundäre Steuerung sein kann, eine Regulierung aus der „zweiten Reihe", und angebbare Steuerungsleistungen als strukturbildende Leistungen in gesellschaftlichen Bereichen im günstigsten Fall zur Institutionalisierung sekundärer Systeme führen können, womit angedeutet ist, daß eine primäre Strukturbildung in gesellschaftlichen Teilsystemen außerhalb der Reichweite dieser Leistungen liegt. Hier sind die Organisationsprinzipien des politischen, ökonomischen und legitimatorischen Systems bestimmend,[19] die gleichzeitig auch maßgebend dafür sind, inwieweit sekundäre Systeme greifen können.

Für die politische Praxis führt das zur Legitimationsgrundlage für konfliktorientierte Veränderungsstrategien hoheitlich verfestigter Strukturbereiche, denn deren Auflösung liegt primär im erlebten Erfahrungsbereich der Betroffenen.

II. Die administrative Konstruktion von Rationalität

Die von Luhmann geforderte Notwendigkeit der Inkonsistenz politischer Planung sollte weniger in seinem Sinne als Möglichkeit der Absorption von gesellschaftlichen Widersprüchen und Konflikten konzeptualisiert werden,[20] denn als Charakterisierung der Unfähigkeit konsistenter politischer Planung gerade aufgrund dieser zitierten Widersprüche.

Mit diesem Hinweis entzieht man sich nicht nur einer systemtheoretischen Ersatzprogrammatik für die Erklärung von materiell angelegten Inkonsistenzen,[21] sondern kann die eigentliche Aussage als konstitutive Eigenschaft politisch-administrativer Handlungsprozesse auf dieser Ebene belassen.

Dann bedeutet in der Perspektive einer politisch-administrativen Planung das Faktum der Inkonsistenz nichts anderes, als daß die zweckorientierte subjektive Handlungsrationalität der einzelnen Akteure real nicht zur materiellen Konsistenz gesellschaftlicher Interdependenzbeziehungen in der Aufgabenerledigung führt, sondern dies lediglich über den Entwurf einer abstrakten Systemrationalität erreicht werden kann. Nur über diese läßt sich dann ein dezentrales, fragmentiertes Entscheidungshandeln administrationsintern rechtfertigen. Dieser Modus der Rechtfertigung ist Folge des Eindringens der systemtheoretischen Sprache im PAS.

Drückt sich so im fiktiven Ziel der Systemrationalität das Wollen aus, verbleibt der reale Aufgabenprozeß im Bereich des Nebeneinanders partieller, subjektiv handlungsrational gesteuerter Teilpolitiken.

Andererseits verführt die abstrakte Vision einer Systemrationalität zur sicheren Irrtumslegitimierung. Konnte auch im Rahmen traditioneller Verwaltungsstrategien

Erfolg niemals für die handelnden Akteure erfahrbar werden, verhindert der Rechtfertigungsmodus einer Systemrationalität auf dem Hintergrund des gestiegenen Aktionsniveaus eine krisenerzeugende Internalisierung von Rationalitätsdefiziten.

In diesem Wandel der erlebten Rationalitätseinschätzung sehen wir den Grund für die unerwartete Organisationsstabilität des PAS der letzten Jahre. Organisationsstabilität wird unter Beibehaltung einer entscheidungsrationalen und damit fragmentierten Aufgabenstruktur über das intentionale Konstrukt der Systemrationalität garantiert.

Nun sollte der Eindruck vermieden werden als sei Systemrationalität für Handlungsakteure eine operaionale Kategorie. Was wir hier meinen ist die Erscheinung einer wahrgenommenen, aber nicht verknüpfbaren Interdependenz im Handlungsfeld der Akteure. Die faktische Nichtverknüpfbarkeit der verschiedenen Teilpolitiken wird in diesem Sinne durch den Verweis auf die Systemrationalität entlastet und *organisations*rational empfunden. Systemrationalität taucht in der Verwaltungssprache auf als „Gesichtspunkt der anderen Seite", „Gleichberechtigung der Interessen", „Momentane Priorität von Maßnahmen", der „Prinzipiellen Möglichkeit einer umfassenden Bedürfnisbefriedigung", „Entscheidungsdruck" u. a. m. Dies ist in der Tat eine Entlastungssprache, die nicht nur Koordinationsmängel und Kompetenzüberschneidungen überspielen, sondern den Entscheidungsoutput als organisationsrational ausweisen kann. Der angestrebte policy-outcome, das Ergebnis von Politiken und dessen Verlauf in den tangierten Umweltssektoren bleibt fiktives Wollen (Autonomiegläubigkeit), denn da die Akteure weder das System noch die Umwelt beherrschen, können diese selbst dieses Wollen auch nicht erfüllen noch kontrollieren.

Der politisch-administrative „Kompromiß" zwischen Gesundheitspolitik und Wirtschaftspolitik in der Immissionsschutzgesetzgebung erscheint so systemrational, konnte doch der „Gesichtspunkt der anderen Seite" entscheidungsrational integriert werden.[22]

Diese Feststellungen widersprechen offensichtlich zwei vorherrschenden Meinungen in der Verwaltungsforschung. Auf der einen Seite steht die Meinung, daß das PAS bei verstärkter funktionaler Ausdifferenzierung und der damit einhergehenden Verbesserung der administrativen Infrastruktur (Information, Planungssysteme, Lernfähigkeit) das Ziel einer optimalen Verknüpfung von Interdependenzen der gesellschaftlichen Umwelt erreichen kann. Auf der anderen Seite wird nicht nur die Erreichbarkeit dieser Zielvorstellung geleugnet, sondern auch prinzipiell eine Organisationsstabilität in Frage gestellt, d. h. eine Dauerkrise von Verwaltungsstrukturen prognostiziert. Beide Richtungen erscheinen uns korrekturbedürftig.

Neuere Untersuchungen über die Planungs- und Reformpolitik im Regierungsbereich der letzten Jahre sowie eine oberflächliche Betrachtung dieser selbst haben hier zur genaueren Einschätzung verhelfen können.[23] Nicht nur haben sich die Restriktionen einer planungspolitisch intendierten Reformpolitik als äußerst stark erwiesen, sondern darüber hinaus läßt sich das sicherlich überraschende Ergebnis eruieren, daß der Aufbau von regierungsweiten und dezentralen Planungssystemen vorerst das hergekommene Verwaltungssystem nicht grundlegend verändert haben, hingegen die Annahme gerechtfertigt erscheint, daß diese sich für eine politisch-administrative „Systempolitik" als untauglich erwiesen haben.

Auch darüber hinaus haben durchgeführte und projektierte Reorganisationsmaßnahmen in weitaus geringerem Maße tatsächlich zu Veränderungen der Organisations- und Personalstruktur geführt als in der Öffentlichkeit angenommen wird.[24]

Wir wollen diese Entwicklung in der These zusammenfassen, daß für die faktische

Steuerungskapazität des Staates Verwaltungsstrukturen von relativer Belanglosigkeit sind, d. h. Steuerungsleistungen (Gesetze, Pläne, Programme etc.) nicht auf diese zurückgeführt werden können. Steuerungsleistungen in ihrem politisch-administrativen Entstehungszusammenhang lassen sich nur ermitteln, wenn das, was in den meisten Untersuchungen nahezu plakativ als Rahmenbedingung bzw. Determinantenkranz gesetzt wird, d. h. der politisch-soziale und ökonomische Strukturbereich, explizit berücksichtigt wird.[25]

Für die empirische Verwaltungsforschung führt dieser Weg über die Neukonzipierung des Begriffes der Verwaltungsstruktur, der allzuschnell mit der Organisationsstruktur gleichgesetzt und statisch-formal analysiert wird.

Dieses Umdenken hat an der organisationssoziologischen Erkenntnis anzusetzen, daß Verwaltungssysteme von strukturgebenden Entscheidungsprämissen gesteuert werden, die selbst wiederum selektiven Entscheidungen unterworfen sein können.[26] Entscheidungsprämissen variieren Strukturinhalte.

Einige Hinweise der Wirkungsweise sollen genügen. Entscheidungsprämissen für das materiell-gestaltende Aufgabenhandeln sind die jeweils zugeordneten konkreten qualitativ-inhaltlichen Ansprüche der entsprechenden Aufgabensektoren. Diese Ansprüche (Bedürfnisse) können entweder für das PAS sedimentiert sein, d. h. sie haben bereits zur Strukturbildung im Entscheidungshandeln geführt (z. B. Programmstruktur einer Mittelstandspolitik) und das Problemlösungsverhalten orientiert sich an diesen auf Dauer gestellten Entscheidungsregeln (= Struktur). Oder es liegen keine Strukturbildungen vor (z. B. fehlende Programmstruktur in der Beruflichen Bildung), so daß die spezifischen Umweltansprüche direkt als Entscheidungsprämissen zur Strukturgebung im PAS führen können. Es sei hinzugefügt, daß der Normalfall eher in der Vermaschung von sedimentierten und neugebildeten Entscheidungsregeln besteht. Dieser Vorgang beruht auf inneradministrativen Selektionsprozessen (withinputs / Easton), einer der am wenigsten erforschten Gebiete und gleichzeitig Ort der Entstehung von „Eigeninteressen“ bzw. der „Eigendynamik“ (Naschold) des PAS.

Wenn als empirisches Ergebnis der Planungspraxis der letzten Jahre der Bedarf an Koordination, an methodisch-analytischer Kapazität und an konzeptioneller Kapazität als entscheidungsrelevant bestimmt werden konnte,[27] so deckt sich dies mit dem, was von Luhmann als Organisations-, Personal- und Programmpolitik als Mechanismen von Problemlösungen konzipiert wurde.[28] So wenig außer Frage steht, daß zwischen diesen Bereichen Interdependenzen bestehen (Auch Personal- und Organisationspolitik führen zur Entstehung spezifisch strukturgebenden Entscheidungsprämissen), die Unterstützung, Entlastung oder Belastung im Entscheidungshandeln bewirken (der richtige Mann an der richtigen Stelle bleibt auch weiterhin bei fehlender Programmstruktur eine Entlastungsleistung), so wenig scheint uns jedoch dieser Hinweis der Wechselwirkung als Erklärungsansatz für das faktische Entscheidungshandeln auszureichen. Vielmehr neigen wir zu der Annahme, daß im Bereich der Programmpolitik (Bedarf an „Konzeptioneller Kapazität“) und die dieser zugrundeliegenden strukturgebenden Entscheidungsprämissen der eigentliche Ort der Erzeugung und Verarbeitung politisch-administrativer Problemlösungen liegt.

Nur in der näheren Bestimmung dieses Bereiches werden sich Angaben über die qualitative Ausprägung der Mechanismen zur Herstellung der strukturellen Korrespondenz gewinnen und vermutete „Eigeninteressen“ entdecken lassen. Auch für die

Rolle von „non-decisions" (Bachrach / Baratz), der in das PAS eingebauten „blinden Flecken" von nicht zugelassenen policies, scheint hier ein analytischer Zugang zu liegen.

Beschreitet man diesen Weg, so tut man nichts anderes, als den augenscheinlichen Tatbestand, daß das PAS nur auf das reagieren kann, was gesellschaftlich definiert wurde, hinsichtlich der Verlaufsmuster von Problemlösungen nach *beiden* Seiten hin zu thematisieren, also den „Beitrag" des PAS sowie des jeweiligen korrespondierenden Gesellschaftsbereiches aufeinander zu beziehen.

Anschließend sind nun die entscheidungs- und handlungsleitenden Bestimmungsfaktoren für das Wirksamwerden von inhaltlich-materiellen Entscheidungsprämissen zu skizzieren.

III. Die Sach- und Handlungsautonomie im dezentralisierten Entscheidungssystem des PAS

Wir werden uns in diesem Abschnitt darauf beschränken in thesenhafter Zusammenfassung einige empirische Ergebnisse des Verfassers aus einer Planungsstudie im Regierungsbereich wiederzugeben.[29]

Als leitender Gesichtspunkt steht hierbei der Nachweis im Vordergrund, daß die Basiseinheiten des Regierungssystems (Referate) derjenige organisatorische und inhaltsgestaltende Ort sind, an dem über eine funktional abgegrenzt wirkende Sach- und Handlungsautonomie die negative oder positive Selektion von Entscheidungsprämissen stattfindet.

Um Mißverständnissen vorzubeugen sei angefügt, daß diese dezentral und partikular wirkende Sach- und Handlungsautonomie nicht aufgrund einer abstrakten Organisationskomplexität zur Wirkung kommt, sondern durch die Tatsache bedingt ist, daß für das PAS gesellschaftsstrukturelle Bestimmungsfaktoren ja nicht nur extern gesetzte, sondern gleichzeitig intern konstituierte sind. Die Faktizität eines dezentralisierten Entscheidungssystems ist eben kein Organisationsproblem.

Die Errichtung eines Planungsverbundsystems war und ist das anspruchvollste Vorhaben der regierungsinternen Planungspolitik.

Bezogen auf die konkrete Aufgabenerledigung im Regierungsbereich der letzten beiden Jahre, sowie auf der Grundlage der geringen zugänglichen Hinweise einer Durchführungsbewertung kann davon ausgegangen werden, daß die Planungsverbundpraxis das Stadium einer konzeptionellen Auslotung möglicher Anwendungs- und Umsetzungsstrategien der Planungsverbundelemente für eine politische Aufgabenplanung noch nicht verlassen hat. Hingegen läßt sich aber an den bisherigen Erfahrungen über den Realisierungsgrad der Verbundelemente für die aufgabenpolitische Planungspraxis die Tendenz herausarbeiten, daß die Reichweite eines regierungsweiten Planungssystems in der Formalisierung von Entscheidungs- und Informationsgrößen vorläufig ihre Grenze findet, und die eigentliche sachlich und politisch-soziale Regulierungstätigkeit weiterhin in den wesentlichen Phasen in den dezentralen Facheinheiten lokalisiert bleibt, in denen die aufgabenimmanenten Bedingungsfaktoren der einzelnen Regulierungsbereiche erfaßt und verarbeitet werden.

Die Frage nach dem dezentralen Planungspotential, also nach den Realisierungsvoraussetzungen einer Aufgabenplanung in der konkreten politisch-administrativen Aufgabenstruktur der Ressorts bleibt somit auch für regierungsweite Planungsperspektiven noch ungeklärt.

Dieses negative Ergebnis einer intensivierten Planungspraxis ist weniger erstaunlich, wenn man sich gleichzeitig die Wirkungsbilanz von zentralen Planungseinheiten (Grundsatzabteilung etc.) in den Bundesressorts vergegenwärtigt, welche ja vor und während der Errichtung eines regierungsweiten Planungsverbundes unabhängig davon aufgebaut wurden. Diese Bilanz besteht darin, daß zentrale Ressortplanungseinheiten lediglich als formale Strukturelemente bereitgestellt wurden und keineswegs von sich aus intersektorale Aufgabenprozesse zu regulieren vermochten. Der Grund dafür lag darin, daß in keinem der untersuchten Ressorts es den Planungseinheiten gelungen war, eine Steuerungsfunktion unabhängig von den Facheinheiten aufzubauen, sondern alle Versuche, ein fachpolitisches Konkurrenzverhältnis gegenüber den Facheinheiten zu errichten, damit endeten, daß eine anfänglich zentral beanspruchte Gesamtplanungsfunktion wieder dezentralisiert wurde.

Die Umstrukturierungsprozesse in den Planungseinheiten haben so, wenn auch auf verschiedene Weise, die dezentral-aufgabenspezifische Regulierungstätigkeit im Regierungsbereich zumindest durch ihre faktische Adaption an die Aufgabenstruktur als konstitutiv bestätigt.

Das Verhältnis von Aufgabenstruktur und Planungsleistung ist somit im Hinblick auf die fachliche Aufgabenerledigung in seinem funktionalen Bezug dadurch gekennzeichnet, daß Planungsstrukturen durch Aufgaben leistungseffektiv werden und nicht umgekehrt.

Auf diesem Hintergrund erhielt dann eine Tätigkeitsfeldanalyse von administrativen Organisationseinheiten (Referate) ihren Stellenwert, bei der das entwicklungsanalytisch ermittelte Ergebnis zu verzeichnen war, daß es bislang empirisch keinen Anhaltspunkt dafür gibt, daß sich das sachliche und politisch-soziale Potentialstruktural und funktional anders als auf fachspezifische Organisationseinheiten verteilen läßt, so daß die Steuerungskapazität des PAS in ihrem Ausmaß und ihrer Richtung weiterhin sektoral wirksam wird. Interdependenzbeziehungen der Umwelt unterliegen damit prinzipiell einem segmentierten Regulierungsprozeß.

Der für den Regierungsbereich funktional erschöpfend ermittelte Bedarf an Koordination, an methodisch-analytischer und konzeptioneller Kapazität wird eindeutig in den dezentralen administrativen Einheiten anspruchseffektiv, was bedeutet, daß das Sach- und Handlungswissen und damit das eigentliche Planungspotential in den Facheinheiten des Regierungssystems lokalisiert ist, und es keinen Hinweis dafür gibt, daß dieses in den wesentlichen Phasen der Aufgabenerledigung anders als partikular zur Wirkung kommt. Im Gegenteil ist davon auszugehen, daß das PAS seine faktische Regulierungs- und Steuerungsfähigkeit nur in der sektoralen Konzentration seiner Ressourcen effektiv zur Geltung bringt.

Zusammenfassend läßt sich die für den voluntaristischen Impetus der Planungsstrukteure kurios anmutende Feststellung treffen, daß, so wie die Aufgabenerledigung in den Facheinheiten Bindungseffekte für die Stellung und Funktion der ressortinternen Planungseinheiten schafft, der Erfolg einer Einführung von regierungsweiten Planungselementen letztlich abhängig ist von der Fähigkeit einer Planungsleistung durch ressortinterne zentrale Planungseinheiten. Daß diese „Erfolgskette" kaum verbunden werden kann, haben wir angedeutet.

Es gilt nun die Sach- und Handlungsautonomie dezentraler Facheinheiten unter dem Gesichtspunkt ihrer Relevanz für strukturbildende und strukturverändernde Entscheidungsprämissen zu umreißen. Wir werden uns in thesenhafter Wiedergabe auf vier Schwerpunkt beschränken:

1. Das politisch-sachliche Potential von Facheinheiten.
2. Die Handlungsautonomie von Facheinheiten.
3. Der fachspezifische Satisfaktionseffekt in Facheinheiten.
4. Der fachlich und informatorisch sich selbst reproduzierende Kommunikationskreislauf in Facheinheiten.

(1) Eine nach Tätigkeitsprofilen kategorisierte Analyse der Tätigkeitsarten von administrativen Facheinheiten konnte ermitteln, daß der größte Teil der Aufgabenerledigung in den Facheinheiten bei der Entstehung und Verstetigung von Aufgabengebieten durch Tätigkeitsarten in Anspruch genommen wird, die mittelbar und unmittelbar an der Formulierung und Anwendung von Entscheidungsprämissen für die politische Aufgabenregulierung im Regierungsbereich bestimmend sind.

Eine sich daran anschließende Analyse der Arbeitsergebnisse dieser Facheinheiten ergab, daß diese ebenfalls zum größten Teil in diesen Relevanzbereich der Tätigkeitsarten fallen, so daß gefolgert werden konnte, daß entscheidungs- und aufgabenpolitisch die Facheinheiten durch ihre Aufgabenerledigung die Problemlösungsstrukturen dieser Arbeitsergebnisse weitgehend beeinflussen. Daß die Beteiligungsart in Form der Federführung bei den Arbeitsergebnissen zu über der Hälfte genannt wurde, unterstützte zusätzlich die Annahme einer primären Sachautonomie fachspezifischer Organisationseinheiten.

(2) Die Erhebung über die Möglichkeit einer autonomen Zielfestlegung im Aufgabenbereich der Einheiten zeigte, daß nach der Selbsteinschätzung der administrativen Akteure eine autonome fachliche Zielfestlegung und Bearbeitung der Aufgaben in großem Maße gegeben ist, wobei gleichzeitig eruiert werden konnte, daß sich der größte Teil der Ministerialbürokratie in den untersuchten Einheiten vollauf der politischen Relevanz ihrer Tätigkeit bewußt ist und den Deckmantel einer wie immer gearteten Sachlichkeit nicht in Anspruch nimmt.

Insgesamt sei festgehalten, daß die faktische Sachautonomie als auch die in Anspruch genommene Handlungsautonomie die dezentrale Aufgabenerledigung im Regierungsbereich begründen und institutionalisieren.

(3) Bei der Analyse von Arbeitsakten der Facheinheiten war zu erkennen, daß Arbeitsakte, die einen direkten Bezug zur inhaltlichen Regelung von Fachproblemen aufweisen, die Arbeitszeit, gemessen an der zeitlichen Frequenz, am stärksten in Anspruch nehmen und damit notwendiger Bestandteil der Aufgabenerledigung sind. Als noch wesentlicher war jedoch das Ergebnis zu verzeichnen, daß im intra- und interressortmäßigen Kontaktsystem eine nahezu ausschließliche Konzentration auf fachtangierende Facheinheiten zu verzeichnen war, so daß die benannte Sachautonomie durch das regierungsinterne Kontaktsystem keine Erweiterung erfährt. Eine derart bedingte Problembearbeitung der vorgegebenen Aufgaben zeigt Merkmale eines Zirkelmechanismus, der bewirkt, daß die fachliche Regulierung durch nahezu ausschließlich eben- und fachspezifische Kontakte aus sich selbst heraus Satisfaktion erreicht. Der Effekt des Zirkelmechanismus ist die Erhöhung des Schwellenwertes für die Durchlässigkeit von gesellschaftspolitischen Einflußfaktoren.

(4) Konnte durch eine Erhebung der Informationsquellen, die von den Facheinheiten bei der Bearbeitung herangezogen werden, bereits eine fachliche Einengung der

informatorischen Grundlage sichtbar gemacht werden, wobei besonders der konstante Anteil von Informationsquellen aus dem Regierungsbereich ins Gewicht fiel, so förderte die Frage nach der Art der Rezeption von Informationen das Ergebnis zutage, daß der Anteil der Rezeption von Informationsquellen in Art der Durchführung von Fach- und Problemdiskussionen nahezu ebenso groß ist wie die Rezeptionsart durch methodisch-analytische Tätigkeiten. Der rezeptorische Austauschvorgang von Informationen in Form von Diskussionen begrenzt das Wissen auf den Kreis der Beteiligten, ohne daß der allgemeine Zugang für Dritte gewährleistet ist. Da sich diese Rezeptionsart zusätzlich vor allem als horizontale Kommunikation vollzieht und auf der untersten Hierarchiestufe stattfindet (befragt wurden Fachreferate), ist davon auszugehen, daß in wichtigen Phasen von Problemlösungsprozessen die Inhalte der Probleme nicht allgemein kommunizierbar sind und erst als abgeklärte Argumente in vertikale Kommunikationskanäle eingegeben werden.

Betrachten wir zusammenfassend gleichzeitig die Ergebnisse über die Herkunft der Informationsquellen, so zeigt sich, daß in starkem Maße die Aufgabenerledigung fachspezifischer Organisationseinheiten im Regierungsbereich zum einen durch eine fachinformatorische Verengung und zum anderen durch ein informales Kommunikationshandeln gekennzeichnet ist, was insgesamt Züge eines exklusiven, informalen und sich selbst genügenden Kommunikationskreislaufes erkennen läßt, der sich fachlich und informatorisch zum großen Teil selbst reproduziert.

Die oben gegebene Darstellung über die starke Konzentration auf fachtangierende Organisationseinheiten im intra- und interressortmäßigen Kontaktsystem, erfährt so im kommunikativen Handlungsfeld seine Entsprechung.

Diese auf analytisch-empirischen Wege gewonnenen Merkmale von Verlaufsmustern politisch-administativer Handlungsprozesse sagen uns lediglich etwas über den organisatorischen Ort und die funktionale Wirkung von Handlungsmechanismen (= Leistungen). Es fehlen bislang vor allem Erkenntnisse über taxienmäßige Zusammenhänge der Handlungsreaktionen, die nach unserer Meinung nur über den mühsamen Weg fallbezogener Untersuchungen zu erhalten sind. Alles andere wäre nur taktiles Operieren im Rahmen hypothetischer Konstruktionen.

Als Fazit unserer empirisch-analytischen Untersuchungen soll die Hypothese stehen, daß das politisch-administrative Handlungssystem in erster Linie sedimentierten Entscheidungsregeln folgt und diese Sedimentation[30] nur durch Veränderungen in den korrespondierenden Umweltstrukturen erweitert oder verändert wird.

Als Konsequenz für die politologische Verwaltungsforschung ergäbe sich daraus, daß Erkenntnisse über aufgabenpolitische Verlaufsmuster im PAS, d. h. über die dabei zugrundeliegenden institutionalisierten Entscheidungsprämissen nur zu erwarten sind, wenn gleichzeitig die Strukturzusammenhänge der jeweiligen Umweltsektoren und deren strukturbildenden Prämissen mituntersucht werden.

Insbesondere Abweichungen in der strukturellen Korrespondenz von PAS und Umwelt erlauben auf diesem Wege dann auch nähere Bestimmungen der „Inhalte" von Staatsfunktionen.

IV. Politikwandel und PAS

Im vorangegangenen Abschnitt glauben wir den Nachweis gebracht zu haben, daß die Dezentralisation des regierungsinternen Entscheidungssystems nicht auf dynamischen Zufälligkeiten beruht, sondern materiell-strukturelle Erklärungen der Außenbindungen erfordert.

Der Versuch, die faktische Dezentralisation oder Partikularisierung vordringlich als Leitung-Basis-Problem zu thematisieren ist,[31] so konsequent er erscheint, so immun gegenüber den determinierenden Außenbeziehungen, verbleibt er doch in einem organisationssoziologischen „Zurechtrücken" dieser „Nichtzufälligkeiten".

Streben wir hingegen eine strukturelle Erklärung von Dezentralisation durch eine Analyse von Umweltsektoren an, so erhält das Phänomen der Partikularisierung eine politisch-gesellschaftliche Dimension, beruht diese doch auf Elementen des Gesellschaftswandels, der jedweden Entscheidungsträger zur organisatorischen Umdisposition zwingt, mithin zu einem Politikwandel führt. Es soll nun nicht die Illusion genährt werden, als sei die Transformation von strukturellen Veränderungen gesellschaftlicher Teilbereiche in das PAS empirisch beliebig angebbar. Hierzu fehlen zuallererst objektive Angaben über die Veränderungen von Struktureigenschaften selbst.

Eine Politik in ihrer inhaltlichen, organisatorischen und entscheidungsmäßigen Ausprägung kann nur jeweils im nachinein auf externe Veränderungen zurückgeführt werden.

Somit gilt für das PAS das Dilemma einer notwendigen aber nicht leistbaren Prognosefähigkeit nach beiden Seiten. Es kann seine Planungsorganisation planen, ohne wissen zu können, ob diese „planmäßig" zum Einsatz kommt. Und es kann gesellschaftliche Veränderungen antizipieren, ohne wissen zu können, ob diese „antizipationsfähig" sind. Beides gleichzeitig im Gewande einer „aktiven Politik" [32] erreichen zu wollen, d. h. eine planungsorganisatorische Politikantizipation anzustreben, bleibt nützliches Postulat.

Der Grund, warum staatliche Politik, um die Diktion der Regierungslehre beizubehalten, weiterhin reaktiv handelt, liegt nun gerade in der Tatsache, daß die strukturelle Veränderung in gesellschaftlichen Teilbereichen unorganisiert und unbewußt verläuft, mithin auch nicht von außenstehenden Entscheidungsinstanzen antizipiert werden kann.

Wird unter diesem Aspekt die Planungsorganisation im traditionellen Verständnis zweitrangig, so ergeben sich zwei Fragestellungen: Einmal ist die strukturelle Veränderung in den Umweltsektoren selbst zu ermitteln, und zum anderen ist anzugeben in welcher Form diese auf das PAS „durchschlagen". Es bleibt vorläufig theoretisch ungeklärt, wann tatsächlich etwas zur regulativ-verstetigungsfähigen Staatsfunktion wird, denn nicht jede aufbrechende Strukturveränderung führt zur hoheitlichen Sekundärsteuerung. Vielmehr ist zu fragen, inwieweit Selbststeuerungsprozesse („Reinigungskrisen") in gesellschaftlichen Strukturbereichen sich nicht sogar einer staatlichen Regulierungspartizipation entziehen.[33]

Ohne daß der aufgeworfene Anspruch eingelöst werden kann, wollen wir andeutungsweise versuchen die damit notwendige Verschiebung regierungsinterner Planungsuntersuchungen herzuleiten.

Beispiele aus der Sozialpolitik sollen in einer Grobskizze das Verhältnis von staatlichen Funktionsleistungen (wobei die oben behandelte Problematik der diesen zugrundeliegenden Entscheidungsprämissen nicht mehr besonders behandelt wird) und deren Steuerungskapazität für sozialpolitische Strukturbereiche erläutern.

Der sich abzeichnende Politikwandel im Bereich der staatlichen Sozialpolitik [34] läßt sich mit Kaufmann in der ökonomisch wie sozialpsychologisch bedingten Relevanzverlagerung von rein kompensatorischen Maßnahmen (Altersversorgung, Krankenversicherung) hin zu präventiven (Vollbeschäftigungspolitik, Gesundheitsvorsorge) und korrektiven Maßnahmen (Arbeitsvermittlung, Umschulung, Rehabilitation) benennen.[35]

Ist der Anteil der Leistungen des ökonomischen Sicherungssystems (ökonomische Alterssicherung) als kompensatorische Maßnahme am Sozialbudget auch weiterhin der stärkste,[36] so lassen sich doch bereits im Rahmen präventiver und korrektiver Maßnahmen ebenso die monetären Verschiebungen ablesen.

Die organisatorische Entsprechung dieser Relevanzverlagerung liegt darin, daß sich für den Zeitraum von 1967 bis 1971 im Bundesministerium für Arbeit und Sozialordnung sowie im Bundesministerium für Jugend, Familie und Gesundheit ca. 22 Fälle sicher angeben lassen, in denen durch die Neueinrichtung von Referaten bzw. die Übernahme von neuen Aufgaben in bestehenden Referaten der Bereich von präventiven und korrektiven Maßnahmen seinen Niederschlag findet. Die Ermittlung der „Auslöser" dieser verhältnismäßig frühzeitigen formalorganisatorischen Entsprechung im PAS ist weitaus ungeklärt, verspricht hingegen doch Hinweise auf die Entwicklung von spezifischen Entscheidungsprämissen bei *neuen* Aufgaben.

Die beiden wichtigsten Erklärungsvarianten dieser Relevanzverschiebung können jede für sich genügend Plausibilität in Anspruch nehmen, um den Charakter einer imperativen Vorgabe für politisch-administratives Handeln anzunehmen.

In politikökonomischer Perspektive laufen diese Veränderungen darauf hinaus,

- „daß das Sozialversicherungssystem in abnehmendem Maße die Aufgabe hat, für die *Nicht-Verwertbarkeit* der Arbeitskraft in kapitalistischen Produktionsprozessen zu *entschädigen*
- und zunehmend zur Aufgabe wird, die *Verwertbarkeit* der Arbeitskraft in kapitalistischen Produktionsprozessen zu *sichern.*" [37]

In soziologischer und sozialpsychologischer Perspektive steht die Vermutung, „daß die typischen Formen objektiver Sicherung infolge ihrer Unanschaulichkeit und geringen Erfahrbarkeit *nicht von sich aus* imstande seien, die subjektiven Korrelate ihrer objektiven Leistungen zu bewirken."[38]

„Die *Bestimmtheit der Situationen,* die *Umweltstabilität* kann das ökonomische Sicherungssystem nicht vermitteln."[39]

Obwohl die ökonomische Alterssicherung für den Fall der Erwerbsunfähigkeit als systemkonforme Entschädigung unabdingbar ist, verweist sie doch gleichzeitig im Ereignisfall das Individuum in einen sozial leeren Raum. Rentner bilden keine soziale Klasse und der über das Medium Geld in Form der Rente gewährte Handlungsspielraum genügt nicht, um soziales Handeln zu ermöglichen.

Der in der Bevölkerung sich aggregierende Bedarf nach präventiven und korrektiven Maßnahmen entspricht so dem intentionalen Hinausschieben des Ereignisfalles Rente. So ist auch die Tatsache zu erklären, daß Sozialverwaltungen, die mit kompensatorischen Maßnahmen betraut sind, das geringste Ansehen genießen, und Themen wie „Vorsorgeuntersuchungen" oder „Rehabilitation" auf uneingeschränkte Zustimmung stoßen.[40] Der stärkere Stellenwert von präventiven und korrektiven Maßnahmen beruht aber nur zu einem Teil auf das gewollte Hinausschieben des *unerfahrenen* Schadenfalles Rente, sondern erklärt sich im größeren Maße durch die dadurch gegebene *erfahrbare* Möglichkeit der individuellen Umweltstabilisierung (z. B. Umschulung oder auch die sozialpolitisch korrektive Maßnahme des Wohngeldes). Sozialpsychologisch beinhalten daher derartige Maßnahmen für das Individuum realere Chancen, sich in einem System funktional stabilisierter gesellschaftlicher Verhältnisse selbst zu stabilisieren.

Läßt sich diese Tendenz durchaus als Bewußtseinsveränderung in der Bevölkerung herausschälen, so steht doch dieser Stabilisierungsmöglichkeit die Tatsache entgegen, daß die sekundären Systeme der „Sozialen Sicherung" nicht von sich aus entlastende Wirkungen hervorbringen, sondern von der psychischen und erziehungsspezifischen Konstitution des einzelnen abhängig bleiben.

So läßt sich zeigen, daß die Sicherheitschancen und damit die Entwicklung einer inneren Organisation des Bewußtseins unter komplexen gesellschaftlichen Bedingungen berufs- und bildungsabhängig sind.[41]

Die Veränderungen im Sozialversicherungssystem lassen sich aus dem wenig Skizzierten hinsichtlich der Forderungen an den Staat, sowohl als Imperativ des ökonomischen Entwicklungsprozesses, als auch als Imperativ sozialpsycholigischer Bewußtseinsveränderungen aufgrund sozialer Differenzierungsprozesse ermitteln.

Es braucht nicht entschieden zu werden, in welchem Dominanzverhältnis diese sowohl durch theoretische Annahmen wie empirische Ergebnisse abgestützten Wirkungsbereiche stehen, denn staatliches Handeln hat auf beide simultan zu reagieren.

Uns geht es vorerst um die Begründung, warum der Staat, weder im ökonomischen, noch sozialen Bereich Stabilisierung vorwegnehmend garantieren kann und welche Folgerungen daraus für die Handlungsfähigkeit des PAS zu ziehen sind.

Verbleiben wir beim Beispiel des Sozialversicherungssystems, so konnte umrißhaft gezeigt werden, daß die reaktive Gestaltungsfähigkeit des Staates sich in der Erstellung funktionaler Leistungen durch die Konstruktion sekundärer Systeme erschöpft, auf die sich der einzelne zu beziehen hat und seinen Lebenszusammenhang segmenthaft zu stabilisieren versucht. Daß diese sekundären Systeme in ihrem Stellenwert zurückgestuft werden (Rentensystem) bzw. neue geschaffen werden (Umschulungssystem, Vorsorgesystem)[42] trägt zwar insgesamt zum Konstrukt einer Systemsicherheit bei, ändert jedoch nichts an der Tatsache, daß über sie individuelle Lebenslagen nicht umfassend stabilisiert werden können bzw. nicht das ersetzen, was vormals gesamtgesellschaftlich als „Soziale Geborgenheit" erlebbar war.

Die zunehmende Konkretion sozialpolitischer Forderungen (Wohngeld, Ausbildungsbeihilfe etc.) ist empirische Erscheinung des Auseinanderklaffens zwischen der Bereitstellung funktionaler Leistungen und der Befriedigungsmöglichkeit des individuellen Stabilisierungsbedarfs.

Da dieser Stabilisierungsbedarf empirisch weder für das Individuum, geschweige denn für den Staat vorausbestimmbar ist, unterliegen sekundäre Systeme einer latenten Dysfunktionalisierung. Der Staat stellt funktionale Leistungen bereit, kennt auch die Adressaten, aber eben nicht die Resultate. Die Gewißheit über die „Bewirkung von Wirkungen" (Luhmann) bleibt ihm vorenthalten.[43]

Da über die immanenten Bewegungsgesetzlichkeiten sekundärer Systeme (so neben Sozialversicherung etwa Bildung, Gesundheit, Betrieb) empirisch nur sehr unzureichende Untersuchungen vorliegen und in den meisten Fällen nur ex post erfaßbar sind, können vorläufig lediglich allgemeine Annahmen zwischen diesen und dem staatlichen Handeln entwickelt werden. An empirischen Indikatoren stehen bislang vor allem zwei zur Verfügung. Einmal die zunehmende Konkretion und das daraus resultierende kumulative Anwachsen von Regulierungsanforderungen an den Staat; und zum anderen das augenscheinliche Scheitern einer konsistenten staatlichen Planungsorganisation ohne gleichzeitigen Zusammenbruch der Handlungsrationalität des PAS.

Ist der Entwurf eines über sekundäre Systeme integrierten Verhaltens und Handelns von Bevölkerungsgruppen richtig, so bedeutet die Entstehung von zusätzlichen Forderungen als Ausdruck einer spezifisch erfahrenen Unzufriedenheit (z. B. Betriebsrente, Werkarztgesetz) eine latente Infragestellung der über diese Systeme erstellten funktionalen Leistungen. Daraus würde sich nicht nur die angedeutete Konkretion politisch-sozialer Forderungen in ihrer spontanen Krisenhaftigkeit begründen, sondern auch verständlich machen, warum der Staat nur ebenso spontan-krisenhaft reagieren kann, mithin warum sein partikularisiertes Entscheidungssystem strukturadäquat ist.[44]

Denn insoweit partielle Dysfunktionen in sekundären Systemen (etwa Wohnungsbau) durch Maßnahmen *in* diesem selbst beseitigt werden können (Mieterschutzgesetz), braucht weder das System insgesamt neu funktional bestimmt zu werden, noch der Interdependenzgesichtspunkt zu anderen sekundären Systemen (etwa Transportwesen / Nahverkehr) berücksichtigt werden.

Allgemein führt dies zur Verdinglichung institutionalisierter Handlungsmuster und der daraus erklärbaren Abweichung zu Erfordernissen der korrespondierenden Gesellschaftsbereiche.[45] Im Staatsapparat führt dieser isoliert wirkende Mechanismus von sich gegenseitig stabilisierenden Sekundärsystemen zur Erfahrung einer über subjektive Handlungsrationalität erstellten Systemrationalität des PAS, wie es anfangs erläutert wurde.

Das entscheidende Problem bleibt jedoch ungelöst, nämlich die Frage, ab welchen Punkt sekundäre Systeme nicht mehr aus sich heraus stabilisiert werden können bzw. „abgelöst" werden müssen.

Wir neigen zu der Vermutung, daß eine zunehmende kumulative Anhäufung politisch-sozialer Forderungen ungesteuerte und unvorhersehbare Strukturbrüche in sekundären Systemen hervorrufen können. Dahinter steht die Annahme einer imaginären Schwelle, über der hinaus die Nichtentsprechung des individuellen Stabilisierungsbedarfs zu fundamentalen Strukturveränderungen führen kann, welche dann nur noch nachträglich bestätigt oder abgelehnt werden können.[46]

Ob derartige Strukturerosionen eher in Bereichen ökonomischer Systeme (Tarifsystem) oder in sozialen Systemen (Ausbildung) zu erwarten sind, ist in der Tat eine Frage gesellschaftlicher Praxis.

Für das PAS und seinem Handlungsspielraum besteht das Problem darin, in den Konkretionen politischer und sozialer Forderungen tendenzielle Strukturveränderungen begreifen und regulieren zu können.

Das ist abhängig

- einmal von der Intensität und Fundamentalität einer „kollektiven Definition" (H. Blumer) unberücksichtigter Änderungsanforderungen im Gesellschaftsbereich[47],
- zum anderen von der Möglichkeit des Staates zur simultanen Politikformulierung[48].

Das bisherige Verlaufsmuster staatlicher Tätigkeiten läßt es plausibel erscheinen, daß sekundäre Systeme außerhalb des ökonomischen Systems in dem das Organisationsprinzip (Profitmaximierung) fixiert ist, den Steuerungsbedarf des Staates in einem bislang empirisch nicht nachweisbaren Maße autonom entlasten, was bedeuten würde, daß die Stabilität sekundärer Systeme in der Vergangenheit durch spontane Responsivität garantiert werden konnte.

Nur so ist uns die relative Organisationsstabilität des PAS bei kaum verändertem Verwaltungssystem erklärbar, was aber, wie oben ausgeführt, ein Aufbrechen dieser institutionalisierten Sekundärsysteme nicht ausschließt, bloß, daß dabei der regierungsinternen Planungsorganisation kaum eine Bedeutung zukommt.

Die strukturelle Korrespondenzbeziehung zwischen Staat und Umwelt beschränkt sich für die Seite des Staates darauf, in reaktiver Mutmaßung sekundäre Systeme bereitzustellen. Nur *insofern* ist wiederum sein Informations-Organisations- und Entscheidungssystem von Bedeutung, da von jenen die reaktive Adaptions- und Veränderungsfähigkeit der zugrundeliegenden sedimentierten Entscheidungsregeln abhängt.

Anmerkungen

1 Vgl. auch Funke / Glagow / Offe / Ronge / Schmieg, Erzeugung und Verarbeitung von Krisen durch politisch-administrative Handlungssysteme, Starnberg Juni 1973 MS, S. 21 ff, hier S. 25.

2 Für die zentralstaatliche Ebene siehe u. a. Naschold / Seuster / Väth / Zipfel, Untersuchung zur mehrjährigen Finanzplanung des Bundes. Bericht erstellt im Auftrag der Projektgruppe Regierungs- und Verwaltungsreform, Bonn 1971; ferner Fritz W. Scharpf, Fallstudien zu Entscheidungsprozessen in der Bundesregierung, in: Renate Mayntz / Fritz Scharpf, Planungsorganisation, München 1973. Für die kommunale Politikebene vgl. allgemein, Protokolle der 2. Tagung des Arbeitskreises „Lokale Politikforschung" der DVPW in Heidelberg vom 6. - 8.4. 1973 und im besonderen das dort vorgelegte Referat von Adalbert Evers, Zur Bestimmung der Veränderung städtischer Strukturen und der mit ihnen befaßten kommunalen Planung im Kontext des Staatsinterventionismus, MS April 1973.

3 Dazu Sybille von Flatow / Freerk Huisken, Zur Bestimmung der Ableitung des bürgerlichen Staates, in: Probleme des Klassenkampfes, Heft 7, Mai 1973, S. 83 ff.

4 So bei Joachim Hirsch, Wissenschaftlich-technischer Fortschritt und politisches System, Frankfurt a. M. 1970.

5 Siehe u. a. Elmar Altvater, Zu einigen Problemen des „Krisenmanagement" in der kapitalistischen Gesellschaft, in: Martin Jänicke (Hrsg.), Herrschaft und Krise, Opladen 1973, S. 170 ff.

6 Vgl. auch Claus Offe, Tauschverhältnis und politische Steuerung, in: ders., Strukturprobleme des kapitalistischen Staates, Frankfurt a. M. 1972, S. 27 ff.

7 Volker Ronge / Günther Schmieg, Restriktionen politischer Planung, Diss.Bremen 1972, S. 624 f (jetzt Frankfurt/M 1973).

8 Funke / Offe / Ronge, Formwandel der Politikformulierung und delegitimatorische Prozesse, MS Starnberg Juni 1973, S. 10.

9 Vgl. dazu Jürgen Habermas, Legitimationsprobleme im Spätkapitalismus, Frankfurt a. M. 1973, S. 30 ff; ferner Claus Offe, Tauschverhältnis ..., a. a. O., S. 39 ff.

10 Vgl. auch allgemein D. Lockwood, Social Integration and System Integration, in: Zollschan / Hirsch, Explorations in Social Change, London 1964.

11 So etwa auch die neueren Entwürfe einer juristischen Staatslehre, die in diesem Punkt nahezu deckungsgleich mit der Regierungslehre liegen. S. Roman Herzog, Allgemeine Staatslehre; Frankfurt/M 1971.

12 Siehe auch die andersartige, aber für Staatsfunktionen ebenso relevante Konzeptualisierung dieser Kategorie bei Werner Väth, Raumordnung als kapitalistische Entwicklungsplanung, MS April 1973.

13 Der Übergang von kompensatorischen zu präventiven Sozialleistungen, wie er unten beschrieben wird, scheint beispielhaft für derartige korrektive Umlenkungen mit Entlastungseffekt. Hinweise für derartige Vorgänge finden sich auch bei Linder, der gerade diesen Prozeß der Umlenkung bzw. Verlagerung auf Kommunalebene empirisch belegt hat, Wolf Linder, Der Fall Massenverkehr, Frankfurt/M 1973.

14 Vgl. dazu auch allgemein die Unterscheidungsebene zwischen zweckrationalen (instrumentalen / strategischen) und kommunikativen Handeln bei Jürgen Habermas, Technik und Wissenschaft als „Ideologie" in: ders., Technik und Wissenschaft als „Ideologie", 5. Aufl. Frankfurt/M 1971, S. 48 ff.

15 Werner Väth, a. a. O.; der strukturalistische Ansatz wird für den Politikbereich der Raumordnung entwickelt. Thema ist aber das Verhältnis von Subsystemstrukturen zur Gesamtsystemstruktur.

16 Zur Reprivatisierung von Forschungsinvestitionen des Staates, sowie allgemein zur Perspektive autonomer Steuerungsprozesse im ökonomischen System vgl. die jünsten Gutachten der Prognos AG, Zur Problematik öffentlicher Forschung und Entwicklung über Kapitalbeteiligungsgesellschaften und über „joint ventures" öffentlicher Institutionen und Unternehmen mit industriellen Unternehmen in der Privatwirtschaft, BMFT, Bonn März 1973; sowie das Gutachten der Deutschen Revisions- und Treuhand AG, Zur Frage der finanziellen Erfolgsbeteiligung des Bundes bei erfolgreicher privatwirtschaftlicher Nutzung öffentlich mitfinanzierter Forschungs- und Entwicklungsarbeiten von Wirtschaftsunternehmen, BMFT, Bonn, März 1973.

17 Siehe Ronge / Schmieg, a. a. O., und Evers, a. a. O.

18 Vgl. auch Funke / Offe / Ronge, a. a. O., S. 8.

19 Dazu auch Habermas, a. a. O., S. 50 ff.

20 Niklas Luhmann, Politische Planung, in: ders., Politische Planung, Opladen 1971, S. 66 ff, hier S. 78.

21 Vgl. dazu auch die Hinweise einer bedürfnistheoretischen Ausweitung des systemtheoretischen Denkens bei Karl-Otto Hondrich, Systemtheorie als Instrument der Gesellschaftsanalyse, in: Theorie der Gesellschaft oder Sozialtechnologie, Supplement 1, S. 88 ff.

22 Dazu auch Manfred Glagow / Axel Murswieck, Umweltverschmutzung und Umweltschutz in der BRD, in: Beilage zur Wochenzeitung „Das Parlament" Nr. B 27/71 v. 3.7.71.

23 Peter Grottian, Restriktive Bedingungen für die Planung Innerer Reformen, Diss. Bielefeld 1973; Axel Murswieck, Zum Aufbau von Planungsstrukturen im politisch-administrativen Handlungssystem der Bundesregierung, Diss. Bielefeld 1973; Ronge / Schmieg, a. a. O.

24 Vgl. Murswieck, a. a. O.; für die Selbsteinschätzung in der Administration auch E. Moths / M. Wulf-Mathies, Des Bürgers teure Diener, Karlsruhe 1973; Zur Neuordnung der Bundesverwaltung, in: Bulletin des BPA Nr. 56, S. 536 ff; ferner Studienkommission für die Reform des öffentlichen Dienstrechts: Bericht der Kommission, Baden-Baden 1973.

25 Vgl. dazu auch die Thesen von Linder über die Fragwürdigkeit der Informations- und Wertgewinnung von Organisationen in Bezug auf ihre Nähe zu den Konflikten in realen Problembereichen. Linder, a. a. O., S. 294 ff.

26 Dazu Niklas Luhmann, Reform und Information, in: ders., Politische Planung, a. a. O., S. 188 ff.

27 Murswieck, a. a. O., S. 294 ff.

28 Luhmann a. a. O., S. 189.

29 Zur Untersuchungsmethode und den einzelnen empirischen Ergebnissen sei auf die Studie selbst verwiesen, Murswieck, a. a. O.

30 Die soziologische Verwendung des Begriffes der Sedimentation ist sowohl für das PAS als auch für gesellschaftliche Teilbereiche konzeptualisierbar. Die nähere Bestimmung von Sedimentablagerungen und deren Wirkung als Entscheidungsprämissen bezeichnet die Leerstelle in der Verwaltungsforschung. Zur wissenssoziologischen Herleitung des Ausdrucks vgl. Peter L. Berger / Thomas Luckmann, Die gesellschaftliche Konstruktion der Wirklichkeit, 3. Aufl., Frankfurt a. M. 1970, S. 72 ff.

31 Renate Mayntz / Fritz Scharpf, Kriterien, Voraussetzungen und Einschränkungen aktiver Politik, in: dies., Planungsorganisation, a. a. O., S. 130 ff.

32 Ebenda.

33 Vgl. dazu auch Ronge / Schmieg, a. a. O.

34 Zum Sozialleistungssystem in der BRD allgemein, sowie zum historischen Ablauf der Sozialpolitik siehe Viola Gräfin von Bethusy-Huc, Das Sozialleistungssystem der Bundesrepublik Deutschland, Tübingen 1965.

35 Franz-Xaver Kaufmann, Sicherheit als soziologisches und sozialpolitisches Problem, 2. Aufl., Stuttgart 1973, S. 262 ff.

36 Vgl. Sozialbericht 1970, hrsg. vom Bundesminister für Arbeit und Sozialordnung, Bonn 1970, S. 118.

37 Funke /Offe / Ronge, a. a. O., S. 22.
38 Kaufmann, a. a. O., S. 285
39 Ebenda, S. 283.
40 Vgl. auch ebenda, S. 284.
41 Ebenda, S. 347 ff.
42 Vgl. dazu die Angaben im Sozialbericht, aus denen hervorgeht, daß Maßnahmen der Einkommensumverteilung zuungunsten der vorbeugenden, wiederherstellenden und wiedereingliedernden Maßnahmen an Gewicht verlieren, Sozialbericht 1970, a. a. O., S. 188 ff. Kennzeichnend für das politische Selbstverständnis ist auch die Umformulierung der ehemaligen Bezeichnung „Soziallastquote" in „Sozialleistungsquote", ebenda, S. 48.
43 Wie wenig der Staat tatsächlich über die Wirkung seiner Leistung weiß, zeigt auch die Tatsache, daß bei der Alterssicherung lediglich die Empfänger der Sozialleistungen nicht nach Personen, sondern nach Leistungsarten bekannt sind, und daß auch kaum ein Überblick über die ökonomische Auswirkung des Sozialleistungssystems bei den Adressaten der Sozialpolitik vorhanden ist. Vgl. dazu Kaufmann, a. a. O., S. 275. In dieser „Tradition" steht auch das Wissen bei *neuen* sozialpolitischen Aufgaben, so etwa im Bereich der Arbeitsförderung, wo kaum mehr als die quantitative Auflistung der Leistungen nach Adressaten bekannt ist, vgl. dazu Arbeitsförderungsbericht der Bundesregierung, in: Bulletin des BPA vom 23.3.73, Nr. 33, S. 300 ff.
44 Andererseits gibt es genug Belege dafür, daß der Staat gerade seine spontane Responsivität zu überwinden versucht, indem er Programmpolitik betreibt, so etwa das im Aufbau befindliche Programm über die „Humanisierung der Arbeitswelt" im BMFT. Vgl. auch die Angaben über die Zunahme von Planungs- und Programmtätigkeiten der letzten Jahre in allen Bundesressorts bei Murswieck, a. a. O., S. 90 ff.
45 Vgl. zur Merkmalsbestimmung von Institutionalisierungsvorgängen auch allgemein Berger / Luckmann, a. a. O., S. 84 ff.
46 Vorgänge dieser Art aktualisieren sich etwa im Auseinanderklaffen von Betriebsrecht und Konkursrecht. Beides Elemente verschiedener Sekundärsysteme. Natürlich liegt es in der Absicht des Staates gerade derartige sich selbst auslösende Strukturveränderungen vorwegnehmend zu regulieren. Zur Formulierung einer derartigen „Anpassungspolitik" im sozialpolitischen Bereich vgl. Sozialbericht 1970, a. a. O., S. 13 ff.
47 Herbert Blumer, Soziale Probleme als kollektives Verhalten, in: Walter R. Heinz / Peter Schöber (Hrsg.), Theorien kollektiven Verhaltens, Bd. 2, Darmstadt und Neuwied 1973, S. 149 ff.
48 Funke / Offe / Ronge, a. a. O., S. 13 ff.

Staatsbürokratie im Wandel. Zum wechselseitigen Verhältnis von Steuerungs- und Lernperformanz des politisch-administrativen Systems*

Von Heribert Schatz

1. Polit-ökonomische Erklärungsansätze zum Problem der „Form- und Funktionsveränderungen" des Staatsapparats

Die Frage nach der Handlungsautonomie des kapitalistischen Staates, nach den Variationsmöglichkeiten in bezug auf seine Strukturen und Funktionen hat in den vergangenen Jahren einen zentralen Platz in der politikwissenschaftlichen Diskussion eingenommen. Auf der Suche nach den „Bewegungsgesetzen" der bürgerlichen Gesellschaft im entwickelten Kapitalismus haben insbesondere neomarxistische Wissenschaftler interessante Theoreme über den Zusammenhang von gesellschaftlicher Entwicklung und Veränderungen von Form und Inhalt staatlicher Tätigkeit formuliert. Bei aller Unterschiedlichkeit der Perspektiven und der verwendeten analytischen Kategorien ist diesen polit-ökonomischen Forschungen die Grundannahme gemeinsam, daß der in der Realität zu beobachtende Wandel der Staatsfunktionen letztlich die Folge von Veränderungen der Funktionsbedingungen des ökonomischen Systems ist[1]. Als Auslöseimpuls für Veränderungen von Struktur und Funktion des Staates werden von der Mehrzahl der Autoren konkrete Entwicklungsschwierigkeiten im Bereich der Wirtschaft angesehen, die sich in akuten Krisen des Gesamtsystems manifestieren[2]. Zielrichtung der Anpassungsreaktionen des Staates ist die Erhaltung und Stabilisierung des kapitalistischen Systems, „der oberste Funktionsimperativ . . . für die Staatstätigkeit besteht . . . in einer jeweils optimalen Kapitalverwertung für die fungierenden Kapitale. . . . Der systemische und bürgerliche „Reflex" dieses Entwicklungsgesetzes ist der Imperativ quantitativen (wertmäßigen) Wachstums."[3]

In den differenzierteren polit-ökonomischen Theorienansätzen – so etwa bei Habermas, Offe, Naschold und den eben zitierten Autoren – beinhaltet diese Einschätzung der Zielorientierung staatlicher Aktivitäten nicht die Unterstellung einer vollständigen Identität der Interessen der Einzelkapitale mit den Zielen staatlicher Interventionen: Der Staat ist nicht „ausführende Agentur ökonomischer, unternehmerischer Interessen", sondern handelt als „ideeller Gesamtkapitalist"[4], also relativ autonom gegenüber den von Unternehmerseite artikulierten Forderungen.

Auch ohne daß die hier angesprochenen Varianten der Theorie des Staatsinterventionismus weiter ausgebreitet werden müßte, wird bereits deutlich, daß diese Ansätze (anders als die quasi-mechanistischen Modelle einiger Stamokop-„Theorien") die Möglichkeit bieten, auch solche Staatsaktivitäten analytisch „in den Griff" zu bekommen, die keine direkte Entsprechung in manifesten Unternehmer- oder Brancheninteressen haben. Auf der anderen Seite muß man sehen, daß der Erkenntnisgewinn dieser Ansätze solange begrenzt bleiben muß, wie es nicht möglich ist, das Gesamtkapitalinteresse in einer bestimmten historischen Situation operational zu definieren und damit die Zusammenhänge zwischen Kapitalinteresse und Staatstätigkeit zu präzisieren. Beim

* Überarbeitete Fassung des Referats für die Tagung des DVPW vom 1. – 4. Oktober 1973 in Hamburg.

gegenwärtigen Entwicklungsstand der polit-ökonomischen Krisentheorie scheint man von diesem Punkt noch weit entfernt zu sein[5]. Da somit Krisen in der Entwicklung der Kapitalverwertungsbedingungen ex ante nicht eindeutig identifiziert, sondern immer erst ex post rekonstruiert werden können, besteht die Gefahr von Zirkelschlüssen derart, daß allein aus den beobachteten Veränderungen staatlicher Aktivitäten auf „Krisen" im ökonomischen System geschlossen wird. Die Komplementaritätshypothese wäre damit jeder Falsifizierbarkeit entzogen (der abweichende Fall „staatliches Handeln ohne Krise" könnte nicht auftreten) und insofern als tragendes Element einer Theorie des Staates im entwickelten Kapitalismus problematisch[6].

In Anbetracht dieser Schwierigkeiten der Theoriebildung erscheint es plausibel, auf die operationale Bestimmung objektiv krisenhafter Entwicklungen der Kapitalverwertungsbedingungen zunächst ganz zu verzichten und, wie Ronge / Schmieg dies tun, stattdessen bei der Perzeption diesbezüglicher Handlungsnotwendigkeiten durch das politische System (Staatsapparat), seinem „Planungsselbstverständnis"[7] anzusetzen. „Krisen" in der Systemumwelt werden dabei begrifflich transformiert zu systemintern wahrnehmbaren „Problemen", wobei „ohne es am Einzelfall (!) beweisen zu können (!) . . . impliziert (ist), daß die staatliche Problemperzeption ‚falsch' sein kann"[8]. Bezogen auf den von ihnen untersuchten Kernbereich der ökonomischen Funktion des Staates, der infrastrukturellen (Investitions-)Tätigkeit[9] unterscheiden Ronge / Schmieg zwei Aspekte des Planungsprozesses, die „Planungsintention" (als unmittelbare Reaktion auf perzipierte Umweltanforderungen) und den „wirklichen Planungs-Outcome"[10]. Für die Erklärung der empirisch feststellbaren Unterschiede zwischen planerischer Intention und realisierter Problemlösungsstrategie werden restringierende Variablen eingeführt (vor allem mangelhaftes Diagnose-, Prognose- und Steuerungswissen sowie knappe finanzielle Ressourcen). Die Ausgangshypothese lautet, „daß sowohl die neuen, unter dem Aspekt der Krisenverhinderung oder -bewältigung perzipierten Anforderungen des Produktionsprozesses an den Staat, die sich ihm als Funktionen oder ‚Aufgaben' stellen, wie die Restriktionen der Funktionsleistung oder Aufgabenerfüllung durch die Produktionsweise und den widersprüchlichen Produktionsprozeß gesetzt werden, daß deshalb in der Differenz von Anforderungen und Restriktionen die Widersprüchlichkeit des Systems aufscheint."[11]

Als Ergebnis ihrer am Beispiel der Bildungs- und Finanzplanung durchgeführten „Restriktionsanalyse" kommen Ronge / Schmieg zu der Feststellung, daß sich die Staatstätigkeit im Gefolge der Einführung von Planungssystemen im Staatsapparat der BRD nach 1966/67 „keineswegs oder nur unwesentlich – und gerade nicht in wesentlicher, qualitativer Veränderung" ausgedehnt hat[12]. Dieses empirische Ergebnis, so folgern die Autoren, sprengt die (u. a. von Altvater und Hirsch) formulierte logische Kette, an deren Ende als Erklärung für die Tatsache, „warum heute keine Krise eintritt", die Annahme steht, die vom ökonomischen System erzwungenen „Form- und Funktionsveränderungen" des Staatsapparates seien letztlich so wirksam gewesen, daß diese Folge vermieden werden konnte[13]. Ihrerseits vor die Notwendigkeit gestellt zu erklären, warum sich die auch von ihnen angenommene tendenzielle Verschlechterung der Kapitalverwertungsbedingungen trotz des Fehlens nachhaltiger Veränderungen im Verhalten des politischen Systems im Untersuchungszeitraum nicht krisenhaft zugespitzt hat, greifen die Autoren zu der Hypothese, der Staat sei eben nicht „letzte Krisenregulierungs- oder -vermeidungsinstanz" des Kapitalismus. Vielmehr seien hilfreiche Kräfte im ökonomischen System selbst (vor allem Zentralisierung und Monopolisierung auf nationaler und internationaler Ebene) als „äquifunktionale Mechanismen" am Werke, die den Staat vom Zwang ständig zunehmender Dauerinterventionen entlasten[14].

Sieht man einmal davon ab, daß die wie ein „deus ex machina" in Erscheinung tretende „Äquifunktionstheorie" hauptsächlich die Aufgabe zu erfüllen zu haben scheint, das bis dahin entwickelte Gedankengebäude gegen empirische Falsifikationen immun zu machen, so bleibt doch festzuhalten, daß der Ansatz von Ronge / Schmieg bisher vorliegende polit-ökonomische Modelle, die oft genug von der Vorstellung vollständiger Umsetzung von Umwelt-Impulsen in Systemreaktionen ausgehen, in bemerkenswerter Weise ausweitet und differenziert. Insbesondere ermöglicht die Verwendung der Kategorien „Planungsselbstverständnis" und die Annahme der Wirksamkeit von „Restriktionen" in der Prozeßphase zwischen Problemperzeption und Planungsimplementation die analytische Erfassung einer Vielzahl empirisch zu beobachtender Verhaltensmuster des Staatsapparates mit jeweils spezifischen Relationen von „objektivem" Problem, perzipiertem Problem, intendierter und realisierter Problemlösung. Damit kann u. a. das Phänomen stagnierender oder rückläufiger „Form- und Funktionsveränderungen" des Staatsapparates trotz weiter ansteigenden Steuerungsbedarfs der Umwelt systematisch in das analytische Konzept einbezogen werden, was die Autoren am Beispiel der Bildungs- und Funktionsplanung unternehmen. Daß Ronge / Schmieg allerdings schon vor Beginn ihrer Untersuchung dieser beiden Fälle von Planung „Informations-, Organisations- und Koordinationsmängel" innerhalb des Staatsapparates generall für „relativ unbedeutend" oder „extern" erklärbar bezeichnen[15], erscheint problematisch, läßt doch schon die im Vergleich zur Finanzplanung bei der Bildungsplanung um ein vielfaches längere Zeitspanne zwischen dem Erkennbarwerden des Problems und dem Beginn der Planungsaktivitäten auf unterschiedlich starke, genuin politisch-administrative Restriktionen schließen, seien es nun ideologische oder taktische Kalküle der Parteien, föderalistische Eigeninteressen oder bürokratisches Unvermögen. Der Verzicht der Autoren, diesen prima facie-Eindruck zu widerlegen, kann unter den gegebenen Umständen nur so interpretiert werden, daß sie Opfer ihres eigenen ökonomistischen Vorverständnisses geworden sind[16]. Der Ansatz von Ronge / Schmieg ist insofern auch enger als der von Offe, der die „höchst reelle Möglichkeit" sieht, daß sich die staatlichen Organe der Infrastrukturpolitik um die Erhaltung ihrer (auf politischer Macht beruhender) Steuerungskapazität willen genötigt sehen, selbst die *Intention* strikt verwertungskomplementärer Produktion von Gebrauchswerten zu verletzen, d. h. Ansprüchen nachzugeben, die lediglich konkurrenz-demokratischen Strategien der Machterhalten einer Regierungspartei, nicht aber realen „Verwertungsbedürfnissen" entsprechen. Das Resultat wäre gerade nicht die ‚symbiotische' Komplementarität, sondern die ‚parasitäre' Verselbständigung der staatlichen Infrastrukturproduktion ..."[17].

Offe läßt (zumindest a. a. O.) die Frage unbeantwortet, welcher Stellenwert diesen „parasitären" Motivationen für die Erklärung der funktionell-strukturellen Veränderungen des Staatsapparats der BRD, die sich in den Letzten Jahren vollzogen haben, beizumessen ist. Eine Beantwortung dieser Frage erscheint jedoch unerläßlich zum Verständnis der „Bewegungsform" des kapitalistischen Staates und zur Ermittlung der dabei bestehenden Handlungsautonomie.

2. Gegenstand und Grundbegriffe der Untersuchung

Um dem eben genannten Ziel näher zu kommen, soll im folgenden – aufbauend auf den referierten Konzeptionen – ein Ansatz entwickelt werden, der geeignet ist, den relativen Stellenwert der systeminternen Bedingungen für das Ingangkommen von „Form- und Funktionsveränderungen“ staatlicher Tätigkeiten zu ermitteln. Dies schließt den Versuch ein, zwischen mehreren Veränderungswellen eine systematische Beziehung herzustellen. Als empirischer Gegenstand, auf den bei der Entwicklung dieser Konzeption Bezug genommen werden soll, erscheint die Einführung der gesamtwirtschaftlichen Rahmenplanung (Globalsteuerung) und der mittelfristigen Finanzplanung auf Bundesebene sowie die ihnen im Abstand von ungefähr 3 Jahren folgende Einführung eines zentralen Aufgabenplanungssystems im Bundeskanzleramt besonders geeignet, weil diese Systemveränderungen einerseits von der Größenordnung her (Innovationshöhe, Aufwand, interne Reichweite usw.) zumindest in der ersten Phase ein hohes Maß von Ähnlichkeit aufweisen, andererseits aber ganz unterschiedliche Bedingungskonstellationen im Verhältnis des politisch-administrativen Systems zu seiner Umwelt bzw. zu seinen Subsystemen erkennen lassen.

Zur Strukturierung dieses Problembereichs sind zunächst einige analytische Kategorien einzuführen[18], die teilweise deckungsgleich mit bereits benutzten Begriffen sind, teilweise auf eine weitere Differenzierung abzielen. So werden Bundesregierung und -verwaltung im folgenden als Teil des „politisch-administrativen Systems“ verstanden, zu dem im übrigen die politischen Institutionen auf Länder- (und Gemeinde-) ebene zu rechnen sind. Das politisch-administrative System seinerseits ist als Entscheidungszentrum (Konversionsbereich) des politischen Systems zu sehen. Die Fähigkeit des politisch-administrativen Systems, durch Einwirkungen auf seine Umwelt die Entwicklung sozialer und ökonomisch-technologischer Bedürfnisse zu steuern und den Zufluß der dafür notwendigen Ressourcen (Informationen, finanzielle Mittel, Massenloyalität usw.) zu sichern, wird als „Steuerungskapazität“ bezeichnet. Demgegenüber wird als „Lernkapazität“ die Fähigkeit des politisch-administrativen Systems definiert, durch „reflexive“ Prozesse seine eigenen Strukturen (interne Entscheidungsprämissen) und damit seine Steuerungskapazität zu verändern. Die Lernkapazität hat insofern den Charakter einer (restringierenden?) Variablen für „Form- und Funktionsveränderungen“ des politisch-administrativen Systems. Steuerungs- und Lernkapazität entsprechen zwei unterscheidbare Arten des Systemverhaltens, Steuerungsprozesse („Steuerungsperformanz“) und Lernprozesse („Lernperformanz“). Mit dieser Begriffsbestimmung ist keineswegs gesagt, daß die Steuerungsperformanz des politisch-administrativen Systems den Leistungsanforderungen (Steuerungsbedarf) der ökonomischen bzw. des sozio-kulturellen (legitimatorischen) Systems entspricht, eher muß man mit Offe et al. annehmen, daß unter den Bedingungen des entwickelten Kapitalismus die Beseitigung von Funktionsstörungen im ökonomischen System in delegitimatorische politische Konflikte umschlägt bzw. daß Strategien zur Schaffung von Massenloyalität das Funktionieren des ökonomischen Systems beeinträchtigen[19].

Der Begriff Lernprozesse bzw. Lernperformanz soll im folgenden nur solchen Veränderungen aus der Vielzahl der im politisch-administrativen System ständig vor sich gehenden Strukturveränderungen vorbehalten bleiben, die in der Einschätzung der Akteure als „major changes“ gelten und damit von grundsätzlicher Bedeutung für das Verhalten einzelner Subsysteme (z. B. Ressorts) untereinander bzw. gegenüber ihrer Umwelt sind. Ihre Konzipierung und Verwirklichung erfordert in der Regel Innovationsentscheidungen der Hierarchiespitze(n). Gegenstand derartiger Lernprozesse sind „Strukturinnovationen" mit identifizierbaren Rückwirkungen auf die Entscheidungsprämissen des politisch-administrativen Systems und das Spektrum seiner Steuerungsleistungen gegenüber der Umwelt, wie z. B. die Einführung eines neuen Planungssystems, die (nicht routinemäßige) Errichtung eines neuen Ministeriums oder einer neuen Abteilung in einem Ressort, eine „Systemänderung" im Laufbahnrecht usw.

Diese skizzenhafte Operationalisierung von Lernperformanz impliziert, daß es neben qualitativen Veränderungen der Steuerungsleistungen des politisch-administrativen Systems als Folge interner Lernprozesse eine Kategorie von Veränderungen gibt, die mit geringfügigeren Strukturveränderungen in Verbindung zu bringen sind. Diese sollen als „Mengenanpassungen" bezeichnet werden. Sie repräsentieren eine Form des Abarbeitens von verändertem Steuerungsbedarf der Umwelt durch Volumensausdehnung bereits bestehender Routineprogramme oder die Ergänzung der vorhandenen Programmstrukturen durch zielgruppen- und verfahrensmäßig identische Zusatzprogramme. Die übrigen Entscheidungsprämissen ändern sich bei solchen Mengenanpassungen allenfalls in Form eines isomorphen Breitenwachstums, das den „Charakter" des Systems und seine „Produktionsfunktion" nicht beeinflußt[20].

Zur empirischen Erfassung der Lernperformanz des politisch-administrativen Systems läge es nahe, als Indikator den personellen und finanziellen Aufwand zu wählen, der für die qualitative Verbesserung der verschiedenen Systemstrukturen betrieben wurde und diese Mengenangaben noch mit Hilfe qualitativer Merkmale, z. B. der Ranghöhe der mit der Entwicklung und Einführung der verschiedenen Strukturinnovationen befaßten Akteure, ihrer fachlichen Qualifikation usw. zu gewichten[21]. Da jedoch in komplexen sozialen Systemen wie dem politisch-administrativen System der Erfolg derartiger Aktivitäten häufig eher im umgekehrten Verhältnis zum Aufwand steht, würde dieses Vorgehen mit hoher Wahrscheinlichkeit zu einer starken Überschätzung der tatsächlichen Lernperformanz führen.

Unter diesen Umständen muß versucht werden, den Lernerfolg an den verschiedenen Strukturmerkmalen des Systems abzulesen, die entweder direkt Gegenstand von Innovationsprozessen waren oder sich in unmittelbarer Reaktion darauf verändert haben. Als methodisches Vorgehen für eine solche dimensionale Analyse käme beispielsweise der Ansatz von Hall in Frage, der die Zustandswerte bestimmter Strukturmerkmale bürokratischer Organisationen mit Hilfe von Punkteskalen durch die Systemmitglieder abschätzen ließ[22]. Zur Kontrolle müßte der System-Output einer ähnlichen Untersuchung unterzogen werden, wofür neben inhaltlichen Merkmalen als Indikatoren beispielsweise der Strukturierungsgrad der verschiedenen Programme (Bezug auf eine explizit gemachte Ziel- und Programmstruktur, Angabe von Zielgruppen, Erfolgsparametern usw.), der Koordinierungsgrad (Fehlen von inhaltlichen, ressourcenmäßigen, zeitlichen Widersprüchen), der Zeithorizont oder der Formalisierungsgrad bei der Regelung des Programmvollzugs in Frage kämen.

Für die im folgenden zu behandelnden Demonstrationsfälle, die Einführung der gesamtwirtschaftlichen Rahmenplanung und Finanzplanung sowie der Aufgabenplanung braucht diese Analyse nicht im einzelnen durchgeführt zu werden. Unter Bezugnahme auf frühere Untersuchungen des Verfassers [23] können wir uns vielmehr mit der folgenden kurzen Charakterisierung begnügen.

Die Einführung der gesamtwirtschaftlichen Rahmenplanung und der mittelfristigen Finanzplanung im Jahre 1967 markiert nach Jahren abnehmender Steuerungskapazität des politisch-administrativen Systems einen markanten Anstieg in seiner Lernperformanz. Zu diesem Zeitpunkt waren die Vorschläge der Kommission für die Finanzreform („Troeger-Kommission") bereits administrative Wirklichkeit geworden und das Sofortprogramm zur Überwindung der Wirtschaftsrezession lief an. In der Folgezeit ließen die Lernaktivitäten des Systems jedoch rach nach und beschränkten sich im wesentlichen auf die Beseitigung von Anlaufschwierigkeiten und den weiteren Ausbau des methodischen und verfahrensmäßigen Instrumentariums, wozu spezifische Organisationseinheiten gebildet worden waren.

Ein erneuter Anstieg der Lernperformanz setzte unmittelbar nach dem Regierungswechsel von 1969 im Zusammenhang mit der Implementierung des „Frühkoordinierungssystems der Bundesregierung" ein. Gleichzeitig bauten die Bundesressorts ihre Planungskapazität teilweise zielstrebig weiter aus, entwickelten und propagierten als Elemente einer „Politik der inneren Reformen" Konzeptionen, die sich bezüglich ihres Erstellungsverfahrens, der anvisierten Zielgruppen und des einkalkulierten Konfliktniveaus zum Teil beträchtlich von den Politiken der Großen Koalition unterschieden. Hinzu kamen die Aktivitäten einer ganzen Reihe interministerieller Reformgremien wie der „Projektgruppe Regierungs- und Verwaltungsreform", der interministeriellen „Arbeitsgruppe Informationsbankensystem", der „Studienkommission für die Reform des öffentlichen Dienstrechts", des interministeriellen „Arbeitskreises Verfassungsreform", der „Neugliederungskommission" und ab 1970 das interministerielle Projekt „Längerfristige Aufgabenplanung". Nach 1970/71 fiel die Lernperformanz dann wiederum ab, was hauptsächlich auf den Abbau der Aktivitäten der mittel- und längerfristigen Aufgabenplanung, aber auch auf die schrittweise Reduktion im Arbeitsprogramm einiger Reformgremien zurückzuführen war.

3. Organisationssoziologische und entscheidungstheoretische Ansätze zum funktionell-strukturellen Wandel komplexer sozialer Systeme

Die bisher referierten analytischen Modelle geben uns die Möglichkeit, den eben geschilderten zweifachen Anstieg der Lernperformanz des politisch-administrativen Systems jeweils als Reaktion auf den veränderten Steuerungsbedarf seiner Umwelt, des ökonomischen und / oder des legitimatorischen Systems bzw. als Strategien zur Erhaltung schwindender Steuerungskapazität zu konzeptualisieren und die nachlassende Lernperformanz durch auftretende externe Restriktionen zu erklären. Diese Möglichkeit wahrzunehmen würde aber bedeuten, daß eventuelle, aus der Eigendynamik des politisch-administrativen Systems, den „parasitären" Interessen seiner Mitglieder, ihrer Orientierung an Subsystemzielen und vorprogrammierten bürokratischen Routinen herrührende Einflüsse übersehen und der Erklärungsansatz demnach zu simpel ausfallen würde. Auch bieten die dargestellten Ansätze infolge ihrer Einlinigkeit (ein Umweltimpuls löst nach Überschreiten der Systemgrenze nur *einen* Reaktionsprozeß aus) kein hinreichend differenziertes Konzept, um evtl. Multikausalitäten und Höhe- und Tiefpunkten der Lernperformanz aufzudecken.

Um den möglichen Einfluß derartiger systeminterner Bedingungen erfassen zu können, liegt es nahe, auf mikro-analytische Ansätze der Organisationssoziologie und der verwaltungswissenschaftlichen Entscheidungsforschung zurückzugreifen und eine Integration mit den im Vorhergehenden vorgestellten polit-ökonomischen Modellen zu versuchen. Dabei ist davon auszugehen, daß sich innovative Veränderungen der Steuerungsperformanz des politisch-administrativen Systems in einer untersuchungsbedürftigen Art und Weise aus dem Verhalten seiner Mitglieder konstituieren, also auf Systemebene nicht durch einfache Addition von Individualverhalten zu erfassen sind. Eine soiche Aggregation wäre nur dann vertretbar, wenn zuvor hinreichender Anlaß zu der Annahme bestünde, daß im behandelten Zusammenhang tatsächlich eine „Konvergenz von Werten und Aktivitäten"[24] zwischen den Systemmitgliedern besteht. Ist dies nicht der Fall, müssen strukturelle Dimensionen des Systems herangezogen werden, um die Relevanz des Verhaltens einzelner Systemmitglieder für das gesamte Systemverhalten gewichten zu können. Nur so lassen sich psychologische und sozio-strukturelle Kurzschlüsse[25] vermeiden.

Für eine Konzeptualisierung der Beziehungen von politisch-administrativem System und Umwelt bieten die klassische Organisations- und Entscheidungstheorie und die auf einem ähnlichen deduktiv-synoptischen Rationalitätsbegriff aufbauende Regierungs- und Verwaltungslehre nur wenig Ansatzmöglichkeiten. Eine für diese Theorien typische Vernachlässigung der System-Umwelt-Problematik zeigt sich u. a. bei Max Weber, der in seinem zum Befehlsmodell modifizierten Zweckmodell bürokratischer Organisationen implizit davon ausgeht, daß optimale innere Systemrationalität und optimale Umweltanpassung ohne weiteres gleichzusetzen sind[26]. Erst mit dem Aufkommen behavioristischer Ansätze vollzog sich eine Umorientierung von dieser „Logik der Konstruktion" zur „Logik der Situation"[27]. Simon, einer der ersten Vertreter dieser neuen Forschungsrichtung, unterscheidet verschiedene Arten des Verhaltens bürokratischer Organisationen[28], die mit Veränderungen in der Konstellation der System-Umwelt-Beziehungen variieren. Grundzustand aller Organisationen ist demnach ein dynamisches Gleichgewicht von Erwartungs- und Erfolgsniveau. Verhaltensänderungen einer Organisation setzen ein, wenn durch Umweltveränderungen oder autonome Entschlüsse von Entscheidungsträgern innerhalb der Organisation die Balance zwischen diesen beiden Größen gestört wird.

Bezogen auf die Umweltveränderungen geht Simon von der Annahme aus, daß keineswegs jede derartige Veränderung auch eine Änderung des Verhaltens der Organisation zur Folge haben muß. Vielmehr setzen Veränderungen in Form nichtprogrammierten Problemlösungsverhaltens erst ein, wenn die neuartigen Probleme nicht mehr innerhalb der Toleranzgrenzen bereits vorprogrammierter Routineentscheidungen liegen: „Initiation and innovation are present, when (environmental) change requires the devising and evaluation of new performance programs that have not previously been a part of the organizations' repertory and cannot be introduced by a simple application of programmed switching rules" [29] (d. h. durch Mengenanpassung).

Die Klassifizierung eines Umweltreizes als erwartet (und damit durch Routineprogramme abgedeckt) oder unerwartet ist also die erste Bedingung für das Ingangkommen eines Entscheidungsprozesses, an dessen Ende ein Beschluß über Richtung und Intensität der Änderung im Verhalten einer Organisation steht. Nach Simon läßt sich das Verhalten von Organisationen gegenüber Umweltveränderungen insofern besser als eine Abfolge von überlegendem Zögern und darauffolgender Auswahl unter mehreren Reaktionsmöglichkeiten[30] charakterisieren, als durch das mechanistische S-R-Modell, das den ersten behavioristischen Ansätzen zugrundelag und in einigen der referierten polit-ökonomischen Agenturtheorien wieder auftaucht.

Kritisch ist zu Simons Konzeption zu sagen, daß sie – wohl bedingt durch ihre

Ableitung aus Untersuchungen privatwirtschaftlicher Einzelunternehmen – für unsere Problemstellung eine zu geringe Komplexität aufweist bzw. Voraussetzungen für innovatives Verhalten als gegeben ansieht, die in unserem Falle erst überprüft werden müssen. So geht Simon beispielsweise davon aus, daß die Fähigkeit einer Organisation zur Wahrnehmung von Umweltveränderungen und zur Entwicklung durchführungsreifer Reformkonzeptionen im wesentlichen bereits dann gewährleistet ist, wenn die Hierarchiespitze der Organisation über entsprechende kognitive Kapazitäten zur Bewertung und Verarbeitung von Informationen verfügt [31]. Ist diese Bedingung gegeben, laufen Innovationsprozesse zielstrebig und ohne weitere Hemmnisse ab. Umweltbedingte Informationsdefizite oder Restriktionen, wie sie von Ronge / Schmieg konzeptualisiert wurden, sind in Simons Ansatz nicht berücksichtigt. Dasselbe gilt für die Lernkapazität als restriktive Bedingung. Zwar geht Simon nicht wie Weber implizit davon aus, daß bürokratische Organisationen ohne weiteres ein von persönlichen Interessen freies, allein am Organisationszweck orientiertes Verhalten ihrer Mitglieder bewirken [32], er nimmt aber doch an, daß ein eventuelles Abweichen der Interessen der Organisationsmitglieder von den formalen Organisationszielen [33] bei Bedarf ohne weiteres durch den Einsatz der (Amts-) Autorität der Hierarchiespitze oder eine zweckmäßige Umgestaltung der Rollen- und Kommunikationsstruktur beseitigt werden kann [34]. Die Lernkapazität einer Organisation ist somit bei Simon weitgehend unbeeinflußt von der Interessensstruktur ihrer Mitglieder.

Wäre diese Annahme richtig, so müßte eine Organisation bei ausreichender Informationsaufnahme- und -verarbeitungskapazität ihres „Top Management" stetig und adäquat auf Umweltveränderungen reagieren; ausbleibende Lernprozesse könnten als Indikator für optimale Übereinstimmung von Umweltanforderungen und Strukturmerkmalen der Organisation angesehen werden. Da ein solches Maß von Durchsetzungsfähigkeit der Hierarchiespitze für „Politbürokratien" wie das politisch-administrative System der BRD schon wegen ihrer Zusammensetzung aus relativ autonomen Subsystemen (Ressorts) wenig wahrscheinlich ist, müssen wir nach anderen Modellen suchen, um zu einem breiteren Spektrum von Lernbedingungen zu gelangen. Trotz dieser Einwände bleibt das von Simon eingeführte „Satisfying-Prinzip", wonach ein soziales System erst dann innovatives Verhalten zeigt, wenn sein Erfolgsniveau nachhaltig jenseits des intern gültigen Anspruchsniveaus liegt, ein wichtiges theoretisches Konzept zur Strukturierung unseres Problems.

Zusätzliche Ansatzpunkte ergeben sich aus der von Braybrooke und Lindblom entwickelte Konzeption des „disjointed incrementalism" [35]. Auf Grund der Analyse des Entscheidungsverhaltens verschiedener Organisationen gehen diese Autoren ähnlich wie Simon davon aus, daß Organisationen ihre Funktionen und Strukturen nach meliorativen Regeln und nicht nach synoptisch-rationalen Konzeptionen verändern, anders als jener nehmen sie jedoch an, daß die Komplexität der inneren Strukturen von Großbürokratien und der von ihnen zu bearbeitenden Probleme generell so hoch ist, daß ein zentral gesteuerter, viele Elemente der Ziel-, Programm- und Organisationsstruktur gleichzeitig betreffender Innovationsprozeß wegen der auf allen Entscheidungsebenen begrenzten menschlichen Kapazität zur Aufnahme und Verarbeitung von Informationen sowie der hohen Kosten für eine entsprechend umfassende Systemanalyse nicht zu verwirklichen ist.

Ungeachtet der Tatsache, daß wir die zentrale These dieses Ansatzes, komplexe Systeme könnten sich nur inkremental und unkoordiniert verändern, auf Grund der eingangs dargestellten empirischen Befunde zur Lernperformanz des politisch-administrativen Systems der BRD nur teilweise bestätigen können, verweisen die empirischen Befunde der Autoren auf zwei weitere, in der Regel restriktiv wirkende Lernbedingungen, die Leistungsfähigkeit des organisationsinternen Kommunikationssystems insgesamt (nicht nur im Spitzenbereich) und die Fähigkeit der Organisation, die notwendigen (finanziellen) Ressourcen für die zur Diskussion stehenden Lernaktivitäten verfügbar zu machen – notfalls durch Abzweigen aus laufenden Programmplanungen. Bei Ressourcenknappheit können sich daraus beträchtliche Konflikte ergeben[36]. Auf das politisch-administrative System bezogen kann man daraus folgern, daß die Steuerungskapazität des Systems bei dynamischer Umwelt, verstanden als die Fähigkeit seine Handlungsprogramme zu ändern, ohne Funktionsstörungen im ökonomischen System hervorzurufen oder Legitimationsverluste hinnehmen zu müssen, positiv korreliert mit seiner Lernkapazität. Mit anderen Worten, je lernfähiger das System nach innen ist, umso handlungsfähiger ist es nach außen. Daraus folgt allerdings nicht ohne weiteres, daß hoher Lernkapazität auch hohe Lernperformanz entspricht – man erinnere sich an die Definition von K. W. Deutsch: „power ... is the ability to afford not to learn“ [37].

Eine weitere Klärung der Wechselwirkungen von Steuerungs- und Lernperformanz ergibt sich aus der Betrachtung des Bürokratiemodells von Crozier [38]. Gleichzeitig bietet das Modell die Möglichkeit, bürokratische Innovationsprozesse in ihrer spezifischen Verlaufsform zu analysieren, was bei den statischen Modellen von Simon und Braybrooke / Lindblom nicht der Fall war. Auf Grund der Untersuchungen von Crozier ist von der Annahme auszugehen, daß die bisher herausgearbeiteten Bedingungen, v. a. die Perzeption der Notwendigkeit von Lernprozessen und die Verfügbarkeit entsprechender Ressourcen, erst dann zu funktionell-strukturellen Veränderungen führen, wenn zuvor der „bürokratische Circulus vitiosus“ durchbrochen wird, der im Normalfall zu rigidem Verhalten von Organisationen führt. Ursache der geringen Flexibilität von Organisationen sind nach Crozier vier Strukturelemente, die für komplexe Bürokratien typisch sind:

- die Unpersönlichkeit der Abhängigkeitsbeziehungen,
- die starke Zentralisierung der Entscheidungskompetenzen an der Spitze der Hierarchie bei gleichzeitig dezentralisierter Verteilung der Perzeptionsfunktionen für Umweltveränderungen an der Basis der Organisation,
- die Isolierung der verschiedenen hierarchischen Ebenen und die daraus resultierende Disziplinierung des einzelnen sowie seine Sozialisierung in den Subsystemen der Organisation[39] und schließlich
- das Bestehen einer doppelten Machtstruktur von Amts- und Sachautorität mit entsprechenden Abhängigkeitsbeziehungen und -konflikten.

Diese vier strukturellen Elemente konstituieren folgenden Ablauf des „Circulus vitiosus“: Die Zentralisierung bedingt eine Rigidität in der Programmformulierung, der Aufgabenanordnung und den interpersonellen Beziehungen, durch die wegen gleichzeitig mangelhafter Kommunikationsmöglichkeiten der Kontakt zur Umwelt und der Kontakt zwischen den innerorganisatorischen Gruppen und Ebenen verlorengeht. Dadurch wird innovatives Verhalten in Reaktion auf veränderte Anforderungen der Umwelt erschwert. Die durch die doppelte Machtstruktur ausgelösten Konflikte äußern sich in einem Machtkampf mit dem Ziel der Verteidigung und Festigung von individuellen oder gruppenspezifischen Interessen. Dadurch entsteht ein größerer Koordinationsbedarf hinsichtlich allgemeiner organisatorischer Ziele, der wiederum nur durch weitere Zentralisierung und Verkleinerung des durch unpersönliche Regeln nicht abgedeckten Unbestimmheitsbereichs befriedigt werden kann. Diese Zentralisierung wiederum bewirkt eine noch größere Rigidität des Verhaltens hinsichtlich der Aufgaben- und Programmformulierung usw.

Da in Croziers Modell fluktuationsbedingte Änderungen in der Personalstruktur und damit evtl. Änderungen von Problembewußtsein, Macht- und Interessenstrukturen usw. nicht vorgesehen sind, kann dieser „Teufelskreis" rigiden Verhaltens erst dann durchbrochen werden, wenn daraus so massive Dysfunktionen der Organisation gegenüber ihrer Umwelt entstanden sind, daß sich die System-Umwelt-Beziehungen zu einer den Systembestand bedrohenden Krise zuspitzen. Die Krise ist insofern bei Crozier „ein entscheidendes und notwendiges Element im bürokratischen System"[40]. Obwohl Croziers „Circulus vitiosus" für Politbürokratien wegen der für diese typischen periodischen Veränderungen der Führungsspitze insgesamt also neu konstruiert werden müßte, führt diese Konzeption bereits in der vorliegenden Form zu der Erkenntnis, daß den Strukturmerkmalen des Systems eine umso entscheidendere Bedeutung als intervenierenden Variablen im Innovationsprozeß zukommt, je größer die Systemautonomie ist. Das gilt neben den Kapazitäten zur Identifizierung und Bewertung von Umweltveränderungen der Verteilung der Entscheidungskompetenzen für Systemveränderungen und der Leistungsfähigkeit des Kommunikationssystems vor allem für die Konstellation der Mitgliederinteressen, das systeminterne Normen- und Wertsystem sowie die interne Machtstruktur und ihre konstitutiven Elemente.

Mit den bisher als innovationsrelevant herausgearbeiteten Variablen müßte es möglich sein, den eingangs skizzierten zweifachen Anstieg der Lernperformanz des politisch-administrativen Systems analytisch zu erfassen. Dagegen fehlen bei den bisher untersuchten Konzeptionen Ansätze zur Klärung der Frage, ob der identifizierte „Doppelhöcker" in der Lernperformanz das Abbild zweier selbständiger Innovationsprozesse ist oder ob der zweite Anstieg unter Umständen mit dem ersten in einem systematischen Zusammenhang steht.

Ein erster Hinweis auf einen möglichen Zusammenhang dieser Art findet sich bei Easton. In seinem Modell des politischen Systems[41] geht Easton davon aus, daß die Mitglieder eines sozialen Systems immer dann „Streß" empfinden, wenn Veränderungen innerhalb des Systems oder in den System-Umwelt-Beziehungen außerhalb bestehender Erwartungsbereiche liegen und gleichzeitig bestandswichtige Variablen des Systems bedrohen. Streß bezeichnet insofern dieselbe Situation wie die Perzeption einer „Systemkrise" in den referierten polit-ökonomischen Ansätzen oder eine gewichtige Abweichung von Erwartungs- und Erfolgsniveau in Simons Konzeption. Easton unterscheidet drei Arten von Streß, „demand stress", „support stress" und Streß auf Grund von „disorganization". Das politische System begegnet diesen Streß-Situationen durch Output-Veränderungen (z. B. neue Programme zur Erzeugung von diffusem oder spezifischem Konsens) mit oder ohne gleichzeitige Veränderung seiner inneren Strukturen (structural regulation[42]).

Die Kategorie „disorganization stress" weist auf die Möglichkeit von Lernprozessen ohne unmittelbaren äußeren Anstoß hin, läßt aber immer noch die Frage offen, in welchem inhaltlichen und zeitlichen Zusammenhang diese Art von Streß mit den übrigen steht. Easton selber hat diese Frage nicht weiter verfolgt, sie wurde jedoch von Cangelosi / Dill aufgegriffen. Diese Autoren kommen auf Grund der Analyse eines umfangreichen Management-Planspiels zu der Auffassung, daß „organisatorisches Lernen" als eine Serie von Interaktionen zwischen Anpassungsprozessen auf der Individual- oder Subsystemebene und solchen auf der Systemebene zu verstehen ist [43]. Dementsprechend entwickeln sie ein Zweistufenmodell für den Verlauf derartiger Prozesse, wobei als Lernimpulse drei Arten von Streß unterschieden werden. „Discomfort stress“ bezeichnet Belastungen, die ein Individuum oder die Mitglieder einer Gruppe innerhalb einer Organisation angesichts unbewältigter Umweltkomplexität und der Unberechenbarkeit zukünftiger Entwiclungen in ihrem Aufgabenbereich empfinden. „Performance stress“ wird in erster Linie hervorgerufen durch das Abweichen bestimmter Output-Größen von Richtwerten, die entweder aus der Vergangenheit übernommen wurden oder organisationsintern, etwa vom Management, neu gesetzt wurden. Diese Form von Streß kann sowohl auf der Individualebene als auch auf der Systemebene auftreten. Dagegen bezeichnet der Begriff „disjunctive stress“ eine Art von sekundärem Streß. Dieser entsteht durch das Überschreiten der in der Organisation gültigen Standards für Koordination und innere Konfliktregulierung in der Folge von Lernprozessen, die sich ihrerseits in direkter Reaktion auf „discomfort“- und „performance stress“ auf der Ebene von Individuen oder Untereinheiten der Organisation vollziehen. Das Entstehen von „disjunctive stress“ setzt insofern die Rückkoppelung von Informationen über das Ergebnis von Lernprozessen in anderen Teilen der Organisation voraus.

Wichtig ist ferner die Annahme, daß nicht jede Abweichung von Soll und Ist zu derartigen Reaktionen innerhalb der Organisation führt, sondern daß erst bestimmte *variable* Schwellenwerte oder Toleranzgrenzen überschritten werden müssen. Cangelosi / Dill nehmen an, daß diese Aktionsschwellen umso niedriger sind, je geringer die Zahl der an einem Lernprozeß zu beteiligenden Akteure ist, je leichter verfügbar alternative Handlungskonzepte sind, je weniger die Beteiligten unter Zeitdruck stehen, je problemloser die Implementation der Reformmodelle ist und je einfacher sie bei Mißerfolgen zu revidieren sind.

Obwohl der Ansatz von Cangelosi / Dill wegen der unterstellten hohen Systemautonomie in Bezug auf die Erklärungsmöglichkeiten von Steuerungs- und Lernpathologien hinter Croziers Modell zurückbleibt, ermöglicht das von ihnen entwickelte begriffliche Instrumentarium eine vergleichsweise differenziertere Analyse eventueller systematischer Beziehungen zwischen zwei aufeinander folgenden Anstiegen in der Lernperformanz einer Organisation, wenigstens soweit sie auf systeminterne Bedingungskonstellationen zurückzuführen sind. Zur Aufdeckung von gesamtgesellschaftlichen Zusammenhängen, z. B. denen zwischen dem Auftreten von „demand stress“ und „support stress“ ist dieser mikroanalytische Ansatz natürlich ungeeignet.

Im folgenden Abschnitt soll nun, bezogen auf den eingangs abgegrenzten Untersuchungsbereich, versucht werden, die Zustandswerte der im vorhergehenden herausgearbeiteten Lernbedingungen und Interdependenzen zwischen den einzelnen Variablen zu ermitten, um auf diese Weise den angedeuteten Verlauf der Lernperformanz-Kurve erklären zu können und zu generalisierbaren Erkenntnissen zu kommen. Da die Konstellation der Lernbedingungen in der Regel von einer Phase des Innovationsprozesses zur anderen wechselt, soll dabei eine grobe Zweiteilung in Inventions- (Wahrnehmungs- und Konzeptions-)Phase und Implementierungsphase (Einführungs- und Routinisierungsphase) vorgenommen werden [44].

4. Bedingungskonstellationen bei Einführung und Weiterentwicklung der verschie-schiedenen Planungsverfahren im Bereich von Bundesregierung und -verwaltung[45]

4.1 Bedingungskonstellationen in der Aufschwungphase der Lernperformanz

Nach der im letzten Abschnitt entwickelten Konzeption ist die Wahrnehmung von Handlungsnotwendigkeiten, d. h. „Streß“ eine wichtige Bedingung für die Lernperformanz komplexer sozialer Systeme. Der eingeführten Definition zufolge kann Streß sowohl durch Veränderungen des Erwartungsniveaus (Soll) als auch durch Veränderungen des Erfolgsniveaus (Ist) entstehen. Für die nach 1966 im Bereich von Bundesregierung und -verwaltung eingeführten Planungssysteme ist deshalb zunächst zu klären, wie und in welchem Bereich (Input, Konversion, Output) die Streß bewirkende Diskrepanz von Soll und Ist entstand und wie es zur Überwindung der verschiedenen Aufmerksamkeits- und Aktionsschwellen im System kam.

Auf eine eingehendere Darstellung der Vorgeschichte der Einführung der verschiedenen Planungssysteme muß hier verzichtet werden. Stichwortartig sei darauf verwiesen, daß mit der Festlegung der Gesellschaftsordnung der BRD auf das pluralistische Strukturprinzip westlicher Demokratien, das Prinzip der privatkapitalistisch verfaßten „sozialen Marktwirtschaft“ und die Definition des Staates als eines „sozialen Rechtsstaates“ die wichtigsten Aufmerksamkeitsfilter des politisch-administrativen Systems bereits zugunsten der organisations- und konfliktfähigen sozialen und ökonomischen Gruppeninteressen vorprogrammiert waren, wenn die Beamtenschaft der Ministerialbürokratien auf Bundes- und Länderebene diese „obersten Werte“ auch teilweise erst mit einer zeitlichen Verzögerung internalisiert zu haben scheint[46]. Als die spezifischen Gegebenheiten der deutschen Nachkriegssituation (Wiederaufbau, Intergration der Vertriebenen und Flüchtlinge usw.) mehr und mehr an aktueller politischer Bedeutung verloren, ließ die Entwicklung in der BRD zunehmend die Charakteristika entwickelter kapitalistischer Gesellschaften erkennen, das stetige Ansteigen des gesellschaftlichen Erwartungsniveaus gegenüber dem politisch-administrativen System, dominiert vom Bedarf der Wirtschaft an konstituierenden, komplementierenden, substituierenden und kompensierenden Interventionen[47] des politisch-administrativen Systems in den Wirtschaftsprozeß.

Dieses Ansteigen des Anforderungsniveaus im ökonomisch-technologischen und sozio-kulturellen System artikulierte sich bis Mitte der 60er Jahre hauptsächlich durch die am Status quo orientierten gesellschaftlichen Machtgruppen, wobei andere Träger politischer Funktionen wie die Gewerkschaften und die Massenmedien in einer systemstabilisierenden Beschwichtigungshaltung verharrten. So konnte sich im politisch-administrativen System lange Zeit der Eindruck halten, eine durch Mengenanpassungen charakterisierte Politik („keine Experimente!“) reiche aus, um diese Entwicklung unter Kontrolle zu halten. Zu einem, dann allerdings schlagartigen, Bewußtwerden, daß sich die Umweltanforderungen auch qualitativ verändert hatten (neue gesellschaftliche Bedürfnisse, Veränderung der Gruppenstruktur) kam es erst, als sich die Folgen dieser Politik gleichzeitig an drei apparatintern als Krisenindikatoren anerkannten Maßgrößen ablesen ließen, der Wachstumsrate des Bruttosozialprodukts, dem Wahlverhalten der Bevölkerung und dem Defizit in den öffentlichen Haushalten. Damit hatten die Umweltveränderungen die nötige Eindeutigkeit gewonnen, um die bestehenden Aufmerksamkeits- und Aktionsschwellen der Führungselite des politisch-administrativen Systems auf breiter Front zu überwinden. Nach der Regierungsübernahme durch die Große Koalition bestand insofern weitgehend Einigkeit, daß eine Reihe grundlegender Neuerungen in Struktur und Funktion des Regierungsapparates notwendig seien.

Wie sich aus der Regierungserklärung vom September 1966 [48] und der Beobachtung des internen Willensbildungsprozesses ergibt, waren die Aktionsschwellen für die verschiedenen Teilaspekte der zu bewältigenden Problemlage jedoch unterschiedlich hoch. Mit Abstand am niedrigsten waren sie bezeichnenderweise im Hinblick auf die wirtschafts- und finanzpolitischen Probleme: fast zwei Drittel der Regierungserklärung Kiesingers befaßten sich mit diesem Themenkomplex. Dies entsprach der Interpretation der Krisensituation als einer Wirtschafts- und Finanzkrise; man nahm an, die bestehende „innenpolitische Unsicherheit" werde weichen, sobald Wirtschaft und öffentliche Finanzen durch „staatliche Autorität" wieder in Ordnung gebracht seien und die „spontanen Kräfte des Marktes" [49] sich wieder entfalten könnten. Ursächlich für diese sich spätestens durch die Studentenunruhen von 1968 als zu einseitig erweisende Problemperspektive war u. a. der krisenbedingte Wechsel in den Führungseliten des Wirtschafts- und Finanzministeriums, die eine Umorientierung vom bisher geltenden Dogma der punktuell-interventionistischen zur globalgesteuerten „sozialen Marktwirtschaft" zur Folge hatte.

Eine weitere günstige Voraussetzung für das Ingangkommen der folgenden Innovationen war die Tatsache, daß sich – unbeachtet von der westdeutschen Wirtschaftspolitik – im Bereich der Wirtschaftswissenschaften (und bei einigen Ländern wie USA, Japan, Frankreich auch in der politischen Praxis) schon seit Jahren eine zunehmende Umorientierung auf wachstumsorientierte ökonometrische Steuerungsmodelle vollzogen hatte. Ansätze der „New Economics" verdrängten im Zuge dieser Entwicklung mehr und mehr die auf Keynes zurückgehenden Interventionstheorien. Die Krisensituation von 1966/67 traf insofern auf ein konzeptionelles Instrumentarium, das nahezu unmittelbar eingesetzt werden konnte. Dasselbe galt für den Bereich der Finanzplanung, wo die „Troeger-Kommission" durchführungsreife Vorschläge entwickelt hatte, die vom Ansatz her Ähnlichkeiten mit dem amerikanischen PPBS aufwiesen.

Mit der Einführung der gesamtwirtschaftlichen Rahmenplanung und der mittelfristigen Finanzplanung und einer entsprechenden Verbreitung ökonomischer Rationalitätskriterien im Normen- und Wertsystem des Regierungs- und Verwaltungsapparates wurde gleichzeitig das Anspruchsniveau bezüglich der inneren Konsistenz des Regierungsprogramms angehoben. Bezeichnenderweise folgte diesem Überschreiten der Aufmerksamkeitsschwelle jedoch noch kein Überschreiten der Aktionsschwelle für den Aufbau eines eigenständigen Aufgabenplanungssystems, vielmehr wurde die Funktion, die verschiedenen innenpolitischen Aktivitäten zu einem Gesamtprogramm zu integrieren, dem Finanzkabinett übertragen. Damit war der aus der Wahrnehmung der Krisensituation von 1966/67 herrührende, als „demand"- oder „performance stress" einzustufende Innovationsimpuls weitgehend verbraucht.

Daß es unter diesen Umständen nach 1969 zu einem Wiederansteigen der Lernperformanz und dabei zur Einführung erster Ansätze eines zentralen Aufgabenplanungssystems kam, ist auf zwei neue, von einander unabhängige, sich in ihrer Wirkung aber kumulierende Impulse zu erklären, die als „support stress" bzw. als „disorganisation"- oder „disjunctive stress" klassifiziert werden können. Die letztgenannte Art von Streß entstand als Folge von Verselbständigungstendenzen der im Zusammenhang mit der neuen Wirtschafts- und Finanzpolitik entwickelten mittel- und längerfristigen Infrastrukturplanungen (Bildung, Energie, Verkehr, Verteidigung, Wohnungs- und Städtebau usw.). Diese untereinander nur wenig koordinierten Planungen drohten infolge unkontrollierter Rückwirkungen auf die Erwartungshaltungen der Öffentlichkeit „eine politisch ausgewogene gesamtstaatliche längerfristige Prioritätensetzung ... praktisch (auszuschließen)“ [50]. Da diese Entwicklung aber im wesentlichen in dem für die Steuerung der Regierungspolitik verantwortlichen Bundeskanzleramt und dort vor allem in der Planungsabteilung zu desorganisations-Streß führte, mußten erst noch die Aufmerksamkeits- und Aktionsschwellen der übrigen für die Einführung des Aufgabenplanungssystems relevanten Akteure im System überwunden werden. Dies gelang zunächst ohne größere Schwierigkeiten, da die neue „Regierungsmannschaft“ sich infolge des knappen Wahlergebnisses sichtlich unter „support stress“ fühlte: zur Sicherung und Stabilisierung der erstmals gewonnenen Machtposition sah man sich zu einer „Politik der inneren Reformen“ veranlaßt, die zügig realisiert werden sollte. Entsprechend hoch war die Bereitschaft, an den dafür notwendigen Reformen des Regierungs- und Verwaltungsapparates mitzuwirken. Unter diesen Umständen reichte es aus, daß die Planungsabteilung des Bundeskanzleramts den Ressorts Informationsvorteile und methodische Planungshilfen in Aussicht stellen konnte, um die Zustimmung des Kabinetts zum Aufbau des „Frühkoordinierungssystems der Bundesregierung“ zu erhalten. Das Angebot des Kanzleramts wirkte umso glaubwürdiger als bereits eine ausgearbeitete Konzeption für dieses Aufgabenplanungssystem vorlag [51]. Das Ausspielen der „Credenda“ und „Miranda“, die das Kanzleramt der Beamtenschaft der Ressorts zu bieten hatte (Tagen im Kabinettsaal, Empfang im Kanzlerbungalow usw.) taten ein übriges, die notwendige Innovationsbereitschaft in den Ressorts zu erzeugen. Begünstigt durch dieses im Regierungs- und Verwaltungsapparat weit verbreitete „Reformklima“ entstanden in derselben Zeit eine Reihe weiterer innovatorischer Gruppen, darunter neben der weitergeführten „Projektgruppe Regierungs- und Verwaltungsreform“ die „Studienkommission für die Reform des öffentlichen Dienstrechts“, die „Neugliederungskommission“, die „Interministerielle Arbeitsgruppe Informationsbankensystem“ und der „Interministerielle Arbeitskreis Verfassungsreform“.

Als die Planungsabteilung des Kanzleramts ein Jahr später versuchte, die Ressorts zur Mitwirkung am Vorhaben einer „längerfristigen Aufgabenplanung“ zu gewinnen, hatte sich diese günstige Bedingungskonstellation jedoch bereits verschlechtert. Ein wichtiger Grund hierfür war, daß die Ressorts die ersten Enttäuschungen bezüglich des Nutzens der von der Planungsabteilung initiierten Neuerungen bereits hinter sich hatten und mit dem Ausbau der eigenen Programmplanungskapazitäten der Eigenbedarf an „heuristischem Potential“ stetig anstieg. So war es für die Planungsabteilung des Kanzleramts entschieden schwieriger, die Ressorts zur Entsendung qualifizierter Mitarbeiter für die vorgesehenen Projektgruppen zu gewinnen.

Der wachsende Widerstand der Ressorts gegenüber gesamtsystemischen Reformvorhaben beruhte insofern zu einem guten Teil auf verschärften Knappheitsrelationen der innovationsnotwendigen personellen Ressourcen und einer entsprechenden Verschiebung in der Kosten-Nutzen-Einschätzung der verschiedenen Reformvorhaben. Hinzu kamen die Auswirkungen einer offensichtlich fortschreitenden Integration der neuen Minister in das „Wertklima“ ihrer Häuser, die sich nicht zuletzt darin manifestierte, daß der Informationszufluß von den einzelnen Ressorts an das Kanzleramt nach einer Phase relativer Offenheit der Kommunikationsinhalte wieder dieselbe politisch-taktische Filterung erkennen ließ wie vor dem Regierungswechsel.

Die Planungsabteilung des Kanzleramts versuchte anfänglich, dieses Defizit an Mitwirkungsbereitschaft der Ressorts bei der längerfristigen Aufgabenplanung durch verstärkte Koalitionsbildung mit „befreundeten" Ressorts sowie den Senats- und Staatskanzleien der Bundesländer zu kompensieren. Diese Taktik konnte aber auf die Dauer nicht verhindern, daß die ursprüngliche Reformkonzeption in ihrem Anspruchsniveau mehrfach reduziert werden mußte. Ähnliche Versuche, unzulänglichen Umweltdruck und dementsprechenden Streß durch systeminternes „Bargaining" zu kompensieren, ließen sich auch bei anderen der oben genannten Innovationsvorhaben beobachten.

Zusammenfassend kommen wir damit zu folgenden Erkenntnissen bezüglich der Inventionsphase der untersuchten Lernprozesse:

1. Die krisenhafte Zuspitzung der Umweltanforderungen an das politisch-administrative System im Jahr 1966/67 wurde (bedingt durch die Struktur der Aufmerksamkeitsfilter des Systems) intern relativ spät und in erster Linie als Wirtschafts- und Finanzkrise perzipiert. Der daraus resultierende (demand-) Streß war intensiv, die Beurteilung der Lage wurde von allen Mitgliedern der Führungselite geteilt. Da außerdem durchführungsreife Reformmodelle vorlagen, vollzog sich die Einführung der gesamtwirtschaftlichen Rahmenplanung und der mittelfristigen Finanzplanung relativ zügig und reibungslos. Auf Grund der Konstellation der System-Umwelt-Beziehungen können die strukturell-funktionellen Innovationen von 1966/67 als „erzwungene Innovationen" [52] bezeichnet werden.
2. Im Vergleich zu dieser Situation wurde der äußere Druck zu weiteren Systemveränderungen nach 1969 von der Mehrzahl der Akteure im System nur anfänglich als vergleichbar intensiv empfunden. Um diese Impulsschwäche zu kompensieren, war deshalb systemintern mit wachsender Entfernung vom Wahltermin ein immer höherer Aufwand notwendig, um die verschiedenen Aufmerksamkeits- und Aktionsschwellen zu überwinden. In Anbetracht der dabei von den Innovationspromotern benutzten Bargaining-Strategien zur Beeinflussung des Erwartungsniveaus und der Kosten-Nutzen-Kalküle der übrigen Akteure kann man die Innovationen nach 1969 als „kalkulative Innovationen" bezeichnen.
3. Der überwiegend durch kalkulative Innovationen geprägte zweite Anstieg der untersuchten Lernperformanz steht nach diesen Ergebnissen in einem nicht-zufälligen Zusammenhang mit dem ersten Anstieg – die Beziehung läßt sich als doppelte Rückkoppelungsschleife charakterisieren. Systemextern führte die „ökonomistische" Reaktion des politisch-administrativen Systems auf die Krise von 1966/67 zu einem wachsenden Stau unbewältigter gesellschaftspolitischer Probleme, der als wichtigste Ursache für den Regierungswechsel von 1969 und die (anfänglich) hohe Innovationsbereitschaft der neuen Regierung anzusehen ist. Systemintern zeigte sich die Rückkopplung der Folgewirkungen der ersten Lernphase vor allem in dem wachsenden Bestreben des Bundeskanzleramtes, seine zunehmend gefährdeten Steuerungsmöglichkeiten gegenüber den Ressorts zu verbessern[53].

4.2 Bedingungskonstellation in der Abschwungphase

Nach dem im letzten Abschnitt die Ursachen des zweifachen Anstiegs der Lernperformanz untersucht wurden, geht es nun darum, die Gründe für das jeweilige Wiederabflachen der Kurve zu finden.

Bei einer eingehenderen Analyse der Entwicklung der gesamtwirtschaftlichen Rahmenplanung und der mittelfristigen Finanzplanung nach ihrer Einführung in den Jahren 1966/67, die hier im einzelnen nicht wiederholt werden soll[54], gewinnt man den Eindruck, daß sich die Promoter dieser Planungssysteme in ihren diesbezüglichen Erwartungen bis zum Ende der Regierungszeit der Großen Koalition mehr oder weniger bestätigt fühlten, immerhin gelang es mit Hilfe der neuen Instrumente der Wirtschafts- und Finanzpolitik die in der „Konzertierten Aktion" präsentierten Zielprojektionen näherungsweise zu verwirklichen und damit die Wirtschaftsrezession und den prekären Zustand der öffentlichen Finanzen wieder unter Kontrolle zu bekommen. Die apparatintern erstmals im Jahre 1969 deutlicher artikulierte Kritik an der Funktionsfähigkeit dieser Planungssysteme[55], die sich inzwischen zu einer weit verbreiteten Einsicht in die prinzipielle Unmöglichkeit der wirksamen Steuerung der privatkapitalistischen Ökonomie der BRD ausgeweitet hat, blieb unter diesen Umständen bis zum Ende der Regierungszeit der Großen Koalition apparatintern ohne Wirkung. Der eingangs diagnostizierte Abfall in der Lernperformanz nach dem Höhepunkt von 1967 kann somit zu einem guten Teil auf die Rückkoppelung der positiven Ergebnisse, die mit Hilfe dieser Planungssysteme in den ersten beiden Jahren erreicht werden konnten, zurückgeführt werden, also auf nachlassenden „performance stress". Erst danach scheinen die von Ronge / Schmieg in den Vordergrund gestellten Restriktionen zunehmend an Wirksamkeit gewonnen zu haben.

Zu einem recht verschiedenartigen Ergebnis führt die Suche nach den Ursachen der verminderten Lernperformanz nach 1970/71. Bedingt durch den andersartigen Verlauf der Inventionsphase (nur anfängliche Homogenisierung der Subsystem-Interessen unter dem Eindruck von „support stress") erreichte die apparatinterne Lernsituation bei der Einführung der mittel- und längerfristigen Aufgabenplanung nur zu Beginn dieselbe Intensität wie bei der Einführung der Globalsteuerung und der mittelfristigen Finanzplanung. Diese Unterschiedlichkeit manifestierte sich beim „Frühkoordinierungssystem der Bundesregierung" bereits im Sommer 1970. Die Planungsabteilung des Kanzleramts versuchte zu diesem Zeitpunkt, aus den bis dahin in mehreren Erhebungswellen mit Hilfe von „Datenblättern" zusammengetragenen Informationen über die „Reformvorhaben" der Fachressorts eine Prioritätenliste für die Arbeit des Bundeskabinetts in der zweiten Jahreshälfte zu erstellen. Um dieses Vorhaben frei von den politisch-taktischen Überlegungen der Ressorts durchführen zu können, wurden die Planungsbeauftragten an dieser Arbeit nicht beteiligt. Als sie jedoch nachträglich von der Erstellung der Liste erfuhren, kam es zu einem Eklat. Offensichtlich war die Mehrzahl der Planungsbeauftragten weder gewillt, noch auf Grund ihrer Positionen in den Ressorts in der Lage, der Transformation des Frühkoordinierungssystems von einem offenen Informationssystem zu einem Steuerungsinstrument des Kanzleramts zuzustimmen. Derartige Absichten mußte die Planungsabteilung endgültig aufgeben, nachdem das Frühkoordinierungssystem zum Gegenstand parlamentarischer Auseinandersetzungen geworden war. Nach der (einen immensen Aufwand erfordernden) Beantwortung von zwei diesbezüglichen Großen Anfragen der CDU / CSU-Opposition verbreitete sich in den Ressorts der Eindruck, daß Kosten und Nutzen dieses Planungssystems nicht in dem Verhältnis standen, das man ursprünglich erwartet hatte. Die daraufhin rasch nachlassende Lernperformanz mit der polit-ökonomischen Standardformel zu erklären, daß hier „die zentralisierten Planungsinstanzen ... in Widerstreit geraten mit denjenigen administrativen Agenturen, die politische Instrumente partialer Interessen sind" [56], erscheint insofern zu pauschal, als dabei das mit den Klientelinteressen war korrelierende, aber nicht identische Eigennutzstreben[57] der betreffenden Teileliten verkannt wird.

Die Entwicklung der Projekte „längerfristige Aufgabenplanung", „Regierungs- und Verwaltungsreform" und einiger weiterer ressortübergreifender Reformvorhaben liefert zusätzliche Anhaltspunkte für die Richtigkeit der These, daß die Lernsituation bei den „kalkulativen Innovationen" instabiler war als bei den „erzwungenen Innovationen". Da derartige Reformvorhaben auf Grund der Initiative der verschiedenen „innovatorischen Zellen" im Regierungs- und Verwaltungsapparat wie erwähnt immer zahlreicher wurden, wegen der begrenzten Koordinierungs- und Konsensbildungskapazität des Systems zeitlich und inhaltlich aber kaum miteinander abgestimmt werden konnten, stieg die Belastung der Entscheidungskapazitäten der Ressorts immer stärker an. Entsprechend rückläufig bewegte sich ihre Bereitschaft, sich an risikoreichen, konfliktträchtigen Vorhaben zu beteiligen, insbesondere wenn deren Vorteile vage und erst in ferner Zkunft zu erwarten waren. Bedingt durch die zunehmende Partikularisierung im Normen- und Wertsystem der Führungselite und den wachsenden Eigenbedarf an planerischem Potential sank die Innovationsbereitschaft trotz mehrfacher Reduktion in der Anspruchshöhe der verschiedenen Projekte schließlich im Jahre 1970/71 unter die kritische Aktionsschwelle: mit wenigen Ausnahmen wurden die zu diesem Zeitpunkt noch laufenden Projekte aufgegeben, bevor sie die Implementierungsphase erreichten.

5. Zusammenfassung und Versuch einer Generalisierung der Befunde

Generalisiert man die im Vorhergehenden ermittelten empirischen Befunde im Vorgriff auf weitere Untersuchungen, so läßt sich ein Prozeßmodell des funktionell-strukturellen Wandels politisch-administrativer Systeme im Spätkapitalismus skizzieren, das unseres Erachtens eine fruchtbare Fortführung der Entwicklungslinie von Braybrooke / Lindbloms Modell des „disjointed incrementalism" über Croziers Krisenmodell sowie eine Integration der vorliegenden polit-ökonomischen Phasenmodelle[58] erlaubt. Dieses Modell einer adaptiv-innovativen Politbürokratie läßt sich etwa wie folgt umreißen:

1. Die Anforderungen an das politisch-administrative System steigen auf Grund der für spätkapitalistische Gesellschaften charakteristischen Eigendynamik des ökonomischen und des sozio-kulturellen (legitimatorischen) Subsystems stetig an.
2. Das politisch-administrative System begegnet den perzipierten neuen Anforderungen jeweils zunächst mit punktuellen Mengenanpassungen seiner Routineprogramme. Diese für den Apparat bei ausreichenden Ressourcen „leichteste" Strategie (vgl. das Modell des „disjointed incrementalism") hat jedoch ein wachsendes Steuerungsdefizit zur Folge, weil ein Teil der Umweltveränderungen auf Grund der bestehenden Aufmerksamkeitsfilter nur selektiv wahrgenommen bzw. als „normale" Änderung fehlgedeutet wird. Innovationsversuche einzelner Basiseinheiten mit höherer Problemsensibilität scheitern in dieser Phase an der systeminternen machtmäßigen Pattsituation und dem innovationsfeindlichen Konkurrenzmechanismus zwischen den Subsystemen.

3. Das wachsende Steuerungsdefizit kulminiert schließlich in einer die legitimatorische Basis der amtierenden Führung gefährdenden (oder sogar zerstörenden) Krise, auf die das politisch-administrative System angesichts des nunmehr hohen Zeitdrucks typischerweise mit ökonomistischen „Sofortprogrammen" reagiert. Mit der Implementierung dieser „erzwungenen Innovationen" ist in der Regel eine Drosselung der dezentralisierten Mengenanpassungen verbunden. (Erster Höhepunkt der Lernperformanz).
4. Nach vollzogener Implementierung und Routinisierung der erzwungenen Innovationen findet sich das System gegenüber seiner Umwelt zunächst in einer Situation verminderten (Performanz-)Streß. Dagegen ist wegen der unter Zeitdruck und typischerweise von „autoritären Reformergestalten" (Crozier) vollzogenen Anpassungen der innere Gleichgewichtszustand der Interessen- und Machtstruktur im Verhältnis der verschiedenen Subsysteme bzw. zwischen der Entscheidungszentrale und den Subsystemen gestört (Desorganisations-Streß). Nach Abflauen der Krise in den System-Umwelt-Beziehungen fehlt dem System jedoch die notwendige Lernkapazität, um die bestehenden Ungleichgewichte durch weitere Strukturveränderungen zu beseitigen. Die (durch professionelle Standards und / oder bürokratisches Eigennutzstreben motivierte) Bereitschaft einzelner Systemmitglieder, an weiteren Innovationen mitzuwirken, wird unter diesen Umständen weitgehend in die Latenz verdrängt. (Erstes Nachlassen der Lernperformanz).
5. Diese latente Lernkapazität des politisch-administrativen Systems wird mobilisiert, sobald durch neuerliche Veränderungen in den System-Umwelt-Beziehungen die systeminterne Pattsituation aufgehoben wird. Typischerweise handelt es sich bei dieser zweiten Welle von Umweltveränderungen um delegitimatorische Folgekonflikte, die durch die vorangegangenen Systemreaktionen ausgelöst wurden. Besonders stark ist die Mobilisierung latenter Lernkapazität, wenn die „Legitimationskrise" zu einem Regierungswechsel mit einer schubweisen Veränderung der Elitestruktur geführt hat. In diesem Falle entstehen in der Regel durch Kooptation von Mitgliedern der alten "Routinebürokratie" von seiten der neuen Führungseliten innovatorische Gruppen, die jedoch häufig wegen ihrer andersartigen Binnenstruktur Integrations- und Kommunikationsprobleme gegenüber ihrer bürokratischen Umgebung haben.
6. Angeregt durch die günstigen Aussichten, im Zuge funktionell-struktureller Veränderungen eigene Positionsinteressen durchzusetzen, beginnen auch die übrigen Teile der Bürokratie mit der Produktion von Veränderungsvorschlägen. (Zweiter Höhepunkt der Lernperformanz).
7. Die in ihrer Verlaufsform (wohl nicht zufällig dem quasi-anarchischen Verhalten des Einzelunternehmers im entwickelten Kapitalismus vergleichbare) Produktion von Veränderungsvorschlägen in den einzelnen politisch-administrativen Subsystemen erzeugt für die anderen Subsysteme bzw. die Entscheidungszentrale in wachsendem Maße den Zwang zur Mitwirkung bei diesen Vorhaben, wenn sie vermeiden wollen, daß Folgeprobleme und Fernwirkungen auf ihren Politikbereich abgewälzt werden. Die bereits angelaufenen gesamtsystemischen Vorhaben geraten parallel zur fortschreitenden Sozialisierung der neuen Führungselite in den Subsystemen in eine Situation, in der einerseits durch den wachsenden Eigenbedarf der Subsysteme die Mobilisierung von heuristischem Potential immer schwieriger, andererseits der Nutzen dieser Vorhaben aus der Sicht der Subsystemeliten immer geringer wird. Veränderungen in der Systemumwelt

(z. B. Nachlassen des „support stress") können diesen Prozeß beschleunigen, sind dafür aber nicht konstitutiv.

8. Bei Anhalten dieser Selbstblockierungstendenzen sind alle innovatorischen Gruppen, die zur Konzipierung oder Implementierung ihrer Vorschläge auf die Mitwirkung anderer Subsysteme angewiesen sind, gezwungen, Zielrichtung und Strategie der Vorhaben zu ändern. In der Regel geschieht dies, indem das potentielle Konfliktniveau der Vorhaben reduziert wird oder indem Konzeptionen bevorzugt werden, die entweder keine Kosten (i. w. S.) verursachen oder deren Kosten weitgehend auf die Systemumwelt abgewälzt werden können.

   Der Anpassungsdruck, dem die innovatorischen Gruppen unter dem genannten Umständen unterliegen, verschärft die Konkurrenzsituation zwischen diesen Gruppen. Besonders den Gruppen mit gesamtsystemischen Innovationsvorhaben droht in dieser Phase ein Ende ihrer Wirkungsmöglichkeiten, wenn es ihnen nicht gelingt, innerhalb oder außerhalb des Systems eine Gegenmachtposition aufzubauen. Zur Erhöhung der Durchsetzungsfähigkeit nach außen vollzieht sich innerhalb der Gruppen eine Hierarchisierung der Kommunikationsstruktur mit einem entsprechenden Verlust an Informationsverarbeitungskapazität. Damit verbunden ist im allgemeinen eine zunehmende Arbeitsteilung, so daß sich diese Gruppen in Struktur und Arbeitsweise schrittweise der übrigen Bürokratie annähern. Durch entsprechende gruppeninterne Konflikte zerfällt das anfänglich vorhandene heuristische Potential (durch Resignation, Personalabwanderung usw.). Die Restgruppen werden entweder von der „Routinebürokratie" absorbiert oder erreichen in Ausnahmefällen den nächsten Innovationszyklus. (Zweites Tief der Lernperformanz)

Da sich Mengenanpassungen, erzwungene Innovationen und kalkulative Innovationen des politisch-administrativen Systems aus den dargelegten Gründen in der Regel zeitlich überlappen, entsteht als Abbild der Gesamt*steuerungs*performanz des Systems eine sinusförmige Kurve, die sich umso deutlicher von der Sprungfunktion einer durch erzwungene Innovationen gekennzeichneten Lernperformanz unterscheidet, je intensiver die zwischenzeitlichen kalkulativen Innovationen verlaufen. Offen bleibt die Frage, ob sich durch die verschiedenen Systemstrategien auf längere Sicht die Steuerungskapazität des politisch-administrativen Systems den Umweltanforderungen entsprechend weiterentwickeln läßt oder ob, wie Offe, Habermas und andere annehmen, das Steuerungsdefizit des politisch-administrativen Systems trotz der verschiedenen dargestellten Strategien unter den Bedingungen entwickelter kapitalistischer Gesellschaften langfristig wächst.

Anmerkungen

1 Vgl. hierzu den Überblick bei F. Naschold und W. Väth, Politische Planungssysteme im entwickelten Kapitalismus, in: dies., Hrsg., Politische Planungssysteme, Opladen 1973, insbesondere S. 33 f.

2 Vgl. z. B. V. Ronge und G. Schmieg, Restriktionen politischer Planung, Frankfurt 1973, S. 20.

3 Dies., op. cit., S. 21.

4 Dies., op. cit., S. 20.

5 Vgl. dazu die Bestandsaufnahme bei M. Jaenicke, Hrsg., Herrschaft und Krise, Opladen 1973 sowie die diesbezügl. Kritik bei V. Ronge und G. Schmieg, op. cit., u. a. S. 285 ff.

6 Vgl. hierzu die grundsätzlichen Zweifel, ob eine solche „Staatstheorie, die den Klassencharakter politischer Herrschaft . . . nachweisen will", überhaupt zu entwickeln ist, bei C. Offe, Strukturprobleme des kapitalistischen Staates, Frankfurt 1972, S. 89 f, sowie – aus anderer Perspektive – bei H. G. Schütte, Über die Chancen einer Theorie sozialer Systeme, in: H. Albert, Hrsg., Sozialtheorie und soziale Praxis, Meisenheim 1971.
7 V. Ronge und G. Schmieg, op. cit., S. 19.
8 Dies., op. cit., S. 20.
9 Dies., op. cit., S. 23.
10 Dies., op. cit., S. 24.
11 Dies., op. cit., S. 25.
12 Dies., op. cit., S. 287.
13 Dies., op. cit., S. 286 f.
14 Dies., op. cit., S. 278.
15 Dies., op. cit., S. 24.
16 Vgl. in diesem Zusammenhang auch die Kritik von C. Offe, R. Funke und M. Glagow, Formwandel der Politikformulierung und delegimatorische Prozesse, Mskr., Starnberg 1973, S. 2 ff.
17 C. Offe, Strukturprobleme des kapitalistischen Staates, S. 56.
18 Eine ausführliche Begriffsbestimmung findet sich bei H. Schatz, Auf der Suche nach neuen Problemlösungsstrategien, in: R. Mayntz und F. W. Scharpf, Hrsg., Planungsorganisation, München 1973; vgl. hierzu auch C. Offe, Elemente der politischen Krisentheorie, in: M. Jaenicke, Hrsg., Herrschaft und Krise, S. 213.
19 Vgl. hierzu die Krisentheorie von C. Offe, R. Funke und M. Glagow, Formwandel der Politikformulierung . . ., S. 13 ff.
20 Vgl. hierzu F. Naschold, Gesellschaftsreform und politische Planung, in: Österreichische Zeitschrift für Politikwissenschaft, 1/1972, S. 17 f.
21 Vgl. hierzu u. a. die Typologie von Strukturmerkmalen bei D. Katz und R. L. Kahn, The Social Psychology of Organizations, New York, London, Sidney 1966, S. 39 ff.
22 Siehe R. H. Hall, Die dimensionale Natur bürokratischer Strukturen, in: R. Mayntz, Hrsg., Bürokratische Organisation, Köln/Berlin 1968, S. 69 ff.
23 H. Schatz, op. cit. (Anm. 18).
24 Vgl. zu diesem Problem H. G. Schütte, Über die Chancen einer Theorie sozialer Systeme, S. 133 ff.
25 Eine Erläuterung derartiger „psychological" und „sociological fallacies" findet sich bei D. Katz und R. L. Kahn, The Social Psychology . . ., a. a. O., S. 391 f.
26 Vgl. dazu W. Schluchter, Aspekte bürokratischer Herrschaft, München 1972, S. 132.
27 R. Francis u. R. Stone, Service and Procedure in Bureaucracy, zitiert nach W. Schluchter, a. a. O., S. 133.
28 H. A. Simon, Administrative Behavior, New York ^{3}1966, und H. A. Simon u. J. G. March, Organizations, New York 1967.
29 J. G. March und H. A. Simon, Organizations . . ., S. 175.
30 H. A. Simon, Administrative Behavior . . ., S. 61 ff., spricht in diesem Zusammenhang von einem hesitation-choice-Modell.
31 Vgl. dazu H. A. Simon, The Decision-Maker as Innovator, in: S. Mailick u. E. H. van Ness, Concepts and Issues in Administrative Behavior, Englewood Cliffs 1962, S. 66 ff.
32 Zur Kritik dieses Aspektes in Max Webers Bürokratietheorie s. W. Schluchter, a. a. O., S. 132 f.
33 Im Kapitel X, Loyalties and Organizational Identification behandelt Simon bezeichnenderweise nur mögliche Konflikte zwischen „organizational values" und „social values" im Sinne gesamtgesellschaftlicher Nutzenfunktionen, vgl. H. A. Simon, Administrative Behavior . . ., S. 98 ff.
34 Siehe H. A. Simon, Administrative Behavior . . ., S. 110 ff.
35 Siehe Braybrooke und C. E. Lindblom, A Strategy of Decision: Policy Evaluation as a Social Process, New York 1963.
36 Vgl. hierzu auch die Befunde positiver Korrelation von verfügbaren Ressourcen und innovativem Verhalten von Organisationen bei E. Mansfield, The Speed of Response of Firms to New Techniques, Quarterly Journal of Economics, 1963, S. 293 ff.
37 K. W. Deutsch, The Nerves of Government, New York 1966, S. 111.
38 M. Crozier, Der bürokratische Circulus vitiosus und das Problem des Wandels, in: R. Mayntz, Hrsg., Bürokratische Organisation, a. a. O., S. 277 ff.

39 Zum Einfluß der „peer group" von Berufskollegen auf Verhaltensänderungen des Individuums im Prozeß organisatorischen Wandels vgl. auch D. Katz und R. L. Kahn, The Social Psychology . . ., a. a. O., S. 395 ff.

40 M. Crozier, a. a. O., S. 286.

41 D. Easton, A Framework for Political Analysis, Englewood Cliffs 1965, S. 119 ff.

42 Ders., a. a. O., S. 124.

43 Vgl. V. E. Cangelosi und W. R. Dill, Organizational Learning . . . , in: ASQ 1965, S. 175 ff., und ihre Kritik in den einstufigen Modellen von Chapman et al., Cyert und March sowie Hirschmann und Lindblom.

44 Vgl. dazu die Zweiphasen-Gliederung bei V. Ronge und G. Schmieg, a. a. O. Cangelosi / Dill unterscheiden vier Phasen: „initial, searching, comprehending und consolidating phase". Ebenfalls vier Phasen umfaßt der Innovationsprozeß in der Konzeption von G. Hage und M. Aiken, Social Change in Complex Organizations, New York 1970, S. 93 ff., nämlich „evaluation, initiation, implementation und routinisation stage". Typisch für Befehlsmodelle ist dagegen die Gleichsetzung von „invention" und „implementation"; vgl. hierzu beispielsweise E. M. Rogers, The Diffusion of Innovation, New York 1962, und H. G. Barnett, Innovation, New York 1953.

45 Für eine ausführlichere Darstellung vgl. H. Schatz, Auf der Suche . . ., a. a. O. (Anm. 18).

46 Vgl. hierzu B. Steinkämper, Klassische und Politische Bürokraten in der Ministerialverwaltung der B[illegible]epublik Deutschland, Diss. Köln 1974, Veröff. in Vorb., v. a. S. 137 ff.

47 Vgl. hierzu J. Habermas, Legitimationsprobleme im Spätkapitalismus, Frankfurt 1972, S. 77 f.

48 Siehe Bulletin der Bundesregierung, Nr. 157 v. 14. 12. 1966, S. 1265 ff.

49 Alle Zitate aus der Regierungserklärung v. 14. 12. 1966, a. a. O., S. 1268.

50 R. Jochimsen, Überlegungen zur mittel- und längerfristigen Aufgabenplanung und deren Einfluß auf die Vorbereitung der Haushaltsentscheidungen, in: J. Esser, F. Naschold und W. Väth, Hrsg., Gesellschaftsplanung in kapitalistischen und sozialistischen Systemen, Gütersloh 1972, S. 245.

51 Gemeint ist Teil III des Ersten Berichts der Projektgruppe Regierungs- und Verwaltungsreform beim Bundesminister des Innern, Bonn 1969.

52 Vgl. dazu die von A. Etzioni, The Active Society, New York 1968, S. 96, verwendete Klassifizierung sozialer Beziehungen (normative, utilitarian, coercive).

53 F. Naschold und W. Väth, Politische Planungssysteme . . ., S. 8, scheinen dagegen davon auszugehen, daß die nachlassende Wirksamkeit der 1966/67 eingeführten Planungssysteme die einzige (hinreichende) Bedingung für die funktionell-strukturellen Systemveränderungen nach 1969 waren.

54 Vgl. hierzu wiederum H. Schatz, Auf der Suche . . ., a. a. O., sowie die verschiedenen Abhandlungen von F. Naschold zu diesem Themenkreis.

55 Vgl. Erster Bericht der Projektgruppe Regierungs- und Verwaltungsreform beim BMI, Bonn 1969.

56 F. Naschold und W. Väth, Hrsg., Gesellschaftsplanung in kapitalistischen und sozialistischen Systemen, Gütersloh 1972, S. 20.

57 Vgl. hierzu das Eigennutz-Axiom bei A. Downs, Ökonomische Theorie der Demokratie, Tübingen 1968, S. 26 f.

58 Vgl. dazu das Drei-Phasen-Schema bei C. Offe, Strukturprobleme des kapitalistischen Staates, S. 124 f.

III. Politische Partizipation und Mitbestimmung

Vorbemerkungen

Die Arbeitsgruppe beschäftigte sich mit vielfältigen Aspekten von Partizipationsmöglichkeiten und -bewegungen im Bereich gesellschaftlicher Produktion und Reproduktion. Allerdings war schon aufgrund der vorliegenden Beiträge absehbar, daß die Diskussion kaum die Disparität der empirischen und theoretischen Analysen, zugleich auch kaum die Verschiedenheit der wissenschaftstheoretischen wie politischen Positionen überwinden würde. Dies hat sich in der Diskussion bestätigt, die sich wesentlich zu einer Konfrontation verschiedener Standpunkte entwickelte, wobei die bestehenden Gegensätze noch durch den mangelnden – im kurzen Diskussionszeitraum auch nicht aufzuarbeitenden – begrifflichen und methodolotischen Konsens verstärkt wurde. Gleichzeitig wurde jedoch – trotz dieser Konfrontation – kritisiert, daß das Spektrum der in der Arbeitsgruppe vertretenen wissenschaftstheoretischen und politischen Positionen zu eng gewesen sei, um eine umfassende Auseinandersetzung über Demokratisierungspotentiale in verschiedenen gesellschaftlichen Bereichen sowie deren Aufarbeitung in unterschiedlichen sozialwissenschaftlichen Theorien zu führen.

Gleichwohl bestand weitgehende Übereinstimmung darüber, daß etwa seit Mitte der 60er Jahre in allen hochentwickelten kapitalistischen Gesellschaften neue Ansätze von Demokratisierungspotentialen in verschiedenen gesellschaftlichen Bereichen (über die Anwendbarkeit der Begriffe Produktions- und Reproduktionsbereich bestand keine Übereinstimmung!) festzustellen sind, die ihrerseits Bewußtseinsveränderungen der Lohnabhängigen, aber auch anderer sozialer Gruppen reflektieren. Damit wird der Spielraum autonomer Handlungsmöglichkeiten – sowohl auf die Funktion politischer und sozialer Institutionen als auch auf soziale Gruppen und politische Organisationen bezogen – erweitert. Der Arbeitsgruppe lagen sowohl Bericht über einzelne Bürgerinitiativen und Bürgerinitiativen in verschiedenen Regionen (Berlin-Kreuzberg, Ruhrgebiet, Bürgerinitiativen in der Stadtplanung) als auch systematisch-analytische Beiträge vor, in denen von den je konkreten Erfahrungen abstrahierend nach Chancen und restriktiven Bedingungen für ein derartiges Demokratisierungspotential gefragt wurde. Die Berichte über Bürgerinitiativen sowie von Gewerkschafts- und Betriebsvertretern (u. a. über das Ahrensburger Modell und Süßmuth) unterstützten die These einer in den letzten Jahren realisierten Ausdehnung der Sphäre von Partizipation, Mitbestimmung und Kontrolle, verdeutlichten jedoch zugleich auch Schranken und Grenzen solcher Demokratisierungsversuche.

In der Analyse der gesellschaftlichen Voraussetzungen, der politischen Zielsetzung sowie der Perspektive solcher Initiativen konkretisierten sich freilich die bereits genannten gegensätzlichen Standpunkte.

Auf der einen Seite wurde das Konzept einer „multifrontalen Demokratisierungsstrategie" vertreten, wie es Fritz Vilmar zusammenfassend in Thesen formulierte:

1. Um Autonomie der demokratischen Instanzen und Kräfte gegenüber dem Kapital zu verstärken bzw. überhaupt erst ansatzweise herzustellen, sind die z. Zt. sehr disparaten Mitbestimmungsversuche und Protestaktionen zum Bewußtsein und objektiven Niveau einer umfassenden multifrontalen Demokratisierungsstrategie zu bringen. Dies kann theoretisch nur geleistet werden, wenn der Nicht-Produktionsbereich künftig nicht länger relativ abgewertet wird als bloß nachgeordneter Bereich der Reproduktion. Vielmehr ist das Ensemble von Emanzipations- und Demokratisierungsprozessen im Sozialisations- und Bildungssektor, im kommunalen und politischen Organisationsbereich (Parteien, Gewerkschaften) usw. als zunehmend wichtiger werdendes eigenständiges Transformationspotential theoretisch zu konstituieren.
2. Es ist theoretisch immer wieder konstruiert, aber geschichtlich-empirisch niemals verifiziert worden, daß „das System" sogenannte strukturelle Grenzen hat, die durch Strategien schrittweiser Demokratisierung und Reform nicht überwindbar sind. Die apriorische Setzung von Systemgrenzen, hinter der das Zwei-Phasen-Modell Kapitalismus-Revolution-Sozialismus steht, wird für theoretisch wie gesellschaftspolitisch lähmend gehalten, weil „nicht-revolutionäre" Reformkonzepte und -schritte dann von vornherein als systemimmanent abqualifiziert werden. Statt dessen ist künftig viel genauer zu analysieren, welche inhaltlichen wie organisatorischen Demokratisierungsschritte systemverändernde Kraft haben im Sinne eines revolutionären Reformismus.

Auf der anderen Seite stand eine marxistisch orientierte Konzeption, die den Charakter von Demokratisierungspotentialen auf die Entwicklung des gesamtgesellschaftlich dominierenden Gegensatzes von Lohnarbeit und Kapital, auf die neuen Vermittlungsfunktionen staatlicher, politischer und ökonomischer Intervention – namentlich in der Reproduktionssphäre – sowie auf die Realisierungsmöglichkeiten qualitativ neuer Formen der gesellschaftlichen Organisation der Produktion bezieht. Dementsprechend wurde neben der allgemeinen Herleitung gesellschaftlicher Widersprüche aus den jeweils spezifischen Verwertungsbedingungen des Kapitals – in ihrer nationalen und internationalen Dimension – die besondere Bedeutung der Rekonstruktion der auf die Erringung autonomer Gegenmachtpositionen orientierten Arbeiterbewegung Westeuropas sowie der „Übergangscharakter" von Kämpfen um Partizipation und Kontrolle im Produktionsbereich hervorgehoben. Zugleich wurde mit der Kennzeichnung des „Doppelcharakters" der Mitbestimmung auf die potentiellintegrative Funktion von Partizipationsmodellen im Sinne einer Kanalisierung sozialer und politischer Konflikte hingewiesen. Berichte über die Differenzierung der Mitbestimmungs- und Kontrollforderungen der Arbeiterbewegung in verschiedenen Ländern Westeuropas ließen die unterschiedlichen Inhalte von Strategien erkennen, wobei freilich in einem umfangreichen Referat der Versuch unternommen wurde, diese divergierenden Erscheinungsformen auf die allgemeine Grundlage der kapitalistischen Überakkumulationskrise zurückzuführen.

In der Diskussion wurde wiederholt darauf aufmerksam gemacht, daß in den verschiedenen Konzeptionen die Möglichkeit der institutionellen Kanalisierung von Kon-

* Anmerk. des Herausgebers: Auf Fritz Vilmars Beitrag mußte aus Gründen der Kürzung verzichtet werden. Dies erscheint deshalb als tragbar, weil Vilmars Position in seinen zahlreichen, einschlägigen und leicht zugänglichen Publikationen faßbar und nachlesbar ist. Vgl. u. a. F. V.: Strategien der Demokratisierung Bd. I: Theorie und Praxis; Bd. II: Modelle und Kämpfe der Praxis, Darmstadt 1973; und ders.: Menschenwürde im Betrieb, Reinbek 1973.

flikten und von Partizipationsmodellen vernachlässigt werde. Hier ist vor allem die Funktion und Reichweite staatlicher Integrationsstrategien im Produktions- und Reproduktionsbereich angesprochen, die allerdings in der Diskussion der Arbeitsgruppe nicht hinreichend geklärt werden konnten. Gleichzeitig wurde gefordert, daß die Diskussion von Mitbestimmungs- und Partizipationsmodellen und deren Geschichte auf den Bereich sozialistischer Übergangsgesellschaften ausgedehnt werden müsse. Zudem wurde auf ein erhebliches Defizit in der sozialwissenschaftlich-empirischen Analyse von realen Demokratisierungsversuchen sowie von Bewußtseinsprozessen hingewiesen. Um dieses Defizit auszugleichen, müßte dem Sozialwissenschaftler Zugang zu seinem Forschungsbereich (Betriebe und Verwaltungen, Gewerkschaften und Parteien einschließlich deren Akten- und Archivbestände u. a. m.) gewährleistet sein.

Zur Dialektik von Mobilisierungsstrategien in gesellschaftsverändernder Absicht

Von Walter Euchner

> „Demokratie heißt heute, den Bürger für die Gemeinschaftsinteressen zu mobilisieren, damit die politischen Entscheidungen nicht hoffnungslos hinter den Erfordernissen dreinhinken."
> Der damalige Bundesminister Eppler
> in Frankfurter Rundschau vom 11. 7. 1973

In den Analysen von Bürgerinitiativen und Versuchen, von gesellschaftlichen Mißständen Betroffene zu mobilisieren, wird ein Befund immer wieder deutlich: Solche Kampagnen bewegen sich in einer „Dialektik von Integration und Subversion" *(Offe)*[1]. Der „reduzierte Demokratiebegriff" *(Naschold)* mit seiner Option für die angeblich systemstabilisierende politische Apathie des gemeinen Mannes ist in der heutigen Politikwissenschaft weitgehend zugunsten der Befürwortung einer *participatory democracy* zurückgedrängt worden[2]. Auch überwiegend funktionalistisch denkende Sozialwissenschaftler können sich der Einsicht nicht verschließen: „Ein System, das aktive politische Beteiligung grundsätzlich zuläßt und zugleich die sozio-ökonomische Unterschicht weitgehend davon ausschließt, bleibt unter demokratisch-egalitären Kriterien immer angreifbar"[3] *(Scharpf)*. Eben jenen Strukturdefekten kapitalistischer Gesellschaften, die überwiegend auf Kosten unterprivilegierter Schichten und Gruppen gehen, soll durch deren Partizipation an sie betreffenden politischen und administrativen Planungs- und Entscheidungsprozessen gesteuert werden. Dies läge nicht nur im Sinne des klassischen demokratietheoretischen Postulats der Selbstbestimmung des Bürgers – auch die Effektivität der öffentlichen Infrastruktur könnte, etwa durch Antizipation von Konfliktsituationen, verbessert werden[4].

Offe hat drei systemstabilisierende Funktionen „bürgerschaftlicher Beteiligung an Planungsprozessen", der bereits als „demokratischer Ordnungsversuch" mit spezifischen Sozialtechniken gilt *(Dienel)*, unterschieden[5]:

1. Planungspartizipation als „Frühwarnsystem". In der Argumentation von *Dienel:* Die öffentliche Planung hat Ordnungsprobleme zu bewältigen, die einer immer komplexer werdenden Umwelt entspringen; die Fehlinterpretation von Faktoren und Randdaten muß zu immer folgenschwereren Auswirkungen führen. „In immer mehr Fällen wird die Einbeziehung von Informationen notwendig, die letztlich nur die Betroffenen geben können"[6].
2. Partizipation als „Treibsatz". Beginnen die von einem öffentlichen Mißstand Betroffenen, Druck auf die zuständige bürokratische Instanz auszuüben (etwa in Form einer Bürgerinitiative), so kann diese Bürokratie versuchen, diesen Druck für ihre Zwecke zu funktionalisieren, indem sie z. B. versucht, unter Hinweis auf den entsprechenden Mißstand (dessen Fortdauer die Betroffenen zu einem politischen Loyalitätsentzug veranlassen könnte, z. B. dazu, die herrschende Rathauspartei nicht mehr zu unterstützen) eine Erhöhung ihres Budgets durchzusetzen. Bei einer

sozialreformerisch eingestellten Bürokratie kann dies bis zur Initiierung von entsprechenden Bürgerinitiativen gehen[7].

3. Beteiligung als symbolische Gratifikation. Gemeint ist die „Öffentlichkeitsarbeit" politischer und administrativer Instanzen, die den Eindruck, informiert und am Entscheidungsprozeß beteiligt, insoweit ernstgenommen, worden zu sein, erwekken und so Massenloyalität erzeugen sollen.

In der Infrastruktur- und Sozialpolitik gibt es demnach die Tendenz, die politische Partizipation betroffener Bürger auch außerhalb der institutionell vorgesehenen Wege wie Wahlen, gesetzlich eingerichtete Beteiligung an Selbstverwaltungsgremien, Beiräten usw. als *Sozialtechnik* in den Dienst der Systemerhaltung zu stellen. Diese Funktionalisierung von Partizipation wird von *Narr* als „bonapartistischer Mißbrauch" bezeichnet. Es gehe hierbei nicht um die Frage: „Wie kann ich das ‚System' ändern, daß . . ., sondern: Wie kann ich, wie muß ich das System verbessern, daß es seine vorgesehenen Aufgaben effizienter erfüllt? Partizipation erfolgt so allenfalls nach dem ‚kooperativen' Modell. Die Ziele stehen fest, auch die Strukturen sollen nicht prinzipiell geändert werden, es geht nur darum, den ‚organisatorischen Wasserkopf' mit mehr informationellen Kapillaren zu versehen, da sonst zu viel spezifische Information verlorengeht . . . Die Reagibilität soll erhöht werden"[8].

Für Bestrebungen, durch Mobilisierung von Gruppen, die durch öffentliche Mißstände betroffen sind, Lernprozesse in Richtung auf schließliche Einsicht in die Grundwidersprüche der kapitalistischen Gesellschaft zu initiieren, bildet diese sozialtechnische Indienstnahme partizipatorischer Aktivitäten, auch von Bürgerinitiativen, ein beträchtliches Dilemma.

Denn soll sich diese Mobilisierung nicht auf allgemein antikapitalistische Agitation beschränken (deren Wirksamkeit bekanntlich sehr begrenzt ist), ist sie festgemacht an konkreten Mißständen mit dem konkreten Ziel ihrer Beseitigung oder Abmilderung (wobei die zu überwindenden Schwierigkeiten oder das Scheitern der Anstrengungen eben zu den exemplarischen Einsichten in Strukturzusammenhänge der kapitalistischen Gesellschaft verhelfen soll), so ist der direkte oder mittelbare Adressat dieser Aktivitäten so gut wie immer eine öffentliche Instanz[9]. Der Staat oder die öffentliche Einrichtung, an die sich die Bürgerinitiative zuständigkeitshalber richtet, wird nicht allein als Agentur kapitalistischer Interessen angegriffen, sondern ihr wird eine konkrete Leistung abverlangt. Diese strukturelle Eigenart von Bürgerinitiativen, an konkreten Problemen und Zielen festgemacht zu sein und in der Regel öffentliche Instanzen zum Adressaten zu haben, entsprechen die Erfolgsbilanzen: Die Stadtverordneten stellen Mittel, z. T. erhebliche Summen, bereit, Häuser und Räume werden überlassen, Spielplätze eingerichtet[10].

Solche Erfolge können nur erreicht werden, wenn die verbale Radikalität und die „begrenzte Regelverletzung" der Kampagnen nicht über eine gewisse *bargaining*-Ebene hinaustreiben, jenseits derer keine erfolgversprechenden Verhandlungen mehr möglich sind. Diese strukturelle Konstellation gilt auch für Mieterkampagnen, die ein privatkapitalistisches Wohnungsbauunternehmen zum Adressaten haben. Es falle auf, so heißt es im *Kursbuch 31*, daß bei allen wichtigen Auseinandersetzungen „die Verhandlungsebene gewahrt bleibt. Ein so geplanter Mieterkampf wird die politische Struktur dieser Gesellschaft nicht erschüttern, sondern korrigieren. Mit der ‚Selbstorganisation' werden die Mieter zugleich zum Verhandlungspartner . . ."[11].

Aus dieser strukturellen Notwendigkeit einer *bargaining*-Ebene zwischen Mobilisierungskampagnen, die an konkret faßbaren Erfolgen interessiert sind, und den

Adressaten, zumeist bürokratische öffentliche Instanzen, resultiert deren Fähigkeit, auch radikale Betroffenenaktionen in den Dienst ihrer sozialtechnischen Strategien zu stellen. Der Staat, seine bürokratischen Instanzen, administrieren die Konfliktzonen, an ihnen führt, werden Problemlösungen angestrebt, kein Weg vorbei.

„Alle Gruppen (= Bürgerinitiativen im Märkischen Viertel, W. E.) haben gesellschaftskritische Ansätze in ihre Satzungen und Programme aufgenommen, leiden aber unter dem Widerspruch ihrer wachsenden Erkenntnisfähigkeit in Herrschaftsstrukturen und der Tatsache, daß genau diese von ihnen angegriffene ‚Macht', konkret verkörpert durch Senat, nachgeordnete Verwaltung und Wohnungsbaugesellschaften, diejenige ist, die ihnen Geld, Räume und oft auch Personal zur Verwirklichung ihrer Bedürfnisse geben soll"[12]. Selbst wenn es im konkreten Verlauf einer Mobilisierungskampagne bei den Beteiligten zu den intendierten antikapitalistischen Lernprozessen gekommen ist, so kann doch jede mit Hilfe einer sozialreformerisch, möglicherweise selbst reformistisch-antikapitalistisch eingestellten Sozialbürokratie erreichte Problemlösung ebensosehr zu deren Legitimation beitragen.

Aus dieser Konstellation: daß durch Verhandlungen mit dem Staat in Form seiner kommunalen Repräsentanz die Illusion vertieft werde, „der Staat sei in der Lage, als vermittelnde Instanz zwischen Kapital und Arbeit aufzutreten, und darüber hinaus die Lohnabhängigen vor der chaotischen Willkür des Kapitals zu schützen", zieht Helga Faßbinder die Konsequenz, daß es darauf ankomme, den Zusammenhang zwischen den Abwehrkämpfen im Reproduktionsbereich und dem Kampf im Produktionsbereich herzustellen, mit anderen Worten, Mobilisierungsaktionen in manifesten Klassenkampf überzuleiten. „Diese Aktionen gewinnen Bedeutung im Klassenkampf dann, wenn sie Einsicht in den Gesamtzusammenhang des Ausbeutungsverhältnisses dadurch vermitteln, daß sie Kosten für Miete, Verkehr, Kinderaufzucht, Erholung etc. als Reproduktionskosten der Arbeitskraft kenntlich machen und den Bezug zum Verkauf der Ware Arbeitskraft zu ihrem Wert aufzeigen. Das heißt, daß Forderungen im außerbetrieblichen Bereich nur dann nicht der Sozialstaatillusion verfallen, wenn sie die Verschlechterung der Lebensbedingungen, an der sie ansetzen, zurückführen auf das Verhältnis bezahlter und nicht bezahlter Arbeit. Damit werden die im Reproduktionsbereich erfahrenen Widersprüche auf den Klassenantagonismus zurückgeführt, wird die Rolle des Staates denunziert als Agentur zur Aufrechterhaltung des Systems der Mehrwertabpressung.

Dies besagt jedoch, daß dieser Kampf nicht von irgend welchen Bürgerinitiativen geführt werden kann, sondern in Verbindung gebracht werden muß mit dem ökonomischen Kampf der Arbeiterklasse, d. h. dem gewerkschaftlichen Kampf, der gleichzeitig innergewerkschaftlicher Kampf der Gewerkschaftsopposition sein muß. Dadurch daß diese Abwehrkräfte gegen die Verschlechterung der Lebensbedingungen im Reproduktionsbereich in den Kampf der Arbeiterklasse – als Ergänzung des betrieblichen Kampfes – einbezogen werden, kann die Einsicht in die Notwendigkeit des umfassenden Kampfes gegen die kapitalistische Ausbeutung mehr und mehr hergestellt werden."[13]

Dieses Postulat einer Reorganisation des politisch orientierten Klassenkampfes, der sich nicht nur gegen das Kapital, sondern auch gegen den Staat und seine Institutionen als „Agentur zur Aufrechterhaltung des Systems der Mehrwertabpressung" richtet, ist freilich mit dem Problem konfrontiert, ob auch unter den Bedingungen des staatsinterventionistischen Kapitalismus dem Grundwiderspruch zwischen Lohnarbeit und Kapital eine hinreichend starke Motivation des Proletariats entspringt, massenhaft einer dezidiert antikapitalistischen Strategie des Klassenkampfes zu folgen. Das Verhältnis zwischen Kapital und Arbeiterklasse ist, was die Höhe des Arbeitslohnes und die Regelung der Arbeitsbedingungen betrifft – von *Marx* auf den Begriff des „Kampfes um die Schranken des Arbeitstags" gebracht[14] – prinzipiell antinomisch; der dieser strukturellen Antinomie entspringende Klassenkampf kann zwar reformistisch administriert oder faschistisch unterdrückt, aber nicht völlig stillgelegt werden. Dies heißt jedoch nicht, daß der in der Struktur des Kapitalverhältnisses angelegte Klassenkampf mit Notwendigkeit dazu treibt, daß die Arbeiterklasse massenhaft sozialistische Strategien akzeptierte.[15]

Hierzu sind offenbar zusätzliche Voraussetzungen erforderlich: Faktoren, die dem Regime Massenloyalität entziehen; eine Tradition sozialistischer Organisationen, die beim Proletariat Vertrauen finden. Voluntaristisch lassen sich diese Voraussetzungen nicht „herstellen". Die von *Faßbinder* vorgeschlagene Strategie scheint von solchen voluntaristischen Vorstellungen auszugehen und überdies die Lernprozesse, die von Mobilisierungskampagnen eingeleitet werden können, intellektualistisch auf die Ebene von politökonomischen Schulungsprozessen bringen zu wollen („Einsichten in den Gesamtzusammenhang des Ausbeutungsverhältnisses . . . zu vermitteln"; damit zusammenhängende Probleme „aufzuzeigen"). Es gibt empirische Hinweise darauf, daß eine solche Strategie von den Lohnabhängigen in der Regel kognitiv und emotionell nicht verkraftet werden kann und deshalb auf Ablehnung stößt.[16]

Empirische Untersuchungen über die Perzeption gesellschaftlicher Probleme durch Arbeiter bestätigen immer wieder ihr dichotomisches Gesellschaftsbild („die da oben – wir hier unten") sowie die Tendenz, „die Restriktionen der Arbeitssituation zu verdrängen und Identifikationsbereiche außerhalb der Arbeit zu suchen" *(Kern / Schumann).*[17] Obwohl nicht davon gesprochen werden kann, die Arbeiterklasse sei in das kapitalistische System integriert, stößt doch der Versuch, diese Tendenz zur Selbstidentifikation außerhalb des Arbeitsbereiches zu politisieren, auf beträchtliche Schwierigkeiten. „Sprachbarrieren", eine konventionalistische, wenn nicht autoritäre primäre Sozialisation in der Arbeiterfamilie, sekundäre Sozialisation als Reflex der Unterordnung in der Betriebshierarchie, verhindern weitgehend, daß die Arbeiter „ihre eigenen Bedürfnisse im Sinne einer immanenten Kritik an Widersprüchen im System der institutionalisierten Befriedigungsformen des organisierten Kapitalismus vorzubringen oder gar neue Bedürfnispositionen in bestimmter Negation praktisch zu entwickeln" vermögen (Horn).[18] Die mit einer Politisierung verknüpfte kognitive Anforderung, erkannte Disparitäten und Konfliktzonen auf die sie verursachenden Systemzusammenhänge zurückzuführen, trägt zusätzlich zur emotionalen Verunsicherung bei. Sowohl die Frustration im Arbeitsprozeß wie jene, die durch die kognitive Nichtbewältigung politischer Anforderungen entsteht, bewirkt das Bedürfnis, Selbstidentifikation in überschaubren und kontrollierbaren Aktivitäten wie Hobbies, Vereinsleben usw. im privaten Raum zu suchen – Aktivitäten, die überdies zumeist den Mustern bürgerlicher Kultur folgen, was sich die Konsum- und Unterhaltungsindustrie zunutze machen kann. Die emotionale Entlastungsfunktion der Privatsphäre läßt häufig forcierte Politisierungsversuche als Störung der ich-stabilisierenden Selbstidentifikationsanstrengungen erscheinen und erweckt nicht selten Mißtrauen, wenn nicht Aggressionen, gegen die Initiatoren.[19] Dies vor allem dann, wenn Habitus und Einstellung zu den Mustern bürgerlicher Kultur bei den Initiatoren von jenen der Arbeiter, die die Identifikation mit den gängigen kulturellen und ästhetischen Normen generell als entlastend empfinden, stark abweicht. Sind diese Überlegungen stichhaltig, so muß dann, wenn die große ökonomische Krise ausbleibt, die Chance, „die Einsicht in die Notwendigkeit des umfassenden Kampfes gegen die kapitalistische Ausbeutung" „herzustellen" *(Faßbinder)* als gering erachtet werden. Die überwiegende Mehrheit der Arbeiterklasse, so hat es den Anschein, perzipiert ihre Interessenlage immer noch derart, daß sie die traditionellen reformistischen Organisationen als die ihren Interessen angemessenste Vertretung erachtet.

Anders als die strategischen Positionen, die auf unmittelbare Politisierung des Widerspruchs zwischen Lohnarbeit und Kapital mit Hilfe von Mobilisierungskampagnen, die an konkreten Mißständen festgemacht sind, geht jenes Verständnis von der Funktion von Bürgerinitiativen, das sich an der hauptsächlich von *Offe* entwickelten Disparitätentheorie orientiert, davon aus, daß dieser Widerspruch, „obwohl die Dominanz kapitalistischer Verwertungsstrategien die Wurzel aller Erscheinungsformen des gesellschaftlichen Konflikts darstellt", „insofern er nur als Lohnkonflikt ausgetragen wird, eine allenfalls untergeordnete Bedeutung für die Veränderung der Institutionen und Lebensbedingungen, die die Reproduktion der Arbeitskraft regeln und sie den Erfordernissen der kapitalistischen Produktion unterordnen", hat.[20] Die „Erscheinungsform des gesellschaftlichen Grundwiderspruchs" verschiebt sich auf jene „disparitären" Lebensbereiche, die die Kapitalverwertungsinteressen nicht unmittelbar tangieren und deshalb von der staatlichen Politik, die auf Grund von Systemzwängen jenen Interessen Priorität einräumen muß, mehr oder weniger vernachlässigt werden. In diesen disparitären Lebensbereichen der „öffentlichen Armut", die zugleich den Bereich abdecken, in dem Arbeitskraft reproduziert wird, können Bürgerinitiativen ansetzen: „Wir (sc. verstehen) unter ‚Bürgerinitiativen' alle Aktionen, die sich auf eine Verbesserung der *disparitären Bedürfnisbereiche* richten (d. h. also auf die Bereiche, in denen die Arbeitskraft und das Leben nicht durch individuelle Kaufakte, sondern kollektiv reproduziert werden: Wohnung, Verkehr und Personentransport, Erziehung, Gesundheit, Erholung usf.) und die weder bloße Formen *kollektiver Selbsthilfe* sind noch sich darauf beschränken, den offiziösen Instanzenzug des politischen Systems zu mobilisieren; sie bringen vielmehr Formen der Selbstorganisation der unmittelbar Betroffenen hervor, die ebenso wie ihre Aktionsformen im System der politischen Institutionen nicht vorgesehen sind."[21]

Eine systemgefährdende und damit potentiell systemverändernde Dynamik können Bürgerinitiativen dann erhalten, wenn sie eine Legitimationskrise des Systems aufdecken. Die Funktion des altliberalen Staates bestand im wesentlichen darin, das naturwüchsige System des Äquivalenztausches, dem die Fähigkeit einer gerechten Güterverteilung zugeschrieben wurde, zu garantieren. Jetzt, da die Sphäre des Äquivalenztauschs staatsinterventionistisch administriert und damit politisiert worden ist, hat der Staat die politische Verantwortung für die gerechte Verteilung von Gütern und damit von Lebenschancen übernommen. Die dem kapitalistischen Grundwiderspruch entspringende „asymmetrische Verteilung von Chancen legitimer Bedürfnisbefriedigung" *(Habermas)* bedarf der ideologischen Rechtfertigung, deren manipulative Herstellung tendenziell mißlingt. Der „Grundwiderspruch einer gesellschaftlichen Produktion für nicht verallgemeinerungsfähige Interessen" kann nur verschleiert werden bei vorherrschendem „staatsbürgerliche(m) Privatismus, d. h. politische Enthaltsamkeit in Verbindung mit Karriere-, Freizeit- und Konsumorientierung, fördert die Erwartung auf angemessene systemkonforme Entschädigung (in Form von Geld, arbeitsfreier Zeit und Sicherheit)". „Eine Legitimationskrise entsteht, sobald die Ansprüche auf systemkonforme Entschädigung schneller steigen als die disponiblen

Wertmassen, oder wenn Erwartungen entstehen, die mit systemkonformen Entschädigungen nicht befriedigt werden können."[22]

Bürgerinitiativen vermögen nach dieser Auffassung in disparitären Bereichen, wo der Staat legitime Bedürfnisse nicht oder nicht zureichend zu befriedigen vermag, die Legitimitätskrise manifest zu machen. Der oben diskutierten Tendenz zu ihrer Funktionalisierung im Interesse einer sozialreformerischen Bürokratie wirken die Techniken der „begrenzten Regelverletzung" entgegen. Bürgerinitiativen müssen durch Aufklärung und Organisation konsolidiert werden. Was die Seite der Aufklärung betrifft, so ist „in jedem einzelnen Fall" der konkrete „Nachweis" zu führen, „daß das Kapital und die von ihm getragene gesellschaftliche Entwicklungsdynamik den gemeinsamen Nenner aller disparitären Einschränkungen und Belastungen darstellt; daß also entweder die unangetastete politische Macht des Privateigentums von Hausbesitzern, Erdölkonzernen und Verkehrsunternehmen *direkt* die Verhältnisse im Reproduktionsbereich bestimmt; oder daß der Staatsapparat bzw. die Kommunalverwaltung gezwungen ist, die Organisation dieser Lebensbereiche gemäß den Bedürfnissen des Kapitals qualitativ zuzuschneiden und quantitativ zu begrenzen; und daß das immanente Ziel solcher Bürgerinitiativen schließlich auf die Abschaffung der Herrschaft des Kapitals hinausläuft".[23]

Die hier von *Offe* – wie von *Faßbinder* – geforderte gesellschaftstheoretische Aufladung von Bürgerinitiativen scheint auf eine generelle Schwierigkeit dieser Mobilisierungsstrategie hinzuweisen. Die mit dieser Forderung verknüpften kognitiven Leistungen können am ehesten von der sog. neuen Mittelschicht erbracht werden. Daß diese von Bürgerinitiativen am stärksten erfaßt werden kann, gehört in der einschlägigen Literatur zu den am besten belegten empirischen Sachverhalten.[24]

Die Basis der systemkritischen Linken, die sich überwiegend aus dieser Schicht rekrutiert, mag sich unter dem Einfluß von Bürgerinitiativen und der Auseinandersetzungen an den Universitäten verbreitern. Doch es ist eine offene Frage, wie weitgehend eine an radikalen sozialistischen Vorstellungen orientierte Systematik von dieser Mittelschicht übernommen werden kann. Zwei Motivationslagen, die die Legitimationsbasis des Systems tangieren, werden in der Diskussion um das systemverändernde Potential von Mobilisierungsstrategien zu wenig berücksichtigt:

1. Jeder Warenkonsum trägt zum Funktionieren der kapitalistischen Produktionsverhältnisse bei. Geld ist nicht nur eine Inkarnation von Wert, sondern auch der Herrschaftsverhältnisse, unter denen er erzeugt wird. Je affirmativer, unkritisch-lustvoller der Warenkonsum geschieht, desto systemaffirmativer ist er; auf das politische System, das ihn zu gewährleisten vermag, fällt ein Reflex politischer Legitimation. „Die Privatisierung des Bewußtseins im Konsum durch Gratifikationen wirkt selbst wieder soziofunktional. Denn Massenwerbung zum Beispiel ist nicht nur implizit politisch; der Motivanalytiker Ernest Dichter versteht sie als explizit politisch: Wer sich dem Strom des Konsumierens überläßt, ist politisch linientreu und als gesund zu betrachten." (Horn)[25] Diesem Legitimationssystem ist, da mit dem Lustprinzip verwoben, kaum zu entkommen. Der Revolutionär, der sich im *style boutique* kleidet, hat seinen Beitrag zur Systemstabilisierung geleistet.
2. In diesem Verbund von „Konsumwelt" und Privatheit, die in dem Zitat von *Horn* angedeutet ist, wird, da hier individuelle Bedürfnisse und funktionale Systemanforderungen konvergieren, zusätzliches Legitimationspotential sichtbar. Die Funktion der „Privatsphäre", von den Frustrationen der Arbeitswelt zu entlasten, wurde oben im Zusammenhang mit dem Arbeiterbewußtsein diskutiert. Diese

Funktion hat der private Raum überall, wo menschliche Lebenspraxis vom Auseinanderfallen in abstrakte entfremdete Arbeit und Reproduktion von Arbeitskraft – wozu auch psychische Entlastung gehört – geprägt ist. Diese Entlastung durch Privatheit, die Frustrationen und damit zugleich politisch umsetzbares Krisenpotential abführt, die Weisen, worin dieser Prozeß vonstatten geht – „Freizeit" im weitesten Sinn (die ihre Industrie und ihren Konsum hat), das Vereinsleben, der aktive und passive Massensport, werden vom Staat besonders gefördert und geschützt.

Diese Konstellation gewinnt unter dem Gesichtspunkt der Systemkonkurrenz Bedeutung. Der Raum des Privaten als Ressource von Systemlegitimation wird in den kapitalistischen Systemen weniger tangiert als in den gegenwärtigen sozialistischen, die auf manipulative Formen öffentlicher politischer Herstellung von Legitimität zurückgreifen. Dies ist ein weitgehend bekannter, weil propagandistisch hervorgehobener Sachverhalt, der im Proletariat und in der neuen Mittelschicht auch dort, wo prinzipiell antikapitalistische Einstellung vorherrscht, angesichts von spezifischen Problemlagen in gegenwärtigen sozialistischen Übergangsgesellschaften, vor manifesten sozialistischen Aktivitäten zurückschrecken läßt. Eine Einschränkung, die in linken *peer groups,* die sich in ihrer Lebenspraxis des Privilegs einer Konvergenz von öffentlich-politischer und privater Aktivität erfreuen, häufig übersehen wird.

Diese Überlegungen sind nicht darauf gerichtet, die These, daß in den gegenwärtigen kapitalistischen Gesellschaftssystemen eine *Tendenz* zu einer von Motivationskrisen ausgelösten Legitimationskrise angenommen werden könnte, zu bestreiten.[26] Es sollte allein auf ein mögliches Legitimationspotential des bestehenden Systems aufmerksam gemacht werden, das in der Diskussion, wie es scheint, zu wenig bedacht wird. Was die Frage der Bürgerinitiativen und der damit zusammenhängenden Motivationsstrategien betrifft, so sollte die Art von Luxemburgismus macnher Positionen problematisiert werden, die annehmen, mit Hilfe von Mobilisierungskampagnen könne ein kontinuierlicher und kumulativer Lernprozeß vorangetrieben werden, an dessen Ende die massenhafte Einsicht in die Notwendigkeit der sozialen Revolution stehe. Dem steht die schichtenspezifische Struktur der Klientel von Bürgerinitiativen und einschlägiger Kampagnen sowie ihr Stellenwert innerhalb der oben skizzierten „Dialektik von Integration und Subversion" entgegen. Das Feld wirksamer Praxis hat *Naschold* plausibel umschrieben: „Da . . . sektorale Strukturreformen auf Grund der politischen Schwäche der sie vorantreibenden gesellschaftlichen Gruppen nicht gegen den geschlossenen Widerstand der politisch-administrativen Elite durchzusetzen sind, umgekehrt jedoch auch die von dem progressiven Teil der politisch-administrativen Elite angestrebte ‚Strategie der inneren Reformen' über technokratische Steuerungsplanungen kaum zu realisieren ist, können sich in den kritischen Engpässen der gesellschaftlichen Reproduktion unter Ausnutzung des progressiven Elements staatlicher Planung Bündnisbereiche ergeben, die auf einer partiellen Parallelität der Aktionsziele bei weiterbestehenden materiellen Interessendifferenz hinsichtlich spezifischer sektoraler Strukturreformen basieren." Ein derartiger Handlungsspielraum soll so ausgebaut werden, „daß durch die konfliktreiche Politisierung der betroffenen Problembereiche echte strategische Zielplanungen ermöglicht und über diese sektorale Strukturreformen als ein strategisches Zwischenziel vorangetrieben werden können".[27]

Anmerkungen

1 *Claus Offe:* Demokratische Legitimation der Planung. In: Ders.: Strukturprobleme des kapitalistischen Staates. Frankfurt/M. 1973, S. 143.

2 *Frieder Naschold:* Demokratie und Komplexität. In: Politische Vierteljahresschrift, IX (1868), S. 505. Zur Kritik des „reduzierten Demokratiebegriffs" im Sinne der traditionellen normativen Demokratietheorie vgl. Peter Bachrach: Die Theorie demokratischer Elitenherrschaft. Frankfurt/M. 1970.

3 *Fritz Scharpf:* Demokratie als Partizipation. In: *Martin Greiffenhagen* (Hg): Demokratisierung in Staat und Gesellschaft. München 1973, S. 118. Hinsichtlich der Realisierungschancen partizipatorischer Demokratie ist Scharpf freilich skeptisch.

4 Vgl. *Bachrach* (vgl. Anm. 2), S. 111 ff; *Friedrich Minssen:* Die Arbeitsgemeinschaft für Bürgerinitiative. In: Offene Welt. Partizipation. Aspekte politischer Kultur. Opladen 1970, S. 168 ff, sowie das Vorwort von Ulrich von Pufendorf zu diesem Band, S. 7; zum Problem generell Frieder Naschold: Organisation und Demokratie. Stuttgart 1969.

5 *Peter Dienel:* Techniken bürgerschaftlicher Beteiligung an Planungsprozessen. In: Partizipation (vgl. Anm. 4), S. 155; *Ders.:* Partizipation an Planungsprozessen. In: *Greiffenhagen* (Hg.): Demokratisierung (vgl. Anm. 3), S. 307 ff.

6 *Claus Offe:* Demokratische Legitimation der Planung (vgl. Anm. 1), S. 127. Der Begriff des „Frühwarnsystems" hat Schule gemacht. *Peter Dienel:* Techniken . . . (vgl. Anm. 5), S. 144.

7 In einem Aufsatz der *Roten Hilfe West-Berlin* über „Staatsgewalt, Reformismus und die Politik der Linken" im *Kursbuch 31* ist von Papieren die Rede, die in der Berliner Senatsverwaltung für Familie, Jugend und Sport angefertigt worden sind und in denen die staatlichen Finanzierung von Selbsthilfeorganisationen „unter weitestgehendem Verzicht auf inhaltliche Kontrolle der Aktivitäten" vorgeschlagen wird. Nach Ansicht der Verf. kommt darin eine Strategie des Reformismus zum Ausdruck „im Kampf um die Aufstockung der Haushalte für die Sozialbürokratie" (S. 79, 123).

8 *Wolf-Dieter Narr / Frieder Naschold:* Theorie der Demokratie. Stuttgart 1971, S. 159. – *Naschold / Väth* sprechen in ihrer Einleitung zu *Frieder Naschold / Werner Väth* (Hg): Politische Planungssysteme. Opladen 1973, von der *„politischen Partizipation"* als *„neue(r) Produktionskraft in der gegenwärtigen Gesellschaftsformation"* (S. 79).

9 Auch Kampagnen gegen umweltverschmutzende Unternehmen richten sich letztlich gegen den Staat mit dem Ziel, Auflagen zu machen, Gesetze zu erlassen usw.

10 Vgl. den Erfolg der Frankfurter Bürgerinitiative „‚Verändert die Schule – jetzt!", den *Michael Hartlaub* berichtet: „Schon am nächsten Tag bewilligten die Stadtverordneten eine Million DM für die Aktion ‚Kleine Klasse Klasse' und die Einstellung von 250 Lehrkräften mit einer Stundenhonorierung von 15 bis 20 DM." In: *Heinz Grossmann* (Hg): Bürgerinitiativen. Schritte zur Veränderung? , Frankfurt/M. 1971, S. 26. Über weitere Erfolge vgl. ebenda, S. 90, 100, 104.

11 A. a. O., S. 73.

12 *Pit Möller:* Bürgerinitiative am Beispiel des Märkischen Viertels. In: Grossmann (Hg) (vgl. Anm. 10), S. 96.

13 *Helga Faßbinder:* Bürgerinitiativen und Planungsbeteiligung im Kontext kapitalistischer Regionalpolitik. In: *Kursbuch 27,* S. 80 ff.

14 Vgl. KAPITAL I (ed. Dietz Verlag Berlin 1960), S. 242 f.

15 In der Geschichte der Arbeiterbewegung hat es immer Strömungen gegeben, die über reformistische Forderungen nicht hinauskamen. Selbst in prinzipiell antisozialistischen Gewerkschaften wie denen der USA können Lohnkämpfe mit höchst aggressiven Praktiken geführt werden. Vgl. *Peter Lösche:* Industriegewerkschaften im organisierten Kapitalismus. Der CIO in der Roosevelt-Ära. Opladen 1974.

16 Diese Strategiekonzeption wird auch in dem Artikel der *Roten Hilfe West-Berlin* vorgeschlagen. Vgl. Kursbuch 31, S. 81, 84, 86, 124.

17 *Horst Kern / Michael Schumann:* Zum politischen Verhaltenspotential der Arbeiterklasse. In: *Klaus Meschkat / Oskar Negt:* Gesellschaftsstrukturen. Frankfurt/M. 1973, S. 133. Kern und Schumann weisen auf den statischen Charakter ihrer einschlägigen Untersuchungen hin und sehen Korrekturmöglichkeiten durch Aufhebung der Rollentrennung zwischen Forscher und Forschungsobjekt in der gemeinsam getragenen Aktion (a. a. O., S. 135). Da-

mit sind sie mit der hier skizzierten Problematik konfrontiert. – Vgl. auch *Frank Deppe:* Das Bewußtsein der Arbeiter – Studien zur politischen Soziologie des Arbeiterbewußtseins. Köln 1971. Zur Situation des Arbeiters im Betrieb vgl. *Konrad Thomas:* Arbeiter im Betrieb, Hannover 1969.

18 Klaus Horn: Zur Überwindung politischer Apathie. In: *Greiffenhagen* (Hg): Demokratisierung (vgl. Anm. 3), S. 213.

19 *Helga Faßbinder* berichtet von einem weitgehenden Fehlschlag eines „ungeheuren Einsatzes" von Wohn-Infos, Agitationsbesuchen in Wohnungen und Kneipen, Demonstrationen usw. Bericht über ihre Diplomarbeit in *Hermann Gaffga:* Demokratisierung der Stadtplanung: Emanzipation oder Manipulation? Polit-ökonomische Aspekte zur Demokratisierung kapitalistischer Infrastrukturplanung. Fallstudie Göttingen. Studienarbeit an der TU Braunschweig, Lehrstuhl für Städtebau, Wohnungswesen und Landesplanung, SS 1971, S. 95.

20 *Pit Möller* in *Grossmann* (Hg): Bürgerinitiativen (vgl. Anm. 10) sowie das Nachwort von *Grossmann:* „Im Umkreis der Universität und der progressiven Massenmedien vergißt man heute leicht, wie weit die Erkenntnisse und die in gewissem Umfang von Erkenntnissen geleitete Lebenspraxis einer jüngeren städtischen Minderheit von den Einstellung und Lebensweisen einer erdrückenden Bevölkerungsmehrheit entfernt sind. In dieser Fremdheit stecken Potentiale faschistischer Aggressivität . . ." (S. 169) – Bei *Roland Eckert,* Politische Partizipation und Bürgerinitiative. In: Partizipation. vgl. Anm. 4) findet sich eine aufschlußreiche Analyse des Stellenwerts von Politik bei der Motivation individuellen Handelns (S. 34 f).

21 *Claus Offe:* Bürgerinitiativen und Reproduktion der Arbeitskraft im Spätkapitalismus. In: *Grossmann* (Hg) (vgl. Anm. 10), S. 157 f – Zur Disparitätentheorie vgl. *Claus Offe:* Politische Herrschaft und Klassenstrukturen. In: *Gisela Kress / Dieter Senghaas* (Hg): Politikwissenschaft. Frankfurt/M. 1969, S. 185.

22 Offe, Bürgerinitiativen (vgl. Anm. 21), S. 159.

23 Diese Skizze referiert die von Jürgen Habermas in „Legitimationsprobleme im Spätkapitalismus" (Frankfurt/M. 1973 und Claus Offe in „Strukturprobleme des kapitalitischen Staates" (Frankfurt/M. 1973) vertretenen Positionen. Diese Zitate bei Habermas, S. 55, 98, 104.

24 Vgl. insbes. *H. E. Bahr* in *Ders.* (Hg): Politisierung des Alltags. Gesellschaftliche Bindungen des Friedens. Neuwied 1972, S. 28 ff, sowie *Dienel* in *Greiffenhagen* (Hg) (vgl. Anm. 3), S. 311, 315 f, und *Grossmann* in *Ders.* (Hg) (vgl. Anm. 10), S. 100. Über die Klientel einer Göttinger Bürgerinitiative vgl. *Gaffga* (vgl. Anm. 19), S. 65 f.

25 *Horn* in *Greiffenhagen* (Hg) (vgl. Anm. 3), S. 217.

26 Vgl. Anm. 23.

27 *Naschold* in *Naschold / Väth* (Hg) (vgl. Anm. 8), S. 96.

Thesen zur Rolle und Funktion von Bürgerinitiativen im Spätkapitalismus

Von Udo Bermbach

Parallel*, teilweise auch im Gefolge der antiautoritären Studentenbewegung haben sich vor allem seit dem Ende der sechziger Jahre immer häufiger Bürgerinitiativen (BI) organisiert, die primär im kommunalen und regionalen Bereich bestehende bzw. im Entstehen begriffene 'Mißstände' attackierten, vielfach mit dem der Studentenrevolte entlehnten Instrumentarium von Demonstrationen, Go-ins, Sit-ins, Besetzungen usw. Dem zunächst phänomenlogisch ähnlichen Erscheinungsbild von Studentenrevolte und BI ist häufig von zeitgenössischen Beobachtern und Kritikern dieselbe Beurteilung widerfahren; das verwundert freilich wenig, denn Artikulationen politischer Absichten und Forderungen, die dem institutionell vorgegebenen Willensbildungs- und Entscheidungsprozeß sich nicht widerspruchslos einpassen lassen, galten und gelten hierzulande allzu rasch als radikal, systemüberwindend oder wie dergleichen Formeln für theoretisch Unbegriffenes sonst noch lauten mögen. Gegenüber einer Erscheinung, die den ständig beschworenen ‚mündigen Bürger' auf bisher ungewohnte Weise ernstzunehmen schien, dabei gelegentlich beträchtliche Mobilisierungserfolge aufweisen konnte und so unerwarteten Druck auf politische, gesellschaftliche, auch private Institutionen auszuüben vermochte, bestehen solche Vorurteile nach wie vor. Hin und wieder zu verzeichnende, feundlichere Äußerungen von Politikern wie Administratoren können kaum über das unverholen weiterexistierende Mißtrauen und Unbehagen hinwegtäuschen, das zuständige Verwaltungsbehörden wie politische Entscheidungsgramien immer dann befällt, wenn der gleichsam ‚extrakonstitutionelle' Einflußversuch von BI auf sie zukommt.

Vielleicht hängen solche Vorbehalte und Antipathien auch mit dem offensichtlichen Mangel empirischer Untersuchungen über BI zusammen, der generalisierende Aussagen und eine systematische Analyse so außerordentlich erschwert und dazu zwingt, unterschiedliche, ihrer Qualität wie ihrem politischen Selbstverständnis nach heterogene Bürgeraktivitäten mit dem Begriff der BI zu belgen. Wenn im folgenden dennoch der Versuch unternommen wird, einige Thesen über BI zu formulieren, so steht dieser Versuch unter einem doppelten Vorbehalt: zum einen kommt diesen Thesen infolge der mangelhaften empirischen Materiallage eher der Charakter von ‚Tendenzaussagen' zu, zum anderen wird mit ihnen nicht beabsichtigt, in irgendeiner Weise systematisch erschöpfend den Gegenstand im System spätkapitalistischer Gesellschaften lokalisiert zu haben. Gefragt werden soll vielmehr, inwieweit BI organisatorischer Ansatz zur Demokratisierung von gesellschaftlichen Teilbereichen sind, inwieweit sie als Instrumente systemtranszendierender Reformen fungieren können.

* Die folgenden Thesen und Überlegungen sind als Diskussionsvorlage für den Hamburger Kongreß 1973 der DVPW formuliert worden. Sie werden in einer erweiterten und ausgearbeiteten Fassung demnächst erscheinen in der Österreichischen Zeitschrift für Politikwissenschaft.

I.

BI, verstanden als „eine bürgerliche Form sachlich, zeitlich und sozial begrenzter kollektiver Selbstorganisation zur unmittelbaren, öffentlichen Durchsetzung von Partizipation an Entscheidungsprozessen" (Z'Parl, S. 286), entstehen im allgemeinen aufgrund konkret erfahrbarer Mangelsituationen im Reproduktionsbereich.

Eine solche, empirisch fundierbare Feststellung deutet auf einen wichtigen Sachverhalt: zu beobachten ist nämlich, daß vorwiegend jene Bürger auf Leistungsausfall bzw. nicht eingelöste Leistungserwartungen im spätkapitalistischen System reagieren, die unmittelbarer, materieller Existenzsorgen enthoben zu sein scheinen, dementsprechend die mangelhafte Versorgung mit kollektiven Gütern (wie etwa: Verkehr, soziale Dienstleistungen, Bildung usw.) als Verletzung wohlerworbener ‚Bürgerrechte' betrachten und durch spontane Solidarisierung dem bestehenden oder festgestellten Mangel abzuhelfen trachten. Eine solche Reaktion setzt freilich ein Mindestmaß von politischem Bewußtsein voraus, ohne welches die Bereitschaft zur politischen Selbstaktivierung und Organisierung wohl kaum vorhanden wäre. Wie immer solches Bewußtsein politisch ausgerichtet sein mag, in den vorgegebenen und existierenden politischen Organisationen, in Parteien, Verbänden und Gewerkschaften findet es offensichtlich keine ausreichende Durchsetzungschance, so daß es sich eine eigene, zwangsläufig politisch heterogene organisatorische Plattform zu schaffen sucht. Daraus ließe sich folgern, in BI organisiere sich überwiegend jenes mittelständische Bürgertum, das – aus welchen Gründen auch immer – in Verkennung seiner ‚Klassensituation' den altüberkommenen ‚Anti-Parteienaffekt' bewahrt hat, um ihn nunmehr organisatorisch gegen die bestehenden Institutionen der parlamentarischen Demokratie zu wenden.

Eine solche These scheint zunächst mit der Tatsache, daß eine Vielzahl von BI Kontakte und Verbindungen zu politischen Parteien und gesellschaftlichen Verbänden pflegen, zu kollidieren. Indessen läßt sich beobachten, daß punktueller Gründungsanlaß wie auch durchgängig heterogene Interessenstruktur von BI deren langfristige und vor allem dauerhafte Ankopplung an parteipolitische Programmatik ausschließen. Es gehört geradezu zum konstituierenden Moment von BI, bestehende gesellschaftliche und politische Konflikte als partikular zu erfahren, dementsprechend darauf zu hoffen, durch massiven öffentlichen Einsatz gegen und mit den betroffenen Institutionen eine Konfliktlösung im Sinne der BI zu erreichen. Insoweit dies zutrifft, kommt BI in aller Regel auch eine hohe systemindikatorische Funktion zu: sie stellen organisatorische Reaktionen auf Leistungsdefizite dar, deren – zumindest temporäre – Beseitigung auch im Interesse der herrschenden gesellschaftlichen Kräfte liegt, die allerdings um so deutlicher werden, je weniger BI von vornherein auf uneingeschränkten Kooperationskurs gehen.

II.

Insoweit BI vorhandene Leistungsdefizite benennen und deren Abschaffung verlangen, sind sie zwangsläufig auf die Realisierung kurzfristiger Ziele verwiesen. In diesem, der Reproduktionssphäre eigentümlichen Sachverhalt liegt zugleich eine ihrer entscheidenden Leistungschancen.

Unterstellt, daß entwickelte kapitalistische Gesellschaften unter anderem durch

„kontradiktorische Steuerungsimperative“ (Habermas) beherrscht und bestimmt werden, die sich sowohl in Institutionen wie auch auf unterschiedlichen Handlungsebenen des Gesamtsystems manifestieren, so ermöglicht der Durchsetzungsversuch kurzfristiger, nicht unmittelbar parteipolitisch gebundener Interessen das zumindest teilweise Aufbrechen solcher Widersprüche. Denn Konflikte, die konkret erfahrbar sind, demzufolge hohe Betroffenheit erzeugen können und so eine hohe Mobilisierungschance haben, versetzen die institutionalisierten Handlungsträger in Reaktionszwang. Solche Reaktionen auf spontanen, nur locker organisierten Angriff können indessen kaum lückenlos koordiniert werden; sie sind zudem vom jeweiligen institutionellen Eigeninteresse mitbestimmt, so daß sich an ihnen demonstrieren läßt, wie breit der Grundkonsens von Institutionen und Handlungsträgern ist, wo solcher Konsens seine Grenzen findet und sich infolgedessen Partikularinteressen jeweils gegeneinander ausspielen lassen.

Mit solcher Taktik läßt sich zwar zunächst die ursprüngliche Zielsetzung einer BI noch nicht umstandslos einlösen. Zerstört wird aber der Schein rationalen Handelns öffentlicher Institutionen, infragegestellt ihr Plan- und Entscheidungsvorsprung, gegen den anzugehen ein wichtiges Ziel von BI sein muß. Indem BI an einem punktuellen Eigeninteresse unbeirrt festhalten, damit zugleich die Voraussetzungen zum spontanen Massenengagement schaffen, eröffnet sich ihnen die Chance, im öffentlichen Akt jene „kontradiktorischen Steuerungsimperative“ anschaulich zu machen, was selber bereits ein Stück systemtranszendierender Reform sein kann.

III.

Dieser zweifellos aufklärerische Impuls, mit dem das bürgerliche Postulat einer emanzipierten Öffentlichkeit ernstgenommen werden könnte, impliziert zugleich die Schwierigkeit seiner langfristigen politisch-strategischen Vermittlung. Die Binnenlogik von BI, ihr Charakter als *single-purpose-movements* zwingt sie, jene Konflikte anzugehen, die bei gutem Willen aller Beteiligten als lösbar erscheinen. Ihre systemindikatorische Funktion, gesellschaftliche Leistungsdefizite anzuzeigen, gewinnt damit eine neue Dimension: BI helfen mit, die durch Leistungsdefizite entstehenden spezifischen Legitimationsschwächen spätkapitalistischer Systeme zu kompensieren.

Eine solche These geht von der Überlegung aus, daß mit dem Außerkraftsetzen des liberalen Marktmodells, damit einhergehend der immer stärkeren Interventionstätigkeit staatlicher Administration, die „bürgerliche Basisideologie des gerechten Tausches“ (Habermas) zusammengebrochen ist. Angesichts disparitär entwickelter Lebensbereiche (Offe) läßt sich deshalb funktionale Äquivalenz als legitimatorisches Strukturprinzip bürgerlicher Gesellschaftsorganisation immer weniger realisieren. Bezogen die klassisch-liberalen Verfassungsinstitutionen ihre Legitimation weitgehend aus dem organisatorisch verdinglichten Tauschprinzip der bürgerlichen Ökonomie (abzulesen etwa am liberalen Prinzip der checks-and-balances), so versagt der Rückgriff auf die damit gegebenen traditionalen Legitimationsmuster in dem Maße, wie die realen ökonomischen und politischen Entscheidungsprozesse überkommene Institutionen erfolgreich zu unterlaufen vermögen, An die Stelle prinzipiell gleichberechtigter gesellschaftlicher Gruppen und Individuen tritt der Machtanspruch und die Durchsetzungskraft wirtschaftlicher Monopole und – ihnen vergleichbar – staatlicher Bürokratien, die sich beide erfolgreich demokratischer Kontrolle entziehen können. Parlamente und politische Parteien vermögen unter solchen Bedingungen nur noch begrenzt die notwendige Loyalitätssicherung des gesellschaftlichen Systems zu übernehmen; dort, wo sie ausfallen, wo der ideologisch nach wie vor prätendierte Anspruch des ‚politisch mündigen Bürgers' selbst in seiner durch Parteien mediatisierten Form auf staatliche Intervention trifft, im Zweifelsfalle an ihr scheitert, vermag die lockere, temporär limitierte Selbstorganisation der Betroffenen den Schein der Funktionsfähigkeit des Systems in der Durchsetzungschance des Individuums wiederherzustellen. Damit wird sicherlich noch keine Massenloyalität eingeholt, wohl aber in der scheinbar möglichen Kommunikation ‚sachlich' engagierter Partner, auch im Vorweisen partieller Erfolge die strukturelle, systembedingte Dimension der gesellschaftlichen Konflikte als nicht erfahrbar abgetan.

IV.

Entstehungsgrund, soziale Struktur wie legitimationskompensatorische Funktion von BI weisen darauf hin, daß diese für strukturelle Systemveränderungen, also auch für eine organisatorische Demokratisierung des entwickelten kapitalistischen Systems, wenn überhaupt, dann nur bedingt brauchbar sind. Wohl eher entstammen sie dem organisatorischen Instrumentarium des Honoratiorenliberalismus, können – soweit dies zutrifft – auch als anachronistisches Organisationsmuster gelten, das angesichts sonst fehlender Legitimationskompensate eingesetzt wird, damit zugleich aber auch die Grenzen der Legitimationsleistung des Systems insgesamt bezeichnet.

Diese möglicherweise zunächst als paradox empfundene These findet ihre Erklärung in der widersprüchlichen Struktur des spätkapitalistischen Systems. Wird dieses einerseits durch den klassischen Grundwiderspruch von Arbeit und Kapital strukturiert, so gerät doch andererseits das sich demokratisch legitimierende politische System von Institutionen in immer wiederkehrenden Konflikt mit den Tendenzen und Auswirkungen kapitalistischer Produktionsweise – ein Konflikt, der durch permanenten Staatseingriff nur temporär gelöst werden kann. Dabei konfligieren öffentliche wie partikulare private Interessen nicht nur mit den ‚Bestandsbedingungen des Kapitalismus' (Offe); insoweit diese Konflikte zu disparitärer Entwicklung führen und damit Funktionseinbußen des Gesamtsystems zur Folge haben, produzieren sie gleichzeitig Legitimationsdefizite.

Inzwischen erreichter technologischer Stand wie auch der weit fortgeschrittene Prozeß der Vergesellschaftung von Produktion (bei freilich nach wie vor privater Disposition über die Produktionsergebnisse) lassen Konfliktlösungsmuster möglich erscheinen, die qualitativ den kapitalistischen Organisationsrahmen sprengen. Da indessen an solchen Lösungen seitens der staatlichen Administration wie der privaten Kapitale keinerlei Interesse besteht, im Gegenteil: beide gleichermaßen bestrebt sind, auftretende Konflikte innerhalb des kapitalistischen Bedingungsrahmens zu halten; da gleichzeitig das System der politischen Institutionen zum Zwecke der Selbstlegitimation sich immer noch des traditionellen, bürgerlich-liberalen Normensystems bedient, sind Organisationsmodelle, die – wie die BI – innerhalb dieses Bezugsrahmens zu verbleiben scheinen, insoweit willkommen, als sie den strukturell offensichtlichen Anachronismus in praxi zumindest zeitweilig zu überdecken vermögen.

Die bisher vorliegenden empirischen Untersuchungen zu BI erlauben eine solche These. Lockere Binnenorganisation, oligarchisierte Führungskerne, Mitgliederstruktur

u. a. m. erinnern stark an vormärzliche Organisationsmodelle des Honoratiorenliberalismus, wobei sich auch die interne wie externe Kommunikation überwiegend an Schemata personalisierter Interaktionsmuster halten.

V.

Entstehungsgrund wie soziale Struktur von BI haben aber auch vielfach zur Folge, daß deren oligarchisierte Führungsgruppen sich langfristig technokratisch orientieren. Entstehen nämlich BI einerseits aufgrund scheinbar ‚technokratischen Fehlverhaltens' staatlicher Administrationen, so geraten sie andererseits durch die Konfrontation mit den Experten privater und staatlicher Provenienz auf eine technokratische Argumentations- und Handlungsebene. Um sich längerfristig vor der Öffentlichkeit, auch vor dem politischen Adressaten ‚sachlich' legitimieren zu können, werden den bestehenden und angegriffenen Plänen und Absichten des Adressaten eigene Alternativen und Planungen entgegengesetzt, die in aller Regel an den Plankriterien der angegriffenen Administration ausgerichtet sind.

Dies hat für BI freilich eine Reihe negativer Folgewirkungen. Zum einen bedroht dieser Prozeß die Bestandschancen der BI, die vom Erfolg ihrer Massenmobilisierung weithin abhängig ist, ohne diesen über längere Zeit hin nicht garantiert werden kann. In dem Maße, wie der Ausgangskonflikt von BI und ihrem Adressaten auf eine technokratische Diskussionsebene abwandert, entsteht die Schwierigkeit, Mitgliedern und Sympathisanten den damit notwendigerweise verbundenen Abstraktionsprozeß zu vermitteln. Zum anderen werden konkrete Erfolge der BI nur insoweit zugelassen, als die Administration – und sei 's unter dem Druck extrakonstitutioneller Aktionen – hierzu bereit ist. Das hängt nicht zuletzt damit zusammen, daß sie über die größeren personellen, materiellen und zeitlichen Ressourcen verfügt, diese beliebig einzusetzen vermag, und darüber hinaus die umfassenderen Kompetenzansprüche der übergeordneten Entscheidungsebenen (Kreis-, Landes- und Bundesebene) gegen Mobilisierungsstrategien von BI ins Feld führen kann. Mit Hilfe des sich daraus ergebenden Instrumentariums kann die Administration jederzeit entweder durch übergroße Bereitschaft zur Kooperation oder aber durch Kriminalisierung extrakonstitutioneller Aktionen der politischen Stoßkraft von BI die Spitze brechen.

VI.

Ist es vielleicht eine der wichtigsten Funktionen von BI, im möglichen Scheitern ihrer politischen Bemühungen zugleich die strukturellen Grenzen von Reformpolitik erfahrbar zu machen, so bedeutet dies auch, daß politische Durchsetzungschancen langfristig nur dann gegeben sind, wenn – jenseits personalisierter Kommunikation zwischen expertokratischen Führungsgruppen von BI und ihren Adressaten – BI sich den bestehenden politischen Parteien und Verbänden, genauer: der SPD und den Gewerkschaften zumindest partiell ankoppeln.

Die gelegentlich formulierte These, BI sollten sich untereinander zusammenschließen, um auf diese Weise ihre ‚Primitivität' und die aus ihr resultierende Gefährdung durch Organisationsformen zu kompensieren, die eine überregionale, auf mehrere ‚issues' bezogene Identität der BI herstellen und ihnen so Kontinuität verleihen könnten (Offe), verkennt, daß jede längerfristige Stabilisierung der auf spontane Entstehung und lockere Organisation angelegten BI deren systemintegrative Tendenzen zwangsläufig verstärken müßte, sie darüber hinaus verstärkt binnenorganisatorisch jenen Oligarchisierungs- und Verselbständigungstendenzen aussetzen würde, denen politische Parteien und Verbände unterliegen. Die Dialektik von Kooperation und extrakonstitutioneller Konfrontation – die im besten Falle BI eignet und ohnehin nur äußerst schwer herzustellen ist – ginge damit vollends verloren.

Ebensowenig wie eine organisatorische Verselbständigung und Zusammenfassung von BI im überregionalen Bereich erwünscht sein kann, wäre freilich auch hier der vollständige Anschluß an eine politische Partei, hier: der SPD oder an die Gewerkschaften wünschenswert. BI, auf diese Weise zum ‚Parteien- bzw. Gewerkschaftsvorhof' funktionalisiert und in private Karriereplanung einbezogen, gingen so ebenfalls ihrer konstitutiven Merkmale verlustig.

Partielles Ankoppeln an politische Parteien und Verbände meint vielmehr, daß BI von Parteien und Verbänden Programmartikel zur legitimatorischen Absicherung der eigenen Forderungen übernehmen, ohne damit zugleich zu deren Annex zu degenerieren. Indem auf diese Weise politisch-programmatische Postulate der Parteien radikalisiert und am Einzelfall konkretisiert werden, wird der Widerspruch von politischen Absichten und praktischem Handeln in bestehenden Institutionen sichtbar, diese zugleich auch zu teilkooperativem Handeln gezwungen. Letzteres freilich mag als Eingeständnis eigener Versäumnisse interpretiert werden, legitimiert BI also auch zur Mobilisierung ihrer Mitglieder und Sympathisanten. Allerdings: dort, wo Kommunikations- und Kooperationsmöglichkeiten von BI und Partei / Gewerkschaften völlig unterbrochen werden, wo extrakonstitutionelle Mobilisierung und Aktion zum ausschließlich Konstituens der BI geraten, sind auch politische Teilerfolge weitgehend ausgeschlossen, reagieren die bestehenden Institutionen überwiegend und zwangsläufig nur noch repressiv.

VII.

Direkt-demokratisches Organisationsverständnis zielt zwangsläufig über den Reproduktionsbereich hinaus, versucht den Produktionsbereich gemäß den Prinzipien des Abbaus historisch überflüssiger Herrschaft sowie der Selbstbestimmung der von Entscheidung Betroffenen zu strukturieren. Die Frage, inwieweit bestimmte Organisationsformen zur Demokratisierung des spätkapitalistischen Systems tauglich sind, entscheidet sich letztlich an ihrer Fähigkeit, die in der Sphäre der Reproduktion möglicherweise gemachten positiven Erfahrungen wirkungsvoll in den Produktionsbereich zu vermitteln.

Lassen sich direkt-demokratische Organisations- und Verhaltensformen zunächst im Reproduktionsbereich deshalb leichter einrichten, weil die Bestandsbedingungen des kapitalistischen Systems nicht unmittelbar angegriffen und kaum materielle Folgekosten zu befürchten sind, so drängen die hier gemachten Erfahrungen doch auch über sich selber hinaus, affizieren unterschiedliche gesellschaftliche Teilbereiche. Das Prinzip der Selbstbestimmung läßt sich kaum über unbegrenzte Zeit auf administrativ eingeschränkte Handlungsfelder limitieren, die ihm eigene emanzipatorische Sprengkraft entwickelt vielmehr eine gesamtgesellschaftliche Dynamik, die letztlich auch Organisationsfragen des Produktionsbereichs tangiert. Nur wenn die damit gegebenen

Probleme – die hier nicht entfaltet werden können – von BI thematisiert, in ihre eigenen Handlungsstrategien einbezogen werden, können negative Rückwirkungen bei ausbleibendem politischen Erfolg einigermaßen abgefangen werden.

Akzeptiert man diese Überlegung, so liegt die Chance von BI primär darin, soziales und politisches Experimentierfeld zur Einübung neuer, direkt-demokratischer Verhaltens- und Organisationsformen zu sein, solche Erfahrungen in die bestehenden Organisationen des Produktions- wie Reproduktionsbereichs zu vermitteln. Unterbleiben solche Vermittlungsversuche, dürften BI den in Politik, Verwaltung und Wirtschaft entwickelten Vermeidungsstrategien einigermaßen hilflos ausgeliefert sein und politisch folgenlos bleiben.

Literaturhinweise

Hans-Eckehard Bahr (Hrsg.): Politisierung des Alltags – gesellschaftliche Bedingungen des Friedens, Berichte und Analysen (Sammlung Luchterhand), Darmstadt / Neuwied 1972.

Helga Faßbinder: Kapitalistische Stadtplanung und die Illusion demokratischer Bürgerinitiative, in: Probleme des Klassenkampfs, Sonderheft 1, Berlin 1972, S. 71 ff.

Forschungsgruppe an der Freien Universität Berlin: Zur Rolle und Funktion von Bürgerinitiativen in der Bundesrepublik und West-Berlin – Analyse von 61 Bürgerinitiativen, in: Zeitschrift für Parlamentsfragen, Jg. 4 (1973), Heft 2, S. 247 ff.

Heinz Grossmann (Hrsg.): Bürgerinitiativen – Schritte zur Veränderung? (Fischer Taschenbuch), Frankfurt/Main 1971.

Partizipation, Aspekte politischer Kultur (Offene Welt Nr. 101, Wirtschafts- und gesellschaftspolitisches Bildungswerk), Opladen 1970.

Rote Hilfe West-Berlin: Staatsgewalt, Reformismus und die Politik der Linken, in: Kursbuch 31, Berlin 1973, S. 45 ff.

Bürger und Kumpel – Initiativen im Ruhrgebiet

Ergebnisse von drei Befragungen

Von Barbara Borsdorf-Ruhl

Anlaß für eine Untersuchung der Bürgerinitiativen im Ruhrgebiet war die Diskussion einer erweiterten Öffentlichkeitsbeteiligung an der kommunalen und regionalen Entwicklungsplanung, die in einem „Arbeitskreis Öffentlichkeitsbeteiligung" geführt wurde. Dieser Arbeitskreis hatte sich 1972 auf die Initiative von kommunalen Verwaltungsbeamten aus Großstädten des Ruhrgebietes hin, aus Vertretern von Kommunalverwaltungen, privaten Planungsbüros und Wissenschaftlern gebildet und an den Siedlungsverband Ruhrkohlenbezirk (SVR) als regionale Mittelinstanz und kommunalen Zweckverband angelehnt.[1] Die Auseinandersetzung mit aktuellen Problemen der kommunalen Planungspraxis aufgrund der Anforderungen aus dem Sozialplan nach dem Städtebauförderungsgesetz und der Standortprogrammplanung nach den Vorläufigen Richtlinien des Innenministers von Nordrhein-Westfalen aus dem Jahre 1971, hatte die Notwendigkeit einer stärkeren Einbeziehung der Öffentlichkeit bei Planung und Realisierung von kommunalen Maßnahmen deutlich werden lassen.

Dazu war vorab eine Analyse des Umfangs und der Qualität bestehender Bestrebungen von Initiativgruppen, ihre Interessen durchzusetzen, zu erarbeiten. Die Bestandsaufnahme und Beurteilung von Initiativen sollte durch drei Befragungen ermöglicht werden, so daß u. a. auf dieser Grundlage Empfehlungen für die Beteiligung der Öffentlichkeit gegeben werden können.

1. Methode

Alle Kommunalverwaltungen und die dem Arbeitskreis und dem SVR bekannten Initiativgruppen im Ruhrgebiet wurden zur gleichen Zeit – Mitte November 1972 – schriftlich befragt; bis Ende Februar 1973 waren alle Antworten eingegangen.

Für die schriftlichen Befragungen waren drei Fragebögen entwickelt worden: Fragebogen I an die Verwaltungen der Kommunen im Ruhrgebiet sollte Informationen über jede einzelne Initiative im gemeindlichen Hoheitsgebiet bringen; Fragebogen II, der ebenfalls an die Verwaltungen ging, sollte die generelle Einstellung, das Verhalten und die Beurteilung von Initiativgruppen durch die Verwaltungen erfassen; Fragebogen III ging an die bekannten Initiativgruppen im Verbandsgebiet, um Arbeitsweise, Organisation und Beurteilung der Erfolgsmöglichkeiten der Arbeit durch die Vertreter der Initiativen zu erhalten. Diese Form der Befragungen ermöglichte es, durch einen Vergleich der Antworten auf Fragebogen I / II und Fragebogen III, Fremdbild und Selbstbild der Initiativen und eine jeweilige Beurteilung der Beziehungen von Verwaltung und Initiativen zu analysieren.

Die Fragebogen enthielten überwiegend offene, nicht geschlossene Fragen. Fragebogen I enthielt sieben Fragen, Fragebogen II enthielt acht Fragen, Fragebogen III enthielt 36 Fragen (jeweils ohne Unterfragen).

Tabelle: Rücklauf der Fragebögen I und II an die Verwaltungen

	Fragebogen I								Fragebogen II							
Zahl der Verwal-gen	angeschrieben		Rücklauf insgesamt		Fehlanzeige		Antwort		angeschrieben		Rücklauf insgesamt		Fehlanzeige		Antwort	
	abs.	%	abs.	%	abs.	%	abs.	%	abs.	%	abs.	%	abs.	%	abs.	%
kreisfreie Städte	18	100,0	16	88,8	1	5,6	15	83,3	18	100,0	14	77,8	1	5,6	13	72,2
Kreisver-waltungen	9		7		4		3		9		7		5		2	
		100,0		75,7		21,4		54,3		100,0		72,9		22,9		50,0
kreisange-hörige Ge-meinden	61		46		11		35		61		44		11		33	
Gesamt	88	100,0	69	78,4	15	18,2	54	60,2	88	100,0	65	73,9	17	19,3	48	54,6

Fragebogen I: Da die Verwaltungen für jede Bürgerinitiative einen Fragebogen ausfüllen sollten, gingen *285* ausgefüllte Fragebögen von 54 Verwaltungen ein; davon 221 von den kreisfreien Städten und 64 von den Kreisverwaltungen und kreisangehörigen Gemeinden.

Fragebogen II: Jede Verwaltung erhielt nur einen Fragebogen. Insgesamt gingen 48 ausgefüllte Fragebogen ein.

Tabelle: Rücklauf des Fragebogens III an die Bürgerinitiativen

Bürgerinitiativen in:	Fragebogen III							
	angeschrieben		Rücklauf insgesamt		Fehlanzeige		Antwort	
	abs.	%	abs.	%	abs.	%	abs.	%
kreisfreien Städten	40	100,0	19	47,5	1	2,5	18	45,0
Kreisen und kreisangehörigen Gemeinden	24	100,0	16	66,7	1	4,2	15	62,5
Zahl der Bürgerinitiativen insgesamt	64	100,0	35	54,7	2	3,1	33	51,6

Die offene Frageform war gewählt worden, weil die Antwortkategorien dadurch realitätsgerechter entwickelt werden konnten, obgleich so die Verschlüsselung schwieriger war. Die technische Aufbereitung erfolgte auf Randlochkarten.

Korrelationen wurden überwiegend für den Fragebogen I gemacht, da bei der relativ geringen Gesamtheit der Antworten auf die Fragebögen II und III Korrelationen nur in Ausnahmefällen angebracht erschienen.

Bei der Mehrzahl der Korrelationstabellen wurden die gängigen Korrelationskoeffizienten und Chi-Quadrat-Tests berechnet. Diese sind hier nicht angegeben, im Text sind jedoch nur die signifikanten Ergebnisse verwertet worden.

Die Befragungen der Verwaltungen (I und II) sind Totalerhebungen und können bei der hohen Rücklaufquote und der absoluten Zahl von 285 von den Verwaltungen angegebenen Initiativen (I) für das Ruhrgebiet als repräsentativ gelten.

Bei der Befragung der Initiativen ist die Repräsentativität zweifelhaft, denn die Zahl der angeschriebenen Initiativgruppen ist weder eine Stichprobe noch eine Gesamterhebung. Die Antworten auf den Fragebogen III können daher auch nur als Meinungsbild und für Einzelanalysen interessant sein.

2. Öffentliche Verwaltung als Zielgruppe der Initiativen

Das Ruhrgebiet[2] als eine der für die wirtschaftliche Entwicklung der Bundesrepublik bedeutsamen Regionen hat besondere, aus der geschichtlichen Entwicklung seiner Wirtschafts- und Siedlungsstruktur herrührenden Probleme. Die Krisenanfälligkeit des Ruhrgebietes resultiert nicht zuletzt aus der industriellen Monostruktur und dem nur schwer aufzuholenden Bildungsdefizit. Die Gemengelage von Industrie und Wohnungen, die wenig diversifizierte Wirtschaftsstruktur, der gegenüber anderen Regionen zu gering vertretene tertiäre Sektor, die mangelhafte ärztliche Versorgung und die unzureichende Ausstattung mit Krankenhäusern und Bildungseinrichtungen erschweren Planung und Umstrukturierung im Ruhrgebiet. Diese Situation spiegelt sich in der Sozialstruktur wider, die z. B. gekennzeichnet ist von einem relativ hohen Arbeiteranteil an den Erwerbstätigen und einem relativ niedrigen Bildungsniveau.

Zumindest haben sich daher im Ruhrgebiet ökonomische Krisen auch in den Bereichen der öffentlichen Daseinsvor- und -fürsorge niedergeschlagen. Die Reaktion der Bevölkerung hat sich in den letzten Jahren nicht nur im Produktionsbereich, sondern eben auch im Reproduktionsbereich verstärkt in Aktionen gezeigt. Damit ist neben den betrieblichen Auseinandersetzungen ein neuer Bereich der Konfliktaustragung öffentlich geworden. Der Widerpart ist dabei die öffentliche Verwaltung, die dieser Herausforderung noch relativ ungewappnet gegenübersteht.

Sie ist der häufigste Gesprächspartner von Initiativgruppen innerhalb der Bundesrepublik. Die Auswirkungen der Staatstätigkeit auf der untersten Verwaltungsebene legen eine Überprüfung des Anspruchs, im Sinne der Sozialgerechtigkeit zu handeln nahe. Obgleich die kommunale Autonomie in den letzten Jahren beschnitten wurde und der eingeschränkte finanzielle Handlungsspielraum der Kommunen deutlich macht, daß die Entscheidungen für staatliche Investitionen auf einer anderen Ebene fallen, wird die Verflechtung von Staat und Privatwirtschaft im kommunalen Bereich für den Bürger besonders deutlich. Die Auswirkungen von Entscheidungen, die auf Bundesebene getroffen worden sind, werden von dem einzelnen in seiner täglichen Umwelt erfahren. Die Auseinandersetzung um den Anteil am Kuchen der öffentlichen Mittel ist in den letzten Jahren in seiner Bedeutung für die Reproduktion der Arbeitskraft hervorgetreten, so daß daran nicht mehr nur Organisationen, parlamentarische Gremien und Verwaltungen beteiligt sind, sondern es haben sich auch die direkt Betroffenen eingeschaltet. Sie haben gemerkt, daß neben dem Einsatz für mehr Lohn im betrieblichen Bereich auch die Forderung nach einem größeren Anteil an den öffentlichen Ausgaben unausweichlich geworden ist. Zu dem Kampf um Lohnerhöhungen tritt der Kampf für verbesserte Lebensbedingungen.

Da die Parlamente, aufgrund der vertikalen Gliederung der Parteien und aufgrund der Vorwegnahme wichtiger Entscheidungen auf regionaler, landes- und bundesparlamentarischer Ebene im lokalen Bereich gleichsam entpolitisiert und z. T. ihrer Funktion enthoben worden sind, ist die parlamentarische Kanalisierung des Ausdrucks bürgerschaftlichen Willens nur noch schwer möglich. Gewerkschaften als Organisationen, die im Produktionsbereich die Interessen der Abhängigen vertreten, haben bisher in dem mit der Produktionssphäre eng zusammenhängenden Reproduktionsbereich nur wenig Aktivitäten entwickelt.

Die Willenskundgebung von Bürgern durch basisdemokratische Organisationen wie Initiativen, ist für die Verwaltung eine ungewohnte Situation. Sie ist es gewohnt, sich mit dem Parlament, mit Organisationen, mit Trägern öffentlicher Belange und mit einzelnen Bürgern, die jedoch ausschließlich in ihrem privaten Interesse handeln, auseinanderzusetzen. Der Aufbau der Verwaltung und die Verwaltungsnormen widersprechen bisher einer direkten Kontaktaufnahme von Verwaltungseinheiten mit Initiativgruppen in Planungsfragen. Die hierarchische Gliederung und das Ingangsetzen von Verwaltungshandeln durch politische Entscheidungen erschweren eine ungefilterte Aufnahme von Bedürfnisartikulationen.

Im Ruhrgebiet wird besonders durch die Größe der Verwaltungen und die Größe der Verwaltungsbereiche „Bürgernähe" erschwert. Man versucht, wie in Duisburg und Bochum z. B. dies durch sogenannte Informationszentren aufzufangen, aber dadurch wird nur ein relativ einseitiger und oberflächlicher Informationsfluß von der Verwal-

tung zum Bürger ermöglicht. Die objektiven Bedingungen für eine Aufnahme von Anliegen der Initiativen durch die Verwaltung sind damit denkbar schlecht. Im Zusammenhang mit der kommunalen Neugliederung des Ruhrgebietes wird das Problem der bürgernahen Verwaltung und der Möglichkeit, kommunalpolitische Entscheidungen an der Basis zu orientieren und transparent zu machen, besonders deutlich. Mit der Bildung größerer Verwaltungsbereiche müssen institutionelle Möglichkeiten für Rückkopplung und „Gegenstromverfahren" geschaffen werden.[3]
Die Größe des Verwaltungsbereichs, in dem die Initiativen arbeiten, hat auf die Zahl und Aktivität von Initiativen Einfluß, da die Mitsprache am kommunalpolitischen Geschehen in kleinen Kommunen mit überschaubarer kommunaler Machtstruktur, Verwaltungsnähe und häufigeren und auch öfter genutzten Kontaktmöglichkeiten von einzelnen zu den parlamentarischen Vertretern und zu Verwaltungsbeamten gegenüber einem mehr anonymen Verwaltungsapparat in Großstädten leichter möglich ist.

Von den Initiativen, die sich mit der kommunalen Neugliederung beschäftigen, arbeitet die Mehrzahl in den Kreisen, d. h. daß sich besonders in kleineren Gemeinden Initiativen aus diesem Grund gebildet haben. Da für viele Kommunen eine Eingliederung den Verlust der kommunalen Autonomie, soweit sie im gegenwärtigen Zustand noch vorhanden ist, bedeutet und die Bürger durch Zentralisierung der Verwaltung auch einen Verlust an Bürgernähe und eine nicht ausreichende Berücksichtigung und Vertretung ihrer Belange befürchten, entstehen solche Initiativen meist in den Kommunen, die eingegliedert werden sollen – zumeist mit Unterstützung von Verwaltungs- und Ratsmitgliedern.

Neben den tatsächlichen Kontakten der Verwaltung zu Initiativen, ist die Bereitschaft der Verwaltung zur Zusammenarbeit mit Initiativen wichtig. Bürgerinitiativen sind nach dem herkömmlichen Handlungsmuster der Verwaltungen nicht vorgesehen. Wie schwierig es für die Verwaltungen ist, Bürgerinitiativen an der Planung zu beteiligen, läßt sich an der Antwort auf die Frage darstellen, welche Möglichkeiten innerhalb der Verwaltungsnormen gegeben sind, um Initiativen einzuschalten. Obgleich rund 35 % der Verwaltungen meinen, daß schon Planungsabsichten den Bürgern gegenüber erläutert werden sollten, meinen doch rund 52 %, daß eine Einschaltung von Bürgerinitiativen nur im Rahmen der geltenden Gesetze bzw. der Gemeindeordnung erfolgen könne. Rund 10 % sind der Ansicht, daß eine Einschaltung von Bürgerinitiativen ohnehin nicht notwendig ist, da die Ratsmitglieder die legitimen Interessenvertreter der Bürger sind (II).[4] Bei den letzten Antworten von Verwaltungsvertretern kann man davon ausgehen, daß ein einwandfrei funktionierendes Parlament vorausgesetzt wird, eine Annahme, die nicht überall zutrifft.

Alle Verwaltungen waren sich einig, daß der Bürger überhaupt zu informieren sei, bis auf eine einzige, die meinte, am besten wäre es, keine Informationen nach draußen zu geben. Über den Grad der Information des Bürgers gibt es unterschiedliche Ansichten. Rund 18 % wollen ihn über alles informieren, 35 % der angeschriebenen Verwaltungen wollen den Bürger schon über Planungsabsichten informieren. Der Rest der Verwaltungen nennt Informationen, die ohnehin gegenwärtig gegenüber dem Bürger laut Gesetz gegeben werden müssen: 25 % nannten rechtsverbindliche Pläne und rund 15 % sogar nur Maßnahmen (II).

Allerdings sollten diese Äußerungen doch mit Vorsicht behandelt werden, denn die erstaunlich hohe Zahl von über 50 % der Verwaltungen, die eine frühzeitige und vollständige Information als Pflicht der Verwaltung gegenüber den Bürgern beschreibt, stimmt nicht unbedingt mit dem tatsächlichen Verwaltungshandeln überein. Dies um so mehr, da Verwaltungsangestellte, die dementsprechend verfahren, nicht nur innerhalb der Verwaltungen, sondern auch mit Ratsfraktionen und den Parteien Schwierigkeiten bekommen können, wie Einzelbeispiele zeigen.

Insgesamt beurteilen rund 60 % der Verwaltungen eine Bürgerbeteiligung am *Planungsprozeß* positiv. Uneingeschränkt meinen nur 11 % der Verwaltungen, daß Bürgerbeteiligung den Planungsprozeß verbessert, 33 % der Verwaltungen meinen, daß dadurch Fehlplanungen vermieden und so der Planungsprozeß verkürzt werden kann. Eine Verbesserung über eine Demokratisierung des Verwaltungshandelns sehen 15 %.

Ebenfalls 15 % meinen, daß durch Beteiligung des Bürgers der Planungsablauf verzögert wird. 8 % vertreten die Ansicht, daß durch fehlende Sachkenntnis der Initiativen der Planungsprozeß verschlechtert wird. Der Vorwurf der fehlenden Sachkenntnis ist ein vielgehörtes Argument der Verwaltungen, da dadurch angeblich die Kommunikation mit Initativen erschwert wird; z. T. wird das Argument jedoch auch benutzt, um die Beteiligung von Initiativen auszuschließen. Die Schwierigkeit, von Bürgern artikulierte Bedürfnisse in planungsrelevante Vorschläge zu transformieren, ist für die Mehrzahl der Planer nicht leicht zu lösen. Erleichtert wird die Kommunikation zwischen Planern und Initiativen, wenn die Belange der Initiative durch fachkundige Mitglieder vertreten werden. Damit treten jedoch auch alle Probleme der Anwaltsplanung auf, wie etwa vorzeitiges Einschwenken auf den Verwaltungskurs. Die Möglichkeit der Gutachtenbestellung, wie sie organisierten außerparlamentarischen Interessenvertretungen möglich ist, ist die Ausnahme bei Initiativen.

Auf die Frage, ob Bürgerbeteiligung auch *Planungsergebnisse* verbessern könne, antworteten rund 13 % der Verwaltungen mit „ja“. Als Begründung werden von 30 % angegeben, daß die Bedürfnisse der Bevölkerung frühzeitig einbezogen werden könnten. Damit wird ein Informationszuwachs der Verwaltung durch Bürgerbeteiligung für wahrscheinlich gehalten.

Rund 11 % meinen, daß die Widerstände der Betroffenen geringer seien, wenn man sie rechtzeitig beteiligt habe und dadurch die Planungsergebnisse verbessert werden. Diese letzte, im Hinblick auf ein schnelles Planungsverfahren technokratische Begründung macht deutlich, wo die Verwaltungen einen möglichen Nutzeffekt in der Bürgerbeteiligung sehen. Dieser Schluß kann ein Fehlschluß sein, denn die Erfahrungen zeigen, daß frühzeitig beteiligte Gruppen auch das Konfliktpotential vergrößern können, wenn es nicht möglich ist, ihre Ansprüche zu erfüllen.

Die Chance, alternative Planentwürfe durch Bürgerbeteiligung zu erarbeiten, sehen rund 13 %. Auch bei der Frage nach der Verbesserung der Planungsergebnisse durch Bürgerbeteiligung kommt wieder das Argument der fehlenden Sachkenntnis des Bürgers. Jedoch insgesamt meint ein wesentlich geringerer Prozentsatz, daß die Bürgerbeteiligung die Planungs*ergebnisse* nicht verbessere, gegenüber der Frage nach der Verbesserung des Planungs*prozesses* (II).

Die Verwaltung erklärt Bürgerinitiativen zwar überwiegend für kompetent, Aussagen zur Planung zu machen. Von den fast 3/4 der Verwaltungen, die die Initiativen so günstig beurteilen, schränken allerdings rund 57 % diese Aussage wieder ein. Nur dann, wenn keine Einzelinteressen verfolgt werden und bei Vorhandensein von Sachkompetenz, meinen 35 % der Verwaltungen, daß Initiativen berechtigt sind, Aussagen zur Planung zu machen. Aus demselben Grund, also weil keine Fachkompetenz vorliegt, meinen 6 % der Verwaltungen, daß Initiativen nicht an der Planung beteiligt werden können. Rund 17 % der Verwaltungen erklären Bürgerinitiativen in jedem Fall für kompetent, Planungen zu beurteilen (II).

Ein Vorteil der Initiativen im Vertreten ihrer Belange, nämlich das strikte Eigeninteresse, macht sie gerade in den Augen der Verwaltung als Gesprächspartner ungeeignet.

Zur Vorbereitung der Sachkompetenz der Bürger bleibt die Verwaltung nicht untätig. Sie vermittelt Planungsabsichten und Maßnahmen, zwar mit unterschiedlicher Intensität (von Presseveröffentlichungen bis zu Gesprächen und Bürgerversammlungen), jedoch in einem solchen Umfang, daß man eine Bereitschaft zur Beteiligung der Bürger annehmen kann; denn die Information und Sachbildung des Bürgers ist sicherlich ein erster Schritt zur Beteiligung.

Die von den Verwaltungen geforderte Sachkenntnis und das abgelehnte Eigeninteresse der Initiativen entspringt dem Abwägungsgebot im Interesse des Gemeinwohls, zu dem die Verwaltungen verpflichtet sind. Problematisch wird diese Pflicht dann, wenn sie auf die Initiativen übertragen wird und das Gemeinwohl den Initiativen als zu verfolgender Wert hingestellt wird. Vielmehr ist zu fragen, ob die bisherigen Definitionen von Gemeinwohl ausreichen und ob andere Kontrollverfahren zur Einhaltung der Forderung, im Sinne des Gemeinwohls zu handeln, eingeführt werden müssen. Offensichtlich kann diese Frage zu recht gestellt werden, sonst gäbe es einen großen Teil der Initiativen nicht. Die ungleiche Verteilung der Beteiligungschancen hat in vielen Fällen zur Erbötigkeitsplanung geführt, indem zugunsten eigentumsrelevanter Interessengruppen entschieden wurde.

Eine öffentliche Diskussion des Verwaltungshandelns ist nicht zuletzt deswegen fruchtbar, weil auch die Initiativen gezwungen sind, ihre partiellen Interessen zu legitimieren und – im Hinblick auf das „Gemeinwohl" – lernen, Fehlannehmen zu revidieren wie die, einen Rechtsanspruch auf Durchsetzung ihrer Belange durch Beteiligung zu erwerben.

3. Konfliktfelder (Themen von Initiativen und Anlässe für ihre Gründung)

Der Anlaß für die Arbeit der Initiativen kommt überwiegend aus den Bereichen Bauleitplanung[5] (16 %), Gemeinschaftseinrichtungen[6] (15 %), Verkehr (14 %), Schule, Kindergarten (12 %). Mit der kommunalen Neugliederung beschäftigen sich insgesamt 10 Initiativen und aus Anlaß von Industrieansiedlungen oder Umweltbeeinträchtigung durch bestehende Industrieanlagen beschäftigen sich insgesamt 23 Initiativen (8 %). Weniger sind es einzelne Bauvorhaben, die Initiativen auslösen (I).

Die Kategorien Industrie und Verkehr sind so zu interpretieren, daß außer Initiativen aufgrund geplanter Straßenführungen oder Industrieansiedlungen auch solche darunter gefaßt sind, die wegen einer tatsächlichen oder für die Zukunft befürchteten Umweltgefährdung durch Lärm oder Luftverschmutzung tätig werden.

Initiativen, die sich gegen eine vorgesehene oder bereits vorhandene Beeinträchtigung ihrer Umwelt wenden, werden hier nach der Thematik und dem Anlaß der Beeinträchtigung differenziert wie Landschaftsschutz, Industrie, Bauleitplanung etc. So sind rund 40 Initiativen aufgrund von Umweltproblemen, hervorgerufen durch Industrie oder Verkehr, entstanden. Die Umweltbeeinträchtigung entstand z. B. durch Lärm (LKW-Transport bei Zechenhalden, Flughafenbau bzw. -ausbau, Straßentrassierungen und Bau von BAB) oder Luftverschmutzung (Geruchsbelästigung durch Kläranlagen, Deponien etc.). Diese Zahl würde noch größer, wenn man die Initiativen aufgrund von Sanierungsvorhaben, für Erhaltung oder Schaffung von Grünanlagen u. ä. hinzunähme.[7]

Sonstige Initiativen gibt es als Mieterräte (2), Drogenberatungsstellen (2), Initiativen zur Pflege des Heimatgedankens (3), zu Regelungen der Benutzung des Viehhofes und des Schlachthofes, zur Nachbarschaftshilfe, zur Umsatzsteigerung im Bereich des Einzelhandels und andere.

Unter den Initiativen, die sich mit Fragen der Industrie beschäftigen, ist keine Interessengemeinschaft oder Werbegemeinschaft, sondern dies sind alles Initiativen, die aufgrund von Industrieansiedlungen oder bestehenden Industrien und deren Umweltgefährdung sich gegründet haben. Darunter sind z. B. Initiativen gegen die Veba-Ansiedlung im Orsoyer Rheinbogen, eine Initiative gegen den Bau des Gruppenkraftwerkes West der STEAG, aus demselben Bereich eine Interessengemeinschaft gegen radioaktive Verseuchung aufgrund des geplanten Baus eines Schnellbrüters in Kalkar-Hoennepel im Kreise Kleve, eine Initiative gegen ein Floatglas-Werk in Gelsenkirchen und eine Initiative, die sich aufgrund der Luftverschmutzung durch Abgase der Hüttenwerke Oberhausen AG in Essen schon 1962 gebildet hatte, inzwischen aber ihren Tätigkeitsbereich ausgeweitet hat und sich nun mit Luftverschmutzung generell beschäftigt. Diese Initiativen haben meist mit rechtlichen Mitteln versucht, ihre Interessen durchzusetzen und z. T. damit bisher auch Erfolg gehabt. Bis auf die Initiative gegen die Veba-Ansiedlung gaben sie an, daß ihnen Widerstand von Landesregierung, Kommunen und der Industrie geleistet werde.

Der Zielkonflikt Umweltschutz – Wirtschaftswachstum auf der Ebene der Raumordnung, setzt sich bis auf die regionale und lokale Ebene fort und wird erst hier ausgetragen. Dieser Konflikt wird in Ballungsregionen besonders dann deutlich, wenn emittierende Industrien in der Nähe von Wohnsiedlungen bestehen oder angesiedelt werden sollen, wie etwa bei petrochemischen Betrieben. Die Notwendigkeit, Arbeitsplätze zu erhalten und zu schaffen ist den betroffenen Einwohnern einer Gemeinde ebenso bewußt wie das Bedürfnis, gesundheitsgefährdende Immissionen in der Wohnumgebung zu verhindern. Ein solcher Konflikt kann dann dazu führen, daß wie im Fall der Delog-Detag in Gelsenkirchen, die Beschäftigten dieses Betriebes vormittags für die Erhaltung ihrer Arbeitsplätze demonstrierten und abends für die Reinhaltung der Luft.

Überproportional viele Initiativen in den Kreisen haben sich aufgrund industrieller Probleme oder Probleme der Bauleitplanung konstituiert (I). Da Industrieansiedlungen zunehmend in ländlichen Bereichen und in der Ballungsrandzone stattfinden, werden damit für die Bewohner auch neue Probleme aufgeworfen.

4. Ziele und Arbeitsweise von Initiativen

Die Ziele von Initiativen lassen Rückschlüsse auf Anlaß, Gründung und Arbeitsweise zu. Es ist versucht worden, Typen nach der Zielrichtung zu bilden. Als zwei Hauptgruppen lasen sich aktive und reaktive Initiativen unterscheiden. Als aktiv werden Initiativen eingeordnet, die Vorhaben initiieren und Ziele verändern wollen. Reaktiv können Initiativen genannt werden, die Vorhaben verhindern oder fördern wollen und die sich ständig am kummunalpolitischen Geschehen beteiligen. Zielveränderung und Beteiligung an der Kommunalpolitik sind Grenzfälle, die sich sowohl als Aktion wie als Reaktion – je nach konkretem Anlaß – äußern können.

Industrie- und Verkehrsprobleme als Anlaß von Initiativen weisen besonders häufig als Ziel die Verhinderung von Vorhaben auf. In diesen beiden Bereichen treten viele Umweltschutzprobleme auf, so daß Straßen-, Flughafenbau und Industrieansiedlungen oder Störungen durch bestehende Straßenführungen oder Industrie beseitigt oder verhindert werden sollen.

Initiativen, die als Ausgangsthema schulische Probleme und Gemeinschaftseinrichtungen haben, sind überproportional häufig daran interessiert, Vorhaben zu initiieren.

Initiativen aus dem Bereich der Bauleitplanung wollen besonders häufig an einer Zielveränderung mitwirken. 79 % der Initiativen, die keinen konkreten Anlaß zur Gründung hatten, haben als Ziel eine ständige Beteiligung am kommunalpolitischen Geschehen, also eine fortlaufende Stellungnahme zu kommunalen Ereignissen (I).

Insgesamt dominieren Ziele, Vorhaben zu verhindern oder zu initiieren. Die Zahl der Initiativen, deren Ziel darin besteht, Vorhaben zu verhindern, hält sich die Waage mit denen, die Vorhaben initiieren wollen (rund 25 % zu rund 20 %). Eine ständige Beteiligung am kommunalpolitischen Geschehen und damit eine Beschäftigung mit verschiedenen kommunalen Problemen ist das Ziel von 13 % der erfaßten Initiativen (I).

Generelle Ziele wie die „Verbesserung schlechter Lebensverhältnisse" oder die „Steigerung des Freizeitwertes im Stadtgebiet" lassen ebensowenig eine klare Zuordnung zu wie die spezifischen Ziele, „Auftragnehmer für die Verwaltung" zu werden. oder als Träger der freien Jugendhilfe anerkannt zu werden. Nur zwei Initiativen haben als Ziel, in Eigenhilfe etwas aufbauen zu wollen, sozusagen als Ersatz für Verwaltungsleistung. Dazu könnte man auch die Betreuung von Alten und Kindern oder die Beratung verschiedener Gruppen (Ausländer, Eltern) rechnen.

Zielrichtung und Organisationsform der Initiativen korrelieren miteinander. Initiativen, die Vorhaben verhindern wollen, sind zu 71 % lose Zusammenschlüsse ohne Regeln. Dies erstaunt, da gerade diese Initiativen mit Widerstand rechnen müssen und daher eigentlich sich fest organisieren müßten. Initiativen, die Vorhaben fördern, arbeiten dagegen relativ häufig (33 %) als eingetragener Verein. Und Initiativen, die sich kontinuierlich am kommunalpolitischen Geschehen beteiligen, sind häufig lose Zusammenschlüsse, die sich jedoch Regeln gegeben haben (I).

5. Art der Initiativen

Initiativen, außerparlamentarische basisdemokratische Gruppierungen gehören zur Öffentlichkeit. Der Begriff Öffentlichkeit ist ein vieldiskutierter und in seiner Bedeutung für die Demokratie untersuchter; es soll hier kein neuer Definitionsversuch unternommen werden. Die Initiativen können in dem Gesamtrahmen Öffentlichkeit mit der Kategorie „außerparlamentarische nichtorganisierte Öffentlichkeit" als Fallgruppen angesiedelt werden. „Fallgruppe" bezieht dabei die Betroffenen ein, also die von öffentlichen Maßnahmen und Planungen überproportional zur Gesamtbevölkerung Erfaßten.

Der Begriff Bürgerinitiative war in dem Anschreiben an die Kommunen bewußt nicht erläutert worden, um die Interpretationen der Verwaltungen von Bürgerinitiativen damit zu erfassen. Dadurch ist ein breites Spektrum entstanden, von seit dem 16. Jahrhundert bestehenden Nachbarschichten bis hin zu Jungsozialistenarbeitsgemeinschaften oder sogar Gmbh's.

Um die Initiativen nach Spontaneität und Interessenlage vorab etwas zu differenzieren, wurden sie nach Heimatverbänden / Siedlungsgemeinschaften / Nachbarschaftshilfen u. ä. politische Gruppen / Organisationseinheiten und Parteien, Interessengemeinschaften / Wirtschaftsvereinigungen / Werbegemeinschaften und Bürgerinitiativen unterschieden. Sicherlich ist dies eine Hilfskonstruktion, die keinen Anspruch auf Allgemeingültigkeit erhebt.

Heimatverbände u. ä. sind mehr traditionell bestimmt und werden sporadisch oder auch nur einmal aus aktuellem Anlaß gegenüber der Verwaltung aktiv. Auslösungsgrund der Aktion und Anlaß zur Gründung stimmen dabei selten überein.

Wirtschafts- und Werbegemeinschaften sind meist ausschließlich am eigenen Profit orientiert, wirtschaftlich ausgerichtet, überwiegend mit homogener Mitgliederstruktur und berufsständisch gefärbt.

Die politischen Gruppen und Parteiunterorganisationen haben sich z. T. als oppositionelle Gruppen zu der kommunalen Parlamentsmehrheitsfraktion oder in Opposition zur eigenen Partei gegründet.

Dominierend sind jedoch mit 73 % Bürgerinitiativen, spontane „Einzweckaktionen" (I).

Von den Interessengemeinschaften sind gemäß ihrer Definition relativ viele aus gewerblichem oder industriellem Anlaß entstanden, jedoch auch viele aus Gründen der Bauleitplanung, wozu z. B. auch die Planung einer Fußgängerstraße zur Umsatzsteigerung von anliegenden Einzelhandelsgeschäften gehört. Auch überproportional viele der Heimatverbände oder Siedlungsgemeinschaften sind durch Anstöße aus dem Bereich der Bauleitplanung entstanden (I).

Heimatverbände, die zumeist auch schon relativ lange bestehen, sind in Kreisen sehr viel häufiger vertreten als in kreisfreien Städten, wo die Mehrzahl der Initiativen als Bürgerinitiativen gekennzeichnet werden kann (I).

6. *Organisationsformen und Bestand*

Die Mehrzahl der Bürgerinitiativen sind Organisationen ohne Regeln, die nur einen losen Zusammenschluß bilden. Um so erstaunlicher ist, daß obgleich 61 % der Bürgerinitiativen ohne Regeln arbeiten, doch 37 % schon seit ca. 3 bis 8 Jahren bestehen. Als eingetragener Verein agieren nur 23 % der erfaßten Initiativen. Heimatverbände und auch Interessengemeinschaften sind viel eher eingetragene Vereine als politische Gruppen oder Bürgerinitiativen (I).

Gegenstand der Arbeit der Bürgerinitiativen und Organisationsform hängen recht eng miteinander zusammen. Relativ viele der Initiativen, die sich mit Beratungs- und Betreuungsaufgaben beschäftigen, also längerfristigen Vorhaben, sind eingetragene Vereine. Von den Initiativen, die sich traditionell am kommunalpolitischen Geschehen beteiligen und als Ziel die kontinuierliche Äußerung und Stellungnahme zu kommunalpolitischen Problemen haben, sind überproportional viele Gliederungen einer Partei oder politische Gruppen, was darauf schließen läßt, daß bei einem solchen Ziel die herkömmliche Form der parlamentarischen Beteiligung indirekt auch im Bereich der Initiativen durch ein parteipolitisches Engagement „nachgeahmt" wird (I). Nach Meinung dieser Initiativen hat die Kombination von parteipolitischem Engagement und außerparlamentarischer Initiative die meiste Aussicht auf Erfolg.

Die Mehrzahl der Initiativen ist zwischen 1965 und 1970 entstanden (37 %), jedoch auch viele im Jahre 1972 (24 %), woraus man vielleicht auf eine relativ kurze Dauer von Initiativen schließen kann. Trotzdem ist es erstaunlich, daß insgesamt rund die Hälfte der Initiativen vor 1970 entstanden ist und insgesamt noch 77 % der Initiativen gegenwärtig bestehen (I). Dies widerspricht dem häufig gehörten Argument, daß Initiativen keine Diskussionspartner der Verwaltung seien und nicht beteiligt werden können, weil sie angeblich nur kurzfristig und vorübergehend agieren und keine kontinuierliche Interessenvertretung darstellen.

Die verstärkte Gründung von Initiativen in den letzten Jahren spricht für eine Politisierung und für zunehmendes Selbstvertrauen der Bevölkerung. Während in England und in den USA schon seit einiger Zeit Initiativen und Öffentlichkeitsbeteiligung selbstverständlich sind, beginnt dieser Prozeß der Organisierung von Interessen an der Basis in der Bundesrepublik erst jetzt. Die Einübung demokratischer Verhaltensformen ist aufgrund der historischen Erfahrungen, die ein Großteil der heute lebenden Bevölkerung in der Bundesrepublik gemacht hat, schwierig und basisdemokratische Initiativen wurden anfangs mißtrauisch beobachtet. Das demokratische Selbstbewußtsein wächst hier langsam.

Alle Initiativen, die aufgrund der kommunalen Neugliederung entstanden sind, stammen aus den Jahren 1971 und 1972. Bauleitplanung, Gemeinschaftseinrichtungen – außer Schulen und Kindergärten – und der Verkehr sind relativ häufig in den Jahren 1965 bis 1970 Anlaß zur Gründung einer Initiative gewesen. Initiativen aufgrund industrieller Probleme sind besonders häufig 1971 entstanden; Initiativen, die durch Verkehrsprobleme veranlaßt wurden, sind zu 56 % vor 1971 begonnen worden (I).

Die Initiativen in den Kreisen sind jüngeren Datums gegenüber denen in kreisfreien Städten. Obgleich gerade außerhalb des Ballungskerns die Versorgung mit Infrastruktureinrichtungen – besonders in kleineren Gemeinden – mangelhaft ist, ist das Bewußtsein davon erst spät in den ländlichen Gebieten soweit entwickelt worden, daß es zur Initiativengründung führte. Mit der zu beobachtenden Tendenz der Industrie, Produktionsbetriebe in ländlichen Gebieten anzusiedeln und damit die Struktur ganzer Gemeinden völlig zu verändern (s. VEBA / Orsoy), werden in diesen Bereichen basisdemokratische Ansätze verstärkt erwartet werden können.

Die Mehrzahl der Initiativen besteht gegenwärtig noch. Man kann auch annehmen, daß diejenigen, die nicht mehr bestehen, von vielen Verwaltungen nicht angegeben wurden, so daß die Dunkelziffer relativ hoch sein dürfte. Bei den Angaben über Initiativen, die nicht mehr bestehen, überwiegen diejenigen, die sich aufgelöst haben, weil sie ihr Ziel erreicht haben (I).

Organisationsform und Bestand einer Initiative hängen eng miteinander zusammen; je länger eine Initiative besteht, um so straffer wird ihre Organisation bzw. um so eher tritt sie als eingetragener Verein auf. Je schneller und frühzeitiger eine Initiative es jedoch auch schafft, sich zu organisieren, um so eher besteht die Möglichkeit, daß sie Konflikte überdauern kann.

Nur wenige der Initiativen, die in den Jahren 1971 und 1972 gegründet worden sind, sind eingetragene Vereine. Von den Initiativen, die als eingetragener Verein arbeiten, sind 15 % vor 1961 und 58 % zwischen 1961 und 1970 gegründet worden. Von den eingetragenen Vereinen bestehen gegenwärtig noch 92 %. Dagegen von den losen Zusammenschlüssen, die sich keine Regeln gegeben haben, bestehen nur noch 66 % gegenüber einem durchschnittlichen Bestand der Initiativen von 77 %. Von den losen Zusammenschlüssen, die ohne Regeln arbeiten, sind auch nur 43 % vor 1970 entstanden. Sie haben sich überwiegend in den Jahren 1970 bis 1972 konstituiert (I).

Über die Hälfte der Initiativen wird durch einen Sprecher vertreten, der gewählt worden ist (III). Sieben Initiativen benennen jeweils ihren Sprecher nach dem bevorstehenden Anlaß, wo die Initiative zu vertreten ist. Damit hat dann aber die Verwaltung bzw. die Zielorganisation der Initiative ein jeweils wechselndes Gegenüber, was für Verhandlungen aus der Sicht der Verwaltung recht schwierig ist. Ebenso schwierig ist die Identifikationsmöglichkeit für potentielle Mitarbeiter der Initiativen, die die Anliegen der Initiative jeweils von einem anderen Sprecher vertreten sehen.

Der Entscheidungsprozeß innerhalb der Initiative vollzieht sich überwiegend durch Mehrheitsbeschlüsse. Die Möglichkeiten zur Meinungsbildung sind zu fast gleichen Teilen bei Ausschußsitzungen und Vollversammlungen gegeben.

Die Initiativen finanzieren sich zu fast gleichen Anteilen aus regelmäßigen Beiträgen der Mitglieder, Umlagen innerhalb der Initiative und Spenden. Einige Initiativen finanzieren sich aus mehreren Quellen. Zwei Initiativen werden zusätzlich durch Unterstützungen der Gemeinde finanziert (III).

Neben der finanziellen Unterstützung ist die Bereitstellung von Räumen und technischen Hilfsmitteln ein weiteres Indiz für die Abhängigkeit der Initiativen von anderen Organisationen. 47 % der Initiativen haben keinen Raum zur Verfügung. Einen Tagungsraum von der Gemeinde bekommen rund 15 % zur Verfügung gestellt, von der Kirche 12 % der Initiativen und ebenso viele tagen in Gaststätten.

Technische Hilfsmittel wie Schreibmaschinen werden zu 79 % von den Mitgliedern der Initiative zur Verfügung gestellt (III).

7. Mitgliederstruktur und Vertretungsanspruch (Legitimation)

Schülern, Hausfrauen, Rentnern ist gemeinsam, daß sie eher wertverzehrend als werterzeugend am Wirtschaftsprozeß teilhaben; sie nehmen daran höchstens indirekt teil. Nach Offe stellt diese Gruppe ein Konfliktpotential dar, weil sie nur schwer in das gesellschaftliche System zu integrieren ist. Sie ist „außerökonomisch" und ebenso wie die durch konkrete Arbeit gebundenen Gruppen nicht durch Gebrauchswerte zu definieren und damit nur komplementär – durch ihre Konsumfunkiton – in den kapitalistischen Verwertungsmechanismus einzuordnen. Gerade diese These erscheint jedoch aufgrund der Befragung recht zweifelhaft, denn zumindest Hausfrauen und Rentner sind nicht in dem danach zu erwartenden Umfang am Zustandekommen einer Initiative beteiligt oder arbeiten in ihr mit. Viel eher wird sowohl durch den Zusammenhang konkreter Arbeit wie durch die Bewußtseinsbildung im Produktionsprozeß die Konfliktfähigkeit gebildet, denn Angestellte und Beamte sind viel eher und am meisten von allen Gruppen am Zustandekommen von Initiativen beteiligt und arbeiten darin mit. Dies spricht aber gerade dafür, daß erst dann, wenn Konflikte am Arbeitsplatz erfahren und evtl. auch ausgetragen werden, solche Konfliktpotentiale überhaupt in der Reproduktionssphäre gesehen werden und zur Organisation von Interessen führen können.

Schüler, Studenten und Lehrlinge sind nur bei 4 % der Initiativen eine dominierende Gruppe; Hausfrauen und Rentner stellen den Hauptanteil an der Mitgliederzahl bei nur einer einzigen Initiative.

Die berufliche Stellung der Mitglieder von Bürgerinitiativen kann einen Aufschluß über die These geben, inwieweit Bürgerinitiativen überwiegend von der Mittelschicht initiiert und getragen werden. Rund 27 % der Mitglieder von Initiativen sind Selbständige und Kaufleute. Angestellte sind bei 38 % der Initiativen die Mehrheit der Mitglieder, was dieser These zu entsprechen scheint. Das bedeutet, daß insbesondere die Beru tätigen auch außerhalb ihrer Berufstätigkeit besonders aktiv sind. Danach ist der Zusammenhang zwischen Produktions- und Reproduktionsbereich nicht nur auf der Ebene der Problemstellung und der Anlässe von Initiativen gegeben, sondern auch durch die Mitarbeiter von Initiativen.

Erstaunlich ist der geringe Anteil von Arbeitern, wenn man bedenkt, daß sie die Mehrheit der Erwerbstätigen im Ruhrgebiet bilden. Nur in rund 4 % der Initiativen dominieren Arbeiter. Initiativen, deren Mitglieder Arbeiter sind, haben allerdings meist keine anderen Mitglieder. (Beispiel: Initiative in einem Arbeiterwohngebiet wegen einer Bebauungsplanung.)

Der häufige Einwand gegen Initiativen, daß ihre Initiatoren ein privates, berufliches Interesse benutzen, um über den Beistand durch eine Initiative schneller zum Ziel zu gelangen – z. B. Gründung von Initiativen durch Architekten, um einen Auftrag der Stadtverwaltung zu erhalten –, wird nicht bestätigt. Nur in zwei Initiativen sind alle Mitglieder mit dem Thema beruflich befaßt. Dagegen hat von 45 % der Initiativen keines der Mitglieder mit dem Thema beruflich zu tun. Interessant ist, daß rund 21 % dazu keine Angaben machen konnten (III), also offensichtlich die interne Kommunikation nur auf die Arbeit der Initiative bezogen ist.

Als Initiatoren einer Initiative wurden von der Mehrzahl der Initiativen Einzelpersonen genannt. Von direkt Betroffenen ging zu 29 % eine Initiative aus. Von den Parteien gingen 16 % der Initiativen aus (III).

Als Gründungsmitglieder von Initiativen wurden zum überwiegenden Teil Privatpersonen genannt. Mitbeteiligt am Zustandekommen einer Initiative waren zu jeweils 12 % selbständige Kaufleute und Verbände bzw. Vereine. Jugendorganisationen sind zu 9 % und Schüler, Studenten, Lehrlinge zu 7 % bei der Gründung einer Initiative beteiligt gewesen, also insgesamt rund 16 % der Initiativen wurden von Jugendlichen mitgegründet, auch wenn diese beim gegenwärtigen Stand der jeweiligen Initiative nicht unter den Mitgliedern dominieren.

Die meisten Initiativen haben mehr als zwanzig aktive Mitglieder. Nur 21 % der Initiativen haben weniger als zehn aktive Mitglieder. Die Größe einer Initiative besagt jedoch im allgemeinen nichts über deren Aktivität oder Durchsetzungsvermögen. Sie gibt höchstens einen Aufschluß über Legitimationsumfang und die Basis, auf der Forderungen erhoben werden.

Nur die Hälfte der Initiativen läßt jeden als Mitglied zu. Ein knappes Drittel der Initiativen beschränkt die Möglichkeit der Mitarbeit auf Betroffene. Die relative Offenheit der Initiativen kann als Indiz dafür gewertet werden, daß Initiativen ein Interesse daran haben, möglichst viele für ihr Ziel zu organisieren.

Die Mitglieder der Initiativen sind meist zwischen 35 und 50 Jahren alt. 19 % der Initiativen gaben an, daß alle Altersgruppen ausgewogen unter ihren Mitgliedern vertreten sind. Unter 25 Jahren sind 11 % der Mitglieder von Initiativen. Bei der Mehrheit hat sich die Mitgliederzahl im Laufe der Zeit nicht verändert.

Erstaunlich ist, daß die Mehrzahl der Initiativen überwiegend, z. T. ausschließlich Männer als Mitarbeiter hat. Gerade aufgrund der Themen vieler Initiativen (etwa Schule, Kindergarten, Gemeinschaftseinrichtungen) hätte man annehmen können, daß der weibliche Anteil zumindest in einigen Initiativen dominieren würde (III).

Im Laufe der Zeit hat sich bei einigen Initiativen die Zahl der Mitglieder vergrößert (18 %). Bei rund 45 % hat jedoch keine Veränderung stattgefunden, was auch darauf zurückzuführen sein kann, daß viele der Initiativen erst seit 1 – 2 Jahren bestehen.

Überraschend viele Initiativen haben einen Aktionsbereich, der sogar über die Gemeinde hinausreicht (18 %). Hier besteht eine Beziehung zu der Kontaktfreudigkeit der Initiativen zu Gruppen in anderen Städten. Diese Initiativen, die über den Gemeindebreich hinausreichen, sind z. T. Unterorganisationen einer bundesweiten Initiative oder beziehen sich auf das Land Nordrhein-Westfalen. Initiativen, deren Themen politische Wertvorstellungen sind, haben selten einen klar einzugrenzenden räumlichen Bezug (Beispiel: Verein gegen parlamentarischen und bürokratischen Mißbrauch). Relativ wenige der Initiativen beschäftigen sich mit Anliegen, die nur eine oder mehrere Straßen betreffen. Rund 37 % der Initiativen nennen als Aktionsbereich die gesamte Gemeinde (III).

Der räumliche Einzugsbereich muß nicht mit dem inhaltlichen Vertretungsanspruch übereinstimmen. So gibt es Initiativen, die sich aufgrund von Problemen in einem Stadtteil gebildet haben, aber ihre Probleme als exemplarische begreifen und beanspruchen, die Belange der Mehrheit der Bevölkerung der Stadt zu vertreten.

Belange der Mehrheit der Bürger glauben 61 % der Initiativen zu vertreten und nennen als Begründung häufig Unterschriftensammlungen oder die Veranstaltung von gut besuchten Bürgerversammlungen. Eine Interessenvertretung von Gruppen nennen nur 12 % der Initiativen. Der Anspruch, Belange aller Bürger – bezogen auf den räumlichen Aktionsbereich – wird von 24 % der Initiativen vertreten.

8. Kontakte (Einflußbreite)

a) Verwaltung und Initiativen

Die Verbindung der Verwaltung zu den Initiativen scheint nach den Angaben der Verwaltungen zumindest über einzelne Personen wie Sachbearbeiter oder Dezernenten recht gut zu sein. Bei dieser Frage waren Mehrfachnennungen möglich. Es wurde versucht, nach Intensitätsgraden die Kontaktaufnahme zu differenzieren.

Mit 33 % der Initiativen wird über Einzelpersonen Kontakt gehalten, die Veranstaltungen der Initiativen werden von 21 % regelmäßig besucht und ein Informationsaustausch besteht mit 18 % der Initiativen. Überhaupt keine Verbindung gibt es nur mit insgesamt 23 (6 %) aller Initiativen (I). Sonstige Angaben waren solche, die einen üblichen Kontakt zur Bevölkerung als Verbindung der Verwaltung mit den Bürgerinitiativen betrachteten. Außerdem wurden in 13 Fällen die Frage so beantwortet, daß die Verbindung der Bürgerinitiative zur Verwaltung behandelt wurde, also genau das umgekehrte Verhältnis. In diesen Fällen wurden Eingaben oder schriftliche Darstellungen, die die Initiative an einzelne Ämter gegeben hatte, genannt. Außerdem wurde dreimal von einer Einladung von Initiativen an die Verwaltung, also einem einseitigen Informationsaustausch wiederum von den Initiativen zu der Verwaltung, gesprochen.

Die Kontaktstelle innerhalb der Verwaltung ist nach Angaben der Verwaltung zu mehr als 60 % das jeweilige Fachamt. Von rund 12 % der Verwaltungen wurde das Hauptamt angegeben und von rund 14 % das Planungsamt (II). Die Beantwortung der

Fragebögen von den Verwaltungsstellen spiegelt die Zuständigkeit für Bürgerbeteiligung wieder. Da es in den Kommunen noch keine Beauftragte für Öffentlichkeitsbeteiligung gibt und diese Kompetenz gerne von einem Amt zum anderen geschoben wird, kann man annehmen, daß die Amtsstellen, die den Fragebogen beantwortet haben, zumindest innerhalb der Verwaltung als diejenigen gelten, die den meisten Kontakt zu Initiativen haben. Dabei kann es auch vorgekommen sein, daß Fragebogen Teil I und Teil II von verschiedenen Ebenen und Stellen in den Verwaltungen beantwortet wurden (Teil II häufig vom Amt des Oberstadtdirektors). Diese Kontaktstellen sind danach mehrheitlich die Planungs- und Bauämter, gefolgt vom Hauptamt und dem Presse- und Informationsamt (II). Dies Ergebnis ist wahrscheinlich, da für einen großen Teil der Initiativen Anlässe aus der Bauleitplanung maßgeblich für die Gründung waren.

Die Verwaltung informiert die Bürger besonders häufig durch Bürgerversammlungen (rund 33 %), Gespräche (rund 26 %) und Presseveröffentlichungen (II). Der Kontakt wird unterschiedlich aufgenommen und aufrechterhalten. Dabei können Bürgerversammlungen als Kommunikationsform zwischen Bürger und Verwaltung angesehen werden, die neuerdings häufig und intensiv genutzt wird.

Die Einstellungen der Verwaltungen zu den Initiativen ist in einem starken Maß abhängig von den Zielen der Initiativen. Initiativen, die Vorhaben fördern, und diejenigen, die Vorhaben initiieren wollen, werden mehr von der Verwaltung finanziell unterstützt als diejenigen, die Vorhaben verhindern wollen.

Die potentiellen, der Verwaltung gefährlich werdenden Initiativen, die Vorhaben verhindern wollen oder die Veränderung eines bestehenden Zustandes anstreben, werden zumindest im Auge behalten, d. h. daß dort überporportional regelmäßig Veranstaltungen besucht werden oder Kontaktpersonen Informationen einholen. Offensichtlich ist mit Initiativen, die schon länger mit der Verwaltung zusammenarbeiten und die sich laufend am kommunalpolitischen Geschehen beteiligen, der Informationsaustausch besonders gut, ebenso mit denen, die Vorhaben initiieren wollen. Keine Verbindung besteht wiederum am meisten zu den Initiativen, die Vorhaben verhindern, Planungsziele, politische Ziele der Kommune oder einen bestehenden Zustand verändern wollen (I).

Man kann aus diesem Ergebnis schließen, daß wahrscheinlich einige Initiativen den Verwaltungen auch dazu dienen, mit dem Argument des „Drucks von der Basis" Vorhaben gegenüber dem Land und auch gegenüber dem Kommunalparlament durchzusetzen. Das wird besonders deutlich an Initiativen, an deren Gründung Verwaltungsmitglieder oder Ratsvertreter maßgeblich beteiligt waren (Beispiel: einige Initiativen zur kommunalen Neugliederung). Auch dann, wenn Initiativen Stellvertreterfunktionen für die Verwaltung wahrnehmen, z. B. Selbsthilfeorganisationen, ist der Kontakt besonders eng.

Die Verwaltungen unterstützen Initiativen, die sich mit Eingemeindung und kommunaler Neugliederung beschäftigen, besonders stark finanziell (21 % der Eingemeindungsinitiativen). Diese werden auch zu 5 % durch Stadtverwaltungen oder Rat geführt und besonders häufig besucht. Relativ hoch ist die finanzielle Unterstützung von Initiativen, die sich mit schulischen und Kindergartenproblemen beschäftigen. Dafür werden diese Initiativen nur selten regelmäßig von Mitgliedern der Stadtverwaltungen besucht. Auch die Initiativen mit Freizeit- und Erholungsthemen werden finanziell besonders unterstützt oder von der Stadtverwaltung geführt. Zu 12 % der Initiativen, die aufgrund von Problemen der Bauleitplanung entstanden sind, besteht gar kein Kontakt; erstaunlich ist gerade hier die geringe Verbindung von Personen der Stadtverwaltung zu diesen Initiativen und der geringe Informationsaustausch.

Von Initiativen, die durch Industrieprobleme entstanden sind, werden die Veranstaltungen häufig regelmäßig besucht und ein überproportional hoher Anteil gegenüber den anderen Initiativen steht mit Kontaktpersonen der Stadtverwaltung in Verbindung (I). Dies entspricht dem Vorgehen von Industrie- und Gewerbevertretern und deren Organisationen, um ihre Belange durchzusetzen. Überproportional häufig ist auch eine Verbindung der Verwaltung mit den Interessengemeinschaften über Kontaktpersonen, worunter auch Mitgliedschaft von Ratsvertretern und/oder Verwaltungsangestellten fällt.

Relativ viele der politischen Gruppen werden finanziell unterstützt, was auf ihre Verbindung zu Parteien, Rat und Verwaltung schließen läßt.

Je organisierter eine Initiative, umso stärker der Kontakt der Verwaltung zu ihr: Diese These bedeutet gleichzeitig, daß je stärker natürlich ein Kontakt der Verwaltung zu einer Initiative über eine längere Zeit hinweg besteht, diese Initiative auch um so mehr gestützt und dadurch in eine festere Organisationsform gebracht wird. So bekommen finanzielle Hilfen durch die Verwaltung 40 % der Initiativen, die auch ein eingetragener Verein sind. Da diese Initiativen auch diejenigen sind, die relativ frühzeitig gegründet worden sind, kann man davon ausgehen, daß die These einigermaßen zutrifft. Von den Initiativen, zu denen die Verwaltung keine Verbindung aufrechterhält, sind rund 48 % lose Zusammenschlüsse ohne Regeln (I).

Die Verwaltung ist eher bereit, zu länger bekannten Initiativen stärkere Kontakte zu pflegen, als zu neu entstandenen, aus dem verständlichen Interesse heraus, daß bei länger bestehenden Initiativen die Wahrscheinlichkeit geringer ist, daß sie sich auflösen. Der Grund kann auch darin liegen, daß solche Initiativen meist ihre Bedeutung schon unter Beweis gestellt haben. So werden finanzielle Hilfen von der Verwaltung zu 17 % an Initiativen gegeben, die vor 1961 entstanden sind. Regelmäßig besucht werden überproportional häufig Initiativen, die vor 1960 entstanden sind oder erst 1972 gegründet worden sind. Von den Initiativen, mit denen die Verwaltung Informationen austauscht, sind 44 % 1965 – 1970 gegründet worden (I).

b) Initiativen

Als Informationsquellen werden von den Initiativen nahezu gleich häufig die Presse und Ratsvertreter genannt. 13 % der Initiativen erhalten ihre Informationen von Verwaltungsvertretern, jedoch nur zwei von den Parteien und den Gewerkschaften. Dies entspricht einem anderen Ergebnis der Befragung, wonach in keinem Fall die Gewerkschaften Initiator einer Initiative waren.

Die Initiativen selbst geben Informationen nach außen meist durch Zeitungen. Von 23 % werden Flugblätter oder Plakate benutzt. Um ihre Anliegen zu vertreten, unterhalten 8 % der Initiativen ein eigenes Mitteilungsblatt, von der gleichen Anzahl werden öffentliche Versammlungen durchgeführt und ebensoviele gaben an, daß der Rundfunk über ihre Arbeit berichtet habe. Über die Arbeit der meisten Initiativen berichtet die Presse häufig (III).

An der Arbeit der Initiativen nehmen zu gleichen Teilen kirchliche Organisationen und Parteien teil. 51 % der Initiativen gaben an, daß keine Organisationen oder Verbände sich für die Arbeit der Initiativen interessieren (III).

Bei Initiativen (meist politische Gruppen oder Unterorganisationen von Parteien), an deren Gründung Parteien beteiligt waren, ist die Beteiligung und auch finanzielle Unterstützung durch Parteien verständlicherweise groß. Im allgemeinen ist das Verhältnis von Parteien zu Initiativen jedoch recht ambivalent. Einerseits fühlen sie sich in einer Konkurrenzsituation, weil sie erkennen, daß teils die innerparteiliche Willensbildung und die Verbindung der Funktionäre zur Basis nicht funktionieren, teils die Partei die Bedürfnisse der Bevölkerung nicht erkannt hat und ihren Vertretungsanspruch als Volkspartei legitimieren muß. In dieser Situation lassen sich zwei Verhaltensweisen herausschälen: die Parteien reagieren defensiv und versuchen, den Initiativen Informationen vorzuenthalten und ihre Arbeit zu erschweren oder die Parteien hängen sich an Initiativen, versuchen diese zu integrieren und auszurichten, und gelegentlich benutzen Parteifunktionäre Initiativen zur eigenen Profilierung. Besonders im letzten Fall kann das auch ein Motiv zur Gründung von Initiativen sein. Dabei kann man das beliebte Spiel feststellen, daß die jeweilige oppositionelle Partei sich der Initiativen bedient und welche initiiert.

Kontakte zu anderen Initiativen am Ort unterhalten rund 42 % der Initiativen. Keine Möglichkeit, Kontakte zu knüpfen, besteht für sechs Initiativen, da keine andere Gruppe am Ort vorhanden ist, die sich mit einer ähnlichen Fragestellung beschäftigt. Rund ein Drittel der Initiativen unterhält keine Kontakte zu anderen Gruppen. Von den Initiativen, die Kontakt zu anderen Gruppen am Ort haben, wird der Kontakt zum überwiegenden Teil durch Informationsaustausch hergestellt. Von einigen werden auch gemeinsame Aktionen angegeben (III). Gleichgroß ist die Zahl der Initiativen, die Kontakt zu anderen Initiativen in anderen Städten hat. Sie wird jedoch übertroffen von der Zahl der Initiativen, die keine Kontakte zu anderen Städten haben. Wenn Kontakte bestehen, werden auch – zu gleichen Anteilen – gemeinsame Aktionen und Informationsaustausch mit anderen Initiativen organisiert.

Für die Möglichkeit und Fähigkeit von Initiativen, zu anderen Initiativen Kontakte zu knüpfen, sind unter anderem Ziel und Thema entscheidend. Es gibt mehrere Initiativen wie z. B. in Bochum aus Anlaß der Führung der DÜ-BO-DO-Autobahn, die verschiedene Ziele verfolgen, jedoch im selben räumlichen Bereich agieren, gleichen Anlaß und gleiches Thema haben; sie werden nur in Ausnahmefällen gemeinsame Aktionen durchführen. Dagegen kann es für Initiativen mit gleichem Ziel und Thema (Beispiel: Veba-Ansiedlung) aus verschiedenen Orten wichtig sein, zusammenzuarbeiten.

So kann es auch notwendig sein, zu anderen Initiativen Kontakt zu halten, weil zwar nicht das konkrete Vorhaben, wie Verhinderung einer ganz bestimmten Industrieansiedlung, aber das generelle Ziel „Verhinderung von gesundheitsschädigender Umweltbelastung durch Industrieansiedlung" gemeinsam ist. Typisch für diese Auffassung ist die Äußerung einer Initiative gegen eine Industrieansiedlung: „Das Solidaritätsgefühl von Bürgerinitiativen in Deutschland wächst." Hier wird ein Bewußtsein deutlich, das die Notwendigkeit von Organisationen und Verbindungen zu anderen Initiativen zur Stärkung der eigenen Position klar erkennt.

Interessant ist in diesem Zusammenhang die Tendenz, Dachorganisationen für Initiativen zu bilden. So ist es das Ziel einer Initiative „Rhein-Ruhr-Aktion gegen Umweltzerstörung", lokale und regionale Initiativen in Nordrhein-Westfalen zu unterstützen und zu koordinieren. Inwieweit solche parteiähnliche Organisationen, die politisch unterschiedlich ausgerichtete und politisch neutrale Initiativen einschließen, langfristig einen gemeinsamen politischen Einfluß gewinnen können, ist fraglich.

9. Durchsetzungsformen und Durchsetzungsvermögen

Kontakte und Kontaktmöglichkeiten geben noch keinen Aufschluß über die Chancen der Durchsetzung von Interessen der Initiativen. Vielmehr muß gefragt werden, mit welchem Widerstand haben sich Initiativen auseinanderzusetzen und welche Chancen für die Durchsetzung ihrer Interessen sehen sie. Im Zusammenhang damit sind auch die Aktionsformen einer Initiative, die sie wählt, um ihre Interessen durchzusetzen, wichtig.

Die Initiativen vertreten ihre Interessen hauptsächlich, indem sie versuchen, über Resolutionen, Bürgerversammlungen, Flugblätter und Plakate ihre Anliegen publik zu machen. Auch durch Eingaben an Parteien, Ratsvertreter und Verwaltungsvertreter versuchen sie, ihre Interessen durchzusetzen. Dabei helfen Presse und in vielen Fällen auch Einzelkontakte.

Versuche der Initiativen, ihre Anliegen zu vertreten, stoßen zum Teil auf Widerstand. Dabei kommt der Widerstand besonders häufig von der Verwaltung und den Parteien. Insbesondere letztere befürchten eine „Konkurrenz". Nach Aussagen der Initiativen wird dieser Widerstand meist nicht begründet, nur vier Initiativen gaben an, daß die „Verzögerung der Planung" als Begründung genannt worden sei (III).

Rund ein Drittel der Initiativen hat schon Erfahrungen im Überwinden solcher Konflikte. Dabei hat die Mehrzahl rechtliche Mittel eingesetzt und rund 12 % haben ihre Forderungen mit mehr Nachdruck vertreten. Die meisten Initiativen, die rechtliche Mittel benutzten, hatten bisher Erfolg bei der Durchsetzung ihrer Belange (III).

Die Möglichkeiten der Konfliktüberwindung werden von einigen Initiativen als grundsätzlich nicht möglich, mühsam und ähnlich beurteilt. Nur zwei Initiativen sehen gute Chancen für eine Konfliktüberwindung. Mehrere Initiativen meinen, schwierige Situationen durch ständige Informationen und durch Vertretung der Forderungen mit mehr Nachdruck meistern zu können (z. B. „Druckausübung auf Gesetzgeber und Gewerbeaufsicht").

Wörtlich wurde von einer Initiative angegeben, daß die Konfliktüberwindung „durch Bewußtseinsbildung in Rat und Verwaltung, daß beide Institutionen für die Bürger einer Stadt, nicht gegen deren Interessen zu arbeiten habe" möglich sei. Das andere Extrem verdeutlicht die Aussage einer Initiative, „so zu arbeiten", daß die Widerstand leistenden Institutionen vom Fortgang der Bemühungen nichts erfahren".

Außer den konkreten Erfahrungen im Überwinden von Konflikten sind persönliche Folgen durch die Tätigkeit von Initiativen für deren Mitarbeiter angegeben worden. 21 % der Initiativen gaben an, daß es nicht bekannt sei, ob die Mitglieder aufgrund ihrer Mitarbeit in der Initiative Schwierigkeiten gehabt hätten, es bestünde jedoch die Vermutung. Dies zeigt, daß eine Mitarbeit in Initiativen nicht gefahrlos ist. Viele Initiativen hielten es für riskant, Aussagen dazu zu machen. „Eine klare Darstellung ist hier zu schwierig und nicht ungefährlich" und „Schwierigkeiten entstehen immer, wenn sich abhängige Personen gegen Bestrebungen einsetzen, die die Obrigkeit aus irgendwelchen Gründen realisieren möchte". Schwierigkeiten treten verstärkt dann auf, wenn Mitglieder einer Initiative gleichzeitig einer Partei angehören, die die Ratsmehrheit stellt und die Initiative gegen Maßnahmen der Stadtverwaltung opponiert.

Die meisten Initiativen beurteilen sich als einflußreich. Der Einfluß wird von 48 % der Initiativen darin gesehen, daß Einsprüche der Initiativen von Rat und Verwaltung berücksichtigt und bei 12 % die Einsprüche sogar voll aufgegriffen und verwirklicht wurden. Bei 18 % der Initiativen ist ein Einfluß noch nicht abzusehen. Insgesamt ein Drittel der Initiativen hat nach eigener Meinung keinen Einfluß oder die Initiative hat sich aufgrund mangelnden Erfolgs aufgelöst (III).

Die Mehrzahl der Initiativen ist der Ansicht, daß sie Erfolg gehabt hat mit ihrer Arbeit. Rund 45 % sehen den Erfolg darin, daß ihre Anregungen berücksichtigt worden sind. Sehr oft wird als Erfolgsindikator auch „Bewußtseinsbildung" – sei es bei den Verwaltungsvertretern, Ratsmitgliedern oder der Bevölkerung – genannt (III).

Die Anliegen von Bürgerinitiativen werden von der Hälfte der angesprochenen Verwaltungen berücksichtigt. Rund ein Viertel der Verwaltungen berücksichtigt Probleme von Bürgerinitiativen regelmäßig. Keine der angeschriebenen Verwaltungen hat angegeben, daß Anliegen von Bürgerinitiativen überhaupt nicht berücksichtigt würden. Rund 13 % der Verwaltungen handeln allerdings erst, wenn der Fachausschuß oder ein Dezernent vorher darüber entschieden hat, ob die Probleme zu berücksichtigen sind (II).

Anders sieht die Situation bei der Behandlung von Anliegen der Initiativen in Ratsausschüssen aus. 8 % der Verwaltungen gaben an, daß gar keine Erörterung stattfindet. Rund 60 % gaben an, daß, wenn ein entsprechender Anlaß vorliegt, die Anliegen von den Ratsausschüssen behandelt werden (II).

Das Ergebnis der Behandlung von Anliegen der Initiativen durch Rat und Verwaltung ist nur zum Teil ein Erfolg der Initiativen gewesen. Planungsvorhaben werden in keinem Fall aufgegeben oder nicht ausgeführt. Aber Anregungen werden aufgegriffen und Planungen geändert, auch Anliegen von Initiativen werden bei Planungen berücksichtigt (III).

Die Bedeutung einer Initiative läßt sich daran ablesen, ob sie von der Verwaltung und Ratsausschüssen zur Stellungnahme aufgefordert wird. Sei es, daß die Verwaltung aus Furcht vor möglichen Konflikten die Stellungnahme der Initiative frühzeitig einholen will, sei es, daß Informationen und Anregung der Initiative und ihre Arbeit als wichtig beurteilt werden: die Aufforderung zur Stellungnahme zeigt an, daß sich die Initiative durchgesetzt hat. Für ein Drittel der Initiativen trifft diese Feststellung zu (III). Das sind meist diejenigen, die mit rechtlichen Mitteln versucht haben, ihre Belange durchzusetzen.

10. Zusammenfassende Thesen

1. Initiativen sind zusätzliche Organe demokratischer Kontrolle.
2. Da Planung im öffentlichen Bereich weitgehend Infrastrukturplanung ist, haben Beteiligungsstrategien hier anzusetzen.
3. Politik wird zur Zeit faktisch meist durch die Verwaltung geleistet. Rat und Parlament werden mehr und mehr entpolitisiert.
4. Aufgrund der Ausweitung der Aufgaben und der faktischen Politik durch die Verwaltung wird diese zur Zielgruppe der Initiativen.
5. Die Einschränkung der kommunalen Autonomie macht Beteiligung nicht mehr nur an der kommunalen Entwicklungsplanung und Maßnahmenrealisierung notwendig (Region / Land).
6. Frühzeitige Kontrolle von Planungen ist wichtiger als Kontrolle von Maßnahmen. Die Verwaltungen sind eher geneigt, letztere zuzulassen.

7. Verschiedene Planungsebenen schaffen verschiedene Betroffenheitsgrade (Land / Region / Kommune – z. B. im kommunalen Bereich: vorbereitende / verbindliche Bauleitplanung). Die Probleme, ideelle Betroffenheit zu vermitteln, erfordern die Verdeutlichung der Folgen ideeller Betroffenheit; materielle Betroffenheit schafft ohnehin Beteiligungsmotivation.
8. Verwaltungen sind bemüht, Beteiligung betroffener Öffentlichkeitsgruppen auf Planungsergebnisse zu beschränken und nicht auf den Planungsprozeß zu erweitern.
9. Innerhalb der Verwaltung sind handlungsbestimmend Reputationsbedürfnis und Positionsangst; danach bestimmen sich die Motive der Verwaltung zur Öffentlichkeitsbeteiligung (Information, Konfliktvermeidung etc.).
10. Der Legitimationsbedarf der Verwaltung ist nicht zuletzt aufgrund der faktischen Normensetzung und der Aufgabenausweitung gestiegen.
11. Öffentlichkeitsbeteiligung wird von der Verwaltung auf Öffentlichkeitsarbeit abgedrängt.
12. Das Prinzip der Weisungsbefugnis und der Verwaltungsaufbau widersprechen einer direkten Kontaktaufnahme zwischen Verwaltung und Öffentlichkeit.
13. Die nach rechtlichen Regelungen geübte Praxis der Verwaltung bezieht meist nur organisierte Öffentlichkeit und Träger öffentlicher Belange ein. Informationsvorsprung und Organisationsgewicht dieser Teilöffentlichkeiten schaffen die Gefahr der Erbötigkeitsplanung.
14. Es ist notwendig, die rechtlichen Chancen zur Beteiligung der Bevölkerung zu verdeutlichen (BBauG, StBaufG etc.), um einen Ausbau der Mitbestimmungsrechte in diesem Bereich voranzutreiben.
15. Die Gegenüberstellung der auf das Gemeinwohl verpflichteten Verwaltung und der ihre Eigeninteressen vertretenden Initiativen macht es notwendig, neue Definitionen des Gemeinwohls zu formulieren unter Beteiligung einer erweiterten Öffentlichkeit.
16. Der enge Zusammenhang von Produktions- und Reproduktionsbereich legt eine Verflechtung der Mitbestimmungsorganisationen nahe.
17. Entgegen der These von Offe stimmen die horizontalen räumlichen Disparitäten mit Klassenlagen der Betroffenen überein. Gerade im Ruhrgebiet steht der infrastrukturell unterversorgte Norden (Emscherzone) mit Wohn- und Arbeitsstätten von Lohnabhängigen mit niedrigem Einkommen gegen den mit öffentlichen Investitionen gut versorgten Süden (Hellwegzone) mit Angehörigen der Oberschicht.
18. Die Mitgliedschaft und Gründung von Initiativen wird nicht von außerökonomischen Gruppen, sondern gerade von denjenigen geleistet, die solidarische Erfahrungen im Produktionsprozeß gesammelt haben.
19. Die Angehörigen der Mittelschichten sind meist Initiatoren und Mitglieder von Initiativen. Wenn Arbeiter in Initiativen sind, dann ausschließlich ohne Mitglieder anderer Gruppen. Das mag auch durch den im Ruhrgebiet noch weitgehend bestehenden Zusammenhang von Klassenlage und räumlicher Struktur kommen.
20. Der Organisationsgrad von Initiativen bestimmt die Chance ihres Bestandes. Je organisierter, desto größer die Chance des Bestandes.
21. Seit längerer Zeit bestehende Initiativen haben häufig Thema und Ziel ihrer Arbeit verändert.
22. Die rechtliche Durchsetzung der Interesen der Initiativen ist nach den Erfahrungen der Ruhrgebietsinitiativen meist insoweit erfolgreich gewesen, als sie ihre Belange durchsetzen konnten.

23. Die Widerstände gegen die Arbeit der Initiativen kommen von allen Ebenen der Verwaltung. Kontakte mit anderen Initiativen und der Austausch von Erfahrungen und Strategien sind hilfreich für die Arbeit der Initiativen.
24. Die Flexibilität der Parteien und Gewerkschaften und ihre Orientierung an der Basis sowie die Reform der innerparteilichen und innergewerkschaftlichen Willensbildungsprozesse kann durch die Anforderungen und den Druck der Initiativen gefördert werden.
25. Die kommunale Neugliederung und die Bildung größerer kommunaler Verwaltungseinheiten schafft neue Probleme der Selbstverwaltung und der bevölkerungsnahen und bedürfnisorientierten kommunalen Planung und Maßnahmenrealisierung. Zur stärkeren Mitwirkung der Öffentlichkeit müssen voraussichtlich subkommunale Verwaltungs- und Ratseinheiten institutionalisiert werden (z. B. Bezirksausschüsse / Bezirksverwaltungen).

Anmerkungen

Eine ausführliche Auswertung der drei Befragungen liegt als hektografiertes Manuskript mit dem Titel „Bürgerinitiativen im Ruhrgebiet" Essen 1973/74 vor.

1 Mitglieder des Arbeitskreises waren: Betz, Bongert, Bosshard, Dr. Grosshans, Leyh, Dr. Müller, Scharioth, Dr. Schüler, Schumann, Wermker. Leitung: B. Borsdorf-Ruhl. Der Bericht des Arbeitskreises ist erschienen unter dem Titel „Bürger ante portas". Essen 1975.

2 Das Ruhrgebiet wird in dieser Untersuchung als Ruhrgebiet in den Grenzen des Ruhrsiedlungsverbandes verwandt: Es reicht von der holländischen Grenze im Westen bis zum Kreis Unna und Hamm im Osten, schließt im Norden den Kreis Recklinghausen ein und im Süden den Ennepe-Ruhr-Kreis.

3 Zu der Einrichtung von Bezirksvertretungen und Bezirksverwaltungsstellen nach der kommunalen Gebietsreform in NW s. auch: Gesetz zur Änderung der Gemeindeordnung und der Kreisordnung und anderer kommunalverfassungsrechtlicher Regelungen des Landes Nordrhein-Westfalen vom 29. 10. 1974. Gesetz- und Verordnungsblatt NW Nr. 63/1974.

4 Die römischen Zahlen in Klammern (I, II, III) geben den Fragebogen an, auf den sich die Aussage stützt. (S. o. zur Methode)

5 Zu der Kategorie „Bauleitplanung" werden alle Anlässe wie Sanierung, Aufstellen oder Ändern von Bebauungsplänen, Neubausiedlungen gezählt.

6 Als Gemeinschaftseinrichtungen gelten z. B. Jugendzentren, Altenheime, Schwimmbäder, aber auch Obdachlosensiedlungen und Krankenhäuser.

7 Nach der WAZ vom 6. 8. 1973 sind in einem Dachverband 109 Initiativen zum Umweltschutz in Nordrhein-Westfalen zusammengeschlossen

Weiterführende Literatur

Evers, A. und Lehmann, M., Politisch-Ökonomische Determinanten für Planung und Politik in den Kommunen der BRD. Offenbach 1972.

Faßbinder, H., Kapitalistische Stadtplanung und die Illusion demokratischer Bürgerinitiative. In: Probleme des Klassenkampfes, Sonderheft 1, 1971, S. 71 – 97.

Habermas, J., Legitimationsprobleme im Spätkapitalismus. Frankfurt/M. 1973.

Offe, C., Strukturprobleme des kapitalistischen Staates. Frankfurt/M. 1972.

Naschold, F. und Narr, W.-D., Theorie der Demokratie. Stuttgart 1971.

Schmidt-Relenberg, N., G. Feldhusen und C. Luetkens, Sanierung und Sozialplan. Mitbestimmung gegen Sozialtechnik. München 1973.

Bürger und Sanierung – Bürgerinitiativen in Berlin-Kreuzberg

Von Walter Momper

Im folgenden soll über Bürgerinitiativen berichtet werden, die in den Jahren 1970 – 1972 von Jungsozialisten im Berliner Arbeiterbezirk Kreuzberg initiiert und organisiert wurden. Die gesellschaftspolitischen Vorstellungen der Jungsozialisten können als bekannt vorausgesetzt werden, so daß sich eine Darstellung erübrigt. Für den hier zu behandelnden Bereich besteht allerdings ein Zusammenhang zwischen Bürgerinitiativen und sozialistischer Gesellschaft als politischem Endziel, der – auch für den Verfasser – letztlich der Maßstab ist, an dem die konkret beschriebenen Beispiele bürgerschaftlicher Partzipation zu messen und zu bewerten sind. Dabei ist zu berücksichtigen, daß die Initiativen, über die berichtet werden soll, nicht aus dem spontanen Bedürfnis nach Selbstorganisation der von irgend welchen städteplanerischen oder baupolitischen Maßnahmen betroffenen Bürger entstanden, sondern aus dem politischen Anspruch und Selbstverständnis einer in einer traditionellen Partei – hier der SPD – organisierten Gruppe, der Jungsozialisten.

SPD und Jungsozialisten in Kreuzberg

Der Kreuzberger SPD-Kreisverband (Unterbezirk) ordnet sich im Spektrum der Berliner SPD seinem Selbstverständnis nach als „linker" Bezirk ein. Ihrer inneren Struktur und ihrer praktischen Politik nach war die Kreuzberger Parteiorganisation jedoch 1970 – 1972 ebenso als „Partei des öffentlichen Dienstes" anzusprechen, wie jeder andere Kreisverband in Berlin auch. In der praktischen Kommunalpolitik bestanden keine Unterschiede zur rechtssozialdemokratischen Politik anderer Verwaltungsbezirke. Die Folge der Monopolisierung der Partei durch im öffentlichen Dienst – besonders in der Bezirksverwaltung – arbeitende Mitglieder war eine weitgehende Umkehrung der innerparteilichen Willensbildung, die faktisch – besonders in Personalfragen und in der Kommunalpolitik – von oben nach unten verlief.

Der Verwaltung unbequeme Initiativen wurden schon in der Partei abgewürgt. Die Partei hatte ihren Charakter als gesellschaftliche Organisation und ihre demokratische Funktion als Initiator politischer Prozesse und Entscheidungen sowie als Kontrollinstanz gegenüber der Verwaltung verloren. Das galt auch für die Bezirksverordnetenversammlung (Gemeindeparlament), deren Mitglieder sich hauptsächlich aus dem öffentlichen Dienst rekrutierten.

An der Kommunalpolitik setzte im Zuge der allgemeinen Politisierung Ende 1970 die Kritik der Kreuzberger Jungsozialisten ein, die selbst Ansätze zu einer eigenen Strategie der Bürgermobilisierung entwickelten. Entsprechende Vorstellungen wurden in der Bundesorganisation der Jungsozialisten als „Doppelstrategie" erarbeitet.

Zu den Bereichen Bauen / Wohnen / Sanierung, Gesundheitswesen und Gastarbeiter wurden Projektgruppen der Kreuzberger Jungsozialisten gebildet, die den Auftrag erhielten, über ihre Bereiche entsprechende Informationen zu sammeln und Ansatzpunkte einer bevölkerungsorientierten Politik zu entwickeln. Hauptaufgabe der Projektgruppen waren in der Folgezeit Überlegungen, wie man zusammen mit den betroffenen Bürgern Zielvorstellungen und Lösungsmöglichkeiten für einzelne Probleme entwickeln und über eine Mobilisierung der Betroffenen auch durchsetzen kann.

Kreuzberg

Kreuzberg ist einer der 12 Verwaltungsbezirke West-Berlins. Der Innenstadtbezirk hat 160 000 Einwohner, darunter mit über 30 000 sog. „Gastarbeitern" den höchsten Ausländeranteil aller Westberliner Bezirke. Von den Einwohnern sind 45,4 % erwerbstätig, 28,1 % leben von Renten oder Pensionen. Von den Erwerbstätigen sind 64,0 % Arbeiter (West-Berlin: 45,0 %), 26,1 % Angestellte (WB: 38,7 %), 3,1 % Beamte (WB: 7,1 %) und 6,9 % selbständig tätig (WB: 9,3 %). Die Wohnbausubstanz des Bezirks ist völlig überaltert und unzureichend: 69,6 % der Wohnungen sind vor 1900 gebaut (WB: 21,2 %), 11,1 % von 1901 – 1918 gebaut (WB: 26,0 %), nur 18,6 % sind seit 1949 gebaut (WB: 33,9 %) und als Neubauten anzusprechen. Die klassischen Kreuzberger Mietskasernen der Gründerzeit mit quadratischer Hofbebauung haben zu 39,7 % Wohnungen mit einer Größe von 1 – 2 Räumen (WB: 24,0 %), darunter vor allem die Berliner „Wohnküche", in der sich alle Wohnfunktionen vom Kochen, über Waschen, den Tagesaufenthalt bis zum Schlafen in einem einzigen Raum abspielen müssen. Ohne Toilette und Bad innerhalb der Wohnung – also mit der zumeist von mehreren Wohnparteien benutzten „Außentoilette" – sind 34,4 % der Wohnungen (WB: 13,3 %), nur ein WC haben 30,2 % (WB: 15,8 %), den Luxus eines Bades und einer Innentoilette haben nur 35,4 % (WB: 70,9 %) der Wohnungen.

Die Sanierung von Teilen des Verwaltungsbezirkes ist das größte Sanierungsvorhaben im 1963 vom Berliner Senat verkündeten 1. Sanierungsprogramm. Das Kreuzberger Sanierungsgebiet umfaßt 107 Hektar mit 17 000 Wohnungen, von denen 16 000 saniert werden sollen. 1968 wohnten im Sanierungsgebiet 37 000 Einwohner, 1740 Betriebe waren hier angesiedelt. Die Wohnbausubstanz im Sanierungsgebiet ist noch schlechtert und älter als schon in Kreuzberg allgemein. Im Sanierungsgebiet ist der Anteil der Arbeiter an der erwerbstätigen Bevölkerung mit etwa 70 % noch höher als in Kreuzberg, und hier konzentrieren sich auch die ausländischen Arbeitnehmerfamilien, die ca. 30 – 40 % der Wohnbevölkerung ausmachen.

Ein großer Teil der in Kreuzberg wohnenden Arbeiten und Angestellte – gerade des Sanierungsgebietes – arbeitet in Kreuzberger Betrieben, besonders in den kleinen „Puschenbetrieben" der Hinterhöfe, so daß lange Wege zu den Arbeitstellen entfallen. Zahlreiche Versorgungseinrichtungen (Einzelhandel) und die zum jeweiligen „Kietz" gehörenden Kneipen als lokale soziale Kontaktstätten bilden eine vielseitige und ausgeglichene Infrastruktur. Insgesamt gesehen sind im Sanierungsgebiet die städtebaulichen Funkitonen gut gemischt.

Kommunalpolitik und „Doppelstrategie"

Staatliches Handeln im innenpolitischen Bereich konzentriert sich heute im wesentlichen darauf, wirtschaftliche Krisen durch Konjunktursteuerung zu vermeiden; dem wird ein großer Teil der innenpolitischen Aufgaben untergeordnet. Kollektive Bedürfnisse (Bildung, Versorgung, Freizeit) werden nur in dem Maße befriedigt, in dem es in den Kontext der jeweiligen Konjunkturpolitik paßt und zur Stabilisierung des Systems unbedingt notwendig ist. In dieses System notwendigerweise zentralstaatlich organisierter Wirtschaftssteuerung werden in steigendem Maße auch die Gemeinden einbezogen. Durch Steuer- und Finanzgesetzgebung, Konjunkturmaßnahmen, Finanzausgleich, Subventionspolitik und Zweckzuweisungen werden die Maßnahmen der Gemeinden an die auf die zentralen Entscheidungen einwirkenden organisierten Wirtschaftsinteressen angekoppelt. Die Folge ist ein zunehmender Abbau der politischen Kompetenzen der Kommune. In dem Widerspruch zwischen konjunkturpolitischer Notwendigkeit und kollektiven Bedürfnissen, der sich in dem konkreten Mangel an öffentlichen Einrichtungen und Leistungen des Wohnungs-, Bildungs-, Gesundheits- und Sozialwesens sowie zur Freizeitgestaltung ausdrückt, kommt der Gemeinde letztlich die Aufgabe zu, beide Faktoren miteinander so in Einklang zu bringen, daß über die notwendig unzureichende Befriedigung der kollektiven Bedürfnisse keine Konflikte entstehen, die über den Rahmen der isolierten und sich selbst und ihren Problemen überlassenen Gemeinde hinausgehen.

In diesem Widerspruch liegt der zentrale strategische Ansatzpunkt für die kommunalpolitische Basisarbeit der Jungsozialisten, wie sie seit 1969 in Berlin-Kreuzberg und an anderen Orten von Jungsozialisten praktiziert und schließlich zu einem weiterreichenden politischen Konzept unter der Bezeichnung „Doppelstrategie" ausgearbeitet wurde.

Voraussetzung dieser an der nur mühsam zu überbrückenden Nahtstelle sozialer Konflikte zwischen kollektiven Bedürfnissen und Kapitalinteresse ansetzenden Strategie ist zuerst einmal das Erkennen von konfliktträchtigen Bereichen, die für die Bürger unmittelbar sinnlich erfahrbar sind. Der zweite Schritt sind Lern- und Aufklärungsprozesse der Bürger, in denen sie ihre eigenen Bedürfnisse erkennen und mit Möglichkeiten der Befriedigung vertraut gemacht werden. Die Bürger werden so schrittweise selbst in den Stand gesetzt, sich zu organisieren, um ihre Bedürfnisse politisch durchzusetzen. Den Jungsozialisten kommt dabei die Aufgabe zu, initiierend, aufklärend und bei der Selbst-organisation der Betroffenen helfend zur Seite zu stehen. Sie halten den Kontakt zu Partei und Verwaltung und zu anderen auf dem gleichen Gebiet arbeitenden Gruppen und ermöglichen mit Hilfe der so erlangten Informationen und der ausgetauschten Erfahrungen die Durchsetzung der bürgerschaftlichen Interessen. Darüber hinaus setzen sie den Druck der mobilisierten Bürger in den Institutionen um. Die Rathauspolitiker bleiben von den Forderungen der Bevölkerung solange relativ unberührt, wie sie durch eine von öffentlich Bediensteten monopolisierte Partei von den Bürgern abgeschirmt werden. Erst die gegenseitige Stützung organisierter Bedürfnisse außerhalb der Partei und ihre politische Vertretung durch die Jungsozialisten innerhalb der Partei vermag verändernden Einfluß auf die Kommunalpolitik auszuüben. Ein weiteres Ziel der Mobilisierung der Bürger ist in dem damit für diese verbundenen Lernprozeß zu sehen. Durch die Selbstorganisation und das direkte Erleben des Erfolgs solidarischen Handelns bei der Durchsetzung ihrer Bedürfnisse sollen Bewußtseinsänderungen im Sinne einer generellen Politisierung erreicht werden. Es gilt zu vermitteln, daß Bedürfnisse nicht nur über individuelle Konkurrenz am Markt, sondern auch über politische Mechanismen befriedigt werden können.

Eine so verstandene und an den Bedürfnissen der Massen orientierte politische Praxis zielt ab auf eine quantitative und qualitative Veränderung der öffentlichen Haushalte, auf eine Erhöhung des öffentlichen Sektors am Sozialprodukt insgesamt und auf eine Zurückdrängung unproduktiver Staatsausgaben (z. B. für Rüstung) zugunsten erhöhter Aufwendungen für Einrichtungen der kollektiven Reproduktion. Langfristig gesehen wird so ein effektiver Widerpart gegen das Kapital geschaffen. Dieser Gegensatz hat ökonomische Auswirkungen auf das System selbst, da der damit verbundene Kampf um quantitative Steigerung und inhaltliche Veränderung der Verwendung des öffentlichen Anteils am Sozialprodukt den Mechanismus staatlicher Regulierung des Kapitalismus selbst trifft und das fein austarierte Gleichgewicht von Interessen und Bedürfnissen infrage stellt, so daß die damit erzielte Konfliktverhinderung zunichte gemacht wird.

Wohnungsbau und Sanierung im Kapitalismus

Das im Wohnungsbau und in der Sanierung eingesetzte Kapital unterliegt prinzipiell den gleichen Verwertungszwängen wie in jedem anderen Wirtschaftszweig auch. Der ständige Zwang, neue Anlage- und Verwertungsbedingungen zu schaffen, führt dazu, daß auf dem Wohnungssektor niemals ein Überangebot an Wohnraum entsteht, da sonst der Wohnungsbau als Anlagemöglichkeit nicht mehr attraktiv wäre. Deshalb dienen auch Sanierungsprogramme, also der Abriß und Wiederaufbau alter Stadtviertel, vornehmlich der Schaffung neuer Möglichkeiten der Kapitalanlage; der Gesichtspunkt, besseren Wohnraum zu schaffen, ist eindeutig zweitrangig. Außerdem sollen Sanierungsprogramme – gerade in West-Berlin – die Auslastung der Bauindustrie garantieren, dienen also konjunkturpolitischen Zielsetzungen.

In West-Berlin wurde zur Beseitigung überalterter Bausubstanz 1963 das erste Sanierungsprogramm verabschiedet, das weite Bereiche der Innenstadt umfaßt. Die Sanierungskonzeption ging von der verdünnten Neubebauung ganzer Straßenzüge und Viertel aus. Hierbei mußte, wie u. a. das Beispiel der Sanierung in Kreuzberg zeigt, fast die Hälfte der eingesessenen Bevölkerung an den Stadtrand bzw. in verkehrsmäßig weniger erschlossene Gebiete ziehen. Nach der Erklärung der Wohnviertel zu Sanierungsgebieten investieren weder die privaten Hausbesitzer noch die vom Senat eingesetzten Sanierungsträger Geld in die Erhaltung der Häuser, obwohl deren Substanz zum Teil durchaus nicht schlechter ist als der des Durchschnitts der Stadt. Durch massives Eindringen von ausländischen Arbeitern wird ein Verslumungsprozeß eingeleitet. Während die Zustände immer schlechter werden, machen Hausbesitzer und private Hausverwaltungen erhebliche Sanierungsgewinne.

Die Sanierung selbst erfolgt dann nach dem Prinzip der „Kahlschlagsanierung". Nach der Aussiedlung der Mieter werden ganze Wohnblöcke komplett abgerissen und neu aufgebaut. Dieses Vorhaben läßt sich nur von den Bedingungen des kapitalistischen Verwertungsprozesses begreifen. Wie in Senatsgutachten festgestellt, ist ein Teil der vorhandenen Altbausubstanz in einem derartigen Zustand, daß eine Modernisierung auch unter den Bedingungen einer kapitalistischen Kostenrechnung bei vergleichbaren Kreditkonditionen nicht oder kaum teurer käme als die völlige Neubebauung. Durch eine Entkernung der Hinterhöfe, ihre Umwandlung zu Grünflächen und die Auslagerung lärmerzeugender Gewerbebetriebe könnten Wohnverhältnisse geschaffen werden, die für die dort verbleibende Bevölkerung eine menschliche Umgebung schaffen und gleichzeitig die vorhandene soziale Infrastruktur erhalten würden. Eine völlige Neubebauung liegt hingegen im Interesse der großen Baukonzerne. Nur sie haben das Gerät, um Bauvorhaben dieser Größenordnung durchzuführen und weil das Bauvolumen – im Gegensatz z. B. zur Althaussanierung – den Einsatz von Großgeräten ermöglicht, ist die Neubebauung sehr profitabel. Die betriebswirtschaftliche Rentabilität verschleiert die öffentlich zu tragenden Folgelasten, die u. a. durch die soziale Entwurzelung der Abrißmieter entstehen. Die Planung der Sanierung vollzieht sich unter Ausschluß der Betroffenen. Ohne eine reale Möglichkeit der Einflußnahme werden Entscheidungen gefällt, die erklärterweise das Ziel haben, die soziale Zusammensetzung der Bevölkerung zu „verbessern", also zugunsten des Mittelstandes zu verändern, was auch schon durch die höheren Mieten in den Neubauten des sozialen Wohnungsbaus erreicht wird.

Auf dieser Analyse basierten die Forderungen der Kreuzberger Jungsozialisten zur Durchführung der Sanierung. Unter dem Schlagwort „Sanierung als Mitbestimmung" entwickelten sie Ende 1970 einen Forderungskatalog, dessen Kern die Forderung nach einer Beteiligung der Bürger an der Planung war.

Mieterinitiative Manteuffel-/Wrangelstraße

Das auf der Ecke eines Wohnblocks gelegene Sanierungsgebiet Manteuffelstraße 8-17 / Wrangelstraße 122-135 ist ein sogenanntes Einzelsanierungsgebiet, es liegt außerhalb der großen zusammenhängenden Sanierungsgebiete Kreuzberg-Nord (SKN) oder Kreuzberg-Süd (SKS). Von der Bauverwaltung wurde als Sanierungsträger die Gemeinnützige Siedlungs- und Wohnungsbaugesellschaft mbH (GSW), eine zu 100 % im Besitz des Landes Berlin befindliche gemeinnützige Wohnungsgesellschaft, mit der Durchführung der Sanierung beauftragt. Aufgrund der zersplitterten Besitzverhältnisse konnte die GSW hier keine „Kahlschlagsanierung" durchführen, sondern mußte Zug um Zug die im Besitz der öffentlichen Hand befindlichen Grundstücksabschnitte sanieren. Von 1969 – 1970 siedelte die GSW die 118 Mietparteien der zuerst geräumten Grundstücke aus Kreuzberg aus und brachte sie in Neubaubezirken – vor allem am Stadtrand – unter.

Im Oktober 1970 führten die Jungsozialisten gemeinsam mit einigen im Sanierungsgebiet wohnenden SPD-Mitgliedern eine Umfrage unter den 183 im Sanierungsgebiet wohnenden Mietparteien über ihre Wünsche und Ansichten zur Sanierung durch und verteilten eine Mieterzeitung, in der über die bevorstehende Sanierung informiert wurde. Der Rücklauf betrug 101 Fragebogen, vor allem weil die Jungsozialisten in den betroffenen SPD-Mitgliedern praktisch über ein „Standbein" unter den Mietern verfügten, die selbst einen Teil der Fragebogen einsammelten und einige Mieter von der Notwendigkeit überzeugten, sie auszufüllen. Hinzu kam – charakteristisch für das Sanierungsgebiet – die Kietz-Kneipe in der Manteuffelstraße Nr. 9, in der als lokalem Kommunikationszentrum Ziel, Aussichten und Durchführung der Mieterinitiative mit einem Teil der Bewohner durchgesprochen wurden. Über dieses Lokal war auch während der späteren Durchführung jederzeit und ohne viel Aufwand Kommunikation mit einem Teil der betroffenen Bürger möglich.

Dadurch, daß in der Umfrage 82 % der Mieter für ihr Verbleiben in Kreuzberg votierten, war das Nahziel der Mieterinitiative ausgesprochen: die Vertreibung der restlichen 250 Mietparteien zu verhindern. Um dieses Ziel zu verwirklichen, mußte gefordert werden, zuerst die schon geräumten Flächen neu zu bebauen und so den Umzug der Abrißmieter in die Neubauten in derselben Straße zu ermöglichen. Erster wichtiger Schritt war die Information der Mieter und die Einigung auf einen Forderungskatalog, der der Verwaltung gegenüber durchgesetzt werden sollte.

Zur Vorbereitung auf die erste Mieterversammlung am 15. 1. 1971 wurde eine Mieterzeitung herausgegeben und verteilt, die unter dem Motto stand, unter dem die Mieterinitiative dann lief: „Wir lassen uns nicht vertreiben! Wir bleiben!". Die Zeitung enthielt die Ergebnisse der Umfrage, konfrontierte die Wünsche der Mieter mit der Aussiedlungspraxis der Sanierungsträger, informierte über das Ziel der Mieterinitiative, die Kosten einer Neubauwohnung, die Möglichkeit, Wohngeld zu bekommen und artikulierte die Stellungnahme der Betroffenen zur Sanierung in einem Interview mit mehreren Mietern („Also wenn Sie mich fragen").

Zur ersten Mieterversammlung am 15. Januar 1971 in einer im Sanierungsgebiet gelegenen Schule erschienen – wie auch in den später veranstalteten Mieterversammlungen – etwa 60 Mieter. Die größte Schwierigkeit der ersten Versammlung, die sehr chaotisch verlief, bestand darin, die Minderwertigkeitskomplexe der Bürger zu überwinden: „Wir sind nur Arbeiter und Rentner, gegen die da oben können wir doch nichts machen." Es war kaum möglich, den Mietern verständlich zu machen, daß sie ihre Forderungen durch solidarisches Handeln durchsetzen können.

Eine Verhandlungsführung mit Wortmeldungen und Rednerliste, wie man sie in der SPD und aus mittelständischen Kreisen gewohnt ist, war nicht möglich. Was den erschienenen Mietern spontan einfiel, äußerten sie sofort. Es zeigte sich deutlich, daß Bürgerinitiativen sehr viel leichter mit den Bewohnern eines bürgerlichen Bezirks durchzuführen sind als in einem Arbeiterbezirk, der sehr stark mit sozialen Randgruppen durchsetzt ist. In einem Bezirk wie Kreuzberg können Initiativen schon in einem sehr frühen Stadium an den ausgeprägten sozialen und psychischen Sperren der Betroffenen scheitern.

Am Ende der ersten Versammlung konnten die Betroffenen nur mit Mühe zu einer gemeinsamen Resolution und zur Wahl eines Vertrauensmieters für jedes Haus bewegt werden. GSW und Bezirksamt wurden aufgefordert, auf der nächsten Mieterversammlung, die für den 29. 1. 1971 angesetzt wurde, über die Sanierungsplanung Auskunft zu geben und zu informieren, „über die Möglichkeiten, den davon betroffenen Mietern in ihrer bisherigen Wohngegend in Kreuzberg entsprechend ihren finanziellen Möglichkeiten und ihren Bedürfnissen, z. B. Familiengröße, eine neue Wohnung zu beschaffen und auf jeden Fall die Möglichkeit des Abschlusses von Vorverträgen zu eröffnen". Die acht gewählten Vertrauensmieter bildeten den Mieterausschuß, der zwischen den Mieterversammlungen für die Information der Abrißmieter sorgen sollte, die weiteren Diskussionen mit der Verwaltung und die nächsten Versammlungen vorbereiten sollte und für die Herausgabe der Mieterzeitungen verantwortlich war. Den Abrißmietern wurden die Umsetzmöglichkeiten in die 170 Wohneinheiten des ersten Bauabschnitts, der bereits im Bau war, und des zweiten Bauabschnitts, für den der Baubeginn auf den 1. August 1971 angesetzt war, erläutert.

Am 20. Januar überreichte der Mieterausschuß die beschlossene Resolution der GSW. Die GSW-Vertreter empfinden die Mieter mit Arroganz und erklärten, daß für die neuen Wohnungen ein Mieterdarlehen von DM 5 000,- vorab zu zahlen sei. Am Beispiel dieser prohibitiven Forderung mußten die Mieter erfahren, daß die GSW alles andere als „gemeinnützig" war, daß ein von unten unkontrollierter Apparat seine Entscheidungsmacht gegen die Betroffenen voll einsetzt.

Zur Vorbereitung der zweiten Mieterversammlung wurde eine weitere Mieterzeitung verteilt, die über die erste Versammlung, die Übergabe der Resolution an die Vertreter der GSW und dem „üblen Trick mit dem Mieterdarlehen“ berichtete. Zur Versammlung selbst erschienen Vertreter der GSW, die durch ihre maßlose Arroganz den Mietern öffentlich zeigen wollten, wer „Herr im Hause“ war. Außer der Empfehlung, doch einfach „in den Osten“ zu gehen, wenn die Wohn- und Geschäftspolitik der GSW nicht gefällt, verschanzte man sich hinter formalrechtlichen Bedenken und erklärte Vorverträge, in denen der Einzug in die Wohnungen der Sanierungsabschnitte verbindlich fixiert werden sollte, schlichtweg für unüblich und unmöglich. Offen wurde erklärt, daß sich die GSW ihre Mieter selbst aussucht und das auch weiterhin zu tun gedenkt. Die Sanierungsbürokraten stießen auf die Wut der Mieter und bestärkten sie in ihrer fester werdenden Entschlossenheit, sich durchzusetzen. Die Versammlung beschloß in einer Resolution, „daß unverbindliche Versprechungen der GSW, die hinterher nicht eingehalten werden müssen, nicht ausreichen. Damit gesichert wird, daß die Abrißmieter in Kreuzberg wohnen bleiben, fordern die Mieter die GSW auf, die Möglichkeit verbindlicher Vorverträge zu eröffnen. Die Mieter ihrerseits beauftragen ihren Mieterausschuß, mit der GSW in Verhandlungen über die Abschlüsse und Form der Vorverträge zu treten und bis zum 12. 2. 1971 die rechtlichen Möglichkeiten zu schaffen, damit danach die Vorverträge mit den einzelnen Abrißmietern abgeschlossen werden können.“ In der Lokalpresse hatte die Mieterinitiative inzwischen erhebliche Beachtung gefunden. Fast alle Zeitungen berichteten über die Forderungen der Mieterinitiative („Abrißmieter fordern neue Wohnungen in ihrem alten ‚Dreh‘ “), den Ergebnissen der Umfrage und der verbal zustimmenden Haltung von Vertretern der Kreuzberger SPD und der hinhaltenden Taktik der GSW. Die Beachtung durch Presse und Fernsehen hatte eine wichtige Funktion, sie half, Ohnmachts- und Minderwertigkeitskomplexe der Abrißmieter zu überwinden und ein Gefühl von der nicht zu unterschätzenden Bedeutung der eigenen Macht zu bekommen.

Am 8. Februar traf sich der Mieterausschuß zu einem Gespräch mit Vertretern der GSW. Die Mieter legten als Diskussionsgrundlage einen Entwurf für Vorverträge zwischen GSW und Mietern vor. Von der GSW wurden die Vorverträge erneut aus formalen Gründen kategorisch abgelehnt. Dagegen versprach die GSW, dem Wunsch der Mieter, in Kreuzberg wohnen zu bleiben, möglichst entgegenzukommen und zumindest einen Bauabschnitt des Projekts mit Abrißmietern belegen zu wollen und dafür – unverbindliche – Vormerklisten auslegen zu lassen. Ein Vermittlungsvorschlag des ebenfalls anwesenden SPD-Baustadtrats wurde von der GSW ebenfalls abgelehnt und das, obgleich dem Mieterausschuß inzwischen bekannt geworden war, daß die GSW in ähnlich gelagerten Fällen auch schon entsprechende Vereinbarungen mit Mietern abgeschlossen hatte.

Angesichts der ablehnenden Haltung der GSW nehmen die Mieter den in Berlin anlaufenden Wahlkampf zum Anlaß, um der SPD ihre Forderungen nahezubringen. Bei einer Wahlkampftour des Regierenden Bürgermeisters durch Kreuzberg überreichte der Mieterausschuß ihm am 13. Februar eine Resolution der Mieter, in der er aufgefordert wurde, sich für die berechtigten Forderungen der Kreuzberger Bürger einzusetzen. Über die Übergabe der Resolution wurde in der Lokalpresse ausführlich berichtet („Regierender soll Mietern helfen“), ebenso über die starr ablehnende Haltung der GSW. Die GSW bekräftigte diese Haltung noch einmal in einem Schreiben an den Mieterausschuß vom 23. 2. 1971, in dem sie verbindliche Vereinbarungen über eine Umsetzung innerhalb des Projekts strikt ablehnte. Fallengelassen wurde nur die Forderung nach den Mieterdarlehen. Nachdem inzwischen über SPD-Kanäle den Senatsstellen klargemacht worden war, daß die betroffenen Mieter auch andere Parteien als gerade die SPD wählen können und würden, sagte der Senat aus Furcht vor Unruhe in der Bevölkerung und drohenden Stimmverlusten zu, die Forderungen der Mieter zu erfüllen. Mit der gleichen Post wie der ablehnende GSW-Brief ging beim Mieterausschuß ein vom 22. Februar datiertes Schreiben des SPD-Bausenators ein, in dem dieser erklärte, daß er die Umsetzung der Mieter in die Neubauten befürwortet und den Mieterausschuß um Vorlage einer Liste von 65 Umsetzmietern für den Neubau bittet. Damit waren die Forderungen der Mieter erfüllt. Über den Aufsichtsrat wurde der Sanierungsträger GSW vom Senat unter Druck gesetzt und gezwungen, mit den Mietern zusammenzuarbeiten.

In der Folgezeit erarbeitete der Mieterausschuß die Belegungslisten für den 1971 recht schnell fertiggestellten Bauabschnitt des Sanierungsprojekts. Ein weiterer Erfolg wurde im Juli 1971 erzielt, als es dem Mieterausschuß gelang, die von der Verwaltung zuerst verweigerte Übernahme der mittelbaren Umzugskosten zu erreichen. Bedroht wurde die Wohnqualität der Neubauten durch die im Herbst 1971 bekanntgewordenen Straßenbaupläne des Senats. Im Zusammenhang mit der Stadtautobahnplanung sollte die Manteuffelstraße zu einem an der Sektorengrenze endenden Zubringer ausgebaut werden. Informationen über diese Pläne enthielten zwei weitere verteilte Mieterzeitungen, und auf einer Mieterversammlung am 10. 9. 1971 berieten die Mieter über ihr Vorgehen gegen diese umweltfeindliche Planung und forderten die Verwaltung auf, sie über den geplanten Straßenausbau zu informieren. Zugleich verlangten die Mieter, den Bau des zweiten Sanierungsabschnitts zu beschleunigen und beschlossen endgültig die Belegungslisten für den fertiggestellten Bauabschnitt.

Zur Mieterversammlung am 15. 10. 1971 erschienen Vertreter der Senatsbauverwaltung und verteidigten die Betonpistenplanung gegen die Proteste der Mieter. Dennoch forderten die Mieter in einer einstimmig angenommenen Resolution den Senat auf, „die Planung für den Bau der Autobahnen und der Schnellstraßen in Kreuzberg zu stoppen, um die wenigen vorhandenen Grünflächen und die Einheit des Wohngebiets zu erhalten". Die Mieter fordern den Senat auf, „den Ausbau öffentlicher Nahverkehrsmittel durch die durch den Autobahnbaustopp eingesparten Mittel zu beschleunigen, um insbesondere die völlig unzureichende Verkehrsversorgung des Kreuzberger Südostens zu verbessern". Auch diese Initiative der Bürger fand ein breites Echo in der Lokalpresse („Kreuzberger Mieter wehren sich gegen Ausbau der Manteuffelstraße"), erzielte jedoch keine kurzfristigen Änderungen des Verwaltungshandelns. In eigener Regie bezogen die Mieter 1972 auch den zweiten Bauabschnitt des Sanierungsvorhabens.

Die Mieterinitiative ist inzwischen eingeschlafen, nicht zuletzt deshalb, weil sich das Interesse der in der Initiative mitarbeitenden Jungsozialisten anderen Aufgaben zugewandt hat. Während der gesamten Initiative blieben zwei Jungsozialisten die treibende Kraft im Mieterausschuß und bestimmten die Arbeit wesentlich mit. Alle technischen (z. B. Mieterzeitungen) und ein großer Teil der organisatorischen Aufgaben (z. B. Mieterversammlungen) wurden von Mitgliedern der Kreuzberger Juso-Arbeitsgemeinschaft getragen. Hinzu kam die ständige fachliche Aufbereitung baulicher und baurechtlicher Fragen und die theoretische Reflexion über Ziel und Stellenwert konkreter Schritte der Mieterinitiative im Arbeitskreis Bauen / Wohnen / Sanierung der Kreuzberger Jungsozialisten.

Blieben so die Jungsozialisten auch das „Rückgrat" der Mieterinitiative, die sich freilich gegenüber der ständig sich steigernden Selbsttätigkeit und langsam wachsenden Eigeninitiative der Mieter zurückhielten, so ist doch festzustellen, daß das Selbstvertrauen der Mieter insgesamt entscheidend gestärkt wurde. Dieser Bewußtseinsprozeß läßt sich deutlich am Ablauf der Mieterversammlungen ablesen. Hatten die Jungsozialisten auf der ersten Versammlung Mühe, ein Chaos zu verhindern, so leitete der Mieterausschuß zusammen mit den Jusos bereits die zweite Versammlung. Die dritte Veranstaltung wurde von den Mietern allein entsprechend ihren eigenen Verhaltensformen geleitet. Hier stellten sie zum ersten Mal Fragen an die anwesenden Senatsvertreter, die den Rahmen konkreter Forderungen sprengten. Sie diskutierten das Problem der künstlichen Wohnraumverknappung durch die Sanierung und die Problematik des privaten Eigentums an Grund und Boden. Spätere Verhandlungen mit einzelnen Vertretern von GSW und Verwaltung führten die Mitglieder des Mieterausschusses relativ selbständig. Besonders kritische Fragen wurden den Vertretern der Baubürokratie im Zusammenhang mit der Stadtautobahnplanung und den dahinter stehenden Interessen gestellt. Gerade an den schwierig zu vermittelnden Fragen des privaten und des öffentlichen Nahverkehrs zeigte sich die inzwischen gewonnene kritische Einstellung der Mieter zu früher mehr oder minder kritiklos akzeptierten Planungen der Verwaltung. Zum Teil läßt sich der Prozeß der Bewußtseinsbildung auch am Ergebnis der Wahl zum Berliner Abgeordnetenhaus am 14. 3. 1971 ablesen. Bei dieser Wahl sank der Stimmenanteil der SPD im Arbeiterbezirk Kreuzberg von 65 % auf 57,5 % ab.

Nur in zwei von insgesamt etwa 180 Stimmbezirken gewann die SPD Stimmen, einer davon war der Stimmbezirk 34, in dem das Sanierungsprojekt liegt. Hier stieg der SPD-Anteil von 67,6 % auf 69,1 % an (in dem anderen Stimmbezirk war eine Intensivwahlwerbung durchgeführt worden). In den umliegenden Stimmbezirken fiel der SPD-Anteil unterdurchschnittlich ab.

Es war der organisierten Macht der Betroffenen gelungen, den verselbständigten Apparat des größten „gemeinnützigen" Wohnungsbauunternehmens West-Berlins auf einem Teilgebiet modellhaft auf die Bedürfnisse der Betroffenen auszurichten. Der Arbeitsanstoß der Jungsozialisten hatte erreicht, daß die Betroffenen mobilisiert werden konnten, sich organisierten, ihre Bedürfnisse formulierten und die Widersprüche innerhalb der bürokratischen Apparate entsprechend ihrer Interessenlage ausnutzten. Ein weiteres wichtiges Ergebnis der Mieterinitiative ist darin zu sehen, daß ein Präzedenzfall sukzessiver Sanierung unter Mitbestimmung der Betroffenen geschaffen wurde, der die Kahlschlagsanierungspraxis von Verwaltung und Sanierungsträgern infragestellt. Das Beispiel hat zu einem Umdenken innerhalb der Kreuzberger SPD und der Kreuzberger Kommunalverwaltung geführt. Wurde die Kahlschlagsanierung bis dahin immer als gegeben akzeptiert, so wird sie zusehends kritisch unter dem Aspekt der Folgen für die Sanierungsmieter betrachtet. Im Zuge dieses Prozesses gewannen auch die Kreuzberger Jungsozialisten innerparteilich und in der Öffentlichkeit an politischem Stellenwert.

Betrachtet man die Mieterinitiativen unter dem Aspekt bürgerschaftlicher Partizipation, so ergeben sich zwei grundsätzliche Probleme: Hat die Initiative und das Erlebnis und der Erfolg solidarischen Handelns langfristige Auswirkungen auf das Bewußtsein der beteiligten Bürger gehabt? Und: Wie hätte eine organisatorische Stabilisierung der Initiative erreicht werden können, die allein den weiteren Einfluß der Bürger auf lokale Planungsprozesse garantiert? Festzuhalten ist, daß die Bereitschaft der Mieter zu weiteren Aktivitäten latent vorhanden war, die Mieter aus eigener Kraft und eigenem Antrieb sich jedoch in ihren neuen Häusern nicht organisiert haben, um z. B. in Form von Mieterräten weiterhin Mieterinteressen zu vertreten. Auf die Frage nach weiteren Möglichkeiten politischer Arbeit konnte man den Mietern nach Lage der Dinge nur den Eintritt und die Mitarbeit in der SPD empfehlen. So wurden weitere 6 Mieter Mitglieder der SPD, sie zählen zu den aktivsten und gegenüber der Bürokratie kritischsten Mitgliedern der dortigen Abteilung, sind aber durch den weitgehend unpolitischen Charakter der Parteiarbeit (vor allem Vortragsabende) enttäuscht. Solange die unmittelbare Bevölkerungsarbeit, etwa in Form von Bürgerinitiativen, nicht ein wesentlicher Bestandteil der Parteiaktivitäten wird, wird die Arbeit der lokalen Parteiorganisationen für vergleichsweise politisierte Bürger (ebenso wie für die Masse der Parteimitglieder) uninteressant bleiben.

Neues Kreuzberger Zentrum

Als „Neues Kreuzberger Zentrum" (NKZ) wird ein privates Sanierungsvorhaben mitten im Zentrum des Bezirks bezeichnet. Es handelt sich dabei um ein 18 000 qm großes, aus 29 Grundstücken bestehendes Areal an einem Verkehrsknotenpunkt. Schon 1961 stellte der Senat die dringende Sanierungsbedürftigkeit der hier stehenden Wohngebäude fest, zugleich wurden Überlegungen über die Errichtung eines Sozialzentrums an diesem zentral gelegenen Ort angestellt. Die Senatsplanung kam jedoch nicht recht voran, und seit 1968 kauften Bodenspekulanten Grundstücke auf und trieben die Preise in die Höhe. 16 so aufgekaufte Grundstücke wurden 1970 an die eigens zum Zwecke der Erbauung des NKZ gegründete „Neues Kreuzberger Zentrum KG Press und Schmidt GmbH & Co." verkauft. Im Dezember des Jahres wurden der Öffentlichkeit die Baupläne für das NKZ vorgestellt. Die 73-Millionen-DM-Planung enthielt eine bis zu 12-geschossige Bebauung mit 50 % Wohnfläche (300 Wohnungen, Miete DM 6,– bis DM 8,– pro qm) und 50 % Gewerbefläche (Kaufhaus, Büroräume) sowie ein Parkhaus mit 700 Einstellplätzen. Die Lokalpresse lobte das neue Projekt in überschwenglichem Ton („Kreuzberger Zentrum bietet den Mietern alles, was das Herz begehrt" – Bild). Eine kritische Berichterstattung über die Zweckmäßigkeit des Baues, über den hohen Anteil an Gewerbefläche, über die hohen Mieten und über das Schicksal der auf dem Areal noch wohnenden Mieter fand nicht statt.

Zugleich warb der NKZ-Bauherr in überregionalen Zeitungen um die Kapitalanlage westdeutscher Steuersparer, denen z. B. bei DM 50 000,– Kommanditeinlage DM 100 000,– steuerliche Verlustzuweisung (also Steuerersparnis) nach § 14 Berlinhilfegesetz versprochen wurden. Ein auf Hochglanzpapier gedruckter Prospekt für Kapitalanleger war mit einem „Grußwort" des Kreuzberger SPD-Bezirksbürgermeisters verziert, der darin seine Sympathie für das NKZ bekundete. Westdeutschen Anlegern, geschreckt durch spektakuläre Krachs von Steuerspar-Baulöwen, wurde so von den Spekulanten ein behördlicher Vertrauenskredit vorgezeigt, der in krassem Gegensatz zu den baulichen, sozialen und wirtschaftlichen Gegebenheiten des Projekts stand.

Zu diesem Zeitpunkt schalteten sich die Kreuzberger Jungsozialisten in die Diskussion um das NKZ ein. Der Kritik, daß Senat und Bezirksamt bei der Planung des beabsichtigten Sozialzentrums am Kottbusser Tor versagt hatten und den Bauspekulanten das Feld überließen – nicht einmal eine Veränderungssperre wurde erlassen – begegnete der Bezirksbürgermeister mit dem Hinweis, daß ein anderer – z. B. gemeinnütziger – Bauträger nicht in Sicht gewesen sei. Kerngebiet mit Gewerbeflächen könne – zumal bei den dortigen Grundstückspreisen – von öffentlichen Sanierungsträgern nicht bebaut werden, so würde das Gelände angeblich auf Jahre hinaus brachliegen. Auf entsprechenden Druck der Jungsozialisten hin zog der Bezirksbürgermeister schließlich sein Vorwort zu der Spekulanten-Broschüre zurück.

Im Februar 1971 berichtete die Presse nach entsprechenden Hinweisen von Jungsozialisten erstmals kritisch über das NKZ. Herausgestellt wurden die gezahlten überhöhten Grundstückspreise und die damit gefährdete öffentliche Finanzierung des Baus sowie die noch nicht gegebene Anerkennung als Sanierungsprojekt, die die Übernahme der unrentierlichen Kosten (Abräumung, Umsiedlung der Mieter usw.) durch den Senat bedeuten würde. Die lokale Fernseh-Abendschau beschäftigte sich daraufhin ebenfalls mit dem Projekt und interviewte den sozialdemokratischen Berliner Bausenator, der das Finanzierungsproblem herunterspielte, seine Sympathie und Unterstützung für das Projekt klar herausstellte und verkündete, daß der Senat seine Grundstücke an die Spekulantengruppe verkaufen werde. Anfang März schrieb die Schmidt-Press-Gruppe einer Reihe von Mietern Briefe, in denen sie den Mietern nahelegte, sich bis zum August selbst neue Wohnungen zu suchen. Abgesehen davon, daß diese Aufforderung jeder Rechtsgrundlage entbehrte, wäre es rechtlich Aufgabe der Schmidt-Press-Gruppe gewesen, den Abbruchmietern angemessene Wohnungen nachzuweisen. Das psychologische Ziel dieser Maßnahme war eine Verunsicherung und daraus resultierender freiwilliger Auszug der Altmieter. Nachdem das Schreiben bekanntgeworden war, verteilten die Jungsozialisten Flugblätter in dem Areal, in denen die Mieter über ihre Rechte aufgeklärt wurden. Außerdem versprachen die Jungsozialisten, eine Mieterversammlung einzuberufen, die am 29. März 1971 in der im NKZ-Bereich liegenden Stadtbücherei stattfand und durch die Verteilung einer Mieterzeitung mit Berichten über die Möglichkeit einer Mieterinitiative und der Darlegung der Hintergründe des Spekulationsobjekts vorbereitet wurde. Von den 253 eingeladenen Mietern erschienen 70, obwohl nicht eingeladen erschien der NKZ-Firmenchef und der Sanierungsreferent der Senatsbauverwaltung. In der Diskussion wurden von den Mietern besonders die Methoden angeprangert, mit denen die Spekulanten die Mieter zum Aufgeben ihrer Wohnung veranlassen wollten. Um den betrogenen Mietern unmittelbar zu helfen, wurde ihnen auf dieser Versammlung Kontakt zu einem Rechtsanwalt vermittelt, der unbürokratisch Beratung gewährte und falls notwendig, Rechtshilfe geben würde. Darüber hinaus wurden – in Ermangelung anderer Vorschläge – zwei Jungsozialisten als Mietervertreter gewählt und eine Resolution verabschiedet, in der vom Senat und Bezirksamt die Vorlage sozialer Bebauungsvorschläge, die Verweigerung finanzieller Hilfen für das Spekulationsobjekt und keine Veräußerung von Grundstücken aus Staatsbesitz gefordert wurden.

Für den 15. April wurde eine zweite Mieterversammlung vereinbart, auf der Vertreter der Firma und Behörden Auskunft geben sollten. Über die Versammlung und die Forderungen wurde in allen seriösen Berliner Zeitungen sehr ausführlich berichtet. Darüber hinaus wurden zumeist die Finanzierungsschwierigkeiten des Projekts erörtert und der Kapitalstand des NKZ-Unternehmens, dem zu den notwendigen 30 Millionen DM Grundkapital immer noch ein Drittel fehlte. Durchweg war die Berichterstattung recht kritisch: „Von Mietern und Millionen hängt es ab: Superbau muß noch viele Hürden nehmen“ (Welt), „Vorwürfe gegen private Baugesellschaft – Überhöhte Grundstückspreise am Kottbusser Tor“ (Berliner Morgenpost). Erstmals fand auch das Schicksal der dort noch wohnenden Mieter und die ihnen gegenüber geübte Einschüchterungstaktik der Schmidt-Press-Gruppe in der Presse Beachtung und es wurden Mieterstimmen zum Verfahren der Baugesellschaft ausführlich publiziert. Die Proteste der Mieter und die Reaktion in der Presse erzielten zwei Effekte: die Senatsbauverwaltung erklärte, daß eine Anerkennung des Projekts als öffentlich gefördertes Sanierungsprojekt der überhöhten Grundstückskosten wegen nicht infrage komme und mithin die Übernahme der unrentierlichen Kosten (in Höhe von – inzwischen – geschätzten 4 bis 8 Millionen DM) ausgeschlossen sei. Außerdem erklärte das Bezirksamt, daß die in öffentlichem Besitz befindlichen Grundstücke nicht verkauft – und damit quasi an die Spekulanten verschleudert – werden würden, sondern ein kompliziertes Umlegungsverfahren mit Wertausgleich, also Tausch gegen andere Grundstücke, angestrebt wird.

Vorbereitet durch die Berichterstattung über den Stand des Objekts und die von der Mieterinitiative erzielten Ergebnisse in einer weiteren Mieterzeitung, fand die zweite Mieterversammlung am 15. April 1971 statt. Im Gegensatz zur ersten Mieterzeitung und -versammlung rückten jetzt stärker die politischen und stadtplanerischen Gesichtspunkte, die gegen das NKZ-Projekt in der zu jenem Zeitpunkt vorliegenden Form sprachen, in den Vordergrund der Diskussion. Politische Überlegungen, die die Schmidt-Press-Gruppe daran hindern könnten, das Projekt durchzuführen, wurden auf Anregung der Jungsozialisten von den Mietern auf der Versammlung erörtert. Die Mieter wiesen darauf hin, daß es zu verhindern gelte, daß derartige Spekulationsobjekte in Kreuzberg Schule machten. Insbesondere konfrontierten sie die Objektplanung mit dem Bedürfnis der Abrißmieter nach billigem Wohnraum und mit dem Bedarf an sozialen und kulturellen Einrichtungen für ihren unterprivilegierten Bezirksteil.

Diese Forderungen wurden von etwa 60 erschienenen Bürgern vor allem an die anwesenden Behördenvertreter gerichtet. Der Vertreter der Senatsbauverwaltung bestätigte, daß die senatseigenen Grundstücke nicht verkauft, sondern auf dem Wege des Umlegungsverfahrens an die Firma abgegeben werden würden, da der Senat aus „städtebaulichen Gründen" das Projekt befürworte. Da beim Grundstückserwerb die Richtwerte überschritten worden seien, könnten Landesbürgschaften und Annuitätszuschüsse nicht gegeben werden. Auf dem durch die Umlegung gewonnen zusammenhängenden öffentlichen Baugrund sollten soziale und kulturelle Einrichtungen (Altenwohnheim, Kunstamt, Erweiterung der Stadtbücherei) gebaut werden. Damit wurde von den Behördenvertretern erstmals der Kritik und Forderung der Mieter und Jungsozialisten nach dem Bau von sozialen und kulturellen Einrichtungen nachgegeben. In der einstimmig verabschiedeten Resolution nahmen die Mieter „zur Kenntnis, daß der Senat finanztechnisch die Press-Gruppe nicht unterstützen wird. Sie unterstützen die Entscheidung, die Grundstücke des Senats und der GSG (staatliche Gewerbesiedlungsgesellschaft – W. M.) nicht zu verkaufen". Außerdem bekräftigten die Mieter ihre Auffassung, eine Bedarfsanalyse zu erstellen und einen an sozialen Gesichtspuniten orientierten Bebauungsvorschlag zu erarbeiten.

Zu diesem Zeitpunkt war das NKZ-Projekt auf seinem tiefsten Punkt angelangt. Vor allem die Finanzierungsschwierigkeiten häuften sich. In Zeitnot war das Projekt inzwischen auch noch geraten, da der Bau bis zum 31. 12. 1974 fertiggestellt sein mußte, um die für die Anleger entscheidenden steuerlichen Vergünstigungen nach dem auslaufenden § 14 Berlinhilfegesetz noch zu erlangen. Dementsprechend war das Presseecho auf die Mieterversammlung: „Kreuzberger Zentrum als gescheitert betrachtet" (Tagesspiegel), „Das Kreuz des Südostens . . . Bebauung am Kottbusser Tor mit Startschwierigkeiten" (Telegraf). Erst betont optimistische Presseerklärungen der Bauherren Ende April ließen durchblicken, daß man doch noch auf eine Finanzierung durch das Land hoffte und das Projekt inzwischen eingeschränkt hatte, so daß das Bezirksamt Sozialeinrichtungen in eigener Regie auf dem durch das Umlegungsverfahren zusammengelegten Baugrund bauen könne. Die NKZ-Gesellschaft wartete nur noch auf die Verabschiedung des Bebauungsplans durch die Bezirksverordnetenversammlung (BVV).

Auf der dritten Mieterversammlung am 6. 5. 1971 diskutierten etwa 40 Mieter mit den anwesenden Behördenvertretern. Zwar erweckten diese den Eindruck vor den Mietern, als seien sie entschlossen, das Projekt zu Fall zu bringen, aber über die bis dahin gegebenen Erklärungen ging keiner hinaus, feste Zusagen wurden nicht gemacht.

Im Gegensatz zu diesem Verhalten versuchten die Bezirksbürgermeister und der Baustadtrat Ende Mai, die SPD-Fraktion der BVV zu einer Zustimmung zum Bebauungsplan für das NKZ-Areal zu bewegen. Der von der örtlichen Kommunalvertretung zu beschließende Bebauungsplan war beim Stand der Dinge die letzte Kompetenz, das letzte Druckmittel, mit dem der Bezirk das Projekt stoppen konnte. Die Fraktion wehrte sich gegen diese Zumutung und verlangte vor einer Zustimmung einen schriftlichen Bericht des Dezernenten über das Projekt. Erstmals versuchte der Bezirksbürgermeister auf dieser Sitzung, die SPD-Bezirksverordneten mit angeblich drohenden Regreßansprüchen der Bauherren für den Fall, daß der Bezirk das Projekt verzögere, einzuschüchtern.

Doch damit gab die Bezirksverwaltung nicht auf, denn für den 8. Juli stand die Abstimmung über den Bebauungsplan auf der Tagesordnung der Kreuzberger BVV. Die Abstimmung war erforderlich, da das Kottbusser Tor in dem rechtsverbindlich noch geltenden Baunutzungsplan von 1958 als Mischgebiet ausgewiesen war. Erst ein inzwischen ergangener – nicht rechtsverbindlicher – Flächennutzungsplan hatte das Gebiet zum Kerngebiet erklärt. Auf dieser Grundlage hatte das Kreuzberger Bezirksamt den neuen Bebauungsplan VI–101a ausgearbeitet, der genau den Planungen der Bauspekulanten entsprach und dessen Annahme durch die BVV als Ortsstatut die Bauabsichten baurechtlich abgesichert hätte. Auf dieser Sitzung informierte der SPD-Baustadtrat die sozialdemokratischen Bezirksverordneten erstmals darüber, daß ihm bereits seit Mitte 1970 (!) ein Antrag auf Baugenehmigung für das NKZ vorlag, über den nach dem Bundesbaugesetz innerhalb eines Jahres (bis zum 13. 7. 1971) zu entscheiden war. Auf der Rechtsgrundlage des geltenden Baunutzungsplans von 1958 hätte der Antrag abgelehnt werden müssen. Das hatte die Verwaltung jedoch aufgeschoben, um nach Verabschiedung des neuen Bebauungsplanes einen positiven Bescheid geben zu können.

Den nächsten Versuch, ihre Vorstellungen durchzusetzen, unternahm das Bezirksamt auf einer Sitzung des SPD-Kreisvorstandes am 28. Juni 1971. Um die einschlägigen aufschiebenden Beschlüsse in Sachen NKZ umstoßen zu können, legte der Baustadtrat einen Antrag vor, der die BVV-Fraktion faktisch zwingen sollte, dem Bebauungsplan zuzustimmen. In der Abstimmung setzten die im Kreisvorstand sitzenden Stadträte massiv ihre Interessen durch: mit 10 Stimmen (darunter 4 Stadträte, 1 Ex-Stadtrat und der Pressereferent des Bürgermeisters) bei 5 Gegenstimmen und 4 Enthaltungen wurde der Antrag angenommen.

Am 5. Juli wurde der Bebauungsplan erneut von der BVV-Fraktion behandelt. Die Kreuzberger Jungsozialisten hatten alle SPD-Bezirksverordneten persönlich angeschrieben und in einem 5-Seiten-Papier noch einmal dargelegt, warum eine Zustimmung zum Bebauungsplan nicht im Interesse der Kreuzberger Bürger sei. Die SPD werde unglaubwürdig, wenn sie es zuläßt, daß Spekulationsobjekte mit unbezahlbaren Mieten gebaut und die Abrißmieter mit Einschüchterungen und Drohungen vertrieben werden. Im unterversorgten Südost-Teil des Bezirks bestünde außerdem ein Bedarf an Sozialeinrichtungen und nicht an teuren Gewerbeflächen, die entweder unvermietbar sind oder deren Gewerbemieter die Kleinbetriebe des Südostens ruinieren.

Nur die Verhinderung des gesamten Baues helfe den Betroffenen wirklich, nur dann bleibe die SPD und ihre politische Aussage glaubwürdig. Unter Hinweis auf noch schwebende stadtplanerische Überlegungen zur Gestaltung des Kottbusser Tores im Zusammenhang mit den beiden großen Sanierungsgebieten SKN und SKS wurde den Bezirksverordneten empfohlen, in Fraktion und BVV für eine Nichtbefassung mit dem Bebauungsplan zu stimmen. Die sozialdemokratischen Bezirksamts-Mitglieder argumentierten auf der Sitzung, daß es aus finanziellen und rechtlichen Gründen keine Alternative zum NKZ gebe. Um die der Einschüchterung der Bezirksverordneten dienenden angeblich drohenden Regreßansprüche der NKZ-Gesellschaft juristisch zu untermauern, wurde eigens ein Rechtsamts-Jurist bemüht. Der geballte Einsatz eines manipulierten Kreisvorstandsbeschlusses und des Verwaltungswissens konnte allerdings nicht verhindern, daß sich die Bezirksverordneten in der Abstimmung für die Nichtbefassung mit dem Bebauungsplan aus „stadtplanerischen Gründen" aussprachen. Der taktische Rückzug auf die planerische Unausgewogenheit von Spekulationsobjekt und allgemeinem Sanierungsvorhaben verdeckt aber nur vordergründig die innerparteiliche Auseinandersetzung um eine Kommunalpolitik im Interesse der Bürger. Nach den Stimmverlusten der SPD bei den Abgeordnetenhauswahlen im Frühjahr 1971, die durch das Ausklammern der für Kreuzberg lebenswichtigen Sanierungsfrage aus der Wahlkampfdiskussion mitverursacht wurden, hatten die innerparteilichen Kritiker der bisherigen Praxis – die Jungsozialisten – an Anhang gewonnen und einen wesentlichen Erfolg errungen. Die Baugenehmigung für das NKZ konnte nicht erteilt werden.

Etwa einen Monat später erreichte der Druck der Spekulanten auf die Abrißmieter ihren Höhepunkt. Am 6. August 1971 gegen 7.30 Uhr drang ein Abrißkommando der NKZ-Tiefbaufirma in das Haus Dresdner Straße 131 ein. Aus drei leerstehenden Wohnungen rissen Bauarbeiter Fenster, Türen, Toiletten und Versorgungsleitungen heraus und warfen sie auf den Hof. Damit waren die Häuser und die leeren Wohnungen für jedermann zugänglich. Diese Maßnahmen sollten auf die verbleibenden fünf Mietparteien Druck ausüben, ihre Wohnungen umgehend zu räumen. Zwei Tage später machte sich eine Juso-Gruppe daran, die Fenster und Türen provisorisch wieder abzudichten. Gleichzeitig vermittelten sie den Betroffenen einen Rechtsanwalt, der beim zuständigen Amtsgericht gegen die NKZ-Gesellschaft auf Unterlassung klagte. Am 10. August erließ das Amtsgericht antraggemäß eine einstweilige Verfügung. Die Bauspekulanten wurden verpflichtet, die Eingangstüren sicher zu verschließen und die Fenster der leerstehenden Wohnungen zu sichern. Weitere Abrißarbeiten wurden untersagt, solange Mieter im Haus wohnen (die einstweilige Verfügung wurde im September im Hauptverfahren in vollem Umfang bestätigt).

Die Berliner Presse berichtete sehr breit über die Zerstörungsmaßnahmen der Schmidt-Press-Gruppe („Fenster und Türen raus – das nennt man ‚entmieten' " – nachtdepesche) und griff auch die älteren Vorgänge um das NKZ in der Berichterstattung wieder auf. Über die Initiative der Jungsozialisten wurde sehr positiv berichtet („Fenster dicht – Jetzt Mieter wieder sicher" – nachtdepesche) und in Kommentaren („Hut ab!" – nachtdepesche) herausgestellt. Daraufhin beschäftigten sich auch der zuständige Arbeitskreis II der SPD-BVV-Fraktion mit dem NKZ und verurteilte das Vorgehen der NKZ-Gesellschaft, „durch Demolierung und Unbewohnbarmachung noch bewohnbarer Häuser auf nicht räumungsbereite Mieter . . . Druck auszuüben, ihre Wohnungen aufzugeben". Begrüßt wurde die Auflage der bezirklichen Bauaufsicht, die sich jetzt bequemte, einzuschreiten. Der Arbeitskreis empfahl der Fraktion, den Bebauungsplan für das NKZ nicht zu beschließen, solange „der Eindruck fortbesteht, daß die Bauherren nicht bereit sind, die Rechte sanierungsbetroffener und sicher dann auch künftiger Mieter zu respektieren".

Damit endete die Beteiligung von Bürgern an Aktionen gegen das Neue Kreuzberger Zentrum. Inzwischen waren von den ursprünglich 148 auf den Press-Schmidt-Grundstücken noch wohnenden Mietparteien (Anfang 1971 noch 70 Mietparteien) nur 40 übrig geblieben. Die anderen waren dem Druck gewichen und hatten – mit oder ohne Hilfe der NKZ-Gruppe – andernorts Wohnungen bezogen. Die Neigung der übriggebliebenen Mietparteien, in den fast leeren Häusern wohnen zu bleiben, war verständlicherweise gering. Der Streit um das Projekt war aber noch nicht beendet. Die innerparteiliche Auseinandersetzung ging weiter und wäre so nicht weiter gegangen, wenn die Jungsozialisten nicht zurvor die Betroffenen mobilisiert und den Druck der Bevölkerung innerparteilich umgesetzt hätten. Mit dem Rückhalt der artikulierten Interessen der Betroffenen gewann die Argumentation der Jungsozialisten in der Kreuzberger SPD eine neue Qualität. Alle Veränderungen des Projektes in der Folgezeit wären ohne die vorhergehende Bevölkerungsarbeit der Jungsozialisten nicht erreicht worden.

Auf die Vertagung der Behandlung des Bebauungsplanes und den Aufschub der Baugenehmigung reagierte die Press-Schmidt-Gruppe in der Öffentlichkeit gelassen. Noch im August stellte sie beim Bezirksamt einen Antrag auf eine Teilbaugenehmigung für ein Parkhaus. Aus baurechtlichen Gründen mußte dieser Antrag vom Bezirksamt nach einiger Zeit genehmigt werden.

Bis zum Mai 1972 hatte das Bezirksamt mit der NKZ-Gesellschaft einen Kompromiß ausgehandelt, um einem Teil der aufgekommenen Kritik Rechnung zu tragen. Der Kompromiß beinhaltete eine Erweiterung der Nutzungsmöglichkeiten des Baues für soziale und kulturelle Zwecke (Jugend-Tanzcafé, soziale Betreuungseinrichtungen, ein Altenwohnheim, ein Altenclub, Verwaltungsräume für die Stadtbücherei und das Gesundheitswesen sowie eine Ausstellungshalle). Außerdem sollten 80 – 90 % der Wohnungen im sozialen Wohnungsbau errichtet werden (Miete: DM 3,30 pro qm) und über ein Belegungsrecht für das Bezirksamt Kreuzberger Sanierungsbetroffenen zur Verfüfung stehen. Unter diesen Bedingungen – mehr Zugeständnisse seien nicht zu erreichen – schlugen die sozialdemokratischen Mitglieder im Bezirksamt und die Bezirksverordnetenfraktion dem Kreisvorstand vor, einer Verabschiedung des Bebauungsplans zuzustimmen. Trotz der Einwände der Jungsozialisten, daß die Finanzierung des Baues bei so niedrigen Mieten nur mit Hilfe der Erklärung zum Sanierungsgebiet und der sich daraus ergebenden finanziellen Entlastung (z. B. Übernahme der Kosten für die Mietervertreibung) und der Kreditverbilligung ergeben könnte, billigte der Kreisvorstand mehrheitlich den Antrag. Trotz der Warnungen der Jungsozialisten begab sich damit der Bezirk der einzigen gesetzlichen Kompetenz, das Projekt zu stoppen und auf die Entwicklung massiv Einfluß zu nehmen. Die Bezirksverordnetenversammlung setzte am 18. Mai 1972 den Bebauungsplan VI-101a fest, zugleich wurde das Bezirksamt beauftragt, sich bei der Senatsverwaltung dafür einzusetzen, daß das NKZ-Areal nicht in das Sanierungsgebiet einbezogen wird.

Entgegen früheren Zusagen entschloß sich die Senatsbauverwaltung im Juni 1972 doch, das NKZ-Projekt zur öffentlich geförderten Sanierungsmaßnahme zu erklären. Scharfe öffentliche Proteste des Kreuzberger Bezirksamtes, der Bezirksverordnetenversammlung, des SPD-Kreisvorstandes (dem von einem NKZ-Architekten eine Spende in Höhe von DM 5 000,– angeboten wurde) konnten die Anerkennung zum Sanierungsgebiet nicht verhindern. Am 7. August 1972 wurde der Grundstein zum Bau des NKZ gelegt. Als im Herbst 1972 der Umfang des Baues noch verringert werden mußte, weil ein Grundbesitzer zum Verkauf seiner Grundstücke auf dem NKZ-Areal nicht bereit war, wurde die Bezirksverwaltung aus offensichtlich politischen Gründen bei der

Abänderung des Bebauungsplanes ausgeschaltet. Im Frühjahr 1973 schließlich stellte die Senatsverwaltung an den Bezirk das Ansinnen, die bezirkseigenen Grundstücke doch an die Spekulanten zu verkaufen, um zum termingerechten Weiterbau des Projektes beizutragen. Nachdem die Jungsozialisten die Presse gegen diesen „Skandal" mobilisiert hatten und sich das Bezirksamt und der SPD-Kreisvorstand in außergewöhnlich scharfer Form dagegen zur Wehr setzten, verzichtete der Senat auf die Verkaufsauflage.

Bei einer Beurteilung des NKZ-Projektes unter dem Aspekt bürgerschaftlicher Partizipation an der Planung, muß man sich vergegenwärtigen, daß die Jungsozialisten zu einem Zeitpunkt die Initiative ergriffen, als es für eine entscheidende Einflußnahme bereits zu spät war. Nur wenn das Projekt zum Scheitern gebracht worden wäre, wäre eine Einflußnahme auf die Neuplanung möglich gewesen. An der Durchführung des Projektes waren aber nicht nur die Spekulanten dringend interessiert, sondern auch der Berliner Senat, denn mit dem Scheitern eines so wesentlichen Steuerabschreibungs-Baues wäre das System der Investitionsförderung mit Steuergeschenken nach dem Berlinhilfegesetz infrage gestellt worden. Gerade weil allgemein bekannt ist, daß die gegenwärtige Berlinförderung dringend erwünschte und notwendige Investitionen nicht bewirkt, sondern zu einem erheblichen Teil am Bedarf vorbeigeplante, überflüssige Gewerbe- und Bürobauten gefördert werden, hätte das Scheitern dieses Projektes beispielhaft die Schwächen des Berlinhilfegesetzes bloßgelegt. Das gab dem Projekt aber auch den gesellschaftspolitischen Stellenwert, denn hier standen die Interessen der betroffenen Bürger gegen die Profitinteressen der Spekulanten und der mit ihnen verbündeten Bürokratie. Bei der Mieterinitiative Manteuffel-/Wrangelstraße und Block 100 setzten sich die Mieter mit Baugesellschaften auseinander, die zumindest mit einem gemeinnützigen Anspruch auftraten und deren Unvermögen zur Befriedigung der Bedürfnisse der Mieter nur eine Erscheinungsform des Grundwiderspruchs, nämlich die öffentliche Armut reflektierte. Die Zugeständnisse entsprachen letzten Endes dem erklärten Anspruch der Gesellschaften und tangierten wesentliche Bereiche des Kapitalverwertungsinteresses nicht. Im Falle NKZ traf jedoch die Aktion der Bürger auf das Profitinteresse der Spekulanten und die öffentliche Profitförderung.

War unter diesen Aspekten bürgerschaftliche Planungsbeteiligung ausgeschlossen, so ist das Projekt doch in bezug auf die Reaktion des sozialdemokratisch regierten Bezirksamtes und der SPD selbst von Interesse. Gewohnt, fast völlig ohne Beteiligung der Bürger zu „regieren" und bei unbequemen Projekten den Weg des geringsten Widerstandes zu gehen, wurde das NKZ zuerst von SPD und Bezirksamt gefördert und unterstützt. Dem Druck der mobilisierten Mieter auf die Institutionen und den über die normale „Hofberichterstattung" hinausgehenden kritischen Berichten der Presse gab zuerst die SPD nach. Trotz der Drohungen des Bezirksamtes mit Regreßansprüchen der NKZ-Gruppe weigerten sich die sozialdemokratischen Bezirksverordneten, sonst nur zu geneigt, das Bezirksamt gegen Kritik abzuschirmen, dem Bebauungsplan – und damit dem Bau – zuzustimmen. Die Jungsozialisten setzten den Druck der mobilisierten Bürger innerhalb der Partei um und drohten mit innerparteilichen Konsequenzen, die Mehrheit der Partei folgte ihnen in diesem Fall, so daß sich schließlich auch das Bezirksamt in eine Front gegen die Politik der Senatsbauverwaltung einordnete, wie die entschiedene Zurückweisung der Aufforderung des Senats zum Grundstücksverkauf durch Bezirksamt und Kreisvorstand beweist.

Es zeigte sich, daß die Bezirksverordneten zumeist guten Willens waren, aber aus Mangel an Informationen und Sachkenntnis, die ihnen die Verwaltung freiwillig auch nicht gab, nicht in der Lage waren, alle Möglichkeiten auszuschöpfen, um ein Projekt wie das NKZ zu stoppen oder zu beeinflussen. Hinzu kommt der mangelnde Kontakt einer Institution wie der SPD zu den Bürgern ihres Bezirkes. Eine echte Kommunikation der Partei und ihrer Mandatsträger zu den Mietern des Wohnbereichs gibt es aus Unvermögen und Desinteresse kaum, kritische Mitarbeit des Bürgers ist bei der Bürokratie unerwünscht. Auch für die Jungsozialisten waren die Informationsprobleme enorm. Von den beabsichtigten Maßnahmen der Verwaltung erfuhr man zumeist sehr spät, oft erst von vollendeten Tatsachen. Hinzu kamen die Schwierigkeiten, die baurechtlichen und Finanzierungsprobleme zu erfassen, um Ansatzpunkte und Einwirkungsmöglichkeiten auszumachen. Von einfachen Bürgern und Bürgerinitiativen, die organisatorisch nicht wenigstens am (spärlich fließenden) Informationsfluß einer Partei wie der SPD partizipieren und nicht mittels der Partei über Kontakte zur Verwaltung verfügen, ist der Informationsstand, der für eine Bürgerinitiative notwendig ist, nicht zu erreichen. Aber an dem NKZ-Projekt zeigt sich auch die Begrenztheit politischer Initiativen im Reproduktionsbereich. Die Erscheinungsform des Konflikts zwischen Bürgerinteresse und Kapitalinteresse verändert sich schnell. Im Gegensatz zur Kontinuität des gesellschaftlichen Konflikts im Betrieb verschwand der Anlaß des ursprünglichen Konflikts mit Baubeginn des Objekts und dem Auszug der letzten Altmieter. Danach konnten Mieter nicht mehr mobilisiert werden, damit war ein Faktor, der den Senat ursprünglich zu seinen Zusagen (keine Senatsbürgschaften, keine senatsverbürgte Hypothek, keine Erklärung zum Sanierungsgebiet) gezwungen hatte, entfallen. Sofort zog der Senat seine Zusagen zurück und förderte die Spekulanten wieder mit allen verfügbaren Mitteln.

So bleibt vom Beispiel NKZ die Erfahrung, daß eine lokale Parteiorganisation auf die artikulierten Interessen von Bürgern reagiert, wenn diese innerhalb der Partei von einer Gruppe verfolgt und umgesetzt werden. Die Umstände des Projekts haben innerhalb breiter Kreise der Kreuzberger SPD-Mitgliedschaft eine kritische Beurteilung des Verwaltungshandelns von sozialdemokratischen Mandatsträgern eingeleitet. Nicht nur, daß der Stellenwert der Jungsoazialisten und der Kommunalpolitik innerparteilich stieg, in der Kreuzberger SPD bahnte sich seitdem ein neues Verständnis von Kommunalpolitik an. Die Notwendigkeit unmittelbarer Mitwirkung der Bürger an der Kommunalpolitik, z. B. über Bürgerinitiativen, wurde in ständig steigendem Maße anerkannt.

Mieterinitiative Block 100

Der Block 100 (Naunyn-, Waldemarstraße / Mariannenplatz) liegt mitten im Sanierungsgebiet Kreuzberg Nord (SKN). Nach der Planung des Senats wird der Block im Laufe der Jahre 1972 bis 1974 „entmietet" und abgerissen, um für Neubauten Platz zu schaffen. Sanierungsträger ist die Berliner Wohn- und Geschäftshaus GmbH (BeWoGe), eine voll im Besitz des Landes Berlin befindliche Wohnungsgesellschaft.

Im April 1972 wurde von den Jungsozialisten unter den betroffenen 70 Mietparteien eine Fragebogenaktion durchgeführt, in der nach den Wünschen der Mieter in Bezug auf die Sanierung gefragt wurde. Die Befragung ergab, daß die Sozialstruktur der Blockbewohner (ohne die Ausländer) in etwa dem Durchschnitt des Sanierungsgebites entsprach und 80 % von ihnen in Kreuzberg wohnen bleiben wollte. Als Gründe wurden angegeben: Nähe des Arbeitsplatzes, Nachteile einer Umschulung der Kinder, gewohnte Umgebung und soziale Kontakte, Lage und gute Verkehrsmöglichkeiten. Zu diesem Zeitpunkt – einem halben Jahr vor der beabsichtigten Entmietung und dem Abriß der ersten Häuser – hatte es die BeWoGe noch nicht für nötig befunden, im Block 100 ein Sanierungsbüro einzurichten und die Mieter über die bevorstehenden Maßnahmen und ihr Schicksal zu unterrichten.

Zur Vorbereitung der ersten Mieterversammlung im Block 100 am 28. 4. 1972 wurde eine Mieterzeitung verteilt, in der über die Ergebnisse der Befragung und die Ziele und Durchführung einer Mieterinititiave informiert wurde. Außerdem – und das war auch der Hauptinhalt der Mieterversammlung selbst – wurden die Mieter über die „Entmietungs-" und Abräumtermine ihrer Häuser und über ihre Rechte als Mieter informiert. Auf der von etwa 15 Mietern besuchten Versammlung kam danach der unhaltbare bauliche Zustand der Häuser zur Sprache. Die von der öffentlichen Baugesellschaft beauftragte Hausverwaltung Wiese & Co. ließ die Häuser verfallen, unternahm auch nicht einmal die notwendigen Reparaturen an den Versorgungsleitungen, sanitären Einrichtungen, Öfen und Schornsteinen der Häuser. Hinzu kam, daß nach dem Auszug deutscher Mieter von der Firma Wiese ausschließlich ausländische Mieter eingewiesen wurden, die durch ihre Wohnweise und ihre Unkenntnis die Häuser noch schneller verfallen ließen. Es zeigte sich, daß den Mietern der Zweck dieses von der BeWoGe und der Firma Wiese systematisch geförderten Verslumungsprozesses des Blocks bewußt war: Hier wurde billiger Wohnraum (in z. T. nicht schlechtem baulichen Zustand und mit Innentoiletten und Bädern) gezielt abgewirtschaftet, um ohne Rücksicht auf die Interessen der deutschen Wohnbevölkerung die Rechtfertigung für die betriebswirtschaftlich erwünschte Kahlschlagsanierung zu bekommen. Damit war ein gewisser Informationsstand erreicht, so daß die zweite Mieterversammlung geplant werden konnte.

Am 8. 6. 1972 versammelten sich 35 der 70 betroffenen Mieter zur zweiten Mieterversammlung und gründeten formell die „Mieterinitiative Block 100", indem sie aus ihren Reihen 4 Vertrauensmieter wählten, deren Aufgabe es war, als Kontaktpersonen unter den Mietern und als Vertreter gegenüber Behörden und der Baugesellschaft zu wirken. Außerdem wurden sie beauftragt, die nächsten Mieterzeitungen und -versammlungen inhaltlich und organisatorisch vorzubereiten. Die Diskussion ergab, daß die BeWoGe dem Wunsch der Mieter, in Kreuzberg wohnen zu bleiben, nicht entgegenkam. Als gleichwertige Ersatzwohnungen waren nur teure Wohnungen in Nachbarbezirken angeboten worden. Zudem hatte die BeWoGe in einigen Mietverträgen widerrechtlich Klauseln aufgenommen, wonach die Mieter keinen Anspruch auf die Stellung von Ersatzwohnungen hätten. In einer einstimmig angenommenen Resolution wurde beschlossen, Vertreter der zuständigen Behörden und der BeWoGe aufzufordern, auf der nächsten Mieterversammlung Rede und Antwort zu stehen. Als Zielvorstellungen der Initiative wurde festgelegt: Stopp der Verwahrlosung der Häuser, Umsetzung der Abrißmieter innerhalb Kreuzbergs, Mitwirkung der Mieter an der Neuplanung des Gebiets.

In der Lokalpresse wurde über Teilaspekte der Mieterversammlung berichtet. Herausgestellt wurde die mangelnde Information der Mieter durch den Sanierungsträger („Kaum Information über Sanierung" – Tagesspiegel) und daß 80 % der Sanierungsbetroffenen im Bezirk wohnen bleiben wollten und sich organisierten, um ihre Ziele auch durchzusetzen („Kreuzberger wollen in ihrem Kreuzberg bleiben" – Telegraf). Die Resolution der Versammlung vom 8. Juni übergaben die Vertrauensmieter und zwei Jungsozialisten am 13. Juni den Direktoren der BeWoGe. Bei dem daran anschließenden Gespräch wurden die Ergebnisse und Vorstellungen der Mieterinitiative vorgetragen. Die BeWoGe-Vertreter kamen nicht umhin, die Wünsche und Forderungen der Mieter als berechtigt anzuerkennen. Sie sagten zu, daß auf der nächsten Zusammenkunft der Mieter ein verantwortlicher Vertreter der BeWoGe anwesend sein würde. Die ersten Erfolge des Druckes der Mieter wurden deutlich. Die BeWoGe-Vertreter erklärten, daß im nächsten Entmietungsabschnitt nur soviel Wohnungen freigemacht werden, wie andere Wohnungen, die den Wünschen der Mieter entsprechen, in Kreuzberg frei sind. Die freien Wohnungen würden weitgehend billige Sozialbauwohnungen in älteren Neubauprojekten des Bezirks sein. Eine gewisse Mitwirkung der Mieter bei der Auswahl des nächsten Entmietungsabschnittes und der Planung der Ersatzbauten wurde zugestanden, ebenso wie die BeWoGe die sofortige Bebauung der freigewordenen Grundstücke zusagte.

Damit hatte die Mieterinitiative die ersten Erfolge erzielt. Für die nächste – auf den 29. Juni angesetzte – Mieterversammlung wurde geplant, die Zugeständnisse verbindlich zu fixieren und zu sichern. Außerdem sollten die BeWoGe-Vertreter mit den Zuständen in den von Wiese & Co. verwalteten Häusern konfrontiert werden. Die Vertrauensmieter beschlossen, die Forderung aufzustellen, daß die Hausverwaltung verbessert wird oder die BeWoGe die Verwaltung der Häuser selbst übernimmt.

Inzwischen hatte die Mieterinitiative auch einige Behördenvertreter unter Übersendung der die Versammlung am 29. 6. vorbereitenden Mieterzeitung aufgefordert, auf der Versammlung zu erscheinen. Der Sanierungsreferent der Senatsbauverwaltung lehnte es schriftlich ab, zu kommen und drohte den beteiligten Jungsozialisten Strafanzeigen wegen angeblich widerrechtlicher „Besorgung fremder Rechtsgeschäfte" an. Dennoch erschien ein Senatsvertreter auf der dritten Mieterversammlung am 29.6.1972, außerdem kam ein Direkter und der Sanierungsabteilungsleiter der BeWoGe und vom Bezirksamt der Vertreter des Baudezernenten sowie knapp 50 Mieter. Die inzwischen sehr selbstbewußt auftretenden Mieter verwickelten die Vertreter der Behörden und der Baugesellschaft in eine sehr heftige Diskussion, so daß nur Teile der vorgesehenen Tagesordnung abgewickelt werden konnten, die Verwahrlosung der Häuser kam kaum zur Sprache. Im Mittelpunkt der Diskussion standen vor allem die Freimachung des Blocks und die Möglichkeiten der Umsetzung innerhalb Kreuzbergs. Einleitend bestätigte der Senatsvertreter die Einschränkung und Streckung des Freimachungsprogramms für Block 100; anstelle von 13 sollten 1972 nur 3 Grundstücke geräumt werden, 1973 sollten nicht 16, sondern nur 6 Grundstücke freigemacht werden. Nachdem die Versammelten die mangelnde Information der Mieter über das Vorhaben kritisiert hatten, wurde zugesagt, daß im Herbst 1972 in einem Brief an alle Mieter über die Pläne für 1973 berichtet werden sollte. Außerdem kam durch intensive Befragung der Behördenvertreter heraus, daß ab 1973 die Umsetzung in Kreuzberg deshalb fraglich sein würde, weil kein genügendes Angebot an Kleinwohnungen (1 und 1 1/2 Zimmer-Wohnungen) verfügbar sein würde. Es war also am Bedarf vorbeigeplant worden. Kein zuständiger Vertreter konnte diese Fehlplanung erklären. Die Mieter verurteilten die Fehlplanung scharf und forderten die BeWoGe auf, die Planung entsprechend umzustellen. Die Mieter erfuhren auch, daß es weder eine Freimachungsplanung für die Zeit nach 1973 gab, noch eine Planung für die Neubebauung des Blocks 100. Da der Strukturplan für das gesamte Sanierungsgebiet SKN noch erarbeitet wurde, war eine angemessene Planung noch gar nicht möglich! Wie unter diesen Bedingungen eine vernünftige Sanierungspraxis abgewickelt werden sollte und Härten bzw. die Aussiedlung der Mieter der freigemachten Gebäude vermieden werden sollte, blieb offen. Deshalb beschlossen die Mieter, zur nächsten Mieterversammlung Vertreter des Stadtplanungsamtes Kreuzberg und der Planungsabteilung der Senatsbauverwaltung einzuladen. Außerdem sollte die Verwahrlosung der Häuser behandelt werden und dazu ein Vertreter der Firma Wiese eingeladen werden.

Die vierte und letzte Versammlung der Mieterinitiative Block 100 fand am 7. 9. 1972 statt. Außer 28 Mietern kamen wieder Vertreter der BeWoGe und der Behörden. Diskutiert wurde vor allem die Möglichkeit einer Beteiligung der Betroffenen an der Planung, denn inzwischen war bekannt geworden, daß der Architektenwettbewerb für das Sanierungsgebiet angelaufen war. Dementsprechend forderte die Versammlung, an der Bewertung des Wettbewerbs teilzunehmen und beauftragte auch gleich zwei Vertreter, an den Sitzungen der Architektengruppe für das Sanierungsgebiet Kreuzberg-Nord teilzunehmen und die Mieter dort zu vertreten.

Mit dieser Forderung erreichte die Mieterinitiative Block 100 den Höhepunkt ihres Einflusses auf die Sanierungsplanung, denn dem Beschluß wurde von den Behörden und vom Sanierungsträger stattgegeben. Seit dem Anlauf des Wettbewerbs war die Initiative in dem Planungsteam mit zwei Beauftraten vertreten. Zu der schnellen Akzeptierung der Mietervertreter als „Multiplikatoren" in der Bevölkerung hatte allerdings auch die Verabschiedung des Städtebauförderungsgesetzes beigetragen (§ 9 schreibt vor, daß die Gemeinde „möglichst frühzeitig die beabsichtigte Neugestaltung des Sanierungsgebiets mit den Betroffenen und die Möglichkeit ihrer Beteiligung an der Durchführung der Sanierung erörtern" soll). Um dieser Gesetzesvorschrift Folge zu leisten, hatten die Behörden den Vorschlag der Mieterinitiative aufgegriffen.

Bis zum gegenwärtigen Zeitpunkt ist eine umfangreiche Bestandsaufnahme des Sanierungsgebietes geleistet worden und mit der Detailplanung begonnen worden. Inzwischen ist jedoch von Seiten der Behörden nichts getan worden, um wieder eine Kommunikation der Mietervertreter und der Betroffenen zu erreichen. Die Jungsozialisten ihrerseits haben es versäumt, die einmal gegebene Chance der Planungsbeteiligung der Mieter auszubauen und eine Rückkoppelung zu ermöglichen. Die Mieterinitiative selbst war zu schwach und organisatorisch bei weitem noch nicht stabil genug, um diesen Prozeß eigenständig weiterzutreiben. Zudem war die Fluktuation der zu der Mieterversammlung kommenden Bürger zu groß gewesen, als daß sich – anders als etwa bei der Mieterinitiative Manteuffel-/Wrangelstraße – ein Kern von Mietern herausgebildet hätte, die die Arbeit wirklich mittrugen. Es hatte sich schon während der „aktiven" Phase der Mieterarbeit als sehr erschwerend erwiesen, daß unter den Mietern selbst – wieder anders als bei der Initiative Manteuffel-/Wrangelstraße – keine Gruppe aktiver Sozialdemokraten war, die eine intensive Kommunikation unter den Mietern und mit den Jungsozialisten herstellte. Schließlich erlahmte unter den Jungsozialisten das Interesse an der Initiative, die im Herbst 1972 ohnehin schon mit viel Improvisation und nur noch wenig begleitender gezielter Aktionsplanung betrieben worden war.

Inzwischen ist die alte deutsche Wohnbevölkerung aus dem Block 100 umgesetzt worden. Ihnen wurden Sozialbauwohnungen in Kreuzberg nachgewiesen. So hat dieser vielversprechende Ansatz einer Planungsbeteiligung von Bürgern in einem recht frühen Stadium der Sanierung wenigstens eine Verbesserung der Sanierungspraxis für die Betroffenen und die Beteiligung von „Multiplikatoren" aus der Bevölkerung erreicht.

Erfahrungen, Konsequenzen und Perspektiven

Akzeptiert man den Disparitätenansatz von Offe, so liegt es auf der Hand, daß der Kampf in den Betrieben allein nicht mehr ausreicht, denn auch staatliches Handeln folgt im wesentlichen den Interessen des Kapitals. Daraus folgt, daß die Aufhebung der politisch-ökonomischen Macht des Kapitals nur gelingen kann, wenn die abhängig Beschäftigten auch im Reproduktionsbereich die Klassenauseinandersetzung aufnehmen und ihre Interessen und Rechte aktiv wahrnehmen. Zwar ist der Staat der primäre Adressat der mobilisierten kollektiven Bedürfnisse, je stärker der Nachdruck ist, mit dem sie aber an den Staat herangetragen werden, um so mehr wird einerseits der kapitalistische Charakter des Staates offengelegt, was Abhängigkeitsverhältnisse verdeutlicht und zur Verschärfung der Widersprüche beiträgt. und andererseits die Chance einer Durchsetzung der Bedürfnisse ermöglicht. Damit ändert sich zwar nicht der Charakter der Gesellschaft insgesamt, denn der Sozialstaat ist und bleibt eine Illusion, aber das Prinzip des individuellen Konsums als eine notwendige Bedingung des entwickelten Kapitalismus und die durch Konjunktur-, Struktur- und Infrastruktursteuerung staatlich garantierten Verwertungsmöglichkeiten privaten Kapitals in quantitativ und qualitativ ständig wichtiger werdenden volkswirtschaftlichen Teilbereichen werden zumindest tendenziell eingeschränkt. Immerhin tätigen die Gemeinden über 60 % der öffentlichen konjunkturwirksamen Investitionen!

Die wirtschaftliche Bedeutung der Sanierung, also der Bereich, in dem die hier dargestellten Beispiele von Bürgerinitiativen ansetzten, wird deutlich, wenn man sich den Umfang der davon tangierten Projekte vergegenwärtigt: Bei dem Neuen Kreuzberger Zentrum handelt es sich um ein 73 Millionen-Projekt, die Kahlschlagsanierung von 16 000 Wohnungen (etwa 20 % des gesamten Bestandes in Kreuzberg) ist ein Millionenprojekt für die Bauindustrie, ebenso wie die Vernichtung billigen und die Neuerrichtung teuren und profitablen Wohnraums für die Wohnungsbaugesellschaften und deren Geldgeber. Das Scheitern des NKZ hätte auf das gesamte System der Berlin-Hilfe, einer besonders hoch entwickelten Form staatlich regulierter Investitionsförderung, Auswirkungen gehabt. Daß dieses Ziel nicht erreicht wurde, ist angesichts des zu späten Anlaufens der Initiative und der improvisierten und unzulänglichen Durchführung nicht weiter verwunderlich.

Die Mieterinitiative Manteuffel-/Wrangelstraße war ein guter Ansatz zur Veränderung der Sanierungspraxis im Interesse der Betroffenen. Die erkämpfte Umsetzung der Sanierungsmieter im Bezirk stellt ein auf die gesamte Sanierungspraxis übertragbares Modell dar, das den Interessen der Wohnungsbaugesellschaften und der Bauindustrie an der reibungslosen Aussiedlung der Mieter und der Kahlschlagsanierung diametral entgegengesetzt ist. Zwei Ziele sind allerdings nicht erreicht worden: Weder konnte die Möglichkeit der Altbausanierung den Mietern hinreichend verdeutlicht und durchgesetzt werden, noch konnte eine effektive Beteiligung der Mieter an der Planung der Bebauung durchgesetzt werden. Auch diese Aktion setzte zu einem Zeitpunkt ein, als die Planung bereits abgeschlossen war.

Hinsichtlich der Mieterinitiative Block 100 waren günstigere Voraussetzungen gegeben. Eine Planungsbeteiligung konnte in Form der „Multiplikatoren" durchgesetzt werden, ist aber bislang im Sinne bürgerschaftlicher Partizipation in Verbindung mit einer Mobilisierung der Mieter – und dem damit verbundenen politischen Druck auf die Instituionen – noch nicht genutzt worden. Da die Funktion der „Multiplikatoren", so wie sie von den Behörden konzipiert wurde, auf ‚advocacy-planning' abzielt, besteht die Gefahr, daß sie nicht politisch wirksam werden, sondern in die Sach- und Detaildiskussion der Planungstechnokraten integriert werden und ihre Beteiligung zu scheinrepräsentativer „Beratung“ degeneriert. Hier müßte eine am tatsächlichen Bedarf der Altmieter orientierte Gegenplanung nach dem Prinzip der „Zug-um-Zug-Sanierung“ unter Einbeziehung partieller Altbausanierung konzipiert und mit einer gegenüber dem Modell der Mieterinitiative Manteuffel-/Wrangelstraße weiterentwickelten Kombination von Verhandlungs- und kalkulierten Druckstrategien durchgesetzt werden.

Wie die Beispiele zeigen, läßt sich der politische Kontext zum Grundwiderspruch in Initiativen, die sich um sehr punktuelle – scheinbar – isolierte und spezifische Inhalte entwickeln, durchaus herstellen, d. h. in den dargestellten Initiativen wurde der Bezug nach einer gewissen Zeit von den Mietern selbst hergestellt. Da die beteiligten Bürger – auch die betroffenen SPD-Mitglieder in der Manteuffel-/Wrangelstraße – wie bei proletarischer Bevölkerung in Berlin nicht weiter verwunderlich, durchweg autoritär und teilweise konservativ eingestellt waren, hätte sie eine vordergründige Agitation abgeschreckt, ganz abgesehen davon, daß sie – anders als Mittelschicht-Bürger – unter Sozialisationsbedingungen aufgewachsen sind, die die Fähigkeit zu verbaler Kommunikation nicht gerade fördern. In dem praktischen Zusammenhang der Mieteraktion jedoch verbalisierten sie selbst die erfahrenen Zusammenhänge und konfrontierten die Vertreter der Behörden und Baugesellschaften sehr bald mit Einsichten über die Hintergründe öffentlicher Förderung für die NKZ-Spekulanten, über die Interessenten an Kahlschlagsanierung und Wohnraumvernichtung und über die an der Betonpistenplanung interessierten Autokonzerne.

Die Doppelstrategie geht davon aus, daß der Mensch lernfähig und in der Lage ist, unmittelbar erlebte Erfahrungen solidarischen und politischen Handelns auf andere Lebensbereiche zu übertragen. Zwar ist die politische Bewußtseinsbildung die zentrale Frage einer Veränderung der kapitalistischen Gesellschaft, nur löst sie sie nicht unmittelbar, weil sie ökonomische Abhängigkeiten nicht aufhebt. Dennoch muß man in den dadurch in Gang gesetzten Bewußtseinsprozessen ein wichtiges Ziel von Bürgerinitiativen sehen. Politisches Bewußtsein schafft eine unabdingbare Voraussetzung dafür, ökonomische Abhängigkeiten in den verschiedenen gesellschaftlichen Teilbereichen und politische Lösungsmöglichkeiten zu erkennen. Dem kapitalistisch-bürgerlichen Prinzip individueller Konkurrenz am Markt und in allen Lebensbereichen wird so entgegengewirkt, die Summe aller Einzeleindrücke stabilisiert wiederum das politische Bewußtsein und weckt die Bereitschaft zum Handeln.

Als Anstoß war bei der Arbeiterbevölkerung im Sanierungsgebiet die Hilfe der Jungsozialisten notwendig. In dem Maße, wie sich diese Hilfe als Selbsthilfe organisierte, was bei der Mieterinitiative Manteuffel-/Wrangelstraße ein ganz deutlich zu beobachtender Prozeß war, bildete sich ein Bewußtsein z. B. von der subjektiven Abhängigkeit der öffentlichen Mandatsträger in der Kreuzberger SPD und vom politischen Stellenwert des eigenen solidarischen Handelns, das zum konstituierenden Moment eigenständiger politischer Aktivität wurde. Die weitere Arbeit der Bürger dieser Mieterinitiative innerhalb der SPD, ihre kritische Haltung gegenüber dem Handeln der etablierten Bezirksamtsbürokraten und ihre Forderung nach neuen Inhalten parteipolitischer Arbeit zeigt das deutlich. Die Initiative im Block 100 war zu kurzlebig, als daß sie hier längerfristige Effekte gezeigt hätte. Als im Herbst 1972 von den Kreuzberger Jungsozialisten eine Mieterversammlung gegen die Mieterhöhungen zum 1. 1. 1973 veranstaltet wurde, waren unter den 100 erschienenen Bürgern immerhin 20 aus Block 100. Nach der letzten Mieterversammlung dort wurden Jungsozialisten von Mietern immer wieder darauf angesprochen, ob und wann die Initiative weitergeführt wird. Die in dieser Aktion liegende Chance wurde also von den Bürgern erkannt, wenngleich der Anstoß – wie auch im Fall Manteuffel-/Wrangelstraße – nicht ausreichte, eine gewisse Eigeninitiative freizusetzen. Bei rein proletarischer Bevölkerung ist es weit schwieriger, den Mechanismus von Führung und Geführten zu durchbrechen, als bei einer Mittelschicht-Bevölkerung.

Damit ist die Frage nach der Übertragung der gewonnenen Erkenntnisse und Erfahrungen auf die Verhältnisse in der Produktion nicht beantwortet. Ganz abgesehen davon, daß es schwer sein wird, eine Kausalität zwischen Bürgerinitiativen und z. B. Streikverhalten wissenschaftlich greifbar zu machen, können von den dargestellten Beispielen in dieser Hinsicht keine Erkenntnisse abgeleitet werden.

Ein schwieriges Problem bleibt die theoretische und praktische Bewältigung der weiterführenden Politisierung und organisatorischen Stabilisierung der Bürgerinitiativen. Von fast allen infrage kommenden Ausgangspunkten von Initiativen haben diejenigen, die sich auf Wohnen und Mieten beziehen, noch die günstigsten Voraussetzungen, weil hier der Konflikt ähnlich konstant und existentiell ist wie im Betrieb. Langfristig bieten sich für diesen Bereich ganz offensichtlich Rätemodelle als übergreifende Organisationsform (Mieterräte, Stadtteilräte) an, die einerseits die lose, fragmentarische Form der Bürgerinistitiave selbst überwinden und den minoritären Aktionskern in einen größeren organisatorischen und politischen Zusammenhang bringen, andererseits aber durch ihre Flexibilität und Basisgebundenheit verhindern, daß bürokratische und verharrschte Organisationsstrukturen, etwa der SPD, hier Platz greifen oder sie in die herkömmlichen politischen Schemata integriert werden, indem in Partei und Kommune etablierte Sozialdemokraten sich aus Karrieregründen einnisten.

Die organisatorische Weiterentwicklung der Mieterinitiativen Block 100 und Manteuffel-/Wrangelstraße ist versäumt worden, so daß diesbezügliche Aussagen hier nicht möglich sind. Die gesellschaftspolitisch weniger relevanten Spielplatzinitiativen in Kreuzberg sind jedoch in einer räteähnlichen „Spielplatzkommission“ auf Bezirksebene zentral zusammengeschlossen, der vom Bezirksamt zwar keine Rechte eingeräumt wurden, deren politische Effizienz sich aber aus ihrem politischen Rückhalt in der Bevölkerung ergibt (die Kommission konnte 1973 den Bau eines Renommier-Freizeitzentrums – Baukosten: 2 Mill. DM – verhindern).

Der Weg, den zahlreiche Bürger aus den Mieterinitiativen fanden, nämlich der SPD beizutreten, ist sicher nur ein Ausweg, der das Problem der organisatorischen Stabilisierung von Bürgerinitiativen nicht löst. Dabei hat die Organisation der Jungsozialisten in Kreuzberg, speziell deren Arbeitskreis Bauen / Wohnen / Sanierung, offensichtlich einen Teil dessen geleistet, was sonst die Funktion eines Stadtteilrates der Mieterinitiative gewesen wäre: Kommunikation zur Verwaltung, zu den Wohnungsbaugesellschaften, Erfahrungsaustausch mit anderen arbeitenden Gruppen, auch überregional, Reflexion und Planung der konkreten Aktion und ihres politischen Stellenwerts und Informationsbeschaffung. Nach den praktischen Erfahrungen im Arbeiterbezirk Kreuzberg sind diese Leistungen – jedenfalls beim gegenwärtigen Stand – von proletarischer Bevölkerung, selbst wenn sie relativ politisiert ist, nicht zu erwarten, dabei war es – wohlgemerkt – tragendes Prinzip der drei Initiativen, den Bürgern absolut viel Raum zur Selbsttätigkeit zu geben.

Was unter dem Aspekt der Selbstorganisation eindeutig ein Nachteil ist, bietet doch Vorteile bei der Durchsetzung politischer Forderungen der Initiativen in den Institutionen. Durch den organisatorischen Handlungskontext, in dem Mieterinitiativen und Jungsozialisten standen, war es in Kreuzberg möglich, den politischen Druck der Basis innerparteilich zum Tragen zu bringen. Mit den mobilisierten Bürgern als Rückhalt konnten sich Jungsozialisten bei der Masse der Parteimitgliedschaft mit ihren konkreten Forderungen zur Sanierungspraxis Gehör verschaffen und so auf die lokalen Parteivorstände, deren Mitglieder zugleich Dezernenten und Bezirksverordnete im Rathaus waren, Druck ausüben. Zugleich wurden so die Inhalte der Arbeit der Kreuzberger SPD tendenziell verändert. Bürgermobilisierung und antikapitalistische Inhalte sind heute akzeptierte und programmatisch fixierte Bestandteile Kreuzberger SPD-Politik.

Die geschilderten Beispiele, besonders die Initiativen NKZ und mehr noch ihre Folgen, zeigen, daß es auch gelingen kann, die Parteiorganisation und die Kommunalverwaltung so unter Druck zu setzen, daß sie den Konflikt auf eine höhere Ebene und in einer Front mit den Mietern gegen die Hauptverwaltung, den Senat, austragen. Daß dabei sich das Bezirksamt eher zögernd, widerwillig und auch nur partiell auf Seiten der Altmieter stellte, ist aus der komplexen Interessenlage eines bürokratischen Gebildes heraus nicht weiter verwunderlich. Dennoch stellt diese Tatsache dogmatische Interpretationen des Staates als monolithischen Block, der einzig und allein die Interessen der Kapitale verfolgt, infrage. An der Veränderung dieser Position der SPD ist weiter zu arbeiten. Anstelle des Integrationsinstruments kann die SPD eine neue Funktion in der Koordination lokaler Organisationen gewinnen und ihrerseits politisch führend und bewußtseinsbildend auf die Basis zurückwirken. Sie könnte als Organisation die Konflikte auf eine höhere Ebene (Land / Bund) heben und sie zugleich in der praktisch-solidarischen Aktion der Bevölkerung vermitteln.

In diesem Sinn haben Bürgerinitiativen als „Zweitorganisationen" (Grossmann) eine wichtige Funktion im Rahmen einer sozialistischen Strategie, neben den auf eine Veränderung des Produktionsbereichs zielenden „klassischen" Organisation wie Partei und Gewerkschaften. Das bedeutet, daß sie nicht wahrnehmen können, was Aufgabe dieser Organisationen ist, selbst wenn sie diese heute nicht oder nur unvollkommen wahrnehmen: die Lösung des gesellschaftlichen Widerspruchs. Als Zweitorganisationen würde das Scheitern von Bürgerinitiativen und ihre vielleicht jeweils nur temporäre Daseinsberechtigung nicht als Bedrohung oder Fehlschlag empfunden werden, wie es in Kreisen mittelständischer Intellektueller mit mangelndem Organisationsverständnis nur zu oft – auch in Kreuzberg – der Fall gewesen ist. Bürgerinitiativen können im Reproduktionsbereich relativ eigenständig Teilprobleme lösen, unmittelbare politische Partizipation der Bürger ermöglichen und modellhaft solidarische Organisationsmodelle vorwegnehmen, Bewußtsein bilden und antikapitalistische Freiräume schaffen, so daß sie insgesamt ein gleichrangiger Faktor bei der Veränderung der Gesellschaft sind und dennoch im Verhältnis zu den Gewerkschaften und der SPD diesen zuarbeiten.

Quellen und Literatur

Berliner Blätter, Jg. 1971.
INFO-Dienst der Kreuzberger Jungsozialisten, Jg. 1970 - 1973.
JUSO / JS-Magazin, Jg. 1970 - 1973.
Zeitungsausschnitte aus: Die Welt, Der Tagesspiegel, Berliner Morgenpost, Kreuzberger Echo, Welt am Sonntag, Der Spiegel, Telegraf, Abend, Spandauer Volksblatt, Berliner Stimme, nachtdepesche, Bauwelt, Berliner Extra-Dienst.

1. – 8. Bericht über die Stadterneuerung in Berlin (Sanierungsberichte).
SPD-Kreuzberg – Kommunalpolitisches Programm, Berlin o. J. (1973).
Verschiedene Juso- und SPD-Materialien, Mieterzeitungen, Kreisvorstands-Protokolle, Vorlagen der Bezirksverordnetenversammlung Kreuzberg.
Kommunalpolitik für wen? Arbeitsprogramm der Jungsozialisten, hrsg. im Auftrage der Kommunalpol. Konferenz der Jungsozialisten von Wolfgang Roth, Frankfurt/Main 1971.
Berliner Statistik, H. 3. März 1973.
Egert, Meisner, Momper, Wartenberg: Basisarbeit – Theorie und Praxis, *in:* Überwindet den Kapitalismus – oder: Was wollen die Jungsozialisten? hrsg. von Norbert Gansel, Reinbek 1971, S. 100-116.
Offe, Claus: Bürgerinitiativen und Reproduktion der Arbeitskraft im Spatkapitalismus, *in:* Bürgerinitiativen – Schritte zur Veränderung? , hrsg. von Heinz Grossmann, Frankfurt/Main 1971, S. 152-165.
Grossmann, Heinz: Bürgerinitiativen sind Initiativen der Basis, ebenda, S. 166-169.
Bölke, Peter: Geschäfte mit Berlin, München 1973.
Offe, Claus: Zum politischen Stellenwert von Bürgerinitiativen, *in:* Großstadt-Politik. Texte zur Analyse und Kritik lokaler Demokratie, hrsg. von Rolf-Richard Grauhan, Gütersloh 1972.
Fassbinder, Helga: Bürgerinitiativen und Planungsbeteiligung im Kontext kapitalistischer Regionalpolitik, *in:* Kursbuch 27 – Planen Bauen Wohnen –, hrsg. von Hans-Magnus Enzensberger und Markus Michel, Berlin 1972.

Thesen zur Mitbestimmungsdiskussion

Von Frank Deppe

(1) Angesichts der zu erwartenden Vorlage und Verabschiedung einer gesetzlichen Mitbestimmungsregelung für die gesamte Wirtschaft wird die Analyse der Mitbestimmung der Lohnabhängigen in Wirtschaft, Staat und Gesellschaft vor neue Aufgaben gestellt. Insbesondere gilt es, die bisherigen Erfahrungen der Mitbestimmungspraxis im Kontext der Entwicklung gesellschaftlicher Widersprüche in der BRD sowie der Ziele und Aufgaben der Arbeiterbewegung – hauptsächlich der Gewerkschaftsbewegung – zu bestimmen. Die Herauslösung der Mitbestimmungsfrage aus diesem objektiven und subjektiven Zusammenhang führt notwendig zu einer totalen Verwirrung der Begriffe Demokratie und Sozialismus, zu einer formalistischen Gleichsetzung verschiedener Strategiemodelle und schließlich zu einem inadaequaten Verständnis der Begriffe Reform und Revolution.

(2) Allerdings setzt eine solche Betrachtungsweise einen bestimmten Begriff von Gesellschaft voraus. Wird das gegenwärtige gesellschaftliche System der BRD als „entwickelte Industriegesellschaft" klassifiziert, das sich aus einer unbestimmten Vielzahl von „Subsystemen" komponiert, so geht die spezifische Bestimmung des Charakters dieser Gesellschaft, der Konstitutionsbedingungen auch der sozialökonomischen, politischen und ideologischen Einzelerscheinungen und ihres Vermittlungszusammenhangs, verloren. Ist hingegen die private Profitproduktion, die Verwertung des Kapitals durch die Verwertung der Arbeitskraft im Produktionsprozeß und der darin implizierte, fundamentale Gegensatz von wertschaffender und wertaneignender Tätigkeit als das nach wie vor bestimmende Prinzip der gesellschaftlichen Entwicklung und der Entfaltung ihrer inneren Widersprüchlichkeit anerkannt, so stellt sich die Frage nach Inhalt und Zielrichtung von Mitbestimmungs- und Demokratisierungsstrategien notwendig mit einer anderen Akzentuierung: Demokratisierung kann nicht im Sinne formaler Gleichheits- und Freiheitskonzeptionen reaktualisiert werden. Demokratisierung muß seiner materiellen Substanz nach auf die Produktionsverhältnisse und damit auf Veränderungen im gesellschaftlichen und politischen Kräfteverhältnis von Kapital und Arbeit sowie auf Bewußtseinsprozesse, die ein wesentliches Element dieses Kräfteverhältnisses darstellen, bezogen sein.

(3) Diese Konzentration der Fragestellung auf die geschichtliche Rolle der Arbeiterbewegung ist weder eine historisch überlebte Orthodoxie noch eine partikularisierende Begriffsverengung. Die Arbeiterbewegung kann nicht als eine Bewegung unter vielen begriffen werden, die im Konzert einer „multidimensionalen und -frontalen Emanzipationsstrategie" mitwirkt. Die Bestimmung der Klasse der Lohnabhängigen als der Hauptkraft gesellschaftlicher Veränderungen und der Arbeiterbewegung als der Organisationsform des Klassenbewußtseins resultiert vielmehr aus der Erkenntnis, daß nur der kollektive Agent der gesellschaftlichen Produktion, die Klasse der

Lohnabhängigen, durch die kämpferische Formulierung und Durchsetzung ihrer Interessen die Bedingungen für die Aufhebung des Gegensatzes von gesellschaftlicher Produktion und privater Aneignung zu verwirklichen vermag. An dieser „historischen Mission" festzuhalten, hat mit einer idealistischen „Glorifizierung des Proletariats" nichts zu tun. Sie beruht im Gegenteil auf den gesellschaftlichen Entwicklungsgesetzen, die die erweiterte Reproduktion des Kapitalverhältnisses und damit die historische Tendenz der kapitalistischen Akkumulation hervorbringt. Dieses Gesetz, das durch die historisch konkreten Bewegungsformen der bürgerlichen Gesellschaft bestätigt wird, ist Ausdruck der der Kapitalakkumulation immanenten Notwendigkeit, mit der Entwicklung der Produktivkräfte zugleich den gesellschaftlichen Charakter der Arbeit zu verallgemeinern, d. h. mit der Ausdehnung der Macht des Kapitals zugleich den Widerspruch zwischen dem – auf einer immer engeren Basis stehenden – privatkapitalistischen Charakter der Produktions- und Aneignungsverhältnisse und dem gesellschaftlichen Charakter der Anwendung der Produktivkräfte zu vertiefen.

(4) Die Entwicklung der Arbeiterbewegung und des Klassenbewußtseins kann nicht als ein historisch kontinuierlicher Prozeß verstanden werden. Die objektive Grundlage für die Herausbildung der organisierten Arbeiterbewegung mit Massencharakter ist die nationale Verallgemeinerung kapitalistischer Produktion, die reelle Subsumtion der Arbeitskraft unter das Kapital (Verallgemeinerung der relativen Mehrwertproduktion) sowie die Herstellung des kapitalistischen Weltmarktes. Gleichwohl sind mit dem Kapitalverhältnis selbst Schranken für die Entwicklung von Klassenbewußtsein gesetzt. Die Formen, „wie die immanenten Gesetze der kapitalistischen Produktion in der äußeren Bewegung der Kapitale erscheinen", verkehren in der unmittelbaren Erfahrung und im gesellschaftlichen Bewußtsein die gesellschaftlichen Beziehungen der Produzenten zu einer „Bewegung von Sachen, unter deren Kontrolle sie stehen, statt sie zu kontrollieren". (K. Marx) Das spontane Wirken dieser „Mystifikationen" wird einerseits durch den Kampf der nationalen und internationalen Arbeiterbewegung, dessen wichtigstes Resultat auch die Entwicklung von Klassenbewußtsein als der kollektiven Einsicht in den gesellschaftlichen und historisch transitorischen Charakter des Kapitalverhältnisses ist, durchbrochen und modifiziert. Andererseits schließen die zyklische Bewegung kapitalistischer Produktion sowie die periodische Überwindung struktureller Widersprüche durch die Konzentration der ökonomischen und politischen Macht des Kapitals die Möglichkeit ein, die Intensität der Klassenauseinandersetzungen einzuschränken, das Wirken der „Mystifikationen" im Sinne der Verbreitung reformistischer und sozialpartnerschaftlicher Ideologien zu befördern. Die diskontinuierliche Geschichte der Arbeiterbewegung, der Wechsel zwischen Perioden relativer Stabilität und revolutionärer Erschütterung, die innere ideologische und schließlich organisatorische Differenzierung der Arbeiterbewegung sind Ausdruck dieser Tendenzen.

(5) Die Gewerkschaften sind ein wesentliches Element der Arbeiterbewegung. Sie sind – historisch und systematisch betrachtet – die ursprüngliche und erste Form der Organisation der Lohnabhängigen. Durch ihren Zusammenschluß und durch ihren Kampf wird die Vereinzelung der Arbeitskraft gegenüber dem Kapital (individueller Arbeitsvertrag), das Konkurrenzverhältnis zwischen den Arbeitern im Sinne einer solidarischen Interessenvertretung aufgehoben. Nur durch die kollektive

Interessenorganisation kann der „grenzenlose Heißhunger des Kapitals nach der Einsaugung unbezahlter Mehrarbeit“, die willkürliche Ausdehnung der Arbeitszeit sowie die Intensivierung der Arbeit auf ein gesellschaftlich durchschnittliches Maß, das die Produktions- und Reproduktionsfähigkeit der Lohnabhängigen gewährleistet, reduziert werden – und nur durch die – in langen Klassenauseinandersetzungen durchzusetzende – kollektive Interessenorganisation kann sich das Bewußtsein der gemeinsamen Klassenlage, gemeinsamer Klasseninteressen und der gemeinsamen Konfrontation dieser Interessen mit den Verwertungsbedürfnissen des Kapitals entwickeln. Damit stoßen die gewerkschaftliche Organisation und der gewerkschaftliche Kampf aber zugleich an ihre Grenzen: Einerseits vermag dieser Kampf die durch das Wertgesetz und die Kapitalbewegung determinierte Bewegung des Lohnes nicht außer Kraft zu setzen. Er bringt diese Gesetze überhaupt erst voll zur Wirkung. Andererseits zwingt der gewerkschaftliche Kampf den bürgerlichen Staat zu unmittelbar ökonomischen und sozialen bzw. politisch-rechtlichen Maßnahmen, die zwar den ökonomischen Forderungen der Gewerkschaftsbewegung Rechnung tragen (z. B. Begrenzung des Arbeitstages, Sozialversicherung, Arbeitsschutzgesetze etc.), die aber zugleich Elemente einer ökonomischen, politischen und ideologischen Stabilisierung kapitalistischer Produktionsverhältnisse darstellen können. Aus dieser „integrativen Funktion“ des gewerkschaftlichen Kampfes, der die unmittelbare, spontane Erfahrung der ökonomischen Erscheinungsformen des Kapitalverhältnisses umsetzt, ging die Erkenntnis der Arbeiterbewegung hervor, daß der ökonomische, gewerkschaftliche Kampf nur ein – wenn auch zentrales – Element des umfassenden, politischen Kampfes der Arbeiterbewegung sein kann. Das Übergewicht der Gewerkschaftsbewegung in der nationalen Arbeiterbewegung in längeren Perioden kapitalistischer Prosperität (z. B. in Deutschland nach 1896) signalisiert daher immer auch ein Zurückdrängen der politischen Perspektive der Arbeiterbewegung, die zunehmende Orientierung auf reformerische Ziele sowie einen beschleunigten Zerfallsprozeß von Klassenbewußtsein.

(6) Mit dem Anwachsen der Stärke der Arbeiterbewegung und dem potentiell erweiterten Krisenpotential der kapitalistischen Wirtschaft kann die Stabilisierung des Gesamtsystems nicht mehr hinreichend durch den spontanen Mechanismus von Prosperität und Krise, durch die „Naturwüchsigkeit“ von Bewußtseinsmystifikationen gesichert werden. Die Bewältigung des Gegensatzes von Kapital und Arbeit sowie der Schranken der kapitalistischen Produktion selbst bedarf vielmehr der unmittelbaren staatlichen Regulierung. Ebenso wie der bürgerliche Staat mit fortschreitender Monopolisierung gezwungen ist, aus der Funktion des vorwiegend „außerökonomischen Gewaltverhältnisses“ herauszutreten und unmittelbar in den Produktionsprozeß zu intervenieren, d.h. die ökonomische Potenz des staatlichen Politikmonopols dazu einzusetzen, um den Auswirkungen des tendenziellen Falls der Profitrate des Gesamtkapitals entgegenzuwirken – in der gleichen Weise kann sich die politische Regulierungsfunktion des bürgerlichen Staates nicht mehr in der bloßen Unterdrückung von Klassenkämpfen und -organisationen (z. B. „Sozialistengesetz“) erschöpfen. Die Erhaltung des „Sozialen Friedens“ – namentlich in Prosperitätsphasen – verlangt vielmehr die Integration der Organisationen der Lohnabhängigen in den bürgerlichen Staat sowie die Integration der Belegschaften auf der Ebene der Betriebe. Diese Strategie der Kooperation bzw. der friedlichen „Sozialpartnerschaft“, deren Ziel die Eindämmung von Konfliktpotentialen und die „Zähmung“ der Organisationen der Arbeiterbewegung

ist, kann freilich nur durch politische Zugeständnisse in der Form der Anerkennung der Organisationen der Arbeiterbewegung sowie von Zugeständnissen im Bereich der betrieblichen Mitbestimmung realisiert werden. Allerdings ist die Existenz eines starken, reformistisch orientierten Flügels der Arbeiterbewegung Voraussetzung für den Erfolg einer solchen Strategie. Die reformistischen Parteien und Gewerkschaften fungieren also gleichsam als „Transmissionsriemen" für die Umsetzung der Integrationspolitik, deren Doppelcharakter stets darin gesehen werden muß, daß sie die Anerkennung der Stärke der Arbeiterbewegung mit der rechtlichen und politischen Integration ihrer Politik in das Konzept der Stabilisierung kapitalistischer Produktionsverhältnisse zu verbinden sucht. An die Stelle der repressiven Auflösung autonomer Klassenorganisationen tritt also der Versuch ihrer Unterordnung bzw. ihrer Einbeziehung in das bestehende Herrschaftssystem. Daß diese Integrationsstrategie in der Krise der bürgerlichen Gesellschaft wieder durch eine brutale Disziplinierung und Unterdrückung verdrängt werden kann, hat der Faschismus nachdrücklich demonstriert.

(7) Die geschichtliche Entwicklung der Mitbestimmung in Theorie und Praxis bestätigt diese allgemeine Bestimmung ihres Doppelcharakters. Die ersten – im 19. Jahrhundert freiwillig von Unternehmern zugestandenen – „Arbeiterausschüsse" wurden von dem Bestreben, Konflikte durch Gewinn- bzw. Entscheidungspartizipation zu reduzieren, getragen. Im „Gesetz über den Vaterländischen Hilfsdienst" (1916) wurden Arbeiterausschüsse für gewerbliche Betriebe obligatorisch; zugleich war jedoch die bedingungslose Einordnung der Gewerkschaften in die imperialistische Kriegspolitik und Kriegswirtschaftspolitik diesem Gesetz vorausgesetzt und impliziert. Die Regelung weitgehender Mitbestimmungsrechte in der Weimarer Verfassung von 1919 (Art. 165) sowie im Betriebsrätegesetz von 1920 reflektierte hingegen eine völlig gewandelte Konstellation im Kräfteverhältnis der Klassen. Nunmehr war die herrschende Klasse gezwungen, aufgrund der Bedrohung ihrer ökonomischen und politischen Herrschaftspositionen durch die erstarkten revolutionären Kräfte der Arbeiterbewegung dem reformistischen Teil der Arbeiterbewegung – insbesondere den „freien Gewerkschaften" – die „Gleichberechtigung von Kapital und Arbeit" zuzugestehen. Viele dieser Zugeständnisse im Rahmen der „Arbeitsgemeinschaftspolitik" wurden bekanntlich nach der kapitalistischen Konsolidierung (1923/1924) wieder revidiert. Gleichwohl übernahm der ADGB 1928 (Hamburger Kongreß) die Forderung, das Mitbestimmungsrecht der Arbeiter müsse in der gesamten Produktion, von Einzelbetrieb beginnend bis in die höchsten Spitzen der zentralen Wirtschaftsorganisation verwirklicht werden (Naphtali u. a.: Wirtschaftsdemokratie). Auch das 1951 verabschiedete Mitbestimmungsgesetz für den Montanbereich war seiner Form und Intention nach das Ergebnis der spezifischen Verschiebungen im Kräfteverhältnis der Klassen, die sich bis zum Beginn der fünfziger Jahre in der nachfaschistischen Restaurationsperiode vollzogen hatten. Auf der einen Seite reflektierte es in seiner beschränkten Reichweite die schon wieder geschwächte Position der westdeutschen Gewerkschaftsbewegung, der es nicht gelungen war, ihre – im Münchener Programm von 1949 zusammengefaßte – Konzeption einer demokratischen und sozialen Planung des Wirtschaftsprozesses – auf der Basis der Vergesellschaftung der Schlüsselindustrien und umfassender betrieblicher und überbetrieblicher Mitbestimmung – zu verwirklichen. Auf der anderen Seite kam in der Kampfbereitschaft der Arbeiter der Montanindustrien sowie im zunächst breiten Widerstand

der Unternehmer gegen die gesetzliche Verankerung der bereits 1947 im Zuge der Entflechtung eingeführten Mitbestimmung zum Ausdruck, daß dieses Gesetz – unabhängig von der sozialpartnerschaftlichen und integrationistischen Interpretation seiner Funktion – kein freiwilliges Zugeständnis des Kapitals war, sondern von den Lohnabhängigen im Kampf durchgesetzt werden mußte.

(8) Nach den bisherigen Überlegungen bedeutet die Forderung nach Mitbestimmung keine prinzipielle Infragestellung kapitalistischer Produktionsverhältnisse. Sie bewegen sich noch im Rahmen des bestehenden Systems, zumal dann, wenn sie von der Vorstellung der „Gleichberechtigung von Kapital und Arbeit" und der ihr korrespondierenden „Sozialpartnerschafts-"Ideologie geprägt werden. Freilich sind Mitbestimmungsforderungen aber immer auch ein notwendiger Bestandteil des Kampfes der Arbeiterbewegung um die Erweiterung ihrer demokratischen Rechte. In diesem Sinne kann der Kampf um Mitbestimmung selbst zu einem wichtigen Element des Klassenkampfes werden. Dies setzt allerdings voraus, daß dieser Kampf durch eine demokratische Massenbewegung getragen wird und daß er darüber hinaus in dieser Mobilisierung, die zu einer wesentlichen Bedingung für die Entwicklung von Klassenbewußtsein wird, Forderungen präzisiert, die die Erweiterung demokratischer Rechte der Lohnabhängigen und ihrer Organisationen in der Wirtschaft als Eingriffe in die Profit- und damit die Machtsphäre des Kapitals ausweisen. Wirtschaftliche Mitbestimmung ist mithin Teilforderung in einem Gesamtkonzept gesellschaftlicher Demokratisierung; sie ist zugleich – sofern sie als Element einer umfassenderen Strategie der demokratischen und Arbeiterkontrolle entwickelt wird – eine Übergangslösung, die die unmittelbaren Interessen an der Demokratisierung mit der Erringung von autonomen Gegenmachtpositionen der Lohnabhängigen und der Perspektive einer fundamentalen Veränderung des gesellschaftlichen Kräfteverhältnisses zu verknüpfen vermag.

(9) In den fünfziger und frühen sechziger Jahren erwies sich das Mitbestimmungsgesetz in der Praxis als ein Hebel der sozialen Integration gerade in denjenigen Industriezweigen, deren Beschäftigte nach 1945 noch den klassenbewußten und kampfbereiten Kern der Arbeiterbewegung in den Westzonen gebildet hatten. Gleichwohl wird man die Ursachen dieser Integrationsfunktion, die auch von den Gewerkschaften zunehmend in den Mittelpunkt ihrer Mitbestimmungspolitik gerückt wurde, weniger in den politischen und rechtlichen Bindungen des Gesetzes als vielmehr in der allgemeinen Stabilisierung des kapitalistischen Restaurationsprozesses und dem Aufschwung der Rekonstruktionskonjunktur suchen müssen. Die weit überdurchschnittlichen Wachstumsraten des Sozialprodukts und der industriellen Produktion bildeten die Grundlage der relativen Verbesserung der Reproduktionsbedingungen der Lohnarbeiter, beseitigten weitgehend die unmittelbaren sozialen Mißstände, die noch bis zum Beginn der fünfziger Jahre Anstöße gewerkschaftlicher Mobilisierung vermittelten (Hunger, katastrophale Wohnverhältnisse, Arbeitslosigkeit etc.) und wirkten so in der Richtung einer verminderten Intensität der Klassenauseinandersetzungen. Dabei darf freilich nicht übersehen werden, daß diese Prozesse noch durch den inneren und äußeren „Kalten Krieg" gegen Sozialisten und Kommunisten verstärkt wurden. In diesem gesellschaftlichen und politischen Zusammenhang vollzog sich die Transformation der Mitbestimmungskonzeption vom Element eines – auf die gesamte Gesellschaft bezogenen – gewerkschaftlichen Reformkonzeptes in ein – um einige

sozialpolitische Aspekte bereichertes – betriebswirtschaftliches Reformkonzept. Diese Transformation, die im Grunde nur ein Moment jener allgemeinen Anpassung an sozialpartnerschaftliche Positionen gewesen ist, die die SPD und die Mehrheit des DGB bis zum Ende der fünfziger Jahre vollzogen hatten, kam besonders während der seit 1958 im Montanbereich fortwirkenden Strukturkrise darin zum Ausdruck, daß sich die paritätische Mitbestimmung hier tendenziell in ein Instrument der Kontrolle über die Arbeiter und Angestellten verwandelte. Daß in den letzten Jahren einzelne – von den Gewerkschaften vorgeschlagene – Arbeitsdirektoren disziplinarische Maßnahmen gegen die Sprecher von Belegschaften, die spontan die Arbeit verweigerten, vertraten, bestätigt einmal mehr diese Funktionsverkehrung der Mitbestimmung.

(10) Seit der Mitte der sechziger Jahre – zusammengeballt zunächst in der Krise 1966/67 – haben sich in der Gesellschaft der BRD tiefgreifende Wandlungen vollzogen, die zugleich den Rahmen für die Entwicklung der Gewerkschaftspolitik sowie des gewerkschaftlichen und politischen Bewußtseins der Lohnabhängigen darstellen. Die an die Oberfläche der politischen Erfahrungen tretenden gesellschaftlichen Entwicklungswidersprüche sind zunächst vorwiegend im Sinne „gesellschaftlicher Randkonflikte" interpretiert worden. Dem schien zu entsprechen, daß aktive Demokratisierungsimpulse sich nicht zuerst im Produktions-, sondern im Reproduktionsbereich – vor allem im Ausbildungssektor – entfalteten. Spontane Bewegungen, die – ihrer sozialen Zusammensetzung wie ihrer politischen Zielsetzung nach – nicht mehr eindeutig auf traditionelle Muster von Klassenkämpfen und -organisationen zurückzuführen waren, förderten verschiedene Theorie- und Strategievarianten, die allesamt um die These vom „Absterben" des Klassenkampfes oszillierten und die das proletarische Klassenbewußtsein als eine Residualkategorie klassifizierten. Solchen Theoremen liegt zumeist die Auffassung zugrunde, daß es der spätkapitalistischen Gesellschaft und ihrem Staat gelungen sei, vermittels der umfassenden Anwendung des wissenschaftlich-technischen Fortschritts den traditionell für die Entwicklung der bürgerlichen Gesellschaft bestimmenden Widerspruch von Produktivkräften und Produktionsverhältnissen gleichsam zu neutralisieren und damit dauerhaft das Bewußtsein der Lohnabhängigen zu deformieren. Konflikte in gesellschaftlichen Randbereichen signalisieren mithin einen neuen Typus politischer Loyalitätskonflikte und zugleich neue Demokratisierungspotentiale – sie schaffen eine neue Ebene politischer Willensbildung und vor allem der bürokratischen Machtkontrolle, die durch die zunehmende Zentralisierung politischer Entscheidungsstrukturen (Verselbständigung der Exekutive und der Ministerialbürokratien, Entfunktionalisierung der Parlamente, Verlust der innerparteilichen Demokratie etc.) verloren gegangen schien.

(11) Die jüngste Entwicklung hat solche Ansätze in der Praxis korrigiert. Immer deutlicher zeigt sich, daß die im Reproduktionsbereich aufgebrochenen Loyalitätskonflikte zu einer Überwindung des Bewußtseins von der quasi-neutralen, gleichsam über den Klassengegensätzen stehenden Vermittlungsfunktion der Staatstätigkeit führen. Dem ist die Erkenntnis vorausgesetzt, daß den Widersprüchen im Reproduktionsbereich nicht ein durch Technokratien bzw. durch „bürokratische Verkrustung" vermitteltes Demokratiedefizit zugrunde liegt, sondern daß diese Widersprüche selbst Ausdruck kapitalistischer Schranken der Entwicklung der Produktivkräfte sind, die gerade vom Staat verlangen, daß er durch seine ökonomische und politische Regu-

lierungstätigkeit der Tendenz zur Vergrößerung des Drucks auf die Verwertungsmöglichkeiten des Kapitals entgegenwirkt. Die wachsende Vergesellschaftung der Produktion und die daraus resultierenden – nationalen und internationalen – Anforderungen an die Kapitalakkumulation erzwingen eine Stufe der Zentralisierung der Kapitalmacht und der politischen Macht der zentralen Staatsorgene, die die Entscheidungsgewalt über die Lebensbedingungen der Lohnabhängigen immer mehr aus dem unmittelbaren Einflußbereich der Betriebe, der kommunalen Körperschaften, der Bildungspolitik der Länder etc. herausverlagern. Die Forderung nach Demokratisierung aller gesellschaftlicher Bereiche ist also objektiv eine Form der Kritik dieser kapitalistischen Vergesellschaftungs- und Zentralisierungstendenz. Der Erfolg solcher Initiativen wird daher notwendig davon abhängen, ob es ihnen gelingt, die Vermittlung partikularer und spontaner Interessen mit dem Grundkonflikt von Kapital und Arbei begrifflich und praktisch herzustellen und auf diesem Wege der Illusion einer „basisdemokratischen Autonomie" zu entgehen.

(12) Wichtiger als der – zum Teil in äußerst widersprüchlichen Formen verlaufende – Lernprozeß spontaner Bewegungen in der Reproduktionssphäre ist jedoch die Bewegung in der Produktionssphäre, der Prozeß der wachsenden gewerkschaftlichen Kampfbereitschaft und der Entwicklung von Klassenbewußtsein, der sich seit den Septemberstreiks des Jahres 1969 zum dominierenden Merkmal sozialökonomischer Konflikte in der BRD entfaltet hat. Die Kette der Abwehraktionen immer größerer Teile der Lohnabhängigen gegen Profit - und Preissteigerungen, gegen die absolute und relative Verschlechterung der Arbeits- und Lebensbedingungen, die sich vielfältiger Aktionsformen – von der spontanen, betrieblichen Arbeitsniederlegung bis zum gewerkschaftlich organisierten Streik – bedienen, hat die Gewichtungen in der Klassenauseinandersetzung, deren idealistische Verkehrung noch in der Hochphase der antiautoritären Intellektuellenbewegung als legitim erscheinen mochte, wieder in der Praxis zurechtgerückt. Sie haben jedoch zugleich die Chance eröffnet, daß der verschärfte, offene Konflikt von Lohnarbeit und Kapital als Bezugsrahmen für die Orientierung spontaner „single-purpose-movements" im Reproduktionsbereich, als Bezugsrahmen für die Erkenntnis und Formulierung gemeinsamer Interessen anerkannt wird.

(13) Die gewerkschaftlichen Lohnkämpfe der letzten Jahre haben traditionelle Bewertungsschemata des Verhältnisses von Konjunkturbewegung und gewerkschaftlicher Tarifpolitik, von gesellschafts- und lohnpolitischen Funktionen des gewerkschaftlichen Kampfes verunsichert. Die – immer wieder beschworene – gesamtwirtschaftliche Ordnungsfunktion der Gewerkschaften wird in Frage gestellt – und zwar nicht durch die spontanen, betrieblichen Arbeitsniederlegungen, sondern durch jene Bedingungen, die diese erst hervorbringen. In dem Maße, wie sich die für die Lohnpolitik entscheidenden volkswirtschaftlichen Kennziffern (z. B. Profit- und Preisentwicklung, Produktivitätssteigerung) der effektiven Wirkung von Tarifverträgen entziehen, werden die Gewerkschaften durch Loyalitätsreduzierung von Seiten der Lohnabhängigen bedroht und geschwächt. Insofern stellt sich den Gewerkschaften die Aufgabe, autonome Gegenmachtpositionen zu entwickeln, die verhindern können, daß sich z. B. durch unkontrollierte Preissteigerungen trotz tariflich abgesicherter Nominallohnsteigerungen die Lebensbedingungen der Arbeiter und Angestellten verschlechtern. Das politische Instrumentarium, dies zu verhindern, muß freilich

außerhalb der Logik der ausschließlich lohnpolitischen Modelle entwickelt werden: im Bereich einer gewerkschaftlichen Gesellschaftspolitik, die im Kampf um Mitbestimmungs- und Kontrollrechte, die die Gestaltung der Arbeitsbedingungen ebenso betreffen wie die zentralen Unternehmensentscheidungen, weiter zu entwickeln ist. Das Vermittlungsglied zwischen dieser notwendigen Aufgabe und den derzeitigen sozialen Auseinandersetzungen repräsentiert das höhere gewerkschaftliche Selbstbewußtsein der Belegschaften, das um die Notwendigkeit und Möglichkeit der konfliktorientierten Durchsetzung von Interessen weiß, das die Autonomie der Interessen gegenüber kapitalistischen Interessen und der staatlichen Wirtschaftsregulierung erkennt und das Mitbestimmung nicht als die Übernahme von Verantwortung an der Spitze des Unternehmens, sondern als umfassenden – von den unmittelbaren Arbeits- und Lebensbedingungen ausgehenden – Prozeß der Kontrolle begreift.

(14) Das Konzept einer betriebsnahen Tarifpolitik, das seit Beginn der sechziger Jahre von einer Gruppe von Gewerkschaftern als eine – an den unmittelbaren betrieblichen Interessen anknüpfende – Mobilisierungsstrategie vertreten wurde und das später noch um das Konzept der „Mitbestimmung am Arbeitsplatz" ergänzt wurde, scheint durch die gegenwärtigen, spontanen Lohnbewegungen in hohem Maße bestätigt. Wenn sich die Belegschaften auf Betriebsebene das erkämpfen, was ihnen durch die „Starrheit" regionaler Tarifverträge vorenthalten wird, so zeigt sich gleichzeitig eine Gefahr: In der Lohn- wie in der Mitbestimmungspolitik könnte die Realisierung dieser Konzeption – trotz des durchaus positiven Mobilisierungseffektes, den eine betriebsnah orientierte Gewerkschaftspolitik auszulösen vermag – zu einer ungleichmäßigen betrieblichen und sektoralen Lohnentwicklung führen, die ihrerseits eine einheitliche Interessenvertretung untergräbt und damit in ein Auseinanderbrechen gemeinsamer sozialökonomischer wie gesellschaftspolitischer Interessen umschlagen könnte. Die Hierarchisierung der Kapitale entsprechend der von ihnen erzielten Profitmasse erwiese sich so als ein Katalysator für eine neue soziale Hierarchisierung zwischen privilegierten und diskriminierten Gruppen der Lohnabhängigen; denn – wie auch die Bewegung der Effektivlöhne erkennen läßt – sind die Kapitale, die die höchste Profitmasse realisieren, am ehesten in der Lage, den im Zuge einer betriebnahen Tarifpolitik formulierten Lohnforderungen zu entsprechen. Die Erfahrungen mit dieser Politik in anderen Ländern (z. B. in Großbritannien und den USA) bestätigen diese für die gewerkschaftliche Gesamtbewegung zentrifugalen Momente einer betrieblichen Lohnpolitik. Erfolge kann diese Strategie nur insofern zeitigen, als es gelingt, die ökonomischen Forderungen mit dem Kampf um die Erringung von autonomen Gegenmachtpositionen im Betrieb zu verknüpfen.

(15) Auch die Forderung nach Mitbestimmung am Arbeitsplatz unterliegt den im Zusammenhang der betriebsnahen Tarifpolitik angedeuteten Gefahren, sofern diese von einer falschen Autonomievorstellung getragen wird, d. h. sofern sie als ein autonomer, institutioneller Mechanismus – neben den bereits bestehenden Organen der betrieblichen und gewerkschaftlichen Interessenvertretung (Betriebsrat, Vertrauensleutekörper) etabliert werden soll. Es ist daher keineswegs zufällig, daß solchen Programmen von Seiten der Unternehmerverbände akklamiert wurde, die darin neue Methoden der Produktivitätssteigerung durch höhere Arbeitsplatzzufriedenheit, höhere Identifikation mit der Arbeit und bessere Kommunikationsmöglichkeiten sahen. Gleichwohl stellt sich für die gewerkschaftliche Mitbestimmungspolitik das

Problem der Einwirkungsmöglichkeiten der Lohnabhängigen auf die unmittelbaren Arbeitsbedingungen um so dringlicher, denn gerade der physische und psychische Druck, der von Arbeitsgeschwindigkeit, Lohnbemessungsverfahren, Lärm, Schmutz, Unfallgefahr usw. ausgeht, gewinnt neben den unmittelbaren Lohnfragen – wie die jüngsten spontanen Arbeitsniederlegungen in Großbetrieben der Automobilindustrie belegen -- einen immer zentraleren Stellenwert für die Ausbildung eines gewerkschaftlichen und politischen Bewußtseins. Insofern kommt den Tarifauseinandersetzungen in der Metallindustrie von Nord-Württemberg / Nord-Baden (1973) eine für die Entwicklung der Gewerkschaftspolitik entscheidende Bedeutung zu: Hier sind zum ersten Mal von der IG Metall für einen Manteltarifvertrag Forderungen erhoben worden, die die betriebliche Kontrolle der Arbeitsbedingungen in den Mittelpunkt stellen. Die Kontrolle der Arbeitsbedingungen wird also in diesem Fall unmittelbar mit dem Kampf um gewerkschaftliche Gegenmachtpositionen sowie um die Erweiterung der Kontrollrechte betrieblicher Vertretungsorgane verbunden. Darüber hinaus beruht die Realisierungschance dieser Form erweiterter Mitbestimmung auf der starken Kampfposition und -erfahrung, die die Lohnabhängigen dieser Region in den Auseinandersetzungen der letzten Jahre gewonnen haben. In diesen beiden Momenten und in ihrem Zusammenwirken besteht die neue Qualität dieses Sozialkonflikts, der der weiteren Entwicklung der Gewerkschaftsbewegung in der BRD, aber auch der Mitbestimmungsdiskussion neue Impulse vermitteln kann. Zugleich demonstriert dieser Konflikt, daß sich mit der Ausweitung des realen Spielraums von Mitbestimmungs- und Kontrollmöglichkeit auf der Basis des verschärften Gegensatzes von Lohnarbeit und Kapital und der eingeschränkten Effizienz staatlicher Regulierungsinstrumentarien neue autonome Handlungsmöglichkeiten ankündigen, die in der BRD lange Zeit sowohl theoretisch als auch praktisch tabuiert waren.

Das Ahrensburger Modell: Ein Beispiel genossenschaftlicher Unternehmensdemokratie

Von Walter Dürr

A. Grundlegende Ideen

Die Geschichte dieser Idee wie auch die ersten Ansätze zur praktischen Verwirklichung dieses gesellschaftspolitischen Experiments reichen zurück in die Zeit vor 1945. Damals, während der Zeit der Hitler-Diktatur, kam eine kleine Gruppe von Männern – unter ihnen u. a. Carl Backhaus und der früh verstorbene Hans Rodmann – zusammen in der Absicht, den Terror des Hitler-Faschismus zu bekämpfen und theoretisch nach alternativen Gestaltungsmöglichkeiten für das gesellschaftliche und politische Leben nach der Überwindung der Hitler-Diktatur zu suchen. Dieser Kreis nannte sich „Kampfgemeinschaft für totale Demokratie".

Kern der Überlegungen dieses Kreises war, daß die demokratische Verfassung eines Staates die Bürger nicht vor der Vernichtung demokratischer Strukturen schützt, wenn die Bürger nicht selbst nach demokratischen Grundsätzen ihr Leben zu führen in der Lage sind; konkret: wenn die Bürger nicht die Möglichkeiten und die Fähigkeiten besitzen, zu ihrem Teil an der Regelung der allgemeinen Angelegenheiten teilzuhaben.

Besonders bedenklich erschien diesen Männer der Widerspruch zwischen einer demokratisch-parlamentarischen Ordnung des Staates und vielfältigen autoritären Abhängigkeitsverhältnissen im Bereich der Gesellschaft, speziell der Wirtschaft.

Konkretes Ziel der „Kampfgemeinschaft für totale Demokratie" war die Einführung einer demokratischen Wirtschaftsstruktur, nicht zuletzt durch die Überwindung der von ihnen kritisierten antidemokratischen Verwaltungsstrukturen in der kapitalistischen Wirtschaft (vgl. Geißler, S. 43). Mit den Worten der Kampfgemeinschaft ging es um die Errichtung einer „demokratisch-sozialistischen Front, die auf rechtlich-ethischer Grundlage eine demokratische Überwindung aller sozialen Klassengegensätze und Wirtschaftswidersprüche in einer sozialistisch-demokratischen Gesellschaft im Rahmen eines demokratischen und sozialistischen Staates anstrebt" (ebenda). Dabei grenzt sich der Bund klar gegen sozialistisch-kommunistische Ziele und Praktiken ab, vor allem gegen jede Form von Parteidiktatur (vgl. ebenda).

Handlungs- und Erprobungsfeld zur Gewinnung von Einsichten in die Praktikabilität dieser politischen Ideen sollte nach den Vorstellungen dieser Männer ein Wirtschaftsbetrieb sein. Sie erkannten bereits damals, daß die Demokratisierung von Wirtschaft und Gesellschaft sich vor allem in der Praxis der Betriebe zu bewähren hat. Daher entwickelten sie auch Konzeptionen einer demokratischen Betriebs- und Unternehmensverfassung. Hier zeigen sich – zumindest formal – interessante Parallelen zu den gewerkschaftlichen Bestrebungen in den ersten Jahren nach 1945.

Ihr Ziel, durch die Veränderung des Handels- und Gesellschaftsrechts eine sogenannte „Demokratische Betriebsgemeinschaft" als Alternative zu den überkommenen Rechtsformen zu ermöglichen, ist nie erreicht worden.

Hinter dem praktischen Experiment in Ahrensburg steht jedoch von Anfang an die politische Zielsetzung, die Erfahrungen der Praxis fruchtbar werden zu lassen für gesellschaftliche und politische Reformen.

Die leitende Idee und das grundlegende Interesse können gekennzeichnet werden als „Selbstverwirklichung des Menschen im konkreten Handeln". Nicht jenseits vom beruflichen Werken und Wirken, d. h. im privaten Familienleben oder in anderen Formen privaten geselligen Beisammenseins, sondern in der beruflichen Tätigkeit, im Betrieb, am Arbeitsplatz selbst soll jeder einzelne die Gelegenheit erhalten zur Entfaltung von fachbezogenen, sozialen und politischen Fähigkeiten. Die hier erworbenen Kompetenzen, so ist die Absicht, sollen ihn in die Lage versetzen und auch motivieren zur Teilhabe und Mitwirkung an der praktisch-politischen Gestaltung des öffentlichen Lebens – kurz, ihm ein seiner Natur als politisches Wesen zukommendes Leben ermöglichen.

Als Männer der Praxis, als Kaufleute, erwarben Backhaus und Rodmann bereits 1945 die durch Bombenangriffe auf Hamburg fast völlig zerstörte Metallwarenfabrik Joh. Friedrich Behrens. Es ist hier nicht der Ort, die Entwicklung des Unternehmens von einem kleinen Handwerksbetrieb mit nur wenigen Mitarbeitern bis hin zu dem heute mittelständischen Industriebetrieb mit über 500 Arbeitern und Angestellten nachzuzeichnen. Nur soviel sei gesagt: von Anfang an richteten die Initiatoren ihr Augenmerk vor allem darauf, daß alle am gemeinsamen Werk Beteiligten in die Diskussion der theoretischen Konzeption wie in die praktische Verwirklichung der demokratisch-partnerschaftlich-genossenschaftlichen Betriebs- und Unternehmenskonzeption miteinbezogen werden. Das war am Anfang viel leichter als heute. Es gab kaum Kommunikations- und Organisationsprobleme, weil die relativ geringe Mitarbeiterzahl einen ständigen Kontakt und Gedankenaustausch ermöglichte.

Erst mit Ausdehnung des Betriebes ergab sich die Notwendigkeit, zunächst in der Form einer Betriebsvereinbarung (1953), dann durch gesellschaftsrechtliche Vereinbarungen (1958, 1967) das Miteigentum an den Produktionsmitteln und die Mitbestimmung der im Betrieb Tätigen rechtlich und organisatorisch zu fixieren. Vor einer differenzierenden Beschreibung und Analyse der gesellschaftsrechtlichen und institutionellen Regelungen des Gesellschaftsvertrages sollen zunächst die diese Regelungen tragenden Prinzipien gekennzeichnet werden. Allem voran steht die – schon erwähnte – politisch-anthropologische Überzeugung, daß – mit den Worten von Carl Backhaus – „ein . . . demokratischer Staat nur von Bestand sein kann, wenn alle Bereiche dieses Staates nach demokratischen Gesetzmäßigkeiten arbeiten". Daher kommt es darauf an, daß „die wirtschaftliche Gleichberechtigung aller im Betrieb Tätigen, die demokratische Verankerung der Autorität der Unternehmens- und Betriebsleitung, die Belegung der produktiven Tätigkeit durch ein neues Arbeitsethos Verwirklichung finden" (cbs-Schriftenreihe Nr. 3, S. 5).

Bezogen auf Unternehmen und Betrieb bedeutet dies – mit den Worten aus dem Vorspruch des Gesellschaftsvertrages: „daß Kapital und Arbeit in allen Organisationsformen der Wirtschaft eng verschmelzen müssen, damit sich die natürlichen Spannungen zwischen ihnen auf ein Mindestmaß verringern". Ziel des Zusammenwirkens auf der Grundlage des Gesellschaftsvertrages ist es also, den Gegensatz zwischen Arbeitnehmern und Arbeitgebern zu überwinden. Partnerschaft zwischen den persönlich haftenden Gesellschaftern und den stillen Gesellschaftern meint also durchaus *Veränderung* der Stellung beider Seiten zueinander – der sogenannten Arbeitgeber und der sogenannten Arbeitnehmer – zugunsten von etwas Neuem: gleichberechtigten Mitarbeitern, die ihre Arbeitsleistung – und auch ihr Kapital – einsetzen, um eines gemeinsamen Zieles willen. Zweierlei wird dabei durchaus nicht geleugnet:

1. Daß die Qualität der vom einzelnen eingesetzten Arbeitsleistung unterschiedlich hoch ist und folglich auch unterschiedlich hoch entgolten wird, und
2. daß das Unternehmen angewiesen ist auf ein entscheidungsfähiges und entscheidungsfreudiges Management – hier z. Zt. identisch mit den 4 persönlich haftenden Gesellschaftern – mit allen erforderlichen Kompetenzen.

Wenn gleichwohl die stillen Gesellschafter, in der Terminologie des Gesellschaftsvertrages die „Partnerschaft", durch ihre Organe an der Führung des Unternehmens teilnimmt (§ 7), so nicht im Sinne einer Gegenmacht zu den persönlich haftenden Gesellschaftern, sondern eben im Sinne von „Partnerschaft", englisch „partnership", d. h. Teilhabe im ideologisch unvorbelasteten Sinne des Wortes.

Die Legitimation von Dispositionskompetenzen wird also nicht aus dem Kapital abgeleitet, sondern beruht auf der Teilhabe aller an den Arbeits- und Beratungsvorgängen sowie Entscheidungsprozessen in Betrieb und Unternehmung.

Es ist selbstverständlich, daß ein Unternehmen mit über 500 Mitarbeitern nur handlungsfähig ist, wenn es über eine funktionierende bürokratische Organisation verfügt. Entscheidend hierbei ist – mit den Worten von Carl Backhaus – die „Führung muß kontrolliert und jede, auch die kleinste Entscheidung, von allen Mitarbeitern des demokratischen Betriebes verantwortet werden" (Geißler, S. 49).

Im folgenden sollen zunächst die institutionellen Vorkehrungen dargestellt werden, wie sie im Gesellschaftsvertrag vorgesehen sind zur Verwirklichung des partnerschaftlich-genossenschaftlichen Zusammenwirkens aller Mitarbeiter, dann soll etwas über die Praxis gesagt werden und schließlich sollen Tendenzen zur Weiterentwicklung des Modells geschildert werden.

Zuvor noch eine kurze Bemerkung zum Tätigkeitsbereich des Unternehmens: hergestellt und vertrieben werden Heftklammern und andere Befestigungsmittel für die industrielle Weiterverarbeitung, insbesondere für die Möbelindustrie, sowie pneumatische Naglerapparate, mit denen die Nägel und Heftklammern in das jeweilige Material geschossen werden können. Das Unternehmen wird heute in der Rechtsform einer offenen Handelsgesellschaft betrieben.

B. Der Gesellschaftsvertrag

Der Gesellschaftsvertrag regelt zwischen den stillen Gesellschaftern, der „Partnerschaft", und den persönlich haftenden Gesellschaftern:

a) die Formen der Partizipation der Vertragspartner an der Unternehmensführung (Mitbestimmung auf Unternehmensebene) und die Vorkehrungen für die Regelung von Konflikten
b) die Regelung der Kapital- und Erfolgsbeteiligung.

a) Die Formen der Partizipation

Entsprechend dem Gesellschaftsvertrag führen die „*Geschäftsführer* alle Geschäfte, die der Betrieb des Unternehmens mit sich bringt" (§ 9). Richtschnur für ihre Handlungen sind „die im Vorspruch niedergelegten Grundsätze für die besondere soziale Aufgabe des Unternehmens" (ebenda), nämlich daß

– „jeder sein Interesse demjenigen aller unterordnet, jeder ein Höchstmaß von Fleiß und Einsatzwillen in die Gemeinschaft einbringt,

– jeder von seinem Arbeitsplatz aus neben seinem fachlichen Können auch das Verständnis für das Unternehmen zu entwickeln bemüht ist und das Ziel nicht aus den Augen verliert" (cbs-Dokumentation 1).

Zu allen wichtigen Geschäften bedürfen die geschäftsführenden Gesellschafter der Zustimmung des *Beirats.*

Der Beirat ist in gewisser Weise das „Bindeglied" zwischen den geschäftsführenden persönlich haftenden Gesellschaftern und der „Partnerschaft", d. h. den stillen Gesellschaftern. Ihm gehören 5 Mitglieder an. Von den stillen Gesellschaftern werden 3 Beiratsmitglieder gewählt, 2 stille Gesellschafter und ein Betriebsfremder, der über Sachkunde wie die persönlich haftenden Gesellschafter verfügen muß. Zwei Beiratsmitglieder werden von den persönlich haftenden Gesellschaftern gewählt; von diesen darf einer wiederum nicht dem Betrieb angehören. Dem Beirat gehören also drei Angehörige des Betriebes und zwei Betriebsfremde an.

Aufgabe des Beirates ist es zunächst, darüber zu wachen, daß das Ziel des Gesellschaftsvertrages eingehalten wird, die enge Verschmelzung von Kapital und Arbeit. Sodann hat der Beirat die Geschäftsführung zu überwachen. Er kann jederzeit von der Geschäftsführung Auskunft über alle Angelegenheiten und die Vorlage von Unterlagen jeder Art verlangen. Alle wichtigen Geschäfte bedürfen der Zustimmung des Beirats. Hierzu zählen u. a.: der Finanz- und Investitionsplan, die Errichtung von großen Neu- und Umbauten, der Erwerb und die Veräußerung von Grundstücken, die Aufnahme eines neuen Produktionszweiges, die Beteiligung an anderen Unternehmen usw.

Stimmt der Beirat einer Entscheidung der Geschäftsführer nicht zu, so kann diese die *Gesellschafterversammlung* anrufen, die dann endgültig entscheidet.

Hier wird deutlich, daß wichtige Entscheidungen in Konfliktfällen unmittelbar von der Basis getroffen werden. Das bedeutet, daß in entscheidenden Fragen, in denen eine Einigung in den Vertretungsgremien nicht erzielt wird, die volle Entscheidungskompetenz bei den Gesellschaftern selbst liegt. Die Gesellschafterversammlung entscheidet, soweit der Vertrag nichts anderes vorsieht, mit einfacher Mehrheit. Eine derartige Entscheidungskompetenz in wirtschaftlichen Angelegenheiten unterscheidet das „Ahrensburger Modell" grundlegend von allen gegenwärtig diskutierten Mitbestimmungsmodellen der Parteien und Gewerkschaften.

Die erfolgreiche Praxis in Ahrensburg widerlegt alle Behauptungen, daß direkte, unmittelbare Demokratie bei der Führung von Unternehmen nicht praktikabel sei; zumal wenn man bedenkt, daß die Gesellschafterversammlung noch weitergehende Kompetenzen hat:

– Entscheidung über Vertragsänderungen,
– Neuaufnahme oder Ausschluß von stillen Gesellschaftern,
– die Gewinnverwendung, sofern von der im Gesellschaftsvertrag vorgesehenen Regelung abgewichen wird,
– bei Meinungsverschiedenheiten zwischen Geschäftsführung und Beirat über den Jahresabschluß,
– im Falle der Neuaufnahme eines persönlich haftenden Gesellschafters (neben den übrigen persönlich haftenden Gesellschaftern und dem Beirat) ist eine 3/4-Mehrheit der Gesellschafterversammlung erforderlich.

In all diesen Fällen kann eher von Selbstverwaltung als von Mitbestimmung gesprochen werden.

Auf eine Einschränkung muß hier hingewiesen werden: diese weitgehenden Selbstbestimmungsrechte stehen den Mitarbeitern der Firma Behrens nur zu, sofern sie stille Gesellschafter sind. Das sind von den 500 Mitarbeitern ungefähr 350. Die Nichtgesellschafter können, das liegt an der Konstruktion des Gesellschaftsvertrages, nur diejenigen Mitbestimmungs- und Mitwirkungsrechte ausüben, die ihnen nach dem Betr. Verf. Ges. zustehen. Sicher ist dies ein Bruch in der genossenschaftlichen Mit- und Selbstbestimmungskonzeption. Doch da der Beitritt zur Partnerschaft naturgemäß freiwillig erfolgen muß, andererseits das deutsche Gesellschaftsrecht andere Konstruktionen nicht zuläßt, gibt es z. Zt. keine Möglichkeit, diesen Status- und Kompetenzunterschied zu überwinden.

Allerdings zeigt sich neuerdings eine Initiative von der Basis her; in der Wahl des sogenannten *Hauptausschusses* durch *alle* Belegschaftsmitglieder ist ein Schritt zur Beseitigung der Unterschiede zwischen Gesellschaftern und Nicht-Gesellschaftern zu sehen.

Darüber ist weiter unten noch zu berichten.

Es sei noch angefügt, daß jeder Behrens-Mitarbeiter, der das 21. Lebensjahr vollendet hat und mindestens ein Jahr, genau: 200 Arbeitstage im Betrieb tätig ist, nach Absolvierung eines Neugesellschafter-Seminars stiller Gesellschafter werden kann.

Im Falle von Konflikten zwischen Geschäftsführung, Beirat und Gesellschaftsversammlung entscheidet der sogenannte *Schlichtungsausschuß* als Hausgericht letztinstanzlich. Auch er ist bei seiner Tätigkeit verpflichtet, darauf zu achten, daß die mit dem Vertrag angestrebten Ziele verwirklicht werden. Soweit bisher Konflikte zwischen den verschiedenen Organen aufgetreten sind, konnten sie ohne den Schlichtungsausschuß geregelt werden. Bisher brauchte dieser Ausschuß erst einmal zusammenzutreten: es ging um die Frage der Vergütung für die Tätigkeit der Beiratsmitglieder. Der Schlichtungsausschuß hat 5 Mitglieder. Der Vorsitzende und sein Stellvertreter, der nur im Vertretungsfall ordentliches Mitglied ist, werden auf Vorschlag der persönlich haftenden Gesellschafter vom Präsidenten des Landgerichts Hamburg bestellt. Kein Mitglied des Schlichtungsausschusses darf dem Betrieb angehören. Ein Mitglied wird von den stillen, ein weiteres von den persönlich haftenden Gesellschaftern gewählt. Die restlichen zwei Mitglieder werden vom Beirat gewählt. Mit seiner Arbeit soll der Schlichtungsausschuß bei Streitfragen eine möglichst rasche letztinstanzliche Entscheidung gewährleisten.

Die hier geschilderte Selbst- und Mitbestimmungskonzeption kann nur funktionieren, wenn alle Mitarbeiter rechtzeitig über umfassende Informationen verfügen, die für die Beratung und Entscheidung der vielfältigen Einzelprobleme wichtig sind.

Es ist nicht uninteressant, daß sich gewissermaßen am Rande der vertragsrechtlichen Organe zwei Gremien angesiedelt haben, die wesentlich zur Intensivierung des Kommunikationsflusses beitragen. Einmal ist es die sogenannte *Vertragskommission,* sodann der schon erwähnte *Hauptausschuß.*

Die Vertragskommission, der der Schlichtungsausschuß, die Geschäftsführung, 7 stimmberechtigte und 7 nicht stimmberechtigte stille Gesellschafter angehören, befaßt sich mit grundlegenden rechtlichen und gesellschaftspolitischen Fragen der Weiterentwicklung des Vertrages. Sicherlich wirken sich die Gespräche und Überlegungen dieses Gremiums nicht unmittelbar auf die täglich zu treffenden Entscheidungen aus. Sie sind jedoch immer wieder Anlaß zu grundlegenden Diskussionen im Kreis der Mitarbeiter. Es hat sich gezeigt, daß ein Betrieb mit über 500 Mitarbeitern in die Gefahr gerät, daß nicht alle wichtigen Informationen, die zur Lösung von fachlichen wie auch aus dem Vertrag sich ergebenden Problemen erforderlich sind, rechtzeitig und umfassend bereitstehen. Hier erweist sich, daß die Mitarbeiter umlernen müssen. Viele, gerade die älteren Kollegen, die noch die frühen Entwicklungsjahre erlebt haben, waren es gewohnt, die notwendigen Informationen informell zu erhalten und weiterzugeben.

Heute beginnt man im Betrieb, neue Wege zu gehen. Zur Verbesserung der Kommunikation und der Teilhabe der stillen Gesellschafter an der Unternehmensführung hat sich auf Grund einer Initiative einiger aktiver stiller Gesellschafter im Auftrage der Gesellschafterversammlung der sogenannte Hauptausschuß konstituiert. Dieser Hauptausschuß versteht sich selbst als ein Vertretungs- und Kontrollorgan der stillen Gesellschafter. In diesem Hauptausschuß sind alle Abteilungen des Betriebes vertreten. Alle Mitarbeiter, d. h. auch die Nicht-Gesellschafter, wählen in ihrem Arbeitsbereich aus dem Kreis der Kollegen, die stille Gesellschafter sind, einen Vertreter in den Hauptausschuß. Der Hauptausschuß umfaßt insgesamt 25 Mitglieder. Er hat sich inzwischen eine Geschäftsordnung gegeben und Unterausschüsse gebildet, in denen auf den Gebieten Gesellschaftsvertrag, Personal und Arbeitsplatz, Technik, Wirtschaft und Finanzen die im Unternehmen anstehenden Probleme beraten und einer Entscheidung zugeführt werden. Der Hauptausschuß versteht sich also einerseits als ein Gremium, das die Geschäftsführung unterstützen kann. Zugleich aber hat der Hauptausschuß eine wichtige *betriebspädagogische* Funktion: er soll die erarbeiteten Kenntnisse und Problemlösungsvorschläge in die einzelnen Abteilungen des Betriebes hineintragen, um so die Teilnahme aller an der Beratung der Führungsprobleme des Unternehmens zu ermöglichen und gegebenenfalls die Vorschläge des Hauptausschusses zu verändern, vor allem aber das Interesse auch derjenigen zu wecken, die bisher – aus welchen Gründen auch immer – mehr oder weniger abseits stehen. Schließlich soll durch die Arbeit des Hauptausschusses erreicht werden, daß die stillen Gesellschafter besser informiert als bisher ihr Mitbestimmungsrecht auf den Gesellschafterversammlungen ausüben können.

Entsprechend heißt es in der Präambel zur Geschäftsordnung des Hauptausschusses: „Die Entwicklung der letzten Jahre hat in der Praxis bewiesen, daß viele Partner (stille Gesellschafter) nicht in der Lage sind, ihre im Vertrag verankerten demokratischen Rechte wahrzunehmen. Das ist zu einem erheblichen Teil auch darauf zurückzuführen, daß Informationen über das Betriebs- und Unternehmensgeschehen zu selten gegeben, ungenügend kommentiert und diskutiert werden. Der Hauptausschuß soll diese Lücken schließen . . . Die Themen, die spezielles Fachwissen voraussetzen, werden in . . . Arbeitskreisen . . . erörtert. Die erarbeiteten Ergebnisse sollen, wenn nötig, als Anregungen oder Alternativ-Lösungen angeboten werden.

Auch Geschäftsführer und Außenstehende können zu der Arbeit dieser Arbeitskreise eingeladen werden. Der Hauptausschuß ist zum Wohle des gesamten Unternehmens tätig. Er sieht seine Aufgabe in der aktiven Mitarbeit zur Verwirklichung von Demokratie in der Wirtschaft. Die Entscheidungsfähigkeit und Entscheidungsmöglichkeit aller Partner soll gesteigert werden. Die Informationsquellen und -wege zwischen Basis, Beirat und Geschäftsführung sollen in allen Richtungen erschlossen und funktionsfähig gestaltet und erhalten werden."

Es ist gegenwärtig – nach wenigen Sitzungen des Hauptausschusses – noch zu früh, ein Urteil über seine Leistungsfähigkeit abzugeben. Die außerordentliche Einsatzbereitschaft der Mitglieder – auch außerhalb der Arbeitszeit – und die gute Resonanz der Informationsarbeit in den Abteilungen berechtigen jedoch zu einigem Optimismus. Ziel des Hauptausschusses ist, als ordentliches Organ im Gesellschaftsvertrag verankert zu werden.

Die weitgehende Teilhabe der Betriebsangehörigen an der Unternehmensführung ist nun allerdings nur die eine Seite des Versuches, zur Überwindung des Gegensatzes zwischen Kapital und Arbeit zu gelangen. Hierzu gehört ebenfalls die Beseitigung der Unterschiede hinsichtlich der Stellung der geschäftsführenden Gesellschafter und der stillen Gesellschafter zum Kapital und zum Ertrag. Teilhabe am Ertrag und am Vermögen sind hier – im Gegensatz zu anderen Mitbeteiligungsmodellen – eng verkoppelt mit der Mitbestimmung und Kontrolle.

b) Die Regelung der Kapitalbeteiligung

Gegenwärtig sieht der Gesellschaftsvertrag vor, daß für alle stillen Gesellschafter je ein Kapitalkonto errichtet wird, begrenzt auf die Summe dreier Jahresgehälter, das aus der Gewinnbeteiligung aufgefüllt wird. Der Gewinn wird im Verhältnis zu den Grundlöhnen und Zinsen, die die Gesellschafter im Berechnungsjahr erhalten haben, verteilt. Solange das Kapitelkonto des einzelnen stillen Gesellschafters nicht aufgefüllt ist, müssen 60 % des individuellen Gewinnanteils dem Konto gutgeschrieben werden; 2 % werden als gesellschaftspolitische Spende an die Carl-Backhaus-Stiftung abgeführt und 13 % werden in 6 Monatsraten ausgezahlt. Nachdem das einzelne Kapitalkonto durch die jährlichen Zuweisungen aufgefüllt ist, stehen dem betreffenden stillen Gesellschafter 73 % seines Gewinnanteils zur Auszahlung zur Verfügung, denn eine Erhöhung des Kapitalkontos über das dreifache Jahreseinkommen hinaus ist nicht möglich, es sei denn, die Gesellschafterversammlung trifft eine für alle gültige neue Regelung. Die Ausrichtung vieler stiller Gesellschafter auf diesen Zeitpunkt, der die Aussicht auf erhöhte Konsumtionsmöglichkeit bietet, ist sicher unter individuellen Gesichtspunkten verständlich, betriebswirtschaftlich und auch sozial-politisch gesehen jedoch nicht nur unsinnig, sondern geradezu schädlich. Das Unternehmen wird sich – unter normalen wirtschaftlichen und technischen Bedingungen – einen derartigen Abfluß liquider Mittel nur um den Preis der Gefährdung der Expansions- und Rationalisierungsmöglichkeiten leisten können. Zugleich wird die vom Ansatz des Mitbestimmungsprojektes her angestrebte Erweiterung der sozialen und politischen Fähigkeiten der Mitarbeiter zumindest gefährdet. An dieser Problematik wird deutlich, daß mit der Errichtung individueller Kapitalkonten für den einzelnen stillen Gesellschafter noch nicht die beste Lösung für eine genossenschaftlich-partnerschaftliche Beteiligung von Mitarbeitern am Produktivvermögen ihres Unternehmens gefunden worden ist.

Es wird daher angestrebt, über die Teilneutralisierung des Kapitals, die bereits heute gegeben ist, zu einer möglichst vollen Neutralisierung zu gelangen. Die Teilneutralisierung des Kapitals ist darin zu sehen, daß sowohl die persönlich haftenden Gesellschafter als auch die stillen Gesellschafter im Falle ihres Ausscheidens aus der Unternehmung bzw. im Falle der Liquidation nur Anspruch auf den Buchwert der Kapitaleinlage haben.

Die stillen Reserven des Unternehmens fallen im Falle der Liquidation der Carl-Backhaus-Stiftung oder einer karitativen Einrichtung zu. Gegenwärtig werden Überlegungen angestellt, Formen der Kapitaleinlage zu finden, die nicht mehr dem je einzelnen einen Anspruch auf Auszahlung bei Kündigung des Gesellschaftsvertrages bzw. Ausscheidens aus dem Betrieb gewähren. Es ist gedacht an einen einheitlichen Kapitalstock, der gemeinschaftlich verwaltet wird und dem einzelnen lediglich ein Recht auf einen nach Köpfen zu verteilenden Anteil am Ertrag einräumt. Die Frage, wie hoch der Teil des jährlichen Gewinns ist, der reinvestiert werden soll, und wieviel ausgezahlt werden soll, müßte jeweils durch Beschluß der Gesellschaftsversammlung beantwortet werden. Gegenwärtig (per 30. 6. 73) befinden sich etwa 80 % des Nominalkapitals in den Händen der stillen Gesellschafter. Damit wird noch einmal – von der Kapitalseite her – die Verantwortung der stillen Gesellschafter für den Bestand und die Weiterentwicklung des Unternehmens deutlich. Zugleich wird sichtbar, in welch hohem Maße die stillen Gesellschafter Träger des unternehmerischen Risikos sind. Aber erst eine volle Neutralisierung des Kapitals, etwa auf dem Wege über die treuhänderische Verwaltung durch eine Stiftung, würde dazu führen, daß die Geschäftsführer als Beauftragte der Partnerschaft zur Wahrnehmung der Management-Funktionen anzusehen wären. Sicher gäbe es dann immer noch Unterschiede in der Stellung des einzelnen Mitarbeiters in der betrieblichen Hierarchie und im betrieblichen Funktionszusammenhang, nicht zuletzt in der Bezahlung, aber keinen aus der Art der Kapitalüberlassung und Haftung herrührenden Gegensatz.

C. Zusammenarbeit mit Betriebsrat und Gewerkschaft

Die Mitglieder des Betriebsrates sind alle auch stille Gesellschafter. Sie sorgen im Rahmen ihrer Betriebsratsfunktionen für die umfassende Wahrnehmung der Mitbestimmungs-, Mitwirkungs- und Anhörungsrechte auf Betriebsebene. Es werden regelmäßig Betriebsversammlungen und Teilbetriebsversammlungen durchgeführt. Über die Bestimmungen des Betr. Verf. Ges. hinaus ist aufgrund des mit der IG Metall vereinbarten Manteltarifvertrages für jede Einstellung und für jeden Ausspruch einer Kündigung die Zustimmung des Betriebsrates erforderlich. Rollenkonflikte, entstehend aus den Anforderungen an die Rolle als stiller Gesellschafter und denen eines Betriebsratsmitgliedes, sind bisher kaum erkennbar geworden. Die Wahrnehmung der Mitbestimmungskompetenzen durch den Betriebsrat erfolgt nach denselben Grundsätzen wie die nach dem Gesellschaftsvertrag.

Konflikte zwischen stillen Gesellschaftern und ihren gemäß Gesellschaftsvertrag erweiterten Mitbestimmungsrechten auf Unternehmensebene und Mitarbeitern, die nicht der Partnerschaft angehören, sind bisher nicht zutage getreten. Hier ist zu bedenken, daß jeder Mitarbeiter das Recht hat, stiller Gesellschafter zu werden. Nimmt er aus persönlichen Gründen dieses Recht nicht wahr, so besteht für ihn kein Grund, die Partnerschaft der geringeren Mitbestimmungsmöglichkeiten wegen zu kritisieren. Außerdem zeigt sich im Grad der Informiertheit zwischen den Gesellschaftern und Nicht-Gesellschaftern kein Unterschied, jedenfalls nicht, soweit er aus der unterschiedlichen Stellung zum Betrieb herrühren könnte. Zudem kann jeder Nicht-Gesellschafter als Gast an den mindestens zweimal im Jahr stattfindenden Gesellschafterversammlungen teilnehmen.

Eine enge Verflechtung zwischen dem Betriebsrat und der Partnerschaft ergibt sich durch die Mitwirkung von Betriebsratsmitgliedern in den Organen der Partnerschaft. So ist der Vorsitzende des Betriebsrates zugleich Beiratsmitglied. Betriebsratsmitglieder arbeiten ebenfalls im Hauptausschuß mit, der, wie bereits gesagt, von allen Belegschaftsangehörigen gewählt wird.

Eine ebenso enge Zusammenarbeit erfolgt mit der Gewerkschaft. Der zuständige Verwaltungsstellengeschäftsführer der IG Metall ist Mitglied des Schlichtungsausschusses und der Vertragskommission. Er gehört außerdem dem Vorstand der Carl-Backhaus-Stiftung an. Ein stellvertretender Vorsitzender der IG Chemie ist von den stillen

Gesellschaftern gewähltes Mitglied des Beirates. Ein Bezirksleiter der IG Leder ist von den persönlich haftenden Gesellschaftern gewähltes Mitglied im Schlichtungsausschuß. Die Gewerkschaften sehen allgemein im Ahrensburger Mitbestimmungs- und Mitbeteiligungsmodell eine sinnvolle Form der Verwirklichung von Mitbestimmungsrechten auf Unternehmensebene. Bedenken gegen die individuelle Gewinnbeteiligung teilen die Gewerkschaften mit einer Reihe von Kritikern in den Reihen der stillen und persönlich haftenden Gesellschaftern. Die gesellschaftspolitische Zielsetzung des Ahrensburger Modells wird von Gewerkschaften erkannt und gewürdigt.

Sicher aber wäre es wünschenswert, daß die Ahrensburger Erfahrungen und Grundsätze der umfassenden Mitbestimmung in die Überlegungen zur Reform der Unternehmensverfassung in der Bundesrepublik eingehen.

Die Übereinstimmung hinsichtlich der Zielsetzung des Experiments unter allen Beteiligten soll nun nicht darüber hinwegtäuschen, daß mit der hierarchisch-bürokratischen Organisation des Betriebes vielfältige, strukturell bedingte Konflikte verbunden sind. So gibt es im Betrieb das typische Meisterproblem; es kommt ebenfalls zu Kommunikationsstörungen vor allem was den Informationsfluß von oben nach unten und von unten nach oben betrifft. Ohne Zweifel liegen hier die entscheidenden Probleme bei der inneren Ausgestaltung und Weiterentwicklung des Modells auf betrieblicher Ebene. Vor allem zeigt sich in der täglichen Kooperation der Umstand, daß der Betrieb relativ schnell gewachsen ist und das Verständnis mancher Vorgesetzten für ihre Aufgaben sich noch weiterhin an der Situation orientiert, wie sie für einen größeren Handwerksbetrieb charakteristisch ist. Das Problem, die hierarchischen zugunsten von kooperativen Organisationsstrukturen zu verändern, wird erst in jüngster Zeit in Angriff genommen. Bemerkenswert ist jedoch, daß bei den Mitarbeitern kaum von einer mangelnden Bereitschaft zu Veränderungen in Richtung auf ein Mehr an netzartiger Struktur von Autorität, Kontrolle und Information gesprochen werden kann. Kennzeichnend für die gegenwärtige Situation im Betrieb ist geradezu eine Ungeduld gegenüber der Stagnation hinsichtlich der inneren Weiterentwicklung der Organisation in Richtung auf bessere Beteiligung aller an den betrieblichen Entscheidungsprozessen. Insbesondere die Angehörigen des Hauptausschusses sind sich der Interdependenz von institutioneller Veränderungen der betrieblichen Organisation und Erwerb der für die Teilhabe an den Entscheidungen erforderlichen fachlichen und kommunikativen Fähigkeiten voll bewußt.

Hier liegen also die großen Chancen für die Weiterentwicklung des Modells und auch für seine Übertragbarkeit auf andere Betriebe. Durch die Mitarbeit im Betrieb wird die Bereitschaft zu organisatorischen Innovationen (flexiblere Formen der Kooperation) einerseits und zugleich die Lernbereitschaft zum Erwerb der erforderlichen Qualifikationen für die Wahrnehmung der Aufgaben im Rahmen der Entscheidungsprozesse geweckt.

D. Das Problem der Übertragbarkeit des Ahrensburger Modelles

Es kann ohne Einschränkung gesagt werden, daß sich das Modell – zumindest auf dem Gebiet der umfassenden und unmittelbaren Mitbestimmung aller Gesellschafter auf Unternehmensebene – bewährt hat. Sicher ist die Diskussion um die Weiterentwicklung und Verbesserung noch in vollem Gange – auf einigen Gebieten, etwa der Entwicklung kooperativer Formen der Arbeitsorganisation, beginnt sie erst. Dennoch kann an der Möglichkeit, die Strukturen auf andere mittelständische Industriebetriebe zu übertragen, kein Zweifel bestehen. Allerdings muß deutlich gesehen werden, daß ein solches Modell nicht *gegen* die Bereitschaft der jeweiligen Inhaber verwirklicht werden kann, die auf nahezu alle Privilegien und Entscheidungskompetenzen zugunsten der gewählten und beauftragten Vertreter der Partnerschaft verzichten müssen.

Auf beiden Seiten, auf Seiten der bisherigen Arbeitnehmer und auf Seiten der bisherigen Arbeitgeber, muß die Bereitschaft bestehen, die gegensätzlichen Interessen und Orientierungen zugunsten einer weitergehenden Kooperation und Kommunikation zu überwinden. Dabei hat letzten Endes der Unternehmer seine „Arbeitgeber"-funktion aufzugeben, der Arbeitnehmer muß lernen, unternehmerisch und sozialpolitisch zu denken und zu handeln.

Hier zeigen sich auch die Grenzen bei der bisherigen Entwicklung des Ahrensburger Modells. In Zukunft wird alles darauf ankommen, über geeignete Lernprozesse bei den einzelnen Mitarbeitern die Voraussetzungen dafür zu schaffen, daß das gemeinsam begonnene Werk weiterentwickelt werden kann im Interesse der in ihm arbeitenden Menschen und im Interesse der Allgemeinheit. Ohne eine intensive und völlig neue Form betrieblicher Bildungsarbeit wird sich eine optimale Partizipation möglichst vieler Mitarbeiter am Entscheidungs- und Einflußprozeß und damit eine optimale Entfaltung ihrer fachlichen, sozial-kommunikativen und nicht zuletzt politischen Fähigkeiten nicht verwirklichen lassen; das zeigen die vorliegenden ersten empirischen Befunde über bereits durchgeführte Mitarbeiterseminare sehr deutlich (vgl. Dürr und Mitarbeiter).

Literatur

Carl-Backhaus-Stiftung (Hrsg.), Mitbestimmung contra Partnerschaft? , kleine cbs-Schriftenreihe Nr. 3, Ahrensburg 1971.

Carl-Backhaus-Stiftung (Hrsg.), Gesellschaftsvertrag des Modellbetriebes Joh. Friedrich Behrens, Dokumentation 1, Ahrensburg o. J. (1972).

Walter Dürr und Mitarbeiter, Bericht über ein Seminar für Arbeiter und Angestellte eines Industriebetriebes, Dokumentation 5, Ahrensburg 1973.

Arnulf Geißler, Das Ahrensburger Modell – ein Beispiel genossenschaftlicher Unternehmensdemokratie, in: Arnulf Geißler, Wolfgang Fricke (Hrsg.), Das Ahrensburger Modell, Carl Backhaus zum 70. Geburtstag, Ahrensburg 1972, S. 41 ff.
(zu beziehen über: Carl-Backhaus-Stiftung
Materialversandstelle „Haus am Pfefferberg"
2077 Großensee
Am Pfefferberg)

Theoretische Aspekte der Mitbestimmungsproblematik im Kontext der Kampferfahrungen der westeuropäischen Arbeiterbewegung

Von Lothar Peter

Mit der Entwicklung der Klassenkämpfe im kapitalistischen Westeuropa seit Ende der sechziger Jahre hat sich auch die theoretische Diskussion darüber belebt, welche Alternativen die Arbeiterbewegung dem Ausbeutungs- und Herrschaftssystem des Kapitalismus in seinen gegenwärtigen Formen entgegensetzen könne und müsse.

Alle in diesem Zusammenhang erarbeiteten theoretischen, strategischen und programmatischen Konzeptionen, die trotz unterschiedlicher und manchmal gegensätzlicher Auffassung über den Charakter der bestehenden Produktionsverhältnisse und ihre innere Gesetzmäßigkeit den Anspruch erheben, die Interessen der lohnabhängig Beschäftigten zu vertreten, haben ihre materielle Basis im Widerspruch zwischen der gesellschaftlichen Natur der Produktion und ihrer aus der sozialökonomischen Trennung der subjektiven von den objektiven Produktionsbedingungen erwachsenen kapitalistischen Hülle. Heute konkretisieren sich materielle Basis und Triebkräfte von Mitbestimmungs- und Kontrollforderungen im wachsenden Grad der Vergesellschaftung der Produktion und der Produktivkräfte, deren Entfaltung unter den Bedingungen des wissenschaftlich-technischen Fortschritts in immer schärferen Widerspruch zu den immanenten Tendenzen des kapitalistischen Akkumulationsprozesses und den bestehenden Eigentumsverhältnissen tritt.[1] Das Kapital als Schranke der Produktivkraftentwicklung und damit als Schranke seiner selbst manifestiert sich gegenwärtig allgemein in der fortschreitenden Herauslösung von Produktionsprozessen aus der Verwertungssphäre des privaten Kapitals, in der Funktion des Staates als „ideeller Gesamtkapitalist", in den durch das Einzelkapital nicht mehr zu erstellenden Voraussetzungen der Entwicklung der Produktivkraft der Arbeit, in den verschiedenen Formen der Produktivkraftvergeudung und Kapitalvernichtung, um nur einige Merkmale zu nennen. Der Antagonismus von Produktivkräften und Produktionsverhältnissen, der ein rasches Anwachsen der Zahl der Lohnarbeiter und die Verschlechterung ihrer individuellen und gesellschaftlichen Reproduktionsbedingungen hervorbringt, durchdringt alle Bereiche des sozialen und politischen Lebens. Er akzeleriert, wenn auch keineswegs mechanisch, das Bewußtsein von der „objektiven geschichtlichen Notwendigkeit zur Leitung der Gesellschaft durch die Arbeiterklasse, d. h. zur Ausschaltung der Macht des Kapitals und zur Schaffung gesellschaftlicher Verhältnisse, in denen Fortschritte der Technik und Produktion mit der Emanzipation der Produzenten einhergehen, . . .".[2]

Entsprechend dem spezifischen Bedingungszusammenhang von Kapitalzyklus, Lage der Arbeiterklasse, Stand der Klassenauseinandersetzung und Reifegrad des subjektiven Faktors nehmen die Auffassungen über die Teilnahme und Einwirkung der Werktätigen an und auf Entscheidungen über Voraussetzungen, Inhalte und Ziele des Produktionsprozesses in den kapitalistischen Ländern verschiedene Formen an.[3] Diese verschiedenen Formen gehen einerseits aus unterschiedlichen theoretischen Analysen oder Einschätzungen hervor, die ihre Ursache selbst wiederum in den Bedingungen vor allem der nationalen Klassenkämpfe haben; sie beeinflussen andererseits als

Moment des politischen Überbaus der Arbeiterklasse den konkreten Verlauf der Klassenauseinandersetzungen, das Bewußtsein des Proletariats, die innere Struktur seiner Organisationen und deren Kampfziele.

So leitet sich die in der Forderung nach Nationalisierung eingeschlossenen Mitbestimmungskonzeption, die in Frankreich von der FKP, der CGT und der Mehrheit der Sozialistischen Partei erhoben wird, aus der Analyse der gegenwärtigen Form der kapitalistischen Produktionsweise als System des staatsmonopolistischen Kapitalismus ab. Die Forderung nach Nationalisierung einer Gruppe der größten industriellen Monopole und des privatmonopolistischen Bank- und Kreditsystems konkretisiert ökonomische Resultate der Theorie des staatsmonopolistischen Kapitalismus und vermittelt sie zur politischen Strategie, der Strategie des antimonopolistischen Kampfes. Wir können hier nicht näher auf Probleme dieser Strategie eingehen; denn uns interessiert im Zusammenhang vor allem die Frage, in welchem Verhältnis die von einer Verstaatlichung zugunsten des privatkapitalistischen Verwertungsprozesses unterschiedene demokratische Nationalisierung zu dem Erfordernis der Teilnahme der Werktätigen an der Entscheidung über den Produktionsprozeß auf allen Ebenen des nationalisierten Sektors steht.

Da die nationalisierten Unternehmen nicht nur nicht als bloß der direkten Einwirkung der Monopole entzogene ökonomische Einheiten, sondern als deren antagonistische Form innerhalb der Grenzen zunächst noch dominierender kapitalistischer Produktionsverhältnisse verstanden werden, da sie des weiteren nicht als Kompensationsfaktor privatkapitalistischer Wirtschaftsmacht fungieren sollen, ist die Organisation der Entscheidungs-, Kontroll- und Vertretungsrechte der Arbeiter und Angestellten in den nationalisierten Unternehmen nicht zu trennen von den Funktionen dieser Unternehmen im gesellschaftlichen Reproduktionsprozeß, die durch die demokratische Planung im einzelnen festgelegt werden.[4] Die Entwicklung der Produktivkräfte in der antimonopolitischen Demokratie, vor allem im nationalisierten Sektor, erweist sich nicht allein als ökonomisches, technologisches und technisches Problem, sie schließt vielmehr die Entfaltung der Hauptproduktivkraft Mensch und seiner wichtigsten sozialökonomischen Kategorie, der Arbeiterklasse, notwendig ein.[5] Hatten selbst die unter dem Druck der Arbeiterklasse durchgeführten, aber bald im Interesse des Großkapitals umfunktionierten verstaatlichten Unternehmen wie die „Regie nationale des usines Renault“ und EDF/GDF partiell bewiesen, daß eine nicht *unmittelbar* dem Verwertungsprozeß des Einzelkapitals unterworfene Entwicklung der materiellen Produktivkräfte ein höheres Niveau ermöglicht, so soll die demokratische Nationalisierung mit der komplexen Durchsetzung des wissenschaftlich-technischen Fortschritts zugleich die produktiven Potenzen der lebendigen Arbeit entfalten. Ist das nationalisierte Unternehmen nach der Seite des gesellschaftlichen Reproduktionsprozesses hin an die demokratische Planung, d. h. an die in der nationalisierten Produktions- und Zirkulationssphäre erfolgende Verteilung der Arbeit und der stofflichen Elemente des Reproduktionsprozesses gebunden, so findet sie als Entfaltung der Hauptproduktivkraft Mensch ihre Entsprechung wesentlich auch in der demokratischen Planung, Leitung und Kontrolle der Produktion auf betrieblicher und Unternehmensebene.[6]

Wie aber sieht nun das Modell der demokratischen Planung und Leitung des nationalisierten Unternehmens konkret aus? An der Produktionsbasis erfolgt die Legitimation der Produktionsaufgaben und -ziele sowie die Kontrolle ihrer Durchführung und Realisierung durch Vertreter der Belegschaften, gewählt nach gewerkschaftlichen Listenvorschlägen und im Verhältniswahlrecht.[7] Gemeinsam mit außerbetrieblichen Gewerkschaftsdelegierten und Repräsentanten territorialer und beruflicher Verbände (Verbraucherverbände, Berufsvereinigungen) bilden die Vertreter der Belegschaft in paritätischer Besetzung die die Kontrollorgane (comités de gestion) des nationalisierten Unternehmens, die sogenannten Leitungsausschüsse der technischen, kaufmännischen und Verwaltungsabteilung. Gleichzeitig wählen Belegschaften, Gewerkschaften und außerbetriebliche Interessenverbände Vertreter für den Verwaltungsrat (conseil d'administration), das höchste, der Nationalversammlung verantwortliche Unternehmensorgan. Der Verwaltungsrat setzt sich drittel-paritätisch aus diesen gewählten Vertretern und ernannten Repräsentanten des von den Parteien der union populaire geführten Staats zusammen. Der Verwaltungsrat wählt einen Vorsitzenden, der durch die Regierung bestätigt wird. Außerdem wählt er sowohl den Generaldirektor des nationalisierten Unternehmens als auch die Direktoren der technischen, kaufmännischen und verwaltenden Leitungsausschüsse.

Die Organisationsstruktur der Leitung der nationalisierten Unternehmen, welche die wichtigsten ökonomischen Einheiten der antimonopolistischen Demokratie, der „democratie avancee", umfassen und ein konstitutives Vermittlungsglied zwischen Masseninitiative in den Produktionsstätten und demokratischer Wirtschaftsplanung auf nationaler Ebene bilden, lösen die überkommenen autoritären, den Verwertungsinteressen des Monopolkapitals angepaßten Leitungssysteme ab. Diese Leitungssysteme sind im privaten Bereich durch die Ohnmacht des Verwaltungsrats gegenüber dem Vorstand der Kapitalgesellschaften und völlige Einflußlosigkeit der Belegschaftsvertreter gekennzeichnet, die nur mit beratender Stimme zu den Sitzungen des Verwaltungsrates zugelassen sind, ohne ihm als ordentliche Mitglieder anzugehören.[8] Im bereits existierenden öffentlichen und staatlichen Bereich sind die ehemaligen Ansätze für demokratische Leitungsstrukturen seit 1945/46 Schritt für Schritt untergraben worden, so daß die beispielsweise bei der SNCF oder EDF/GDF formell noch bestehenden Kontrollausschüsse heute ihre Funktion gänzlich verloren haben, die Verwaltungsräte von Repräsentanten des Finanzkapitals majorisiert worden sind und die staatlichen Kommissare de facto über ein Veto-Recht verfügen, das die Abhängigkeit der öffentlichen und staatlichen Unternehmen von der Wirtschaftspolitik der Regierung besiegelt hat.[9]

Die Leitungsstruktur im nationalisierten Unternehmen, wie es im gemeinsamen Rerierungsprogramm der FKP, des Parti Socialiste und der Linksliberalen (Radicaux de gauche) gefordert wird,[10] verändert nicht nur die der Doppelnatur des kapitalistischen Produktionsprozesses entspringende despotische Leitungshierarchie, um das nationalisierte Unternehmen aus der Herrschaftssphäre des Monopolkapitals zu lösen, sondern erweitert gleichzeitig entscheidend die Rechte der Gewerkschaften und Betriebsräte. Die Erweiterung dieser Rechte soll auch Anwendung auf den kapitalisierten Wirtschaftssektor finden. (Nur am Rande kann hier bemerkt werden, daß die demokratische Mitbestimmung in den nationalisierten Unternehmen durch eine Demokratisierung aller kommunalen und regionalen Versammlungen ergänzt werden soll, deren Struktur sich bisher an den ökonomischen Interessen des Großkapitals und am Herrschaftskalkül der restaurativen Kräfte ausrichtet.) Allein die hier skizzierten Merkmale der Leitung des nationalisierten Unternehmens, wie es die französische Linke im gemeinsamen Regierungsprogramm fordert, markieren klare Unterschiede zur Mitbestimmungskonzeption des DGB. Die FKP, der Parti socialiste und die beiden größten Gewerkschaftsverbände, die CGT und CFDT, haben bisher jede Form paritätischer Mitbestimmung ebenso abgelehnt wie die unter de Gaulle eingeführte „participation", eine französische Variante der „Vermögensbildung in Arbeitnehmerhand".[11]

Allerdings trifft auch die Konzeption der demokratischen Nationalisierung innerhalb der gesamten französischen Linken nicht auf ungeteilte Billigung. Insbesondere die CFDT, die das Regierungsprogramm der FKP, des Parti socialiste und der Linksliberalen nicht aktiv unterstützte, stellt der demokratischen Nationalisierung noch immer die Auffassung der „autogestion", der Selbstverwaltung der Betriebe, entgegen.[12] Sie impliziert eine Verbindung von nichtinstitutionalisierter Mitbestimmung und ständiger Infragestellung (contestation) der kapitalistischen Leitungshierarchie. Von ihren Verfechtern wird sie als transitorische Form des Übergangs vom Kapitalismus zur Gesellschaft eines nichtbürokratischen, dezentral gegliederten „demokratischen Sozialismus" verstanden. Der Ausbau von Selbstverwaltungspositionen wird bereits unter gegebenen kapitalistischen Verhältnissen als möglich und notwendig erachtet. Insofern kommt die Konzeption der „autogestion" trotz zahlreicher modifizierender Unterschiede sowohl den Vorschlägen zur antikapitalistischen Strukturreform in Frankreich (Gorz, Mallet)[13] und Italien (Basso, Trentin)[14] als auch der Forderung Ernest Mandels nach „Arbeiterproduktionskontrolle"[15] und bestimmten Positionen des linken Flügels im DGB, vor allem bei der IG Metall, relativ nahe.[16]

Gegen die Selbstverwaltungskonzeption der CFDT werden auch von marxistischen Kritikern grundlegend Einwände erhoben. Die Vorstellungen über „autogestion" abstrahiere von der Dominanz des Monopols als gesellschaftlichem Verhältnis und von der Funktion des Staats, der nicht nur politisch die Rahmenbedingungen der kapitalistischen Produktionsweise sichere, sondern selbst als spezifisches Monopol ökonomisch die von den Einzelkapitalen nicht mehr zu gewährleistenden Voraussetzungen der erweiterten Reproduktion des monopolistischen Privatkapitals schaffe. Die Propagierung der „autogestion" zerreiße deshalb den konkreten Bedingungszusammenhang von Ökonomie und Politik, reduziere den ökonomischen Aspekt auf den einzelnen kapitalistischen Produktionsprozeß und verkürze das Problem der politischen Macht auf die Aufhebung des aus dem Doppelcharakter des kapitalistischen Produktionsprozesses hervorgehenden despotischen Form des Leitungssystems, ohne die sozialökonomischen Grundbeziehungen der kapitalistischen Produktonsweise tiefgreifend zu verändern. Aus diesen theoretischen Fehlern folge dann notwendig der Verzicht auf die politische Mobilisierung der Arbeiterklasse und anderer ausgebeuteter werktätiger Schichten zur Erlangung der politischen Macht im Staat als wesentlicher Voraussetzung dafür, die Teilnahme der Werktätigen an den Entscheidungen über Produktionsbedingungen und Produktionsresultate auf veränderte sozialökonomische Beziehungen zu basieren.

In gewisser Hinsicht weist das in Großbritannien von Shop stewards, Teilen des linken Flügels der Labour Party und Gewerkschaften des TUC vertretene Konzept der „industriellen Demokratie" und der „Arbeiterkontrolle" ähnliche Momente auf wie die Überlegungen der CFDT über die Selbstverwaltung der Betriebe durch die Produzenten. Ausgangspunkt für die Vorschläge zur Arbeiterkontrolle ist die Auffassung, daß bereits innerhalb der Grenzen kapitalistischer Produktionsverhältnisse der Ausbau von sozialistischen Gegenpositionen auf allen Ebenen des Produktionsprozesses möglich sei.

An dieser Stelle muß eingefügt werden, daß es ebenso wie in den meisten kapitalistischen Ländern Westeuropas in Großbritannien keine Mitbestimmung im Sinne des DGB-Modells gibt. Zu berücksichtigen sind allerdings Unterschiede zwischen dem privaten und staatlichen Sektor: während sich die Belegschaftsvertretung in Privatunternehmen auf paritätisch besetzte Betriebsausschüsse beschränkt, die (sofern sie überhaupt existieren) von jeder wirksamen Mitbestimmung ausgeschlossen sind, entsenden die Gewerkschaften Vertreter in die „boards of direction", die Leitungen der verstaatlichten Unternehmen, ohne dort jedoch relevanten Einfluß auf die zentralen Entscheidungen nehmen zu können, statt dessen auf Grund einer Inkompatibilitätsklausel ihr gewerkschaftliches Mandat aber verlieren. Die unmittelbare Frontlinie zwischen Lohnarbeit und Kapital in den Betrieben verläuft hauptsächlich zwischen den Shop stewards auf der einen und den Kapitaleigentümern oder -managern (bzw. staatlichen Wirtschaftsfunktionären) auf der anderen Seite. Die Shop stewards, die in der Phase vor und während des Ersten Weltkriegs entstanden, sind gewerkschaftliche Vertrauensleute. Gewählt von betrieblichen Arbeitsgruppen oder Abteilungen, führen sie die entscheidenden Verhandlungen über die Arbeitsbedingungen der Produzenten und die Reproduktionsbedingungen der Ware Arbeitskraft, sind sie der Motor und Organisator der Kämpfe der Arbeiter und Angestellten an der Basis.[17] Sie bilden keine Institution der Betriebsverfassung. Sie repräsentieren zwar die Gewerkschaften im Betrieb, unterliegen aber aufgrund des britischen Tarifvertragssystems nicht der Bindung an außerbetriebliche Leitungs- oder Vertretungsorgane der Gewerkschaften. Da die Shop stewards, falls überhaupt, nur infolge der Kampfkraft der Belegschaften freigestellt werden, ihre Freistellung also direktes Erfolgsresultat des Klassenkampfes ist, sie im übrigen aber der Basis unausgesetzt verantwortlich bleiben, wird ihre zentrale Bedeutung als Kader der britischen Arbeiterbewegung plausibel. Auch wird daraus erklärbar, warum den Shop stewards die Funktion des tragenden Elements einer antikapitalistischen industriellen Demokratie und der sogenannten Arbeiterkontrolle zukommen soll. Worin besteht nun das Charakteristische der Arbeiterkontrolle? [18] Aus der Fülle von Positionen, Vorschlägen und konkreten Modellen zur Arbeiterkontrolle, mit der sich insbesondere das 1968 aus der „Kampagne für Arbeiterkontrolle" hervorgegangene, von militanten Shop stewards, Gewerkschaftsfunktionären, Mitgliedern der Labour Party, der Communist Party und sozialistischen Intellektuellen organisierte Institut für Arbeiterkontrolle (IWC) beschäftigt, sei hier nur eine Stellungnahme zitiert, die Perspektiven und Probleme der „Arbeiterkontrolle" vergegenwärtigt: „Mit Arbeiterkontrolle ist der Kampf der Arbeiter und ihrer Organisationen gegen die Privilegien des Managements gemeint, gegen die die unternehmerische Autorität im Betrieb und gegen die kapitalistische Macht in der Wirtschaft. Sie beginnt mit einfachen gewerkschaftlichen Forderungen, etwa der Forderung nach Kontrolle von Einstellungen und Entlassungen, von Teepausen und Arbeitszeit, von Arbeitstempo und innerbetrieblichen Umbesetzungen. Über eine ganze Serie weiterer Forderungen (wie ‚open the books!' zum Beispiel) steuert sie den Punkt an, von dem an kapitalistische Autorität in der ganzen Gesellschaft auf Widerstand stößt. An diesem Punkt, der in seiner allgemeinen politischen Bedeutung am besten mit dem Begriff der „Doppelherrschaft" charakterisiert ist, entsteht eine revolutionäre Situation. Entweder gehen die Arbeiter dazu über, die Macht des Kapitals wirklich auf der gesellschaftlichen und politischen Ebene zu beseitigen, oder das alte Establishment übernimmt wieder die Befehlsgewalt."[19]

An diesen Formulierungen werden einige schon im Zusammenhang mit der Selbstverwaltungskonzeption der CFDT konstatierte Probleme erneut transparent. Die programmatischen Erklärungen zur Arbeiterkontrolle basieren nicht auf einer umfassenden Analyse des kapitalistischen Akkumulationsprozesses und seinen sozialökonomischen und politischen Erscheinungsformen. Sie beschränken sich auf eine Kritik einzelner kapitalistischer Produktionsprozesse, allgemeiner Merkmale des bürgerlichen Staates und vor allem der Befehls- und Leitungsfunktionen des Kapitals. Darüber hinaus entwickeln sie, da die Klassenverhältnisse der gesamten Gesellschaft, die Doppelfunktion des Staates unter hochentwickelten monopolkapitalistischen Bedingungen und schließlich die Frage nach der politischen Seite des Klassenkampfes weitgehend ausgeklammert bleiben, keine Strategie für die Erlangung der politischen Macht durch die Arbeiterklasse und ihr verbündete Schichten, welche als Grundbedingung einer funktionsfähigen Arbeiterdemokratie gesetzt ist. In diesem Mangel spiegelt sich zweifellos bis zu einem gewissen Grade der allgemeine Stand der Klassenauseinandersetzungen in Großbritannien wider, die politisch durch das Fehlen einer revolutionären marxistischen *Massenpartei*, durch starke integrationistische Tendenzen in der Führung der Labour Party und des TUC sowie ideologisch durch den relevanten Einfluß reformistischer, syndikalistischer und gildensozialistischer Strömungen auch auf den linken Flügel der Arbeiterbewegung geprägt sind.[20]

Gleichwohl erlauben die kritischen Einwände, die in Großbritannien auch von marxistischen Kräften erhoben werden, die zum aktiven Kern der Bewegung für industrielle Demokratie und Arbeiterkontrolle zählen, keineswegs die Verwechslung mit pauschaler Ablehnung der Arbeiterkontrollforderungen.[21] Vielmehr bieten die im Betrieb und Unternehmen zutage tretenden Konflikte des Grundwiderspruchs von Lohnarbeit und Kapital Ansatzpunkte der Mobilisierung der Arbeiter und Angestellten, sich gegen die unmittelbaren Folgen des kapitalistischen Akkumulationsprozesses zur Wehr zu setzen, aber sie bieten auch Ansätze dafür, die durch das Kapital der Produktivkraftentwicklung konkret gesetzten Hemmnisse zu erkennen und Fähigkeiten der kollektiven Organisation der Produktion zu entfalten. Einhellig geht aus allen Erklärungen der Befürworter der Arbeiterkontrolle hervor, daß solche Ansätze nur herausgebildet werden können, wenn eine weitgehende politische Autonomie der Gewerkschaften und Arbeiterorganisationen gewährleistet ist, wenn die Institutionalisierung von Kontrollrechten – auf welcher gesellschaftlichen Ebene auch immer – keine Unterwerfung unter die Interessen und Herrschaftsmechanismen der kapitalistischen Produktionsmittelbesitzer. ihres Managements und des Staates impliziert und wenn die ständige Überprüfbarkeit aller Aktivitäten von Arbeiterdelegierten durch die Basis nicht gefährdet wird. Insofern ist Rudolf Kuda von der IG Metall durchaus zuzustimmen, wenn er den Stellenwert der Kampagne für Arbeiterkontrolle auch für die Diskussion über Mitbestimmung in der BRD betont: „Immerhin begreift die Kampagne für Arbeiterkontrolle den Mitbestimmungsgedanken nicht a priori als wirtschaftsfriedliche Alternative zum eigenen militanten Angriff auf die kapitalistische Verfügungsgewalt. Einerseits betont sie zwar ausdrückliche Anpassungs- und Integrationsverfahren des Mitbestimmungsansatzes . . . Andererseits übersieht die Kampagne für Arbeiterkontrolle keineswegs, daß Mitbestimmungsforderungen die Frage nach zusätzlichen gewerkschaftlichen Rechten gegenüber den Privilegien des Managements aufwerfen, daß Mitbestimmungspolitik organisatorische Alternative zum organisierten Kapitalismus andeuten und begünstigen kann. Über die – gewiß nicht bedeutungslose – kurzfristige Vertretung sozialer Interessen der Beschäftigten hinaus sind solche mittelfristigen Politisierungseffekte durch Mitbestimmung erreichbar, wenn zwei Nebenbedingungen realisiert werden: die zunehmende Effizienz des gewerkschaftlichen Einflusses durch den Aufbau eines umfassenden Mitbestimmungssystems auf allen Stufen der wirtschaftlichen Willensbildung und die zunehmende Demokratisierung des gewerkschaftlichen Einflusses durch informatorische und kommunikative Rückkoppelung zwischen den vor- und nachgelagerten Mitbestimmungsebenen.“[22]

In letzter Zeit ist die Diskussion über Nationalisierung, Mitbestimmung und Arbeiterkontrolle in Großbritannien um einige bemerkenswerte Aspekte ergänzt worden. So hat beispielsweise eine Arbeitsgruppe des TUC die Möglichkeit paritätischer Mitbestimmung erwogen,[23] während der Parteivorstand der Labour Party in seinem neuen Programm ebenfalls die Frage der paritätischen Mitbestimmung aufgeworfen, gleichzeitig aber – und das scheint uns noch wichtiger zu sein – wieder die Forderung nach Nationalisierung in den Mittelpunkt gerückt hat.[24] In diesem Zusammenhang vertreten vor allem die Young Socialists in der Labour Party insofern eine interessante Position, als sie die Forderung nach Nationalisierung der Monopole mit der Forderung nach Arbeiterkontrolle und ihren populären Losungen wie „Offenlegung der Bücher" zu verbinden trachten.[25] Die Stellungnahme der Young Socialists berührt einerseits theoretisch den Akkumulationsprozeß des Monopolkapitals und seine gesamtgesellschaftlichen Folgen (und geht damit über die bisherigen branchenspezifischen, auf einzelne Kapitalanlagesphären bezogenen Modelle der Arbeiterkontrolle hinaus), sie vermittelt andererseits die Forderung nach Nationalisierung mit der nach aktiver Teilnehme und Kontrolle der Produzenten an und über die Produktion, ohne indes der Illusion zu erliegen, daß Arbeiterkontrolle in einer Art naturgesetzlicher Eigendynamik den monopolkapitalistischen Charakter der Produktionsverhältnisse und ihres Überbaus sprengen könne.[26]

Der Stand der demokratischen Mitbestimmungsrechte der Arbeiterklasse in Italien weist verglichen mit Frankreich und England deutlich unterschiedene Merkmale auf. Obwohl auf den ersten Blick hin die politischen Strukturen und vor allem die der Arbeiterbewegung in den beiden kontinentalen Ländern Parallelen aufzuzeigen scheinen, hat der Kampf der italienischen Arbeiter und Angestellten um Mitbestimmungs- und Kontrollrechte im Produktionsprozeß faktisch eine andere Entwicklung als in Frankreich genommen. Versucht man, die objektiven Ursachen der Verlaufsformen und Ziele dieser Kämpfe auszumachen, abgesehen von allgemeineren Charakteristika des italieninischen Kapitalismus (wie etwa dem im nationalen Maßstab zwischen dem Norden und Süden sich verschärfenden Stadt-Land-Gegensatz), so ergeben sich vor allem drei Momente, die hier Berücksichtigung verdienen:[27]

1. Die spezifische Tendenz des kapitalistischen Akkumulationsprozesses in Italien in der zweiten Hälfte der sechziger Jahre, die Produktion einer größeren Mehrwertmasse (bei sinkender Kapitalinvestitionsrate und sinkender Beschäftigungszahl) durch Intensifikation der Arbeit und Formen der Produktion des relativen Mehrwerts zu ermöglichen, weil die absolute Länge der Arbeitszeit ohnehin schon so groß war, daß sie nicht mehr ausgedehnt werden konnte. Dieser Prozeß drückte sich in den Betrieben unmittelbar in einer immensen Beschleunigung des Arbeitstempos, Erhöhung der physischen und sensumotorischen Belastungen am Arbeitsplatz sowie der steigenden Zahl von Betriebsunfällen aus.
2. Die mangelnde Elastizität des italienischen Tarifvertragssystems verhinderte eine auch nur minimale Angleichung der individuellen und gesellschaftlichen Reproduktionsbedingungen der Ware Arbeitskraft an die Auswirkungen des Akkumulationsprozesses in allen gesellschaftlichen Lebensbereichen.
3. Auf der politischen Ebene hat die Entwicklung der Klassenkämpfe in Italien bisher noch nicht zur Aktionseinheit der Arbeitserklasse, zu einer gemeinsamen Strategie und Programmatik ihrer fortgeschrittensten Teile geführt, wohingegen sich gleichzeitig eine Annäherung zwischen den großen Gewerkschaftsverbänden CGIL, CISL und UIL abzuzeichnen begann.

Aus den genannten Gründen konzentrierten sich deshalb die Klassenkämpfe seit dem

„Heißen Herbst" 1969 in erster Linie auf die Abwehr intensivierter Ausbeutung, auf die Veränderung des Tarifsystems und Strukturreformen in der Sphäre der gesellschaftlichen Reproduktion der Arbeitskraft, also dem Bereich der gesellschaftlichen Konsumtion. Die Aktionen gegen die Ausbeutung in der Produktion wiederum fielen zusammen mit Veränderungen der Mitbestimmungs- und Kontrollrechte in den wichtigsten Industriezweigen und Wandlungen in der Organisationsstruktur der betrieblichen Arbeitervertretungen. Trotz der in den Kämpfen sich ausdrückenden Spontaneität erwies sich die Möglichkeit, die betrieblichen Kampfinitiativen und Aktionen adäquat zu den Zielen der gesamten Arbeiterklasse zu vermitteln, nur dann als gegeben, wenn die Gewerkschaften in den Betrieben fest verankert und rechtlich anerkannt sind. Die „commissioni interne", deren Kompetenzen hinter denen westdeutscher Betriebsräte weit zurückbleiben, und die 1954/55 entstandenen Betriebsgewerkschaftsgruppen boten für die Vereinheitlichung der Kämpfe keine ausreichende Gewähr. Deshalb kommt sowohl den im Verlauf des „heißen Herbstes" gebildeten „Delegiertenräten" oder „Fabrikräten" als auch den von diesen Organen wahrzunehmenden Kontrollrechten eine zentrale Funktion für die Abwehr der Arbeiterklasse gegen die Übergriffe des Kapitals zu: „Die von Arbeitsplatz zu Arbeitsplatz unterschiedlichen Arbeitsbedingungen waren mit entscheidend bei den Überlegungen, die Vertreter der Interessen der Arbeiterschaft direkt von den Arbeitern am Arbeitsplatz zu wählen, und zwar jeweils von homogenen Gruppen, wie sie die Belegschaft einer Abteilung eines Fließbandes, einer Akkordgruppe usw. darstellen. Die Funktion der Delegierten wird zunächst ausschließlich von der Notwendigkeit getragen, für eine Lösung der am Arbeitsplatz entstandenen Probleme im Interesse der davon betroffenen Arbeiter zu sorgen."[28]

Die jederzeit abberufbaren, nicht obligatorisch gewerkschaftlich organisierten Delegierten, aus denen sich der „Delegierten-" oder Fabrikrat zusammensetzt, vertreten die betrieblichen Interessen der Belegschaften an der Akkordregelung, den Produktionsprämien, den Arbeitsplatzbedingungen, den sozialen Einrichtungen usw. gegenüber der Unternehmensleitung. Wo die „Fabrikräte" in der Belegschaft den für ihre Aktivitäten erforderlichen Rückhalt finden, sollen sie zukünftig die bisherigen betrieblichen Arbeiterorgane schrittweise ablösen. Gingen von den Delegiertenräten zum einen Impulse für die gewerkschaftliche Mobilisierung und Demokratisierung aus, so manifestierte sich zum anderen in ihren, wenn auch beschränkten Kontrollrechten die wachsende Einsicht klassenbewußter Arbeiter und Angestellter in die Struktur des Produktionsprozesses als Verwertungsprozeß, in die Zusammenhänge der gegenständlichen Momente des Produktionsprozesses und in die aus dem Vergesellschaftungsgrad und der Segmentierung der Arbeit resultierenden Kampfmöglichkeiten der Lohnarbeiter gegenüber dem Kapital. Allerdings hängt die langfristige Wirksamkeit der Fabrikräte wiederum davon ab, ob sie die Forderungen der einzelnen Belegschafts-, Qualifikations- und Berufsgruppen zu gemeinsamen Forderungen vermitteln können, ob sie eng mit der Gewerkschaftsbewegung verbunden sind und ob sie sich in der Lage zeigen werden, die spezifischen Interessen und Ziele des betrieblichen Kampfes in die Zusammenhänge des nationalen Klassenkampfes zu stellen.[29]

Die Erfahrungen der westeuropäischen Arbeiterbewegung in ihrem Kampf um Mitbestimmung und Kontrolle sowohl über einzelne kapitalistische Produktionsprozesse als auch über Inhalt und Bewegungsrichtung des gesellschaftlichen Produktions- und Reproduktionsprozesses lassen sich gewiß nicht schematisch auf die Kampfbedingungen der westdeutschen Arbeiterklasse und ihrer Gewerkschaften übertragen. Nichtsdestoweniger dürfen wir aus diesen Erfahrungen einige allgemeine Schlüsse ziehen, die auch für die Entwicklung der Mitbestimmung zu demokratischen Gegenmachtspositionen der Arbeiterklasse in der Bundesrepublik von entscheidender Wichtigkeit sind:

1. Autoritäts-, Verteilungs- und Produktionskonflikte sind konkrete Erscheinungsformen der kapitalistischen Produktionsweise. Sie können Ansatzpunkte für die Mobilisierung der Arbeiterklasse für Mitbestimmungs- und Kontrollerechte sein. Eine Lösung dieser Konflikte ist jedoch perspektivisch nur möglich, wenn sich die Forderungen in dieser Konfliktsphäre einerseits mit dem ökonomischen Kampf um Eingriffe in das Profitsystem des Monopolkapitals und andererseits mit dem politischen Kampf um Demokratisierung des Staates nicht nur im Interesse der Arbeiterklasse, sondern aller Lohnarbeiter und aller vom Großkapital abhängigen sozialen Schichten verbinden.
2. Der Ausbau von Gegenmachtspositionen durch Mitbestimmung setzt die Auflösung aller Bindungen der Gewerkschaften an das ideologisch, strategisch und institutionell vermittelte Interesse des Monopolkapitals voraus. Solange einflußreiche gewerkschaftliche Kräfte vor allem in der Spitze des DGB in den Herrschaftsmechanismus des Großkapitals integriert bleiben, sind Forderungen nach Mitbestimmung sowohl in ihrer materiellen Wirkung eingeschränkt als auch durch syndikalistische und reformistische Tendenzen gefährdet.
3. Der formaljuristische Aspekt ist für die politische Qualität von Mitbestimmung nicht ausschlaggebend. Wesentlich ist vielmehr, ob eine gesetzlich fixierte und institutionalisierte Mitbestimmung durch Repräsentanten der Belegschaften und Gewerkschaften inhaltlich in ständiger Kontrolle und Legitimation durch die „Basis" begründet ist und ob durch demokratischen Informationsfluß die Bereitschaft der Arbeiter und Angestellten, für ihre Interessen konsequent einzutreten, gesteigert wird. Die Entwicklung von Mitbestimmung zur Gegenmachtposition gegen das Großkapital koinzidiert deshalb notwendig mit der Entfaltung gewerkschaftlicher Demokratie. Sie wiederum setzt die Stärkung der Vertrauensleute als satzungsmäßigen Grundorganisationen der Gewerkschaften, die freie Betätigung der Gewerkschaften in Betrieb und Unternehmen und den Abbau der Bindungen der Betriebsräte an die kapitalistische Betriebsverfassung voraus.
4. Schematische Gegenüberstellungen oder Alternativsetzungen von Mitbestimmung am Arbeitsplatz zum einen und überbetrieblicher Mitbestimmung zum anderen gehen ökonomisch am unlösbaren Zusammenhang zwischen einzelnen kapitalistischen Arbeitsprozessen, sozialökonomischer Bestimmtheit der Produktivkraftanwendung, den allgemeinen Gesetzmäßigkeiten des kapitalistischen Akkumulationsprozesses und dem Kapital als gesellschaftlichem Verhältnis in seinen monopolistischen Erscheinungsformen vorbei. Indem solche Auffassungen einzelne Momente hypostasieren, die der Antagonismus zwischen Lohnarbeit und Kapital konkret zum Ausdruck bringt, verdecken oder verzerren sie damit aber auch politisch die Möglichkeiten bzw. Grenzen von Mitbestimmungsforderungen, den politischen Charakter von Reformen im Interesse der Arbeiterklasse und die im Verhältnis von betrieblichen Mitbestimmungsinitiativen und überbetrieblichen Mitbestimmungspositionen objektiv angelegten Perspektiven des Kampfes gegen das Monopolkapital auf allen gesellschaftlichen Ebenen. In der Abgrenzung gegen alle Versuche, Mitbestimmung auf die betriebliche Ebene zu reduzieren, sie von den Gewerkschaften als einheitliche Massenorganisation der Lohnabhängigen auf einzelne ihrer Abteilungen und Gruppen zu verlagern und die gesamtgesellschaftliche Tragweite von demokratischer Mitbestimmung einzuschränken, aber auch in klarer

Ablehnung aller wirtschaftsharmonistischer, sozialpartnerschaftlicher und dem Kooperationszwang zwischen Lohnarbeit und Kapital unterworfener Mitbestimmungsinterpretationen[30] schreiben die Autoren der Studie „Mitbestimmung als Kampfaufgabe" zutreffend: „Deshalb muß die *Masseninitiative* im Kampf um Erweiterung und Vertiefung demokratischer Rechte der Arbeiter und Angestellten, ihrer Organe und Organisationen in der Wirtschaft als *entscheidendes* Moment hervorgehoben werden. Reale Kräfteverschiebungen können nur im Ergebnis und als Resultat des Massenkampfes um demokratische Rechte auf der einen und der Kontrolle des Großkapitals auf der anderen Seite hervorwachsen."[31]

Anmerkungen

1 Aus der Vielzahl von marxistischen Analysen der Widersprüche des staatsmonopolistischen Kapitalismus sei hier nur auf die Darstellung des Gesetzes vom tendenziellen Fall der Profitrate bei Robert Katzenstein verwiesen. Vgl. Robert Katzenstein: Politik und Ökonomie im gegenwärtigen Kapitalismus. Zur Frage des tendenziellen Falls der Profitrate. In: Blätter für deutsche und internationale Politik, 7/1973, S. 715–727.

2 Mitbestimmung als Kampfaufgabe (hrsg. vom IMSF), Köln 1971, S. 35.

3 Vgl. dazu Lothar Peter: Klassenkämpfe in Westeuropa. In: Sozialistische Politik, 18/1972. Dieser Beitrag erschien anläßlich der Veröffentlichung des Buches von Albers, Goldschmidt, Oehlke: Klassenkämpfe in Westeuropa, Reinbek bei Hamburg 1971.

4 Vgl. dazu beispielsweise Philippe Herzog: La mise en oeuvre de la planification. In: economie et politique, 213, 214/1972.

5 Vgl. Autorenkollektiv der Französischen Kommunistischen Partei und der Zeitschrift „economie et politique": Der staatsmonopolistische Kapitalismus, Frankfurt 1972, insbesondere die S. 586–612.

6 Ebd., S. 615.

7 Vgl. im folgenden Jacques Briere: Nationalisierung und demokratische Unternehmensführung als Basis einer wirklichen Demokratie auf dem Weg zum Sozialismus. In: Marxismus Digest (hrsg. vom IMSF), 2/1973 (Nationalisierung und demokratische Programmierung).

8 Eine große Übersicht über die Mitbestimmungsrechte der Arbeiter und Angestellten in den westeuropäischen kapitalistischen Ländern gibt Joachim Lieser: Der Mensch im Mittelpunkt? Thesen und Dokumente zur Mitbestimmung. Köln 1971, S. 86 ff.

9 Vgl. Jacques Briere, a. a. O., S. 10–14; vgl. auch: Der staatsmonopolistische Kapitalismus, a. a. O., S. 631.

10 Vgl. das „programme commun de gouvernement du parti communiste et du parti socialiste". Paris 1972; vgl. auch Werner Goldschmidt: Das gemeinsame Programm der französischen Linken. In: Blätter für deutsche und internationale Politik, 8/1972.

11 Zur Problematik einer integrationistischen Mitbestimmung und Gewinnbeteiligung der Arbeiterklasse in Frankreich vgl. François Marotin: La Nouvelle Societe. In: economie et politique, 213/1972, S. 79–105. Siehe auch Jacques Kahn: Zur Frage der „Participation". In: Probleme des Kampfes um eine antimonopolistische Demokratie in Frankreich. Arbeitsmaterialien des IMSF, Frankfurt a. M. 1973, S. 90–94.

12 Die Vorstellungen des CFDT, des zweitgrößten Gewerkschaftsbundes in Frankreich, über die sogenannte Selbstverwaltung („autogestion") sind zusammengefaßt bei A. Detraz, F. Krumnow und E. Maire' La CFDT et l'autogestion, Paris 1973.

13 Zur Kritik an der Konzeption der antikapitalistischen Strukturreform, wie sie von Vertretern der französischen nichtkommunistischen Linken Mitte der sechziger Jahre propagiert wurde, vgl. Joseph Schleifstein: Neoreformistische Theorien und einige Probleme der Strategie der Arbeiterbewegung. In: Ökonomische Theorie, politische Strategie und Gewerkschaften, Frankfurt am. M. 1971, S. 56–75. Vgl. dort auch die Beiträge von Helmuth Schütte und Lothar Peter. Ausführlich auf die Theorie der „neuen Arbeiterklasse" von Serge Mallet geht Hellmuth

Lange ein: Wissenschaftliche-technische Intelligenz. Neue Bourgeoisie oder neue Arbeiterklasse, Köln 1972, insbesondere die S. 80 ff.

14 Eine kritische Darstellung der antikapitalistischen Strukturreform-Konzeption in Frankreich und Italien findet sich Frank Deppe, Hellmuth Lange und Lothar Peter (Hrsg.): Die neue Arbeiterklasse. Technische Intelligenz und Gewerkschaften im organisierten Kapitalismus, Frankfurt a. M. 1970, insbesondere die S. 32 ff.

15 Seine Auffassung über „Arbeiterproduktionskontrolle" charakterisiert Ernst Mandel folgendermaßen: „Arbeiteproduktionskontrolle erfordert aber weitgehende Initiative auf der Ebene des Konzerns und des Betriebs, ja sogar auf der Ebene der Werkstatt und jedes Fließbandes. Der Kampf um die Arbeiterproduktionskontrolle schafft Keimformen der Selbstorganisation *aller* Lohnabhängigen am Arbeitsplatz . . . Es handelt sich vielmehr um eine Erweiterung des Tätigkeitsfeldes der Werktätigen im Betrieb, die sich nicht mehr auf Tarifverhandlungen einschränken lassen wollen. Diese Selbstorganisation der Werktätigen am Arbeitsplatz muß völlige Autonomie bewahren, um zum Zuge zu kommen; sie ist Keimform eines Systems von Doppelherrschaft auf Betriebsebene, die ihrerseits nur Keimform einer Räteordnung sein kann." (Ernest Mandel: Systemkonforme Gewerkschaften? , in: Gewerkschaftliche Monatshefte, hrsg. vom Bundesvorstand des DGB, 6/1970, S. 368).

16 Diese Positionen werden beispielsweise von Dieter Schneider und Rudolf Kuda vertreten. Vgl. dazu Schneider / Kuda: Arbeiterräte in der Novemberrevolution. Ideen, Wirkungen, Dokumente, Frankfurt a. M. 1968, insbesondere die S. 42 ff.

17 Die Bedeutung der Shop stewards beschreiben u. a. Albers / Goldschmidt / Oehlke: Klassenkämpfe in Westeuropa, a. a. O., und Pickshaus / Raulf: Klassenkämpfe in Großbritannien heute, Frankfurt a. M. 1973.

18 Vgl. dazu Albers / Goldschmidt / Oehlke: Klassenkämpfe . . ., a. a. O., S. 271 ff. Auch Rudolf Kuda: Arbeiterkontrolle in Großbritannien. Theorie und Praxis, Frankfurt a. M. 1970.

19 Tony Topham, Ken Coates: Arbeiterkontrolle – Eine Antwort auf Bert Ramelson. Zit. nach Kuda: Arbeiterkontrolle . . ., a. a. O., S. 204/205.

20 Vgl. Pickshaus / Raulf: Klassenkämpfe in Großbritannien heute, a. a. O., S. 123 ff.

21 Vgl. Bert Ramelson: Arbeiterkontrolle – Möglichkeiten und Grenzen. In: Rudolf Kuda: Arbeiterkontrolle in Großbritannien, a. a. O., S. 200–202.

22 Rudolf Kuda: Arbeiterkontrolle in Großbritannien, a. a. O., S. 156/157.

23 Vgl. Das Mitbestimmungsgespräch 8/1973.

24 Vgl. Paul Oehlke: Programmatische Wende der britischen Labour Party. In: Blätter für deutsche und internationale Politik, 7/1973, S. 689–693.

25 Vgl. Nationalisierung und Arbeiterkontrolle, Vorlage für die 11. Tagung der Young Socialists in der britischen Labour Party in Scarborough 1. – 3. April 1972. In: Marxismus Digest 14, Heft 2/1973, S. 78–90.

26 In der oben genannten Vorlage heißt es zu diesem Problem S. 83: „Die Arbeiterkontrolle kann sich nur in einer Periode scharfer Klassenkämpfe voll entwickeln. Obwohl in den gegenwärtigen Shop Stewards-Komitees, die oftmals die Aktionen des Managements überprüfen, Elemente der Arbeiterkontrolle enthalten sind, kann die Gesamtindustrie doch nur dann unter Arbeiterkontrolle gestellt werden, wenn die Arbeiterklasse unmittelbar vor der Übernahme der Macht steht. Aus diesen Gründen kann die Arbeiterkontrolle für sich allein nicht lange bestehen, weil die Bewegung entweder die vollständige Kontrolle über die Gesellschaft übernehmen muß, indem sie die kapitalistischen Industrieanlagen verstaatlicht, oder aber die Unternehmer die Kontrolle über ihre Fabriken wieder zurückerobern."

27 Vgl. Albers / Goldschmidt / Oehlke: Klassenkämpfe . . ., a. a. O., S. 125 ff.

28 Helga Koppel: Klassenkämpfe in Italien heute, Frankfurt a, M. 1972, S. 32.

29 Zur Haltung des größten italienischen Gewerkschaftsbundes, der CGIL, zu den neu entstandenen Delegierten- und Fabrikräten vgl. z. B. Luciano Lama in seinem Bericht an den Vorstand der CGIL, Dez. 1970. In: Probleme des Klassenkampfes und des Kampfes um gewerkschaftliche Einheit in Italien. Arbeitsmaterialien des IMSF, Frankfurt a. M. 1972, S. 156–171.

30 Vgl. „Mitbestimmung als Kampfaufgabe", a. a. O., S. 51 ff.

31 Mitbestimmung als Kampfaufgabe, a. a. O., S. 48.

IV. Medienpolitik

Einführung

Von Bodo Zeuner und Ralf Zell

Ausgangspunkt der Arbeitsgruppe „Medienpolitik" war ein doppeltes Dilemma: Zum einen steht dem Postulat einer „materialistischen Kommunikationstheorie"[1] ein immer noch desolater Zustand der theoretischen wie empirischen Medienforschung gegenüber; zum zweiten hat insbesondere in der Politikwissenschaft die Erkenntnis von der wachsenden Bedeutung der Massenmedien für die spätkapitalistische Wirtschaftsregulierung oder für die gesellschaftlich notwendige globale Verhaltenssteuerung keinesfalls zu einem größeren Forschungsinteresse auf diesem Gebiet geführt. Obwohl technologische und ökonomische Entwicklungen es wahrscheinlich erscheinen lassen, daß privates Kapital sich im Mediensektor sowohl neue Möglichkeiten erschließt als auch in bislang öffentlich-rechtlich organisierte Bereiche vordringt, obwohl also eine Analyse der staatlichen Medienpolitik als Reaktion auf diese Entwicklungen exemplarischen Aufschluß über die Frage nach den „autonomen Handlungsmöglichkeiten des politischen Systems" geben könnte, bildet staatliche Medienpolitik in der BRD keinen Gegenstand politikwissenschaftlicher Forschung.

1. Zum Dilemma der Kommunikationsforschung

Bis vor wenigen Jahren wurde die Erforschung der Massenkommunikation von zwei in gleicher Weise gesellschaftstheoretische Perspektiven ausklammernden Richtungen beherrscht: Auf der einen Seite von der geisteswissenschaftlichen, historisch orientierten Zeitungswissenschaft. Franz Dröge hat den Realitätsbezug wie das Problembewußtsein dieser Richtung mit dem deutlichen Hinweis charakterisiert, daß die beiden Medienkommissionen der Bundesregierung 1967/68 bei ihren Untersuchungen über das ökonomische Konkurrenzverhältnis Fernsehen / Presse und über die Grundlagen der Pressekonzentration auf kaum ein Forschungsergebnis der traditionellen Publizistikwissenschaft zurückgreifen könnten, weil „der Strukturzusammenhang der Medien in diesem Lande ... von der Wissenschaft noch nie thematisiert worden" war.[2]

Die zweite Richtung, die an amerikanischen Ansätzen orientierte empirische Kommunikationsforschung, beschränkte sich auf die Untersuchung isolierter, ökonomisch oder sozialtechnisch unmittelbar nutzbarer Zusammenhänge, im wesentlichen auf die Erforschung von Medienwirkungen auf Konsumverhalten und Wahlentscheidungen. Dabei waren und sind die Grenzen zwischen wissenschaftsorientierten Erkenntniszielen, etwa der Konstruktion von „Theorien mittlerer Reichweite" und direkter Auftragsforschung, fließend. Nach wie vor gilt für diesen Ansatz: „Wissenschaft in ihrer universitären wie populären (Demoskopie, Markt- und Motivforschung) Form dient vorwiegend – als Sozialtechnik – der Beseitigung von Systemstörungen."[3]

Dieser Forschungsrichtung fehlt jeder weiterreichende Begriff von ökonomischer Bedingtheit und langfristig-gesamtgesellschaftlicher Wirkung von Medieninhalten, erst recht fehlt ihr jeder emanzipative, auf Möglichkeiten der Veränderung gerichtete Ansatz. Ihr funktionaler Charakter sichert ihr aber gerade Forschungsmittel in erheblichem Umfang mit der Folge, daß sich rein quantitativ betrachtet der Abstand zwischen ökonomisch motivierter Auftragsforschung und empirischer Kommunikationsforschung an den Universitäten noch vergrößert.

Primäres Problem einer kritischen Wirkungsforschung sind aber keineswegs allein die fehlenden Forschungsmittel und ein ungenügendes Instrumentarium, sondern vor allem theoretische Ansätze, die sich in ihrer Abstraktheit und in ihrem oft tautologischen Charakter jeder Operationalisierung, jeder Konkretion durch Forschung verschließen. Dröge resümiert sicher richtig, wenn er sagt, daß „die gegenwärtige kritische Medienforschung in der BRD, einschließlich der explizit marxistischen, ... sich erst zögernd und zumeist noch in reiner Begriffsexegetik vor (arbeitet)".[4]

Dementsprechend sind zwischen den Vertretern dieser kritischen Medienforschung sowohl die Angemessenheit grundlegender Begriffe, z. B. „Öffentlichkeit", wie die Brauchbarkeit methodischer Ansätze, z. B. der Ideologiekritik, wie auch die Bewertung strategischer Schritte, z. B. der organisatorischen Verankerung von „Gegenöffentlichkeit" oder der Funktion der Redaktionsstatutenbewegung, zum Teil ungeklärt, zum Teil umstritten.

Immerhin lassen sich in den letzten Jahren zwei neue Tendenzen kritischer Medienanalyse konstatieren. Es handelt sich dabei einmal um stärker praxisorientierte Bemühungen, die in der Folge der Studentenbewegung eine Reihe von Einzelfallstudien und Dokumentationen hervorgebracht haben, in deren Mittelpunkt die Möglichkeiten stehen, latente und offene Interessen gegenüber Verleger und Medienkonzernen zu organisieren.[5]

Zum anderen sind damit jene Arbeiten angesprochen, die über eine Kritik der bürgerlichen Medientheorie versuchen, die gesellschaftliche Funktion von Medien durch Analyse der ökonomischen Bedingungen von Medienproduktion neu zu bestimmen und damit gerade jene Bereiche zentral in die Analyse einzubeziehen, die als privat wie die ökonomische Sphäre insgesamt, bislang meist aus der Betrachtung ausgeklammert wurden.[6]

2. Zur Vernachlässigung des Medienbereiches in der Politikforschung

Für eine gesamtgesellschaftlich bezogene, politökonomisch orientierte Kommunikationswissenschaft kann die staatliche Medienpolitik nur eines von vielen Forschungsobjekten sein. Für eine Politikwissenschaft, die den Zusammenhang von Staatsfunktionen und ihren sozio-ökonomischen Bestimmungen zum Thema macht, müßte dagegen die Analyse medienpolitischen Staatshandelns zu einem zentralen Gegenstand werden.

Der Hauptgrund für die Abstinenz der Politikwissenschaft gegenüber diesen Fragestellungen scheint uns darin zu liegen, daß die westdeutsche Politikwissenschaft erst in den letzten Jahren überhaupt in breitem Umfange zu der Frage nach dem Zusammenhang von Politik und Ökonomie zurückgefunden hat. Die dazu entwickelten theoretischen Ansätze werden, soweit sie über die Ebene der Begriffsexegetik hinausgelangt sind, zunächst in den zentralen Bereichen der staatlichen Globalsteuerung der Ökonomie (s. Kongreß-Arbeitsgruppe 1), noch nicht im Bereich der „globalen Verhaltenssteuerung über Massenmedien" [7] nutzbar gemacht.

Dabei sollte auch unter einer zunächst eher subjektiven Perspektive den Politikwissenschaftlern einsichtig sein, daß die Frage nach der Rolle der Massenmedien im politischen System nicht länger ausgeklammert werden kann. Die tiefergreifenden Veränderungen im Medienbereich haben längst auch die Arbeitsbedingungen der publizierenden Wissenschaftler erfaßt. Der Markt wissenschaftlicher Publikationen wird ebenso hergestellt wie die Medienmärkte sonst. Das schließt selbstverständlich die Steuerung des „Verbraucherverhaltens" und tendenziell auch die der wissenschaftlichen Produktion ein.

Die stärkere Berücksichtigung der Massenmedien in einer Analyse derzeitiger Staatsfunktionen erscheint sowohl von eher theoretischen wie von eher praktischen Fragestellungen her geboten. Die Funktionen des Staates in einer spätkapitalistischen Gesellschaft lassen sich nicht ohne eine Analyse der Bedeutung der „staatlichen Öffentlichkeitsarbeit" erklären. Hier sei nur auf zwei wesendliche Aspekte hingewiesen. Der Staat benötigt einmal die Massenkommunikationsmittel, um gefällte politische Entscheidungen nachträglich zu legimitieren. Ebenso wichtig ist es zum anderen die Rolle der Medien zur Propagierung von erwünschten ökonomischen Verhaltensweisen, etwa zur Durchsetzung staatlicher Einkommenspolitik oder zur Steuerung von Konsum- und Sparverhalten.

Über eine stärkere theoretische Fundierung solcher Erkenntnisse wäre es dann möglich, die Rolle der staatlichen Medienpolitik in der Vergangenheit (etwa bei der Pressekonzentrationsdebatte) zu erklären und damit einen Maßstab für die Beurteilung der verschiedenen derzeitigen medienpolitischen Programme von Regierung, von Parteien und Verbänden zu erlangen.

Schließlich ähnelt das Verhalten der Politikwissenschaft in nicht wenigen Bereichen dem der Politik, dem der politischen Führung. Politik wie Wissenschaft haben in der Vergangenheit mehr auf schon abgeschlossene Ereignisse oder fertige Entwicklungen reagiert als durch die Analyse von Entwicklungstrends und deren Bestimmungsfaktoren versucht, zukünftige gesellschaftliche Verhältnisse zu antizipieren. Für die technische und ökonomische Entwicklung im Bereich der Massenmedien deuten sich vergleichbare Gefahren seit längerem an. Sowohl das Beispiel der USA wie die ständigen Bemühungen des privaten Kapitals, in öffentlich-rechtlich organisierte Mediensektoren vorzustoßen, erfordern nicht nur politische, sondern auch wissenschaftliche Initiativen.[8]

3. Zum Stellenwert der einzelnen Arbeitspapiere – Hinweise auf die Diskussion

Mit den beiden angedeuteten Aspekten sind das Programm der Arbeitsgruppe wie die Schwerpunkte der Diskussion in etwa umrissen. Aus der mit der Arbeitsgruppe verbundenen Absicht resultiert notwendigerweise, daß die Diskussion nicht systematisch, quasi an einem roten Faden entlang geführt werden konnte. Aus diesem Grund ist auch auf eine ausführlichere Wiedergabe des Diskussionsverlaufs zu verzichten und nur der Stellenwert der einzelnen Arbeitspapiere für die Diskussion samt den wichtigsten der dazu vorgebrachten Anmerkungen und Einwände darzustellen.

Bemühungen um neuere, vor allem materialistische Ansätze in der Medientheorie sind sich im wesentlichen einig in der Ablehnung der bislang die Kommunikationsforschung beherrschenden funktionalistischen Konzeptionen. Der Beitrag von *Aufermann* lieferte über eine kritische Zusammenfassung funktionalistischer Konzepte den Einstieg in die Diskussion. Als gutes Beispiel dafür, wie das Absehen von den politisch-ökonomischen Realitäten der Massenkommunikation den Herrschaftscharakter der Medien gänzlich verfehlt, kann der Beitrag „Proporzkommunikation – ein überschätztes Rezept" von Franz Schneider dienen, der für die Arbeitsgruppe „Vermittlungsprobleme der Politikwissenschaft" geschrieben, auf Wunsch des Autors aber auch in der Arbeitsgruppe „Medienpolitik" diskutiert wurde. Schneider sieht einen Weg zu demokratischer Kommunikation über die Funktion des „Gesprächs – Walters, des ehrlichen Mittlers", als ob über quasi moralische Kategorien die ökonomischen und politischen Machtpositionen zu überspielen wären und es überhaupt so etwas wie eine Mittlerfunktion gäbe, die nicht notwendig Partei sein muß und sei es für den status quo. Damit ist die Frage des Handlungsmaßstabes angesprochen, die sich gerade auch für die Ansätze stellt, welche die funktionalistischen Positionen überwinden und Orientierungshilfen für praktische Reformarbeit geben wollen. Solche Maßstäbe lassen sich nicht dadurch erlangen, daß man die Forderungen nach „ehrlichen Mittlern" durch jene nach „effektiver Chancengleichheit" oder „kollektive Emanzipation und Solidarität" ersetzt, ohne gleichzeitig die Bezugspunkte für die Ableitung wie für eine Realisierung konkret zu benennen. Hierfür fehlen aber bislang noch eine Reihe von Voraussetzungen.

Das Fehlen theoretischer Ansätze, die hier helfen könnten, wirkt besonders nachteilig, wenn es um die Beurteilung von vorliegenden Reformprogrammen geht. Es herrschte in der Diskussion allerdings Einigkeit darüber, daß nicht auf die Theorie gewartet werden könne, wenn man verhindern wolle, daß die technisch-ökonomischen Entwicklungen dann mögliche, theoretisch angeleitete Bemühungen überholten. Der Beitrag von *Langenbucher,* der für die Veröffentlichung grundlegend überarbeitet wurde, liefert einen Überblick über einige Reformvorhaben und Reformprogramme. Die Diskussion bezweifelte nicht Notwendigkeit und Möglichkeit einzelner Reformen, konzentrierte sich aber bald auf die Frage nach den Kriterien zur Beurteilung solcher Ansätze und ihrer Durchführung. Die von Langenbucher stark betonten verfassungsrechtlichen Normen wurden nur insoweit als handlungsanleitend akzeptiert, als es um die Durchsetzung von bürgerlich-liberalen Forderungen gegenüber feudalen Strukturen gehe; indessen rechtfertige und sichere gerade die gesetzlich fixierte Trennung von privatem und öffentlichen Bereich ökonomische Machtpositionen, die auch im Mediensektor das eigentliche Problem darstellen. Die empirisch vorfindbaren Bedürfnisse der Bevölkerung könnten ebenfalls nicht als Bezugspunkt dienen, da in einer durch kapitalistische Produktionsweise und Herrschaft charakterisierten Gesellschaft sich diese Abhängigkeiten auch im Bewußtsein und Unterbewußtsein der Bevölkerung niederschlügen, ohne als solche erkannt zu werden. Materalistische Ansätze dürften aus diesem Grunde nicht nur die Tauschwertseite der Medienprodukte betrachten, sondern müßten ermitteln, auf Grund welcher Zusammenhänge diese Produkte gerade wegen ihres ideologischen Charakters einen Gebrauchwert hätten und konsumiert würden. Vonnöten sei eine „materalistische Bedürfnistheorie", die zwischen dem vorfindbaren subjektiven und dem objektiven Interesse der einzelnen zu unterscheiden vermöge. Nicht abgewertet werden sollte die Funktion von Ideologiekritik in diesem Zusammenhang; gerade sie könnte verhindern, daß eine undifferenzierte Übernahme der These, die Medien befriedigten reale Bedürfnisse, zu einer Theorie der totalen Manipulation führe, aus der sich dann für jede medienpolitische Strategie ein Zirkelproblem ergebe: Die Änderung der von den Medien bestimmten Kommunikationsstrukturen setze eine Aufhebung der kapitalistischen Produktionsweise voraus und diese Aufhebung sei nur möglich, wenn vorher die Bewußtseinsinhalte und die sie manipulierenden Kommunikationsstrukturen verändert würden.

Von den oben erwähnten neueren theoretischen Ansätzen, die nicht schon durch das Verhaftetsein in „bürgerlicher Öffentlichkeit" die Widersprüche derzeitiger Medienpolitik und funktionalistischer Medientheorie in sich tragen, wurde der von Negt / Kluge intensiver diskutiert. Die Thesen von *Negt,* die für die Diskussion in Hamburg noch nicht schriftlich vorlagen, fassen Ausgangspunkt und Ziel der Diskussion (nochmals) zusammen. „Bürgerliche Öffentlichkeit" grenzt mit den Sphären der Produktion und Sozialisation fundamentale Lebensbereiche aus der Betrachtung aus. Diese Ausgrenzung erfolgte ursprünglich als Abwehr gegen absolutistische Herrschaft, gegen die Eingriffe des Staates in den ökonomischen Bereich. Faktisch hat der Staat aber auch in der Frühphase des Kapitalismus schon immer dann in den Wirtschaftsablauf eingegriffen, wenn es zur Absicherung der Produktionsverhältnisse notwendig war; so vor allem gegenüber weiterentwickelten Wirtschaften des Auslands. Heute besteht eine *zentrale* Funktion des Staates in der Sicherung der kapitalistischen Wirtschaft durch eine Vielzahl von Eingriffen und Maßnahmen. Inwieweit die starke quantitative Ausweitung der staatlichen Aktivitäten zu einer qualitativen Veränderung des Systems führen kann, wurde nur angedeutet. Für eine Medientheorie ist wesentlich, daß die Trennung in private und öffentliche Bereiche gerade dann beschworen wird, wenn die Realität eher durch eine enge Verflechtung gekennzeichnet ist, die sich auch oder gerade in verstärktem Zugriff privaten Kapitals auf öffentliche Bereiche und Angelegenheiten zeigt. Die Beharrung auf der Wirtschaft als Privatsphäre dient letzlich dazu, die Interessen der Arbeitnehmer wie etwa auch der Konsumenten von der Verfügung über Produktionsmittel, über Investitionsentscheidungen etc. getrennt zu halten. Der übergreifenden Bedeutung der ökonomischen Sphäre entsprechen auch die Funktionen, welche Öffentlichkeit heute erfüllt. Keinesfalls sind die Medien auf politische Meinungsbildung beschränkt; wenigstens so wichtig sind ihre Funktionen als Werbeträger und Sozialisationsfaktor. Ein wesentliches Merkmal besteht gerade darin, daß nicht mehr Teilbereiche erfaßt, sondern ganze Lebenszusammenhänge über Medien vororganisiert werden. „Lebenshilfe" wird zum „journalistischen Prinzip".

„Proletarische" als andere Form von Öffentlichkeit ist nach Negt der bürgerlichen zwar nachgebildet, „ihren Kommunikationsinhalten und ihrer spezifischen Produktionsweise der Erfahrung nach stellt sie jedoch etwas geschichtlich Neues dar". Proletarische Öffentlichkeit als spezifischer „Produktionsprozeß gesellschaftlicher Erfahrungen" schließe „den gesamten proletarischen Lebenszusammenhang ein, der durch Politisierung der Interessen und der Bedürfnisse Stück für Stück vom Einfluß der bürgerlichen Öffentlichkeit zu lösen" sei. Proletarische lasse sich weder wie bürgerliche Öffentlichkeit auf abstrakte Definitionsmerkmale bringen noch als eine Art dieser entgegengesetzte positive Substanz begreifen. Als Vorbedingung von Klassenbewußtsein gelte es, in einem dialektischen Verhältnis bürgerliche Öffentlichkeit durch „proletarische Gegenprodukte" zu durchdringen.

An den Thesen von Negt wird deutlich, daß „materialistische" Ansätze in einigen Teilen noch jener Konkretion entbehren, die nach eigenem Verständnis zu deren Bedingungen und nach unserer Auffassung zu den Voraussetzungen für eine praktische politische Theorie gehören. Das Arbeitspapier von *Schmidt / Weick* versucht, solchen Konkretionen proletarischer Öffentlichkeit als „Verständigungszusammenhang proletarischer Interessen und Erfahrungen im Betrieb und im Rahmen der Organisation der Arbeiterbewegung" nachzugehen. Vom Zustand der gesellschaftlichen Entwicklung in der Bundesrepublik her betrachtet ist es einsichtig, daß ein solcher Versuch im wesentlichen auf eine Defizitanalyse hinausläuft.

Schmidt / Weick verweisen darauf, daß im – ohnehin aus der bürgerlichen Öffentlichkeit ausgegrenzten – Einzelbetrieb die Arbeitsorganisation durch Lohn- und Statusdifferenzierungen die Konkurrenz der Arbeiter in Richtung auf ihre Vereinzelung stimuliert und so Prozesse der Bewußtseinsbildung im Sinne proletarischer Öffentlichkeit verhindert. Direktes Präventivinstrument sind die von den Unternehmen publizierten Werkszeitungen; aber auch die Gewerkschaftspresse vermittelt auf Grund ihrer Unterordnung unter Disziplinierungsinteressen gewerkschaftlicher Führungsgruppen nur selten und jedenfalls nicht bei spontanen Arbeitskämpfen wirklichen Erfahrungsaustausch.

Ansätze zur Entwicklung proletarischer Öffentlichkeit sehen Schmidt / Weick in den Veranstaltungen gewerkschaftlicher Bildungsarbeit, wo ein nicht-reglementierter Erfahrungsaustausch möglich sei und vor allem in den Flugblättern und Streikzeitungen bei Kampfmaßnahmen, wo das unmittelbare gemeinsame Verhalten und die Gegenposition gegen die bürgerlichen Massenmedien kollektive proletarische Erfahrungsvermittlung ermöglichte und erforderte. Undiskutiert und von den Autoren unerläutert blieb die wichtige These (und die daraus folgenden Konsequenzen), welche die Entstehung proletarischer Öffentlichkeit auf die Klassenauseinandersetzungen verweist und dann folgert: „Eine Diskussion, die das Problem proletarischer Öffentlichkeit erfassen und ihre Entwicklung unterstützen möchte, ist daher nur in demselben Arbeitszusammenhang möglich, der diese Formen proletarischer Öffentlichkeit hervorbringt. Außerhalb eines solchen Arbeitszusammenhangs bleibt eine solche Diskussion notwendig akademisch". Ist diese These richtig, so trifft ihre Aussage sowohl das Papier und, sollten sich aus der Tagung keine Konsequenzen für die (fehlende) Beschäftigung mit dem Medienbereich in der Politikwissenschaft ergeben, in viel stärkerem Umfange auch die Diskussion und das Resümee der Arbeitsgruppe.

Die künftigen Entwicklungen im Medienbereich und die zu erkennenden Gefahren wurden nur unzureichend diskutiert, weil dafür nicht mehr genügend Zeit zur Verfügung stand, vor allem aber weil manchem Teilnehmer die Grundkenntnisse über die technischen Entwicklungen und die Tendenzen im Medienverbund fehlten, so daß ein wesendlicher Teil des für die Problemaufarbeitung vorgesehenen Vormittags zur Information auf der Basis der Arbeitspapiere von *Kleinsteuber, Lenk und Rademacker*[9] diente. Aus der Diskussion sind nach unsere Ansicht drei Punkte hervorzuheben. Einmal ließ sich einleuchtend zeigen, welche Gefahren die amerikanische Entwicklung im Bereich des Kabelfernsehens in sich trägt. Das „Instant Referendem" illustriert, welche Möglichkeiten der Verhaltenssteuerung sich aus der Möglichkeit unmittelbarer Rückmeldung besonders für Werbezwecke ergeben. Am Beispiel des „public access" – Kanals wird deutlich, daß die nicht kommerzialisierten „Kanäle" bei Fortbestand eines am Konsum von Medienwaren orientierten Bewußtseins der Bevölkerung keine Resononz und damit keine Wirksamkeit entfalten können. Daraus folgert zweitens für die Bundesrepublik, daß ein Erfolg der intensiven Bemühungen des privaten Kapitals, den lokalen Fernsehmarkt für sich zu okkupieren, auch inhaltlich eine starke Veränderung des gesamten Medienbereichs mit sich bringen würde. Drittens wurden gegenüber der relativen Offenheit, mit der Lenk und Rademacker die Entwicklungen im Medienbereich zeichnen, Bedenken angemeldet. Die Annahme, unter den herrschenden Produktionsverhältnissen sei die Herausbildung neuer emanzipativer Formen der Kommunikation denkbar, impliziere nämlich:

a) eine kaum beschränkte staatliche Gestaltungsfreiheit bei der Ordnung neuer Medienstrukturen,
b) die Möglichkeit fast unbegrenzten Transfers antikapitalistischer Inhalte in mit Hilfe kapitalistisch betriebener Medien, solange der Transfer dieser Inhalte für das jeweilige Einzelkapital profitabel sei,
c) die Vorstellung einer Gesellschaft, in der Freizeit und Bildung schon so verteilt seien, daß die Eröffnung von Möglichkeiten autonomer Breitbandkommunikation nicht doch wieder nur von Privilegierten in ihrem Interesse genutzt werde.

Schließlich fehle es bisher auch an konkreten Konzeptionen für den Aufbau öffentlich rechtlicher lokaler Fernsehstationen, um eine Kommerzialisierung langfristig zu verhindern und den Einfluß der Verleger und der örtlichen Machtgruppen einzudämmen.[10]

4. Forderungen

Als Ergebnis der Arbeitsgruppe „Medienpolitik" lassen sich eine Reihe von Forderungen an die Politikwissenschaft festhalten, die allerdings weder umfassend noch systematisch sein können. Für die nähere Zukunft gilt es:

- staatliche Medienpolitik im Rahmen von Analysen der Staatsfunktionen unter dem Gesichtspunkt der Globalsteuerung zentral zu berücksichtigen,
- einen Schwerpunkt in der Analyse der technischen und ökonomischen Entwicklungen im Medienbereich und ihrer Konsequenzen einzurichten,
- Arbeitsgruppen über medienpolitische Fragestellungen allgemein zu installieren,
- Forschungsprogramme zu entwickeln und Interessengruppen zur Gewinnung von Forschungsmitteln zu bilden,
- Folgerungen für die praktische Politik zu ziehen und zu vertreten,
- sich an Projekten (z. B. Film und Fernsehen) zu beteiligen oder solche Projekte anzuregen, die versuchen, andere Formen von Öffentlichkeit zu schaffen.

Anmerkungen

1 *Franz Dröge,* Wissen ohne Bewußtsein, Materialien zur Medienanalyse, Frankfurt a. M. 1972, S. 11; vgl. auch ders., Vorwort zu Stefan Müller-Doohm, Medienindustrie und Demokratie, Frankfurt a. M. 1972, S. 6 ff.
2 *Dröge, Vorwort zu Müller-Doohm,* a. a. O., S. 6.
3 *Ralf Zoll,* Einleitung, in: ders. (Hg.), Manipulation der Meinungsbildung. Zum Problem hergestellter Öffentlichkeit, 2. Aufl., Opladen 1972, S. 9.
4 *Dröge,* Wissen ohne Bewußtsein, S. 11.
5 Z. B. *Peter Brockmeier,* (Hg.) Kapitalismus und Pressefreiheit – Am Beispiel Springer, Frankfurt / Main 1969; *Hans-Dieter Müller,* Der Springer-Konzern, Eine Kritische Studie, Frankfurt / Main 1968; *Autorenkollektiv Presse,* Wie links können Journalisten sein? Pressefreiheit und Profit, Reinbek 1972; *Bodo Zeuner,* Veto gegen Augstein, Der Kampf in der „Spiegel"-Redaktion um Mitbestimmung, Hamburg 1972; *Ulrich Paetzoldt und Hendrik Schmidt (Hg.),* Solidarität gegen Abhängigkeit – Auf dem Weg zur Mediengewerkschaft. Darmstadt und Neuwied 1973.

6 Z. B. *Horst Holzer,* Gescheiterte Aufklärung? – Politik, Ökonomie und Kommunikation in der Bundesrepublik Deutschland, München 1971; *Franz Dröge,* Wissen ohne Bewußtsein, Materialien zur Medienanalyse der Bundesrepublik Deutschland, Frankfurt/M. 1972; *Stefan Müller-Doohm,* Medienindustrie und Demokratie, Verfassungspolitische Interpretation – sozioökonomische Analyse, Frankfurt/M. 1972; *Oskar Negt / Alexander Kluge,* Öffentlichkeit und Erfahrung – Zur Organisationsanalyse bürgerlicher und proletarischer Öffentlichkeit, Frankfurt/M. 1972.

7 *Zoll,* a. a. O., S. 11.

8 Bezeichnend für die Vernachlässigung im Medienbereich in der Politikwissenschaft ist der Umstand, daß in die Kommission, die der Bundesminister für Forschung und Technologie dieser Tage mit der Aufgabe einberufen hat, die technischen und ökonomischen Entwicklungen auf dem Mediensektor zu analysieren und politische Lösungen für den Ausbau des Kommunikationssystems zu konzipieren, kein Politikwissenschaftler Berücksichtigung fand.

9 Anmerk. des Herausgebers: Auf die Beiträge von Lenk und Rademacker mußte leider verzichtet werden. Die Informationen über das Kaberfernsehen bei Kleinsteuber decken sich aber weitgehend mit denen bei Lenk gegebenen.

10 Vgl. für den Zusammenhang von lokaler Macht und Kommunikationsstruktur: Ralf Zoll: WERTHEIM III – Kommunalpolitik und Machtstruktur, München 1974.

Politische Medienfunktionen in funktionalistischer Sicht – Exemplarische Darstellung und Kritik

Von Jörg Aufermann

I. Zur Einführung: Funktionsträger und -bedingungen der Massenkommunikation in der kapitalistischen Industriegesellschaft BRD

Nach wie vor erschwert journalistische Standesideologie und bürgerliches Statusstreben in den Redaktionen die Einsicht, daß Journalisten grundsätzlich nicht anders als Drucker, Setzer und die weiteren nicht-redaktionellen Verlagsmitglieder abhängig Beschäftigte sind. Als spezifische Einsichts- und Solidarisierungsbarriere ist zu beachten, daß durch den Tendenzschutzparagraphen das Betriebsverfassungsgesetz (BetrVG) den Verlagshäusern als sog. Tendenzbetrieben gegenüber den Betrieben / Unternehmen anderer Wirtschaftsbereiche Sonderrechte eingeräumt werden, die sich ursprünglich gezielt gegen die nicht-redaktionellen Arbeitnehmer in Pressebetrieben richteten. In der Beratung des § 67 des Betriebsrätegesetzes von 1920, des fast gleichlautenden Vorläufers des § 81 BetrVG und damit – nach der Anfang 1972 erfolgten Novellierung des BetrVG – des jetzigen § 118, hieß es, man könne nicht davon ausgehen, daß sich die Arbeiter und ihr Betriebsrat für ein Presseunternehmen einsetzen würden, dessen politische Tendenz sie ablehnen.

Gegen die Deklassierung der nicht-redaktionellen Mitglieder in Pressebetrieben zu publizistisch beliebig verfügbaren Kalfaktoren wendet sich heute eine – zumindest absolut – steigende Zahl von Journalisten. In der Auseinandersetzung, die in ihren Reihen über die Organisationsfrage gegenwärtig verstärkt geführt wird, werden jedoch immer wieder Stimmen journalistischer Berufsvertreter laut, die sich in idealistischer Perspektive von den Interessen der Kollegen anderer Betriebsabteilungen abheben und sich gegen eine gemeinsame gewerkschaftliche Organisierung aussprechen. Bspw. begründet der Geschäftsführer des „Journalisten-Verbandes Berlin" (einer der 12 Landesverbände des „Deutschen Journalisten-Verbandes", DJV), K. H. Orb, seine ablehnende Haltung gegenüber der diskutierten Bildung einer DGB-Mediengewerkschaft, in die nach dem industriegewerkschaftlichen Organisationsprinzip u. a. auch Tontechniker, Kraftfahrer, Pförtner, Sekretärinnen, Drucker und Setzer, Vertriebs- und Verlagspersonal einbezogen würden, wie folgt: „Ein Setzer setzt und ein Drucker druckt das, was ihm von seinem Arbeitgeber vorgeschrieben wird, den Pfarrbrief der Katholischen Gemeinde und den Text einer Atheistischen Broschüre: über die Rotation einer Druckerei können die Zeitungen der CDU und die der SPD nacheinander rollen, wenn nur das Format paßt. *Die beteiligten Kollegen der Technik verrichten eine Arbeit, die nichts mit ihrer eigenen Haltung oder Gesinnung zu dem Text zu tun hat, den die Abzugspresse oder die Rotation hergeben.* Wer darin zur Arbeit des Journalisten keinen Unterschied sehen will, ist blind oder bösartig. ... Redakteure haben natürlich in ihrer Eigenschaft als Arbeitnehmer die gleichen Probleme wie ihre Kollegen von der Technik, aber sie haben darüber hinaus als Publizisten auch andere, die dem Kollegen von der Technik auch fremd sind.

Öffentlicher Auftrag und innere Pressefreiheit sind für uns eben mehr als berufsständische Relikte. *Und das Gewissen ist nun einmal nicht tariffähig.*"[2]

Hier wird einer Spaltung des Medienpersonals in geistige Führungskräfte und technisch-administrative Hilfskräfte bzw. Handlanger („die ‚Kollegen' von der Technik") das Wort geredet. Es handelt sich um nichts anderes, als um den verzweifelten berufsständischen Versuch, die Augen davor zu verschließen, daß die Mehrzahl der Journalisten in ihrer tatsächlichen Interessenlage mit den übrigen lohnabhängigen Verlagsmitarbeitern wesentlich mehr gemeinsam haben als mit denen, die über die Medien privatwirtschaftlich verfügen.

Viele Journalisten haben diese Abhängigkeit von den Interessen des Medienkapitals verinnerlicht und üben Selbstzensur.[3] Diese *innere Zensur* der Journalisten ist eine berufs- und betriebspsychologische Folge der kapitalistischen Gesellschafts- und damit Medienstruktur. *Innere Pressefreiheit* (als betriebsbezogene Demokratisierungsforderung) ist dagegen eine verfassungs- und arbeitsrechtlich umstrittene Forderung.

Die Möglichkeit, daß sich die redationellen und nicht-redaktionellen Beschäftigten nicht im Verwertungsinteresse des kommunikationsindustriellen Kapitals auseinanderdividieren und entsprechend leicht beherrschen lassen, ist beispielsweise in dem Organ der Deutschen Journalisten-Union (dju) in der IG Druck und Papier 1970 erörtert worden: „Wäre es nicht vorstellbar, daß die Redakteure, die zuerst über den Text und den Zeitpunkt seiner geplanten Veröffentlichung informiert sind, dem Betriebsrat ihre schweren Bedenken gegen das Vorhaben des Verlages oder der Chefredaktion unverzüglich mitteilen? Könnte dann nicht der Betriebsrat die ihm als notwendig erscheinenden Maßnahmen beschließen, um die Ausführung der Anordnung ‚von höchster Stelle', wenn sie nach gewissenhafter Prüfung und fester Überzeugung der Betriebsvertretung wichtige betriebliche oder allgemeine Interessen verletzen würde, zu vereiteln? ... Könnte nicht die Macht des kumulierten Kapitals im Bereich der Presse die geballte Kraft ihrer gewerkschaftlich organisierten Mitarbeiter in Redaktion und Technik entgegengestellt werden, wenn es sich als erforderlich erweist?"[4]

Anfang 1973 wurde diese Möglichkeit und Schwierigkeit solidarischen Handelns der abhängig Beschäftigten in der Medienindustrie wieder akut, als in der Druckindustrie – erstmals nach 21 Jahren – ein Arbeitskampf ausbrach. In Essen gelang es den Setzern und Druckern, ein Inserat des „Bundesverbandes Druck e. V.", das ihre Streikbereitschaft unterlaufen sollte, aus der BILD-Zeitung (Bundesteilausgabe Druckort Essen) fernzuhalten.[5] Hier wurde bereits deutlich, daß die Setzer und Drucker nicht mehr ohne weiteres bereit sind, sich zu Kalfaktoren der profitorientierten Presseunternehmen herabwürdigen zu lassen und eine Diffamierung ihrer Interessen in den Spalten der von ihnen mitproduzierten Zeitungen tatenlos hinzunehmen. In Köln verliehen die Drucker und Setzer ihren gewerkschaftlichen Lohnforderungen in einer sicher nicht unproblematischen Weise Nachdruck, als sie aus den Matern der bei ihnen gedruckten Teilauflage der NRZ (Ausgabe vom 9. 4. 1973) einen Leitartikel des Chefredakteurs, Jens Feddersen, herausfrästen. Feddersen hatte in seinem Kommentar beispielsweise vor „einer ungehemmten Eskalation in der Lohnbewegung" gewarnt.[6] Der Chefredakteur der NRZ wertete die Kampfmaßnahmen als einen Anschlag gegen die Pressefreiheit und – ganz im Sinne der Presseunternehmer[7] – als eine „Art Vorzensur"[8].

Hans Schueler wendet sich in seinem Artikel „Zensur mit der Fräse“[9] gegen das Ziel der gewerkschaftlichen Medienpolitik,[10] den diskriminierenden Tendenzschutz-Paragraphen zu beseitigen. Nur durch die Aufhebung bzw. Änderung des Tendenzschutzes ließe sich erreichen, daß die Betriebsräte als Gesamtvertretung der Arbeitnehmerschaft in Zeitungsunternehmen demokratische Mitbestimmungsrechte wahrnehmen können.[11] Schueler dagegen schreibt: „Dann müßten sich die Redakteure als Träger der journalistischen Verantwortung und zugleich als Minderheit der Arbeitnehmer eines Zeitungs- oder Senderbetriebs nicht mehr allein der Fremdbestimmung sendungsbewußter Verleger à la Springer, sondern auch dem Einfluß gewerkschaftlich gesteuerter Betriebsräte unterwerfen. Die Pressefreiheit, heute noch von manchen Verlegern als unternehmerische Gewerbefreiheit mißverstanden, würde vollends unter die Räder geraten.“[12] Dies ist ein anschaulicher Beleg dafür, wie journalistische Standesideologie den Blick an den strukturellen Abhängigkeitsverhältnissen der kapitalistischen Gesellschaft vorbeilenkt. Offensichtlich verkennt Schueler den Zusammenhang zwischen der Möglichkeit der Fremdbestimmung durch „sendungsbewußte Verleger à la Springer“ und der Unterentwicklung mediengewerkschaftlicher Solidarität und darauf fußender Chancen realer Mitbestimmung. Ein solcher grundlegender solidarischer Zusammenhalt unter den Beschäftigten in der kapitalistischen Kommunikationsindustrie kann mit genügender Breite und Festigkeit nur bei der Zielsetzung zustande kommen, die berechtigten Interessen der Lohnabhängigen aller Wirtschafts- und Lebensbereiche und damit der überwiegenden Mehrheit der Gesamtbevölkerung publizistisch wirksam zu vertreten.

Eine so verstandene journalistische Berufspraxis würde allerdings den partikularen Verlags- und Unternehmerinteressen zuwiderlaufen. Die Journalisten, die ihre Arbeit nicht am Kapitalinteresse ausrichten wollen, geraten mit zunehmender Pressekonzentration und der Herausbildung einiger weniger publizistischer Machtblöcke in der BRD in einen sich zusehends verschärfenden Konflikt. Bei individualistischer Perspektive besteht die Lösung dieses Konflikts in der Alternative: Anpassung oder Berufswechsel.[13] Diese Alternative nicht zu akzeptieren heißt, sich gemeinsam mediengewerkschaftlich zu organisieren und u. a. die Aufhebung des Tendenzschutz-Paragraphen anzustreben.[14] Das ist eine notwendige Bedingung dafür, daß die Kommunikationsmittel im gesamtgesellschaftlichen Interesse genutzt werden können, anstatt den Profit- und Herrschaftsinteressen Weniger dienstbar gemacht zu werden. Nur dann könnte auch begründetermaßen von „Massenkommunikationsmitteln“ gesprochen werden, während gegenwärtig die Medien profitorientiert *vorwiegend* absatzstrategisch als Werbeträger und ideologisch als Legitimationsstützen kapitalistischer Produktions- und Herrschaftsverhältnisse betrieben werden. Solange die Gesellschaftsstruktur durch die vorherrschende kapitalistische Produktions- und Kommunikationsweise geprägt ist, kommen der Massenkommunikation immer auch entsprechende ideologische Beeinflussungs- und Verschleierungsfunktionen zu; eine solche Massenkommunikation unterläuft die im emanzipatorischen Sinn kollektive Kommunikation, in der sich die Bewußtseins- und Wissensvoraussetzungen der Gesellschaftsmitglieder zu demokratischer Selbstorganisation entwickeln können. Solidarität aller Lohnabhängigen auf deren Grundlage die Klassengegensätze überwunden werden können, ist ein langwieriger Bewußtwerdungsprozeß.

Es führt dazu, daß sich die Einsicht in die grundlegende Interessengegensätzlichkeit des Verhältnisses von Kapital und Arbeit vertieft und verallgemeinert: die Unterstellung, daß der Lohn ein Äquivalent geleisteter Arbeit sei, wird als Ideologem durchschaut, das die Funktion hat, kapitalistische Ausbeutungsverhältnisse zu verschleiern; denn ein „gerechter" Äquivalententausch zwischen den Produktionsmittelbesitzern und den lohnabhängigen Besitzern der Ware Arbeitskraft – als ideologisch einander gleichgesetzte „Faktoren" kapitalistischer Produktionsverhältnisse – kann gar nicht stattfinden, weil die Kapitalbesitzer sich das Ergebnis des unbezahlten Anteils (Mehrarbeit) der im Produktionsprozeß verausgabten Arbeitskraft als Mehrwert privat aneignen (und akkumulieren). Die wirklichkeitsverfälschende Gleichsetzung ungleicher gesellschaftlicher Grundpositionen bezieht ihre scheinhafte Plausibilität aus der Verdinglichung der lebendigen Arbeit bzw. der Arbeitskraft zur Ware („Faktor" Arbeit) und beruht auf der systemstabilisierenden Illusionierung über die strukturelle Qualität des Verhältnisses zwischen Kapital und Arbeit. Im Zuge der fortschreitenden Kapitalkonzentration wachsen aber die Legitimationsschwierigkeiten des kapitalistischen Systems und erfordern immer größere ideologische Abstützungsmaßnahmen in der Publizistik und im Ausbildungssektor[15]: denn mit der Verschärfung der sozialökonomischen Widersprüche wachsen tendenziell auch die Einsichten in die diese Widersprüche generierende kapitalistische Produktionsweise und in die Notwendigkeit ihrer Überwindung durch organisiertes, solidarisches Handeln.[16]

II. Darstellung vorherrschender Funktionsbestimmungen von Massenkommunikation

Die vorangegangenen Ausführungen sind zu verstehen als Diskussionshinweise auf die widersprüchliche Medienstruktur innerhalb einer industriekapitalistischen Gesellschaft wie der BRD und damit auch auf die Interessenbedingtheit der Funktionsbestimmung der Medien gesellschaftlicher Kommunikation. Die Intrarollenkonflikte der Journalisten, die – gesellschaftsstrukturell bedingt – aus unvereinbaren Leistungserwartungen (Kapitalinteresse vs. Öffentlichkeitsinteresse) resultieren, wurden exemplarisch illustriert. Für die nachfolgende Darstellung der in der BRD vorherrschenden Funktionsbestimmungen von Massenkommunikation ist damit ein gewisses problemorientierendes Vorverständnis erreicht. Zunächst sollen diese von Wissenschaftlern unterschiedlicher fachlicher Provenienz (Politikwissenschaft, Publizistikwissenschaft, Soziologie) vorgenommenen Bestimmungen der politischen Funktionen von Massenkommunikation knapp dargestellt und anschließend erkenntnis- und ideologiekritisch analysiert werden.

Folgende Ansätze zur Funktionsbestimmung von Massenkommunikation in der (kapitalistischen) Industriegesellschaft werden in ihren Grundzügen resümiert:

A. *R. Wildenmann / W. Kaltefleiter:* Funktionen der Massenmedien. Frankfurt / Bonn: Athenäum 1965 (= Demokratische Existenz heute, Nr. 12).

B. *F. Ronneberger:* „Die politischen Funktionen der Massenkommunikationsmittel" in: Publizistik, 1964, H. 4, S. 291–304.

C. *P. Glotz / W. R. Langenbucher:* Der mißachtete Leser. Zur Kritik der deutschen Presse. Köln / Berlin: Kiepenheuer und Witsch 1970, 3. Aufl. (= Information 22).

D. *A. Silbermann / E. Zahn:* Die Konzentration der Massenmedien und ihre Wirkungen. Düsseldorf / Wien: Econ 1970.

A. Wildemann / Kaltefleiter

Wildemann und Kaltefleiter stellen sich die Frage, welche Rolle die Massenkommunikationsmittel in der Demokratie als parlamentarischem Repräsentativsystem spielen und welche kommunikationsmedialen Funktionsvoraussetzungen für eine „funktionierende" Demokratie erfüllt sein müssen. Sie kontrastieren diese „demokratischen Funktionen" der Medien mit der Rolle, die Massenkommunikationsmittel in einer totalitären Diktatur spielen. Drei Funktionen der Massenmedien werden unterschieden: 1. Informationsfunktion, 2. Artikulierfunktion und 3. Kritikfunktion.

(1) *Informationsfunktion:* Die Massenmedien vermitteln zwischen „Regierenden" und „Regierten"; der Verständigungsprozeß zwischen diesen beiden Polen ist auf die Informationsleistung der Medien funktional angewiesen. Regierende und Regierte benutzen die Medien als Sprachrohr. „Mit Hilfe der Medien sagt *man* sich gegenseitig, was *man* für richtig hält . . ."[17]

Als Bewertungskriterien der Informationsleistung nennen die Autoren: a) Vollständigkeit, b) Objektivität und c) Verständlichkeit.

a) *Vollständigkeit:* Da Demokratie systemnormativ „vollständige Transparenz"[18] erfordert, muß die durch Massenmedien vermittelte Information vor allem vollständig sein. Zwar erkennen Wildemann und Kaltefleiter, daß ihr Vollständigkeitspostulat kaum ungeschmälert zu verwirklichen ist, da gewisse interessenbedingte Widerstände gegen seine Realisierung wirksam werden; dennoch wird das Postulat gerettet – und zwar in der Reduktionsform des Hilfspostulates von der Vielzahl selbständiger Massenmedien: „Auf diese Weise kann von allen Medien zusammen die Vollständigkeit der Berichterstattung zumindest annäherungsweise erreicht werden."[19] Die systemnormative Demokratie-Voraussetzung „vollständige Transparenz des Prozesses politischer Willensbildung und Entscheidung" wird als erfüllt betrachtet durch das Diktum, daß „ein Informationsmonopol in der Demokratie zumindest langfristig nicht aufrechterhalten werden kann".[20] Im Gegensatz dazu ist das Informationsmonopol „typisch für ein autokratisches Herrschaftssystem".[21]

b) *Objektivität:* Objektivität erklären Wildemann und Kaltefleiter zum „obersten normativen Prinzip der Berichterstattung"[22] in einer demokratischen Gesellschaft. Auf dieses Prinzip ist der Journalist berufsethisch verpflichtet: „Unter Objektivität ist . . . der Verzicht auf bewußte Manipulationen zu verstehen."[23] Doch auch hier wird, wie beim Vollständigkeits-Postulat, das modelldemokratische Prinzip der Objektivität nur sozusagen diskontiert für die reale gesellschaftliche Praxis relevant: Vollständige Objektivität kann nicht in jedem einzelnen Medium erreicht werden, wohl aber annäherungsweise durch die Vielfalt aller Medien; sollten nun in einem ganzen Nationalsystem dem Objektivitätsideal zuwiderlaufende Tendenzen die Oberhand gewinnen, so wäre das Prinzip immer noch zu retten durch die internationale Mediendiversifikation: „die Vielfältigkeit der Medien muß weltweit verstanden werden."[24]

Demgegenüber gibt es in der Diktatur „nur eine Quelle der Information, die sich bewußt um ‚Parteilichkeit', nicht um weitgehende Objektivität der Darstellung bemüht".[25] Diese Parteilichkeit hat eine ideologisch gewollte Realitätsblindheit zur Folge. „Die daraus folgenden Fehleinschätzungen sind eine der schwerwiegenden Quellen interner und internationaler Konflikte."[26]

c) *Verständlichkeit:* „Massenmedien müssen die Ereignisse, Probleme und vor allem die Kommentare so darstellen, daß auch nicht sachverständige Bürger sie verstehen können – nicht zuletzt, um den Verkauf der Produkte zu sichern."[27] Unverdrossen wird von den Autoren wieder argumentiert, daß hie und da Unvollkommenheiten der Berichterstattung zwar nicht zu übersehen seien, die aber allemal durch die „Vielfältigkeit der Informationsquellen und den offenen Zugang kompensiert werden".[28]

Demgegenüber entbehren die politischen Systeme, die Wildemann und Kaltefleiter als totalitär einstufen, dieses heilenden Korrektivs der Medienvielfalt – mit folgender Konsequenz: „Auch Kommunisten füllen die einzelnen Begriffe mit einem neuen, der Ideologie entsprechenden Gehalt an. In dieser Form werden die Medien ein Mittel der Täuschung und Irreführung. Typische Beispiele dafür sind die Versuche, etwa die Begriffe Volk, Freiheit, Demokratie u. a. m. in einem ideologie-konformen Sinne zu verwenden."[29]

(2) Artikulierfunktion: Neben der Informationsfunktion führen die Autoren als zweite Bedingung für die Verwirklichung von parlamentarischer Demokratie eine Kommunikationsleistung der Medien an, die sie als Artikulierfunktion bezeichnen. Diese Medienfunktion gibt sogar ein Definitionsmerkmal der Demokratie ab, wenn man wie Wildemann und Kaltefleiter „Demokratie" dadurch definiert, „daß in ihr die Macht der Regierenden auf der freiwilligen Zustimmung der Regierten beruht".[30] Die Artikulierfunktion erfüllt sich in der herrschaftslegitimierenden Diskussion und Konsensbildung über die demokratiefunktionale Besetzung der Herrschaftspositionen. Funktionales Erfordernis ist dabei wiederum, daß die gesellschaftliche Meinungsplurarität durch Massenmedien publik wird. Die Massenmedien sind insofern informationelle Zubringerdienste und ihre Funktion realisiert sich darin, „die Vielfältigkeit des Volkswillens zu artikulieren und den politischen Verantwortlichen *nahezubringen*".[31] In der Diktatur dagegen verkommt diese pluralistische Artikulierfunktion der Medien zur einseitigen Lenkungsfunktion, worin sich nach Meinung der Autoren der Gegensatz zwischen einer offenen und einer geschlossenen Gesellschaft ausdrückt.

(3) Kritikfunktion: Die Kritikfunktion der Medien richtet sich einerseits in Form der „Sachkritik" auf die Bewertung der Vorstellungen und Entscheidungen von Regierung, Parteien und Verbänden und andererseits in Form der „Stilkritik" auf die Erörterung von Verfahrensfragen, „ob sich die Träger von Herrschaftspositionen ‚richtig', d. h. entsprechend den Spielregeln demokratischer Regierungsweise, verhalten haben".[32] Die „Stilkritik" prüft also gewissermaßen die Einhaltung der durch Konsens (Artikulierfunktion) zwischen Regierten und Regierenden demokratisch „beschlossenen" Verhaltens- und Entscheidungsregeln. Im Vergleich zur Sachkritik messen Wildemann und Kaltefleiter der Stilkritik eine weit wichtigere Bedeutung zu, weil sie realistischerweise davon ausgehen, daß „eine vollständige Information der Bevölkerung eine utopische Forderung darstellt".[33] Auch diese Einsicht bringt ihr Demokratie-Modell nicht ins Wanken: „Demokratie kann auch bei einem niedrigen Informationsstand funktionieren."[34] Die Stilkritik bietet jedoch insofern einen Ausgleich, als sie die durch Informationsdefizite bedingten Unsicherheiten im politischen Entscheidungsverhalten der Bevölkerung weitgehend zu absorbieren vermag. „Stilkritik trägt zu dem für die Demokratie unerläßlichen Vertrauen bei."[35]

Hält sich nun die Sach- und Stilkritik nicht in den Grenzen des Systems (der kapitalistischen Demokratie), wird sie zur „Obstruktion gegen das System".[36] Eine solche von den Autoren theoretisch für möglich gehaltene Systemgefährdung wird jedoch durch die ökonomische Konzentrationsbewegung in zunehmendem Maße praktisch ausgeschaltet: „Diese Gefahr [für das System] ist – wie die Erfahrungen in den USA zeigen – um so geringer, je größer die Zeitungen sind. Ähnlich den großen Parteien, die die verschiedensten Wählergruppen ansprechen, tendieren auch die großen Zeitungen zur Mäßigung: sie möchten von verschiedenen Gruppen gekauft und gelesen werden."[37] In dieser Perspektive erscheint die grundlegende Bewegungsgesetzmäßigkeit des Kapitals, die Konzentration, somit als ein Selbstschutzmechanismus der „wehrhaften Demokratie"[38].

B. Ronneberger

Ronneberger geht bei seiner Bestimmung der politischen Funktionen von Massenkommunikation in pluralistischen Industriegesellschaften nicht von der bürgerlich-liberalen Staats- und Gesellschaftsauffassung aus, sondern vom Modell des interventionistischen „Wohlfahrts- und Verwaltungsstaates": Der moderne Rechtsstaat „übernimmt zusehends schiedsrichterliche Aufgaben in Richtung auf Interessenausgleich und Harmonisierung der sozialen Gegensätze . . . Er sorgt für dessen [des Bürgers] wirtschaftliche und soziale Sicherheit, nicht nur für Ruhe und Ordnung".[40]

Der Begriff der bürgerlichen Öffentlichkeit als die – nach J. Habermas – zum Publikum versammelten Privatleute impliziert die liberalistische Unterscheidung von Staat und Gesellschaft. Diese bürgerliche Öffentlichkeit mußte, als sie auf der expandierenden Grundlage der kapitalistischen Produktionsweise sich zur politischen Gesellschaft entfaltete, in Widerspruch mit der feudalen Staatsräson des Absolutismus geraten: „Wer hätte die politische Gesellschaft des Bürgertums, die sich als die zur Herrschaft drängende Klasse verstand, denn davon abhalten können, das demokratische Prinzip beim Wort zu nehmen und den Staat zu erobern!"[41]

Ein neues Verhältnis von Staat und Gesellschaft entwickelte sich, eine gegenseitige Verschränkung von gesellschaftlichem und staatlichem Bereich, in dem Öffentlichkeit – insbesondere durch die Massenkommunikationsmittel – immer erst „hergestellt" werden muß. Es handelt sich also nicht mehr um die Öffentlichkeit der zum Publikum zusammentretenden Privatleute, sondern um einen Öffentlichkeitsbereich, in dem sich wirtschaftliche Interessenverbände, Lobbys, politische Parteien und andere gesellschaftliche Kräftegruppierungen Stimme und Gehör verschaffen. Dieser öffentliche Bereich konstituiert sich durch die publizistische Vermittlungstätigkeit der Medien. „Selbst die Regierung muß darauf bedacht sein, ihre Maßnahmen in der Öffentlichkeit zu rechtfertigen."[42] Bei Ronneberger rangiert die Herstellung von Öffentlichkeit vor den übrigen Funktionen von Massenkommunikationsmitteln. Sein Funktionskatalog umfaßt 1. Herstellung von Öffentlichkeit, 2. politische Integration, 3. politische Kontrolle und 4. Information und Meinungsbildung.

(1) Herstellung von Öffentlichkeit: Herstellung von Öffentlichkeit faßt Ronneberger als technisch-ökonomisch bestimmten Produktionsvorgang auf: Öffentlichkeit resultiert nicht (mehr) aus dem Prozeß gesellschaftlicher Diskussion, deren Ergebnis die „öffentliche Meinung" wäre, sondern wird als nach Qualität und Quantität berechenbares Produkt geplant und hergestellt – ein Produkt also, „das als Konsumerwartung und Konsumbedürfnis für Informationen im weitesten Sinne zu beschreiben wäre".[43] Das einstmals politisch räsonierende bürgerliche Publikum wandelte sich zu einem Kollektiv von Rezipienten, die den Status und die Machtlosigkeit (weil Unorganisiertheit) von Verbrauchern haben, wobei ihr Konsumgut Information und Unterhaltung

ist. "Dem Publikum, d. h. den Konsumenten der Informationen, dienen die hergestellte Öffentlichkeit und die sich in ihr aussprechenden Interessen zur *Orientierung in einem Spiel, das sie selbst zwar nicht mitspielen,* dessen Bedeutung für ihre Existenz sie aber immerhin vermuten."[44] Daher sei es für die Rezipienten entscheidend wichtig, daß ihre Interessen von den Massenkommunikationsmitteln wahrgenommen werden. Diese emanzipatorisch klingende Forderung relativiert der Autor selbst wieder, wenn er sagt, es liege „im Interesse von Presse, Rundfunk und Fernsehen, dem Publikum, auf das sie nicht zuletzt finanziell angewiesen sind, *einzureden,* es sei sein Auge und sein Ohr".[45]

(2) Politische Integration: Die politische Sozialisationsfunktion der Massenmedien erklärt Ronneberger für wichtiger als die klassische Kontrollfunktion. Angesichts der zunehmenden Widersprüche in der modernen „entwickelten Industriegesellschaft" wächst die Bedeutung der Massenkommunikationsmittel als „Integrationsfaktoren"[46]. Die Massenmedien beeinflussen das politische Vorstellungsvermögen des Publikums, „indem sie die Auffassungen der politisch Führenden verbreiten und dazu Stellung nehmen".[47] Medienvermittelte Kommunikationsinhalte sind zwar etwas anderes als unmittelbare, im persönlichen Kontakt gewonnene Erfahrungen der Rezipienten, aber der Einfluß der vermittelten, „sekundären" Erfahrungen sollte nicht unterschätzt werden: „Auch Illusionen können ihre Wirkungen haben."[48]

(3) Politische Kontrolle: In rechtsstaatlich-demokratischen Systemen richtet sich die Kontrollfunktion der Massenkommunikationsmittel nicht nur auf die Überwachung der staatlichen Institutionen, also auf die Tätigkeit der Regierung, Verwaltung, Rechtsprechung und Parlament. Kontrolle und Kritik sind nach Ronneberger allumfassend und konstruktiv, d. h. systemstabilisierend: „Wir haben es mit einer Art von Selbstkontrolle eines gesellschaftlich-staatlichen, pluralistischen Gesamtsystems zu tun."[49] Instrumentelle Voraussetzung dieses Prozesses der gesamtgesellschaftlichen „Rundum-Kontrolle" sind weitgehend neutrale Massenmedien: „Neutralität erfordert Unabhängigkeit, und so rechtfertigt sich die Pressefreiheit in Richtung auf die Garantie der Unabhängigkeit der Massenkommunikationsmittel gegenüber einseitigen Bindungen."[50]

(4) Information und Meinungsbildung: Bei der Bestimmung des Beitrages, den die Medien zur politischen Bildung leisten, geht Ronneberger von folgender Feststellung aus: "Demokratische Willensbildung ist ohne ein Mindestmaß an Informiertheit nicht möglich."[51] Die Bildungsfunktion der Massenmedien beschränkt sich auf die Förderung der Fähigkeit, „Informationen aufzunehmen und zusammenhängend zu verstehen, wobei der herkömmliche Anspruch, sich eine eigene Meinung zu bilden, nicht als Norm, sondern als Optimum des politischen Gebildet-Seins aufzufassen wäre".[52] Daraus folgt, daß demokratische Willensbildung in „pluralistischen Systemen" für die Bevölkerungsmehrheit weitgehend in der Akklamation zu bereits getroffenen politischen Entscheidungen besteht: „vom politisch Gebildeten der modernen pluralistischen Systeme kann im Durchschnitt nicht mehr verlangt werden als die Zustimmung zu vorgeformten Meinungen."[53]

C. Glotz / Langenbucher

Die Publizistikwissenschaftler Glotz und Langenbucher gehen in Anlehnung an Ronneberger von der Wandlung des bürgerlich-liberalen Rechtsstaates zum interventionistischen Sozialstaat aus. In der sozialstaatlichen Repräsentativdemokratie, in der dem Bürger Teilhabe und Mitwirkung an den politischen Entscheidungen grundrechtlich garantiert ist, sei eine möglichst weitgehende Informiertheit der Bürger / Wähler über die unterschiedlichen gesellschaftlichen Interessenpositionen zu fordern. „Die politische Funktion der Massenkommunikationsmittel in der Demokratie besteht daher in der Herstellung bestmöglicher Überschaubarkeit. Diese Überschaubarkeit ist nur durch eine Vermittlung der gesellschaftlichen Kommunikation in ihrer ganzen Bandbreite herstellbar."[54]

Die Autoren übernehmen von Wildenmann und Kaltefleiter die Unterscheidung und Bestimmung der Informations- und Artikulierfunktion der Medien. Ihr besonderes Profil gewinnen sie dadurch, daß sie im Gegensatz zu Wildenmann und Kaltefleiter und auch zu Ronneberger den Massenkommunikationsmitteln keine Kritik- bzw. Kontrollfunktion zugestehen wollen. Die Journalisten und Verleger haben nämlich vor allem „ehrliche Makler, Spezialisten zur Betreuung des geistigen Austauschs in der Gesellschaft zu sein".[55] Mit dieser berufsspezifischen Rollenbeschreibung – die Formulierungsvielfalt ist bewundernswert: „Gesprächsanwälte" der Gesellschaft, „Moderatoren" des Zeitgesprächs der Gesellschaft – verträgt sich eine besondere Kritikfunktion von Kommunikatoren nicht; denn sie leitet sich aus altliberaler, aufklärerischer Tradition ab, die nach Glotz und Lagenbucher den Verhältnissen in der sozialstaatlichen Demokratie nicht entspricht. Die Konsequenz einer solchen Kritikfunktion wäre schließlich die Institutionalisierung der Presse als „vierte Gewalt"[56]. Glotz und Langenbucher halten diese Interpretation des sogenannten Verfassungsauftrages der Presse für verfehlt, weil die Gesellschaft auf die Zusammensetzung des kleinen Personenkreises aus Verlegern und Journalisten „keinerlei Einfluß"[57] hat. Dieser Auffassung ist auch der Staatsrechtler G. Roellecke: „Die Funktion einer Zeitung ist . . . nicht Kontrolle, Kritik, Aufklärung oder Erziehung, sondern ausschließlich, den Austausch von Meinungen – Kommunikation – zu ermöglichen. Zur Kontrolle usw. sind Zeitungsmacher – Verleger und Redakteure – nicht mehr legitimiert als jeder andere Bürger. Wenn heute Verleger und Redakteure ihre Aufgabe vornehmlich als Kontrolle und Kritik der Staatsorgane verstehen, so signalisiert dieses Mißverständnis die Gefahr einer Usurpation von Macht."[58]

Die ausschlaggebende Berufsfunktion des Kommunikators besteht nach Glotz und Langenbucher in „unserer pluralistische geordneten Gesellschaft"[59] nicht in seiner Rolle als engagierter Aufklärer, sondern als richtungsneutral vermittelnder Moderator, „der die verschiedenen publizistischen Gesprächsbeiträge dann zu einem Gespräch koordinieren muß".[60] Alles andere gerät bei den Autoren in den Verdacht „publizistischer Ideologie", und diese „vergrößert die Kluft zwischen den verschieden akkulturierten [!] Schichten, statt sie zu verkleinern".[61]

Für die privaten Presseunternehmer fügt es sich glücklich, daß – zumindest in der frühen kommunikationspolitischen Perspektive der beiden Zeitungswissenschaftler – ein demokratischer Journalismus noch am ehesten auf der Motivationsbasis des kapitalistischen Erwerbssinnes gedeihen soll: „So paradox es nämlich klingt, aber vom Standpunkt eines demokratischen Journalismus ist ein Verleger, der sich vor allem an seinen Bilanzen orientiert, weit ungefährlicher als einer, der sich im Vollgefühl seiner publizistischen

Mission zu Höherem berufen fühlt. ... Ein Verleger, der den geschäftlichen Erfolg seines Blattes im Auge hat, wird sich, dem Marktmechanismus folgend, an den Bedürfnissen der Leser orientieren. ... Wollen wir hoffen, daß die Verleger ‚kapitalistischer'[62] sind, als ihre Reden vermuten lassen; ihre ‚Gesinnungen' können uns mehr schaden als ein gut entwickelter Erwerbssinn."[63]

Diesen Ausführungen von Glotz und Langenbucher unterliegt offensichtlich die auf die Phase des Konkurrenzkapitalismus anwendbare wettbewerbstheoretische Denkschablone, daß sich das Gewinnstreben der privatwirtschaftlich konkurrierenden Produktionsmittelbesitzer gewissermaßen im öffentlichen Interesse rentiert: denn gemäß ihrer Darstellung fungiert der ökonomische Konkurrenzmechanismus als nachfragegesteuerter Treibriemen bei der Erfüllung der kommunikativen Zielfunktion der Medien, nämlich bei der Herstellung von Öffentlichkeit.

D. Silbermann / Zahn

Demgegenüber thematisieren die Soziologen Silbermann und Zahn die „Gewinnerzielung" nicht nur als Hilfsfunktion, sondern gleichrangig als eine der sechs von ihnen unterschiedenen Hauptgruppen von Medienfunktionen:

1. *Öffentliche Aufklärung:* Die Medien „liefern dem Menschen die Informationen, deren er bedarf, um seine eigenen Ideen klarzulegen und zu formulieren".[64]
2 *Dienst gegenüber dem politischen System:* Die Medien müssen das Volk (i. e. die Regierten) „über Probleme, denen der Staat gegenübersteht, sowie über mögliche Lösungen und Folgen"[65] unterrichten.
3. *Schutz der bürgerlichen Freiheiten:* „Die Medien dienen ... als eine Art Kontrollinstanz ihrer Regierungen: sie warnen, falls die bürgerlichen Freiheiten bedroht werden."[66]
4. *Gewinnerzielung:* „... nur ein unabhängiges Unternehmersystem, ein System, das weder der Regierung noch irgendeiner Parteiung verpflichtet ist",[67] kann die Rechte des Einzelnen verteidigen und den öffentlichen Interessen dienen; und das wiederum können Großunternehmen besser als kleine, was für Konzentrationen im Mediensektor spricht.
5. *Dienst gegenüber dem ökonomischen System:* „Wenn auch in ungleichen Proportionen verbreiten die Medien Informationen aus der Geschäftswelt, bringen Käufer und Verkäufer zusammen, stimulieren sie den Konsum und die Varietät der Produkte."[68]
6. *Belieferung von Unterhaltung:* Diese Funktion der Medien bedarf nach Silbermann und Zahn keiner besonderen Erläuterung.

Im Zusammenhang ihrer umfänglichen Ausführungen zur Konzentration im Mediensektor gewinnt die Tatsache besondere Bedeutung, daß Silbermann und Zahn die privatwirtschaftliche Medienfunktion der „Gewinnerzielung" ohne Rangunterschied neben öffentlichkeitsbezogenen Medienfunktionen aufzählen. Die Erklärung für diese taxonomische Gleichsetzung ungleichwertiger Funktionen liegt in dem positivistisch registrierenden Funktionalismus, der Methodik und Perspektive der Autoren kennzeichnet. Mögliche ökonomisch-publizistische Zielkonflikte des Medieneinsatzes werden von Silbermann und Zahn, die als einzige unter den hier angeführten Autoren die Medienfunktion der „Gewinnerzielung" explizieren, bereits in der Konstruktion ihres Funktionenkatalogs nicht berücksichtigt. Als Antwort auf die Frage nach dem (Ableitungs-)Zusammenhang der Medienfunktionen betonen sie mehrfach, „daß kein einziges der vielen Medien für *alle* Funktionen verantwortlich ist, sondern daß hier die Rede ist von den Funktionen *aller in Zusammenarbeit bestehenden Medien*".[69] Die privatwirtschaftliche Medienorganisation und damit – schlüssigerweise – auch die Medienkonzentration stellt sich ihnen als unabänderlich und *deshalb* positiv dar: „Ob man die Konzentrationsbewegung in der Wirtschaft positiv oder negativ zu sehen hat, ist keine Frage der Theorie. Weil es keine Alternative gibt, muß man sie positiv sehen und sich konstruktiv mit ihr auseinandersetzen."[70] In systemkonformem Pragmatismus wird aus der für die Wettbewerbs*theorie* destruktiven Not, verursacht durch die *reale* Konzentrationsbewegung, ideologisch eine Tugend konstruiert: „Eindeutig steht diese Funktion [der Gewinnerzielung] im Zusammenhang mit den Argumenten, die für die Konzentrationen im Mediensektor sprechen; denn eine große und gedeihende Organisation kann besser einem Druck von außen widerstehen als eine kleine, am Rande liegende."[71]

III. Kritische Analyse funktionalistischer Kommunikationstheorie und -politik

Das Strukturproblem, inwieweit die privatwirtschaftliche Organisationsform der Medien und ihre Funktion der „Gewinnerzielung" mit dem Kommunikationsinteresse der Öffentlichkeit an aufklärendem Orientierungswissen, entscheidungsrelevanter Information und demokratischen Artikulationschancen zu vereinbaren ist, lösen die hier angeführten Autoren systemfunktional in zwei Varianten:

1. Zielkonflikte entstehen nicht, solange unterstellt wird, daß privatwirtschaftliche und öffentlich-gemeinnützige Funktionen aufgrund intra- bzw. intermediärer Konkurrenz (Topos: kommunikativer Gesamtmarkt) in einem wechselseitig förderlichen Bedingungszusammenhang stehen und daß insofern die Informations- und Meinungsfreiheit im Rahmen des publizistischen Wettbewerbes realisiert sei.
2. Widersetzt man sich nicht der Einsicht, daß die ökonomische Konzentration – aufgrund der strukturbedingten Dominanz der Gewinnerzielungsfunktion! – zu publizistischen (Teil-)Monopolen in privater Hand führt, wird der Versuch gemacht, mit Hilfe des demokratietheoretischen Postulats der publizistischen Binnenvielfalt[72] das kapitalistische Ordnungsprinzip des Privateigentums an den Produktionsmitteln im Mediensektor zu legitimieren: als Ersatz für die schrumpfende „äußere Vielfalt" (Vielzahl) der am Markt konkurrierenden Kommunikationsbetriebe wird im wettbewerbsverdrängenden Konzentrationsfall die „innere Vielfalt" („Vielfalt in der Zeitung") des Monopolisten bzw. Teilmonopolisten empfohlen.

Wird somit die kapitalistische Medienorganisation nicht in Frage gestellt, muß das kommunikationspolitische Strukturproblem zu einem ethischen Persönlichkeitsproblem der individuellen Medienbesitzer umdefiniert werden. Der Systemtheoretiker Ronneberger fragt dann beispielsweise, „welcher *Typ von Verleger* unter den Bedingungen fortschreitender Konzentration wünschenswert sein könnte".[73] Systemfunktionale Kommunikationspolitik verlegt sich immer stärker auf Appelle an das demokratische Verantwortungsbewußtsein der Kommunikationsmittelbesitzer und auf die Neutralisierung der abhängigen journalistischen Rollenträger; sie sollen das „Zeitgespräch der Gesellschaft" (Glotz / Langenbucher) interessant, aber nicht interessenbezogen und parteinehmend „moderieren".

Es ist ersichtlich, daß beiden „Lösungsvarianten" zwei typische Fehleinschätzungen der Problemsituation zugrunde liegen: Die erste Variante ist überhaupt nur möglich, solange man sich den Blick dafür verstellt, daß die sozialökonomische Realität durch Strukturwidersprüche gekennzeichnet ist: Es wird nicht erkannt bzw. anerkannt, daß die Pressekonzentration bereits so weit fortgeschritten ist, daß Neugründungen von Zeitungen, die mehr sind als nur Kopfblätter schon bestehender Zeitungen, heute faktisch kaum noch möglich sind. In dem Zeitraum zwischen dem 1. 12. 1954 und dem 31. 12. 1970 „kam es nur zu 17 Neugründungen von Zeitungsunternehmen, von denen neun rasch scheiterten; die übrigen acht – alle Ableger von bestehenden Zeitungsverlagen – bereicherten den Markt lediglich um zwei neue Straßenverkaufsblätter, sonst aber nur um verlegerisch selbständige zusätzliche Ausgaben bereits existierender Abonnementszeitungen".[74]

Die Fachautoritäten, die die ökonomische Realität nicht zur Kenntnis nehmen bzw. wahr haben wollen, schaffen stattdessen kommunikationspolitische Realitäten, die auf gegenseitig affirmativer Einverständnisgeltung der Wissenschaftler und Politiker beruhen. Noch 1972 befürwortete beispielsweise das Mitglied des sog. Professoren-„Arbeitskreises Pressefreiheit", G. Roellecke, die privatwirtschaftliche Presseorganisation nach dem Motto ‚Konkurrenz hebt das Geschäft': „Das privatwirtschaftliche Konkurrenzprinzip fördert . . . parallele Kommunikationswege, das heißt, andere Zeitungen."[75] Solche und ähnliche Stimmen täuschen darüber hinweg, daß wir heute einen ökonomischen Konzentrationsgrad im Mediensektor erreicht haben, der den publizistischen Wettbewerb – auch in seiner inhaltlich ohnehin beschränken Bandbreite – stark in Frage stellt. Die übergroßen Schwierigkeiten für Private, beim gegenwärtigen Entwicklungs- und Konzentrationsstand der Massenkommunikationsmittel publizistische Alternativen zu begründen, müßten kommunikationspolitische und -rechtliche Gegenmaßnahmen auf den Plan rufen. Die intramediär alternativlose Gültigkeit der privatwirtschaftlichen Organisationsform der Presse kann nicht länger unangefochten bleiben, nachdem sie den publizistischen Wettbewerb nicht mehr fördert, sondern zusehends einschränkt.[76]

Während in der ersten Scheinlösungsvariante die Probiematik also vor allem dadurch verdrängt wird, daß vor die den wettbewerbstheoretischen Idealen hohnsprechende Wirklichkeit ein konkurrenzideologischer Schleier gelegt wird, weist die zweite Variante einen anderen Ausweg: Der systemerzeugte Widerspruch zwischen der Mediennutzung im partikularen Interesse der privaten Kapitalverwertung und einer Nutzung der Kommunikationsmittel im Interesse der Öffentlichkeit bzw. der Bevölkerungsmehrheit wird subjektivistisch verkürzt und entschärft. Die kommunikationspolitisch engagierten Publizistikwissenschaftler Glotz und Langenbucher fordern beispielsweise: „Der Verleger, der nicht von sich aus demokratisch und vernünftig genug ist, um in seiner Zeitung über alle relevanten Kräfte ausgewogen zu berichten, muß dazu gezwungen werden."[77]

Diese beinahe illiberale Rigorosität, mit der die Autoren hier der Pressefreiheit eine Bresche schlagen wollen, verwundert zunächst. Aber in erster Linie handelt es sich um die charakterliche Wiederaufrichtung derjenigen Verleger-Unternehmer, deren Vernunft und demokratische Gesinnung zu wünschen übrig läßt. Das zeigt sich am deutlichsten an den von Glotz und Langenbucher empfohlenen Sanktionen, mit denen nicht „genügend demokratische" Verleger wieder zur Räson gebracht werden sollen: Wenn beispielsweise ein Verleger seine Journalisten angewiesen hat, „politisch einseitige [!] Nachrichten auszuwählen"[78], könnte ein Landespresseausschuß eine „Mißbilligung aussprechen, "wenn durch *unabhängige Gutachter* eine fortwährende Tendenz zur Unterdrückung einzelner Gesprächsanteile festgestellt würde".[79]

Bei stringenteren Maßnahmen würden die Autoren natürlich ihren systemfunktionalen Bogen sehr schnell überspannen und mit ihrer eigenen Neutralitäts-Prämisse kollidieren; denn eine Instanz, welche darüber entscheidet, ob die Kommunikationsmittelbesitzer noch „vernünftig genug" sind oder ob sie es gerade nicht mehr sind, gibt es in ihrem Demokratiemodell nicht: „Ein demokratisches Kommunikationssystem ist nicht zentralgeleitet, sondern bedürfnisgesteuert; mit diesem Grundsatz sind Instanzen, die über richtige und falsche Bedürfnisse entscheiden wollen, unvereinbar."[80] Aufgrund ihres solipsistischen Bedürfnisbegriffes übersehen die Autoren die gesellschaftliche Bedingtheit, d. h. den klassen- und schichtspezifischen Charakter der Bedürfnisse, einschließlich der Kommunikationsbedürfnisse. Diejenigen, die – gesellschaftsstrukturell bedingt – ökonomische Machtvorteile anzuhäufen und politisch-publizistische Interpretationsherrschaft auszuüben vermögen, werden im allgemeinen nicht an öffentlichen Diskussionsthemen wie „gesamtgesellschaftliche Demokratisierung", „reale Chancengleichheit", „Mitbestimmung und Partizipation" interessiert sein. Würden solche Fragestellungen und Forderungen das redaktionelle Programm der Massenmedien bestimmen, dann würden grundlegende Emanzipationsbedürfnisse der Bevölkerungsmehrheit in den Mittelpunkt öffentlicher Aufmerksamkeit und politischer Diskussion geraten. Daß die herrschenden Kräftegruppierungen in der Klassengesellschaft ihre eigene Entmachtung und Entprivatisierung betreiben und eine publizistische Systemdevianz normieren, ist natürlich nicht zu erwarten: „An dem Charakter und der Rolle der Massenmedien in der fortgeschrittenen kapitalistischen Gesellschaft ist nichts besonders überraschendes. Angesichts des ökonomischen und politischen Kontextes, in dem sie arbeiten, müssen sie in erster Linie Anstalten zur Verbreitung der Vorstellungen und Werte sein, die das bestehende System von Macht und Privilegien eher bestätigen als herausfordern, und sie können daher nicht umhin, Waffen im Arsenal der Klassenherrschaft zu sein. Die Vorstellung, daß sie in den meisten Fällen auch etwas anderes sein können, ist entweder eine Täuschung oder eine Irreführung. Sie können eine ‚dysfunktionale' Rolle spielen und tun es manchmal, und die Tatsache, daß ihnen das gestattet ist, darf nicht leichtfertig übergangen werden. Aber das ist, emphatisch gesagt, in dem gegebenen Kontext nicht ihre Hauptrolle und kann es auch nicht sein. Sie sollen eine konservative Funktion erfüllen, und sie tun es."[81]

Für Glotz und Langenbucher stellen sich solche Probleme nicht, da sich ihnen unsere kapitalistische Industriegesellschaft als pluralistische Demokratie ohne Klasseninteressen und -gegensätze darstellt. Für sie gibt es nur gesellschaftliche Kräfte, die Anspruch erheben auf einen angemessenen „Gesprächsanteil" am Gesamtgespräch der Gesellschaft. Diese Phraseologie ist besonders deshalb so nebulös, weil bezeichnenderweise die Bemessungskriterien für die „Gesprächsanteile" unbenannt bleiben.

Dieser Mangel macht den erkenntnistheoretischen und methodologischen Systemfehler des Funktionalismus aus. Die funktionalistischen Theoretiker liefern aufgrund der inhaltlichen Maßstabslosigkeit ihres Ansatzes, wo sie nicht unverhohlen platte Ideologie produzieren, unverbindliche Aussagen, die – gewollt oder nicht[82] – unter der Hand den Charakter ideologischer Versatzstücke annehmen; sie dienen dazu, die Privilegien und Machtvorteile derer zu legitimieren und zu rationalisieren, die gerade wegen ihrer sozialökonomischen Hegemonialposition in der kapitalistischen Gesellschaft an deren Strukturerhaltung interessiert sind. Ausdruck dieses Interesses ist es beispielsweise, wenn der BDZV-Präsident, J. Binkowski, die These als falsch erklärt, „Massenmedien könnten die Demokratie nur fördern, wenn sie selbst demokratisch organisiert seien. Nicht die Organisationsform der Massenmedien steht in Beziehung zur Demokratie, sondern Haltung und Charakter der in ihnen Tätigen."[83]

Dem Funktionalismus fehlt ein inhaltlicher Wertungsmaßstab, an dem die Funktionalität bzw. Dysfunktionalität von sozialen Systemkomponenten und – historischen – Prozessen interessenbezogen entschieden werden könnte. Entsprechend gering ist auch der Informationsgehalt bzw. die Erklärungskraft der theoretischen Sätze, was beispielsweise an der folgenden Feststellung von Ronneberger deutlich wird: „Eindeutig sind Dysfunktionen dann, wenn sie funktionale Wirkungen ausschalten oder doch wenigstens übertreffen."[84] Ronneberger liefert in seiner systemtheoretischen Betrachtung der Pressekonzentration auch ein schlagendes Beispiel dafür, daß der Funktionalismus die Frage der Leistungsbewertung inhaltlich nicht beantworten kann: Aufgrund von empirischen Untersuchungsbefunden über Konkurrenz- versus Monopolzeitungen ließe sich nicht leugnen, „daß der Wegfall publizistischer Konkurrenz sich leistungsdämpfend – *was immer man unter publizistischer Leistung verstehen mag* – auswirken kann".[85]

Diese dezisionistische Lücke des Funktionalismus ist sein typisches Einfallstor für Ideologien. In der kapitalistischen Gesellschaft handelt es sich um die Ideologie, die den partikularen Verwertungsinteressen des privaten Kapitals verpflichtet ist. Sie verschleiert bzw. harmonisiert die realen Interessenwidersprüche zwischen Lohnarbeit und Kapital: die kapitalistischen Produktionsverhältnisse werden als ökonomisch-technisch optimale Organisationsform der gesellschaftlichen Produktion – nicht zuletzt durch das Gros der Massenkommunikationsmittel – vorgespiegelt und legitimiert. Ein fast lehrbuchhaftes Beispiel für diesen Zusammenhang finden wir bei Wildenmann und Kaltefleiter, die sich für eine „wehrhafte Demokratie"[86] einsetzen, wobei die Feinde der Demokratie jene sind, die das *funktionierende System zu stören* beabsichtigen, indem sie über die kapitalistischen Stränge der Erklärungs- und Legitimierungsschemata des (nur scheinbar) interessenneutralen Funktionalismus schlagen.[87] Ein ähnlich „wehrhaftes" Funktionskonzept vertritt H. Schelsky. Er weist darauf hin, daß die unnachgiebige Forderung nach „mehr sozialer Gerechtigkeit" (das wäre ein inhaltlicher Maßstab!) zu einem revolutionären Kampfmittel „pervertiert" werden könne und dann das kapitalistische System gefährde. Die richtige Abwehrstrategie dagegen bestehe in der Stimulierung der systemfunktionalen Resistenz bzw. Sanktionskraft des Kapitalismus: „Tarifauseinandersetzungen über Löhne mögen noch so hart ausgetragen werden, sie tragen innerhalb eines Systems der freien Marktwirtschaft ihre Sanktionen in sich selbst, nämlich in den Folgen für die Entwicklung der Preise, das Wirtschaftswachstum, die Gewinne, die Investitionen, die Sicherheit der Arbeitsplätze. Diese Folgen widerlegen unrealistische, allein aus politischen Gründen durchgesetzte Sozialansprüche zum Schaden der Klientelschaft."[88]

Konsequent ist in dieser Perspektive auch das weitere Stabilisierungspostulat, das sich gegen eine realdemokratische ‚Umfunktionierung' formaldemokratischer Strukturen wendet: „Demokratie kann auch bei einem niedrigeren Informationsgrad funktionieren."[89] Man könnte diesen typischen funktionalistischen Satz dahingehend pointieren, daß die Formaldemokratie um so reibungsloser funktioniert, je geringer der politisch handlungsrelevante Informations- und Bildungsgrad derjenigen ist, die allen Grund haben, gegen das Kapitalverhältnis klassenbewußt Obstruktion zu treiben: „In einer Gesellschaft, in der der Erwerb sozialer Privilegien immer enger vom Besitz eines akademischen Diploms abhängt, hat das Bildungswesen nicht nur die Funktion, auf diskrete Weise die Erbfolge bürgerlicher Rechte, die man nicht mehr direkt und offen weitergeben kann, abzusichern. Als privilegiertes Instrument der bürgerlichen Soziodizee, das den Privilegierten jenes höchste Privileg verschafft, nicht als Privilegierte zu erscheinen, überzeugt sie die Unterprivilegierten um so leichter davon, daß ihr soziales Schicksal und ihr Bildungsschicksal auf ihrem Mangel an Fähigkeiten oder Verdienst beruhen, als absolute Besitzlosigkeit im Bereich der Bildung das Bewußtsein der Besitzlosigkeit ausschließt."[90]

Die informationellen Bedingungen und kommunikativen Fähigkeiten für die Befreiuung aus gesellschaftlichen Verhältnissen der Unterdrückung und Ausbeutung sind nur in einem Bildungs- und Kommunikationsprozeß zu erreichen, dessen Leitziele effektive Chancengleichheit, kollektive Emanzipation und Solidarität sind. Diese Zielwerte durchbrechen intentional die Grenzen des kapitalistischen Privilegiensystems. Die bürgerlichen Massenmedien und Bildungsinstitutionen wirken als ideologische Stützen dieses Systems, indem sie systemkonformes Werte- und Normenwissen vermitteln und dadurch die zunehmend legitimationsbedürftigen Produktionsverhältnisse und Herrschaftsformen bewußtseinsmäßig absichern. Die ideologische Gegenstrategie gegen eine kollektiv-emanzipatorische Beseitigung des Kapitalverhältnisses besteht darin, Information und Wissen zur Ware zu deformieren, und damit die (immateriellen) Kommunikationsinhalte und -formen ähnlichen Produktions-, Distributions- und Konsumtionsverhältnissen zu unterwerfen wie die Sphäre der materiellen Produktion. Auf diese Weise dient die Ideologieproduktion nicht nur der bewußtseinsmäßigen Absicherung der materiellen Produktionsverhältnisse, sondern ist selbst noch ökonomisch profitabel. – Ebenso wie unter kapitalistischen Produktionsverhältnissen die materielle Wertschöpfung an die Bedingung geknüpft ist, privatwirtschaftliche Verwertung des eingesetzten Kapitals zu sein, erfüllt sich auch die „öffentliche Aufgabe" der publizistischen Medien weitgehend als Funktion der privatwirtschaftlichen Verwertung der im Medienbereich eingesetzten Kapitalien.[91]

Kritik und Überwindung von Ideologien ist eine gesellschaftlich relevante wissenschaftliche Aufgabe, bei deren Erfüllung man sich von folgender Feststellung von W. Hofmann leiten lassen kann: „Der ideologische Gehalt einer Aussage kann nur auf wissenschaftiche Weise, durch methodisches Vorgehen und zunächst ‚immanent', durch Prüfung am Sachverhalt selbst erhellt werden, wobei die einzelnen Gedankenschritte kontrollierbar bleiben müssen."[92] Unter diesen Voraussetzungen kann Ideologiekritik praktisch dazu beitragen, daß die der Sicherung des kapitalistischen Herrschafts- und Privilegiensystems dienenden Beschränkungen bzw. Hierarchisierungen des Wissens, Erkennens und Kommunizierens (der eigenen und fremden Interessen) überwunden werden.

Unpräzise Begriffe wie „gesellschaftlich relevante Kräfte" helfen dabei nicht weiter, sondern erschweren jede gründliche wissenschaftliche Analyse der sozialen Strukturen und kulturellen Vermittlungsformen eines gesellschaftlichen Systems. Bei einer solchen Phraseologie und funktionalistischen Perspektive bleiben die wesentlichen realen Problemstellungen unerkannt bzw. ausgespart, läßt sich die historisch bestimmte Struktur der sozialen Beziehungen und Kommunikationsprozesse nicht inhaltlich analysieren. Welche Beziehungen bzw. Bedingungsverhältnisse bestehen beispielsweise zwischen den „Gesprächsanteilen" der sog. gesellschaftlich relevanten Kräfte am „Gesamtgespräch der Gesellschaft" und der extrem ungleichen Verteilung des zur privatwirtschaftlichen Kapitalverwertung eingesetzten Produktivvermögens in der BRD? [93]

Für die kapitalistische Gesellschaft ist charakteristisch, daß sich aufgrund der konstitutiven *Funktion* der privaten Verfügung über die Produktionsmittel die sozialen Beziehungen zu eben den Tauschverhältnissen verdinglichen, unter denen auch die Arbeitsprodukte und die Arbeitskräfte selbst als Waren stehen: „Produziert wird heute wie ehedem um des Profits willen. Über alles zur Zeit von Marx Absehbare hinaus sind die Bedürfnisse, die es potentiell längst wären, vollends Funktionen des Produktionsapparates geworden, nicht umgekehrt. . . . Nicht nur werden die Bedürfnisse bloß indirekt, über den Tauschwert, befriedigt, sondern in wirtschaftlich relevanten Sektoren vom Profitinteresse selber erst hervorgebracht, und zwar auf Kosten objektiver Bedürfnisse der Konsumenten, wie denen nach zureichenden Wohnungen, vollends nach Bildung und Information über die wichtigsten sie betreffenden Vorgänge."[94]

Die funktionalistische Gesellschaftsbetrachtung bleibt aufgrund des fehlenden inhaltlichen Wertungsmaßstabes (angestrebter Zielzustand) in unverbindlicher, ahistorischer Abstraktion oder schierer Ideologie stecken. Die empirische Erscheinungsvielfalt wird von ihr lediglich positivistisch registriert und bestenfalls klassifiziert, keinesfalls aber auf den historisch bestimmten, sozialökonomischen Interessenzusammenhang erklärend rückbezogen. Demgegenüber weist sich das Erkenntnisinteresse kritisch-emanzipatorisch betriebener Gesellschaftswissenschaft gerade durch seinen historisch-gesellschaftlichen Wertungsmaßstab aus; dieser explizit normative Bezugspunkt ergibt sich in einer materialistisch-dialektischen Gesellschaftsbetrachtung, in der nicht darüber hinweggesehen oder -getäuscht wird, daß die kapitalistischen Produktionsverhältnisse zunehmend in Widerspruch zu den modernen Produktivkräften geraten. Die positive Aufhebung dieses dialektischen Widerspruches vollzieht sich in Form von Klassenkonflikten – statt bloßer Statusdifferenzen aufgrund von leistungsideologisch rationalisierbaren Einkommens-, Prestige- und Bildungsunterschieden. In der Aufhebung dieses Widerspruches und der darauf fußenden undemokratischen Differenzierung der Aufstiegs-, Dispositions- und Lebenschancen (Statusverteilung) der Gesellschaftsmitglieder liegt der sozial-dynamische *Bezugswert* (demokratische Organisation des Produktions- und Kommunikationsprozesses, gerechte Güterverteilung, klassenlose Gesellschaft) kritischer Sozialwissenschaft, also auch der Publizistik- und Kommunikationswissenschaft. An diesem Bezugswert läßt sich die Funktionalität bzw. Dysfunktionalität von Komponenten und Entwicklungen des gesellschaftlichen Systems ermessen. Erst von diesem gesellschaftstheoretischen Bezugspunkt aus lassen sich also die historisch-gesellschaftlichen Systemfunktionen und „objektiven Bedürfnisse" der Menschen bzw. gesellschaftlich relevanter Kräftegruppierungen orten.

Die politökonomische Analyse der kapitalistischen Industriegesellschaft und ihrer Entwicklung zeigt zwar, daß mit zunehmender Entfaltung der gesellschaftlichen Produktivkräfte die auf dem Privateigentum beruhenden Produktionsverhältnisse objektiv immer inadäquater werden. Es hieße jedoch, sich einer mechanistischen Geschichtsdeutung zu unterwerfen, wollte man daraus bereits schlußfolgern, daß über kurz oder lang die kapitalistischen Produktionsverhältnisse in sozialistische „umschlagen". Ein solcher Strukturwandel wird erst dann akut, wenn das Kapitalverhältnis als zentrales Produktionsverhältnis kapitalistischer Gesellschaften durchschlagend illegitimiert worden ist, d. h. wenn die objektive Inadäquanz der Produktionsverhältnisse (gemessen am Entwicklungsstand der Produktivkräfte) in das subjektive Korrelat (gemessen am Bewußtseinsstand der Bevölkerung) der Sinnwidrigkeit massenhaft „übersetzt" worden ist.

Diese Hinweise sollten verdeutlichen, daß eine gesellschaftstheoretisch fundierte Kommunikationsforschung an der Thematisierung der politisch-ökonomischen Beziehungsstrukturen nicht vorbeikommt. In den Institutionen und Formen sozialer Kommunikation kristallisieren sich die materiellen und ideologischen Verhältnisse einer je historisch bestimmten Gesellschaft; d. h. diese Verhältnisse[95] werden von den kommunikativen Agenturen, insbesondere den sog. Massenmedien, reflektiert und publizistisch vermittelt. Insofern trifft auf die Kommunikationsmedien kapitalistischer und anderer herrschaftlich geordneter Gesellschaften die von K. Marx und F. Engels in der „Deutschen Ideologie" (1845/1946) formulierte Einsicht zu: „Die Gedanken der herrschenden Klasse sind in jeder Epoche die herrschenden Gedanken ... Die Klasse, die die Mittel zur materiellen Produktion zu ihrer Verfügung hat, disponiert damit zugleich über die Mittel zur geistigen Produktion, so daß ihr damit zugleich im Durchschnitt die Gedanken derer, denen die Mittel zur geistigen Produktion abgehen, unterworfen sind."[96] Diese bekannte Aussage hat den unschätzbaren Vorteil, daß in ihr von vornherein auf die materiellen Bedingungen und die klassenspezifische Verteilung der Verfügungsmacht über die Produktionsmittel als realistischer *Ausgangspunkt* jeglicher Beurteilung geistiger Produktion rekurriert wird. Idealistische Rekonstruktionen der gesellschaftlichen Verhältnisse in spekulative Philosophemen oder herrschaftslegitimierenden Ideologemen wird damit das Konzept verdorben.

Andererseits ist mit diesem Zitat nicht etwa die Hauptaufgabe einer ideologiekritischen Kommunikationswissenschaft umrissen. Es ist lediglich eine antispekulative Basis für die Erforschung des Phänomenbereiches gesellschaftlicher Kommunikation angedeutet; zu fragen bleibt, *wie* die Gedanken der herrschenden Klasse ihren beherrschenden Einfluß gewinnen, welche Vermittlungsmechanismen dabei wirken. Das ist die entscheidende Fragestellung, weil nur im Zuge ihrer empirisch-theoretisch fundierten Bearbeitung hinreichend klare Antworten auf das gesellschaftlich relevante Forschungs- und Handlungsproblem gewonnen werden können, wie sich die herrschenden Gedanken als Ausdruck von Klassenherrschaft überzeugend in Frage stellen lassen. Es handelt sich hier also um das schwierige Problem der emanzipatorischen Vermittlung von Theorie und Praxis bzw. um die Konstruktion einer Theorie, die eine von Unterdrückung und Ausbeutung befreiende gesellschaftliche Praxis kritisch anleiten kann.

Die wachsende Bedeutung kommunikationstheoretischer und -politischer Bemühungen in der Analyse und Veränderung der Strukturen und Funktionen sozialer Kommunikation ist offenbar. Vor dem Hintergrund der hier skizzenhaft vorgetragenen gesellschaftstheoretischen Überlegungen wird jedoch das theoretische Defizit und der ideologische Charakter der Massenkommunikationsforschung deutlich, wie sie noch überwiegend betrieben wird. Die vorherrschenden Bestimmungen der Medienfunktionen stehen noch weitgehend in der Tradition des Funktionalismus. Nur bei einer kritischen, gesellschaftstheoretischen Orientierung wird die Publizistik- und Kommunikationswissenschaft zu einer systematischen Produktion gesellschaftlich relevanter und erfahrungskontrollierter Erkenntnisse kommen. Das wird nur gelingen, wenn die beziehungsstiftenden und bewußtseinsprägenden Produktionsverhältnisse, die für die historisch bestimmten Gesellschaftsformationen kennzeichnend sind, auch kommunikationswissenschaftlich thematisiert werden; denn innerhalb dieser Produktionsverhältnisse bauen sich die gesellschaftlichen Kommunikationsbeziehungen auf, und zentraler (publizistischer) Inhalt dieser Kommunikationsbeziehungen sind die Bedingungen und Konsequenzen der Veränderung bzw. Stabilisierung der jeweiligen sozialökonomischen Struktur.

Anmerkungen

1 Eckart Spoo: „Pressekonzentration, Springer-Dominanz und journalistische Arbeit", in: B. Jansen / A. Klönne (Hg.): Imperium Springer. Macht und Manipulation. Köln 1968, S. 226–227
2 K. H. Orb: „Sollen wir in den DGB eintreten? ", in: Der Journalist, Nr. 6, Juni 1972, S. 31 f; Hervorhebung durch den Verfasser, J. A.
3 Vgl. hierzu den Leserbrief von Paul Sethe an den SPIEGEL (Nr. 19, 5. 5. 1965, S. 18), in dem er zu erkennen gab, in welche Bedrängnis sein liberales Credo angesichts der kapitalistischen Gesellschaftsentwicklung gekommen ist. In der kommunikationspolitischen Diskussion ist die folgende Passage seines Leserbriefs inzwischen zu einem geflügelten Wort geworden: „Pressefreiheit ist die Freiheit von zweihundert reichen Leuten, ihre Meinung zu verbreiten. Journalisten, die diese Meinung teilen, finden sie immer. ... Frei ist, wer reich ist."
4 G. R.: „Alle Räder stehen still . . .", in: die feder, Nr. 9, September 1970, S. 6.
5 Die arbeiterfeindliche Tendenz der „BILD-Zeitung" ist inzwischen zur Genüge nachgewiesen worden; vgl. E. Küchenhoff et al.: BILD-Verfälschungen. 2 Bde. Frankfurt a, M. 1972; J. Alberts: Massenpresse als Ideologiefabrik. Am Beispiel „BILD". Frankfurt a. M. 1972 – Entsprechende Belege finden sich auch in den anderen Produkten des Springer-Konzerns. So heißt es beispielsweise im Leitartikel der WELT (Ausgabe B, Nr. 243, 18. 10. 1969, S. 2) von Dieter Cycon („Lehren für die CDU") angesichts der September-Steiks von 1969: „Wenn das, was in der Bundesrepublik wirtschaftliche Macht und Reichtum verkörpert, nicht zu begrenzten Zugeständnissen bereit sein sollte, werden ihm an absehbarer Zeit vielleicht sehr viel weitergehende abgerungen werden."
6 Abdruck des Leitartikels von J. Feddersen in: Der Journalist, Nr. 5, 1973, S. 51.
7 Vgl. beispielsweise: Nachrichten, hg. von Axel Springer Verlag AG, Berlin, Nr. 69, April 1973.
8 berliner extra-dienst, Nr. 29, 11. 4. 1973, S. 5–6.
9 Hans Schueler: „Zensur mit der Fräse", in: DIE ZEIT, Nr. 18, 27. 4. 1973, S. 6.
10 Vgl. Autorenkollektiv Presse: Wie links können Journalisten sein? , Reinbek bei Hamburg 1972 (rororo aktuell Nr. 1599), S. 93.
11 Vgl. Eugen Stotz: „der tendenzschutz für die presse muß fallen", in: druck und papier, Nr. 1, 8. 1. 1973, S. 7: „Nirgendwo können einer redaktionsvertretung größere rechte zugestanden werden als dem betriebsrat nach dem jeweiligen stand der gesetzgebung. Eine elitäre komplizenschaft zwischen verlegern und redakteuren zu lasten aller übrigen beschäftigen darf, auch unter berufung auf das hohe gut der pressefreiheit, nicht zugelassen werden."
12 Schueler, a. a. O.
13 Ein verblüffender Lösungsvorschlag steckt in den vom illustren „Professoren-Arbeitskreis Pressefreiheit" geäußerten Vorstellungen, die als naiv zu kennzeichnen euphemistisch wäre: „Wünscht er [der Journalist] seine Meinung in einem Presseorgan publiziert zu finden, so hat er grundsätzlich nur die Möglichkeiten, die jedem anderen Bürger zu Gebote stehen: Er mag eine Zeitung oder ein Zeitungsunternehmen gründen und dafür die Verantwortung, das Risiko und die Bindungen übernehmen." (H. Armbruster et al.: Entwurf eines Gesetzes zum Schutze freier Meinungsbildung. Tübingen 1972, S. 41)
14 Auch die presserechtliche Abteilung des 49. Deutschen Juristentages, der Ende September 1972 in Düsseldorf stattfand, hat mit 116 gegen 47 Stimmen (bei 9 Enthaltungen) u. a. folgenden Entschluß gefaßt: „Es wird die Prüfung empfohlen, ob nicht § 118 Abs. 1 Nr. 2 BetrVG (Tendenzschutz für Unternehmen und Betriebe der Presse) aufzuheben oder zu ändern ist." (Zit. nach: Mediaperspektiven Nr. 10/1972, S. 460).
15 Die in vielen Lehrbüchern und Unterrichtsmaterialien zum Themenbereich der Wirtschafts- und Sozialkunde vorherrschenden ideologischen Argumentationsmuster hat P. Weinbrenner („Zur Ideologiekritik wirtschafts- und sozialkundlicher Lehr- und Lernmittel", in: aus politik und zeitgeschichte, Nr. 35, 1973) nachgewiesen und kritisch analysiert.
16 Diese gesellschaftskritische Einsicht bleibt nur denen verwehrt (ideologisches Denken, „verdinglichtes Bewußtsein"), die nicht den Unterschied zwischen dem Wert der Arbeitskraft und dem Arbeitslohn („Kostenfaktor") begreifen. Aufgrund der kapitalistischen Verdinglichung der Arbeitskraft zur Ware ist allerdings in den Erscheinungsformen der Marktbeziehungen dieser Unterschied oberflächlich leicht verwischbar. In dem Maße, in dem er durchschaut wird, werden jedoch die ideologisch unterstellten Gleichheitsverhältnisse (am Markt und im Konsum) als tatsächliche, gesellschaftsstrukturelle Ungleichheitsverhältnisse erkennbar: „Man begreift da-

her die entscheidende Wichtigkeit der Verwandlung von Wert und Preis der Arbeitskraft in die Form des Arbeitslohns oder in Wert und Preis der Arbeit selbst. Auf dieser Erscheinungsform, die das wirkliche Verhältnis unsichtbar macht und grade sein Gegenteil zeigt, beruhn alle Rechtsvorstellungen des Arbeiters [solange er in ökonomistischem, trade-unionistischem Denken befangen ist] wie des Kapitalisten, alle Mystifikationen der kapitalistischen Produktionsweise, alle ihre Freiheitsillusionen, alle apologetischen Flausen der Vulgärökonomie." (K. Marx: Das Kapital. Erster Band. Berlin 1972, MEW Bd. 23, S. 562)
17 R. Wildemann / W. Kaltefleiter: Funktionen der Massenmedien. Frankfurt / Bonn: Athenäum 1965, S. 15 (Unterstr. durch den Verf., J. A.).
18 A. a. O., S. 16.
19 A. a. O., S. 16.
20 A. a. O., S. 19.
21 A. a. O., S. 19.
22 A. a. O., S. 21.
23 A. a. O., S. 22.
24 A. a. O., S. 22.
25 A. a. O., S. 22.
26 A. a. O., S. 23.
27 A. a. O., S. 24.
28 A. a. O., S. 24.
29 A. a. O., S. 25.
30 A. a. O., S. 26
31 A. a. O., S. 19; Unterstr. durch den Verf., J. A.).
32 A. a. O., S. 31.
33 A. a. O., S. 32.
34 A. a. O., S. 32.
35 A. a. O., S. 32.
36 A. a. O., S. 33.
37 A. a. O., S. 32.
38 A. a. O., S. 33.
39 A. a. O., S. 33.
40 F. Ronneberger: „Die politischen Funktionen der Massenkommunikationsmittel", in: Publizistik, 1964, H. 4, S. 291–304, hier S. 292.
41 A. a. O., S. 293.
42 A. a. O., S. 295.
43 A. a. O., S. 295.
44 A. a. O., S. 295; Unterstr. durch den Verf., J. A.
45 A. a. O., S. 295; Unterstr. durch den Verf., J. A.
46 A. a. O., S. 296.
47 A. a. O., S. 296.
48 A. a. O., S. 296.
49 A. a. O., S. 297.
50 A. a. O., S. 297.
51 A. a. O., S. 297.
52 A. a. O., S. 297
53 A. a. O., S. 297.
54 P. Glotz / W. R. Langenbucher: Der mißachtete Leser. Zur Kritik der deutschen Presse, Köln / Berlin: Kiepenheuer und Witsch 1970, 3. Aufl., S. 26.
55 A. a. O., S. 29.
56 Vgl. M. Löffler: Der Verfassungsauftrag der Presse, Karlsruhe 1963.
57 Glotz / Langenbucher, a. a. O., S. 30.
58 Gerd Roellecke: „Massenkommunikation und journalistische Unabhängigkeit der Redakture", in: DÖV, Juli 1972, H. 13/14, S. 458–460, hier S. 460.
59 Glotz / Langenbucher, a. a. O., S. 34.
60 A. a. O., S. 34.
61 A. a. O., S. 35.
62 Diese Formulierung wollen die Autoren einschränkend als „polemische Faustformel" verstanden wissen; dennoch erklären sie ausdrücklich, daß die privatkapitalistische Marktorientierung eine mögliche Sicherheitsgarantie für die gesellschaftliche Kommunikation vor beherrschendem publizistischen Einfluß von Privatleuten darstellt.

63 A. a. O., S. 38.
64 A. Silbermann / E. Zahn: Die Konzentration der Massenmedien und ihre Wirkungen. Düsseldort / Wien: Econ 1970, S. 447.
65 A. a. O., S. 447.
66 A. a. O., S. 447.
67 A. a. O., S. 447 f.
68 A. a. O., S. 448.
69 A. a. O., S. 447.
70 A. a. O., S. 127.
71 A. a. O., S. 448.
72 Vgl. hierzu J. Aufermann: „Publizistische Vielfalt – ein Marketingproblem? ", in: Vorgänge, Nr. 6, 1973, S. 51 – 68.
73 F. Ronneberger: „Konzentration und Kooperation in der deutschen Presse aus kommunikationspolitischer Sicht", in: Publizistik, H. 1, 1971, S. 5–38, hier S. 15
74 W. J. Schütz: „Pressekonzentration", in: H. Arndt (Hg.): Die Konzentration in der Wirtschaft, 2. völlig neu bearb. Aufl., 2. Bd., Berlin 1971, S. 669.
75 G. Roellecke, a. a. O. (Anm. 58, S. 195), S. 460.
76 Unter dieser Perspektive erscheint beispielsweise auch der vom Bundesparteitag der SPD 1971 beschlossene „publizistische Gewaltentrennungsparagraph" ihres medienpolitischen Konzepts insofern revisionsbedürftig, als er die privatrechtliche Organisationsform der Presse festschreibt. Die medienpolitischen Beschlüsse gehen irrigerweise davon aus, daß die Bereiche Rundfunk und Presse sich gegeneinander strukturell ausbalancieren lassen und so die publizistische Meinungsvielfalt zu sichern sei. In den Medienbeschlüssen heißt es: „Die unterschiedliche Organisationsform beider Medien muß erhalten bleiben: Die privatrechtlich organisierte Presse einerseits und das öffentlich-rechtliche Rundfunkwesen andererseits."
77 Glotz / Langenbucher, a. a. O. (Anm. 54, S. 195), S. 178.
78 A. a. O., S. 179.
79 A. a. O., S. 179; Hervorhebungen durch den Ver., J. A.
80 P. Glotz / W. R. Langenbucher: „Monopol und Kommunikation", in: Publizistik, H. 2–4, 1968, S. 137–179, hier S. 170.
81 R. Miliband: Der Staat in der kapitalistischen Gesellschaft. Frankfurt a. M. 1972, S. 312.
82 „Die moralisierende Frage nach dem Grad subjektiver Redlichkeit von Ideologieträgern geht an der durchaus überindividuellen Natur der Ideologien zeugenden gesellschaftlichen Interessen vorbei." (W. Hofmann: Grundelemente einer Wirtschaftsgesellschaft. Reinbek bei Hamburg 1969, S. 17.)
83 Zit. nach: Nachrichten, hg. von der A. Springer Verlag AG, Berlin, Nr. 66, Jan. 1973, S. 5 f.
84 Ronneberger, a. a. O. (Anm. 72, S. 196), S. 29.
85 Ronneberger, a. a. O.(Anm. 72, S. 196), S. 34; Unterstr. durch den Verf. , J. A. Dem widerspricht der BDZV-Präsident, Binkowski, der in seinem ideologischen Übereifer behauptet, daß lokale Monopolzeitungen die für ein demokratisches Gesellschaftssystem wesentlichen Funktionen im allgemeinen erfüllen: „Ja, es gibt sogar Hinweise dafür, daß sie z. B. bei kritischen Kommentaren weniger Rücksicht zu nehmen brauchen als konkurrierende Zeitungen, die um ihre Existenz besorgt sind. Bei den Monopolzeitungen ist gerade die Interessenvielfalt größer, weil sie alle Gruppen berücksichtigen müssen. Versteht man unter demokratischer Haltung die Bereitschaft, auch gegenteilige Meinungen zur Kenntnis zu nehmen so ist die Zeitung mit breiter Interessenvielfalt [i. e. die Monopolzeitung] dazu zweifellos am besten geeignet." (J. Binkowski: „Kernproblem der Medienpolitik: die Freiheit des Individuums", in: ZVZV, Nr. 4, 1973, S. 106.
86 Wildenmann / Kaltefleiter, a. a. O. (Anm. 17, S. 195), S. 33.
87 Vgl. S. 183.
88 H. Schelsky: „Die Strategie der ‚Systemüberwindung'. Der lange Marsch durch die Institutionen", in: FAZ, Nr. 286, 10. 12. 1971, S. 11–12. In dieser Aussage von H. Schelsky ist – funktionalistisch gewendet – nichts anderes ausgedrückt als die Marxsche Erkenntnis, daß es im fortgeschrittenen Kapitalismus zur Aufrechterhaltung der Produktionsverhältnisse nur noch in Ausnahmefällen außerökonomischer, unmittelbarer Gewalt bedarf: „. . . der *stumme Zwang* der ökonomischen Verhältnisse besiegelt die Herrschaft des Kapitalisten über den Arbeiter." (K. Marx, Kapital I, MEW 23, S. 765, Hervorh. durch Verf.) Die bürgerliche Publizistik trägt das ihre dazu bei, daß dieser „stumme Zwang" möglichst nicht öffentlich beredt und kritisch bewußt wird.

89 Wildemann / Kaltefleiter, a. a. O. (Anm. 17, S. 195), S. 32.
90 P. Bourdieu / J.-C. Passeron: Die Illusion der Chancengleichheit. Stuttgart 1971, S. 227 f.
91 Vgl. hierzu Autorenkollektiv Presse: Wie links können Journalisten sein? Pressefreiheit und Profit. Reinbek b. Hamburg 1972 (= rororo aktuell 1599); F. Dröge: Wissen ohne Bewußtsein – Materialien zur Medienanalyse. Frankfurt 1972 (= FAT 4009).
92 Hofmann, a. a. O. (Anm. 82, S. 196), S. 18.
93 Die Konzentration des Produktivvermögens verschärft sich zusehends: Anfang 1966 verfügten 1,7 % aller Haushalte in der BRD über 73,5 % des unternehmerisch genutzten Produktivvermögens. Besonders krass ist nach Ermittlungen des Wirtschafts- und Sozialwissenschaftlichen Instituts des DGB die Konzentration des Beteiligungsvermögens (Aktienkapital und GmbH-Anteile) als der gesellschafts- und verteilungspolitisch wichtigsten Form des Produktivvermögens (Betriebsvermögen und Kapitalbeteiligungen): Anfang 1966 besaßen besaßen rund 0,8 % aller privaten Haushalte in der BRD rund 77 % (34 Mrd. DM) der im Eigentum von Privatpersonen stehenden Vermögensanteile an Kapitalgesellschaften. (Vgl. N. Koubek et al.: „Wirtschaftliche Konzentration und gesellschaftliche Machtverteilung in der Bundesrepublik Deutschland", in: aus politik und zeitgeschichte, Nr. 28, 1972, S. 7 .)
94 T. W. Adorno: „Einleitungsvortrag zum 16. Deutschen Soziologentag", in: Ders. (Hg.): Verhandlungen des 16. Deutschen Soziologentages. Spätkapitalismus oder Industriegesellschaft, Stuttgart 1969, S. 18 f.
95 Die materiellen Verhältnisse kommen als ökonomische Struktur in den Produktionsbedingungen und -verhältnissen zum Ausdruck und sind durch einen bestimmten Entwicklungsstand der Produktivkräfte gekennzeichnet. Die ideologischen Verhältnisse bestehen aus politischen, religiösen, moralischen, juristischen, künstlerischen usw. Anschauungen und Institutionen, die – durch die gesellschaftliche Praxis vermittelt – mit den materiellen Verhältnissen in Wechselwirkung stehen.
96 K. Marx / F. Engels: „Die deutsche Ideologie", in: MEW, Bd. 3, Berlin 1969, S. 46.

Möglichkeiten und Grenzen der staatlichen Reformpolitik im Medienbereich

Von Wolfgang R. Langenbucher

(1) Die Medienpolitik hat noch kein eigenes Ministerium hervorgebracht und damit den Rang einer eigenständigen Bindestrich-Politik erreicht, aber als Thema hat sie eine rasche „Karriere" gemacht wie in den letzten Jahren nur noch der Umweltschutz.[1] Eine kommunikationswissenschaftliche Sichtung der bis heute vorliegenden Veröffentlichungen und politischen Dokumente muß dabei eingestehen, daß die wissenschaftlich zuständigen Disziplinen von dieser Aktualität einigermaßen überraschend getroffen wurden und man sich auch heute noch – von Ansätzen abgesehen[2] – auf einem Gebiet bewegt, das kaum einmal begrifflich einigermaßen kartiert ist. Darüber könnte in der politischen Diskussion zwar die Tatsache hinwegtäuschen, daß zur Kommunikations- und Medienpolitik heute zahlreiche – v. a. sogenannte ‚kritische' – Patentrezepte herumgereicht werden, aber wissenschaftlich lassen sich die Defizite allein schon am Mangel an einschlägigen Veröffentlichungen belegen.[3] So ist bislang noch nicht einmal thematisiert, zu welcher ‚Theorie' hier eigentlich eine ‚Politik' entworfen werden soll. Praktisch-politisch mag es zwar ausreichen, an die Stelle dieses Zusammenhangs Schlagwörter wie ‚Öffentlichkeit', ‚Pressefreiheit' oder ‚öffentliche Aufgabe' zu setzen, aber die Unterschiedlichkeit ihres Gebrauchs durch – beispielsweise – die Zeitungsverleger einerseits oder die Jungsozialisten andererseits[4] läßt vermuten, daß diese Begriffe die Beliebigkeit von Leerformeln angenommen haben. Meine These ist, daß sich ein konsistenterer praktischer *und* wissenschaftlicher Diskussionszusammenhang erst herstellt, wenn *eine Theorie der politischen Kommunikation* als Substrat jeder Kommunikations- und/oder Medienpolitik zur Verfügung steht. Wie sie anzusetzen hat, haben in der deutschsprachigen Literatur nicht zuletzt Luhmann und Habermas erkennbar werden lassen – beide durch das Anknüpfen an dem alten Begriff der ‚öffentlichen Meinung'.[5]

Das Fehlen dieses Rückbezuges von kommunikationspolitischen Konzepten[6] auf eine sachadäquate Theorie ließ dieses Feld zur Spielwiese für „abstrakt-utopische Konstruktionen"[7] werden – was einer eigenen ideologiekritischen Untersuchung wert wäre.[8] Außerdem ist für die meisten Entwürfe zur Kommunikationspolitik bezeichnend, daß sie aus Mangel an theoretischer Reflektion eine radikale Verengung der kommunikativen Wirklichkeit vornehmen: Über die Regelungsbedürftigkeit im Bereich der vorhandenen Massenmedien Presse, Hörfunk und Fernsehen und einiger absehbarer technischer Neuerungen gehen die Konzepte selten hinaus. Daß zum Kommunikationsmarkt beispielsweise ein außerordentlich differenzierter Zeitschriftenmarkt gehört, wird in der Regel nicht einmal statistisch registriert.[9] Auch der inzwischen eingebürgerte Sprachgebrauch – ‚Medien'-politik statt ‚Kommunikations'-politik – signalisiert eine kommunikationswissenschaftlich ziemlich willkürlich erscheinende Einschränkung des anzustrebenden Bereiches politischen Handelns.[10] Wo allerdings verfassungsrechtlich argumentiert wird, ist der notwendige umfassendere Ansatz im allgemeinen klar – wie überhaupt angemerkt werden muß, daß es denkbar wäre, unter dem Thema dieses Beitrages eine rein verfassungsrechtliche Erörterung vorzutragen. Die bisher und im folgenden entwickelten Überlegungen sind – mangels entsprechender fachlicher Kompetenz – deshalb jenseits dieser eigentlich vorweg notwendigen Klärung formuliert.[11]

(2) Eine genauere Beschäftigung mit Kommunikations- und Medienpolitik sollte von der Tatsache ausgehen, daß diese auch schon praktiziert wurde, als es das Schlagwort und z. B. die entsprechenden Papiere der Parteien noch nicht gab.[12] Das gilt historisch wie aktuell. So enthält die gesamte Gesetzgebung der Länder und des Bundes zahlreiche Beispiele dafür, welche ***Möglichkeiten*** staatlicher Politik im Medienbereich es gibt. Die Spannweite reicht vom Betriebsverfassungsgesetz mit seinem ‚Tendenzschutzparagraphen' bis zum Filmförderungsgesetz.[13] Aber auch darüber hinaus wird Medienpolitik – oft indirekt – praktiziert. „Die Festsetzung der Gebühren für Hörfunk und Fernsehen, der Tarif der Bundespost (zumal für den Postzeitungsdienst, die Fernschreib- und Fernsprecheinrichtungen usw.), die steuerliche Behandlung der Erlöse der Verlage aus dem Verkauf der Zeitung und aus Inseraten – das alles sind Maßnahmen des Staates mit unmittelbaren medienpolitischen Konsequenzen."[14] Eine wissenschaftliche Untersuchung dieses Gesamtzusammenhanges von praktischer Medienpolitik liegt bislang nicht vor; in der Studie von Richter über die Kommunikationspolitik der Zeitungsverleger nach 1945 ist aber immerhin beschrieben, wie eine wichtige Interessengruppe im Laufe der Jahre auf bestimmte staatliche Maßnahmen jeweils reagiert hat, weil das Zeitungsmachen davon direkt oder indirekt betroffen war.[15]

(3) Die heute angebotenen Konzepte für staatliche Reformpolitik im Medienbereich schließen zwar viele dieser ‚klassischen' Maßnahmen mit ein, wie sie etwa die Pressegesetze der Länder regeln, aber darüber hinaus geht es um eine Reihe prinzipieller Fragen der Medienorganisation und Struktur. Herausgegriffen seien zur Demonstration die ‚Medienpapiere' der drei Bundestagsparteien; eine vergleichende Übersicht[16] ergibt folgende Schwerpunkte:
– Tätigkeit und Beruf des Journalisten,
– innerorganisatorische redaktionelle Strukturen,
– Presse, insbesondere Pressekonzentration und lokales Monopol,
– Rundfunk und Rundfunk-Kontrolle,
– Organisationsformen neuer technischer Kommunikationssysteme.

Ausgangspunkt ist in allen drei Papieren das Bekenntnis zum bestehenden dualen Zustand in der Organisationsform der Medien. „Die Trennung in öffentlich-rechtliche Struktur des Rundfunks und privatwirtschaftliche Organisation des Pressewesens in der Bundesrepublik hat sich im Grundsatz bewährt und soll beibehalten werden." So das FDP-Papier. Die CDU weicht lediglich insofern davon ab, als von ihr empfohlen wird, die Voraussetzungen für andere Organisationsformen zu prüfen, „wenn die technische Entwicklung eine Vielzahl lokaler und regionaler Programme ermöglicht". Das Bekenntnis der SPD zum privatwirtschaftlichen Pressesystem ist innerparteilich umstritten (so z. B. in den verschiedenen Dokumenten der Jungsozialisten zum Thema Massenmedien)[17] und hat dieser Partei v. a. von ‚linken' Medienkritikern und -philosophen erhebliche Kritik eingebracht.[18] Diese Kritik ist zugleich ein Dokument dafür, daß sowohl im Bereich kommunikationspolitischer *Ist-Analysen* wie im Bereich entsprechender *Soll-Konzepte* das denkbar weiteste Auseinanderklaffen in den Verlautbarungen verschiedener relevanter Gruppen und in sonstigen Veröffentlichungen zu finden ist. So ist es v. a. bei vielen sich politökonomisch, materialistisch, kritisch und marxistisch verstehenden Autoren zur – einer weiteren wissenschaftlichen Behandlung gar nicht mehr als würdig erachteten – Selbstverständlichkeit geworden, vom „Antagonismus von Presse-Gewerbefreiheit"[19] auszugehen und die Marktabhängigkeit von Kommunikationsmedien prinzipiell zu verwerfen, während anderen – eben z. B. den Parteien, aber aber auch den Gewerkschaften – die privatwirtschaftliche Organisation als eine wichtige Garantie der Freiheit eines Teiles der Medien erscheint. Diese Diskrepanz deutet neben den selbstverständlichen grundsätzlichen Unterschieden in der politischen Zielsetzung einen Mangel an kommunikationspolitisch relevanten *Ist-Analysen* an. Dem entsprach – zum Mißfallen vieler – die Bundesregierung bislang durch eine deutliche medienpolitische Zurückhaltung bei gleichzeitiger Forcierung entsprechender Forschungsarbeiten.[20]

(4) Allerdings war dies gewiß nicht der stärkste Grund für die bisherige Zurückhaltung. In ihr zeigt sich auch, daß die Möglichkeiten staatlicher Reformpolitik im Medienbereich durch zahlreiche Grenzen eingeschränkt werden:
- durch kontroverse Auslegung und Rechtsprechung der infrage kommenden Verfassungsartikel[21];
- durch – wenigstens teilweise – erfolgreiche Interessenpolitik mächtiger (Teil-) Gruppen[22];
- durch einen Mangel an Konsensus-Bereitschaft bei den wichtigsten Zielgruppen[23];
- durch mangelnde Kompetenz und daraus resultierende Unsicherheit der Politiker und der Bürokraten[24];
- durch die Zersplitterung der medienpolitischen Verantwortung – einmal zwischen Bund und Ländern und zum anderen durch die Ressortierung bei verschiedenen Ministerien[25];
- durch einen Mangel an konsistenten medienpolitischen Konzepten.

Die Forschungslage erlaubt es bislang nicht, in einer vergleichenden Betrachtung herauszuanalysieren, was daran spezifisch für die Medienpolitik ist und was mit den allgemeinen Schwierigkeiten jeder Reformpolitik in einer Verbände- und Parteiendemokratie des Zuschnitts der BRD zu tun hat. Der Stand der medienpolitischen Diskussion Anfang 1974 legt die Vermutung nahe, daß als Grenze bisher v. a. die Tatsache wirksam wurde, daß sich die unterschiedlichsten Standpunkte mit Erfolg – d. h. unterstützt von juristischen Gutachten, Veröffentlichungen, Verfassungsurteilen etc. – auf die Verfassung, die Rechtsprechung und die Verfassungstheorie berufen können. Das wirkte sich sicherlich lähmend auf die Bereitschaft aus, Gesetzestexte entscheidungsreif auszuformulieren. Diese Verfassungskontroversen wiederum belegen den Mangel an Konsensus-Bereitschaft bei den wichtigsten betroffenen Gruppen, also den Zeitungsverlegern, den Redakteuren und den Managern der öffentlich-rechtlichen Anstalten. Beides zusammen hat bisher ausgereicht, um die staatliche Politik in engen Grenzen zu halten, so daß es z. B. zu eigentlichen Machtproben mit den Interessenten noch gar nicht kommen konnte oder zu kommen brauchte. Als interessanter Testfall steht zur Zeit (Anfang 1974) das Filmförderungsgesetz zur Debatte, dessen im Bundestag verabschiedete Fassung im Bundesrat durch die Intervention des Landes Bayern gestoppt wurde – ganz offensichtlich, weil von diesem Gesetz mächtige wirtschaftliche Interessen tangiert werden.[26]

(5) Trotz dieser Hinweise, die auch für die Zukunft vielfältige und enge Grenzen vermuten lassen, sei hier die These formuliert, daß staatliche Reformpolitik im Medienbereich langfristig durchaus greifen kann, wenn bestimmte Bedingungen berücksichtigt werden. Zu diesen Bedingungen gehören z. B.:

– Es ist ein Irrtum, zu glauben, daß sich gerade auf diesem Gebiet kurzfristig Veränderungen erreichen lassen, die sich möglicherweise auch noch gesamtgesellschaftlich nachhaltig – gar ,revolutionär' – auswirken;[27] langfristige Wirkungen aber sind durchaus denkbar, etwa durch Ordnungspolitik hinsichtlich der Kommunikationsberufe, wie sie sich seit 1971 in den Reformvorstellungen zur Aus- und Fortbildung der Journalisten andeuten.[28]
– Die bestehenden Strukturen mögen zwar von vielen Gruppen als reformwürdig angesehen werden, aber sie bringen anderen Gruppen so beachtliche Vorteile, daß eine Veränderung nur nach langwierigen Prozessen der Meinungs- und Willensbildung denkbar ist. Typisch dafür ist das Problem der Rundfunk-Kontrolle, dessen Veränderung heute von allen möglichen Seiten gefordert wird. In seiner derzeitigen Verfassung bringt das bestehende System den Parteien aber so viele Kommunikationschancen und Privilegien, daß eine Veränderung, die ja nur über die Länderparlamente erfolgen könnte, ohne Druck von außen nicht wahrscheinlich ist.[29]
– Der Konsensus-Bereitschaft erzeugende und verfassungsrechtlich hieb- und stichfeste Nachweis der Reformbedürftigkeit der bestehenden Verhältnisse ist nicht so leicht zu führen, wie das ,kritischen' Medientheoretikern meist erscheint. Im Bereich neuer, v. a. technologisch bedingter Veränderungen dagegen dürften reformistische Konzeptionen leichter durchzusetzen sein, zumal wenn sie ,bewährte' öffentlich-rechtliche Organisationsformen statt privatwirtschaftlicher anstreben. Dafür spricht, daß alle Forderungen nach einer gesellschaftlich kontrollierten Form zur Nutzung etwa künftiger Fernsehsendungsmöglichkeiten mit breiter Zustimmung rechnen können.[30]

Von Regierungsseite ist die Rede von Ehmke („Möglichkeiten und Aufgaben der Nachrichtentechnologien"), die er am 3. September 1973 vor dem Bundesverband Deutscher Zeitungsverleger hielt, das deutlichste Dokument dafür, welche Zukunftsaufgaben hier zumindest angezielt werden.[31] Zu zwei vielversprechenden technischen Möglichkeiten hat Ehmke eine klare reformistische Position bezogen: er plädiert für ein öffentlich-rechtliches, gebührenfinanziertes Lokalfernsehen und bestreitet, daß es sich bei der sogenannten ,Faksimilezeitung' lediglich um eine Fortentwicklung der gedruckten Zeitung handelt. Für die Möglichkeiten und Grenzen der Medienpolitik werden beide technischen Neuerungen interessante Testfälle abgeben.[32]

(6) „Die Überzeugung, daß die Massenmedien der Herrschaftsausübung dienen, ist heute weitverbreitet. (. . .) Die (damit implizierte, W. R. L.) Unterscheidung von physischer und psychischer Gewalt scheint . . . brauchbar zur Beurteilung dessen, was als ,Medienpolitik' ins Gerade gekommen ist. Der Ausdruck ,Medienpolitik' bezeichnet den Kampf um die Mittel der Kommunikation. Medienpolitik will entscheiden, wer über die weitreichenden Mittel der psychischen Gewalt verfügen soll . . ."[33] Wenn man diesen Thesen von Pross folgt, dann leiten sich daraus folgende Überlegungen für die Möglichkeiten und Grenzen jeder staatlichen Medienpolitik ab. Jede staatliche (und das heißt in der BRD: von Parteien initiierte und getragene) Kommunikationspolitik bringt die politischen Machthaber in ein Dilemma: Die Parteien wirken an der politischen Willensbildung mit – so will es das Grundgesetz. Dies wird für die Parteien um

so schwerer, je mehr andere Gruppen an der politischen Willensbildung beteiligt sind. Genau dies aber – die Beteiligung eines möglichst breit gestreuten pluralistischen Systems an der politischen Kommunikation – will das Grundgesetz, an dem sich normativ jede Kommunikations- und Medienpolitik zu orientieren hat. Damit manövriert sich jede Partei in ein politisches Dilemma. Treibt sie demokratische Medienpolitik, so bildet sie sich damit selbst die politische Konkurrenz heran – in Form von bisher nicht perzipierten Interessen, von bisher nicht organisierten Gruppen, die nun zumindest im Bereich der Kommunikation am Prozeß der politischen Willens- und Entscheidungsbildung teilnehmen. Wird eine politische Gruppe durch gezielte politische Maßnahmen an dem Ast sägen, auf dem sie sitzt?

Wie einige Beispiele zeigen (Rundfunkreform in Österreich, Novellierung des Rundfunk-Gesetzes in Bayern), kann ein Ausweg aus diesem Dilemma die Basis-Mobilisierung sein.[34]

Der bisherige Verlauf der Diskussion über die ‚innere Pressefreiheit' und die sogenannte ‚Statutenbewegung' legen den Verdacht nahe, daß sich auch in der Rolle der Journalisten ein ähnliches Dilemma verbirgt. „Die Massenmedien bilden den einzigen Produktionszweig, der ständig seine eigene Publizität mitproduziert."[35] Die irreversible Professionalisierung der Kommunikationsberufe läßt die Gefahr eines Oligopols der Meinungsbilder entstehen, das natürlicherweise dort am stärksten ausgenützt wird, wo es um die eigenen, partikularen Interessen der Journalisten geht. Werden sie die von ihnen verwalteten Medien zur Publikation von politischen Vorstellungen zur Verfügung stellen, die diesen Interessen entgegenlaufen? Die Larmoyanz, mit der dieser ‚Stand' im allgemeinen auf öffentliche Kritik zu reagieren pflegt, gibt eine ziemlich eindeutige Antwort.[36]

(7) Dieses Dilemma v. a. staatlicher Medienpolitik wird überall dort naiv verkannt, wo der Regierung bzw. den Parlamenten vorgeworfen wird, daß „konzeptionelle Politik, die unmittelbar gestaltend den Kommunikationsbereich erfaßt",[37] von ihnen kaum zu erwarten sei. Gewiß ist richtig, daß ein Verzicht auf Politik tendenziell ein „Ausliefern der Massenkommunikation an die ökonomische Machtstruktur"[38] zur Folge hat, aber der Ruf nach dem Staat kann in der Medienpolitik wie auch in anderen Bereichen nicht die Suche nach Maßstäben ersetzen – eine Suche, die Ehmke in seiner zitierten Rede wohl begründeterweise an die Gesellschaft delegiert. „Der gesellschaftliche Bedarf . . . kann nur durch die Gesellschaft selbst ermittelt und bestimmt und nicht von einzelnen Politikern oder Beamten dekretiert werden."[39]

Wer freilich die bisherige Literatur zur Kommunikationspolitik nach solchen Maßstäben durchsieht, der wird wenig Erfolg haben – und am wenigsten gerade in jenen Veröffentlichungen, die eine „emanzipatorisch gerichtete Kommunikationspolitik" und eine „andere Qualität gesellschaftlicher Kommunikation" fordern.[40] Keiner der Autoren, die mit solchen und zahlreichen anderen Leerformeln heute in – inzwischen langsam öde werdenden – Sprachspielen hantieren, hat sich andererseits die Mühe gemacht, etwa einmal den von Habermas entwickelten Begriff ‚Diskurs' auf seine politische Realisierbarkeit – wenigstens gedanklich – zu testen.[41] Wenn man Habermas von seinem „Strukturwandel der Öffentlichkeit" von 1962 bis zu seinem bislang letzten Werk „Legitimationsprobleme im Spätkapitalismus" folgt, so drängt sich der Eindruck auf, daß die ganzen Normvorstellungen, die traditionell im Begriff der öffentlichen Meinung enthalten waren und über deren Einklagen die meisten Medienkritiker bis heute nicht hinausgekommen sind,[42] im Gedanken des Diskurses ihre zeitgemäße Neuformulierung finden. So hätte, wer um Maßstäbe verlegen ist, weil ihm die Verfassung und ihre Auslegung trotz ihres gerade in Art. 5 GG respektablen ‚utopischen' Gehaltes[43] nicht genügen, zu allererst – das ist meine Schlußthese – einmal die Entwürfe von Habermas (unter Einbezug v. a. von Luhmanns Kritik[44]) ganz pragmatisch daraufhin zu prüfen, was sich aus ihnen für die massenmedial hergestellte politische Kommunikation eines demokratischen Systems ergibt.

Anmerkungen

1 Vgl. zum Problem der Karriere von Themen politischer Kommunikation: Niklas Luhmann, Öffentliche Meinung. In: Politische Vierteljahresschrift, 11, 1970. Zur frühen „Lebensgeschichte" dieses Themas vgl. Peter Glotz, Demokratische Kommunikationspolitik in der entwickelten Industriegesellschaft. In: Michael Hereth (Hg.), Junge Republik, München 1966; ders.: Der Fernsehstreit als kommunikationspolitisches Problem. In: Rundfunk und Fernsehen, 14, 1966; ders. zusammen mit Otto B. Roegele (Hg.): Pressereform und Fernsehstreit. Texte zur Kommunikationspolitik 1832 bis heute, Gütersloh 1965. Weiter: Otto B. Roegele: Kann ein demokratischer Staat ohne Kommunikationspolitik auskommen? In: ZV + ZV vom 15. 9. 1967; Franz Ronneberger: Ziele und Formen der Kommunikationspolitik. In: Publizistik, 11, 1966.

2 Vgl. Manfred Rühl, Politik und öffentliche Kommunikation. Auf dem Wege zu einer Theorie der Kommunikationspolitik. In: Publizistik, 18, 1973.

3 So gibt es bislang z. B. kein einschlägiges Lehrbuch, keine entsprechende einführende Monographie und auch keinen Reader.

4 Vgl. Rolf Richter: Kommunikationsfreiheit = Verlegerfreiheit? Zur Kommunikationspolitik der Zeitungsverleger in der Bundesrepublik Deutschland 1945 – 1969, München-Pullach 1973 (Dortmunder Beiträge zur Zeitungsforschung, Band 17) (Phil. Diss. München 1972); Wolf Gunter Brügmann: Jungsozialisten zur Medienpolitik. In: Norbert Gansel (Hg.): Überwindet den Kapitalismus oder was wollen die Jungsozialisten? , Reinbek bei Hamburg 1971; Arbeitskreis „Medienpolitik" beim Bundesvorstand der Jungsozialisten (Hg.): Die Aktualität der Medienpolitik, Bonn 1972.

5 Vgl. Luhmann, a. a. O.; zu Habermas vgl. die zusammenfassende Darstellung bei Rainer Geißler: Massenmedien, Basiskommunikation und Demokratie. Ansätze zu einer normativ-empirischen Theorie, Tübungen 1973 (= Heidelberger Sociologica, 13), S. 44–47; außerdem: Wolfgang R. Langenbucher (Hg.): Zur Theorie politischer Kommunikation, München 1974 (Piper-Sozialwissenschaft, Band 22).

6 Ich verwende die Begriffe ‚Kommunikationspolitik' und ‚Medienpolitik' ohne damit jeweils einen präzisen Unterschied zu machen. Wissenschaftlich korrekter wäre es sicherlich, von Kommunikationspolitik zu sprechen, so wie es ursprünglich auch üblich war (vgl. Anmerkung 1). In der aktuellen Diskussion hat sich in den letzten Jahren allerdings der Begriff ‚Medienpolitik' durchgesetzt, ohne daß dem eine begriffliche Klärung zugrunde läge.

7 Hendrik Schmidt: Anmerkungen zu einem Medienkonzept. In: Ulrich Paetzold / Hendrik Schmidt (Hg.): Solidarität gegen Abhängigkeit – auf dem Weg zur Mediengewerkschaft, Darmstadt / Neuwied 1973 (= Sammlung Luchterhand, Band 114, S. 221).

8 Vgl. dazu beispielsweise die Buchproduktion von Autoren wie Holzer, Prokop, Hund, Dahlmüller und anderen.

9 Vgl. z. B. Horst Holzer: Massenkommunikation und Demokratie in der Bundesrepublik Deutschland, Opladen 1969, S. 7; eine kommunikationstheoretisch grundlegende Darstellung der Zeitschriften gibt Heinz Starkulla: Die Zeitschriften. In: Presse- und Informationsamt der Bundesregierung (Hg.): Die öffentliche Meinung, Bonn 1971.

10 Vgl. Otto B. Roegele: Medienpolitik – und wie man sie macht, Osnabrück 1973 (= Texte und Thesen, 40).

11 Die außerordentlich vielfältige verfassungs- und presserechtliche Literatur kann hier nicht ausgebreitet werden. Als Hinweis sei lediglich der folgende Titel erwähnt, da er eine der umfassendsten Erörterungen darstellt: Dieter Stammler: Dic Presse als soziale und verfassungsrecht-

liche Institution. Eine Untersuchung zur Pressefreiheit nach dem Bonner Grundgesetz, Berlin 1971 (= Schriften zum öffentlichen Recht, Band 145).

12 Vgl. Roegele, Medienpolitik . . ., a. a. O., S. 9 ff.

13 Als Beispiel dafür seien im folgenden einige der wichtigsten kommunikationspolitischen Aktivitäten seit 1948 aufgeführt:
1. Presse: Gesetze und Novellen, die dieses Medium berühren oder Teilbereiche regeln: Betriebsverfassungsgesetz (1952) (1971); Gesetz über die Verbreitung jugendgefährdender Schriften (1953); Novelle zu § 53 StPO (Zeugnisverweigerungsrecht) (1953); Notstandsgesetze (1960 ff); Umsatzsteuerrückvergütung (1967); ERP-Kredite (1967); Novelle zum politischen Strafrecht (1968); Landespressegesetze (1948 ff); Novellen zu den Landespressegesetzen, z. B. hinsichtlich Problemen der Beschlagnahme, der Offenlegung der Besitzverhältnisse usw.
2. Rundfunk: Gesetz über die Errichtung von Rundfunkanstalten des Bundesrechts (1960); Landesrundfunkgesetze (1948 ff); ZDF-Staatsvertrag (1969); Novellen zu den einzelnen Rundfunkgesetzen, z. B. zum Bayerischen Rundfunkgesetz (1972/1973).
3. Film: Filmförderungsgesetze (1967 / 1971 / 1973).

14 Otto B. Roegele: Kommunikationsfreiheit – Bemerkungen zur Diskussion über medienpolitische Entwürfe. In: Heinz-Dietrich Ortlieb / Bruno Molitor / Werner Krone (Hg.): Hamburger Jahrbuch für Wirtschafts- und Gesellschaftspolitik, 18, 1973, S. 188.

15 Vgl. Richter, a. a. O.

16 Eine dokumentarische Übersicht über die Medien-Konzepte der Parteien findet sich in Roegele, Medienpolitik . . ., a. a. O., S. 86 ff; außerdem in: Media-Perspektiven, 7, 1973, Frankfurt 1973, und in: Der Journalist, 23, 1973, Heft 10. Eventuell wäre es noch möglich, aus den zahlreichen Veröffentlichungen von Horst Holzer ein medienpolitisches Konzept der DKP zu destillieren – das legt zumindest die folgende Notiz von Oskar Negt nahe: „. . . die offizielle Linie der DKP in der Massenkommunikationsforschung . . . (vgl. dazu vor allem die Schriften von Horst Holzer)." (in: Einleitung zu D. Prokop [Hg.]: Kritische Kommunikationsforschung. Aufsätze aus der Zeitschrift für Sozialforschung, München 1973, Reihe Hanser, Band 141, S. XI.)

17 Vgl. dazu vor allem das in Anmerkung 4 erwähnte Arbeitspapier der Jungsozialisten.

18 Vgl. Dazu die verschiedenen Aufsätze in dem Themenheft „Medien und Gesellschaft" der Zeitschrift „Vorgänge", 12, 1973, Heft 6.

19 Horst Holzer: Politik in Massenmedien – zum Antagonismus von Presse- und Gewerbefreiheit. In: R. Zoll (Hg.): Manipulation der Meinungsbildung. Zum Problem hergestellter Öffentlichkeit, Opladen 1971 (Kritik, Band 4).

20 Vgl. dazu die kurzen Ergebnisberichte und die Aufstellung laufender Forschungsprojekte in: Bericht der Bundesregierung über die Lage von Presse und Rundfunk in der Bundesrepublik Deutschland (1974), Deutscher Bundestag, 7. Wahlperiode, Drucksache 7/2104, S. 74 - 77; vgl. weiter: Presse- und Informationsamt der Bundesregierung (Hg.): Kommunikationspolitische und kommunikationswissenschaftliche Forschungsprojekte der Bundesregierung (1971–1974). Eine Übersicht über wichtige Ergebnisse, Bonn 1974.

21 Vgl. Roegele: Medienpolitik . . ., A. a. O., S. 37 ff.

22 Vgl. Richter, a. a. O.

23 Vgl. Wolfgang R. Langenbucher / Otto B. Roegele: Pressekonzentration und Journalistenfreiheit, Berlin 1975, AfK-Studien, Band 4.

24 Reiches Belegmaterial dafür geben die medienpolitischen Diskussionen auf den entsprechenden Parteitagen der SPD, der CSU und der FDP ab.

25 Hier wäre dringend eine wissenschaftliche Arbeit anzusetzen, die für die Vergangenheit nachzuzeichnen hätte, wie bisher Medienpolitik praktisch getrieben wurde.

26 Vgl. dazu: Dost / Hopf / Kluge: Filmwirtschaft in der BRD und in Europa. Götterdämmerung in Raten, München 1973.

27 Dieser Irrtum steckt zum Beispiel in der gesamten medienkritischen Diskussion, die mit dem Begriff der ‚Manipulation' arbeitete.

28 Vgl. Wolfgang R. Langenbucher: Kommunikation als Beruf – Ansätze kommunikationswissenschaftlicher Berufsforschung, München 1974 (Manuskript); vgl. weiter: Manfred Rühl: Journalistische Ausbildung heute, Praxis und Probleme. In: Aus Politik und Zeitgeschichte, Nr. 13/1972 (Beilage zu „Das Parlament" vom 25. 3. 1972) mit seiner These von der Vorbeugung durch Ausbildung als Kontrollmöglichkeit über die Qualifikation derer, „die diese Gesellschaft mit publizistischen Informationen versorgen".

29 Vgl. Wolfgang R. Langenbucher / Walter A. Mahle: „Umkehrproporz" und kommunikative Relevanz. Zur Zusammensetzung und Funktion der Rundfunkräte, In: Publizistik, 18, 1973, Heft 4; weiter: Christian Starck: Rundfunkfreiheit als Organisationsproblem. Zur Zusammen-

setzung der Rundfunkgremien, Tübingen 1973 (= Recht und Staat in Geschichte und Gegenwart, Heft 422/423); vgl. weiter: Starck / Sontheimer / Langenbucher: Herrschaft und Kritik. Drei Gutachten zu Fragen der Äußeren Rundfunkfreiheit, Frankfurt/M 1975 (= medium-Dokumentation, Band 5).

30 Diese Vermutung legen die Ergebnisse verschiedener Meinungsumfragen nahe, nach denen die Tatsache weitgehend positiv beurteilt wird, daß Rundfunk und Fernsehen in der BRD nicht kommerziell organisiert sind.

31 Horst Ehmke: Möglichkeit und Aufgaben der Nachrichtentechnolgoen, Sonderdruck aus dem Bulletin des Presse- und Informationsamtes der Bundesregierung, Nr. 103 vom 6. 9. 1973.

32 Ehmke, a. a. O.: „Meiner Rechtsansicht nach ist das bekannte Fernsehurteil des Bundesverfassungsgerichts dahin zu verstehen, daß auch Lokalfernsehen nur in öffentlich-rechtlichen Formen veranstaltet werden darf. Ich füge gerne hinzu, daß ich eine Fortentwicklung der Rechtsprechung des Bundesverfassungsgerichts für diesen Bereich zur bundesweiten Klarstellung der Rechtslage sehr begrüßen würde." (S. 18) Zur Faksimile-Zeitung: „Ich neige im übrigen zu der Auffassung, daß die Faksimile-Zeitung weder als Presse noch als eine besondere Art von Rundfunk begriffen werden kann. Ich meine, daß es sich hier um ein ganz neues Medium handelt, dessen zweckmäßige Organisationsform unter dem Gesichtspunkt einer weitgehenden Vielfalt des Informationsangebots an den Bürger und seiner aktiven Beteiligung befunden werden muß." (S. 20)

33 Harry Pross: Nervus rerum – Erkenntnismaximierung. Ein arbeitsorientierter Ansatz der Kommunikationspolitik. In: Vorgänge, 12, 1973, Heft 6, S. 21.

34 Vgl. Peter Glotz: Demokratischer Sozialismus als linker Reformsimus. In: aus politik und zeitgeschichte, Nr. 23 vom 9. 6. 1973 (Beilage zu „Das Parlament").

35 Roegele, Medienpolitik . . ., a. a. O., S. 82.

36 Vgl. Peter Glotz / Wolfgang R. Langenbucher: Mitbestimmung und Kommunikation. Eine Analyse der Diskussion um die „Innere Pressefreiheit". In: Fritz Hufen (Hg.): Politik und Massenmedien, Mainz 1970 (= Kommunikationswissenschaftliche Bibliothek, Band 2).

37 Thomas Ellwein: Kommunikationspolitik ohne Konzept. In: R. Zoll (Hg.), a. a. O., S. 163.

38 Ellwein, a. a. O., S. 163.

39 Ehmke, a. a. O., S. 4.

40 Schmidt, a. a. O., S. 222 und 224.

41 Vgl. dazu Jürgen Habermas: Legitimationsprobleme im Spätkapitalismus, Frankfurt 1973, insbesondere S. 140 ff, und: ders. / Niklas Luhmann: Theorie der Gesellschaft oder Sozialtechnologie, Frankfurt 1971, S. 101–141.

42 Eine Ausnahme machen: Oskar Negt / Alexander Kluge: Öffentlichkeit und Erfahrung. Zur Organisationsanalyse von bürgerlicher und proletarischer Öffentlichkeit, Frankfurt 1972 (= edition suhrkamp, 639).

43 Vgl. Stammler, a. a. O.

44 Vgl. Luhmann, in: Habermas / Luhmann, a. a. O., S. 316–341.

Thesen zum Begriff der Öffentlichkeit

Von Oskar Negt

(1) Begriff und Sache, die mit dem Wort Öffentlichkeit verknüpft sind, verweisen in ihrer modernen Bedeutung, für die die Abgrenzung gegen politische Geheimpraxis und privaten Intimbereich kennzeichnend ist, eindeutig auf die Entstehungsgeschichte einer ganz bestimmten Gesellschaftsformation: der bürgerlich-kapitalistischen Gesellschaft. Diese geschichtliche Spezifizierung und Eingrenzung des Begriffs der Öffentlichkeit bedeutet allerdings nicht, daß es vor der blutigen Umbruchphase der „ursprünglichen Akkumulation", dem sozialökonomischen Vorposten der eigentlichen kapitalistischen Produktionsweise, institutionalisierte Kommunikationsformen, in denen die Gesellschaftsmitglieder ihre *öffentlichen* Angelegenheiten behandelt und entschieden hätten, nicht gegeben hat. Im Gegenteil: die vorbürgerliche Geschichte der Menschheit weist einen großen Reichtum von Einrichtungen auf, in denen auf der Basis von mehr oder minder entfalteter gesamtgesellschaftlicher Arbeitsteilung (Stadt – Land; geistige und körperliche Arbeit) die wichtigen, das heißt als *öffentlich* bewerteten Angelegenheiten kollektiv behandelt und entschieden werden. Der Marktplatz Athens, Umschlagsort nicht nur für Waren, sondern vor allem auch für politische Ideen und Entscheidungen, der eigentliche Tätigkeitsbereich des Zoon Politikon, des politischen Bürgers; das bereits im Griechischen diskriminierend gemeinte, aber nicht auf Geisteskrankheit, sondern auf die gesellschaftliche Stellung bestimmter Personen bezogene Wort „Idiot", bezeichnet den Privatmann, den Einzelnen, der an den Staatsgeschäften, der Öffentlichkeit nicht beteiligt ist; das Forum Romanum, auf dem, vor allem durch das erkämpfte öffentliche Intercessionsrecht der Volkstribunen, zeitweilig selbst die Klassenkämpfe zwischen Patriziern und Plebejern ausgetragen wurde; die Ting-Stätten der germanischen Stämme, an denen in regelmäßigen Abständen Gerichtstage gehalten wurden – alle diese und viele ähnliche Einrichtungen, die in der Regel nicht von eigens dafür ausgebildeten Leuten bedient wurden, sind Ausdrucksformen eines gemeinschaftlichen Willens der unter den jeweiligen gesamtgesellschaftlichen Bedingungen (Produktionsweise, Stand der Warenproduktion, Klassenverhältnisse usw.) als frei definierten Gesellschaftsmitglieder.

Was die historische Form *bürgerlicher* Öffentlichkeit von allen vorbürgerlichen, staatliche Macht lediglich repräsentierenden ebenso wie jenen auf einen Gemeinschaftswillen begründeten Öffentlichkeitsformen, prinzipiell unterscheidet, ist das Private, ihr absoluter Widerspruch, mit dem sie unabdingbar verknüpft bleibt; und zwar nicht nur im Sinne des Ausgegrenzten, das jenseits der Öffentlichkeit als unaufgearbeitetes, noch nicht vergesellschaftetes Naturelement liegt, sondern im Sinne des Zugrundeliegenden, für die Öffentlichkeit selber Konstitutiven. Galt das Private in den naturwüchsigen Gemeinschaften, deren Produktionsgrundlage noch ganz in personale Herrschafts- und Knechtschaftsverhältnisse eingebunden war, als ein wesenloses Anhängsel des Ganzen, so ist das Privateigentum, die Grundfigur, um die sich alle subjektiven und objektiven Rechte organisieren, in der bürgerlichen Öffentlichkeit deren substantielle Grundlage und gleichzeitig der Boden, aus dessen Negation und Ausgrenzung Öffentlichkeit ihre ganze Kraft bezieht. Wenn Jürgen Habermas diese Öffentlichkeit als einen Rahmen definiert, in dem diskutierende Privatleute politisch fungieren, so bezeichnet er treffend diesen zwiespältigen Charakter der bürgerlichen Öffentlichkeit. Habermas übersieht aber in seiner Analyse zweierlei[1]: daß es auch in der Hochphase der bürgerlichen Entwicklung einen substantiellen normativen Öffentlichkeitsbegriff nur in der Idee, nicht aber in Realität gegeben hat, weil er bereits in seinem Ursprung mit dem Defekt einer brüchigen Kumulation ziemlich heterogener Öffentlichkeits-Momente behaftet ist; daß zum anderen dieser Öffentlichkeitsbegriff von der abstrakten Verknüpfung von Überbaubereichen, also von der *Ausgrenzung* lebt, der Ausgrenzung vor allem jener zwei zentralen, für das ökonomische Wachstum und den gesamtgesellschaftlichen Zusammenhang einer Waren produzierenden Gesellschaft fundamentaler Bereiche der *Produktion* und der *Sozialisation.* Produktion und Sozialisation galten dem Bürgertum nach der Übergangsphase der mit Hilfe öffentlicher Gewalt vollzogenen Installierung des Privateigentums an Produktionsmittel von Anbeginn als privat, das heißt: nicht-öffentlich, womit immer auch gemeint ist, daß ihnen der Rang von allgemeinen Interessen abgesprochen wird. Die spätkapitalistische Zerfallsgeschichte, die Habermas rekonstruiert, ist deshalb in der Struktur dieser Öffentlichkeit angelegt.

(2) Die widersprüchliche Struktur der Öffentlichkeit ist nur Ausdruck des Widerspruchs der bürgerlichen Revolution selber. Die Emanzipation des Privateigentums aus den produktionshemmenden Fesseln der feudalen Gesellschaft kann sich nur vollziehen, wenn sie sich glaubwürdig als Emanzipation des *Menschen,* also auch aller anderen gesellschaftlichen Schichten und Klassen darstellt und als solche anerkannt wird. Da das Bürgertum gerade gegen Willkür, Partikularität, Gewalt und Privilegien der feudalen Mächte kämpft, bedarf es eines Begriffs des *verpflichtenden* Allgemeinen, das für alle Menschen gilt und nicht auf besondere Klasseninteressen beschränkt ist. Der Citoyen als freier, kooperationsbereiter und am Allgemeininteresse orientierter Bürger, der so handelt, daß die „Maxime seines Willens jederzeit als allgemeines Gesetz gelten könnte“, muß jedoch den Bourgeois in seiner Person und bei allen anderen unentwegt unterdrücken und bekämpfen; denn die Existenzweise dieses Bourgeois ist abhängig von der Erhöhung seines Profits und von seiner allgemeinen ökonomischen Selbsterhaltung, die das Interesse am Untergang seines konkurrierenden Nachbarn einschließt, wenn eine auf unabhängig voneinander produzierenden Privateigentümern beruhende Warenproduktion möglich sein soll. *Öffentlichkeit ist das Dorado des Citoyen.* Nimmt er jedoch seine eigene Ideologie, die Deklaration der Bürger- und Menschenrechte als unbedingt verpflichtende Normen seines Alltagsverhaltens, so ist er mit der Alternative konfrontiert: entweder Jacobiner oder realitätsfremder Phantast zu werden. In beiden Fällen verliert er den ökonomischen Boden unter seinen Füßen, auf dem er stand und von dem er sich nicht zu lösen vermag, ohne die bürgerliche Klassenherrschaft in Frage zu stellen.

(3) Was bürgerliche Öffentlichkeit in den spätkapitalistischen Ländern darstellt, zeigt den veränderten Stand der Klassenverhältnisse an. Die traditionelle Öffentlichkeit, deren politisches Modell der parlamentarisch ausgetragene, an Normen des Gemeinwohls orientierte Interessen-Kampf ist, wird zunehmend durch die realitätshaltigeren *Produktionsöffentlichkeiten* überlagert und häufig für deren mächtige ökonomische Interessen mobilisiert und in Dienst genommen. Diese ausschließlich unter Verwertungsgesichts-

punkten betriebenen Produktionsöffentlichkeiten grenzen zwar, was die Artikulation und das politische Bewußtmachen der der Produktion innewohnenden Herrschaftsmechanismen und der Interessen der Betroffenen betrifft, Produktion und Sozialisation aus, benützen und verwerten zunehmend jedoch den proletarischen Lebenszusammenhang als Rohstoff einer zusätzlichen, sekundären Ausbeutung. So greift das in den Produktionsöffentlichkeiten organisierte Privatinteresse in das öffentliche ein und eignet sich Teile der öffentlichen Gewalt an.

Die multinationalen Konzerne sind, wie zum Beispiel die jüngste Ölkrise zeigt, imstande, Mangelsituationen zu schaffen, Preise frei zu diktieren und die öffentliche Gewalt zu Notstandsmaßnahmen in ihrem Interesse zu zwingen. Keine nationale Regierung und keine Öffentlichkeit, die sich auf die traditionellen Mechanismen der Meinungsbildung beschränkt, hat vermocht, ihnen eine kontrollierende Gegengewalt entgegenzusetzen. Etwas Ähnliches spielt sich bei den Medienkonzernen ab. Sie sind im Begriff, unterhalb der Ebene der traiditonellen Öffentlichkeit Verbundsysteme mit Programmangeboten aufzubauen, in denen die in der traditionellen Öffentlichkeit arbeitsteilig auseinander gerissenen, ja vielfach *gegeneinander* organisierten individuellen Tätigkeitsweisen: Hören, Sehen, Sich-Bilden, Unterhaltung usw. neu zusammengefügt werden. Hier werden nicht mehr einzelne Fähigkeiten, Bedürfnisse und Interessen, sondern ganze Lebenszusammenhänge vororganisiert und, weil sie an Verwertungsinteressen des Kapitals gebunden werden, vom Praxiszusammenhang möglicher autonomer Artikulations- und Ausdrucksfähigkeit der menschlichen Interessen und Bedürfnisse abgetrennt.

(4) Im Rahmen der kapitalistischen Produktion und der *bürgerlichen* Öffentlichkeit haben sich alle wesentlichen Kategorien, die den Vergesellschaftungsprozeß der Menschen bezeichnen, entwickelt: Arbeitsteilung, Kooperation, Allgemeinheit, begriffliche Differenziertheit; bürgerliche Öffentlichkeit ist aber nicht das einzige Medium, in dem die Menschen ihre allgemeinen Interessen und Bedürfnisse auszudrücken vermögen. Sie ist darauf angewiesen, das gesellschaftliche Ganze, die Totalität zu erfassen, sie zahlt aber dafür den Preis der zunehmenden Abstraktion, des Substanzverlustes. Es ist deshalb nicht zufällig, daß die aufstrebende proletarische Klasse mit der Durchsetzung ihrer ökonomischen Interessen stets auch um die faktische Sicherung und Verallgemeinerung bürgerlicher Rechte, um die Ausweitung von Öffentlichkeitsrechten auf ihre eigene Lebenssituation kämpft.

Dieser Kampf um Koalitions- und Versammlungsfreiheit, an sich verbürgte, im Laufe der Klassenentwicklung aber vielfach wieder zurückgenommene Rechte des Citoyen, steht am Anfang einer neuen Gestalt von Öffentlichkeit: der Form nach ist sie zwar der bürgerlichen nachgebildet, ihren Kommunikationsinhalten und ihrer spezifischen Produktionsweise der Erfahrungen nach stellt sie jedoch etwas geschichtlich Neues dar; sie ist als ein Prozeß zu verstehen, der sich nur bruchstückhaft institutionell befestigen läßt, in dieser Prozeßhaftigkeit aber die Wertabstraktionen, mit denen die bürgerliche Klassenherrschaft die Dinge und Verhältnisse überzieht, durchbricht, wenn auch nicht aufhebt. Die Massendemonstrationen der Chartisten, die bereits in der ersten Hälfte des 19. Jahrhunderts hunderttausende von Arbeitern auf der Straße zusammenschlossen und neue, bis dahin völlig unbekannte Formen von Solidarität entwickelten, sind Demonstrationen der von der bürgerlichen Öffentlichkeit, dem vermeintlichen Ganzen der Gesellschaft, Ausgeschlossenen; sie erinnerten mehr an die Sklavenaufstände des antiken Rom und die Bauernkriege als an christliche Nächstenliebe und an die Fraternité der Französischen Revolution. Ansätze und Formen proletarischer Öffentlichkeit gibt es seit den ersten Anfängen der Arbeiterbewegung.

(5) Proletarische Öffentlichkeit bezeichnet kein festes Institutionengeflecht[2]. Zwar dringt in sie der bürgerliche Gegensatz von „öffentlich" und „privat" ein, aber sie konstituiert sich nicht durch ihn; der Begriff wird, wenn es um den Appell an die Arbeiterklasse und ihre objektiven Interessen geht, in der Geschichte der Arbeiterbewegung zuweilen verwendet, ohne daß er aber als politischer Begriff im Zusammenhang des Marxismus systematisch entfaltet worden wäre. Da proletarische Öffentlichkeit einen spezifischen Produktionsprozeß gesellschaftlicher Erfahrungen bezeichnet, ist sie nicht, wie es noch bei der bürgerlichen Öffentlichkeit möglich erscheint, auf abstrakte Definitionsmerkmale zu bringen. Vielmehr besteht ein wesentliches Merkmal dieser Form von Gegenöffentlichkeit gerade darin, daß sie die generalisierenden Abstraktionen, die in letzter Instanz auf die ökonomischen Wertabstraktionen der entfalteten Warenproduktion zurückgehen, in jedem Akt politischer Klassenauseinandersetzungen durchbricht.

(6) Es liegt die Frage nahe, warum für diesen zwangsläufig an bürgerliche Zusammenhänge erinnernden Begriff der proletarischen Öffentlichkeit nicht die in der Arbeiterbewegung gebräuchlichen und praktisch bewährten Begriffe Klassenkampf und Klassenbewußtsein verwendet werden können. Zunächst ist darauf zu antworten, daß Klassenbewußtsein *Resultat* der Produktion von Erfahrungen und der theoretischen Schulung darstellt, Klassenkampf die spezifische Form der Auseinandersetzung der Arbeiterklasse mit der kapitalistischen Gesellschaftsordnung bezeichnet. Sie enthalten jedoch nicht den *Bedingungsrahmen der praktischen und theoretischen Erfahrungsbildung der einzelnen Arbeiter und der Arbeiterklasse.* Denn ohne ein bestimmtes Maß von proletarischer Öffentlichkeit könnte sich weder Klassenbewußtsein entwickeln, noch der Klassenkampf ein Stadium erreichen, in dem er das Ganze der Gesellschaft zu erfassen vermag, das heißt auf den Sturz der bestehenden Produktionsweise gerichtet ist. Wird proletarische Öffentlichkeit in diesem Sinne als ein Produktionsprozeß begriffen, so richtet er sich nicht auf einzelne Teileigenschaften der Menschen, zum Beispiel auf das Bewußtsein, auf bloße Kampfentschlossenheit usw., sondern schließt den gesamten proletarischen Lebenszusammenhang ein, der durch Politisierung der Interessen und der Bedürfnisse Stück für Stück vom Einfluß der bürgerlichen Öffentlichkeit zu lösen ist.

Proletarische Öffentlichkeit ist nicht mit der empirischen Arbeiteröffentlichkeit zu verwechseln, wie sie sich in der Presse der Gewerkschaften, in Gewerkschafts- und Betriebsversammlungen darstellt; teilweise reproduzieren sich hier lediglich die für die bürgerliche Öffentlichkeit typischen Mechanismen der Ausgrenzung autonomer proletarischer Interessen und der Blockierung von Erfahrungen. Aber auch hier können, abgesehen von wirklichen revolutionären Situationen, proletarische Elemente der Öffentlichkeit zum Ausdruck kommen, wie sie sich bei spontanen Streiks oder bei Bewegungen von der Tragweite des Mai 68 in Frankreich zeigen. Wo die durch den kapitalistischen Produktions- und Verwertungsprozeß zwangshaft hergestellte Privatisierung der Arbeiter kollektiv gebrochen wird, stellen sich momentan neuartige Kommunikationen her, fangen Leute, die vorher öffentlich nie diskutiert haben, an zu sprechen, ihre Interessen und Bedürfnisse auszudrücken, sich als gesellschaftliche Wesen zu betätigen.

Keine langfristige Bildung oder Schulung der Arbeiter kann derartige Erfahrungen der eigenen Klassenlage, die vorwiegend in Krisen- und Zusammenbruchssituationen der bürgerlichen Öffentlichkeit gemacht werden, ersetzen.

(7) Für die Arbeiterbewegung der Weimarer Zeit war es ein Grund des Scheiterns, daß die Arbeiterparteien statt eine proletarische Öffentlichkeit im Sinne des Erfassens der konkreten Totalität der Gesellschaft zu entwickeln, allmählich dazu übergingen, Gesellschaften in der Gesellschaft zu bilden, sich in einem eigenen Lager zu etablieren und gegenüber gesellschaftlichen Erfahrungen abzudichten. Überall, wo diese Begrenzung, diese Einschränkung gesellschaftlicher Erfahrung erfolgt, setzt die Wirksamkeit der Mechanismen der bürgerlichen Öffentlichkeit ein; diese Rückbildung kann sich auch unter nach-revolutionären gesellschaftlichen Entwicklungsbedingungen vollziehen, wenn die offene Form der proletarischen Öffentlichkeit zu einer geschlossenen, vom Staat reglementierten wird und damit zu einer kontrollierenden Öffentlichkeit degeneriert.

Wie proletarische Öffentlichkeit als Prozeß aussehen kann, hat in der jüngsten Zeit vor allem die chinesische Kulturrevolution gezeigt. Hier ging es nicht nur darum, die bürokratisierten Verhältnisse durch Massenaktivität zu beseitigen, sondern die Realität, Natur, Geschichte und Gegenwart auf einem neuen Niveau des Bewußtseins anzueignen. Öffentlichkeit ist das Medium der Produktion neuer Verhältnisse, aber auch der Aneignung des Vergangenen, der spezifischen Verlebendigung dessen, was die revolutionäre Umwälzung überwunden, aber noch nicht subjektiv und massenhaft aufgearbeitet hat. Unaufgearbeitete Widersprüche der Vergangenheit wirken dagegen unbewußt und meist destruktiv in die Gegenwart hinein, solange sie bloß als Vergangene betrachtet und als solche aus dem Bewußtsein der Menschen verdrängt bleiben. Die Geschichte muß immer aufs neue angeeignet werden, und jeder neue Aneignungsprozeß erzeugt neue Widersprüche und Konflikte.

(8) Proletarische Öffentlichkeit ist der bürgerlichen nicht als eine Art positiver, geschichtsträchtiger Substanz entgegenzusetzen. Sie steht zu ihr vielmehr in einem spezifischen dialektischen Verhältnis. Wo der Produktionsprozeß der Erfahrung gesellschaftliche Bereiche und Fähigkeiten der Menschen ausspart, nicht mit proletarischem Wissen und Willen besetzt ist, stellen sich sofort bürgerliche Verhaltensweisen und Verhältnisse her. Jede Eigenschaft, jedes Bedürfnis der Menschen, jedes Interesse ist nach zwei Seiten hin organisierbar. Wird es nicht im Sinne der proletarischen organisiert, so bleibt es nicht frei liegen, unbesetzt, sondern wird von den Institutionen der bürgerlichen Öffentlichkeit und im Sinne des Kapitalinteresses organisiert. Das hat der Faschismus besser begriffen als die damaligen Arbeiterparteien, die der Stabilität des Klassenbewußtseins der Massen vertrauten, während ihre Bedürfnisse, autoritätsgebundene und autoritäre Strukturen, Bedürfnisse der Solidarität und der Sicherheit schon in einer entgegengesetzten Richtung organisiert wurden. Die Schwierigkeit besteht allerdings darin, daß den modernen Produktionsöffentlichkeiten nicht nur bessere Ideen entgegengesetzt werden können. Vielmehr müssen proletarische Gegenprodukte in diese Öffentlichkeit eindringen, ihr jede Position streitig machen, in ständiger Offensive sein.

Anmerkungen

1 Nach wie vor ist das Buch von Jürgen Habermas: „Strukturwandel der Öffentlichkeit“, das bereits in vielen Auflagen erschienen ist, eine grundlegende sozial und ideengeschichtliche Untersuchung der bürgerlichen Gesellschaft.

2 Zur genaueren Bestimmung dieses Begriffs siehe: Oskar Negt / Alexander Kluge; Öffentlichkeit und Erfahrung. Zur Organisationsanalyse von bürgerlicher und proletarischer Öffentlichkeit. Frankfurt/M. 1973.

Betriebsöffentlichkeit, Gewerkschaftsöffentlichkeit, proletarische Öffentlichkeit

Anmerkungen zur Organisationsanalyse von bürgerlicher und proletarischer Öffentlichkeit

Von Eberhard Schmidt und Edgar Weick

1. Vorbemerkung

> „Seit es die Arbeiterbewegung gibt, kam es darauf an, die proletarischen Interessen in eigenen Formen der Öffentlichkeit politisch auszudrücken."
> (Negt / Kluge, Öffentlichkeit und Erfahrung, Frankfurt 1972, 13)

Die folgenden Thesen beschäftigen sich mit den Formen proletarischer Öffentlichkeit als Möglichkeit der Artikulation der proletarischen Interessen und des Austauschs proletarischer Erfahrungen unter den gegenwärtigen Bedingungen des Produktionsprozesses und der Vorherrschaft einer bürgerlichen Öffentlichkeit, die auch die Formen der Öffentlichkeit in den Organisationen der Arbeiterbewegung selbst durchdrungen hat. Dies um so mehr, als die Ausgrenzung des betrieblichen Lebens- und Produktionszusammenhangs in der klassischen bürgerlichen Öffentlichkeit als Privatangelegenheit des Kapitalisten zunehmend überlagert wird von einer Öffentlichkeit, die die Interessen der im Produktionsprozeß befindlichen Arbeiter, soweit sie in den Kapitalverwertungszusammenhang aufgenommen werden können, einbezieht und so wirksamer als je zuvor proletarische Öffentlichkeit zu verhindern bemüht ist.

Zu fragen ist in diesem Zusammenhang nach den noch existierenden Ansätzen von proletarischer Öffentlichkeit als Verständigungszusammenhang proletarischer Interessen und Erfahrungen im Bereich des Betriebs und im Rahmen der Organisationen der Arbeiterbewegung. Oder anders gewendet: Was können Arbeiter mit einer Öffentlichkeit anfangen, wie sie sich etwa in Betriebs- und Gewerkschaftszeitungen, auf Gewerkschaftsversammlungen oder im Rahmen gewerkschaftlicher Bildungsarbeit darstellt? Wo finden sie Formen der Öffentlichkeit, in denen sie unabhängig von der Dominanz der Produktionsinteressen und gegenüber einer weitgehend die Strukturen bürgerlicher Öffentlichkeit reproduzierenden Gewerkschaftsöffentlichkeit, ihre Interessen artikulieren und ihre Erfahrungen austauschen können?

Die Differenzierung von Arbeiteröffentlichkeit und einer proletarischen Öffentlichkeit, die „den jeweiligen Stand der Emanzipation der Arbeiterklasse" bezeichnet, läßt sich in diesen Anmerkungen nicht immer konsequent durchhalten. Ebenso wie sich Klassenbewußtsein in realen Klassenauseinandersetzungen aktualisiert, entstehen in diesen Auseinandersetzungen Formen proletarischer Öffentlichkeit. Den gängigen Methoden empirischer Forschung ist dieses Klassenbewußtsein und sind diese Formen proletarischer Öffentlichkeit nur begrenzt zugänglich. Eine Diskussion, die das Problem proletarischer Öffentlichkeit erfassen und ihre Entwicklung unterstützen möchte, ist daher nur in demselben Arbeitszusammenhang möglich, der diese Formen proletarischer Öffentlichkeit hervorbringt. Außerhalb eines solchen Arbeitszusammenhangs bleibt eine solche Diskussion notwendig akademisch.

Die Verfasser stützen sich bei ihren Anmerkungen auf ihre Praxis in der gewerkschaftlichen Öffentlichkeits- und Bildungsarbeit und auf ihre Arbeit an einer Zeitung für sozialistische Betriebs- und Gewerkschaftsarbeit („express"). Sie beanspruchen nicht, angesichts der fehlenden empirischen Untersuchungen auf diesem Gebiet, mehr als nur vorläufige Feststellungen und Schlüsse anbieten zu können.

2. *Arbeitsorganisation und Kommunikation*

Betrieb und Verwaltung als Ort entscheidender sozialer Erfahrungen der Lohnabhängigen sind einer öffentlichen Kommunikation verschlossen. Die Rechtsordnung, die dem kapitalistischen Unternehmen uneingeschränkt die Verfügung über das Kapital gewährleistet, schirmt diesen Ort selbst gegenüber der bürgerlichen Öffentlichkeit ab. Nach draußen dringt zuerst einmal nur, was dem Interesse des Unternehmens dient. Die permanente Körperverletzung durch die kapitalistische Produktion findet nur dann ein öffentliches Interesse, wenn der „Betriebsunfall" oder die eklatante Beeinträchtigung der Lebensbedingungen durch Lärm oder Umweltverschmutzung nicht mehr zu verheimlichen sind.

Die Arbeiterklasse hat die Ausgrenzung des Betriebes aus der bürgerlichen Öffentlichkeit hingenommen. Das bedeutete gleichzeitig, daß die Möglichkeiten autonomer Verarbeitung ihrer betrieblichen Erfahrungen eingeschränkt wurden. Diese Einschränkung hat eine objektive Ursache in der Organisation der Arbeit selbst. Sie wird verstärkt durch Behinderungen gewerkschaftlicher und politischer Betätigung im Betrieb, durch die politische Neutralisierung der Gewerkschaften und die Diskriminierung sozialistischer Alternativen zu den bestehenden gesellschaftlichen Verhältnissen.

Die soziale Erfahrung der Arbeitenden in Betrieb und Verwaltung ist auf ein Interesse, die eigene Arbeitskraft zu verwerten, verengt worden. Das entspricht dem Interesse des Kapitals an der Arbeitskraft. Dieses Verwertungsinteresse ist dominierender Gegenstand einer innerbetrieblichen „Arbeiteröffentlichkeit". An ihm entwickeln Belegschaftsvertretungen ihre Legitimationen. Solange die Belegschaftsvertretungen dieses Verwertungsinteresse als berechtigtes privates Interesse des einzelnen Lohnabhängigen gegenüber dem Unternehmen vertritt, wird durch diese Form der Interessenvertretung die Entwicklung eines kollektiven Interesses unterdrückt. Die Wahrnehmung der Interessen des einzelnen verstärkt die Vereinzelung, in der sich der Arbeitende in der Organisation der Arbeit sieht. Der Arbeitsprozeß als kollektive Arbeit tritt nicht ins Bewußtsein. Mit Lohn- und Gehaltsdifferenzierungen, Gratifikationen durch Zulagen, Sozialleistungen und Status werden bürgerliche Konkurrenzprinzipien zur Entsolidarisierung der Belegschaft eingesetzt. Kollektive Forderungen, die aus der Erfahrung kollektiver Arbeit begründet sind, werden damit zugleich verhindert.

Die Unterdrückung jeglicher innerbetrieblicher Kommunikation über die Erfahrung kollektiver Arbeit ist ein wesentliches Instrument zur Aufrechterhaltung der innerbetrieblichen Herrschaftsstrukturen und gleichzeitig eine Voraussetzung für die Fortsetzung der traditionellen Tarifpolitik der Gewerkschaften. Mitbestimmung am Arbeitsplatz auf der Basis bestehender Gruppenbeziehungen im Arbeitsprozeß hätte sowohl diese Herrschaftsstrukturen als auch die Form der materiellen Interessenvertretung der Gewerkschaften in Frage gestellt. An ihr hätte sich eine innerbetriebliche proletarische Öffentlichkeit als Prozeß der kollektiven Verarbeitung von Arbeitserfahrungen aktualisieren können. Mit der Entwicklung einer solchen proletarischen Öffentlichkeit auf der Basis der durch die Organisation der Arbeit bereits geschaffenen Arbeitsgruppen könnte sich die Belegschaft der über sie verhängten Domestizierung eher entziehen.

Nachdem in den Gewerkschaften die Diskussion über eine Mitbestimmung am Arbeitsplatz mit Erfolg tabuiert werden konnte, werden heute Versuche unternommen, die gewerkschaftlichen Vertrauensleute in das System der bestehenden Vertretungspolitik zu integrieren. Die gewerkschaftlichen Vertrauensleute in den Betrieben waren in den letzten Jahren treibende Elemente in den spontanen Streikbewegungen. Sie haben gegenüber den Tarifexperten ihrer Organisation bereits mit gewissem Erfolg ein kollektives Interesse durchsetzen können. Die Tendenz der Vereinheitlichung, die in den Forderungen nach linearer Lohnerhöhung, Pauschalbeträgen, Abbau der unteren Lohn- und Gehaltsgruppen, Angleichung der Entlohnung für Arbeiter und Angestellte etc. enthalten ist, drückt einen proletarischen Erfahrungszusammenhang aus. Dieser Erfahrungszusammenhang ist Produkt einer in Ansätzen bereits vorhandenen innerbetrieblichen und innergewerkschaftlichen proletarischen Öffentlichkeit und zugleich Voraussetzung für die Entwicklung von Organisationsformen und Handlungsstrategien, in denen diese proletarische Öffentlichkeit politische Qualität erlangen kann.

Exkurs:

3. Werkszeitungen

Der Zerstörung der Möglichkeiten von proletarischer Öffentlichkeit im Betrieb durch die Art der Arbeitsorganisation im fortgeschrittenen Produktionsprozeß und durch die arbeitsrechtlichen Einschränkungen des Betriebsverfassungsgesetzes entspricht die Usurpation der Betriebsöffentlichkeit durch das Unternehmerinstrument der „Werkszeitung". Die Werkszeitung stellt Öffentlichkeit als abstrakte Zusammenfassung der Beschäftigten eines Betriebes her. Die Beschäftigten werden als „Betriebsfamilie" durch die Werkszeitung konstituiert unter Absehen von den konkreten Interessengegensätzen zwischen Kapitaleignern und Lohnabhängigen. Abstrakt bleibt diese Öffentlichkeit, weil sie nicht der Ausdruck der konkreten Interessen und Erfahrungen der Beschäftigten ist, sondern die Pervertierung ihrer legitimen Bedürfnisse nach Interessenartikulation und Kommunikation durch die Bindung dieser Bedürfnisse an die abstrakten Verwertungsinteressen des Kapitals. Am beliebten Werkszeitungsthema „Unfallhäufigkeit" läßt sich dieser Mechanismus demonstrieren. Anknüpfend an den Erfahrungen der abhängig Beschäftigten über häufige Unfälle am Arbeitsplatz, zielen die Lösungsvorschläge in den Werkszeitungen immer auf den Appell an die Aufmerksamkeit des einzelnen Beschäftigten, dessen potentielle Nachlässigkeit Ursache der Unfallhäufigkeit sei. Daß die steigende Arbeitshetze, die am Profitprinzip orientierte Gestaltung der Arbeitsbedingungen, die unfallträchtige Konstruktion der Maschine die zentralen Unfallverursacher sind, wird aus dem Argumentationszusammenhang konsequent ausgeblendet.

Generell verzichtet die Werkszeitung auf die Ausbreitung und Aufarbeitung betrieblicher Konflikte als „schmutzige Wäsche", die nicht an die Öffentlichkeit gehört. Ihr Zweck ist im Gegensatz zu den Beteuerungen der Werkszeitungsideologen nicht die Herstellung von Betriebsöffentlichkeit, sondern deren Verschleierung durch die Herstellung einer Scheinöffentlichkeit, die an realen Kommunikationsbedürfnissen anknüpfend, die Sicherung des Betriebszwecks Profit zum Ziele hat. Dem entspricht auch die nichtöffentliche Produktion der Zeitung durch die zuständige Stabsabteilung des Unternehmens.

Die Redakteure der mehr als 400 Werkszeitungen in der BRD mit einer Auflage von etwa 4,6 Millionen Exemplaren, sind in der Regel der Unternehmensleitung direkt verantwortlich und in der Hierarchie des Betriebes in der Position von Abteilungsleitern oder Prokuristen eingeordnet. Mehr als dreiviertel der Werkszeitungsredakteure gaben bei einer Umfrage der „Gesellschaft für innerbetriebliche Publizistik" 1969 an, die gesamte Zeitung oder die wichtigsten Texte vor dem Druck zur Genehmigung der Unternehmensleitung oder einem entsprechenden Redaktionsausschuß vorzulegen. Auch sind nahezu alle Rechtskommentatoren der Auffassung, daß die Werkszeitung nicht zu den Wohlfahrtseinrichtungen des Betriebs gehöre, die der Mitbestimmung durch den Betriebsrat nach dem Betriebsverfassungsgesetz unterliegen, obwohl die Werkszeitungen in der Regel aus dem Titel „betriebliche Sozialleistungen" steuerabsetzungsfähig finanziert werden.

4. Gewerkschaftszeitungen

Was gewerkschaftliche Publikationen für die Herstellung von proletarischer Öffentlichkeit leisten bzw. nicht leisten, soll exemplarisch am Beispiel der beiden Organe der IG Metall, der Mitgliederzeitschrift „Metall" (14tägig, 2,3 Millionen Auflage, im Betrieb verteilt oder ausgelegt) und der Funktionärszeitschrift „Der Gewerkschafter" (monatlich, ca. 100.000 Auflage, Postversand), diskutiert werden. Dazu ist die Vorbemerkung erforderlich, daß es sich bei den beiden Zeitungen, was den politischen Aufklärungswert, den Sprachstil und die Aufmachung insgesamt anbetrifft, im Vergleich zu den übrigen Gewerkschaftszeitungen eher um positive Beispiele handelt.

„Metall" und „Der Gewerkschafter" sind Zeitungen, die zentral hergestellt werden für die Ansprüche einer Mitgliedschaft mit unterschiedlicher Zusammensetzung, aber in den wichtigsten Fragen einheitlichen Interessen. Die Zeitungen werden vom Gewerkschaftsvorstand herausgegeben und kontrolliert. Der Einfluß der Mitgliedschaft auf die Zeitungen beschränkt sich auf Kritik anläßlich von Gewerkschaftskonferenzen und auf die Mitarbeit an den Zeitungen durch die Einsendung von Leserbriefen. Von den verschiedenen Tendenzen, die in der Organisation zum Ausdruck kommen, erscheinen in den Zeitungen in der Regel nur diejenigen, die die jeweilige Politik der Vorstände stützen.

Als zentrale Mitglieder- und Funktionärszeitungen können „Metall" und „Der Gewerkschafter" Bedürfnisse nach konkreter betrieblicher Information aufgrund ihrer Struktur und der in ihnen politisch wirksam werdenden Interessen nur in sehr begrenztem Maße befriedigen. Es ist deshalb von nicht unerheblicher Bedeutung, daß nahezu alle Versuche, über lokale Wechselseiten von „Metall" die Öffentlichkeitsebene näher an die Betriebe selbst heranzubringen, gescheitert sind. Als Ursache dafür lassen sich sowohl der Widerstand der Betriebsräte im lokalen Bereich identifizieren, denen in der Regel an einer gewerkschaftlich organisierten und kontrollierten Betriebsöffentlichkeit wenig gelegen ist, als auch die häufige Verfilzung der gewerkschaftlichen Ortsverwaltung mit der kommunalen und Parteibürokratie, die

Rücksichten des Gewerkschaftsbevollmächtigten bei der Herstellung von Öffentlichkeit nahelegt.

Gewerkschaftliche Öffentlichkeit im lokalen und betrieblichen Bereich spielt sich dort, wo sie über Vertreterversammlungen hinausgeht, von seiten der Gewerkschaft vorwiegend auf den Lokalseiten der bürgerlichen Tagespresse ab. Hier aber in der einseitigen Form der Verlautbarungen des Bevollmächtigten oder in Berichten über Gewerkschaftsversammlungen und gewerkschaftliche Initiativen. Die Grenzen zieht das den bürgerlichen Zeitungen zugrunde liegende Profitinteresse, das die Ansprüche von Abonnenten und Anzeigenkunden zur Deckung zu bringen hat, notfalls auf Kosten der Bezieher der Zeitung. Daß der Ausdruck von Interessen der Lohnabhängigen und der Austausch von Erfahrungen über dieses Medium nicht zustande kommen kann, versteht sich von selbst.

Können also „Metall" und „Der Gewerkschafter" zwar nicht die Herstellung einer Betriebsöffentlichkeit in zureichendem Maße leisten, so bleibt doch der Anspruch legitim, daß in diesen Instrumenten gewerkschaftlicher Kommunikation zumindest in modellartiger Weise beispielhaft die Erfahrungen aus betrieblichen und überbetrieblichen Kämpfen aufgearbeitet und in den Zusammenhang einer Diskussion der gewerkschaftlichen Strategie zur Durchsetzung der programmatischen Forderungen gestellt würde. Ein Blick auf die Zeitungen erweist, daß gerade diese Thematik bis auf wenige bezeichnende Ausnahmen ausgegrenzt wird. Stattdessen füllen sich die Spalten von „Metall" mit Nachrichten, Informationen und Berichten über Themen, die zum großen Teil auch die Tages- und Wochenzeitungen beschäftigen, allgemeine Informationen aus den nationalen und internationalen Gewerkschaftsorganisationen, Ratschläge für die alltägliche Praxis, Reportagen aus verschiedenen Bereichen und bunte Seiten. Betriebliche Konflikte als Themen ausführlicher Berichterstattung sucht man ebenso mühsam wie Artikel, die mit Ausnahme der Leitartikel der Vorstandsmitglieder in irgendeiner Weise das gewerkschaftliche Selbstverständnis zum Inhalt haben. Kontroverse Meinungen werden nur höchst selten widergegeben. Daß in „Metall" 2/73 kritische Stimmen von Arbeitern zum Tarifabschluß in der Stahlindustrie auftauchen, ist ein deutlicher Reflex auf die schwere Niederlage, die der Vorstand bei der Urabstimmung erlitten hatte und zeigt gleichzeitig, wie groß der Legitimationsdruck sein muß, um derartige Öffentlichkeit in der Gewerkschaft zu erzwingen.

Als Beleg für diese Feststellungen kann die Durchsicht der ersten 15 Ausgaben von „Metall" 1973 (von Januar bis Juli) auf die Berichterstattung über betriebliche Streiks hin dienen. Diese Periode ist gekennzeichnet durch erste Streiks bei Hoesch, Mannesmann und den VW-Werken im Zeitraum von Februar bis Anfang April, denen ab Mitte April eine ständig wachsende Welle betrieblicher Arbeitsniederlegungen für Teuerungszulagen folgt, von denen allein in der Zeit von Mitte April bis Ende Juli rund 100.000 Metallarbeiter erfaßt werden (vgl. die Dokumentation in „express" 6/7 und 8/73). Was findet sich davon in „Metall" wieder? Der Streik bei Hoesch wird zunächst in 15 fast nichtssagenden Zeilen abgehandelt („Metall" 4/73), es folgen 20 weitere Zeilen (in 5/73) über die erfolgreiche Intervention des IG Metall-Vorstandes gegen die drohende Entlassung von 8 Kollegen, die sich aktiv am Streik beteiligt hatten. Auch der Mannesmann-Streik, der 10 Tage dauerte und ein großes Echo in der Öffentlichkeit fand, wird in „Metall" (6/73) nur unter dem Aspekt des Eingreifens des IG Metall-Vorstandes und der erzielten Einigung gewürdigt. Von den Streiks bei VW erscheint in „Metall" lediglich eine Kurzmeldung über die Einigung (9/73). Ausführlicher werden gewürdigt: ein Streik gegen Lohnkürzungen für die Beschäftigten bei den US-Streitkräften in Schwäbisch-Gemünd (7/73) und vor allem der Streik der 30 Beschäftigten bei der Firma Hecker in Paderborn, der das Ziel hat, die verbandsunabhängige Firma zu einem Tarifvertrag zu zwingen. Über diesen Streik, an dem sich auch Auszubildende beteiligten und der von der Gewerkschaft materiell unterstützt wird, erscheinen vier zum Teil ausführliche Artikel (in den Ausgaben 7–10/73). Mit kurzen Berichten über die Streiks bei BBC, Mannheim, und Karmann, Rheine (in 10/73) im April / Mai wird die beginnende Streikwelle für Teuerungszulagen im April / Mai zunächst anhand von zwei Beispielen wenigstens erwähnt. Mit dem Ansteigen der Zahl der spontanen Streiks und damit der „Gefahr" einer bundesweiten Wiederholung des September 1969 wird die Berichterstattung spärlicher. Lediglich noch der Streik bei der Vulkan-Werft, Bremen, (13/73) findet in einem kurzen Artikel des zuständigen Bezirksleiters Erwähnung ebenso wie der Streik bei AEG-Oldenburg (14/73). Dagegen wird über einen Streik ausländischer Arbeiterinnen in Neuß, den die Gewerkschaft zumindest moralisch unterstützt, ausführlicher berichtet (14/73). Ende Juli erscheint in „Metall" schließlich eine Übersicht über einige Ergebnisse der spontanen Streiks. Insgesamt werden 12 Beispiele herausgegriffen (15/73). Wie es zu diesen Erfolgen kam, welche Widerstände zu überwinden waren, welche Kampferfahrungen gemacht wurden, bleibt ungesagt. Im gleichen Zeitraum erscheinen in „Metall" aber immerhin längere Berichte über Streiks in Italien, Dänemark, Großbritannien, Frankreich und den Niederlanden.

Offensichtlich gilt für die Berichterstattung über Arbeitskämpfe in „Metall" die folgende Regel: Über einen Streik wird ausführlich berichtet, wenn er von der Gewerkschaft direkt geführt oder mindestens moralisch unterstützt wird (Beispiele: Hecker, Schwäbisch-Gemünd, Neuß), wenn sich keine selbständige Streikleitung herausbildet, die offensiv gegenüber der Gewerkschaft auftritt (Beispiele: Vulkan, Bremen, und AEG, Oldenburg, negativ: Klöckner, Bremen, oder Hoesch, Mannesmann und andere Streiks in diesem Zeitraum), wenn der Streik nicht übergeordnete Interessen der Gewerkschaft, wie die Rücksicht auf die Stabilitätspolitik der Regierung verletzt (Beispiele: BBC und Karman als Einzelfälle zur Beginn der Streikwelle, später verschwindet die Berichterstattung darüber) und wenn der Streik weit entfernt ist (Beispiele: ausländische Streiks). Ein weiteres Hindernis für die Berichterstattung über betriebliche Konflikte ist darüber hinaus die Tatsache, ob ein gewerkschaftlicher Spitzenfunktionär in Mitbestimmungsposition in Konflikt mit seinem Aufsichtsrat kommen könnte.

Eine derartige Zensur der Interessen und Erfahrungen der Kollegen in den Betrieben gilt im Grunde über die Berichte von Streiks hinaus für alle Artikel, die sich mit betrieblichen Vorgängen beschäftigen. Gewerkschaftsbevollmächtigte am Ort, Betriebsräte, Bezirksleiter oder betroffene Vorstandsmitglieder erhalten vor dem Druck die Artikel zur Korrektur vorgelegt. Eine Zensur gilt natürlich auch für die Leserbriefe. Negative Stimmen können zwar erscheinen, aber im Ernstfall nie in quantitativ proportionaler Form zum Eingang solcher Briefe, etwa zur Kritik an der SPD-geführten Regierung über die Preisentwicklung.

In der Funktionärszeitschrift „Der Gewerkschafter" erscheint im ersten Halbjahr 1973 überhaupt kein entsprechender Bericht, wieder mit der charakteristischen Ausnahme des „legalen" Streiks bei der Firma Hecker. Obwohl gerade diese Zeitschrift der legitime Ort für eine intensive Diskussion der Gewerkschaftsfunktionäre im Betrieb und in der Organisationsverwaltung wäre, bei der die Erfahrungen betrieblicher Auseinandersetzungen zu vermitteln und zu verbreiten wären, bleibt diese Möglichkeit praktisch ungenutzt. Eine Umfrage „Metall und Der Gewerkschafter im Urteil der Leser“, die der IG Metall-Vorstand beim Infas-Institut in Auftrag gegeben hatte, ergibt dennoch eine scheinbar hohe Zufriedenheit der Gewerkschaftsmitglieder und -funktionäre mit den Zeitungen. 57 % der Leser von „Metall“ bezeichnen die Zeitung als insgesamt sehr gut oder gut, 31 % als befriedigend und nur 8 % als ausreichend oder schlechter. Beim „Gewerkschafter“ liegen die Zahlen sogar noch etwas günstiger. Betrachtet man die Ergebnisse allerdings näher, so stellen sich Zweifel ein, ob die beiden Zeitungen tatsächlich dem entsprechen, was die Leser erwarten. Dies gilt vor allem für den Tatbestand: Betrieb, auf den es hier ankommt. Hier hat die Zufriedenheit einen signifikant geringen Grund. Die Infas-Umfrage liefert dafür die folgenden Indizien:

1. An der Spitze der als vermißt beanstandeten Themenkreise in „Metall“ wird „Betrieb und Beruf“ genannt.
2. Der hohe Aufmerksamkeitswert für die Leserbriefseite in „Metall“ deutet auf unzureichend befriedigte Kommunikationsbedürfnisse im übrigen Teil der Zeitung hin.
3. Beim „Gewerkschafter“ steht an vorderer Stelle der Leseintensität die Rubrik „Betriebsräte / Vertrauensleute“ (80 % der Leser), der aber pro Heft nur 1 bis 3 von 44 Seiten gewidmet sind.
4. Rund 2/3 der Leser des „Gewerkschafter“ wollen „mehr gegensätzliche und kritische Fragen“ publiziert wissen. Da gegenwärtig nahezu überhaupt keine kontroversen Meinungen zu Wort kommen, fällt dieses Votum um so stärker ins Gewicht. Die begrenzten Möglichkeiten der Redaktion zeigen sich hier besonders deutlich: Artikel mit alternativen Strategien konnten monatelang nicht publiziert werden, kritische Veröffentlichungen zur Gewerkschaftspolitik müssen mit Schweigen übergangen werden oder, wenn es sich um Fernsehsendungen handelt, die der Mitgliedschaft nicht verborgen bleiben, beschränkt sich die Antwort auf bloße Polemik.

Verallgemeinert man den Befund, dann ist festzustellen, daß die offiziellen gewerkschaftlichen Publikationen nur geringe Chancen für die Artikulation der Interessen der Lohnabhängigen und den Austausch von Erfahrungen bieten. Allenfalls funktionieren sie als begrenzte Informationsquelle in Ergänzung und zur Korrektur der bürgerlichen Presse oder vermitteln als Verbandsorgane die verbandsspezifische Ideologie und die erforderlichen Arbeits- und Argumentationshilfen. Instrumente proletarischer Öffentlichkeit stellen sie nicht dar.

Ansätze zur Veränderung dieser Situation der Gewerkschaftsöffentlichkeit, soweit es die Publikationsorgane betrifft, sind unter den gegebenen Bedingungen nicht kurzfristig zu erwarten. Das Zurückbleiben der Gewerkschaftspresse hinter den Bedürfnissen der Mitglieder und den objektiven Erfordernissen, die die betrieblichen und gewerkschaftlichen Kämpfe stellen, ist nicht etwa als Ausdruck eines „verräterischen“ Handelns der Gewerkschaftsführung zu begreifen, sondern als Resultat des Rückstands der Klassenkämpfe in der BRD. Erst, wenn die Kämpfe sich weiter entfalten, werden sie auch die Instrumente proletarischer Öffentlichkeit schaffen und die bestehenden gewerkschaftlichen Presseorgane aus ihrer derzeitigen Funktion der einseitigen Information von oben nach unten herauslösen können.

5. Gewerkschaftsversammlungen

In Gewerkschaftsversammlungen artikuliert sich ein Interesse der Arbeiter, das mit den Instrumenten der Gewerkschaften realisiert werden soll. Sowohl diese Instrumente als auch die Organisation und Technik der Versammlung schränken die Artikulationsmöglichkeit ein, prägen auch das ausgesprochene Interesse.

In dem Umfange, in dem Interessen der Arbeiter ihre Verwirklichung durch die Gewerkschaften suchen, stehen sie in Gewerkschaftsversammlungen zur Diskussion. Ort, Zeitpunkt, Ablauf und Funktion dieser Versammlung wird jedoch entscheidend bestimmt durch die Repräsentanten der Organisation, die das Interesse der Arbeiter zu vertreten haben. Diese Repräsentanten haben die Durchführung solcher Versammlungen als „Beruf" gelernt, sind Spezialisten der Versammlungsleitung und verfügen über das System von Regeln, das jeden Entscheidungsprozeß kanalisiert.

In den Gewerkschaftsversammlungen tritt daher den Arbeitern zunächst einmal die eigene Organisation in ihrer bürgerlichen Organisationsstruktur gegenüber. Von Arbeitern wird erwartet, daß sie sich in dieser Organisationsstruktur bewegen können. Es wird erwartet, daß sie die Versammlungstechnik kennen und akzeptieren und ihr Interesse nur im Rahmen der durch diese Technik gesetzten Bedingungen ausdrücken. Es wird erwartet, daß sie auf diesen Versammlungen auch die Sprache beherrschen, in der die eigene Organisation das Interesse der Arbeiter zum Verhandlungsgegenstand in der Auseinandersetzung mit dem Kapital macht.

Ort proletarischer Öffentlichkeit ist daher die Gewerkschaftsversammlung nur in dem Umfange, wie es Arbeitern gelingt, ihre Erfahrungen und ihr Interesse gegenüber dem reglementierenden Instrumentarium der Versammlung zu bewahren.

Dies gilt sowohl für lokale Gewerkschaftsversammlungen als auch für Gewerkschaftskongresse, die die verbindlichen Beschlüsse für die Politik der Gewerkschaften zu fassen und die jeweiligen Vorstände zu wählen haben. Das Instrumentarium steht nur denen zur Verfügung, die an ihrer Bestätigung interessiert sind. Jeglicher Opposition oder auch nur personellen Alternativen steht zuerst einmal die Allmacht des Apparates gegenüber. Er entscheidet über das letzte Detail der Vorbereitung und Durchführung der Versammlung der Gewerkschaften. Welche Probleme für eine Diskussion zugelassen oder nicht zugelassen werden, wieviel Zeit für die Diskussion zur Verfügung steht, welche Informationen gegeben oder zurückgehalten werden, wie eine Diskussion durch die Festlegung der Tagesordnung, Begrüßungsansprachen und damit verbundene politische Beschwörung beeinflußt werden kann, das alles ist in der Praxis einem demokratischen Entscheidungsprozeß entzogen. Wer auf Gewerkschaftsversammlungen oder gar Gewerkschaftskongressen Alternativen gleich welcher Art durchsetzen will, muß wissen, wie dieses Instrumentarium eingesetzt werden kann und eingesetzt wird, Gegenstrategien entwickeln können und fähig sein, eine Opposition zu organisieren. Er muß der vorherrschenden Öffentlichkeit des Apparates mit einer Gegenöffentlichkeit gegenübertreten können, die das unterdrückte Interesse zu artikulieren vermag.

Da Diskussionen und Entscheidungsprozesse auf Gewerkschaftsversammlungen und Gewerkschaftskongressen auch durch autoritative Fixierungen, Vertrauenserwartungen, stabile politische Orientierungen und entsprechende Fraktionierungen bestimmt werden, ist jede gewerkschaftspolitische Alternative auch davon abhängig, inwieweit emotionale Ablösungsprozesse bereits eingetreten sind und damit eine Neuorientierung möglich ist. Die Entwicklung einer proletarischen Öffentlichkeit in den Gewerkschaften selbst kann daher nur im Zusammenhang mit der Gesamtentwicklung der Arbeiterbewegung gesehen werden.

6. Gewerkschaftslehrgänge

Für die Gewerkschaften waren Gewerkschaftslehrgänge – und sie sind es heute wieder in zunehmendem Umfang – Veranstaltungen, in denen die akkumulierte Erfahrung der Organisation an die Kollegen weitergegeben wird. Die Kollegen sollten sich das Funktionswissen aneigenen, mit dem eine im Verständnis der Organisation erfolgreiche Interessenvertretung bisher möglich war. Die Aneignung der Rechtsinstrumente hatte handwerklichen Charakter. Mit dem Betriebsverfassungsgesetz, mit den Normen des Arbeitsrechts und der Sozialgesetze sollten die Interessen der Kollegen gegen das Interesse des Kapitals vertreten werden.

Die Bildungserwartung vieler Kollegen entsprach diesem Bildungsverständnis. Sie haben die Durchsetzung ihrer Interessen bisher nur auf den Ebenen, auf denen diese Instrumente eingesetzt werden konnten, erfahren. Da ihre Arbeiterexistenz bisher wesentlich von dieser Form der Interessenvertretung bestimmt war und wahrscheinlich auch künftig noch auf lange Zeit bestimmt sein wird, ist diese funktionale Aneignung von Rechtsinstrumenten heute eine notwendige Voraussetzung für eine gewerkschaftliche Interessenvertretung.

Diese Bildungsarbeit, die zurecht auch Schulung genannt werden kann, kann die Klassenerfahrung der Arbeiter nur insoweit aufnehmen, als es für sie entsprechende Instrumente der Interessenvertretung im System der Rechts- und Vertragsbeziehungen zwischen Arbeit und Kapital gibt. Die Dynamik gesellschaftlicher Prozesse, die über dieses System der Rechts- und Vertragsbeziehungen hinaustreibt, bringt hier die Gewerkschaft nur als außerparlamentarische Organisation mit Ansprüchen an das Parlament in Bewegung. Das Parlament hat Forderungen der Gewerkschaften zu erfüllen, wenn für diese Forderungen das Instrumentarium der Interessenvertretung nicht mehr ausreicht. Mit ihrem Bekenntnis zur bestehenden Rechtsordnung haben sich die Gewerkschaften auch verpflichtet, die Machtverhältnisse nur durch neues Recht zu ändern. Vor allem das haben die Kollegen dann zu lernen, wenn die Erfahrungen mit den Machtverhältnissen das Vertrauen in die Rechtsordnung erschüttert.

Nach der betrieblichen und sozialen Konflikterfahrung der Kollegen wird in der gewerkschaftlichen Bildungsarbeit gefragt, seitdem den Gewerkschaften die Grenzen ihrer eigenen Politik bewußter wurden und die Kollegen in den Betrieben in die Gewerkschaften größere Erwartungen setzen als sie von den Gewerkschaften mit ihrer Tarifpolitik erfüllt werden können. Die Entwicklung einer Konzeption betriebsnaher und konfliktorientierter Bildungsarbeit muß als Versuch angesehen werden, die Politik der Gewerkschaften gegenüber den Arbeitern dadurch zu legitimieren, daß die Funktion der Gewerkschaften aus der Erfahrung der Arbeiter heraus begründet wird. Die Orientierung dieser Bildungskonzeption am Erfahrungsgehalt kapitalistischer Arbeit mußte eine eigene Dynamik entwickeln. Sie befreite Klassenerfahrung von ihrer ideologischen Interpretation, ermöglichte Arbeitern an der Substanz ihrer betrieblichen Konflikterfahrungen antagonistische Widersprüche in der Gesellschaft der BRD zu erkennen und zwang zur Diskussion gesellschaftsverändernder Gewerkschaftsstrategien. Diese Bildungskonzeption ist mit der Verschärfung der Klassenwidersprüche in der BRD möglich geworden, auf die Verschärfung der Klassenwidersprüche hat sie in entscheidenden Bereichen der Industrie zugleich eingewirkt. Veranstaltungen der gewerkschaftlichen Bildungsarbeit ermöglichten im Gegensatz zu vielen Versammlungen einen nichtreglementierten Austausch von Erfahrungen und Informationen. Informelle Strukturen einer innergewerkschaftlichen Gegenöffentlichkeit entstanden. Gewerkschaftliche Bildungsarbeit erhielt so in der beginnenden Phase der Reorganisation der Arbeiterbewegung in der BRD eine wichtige politische Funktion. Sie festigte in der „besonderen Ausdrucks- und Erfahrungsweise" der Arbeiter gesellschaftliche Erfahrungen und trug dazu bei, Blockierungen aufzulösen, die bisher die Handlungsfähigkeit der Arbeiterklasse beeinträchtigten. Die Reaktion des Apparats auf entwickeltere Formen dieser Bildungsarbeit besteht heute in einer verstärkten Rückkehr zu traditioneller Schulungsarbeit. Die Kritik aus den hauptamtlichen Funktionskadern, einiger einflußreicher Betriebsräte und Arbeitsdirektoren an Konzept und Praxis der betriebsnahen Bildungsarbeit hat dazu geführt, daß heute Lehrgänge, Referenten und „Teamer" stärker beaufsichtigt werden, standardisiertes Material den Lehrgängen zugrunde gelegt wird und jede Kritik an der Praxis der Organisation in den Lehrgängen unterbunden werden soll.

7. Betriebszeitungen

In den Lücken, die die Gewerkschaften mit ihrem Verzicht auf die Herstellung von Gegenöffentlichkeit zur reglementierten und von der Unternehmerseite manipulierten Betriebsöffentlichkeit lassen, stoßen seit einiger Zeit zunehmend Flugblätter und Betriebszeitungen der unterschiedlichsten politischen Gruppierungen. Ein großer Teil der Betriebe, insbesondere natürlich der großen Unternehmen, erhält so eine spezifische Betriebsöffentlichkeit, die in der Regel aus der Zusammenarbeit von Betriebskadern und politischen Sympathisanten außerhalb des Betriebes, seltener nur von betrieblichen Kadern, gespeist wird. Die Zahl dieser Betriebszeitungen, die kontinuierlich oder wenigstens für eine bestimmte Dauer erscheinen, ist schwer abzuschätzen. Sie könnte bei einigen tausend Publikationen mit Auflagen zwischen wenigen hundert bis zehntausend pro Ausgabe liegen.

In diesen Betriebszeitungen eröffnet sich zumindest für einzele aktive Gruppen in der Belegschaft die Möglichkeit, Interessen mehr oder weniger ungefiltert zu artikulieren und Erfahrungen auszutauschen oder an ihnen teilzunehmen. Die Verbreitung dieser Kommunikationsbasis steht freilich in vielen Fällen die bornierte Fixierung der Träger solcher Kommunikationsorgane auf politische Organisationsmodelle entgegen, die das Bestreben, proletarische Öffentlichkeit herzustellen, unter der Hand wieder in schlechte Allgemeinheit verkehren. Die ungewollte Wiederholung der Strukturen gewerkschaftsoffizieller Publizistik, also der einseitige Informations- und Indoktrinationsfluß von oben nach unten, wird hier oft nur mit anderen Inhalten betrieben. Soweit diese Betriebszeitungen an betrieblichen Konflikten und Erfahrungen ansetzen, geschieht dies oft nur, um die auftretenden Forderungen und Kampfformen der jeweiligen politischen Linie des jeweiligen ZK zu subsumieren, damit der Anspruch erhoben werden kann, nur diese Gruppe und keine andere sei in der Lage, die Kämpfe der Arbeiter in richtiger Weise „anzuleiten". Proletarische Öffentlichkeit als Verständigungszusammenhang der Arbeiter über ihren Kampf um die Selbstbefreiung aus dem kapitalistischen Produktionszwang wird wechselweise der Propagierung historischer Analogien, unrealistischer Kampfziele, abstruser Nebenkriegsschauplätze und angeblich übergeordneten, aber nicht näher erläuterten Interessen geopfert. Beispiele sind sattsam bekannt. Dennoch sind die Ausnahmen nicht so selten, wie oft vermutet. Betriebszeitungen, in denen die Konflikte benannt und aufgearbeitet werden, die Erfahrungen aus den vorangegangenen Kämpfen einfließen, die Kampfbedingungen untersucht werden und Niederlagen nicht aus Konkurrenzmentalität verkleistert werden, sind zwar nicht die Regel, aber vorhanden. Zwei Beispiele seien angeführt: „Plakat" wird von sozialistischen und kommunistischen Kollegen bei der Daimler-Benz AG in Untertürkheim herausgegeben als Flugblattzeitung. Seit einigen Jahren greift „Plakat" kontinuierlich in Auseinandersetzung mit dem mehrheitlich sozialpartnerschaftlichen Betriebsrat des Unternehmens Konflikte und skandalöse betriebliche Zustände auf, sorgt für Öffentlichkeit und zwingt die gewählten Interessenvertreter der Belegschaft zur Rechenschaft. Ohne eine solche Herstellung von Öffentlichkeit wäre es kaum gelungen, den drei oppositionellen Betriebskandidaten Hoss, Mühleisen und d'Andrea gegen den kompakten Widerstand des alten Betriebsrats und der mit ihm sympathisierenden IG Metall-Ortsverwaltung fast ein Drittel der Stimmen bei den Betriebsratswahlen zu sichern. Dieser Erfolg verstärkt wiederum die Möglichkeiten der Herstellung unzensierter betrieblicher Öffentlichkeit und verbessert so die Kampfbasis der Betriebsratsminderheit und der sie tragenden Kollegen.

Als zweites Beispiel soll schließlich die „Göttinger Betriebszeitung" (jetzt: Göttinger Betriebs Express) genannt werden, die die wichtigsten Betriebe im Göttinger Raum ständig mit Berichten über Konflikte in den einzelnen Betrieben beliefert und so den Erfahrungsaustausch über die betrieblichen Grenzen, aber auch im überschaubaren Bereich, organisiert und in begrenztem Maße vereinheitlichend auf die Kämpfe wirken kann, ohne von anonymer Stelle her Parolen für die Entwicklung der Auseinandersetzungen auszugeben. Stellen solche Betriebszeitungen wenigstens in Ansätzen so etwas wie Arbeiteröffentlichkeit auf Betriebsebene her – ständig in der Gefahr durch die mangelhaft entwickelten Klassenkämpfe in der BRD in sektiererische Positionen abzugleiten – so haben sich auch für den Zusammenhang von betrieblichen Kämpfen und ihre Einordnung in eine gewerkschaftliche Strategie konsequenter Interessenvertretungen der Lohnabhängigen Publikationsorgane herausgebildet, die in Konkurrenz zur offiziellen Gewerkschaftspresse eine Gewerkschaftsöffentlichkeit herzustellen bemüht sind, die Informationssperren und Kommunikationsschranken, den Schutz der Machtpositionen der jeweiligen Vorstände und ihrer Apparate überwindet.

Während die politischen Organe der verschiedenen ZK's und Parteiaufbauorganisationen regelmäßig zur verbandsinternen Ideologiebildung die betrieblichen Kämpfe und innergewerkschaftlichen Auseinandersetzungen, wenn auch nur unter anderem, analysieren, konzentriert sich eine Zeitung wie die im Sozialistischen Büro erscheinende Zeitung für sozialistische Betriebs- und Gewerkschaftsarbeit „express" vollständig auf die Aufgabe, die rudimentären Ansätze einer proletarischen Öffentlichkeit weiterzuentwickeln. Dies geschieht über die Bindung der Zeitung an eine periodisch tagende Redaktionskonferenz, in der Kollegen aus der Betriebs- und Gewerkschaftsarbeit ihre Interessen artikulieren, Erfahrungen austauschen können und Anregungen für die Gestaltung der Zeitung entwickeln. Darüber hinaus erscheinen die Berichte zu einzelnen betrieblichen Konflikten in der Regel im Zusammenwirken mit den Betroffenen unter dem Aspekt der Einordnung solcher Kämpfe in eine antikapitalistische Betriebs- und Gewerkschaftsstretegie. Sie werden in konkreten Bezug zum jeweiligen Stand der Auseinandersetzungen um die Herstellung innergewerkschaftlicher Demokratie gesetzt, die eine wichtige Voraussetzung für den jeweiligen Entwicklungsstand von proletarischer Öffentlichkeit darstellt. Die Grenzen für solche Bemühungen um die Herstellung einer proletarischen Öffentlichkeit liegen denn auch beim Grad der Entwicklung der Kämpfe auf betrieblicher, nationaler und – zunehmend – internationaler Ebene. Festzuhalten ist: Proletarische Öffentlichkeit und entwickelte Klassenkämpfe bedingen sich wechselseitig, sie sind nicht durch voluntarische Akte antizipierbar, aber auch kein automatisches Produkt der sich verschärfenden Widersprüche des kapitalistischen Systems. Die gegenwärtige Aufgabe besteht deshalb darin, die vorhandenen Möglichkeiten der Interessenartikulation und des Austausches von Erfahrungen ohne sektiererische Verengung oder über die Mehrzahl der Köpfe der Betroffenen hinweg zu nutzen und weiterzuentwickeln.

8. Demonstrationen, Aktionen, Streiks

Mit der fortschreitenden Kanalisierung des Klassenkonflikts auf den Ebenen der Vertretungspolitik wurden politische Energien der Arbeiterklasse neutralisiert oder auf Handlungsformen abgelenkt, die kontrollierbar bleiben. Die zur Systemerhaltung entwickelten Konfliktregelungs- und Konfliktvermeidungsstrategien sichern jedoch die Ausbeutung der Arbeitskraft nur auf Zeit. Die Befriedigung materieller Bedürfnisse, massive ideologische Einflüsse und politische Einschüchterungen haben es nicht vermocht, das Konfliktpotential soweit zu entschärfen, daß von einem Arbeitsfrieden zwischen Arbeiterklasse und Kapital gesprochen werden kann.

Der Streik ist daher auch nicht die Aufkündigung eines bestehenden Arbeitsfriedens, sondern vielmehr die militante Demonstration der tatsächlich bestehenden Beziehung zwischen Arbeiterklasse und Kapital. Er ist eine kämpferische Ausdrucksform von Interessen und Bedürfnissen, die auf der Verhandlungsebene der Vertragsparteien entweder unberücksichtigt geblieben sind oder zum Verhandlungsgegenstand gemacht werden sollen.

In der von den Gewerkschaften organisierten Form ist der Streik zu einem Rechtsinstitut des bürgerlichen Arbeitsrechts geworden. Er enthält allerdings selbst dann noch Momente, die in einem unaufhebbaren Gegensatz zum Prinzip des Vertrages stehen. Der Streik legt Antagonismen bloß, die zu verschleiern eine wesentliche Funktion der rechtlich definierten Vertragsbeziehungen zwischen „Arbeitgeberverbänden“ und Gewerkschaften ist.

Jede Aktion im Betrieb, jede demonstrative Manifestation von Arbeiterinteressen und jede kämpferische Auseinandersetzung zur Durchsetzung von Arbeiterinteressen durchbricht diesen Schleier. Aus dem Erfahrungszusammenhang von Arbeitern tritt so ein gemeinsames Interesse hervor, das sich gegen das Interesse des Kapitals richtet. Diesem Interesse stehen die Medien der bürgerlichen Öffentlichkeit nicht zur Verfügung. Allenfalls wird darüber berichtet, daß in diesem oder jenem Betrieb die Arbeit niedergelegt wurde oder es da oder dort zu einer Demonstration kam. Vom Erfahrungszusammenhang gelöst ist in der bürgerlichen Berichterstattung die Forderung, die mit Streik oder Demonstration durchgesetzt werden soll.

Die Demonstration der tatsächlichen Beziehung zwischen der Arbeiterklasse und dem Kapital steht, sobald sie für das Kapital zur Störung des „Arbeitsfriedens“ wird, unter dem Zwang der ständigen Legitimierung gegenüber der bürgerlichen Öffentlichkeit. Wird ein Streik im Rahmen einer Tarifauseinandersetzung von den Gewerkschaften organisiert, so haben sie sich vor dieser Öffentlichkeit für die „volkswirtschaftlichen Verluste", die durch einen Streik entstehen, zu verantworten. Überschreiten die Gewerkschaften mit ihren Forderungen die Grenzen, die ihnen eingeräumt werden, wird die Tarifautonomie und das Streikrecht selbst in Frage gestellt. Der legale Streik ist für die bürgerliche Öffentlichkeit nur als letztes Mittel und nur für kurze Zeit legitim.

Das Verhältnis der Gewerkschaften zum Streik erleichterte die arbeitsrechtlichen und faktischen Einschränkungen des Streikrechts. Die Führung der Gewerkschaften war und ist nicht daran interessiert, daß die Arbeiterklasse im Streik ihre eigene Klassenerfahrung begreift und mit dem Streik Kampfformen entwickelt, die es erlauben, Forderungen weiterzutreiben, den Kampf auf immer neuen Ebenen zu führen und in aktiven Streikformen auch Macht auszuüben.

Mit dem Streik soll nur eine Verhandlungsposition gestützt werden. Es ist daher auch verständlich, wenn sich die Gewerkschaftsvorstände im Falle eines Streiks letzte Entscheidungen vorbehalten. In der deutschen Gewerkschaftsbewegung hat es Tradition, daß in Streiksituationen mit einem quasi innergewerkschaftlichen Notstandsrecht demokratische Entscheidungsprozesse einschränkt und Entscheidungsvollmachten zentralisiert werden. Für die Gewerkschaftsvorstände sind Streiks Kämpfe, in denen sie die Kollegen wie Soldaten dirigieren – mit dem Unterschied, daß den Soldaten auch befohlen wird, ihrem eigenen Kampf zuzuschauen. Der Arbeitskampf findet im Falle eines Streiks für die Streikenden vor den Fernsehgeräten statt. Dort verfolgen sie – der Streik der IG Metall in Baden-Württemberg 1971 ist dafür das aktuellste Beispiel – die Folgen ihrer kollektiven Arbeitsverweigerung als Fortsetzung der Tarifverhandlung unter veränderten Bedingungen. Massendemonstrationen wie die große Kundgebung in Stuttgart erwecken den Anschein einer proletarischen Öffentlichkeit, wenn in verbaler Radikalität auf beiden Seiten – sowohl bei den streikenden Arbeitern als auch bei den Rednern der Gewerkschaft – der „Klassenkampf von oben" angeprangert wird. Verbale Radikalität ersetzt radikale Praxis. Kundgebungen dieser Art demonstrieren Möglichkeiten einer proletarischen Öffentlichkeit. Ihre Entfaltung wird durch diese Form der Kundgebung eher blockiert, da die Demonstration auf die Unterstützung von bereits festgelegten Verhandlungspositionen gerichtet bleibt.

Von diesen domestizierten Formen der Demonstration und des Streiks sind jene zu unterscheiden, die gewöhnlich „spontane Aktionen" oder „wilde Streiks" – so der Unternehmerjargon – genannt werden. Daß in der BRD die Zahl der spontanen Streiks seit Mitte der sechziger Jahre zunimmt, drückt eine Normalisierung der Klassenbeziehungen aus. Streiks dieser Art können bei den Gewerkschaften allenfalls Verständnis finden, eine offene Unterstützung ist den Gewerkschaften meist nicht möglich, solange sie sich an die Friedenspflicht gebunden sehen. Der organisierte Kern dieser Streiks sind meistens und vor allem in den Großbetrieben die organisierten Kollegen in den Betrieben und Verwaltungen. Sobald in diesen Streiks Streikleitungen gebildet werden, in Demonstrationen die Streikforderungen auch über den Betrieb hinaus vertreten werden, mit eigenen Flugblättern und Streikzeitungen die Kollegen die Zensur der bürgerlichen Massenmedien durchbrechen und so Gegenreaktionen der Unternehmen, Stellungnahmen der eigenen Organisation oder auch Erklärungen der politischen Parteien erzwingen, kommt aus einem proletarischen Erfahrungszusammenhang ein politischer Lern- und Organisierungsprozeß in Gang, der Perspektiven einer proletarischen Öffentlichkeit aufzeigt. Diese Perspektiven können nur entwickelt werden, wenn die in diesen Prozessen gewonnenen Erfahrungen und Organisationsansätze in einem kontinuierlichen Diskussionszusammenhang aufgehoben werden, der nicht den Reglementierungen der bestehenden Betriebs- und Gewerkschaftsöffentlichkeit unterliegt.

Zur Entwicklung des Kabelfernsehens am Beispiel der USA

Von Hans J. Kleinsteuber

1. Die Bedeutung des Kabelfernsehens für die BRD

Eine der grundlegenden Voraussetzungen zum Verständnis der Fernsehsituation der Bundesrepublik ergibt sich aus dem technisch bedingten Prinzip eines *Mangels an Sendekanälen,* welches im elektromagnetischen Sendequektrum in den Bereichen VHF/UHF drei eigenständige Fernsehprogramme zuläßt: ARD 1. Programm auf VHF und ZDF/ARD 3. Programm auf UHF. Gegenwärtig sind drei technische Wege verfügbar, über die eine Vermehrung der zur Verfügung stehenden Kanäle ermöglicht werden könnte: Die Nutzung des Giga-Hertz-Bereichs, die vorläufig aber nur für Ballungszentren diskutiert wird, die Satellitenkommunikation, gegen die starke internationale politische Hemmnisse bestehen, sowie die Übertragung des audiovisuellen Signals über ein koaxiales Kabel: das Kabelfernsehen.

Neben der technischen hat die Debatte um zusätzliche Sendekanäle vor allem eine politisch-ökonomische Dimension: Orientiert am finanziellen Erfolg kommerzieller Fernsehsender in anderen kapitalistischen Ländern argumentieren kapitalstarke Geldgeber in der Bundesrepublik, daß der Vorbehalt gegen eine privatwirtschaftliche Nutzung von Sendekanälen, wie ihn das Bundesverfassungsgericht 1961 u. a. mit dem Mangel an verfügbaren Frequenzen begründet hatte, nun hinfällig sei, da das Kabel eine ausreichende Zahl von Kanälen zur Verfügung stellen könne. An zusätzlichen kommerziellen Programmen neben dem Angebot der öffentlich-rechtlichen Sendeanstalten bzw. an mit der Kommerzialisierung eröffneten zusätzlichen Werbezeiten für Massenkonsumprodukte ist außerdem die werbungstreibende Industrie stark interessiert und unterstützt schon aus diesem Grunde die Errichtung kommerzieller Sendenetze.[1]

Die Entscheidung der medienpolitisch Verantwortlichen vorwegnehmend, stellte einer der großen deutschen Hersteller für Fernsehgeräte zur Funkausstellung in Berlin im August / September 1973 fest: „Das Kabelfernsehen kommt bestimmt."[2] In dem Informationsmaterial, welches ein anderer Hersteller von Fernsehgeräten und Komponenten zur Kabeltechnologie vorlegt, heißt es u. a. über die Aussichten, welche das Kabelfernsehen biete: „Erwähnt wurden bereits die Möglichkeiten, Eigenprogramme sowie Werbesendungen über Kabelfernsehanlagen zu verteilen. Hier gibt es technisch heute überhaupt keine Probleme mehr, einzig die Rechtslage steht der Realisierung im Wege."[3]

Von den in der Politik der Bundesrepublik bedeutsamen Parteien hat sich bislang nur die CDU / CSU in ihrem sog. Medienpapier zur Frage einer möglichen Einführung des Kabelfernsehens geäußert. Es fällt hier gleichermaßen die Indifferenz der Medienpolitiker anderer Parteien auf, wie die Genauigkeit, in der das sonst eher allgemein gehaltene Medienkonzept der CDU / CSU auf die Kabeltechnologie eingeht. U. a. wird ausgeführt:

„Zur Zeit setzt sich die kabelgebundene Rundfunk- und Fernsehübertragung weltweit durch. ... Die Kabelsysteme in der Bundesrepublik Deutschland dürfen gegenwärtig nur zum Empfang der bestehenden drei Fernsehprogramme benutzt werden. Die Einspeisung eigener Programme in diese Gemeinschaftsantennen, die technisch ohne weiteres möglich ist, ist bis heute strikt verboten. Gegen Versuche, eigene Programme einzuspeisen, ist vorgegangen worden.“[4]

Diese verhaltene Klage über administrative Behinderungen erhält ihre Bedeutung in Verbindung mit dem Berliner Programm der CDU von 1971, in dem die „Austrahlung weiterer Hörfunk- und Fernsehprogramme durch andere Veranstalter – auch durch Gesellschaften des privaten Rechts“[5] in den Forderungskatalog einbezogen wird. Es erscheint nicht unwahrscheinlich, daß sich auf diese Partei Kräfte konzentrieren, die an einer kommerziellen Nutzung von Kabelfernsehanlagen interessiert sind.

Auch bei anderen Anlässen wird erkennbar, daß das Kabelfernsehen auf der Berliner Funkausstellung von 1973 eine Art Premiere hatte. Der Bundesminister für Forschung und Technologie Horst Ehmke äußerte sich dort erstmals öffentlich und detailiert zu Fragen der neuen Kommunikationstechnologie. Er kündigte u. a. die Berufung einer unabhängigen Kommission an, welche für den Ausbau des Fernsehsystems tragfähige Lösungen finden soll, die „nur in öffentlicher Auseinandersetzung, nicht hinter verschlossenen Türen tagenden Zirkeln von Beamten, Technikern oder Absatzplanern gefunden und entwickelt werden“ können.[6] Er warnte vor der drohenden Gefahr, daß Gemeinschaftsgroßantennenanlagen zum Schleichweg für die Einführung des privaten Fernsehens werden; ein über Kabel ermöglichtes Lokalfernsehen solle weder in die indirekte Abhängigkeit von privaten Medienkonzernen kommen, noch solle Lokalfernsehen überwiegend durch Werbung finanziert werden.

Dieser kurze Abriß einer gerade erst in der Bundesrepublik begonnenen Debatte über das Kabelfernsehen verdeutlicht, daß es bereits abgesteckte Interessen in diesem medienpolitischen Gestaltungsraum gibt: die elektronisches Gerät herstellende Industrie geht von der Realisierung des Kabelfernsehens und mit ihm verwandter Technologien ebenso aus wie Regierungsvertreter und einzelne Parteien. Unverkennbar wird die Debatte überschattet von der erkannten Möglichkeit, über die Kabeltechnologie ein kommerzielles Fernsehen einzuführen: eine Entwicklung, welche zumindest ein Teil der CDU / CSU und ein Teil der Elektronikindustrie begrüßen würde. Die SPD und die FDP, die sich auf die öffentlich-rechtliche Organisationsform des Fernsehens programmatisch festgelegt haben,[7] lehnen eine ‚schleichende Kommerzialisierung‘ ab. Diese Voraussetzungen machen es erforderlich, daß eine breite Diskussion über die zukünftige Gestaltung der Kommunikationstechnologie zu führen ist und die Einführung des Kabelfernsehens offen, überschaubar, medienwissenschaftlich überwacht und medienpolitisch abgesichert erfolgt. Der Aufgabe, durch Vermittlung der in einem anderen Lande im Verlaufe eines Vierteljahrhunderts Kabelfernsehen aufgeworfenen Probleme und gesammelten Ergebnisse, eine entscheidungsvorgelagerte Diskussion mit Information zu versorgen, soll diese Arbeit dienen.

Von den Erwartungsvorstellungen der Fernsehzuschauer her sind zusätzliche und kommerzielle Programme nicht notwendig,[8] die bestehenden Programme bieten zudem noch einen erheblichen Spielraum für eine zeitliche Ausdehnung: die Bundesrepublik weist im internationalen Vergleich relativ kurze Sendezeiten pro Tag und Programm auf.[9]

Die für das Verhältnis der Bundesrepublik zu den USA so typische zeitliche Nachfolge in der Einführung neuer Technologien – so z. B. beim Farbfernsehen – wird bedingt durch ähnliche sozioökonomische Strukturen und eine innige Wirtschaftsverflechtung. Sie wird auch hier mit hoher Sicherheit eine Pressure Group zugunsten der Verkabelung entstehen lassen. Hauptproponenten dürften die Interessen an kommerziellen Kabelsystemen und Sendekanälen sein, unterstützt von der Elektronikindustrie, welche sich nach einer Marktsättigung mit Farbfernsehgeräten durch Einführung einer neuen Innovationsstufe – und eine solche wird das Kabel sein – den geregelten Absatz zu sichern versucht.[10]

Hier geht es also nicht darum, das Kabelfernsehen zu propagieren – dazu werden sich andere finden –, sondern die Technik und das mit ihr verbundene Innovationspotential zu erläutern. Am *Beispiel der USA* mit der am weitesten gediehenen und am gründlichsten wissenschaftlich untersuchten Verkabelung soll die bisherige Entwicklung umrissen werden.[11]

2. Der Begriff des Kabelfernsehens

Hinter dem Begriff des Kabelfernsehens verbirgt sich ein ganzes Bündel unterschiedlicher Kommunikationsverfahren, deren Gemeinsamkeit durch das Übertragungsmedium, ein Koaxialkabel, hergestellt wird. Mit dem Begriff des Kabelfernsehens werden allgemein drei aufeinander bauende Entwicklungsstufen der Kabelübertragungstechnik bezeichnet, mithin umreißt der Terminus ein ganzes Feld der Kommunikationstechnologie und nicht nur einen spezifischen Sachverhalt.
Die drei Entwicklungsstufen sind:

1. Ein *ausgedehntes Gemeinschaftsantennensystem* für den Fernsehempfang *(Community Antenna Television, abgek. CATV),* welches sich in einer einfachen Spielart mit bundesdeutschen Gemeinschaftsantennensystemen vergleichen läßt, allerdings im Gegensatz zu diesen ganze kommunale Einheiten, also ‚Communities' versorgt. Von diesen CATV-Anlagen werden zudem üblicherweise entfernte, drahtlos nicht erreichbare Stationen ‚importiert' und dem Zuschauer zur Verfügung gestellt, aber keine bzw. nur sehr einschränkt eigene Programme erstellt.
2. Kabelfernsehen in dem in der Bundesrepublik zumeist diskutierten Sinne ist mit der Fähigkeit der Kabelkommunikation verknüpft, *zusätzliche Fernsehkanäle* zur Verfügung zu stellen, also die natürliche Knappheit im elektromagnetischen Sendespektrum zu überwinden und zusätzlichen – öffentlich-rechtlichen oder kommerziellen – Fernsehprogrammen Raum zur Verfügung zu stellen. Wegen der medienpolitischen Bedeutung dieser Form des Kabelfernsehens *(Cable Television,* unzulässigerweise vereinzelt CATV genannt) wird es hier schwerpunktmäßig behandelt werden. Spezifizierungen dieser Technik stellt die Versorgung ausgewählter Einrichtungen wie Hotels, Flughäfen u. ä. mit Spezialprogrammen dar *(Closed-Circuit TV)* und die Bereitstellung von besonderen Programmen an interessierte Abnehmer gegen Bezahlung *(Pay TV).*
3. Schließlich besteht die technische Möglichkeit, über das Kabel Nachrichten jeder Art zu übermitteln, also neben dem Fernsehbild beispielsweise auch Telephon- und Videophonsignale zu senden, sowie andere Formen eines wechselseitigen Informationsaustauschs von dem individuellen Abnehmer zurück an die Zentrale oder andere Abnehmer zu organisieren. Diese als *Breitbandkommunikation* bekannte Technologie wurde durch das rasche Wachstum des Kabelfernsehens angeregt und

ist mit diesem technisch wie politisch-ökonomisch eng verbunden; zugleich markiert sie ein neues Entwicklungsstadium jenseits des Kabelfernsehens und befindet sich auch in den USA noch in der Experimentierphase.

3. Die Technik des Kabelfernsehens

Der nicht-atmosphärische Transport von Fernsehbildern beruht auf der Technik des Koaxialkabels. Diese Kabeltechnik unterscheidet sich prinzipiell von der konventionellen Telephondrahtübertragung durch seine in eine *neue Dimension vergrößerte Kapazität.* Ein herkömmlicher, einfacher Telephondraht überträgt Frequenzen zwischen ca. 300 bis 5.000 Hertz, das Koaxialkabel verfügt dagegen über einen gegenwärtig nutzbaren Übertragungsraum im Frequenzbereich von 40 Mio. bis 600 Mio. Hertz, welcher mit zunehmender Beherrschung der Technik noch erheblich vergrößert werden kann. Da ein Fernseh-Ton-Bild-Kanal etwa 6 Mio. Hertz erfordert, sind rechnerisch gegenwärtig ca. 40 Fernsehkanäle auf einem Kabel unterzubringen; wegen Interferenzen und anderer Probleme werden bei neuerrichteten Anlagen 20 bis 25 Kanäle erreicht, aber einer Vervielfachung der Kapazität stehen keine technischen Probleme mehr im Weg.[12]

Das Hauptmerkmal des Kabelfernsehens ist also die technische Überwindung der Knappheit, die durch die bisherige drahtlose Nutzung des elektromagnetischen Sendequektrums bedingt war. Das Kabelfernsehen ermöglicht ein ‚Fernsehen im Überfluß' (Sloan Commision), es eröffnet darüber hinaus Wege der ein- und wechselseitigen Kommunikation, indem die vorhandene Übertragungskapazität für andere Zwecke eingesetzt wird (Breitbandkommunikation), deren Nutzen und Dimension aber noch nicht abzuschätzen sind.

1972 wurden über 10 % aller TV-Haushalte der USA über Kabel versorgt. Berechnungen gehen davon aus, daß 1980 zwischen 40 und 60 % aller TV-Haushalte an ein Kabel angeschlossen sein werden.[13] Diese rapide Verkabelung der USA wird mit Sicherheit auch ihre Schatten auf Europa werfen. Der Subscribent zahlt wie der Abnehmer eines Telefonanschlusses eine Installationsgebühr von durchschnittlich 20 $ und einen festen Monatssatz von durchschnittlich 5 $. Die Kabelnetze sind, entsprecchend einer langen Tradition amerikanischer Rundfunkpolitik lokal verankert, d. h. auf jeweils einen ländlichen Bezirk, eine Stadt oder einen Stadtteil beschränkt. Bis heute gibt es noch keine Ansätze einer überregionalen Verbindung der lokalen Kabelnetze, doch stellt sie kein technisches Problem dar und wird, vorwiegend über Satelliten, teilweise auch über Mikrowellen oder Überlandkabel, in den kommenden Jahren in Angriff genommen werden.[14]

4. Politisch-ökonomische Bedingungsfaktoren der Kabelfernsehentwicklung in den USA

Mit unbedeutenden Ausnahmen ist die Kommunikationsindustrie der USA einschließlich Radio, Fernsehen und Telefon erwerbswirtschaftlich strukturiert. Die Einführung der Kabeltechnologie wurde deshalb auch nicht, wie für die Bundesrepublik zu erwarten ist, zum Vehikel der Kommerzialisierungsbestrebungen interessierter Kapitalgeber, sondern umgekehrt zum Gegenstand heftiger Kollisionen zwischen bereits etablierten

Industrien im Kommunikationsbereich wegen der Verfügung über das neue Medium. Entsprechend *artikulierten sich in der Auseinandersetzung um die politische und ökonomische Gestaltung der Kabelkommunikation unterschiedliche Wirtschaftsbranchen,* dazu *nichtkommerzielle Organisationen* und die hier getrennt behandelte *Staatsseite.* Die wesentlichen Positionen vertreten (1) die konventionelle kommerzielle Fernsehindustrie (fortan Fernsehindustrie genannt), (2) die neuentstehende Kabelindustrie, die die kommerziellen Kabelsysteme betreibt (Kabelindustrie), (3) die elektronische Industrie, die die technische Ausrüstung für die Verkabelung produziert (Elektronikindustrie) und (4) die philanthropischen Foundations und mit ihnen operierende Organisationen (zusammengefaßt als Stiftungen).

4.1 Die Fernsehindustrie

In den Vereinigten Staaten wird mit der Ausnahme eines vergleichsweise sehr bescheidenen, vorwiegend Erziehungsaufgaben dienenden öffentlichen Fernsehens, Rundfunk, d. h. Hörfunk und Fernsehen, unter ausschließlich kommerziellen Bedingungen produziert und distribuiert.[15] In der Produktion und Verteilung von Programmen sind insbesondere drei Programmgesellschaften, genannt Networks, tätig: NBC, CBS und ABC. Sie erstellen den weitaus größten Teil der täglich konsumierten Programme und leiten sie an die ihnen angeschlossenen lokalen Stationen weiter. Networks und Stationen sind ökonomisch voneinander unabhängig, allerdings besitzen die Networks jeweils fünf Stationen in den größten Städten des Landes; beide Ebenen der Mediendistribution, Network und Station, arbeiten technisch verkoppelt, aber finanziell selbständig als Erwerbsunternehmen und finanzieren Programmangebot und Gewinn ausschließlich durch die Einblendung von in das Programm eingeschobenen Werbespots, sog. *Commercials.* Die Einnahmen im kommerziellen Fernsehen entsprechen der mit der Werbebotschaft angesprochenen Zuschauerzahl: im Durchschnitt pro 1.000 Zuschauer und Minute 4 $.

Das Fernsehen der USA ist in *erheblichem Umfang großindustriell strukturiert,* wie das eklatanteste Beispiel zeigt: die Radio Corporation of America (RCA) verfügt neben dem Network NBC und einigen der angeschlossenen Fernseh- und Hörfunkstationen über den größten Marktanteil für Fernsehgeräte und -ausstattungen aller Art in den USA, besitzt Schallplatten- und Buchverlage, verfügt über weitere Investitionen im zivilen und militärischen Elektroniksektor und unterhält als Mischkonzern u. a. den größten Automobilverleih der Welt. Die RCA rangiert in der Weltliste der größten Unternehmen noch vor dem westdeutschen Siemens-Konzern. Auch die anderen Networks und die Stationen der großen Städte sind fast ausnahmslos in der Hand von Multi-Medienkonzernen, welche wegen der natürlichen Monopolsituation, über die sie mit jedem Fernsehkanal verfügen, weit überdurchschnittliche Gewinne erwirtschaften. Dieser Komplex der Fernsehindustrie, der bereits die Ausdehnung von UKW im Hörfunk und des UHF-Sendebereichs im Fernsehen aus Konkurrenzgründen behindert hatte, sah in der Verkabelung begreiflicherweise eine erneute Bedrohung seiner Ausnahmestellung.

4.2 Die Kabelindustrie

Die Kabelindustrie konnte trotz eines grundlegenden Nachteils gegenüber der Fernsenindustrie – sie muß Gebühren verlangen, währenddessen das konventionelle Fernsehen sich über soziale Kosten finanziert, also zumindest dem Schein nach ‚kostenlos' ist – Terrain gewinnen. Die *Vorteile* des Kabels liegen vor allem (1) in der *Erhöhung der Zahl einschaltbarer Kanäle,* welche durch Programmimporte, z. T. auch durch Eigenproduktionen erreicht wird, und (2) in der *Verbesserung der Bildqualität,* insbesondere auch der Farbwiedergabe, welche im US-System wegen der verfrühten Einführung eines technisch nicht ausgereiften Verfahrens zur Instabilität neigt.

Die Fernsehindustrie tolerierte das Kabel, solange es seinen Einzugsbereich lediglich erweiterte, sah in ihm aber ab dem Moment eine Konkurrent, da es den mehr oder minder geschützten lokalen Monopolen, teilfinanziert aus den Werbebudgets der ortsansässigen Firmen, durch Programmimporte die Märkte schmälerte. Mit Beginn der sechziger Jahre zeichnete sich deshalb eine Frontstellung zwischen beiden Industrien ab, verbunden mit dem Versuch der Fernsehindustrie, die Kabel-Konkurrenz aufzukaufen. Der weitere Verlauf dieser Auseinandersetzung wird später Gegenstand der Darstellung werden.

Die Entstehung eines embryonalen Typs der Kabelfernsehtechnik war direkt mit den Negativfolgen einer Kommerzialisierung des Fernsehsektors in den USA verbunden und wäre ohne diese auch nicht auf dem heutigen Stand. In dünn besiedelten bzw. gebirgigen Regionen des Landes erwies es sich unter kommerziellen Bedingungen als nicht profitabel, in den technischen Apparat einer Fernsehstation zu investieren, so daß diese Gebiete gänzlich ohne Fernsehversorgung blieben oder nur mangelhaft versorgt wurden. Unter diesen Voraussetzungen konnte es wiederum Gewinn bringen, eine große, kommerziell betriebene, aber gemeinschaftlich genutzte Empfangsantenne zu errichten, über diese die Programme der nächstgelegenen Stationen aufzufangen und über ein Kabelsystem an den fernsehenden Endverbraucher weiterzuleiten. Derartige Experimente wurden seit den späten vierziger Jahren angestellt.

Die *ländlichen Gemeinschaftsantennensysteme* füllten ein Vakuum in der Medienlandschaft der USA und gefährdeten keine der bestehenden Kommunikationsindustrien. Dies änderte sich erst, als mit Beginn der sechziger Jahre das Kabelfernsehen auch in die Vorte und Großstädte eindrang, dem bis zu diesem Zeitpunkt unbestrittenen Revier der Fernsehindustrie, wo es durch Programmimporte deren Märkte gefährdete und gleichzeitig wegen des zusätzlichen Programmangebots für die Kabelabnehmer attraktiv wurde.

Der *Errichtung eines kommerziellen Kabelsystems* geht in der Regel eine Ausschreibung der jeweiligen Gemeinde voraus, worin die Anforderungen, zumeist steuerähnliche Lizenzabgaben an die Stadt und der Umfang lokaler Berichterstattung spezifiziert werden. Den Zuschlag erhält – zumindest in der Theorie – in einer Art Auktionsverfahren derjenige Bewerber, der der Gemeinde zu niedrigsten Tarifen die besten Dienste verspricht.[16] Als aussichtsreiche Bewerber für eine Kabelkonzession kommen zumeist nur kapitalstarke Anbieter infrage, da umfangreiche Vorausinvestitionen erforderlich sind, bevor ein Kabelsystem die Arbeit aufzunehmen vermag. Da ein allgemeines Interesse an den komplexen technischen Problemen der Verkabelung kaum besteht und mithin parlamentarische Kontrollen nur wenig wirksam werden, zeichnen sich in der Vergabepolitik zwei Haupttendenzen ab: (1) große Kapitalgeber und bestehende Kabelunternehmen erhalten die meisten Zuschläge und (2) Konzessionen, faktisch langjährige Ansprüche auf ein lokales Versorgungsmonopol, werden unter Bedingungen nahe der Korruption vergeben.

Kabelkonzessionen, zumeist zu einem nominellen Betrag erworben, stellen für den Inhaber einen großen Wert dar; sie zu erhalten, läßt viele Wege begehen. Und

Tabelle 1: Wachstum des Kabelfernsehens 1952 bis 1972[17]

Jahr	Kabelsysteme	Teilnehmerhaushalte	
		Anzahl	Zuwachsrate in %
1952	70	14.000	–
1953	150	30.000	114,2
1954	300	65.000	116,7
1955	400	150.000	130,8
1956	450	300.000	100,0
1957	500	350.000	16,7
1958	525	450.000	28,6
1959	560	550.000	22,2
1960	640	650.000	18,2
1961	700	725.000	11,5
1962	800	850.000	17,2
1963	1.000	950.000	11,8
1964	1.200	1.085.000	14,2
1965	1.325	1.275.000	17,5
1966	1.570	1.575.000	23,5
1967	1.770	2.100.000	33,3
1968	2.000	2.800.000	33,3
1969	2.260	3.600.000	28,6
1970	2.490	4.500.000	25,0
1971	2.570	5.300.000	17,8
1972	2.770	6.000.000	13,2

genau wie vor zwei Jahrzehnten die Möglichkeit, bei geringem Einsatz hochprofitable Fernsehlizenzen zu bekommen, zur Korruption bis in die Aufsichtsbehörde FCC hinein führte, so sind auch viele Kabellkonzessionen unter fragwürdigen Umständen vergeben worden. 1971 etwa trat der Präsident der größten Kabelfirma TelePrompTer zurück, weil gegen ihn und weitere Unternehmensrepräsentanten mehrere Verfahren wegen Bestechung anhängig waren.[18] Nicht selten ist auch ein Verfahren, bei dem Lokalpolitiker und am Ort ansässige Geschäftsleute sich die Konzession zu einem sehr niedrigen Preis zusprechen und diese später zu dem viel höheren Marktwert verkaufen oder aber die Konzession gemeinsam mit einem großen Medienkonzern auswerten.

Zweifellos bieten Kabelsysteme für denjenigen, der den anfangs notwendigen Kapitalbetrag aufzubringen vermag, *enorme Gewinnchancen.* Eine 1968 von einer Investmentberatungsforma erstellte Studie geht von einer Kommune mit 10.000 Fernsehhaushalten aus, von denen 55 % einen Kabelanschluß legen lassen.[19] Die Kosten zur Errichtung dieses Systems werden mit 560.000 $ angesetzt, von denen 160.000 $ Eigenkapital sind. Nach Abzug aller Unkosten einschließlich Kreditzinsen erbringt das System bereits im ersten Jahr mehr als das investierte Eigenkapital, nämlich 167.000 $, in vier Jahren sind alle Schulden bezahlt und der Verkaufspreis wird im fünften Jahr bei ca. 1,6 Mio $ liegen. Insgesamt hat ein Ausgangskapital von 160.000 $ dann innerhalb dieses Zeitraums über 2 Mio $ erbracht. Fraglos sind nicht alle Kabelinvestitionen so ertragreich wie in diesem Modell, denn räumlich-strukturelle Erschwernisse wie Streusiedlung oder unterirdische Verkabelung in Stadtzentren sowie Programmauflagen können die Kosten in die Höhe treiben. Zweifellos warfen aber praktisch alle kommerziell betriebenen Kabelsysteme bisher hohe Gewinne ab, welches jeweils reinvestiert zur Entstehung neuer Großunternehmen führten, so daß der Kabelsektor gegenwärtig eines der bedeutendsten Gebiete spekulativer Kapitalanlage in den USA darstellt. In seiner Anzeige stellte 1972 ein Anlageberater u. a. fest: „Enormous Profits Ahead for Cable TV – Cable TV may rival the printing press and the telephone in social and economic impact. . . . Profits could far exceed those now earned by all three existing on-the-air TV networks."[20] Auch der *Konzentrationsprozeß* in der Kabelindustrie ist deutlich meßbar. Im März 1972 waren zwar über 1.100 selbständige Kabelfirmen tätig, doch die 12 größten unter ihnen (vgl. Tabelle 2) haben bereits einen Anteil von 50 %, die 50 größten von über 75 % aller Subskribenten.[21] 1969 versorgten die zehn größten Kabelunternehmen 28 % aller Anschlüsse, 1972 waren es über 40 %. Den Konzentrstionsdaten steht nicht entgegen, daß sich der Kabelmarkt noch in starker Bewegung befindet, also ständige Käufe und Verkäufe stattfinden. So verkaufte der nach seinen Magazinen benannte Multi-Medienkonzern Time-Life Broadcast Inc. 1972 seine US-amerikanische Fernsehstationen (an den Verlag McGraw-Hill) und veräußerte nur ein Jahr später seine Kabelsysteme, um sich nun ausschließlich auf die technische Erstellung von Kabelanlagen im Auftrag sowie die Produktion von Kabelprogrammen zu beschränken.

Tabelle 2: Die zwölf größten Kabelfernsehunternehmen der USA 1972[22]
(nach der Anzahl der Teilnehmerhaushalte)

1. TelePrompTer Corp.	639.300
2. American Television & Communications Corp.	264.000
3. Viacom International Inc.	255.000
4. Cox Cable Communications, Inc.	230.000
5. Tele-Communications, Inc.	225.000
6. Warner Communications	215.000
7. Communications Properties Inc.	207.000
8. Sammons Communications	200.000
9. Cypress Communications Corp.	162.000
10. Cablecom-General Inc.	150.000
11. Time-Life Broadcast Inc.	118.000
12. LVO Corp.	101.200

Zwar liegt der Konzentrationsgrad in der Kabelindustrie noch weiter unter dem des privat betriebenen Telephonsektors der USA, wo ein Unternehmen, die American Telephone & Telegraph 85 % des Marktes kontrolliert, doch wird sich aller Wahrscheinlichkeit nach in einigen Jahren auch der Kabelmarkt auf wenige Konzerne hin konsolidiert haben. Im Kabelsektor wiederholt sich also, was vorher bereits von anderen kommerziell geführten, aber staatlich konzessionierten Netzmonopolen wie Telephon, Telegraph, Radio und Fernsehen demonstriert wurde, daß in einem *technisch bedingten Monopolbereich sich unter staatlich-hoheitlicher Absicherung und Garrantie außerhalb marktwirtschaftlicher Mechanismen eine hohe Zahl der großen und mittleren US-Konzerne des 20. Jahrhunderts entwickeln* konnte.

4.3 Die Elektronikindustrie

In den schwebenden Konflikt um das Kabel schaltete sich 1969 die Elektronikindustrie der USA mit einer Art Grundsatzerklärung ein und schlug sich mit einem Konzept der „wired Nation" auf die Seite der Kabelindustrie. Ihr Dachverband Electronic Industries Association, der Konzerne wie General Electric, IBM und Litton Industries vertritt, also potentielle Auftragnehmer für ein komplexes *Breitbandkommunikationssystem,* setzte sich für eine Umverlagerung nationaler Prioritäten weg von einer äußeren Interventionspolitik und hin zur Förderung sozialer Evolution auf der Basis verbesserter Kommunikation ein. „A continuation of the Vietnam War to 1980 does not seem reasonable, but the maintenance of effective detentes with major powers may be a requirement. Substantial funding will probably be diverted from the external conflicts to internal wars on illiteracy, malnutrition, underemployment, urban decay. and a deteriorating environment. The thrust of effort in 1980 is expected to be toward a substantial improvement in opportunities for the disadvantaged with commensurate increase in the demand for communications services."[23]

Für den Proponenten der Elektronikindustrie gilt, daß sie das Kabelfernsehen in den sehr viel weiteren Bereich der Breitbandkommunikation einordnen und die Dienstleistung nicht auf den Fernsehkonsumenten beschränken wollen, sie vielmehr auch die Unternehmens- und Staatsverwaltungen, den Bildungsapparat u. ä. einzubeziehen planen. Sie nennen sieben mögliche *Tätigkeitsbereiche der Breitbandkommunikation:*
„1. Work activity – speeding information flow (e. g., mail);
2. Communication – providing for interactivity with computers;
3. Transportation – untangling travel congestion;
4. Life support – combatting crime, urban congestion;
5. Education / culture – extending availability and support;
6. Recreation – providing variety in entertainment to the home;
7. International business – sharpiening our competitive edge."[24]

In dem Kampf um einen Durchbruch des Kabelfernsehens wog das Votum der großindustriellen Elektronikunternehmen zugunsten des Kabels und gegen die Fernsehindustrie schwer. Es sollte allerdings nicht übersehen werden, daß auch zwischen der Kabel- und der Elektronikindustrie Interessengegensätze bestehen, die sich vor allem an Fragen der Verfügung und Nutzung zusätzlich geschaffener Sendekanäle eröffnen.[25]

4.4 Die Stiftungen

Eine weitere Position neben den Industrien beziehen in der Kabelfrage die philanthropisch-liberalen Stiftungen und mit ihnen verbundene Organisationen, religiöse Einrichtungen wie das Office of Communication der United Church of Christ, Minoritätenverbände, das Urban Institute, nichtkommerzielle Forschungseinrichtungen und Universitäten. An Stiftungen mit wesentlicher Beteiligung seien genannt: Ford, Alfred P. Sloan, John and Mary R. Markle, Charles F. Kettering, der Stern Fund. Wohl niemals zuvor haben in der US-Geschichte Stiftungen vereint versucht, in einem relativ schmalen Wirtschaftssektor so massiv ihr finanzielles und intellektuelles Potential einzusetzen.

Die *Alfred P. Sloan Foundation* (Sloan war ehemals Präsident von General Motors) investierte 500.000 $ in eine Kommission von Honoratioren aus Wissenschaft, Politik und Industrie, welche in einem Bericht von 1971, veröffentlicht unter dem Titel „On the Cable: The Television of Abundance" ein ungehindert wachsendes, aber staatlich reguliertes und in Pflicht genommenes Kabelfernsehen forderte.[26] Für diese Kommission wurden zwanzig wissenschaftliche Einzelstudien erstellt. Die Charles F. Kettering und die Ford Foundation finanzierten ein umfangreiches Modellprojekt in Dayton, Ohio[27], die Ford und Markle Foundation gaben bei dem auch im militärstrategischen Bereich tätigen Auftragsforschungsinstitut *RAND Corporation* eine Serie von Reports, Memoranden und Papers zu Fragen des Kabelfernsehens in Auftrag.[28] Schließlich unterhalten seit 1972 Ford und weitere Stiftungen gemeinsam mit dem Urban Institute ein *Cable Television Information Center* in Washington, welches sich als Informations- und Public-Relations-Stelle, aber auch als eigenständig lobbyierende Interessenvertretung versteht, welche die FCC und Lokalpolitiker zum Hauptadressaten hat und direkt mit kommerziellen Interessenten im Fernsehbereich konkurriert bzw. sie unterstützt.[29]

Den Stiftungen vorzuwerfen, sie würden im Sinne einer Industriebranche, etwa der Kabelindustrie, tätig werden, wäre ungerechtfertigt, keine der Stiftungen besitzt nennenswerte Kapitalanteile an der Kommunikationsindustrie. Den Stiftungen geht es um die Qualitätsverbesserung im konvetionellen Fernsehangebot, für die sie eine Chance nur über das Kabel sehen. Trotz der letztlich kommerziellen Grundlage ihrer Tätigkeit befürworten sie auch *nichtkommerzielle Lösungen*, also die Errichtung kooperativer und kommunaler Kabelsysteme, sowie einen größeren nichtkommerziellen Sektor im zukünftigen Kabelfernsehangebot und fordern eine *intensivere Bindung der Kabelindustrie an ein* freilich nicht definiertes *öffentliches Interesse.*[30] Zielen die Stiftungen aber auf eine Verminderung des kommerziellen Elements im Fernsehsektor ab, so wenden sie sich damit auch gegen die Nutzung des Fernsehens als zentrales Werbemedium und Propagator eines unkritischen Massenkonsums in den USA. Die Widersprüchlichkeit ihrer Politik wird allerdings darin deutlich, daß die Firmen, die das Geld verdienen, welches die Stiftungen zur Verbesserung des Fernsehsystems einsetzen, in großem Umfang auf das kommerzielle Fernsehen als Medium zur Verbreitung ihrer Werbebotschaft setzen und auf seine erwiesenermaßen erfolgreiche Indienststellung auch nicht werden verzichten wollen.

Es zeichnet sich unter den gegebenen Bedingungen ab, daß ebenso wie die Einführung des unverwässert kommerziellen Fernsehens fast widerstandslos erfolgen konnte, weil Kanäle für ein nichtkommerzielles Erziehungsfernsehen zurückbehalten wurden, dieses aber wegen chronischer Unterfinanzierung und politischer Reglementierung kaum Breitenwirkung hat und damit der Fernsehindustrie als willkommenes Alibi diente, nun auch die liberal-progressive Begründung der Notwendigkeit des Kabels durch die Stiftungen *kaum qualitative Verbesserungen* bewirkt, wohl aber der Kabelindustrie wichtige Argumente liefert.

Die Stiftungen haben mit ihrer Förderung wissenschaftlicher Spezialstudien zu fast allen Aspekten des Kabels dazu beigetragen, daß eine Fülle von Informationen und Entscheidungshilfen zu den wesentlichen Kabelbereichen vorliegen, die auch für den europäischen Beobachter von großem Wert sind. Die Praxis der staatlichen Aufsichtspolitik und der kabelpolitischen Entscheidungsfällung macht allerdings ihre ganze Ohnmacht gegenüber den großindustriellen Kommunikationsinteressenten und deren Durchsetzungsinstrumentarien sichtbar.

5. Staat, Wirtschaft und das Kabelfernsehen[31]

In seiner Frühzeit wurde die Entstehung von CATV-Systemen abseits der Städte und großindustriellen Interessen politisch weitgehend ignoriert: die siebenköpfige, institutionell unabhängige und gerichtsähnlich arbeitende Kommunikationsaufsichtsbehörde Federal Communications Commission (FCC) in Washington erklärte sich noch 1959 für unzuständig und nicht eingriffsberechtigt. Erst nachdem das Kabel bewiesen hatte, daß es sich auch zur Generierung eigener Fernsehprogramme anbot und nachdem Fernsehstationen großer Städte die Konkurrenz des Kabels zu spüren begannen, *entwickelte sich die FCC zum Ort ökonomischer und politischer Interessenauseinandersetzungen.* Die Fronten waren klar abgesteckt: die konventionelle Fernsehindustrie mußte um ihre Monopolstellung bangen und begann einerseits auf die FCC Druck dahingehend auszuüben, das Kabelwachstum zu bremsen, zum anderen versuchte sie, die Kabelsysteme durch Aufkauf unter ihre Kontrolle zu bekommen, also zu absorbieren.

Anfang der sechziger Jahre erklärte die FCC in einem gerichtsförmlichen Verfahren, daß sie Regulierungskompetenz im Kabelsektor habe.[32] Die FCC, von deren Mitarbeitern einige eng mit der Rundfunkindustrie verbunden sind, die zu kontrollieren sie 1934 eingesetzt worden war, nutzte ihre Autorität, um die Ausweitung des Kabels in den Ballungszentren administrativ zu vermindern und teilweise ganz zu blockieren. Durch ein Geflecht von Bestimmungen über die Höchstzahl zu übertragener Kanäle, die Beachtung von Copyrights, die Einholung von Erlaubnissen zum Import auswärtiger Stationen, die sog. Exklusivität, wonach jedes Programm nur einmal gesendet werden darf u. ä. erschwerte die FCC das Kabelwachstum in den Ballungszentren: nach der Terminologie der FCC in den ‚Top-100-Märkten'. Bestimmungen der FCC aus den Jahren 1966 und 1968 verursachten faktisch ein *‚Einfrieren' des Status Quo* in diesem Bereich.[33] In denselben Jahren kauften sich CBS und NBC, dazu viele der mittleren Multi-Medienkonzerne, die neben lokalen TV-Stationen auch Zeitungen, Zeitschriften und mitunter Buchverlage besaßen, in die bestehenden Kabelsysteme ein. Unter diesen Bedingungen wäre der Vorgang einer Übernahme der Kabeltechnik durch die Fernsehindustrie das wahrscheinliche Ergebnis gewesen, eine Veränderung der bestehenden Besitzstrukturen wäre mit Ausnahme kleinerer Umstellungen nicht erfolgt. So verlief z. B. der Übergang vom Hörfunk zum Fernsehen in den fünfziger Jahren nahezu erschütterungsfrei, d. h. die im Radio dominierenden Networks und Stationen übernahmen diese Rolle auch im Fernsehen.

Dieser Trend gegen eine Expansion der Kabelindustrie wurde auch durch Präsident Lyndon B. Johnson und seine Administration nicht korrigiert – es sei daran erinnert, daß der Präsident über seine Frau selbst mit Fernsehinteressen in Austin, Texas, verbunden war. Mit *Präsident Richard M. Nixon* kam 1969 aber ein Republikaner in das Weiße Haus, dessen politische und finanzielle Bindungen zurück in seine politische Heimat Kalifornien und andere Teile des Westens reichten, wo zugleich auch der Schwerpunkt der Kabelsysteme wie der Kabelindustrie lag.[34] Durch eine zielgerichtete Besetzung freigewordener Positionen in der FCC mit ihm nahestehenden Politikern und der Errichtung eines Planungsamtes im Weißen Haus, dem Office of Telecommunications Policy (OPT) – dessen Direktor der vorherige RAND-Spezialist Clay T. Whitehead wurde – stärkte er die Seite der Kabelindustrie.[35]

1970 verbot die FCC den Networks vollständig und den lokalen Fernsehstationen innerhalb ihres Sendebereiches den Besitz von Kabelsystemen, bestehende Systeme mußten verkauft werden: damit blieb der Kabelmarkt weiterhin außenstehenden Kapitalinteressenten geöffnet. Die administrativen Behinderungen der Kabelexpansion blieben jedoch bestehen, so daß das OTP die Dachverbände der Fernsehindustrie und der Kabelindustrie veranlaßte, unter Leitung des neuernannten FCC-Vorsitzenden Dean Burch – ehemals Wahlkampfmanager des rechtskonservativen Präsidentschaftskandidaten von 1963 Barry Goldwater – einen medienpolitischen Kompromiß auszuarbeiten. Dieser Kompromiß, obwohl außerhalb der FCC entstanden, wurde dieser zur Abstimmung vorgelegt und von den vier von Nixon ernannten Mitgliedern der Kommission auch im Februar 1972 angenommen. Diese sog. *Consensus-Beschlüsse der FCC,*[36] die als Rechtsverordnung verbindlich die zukünftige Kabelpolitik festlegten, verminderten die bürokratischen Behinderungen des Kabels, verstärkten aber noch seine nahezu ausschließlich kommerzielle Grundstruktur; die Stiftungen als Interessenvertreter einer Entkommerzialisierung waren bei den Verhandlungen überhaupt nicht mehr präsent gewesen. Der noch vor Nixon ernannte FCC-Commissioner Nicholas Johnson nannte die Consensus-Beschlüsse eine Absprache bisher rivalisierender Teile der Kommunikationsindustrie, „a far cry from the free enterprise model of cable television. They are a patchwork of protectionism, designed to foster the interests of vested economic institutions at the expense of the public."[37]

An der bisherigen Entwicklung des Kabelfernsehens in den USA ist abzuleiten, daß die kommerzielle Grundströmung, sowohl in der Verfügung über die Kabelsysteme, also die Hardware, wie auch über die auf den einzelnen Kanälen gezeigten Programme, also die Software, der Expansion der Kabeltechnologie langwierige und andauernde Hemmnisse in den Weg legte. Die Kämpfe um die Kontrolle der auf lange Zeit hin als besonders profitträchtig geltenden kommerziellen Kabelmonopole zwischen den verschiedenen Kommunikationsunternehmen und -branchen, der *weitgehende Verzicht der Staatsseite auf eigenes, medienpolitisch begründetes Eingreifen* und dazu die Ohnmacht aller nichtkommerziellen Interessen führen zu einer einseitigen Nutzung der Kabeltechnologie, bei der ihr Potential bei weitem nicht ausgeschöpft wird.

6. Das Innovationspotential des Kabels – Zwei Beispiele

Außer Frage steht, daß die durch die kommerzielle Verfügung über das System eingeengte Kabeltechnolgie der Regelfall in den ‚verdrahteten' USA der Zukunft sein wird. Von Stiftungen und anderen nichtkommerziellen Organisationen initiierte und finanzierte Einzelexperimente, die in den USA wegen ihrer Isoliertheit ohne nennenswerte Breitenwirkung blieben, können deshalb nur die Dimensionen aufzeigen, in die ein optimal eingesetztes Kabelfernsehen zu reichen vermag. Zwei Beispiele, jeweils bereits realisiert, wissenschaftlich überwacht und mit Ergebnissen abgesichert, werden hier vorgestellt: (1) der ‚Public Access'-Kanal in Manhattan, New York und (2) das ‚Instant Referendum' in Beltville, New York.

6.1 Der ‚Public Access'-Kanal

Die zwei Kabelkontrakter auf New Yorks Insel Manhattan (darunter TelePrompTer) sind in ihren Konzessionen verpflichtet worden, Kanäle zur Nutzung durch die Allgemeinheit, sog. 'Public Access Channels', bereitzuhalten.[38] Die ersten Kanäle dieser Art wurden 1971 eröffnet, seit August 1973 bieten die Kabelsysteme ihren Subskribenten (1972: 90.000) ihre volle Kapazität von 24 Kanälen an, darunter vier mit ‚public access'. Die Kabelfirmen sind verpflichtet, die ‚public access'-Kanäle kostenfrei nichtkommerziellen Interessenten zur Verfügung zu stellen und gleichzeitig die Grundausstattung eines Fernsehstudios einschließlich Spezialisten bereitzuhalten. Spezialausrüstungen für aufwendigere Sendungen und Videoaufnahmegeräte für Außenaufnahmen müssen zu mäßigen Tarifen bereitgestellt werden. Anfang 1973 waren auf den beiden Kabelsystemen Manhattans zusammengenommen bis zu 200 Stunden nicht-professionell produzierte Fernsehprogramme wöchentlich zu sehen.[39] Gezeigt wird eine Mischung von Stellungnahmen lokaler Politiker zu lokalen Problemen, von Underground-Beiträgen kleiner Video-Produzenten und individuellen Programmproduktionen.[40]

Um die verfügbaren *‚demokratisierten, Kanäle* mit Leben zu füllen, kooperierten eine Reihe von Stiftungs- und staatsfinanzierten Organisationen, darunter das Alternate Media Center der New York University und sog. Underground-Produzenten wie Raindance, People's Video Theater und Filmmakers Cooperative, um ein stärkeres Interesse der Zuschauer zu erreichen.[41] Gleichzeitig erhielten alle Filmemacher Sicherheiten gegen etwaige Klagen aus Copyright- und Regreßansprüchen.

U. a. steht der offene Kanal auch Gruppen zur Verfügung, die sich mit den Problemen der amerikanischen Großstadt beschäftigen, über Armut, Rassismus, mangelnde Wohlfahrtsleistungen, Drogensucht u. ä. informieren und an ihrer Bekämpfung arbeiten. Michael Shamberg, einer der selbsternannten Unterground-Produzenten, sieht deshalb bereits in der Nutzung der ‚public access'-Kanäle einen der Wege, über die ein „Guerilla-Television"[42] aufgebaut werden könnte.

Das von vielen Beteiligten intendierte Ziel, in lokaler, bevölkerungsnaher Berichterstattung gerade die Probleme der unterprivilegierten und vom kommerziellen Fernsehen übergangenen Teile der Zuschauerschaft mit Fernsehinformationen zu beliefern, wird dennoch nicht erreicht: denn die Kabelsubskribenten in Manhattan zählen in ihrem sozioökonomischen Profil ganz überwiegend zu den Gutsituierten, dagegen sind die in städtischem Besitz befindlichen Wohnviertel für niedrige Einkommensbezieher noch nicht einmal zur Verkabelung freigegeben worden.[43] Aber auch wenn man diese Vorbelastung abzieht, so bleibt doch einer Zuschauerschaft, die durch Jahrzehnte perfekt produzierten kommerziellen Fernsehens vorgeprägt wurde, die chaotisch bunte Vielfalt der offenen Kanäle insgesamt unverständlich, eine Breitenwirkung ist auch in Zukunft kaum zu erwarten. Der öffentliche Kanal, dessen Beiträge nicht in den Programmzeitschriften auftauchen, der unter *völligem Desinteresse der Zuschauer* leidet, wird so zur harmlosen *‚Hyde Park'-Ecke für eine Handvoll Mitteilungsbedürftiger.* Damit erweist sich die ‚public access'-Idee trotz einer richtigen Analyse der chronischen Einseitigkeit des Informationsflusses unter den gegebenen Bedingungen nur als Vorwand, um an dem als problematisch erkannten, aber ökonomisch zu starken kommerziellen Fernsehen letztlich alles beim alten zu belassen.

6.2 Das ‚Instant Referendum'

Auch im Bereich der Breitbandkommunikation sind erste praktische Erfahrungen gesammelt worden, wie dieses Beispiel eines ‚Instant Referendum', einer *jederzeit über Kabel herbeiführbaren Volksbefragung* zeigt.[44] Im Rahmen eines umfänglichen Experiments war in Beltville, einer größeren Stadt außerhalb New Yorks, mit jedem Kabelfernsehausgang auch eine Apparatur mit einer simplen Ja/Nein-Schaltung angebracht worden, deren Signal an eine Zentrale zurückgeleitet werden kann.

Eine im Stadtrat anstehende lokalpolitische Debatte zur Frage der Vergabe von Wohlfahrtsgeldern wurde über das Kabelfernsehnetz öffentlich übertragen, anschließend stimmte der Stadtrat geheim über die Angelegenheit ab. Die über Fernsehen und Zeitung informierte Öffentlichkeit konnte dann zu einem bestimmten Zeitpunkt über das Kabel binnen weniger Minuten ihre Meinung bekunden. Für Einwohner ohne Kabelanschluß gab es öffentliche Abstimmungslokale. Ca. 20 % der wahlberechtigten Bevölkerung äußerten so ihre Meinung; das Ergebnis entsprach in den Mehrheitsverhältnissen dem des bereits gefaßten Stadtratsbeschlusses. Die vielen verfassungsrechtlichen und -politischen Probleme, die ein solches Verfahren in sich birgt, liegen auf der Hand, sollen hier aber unerörtert bleiben. Wesentlich ist die Finanzierungsseite des Experiments: die Ausstattung aller Kabelanschlüsse mit Abstimmungsapparaturen unterstützen neben Stiftungen auch das örtliche Gasunternehmen (über Kabel ist das automatische Ablesen von Gas-, Strom- und Wasserzählern möglich) sowie die Dachorganisation der Werbewirtschaft, die National Association of Advertisers. Auch ihre Interessen sind offensichtlich: ein solches Kabelsystem ermöglicht Meinungsbefragungen mit rein kommerziellem bzw. werbetechnischem Hintergrund, beispielsweise über die Attraktivität von neuen Werbetechniken und die Verbreitung von bestimmten Artikeln der Konsumgüterindustrie.

Dieses Beispiel macht deutlich, daß die *Einführung von Kabelfernsehen und Breitbandkommunikation nicht von den Herrschaftsverhältnissen zu isolieren ist,* unter denen sich ihre Nutzung zu entwickeln vermag. So erlaubt die wechselseitige Kommunikation beispielsweise die Rückfrage des Zuschauers im Rahmen von Fernsehbildungsprogrammen oder das Abfordern bestimmer audiovisueller ‚Bände' aus öffentlichen Video-Bibliotheken.[45] Ebenso wird es aber auch möglich sein, daß der Zuschauer aufgefordert wird, durch Rückantwort die Produkte sogleich zu bestellen, die gerade in der Fernsehwerbung gezeigt werden. Die verschiedenen zum Bereich der Breitbandkommunikation befragten Spezialisten stimmen darin überein, daß nach 1980 die Verkabelung der USA über den Fernsehsektor weit hinausreichen wird und dann eine grundlegende Umgestaltung des Kommunikationsverhaltens jedes Amerikaners herbeiführt. Die zumeist wenig kritische Schilderung der Vorzüge, welche die Breitbandkommunikation gerade für die werbungsintensive Konsumgüterindustrie habe, läßt dabei allerdings eine Entwicklungstendenz erkennen, bei der das große Potential des Kabels nur einem sehr spezifischen großindustriellen Interesse zugute kommen wird.[46]

7. Kabelfernsehen in der Bundesrepublik

Diese Arbeit konnte nur einige zusammenfassende Daten zum Verständnis des Kabelfernsehens und den mit seiner Einführung in den USA verbundenen Problemen der politischen und ökonomischen Kontrolle liefern. Eine gezielte Auseinandersetzung mit der Kabelkommunikation, welche gemeinsam mit der Audiovision – Fernsehplatte und -kassette – die nächste Innivationsstufe innerhalb der Medientechnologie einnehmen wird, und ein gestaltendes Einwirken im Sinne des Wachsens demokratischer und aufklärerischer Elemente in der Beherrschung dieser Technologie sind wesentliche Zukunftsaufgaben für die Medienwissenschaft. An einer *gründlichen und kritischen Analyse der von den USA vorgezeichneten Entwicklung und den dort erarbeiteten wissenschaftlichen Ergebnissen und schließlich einer Rückführung dieser Einsichten auf die Bundesrepublik führt kein Weg vorbei.*

Bei der *Errichtung eines Kabelfernsehsystems in der Bundesrepublik* sollten folgende Prinzipien beachtet werden: (1) Kabelsysteme stellen von ihrer technischen Struktur her *natürliche Monopole* dar, derartige Monopole dürfen auch weiterhin nicht kommerzialisiert werden, (2) das *Monopol der Bundespost* auf die Telekommunikation sollte gewahrt bleiben; die Verlegung der Koaxialkabel für den Fernsehempfang steht in einem engen, technisch bedingten Verhältnis zur Errichtung und Unterhaltung von Fernsprechsystemen, (3) der Zugang zu den durch das Kabelfernsehen zusätzlich geschaffenen Fernsehkanälen darf nicht auf einige kommerzielle Interessenten, Unternehmen oder Gruppen ummonopolisiert werden, d. h. jede Nutzung muß durch ein System *öffentlich-rechtlicher Kontrolle* pluralistisch ausgelegt sein, (4) die zusätzlichen Kanäle dürfen nicht einfach zu einer Vervielfachung des bestehenden Programmangebots führen, sondern sollen das erweiterte Kommunikationspotential auch tatsächlich ausschöpfen, d. h. verstärkt bisher vom Fernsehen *benachteiligte Abnehmergruppen bedienen.*

Versuchen wir, ein Nutzungsmodell des öffentlich-rechtlich organisierten Kabelfernsehens zu entwerfen, so treffen wir auf eine große Anzahl von neuen Anwendungsgebieten, von denen einige bereits im Zusammenhang mit Experimenten in den USA genannt wurden; weitere Beispiele wären:

1. Sendung von *Programmen für unterprivilegierte Minderheiten:* Gemeint ist hier nicht so sehr die intellektuelle Minderheit, die bereits Adressat des Dritten Programms ist, sondern von der Gesellschaft und damit auch vom Fernsehen vernachlässigte Gruppen: Gastarbeiter, Inhaftierte und im Resozialisierungsprozeß Stehende, Obdachlose, Drogenabhängige usw. Eigenproduktionen der Betroffenen sollten besonders gefördert werden.
2. *Ergänzung des bestehenden Bildungssystems* durch Ausbau nicht ortsgebundener Lehrtechniken: Vorschulerziehung, Weiterqualifizierung im Tages- und Nachtstudium, Erwachsenenbildung. Ergänzung der schulischen Erziehung: Belieferung der Schulen mit audio-visuellem Lehrmaterial, bessere Versorgung entlegener Gebiete, Schulunterricht für körperlich Behinderte usw.
3. *Ausbau der lokalen Berichterstattung:* Das Kabel ermöglicht ohne zu hohen Mehraufwand unterhalb der häufig zufälligen Grenzen der Ländersendeanstalten eingegrenzte Bereiche, d. h. Ballungsräume und deren Unterliederung, aber auch den ländlichen Raum jeweils mit lokalen Informationen zu versorgen. Hier wäre der Beginn einer zuschauernahen und potentiell zweiseitigen Interkommunikation zwischen Sender und Programmkonsument zu sehen. Die Berichterstattung lokaler Zeitungsmonopole könnte ergänzt werden.
4. *Einrichtung eines ständigen Nachrichtenkanals:* Ein Kanal könnte für die laufende Berichterstattung über politische Probleme (Weitergabe von Agenturmeldungen, Parlamentsdebatten usw.) sowie zur Weitergabe wirtschaftlicher, gesellschaftlicher, kultureller und technischer Fachinformationen eingerichtet werden.
5. *Übernahme von Fernsehprogrammen* aus den deutschsprechenden Nachbarländern: Österreich, Schweiz, DDR. Teilübernahmen aus Programmen in anderen Sprachen.
6. *Phasenverschiebung:* Die bestehenden Programme setzen einen bestimmten, bei der Mehrzahl der Zuschauer vorgegebenen bzw. durch das Medium erzwungenen

Ablauf der Freizeitsphäre fest. Ein über mehrere Kanäle phasenverschobenes Programm (z. B. Beginn des Abendprogramms um 18.00, 20.00, 22.00 Uhr) ermöglicht dem Zuschauer eine flexiblere Gestaltung der Freizeit und geht so auf die Bedürfnisse in Schichtarbeit tätiger Arbeitnehmer ein.

Anmerkungen

1 Zur Verbindung der Einführung von mehr Werbezeit im Fernsehen und der Kabeltechnologie vgl. die beiden Schriften von Helmut Demme, *Das Recht der Wirtschaft auf angemessene Werbezeit im Fernsehen* sowie *Das Kabelfernsehen (closed-circuit-television) in rechtlicher Sicht,* beide Königstein 1969.

2 Vgl. die Anzeige der Firma Grundig in: *Der Tagesspiegel* v. 31. Aug. 1973. In der ganzseitigen Anzeige heißt es u. a. bezüglich des Kabelfernsehens: „Das Kabelfernsehen kommt bestimmt. Mit Groß-Antennenanlagen, die ganz West-Berlin mit einem Dutzend deutschsprachiger Programme versorgen können."

3 Gerhard Fricke, „Stand und Entwicklung der Kabelfernsehanlagen in Europa" in: *Informationstagung für Führungskräfte der deutschen Wohnungsgesellschaften in der Berliner Kongreßhalle* am 8. Sept. 1972 (Materialien der Robert Bosch Elektronik, Berlin), S. 33 ff, S. 39.

4 *Medienpapier der CDU/CSU,* vorgelegt von der Medienkommission der CDU/CSU im April 1973, S. 16.

5 *Das Berliner Programm der CDU* von 1971, Hrsg. CDU-Bundesgeschäftsstelle, Ziffer 111.

6 Horst Ehmke, „Möglichkeiten und Aufgaben der Nachrichtentechnologien", Rede des Bundesministers für Forschung und Technologie am 3. Sept. 1973 vor dem Bundesverband deutscher Zeitungsverleger, abgedruckt in: *Bulletin des Presse- und Informationsamts der Bundesregierung* v. 6. Sept. 1973, S. 1029 ff, S. 1034.

7 Vgl. für die SPD: *Die Massenmedien, Beschlüsse des Bonner außerordentlichen Parteitags der SPD zur Medienpolitik* 1971, Hrsg. Vorstand der SPD, S. 18; für die FDP: *Leitlinien liberaler Medienpolitik,* beschlossen auf dem 24. ordentlichen Parteitag im Nov. 1973, 1. Teil (Präambel), abgedruckt in: *Frankfurter Rundschau* v. 16. Nov. 1973.

8 So die infas-Erhebung von Ende 1972 / Anfang 1973, wonach 49 % der Bundesbürger gegen und 24 % für die Gründung privater Radio- und Fernsehanstalten eintraten: *Media-Perspektiven,* Nr. 2, 1973, S. 65 f.

9 Siehe den internationalen Vergleich bei: Enrique Melon-Martinez, *La Télévision dans la famille et la Societe Modérnés,* Verviers 1970, S. 65 ff. Nach einem Vergleich von 1968 lagen die Sendestunden der wichtigsten Programme von New York, Mexico City, Rio de Janeiro, Tokio und Paris erheblich über denen von Köln.

10 So Gandela über die Einführung des Farbfernsehens in der Bundesrepublik: Jürgen Gandela, „Zur Einführung des Farbfernsehens in der BRD", in: Jürgen Prokop (Hrsg.) *Massenkommunikationsforschung, Bd. 1 Produktion,* Frankfurt 1972, S. 167 ff.

11 Standardliteratur zum Kabelfernsehen der USA: *Report of the Sloan Commission on Cable Communications: On the Cable – The Television of Abundance,* Alfred P. Sloan Foundation (ed.), New York 1971; Ralph Lee Smith, *The Wired Nation – Cable TV: The Electronic Communications Highway,* New York 1972, erweiterter Nachdruck aus: *The Nation* v. 8. Mai 1970. Übersichtsinformation: „Kabelfernsehen in den USA", in: *Media-Perspektiven,* Nr. 4, 1972, S. 184 ff u. Nr. 6, S. 285 ff.

12 *Sloan Commission Report,* S. 12 ff, Vgl. zum Einsatz des Kabels in Westeuropa auch: Nathaniel E. Feldman, *An Overview of Cable Television for MICAB (Marche International de la Television par Cable),* Juni 1972 (RAND Paper – 4855).

13 Nach *Sloan Commission Report, S. 30 ff.*

14 Dazu: Nathaniel E. Feldman, *Cable Television and Satellites,* August 1969 (RAND Paper – 4171); John L. Hult, *Broadcast Opportunities With Satellites and CATV, and Their Control in the Public Interest,* März 1970 (RAND Paper – 4333); Abraham Chayes, *The Impact of Satellites on Cable Communications,* Mai 1971 (Sloan Commission-Material).

15 Darstellung, Kritik und Bibliographie zum kommerziellen Fernsehen der USA in: Hans J. Kleinsteuber, *Fernsehen und Geschäft. Kommerzielles Fernsehen in den USA und Großbritannien – Lehren für die Bundesrepublik,* Hamburg, 1973; aus amerikanischer Feder: Harry J. Skornia, *Television and Society,* New York 1965; Bryce W. Rucker, *The First Freedom,* Carbondale 1968.
16 Vgl. Richard A. Posner, *Cable Television: The Problem of Local Monopoly,* Mai 1970 (RAND Memorandum – 6309).
17 Daten nach: *Media-Perspektiven,* Nr. 1, 1973, S. 48. Aufbauend auf: *Television Factbook* Nr. 42, Ausgabe 1972-1973, Stand jeweils zum 1. Januar. Angaben differieren wegen unterschiedlicher Erhebungsmethoden.
18 Nach: *Wall Street Journal* v. 1. April 1971.
19 Drexel Harriman Ripley, „An Industry Report on Community Antenna Television", in: *CATV* v. 15. Okt. 1968, zitiert nach Ralph Lee Smith, „Ownership Policy and the Cable Industry", in: *Yale Review of Law and Social Action,* Vol. II, No. 3, 1972, S. 265.
20 Anzeige von ‚The Powell Monetary Analyst', in: *Forbes* v. 1. Febr. 1972, S. 53.
21 Diese und die folgenden Angaben nach: „Will the Mighty Inherit the CATV Earth? ", in: *Broadcasting* v. 20. März 1972, S. 21 f.
22 A. a. O. Es handelt sich um Schätzwerte, erstellt von der National Calbe Television Association. Stand: März 1972.
23 Electronic Industries Association / Industrial Electronics Division, *Filing of FCC Docket 18 397, Part V,* Washington, 28. Okt. 1969, S. 6.
24 A. a. O., S. 6 f.
25 Die Elektronikindustrie (und mit ihr liberale Kritiker wie Smith) fordern eine Trennung zwischen den Inhabern der Kabelsysteme und den Anbietern von Diensten auf dem Kabel, also einen sog. ‚Common Carrier' -Status des Kabels. Einzelheiten vgl. Smith, *The Wired Nation,* S. 83 ff.
26 Vgl. oben Fußnote 5. Bibliographie und Abstracts der genannten Einzelstudien S. 243 ff.
27 Leland L. Johnson et al., *Cable Communications in the Dayton Miami Valley: Basic Report,* Jan. 1972 (RAND Report – 943); Diese Studie vereint die Vorschläge einer Studiengruppe zur Erstellung eines Modellkabelsystems. Die Realisierung steht noch aus.
28 Titelübersicht in: RAND Corporation, *A Bibliography of Selected RAND Publications: Television,* Santa Monica, Dez. 1972 (SB – 1031).
29 Mit ihrer Materialfolge, *A Guide to Cable for City Officials,* Washington, seit 1972, wollen sie Lokalpolitikern bei der Planung und Regulierung von Kabelsystemen assistieren.
30 So ermöglichten der Stern Fund, die Markle Foundation und das Office of Communications der United Church of Christ das Zustandekommen der Bürgerinitiativen stützenden Schrift: Monroe E. Price u. John Wicklein, *Cable Television, A Guide for Action,* Philadelphia 1972. Das Urban Institute gab eine hervorragende Materialsammlung heraus, die die Möglichkeiten umreißt, das Kabel den Schwarzen und anderen ethnischen Minoritäten nutzbar zu machen: Charles Tate (ed.), *Cable Television in the Cities: Community Control, Public Access, and Minority Ownership,* Washington 1971.
31 Das Verhältnis von Staat und Wirtschaft in den USA, exemplifiziert an der der FCC verwandten Eisenbahnaufsichtsbehörde Interstate Commerce Commission (ICC) ist Gegenstand meiner Dissertation, die ca. Ende 1974 abgeschlossen sein wird.
32 Zur Rolle des Staates gibt die beste Übersicht: Martin H. Seiden, *Cable Television U. S. A., An Analysis of Government Policy,* New York 1973. Die Aktivitäten der FCC werden in ihren Jahresberichten zusammengefaßt: Federal Communications Commission, *Annual Reports,* Washington, Teil ‚Cable Television'.
33 Die Stiftungen haben in mehreren Studien versucht, Material zugunsten eines ungehinderten Kabelwachstums in den Städten zu sammeln: Rolla Edward Park, *Prospects for Cable in the 100 Largest Markets,* Okt. 1971 (RAND Report – 875); Leland L. Johnson, *Cable Television and the Question of Protecting Local Broadcasting,* Okt. 1970 (RAND Report – 689); ders., *Potential Impact of Cable Growth on Television Broadcasting* (RAND Report – 587).
34 Zu den nachfolgenden Ausführungen siehe insbesondere: Frank Browning, „Cable TV: Turn on, Tune in, Rip off", in: *Ramparts,* April 1971, wiederabgedruckt in: Editors of Ramparts Magazine with Frank Browning (eds.), *In the Marketplace, Consumerism in America,* San Francisco 1972, S. 191 ff; Judy Strasser „Cable TV: Stringing Us Along", in: *Pacific Research and World Empire Telegram,* März / April 1971, S. 8 ff.

35 Vgl. den Jahresbericht: Office of Telecommunications Policy, *Activities and Programs 1971-1972,* S. 3.

36 Federal Communications Commission, *Cable Television Service; Cable Television Relay Service,* Washington, 12. Febr. 1972.

37 Opinion of Commissioner Nicholas Johnson, *Cable Policy,* S. 6 (Stellungsnahme zu den FCC-Beschlüssen v. 12. Febr. 1972, vgl. Fußnote 33), abgedruckt und zusammengefaßt unter dem Titel *Cable Television Rules Statement by Commissioners* als FCC News v. 28. Febr. 1972.

38 Die folgende Darstellung folgt: The Center for the Analysis of Public Issues, *Public Access Channels: The New York Experience, A Report for the Fund for the City of New York,* New York 1972.

39 Vgl. „Open Access: What Happens? ", in: *Broadcasting* v. 1. Mai 1973, S. 46 ff.

40 Die Skala reicht von dem Bericht einer lokalen Gewerkschaftszelle, deren Mitglied einen gültigen Scheck über 1.650.000 $ fand und an den Verlierer ablieferte, bis zu der Frau, die ‚homosexuelle Schönheitschirurgen' für die Entstellung ihres Gesichts verantwortlich macht. A. a. O.

41 Dazu ein Gespräch mit dem Executive Director von Open Channel, einer Organisation, die die Nutzung der öffentlichen Kanäle sinnvoller gestalten soll: Thomas Freebrain, „Public Access in New York City: An Interview with Theodora Sklover", in: *Yale Review of Law and Social Action,* Vol. II, No. 3, 1972, S. 227 ff.

42 Michael Shamberg, *Guerilla Television,* New York 1971, insbes. S. 67 ff.

43 The Center for the Analysis of Public Issues, *Public Access,* S. 11.

44 Dargestellt nach: Leonard Zacks u. Graig Harris, *The Instant Referendum – A CATV Based Direct Democratic Legislative Structure for Local Government,* Mai 1971 (RAND Paper – 4561), S. 10 ff.

45 Dazu u. a.: Walter S. Baer, *Interactive Television – Prospects for Two-Way Services on Cable,* Nov. 1971 (RAND Report – 888); John E. Ward, *Present and Probable CATV / Broadband-Communication Technology,* Juni 1971, Ithiel de Sola Pool u. Herbert Alexander, *Politics in a Wired Nation,* Sept. 1971 (Beide Sloan Commission-Material).

46 So z. B. Ephraim Kahn, *Commercial Uses of Broadband Communications,* Juni 1971 (Sloan Commission-Material).

(Manuskript abgeschlossen: Nov. 1973)